中国人口普查
CHINA POPULATION CENSUS

2020

江西省人口普查年鉴

(第2册)

JIANGXI POPULATION CENSUS YEARBOOK 2020

(BOOK 2)

江　西　省　统　计　局
江西省第七次全国人口普查领导小组办公室　编

Compiled by
Jiangxi Provincial Bureau of Statistics
Office of the Leading Group of Jiangxi Province for the Seventh National Population Census

中国统计出版社
China Statistics Press

图书在版编目（CIP）数据

江西省人口普查年鉴. 2020. 第 2 册 / 江西省统计局，江西省第七次全国人口普查领导小组办公室编. -- 北京 ：中国统计出版社，2022.9
ISBN 978-7-5037-9900-6

Ⅰ. ①江… Ⅱ. ①江… ②江… Ⅲ. ①人口普查－统计资料－江西－2020－年鉴 Ⅳ. ①C924.255.6-54

中国版本图书馆 CIP 数据核字(2022)第 157043 号

江西省人口普查年鉴-2020（第 2 册）
Jiangxi Population Census Yearbook 2020 (Book 2)

作　　者/江西省统计局　江西省第七次全国人口普查领导小组办公室
责任编辑/佘竞雄
封面设计/李雪燕
出版发行/中国统计出版社有限公司
通信地址/北京市丰台区西三环南路甲 6 号　邮政编码/100073
发行电话/邮购（010）63376909　书店（010）68783171
网　　址/http://www.zgtjcbs.com/
印　　刷/河北鑫兆源印刷有限公司
经　　销/新华书店
开　　本/880mm×1230mm　1/16
字　　数/1468 千字
印　　张/46.25
版　　别/2022 年 9 月第 1 版
版　　次/2022 年 9 月第 1 次印刷
定　　价/1080.00 元（全四册附光盘）

目　　录

第2册

第一部分　全部数据资料(续)

第八卷　住房

第二部分　长表数据资料

第一卷　概要

第二卷　民族

第三卷　教育

第一部分　全部数据资料

第六卷　死亡

6-1　各地区分年龄、性别的死亡人口
(2019.11.1—2020.10.31)

单位：人

地　区	死亡人口			0岁		
	合计	男	女	小计	男	女
全　省	**232592**	**135084**	**97508**	**727**	**421**	**306**
南昌市	**24951**	**14553**	**10398**	**49**	**26**	**23**
东湖区	2332	1323	1009	5	3	2
西湖区	2643	1519	1124	4	1	3
青云谱区	1430	876	554	3	2	1
青山湖区	2959	1801	1158	8	2	6
新建区	3454	2006	1448	6	4	2
红谷滩区	801	484	317	1	1	
南昌县	5895	3369	2526	10	5	5
安义县	1267	739	528	3	1	2
进贤县	4170	2436	1734	9	7	2
景德镇市	**8281**	**4851**	**3430**	**22**	**19**	**3**
昌江区	748	453	295	3	3	
珠山区	1583	950	633			
浮梁县	1561	892	669	4	4	
乐平市	4389	2556	1833	15	12	3
萍乡市	**11451**	**6702**	**4749**	**35**	**19**	**16**
安源区	2405	1432	973	5	3	2
湘东区	2493	1437	1056	7	5	2
莲花县	1690	996	694	7	5	2
上栗县	3065	1777	1288	12	6	6
芦溪县	1798	1060	738	4		4
九江市	**21735**	**12602**	**9133**	**42**	**24**	**18**
濂溪区	1189	702	487			
浔阳区	1482	833	649	1	1	
柴桑区	1592	933	659	2		2
武宁县	2186	1274	912	3	2	1
修水县	3735	2245	1490	7	4	3
永修县	1683	959	724	4	2	2
德安县	903	526	377			
都昌县	2705	1538	1167	10	5	5
湖口县	1476	831	645	4	2	2
彭泽县	1577	880	697	1		1
瑞昌市	1942	1127	815	4	3	1
共青城市	398	234	164	3	3	
庐山市	867	520	347	3	2	1
新余市	**5580**	**3262**	**2318**	**14**	**7**	**7**
渝水区	3839	2240	1599	11	6	5
分宜县	1741	1022	719	3	1	2
鹰潭市	**6266**	**3706**	**2560**	**9**	**6**	**3**
月湖区	1106	667	439			
余江区	2017	1190	827	1	1	
贵溪市	3143	1849	1294	8	5	3
赣州市	**45172**	**26088**	**19084**	**156**	**95**	**61**
章贡区	3866	2312	1554	12	8	4
南康区	4784	2672	2112	11	7	4
赣县区	2486	1406	1080	4	3	1
信丰县	3886	2211	1675	8	5	3
大余县	1743	1026	717	4	4	
上犹县	1878	1084	794	4	3	1
崇义县	1020	580	440	1		1
安远县	1502	859	643	8	6	2
定南县	1373	752	621	7	6	1
全南县	1287	725	562	1		1

6-1 续表 1

单位：人

地区	死亡人口			0岁		
	合计	男	女	小计	男	女
宁都县	3971	2372	1599	15	9	6
于都县	3101	1777	1324	15	9	6
兴国县	3858	2272	1586	20	9	11
会昌县	2300	1323	977	8	5	3
寻乌县	1580	914	666	23	10	13
石城县	1383	808	575	2	1	1
瑞金市	3143	1857	1286	8	6	2
龙南市	2011	1138	873	5	4	1
吉安市	**26064**	**14944**	**11120**	**171**	**102**	**69**
吉州区	2060	1218	842	6	4	2
青原区	938	551	387	1		1
吉安县	2404	1350	1054	10	6	4
吉水县	2519	1369	1150	14	6	8
峡江县	794	454	340	2	2	
新干县	1642	979	663	6	5	1
永丰县	2341	1362	979	56	30	26
泰和县	2441	1390	1051	15	10	5
遂川县	3291	1923	1368	43	27	16
万安县	1759	993	766	11	8	3
安福县	2195	1225	970	4	2	2
永新县	2783	1601	1182	3	2	1
井冈山市	897	529	368			
宜春市	**28700**	**16756**	**11944**	**60**	**36**	**24**
袁州区	4965	2901	2064	9	6	3
奉新县	1420	835	585	3	2	1
万载县	3139	1873	1266	8	5	3
上高县	1910	1098	812	5	5	
宜丰县	1480	891	589	5	2	3
靖安县	777	477	300	1		1
铜鼓县	624	371	253			
丰城市	7205	4127	3078	13	7	6
樟树市	3032	1743	1289	5	2	3
高安市	4148	2440	1708	11	7	4
抚州市	**19971**	**11478**	**8493**	**64**	**39**	**25**
临川区	5531	3157	2374	20	11	9
东乡区	2219	1295	924	7	5	2
南城县	1616	906	710	2		2
黎川县	1375	805	570	1	1	
南丰县	1457	866	591	6	4	2
崇仁县	1662	925	737	14	10	4
乐安县	1619	925	694	5	3	2
宜黄县	1122	636	486	3	1	2
金溪县	1485	845	640	5	3	2
资溪县	634	379	255	1	1	
广昌县	1251	739	512			
上饶市	**34421**	**20142**	**14279**	**105**	**48**	**57**
信州区	2027	1170	857	4	1	3
广丰区	4027	2354	1673	6	4	2
广信区	4194	2396	1798	10	8	2
玉山县	3457	2085	1372	26	8	18
铅山县	1885	1118	767	5	2	3
横峰县	1151	671	480	2	1	1
弋阳县	1857	1078	779	10	5	5
余干县	3748	2166	1582	10	2	8
鄱阳县	6362	3743	2619	16	9	7
万年县	2050	1216	834	5	4	1
婺源县	1826	1061	765	3	2	1
德兴市	1837	1084	753	8	2	6

6-1 续表 2 单位：人

地 区	1-4岁			5-9岁			10-14岁		
	小计	男	女	小计	男	女	小计	男	女
全 省	**698**	**430**	**268**	**469**	**296**	**173**	**776**	**506**	**270**
南昌市	**63**	**45**	**18**	**36**	**26**	**10**	**69**	**46**	**23**
东湖区	4	3	1	2	1	1	3	2	1
西湖区	4	3	1	3	3		5	3	2
青云谱区	1	1					1	1	
青山湖区	4	2	2				5	3	2
新建区	11	7	4	11	10	1	14	8	6
红谷滩区	3	3		1	1		4	2	2
南昌县	19	12	7	12	7	5	20	15	5
安义县	3	2	1	1		1	3	2	1
进贤县	14	12	2	6	4	2	14	10	4
景德镇市	**18**	**12**	**6**	**14**	**10**	**4**	**31**	**20**	**11**
昌江区	1		1	1	1		3	1	2
珠山区									
浮梁县	1	1		3	2	1	3	3	
乐平市	16	11	5	10	7	3	25	16	9
萍乡市	**31**	**19**	**12**	**21**	**11**	**10**	**26**	**17**	**9**
安源区	2	2		8	4	4	3	1	2
湘东区	8	4	4	1		1	2	2	
莲花县	4	3	1				4	2	2
上栗县	14	7	7	9	5	4	11	8	3
芦溪县	3	3		3	2	1	6	4	2
九江市	**47**	**32**	**15**	**48**	**26**	**22**	**65**	**32**	**33**
濂溪区	1		1	4	3	1	4	1	3
浔阳区							3	1	2
柴桑区	3	3		6	4	2	4	3	1
武宁县	9	7	2	6	3	3	9	4	5
修水县	5	2	3	9	4	5	12	4	8
永修县	5	4	1				7	4	3
德安县	3	1	2	1	1		2		2
都昌县	8	6	2	12	6	6	11	5	6
湖口县	4	2	2	1	1		4	4	
彭泽县	2	2		3	2	1	4	2	2
瑞昌市				5	1	4	4	3	1
共青城市	4	4							
庐山市	3	1	2	1	1		1	1	
新余市	**20**	**12**	**8**	**8**	**4**	**4**	**16**	**14**	**2**
渝水区	12	8	4	6	3	3	13	11	2
分宜县	8	4	4	2	1	1	3	3	
鹰潭市	**19**	**13**	**6**	**10**	**7**	**3**	**15**	**12**	**3**
月湖区	1		1	1		1	1	1	
余江区	7	4	3	6	4	2	3	3	
贵溪市	11	9	2	3	3		11	8	3
赣州市	**150**	**89**	**61**	**91**	**57**	**34**	**148**	**99**	**49**
章贡区	11	7	4	3	1	2	9	7	2
南康区	17	8	9	5	3	2	14	9	5
赣县区	7	5	2	6	5	1	13	10	3
信丰县	13	8	5	11	10	1	7	6	1
大余县	1		1	1		1	6	4	2
上犹县	2	1	1	3	3		10	5	5
崇义县	5	2	3	1	1		1	1	
安远县	9	6	3	6	5	1	9	8	1
定南县							2	2	
全南县	2		2	1		1	2	2	

6-1 续表 3　　　　单位：人

地　区	1-4岁			5-9岁			10-14岁		
	小计	男	女	小计	男	女	小计	男	女
宁都县	13	8	5	4	4		17	11	6
于都县	13	5	8	6	3	3	9	6	3
兴国县	21	16	5	17	4	13	14	7	7
会昌县	14	7	7	5	4	1	8	5	3
寻乌县	1	1		6	3	3	6	4	2
石城县	10	7	3	4	2	2	2	1	1
瑞金市	7	4	3	10	8	2	12	8	4
龙南市	4	4		2	1	1	7	3	4
吉安市	**86**	**50**	**36**	**57**	**36**	**21**	**110**	**70**	**40**
吉州区	6	4	2	1		1	7	6	1
青原区	3	1	2	5	2	3	7	5	2
吉安县	14	7	7	4	1	3	6	2	4
吉水县	10	6	4	9	9		13	7	6
峡江县	4	4					7	3	4
新干县	6	3	3	3	1	2	7	7	
永丰县	3	1	2	3	3		10	6	4
泰和县	9	6	3	6	3	3	8	5	3
遂川县	7	6	1	14	8	6	22	13	9
万安县	4	3	1	4	3	1	7	4	3
安福县	10	3	7	3	2	1	6	4	2
永新县	6	4	2	2	2		7	5	2
井冈山市	4	2	2	3	2	1	3	3	
宜春市	**101**	**68**	**33**	**71**	**51**	**20**	**101**	**67**	**34**
袁州区	14	8	6	15	12	3	18	10	8
奉新县	12	10	2	11	6	5	2	1	1
万载县	15	8	7	2		2	12	8	4
上高县	7	5	2	2	2		8	7	1
宜丰县	4	1	3	3	1	2	4	2	2
靖安县				1	1		4	3	1
铜鼓县	1	1							
丰城市	24	19	5	16	11	5	26	18	8
樟树市	6	5	1	9	7	2	12	9	3
高安市	18	11	7	12	11	1	15	9	6
抚州市	**55**	**26**	**29**	**47**	**31**	**16**	**69**	**46**	**23**
临川区	16	6	10	11	5	6	19	16	3
东乡区	6	3	3	4	4		8	6	2
南城县	1		1	1	1		2	2	
黎川县				5	3	2	1		1
南丰县	3	1	2	7	2	5	8	6	2
崇仁县	7	5	2	5	5		9	6	3
乐安县	12	6	6	4	4		6	4	2
宜黄县	4	1	3	4	2	2	5	2	3
金溪县	5	3	2	1	1		5	1	4
资溪县							1		1
广昌县	1	1		5	4	1	5	3	2
上饶市	**108**	**64**	**44**	**66**	**37**	**29**	**126**	**83**	**43**
信州区	3	2	1	1		1	3	2	1
广丰区	12	7	5	11	6	5	16	11	5
广信区	5	2	3	8	4	4	10	8	2
玉山县	13	7	6	1		1	12	7	5
铅山县	6	2	4	1	1		7	4	3
横峰县	1	1		2	2		6	3	3
弋阳县	5	4	1	6	2	4	10	8	2
余干县	24	16	8	10	8	2	17	12	5
鄱阳县	17	12	5	15	7	8	22	13	9
万年县	8	2	6	5	4	1	10	7	3
婺源县	12	8	4	1		1	5	2	3
德兴市	2	1	1	5	3	2	8	6	2

6-1　续表 4　　　　单位：人

地　　区	15–19岁			20–24岁			25–29岁		
	小计	男	女	小计	男	女	小计	男	女
全　省	**931**	**675**	**256**	**931**	**656**	**275**	**1142**	**800**	**342**
南昌市	**77**	**59**	**18**	**111**	**77**	**34**	**126**	**85**	**41**
东湖区	3	2	1	1		1	9	6	3
西湖区	4	4		6	5	1	14	10	4
青云谱区	2	1	1	1	1		4	2	2
青山湖区	12	10	2	8	4	4	9	6	3
新建区	18	13	5	23	19	4	21	12	9
红谷滩区	6	4	2	12	7	5	5	5	
南昌县	11	8	3	31	20	11	38	27	11
安义县	4	2	2	9	7	2	7	4	3
进贤县	17	15	2	20	14	6	19	13	6
景德镇市	**32**	**25**	**7**	**23**	**20**	**3**	**41**	**31**	**10**
昌江区							4	3	1
珠山区	7	6	1	3	2	1	4	2	2
浮梁县	6	3	3	8	7	1	10	8	2
乐平市	19	16	3	12	11	1	23	18	5
萍乡市	**32**	**22**	**10**	**29**	**21**	**8**	**50**	**35**	**15**
安源区	6	3	3	3	2	1	10	7	3
湘东区	5	2	3	10	8	2	15	8	7
莲花县	6	4	2	1	1		7	3	4
上栗县	9	7	2	13	10	3	11	11	
芦溪县	6	6		2		2	7	6	1
九江市	**76**	**53**	**23**	**100**	**67**	**33**	**98**	**71**	**27**
濂溪区	4	4		8	4	4	11	11	
浔阳区	2	2		3	2	1	1	1	
柴桑区	9	6	3	14	12	2	6	4	2
武宁县	8	3	5	6	1	5	7	3	4
修水县	15	11	4	16	11	5	14	9	5
永修县	3	3		5	4	1	11	10	1
德安县	3	2	1	2	2		5	5	
都昌县	6	5	1	21	10	11	16	11	5
湖口县	3	1	2	3	3		9	7	2
彭泽县	7	3	4	5	3	2	5	2	3
瑞昌市	9	9		7	5	2	7	4	3
共青城市	3		3	7	7		4	2	2
庐山市	4	4		3	3		2	2	
新余市	**23**	**20**	**3**	**20**	**13**	**7**	**16**	**13**	**3**
渝水区	15	12	3	14	11	3	11	9	2
分宜县	8	8		6	2	4	5	4	1
鹰潭市	**24**	**19**	**5**	**26**	**22**	**4**	**35**	**29**	**6**
月湖区	3	2	1	3	3		5	3	2
余江区	8	5	3	12	9	3	10	8	2
贵溪市	13	12	1	11	10	1	20	18	2
赣州市	**256**	**178**	**78**	**206**	**150**	**56**	**245**	**171**	**74**
章贡区	18	13	5	14	7	7	12	6	6
南康区	26	19	7	23	14	9	28	16	12
赣县区	19	11	8	10	7	3	10	6	4
信丰县	14	10	4	16	15	1	26	15	11
大余县	5	2	3	6	4	2	9	7	2
上犹县	9	7	2	6	5	1	11	10	1
崇义县	2	1	1	5	3	2	6	3	3
安远县	5	5		10	7	3	10	7	3
定南县	2	1	1	7	5	2	10	6	4
全南县	3	3		3	1	2	1	1	

6-1 续表 5　　单位：人

地 区	15-19岁			20-24岁			25-29岁		
	小计	男	女	小计	男	女	小计	男	女
宁都县	24	19	5	16	14	2	23	17	6
于都县	36	21	15	17	13	4	17	14	3
兴国县	31	22	9	24	19	5	15	11	4
会昌县	26	19	7	16	10	6	15	10	5
寻乌县	8	7	1	11	7	4	8	8	
石城县	8	6	2	3	2	1	13	13	
瑞金市	15	9	6	14	13	1	22	15	7
龙南市	5	3	2	5	4	1	9	6	3
吉安市	**99**	**72**	**27**	**94**	**65**	**29**	**90**	**64**	**26**
吉州区	3	2	1	6	3	3	9	6	3
青原区	10	6	4	2	1	1	1	1	
吉安县	11	8	3	12	10	2	9	6	3
吉水县	14	12	2	13	10	3	9	7	2
峡江县	2	1	1	4	2	2	4	4	
新干县	1	1		6	5	1	8	7	1
永丰县	11	8	3	7	5	2	11	6	5
泰和县	11	7	4	5	4	1	5	3	2
遂川县	13	12	1	20	14	6	7	6	1
万安县	3	2	1	4	2	2	7	5	2
安福县	5	2	3	5	4	1	8	5	3
永新县	10	8	2	7	3	4	6	5	1
井冈山市	5	3	2	3	2	1	6	3	3
宜春市	**100**	**70**	**30**	**94**	**67**	**27**	**152**	**105**	**47**
袁州区	18	10	8	12	8	4	34	20	14
奉新县	6	4	2	3	3		4	4	
万载县	15	11	4	9	6	3	17	14	3
上高县	6	4	2	3	1	2	6	4	2
宜丰县	6	6		1		1	6	3	3
靖安县	2		2	2	2		3	2	1
铜鼓县	1	1					1	1	
丰城市	23	18	5	36	28	8	43	31	12
樟树市	12	8	4	9	7	2	16	9	7
高安市	11	8	3	19	12	7	22	17	5
抚州市	**81**	**61**	**20**	**93**	**58**	**35**	**106**	**77**	**29**
临川区	24	17	7	36	20	16	17	14	3
东乡区	10	7	3	9	8	1	14	13	1
南城县	10	8	2	4	4		12	11	1
黎川县	2	2		7	4	3	7	5	2
南丰县	7	5	2	3	3		12	5	7
崇仁县	5	4	1	6	5	1	13	7	6
乐安县	9	8	1	7	1	6	10	7	3
宜黄县	2	1	1	5	4	1	5	5	
金溪县	8	7	1	5	4	1	7	4	3
资溪县	2	1	1	1	1		2	2	
广昌县	2	1	1	10	4	6	7	4	3
上饶市	**131**	**96**	**35**	**135**	**96**	**39**	**183**	**119**	**64**
信州区	5	3	2	6	5	1	11	9	2
广丰区	15	11	4	17	9	8	26	17	9
广信区	18	14	4	19	11	8	29	17	12
玉山县	13	10	3	10	6	4	11	8	3
铅山县	3	1	2	1	1		8	3	5
横峰县	6	5	1	2	2		5	4	1
弋阳县	3	2	1	6	3	3	8	5	3
余干县	14	10	4	22	19	3	30	24	6
鄱阳县	34	24	10	39	29	10	33	19	14
万年县	5	5		9	7	2	6	4	2
婺源县	6	3	3	2	2		10	6	4
德兴市	9	8	1	2	2		6	3	3

6-1　续表 6　　　　　　　　　　　　　　　　　　　　　　　　　　　　　　　　单位：人

地　区	30-34岁			35-39岁			40-44岁		
	小计	男	女	小计	男	女	小计	男	女
全　省	**1847**	**1296**	**551**	**2198**	**1578**	**620**	**4365**	**3119**	**1246**
南昌市	**171**	**119**	**52**	**230**	**151**	**79**	**428**	**309**	**119**
东湖区	13	7	6	12	8	4	22	17	5
西湖区	8	5	3	18	11	7	33	24	9
青云谱区	5	4	1	10	5	5	19	9	10
青山湖区	21	12	9	26	15	11	50	38	12
新建区	23	19	4	38	22	16	79	60	19
红谷滩区	5	2	3	12	10	2	19	6	13
南昌县	56	40	16	62	43	19	93	71	22
安义县	14	9	5	7	5	2	25	16	9
进贤县	26	21	5	45	32	13	88	68	20
景德镇市	**65**	**38**	**27**	**87**	**56**	**31**	**176**	**135**	**41**
昌江区	3	1	2	7	5	2	14	12	2
珠山区	4	3	1	11	7	4	27	20	7
浮梁县	12	7	5	9	6	3	22	16	6
乐平市	46	27	19	60	38	22	113	87	26
萍乡市	**89**	**63**	**26**	**102**	**72**	**30**	**212**	**147**	**65**
安源区	16	10	6	21	16	5	33	21	12
湘东区	20	10	10	27	20	7	48	27	21
莲花县	16	16		14	9	5	27	22	5
上栗县	25	18	7	26	17	9	62	46	16
芦溪县	12	9	3	14	10	4	42	31	11
九江市	**200**	**129**	**71**	**192**	**126**	**66**	**347**	**250**	**97**
濂溪区	9	7	2	12	7	5	7	2	5
浔阳区	11	5	6	6	4	2	12	7	5
柴桑区	14	8	6	17	12	5	23	16	7
武宁县	27	15	12	19	13	6	43	29	14
修水县	30	17	13	39	26	13	69	55	14
永修县	12	8	4	21	9	12	25	18	7
德安县	5	4	1	5	4	1	16	12	4
都昌县	23	17	6	25	17	8	65	43	22
湖口县	12	10	2	6	6		20	16	4
彭泽县	11	8	3	6	6		18	16	2
瑞昌市	32	21	11	25	16	9	33	29	4
共青城市	9	6	3	2	1	1	6	2	4
庐山市	5	3	2	9	5	4	10	5	5
新余市	**41**	**30**	**11**	**38**	**30**	**8**	**106**	**78**	**28**
渝水区	31	24	7	28	22	6	67	47	20
分宜县	10	6	4	10	8	2	39	31	8
鹰潭市	**53**	**34**	**19**	**59**	**44**	**15**	**88**	**56**	**32**
月湖区	12	6	6	4	3	1	11	8	3
余江区	18	14	4	22	14	8	28	15	13
贵溪市	23	14	9	33	27	6	49	33	16
赣州市	**310**	**223**	**87**	**421**	**315**	**106**	**925**	**705**	**220**
章贡区	26	17	9	45	26	19	61	46	15
南康区	40	30	10	46	35	11	93	73	20
赣县区	10	9	1	16	11	5	53	35	18
信丰县	26	16	10	27	24	3	93	73	20
大余县	9	5	4	22	17	5	26	19	7
上犹县	8	6	2	17	13	4	40	31	9
崇义县	3	3		11	8	3	23	19	4
安远县	10	5	5	10	9	1	37	28	9
定南县	10	6	4	12	10	2	22	15	7
全南县	5	4	1	10	5	5	25	20	5

6－1 续表 7　　　　单位：人

地　区	30－34岁			35－39岁			40－44岁		
	小计	男	女	小计	男	女	小计	男	女
宁都县	39	30	9	40	28	12	80	67	13
于都县	20	15	5	30	25	5	82	59	23
兴国县	25	15	10	40	31	9	71	51	20
会昌县	13	9	4	19	17	2	50	35	15
寻乌县	15	13	2	12	7	5	30	27	3
石城县	13	11	2	18	11	7	33	26	7
瑞金市	20	16	4	30	26	4	74	60	14
龙南市	18	13	5	16	12	4	32	21	11
吉安市	**196**	**145**	**51**	**231**	**184**	**47**	**537**	**369**	**168**
吉州区	10	8	2	17	10	7	51	30	21
青原区	6	3	3	7	4	3	26	20	6
吉安县	14	9	5	27	23	4	44	32	12
吉水县	15	10	5	19	15	4	60	37	23
峡江县	8	6	2	5	3	2	19	14	5
新干县	22	20	2	13	12	1	29	21	8
永丰县	20	17	3	18	13	5	69	55	14
泰和县	20	13	7	34	31	3	38	25	13
遂川县	27	19	8	30	23	7	69	47	22
万安县	12	10	2	8	7	1	42	29	13
安福县	17	13	4	31	28	3	28	17	11
永新县	20	12	8	18	12	6	48	32	16
井冈山市	5	5		4	3	1	14	10	4
宜春市	**258**	**185**	**73**	**281**	**204**	**77**	**516**	**351**	**165**
袁州区	44	32	12	45	32	13	108	67	41
奉新县	18	12	6	15	9	6	22	16	6
万载县	22	16	6	31	20	11	67	45	22
上高县	17	14	3	17	11	6	28	17	11
宜丰县	25	15	10	23	19	4	15	9	6
靖安县	6	5	1	5	4	1	10	4	6
铜鼓县	5	2	3	8	4	4	14	13	1
丰城市	58	42	16	52	38	14	114	77	37
樟树市	24	19	5	29	21	8	62	46	16
高安市	39	28	11	56	46	10	76	57	19
抚州市	**178**	**132**	**46**	**196**	**143**	**53**	**373**	**266**	**107**
临川区	36	27	9	57	38	19	91	53	38
东乡区	23	17	6	16	10	6	44	31	13
南城县	17	14	3	17	13	4	32	25	7
黎川县	11	9	2	10	9	1	30	24	6
南丰县	17	14	3	23	16	7	33	25	8
崇仁县	19	11	8	13	12	1	35	25	10
乐安县	13	9	4	13	10	3	29	24	5
宜黄县	11	10	1	13	11	2	14	11	3
金溪县	16	10	6	13	9	4	33	25	8
资溪县	11	8	3	10	5	5	8	6	2
广昌县	4	3	1	11	10	1	24	17	7
上饶市	**286**	**198**	**88**	**361**	**253**	**108**	**657**	**453**	**204**
信州区	15	12	3	19	11	8	40	21	19
广丰区	48	33	15	32	21	11	76	50	26
广信区	37	28	9	43	30	13	89	60	29
玉山县	13	8	5	42	29	13	53	40	13
铅山县	7	5	2	18	14	4	38	30	8
横峰县	8	4	4	15	12	3	21	13	8
弋阳县	21	15	6	19	14	5	34	23	11
余干县	41	28	13	46	32	14	68	48	20
鄱阳县	61	38	23	63	39	24	132	103	29
万年县	12	11	1	27	22	5	45	32	13
婺源县	10	8	2	20	15	5	22	12	10
德兴市	13	8	5	17	14	3	39	21	18

6-1　续表 8

单位：人

地　　区	45–49岁			50–54岁			55–59岁		
	小计	男	女	小计	男	女	小计	男	女
全　省	**6954**	**4760**	**2194**	**10180**	**7020**	**3160**	**11563**	**8045**	**3518**
南昌市	**660**	**434**	**226**	**946**	**640**	**306**	**1134**	**780**	**354**
东湖区	44	28	16	70	50	20	118	85	33
西湖区	45	23	22	68	47	21	130	98	32
青云谱区	26	18	8	43	30	13	56	43	13
青山湖区	71	53	18	119	79	40	154	100	54
新建区	108	70	38	153	99	54	159	103	56
红谷滩区	25	15	10	25	14	11	37	22	15
南昌县	174	125	49	250	175	75	270	180	90
安义县	32	15	17	49	30	19	58	37	21
进贤县	135	87	48	169	116	53	152	112	40
景德镇市	**217**	**152**	**65**	**376**	**256**	**120**	**448**	**317**	**131**
昌江区	23	15	8	34	23	11	38	30	8
珠山区	30	20	10	60	44	16	108	77	31
浮梁县	42	30	12	70	48	22	74	50	24
乐平市	122	87	35	212	141	71	228	160	68
萍乡市	**348**	**238**	**110**	**498**	**327**	**171**	**567**	**404**	**163**
安源区	61	32	29	109	76	33	153	111	42
湘东区	69	51	18	103	60	43	102	68	34
莲花县	60	42	18	69	44	25	88	72	16
上栗县	111	83	28	139	97	42	148	99	49
芦溪县	47	30	17	78	50	28	76	54	22
九江市	**581**	**387**	**194**	**913**	**597**	**316**	**1083**	**720**	**363**
濂溪区	27	16	11	54	38	16	43	32	11
浔阳区	32	19	13	57	36	21	68	40	28
柴桑区	28	20	8	65	37	28	82	56	26
武宁县	63	39	24	86	61	25	115	83	32
修水县	124	84	40	182	121	61	231	155	76
永修县	41	26	15	74	51	23	72	47	25
德安县	15	8	7	42	23	19	42	23	19
都昌县	68	51	17	115	78	37	118	79	39
湖口县	51	33	18	47	31	16	78	46	32
彭泽县	43	30	13	70	42	28	81	61	20
瑞昌市	51	35	16	76	52	24	96	60	36
共青城市	10	7	3	18	10	8	15	9	6
庐山市	28	19	9	27	17	10	42	29	13
新余市	**150**	**97**	**53**	**235**	**160**	**75**	**271**	**188**	**83**
渝水区	97	64	33	165	112	53	184	129	55
分宜县	53	33	20	70	48	22	87	59	28
鹰潭市	**206**	**147**	**59**	**257**	**172**	**85**	**326**	**223**	**103**
月湖区	31	24	7	38	26	12	40	31	9
余江区	71	50	21	74	55	19	115	81	34
贵溪市	104	73	31	145	91	54	171	111	60
赣州市	**1551**	**1101**	**450**	**2230**	**1633**	**597**	**2354**	**1694**	**660**
章贡区	115	74	41	147	111	36	225	164	61
南康区	139	87	52	239	177	62	243	177	66
赣县区	99	73	26	145	95	50	141	108	33
信丰县	137	105	32	217	161	56	205	146	59
大余县	69	48	21	86	69	17	88	65	23
上犹县	46	34	12	106	82	24	92	60	32
崇义县	37	21	16	55	37	18	41	30	11
安远县	64	46	18	100	75	25	82	53	29
定南县	57	37	20	65	49	16	81	50	31
全南县	49	41	8	75	52	23	81	64	17

6-1 续表 9 单位：人

地区	45-49岁			50-54岁			55-59岁		
	小计	男	女	小计	男	女	小计	男	女
宁都县	152	104	48	191	135	56	204	136	68
于都县	103	78	25	164	122	42	169	124	45
兴国县	139	96	43	163	120	43	188	134	54
会昌县	103	74	29	102	73	29	96	66	30
寻乌县	46	37	9	69	52	17	82	63	19
石城县	32	21	11	65	50	15	55	40	15
瑞金市	98	77	21	146	104	42	167	124	43
龙南市	66	48	18	95	69	26	114	90	24
吉安市	**704**	**494**	**210**	**1021**	**713**	**308**	**1234**	**872**	**362**
吉州区	54	37	17	73	47	26	96	64	32
青原区	26	17	9	38	25	13	51	37	14
吉安县	60	43	17	93	68	25	113	80	33
吉水县	68	43	25	108	77	31	111	78	33
峡江县	30	22	8	33	23	10	32	24	8
新干县	45	36	9	74	45	29	69	45	24
永丰县	86	64	22	95	70	25	122	91	31
泰和县	55	37	18	94	67	27	120	82	38
遂川县	81	63	18	149	109	40	141	101	40
万安县	49	38	11	78	53	25	86	61	25
安福县	45	30	15	70	47	23	109	75	34
永新县	74	42	32	83	58	25	130	92	38
井冈山市	31	22	9	33	24	9	54	42	12
宜春市	**838**	**599**	**239**	**1257**	**854**	**403**	**1369**	**936**	**433**
袁州区	150	105	45	221	151	70	270	186	84
奉新县	45	31	14	60	43	17	72	43	29
万载县	111	75	36	166	124	42	168	118	50
上高县	52	36	16	90	55	35	73	53	20
宜丰县	34	20	14	61	42	19	77	48	29
靖安县	17	12	5	23	19	4	36	27	9
铜鼓县	14	11	3	31	24	7	39	25	14
丰城市	207	155	52	311	209	102	318	218	100
樟树市	74	53	21	125	79	46	129	92	37
高安市	134	101	33	169	108	61	187	126	61
抚州市	**703**	**458**	**245**	**942**	**640**	**302**	**997**	**680**	**317**
临川区	173	110	63	239	148	91	251	159	92
东乡区	81	48	33	106	78	28	97	59	38
南城县	75	51	24	69	43	26	86	60	26
黎川县	45	32	13	57	40	17	94	66	28
南丰县	64	49	15	84	60	24	67	48	19
崇仁县	56	41	15	76	49	27	83	56	27
乐安县	59	29	30	81	55	26	72	47	25
宜黄县	39	25	14	60	42	18	62	42	20
金溪县	42	23	19	70	48	22	90	68	22
资溪县	18	10	8	37	32	5	31	23	8
广昌县	51	40	11	63	45	18	64	52	12
上饶市	**996**	**653**	**343**	**1505**	**1028**	**477**	**1780**	**1231**	**549**
信州区	42	22	20	74	48	26	122	79	43
广丰区	128	77	51	202	144	58	202	154	48
广信区	138	88	50	171	114	57	240	157	83
玉山县	71	43	28	129	90	39	157	111	46
铅山县	54	37	17	93	59	34	106	74	32
横峰县	33	22	11	45	31	14	77	54	23
弋阳县	60	38	22	76	57	19	82	60	22
余干县	136	90	46	182	121	61	184	127	57
鄱阳县	193	135	58	266	175	91	311	216	95
万年县	46	30	16	98	69	29	101	77	24
婺源县	35	26	9	76	56	20	106	59	47
德兴市	60	45	15	93	64	29	92	63	29

6-1　续表 10　　　　单位：人

地　区	60-64岁			65-69岁			70-74岁		
	小计	男	女	小计	男	女	小计	男	女
全　省	**15976**	**11081**	**4895**	**22799**	**15262**	**7537**	**27263**	**17407**	**9856**
南昌市	**1531**	**1095**	**436**	**2255**	**1512**	**743**	**2687**	**1777**	**910**
东湖区	148	100	48	190	134	56	220	150	70
西湖区	198	148	50	232	160	72	212	143	69
青云谱区	72	53	19	129	88	41	180	106	74
青山湖区	172	118	54	258	171	87	310	211	99
新建区	201	145	56	314	202	112	399	265	134
红谷滩区	56	42	14	84	62	22	83	59	24
南昌县	354	243	111	527	339	188	689	441	248
安义县	90	68	22	118	78	40	129	79	50
进贤县	240	178	62	403	278	125	465	323	142
景德镇市	**590**	**423**	**167**	**841**	**559**	**282**	**1136**	**707**	**429**
昌江区	58	46	12	84	61	23	107	72	35
珠山区	101	82	19	130	92	38	162	107	55
浮梁县	115	75	40	157	106	51	193	113	80
乐平市	316	220	96	470	300	170	674	415	259
萍乡市	**856**	**579**	**277**	**1283**	**829**	**454**	**1352**	**822**	**530**
安源区	172	126	46	274	190	84	276	177	99
湘东区	203	138	65	310	205	105	282	165	117
莲花县	97	73	24	162	103	59	196	125	71
上栗县	256	163	93	330	190	140	377	223	154
芦溪县	128	79	49	207	141	66	221	132	89
九江市	**1459**	**1030**	**429**	**2220**	**1469**	**751**	**2717**	**1724**	**993**
濂溪区	61	46	15	105	70	35	147	90	57
浔阳区	80	61	19	108	73	35	152	105	47
柴桑区	89	61	28	156	104	52	204	133	71
武宁县	155	119	36	247	161	86	261	159	102
修水县	267	187	80	385	253	132	491	304	187
永修县	110	76	34	174	120	54	201	132	69
德安县	76	51	25	82	51	31	101	67	34
都昌县	201	139	62	305	205	100	355	223	132
湖口县	94	70	24	151	103	48	214	133	81
彭泽县	102	66	36	183	129	54	189	108	81
瑞昌市	130	86	44	188	117	71	248	157	91
共青城市	38	28	10	33	24	9	48	32	16
庐山市	56	40	16	103	59	44	106	81	25
新余市	**373**	**267**	**106**	**517**	**344**	**173**	**585**	**383**	**202**
渝水区	260	188	72	350	225	125	423	283	140
分宜县	113	79	34	167	119	48	162	100	62
鹰潭市	**474**	**316**	**158**	**671**	**464**	**207**	**707**	**436**	**271**
月湖区	64	42	22	106	82	24	94	59	35
余江区	154	104	50	234	151	83	252	157	95
贵溪市	256	170	86	331	231	100	361	220	141
赣州市	**3233**	**2301**	**932**	**4460**	**3052**	**1408**	**5094**	**3241**	**1853**
章贡区	273	196	77	421	305	116	437	293	144
南康区	348	238	110	474	330	144	564	349	215
赣县区	180	123	57	232	152	80	280	176	104
信丰县	266	197	69	435	288	147	448	277	171
大余县	139	91	48	199	147	52	199	124	75
上犹县	123	81	42	180	114	66	198	127	71
崇义县	57	37	20	86	56	30	114	66	48
安远县	115	80	35	153	97	56	160	99	61
定南县	103	68	35	127	84	43	144	98	46
全南县	102	72	30	139	97	42	120	77	43

6-1 续表 11

单位：人

地区	60-64岁			65-69岁			70-74岁		
	小计	男	女	小计	男	女	小计	男	女
宁都县	271	194	77	340	225	115	472	298	174
于都县	255	196	59	307	209	98	356	226	130
兴国县	255	183	72	365	251	114	468	312	156
会昌县	182	137	45	231	159	72	269	153	116
寻乌县	108	72	36	115	83	32	142	95	47
石城县	95	61	34	123	83	40	160	91	69
瑞金市	197	154	43	304	204	100	352	236	116
龙南市	164	121	43	229	168	61	211	144	67
吉安市	**1691**	**1157**	**534**	**2323**	**1567**	**756**	**3004**	**1975**	**1029**
吉州区	144	106	38	196	137	59	242	170	72
青原区	49	33	16	83	60	23	125	82	43
吉安县	168	114	54	208	146	62	265	175	90
吉水县	156	103	53	220	145	75	278	169	109
峡江县	36	23	13	69	41	28	82	55	27
新干县	110	79	31	163	122	41	173	121	52
永丰县	131	86	45	193	118	75	295	179	116
泰和县	166	119	47	227	164	63	288	197	91
遂川县	235	157	78	280	170	110	371	242	129
万安县	122	72	50	142	92	50	188	115	73
安福县	110	68	42	183	116	67	260	166	94
永新县	199	151	48	290	213	77	334	234	100
井冈山市	65	46	19	69	43	26	103	70	33
宜春市	**2057**	**1376**	**681**	**2846**	**1907**	**939**	**3366**	**2191**	**1175**
袁州区	349	234	115	530	339	191	596	376	220
奉新县	93	61	32	119	82	37	191	134	57
万载县	253	176	77	370	231	139	383	236	147
上高县	148	95	53	174	120	54	190	115	75
宜丰县	102	76	26	144	92	52	146	102	44
靖安县	33	24	9	74	46	28	91	59	32
铜鼓县	39	26	13	57	42	15	74	48	26
丰城市	495	326	169	620	444	176	848	541	307
樟树市	251	175	76	306	211	95	342	229	113
高安市	294	183	111	452	300	152	505	351	154
抚州市	**1320**	**906**	**414**	**1936**	**1264**	**672**	**2404**	**1510**	**894**
临川区	357	245	112	571	344	227	677	433	244
东乡区	138	92	46	228	161	67	283	187	96
南城县	119	87	32	162	103	59	213	135	78
黎川县	98	68	30	113	76	37	194	119	75
南丰县	105	58	47	119	82	37	181	127	54
崇仁县	87	65	22	166	106	60	163	98	65
乐安县	114	74	40	141	96	45	164	92	72
宜黄县	83	57	26	107	70	37	149	79	70
金溪县	114	85	29	172	115	57	179	107	72
资溪县	38	30	8	68	49	19	55	36	19
广昌县	67	45	22	89	62	27	146	97	49
上饶市	**2392**	**1631**	**761**	**3447**	**2295**	**1152**	**4211**	**2641**	**1570**
信州区	172	123	49	177	125	52	192	112	80
广丰区	264	178	86	399	254	145	445	288	157
广信区	324	207	117	446	285	161	509	308	201
玉山县	205	143	62	337	233	104	464	311	153
铅山县	147	100	47	223	149	74	248	148	100
横峰县	81	59	22	113	67	46	134	78	56
弋阳县	119	79	40	180	121	59	236	141	95
余干县	251	169	82	357	232	125	435	268	167
鄱阳县	422	281	141	657	449	208	841	554	287
万年县	155	116	39	226	150	76	292	182	110
婺源县	123	86	37	172	125	47	229	140	89
德兴市	129	90	39	160	105	55	186	111	75

6-1 续表 12

单位：人

地 区	75-79岁			80-84岁			85-89岁		
	小计	男	女	小计	男	女	小计	男	女
全 省	**31536**	**18588**	**12948**	**40257**	**21169**	**19088**	**31295**	**14254**	**17041**
南昌市	**3275**	**2091**	**1184**	**4155**	**2290**	**1865**	**4109**	**1923**	**2186**
东湖区	262	154	108	435	231	204	449	210	239
西湖区	358	228	130	471	252	219	460	211	249
青云谱区	196	133	63	298	165	133	242	146	96
青山湖区	402	272	130	557	336	221	476	245	231
新建区	482	295	187	496	270	226	532	249	283
红谷滩区	99	64	35	132	80	52	106	52	54
南昌县	808	513	295	899	498	401	914	394	520
安义县	164	93	71	188	108	80	230	115	115
进贤县	504	339	165	679	350	329	700	301	399
景德镇市	**1106**	**648**	**458**	**1422**	**719**	**703**	**1055**	**493**	**562**
昌江区	102	54	48	105	49	56	95	42	53
珠山区	199	131	68	282	163	119	277	128	149
浮梁县	214	130	84	283	141	142	214	103	111
乐平市	591	333	258	752	366	386	469	220	249
萍乡市	**1628**	**934**	**694**	**1942**	**1063**	**879**	**1368**	**660**	**708**
安源区	330	186	144	406	225	181	323	150	173
湘东区	322	177	145	421	235	186	311	157	154
莲花县	265	157	108	341	186	155	181	78	103
上栗县	444	246	198	486	259	227	347	176	171
芦溪县	267	168	99	288	158	130	206	99	107
九江市	**3193**	**1867**	**1326**	**3354**	**1795**	**1559**	**2962**	**1403**	**1559**
濂溪区	180	107	73	192	119	73	188	90	98
浔阳区	199	107	92	276	148	128	285	149	136
柴桑区	243	149	94	248	140	108	217	97	120
武宁县	281	176	105	306	162	144	301	138	163
修水县	568	340	228	634	333	301	361	191	170
永修县	236	138	98	241	121	120	256	114	142
德安县	127	69	58	135	78	57	151	80	71
都昌县	379	230	149	381	203	178	356	141	215
湖口县	248	138	110	204	104	100	203	83	120
彭泽县	250	128	122	263	137	126	213	103	110
瑞昌市	293	163	130	324	173	151	245	117	128
共青城市	64	39	25	41	20	21	63	31	32
庐山市	125	83	42	109	57	52	123	69	54
新余市	**776**	**460**	**316**	**965**	**516**	**449**	**869**	**414**	**455**
渝水区	515	304	211	670	359	311	595	284	311
分宜县	261	156	105	295	157	138	274	130	144
鹰潭市	**726**	**430**	**296**	**1142**	**613**	**529**	**863**	**427**	**436**
月湖区	125	76	49	220	122	98	197	111	86
余江区	227	123	104	338	194	144	275	137	138
贵溪市	374	231	143	584	297	287	391	179	212
赣州市	**6144**	**3491**	**2653**	**7806**	**3894**	**3912**	**5561**	**2322**	**3239**
章贡区	527	310	217	656	364	292	522	241	281
南康区	624	376	248	761	360	401	653	245	408
赣县区	341	175	166	402	199	203	301	138	163
信丰县	553	307	246	663	291	372	448	179	269
大余县	245	150	95	323	153	170	185	82	103
上犹县	268	157	111	343	163	180	269	109	160
崇义县	160	103	57	188	96	92	141	59	82
安远县	206	114	92	247	131	116	157	54	103
定南县	174	103	71	253	113	140	184	70	114
全南县	150	85	65	215	91	124	196	72	124

6−1 续表 13

单位：人

地 区	75−79岁			80−84岁			85−89岁		
	小计	男	女	小计	男	女	小计	男	女
宁都县	547	298	249	780	433	347	417	204	213
于都县	389	196	193	510	240	270	357	145	212
兴国县	556	328	228	654	338	316	447	202	245
会昌县	340	184	156	394	206	188	229	86	143
寻乌县	200	127	73	327	152	175	208	92	116
石城县	189	111	78	258	144	114	175	78	97
瑞金市	404	216	188	511	274	237	404	178	226
龙南市	271	151	120	321	146	175	268	88	180
吉安市	**3757**	**2159**	**1598**	**4923**	**2532**	**2391**	**3543**	**1551**	**1992**
吉州区	274	171	103	340	187	153	317	146	171
青原区	137	85	52	158	83	75	123	60	63
吉安县	352	209	143	445	217	228	325	131	194
吉水县	368	188	180	488	245	243	338	141	197
峡江县	110	67	43	170	79	91	106	53	53
新干县	220	127	93	311	159	152	235	108	127
永丰县	345	194	151	440	233	207	275	117	158
泰和县	324	185	139	432	203	229	339	145	194
遂川县	486	290	196	591	332	259	458	205	253
万安县	271	146	125	362	185	177	215	97	118
安福县	339	194	145	450	234	216	322	138	184
永新县	414	238	176	523	261	262	372	156	216
井冈山市	117	65	52	213	114	99	118	54	64
宜春市	**3834**	**2300**	**1534**	**4725**	**2531**	**2194**	**3982**	**1837**	**2145**
袁州区	651	378	273	818	436	382	585	285	300
奉新县	201	118	83	184	108	76	217	95	122
万载县	451	275	176	551	292	259	325	153	172
上高县	257	161	96	344	174	170	283	147	136
宜丰县	229	139	90	260	142	118	207	110	97
靖安县	108	68	40	139	89	50	130	69	61
铜鼓县	102	56	46	121	61	60	66	33	33
丰城市	941	555	386	1216	645	571	1100	483	617
樟树市	360	222	138	484	240	244	454	204	250
高安市	534	328	206	608	344	264	615	258	357
抚州市	**2538**	**1469**	**1069**	**3746**	**1949**	**1797**	**2563**	**1160**	**1403**
临川区	604	363	241	1019	564	455	820	391	429
东乡区	253	152	101	373	198	175	317	144	173
南城县	223	119	104	281	129	152	184	69	115
黎川县	187	99	88	248	126	122	170	79	91
南丰县	206	117	89	289	148	141	128	68	60
崇仁县	208	114	94	318	159	159	237	93	144
乐安县	244	152	92	351	188	163	179	83	96
宜黄县	165	94	71	222	107	115	113	47	66
金溪县	183	96	87	252	129	123	176	75	101
资溪县	90	54	36	104	54	50	104	49	55
广昌县	175	109	66	289	147	142	135	62	73
上饶市	**4559**	**2739**	**1820**	**6077**	**3267**	**2810**	**4420**	**2064**	**2356**
信州区	283	179	104	370	192	178	275	137	138
广丰区	440	275	165	697	399	298	578	260	318
广信区	604	353	251	741	369	372	426	186	240
玉山县	443	285	158	644	374	270	468	236	232
铅山县	272	145	127	334	197	137	191	94	97
横峰县	182	109	73	219	109	110	101	51	50
弋阳县	256	153	103	373	196	177	215	95	120
余干县	465	261	204	570	316	254	568	263	305
鄱阳县	848	517	331	1009	546	463	888	396	492
万年县	284	164	120	386	191	195	210	91	119
婺源县	222	136	86	364	197	167	278	132	146
德兴市	260	162	98	370	181	189	222	123	99

6-1 续表 14

单位：人

地 区	90-94岁			95-99岁			100岁及以上		
	小计	男	女	小计	男	女	小计	男	女
全 省	**15517**	**6086**	**9431**	**4488**	**1455**	**3033**	**680**	**180**	**500**
南昌市	**2096**	**853**	**1243**	**629**	**182**	**447**	**114**	**33**	**81**
东湖区	244	107	137	68	22	46	10	3	7
西湖区	276	113	163	72	18	54	22	9	13
青云谱区	108	50	58	30	17	13	4	1	3
青山湖区	212	94	118	68	25	43	17	5	12
新建区	277	108	169	80	25	55	9	1	8
红谷滩区	67	25	42	17	7	10	2	1	1
南昌县	481	182	299	151	27	124	26	4	22
安义县	101	56	45	28	10	18	4	2	2
进贤县	330	118	212	115	31	84	20	7	13
景德镇市	**438**	**169**	**269**	**127**	**38**	**89**	**16**	**4**	**12**
昌江区	49	25	24	17	10	7			
珠山区	127	49	78	43	14	29	8	3	5
浮梁县	89	35	54	29	4	25	3		3
乐平市	173	60	113	38	10	28	5	1	4
萍乡市	**738**	**315**	**423**	**208**	**90**	**118**	**36**	**15**	**21**
安源区	152	70	82	35	17	18	7	3	4
湘东区	182	78	104	39	14	25	6	3	3
莲花县	108	38	70	30	10	20	7	3	4
上栗县	172	72	100	57	31	26	6	3	3
芦溪县	124	57	67	47	18	29	10	3	7
九江市	**1526**	**627**	**899**	**436**	**151**	**285**	**76**	**22**	**54**
濂溪区	107	48	59	20	7	13	5		5
浔阳区	129	56	73	45	13	32	12	3	9
柴桑区	131	59	72	29	9	20	2		2
武宁县	167	74	93	57	17	40	10	5	5
修水县	189	93	96	72	36	36	15	5	10
永修县	145	60	85	38	11	27	2	1	1
德安县	72	38	34	18	7	11			
都昌县	171	49	122	50	13	37	9	2	7
湖口县	94	28	66	24	9	15	2	1	1
彭泽县	100	27	73	21	5	16			
瑞昌市	123	60	63	36	15	21	6	1	5
共青城市	16	5	11	10	3	7	4	1	3
庐山市	82	30	52	16	6	10	9	3	6
新余市	**425**	**162**	**263**	**97**	**46**	**51**	**15**	**4**	**11**
渝水区	299	108	191	66	29	37	7	2	5
分宜县	126	54	72	31	17	14	8	2	6
鹰潭市	**424**	**185**	**239**	**115**	**46**	**69**	**17**	**5**	**12**
月湖区	120	53	67	26	15	11	4		4
余江区	118	48	70	41	11	30	3	2	1
贵溪市	186	84	102	48	20	28	10	3	7
赣州市	**2800**	**980**	**1820**	**881**	**259**	**622**	**150**	**38**	**112**
章贡区	232	86	146	82	26	56	18	4	14
南康区	332	97	235	93	19	74	11	3	8
赣县区	161	49	112	47	14	33	9	2	7
信丰县	196	60	136	67	17	50	10	1	9
大余县	99	31	68	18	3	15	4	1	3
上犹县	106	53	53	32	16	16	5	4	1
崇义县	65	28	37	15	5	10	3	1	2
安远县	76	22	54	24	2	22	4		4
定南县	83	23	60	26	6	20	4		4
全南县	73	27	46	33	11	22	1		1

6-1 续表 15

单位：人

地　区	90-94岁			95-99岁			100岁及以上		
	小计	男	女	小计	男	女	小计	男	女
宁都县	228	97	131	86	36	50	12	5	7
于都县	186	58	128	52	10	42	8	3	5
兴国县	245	90	155	88	29	59	12	4	8
会昌县	135	54	81	36	7	29	9	3	6
寻乌县	119	41	78	36	13	23	8		8
石城县	97	39	58	28	10	18			
瑞金市	248	89	159	78	31	47	22	5	17
龙南市	119	36	83	40	4	36	10	2	8
吉安市	**1662**	**617**	**1045**	**463**	**134**	**329**	**68**	**16**	**52**
吉州区	154	66	88	44	11	33	10	3	7
青原区	51	17	34	25	8	17	4	1	3
吉安县	174	49	125	41	11	30	9	3	6
吉水县	140	37	103	60	19	41	8	5	3
峡江县	50	25	25	20	3	17	1		1
新干县	111	46	65	27	9	18	3		3
永丰县	116	54	62	29	11	18	6	1	5
泰和县	195	72	123	46	12	34	4		4
遂川县	206	68	138	39	10	29	2	1	1
万安县	119	53	66	21	6	15	4	2	2
安福县	139	63	76	48	14	34	3		3
永新县	173	56	117	50	15	35	14		14
井冈山市	34	11	23	13	5	8			
宜春市	**2058**	**830**	**1228**	**563**	**177**	**386**	**71**	**14**	**57**
袁州区	347	161	186	116	42	74	15	3	12
奉新县	100	35	65	40	17	23	2	1	1
万载县	126	51	75	35	9	26	2		2
上高县	160	60	100	33	10	23	7	2	5
宜丰县	92	50	42	34	11	23	2	1	1
靖安县	76	35	41	15	8	7	1		1
铜鼓县	40	19	21	9	4	5	2		2
丰城市	577	223	354	144	35	109	23	4	19
樟树市	253	86	167	60	17	43	10	2	8
高安市	287	110	177	77	24	53	7	1	6
抚州市	**1211**	**459**	**752**	**303**	**94**	**209**	**46**	**10**	**36**
临川区	383	163	220	86	24	62	24	6	18
东乡区	151	50	101	48	21	27	3	1	2
南城县	78	28	50	25	4	21	3		3
黎川县	75	34	41	19	9	10	1		1
南丰县	77	27	50	17	1	16	1		1
崇仁县	114	48	66	24	6	18	4		4
乐安县	82	25	57	23	7	16	1	1	
宜黄县	47	23	24	7	2	5	2		2
金溪县	90	24	66	17	7	10	2	1	1
资溪县	35	14	21	15	3	12	3	1	2
广昌县	79	23	56	22	10	12	2		2
上饶市	**2139**	**889**	**1250**	**666**	**238**	**428**	**71**	**19**	**52**
信州区	168	68	100	36	16	20	9	3	6
广丰区	301	118	183	102	36	66	10	2	8
广信区	237	110	127	84	34	50	6	3	3
玉山县	261	107	154	79	28	51	5	1	4
铅山县	82	38	44	34	14	20	7		7
横峰县	78	38	40	17	4	13	3	2	1
弋阳县	100	45	55	35	12	23	3		3
余干县	208	82	126	97	34	63	13	4	9
鄱阳县	379	144	235	105	34	71	11	3	8
万年县	90	37	53	29	11	18	1		1
婺源县	107	37	70	21	8	13	2	1	1
德兴市	128	65	63	27	7	20	1		1

6–1a　各地区分年龄、性别的死亡人口
(2019.11.1–2020.10.31)(城市)

单位：人

地　区	死亡人口			0岁		
	合计	男	女	小计	男	女
全　省	**44001**	**25937**	**18064**	**92**	**46**	**46**
南昌市	**10641**	**6291**	**4350**	**20**	**8**	**12**
东湖区	2200	1252	948	3	2	1
西湖区	2643	1519	1124	4	1	3
青云谱区	1430	876	554	3	2	1
青山湖区	2714	1647	1067	8	2	6
新建区	916	557	359	1		1
红谷滩区	679	411	268	1	1	
南昌县	59	29	30			
安义县						
进贤县						
景德镇市	**3136**	**1881**	**1255**	**2**	**1**	**1**
昌江区	449	281	168	1	1	
珠山区	1544	927	617			
浮梁县	207	125	82			
乐平市	936	548	388	1		1
萍乡市	**2659**	**1559**	**1100**	**5**	**3**	**2**
安源区	1762	1038	724	3	2	1
湘东区	867	504	363	2	1	1
莲花县						
上栗县	30	17	13			
芦溪县						
九江市	**3021**	**1756**	**1265**	**4**	**2**	**2**
濂溪区	623	369	254			
浔阳区	1465	826	639	1	1	
柴桑区	288	189	99	1		1
武宁县						
修水县						
永修县						
德安县						
都昌县						
湖口县						
彭泽县						
瑞昌市	357	202	155	1		1
共青城市	140	83	57	1	1	
庐山市	148	87	61			
新余市	**1440**	**856**	**584**	**5**	**2**	**3**
渝水区	1440	856	584	5	2	3
分宜县						
鹰潭市	**2163**	**1298**	**865**	**2**	**1**	**1**
月湖区	1003	605	398			
余江区	345	206	139			
贵溪市	815	487	328	2	1	1
赣州市	**6134**	**3613**	**2521**	**18**	**12**	**6**
章贡区	3474	2063	1411	11	7	4
南康区	1177	663	514	3	2	1
赣县区	112	68	44			
信丰县						
大余县						
上犹县						
崇义县						
安远县						
定南县						
全南县						

6-1a 续表 1

单位：人

地区	死亡人口			0岁		
	合计	男	女	小计	男	女
宁都县						
于都县						
兴国县						
会昌县						
寻乌县	7	4	3			
石城县						
瑞金市	743	462	281	2	1	1
龙南市	621	353	268	2	2	
吉安市	**1877**	**1124**	**753**	**3**	**2**	**1**
吉州区	1576	930	646	3	2	1
青原区	197	128	69			
吉安县						
吉水县						
峡江县						
新干县						
永丰县						
泰和县						
遂川县						
万安县						
安福县						
永新县						
井冈山市	104	66	38			
宜春市	**5424**	**3208**	**2216**	**12**	**7**	**5**
袁州区	1753	1074	679	4	2	2
奉新县						
万载县						
上高县						
宜丰县						
靖安县						
铜鼓县						
丰城市	1875	1090	785	2	1	1
樟树市	1071	621	450	3	1	2
高安市	725	423	302	3	3	
抚州市	**2176**	**1279**	**897**	**10**	**5**	**5**
临川区	1591	921	670	8	4	4
东乡区	585	358	227	2	1	1
南城县						
黎川县						
南丰县						
崇仁县						
乐安县						
宜黄县						
金溪县						
资溪县						
广昌县						
上饶市	**5330**	**3072**	**2258**	**11**	**3**	**8**
信州区	1455	832	623	3		3
广丰区	1447	834	613			
广信区	1235	709	526	3	3	
玉山县						
铅山县	14	8	6			
横峰县						
弋阳县						
余干县	154	92	62			
鄱阳县	9	5	4			
万年县						
婺源县						
德兴市	1016	592	424	5		5

6-1a 续表 2 单位：人

地 区	1-4岁			5-9岁			10-14岁		
	小计	男	女	小计	男	女	小计	男	女
全 省	**97**	**64**	**33**	**64**	**34**	**30**	**103**	**66**	**37**
南昌市	**15**	**12**	**3**	**6**	**6**		**15**	**10**	**5**
东湖区	2	2		1	1		2	2	
西湖区	4	3	1	3	3		5	3	2
青云谱区	1	1					1	1	
青山湖区	4	2	2				4	2	2
新建区	1	1		1	1		1	1	
红谷滩区	3	3		1	1		2	1	1
南昌县									
安义县									
进贤县									
景德镇市	**5**	**2**	**3**	**1**		**1**	**7**	**3**	**4**
昌江区	1		1				1		1
珠山区									
浮梁县							1	1	
乐平市	4	2	2	1		1	5	2	3
萍乡市	**4**	**4**		**8**	**3**	**5**	**4**	**2**	**2**
安源区	2	2		6	3	3	2		2
湘东区	2	2		1		1	2	2	
莲花县									
上栗县				1		1			
芦溪县									
九江市	**1**		**1**	**8**	**4**	**4**	**9**	**4**	**5**
濂溪区				4	3	1	3	1	2
浔阳区							3	1	2
柴桑区							3	2	1
武宁县									
修水县									
永修县									
德安县									
都昌县									
湖口县									
彭泽县									
瑞昌市				3		3			
共青城市									
庐山市	1		1	1	1				
新余市	**3**	**2**	**1**	**3**	**1**	**2**	**4**	**3**	**1**
渝水区	3	2	1	3	1	2	4	3	1
分宜县									
鹰潭市	**10**	**7**	**3**	**1**		**1**	**4**	**2**	**2**
月湖区	1		1	1		1			
余江区	4	2	2						
贵溪市	5	5					4	2	2
赣州市	**18**	**12**	**6**	**8**	**4**	**4**	**14**	**11**	**3**
章贡区	10	6	4	3	1	2	7	6	1
南康区	5	4	1	1		1	4	3	1
赣县区							2	1	1
信丰县									
大余县									
上犹县									
崇义县									
安远县									
定南县									
全南县									

6-1a 续表 3

单位：人

地区	1-4岁			5-9岁			10-14岁		
	小计	男	女	小计	男	女	小计	男	女
宁都县									
于都县									
兴国县									
会昌县									
寻乌县									
石城县									
瑞金市	2	1	1	4	3	1			
龙南市	1	1					1	1	
吉安市	**5**	**3**	**2**	**1**	**1**		**8**	**6**	**2**
吉州区	4	2	2				6	5	1
青原区				1	1		2	1	1
吉安县									
吉水县									
峡江县									
新干县									
永丰县									
泰和县									
遂川县									
万安县									
安福县									
永新县									
井冈山市	1	1							
宜春市	**17**	**14**	**3**	**11**	**9**	**2**	**23**	**15**	**8**
袁州区	7	6	1	7	6	1	6	3	3
奉新县									
万载县									
上高县									
宜丰县									
靖安县									
铜鼓县									
丰城市	5	4	1	1		1	9	7	2
樟树市	3	3		1	1		4	3	1
高安市	2	1	1	2	2		4	2	2
抚州市	**11**	**4**	**7**	**4**	**1**	**3**	**4**	**1**	**3**
临川区	10	3	7	4	1	3	2		2
东乡区	1	1					2	1	1
南城县									
黎川县									
南丰县									
崇仁县									
乐安县									
宜黄县									
金溪县									
资溪县									
广昌县									
上饶市	**8**	**4**	**4**	**13**	**5**	**8**	**11**	**9**	**2**
信州区	2	1	1	1		1	2	1	1
广丰区	3	2	1	5	2	3	5	4	1
广信区				4	2	2	2	2	
玉山县									
铅山县									
横峰县									
弋阳县									
余干县	2	1	1						
鄱阳县									
万年县									
婺源县									
德兴市	1		1	3	1	2	2	2	

6-1a 续表 4

单位：人

地 区	15-19岁			20-24岁			25-29岁		
	小计	男	女	小计	男	女	小计	男	女
全 省	**139**	**103**	**36**	**171**	**115**	**56**	**183**	**125**	**58**
南昌市	**29**	**23**	**6**	**35**	**24**	**11**	**40**	**27**	**13**
东湖区	3	2	1	1		1	6	4	2
西湖区	4	4		6	5	1	14	10	4
青云谱区	2	1	1	1	1		4	2	2
青山湖区	11	9	2	8	4	4	9	6	3
新建区	3	3		6	6		4	2	2
红谷滩区	6	4	2	12	7	5	3	3	
南昌县				1	1				
安义县									
进贤县									
景德镇市	**8**	**7**	**1**	**5**	**4**	**1**	**12**	**8**	**4**
昌江区							2	1	1
珠山区	7	6	1	3	2	1	4	2	2
浮梁县				2	2		2	1	1
乐平市	1	1					4	4	
萍乡市	**5**	**1**	**4**	**5**	**4**	**1**	**11**	**9**	**2**
安源区	4	1	3	1	1		6	6	
湘东区	1		1	4	3	1	5	3	2
莲花县									
上栗县									
芦溪县									
九江市	**10**	**7**	**3**	**24**	**18**	**6**	**11**	**10**	**1**
濂溪区	2	2		7	3	4	5	5	
浔阳区	2	2		2	1	1	1	1	
柴桑区	1		1	9	9		1	1	
武宁县									
修水县									
永修县									
德安县									
都昌县									
湖口县									
彭泽县									
瑞昌市	2	2		1		1	3	2	1
共青城市	2		2	5	5		1	1	
庐山市	1	1							
新余市	**4**	**3**	**1**	**6**	**5**	**1**	**2**	**2**	
渝水区	4	3	1	6	5	1	2	2	
分宜县									
鹰潭市	**8**	**7**	**1**	**9**	**7**	**2**	**7**	**5**	**2**
月湖区	3	2	1	3	3		5	3	2
余江区	2	2		5	3	2	2	2	
贵溪市	3	3		1	1				
赣州市	**29**	**21**	**8**	**25**	**17**	**8**	**21**	**10**	**11**
章贡区	14	10	4	14	7	7	12	6	6
南康区	5	4	1	3	2	1	5	2	3
赣县区	1	1		1	1				
信丰县									
大余县									
上犹县									
崇义县									
安远县									
定南县									
全南县									

6-1a 续表 5

单位：人

地 区	15-19岁			20-24岁			25-29岁		
	小计	男	女	小计	男	女	小计	男	女
宁都县									
于都县									
兴国县									
会昌县									
寻乌县									
石城县									
瑞金市	8	6	2	4	4		3	1	2
龙南市	1		1	3	3		1	1	
吉安市	**2**	**2**		**7**	**4**	**3**	**5**	**2**	**3**
吉州区				6	3	3	5	2	3
青原区	2	2		1	1				
吉安县									
吉水县									
峡江县									
新干县									
永丰县									
泰和县									
遂川县									
万安县									
安福县									
永新县									
井冈山市									
宜春市	**17**	**11**	**6**	**28**	**17**	**11**	**31**	**22**	**9**
袁州区	8	5	3	7	4	3	13	9	4
奉新县									
万载县									
上高县									
宜丰县									
靖安县									
铜鼓县									
丰城市	3	1	2	11	7	4	13	11	2
樟树市	3	3		3	3		4	2	2
高安市	3	2	1	7	3	4	1		1
抚州市	**8**	**5**	**3**	**14**	**7**	**7**	**11**	**9**	**2**
临川区	6	3	3	13	6	7	5	3	2
东乡区	2	2		1	1		6	6	
南城县									
黎川县									
南丰县									
崇仁县									
乐安县									
宜黄县									
金溪县									
资溪县									
广昌县									
上饶市	**19**	**16**	**3**	**13**	**8**	**5**	**32**	**21**	**11**
信州区	2	1	1	4	3	1	6	6	
广丰区	7	5	2	4	2	2	14	8	6
广信区	5	5		4	2	2	8	3	5
玉山县									
铅山县									
横峰县									
弋阳县									
余干县				1	1		2	2	
鄱阳县									
万年县									
婺源县									
德兴市	5	5					2	2	

6－1a　续表 6

单位：人

地　　区	30－34岁			35－39岁			40－44岁		
	小计	男	女	小计	男	女	小计	男	女
全　省	**324**	**213**	**111**	**408**	**270**	**138**	**765**	**512**	**253**
南昌市	**56**	**33**	**23**	**80**	**49**	**31**	**151**	**103**	**48**
东湖区	12	6	6	12	8	4	19	15	4
西湖区	8	5	3	18	11	7	33	24	9
青云谱区	5	4	1	10	5	5	19	9	10
青山湖区	21	12	9	18	11	7	43	33	10
新建区	4	3	1	13	7	6	22	17	5
红谷滩区	5	2	3	9	7	2	15	5	10
南昌县	1	1							
安义县									
进贤县									
景德镇市	**16**	**7**	**9**	**28**	**15**	**13**	**63**	**50**	**13**
昌江区	1		1	4	3	1	7	6	1
珠山区	4	3	1	10	6	4	25	19	6
浮梁县	5	2	3				4	4	
乐平市	6	2	4	14	6	8	27	21	6
萍乡市	**17**	**14**	**3**	**25**	**18**	**7**	**46**	**28**	**18**
安源区	13	10	3	13	9	4	25	15	10
湘东区	4	4		12	9	3	21	13	8
莲花县									
上栗县									
芦溪县									
九江市	**25**	**15**	**10**	**22**	**13**	**9**	**33**	**17**	**16**
濂溪区	2	1	1	6	3	3	5	1	4
浔阳区	11	5	6	6	4	2	12	7	5
柴桑区	2	1	1	3	3		5	3	2
武宁县									
修水县									
永修县									
德安县									
都昌县									
湖口县									
彭泽县									
瑞昌市	7	6	1	5	3	2	5	5	
共青城市	2	2		1		1	3		3
庐山市	1		1	1		1	3	1	2
新余市	**10**	**9**	**1**	**10**	**10**		**28**	**19**	**9**
渝水区	10	9	1	10	10		28	19	9
分宜县									
鹰潭市	**15**	**8**	**7**	**16**	**12**	**4**	**29**	**22**	**7**
月湖区	10	4	6	4	3	1	9	8	1
余江区	2	1	1	8	5	3	3	3	
贵溪市	3	3		4	4		17	11	6
赣州市	**51**	**36**	**15**	**74**	**51**	**23**	**118**	**91**	**27**
章贡区	23	14	9	37	21	16	53	41	12
南康区	16	12	4	20	15	5	29	21	8
赣县区	1	1		2	2		4	4	
信丰县									
大余县									
上犹县									
崇义县									
安远县									
定南县									
全南县									

6-1a 续表 7

单位：人

地　区	30-34岁			35-39岁			40-44岁		
	小计	男	女	小计	男	女	小计	男	女
宁都县									
于都县									
兴国县									
会昌县									
寻乌县									
石城县									
瑞金市	7	5	2	8	7	1	21	17	4
龙南市	4	4		7	6	1	11	8	3
吉安市	**10**	**8**	**2**	**15**	**10**	**5**	**49**	**29**	**20**
吉州区	8	7	1	12	7	5	40	22	18
青原区	2	1	1	1	1		6	5	1
吉安县									
吉水县									
峡江县									
新干县									
永丰县									
泰和县									
遂川县									
万安县									
安福县									
永新县									
井冈山市				2	2		3	2	1
宜春市	**47**	**30**	**17**	**58**	**42**	**16**	**107**	**71**	**36**
袁州区	12	8	4	19	13	6	45	29	16
奉新县									
万载县									
上高县									
宜丰县									
靖安县									
铜鼓县									
丰城市	15	11	4	17	12	5	26	16	10
樟树市	8	5	3	9	9		26	18	8
高安市	12	6	6	13	8	5	10	8	2
抚州市	**25**	**17**	**8**	**24**	**14**	**10**	**43**	**29**	**14**
临川区	11	9	2	19	12	7	30	19	11
东乡区	14	8	6	5	2	3	13	10	3
南城县									
黎川县									
南丰县									
崇仁县									
乐安县									
宜黄县									
金溪县									
资溪县									
广昌县									
上饶市	**52**	**36**	**16**	**56**	**36**	**20**	**98**	**53**	**45**
信州区	12	9	3	11	5	6	21	10	11
广丰区	16	12	4	18	11	7	23	16	7
广信区	10	7	3	16	11	5	29	14	15
玉山县									
铅山县									
横峰县									
弋阳县									
余干县	4	3	1						
鄱阳县									
万年县									
婺源县									
德兴市	10	5	5	11	9	2	25	13	12

6-1a 续表 8

单位：人

地区	45-49岁			50-54岁			55-59岁		
	小计	男	女	小计	男	女	小计	男	女
全 省	**1195**	**794**	**401**	**1754**	**1193**	**561**	**2274**	**1568**	**706**
南昌市	**243**	**162**	**81**	**362**	**243**	**119**	**499**	**353**	**146**
东湖区	42	27	15	65	46	19	107	77	30
西湖区	45	23	22	68	47	21	130	98	32
青云谱区	26	18	8	43	30	13	56	43	13
青山湖区	68	50	18	113	74	39	135	87	48
新建区	39	30	9	48	33	15	40	27	13
红谷滩区	21	13	8	22	12	10	30	20	10
南昌县	2	1	1	3	1	2	1	1	
安义县									
进贤县									
景德镇市	**71**	**48**	**23**	**132**	**96**	**36**	**189**	**134**	**55**
昌江区	10	6	4	20	15	5	26	19	7
珠山区	27	18	9	60	44	16	104	73	31
浮梁县	5	3	2	8	7	1	9	7	2
乐平市	29	21	8	44	30	14	50	35	15
萍乡市	**77**	**47**	**30**	**102**	**66**	**36**	**158**	**113**	**45**
安源区	49	25	24	76	53	23	121	88	33
湘东区	26	20	6	25	12	13	36	25	11
莲花县									
上栗县	2	2		1	1		1		1
芦溪县									
九江市	**77**	**45**	**32**	**133**	**83**	**50**	**143**	**90**	**53**
濂溪区	21	12	9	32	23	9	26	20	6
浔阳区	32	19	13	56	36	20	67	40	27
柴桑区	5	3	2	14	7	7	11	6	5
武宁县									
修水县									
永修县									
德安县									
都昌县									
湖口县									
彭泽县									
瑞昌市	11	6	5	18	10	8	21	12	9
共青城市	2	1	1	10	4	6	8	4	4
庐山市	6	4	2	3	3		10	8	2
新余市	**32**	**22**	**10**	**74**	**47**	**27**	**65**	**47**	**18**
渝水区	32	22	10	74	47	27	65	47	18
分宜县									
鹰潭市	**71**	**52**	**19**	**85**	**57**	**28**	**107**	**73**	**34**
月湖区	30	23	7	32	20	12	37	29	8
余江区	15	12	3	18	14	4	15	13	2
贵溪市	26	17	9	35	23	12	55	31	24
赣州市	**184**	**126**	**58**	**258**	**194**	**64**	**344**	**254**	**90**
章贡区	105	67	38	124	94	30	200	146	54
南康区	29	20	9	68	55	13	65	49	16
赣县区	7	5	2	5	2	3	8	5	3
信丰县									
大余县									
上犹县									
崇义县									
安远县									
定南县									
全南县									

6-1a 续表 9

单位：人

地　区	45-49岁			50-54岁			55-59岁		
	小计	男	女	小计	男	女	小计	男	女
宁都县									
于都县									
兴国县									
会昌县									
寻乌县							2	2	
石城县									
瑞金市	27	21	6	39	29	10	40	30	10
龙南市	16	13	3	22	14	8	29	22	7
吉安市	**54**	**35**	**19**	**66**	**43**	**23**	**99**	**67**	**32**
吉州区	41	26	15	57	38	19	78	52	26
青原区	6	4	2	7	4	3	18	13	5
吉安县									
吉水县									
峡江县									
新干县									
永丰县									
泰和县									
遂川县									
万安县									
安福县									
永新县									
井冈山市	7	5	2	2	1	1	3	2	1
宜春市	**159**	**124**	**35**	**206**	**140**	**66**	**261**	**173**	**88**
袁州区	46	34	12	71	51	20	92	60	32
奉新县									
万载县									
上高县									
宜丰县									
靖安县									
铜鼓县									
丰城市	54	43	11	68	51	17	93	59	34
樟树市	33	25	8	42	25	17	43	32	11
高安市	26	22	4	25	13	12	33	22	11
抚州市	**64**	**37**	**27**	**93**	**67**	**26**	**118**	**73**	**45**
临川区	43	25	18	69	47	22	89	60	29
东乡区	21	12	9	24	20	4	29	13	16
南城县									
黎川县									
南丰县									
崇仁县									
乐安县									
宜黄县									
金溪县									
资溪县									
广昌县									
上饶市	**163**	**96**	**67**	**243**	**157**	**86**	**291**	**191**	**100**
信州区	27	12	15	50	32	18	90	56	34
广丰区	50	25	25	69	49	20	72	55	17
广信区	41	27	14	59	37	22	65	38	27
玉山县									
铅山县	2	2		2		2			
横峰县									
弋阳县									
余干县	6	4	2	13	9	4	8	5	3
鄱阳县				1	1		2		2
万年县									
婺源县									
德兴市	37	26	11	49	29	20	54	37	17

6-1a 续表 10

单位：人

地区	60-64岁			65-69岁			70-74岁		
	小计	男	女	小计	男	女	小计	男	女
全 省	**2962**	**2069**	**893**	**4202**	**2886**	**1316**	**4872**	**3211**	**1661**
南昌市	**673**	**483**	**190**	**940**	**648**	**292**	**1066**	**708**	**358**
东湖区	142	96	46	177	127	50	210	144	66
西湖区	198	148	50	232	160	72	212	143	69
青云谱区	72	53	19	129	88	41	180	106	74
青山湖区	158	109	49	237	157	80	287	194	93
新建区	48	35	13	92	64	28	107	72	35
红谷滩区	52	40	12	69	49	20	67	46	21
南昌县	3	2	1	4	3	1	3	3	
安义县									
进贤县									
景德镇市	**211**	**159**	**52**	**320**	**221**	**99**	**374**	**245**	**129**
昌江区	40	31	9	51	38	13	66	42	24
珠山区	98	80	18	128	91	37	158	104	54
浮梁县	13	8	5	32	21	11	17	12	5
乐平市	60	40	20	109	71	38	133	87	46
萍乡市	**196**	**139**	**57**	**312**	**209**	**103**	**315**	**188**	**127**
安源区	125	91	34	197	135	62	213	137	76
湘东区	68	46	22	111	71	40	100	50	50
莲花县									
上栗县	3	2	1	4	3	1	2	1	1
芦溪县									
九江市	**176**	**132**	**44**	**225**	**154**	**71**	**336**	**230**	**106**
濂溪区	28	21	7	42	28	14	80	48	32
浔阳区	79	61	18	105	72	33	150	104	46
柴桑区	20	15	5	29	23	6	32	23	9
武宁县									
修水县									
永修县									
德安县									
都昌县									
湖口县									
彭泽县									
瑞昌市	23	15	8	29	16	13	44	31	13
共青城市	13	10	3	9	8	1	17	14	3
庐山市	13	10	3	11	7	4	13	10	3
新余市	**82**	**57**	**25**	**129**	**77**	**52**	**164**	**122**	**42**
渝水区	82	57	25	129	77	52	164	122	42
分宜县									
鹰潭市	**148**	**95**	**53**	**209**	**150**	**59**	**220**	**138**	**82**
月湖区	56	37	19	96	74	22	86	53	33
余江区	21	9	12	37	26	11	43	30	13
贵溪市	71	49	22	76	50	26	91	55	36
赣州市	**433**	**302**	**131**	**661**	**474**	**187**	**708**	**474**	**234**
章贡区	239	166	73	374	267	107	387	257	130
南康区	93	55	38	120	91	29	144	89	55
赣县区	7	6	1	6	5	1	13	11	2
信丰县									
大余县									
上犹县									
崇义县									
安远县									
定南县									
全南县									

6-1a 续表 11

单位：人

地　区	60-64岁			65-69岁			70-74岁		
	小计	男	女	小计	男	女	小计	男	女
宁都县									
于都县									
兴国县									
会昌县									
寻乌县	1		1						
石城县									
瑞金市	44	38	6	76	54	22	89	65	24
龙南市	49	37	12	85	57	28	75	52	23
吉安市	**130**	**95**	**35**	**176**	**125**	**51**	**216**	**148**	**68**
吉州区	112	82	30	146	101	45	175	120	55
青原区	12	9	3	19	16	3	26	16	10
吉安县									
吉水县									
峡江县									
新干县									
永丰县									
泰和县									
遂川县									
万安县									
安福县									
永新县									
井冈山市	6	4	2	11	8	3	15	12	3
宜春市	**389**	**249**	**140**	**540**	**368**	**172**	**641**	**439**	**202**
袁州区	118	77	41	208	136	72	203	138	65
奉新县									
万载县									
上高县									
宜丰县									
靖安县									
铜鼓县									
丰城市	126	83	43	153	109	44	244	168	76
樟树市	88	57	31	103	78	25	113	73	40
高安市	57	32	25	76	45	31	81	60	21
抚州市	**125**	**81**	**44**	**196**	**131**	**65**	**258**	**168**	**90**
临川区	91	55	36	138	86	52	198	124	74
东乡区	34	26	8	58	45	13	60	44	16
南城县									
黎川县									
南丰县									
崇仁县									
乐安县									
宜黄县									
金溪县									
资溪县									
广昌县									
上饶市	**399**	**277**	**122**	**494**	**329**	**165**	**574**	**351**	**223**
信州区	131	93	38	124	91	33	134	76	58
广丰区	94	62	32	130	78	52	157	100	57
广信区	85	59	26	134	89	45	167	103	64
玉山县									
铅山县				1	1				
横峰县									
弋阳县									
余干县	7	4	3	18	14	4	19	11	8
鄱阳县	2	1	1						
万年县									
婺源县									
德兴市	80	58	22	87	56	31	97	61	36

6-1a　续表 12　　　　单位：人

地　区	75-79岁			80-84岁			85-89岁		
	小计	男	女	小计	男	女	小计	男	女
全　省	**5753**	**3484**	**2269**	**7598**	**4179**	**3419**	**6510**	**3176**	**3334**
南昌市	**1388**	**888**	**500**	**1951**	**1089**	**862**	**1805**	**901**	**904**
东湖区	244	143	101	414	217	197	430	202	228
西湖区	358	228	130	471	252	219	460	211	249
青云谱区	196	133	63	298	165	133	242	146	96
青山湖区	365	242	123	509	308	201	437	228	209
新建区	134	83	51	127	69	58	136	70	66
红谷滩区	81	52	29	120	72	48	88	43	45
南昌县	10	7	3	12	6	6	12	1	11
安义县									
进贤县									
景德镇市	**410**	**255**	**155**	**537**	**298**	**239**	**459**	**219**	**240**
昌江区	58	35	23	65	34	31	56	29	27
珠山区	196	128	68	277	163	114	270	123	147
浮梁县	35	20	15	34	16	18	27	19	8
乐平市	121	72	49	161	85	76	106	48	58
萍乡市	**364**	**194**	**170**	**423**	**247**	**176**	**354**	**166**	**188**
安源区	240	129	111	274	152	122	242	111	131
湘东区	117	63	54	144	92	52	109	52	57
莲花县									
上栗县	7	2	5	5	3	2	3	3	
芦溪县									
九江市	**408**	**225**	**183**	**531**	**299**	**232**	**489**	**249**	**240**
濂溪区	97	51	46	113	69	44	83	43	40
浔阳区	197	106	91	276	148	128	281	146	135
柴桑区	36	25	11	47	30	17	39	21	18
武宁县									
修水县									
永修县									
德安县									
都昌县									
湖口县									
彭泽县									
瑞昌市	41	21	20	62	37	25	43	16	27
共青城市	17	10	7	17	8	9	22	11	11
庐山市	20	12	8	16	7	9	21	12	9
新余市	**215**	**134**	**81**	**239**	**124**	**115**	**211**	**108**	**103**
渝水区	215	134	81	239	124	115	211	108	103
分宜县									
鹰潭市	**248**	**159**	**89**	**406**	**214**	**192**	**335**	**175**	**160**
月湖区	115	70	45	202	114	88	179	101	78
余江区	39	27	12	48	21	27	51	21	30
贵溪市	94	62	32	156	79	77	105	53	52
赣州市	**814**	**483**	**331**	**1003**	**539**	**464**	**807**	**338**	**469**
章贡区	489	285	204	602	329	273	470	227	243
南康区	139	85	54	168	86	82	149	48	101
赣县区	14	8	6	20	8	12	12	5	7
信丰县									
大余县									
上犹县									
崇义县									
安远县									
定南县									
全南县									

6-1a 续表 13

单位：人

地区	75-79岁			80-84岁			85-89岁		
	小计	男	女	小计	男	女	小计	男	女
宁都县									
于都县									
兴国县									
会昌县									
寻乌县	1		1	1	1				
石城县									
瑞金市	89	58	31	112	65	47	91	35	56
龙南市	82	47	35	100	50	50	85	23	62
吉安市	**257**	**165**	**92**	**316**	**172**	**144**	**275**	**138**	**137**
吉州区	216	136	80	258	141	117	244	122	122
青原区	28	18	10	29	17	12	22	13	9
吉安县									
吉水县									
峡江县									
新干县									
永丰县									
泰和县									
遂川县									
万安县									
安福县									
永新县									
井冈山市	13	11	2	29	14	15	9	3	6
宜春市	**723**	**431**	**292**	**841**	**464**	**377**	**769**	**355**	**414**
袁州区	239	154	85	283	157	126	209	107	102
奉新县									
万载县									
上高县									
宜丰县									
靖安县									
铜鼓县									
丰城市	227	127	100	303	169	134	308	142	166
樟树市	144	82	62	168	80	88	146	69	77
高安市	113	68	45	87	58	29	106	37	69
抚州市	**238**	**133**	**105**	**392**	**228**	**164**	**328**	**182**	**146**
临川区	172	99	73	289	174	115	241	131	110
东乡区	66	34	32	103	54	49	87	51	36
南城县									
黎川县									
南丰县									
崇仁县									
乐安县									
宜黄县									
金溪县									
资溪县									
广昌县									
上饶市	**688**	**417**	**271**	**959**	**505**	**454**	**678**	**345**	**333**
信州区	199	125	74	271	140	131	204	102	102
广丰区	173	114	59	250	143	107	211	97	114
广信区	156	89	67	215	112	103	121	57	64
玉山县									
铅山县	5	2	3	2	2		1	1	
横峰县									
弋阳县									
余干县	17	6	11	22	16	6	19	11	8
鄱阳县				3	2	1	1	1	
万年县									
婺源县									
德兴市	138	81	57	196	90	106	121	76	45

6-1a　续表 14

单位：人

地　区	90-94岁			95-99岁			100岁及以上		
	小计	男	女	小计	男	女	小计	男	女
全　省	**3395**	**1445**	**1950**	**946**	**329**	**617**	**194**	**55**	**139**
南昌市	**948**	**412**	**536**	**264**	**91**	**173**	**55**	**18**	**37**
东湖区	231	106	125	67	22	45	10	3	7
西湖区	276	113	163	72	18	54	22	9	13
青云谱区	108	50	58	30	17	13	4	1	3
青山湖区	198	89	109	65	24	41	16	4	12
新建区	71	28	43	16	4	12	2	1	1
红谷滩区	58	24	34	13	6	7	1		1
南昌县	6	2	4	1		1			
安义县									
进贤县									
景德镇市	**214**	**86**	**128**	**64**	**20**	**44**	**8**	**3**	**5**
昌江区	32	16	16	8	5	3			
珠山区	123	48	75	43	14	29	7	3	4
浮梁县	9	2	7	4		4			
乐平市	50	20	30	9	1	8	1		1
萍乡市	**176**	**81**	**95**	**45**	**19**	**26**	**7**	**4**	**3**
安源区	118	53	65	29	13	16	3	2	1
湘东区	57	28	29	16	6	10	4	2	2
莲花县									
上栗县	1		1						
芦溪县									
九江市	**258**	**128**	**130**	**71**	**25**	**46**	**27**	**6**	**21**
濂溪区	54	32	22	9	3	6	4		4
浔阳区	129	56	73	43	13	30	12	3	9
柴桑区	24	15	9	5	2	3	1		1
武宁县									
修水县									
永修县									
德安县									
都昌县									
湖口县									
彭泽县									
瑞昌市	25	14	11	11	6	5	2		2
共青城市	7	2	5	2	1	1	1	1	
庐山市	19	9	10	1		1	7	2	5
新余市	**123**	**48**	**75**	**29**	**14**	**15**	**2**		**2**
渝水区	123	48	75	29	14	15	2		2
分宜县									
鹰潭市	**178**	**88**	**90**	**49**	**24**	**25**	**6**	**2**	**4**
月湖区	108	48	60	23	13	10	3		3
余江区	22	12	10	10	3	7			
贵溪市	48	28	20	16	8	8	3	2	1
赣州市	**382**	**125**	**257**	**133**	**33**	**100**	**31**	**6**	**25**
章贡区	209	78	131	74	24	50	17	4	13
南康区	81	17	64	25	3	22	5		5
赣县区	5	1	4	3	1	2	1	1	
信丰县									
大余县									
上犹县									
崇义县									
安远县									
定南县									
全南县									

6－1a 续表 15

单位：人

地区	90－94岁			95－99岁			100岁及以上		
	小计	男	女	小计	男	女	小计	男	女
宁都县									
于都县									
兴国县									
会昌县									
寻乌县	2	1	1						
石城县									
瑞金市	51	18	33	20	3	17	6	1	5
龙南市	34	10	24	11	2	9	2		2
吉安市	**137**	**56**	**81**	**37**	**10**	**27**	**9**	**3**	**6**
吉州区	126	51	75	31	8	23	8	3	5
青原区	10	4	6	4	2	2	1		1
吉安县									
吉水县									
峡江县									
新干县									
永丰县									
泰和县									
遂川县									
万安县									
安福县									
永新县									
井冈山市	1	1		2		2			
宜春市	**421**	**189**	**232**	**105**	**35**	**70**	**18**	**3**	**15**
袁州区	119	64	55	32	11	21	5		5
奉新县									
万载县									
上高县									
宜丰县									
靖安县									
铜鼓县									
丰城市	154	58	96	36	10	26	7	1	6
樟树市	96	38	58	27	12	15	4	2	2
高安市	52	29	23	10	2	8	2		2
抚州市	**150**	**61**	**89**	**43**	**20**	**23**	**17**	**6**	**11**
临川区	116	46	70	21	9	12	16	5	11
东乡区	34	15	19	22	11	11	1	1	
南城县									
黎川县									
南丰县									
崇仁县									
乐安县									
宜黄县									
金溪县									
资溪县									
广昌县									
上饶市	**408**	**171**	**237**	**106**	**38**	**68**	**14**	**4**	**10**
信州区	133	55	78	21	11	10	7	3	4
广丰区	107	39	68	33	9	24	6	1	5
广信区	81	37	44	30	12	18			
玉山县									
铅山县	1		1						
横峰县									
弋阳县									
余干县	11	5	6	5		5			
鄱阳县									
万年县									
婺源县									
德兴市	75	35	40	17	6	11	1		1

6-1b　各地区分年龄、性别的死亡人口
(2019.11.1—2020.10.31)(镇)

单位：人

地　区	死亡人口			0岁		
	合计	男	女	小计	男	女
全　省	**58286**	**34585**	**23701**	**215**	**134**	**81**
南昌市	**3764**	**2268**	**1496**	**4**	**2**	**2**
东湖区	19	10	9			
西湖区						
青云谱区						
青山湖区	219	137	82			
新建区	360	221	139			
红谷滩区						
南昌县	1736	1020	716	3	1	2
安义县	414	253	161			
进贤县	1016	627	389	1	1	
景德镇市	**1597**	**917**	**680**	**7**	**7**	
昌江区	61	42	19			
珠山区	37	21	16			
浮梁县	918	514	404	4	4	
乐平市	581	340	241	3	3	
萍乡市	**3731**	**2214**	**1517**	**11**	**9**	**2**
安源区	578	359	219	1	1	
湘东区	489	276	213	3	3	
莲花县	626	396	230	2	2	
上栗县	1308	733	575	4	3	1
芦溪县	730	450	280	1		1
九江市	**6025**	**3545**	**2480**	**13**	**7**	**6**
濂溪区	183	115	68			
浔阳区						
柴桑区	229	132	97			
武宁县	667	397	270	2	1	1
修水县	1152	702	450	3	1	2
永修县	788	452	336	2	1	1
德安县	441	263	178			
都昌县	754	432	322	2	1	1
湖口县	532	296	236	2	1	1
彭泽县	571	326	245			
瑞昌市	338	206	132	1	1	
共青城市	63	34	29	1	1	
庐山市	307	190	117			
新余市	**964**	**601**	**363**			
渝水区	292	179	113			
分宜县	672	422	250			
鹰潭市	**1007**	**588**	**419**	**1**	**1**	
月湖区	21	13	8			
余江区	451	249	202			
贵溪市	535	326	209	1	1	
赣州市	**9282**	**5547**	**3735**	**32**	**20**	**12**
章贡区	102	59	43	1	1	
南康区	255	147	108	1	1	
赣县区	348	231	117	1		1
信丰县	1368	791	577	2	2	
大余县	774	461	313			
上犹县	450	275	175	2	2	
崇义县	239	152	87			
安远县	409	249	160	2	1	1
定南县	625	336	289	3	2	1
全南县	453	270	183			

6-1b 续表 1

单位：人

地　区	死亡人口			0岁		
	合计	男	女	小计	男	女
宁都县	1028	613	415	4	3	1
于都县	301	179	122			
兴国县	940	581	359	3	2	1
会昌县	625	378	247	1		1
寻乌县	438	266	172	8	4	4
石城县	408	256	152	2	1	1
瑞金市	272	168	104	1	1	
龙南市	247	135	112	1		1
吉安市	**7380**	**4355**	**3025**	**64**	**40**	**24**
吉州区	71	39	32	2	2	
青原区	133	79	54			
吉安县	822	473	349	6	5	1
吉水县	787	449	338	9	4	5
峡江县	245	134	111	1	1	
新干县	567	358	209	2	1	1
永丰县	807	515	292	28	17	11
泰和县	780	470	310	3		3
遂川县	866	504	362	7	5	2
万安县	525	307	218	4	3	1
安福县	561	316	245	1	1	
永新县	906	522	384	1	1	
井冈山市	310	189	121			
宜春市	**7572**	**4515**	**3057**	**14**	**11**	**3**
袁州区	725	428	297	1	1	
奉新县	702	400	302	2	1	1
万载县	1736	1029	707	3	3	
上高县	636	371	265	3	3	
宜丰县	732	447	285	1	1	
靖安县	284	180	104			
铜鼓县	288	175	113			
丰城市	1143	683	460	2	2	
樟树市	468	273	195			
高安市	858	529	329	2		2
抚州市	**6721**	**3948**	**2773**	**23**	**14**	**9**
临川区	796	468	328	2		2
东乡区	604	359	245	1	1	
南城县	729	411	318	2		2
黎川县	559	326	233			
南丰县	655	401	254	2	2	
崇仁县	876	482	394	10	6	4
乐安县	516	304	212	2	2	
宜黄县	606	352	254	1	1	
金溪县	520	322	198	2	1	1
资溪县	280	173	107	1	1	
广昌县	580	350	230			
上饶市	**10243**	**6087**	**4156**	**46**	**23**	**23**
信州区	112	68	44			
广丰区	658	377	281	3	2	1
广信区	513	296	217	2	2	
玉山县	1892	1140	752	15	6	9
铅山县	1066	624	442	4	1	3
横峰县	573	338	235	2	1	1
弋阳县	782	487	295	4	2	2
余干县	1063	635	428	5	1	4
鄱阳县	2103	1229	874	6	4	2
万年县	725	437	288	3	2	1
婺源县	669	400	269	2	2	
德兴市	87	56	31			

6-1b 续表 2

单位：人

地 区	1-4岁			5-9岁			10-14岁		
	小计	男	女	小计	男	女	小计	男	女
全 省	**162**	**95**	**67**	**116**	**67**	**49**	**207**	**130**	**77**
南昌市	**9**	**8**	**1**	**7**	**4**	**3**	**13**	**6**	**7**
东湖区									
西湖区									
青云谱区									
青山湖区							1	1	
新建区	1	1		1	1				
红谷滩区									
南昌县	4	3	1	5	2	3	6	2	4
安义县	1	1							
进贤县	3	3		1	1		6	3	3
景德镇市	**3**	**3**		**5**	**3**	**2**	**3**	**2**	**1**
昌江区				1	1				
珠山区									
浮梁县	1	1		3	2	1	2	2	
乐平市	2	2		1		1	1		1
萍乡市	**9**	**5**	**4**	**10**	**5**	**5**	**7**	**4**	**3**
安源区				2	1	1			
湘东区	4	2	2						
莲花县	2	2					1		1
上栗县	3	1	2	6	3	3	3	2	1
芦溪县				2	1	1	3	2	1
九江市	**11**	**6**	**5**	**10**	**4**	**6**	**22**	**12**	**10**
濂溪区	1		1						
浔阳区									
柴桑区				1		1			
武宁县	2	1	1	1		1	6	3	3
修水县	1		1	4	2	2	4	2	2
永修县	1	1					4	3	1
德安县	1		1						
都昌县	1	1		2	1	1	5	2	3
湖口县	1		1				1	1	
彭泽县				1		1	1		1
瑞昌市				1	1				
共青城市	2	2							
庐山市	1	1					1	1	
新余市	**3**	**2**	**1**				**1**	**1**	
渝水区									
分宜县	3	2	1				1	1	
鹰潭市				**1**		**1**	**3**	**2**	**1**
月湖区									
余江区				1		1	1	1	
贵溪市							2	1	1
赣州市	**29**	**18**	**11**	**18**	**12**	**6**	**38**	**25**	**13**
章贡区									
南康区	2	2		1	1				
赣县区				2	1	1	3	2	1
信丰县	4	2	2	4	4		2	2	
大余县							3	2	1
上犹县	1	1					4	2	2
崇义县	1		1						
安远县	2	1	1	2	1	1	1	1	
定南县							2	2	
全南县	2		2				1	1	

6-1b 续表 3

单位：人

地区	1-4岁			5-9岁			10-14岁		
	小计	男	女	小计	男	女	小计	男	女
宁都县	4	2	2	1	1		7	5	2
于都县				1		1	1		1
兴国县	4	4		2		2	5	2	3
会昌县	8	5	3	2	1	1	5	4	1
寻乌县				2	2		1	1	
石城县	1	1		1	1		1	1	
瑞金市							1		1
龙南市							1		1
吉安市	**25**	**14**	**11**	**20**	**9**	**11**	**33**	**23**	**10**
吉州区									
青原区				1		1	1	1	
吉安县	7	3	4	2		2	3	1	2
吉水县	2	1	1	2	2		4	3	1
峡江县	1	1							
新干县	4	2	2	3	1	2	3	3	
永丰县				1	1		3	3	
泰和县	4	3	1	3	1	2	5	3	2
遂川县	2	2		5	2	3	5	4	1
万安县	2	1	1				4	1	3
安福县	1		1						
永新县	1	1		1	1		3	2	1
井冈山市	1		1	2	1	1	2	2	
宜春市	**29**	**18**	**11**	**15**	**11**	**4**	**26**	**15**	**11**
袁州区	4	2	2	3	2	1	6	3	3
奉新县	5	5		3	1	2			
万载县	12	6	6				4	3	1
上高县				2	2		4	3	1
宜丰县	1	1					3	2	1
靖安县				1	1		1		1
铜鼓县									
丰城市	4	2	2	3	2	1	3	1	2
樟树市							2	1	1
高安市	3	2	1	3	3		3	2	1
抚州市	**11**	**5**	**6**	**13**	**9**	**4**	**26**	**16**	**10**
临川区	1		1	1		1	4	4	
东乡区	1	1		1	1		1		1
南城县	1		1				1	1	
黎川县									
南丰县				3	1	2	5	5	
崇仁县	1	1		2	2		4	2	2
乐安县	6	3	3	2	2		3	2	1
宜黄县	1		1	2	1	1	4	2	2
金溪县							1		1
资溪县							1		1
广昌县				2	2		2		2
上饶市	**33**	**16**	**17**	**17**	**10**	**7**	**35**	**24**	**11**
信州区									
广丰区	2		2	2	1	1	3	3	
广信区	1	1		1		1	1	1	
玉山县	7	3	4				6	3	3
铅山县	6	2	4				5	2	3
横峰县	1	1		1	1		1	1	
弋阳县	1	1		2	1	1	3	3	
余干县	7	5	2	6	4	2	6	4	2
鄱阳县	1		1	3	1	2	6	4	2
万年县	4	2	2	1	1		2	1	1
婺源县	3	1	2				1	1	
德兴市				1	1		1	1	

6–1b　续表 4　　　　　　　　　　　　　　　　　　　　　　　　　　单位：人

地　区	15–19岁			20–24岁			25–29岁		
	小计	男	女	小计	男	女	小计	男	女
全　省	**230**	**169**	**61**	**220**	**159**	**61**	**277**	**196**	**81**
南昌市	**8**	**7**	**1**	**24**	**16**	**8**	**14**	**10**	**4**
东湖区									
西湖区									
青云谱区									
青山湖区	1	1							
新建区				2		2	1	1	
红谷滩区									
南昌县	4	4		13	9	4	9	6	3
安义县	1		1	2	2		1	1	
进贤县	2	2		7	5	2	3	2	1
景德镇市	**4**	**2**	**2**	**7**	**6**	**1**	**8**	**7**	**1**
昌江区									
珠山区									
浮梁县	2	1	1	4	3	1	6	5	1
乐平市	2	1	1	3	3		2	2	
萍乡市	**10**	**8**	**2**	**11**	**8**	**3**	**16**	**10**	**6**
安源区	2	2		2	1	1	4	1	3
湘东区	3	1	2	1	1		1	1	
莲花县	1	1		1	1		4	2	2
上栗县	3	3		7	5	2	2	2	
芦溪县	1	1					5	4	1
九江市	**28**	**19**	**9**	**20**	**16**	**4**	**26**	**19**	**7**
濂溪区	1	1					1	1	
浔阳区									
柴桑区	2	1	1	2	2		1	1	
武宁县	5	3	2	2	1	1	1		1
修水县	7	7		5	4	1	4	2	2
永修县	1	1		2	2		5	5	
德安县	1		1	2	2		2	2	
都昌县	1	1		3	2	1	6	4	2
湖口县	3	1	2	1	1		1	1	
彭泽县	5	2	3	1		1	1		1
瑞昌市	2	2		1	1		2	1	1
共青城市									
庐山市				1	1		2	2	
新余市	**7**	**7**		**1**		**1**	**3**	**2**	**1**
渝水区				1		1	1	1	
分宜县	7	7					2	1	1
鹰潭市	**6**	**4**	**2**	**6**	**5**	**1**	**7**	**5**	**2**
月湖区									
余江区	4	2	2	2	1	1	3	1	2
贵溪市	2	2		4	4		4	4	
赣州市	**51**	**38**	**13**	**33**	**25**	**8**	**55**	**40**	**15**
章贡区									
南康区	1	1					1		1
赣县区				3	3		2	2	
信丰县	9	6	3	4	4		9	5	4
大余县	3	2	1	4	2	2	2	1	1
上犹县	1	1					3	3	
崇义县	1	1		2	1	1	1	1	
安远县				5	4	1	2	2	
定南县	2	1	1	3	2	1	5	3	2
全南县				2		2			

6-1b 续表 5

单位：人

地区	15-19岁			20-24岁			25-29岁		
	小计	男	女	小计	男	女	小计	男	女
宁都县	9	8	1	1	1		12	9	3
于都县	1		1				1	1	
兴国县	8	7	1	2	2		3	2	1
会昌县	10	6	4	6	5	1	3	2	1
寻乌县	3	2	1	1	1		1	1	
石城县	3	3					7	7	
瑞金市							1	1	
龙南市							2		2
吉安市	**26**	**17**	**9**	**24**	**19**	**5**	**28**	**21**	**7**
吉州区	1	1							
青原区	1		1						
吉安县	5	2	3	3	3		4	3	1
吉水县	7	6	1	3	3		1	1	
峡江县				2		2	1	1	
新干县				4	4		4	4	
永丰县	5	3	2	3	3		4	3	1
泰和县	2	1	1	1	1		2		2
遂川县	1	1		4	3	1	3	3	
万安县	2	1	1				3	2	1
安福县				2	1	1	1	1	
永新县	2	2		2	1	1	4	3	1
井冈山市							1		1
宜春市	**27**	**19**	**8**	**28**	**18**	**10**	**42**	**35**	**7**
袁州区	3	2	1	2	2		6	5	1
奉新县	3	2	1	2	2		4	4	
万载县	7	4	3	5	3	2	7	7	
上高县	3	2	1	3	1	2	4	3	1
宜丰县	5	5		1		1	1		1
靖安县				2	2				
铜鼓县	1	1							
丰城市	1	1		7	6	1	8	8	
樟树市	3	2	1	2	1	1	4	3	1
高安市	1		1	4	1	3	8	5	3
抚州市	**25**	**22**	**3**	**31**	**19**	**12**	**34**	**20**	**14**
临川区	5	5		6	4	2			
东乡区	2	2		1	1		4	3	1
南城县	4	4		2	2		2	2	
黎川县				5	3	2	2	1	1
南丰县	1	1		1	1		9	4	5
崇仁县	3	2	1	2	2		6	1	5
乐安县	5	4	1	3		3	2	1	1
宜黄县	1	1		4	3	1	3	3	
金溪县	2	1	1	1	1				
资溪县	1	1					1	1	
广昌县	1	1		6	2	4	5	4	1
上饶市	**38**	**26**	**12**	**35**	**27**	**8**	**44**	**27**	**17**
信州区	1	1					1		1
广丰区	1	1		2	2		1	1	
广信区	5	4	1	3	1	2	5	4	1
玉山县	7	6	1	6	3	3	5	4	1
铅山县	2		2	1	1		5	2	3
横峰县	3	3		1	1		2	1	1
弋阳县	1		1	1	1		3	2	1
余干县	3	3		7	7		9	6	3
鄱阳县	10	5	5	13	10	3	10	5	5
万年县	2	2					1		1
婺源县	3	1	2	1	1		2	2	
德兴市									

6-1b　续表 6　　　　单位：人

地　区	30-34岁			35-39岁			40-44岁		
	小计	男	女	小计	男	女	小计	男	女
全　省	**475**	**341**	**134**	**611**	**447**	**164**	**1113**	**792**	**321**
南昌市	**30**	**21**	**9**	**50**	**35**	**15**	**73**	**58**	**15**
东湖区	1	1					2	1	1
西湖区									
青云谱区									
青山湖区				6	4	2	5	3	2
新建区	2	1	1	3	2	1	7	7	
红谷滩区									
南昌县	17	11	6	27	18	9	24	22	2
安义县	7	6	1	3	2	1	12	5	7
进贤县	3	2	1	11	9	2	23	20	3
景德镇市	**12**	**9**	**3**	**17**	**11**	**6**	**27**	**20**	**7**
昌江区	1		1				2	2	
珠山区				1	1		2	1	1
浮梁县	7	5	2	8	5	3	11	8	3
乐平市	4	4		8	5	3	12	9	3
萍乡市	**26**	**16**	**10**	**34**	**25**	**9**	**69**	**50**	**19**
安源区	2		2	8	7	1	6	4	2
湘东区	4	1	3	3	2	1	6	4	2
莲花县	6	6		4	3	1	10	9	1
上栗县	9	5	4	13	8	5	28	19	9
芦溪县	5	4	1	6	5	1	19	14	5
九江市	**45**	**33**	**12**	**51**	**32**	**19**	**96**	**75**	**21**
濂溪区	2	2		1	1				
浔阳区									
柴桑区				1	1		5	3	2
武宁县	4	1	3	4	3	1	17	11	6
修水县	7	6	1	11	6	5	16	14	2
永修县	5	3	2	11	5	6	11	10	1
德安县	3	3		1		1	8	5	3
都昌县	4	3	1	11	8	3	16	13	3
湖口县	5	5		3	3		10	9	1
彭泽县	6	4	2	3	3		7	5	2
瑞昌市	5	3	2	3	1	2	6	5	1
共青城市	2	1	1						
庐山市	2	2		2	1	1			
新余市	**6**	**2**	**4**	**10**	**5**	**5**	**22**	**14**	**8**
渝水区	1		1	4	1	3	3		3
分宜县	5	2	3	6	4	2	19	14	5
鹰潭市	**10**	**7**	**3**	**10**	**6**	**4**	**14**	**7**	**7**
月湖区	1	1					1		1
余江区	2	1	1	2	1	1	6	4	2
贵溪市	7	5	2	8	5	3	7	3	4
赣州市	**61**	**43**	**18**	**102**	**79**	**23**	**214**	**162**	**52**
章贡区	1	1		3	2	1	2		2
南康区				6	6		6	6	
赣县区	1	1		3	2	1	6	3	3
信丰县	5	2	3	8	7	1	28	19	9
大余县	5	2	3	11	10	1	9	6	3
上犹县	1	1		3	2	1	16	12	4
崇义县	1	1					8	7	1
安远县	2	1	1	3	3		15	11	4
定南县	5	3	2	9	8	1	12	10	2
全南县	2	2		4	2	2	9	7	2

6-1b 续表 7　　　　　　单位：人

地　区	30-34岁			35-39岁			40-44岁		
	小计	男	女	小计	男	女	小计	男	女
宁都县	14	11	3	16	10	6	20	16	4
于都县				1	1		9	8	1
兴国县	6	4	2	12	9	3	21	15	6
会昌县	1	1		6	5	1	18	13	5
寻乌县	4	2	2	3	2	1	11	10	1
石城县	7	6	1	6	4	2	13	10	3
瑞金市	2	2		5	4	1	9	8	1
龙南市	4	3	1	3	2	1	2	1	1
吉安市	**60**	**47**	**13**	**71**	**59**	**12**	**154**	**98**	**56**
吉州区							1	1	
青原区				1	1		3	1	2
吉安县	4	3	1	11	9	2	19	12	7
吉水县	6	4	2	8	7	1	21	9	12
峡江县	1		1	3	1	2	10	8	2
新干县	7	6	1	6	6		10	8	2
永丰县	7	7		6	5	1	25	18	7
泰和县	8	5	3	9	8	1	10	8	2
遂川县	6	4	2	9	7	2	17	11	6
万安县	3	3		4	4		9	6	3
安福县	10	8	2	7	7		5	1	4
永新县	5	4	1	6	4	2	20	13	7
井冈山市	3	3		1		1	4	2	2
宜春市	**79**	**55**	**24**	**77**	**55**	**22**	**132**	**83**	**49**
袁州区	10	6	4	4	2	2	15	8	7
奉新县	7	4	3	6	4	2	11	6	5
万载县	14	11	3	21	13	8	40	24	16
上高县	5	4	1	7	4	3	12	6	6
宜丰县	14	7	7	10	8	2	7	3	4
靖安县	2	1	1	1	1		1	1	
铜鼓县	2	1	1	3	1	2	6	5	1
丰城市	10	8	2	8	7	1	18	13	5
樟树市	3	3		8	6	2	8	5	3
高安市	12	10	2	9	9		14	12	2
抚州市	**68**	**53**	**15**	**68**	**53**	**15**	**117**	**80**	**37**
临川区	2	1	1	9	5	4	12	3	9
东乡区	3	3		4	4		13	6	7
南城县	7	6	1	8	6	2	8	5	3
黎川县	4	3	1	3	3		11	10	1
南丰县	11	9	2	13	9	4	16	14	2
崇仁县	8	6	2	6	6		19	13	6
乐安县	7	4	3	3	2	1	6	4	2
宜黄县	7	6	1	8	8		8	6	2
金溪县	9	6	3	4	3	1	12	11	1
资溪县	6	6		4	1	3	3	2	1
广昌县	4	3	1	6	6		9	6	3
上饶市	**78**	**55**	**23**	**121**	**87**	**34**	**195**	**145**	**50**
信州区				3	3		1		1
广丰区	5	2	3	5	1	4	13	7	6
广信区	3	2	1	7	3	4	8	5	3
玉山县	8	6	2	17	13	4	28	21	7
铅山县	4	3	1	12	9	3	21	17	4
横峰县	6	3	3	10	8	2	10	6	4
弋阳县	9	7	2	8	6	2	17	13	4
余干县	8	5	3	13	8	5	24	20	4
鄱阳县	23	16	7	18	15	3	45	39	6
万年县	6	6		15	11	4	18	12	6
婺源县	6	5	1	13	10	3	10	5	5
德兴市									

6-1b　续表 8　　　　单位：人

地　区	45-49岁			50-54岁			55-59岁		
	小计	男	女	小计	男	女	小计	男	女
全　省	**1775**	**1227**	**548**	**2544**	**1781**	**763**	**2869**	**1997**	**872**
南昌市	**117**	**73**	**44**	**165**	**114**	**51**	**162**	**121**	**41**
东湖区				1	1		1	1	
西湖区									
青云谱区									
青山湖区	3	3		6	5	1	15	11	4
新建区	6	4	2	11	9	2	16	10	6
红谷滩区									
南昌县	51	33	18	80	56	24	80	59	21
安义县	10	4	6	23	12	11	13	11	2
进贤县	47	29	18	44	31	13	37	29	8
景德镇市	**47**	**33**	**14**	**76**	**46**	**30**	**72**	**47**	**25**
昌江区	2	2		2	1	1	4	4	
珠山区	2	1	1				4	4	
浮梁县	27	20	7	45	27	18	44	27	17
乐平市	16	10	6	29	18	11	20	12	8
萍乡市	**115**	**85**	**30**	**149**	**99**	**50**	**166**	**122**	**44**
安源区	12	7	5	27	19	8	29	20	9
湘东区	15	12	3	20	12	8	18	12	6
莲花县	15	13	2	25	17	8	34	31	3
上栗县	52	38	14	52	36	16	55	37	18
芦溪县	21	15	6	25	15	10	30	22	8
九江市	**154**	**98**	**56**	**242**	**157**	**85**	**287**	**192**	**95**
濂溪区	1		1	7	4	3	6	4	2
浔阳区									
柴桑区	4	3	1	9	5	4	12	8	4
武宁县	19	9	10	28	20	8	30	23	7
修水县	43	27	16	53	33	20	70	50	20
永修县	16	9	7	36	25	11	29	16	13
德安县	9	3	6	19	13	6	18	10	8
都昌县	14	11	3	28	18	10	44	33	11
湖口县	18	11	7	18	12	6	24	12	12
彭泽县	14	12	2	22	11	11	27	19	8
瑞昌市	7	6	1	10	8	2	11	6	5
共青城市	2	1	1	1	1		2	1	1
庐山市	7	6	1	11	7	4	14	10	4
新余市	**33**	**19**	**14**	**35**	**22**	**13**	**46**	**30**	**16**
渝水区	8	3	5	12	8	4	12	8	4
分宜县	25	16	9	23	14	9	34	22	12
鹰潭市	**23**	**16**	**7**	**34**	**26**	**8**	**55**	**41**	**14**
月湖区				1	1		1	1	
余江区	11	6	5	13	9	4	22	18	4
贵溪市	12	10	2	20	16	4	32	22	10
赣州市	**324**	**223**	**101**	**433**	**327**	**106**	**469**	**330**	**139**
章贡区	2	1	1	5	5		5	4	1
南康区	4	2	2	9	7	2	10	6	4
赣县区	10	5	5	23	17	6	7	7	
信丰县	49	35	14	68	52	16	76	57	19
大余县	32	21	11	35	30	5	45	34	11
上犹县	8	6	2	27	20	7	22	15	7
崇义县	12	6	6	9	7	2	10	9	1
安远县	16	10	6	30	23	7	33	20	13
定南县	30	16	14	29	21	8	40	22	18
全南县	15	12	3	24	16	8	25	24	1

6-1b 续表 9

单位：人

地　区	45-49岁			50-54岁			55-59岁		
	小计	男	女	小计	男	女	小计	男	女
宁都县	34	20	14	38	27	11	49	32	17
于都县	10	9	1	17	13	4	14	7	7
兴国县	32	26	6	30	22	8	32	26	6
会昌县	33	27	6	19	14	5	26	13	13
寻乌县	11	9	2	18	12	6	22	16	6
石城县	8	5	3	15	13	2	23	17	6
瑞金市	7	6	1	24	18	6	15	11	4
龙南市	11	7	4	13	10	3	15	10	5
吉安市	**203**	**147**	**56**	**285**	**201**	**84**	**343**	**244**	**99**
吉州区	2	2					2	1	1
青原区	2	1	1	6	4	2	6	3	3
吉安县	25	20	5	32	25	7	39	29	10
吉水县	26	19	7	28	21	7	29	21	8
峡江县	5	4	1	12	6	6	8	5	3
新干县	17	14	3	36	20	16	24	17	7
永丰县	27	21	6	31	24	7	48	35	13
泰和县	21	16	5	28	20	8	36	21	15
遂川县	16	13	3	34	27	7	39	31	8
万安县	11	9	2	24	16	8	24	20	4
安福县	18	10	8	15	10	5	22	14	8
永新县	26	13	13	25	17	8	46	31	15
井冈山市	7	5	2	14	11	3	20	16	4
宜春市	**236**	**162**	**74**	**342**	**248**	**94**	**382**	**253**	**129**
袁州区	25	17	8	24	17	7	36	28	8
奉新县	23	11	12	32	21	11	38	23	15
万载县	67	45	22	95	70	25	96	69	27
上高县	17	9	8	32	21	11	25	17	8
宜丰县	10	5	5	39	29	10	46	26	20
靖安县	7	4	3	10	9	1	19	12	7
铜鼓县	5	4	1	12	11	1	20	11	9
丰城市	38	30	8	50	36	14	43	29	14
樟树市	11	8	3	21	14	7	20	13	7
高安市	33	29	4	27	20	7	39	25	14
抚州市	**238**	**168**	**70**	**327**	**214**	**113**	**377**	**268**	**109**
临川区	24	20	4	29	19	10	36	25	11
东乡区	23	13	10	25	16	9	25	18	7
南城县	30	23	7	32	23	9	37	23	14
黎川县	17	13	4	15	8	7	48	33	15
南丰县	30	22	8	45	32	13	31	23	8
崇仁县	29	22	7	41	24	17	47	33	14
乐安县	22	12	10	30	18	12	22	13	9
宜黄县	17	13	4	36	23	13	45	30	15
金溪县	13	8	5	30	19	11	40	32	8
资溪县	9	5	4	17	14	3	16	13	3
广昌县	24	17	7	27	18	9	30	25	5
上饶市	**285**	**203**	**82**	**456**	**327**	**129**	**510**	**349**	**161**
信州区	4	4		4	4		6	3	3
广丰区	24	17	7	27	21	6	32	26	6
广信区	12	7	5	19	14	5	27	19	8
玉山县	42	25	17	75	56	19	84	58	26
铅山县	29	22	7	55	36	19	59	38	21
横峰县	11	6	5	19	11	8	38	31	7
弋阳县	27	19	8	37	28	9	31	23	8
余干县	44	30	14	53	38	15	41	28	13
鄱阳县	55	43	12	91	60	31	113	75	38
万年县	18	14	4	45	36	9	34	25	9
婺源县	15	12	3	29	21	8	39	22	17
德兴市	4	4		2	2		6	1	5

6-1b 续表 10

单位：人

地 区	60-64岁			65-69岁			70-74岁		
	小计	男	女	小计	男	女	小计	男	女
全 省	**4047**	**2829**	**1218**	**5849**	**3995**	**1854**	**6966**	**4503**	**2463**
南昌市	**246**	**175**	**71**	**305**	**198**	**107**	**413**	**269**	**144**
东湖区	1	1		1	1		1		1
西湖区									
青云谱区									
青山湖区	11	6	5	19	14	5	19	14	5
新建区	22	16	6	23	12	11	51	36	15
红谷滩区									
南昌县	109	74	35	139	86	53	190	106	84
安义县	26	20	6	30	19	11	40	25	15
进贤县	77	58	19	93	66	27	112	88	24
景德镇市	**113**	**79**	**34**	**155**	**106**	**49**	**227**	**141**	**86**
昌江区	4	4		4	4		11	9	2
珠山区	3	2	1	2	1	1	4	3	1
浮梁县	66	44	22	81	55	26	121	73	48
乐平市	40	29	11	68	46	22	91	56	35
萍乡市	**258**	**175**	**83**	**433**	**268**	**165**	**433**	**264**	**169**
安源区	42	33	9	68	48	20	56	37	19
湘东区	31	25	6	60	38	22	57	36	21
莲花县	33	25	8	64	42	22	77	50	27
上栗县	97	57	40	155	84	71	155	84	71
芦溪县	55	35	20	86	56	30	88	57	31
九江市	**459**	**335**	**124**	**672**	**451**	**221**	**751**	**477**	**274**
濂溪区	9	7	2	27	19	8	16	11	5
浔阳区									
柴桑区	14	10	4	25	12	13	27	19	8
武宁县	48	39	9	84	58	26	79	48	31
修水县	102	77	25	130	89	41	145	91	54
永修县	49	35	14	87	61	26	94	57	37
德安县	41	29	12	36	25	11	50	34	16
都昌县	60	39	21	92	64	28	91	54	37
湖口县	39	32	7	50	31	19	71	45	26
彭泽县	41	27	14	61	48	13	81	47	34
瑞昌市	27	20	7	37	23	14	47	33	14
共青城市	10	7	3	5	2	3	7	3	4
庐山市	19	13	6	38	19	19	43	35	8
新余市	**64**	**44**	**20**	**95**	**71**	**24**	**96**	**60**	**36**
渝水区	21	12	9	22	17	5	32	19	13
分宜县	43	32	11	73	54	19	64	41	23
鹰潭市	**76**	**48**	**28**	**106**	**79**	**27**	**123**	**73**	**50**
月湖区	1	1		1	1		1	1	
余江区	34	22	12	53	38	15	52	29	23
贵溪市	41	25	16	52	40	12	70	43	27
赣州市	**692**	**508**	**184**	**954**	**675**	**279**	**1100**	**728**	**372**
章贡区	6	6		19	16	3	17	13	4
南康区	27	20	7	17	14	3	40	23	17
赣县区	20	17	3	35	26	9	50	39	11
信丰县	95	72	23	159	112	47	158	107	51
大余县	70	46	24	94	69	25	93	54	39
上犹县	29	16	13	56	38	18	49	35	14
崇义县	11	7	4	21	19	2	26	14	12
安远县	27	22	5	35	23	12	45	29	16
定南县	47	31	16	58	32	26	67	48	19
全南县	36	26	10	49	35	14	45	34	11

6-1b 续表 11

单位：人

地　区	60-64岁			65-69岁			70-74岁		
	小计	男	女	小计	男	女	小计	男	女
宁都县	73	51	22	92	59	33	122	80	42
于都县	21	15	6	27	24	3	40	25	15
兴国县	62	54	8	106	77	29	128	86	42
会昌县	55	45	10	71	52	19	71	45	26
寻乌县	44	29	15	33	22	11	45	32	13
石城县	30	21	9	36	26	10	48	30	18
瑞金市	11	9	2	23	15	8	35	17	18
龙南市	28	21	7	23	16	7	21	17	4
吉安市	**457**	**319**	**138**	**660**	**469**	**191**	**819**	**555**	**264**
吉州区	2	1	1	5	3	2	12	10	2
青原区	5	4	1	9	5	4	16	11	5
吉安县	54	39	15	70	53	17	90	60	30
吉水县	47	31	16	80	57	23	81	49	32
峡江县	10	7	3	22	13	9	28	19	9
新干县	38	27	11	54	44	10	59	42	17
永丰县	43	31	12	70	46	24	99	62	37
泰和县	44	31	13	77	61	16	105	78	27
遂川县	64	44	20	71	45	26	73	48	25
万安县	32	18	14	47	34	13	42	28	14
安福县	28	17	11	45	33	12	71	46	25
永新县	71	53	18	86	61	25	108	80	28
井冈山市	19	16	3	24	14	10	35	22	13
宜春市	**541**	**374**	**167**	**798**	**533**	**265**	**907**	**595**	**312**
袁州区	52	38	14	78	50	28	89	53	36
奉新县	51	29	22	66	40	26	93	70	23
万载县	140	98	42	206	131	75	214	129	85
上高县	55	36	19	74	53	21	63	42	21
宜丰县	43	32	11	83	57	26	73	50	23
靖安县	10	8	2	23	12	11	36	23	13
铜鼓县	14	11	3	29	22	7	34	20	14
丰城市	73	52	21	102	76	26	140	89	51
樟树市	34	24	10	43	28	15	61	42	19
高安市	69	46	23	94	64	30	104	77	27
抚州市	**462**	**320**	**142**	**638**	**436**	**202**	**813**	**526**	**287**
临川区	43	29	14	90	54	36	102	69	33
东乡区	32	22	10	58	41	17	91	59	32
南城县	62	48	14	66	46	20	100	65	35
黎川县	45	31	14	41	27	14	80	50	30
南丰县	50	27	23	49	35	14	83	63	20
崇仁县	47	36	11	85	56	29	96	61	35
乐安县	44	25	19	46	35	11	46	22	24
宜黄县	50	33	17	64	44	20	70	39	31
金溪县	35	26	9	62	44	18	60	44	16
资溪县	18	16	2	31	22	9	21	9	12
广昌县	36	27	9	46	32	14	64	45	19
上饶市	**679**	**452**	**227**	**1033**	**709**	**324**	**1284**	**815**	**469**
信州区	7	5	2	10	7	3	8	7	1
广丰区	42	26	16	65	36	29	75	47	28
广信区	38	23	15	54	37	17	59	37	22
玉山县	113	78	35	173	127	46	249	161	88
铅山县	91	56	35	126	83	43	142	87	55
横峰县	36	28	8	54	31	23	69	40	29
弋阳县	45	30	15	75	54	21	98	59	39
余干县	76	56	20	103	73	30	120	79	41
鄱阳县	136	82	54	232	160	72	268	177	91
万年县	45	33	12	80	53	27	107	66	41
婺源县	44	30	14	55	42	13	78	49	29
德兴市	6	5	1	6	6		11	6	5

6-1b 续表 12

单位：人

地　区	75-79岁			80-84岁			85-89岁		
	小计	男	女	小计	男	女	小计	男	女
全　省	**8047**	**4927**	**3120**	**10123**	**5366**	**4757**	**7436**	**3471**	**3965**
南昌市	**503**	**359**	**144**	**593**	**327**	**266**	**626**	**297**	**329**
东湖区	1	1		4	2	2	4	1	3
西湖区									
青云谱区									
青山湖区	35	28	7	46	27	19	35	14	21
新建区	55	39	16	55	31	24	66	33	33
红谷滩区									
南昌县	239	169	70	271	154	117	270	131	139
安义县	59	39	20	51	28	23	94	49	45
进贤县	114	83	31	166	85	81	157	69	88
景德镇市	**220**	**130**	**90**	**278**	**136**	**142**	**198**	**87**	**111**
昌江区	11	6	5	9	4	5	7	3	4
珠山区	3	3		5		5	6	4	2
浮梁县	119	70	49	158	76	82	135	63	72
乐平市	87	51	36	106	56	50	50	17	33
萍乡市	**563**	**338**	**225**	**669**	**362**	**307**	**436**	**221**	**215**
安源区	86	55	31	119	66	53	72	36	36
湘东区	63	33	30	91	43	48	65	32	33
莲花县	105	64	41	123	68	55	60	34	26
上栗县	189	107	82	222	115	107	156	74	82
芦溪县	120	79	41	114	70	44	83	45	38
九江市	**868**	**519**	**349**	**894**	**473**	**421**	**825**	**413**	**412**
濂溪区	24	18	6	27	19	8	43	22	21
浔阳区									
柴桑区	36	20	16	38	26	12	28	9	19
武宁县	81	52	29	92	50	42	98	52	46
修水县	172	104	68	175	92	83	119	63	56
永修县	113	69	44	113	58	55	117	53	64
德安县	50	28	22	74	40	34	79	44	35
都昌县	106	67	39	107	56	51	89	38	51
湖口县	91	50	41	71	32	39	81	38	43
彭泽县	87	46	41	97	47	50	74	42	32
瑞昌市	59	33	26	56	30	26	36	19	17
共青城市	5	4	1	5	2	3	15	8	7
庐山市	44	28	16	39	21	18	46	25	21
新余市	**145**	**90**	**55**	**183**	**111**	**72**	**135**	**70**	**65**
渝水区	37	20	17	70	47	23	43	23	20
分宜县	108	70	38	113	64	49	92	47	45
鹰潭市	**116**	**65**	**51**	**179**	**95**	**84**	**142**	**70**	**72**
月湖区	3	1	2	3	2	1	5	2	3
余江区	47	24	23	71	36	35	75	39	36
贵溪市	66	40	26	105	57	48	62	29	33
赣州市	**1213**	**750**	**463**	**1592**	**805**	**787**	**1105**	**474**	**631**
章贡区	6	4	2	16	6	10	15		15
南康区	40	23	17	31	15	16	35	14	21
赣县区	62	36	26	59	34	25	32	23	9
信丰县	175	104	71	240	101	139	171	71	100
大余县	106	65	41	139	65	74	75	35	40
上犹县	57	38	19	73	41	32	70	26	44
崇义县	38	31	7	43	22	21	33	17	16
安远县	54	39	15	68	41	27	46	14	32
定南县	74	43	31	109	50	59	80	32	48
全南县	56	31	25	71	33	38	67	28	39

6-1b　续表 13　　　　单位：人

地　区	75-79岁			80-84岁			85-89岁		
	小计	男	女	小计	男	女	小计	男	女
宁都县	125	70	55	203	112	91	103	50	53
于都县	42	23	19	42	26	16	46	20	26
兴国县	126	81	45	157	81	76	117	52	65
会昌县	86	55	31	97	51	46	59	20	39
寻乌县	48	35	13	87	41	46	50	26	24
石城县	55	35	20	71	43	28	52	24	28
瑞金市	35	20	15	45	29	16	26	12	14
龙南市	28	17	11	41	14	27	28	10	18
吉安市	**1112**	**664**	**448**	**1381**	**715**	**666**	**943**	**434**	**509**
吉州区	14	7	7	14	6	8	8	1	7
青原区	23	18	5	18	12	6	23	10	13
吉安县	116	75	41	154	69	85	101	39	62
吉水县	115	60	55	161	84	77	94	43	51
峡江县	28	19	9	54	22	32	32	13	19
新干县	84	56	28	97	46	51	65	35	30
永丰县	136	84	52	131	80	51	85	44	41
泰和县	103	64	39	137	67	70	101	53	48
遂川县	128	69	59	171	98	73	122	59	63
万安县	94	55	39	104	54	50	76	35	41
安福县	85	45	40	104	57	47	78	33	45
永新县	140	84	56	168	84	84	117	46	71
井冈山市	46	28	18	68	36	32	41	23	18
宜春市	**1086**	**669**	**417**	**1251**	**660**	**591**	**934**	**441**	**493**
袁州区	100	59	41	124	65	59	73	38	35
奉新县	112	67	45	86	47	39	94	36	58
万载县	256	162	94	283	138	145	170	80	90
上高县	66	37	29	98	48	50	95	55	40
宜丰县	113	66	47	117	64	53	109	60	49
靖安县	48	31	17	49	34	15	42	20	22
铜鼓县	47	29	18	54	28	26	38	20	18
丰城市	176	114	62	217	113	104	143	61	82
樟树市	64	40	24	78	40	38	66	29	37
高安市	104	64	40	145	83	62	104	42	62
抚州市	**862**	**520**	**342**	**1260**	**664**	**596**	**809**	**363**	**446**
临川区	91	62	29	164	93	71	111	54	57
东乡区	81	57	24	101	60	41	75	34	41
南城县	107	58	49	128	57	71	79	29	50
黎川县	68	41	27	114	59	55	72	31	41
南丰县	85	47	38	131	68	63	51	25	26
崇仁县	118	65	53	153	69	84	120	46	74
乐安县	61	44	17	119	72	47	51	28	23
宜黄县	76	43	33	104	54	50	70	28	42
金溪县	55	24	31	94	54	40	59	29	30
资溪县	39	26	13	41	18	23	52	29	23
广昌县	81	53	28	111	60	51	69	30	39
上饶市	**1359**	**823**	**536**	**1843**	**1018**	**825**	**1283**	**601**	**682**
信州区	21	13	8	15	7	8	20	11	9
广丰区	76	48	28	126	67	59	85	43	42
广信区	84	52	32	90	51	39	51	18	33
玉山县	239	148	91	362	211	151	261	129	132
铅山县	141	77	64	188	110	78	101	46	55
横峰县	91	53	38	105	62	43	59	29	30
弋阳县	96	66	30	160	88	72	98	53	45
余干县	154	88	66	166	86	80	133	63	70
鄱阳县	277	162	115	338	183	155	289	123	166
万年县	96	57	39	141	70	71	62	26	36
婺源县	72	47	25	130	72	58	113	56	57
德兴市	12	12		22	11	11	11	4	7

6-1b　续表 14　　　　单位：人

地区	90—94岁			95—99岁			100岁及以上		
	小计	男	女	小计	男	女	小计	男	女
全　省	**3774**	**1566**	**2208**	**1082**	**355**	**727**	**148**	**38**	**110**
南昌市	**300**	**141**	**159**	**89**	**24**	**65**	**13**	**3**	**10**
东湖区	2		2						
西湖区									
青云谱区									
青山湖区	13	4	9	3	1	2	1	1	
新建区	26	13	13	12	5	7			
红谷滩区									
南昌县	148	68	80	38	5	33	9	1	8
安义县	35	25	10	6	4	2			
进贤县	76	31	45	30	9	21	3	1	2
景德镇市	**92**	**37**	**55**	**21**	**5**	**16**	**5**		**5**
昌江区	3	2	1						
珠山区	4	1	3				1		1
浮梁县	53	20	33	18	3	15	3		3
乐平市	32	14	18	3	2	1	1		1
萍乡市	**229**	**104**	**125**	**63**	**28**	**35**	**14**	**8**	**6**
安源区	31	16	15	5	4	1	4	1	3
湘东区	38	15	23	6	3	3			
莲花县	47	20	27	8	3	5	4	3	1
上栗县	68	34	34	27	14	13	2	2	
芦溪县	45	19	26	17	4	13	4	2	2
九江市	**422**	**170**	**252**	**113**	**31**	**82**	**16**	**6**	**10**
濂溪区	11	4	7	6	2	4			
浔阳区									
柴桑区	20	11	9	4	1	3			
武宁县	49	18	31	11	2	9	4	2	2
修水县	54	24	30	22	8	14	5		5
永修县	67	31	36	24	6	18	1	1	
德安县	39	23	16	8	2	6			
都昌县	60	14	46	10	1	9	2	1	1
湖口县	34	6	28	7	4	3	1	1	
彭泽县	35	12	23	7	1	6			
瑞昌市	22	12	10	4	1	3	1		1
共青城市	3	1	2	3		3			
庐山市	28	14	14	7	3	4	2	1	1
新余市	**59**	**39**	**20**	**19**	**12**	**7**	**1**		**1**
渝水区	18	15	3	7	5	2			
分宜县	41	24	17	12	7	5	1		1
鹰潭市	**68**	**30**	**38**	**23**	**7**	**16**	**4**	**1**	**3**
月湖区	2	2		1		1			
余江区	33	11	22	17	5	12	2	1	1
贵溪市	33	17	16	5	2	3	2		2
赣州市	**550**	**193**	**357**	**185**	**62**	**123**	**32**	**10**	**22**
章贡区	3		3				1		1
南康区	20	4	16	3	2	1	1		1
赣县区	20	8	12	7	4	3	2	1	1
信丰县	75	22	53	22	4	18	5	1	4
大余县	38	14	24	9	2	7	1	1	
上犹县	19	9	10	8	6	2	1	1	
崇义县	15	7	8	5	1	4	2	1	1
安远县	16	3	13	4		4	1		1
定南县	37	8	29	11	2	9	2		2
全南县	32	15	17	13	4	9			

6-1b 续表 15 单位：人

地 区	90-94岁			95-99岁			100岁及以上		
	小计	男	女	小计	男	女	小计	男	女
宁都县	68	30	38	28	13	15	5	3	2
于都县	18	5	13	9	2	7	1		1
兴国县	63	21	42	19	7	12	2	1	1
会昌县	31	9	22	13	4	9	4	1	3
寻乌县	29	14	15	16	5	11	1		1
石城县	20	6	14	9	2	7			
瑞金市	26	13	13	5	2	3	1		1
龙南市	20	5	15	4	2	2	2		2
吉安市	**512**	**216**	**296**	**145**	**40**	**105**	**15**	**4**	**11**
吉州区	7	4	3	1		1			
青原区	12	6	6	6	2	4			
吉安县	58	19	39	17	3	14	2	1	1
吉水县	36	11	25	23	10	13	4	3	1
峡江县	18	12	6	9	2	7			
新干县	40	19	21	9	3	6	1		1
永丰县	39	24	15	13	4	9	3		3
泰和县	67	25	42	13	4	9	1		1
遂川县	77	26	51	12	2	10			
万安县	34	17	17	5		5	1		1
安福县	53	28	25	15	4	11			
永新县	56	19	37	15	2	13	3		3
井冈山市	15	6	9	7	4	3			
宜春市	**481**	**215**	**266**	**124**	**43**	**81**	**21**	**2**	**19**
袁州区	48	21	27	19	9	10	3		3
奉新县	49	20	29	13	6	7	2	1	1
万载县	74	29	45	21	4	17	1		1
上高县	54	22	32	10	2	8	4	1	3
宜丰县	42	26	16	13	5	8	1		1
靖安县	26	17	9	5	4	1	1		1
铜鼓县	18	8	10	4	3	1	1		1
丰城市	76	29	47	17	4	13	4		4
樟树市	34	13	21	3	1	2	3		3
高安市	60	30	30	19	5	14	1		1
抚州市	**411**	**152**	**259**	**99**	**25**	**74**	**9**	**1**	**8**
临川区	52	20	32	11	1	10	1		1
东乡区	49	12	37	13	5	8			
南城县	39	13	26	12		12	2		2
黎川县	29	12	17	5	1	4			
南丰县	33	12	21	6	1	5			
崇仁县	62	26	36	15	3	12	2		2
乐安县	25	8	17	11	3	8			
宜黄县	29	13	16	5	1	4	1		1
金溪县	34	15	19	6	3	3	1		1
资溪县	15	8	7	3	1	2	1	1	
广昌县	44	13	31	12	6	6	1		1
上饶市	**650**	**269**	**381**	**201**	**78**	**123**	**18**	**3**	**15**
信州区	10	3	7	1		1			
广丰区	46	16	30	21	10	11	2		2
广信区	33	12	21	8	3	5	2		2
玉山县	153	64	89	39	18	21	3		3
铅山县	50	23	27	21	9	12	3		3
横峰县	41	18	23	12	3	9	1		1
弋阳县	48	26	22	17	5	12	1		1
余干县	58	20	38	25	9	16	2	2	
鄱阳县	129	53	76	36	11	25	4	1	3
万年县	36	16	20	9	4	5			
婺源县	41	15	26	12	6	6			
德兴市	5	3	2						

6−1c　各地区分年龄、性别的死亡人口
(2019.11.1−2020.10.31)(乡村)

单位：人

地　区	死亡人口			0岁		
	合计	男	女	小计	男	女
全　省	**130305**	**74562**	**55743**	**420**	**241**	**179**
南昌市	**10546**	**5994**	**4552**	**25**	**16**	**9**
东湖区	113	61	52	2	1	1
西湖区						
青云谱区						
青山湖区	26	17	9			
新建区	2178	1228	950	5	4	1
红谷滩区	122	73	49			
南昌县	4100	2320	1780	7	4	3
安义县	853	486	367	3	1	2
进贤县	3154	1809	1345	8	6	2
景德镇市	**3548**	**2053**	**1495**	**13**	**11**	**2**
昌江区	238	130	108	2	2	
珠山区	2	2				
浮梁县	436	253	183			
乐平市	2872	1668	1204	11	9	2
萍乡市	**5061**	**2929**	**2132**	**19**	**7**	**12**
安源区	65	35	30	1		1
湘东区	1137	657	480	2	1	1
莲花县	1064	600	464	5	3	2
上栗县	1727	1027	700	8	3	5
芦溪县	1068	610	458	3		3
九江市	**12689**	**7301**	**5388**	**25**	**15**	**10**
濂溪区	383	218	165			
浔阳区	17	7	10			
柴桑区	1075	612	463	1		1
武宁县	1519	877	642	1	1	
修水县	2583	1543	1040	4	3	1
永修县	895	507	388	2	1	1
德安县	462	263	199			
都昌县	1951	1106	845	8	4	4
湖口县	944	535	409	2	1	1
彭泽县	1006	554	452	1		1
瑞昌市	1247	719	528	2	2	
共青城市	195	117	78	1	1	
庐山市	412	243	169	3	2	1
新余市	**3176**	**1805**	**1371**	**9**	**5**	**4**
渝水区	2107	1205	902	6	4	2
分宜县	1069	600	469	3	1	2
鹰潭市	**3096**	**1820**	**1276**	**6**	**4**	**2**
月湖区	82	49	33			
余江区	1221	735	486	1	1	
贵溪市	1793	1036	757	5	3	2
赣州市	**29756**	**16928**	**12828**	**106**	**63**	**43**
章贡区	290	190	100			
南康区	3352	1862	1490	7	4	3
赣县区	2026	1107	919	3	3	
信丰县	2518	1420	1098	6	3	3
大余县	969	565	404	4	4	
上犹县	1428	809	619	2	1	1
崇义县	781	428	353	1		1
安远县	1093	610	483	6	5	1
定南县	748	416	332	4	4	
全南县	834	455	379	1		1

6-1c 续表 1 单位：人

地区	死亡人口			0岁		
	合计	男	女	小计	男	女
宁都县	2943	1759	1184	11	6	5
于都县	2800	1598	1202	15	9	6
兴国县	2918	1691	1227	17	7	10
会昌县	1675	945	730	7	5	2
寻乌县	1135	644	491	15	6	9
石城县	975	552	423			
瑞金市	2128	1227	901	5	4	1
龙南市	1143	650	493	2	2	
吉安市	**16807**	**9465**	**7342**	**104**	**60**	**44**
吉州区	413	249	164	1		1
青原区	608	344	264	1		1
吉安县	1582	877	705	4	1	3
吉水县	1732	920	812	5	2	3
峡江县	549	320	229	1	1	
新干县	1075	621	454	4	4	
永丰县	1534	847	687	28	13	15
泰和县	1661	920	741	12	10	2
遂川县	2425	1419	1006	36	22	14
万安县	1234	686	548	7	5	2
安福县	1634	909	725	3	1	2
永新县	1877	1079	798	2	1	1
井冈山市	483	274	209			
宜春市	**15704**	**9033**	**6671**	**34**	**18**	**16**
袁州区	2487	1399	1088	4	3	1
奉新县	718	435	283	1	1	
万载县	1403	844	559	5	2	3
上高县	1274	727	547	2	2	
宜丰县	748	444	304	4	1	3
靖安县	493	297	196	1		1
铜鼓县	336	196	140			
丰城市	4187	2354	1833	9	4	5
樟树市	1493	849	644	2	1	1
高安市	2565	1488	1077	6	4	2
抚州市	**11074**	**6251**	**4823**	**31**	**20**	**11**
临川区	3144	1768	1376	10	7	3
东乡区	1030	578	452	4	3	1
南城县	887	495	392			
黎川县	816	479	337	1	1	
南丰县	802	465	337	4	2	2
崇仁县	786	443	343	4	4	
乐安县	1103	621	482	3	1	2
宜黄县	516	284	232	2		2
金溪县	965	523	442	3	2	1
资溪县	354	206	148			
广昌县	671	389	282			
上饶市	**18848**	**10983**	**7865**	**48**	**22**	**26**
信州区	460	270	190	1	1	
广丰区	1922	1143	779	3	2	1
广信区	2446	1391	1055	5	3	2
玉山县	1565	945	620	11	2	9
铅山县	805	486	319	1	1	
横峰县	578	333	245			
弋阳县	1075	591	484	6	3	3
余干县	2531	1439	1092	5	1	4
鄱阳县	4250	2509	1741	10	5	5
万年县	1325	779	546	2	2	
婺源县	1157	661	496	1		1
德兴市	734	436	298	3	2	1

6-1c　续表 2　　　　单位：人

地　区	1-4岁			5-9岁			10-14岁		
	小计	男	女	小计	男	女	小计	男	女
全　省	**439**	**271**	**168**	**289**	**195**	**94**	**466**	**310**	**156**
南昌市	**39**	**25**	**14**	**23**	**16**	**7**	**41**	**30**	**11**
东湖区	2	1	1	1		1	1		1
西湖区									
青云谱区									
青山湖区									
新建区	9	5	4	9	8	1	13	7	6
红谷滩区							2	1	1
南昌县	15	9	6	7	5	2	14	13	1
安义县	2	1	1	1		1	3	2	1
进贤县	11	9	2	5	3	2	8	7	1
景德镇市	**10**	**7**	**3**	**8**	**7**	**1**	**21**	**15**	**6**
昌江区							2	1	1
珠山区									
浮梁县									
乐平市	10	7	3	8	7	1	19	14	5
萍乡市	**18**	**10**	**8**	**3**	**3**		**15**	**11**	**4**
安源区							1	1	
湘东区	2		2						
莲花县	2	1	1				3	2	1
上栗县	11	6	5	2	2		8	6	2
芦溪县	3	3		1	1		3	2	1
九江市	**35**	**26**	**9**	**30**	**18**	**12**	**34**	**16**	**18**
濂溪区							1		1
浔阳区									
柴桑区	3	3		5	4	1	1	1	
武宁县	7	6	1	5	3	2	3	1	2
修水县	4	2	2	5	2	3	8	2	6
永修县	4	3	1				3	1	2
德安县	2	1	1	1	1		2		2
都昌县	7	5	2	10	5	5	6	3	3
湖口县	3	2	1	1	1		3	3	
彭泽县	2	2		2	2		3	2	1
瑞昌市				1		1	4	3	1
共青城市	2	2							
庐山市	1		1						
新余市	**14**	**8**	**6**	**5**	**3**	**2**	**11**	**10**	**1**
渝水区	9	6	3	3	2	1	9	8	1
分宜县	5	2	3	2	1	1	2	2	
鹰潭市	**9**	**6**	**3**	**8**	**7**	**1**	**8**	**8**	
月湖区							1	1	
余江区	3	2	1	5	4	1	2	2	
贵溪市	6	4	2	3	3		5	5	
赣州市	**103**	**59**	**44**	**65**	**41**	**24**	**96**	**63**	**33**
章贡区	1	1					2	1	1
南康区	10	2	8	3	2	1	10	6	4
赣县区	7	5	2	4	4		8	7	1
信丰县	9	6	3	7	6	1	5	4	1
大余县	1		1	1		1	3	2	1
上犹县	1		1	3	3		6	3	3
崇义县	4	2	2	1	1		1	1	
安远县	7	5	2	4	4		8	7	1
定南县									
全南县				1		1	1	1	

6-1c 续表 3

单位：人

地区	1-4岁			5-9岁			10-14岁		
	小计	男	女	小计	男	女	小计	男	女
宁都县	9	6	3	3	3		10	6	4
于都县	13	5	8	5	3	2	8	6	2
兴国县	17	12	5	15	4	11	9	5	4
会昌县	6	2	4	3	3		3	1	2
寻乌县	1	1		4	1	3	5	3	2
石城县	9	6	3	3	1	2	1		1
瑞金市	5	3	2	6	5	1	11	8	3
龙南市	3	3		2	1	1	5	2	3
吉安市	**56**	**33**	**23**	**36**	**26**	**10**	**69**	**41**	**28**
吉州区	2	2		1		1	1	1	
青原区	3	1	2	3	1	2	4	3	1
吉安县	7	4	3	2	1	1	3	1	2
吉水县	8	5	3	7	7		9	4	5
峡江县	3	3					7	3	4
新干县	2	1	1				4	4	
永丰县	3	1	2	2	2		7	3	4
泰和县	5	3	2	3	2	1	3	2	1
遂川县	5	4	1	9	6	3	17	9	8
万安县	2	2		4	3	1	3	3	
安福县	9	3	6	3	2	1	6	4	2
永新县	5	3	2	1	1		4	3	1
井冈山市	2	1	1	1	1		1	1	
宜春市	**55**	**36**	**19**	**45**	**31**	**14**	**52**	**37**	**15**
袁州区	3		3	5	4	1	6	4	2
奉新县	7	5	2	8	5	3	2	1	1
万载县	3	2	1	2		2	8	5	3
上高县	7	5	2				4	4	
宜丰县	3		3	3	1	2	1		1
靖安县							3	3	
铜鼓县	1	1							
丰城市	15	13	2	12	9	3	14	10	4
樟树市	3	2	1	8	6	2	6	5	1
高安市	13	8	5	7	6	1	8	5	3
抚州市	**33**	**17**	**16**	**30**	**21**	**9**	**39**	**29**	**10**
临川区	5	3	2	6	4	2	13	12	1
东乡区	4	1	3	3	3		5	5	
南城县				1	1		1	1	
黎川县				5	3	2	1		1
南丰县	3	1	2	4	1	3	3	1	2
崇仁县	6	4	2	3	3		5	4	1
乐安县	6	3	3	2	2		3	2	1
宜黄县	3	1	2	2	1	1	1		1
金溪县	5	3	2	1	1		4	1	3
资溪县									
广昌县	1	1		3	2	1	3	3	
上饶市	**67**	**44**	**23**	**36**	**22**	**14**	**80**	**50**	**30**
信州区	1	1					1	1	
广丰区	7	5	2	4	3	1	8	4	4
广信区	4	1	3	3	2	1	7	5	2
玉山县	6	4	2	1		1	6	4	2
铅山县				1	1		2	2	
横峰县				1	1		5	2	3
弋阳县	4	3	1	4	1	3	7	5	2
余干县	15	10	5	4	4		11	8	3
鄱阳县	16	12	4	12	6	6	16	9	7
万年县	4		4	4	3	1	8	6	2
婺源县	9	7	2	1		1	4	1	3
德兴市	1	1		1	1		5	3	2

6-1c　续表 4　　　　　　　　　　　　　　　　　　　　　　　　　　　　　　单位：人

地　区	15-19岁			20-24岁			25-29岁		
	小计	男	女	小计	男	女	小计	男	女
全　省	**562**	**403**	**159**	**540**	**382**	**158**	**682**	**479**	**203**
南昌市	**40**	**29**	**11**	**52**	**37**	**15**	**72**	**48**	**24**
东湖区							3	2	1
西湖区									
青云谱区									
青山湖区									
新建区	15	10	5	15	13	2	16	9	7
红谷滩区							2	2	
南昌县	7	4	3	17	10	7	29	21	8
安义县	3	2	1	7	5	2	6	3	3
进贤县	15	13	2	13	9	4	16	11	5
景德镇市	**20**	**16**	**4**	**11**	**10**	**1**	**21**	**16**	**5**
昌江区							2	2	
珠山区									
浮梁县	4	2	2	2	2		2	2	
乐平市	16	14	2	9	8	1	17	12	5
萍乡市	**17**	**13**	**4**	**13**	**9**	**4**	**23**	**16**	**7**
安源区									
湘东区	1	1		5	4	1	9	4	5
莲花县	5	3	2				3	1	2
上栗县	6	4	2	6	5	1	9	9	
芦溪县	5	5		2		2	2	2	
九江市	**38**	**27**	**11**	**56**	**33**	**23**	**61**	**42**	**19**
濂溪区	1	1		1	1		5	5	
浔阳区				1	1				
柴桑区	6	5	1	3	1	2	4	2	2
武宁县	3		3	4		4	6	3	3
修水县	8	4	4	11	7	4	10	7	3
永修县	2	2		3	2	1	6	5	1
德安县	2	2					3	3	
都昌县	5	4	1	18	8	10	10	7	3
湖口县				2	2		8	6	2
彭泽县	2	1	1	4	3	1	4	2	2
瑞昌市	5	5		5	4	1	2	1	1
共青城市	1		1	2	2		3	1	2
庐山市	3	3		2	2				
新余市	**12**	**10**	**2**	**13**	**8**	**5**	**11**	**9**	**2**
渝水区	11	9	2	7	6	1	8	6	2
分宜县	1	1		6	2	4	3	3	
鹰潭市	**10**	**8**	**2**	**11**	**10**	**1**	**21**	**19**	**2**
月湖区									
余江区	2	1	1	5	5		5	5	
贵溪市	8	7	1	6	5	1	16	14	2
赣州市	**176**	**119**	**57**	**148**	**108**	**40**	**169**	**121**	**48**
章贡区	4	3	1						
南康区	20	14	6	20	12	8	22	14	8
赣县区	18	10	8	6	3	3	8	4	4
信丰县	5	4	1	12	11	1	17	10	7
大余县	2		2	2	2		7	6	1
上犹县	8	6	2	6	5	1	8	7	1
崇义县	1		1	3	2	1	5	2	3
安远县	5	5		5	3	2	8	5	3
定南县				4	3	1	5	3	2
全南县	3	3		1	1		1	1	

6-1c 续表 5　　　　单位：人

地　区	15-19岁			20-24岁			25-29岁		
	小计	男	女	小计	男	女	小计	男	女
宁都县	15	11	4	15	13	2	11	8	3
于都县	35	21	14	17	13	4	16	13	3
兴国县	23	15	8	22	17	5	12	9	3
会昌县	16	13	3	10	5	5	12	8	4
寻乌县	5	5		10	6	4	7	7	
石城县	5	3	2	3	2	1	6	6	
瑞金市	7	3	4	10	9	1	18	13	5
龙南市	4	3	1	2	1	1	6	5	1
吉安市	**71**	**53**	**18**	**63**	**42**	**21**	**57**	**41**	**16**
吉州区	2	1	1				4	4	
青原区	7	4	3	1		1	1	1	
吉安县	6	6		9	7	2	5	3	2
吉水县	7	6	1	10	7	3	8	6	2
峡江县	2	1	1	2	2		3	3	
新干县	1	1		2	1	1	4	3	1
永丰县	6	5	1	4	2	2	7	3	4
泰和县	9	6	3	4	3	1	3	3	
遂川县	12	11	1	16	11	5	4	3	1
万安县	1	1		4	2	2	4	3	1
安福县	5	2	3	3	3		7	4	3
永新县	8	6	2	5	2	3	2	2	
井冈山市	5	3	2	3	2	1	5	3	2
宜春市	**56**	**40**	**16**	**38**	**32**	**6**	**79**	**48**	**31**
袁州区	7	3	4	3	2	1	15	6	9
奉新县	3	2	1	1	1				
万载县	8	7	1	4	3	1	10	7	3
上高县	3	2	1				2	1	1
宜丰县	1	1					5	3	2
靖安县	2		2				3	2	1
铜鼓县							1	1	
丰城市	19	16	3	18	15	3	22	12	10
樟树市	6	3	3	4	3	1	8	4	4
高安市	7	6	1	8	8		13	12	1
抚州市	**48**	**34**	**14**	**48**	**32**	**16**	**61**	**48**	**13**
临川区	13	9	4	17	10	7	12	11	1
东乡区	6	3	3	7	6	1	4	4	
南城县	6	4	2	2	2		10	9	1
黎川县	2	2		2	1	1	5	4	1
南丰县	6	4	2	2	2		3	1	2
崇仁县	2	2		4	3	1	7	6	1
乐安县	4	4		4	1	3	8	6	2
宜黄县	1		1	1	1		2	2	
金溪县	6	6		4	3	1	7	4	3
资溪县	1		1	1	1		1	1	
广昌县	1		1	4	2	2	2		2
上饶市	**74**	**54**	**20**	**87**	**61**	**26**	**107**	**71**	**36**
信州区	2	1	1	2	2		4	3	1
广丰区	7	5	2	11	5	6	11	8	3
广信区	8	5	3	12	8	4	16	10	6
玉山县	6	4	2	4	3	1	6	4	2
铅山县	1	1					3	1	2
横峰县	3	2	1	1	1		3	3	
弋阳县	2	2		5	2	3	5	3	2
余干县	11	7	4	14	11	3	19	16	3
鄱阳县	24	19	5	26	19	7	23	14	9
万年县	3	3		9	7	2	5	4	1
婺源县	3	2	1	1	1		8	4	4
德兴市	4	3	1	2	2		4	1	3

6-1c　续表 6　　　　单位：人

地　区	30-34岁			35-39岁			40-44岁		
	小计	男	女	小计	男	女	小计	男	女
全　省	**1048**	**742**	**306**	**1179**	**861**	**318**	**2487**	**1815**	**672**
南昌市	**85**	**65**	**20**	**100**	**67**	**33**	**204**	**148**	**56**
东湖区							1	1	
西湖区									
青云谱区									
青山湖区				2		2	2	2	
新建区	17	15	2	22	13	9	50	36	14
红谷滩区				3	3		4	1	3
南昌县	38	28	10	35	25	10	69	49	20
安义县	7	3	4	4	3	1	13	11	2
进贤县	23	19	4	34	23	11	65	48	17
景德镇市	**37**	**22**	**15**	**42**	**30**	**12**	**86**	**65**	**21**
昌江区	1	1		3	2	1	5	4	1
珠山区									
浮梁县				1	1		7	4	3
乐平市	36	21	15	38	27	11	74	57	17
萍乡市	**46**	**33**	**13**	**43**	**29**	**14**	**97**	**69**	**28**
安源区	1		1				2	2	
湘东区	12	5	7	12	9	3	21	10	11
莲花县	10	10		10	6	4	17	13	4
上栗县	16	13	3	13	9	4	34	27	7
芦溪县	7	5	2	8	5	3	23	17	6
九江市	**130**	**81**	**49**	**119**	**81**	**38**	**218**	**158**	**60**
濂溪区	5	4	1	5	3	2	2	1	1
浔阳区									
柴桑区	12	7	5	13	8	5	13	10	3
武宁县	23	14	9	15	10	5	26	18	8
修水县	23	11	12	28	20	8	53	41	12
永修县	7	5	2	10	4	6	14	8	6
德安县	2	1	1	4	4		8	7	1
都昌县	19	14	5	14	9	5	49	30	19
湖口县	7	5	2	3	3		10	7	3
彭泽县	5	4	1	3	3		11	11	
瑞昌市	20	12	8	17	12	5	22	19	3
共青城市	5	3	2	1	1		3	2	1
庐山市	2	1	1	6	4	2	7	4	3
新余市	**25**	**19**	**6**	**18**	**15**	**3**	**56**	**45**	**11**
渝水区	20	15	5	14	11	3	36	28	8
分宜县	5	4	1	4	4		20	17	3
鹰潭市	**28**	**19**	**9**	**33**	**26**	**7**	**45**	**27**	**18**
月湖区	1	1					1		1
余江区	14	12	2	12	8	4	19	8	11
贵溪市	13	6	7	21	18	3	25	19	6
赣州市	**198**	**144**	**54**	**245**	**185**	**60**	**593**	**452**	**141**
章贡区	2	2		5	3	2	6	5	1
南康区	24	18	6	20	14	6	58	46	12
赣县区	8	7	1	11	7	4	43	28	15
信丰县	21	14	7	19	17	2	65	54	11
大余县	4	3	1	11	7	4	17	13	4
上犹县	7	5	2	14	11	3	24	19	5
崇义县	2	2		11	8	3	15	12	3
安远县	8	4	4	7	6	1	22	17	5
定南县	5	3	2	3	2	1	10	5	5
全南县	3	2	1	6	3	3	16	13	3

6-1c 续表 7

单位：人

地区	30-34岁			35-39岁			40-44岁		
	小计	男	女	小计	男	女	小计	男	女
宁都县	25	19	6	24	18	6	60	51	9
于都县	20	15	5	29	24	5	73	51	22
兴国县	19	11	8	28	22	6	50	36	14
会昌县	12	8	4	13	12	1	32	22	10
寻乌县	11	11		9	5	4	19	17	2
石城县	6	5	1	12	7	5	20	16	4
瑞金市	11	9	2	17	15	2	44	35	9
龙南市	10	6	4	6	4	2	19	12	7
吉安市	**126**	**90**	**36**	**145**	**115**	**30**	**334**	**242**	**92**
吉州区	2	1	1	5	3	2	10	7	3
青原区	4	2	2	5	2	3	17	14	3
吉安县	10	6	4	16	14	2	25	20	5
吉水县	9	6	3	11	8	3	39	28	11
峡江县	7	6	1	2	2		9	6	3
新干县	15	14	1	7	6	1	19	13	6
永丰县	13	10	3	12	8	4	44	37	7
泰和县	12	8	4	25	23	2	28	17	11
遂川县	21	15	6	21	16	5	52	36	16
万安县	9	7	2	4	3	1	33	23	10
安福县	7	5	2	24	21	3	23	16	7
永新县	15	8	7	12	8	4	28	19	9
井冈山市	2	2		1	1		7	6	1
宜春市	**132**	**100**	**32**	**146**	**107**	**39**	**277**	**197**	**80**
袁州区	22	18	4	22	17	5	48	30	18
奉新县	11	8	3	9	5	4	11	10	1
万载县	8	5	3	10	7	3	27	21	6
上高县	12	10	2	10	7	3	16	11	5
宜丰县	11	8	3	13	11	2	8	6	2
靖安县	4	4		4	3	1	9	3	6
铜鼓县	3	1	2	5	3	2	8	8	
丰城市	33	23	10	27	19	8	70	48	22
樟树市	13	11	2	12	6	6	28	23	5
高安市	15	12	3	34	29	5	52	37	15
抚州市	**85**	**62**	**23**	**104**	**76**	**28**	**213**	**157**	**56**
临川区	23	17	6	29	21	8	49	31	18
东乡区	6	6		7	4	3	18	15	3
南城县	10	8	2	9	7	2	24	20	4
黎川县	7	6	1	7	6	1	19	14	5
南丰县	6	5	1	10	7	3	17	11	6
崇仁县	11	5	6	7	6	1	16	12	4
乐安县	6	5	1	10	8	2	23	20	3
宜黄县	4	4		5	3	2	6	5	1
金溪县	7	4	3	9	6	3	21	14	7
资溪县	5	2	3	6	4	2	5	4	1
广昌县				5	4	1	15	11	4
上饶市	**156**	**107**	**49**	**184**	**130**	**54**	**364**	**255**	**109**
信州区	3	3		5	3	2	18	11	7
广丰区	27	19	8	9	9		40	27	13
广信区	24	19	5	20	16	4	52	41	11
玉山县	5	2	3	25	16	9	25	19	6
铅山县	3	2	1	6	5	1	17	13	4
横峰县	2	1	1	5	4	1	11	7	4
弋阳县	12	8	4	11	8	3	17	10	7
余干县	29	20	9	33	24	9	44	28	16
鄱阳县	38	22	16	45	24	21	87	64	23
万年县	6	5	1	12	11	1	27	20	7
婺源县	4	3	1	7	5	2	12	7	5
德兴市	3	3		6	5	1	14	8	6

6−1c 续表 8

单位：人

地区	45−49岁			50−54岁			55−59岁		
	小计	男	女	小计	男	女	小计	男	女
全 省	**3984**	**2739**	**1245**	**5882**	**4046**	**1836**	**6420**	**4480**	**1940**
南昌市	**300**	**199**	**101**	**419**	**283**	**136**	**473**	**306**	**167**
东湖区	2	1	1	4	3	1	10	7	3
西湖区									
青云谱区									
青山湖区							4	2	2
新建区	63	36	27	94	57	37	103	66	37
红谷滩区	4	2	2	3	2	1	7	2	5
南昌县	121	91	30	167	118	49	189	120	69
安义县	22	11	11	26	18	8	45	26	19
进贤县	88	58	30	125	85	40	115	83	32
景德镇市	**99**	**71**	**28**	**168**	**114**	**54**	**187**	**136**	**51**
昌江区	11	7	4	12	7	5	8	7	1
珠山区	1	1							
浮梁县	10	7	3	17	14	3	21	16	5
乐平市	77	56	21	139	93	46	158	113	45
萍乡市	**156**	**106**	**50**	**247**	**162**	**85**	**243**	**169**	**74**
安源区				6	4	2	3	3	
湘东区	28	19	9	58	36	22	48	31	17
莲花县	45	29	16	44	27	17	54	41	13
上栗县	57	43	14	86	60	26	92	62	30
芦溪县	26	15	11	53	35	18	46	32	14
九江市	**350**	**244**	**106**	**538**	**357**	**181**	**653**	**438**	**215**
濂溪区	5	4	1	15	11	4	11	8	3
浔阳区				1		1	1		1
柴桑区	19	14	5	42	25	17	59	42	17
武宁县	44	30	14	58	41	17	85	60	25
修水县	81	57	24	129	88	41	161	105	56
永修县	25	17	8	38	26	12	43	31	12
德安县	6	5	1	23	10	13	24	13	11
都昌县	54	40	14	87	60	27	74	46	28
湖口县	33	22	11	29	19	10	54	34	20
彭泽县	29	18	11	48	31	17	54	42	12
瑞昌市	33	23	10	48	34	14	64	42	22
共青城市	6	5	1	7	5	2	5	4	1
庐山市	15	9	6	13	7	6	18	11	7
新余市	**85**	**56**	**29**	**126**	**91**	**35**	**160**	**111**	**49**
渝水区	57	39	18	79	57	22	107	74	33
分宜县	28	17	11	47	34	13	53	37	16
鹰潭市	**112**	**79**	**33**	**138**	**89**	**49**	**164**	**109**	**55**
月湖区	1	1		5	5		2	1	1
余江区	45	32	13	43	32	11	78	50	28
贵溪市	66	46	20	90	52	38	84	58	26
赣州市	**1043**	**752**	**291**	**1539**	**1112**	**427**	**1541**	**1110**	**431**
章贡区	8	6	2	18	12	6	20	14	6
南康区	106	65	41	162	115	47	168	122	46
赣县区	82	63	19	117	76	41	126	96	30
信丰县	88	70	18	149	109	40	129	89	40
大余县	37	27	10	51	39	12	43	31	12
上犹县	38	28	10	79	62	17	70	45	25
崇义县	25	15	10	46	30	16	31	21	10
安远县	48	36	12	70	52	18	49	33	16
定南县	27	21	6	36	28	8	41	28	13
全南县	34	29	5	51	36	15	56	40	16

6－1c　续表 9　　单位：人

地　区	45—49岁			50—54岁			55—59岁		
	小计	男	女	小计	男	女	小计	男	女
宁都县	118	84	34	153	108	45	155	104	51
于都县	93	69	24	147	109	38	155	117	38
兴国县	107	70	37	133	98	35	156	108	48
会昌县	70	47	23	83	59	24	70	53	17
寻乌县	35	28	7	51	40	11	58	45	13
石城县	24	16	8	50	37	13	32	23	9
瑞金市	64	50	14	83	57	26	112	83	29
龙南市	39	28	11	60	45	15	70	58	12
吉安市	**447**	**312**	**135**	**670**	**469**	**201**	**792**	**561**	**231**
吉州区	11	9	2	16	9	7	16	11	5
青原区	18	12	6	25	17	8	27	21	6
吉安县	35	23	12	61	43	18	74	51	23
吉水县	42	24	18	80	56	24	82	57	25
峡江县	25	18	7	21	17	4	24	19	5
新干县	28	22	6	38	25	13	45	28	17
永丰县	59	43	16	64	46	18	74	56	18
泰和县	34	21	13	66	47	19	84	61	23
遂川县	65	50	15	115	82	33	102	70	32
万安县	38	29	9	54	37	17	62	41	21
安福县	27	20	7	55	37	18	87	61	26
永新县	48	29	19	58	41	17	84	61	23
井冈山市	17	12	5	17	12	5	31	24	7
宜春市	**443**	**313**	**130**	**709**	**466**	**243**	**726**	**510**	**216**
袁州区	79	54	25	126	83	43	142	98	44
奉新县	22	20	2	28	22	6	34	20	14
万载县	44	30	14	71	54	17	72	49	23
上高县	35	27	8	58	34	24	48	36	12
宜丰县	24	15	9	22	13	9	31	22	9
靖安县	10	8	2	13	10	3	17	15	2
铜鼓县	9	7	2	19	13	6	19	14	5
丰城市	115	82	33	193	122	71	182	130	52
樟树市	30	20	10	62	40	22	66	47	19
高安市	75	50	25	117	75	42	115	79	36
抚州市	**401**	**253**	**148**	**522**	**359**	**163**	**502**	**339**	**163**
临川区	106	65	41	141	82	59	126	74	52
东乡区	37	23	14	57	42	15	43	28	15
南城县	45	28	17	37	20	17	49	37	12
黎川县	28	19	9	42	32	10	46	33	13
南丰县	34	27	7	39	28	11	36	25	11
崇仁县	27	19	8	35	25	10	36	23	13
乐安县	37	17	20	51	37	14	50	34	16
宜黄县	22	12	10	24	19	5	17	12	5
金溪县	29	15	14	40	29	11	50	36	14
资溪县	9	5	4	20	18	2	15	10	5
广昌县	27	23	4	36	27	9	34	27	7
上饶市	**548**	**354**	**194**	**806**	**544**	**262**	**979**	**691**	**288**
信州区	11	6	5	20	12	8	26	20	6
广丰区	54	35	19	106	74	32	98	73	25
广信区	85	54	31	93	63	30	148	100	48
玉山县	29	18	11	54	34	20	73	53	20
铅山县	23	13	10	36	23	13	47	36	11
横峰县	22	16	6	26	20	6	39	23	16
弋阳县	33	19	14	39	29	10	51	37	14
余干县	86	56	30	116	74	42	135	94	41
鄱阳县	138	92	46	174	114	60	196	141	55
万年县	28	16	12	53	33	20	67	52	15
婺源县	20	14	6	47	35	12	67	37	30
德兴市	19	15	4	42	33	9	32	25	7

6-1c 续表 10

单位：人

地区	60-64岁			65-69岁			70-74岁		
	小计	男	女	小计	男	女	小计	男	女
全 省	**8967**	**6183**	**2784**	**12748**	**8381**	**4367**	**15425**	**9693**	**5732**
南昌市	**612**	**437**	**175**	**1010**	**666**	**344**	**1208**	**800**	**408**
东湖区	5	3	2	12	6	6	9	6	3
西湖区									
青云谱区									
青山湖区	3	3		2		2	4	3	1
新建区	131	94	37	199	126	73	241	157	84
红谷滩区	4	2	2	15	13	2	16	13	3
南昌县	242	167	75	384	250	134	496	332	164
安义县	64	48	16	88	59	29	89	54	35
进贤县	163	120	43	310	212	98	353	235	118
景德镇市	**266**	**185**	**81**	**366**	**232**	**134**	**535**	**321**	**214**
昌江区	14	11	3	29	19	10	30	21	9
珠山区									
浮梁县	36	23	13	44	30	14	55	28	27
乐平市	216	151	65	293	183	110	450	272	178
萍乡市	**402**	**265**	**137**	**538**	**352**	**186**	**604**	**370**	**234**
安源区	5	2	3	9	7	2	7	3	4
湘东区	104	67	37	139	96	43	125	79	46
莲花县	64	48	16	98	61	37	119	75	44
上栗县	156	104	52	171	103	68	220	138	82
芦溪县	73	44	29	121	85	36	133	75	58
九江市	**824**	**563**	**261**	**1323**	**864**	**459**	**1630**	**1017**	**613**
濂溪区	24	18	6	36	23	13	51	31	20
浔阳区	1		1	3	1	2	2	1	1
柴桑区	55	36	19	102	69	33	145	91	54
武宁县	107	80	27	163	103	60	182	111	71
修水县	165	110	55	255	164	91	346	213	133
永修县	61	41	20	87	59	28	107	75	32
德安县	35	22	13	46	26	20	51	33	18
都昌县	141	100	41	213	141	72	264	169	95
湖口县	55	38	17	101	72	29	143	88	55
彭泽县	61	39	22	122	81	41	108	61	47
瑞昌市	80	51	29	122	78	44	157	93	64
共青城市	15	11	4	19	14	5	24	15	9
庐山市	24	17	7	54	33	21	50	36	14
新余市	**227**	**166**	**61**	**293**	**196**	**97**	**325**	**201**	**124**
渝水区	157	119	38	199	131	68	227	142	85
分宜县	70	47	23	94	65	29	98	59	39
鹰潭市	**250**	**173**	**77**	**356**	**235**	**121**	**364**	**225**	**139**
月湖区	7	4	3	9	7	2	7	5	2
余江区	99	73	26	144	87	57	157	98	59
贵溪市	144	96	48	203	141	62	200	122	78
赣州市	**2108**	**1491**	**617**	**2845**	**1903**	**942**	**3286**	**2039**	**1247**
章贡区	28	24	4	28	22	6	33	23	10
南康区	228	163	65	337	225	112	380	237	143
赣县区	153	100	53	191	121	70	217	126	91
信丰县	171	125	46	276	176	100	290	170	120
大余县	69	45	24	105	78	27	106	70	36
上犹县	94	65	29	124	76	48	149	92	57
崇义县	46	30	16	65	37	28	88	52	36
安远县	88	58	30	118	74	44	115	70	45
定南县	56	37	19	69	52	17	77	50	27
全南县	66	46	20	90	62	28	75	43	32

6-1c 续表 11

单位：人

地 区	60-64岁			65-69岁			70-74岁		
	小计	男	女	小计	男	女	小计	男	女
宁都县	198	143	55	248	166	82	350	218	132
于都县	234	181	53	280	185	95	316	201	115
兴国县	193	129	64	259	174	85	340	226	114
会昌县	127	92	35	160	107	53	198	108	90
寻乌县	63	43	20	82	61	21	97	63	34
石城县	65	40	25	87	57	30	112	61	51
瑞金市	142	107	35	205	135	70	228	154	74
龙南市	87	63	24	121	95	26	115	75	40
吉安市	**1104**	**743**	**361**	**1487**	**973**	**514**	**1969**	**1272**	**697**
吉州区	30	23	7	45	33	12	55	40	15
青原区	32	20	12	55	39	16	83	55	28
吉安县	114	75	39	138	93	45	175	115	60
吉水县	109	72	37	140	88	52	197	120	77
峡江县	26	16	10	47	28	19	54	36	18
新干县	72	52	20	109	78	31	114	79	35
永丰县	88	55	33	123	72	51	196	117	79
泰和县	122	88	34	150	103	47	183	119	64
遂川县	171	113	58	209	125	84	298	194	104
万安县	90	54	36	95	58	37	146	87	59
安福县	82	51	31	138	83	55	189	120	69
永新县	128	98	30	204	152	52	226	154	72
井冈山市	40	26	14	34	21	13	53	36	17
宜春市	**1127**	**753**	**374**	**1508**	**1006**	**502**	**1818**	**1157**	**661**
袁州区	179	119	60	244	153	91	304	185	119
奉新县	42	32	10	53	42	11	98	64	34
万载县	113	78	35	164	100	64	169	107	62
上高县	93	59	34	100	67	33	127	73	54
宜丰县	59	44	15	61	35	26	73	52	21
靖安县	23	16	7	51	34	17	55	36	19
铜鼓县	25	15	10	28	20	8	40	28	12
丰城市	296	191	105	365	259	106	464	284	180
樟树市	129	94	35	160	105	55	168	114	54
高安市	168	105	63	282	191	91	320	214	106
抚州市	**733**	**505**	**228**	**1102**	**697**	**405**	**1333**	**816**	**517**
临川区	223	161	62	343	204	139	377	240	137
东乡区	72	44	28	112	75	37	132	84	48
南城县	57	39	18	96	57	39	113	70	43
黎川县	53	37	16	72	49	23	114	69	45
南丰县	55	31	24	70	47	23	98	64	34
崇仁县	40	29	11	81	50	31	67	37	30
乐安县	70	49	21	95	61	34	118	70	48
宜黄县	33	24	9	43	26	17	79	40	39
金溪县	79	59	20	110	71	39	119	63	56
资溪县	20	14	6	37	27	10	34	27	7
广昌县	31	18	13	43	30	13	82	52	30
上饶市	**1314**	**902**	**412**	**1920**	**1257**	**663**	**2353**	**1475**	**878**
信州区	34	25	9	43	27	16	50	29	21
广丰区	128	90	38	204	140	64	213	141	72
广信区	201	125	76	258	159	99	283	168	115
玉山县	92	65	27	164	106	58	215	150	65
铅山县	56	44	12	96	65	31	106	61	45
横峰县	45	31	14	59	36	23	65	38	27
弋阳县	74	49	25	105	67	38	138	82	56
余干县	168	109	59	236	145	91	296	178	118
鄱阳县	284	198	86	425	289	136	573	377	196
万年县	110	83	27	146	97	49	185	116	69
婺源县	79	56	23	117	83	34	151	91	60
德兴市	43	27	16	67	43	24	78	44	34

6-1c 续表 12 单位：人

地 区	75-79岁			80-84岁			85-89岁		
	小计	男	女	小计	男	女	小计	男	女
全 省	**17736**	**10177**	**7559**	**22536**	**11624**	**10912**	**17349**	**7607**	**9742**
南昌市	**1384**	**844**	**540**	**1611**	**874**	**737**	**1678**	**725**	**953**
东湖区	17	10	7	17	12	5	15	7	8
西湖区									
青云谱区									
青山湖区	2	2		2	1	1	4	3	1
新建区	293	173	120	314	170	144	330	146	184
红谷滩区	18	12	6	12	8	4	18	9	9
南昌县	559	337	222	616	338	278	632	262	370
安义县	105	54	51	137	80	57	136	66	70
进贤县	390	256	134	513	265	248	543	232	311
景德镇市	**476**	**263**	**213**	**607**	**285**	**322**	**398**	**187**	**211**
昌江区	33	13	20	31	11	20	32	10	22
珠山区							1	1	
浮梁县	60	40	20	91	49	42	52	21	31
乐平市	383	210	173	485	225	260	313	155	158
萍乡市	**701**	**402**	**299**	**850**	**454**	**396**	**578**	**273**	**305**
安源区	4	2	2	13	7	6	9	3	6
湘东区	142	81	61	186	100	86	137	73	64
莲花县	160	93	67	218	118	100	121	44	77
上栗县	248	137	111	259	141	118	188	99	89
芦溪县	147	89	58	174	88	86	123	54	69
九江市	**1917**	**1123**	**794**	**1929**	**1023**	**906**	**1648**	**741**	**907**
濂溪区	59	38	21	52	31	21	62	25	37
浔阳区	2	1	1				4	3	1
柴桑区	171	104	67	163	84	79	150	67	83
武宁县	200	124	76	214	112	102	203	86	117
修水县	396	236	160	459	241	218	242	128	114
永修县	123	69	54	128	63	65	139	61	78
德安县	77	41	36	61	38	23	72	36	36
都昌县	273	163	110	274	147	127	267	103	164
湖口县	157	88	69	133	72	61	122	45	77
彭泽县	163	82	81	166	90	76	139	61	78
瑞昌市	193	109	84	206	106	100	166	82	84
共青城市	42	25	17	19	10	9	26	12	14
庐山市	61	43	18	54	29	25	56	32	24
新余市	**416**	**236**	**180**	**543**	**281**	**262**	**523**	**236**	**287**
渝水区	263	150	113	361	188	173	341	153	188
分宜县	153	86	67	182	93	89	182	83	99
鹰潭市	**362**	**206**	**156**	**557**	**304**	**253**	**386**	**182**	**204**
月湖区	7	5	2	15	6	9	13	8	5
余江区	141	72	69	219	137	82	149	77	72
贵溪市	214	129	85	323	161	162	224	97	127
赣州市	**4117**	**2258**	**1859**	**5211**	**2550**	**2661**	**3649**	**1510**	**2139**
章贡区	32	21	11	38	29	9	37	14	23
南康区	445	268	177	562	259	303	469	183	286
赣县区	265	131	134	323	157	166	257	110	147
信丰县	378	203	175	423	190	233	277	108	169
大余县	139	85	54	184	88	96	110	47	63
上犹县	211	119	92	270	122	148	199	83	116
崇义县	122	72	50	145	74	71	108	42	66
安远县	152	75	77	179	90	89	111	40	71
定南县	100	60	40	144	63	81	104	38	66
全南县	94	54	40	144	58	86	129	44	85

6－1c 续表 13

单位：人

地区	75－79岁			80－84岁			85－89岁		
	小计	男	女	小计	男	女	小计	男	女
宁都县	422	228	194	577	321	256	314	154	160
于都县	347	173	174	468	214	254	311	125	186
兴国县	430	247	183	497	257	240	330	150	180
会昌县	254	129	125	297	155	142	170	66	104
寻乌县	151	92	59	239	110	129	158	66	92
石城县	134	76	58	187	101	86	123	54	69
瑞金市	280	138	142	354	180	174	287	131	156
龙南市	161	87	74	180	82	98	155	55	100
吉安市	**2388**	**1330**	**1058**	**3226**	**1645**	**1581**	**2325**	**979**	**1346**
吉州区	44	28	16	68	40	28	65	23	42
青原区	86	49	37	111	54	57	78	37	41
吉安县	236	134	102	291	148	143	224	92	132
吉水县	253	128	125	327	161	166	244	98	146
峡江县	82	48	34	116	57	59	74	40	34
新干县	136	71	65	214	113	101	170	73	97
永丰县	209	110	99	309	153	156	190	73	117
泰和县	221	121	100	295	136	159	238	92	146
遂川县	358	221	137	420	234	186	336	146	190
万安县	177	91	86	258	131	127	139	62	77
安福县	254	149	105	346	177	169	244	105	139
永新县	274	154	120	355	177	178	255	110	145
井冈山市	58	26	32	116	64	52	68	28	40
宜春市	**2025**	**1200**	**825**	**2633**	**1407**	**1226**	**2279**	**1041**	**1238**
袁州区	312	165	147	411	214	197	303	140	163
奉新县	89	51	38	98	61	37	123	59	64
万载县	195	113	82	268	154	114	155	73	82
上高县	191	124	67	246	126	120	188	92	96
宜丰县	116	73	43	143	78	65	98	50	48
靖安县	60	37	23	90	55	35	88	49	39
铜鼓县	55	27	28	67	33	34	28	13	15
丰城市	538	314	224	696	363	333	649	280	369
樟树市	152	100	52	238	120	118	242	106	136
高安市	317	196	121	376	203	173	405	179	226
抚州市	**1438**	**816**	**622**	**2094**	**1057**	**1037**	**1426**	**615**	**811**
临川区	341	202	139	566	297	269	468	206	262
东乡区	106	61	45	169	84	85	155	59	96
南城县	116	61	55	153	72	81	105	40	65
黎川县	119	58	61	134	67	67	98	48	50
南丰县	121	70	51	158	80	78	77	43	34
崇仁县	90	49	41	165	90	75	117	47	70
乐安县	183	108	75	232	116	116	128	55	73
宜黄县	89	51	38	118	53	65	43	19	24
金溪县	128	72	56	158	75	83	117	46	71
资溪县	51	28	23	63	36	27	52	20	32
广昌县	94	56	38	178	87	91	66	32	34
上饶市	**2512**	**1499**	**1013**	**3275**	**1744**	**1531**	**2459**	**1118**	**1341**
信州区	63	41	22	84	45	39	51	24	27
广丰区	191	113	78	321	189	132	282	120	162
广信区	364	212	152	436	206	230	254	111	143
玉山县	204	137	67	282	163	119	207	107	100
铅山县	126	66	60	144	85	59	89	47	42
横峰县	91	56	35	114	47	67	42	22	20
弋阳县	160	87	73	213	108	105	117	42	75
余干县	294	167	127	382	214	168	416	189	227
鄱阳县	571	355	216	668	361	307	598	272	326
万年县	188	107	81	245	121	124	148	65	83
婺源县	150	89	61	234	125	109	165	76	89
德兴市	110	69	41	152	80	72	90	43	47

6-1c　续表 14　　　　　　　　　　　　　　　　　　　　　　　　　　　　　　单位：人

地　　区	90-94岁			95-99岁			100岁及以上		
	小计	男	女	小计	男	女	小计	男	女
全　省	**8348**	**3075**	**5273**	**2460**	**771**	**1689**	**338**	**87**	**251**
南昌市	**848**	**300**	**548**	**276**	**67**	**209**	**46**	**12**	**34**
东湖区	11	1	10	1		1			
西湖区									
青云谱区									
青山湖区	1	1							
新建区	180	67	113	52	16	36	7		7
红谷滩区	9	1	8	4	1	3	1	1	
南昌县	327	112	215	112	22	90	17	3	14
安义县	66	31	35	22	6	16	4	2	2
进贤县	254	87	167	85	22	63	17	6	11
景德镇市	**132**	**46**	**86**	**42**	**13**	**29**	**3**	**1**	**2**
昌江区	14	7	7	9	5	4			
珠山区									
浮梁县	27	13	14	7	1	6			
乐平市	91	26	65	26	7	19	3	1	2
萍乡市	**333**	**130**	**203**	**100**	**43**	**57**	**15**	**3**	**12**
安源区	3	1	2	1		1			
湘东区	87	35	52	17	5	12	2	1	1
莲花县	61	18	43	22	7	15	3		3
上栗县	103	38	65	30	17	13	4	1	3
芦溪县	79	38	41	30	14	16	6	1	5
九江市	**846**	**329**	**517**	**252**	**95**	**157**	**33**	**10**	**23**
濂溪区	42	12	30	5	2	3	1		1
浔阳区				2		2			
柴桑区	87	33	54	20	6	14	1		1
武宁县	118	56	62	46	15	31	6	3	3
修水县	135	69	66	50	28	22	10	5	5
永修县	78	29	49	14	5	9	1		1
德安县	33	15	18	10	5	5			
都昌县	111	35	76	40	12	28	7	1	6
湖口县	60	22	38	17	5	12	1		1
彭泽县	65	15	50	14	4	10			
瑞昌市	76	34	42	21	8	13	3	1	2
共青城市	6	2	4	5	2	3	3		3
庐山市	35	7	28	8	3	5			
新余市	**243**	**75**	**168**	**49**	**20**	**29**	**12**	**4**	**8**
渝水区	158	45	113	30	10	20	5	2	3
分宜县	85	30	55	19	10	9	7	2	5
鹰潭市	**178**	**67**	**111**	**43**	**15**	**28**	**7**	**2**	**5**
月湖区	10	3	7	2	2		1		1
余江区	63	25	38	14	3	11	1	1	
贵溪市	105	39	66	27	10	17	5	1	4
赣州市	**1868**	**662**	**1206**	**563**	**164**	**399**	**87**	**22**	**65**
章贡区	20	8	12	8	2	6			
南康区	231	76	155	65	14	51	5	3	2
赣县区	136	40	96	37	9	28	6		6
信丰县	121	38	83	45	13	32	5		5
大余县	61	17	44	9	1	8	3		3
上犹县	87	44	43	24	10	14	4	3	1
崇义县	50	21	29	10	4	6	1		1
安远县	60	19	41	20	2	18	3		3
定南县	46	15	31	15	4	11	2		2
全南县	41	12	29	20	7	13	1		1

6-1c 续表 15 单位：人

地 区	90-94岁			95-99岁			100岁及以上		
	小计	男	女	小计	男	女	小计	男	女
宁都县	160	67	93	58	23	35	7	2	5
于都县	168	53	115	43	8	35	7	3	4
兴国县	182	69	113	69	22	47	10	3	7
会昌县	104	45	59	23	3	20	5	2	3
寻乌县	88	26	62	20	8	12	7		7
石城县	77	33	44	19	8	11			
瑞金市	171	58	113	53	26	27	15	4	11
龙南市	65	21	44	25		25	6	2	4
吉安市	**1013**	**345**	**668**	**281**	**84**	**197**	**44**	**9**	**35**
吉州区	21	11	10	12	3	9	2		2
青原区	29	7	22	15	4	11	3	1	2
吉安县	116	30	86	24	8	16	7	2	5
吉水县	104	26	78	37	9	28	4	2	2
峡江县	32	13	19	11	1	10	1		1
新干县	71	27	44	18	6	12	2		2
永丰县	77	30	47	16	7	9	3	1	2
泰和县	128	47	81	33	8	25	3		3
遂川县	129	42	87	27	8	19	2	1	1
万安县	85	36	49	16	6	10	3	2	1
安福县	86	35	51	33	10	23	3		3
永新县	117	37	80	35	13	22	11		11
井冈山市	18	4	14	4	1	3			
宜春市	**1156**	**426**	**730**	**334**	**99**	**235**	**32**	**9**	**23**
袁州区	180	76	104	65	22	43	7	3	4
奉新县	51	15	36	27	11	16			
万载县	52	22	30	14	5	9	1		1
上高县	106	38	68	23	8	15	3	1	2
宜丰县	50	24	26	21	6	15	1	1	
靖安县	50	18	32	10	4	6			
铜鼓县	22	11	11	5	1	4	1		1
丰城市	347	136	211	91	21	70	12	3	9
樟树市	123	35	88	30	4	26	3		3
高安市	175	51	124	48	17	31	4	1	3
抚州市	**650**	**246**	**404**	**161**	**49**	**112**	**20**	**3**	**17**
临川区	215	97	118	54	14	40	7	1	6
东乡区	68	23	45	13	5	8	2		2
南城县	39	15	24	13	4	9	1		1
黎川县	46	22	24	14	8	6	1		1
南丰县	44	15	29	11		11	1		1
崇仁县	52	22	30	9	3	6	2		2
乐安县	57	17	40	12	4	8	1	1	
宜黄县	18	10	8	2	1	1	1		1
金溪县	56	9	47	11	4	7	1		1
资溪县	20	6	14	12	2	10	2	1	1
广昌县	35	10	25	10	4	6	1		1
上饶市	**1081**	**449**	**632**	**359**	**122**	**237**	**39**	**12**	**27**
信州区	25	10	15	14	5	9	2		2
广丰区	148	63	85	48	17	31	2	1	1
广信区	123	61	62	46	19	27	4	3	1
玉山县	108	43	65	40	10	30	2	1	1
铅山县	31	15	16	13	5	8	4		4
横峰县	37	20	17	5	1	4	2	2	
弋阳县	52	19	33	18	7	11	2		2
余干县	139	57	82	67	25	42	11	2	9
鄱阳县	250	91	159	69	23	46	7	2	5
万年县	54	21	33	20	7	13	1		1
婺源县	66	22	44	9	2	7	2	1	1
德兴市	48	27	21	10	1	9			

6–2 各地区分性别、受教育程度的3岁及以上死亡人口
(2019.11.1–2020.10.31)

单位：人

地区	3岁及以上死亡人口			未上过学		
	合计	男	女	小计	男	女
全省	**231443**	**134406**	**97037**	**42987**	**13246**	**29741**
南昌市	**24869**	**14504**	**10365**	**5303**	**1755**	**3548**
东湖区	2325	1319	1006	217	52	165
西湖区	2635	1515	1120	265	74	191
青云谱区	1427	874	553	113	25	88
青山湖区	2948	1797	1151	541	202	339
新建区	3443	1998	1445	951	334	617
红谷滩区	799	482	317	198	87	111
南昌县	5879	3361	2518	1621	523	1098
安义县	1261	736	525	275	115	160
进贤县	4152	2422	1730	1122	343	779
景德镇市	**8249**	**4825**	**3424**	**1902**	**696**	**1206**
昌江区	745	450	295	132	46	86
珠山区	1583	950	633	208	61	147
浮梁县	1557	888	669	440	153	287
乐平市	4364	2537	1827	1122	436	686
萍乡市	**11394**	**6669**	**4725**	**795**	**228**	**567**
安源区	2398	1427	971	79	29	50
湘东区	2479	1428	1051	123	36	87
莲花县	1679	988	691	250	43	207
上栗县	3045	1767	1278	216	82	134
芦溪县	1793	1059	734	127	38	89
九江市	**21665**	**12558**	**9107**	**5031**	**1548**	**3483**
濂溪区	1188	702	486	191	67	124
浔阳区	1481	832	649	156	42	114
柴桑区	1588	931	657	483	148	335
武宁县	2178	1269	909	422	144	278
修水县	3726	2240	1486	532	160	372
永修县	1677	955	722	382	121	261
德安县	901	525	376	213	82	131
都昌县	2688	1528	1160	786	205	581
湖口县	1471	828	643	338	69	269
彭泽县	1575	879	696	602	188	414
瑞昌市	1938	1124	814	492	146	346
共青城市	392	228	164	148	59	89
庐山市	862	517	345	286	117	169
新余市	**5557**	**3250**	**2307**	**1514**	**520**	**994**
渝水区	3820	2229	1591	1034	321	713
分宜县	1737	1021	716	480	199	281
鹰潭市	**6246**	**3694**	**2552**	**793**	**280**	**513**
月湖区	1105	667	438	169	62	107
余江区	2010	1186	824	212	74	138
贵溪市	3131	1841	1290	412	144	268
赣州市	**44924**	**25937**	**18987**	**7211**	**1637**	**5574**
章贡区	3851	2302	1549	251	46	205
南康区	4761	2659	2102	958	193	765
赣县区	2478	1401	1077	468	103	365
信丰县	3874	2204	1670	866	193	673
大余县	1739	1022	717	312	84	228
上犹县	1873	1080	793	218	46	172
崇义县	1014	578	436	192	56	136
安远县	1490	849	641	472	121	351
定南县	1366	746	620	141	40	101
全南县	1284	725	559	114	23	91

6-2 续表 1

单位：人

地 区	3岁及以上死亡人口			未上过学		
	合计	男	女	小计	男	女
宁都县	3946	2357	1589	705	203	502
于都县	3076	1765	1311	694	140	554
兴国县	3825	2252	1573	249	51	198
会昌县	2284	1314	970	398	69	329
寻乌县	1556	903	653	153	38	115
石城县	1376	802	574	289	74	215
瑞金市	3129	1848	1281	454	107	347
龙南市	2002	1130	872	277	50	227
吉安市	**25837**	**14809**	**11028**	**5149**	**1383**	**3766**
吉州区	2049	1211	838	252	65	187
青原区	934	550	384	168	38	130
吉安县	2386	1340	1046	524	131	393
吉水县	2499	1360	1139	448	113	335
峡江县	789	449	340	227	72	155
新干县	1633	971	662	440	160	280
永丰县	2283	1332	951	677	229	448
泰和县	2419	1375	1044	388	91	297
遂川县	3245	1893	1352	502	123	379
万安县	1745	983	762	262	71	191
安福县	2185	1221	964	519	139	380
永新县	2777	1597	1180	522	104	418
井冈山市	893	527	366	220	47	173
宜春市	**28577**	**16676**	**11901**	**4117**	**1355**	**2762**
袁州区	4949	2890	2059	646	240	406
奉新县	1410	828	582	152	48	104
万载县	3122	1862	1260	305	91	214
上高县	1901	1090	811	597	241	356
宜丰县	1472	888	584	221	82	139
靖安县	776	477	299	142	49	93
铜鼓县	624	371	253	38	11	27
丰城市	7176	4107	3069	1244	362	882
樟树市	3023	1738	1285	215	51	164
高安市	4124	2425	1699	557	180	377
抚州市	**19874**	**11426**	**8448**	**4196**	**1435**	**2761**
临川区	5501	3144	2357	968	327	641
东乡区	2208	1288	920	552	173	379
南城县	1614	906	708	335	106	229
黎川县	1374	804	570	269	98	171
南丰县	1450	862	588	507	201	306
崇仁县	1644	912	732	337	116	221
乐安县	1607	920	687	367	143	224
宜黄县	1118	635	483	138	34	104
金溪县	1475	839	636	267	84	183
资溪县	633	378	255	151	63	88
广昌县	1250	738	512	305	90	215
上饶市	**34251**	**20058**	**14193**	**6976**	**2409**	**4567**
信州区	2021	1167	854	127	31	96
广丰区	4014	2346	1668	462	158	304
广信区	4180	2386	1794	1135	395	740
玉山县	3425	2073	1352	547	195	352
铅山县	1875	1115	760	147	55	92
横峰县	1148	669	479	221	78	143
弋阳县	1844	1071	773	464	178	286
余干县	3726	2157	1569	911	303	608
鄱阳县	6336	3727	2609	1929	672	1257
万年县	2038	1210	828	330	115	215
婺源县	1817	1056	761	359	101	258
德兴市	1827	1081	746	344	128	216

6-2 续表 2

单位：人

地区	学前教育			小学		
	小计	男	女	小计	男	女
全省	**1465**	**661**	**804**	**126952**	**73541**	**53411**
南昌市	**124**	**61**	**63**	**11263**	**6579**	**4684**
东湖区	10	4	6	734	331	403
西湖区	11	1	10	1047	518	529
青云谱区	4	1	3	503	242	261
青山湖区	17	7	10	1181	714	467
新建区	16	11	5	1604	948	656
红谷滩区	2	1	1	291	167	124
南昌县	43	24	19	3044	1881	1163
安义县	3	1	2	628	362	266
进贤县	18	11	7	2231	1416	815
景德镇市	**102**	**44**	**58**	**4447**	**2677**	**1770**
昌江区	8	5	3	384	229	155
珠山区	12	7	5	774	437	337
浮梁县	15	7	8	833	515	318
乐平市	67	25	42	2456	1496	960
萍乡市	**42**	**12**	**30**	**6961**	**3772**	**3189**
安源区	2	1	1	1191	601	590
湘东区	4	1	3	1571	836	735
莲花县	19	6	13	1011	604	407
上栗县	12	2	10	2045	1104	941
芦溪县	5	2	3	1143	627	516
九江市	**161**	**84**	**77**	**11479**	**6999**	**4480**
濂溪区	15	5	10	572	317	255
浔阳区	3	1	2	702	358	344
柴桑区	16	11	5	779	512	267
武宁县	13	9	4	1154	638	516
修水县	11	5	6	2500	1547	953
永修县	6	5	1	880	515	365
德安县	9	4	5	480	291	189
都昌县	24	12	12	1349	874	475
湖口县	13	4	9	842	514	328
彭泽县	21	13	8	705	468	237
瑞昌市	23	12	11	936	583	353
共青城市	2	1	1	152	101	51
庐山市	5	2	3	428	281	147
新余市	**35**	**16**	**19**	**2660**	**1645**	**1015**
渝水区	19	9	10	1779	1112	667
分宜县	16	7	9	881	533	348
鹰潭市	**32**	**13**	**19**	**3568**	**2019**	**1549**
月湖区	4	3	1	535	301	234
余江区	14	3	11	1062	589	473
贵溪市	14	7	7	1971	1129	842
赣州市	**277**	**105**	**172**	**24417**	**13554**	**10863**
章贡区	17	7	10	1517	774	743
南康区	36	17	19	2507	1407	1100
赣县区	13	5	8	1481	852	629
信丰县	51	20	31	2022	1177	845
大余县	11	3	8	942	537	405
上犹县	10	4	6	1246	677	569
崇义县	11	5	6	578	323	255
安远县	13	4	9	694	454	240
定南县	8	5	3	884	444	440
全南县	8		8	696	329	367

6-2 续表 3

单位：人

地区	学前教育			小学		
	小计	男	女	小计	男	女
宁都县	8	3	5	2172	1251	921
于都县	24	10	14	1644	1016	628
兴国县	20	7	13	2192	1093	1099
会昌县	12	5	7	1317	753	564
寻乌县	12	1	11	958	500	458
石城县	7	2	5	744	436	308
瑞金市	12	5	7	1831	1035	796
龙南市	4	2	2	992	496	496
吉安市	**120**	**51**	**69**	**14838**	**8658**	**6180**
吉州区	10	4	6	1106	634	472
青原区	6	1	5	537	320	217
吉安县	11	3	8	1357	788	569
吉水县	18	5	13	1483	811	672
峡江县	11	7	4	399	253	146
新干县	2	1	1	911	569	342
永丰县	6	2	4	1213	765	448
泰和县	12	4	8	1363	736	627
遂川县	17	8	9	2025	1176	849
万安县	8	6	2	1102	600	502
安福县	11	4	7	1194	699	495
永新县	7	5	2	1698	1015	683
井冈山市	1	1		450	292	158
宜春市	**168**	**89**	**79**	**16391**	**9190**	**7201**
袁州区	20	8	12	2962	1659	1303
奉新县	12	7	5	693	376	317
万载县	5	1	4	1887	1060	827
上高县	10	5	5	894	541	353
宜丰县	9	4	5	789	474	315
靖安县	1	1		403	243	160
铜鼓县	4	1	3	424	241	183
丰城市	45	25	20	4100	2318	1782
樟树市	13	7	6	1715	860	855
高安市	49	30	19	2524	1418	1106
抚州市	**148**	**79**	**69**	**11656**	**6854**	**4802**
临川区	39	22	17	3263	1855	1408
东乡区	11	9	2	1243	791	452
南城县	19	8	11	973	555	418
黎川县	10	3	7	894	550	344
南丰县	12	4	8	691	460	231
崇仁县	12	9	3	996	544	452
乐安县	8	4	4	947	541	406
宜黄县	4	1	3	733	406	327
金溪县	27	14	13	889	513	376
资溪县	4	4		347	210	137
广昌县	2	1	1	680	429	251
上饶市	**256**	**107**	**149**	**19272**	**11594**	**7678**
信州区	10	2	8	908	477	431
广丰区	45	18	27	2579	1505	1074
广信区	32	17	15	2351	1462	889
玉山县	19	8	11	2075	1270	805
铅山县	16	8	8	1440	847	593
横峰县	3	1	2	652	380	272
弋阳县	14	5	9	1033	623	410
余干县	23	11	12	1931	1148	783
鄱阳县	29	15	14	2992	1939	1053
万年县	11	6	5	1186	675	511
婺源县	40	13	27	1097	674	423
德兴市	14	3	11	1028	594	434

6-2　续表 4　　　　单位：人

地　区	初　中			高　中			大学专科		
	小计	男	女	小计	男	女	小计	男	女
全　省	**47021**	**36512**	**10509**	**10000**	**8021**	**1979**	**2012**	**1618**	**394**
南昌市	**5563**	**4136**	**1427**	**1773**	**1322**	**451**	**472**	**355**	**117**
东湖区	715	467	248	426	296	130	131	87	44
西湖区	806	546	260	370	268	102	72	60	12
青云谱区	511	374	137	202	156	46	66	53	13
青山湖区	716	505	211	308	227	81	84	61	23
新建区	716	578	138	108	89	19	29	25	4
红谷滩区	168	125	43	70	54	16	31	21	10
南昌县	974	776	198	146	117	29	33	28	5
安义县	293	215	78	48	33	15	9	5	4
进贤县	664	550	114	95	82	13	17	15	2
景德镇市	**1354**	**1053**	**301**	**341**	**276**	**65**	**68**	**52**	**16**
昌江区	164	126	38	44	35	9	8	5	3
珠山区	391	282	109	156	133	23	26	19	7
浮梁县	210	168	42	42	31	11	14	11	3
乐平市	589	477	112	99	77	22	20	17	3
萍乡市	**3001**	**2190**	**811**	**472**	**365**	**107**	**84**	**69**	**15**
安源区	849	582	267	217	162	55	39	34	5
湘东区	681	477	204	80	61	19	17	15	2
莲花县	333	278	55	49	44	5	10	8	2
上栗县	687	512	175	70	55	15	9	6	3
芦溪县	451	341	110	56	43	13	9	6	3
九江市	**3783**	**2966**	**817**	**931**	**748**	**183**	**191**	**154**	**37**
濂溪区	277	214	63	90	66	24	31	25	6
浔阳区	375	266	109	187	129	58	33	20	13
柴桑区	228	188	40	64	57	7	16	13	3
武宁县	503	407	96	73	61	12	7	6	1
修水县	556	420	136	99	84	15	21	19	2
永修县	334	252	82	57	45	12	13	12	1
德安县	143	108	35	42	30	12	5	3	2
都昌县	421	342	79	82	76	6	19	16	3
湖口县	209	184	25	55	46	9	11	10	1
彭泽县	187	163	24	46	38	8	12	8	4
瑞昌市	388	295	93	83	74	9	13	12	1
共青城市	66	50	16	16	11	5	3	3	
庐山市	96	77	19	37	31	6	7	7	
新余市	**997**	**794**	**203**	**264**	**205**	**59**	**65**	**52**	**13**
渝水区	718	575	143	201	157	44	51	41	10
分宜县	279	219	60	63	48	15	14	11	3
鹰潭市	**1425**	**1041**	**384**	**355**	**281**	**74**	**53**	**43**	**10**
月湖区	273	204	69	89	68	21	23	19	4
余江区	546	387	159	161	121	40	13	10	3
贵溪市	606	450	156	105	92	13	17	14	3
赣州市	**10665**	**8666**	**1999**	**1915**	**1610**	**305**	**327**	**271**	**56**
章贡区	1344	944	400	577	420	157	105	79	26
南康区	1078	892	186	143	120	23	23	20	3
赣县区	462	394	68	48	41	7	3	3	
信丰县	841	727	114	79	74	5	10	9	1
大余县	392	333	59	66	52	14	14	11	3
上犹县	344	303	41	42	37	5	12	12	
崇义县	196	163	33	28	23	5	7	6	1
安远县	274	235	39	29	27	2	7	7	
定南县	286	220	66	36	29	7	11	8	3
全南县	392	309	83	59	53	6	9	6	3

6-2 续表 5 单位：人

地区	初中			高中			大学专科		
	小计	男	女	小计	男	女	小计	男	女
宁都县	910	765	145	129	118	11	17	12	5
于都县	635	529	106	66	60	6	11	8	3
兴国县	1167	929	238	170	148	22	23	21	2
会昌县	447	385	62	89	84	5	14	12	2
寻乌县	346	281	65	67	66	1	16	13	3
石城县	258	215	43	60	57	3	14	14	
瑞金市	709	589	120	103	92	11	16	16	
龙南市	584	453	131	124	109	15	15	14	1
吉安市	**4566**	**3716**	**850**	**901**	**778**	**123**	**189**	**162**	**27**
吉州区	499	368	131	136	102	34	30	25	5
青原区	183	158	25	30	24	6	6	5	1
吉安县	405	339	66	62	56	6	20	16	4
吉水县	454	350	104	81	69	12	12	10	2
峡江县	123	92	31	20	18	2	8	7	1
新干县	218	182	36	49	47	2	10	9	1
永丰县	313	270	43	63	55	8	6	6	
泰和县	546	449	97	92	81	11	15	11	4
遂川县	575	473	102	96	91	5	21	16	5
万安县	287	229	58	62	56	6	17	15	2
安福县	386	315	71	55	47	8	15	15	
永新县	435	369	66	96	85	11	12	12	
井冈山市	142	122	20	59	47	12	17	15	2
宜春市	**6451**	**4881**	**1570**	**1174**	**939**	**235**	**182**	**147**	**35**
袁州区	1043	768	275	201	152	49	42	34	8
奉新县	461	325	136	78	60	18	9	9	
万载县	783	592	191	119	99	20	18	15	3
上高县	323	248	75	61	42	19	11	8	3
宜丰县	348	252	96	89	64	25	11	9	2
靖安县	172	138	34	51	41	10	5	4	1
铜鼓县	131	95	36	20	18	2	5	3	2
丰城市	1483	1151	332	257	216	41	34	24	10
樟树市	895	666	229	150	125	25	21	17	4
高安市	812	646	166	148	122	26	26	24	2
抚州市	**3169**	**2473**	**696**	**514**	**427**	**87**	**146**	**120**	**26**
临川区	993	748	245	176	141	35	49	40	9
东乡区	350	273	77	38	29	9	7	7	
南城县	237	190	47	35	32	3	10	10	
黎川县	156	122	34	32	24	8	10	6	4
南丰县	183	148	35	41	35	6	12	11	1
崇仁县	251	203	48	35	30	5	10	8	2
乐安县	241	196	45	28	26	2	13	7	6
宜黄县	203	156	47	32	30	2	6	6	
金溪县	232	176	56	43	38	5	17	14	3
资溪县	104	82	22	21	14	7	4	3	1
广昌县	219	179	40	33	28	5	8	8	
上饶市	**6047**	**4596**	**1451**	**1360**	**1070**	**290**	**235**	**193**	**42**
信州区	624	408	216	284	195	89	38	30	8
广丰区	787	568	219	122	84	38	15	10	5
广信区	538	408	130	94	77	17	20	18	2
玉山县	633	481	152	116	89	27	30	26	4
铅山县	233	176	57	30	21	9	7	6	1
横峰县	233	177	56	31	26	5	5	5	
弋阳县	261	204	57	53	45	8	12	9	3
余干县	687	534	153	156	143	13	15	15	
鄱阳县	1070	840	230	243	201	42	53	41	12
万年县	394	316	78	96	81	15	10	7	3
婺源县	255	211	44	54	48	6	10	8	2
德兴市	332	273	59	81	60	21	20	18	2

6-2　续表 6　　　　　　　　　　　　　　　　　　　　　　　　　　单位：人

地　区	大学本科			硕士研究生			博士研究生		
	小计	男	女	小计	男	女	小计	男	女
全　省	**971**	**779**	**192**	**27**	**21**	**6**	**8**	**7**	**1**
南昌市	**358**	**286**	**72**	**8**	**5**	**3**	**5**	**5**	
东湖区	90	80	10	2	2				
西湖区	64	48	16						
青云谱区	26	21	5	1	1		1	1	
青山湖区	96	77	19	2	1	1	3	3	
新建区	18	13	5	1		1			
红谷滩区	36	25	11	2	1	1	1	1	
南昌县	18	12	6						
安义县	5	5							
进贤县	5	5							
景德镇市	**34**	**26**	**8**				**1**	**1**	
昌江区	4	3	1				1	1	
珠山区	16	11	5						
浮梁县	3	3							
乐平市	11	9	2						
萍乡市	**37**	**32**	**5**	**2**	**1**	**1**			
安源区	19	17	2	2	1	1			
湘东区	3	2	1						
莲花县	7	5	2						
上栗县	6	6							
芦溪县	2	2							
九江市	**87**	**58**	**29**	**2**	**1**	**1**			
濂溪区	11	8	3	1		1			
浔阳区	25	16	9						
柴桑区	2	2							
武宁县	6	4	2						
修水县	7	5	2						
永修县	4	4		1	1				
德安县	9	7	2						
都昌县	7	3	4						
湖口县	3	1	2						
彭泽县	2	1	1						
瑞昌市	3	2	1						
共青城市	5	3	2						
庐山市	3	2	1						
新余市	**22**	**18**	**4**						
渝水区	18	14	4						
分宜县	4	4							
鹰潭市	**20**	**17**	**3**						
月湖区	12	10	2						
余江区	2	2							
贵溪市	6	5	1						
赣州市	**107**	**89**	**18**	**5**	**5**				
章贡区	38	30	8	2	2				
南康区	16	10	6						
赣县区	3	3							
信丰县	5	4	1						
大余县	2	2							
上犹县	1	1							
崇义县	2	2							
安远县	1	1							
定南县									
全南县	6	5	1						

6–2　续表 7　　　　　单位：人

地　区	大学本科			硕士研究生			博士研究生		
	小计	男	女	小计	男	女	小计	男	女
宁都县	5	5							
于都县	2	2							
兴国县	4	3	1						
会昌县	5	4	1	2	2				
寻乌县	4	4							
石城县	4	4							
瑞金市	3	3		1	1				
龙南市	6	6							
吉安市	**71**	**59**	**12**	**2**	**2**		**1**		**1**
吉州区	16	13	3						
青原区	4	4							
吉安县	7	7							
吉水县	3	2	1						
峡江县	1		1						
新干县	3	3							
永丰县	5	5							
泰和县	3	3							
遂川县	7	5	2	1	1		1		1
万安县	7	6	1						
安福县	5	2	3						
永新县	7	7							
井冈山市	3	2	1	1	1				
宜春市	**93**	**74**	**19**	**1**	**1**				
袁州区	35	29	6						
奉新县	5	3	2						
万载县	5	4	1						
上高县	5	5							
宜丰县	5	3	2						
靖安县	2	1	1						
铜鼓县	2	2							
丰城市	12	10	2	1	1				
樟树市	14	12	2						
高安市	8	5	3						
抚州市	**42**	**36**	**6**	**3**	**2**	**1**			
临川区	13	11	2						
东乡区	7	6	1						
南城县	4	4		1	1				
黎川县	3	1	2						
南丰县	3	3		1		1			
崇仁县	3	2	1						
乐安县	2	2		1	1				
宜黄县	2	2							
金溪县									
资溪县	2	2							
广昌县	3	3							
上饶市	**100**	**84**	**16**	**4**	**4**		**1**	**1**	
信州区	28	22	6	2	2				
广丰区	3	2	1	1	1				
广信区	10	9	1						
玉山县	5	4	1						
铅山县	2	2							
横峰县	2	1	1				1	1	
弋阳县	7	7							
余干县	3	3							
鄱阳县	19	18	1	1	1				
万年县	11	10	1						
婺源县	2	1	1						
德兴市	8	5	3						

6–2a 各地区分性别、受教育程度的3岁及以上死亡人口(2019.11.1–2020.10.31)(城市)

单位：人

地区	3岁及以上死亡人口			未上过学		
	合计	男	女	小计	男	女
全省	**43851**	**25853**	**17998**	**5147**	**1592**	**3555**
南昌市	**10611**	**6275**	**4336**	**1384**	**460**	**924**
东湖区	2196	1249	947	167	38	129
西湖区	2635	1515	1120	265	74	191
青云谱区	1427	874	553	113	25	88
青山湖区	2703	1643	1060	492	181	311
新建区	914	556	358	142	53	89
红谷滩区	677	409	268	177	81	96
南昌县	59	29	30	28	8	20
安义县						
进贤县						
景德镇市	**3133**	**1879**	**1254**	**480**	**154**	**326**
昌江区	448	280	168	68	24	44
珠山区	1544	927	617	206	61	145
浮梁县	207	125	82	74	22	52
乐平市	934	547	387	132	47	85
萍乡市	**2650**	**1552**	**1098**	**111**	**41**	**70**
安源区	1757	1034	723	60	21	39
湘东区	863	501	362	47	17	30
莲花县						
上栗县	30	17	13	4	3	1
芦溪县						
九江市	**3017**	**1754**	**1263**	**375**	**121**	**254**
濂溪区	623	369	254	61	25	36
浔阳区	1464	825	639	152	41	111
柴桑区	287	189	98	50	21	29
武宁县						
修水县						
永修县						
德安县						
都昌县						
湖口县						
彭泽县						
瑞昌市	356	202	154	49	10	39
共青城市	139	82	57	29	12	17
庐山市	148	87	61	34	12	22
新余市	**1433**	**853**	**580**	**210**	**54**	**156**
渝水区	1433	853	580	210	54	156
分宜县						
鹰潭市	**2155**	**1294**	**861**	**209**	**71**	**138**
月湖区	1002	605	397	131	43	88
余江区	342	205	137	20	10	10
贵溪市	811	484	327	58	18	40
赣州市	**6108**	**3595**	**2513**	**572**	**110**	**462**
章贡区	3461	2055	1406	203	38	165
南康区	1171	658	513	236	49	187
赣县区	112	68	44	10	2	8
信丰县						
大余县						
上犹县						
崇义县						
安远县						
定南县						
全南县						

6-2a 续表 1

单位：人

地　区	3岁及以上死亡人口			未上过学		
	合计	男	女	小计	男	女
宁都县						
于都县						
兴国县						
会昌县						
寻乌县	7	4	3	3	1	2
石城县						
瑞金市	739	460	279	66	13	53
龙南市	618	350	268	54	7	47
吉安市	**1869**	**1119**	**750**	**223**	**54**	**169**
吉州区	1569	926	643	178	42	136
青原区	197	128	69	25	9	16
吉安县						
吉水县						
峡江县						
新干县						
永丰县						
泰和县						
遂川县						
万安县						
安福县						
永新县						
井冈山市	103	65	38	20	3	17
宜春市	**5402**	**3193**	**2209**	**574**	**187**	**387**
袁州区	1746	1069	677	162	58	104
奉新县						
万载县						
上高县						
宜丰县						
靖安县						
铜鼓县						
丰城市	1869	1086	783	275	87	188
樟树市	1067	619	448	57	14	43
高安市	720	419	301	80	28	52
抚州市	**2159**	**1273**	**886**	**289**	**98**	**191**
临川区	1577	917	660	212	71	141
东乡区	582	356	226	77	27	50
南城县						
黎川县						
南丰县						
崇仁县						
乐安县						
宜黄县						
金溪县						
资溪县						
广昌县						
上饶市	**5314**	**3066**	**2248**	**720**	**242**	**478**
信州区	1451	831	620	65	16	49
广丰区	1446	833	613	201	63	138
广信区	1232	706	526	286	98	188
玉山县						
铅山县	14	8	6			
横峰县						
弋阳县						
余干县	152	91	61	42	20	22
鄱阳县	9	5	4	6	4	2
万年县						
婺源县						
德兴市	1010	592	418	120	41	79

6-2a　续表 2　　　　单位：人

地　　区	学前教育			小　　学		
	小计	男	女	小计	男	女
全　省	**222**	**94**	**128**	**20294**	**10968**	**9326**
南昌市	**42**	**14**	**28**	**3987**	**2091**	**1896**
东湖区	7	2	5	677	292	385
西湖区	11	1	10	1047	518	529
青云谱区	4	1	3	503	242	261
青山湖区	15	6	9	1085	660	425
新建区	3	3		425	231	194
红谷滩区	2	1	1	226	132	94
南昌县				24	16	8
安义县						
进贤县						
景德镇市	**29**	**12**	**17**	**1591**	**917**	**674**
昌江区	3	2	1	210	127	83
珠山区	10	5	5	756	425	331
浮梁县	1	1		101	75	26
乐平市	15	4	11	524	290	234
萍乡市	**2**		**2**	**1319**	**659**	**660**
安源区	1		1	781	375	406
湘东区	1		1	521	279	242
莲花县						
上栗县				17	5	12
芦溪县						
九江市	**13**	**4**	**9**	**1399**	**741**	**658**
濂溪区	8	3	5	267	131	136
浔阳区	2		2	690	353	337
柴桑区				143	89	54
武宁县						
修水县						
永修县						
德安县						
都昌县						
湖口县						
彭泽县						
瑞昌市	3	1	2	162	90	72
共青城市				60	35	25
庐山市				77	43	34
新余市	**5**	**2**	**3**	**662**	**377**	**285**
渝水区	5	2	3	662	377	285
分宜县						
鹰潭市	**5**	**3**	**2**	**1070**	**589**	**481**
月湖区	3	2	1	477	264	213
余江区				103	50	53
贵溪市	2	1	1	490	275	215
赣州市	**30**	**16**	**14**	**2559**	**1308**	**1251**
章贡区	15	7	8	1307	648	659
南康区	12	7	5	549	304	245
赣县区				52	23	29
信丰县						
大余县						
上犹县						
崇义县						
安远县						
定南县						
全南县						

6-2a 续表 3

单位：人

地 区	学前教育			小 学		
	小计	男	女	小计	男	女
宁都县						
于都县						
兴国县						
会昌县						
寻乌县				2	1	1
石城县						
瑞金市	2	1	1	379	211	168
龙南市	1	1		270	121	149
吉安市	**5**	**3**	**2**	**937**	**531**	**406**
吉州区	4	2	2	769	426	343
青原区				116	70	46
吉安县						
吉水县						
峡江县						
新干县						
永丰县						
泰和县						
遂川县						
万安县						
安福县						
永新县						
井冈山市	1	1		52	35	17
宜春市	**25**	**14**	**11**	**2875**	**1566**	**1309**
袁州区	6	3	3	922	538	384
奉新县						
万载县						
上高县						
宜丰县						
靖安县						
铜鼓县						
丰城市	4	3	1	1001	553	448
樟树市	9	4	5	559	269	290
高安市	6	4	2	393	206	187
抚州市	**11**	**6**	**5**	**1144**	**640**	**504**
临川区	10	5	5	803	434	369
东乡区	1	1		341	206	135
南城县						
黎川县						
南丰县						
崇仁县						
乐安县						
宜黄县						
金溪县						
资溪县						
广昌县						
上饶市	**55**	**20**	**35**	**2751**	**1549**	**1202**
信州区	8	1	7	537	258	279
广丰区	19	7	12	877	528	349
广信区	18	10	8	693	415	278
玉山县						
铅山县				14	8	6
横峰县						
弋阳县						
余干县	2	1	1	66	39	27
鄱阳县				2		2
万年县						
婺源县						
德兴市	8	1	7	562	301	261

6-2a　续表 4

单位：人

地　区	初　中			高　中			大学专科		
	小计	男	女	小计	男	女	小计	男	女
全　省	**12134**	**8636**	**3498**	**4419**	**3285**	**1134**	**1007**	**779**	**228**
南昌市	**3066**	**2127**	**939**	**1411**	**1030**	**381**	**392**	**290**	**102**
东湖区	698	454	244	425	295	130	130	86	44
西湖区	806	546	260	370	268	102	72	60	12
青云谱区	511	374	137	202	156	46	66	53	13
青山湖区	655	455	200	281	207	74	77	56	21
新建区	255	198	57	64	51	13	16	14	2
红谷滩区	135	96	39	68	52	16	31	21	10
南昌县	6	4	2	1	1				
安义县									
进贤县									
景德镇市	**712**	**538**	**174**	**249**	**204**	**45**	**47**	**36**	**11**
昌江区	114	87	27	40	31	9	8	5	3
珠山区	374	273	101	156	133	23	26	19	7
浮梁县	27	23	4	1	1		3	3	
乐平市	197	155	42	52	39	13	10	9	1
萍乡市	**917**	**620**	**297**	**232**	**172**	**60**	**50**	**43**	**7**
安源区	664	445	219	194	143	51	38	33	5
湘东区	245	167	78	37	28	9	12	10	2
莲花县									
上栗县	8	8		1	1				
芦溪县									
九江市	**770**	**553**	**217**	**339**	**248**	**91**	**79**	**60**	**19**
濂溪区	181	133	48	67	48	19	28	22	6
浔阳区	375	266	109	187	129	58	33	20	13
柴桑区	55	44	11	30	26	4	8	8	
武宁县									
修水县									
永修县									
德安县									
都昌县									
湖口县									
彭泽县									
瑞昌市	101	65	36	35	30	5	6	6	
共青城市	34	25	9	10	6	4	1	1	
庐山市	24	20	4	10	9	1	3	3	
新余市	**353**	**266**	**87**	**143**	**105**	**38**	**42**	**35**	**7**
渝水区	353	266	87	143	105	38	42	35	7
分宜县									
鹰潭市	**628**	**438**	**190**	**182**	**144**	**38**	**45**	**35**	**10**
月湖区	268	200	68	88	67	21	23	19	4
余江区	170	109	61	39	29	10	9	6	3
贵溪市	190	129	61	55	48	7	13	10	3
赣州市	**2027**	**1459**	**568**	**739**	**558**	**181**	**129**	**101**	**28**
章贡区	1229	844	385	565	410	155	103	77	26
南康区	308	246	62	52	40	12	7	6	1
赣县区	36	32	4	12	9	3	1	1	
信丰县									
大余县									
上犹县									
崇义县									
安远县									
定南县									
全南县									

6—2a 续表 5

单位：人

地区	初中			高中			大学专科		
	小计	男	女	小计	男	女	小计	男	女
宁都县									
于都县									
兴国县									
会昌县									
寻乌县				2	2				
石城县									
瑞金市	244	190	54	37	34	3	10	10	
龙南市	210	147	63	71	63	8	8	7	1
吉安市	**505**	**376**	**129**	**144**	**108**	**36**	**35**	**30**	**5**
吉州区	445	324	121	127	94	33	30	25	5
青原区	41	37	4	8	5	3	3	3	
吉安县									
吉水县									
峡江县									
新干县									
永丰县									
泰和县									
遂川县									
万安县									
安福县									
永新县									
井冈山市	19	15	4	9	9		2	2	
宜春市	**1424**	**1043**	**381**	**372**	**278**	**94**	**81**	**64**	**17**
袁州区	470	335	135	121	82	39	37	30	7
奉新县									
万载县									
上高县									
宜丰县									
靖安县									
铜鼓县									
丰城市	451	333	118	114	94	20	16	10	6
樟树市	332	245	87	82	64	18	17	14	3
高安市	171	130	41	55	38	17	11	10	1
抚州市	**512**	**368**	**144**	**145**	**115**	**30**	**42**	**33**	**9**
临川区	379	273	106	124	96	28	37	28	9
东乡区	133	95	38	21	19	2	5	5	
南城县									
黎川县									
南丰县									
崇仁县									
乐安县									
宜黄县									
金溪县									
资溪县									
广昌县									
上饶市	**1220**	**848**	**372**	**463**	**323**	**140**	**65**	**52**	**13**
信州区	507	323	184	271	183	88	35	27	8
广丰区	269	185	84	73	47	26	6	3	3
广信区	173	129	44	43	37	6	13	12	1
玉山县									
铅山县									
横峰县									
弋阳县									
余干县	36	25	11	5	5		1	1	
鄱阳县	1	1							
万年县									
婺源县									
德兴市	234	185	49	71	51	20	10	9	1

6–2a　续表 6　　　　单位：人

地　区	大学本科			硕士研究生			博士研究生		
	小计	男	女	小计	男	女	小计	男	女
全　省	**610**	**484**	**126**	**13**	**10**	**3**	**5**	**5**	
南昌市	**318**	**254**	**64**	**7**	**5**	**2**	**4**	**4**	
东湖区	90	80	10	2	2				
西湖区	64	48	16						
青云谱区	26	21	5	1	1		1	1	
青山湖区	94	75	19	2	1	1	2	2	
新建区	9	6	3						
红谷滩区	35	24	11	2	1	1	1	1	
南昌县									
安义县									
进贤县									
景德镇市	**24**	**17**	**7**				**1**	**1**	
昌江区	4	3	1				1	1	
珠山区	16	11	5						
浮梁县									
乐平市	4	3	1						
萍乡市	**18**	**16**	**2**	**1**	**1**				
安源区	18	16	2	1	1				
湘东区									
莲花县									
上栗县									
芦溪县									
九江市	**41**	**27**	**14**	**1**		**1**			
濂溪区	10	7	3	1		1			
浔阳区	25	16	9						
柴桑区	1	1							
武宁县									
修水县									
永修县									
德安县									
都昌县									
湖口县									
彭泽县									
瑞昌市									
共青城市	5	3	2						
庐山市									
新余市	**18**	**14**	**4**						
渝水区	18	14	4						
分宜县									
鹰潭市	**16**	**14**	**2**						
月湖区	12	10	2						
余江区	1	1							
贵溪市	3	3							
赣州市	**50**	**41**	**9**	**2**	**2**				
章贡区	37	29	8	2	2				
南康区	7	6	1						
赣县区	1	1							
信丰县									
大余县									
上犹县									
崇义县									
安远县									
定南县									
全南县									

6-2a 续表 7

单位：人

地区	大学本科			硕士研究生			博士研究生		
	小计	男	女	小计	男	女	小计	男	女
宁都县									
于都县									
兴国县									
会昌县									
寻乌县									
石城县									
瑞金市	1	1							
龙南市	4	4							
吉安市	**20**	**17**	**3**						
吉州区	16	13	3						
青原区	4	4							
吉安县									
吉水县									
峡江县									
新干县									
永丰县									
泰和县									
遂川县									
万安县									
安福县									
永新县									
井冈山市									
宜春市	**51**	**41**	**10**						
袁州区	28	23	5						
奉新县									
万载县									
上高县									
宜丰县									
靖安县									
铜鼓县									
丰城市	8	6	2						
樟树市	11	9	2						
高安市	4	3	1						
抚州市	**16**	**13**	**3**						
临川区	12	10	2						
东乡区	4	3	1						
南城县									
黎川县									
南丰县									
崇仁县									
乐安县									
宜黄县									
金溪县									
资溪县									
广昌县									
上饶市	**38**	**30**	**8**	**2**	**2**				
信州区	26	21	5	2	2				
广丰区	1		1						
广信区	6	5	1						
玉山县									
铅山县									
横峰县									
弋阳县									
余干县									
鄱阳县									
万年县									
婺源县									
德兴市	5	4	1						

6–2b 各地区分性别、受教育程度的3岁及以上死亡人口(2019.11.1–2020.10.31)(镇)

单位：人

地区	3岁及以上死亡人口			未上过学		
	合计	男	女	小计	男	女
全省	**57973**	**34390**	**23583**	**9558**	**3049**	**6509**
南昌市	**3756**	**2263**	**1493**	**858**	**310**	**548**
东湖区	19	10	9	6	2	4
西湖区						
青云谱区						
青山湖区	219	137	82	44	18	26
新建区	360	221	139	99	38	61
红谷滩区						
南昌县	1731	1018	713	398	133	265
安义县	413	252	161	94	56	38
进贤县	1014	625	389	217	63	154
景德镇市	**1588**	**908**	**680**	**377**	**142**	**235**
昌江区	61	42	19	14	8	6
珠山区	37	21	16	2		2
浮梁县	914	510	404	249	91	158
乐平市	576	335	241	112	43	69
萍乡市	**3711**	**2200**	**1511**	**237**	**64**	**173**
安源区	577	358	219	18	8	10
湘东区	482	271	211	17	5	12
莲花县	622	392	230	70	9	61
上栗县	1301	729	572	81	30	51
芦溪县	729	450	279	51	12	39
九江市	**6005**	**3534**	**2471**	**1253**	**404**	**849**
濂溪区	182	115	67	19	8	11
浔阳区						
柴桑区	229	132	97	70	23	47
武宁县	664	396	268	86	30	56
修水县	1149	701	448	154	46	108
永修县	785	450	335	156	50	106
德安县	440	263	177	69	22	47
都昌县	751	430	321	188	50	138
湖口县	530	295	235	112	27	85
彭泽县	571	326	245	191	64	127
瑞昌市	337	205	132	77	28	49
共青城市	61	32	29	23	9	14
庐山市	306	189	117	108	47	61
新余市	**964**	**601**	**363**	**172**	**67**	**105**
渝水区	292	179	113	62	23	39
分宜县	672	422	250	110	44	66
鹰潭市	**1006**	**587**	**419**	**130**	**53**	**77**
月湖区	21	13	8	7	4	3
余江区	451	249	202	56	20	36
贵溪市	534	325	209	67	29	38
赣州市	**9233**	**5516**	**3717**	**1402**	**362**	**1040**
章贡区	101	58	43	25	4	21
南康区	252	144	108	56	16	40
赣县区	347	231	116	64	27	37
信丰县	1366	789	577	271	58	213
大余县	774	461	313	130	43	87
上犹县	447	272	175	70	17	53
崇义县	238	152	86	43	15	28
安远县	407	248	159	100	20	80
定南县	622	334	288	66	22	44
全南县	451	270	181	37	9	28

6-2b 续表 1 单位：人

地区	3岁及以上死亡人口			未上过学		
	合计	男	女	小计	男	女
宁都县	1020	608	412	186	51	135
于都县	301	179	122	51	11	40
兴国县	935	577	358	60	17	43
会昌县	619	374	245	75	14	61
寻乌县	430	262	168	45	9	36
石城县	406	255	151	54	15	39
瑞金市	271	167	104	18	4	14
龙南市	246	135	111	51	10	41
吉安市	**7301**	**4304**	**2997**	**1261**	**344**	**917**
吉州区	69	37	32	6	1	5
青原区	133	79	54	23	7	16
吉安县	812	466	346	149	36	113
吉水县	777	444	333	114	31	83
峡江县	243	132	111	56	15	41
新干县	563	355	208	127	50	77
永丰县	779	498	281	180	73	107
泰和县	774	467	307	107	33	74
遂川县	858	498	360	127	29	98
万安县	520	304	216	55	16	39
安福县	560	315	245	85	21	64
永新县	904	520	384	165	17	148
井冈山市	309	189	120	67	15	52
宜春市	**7541**	**4491**	**3050**	**891**	**294**	**597**
袁州区	721	425	296	115	43	72
奉新县	698	397	301	59	19	40
万载县	1726	1022	704	174	52	122
上高县	633	368	265	116	50	66
宜丰县	730	445	285	82	34	48
靖安县	284	180	104	40	12	28
铜鼓县	288	175	113	12	2	10
丰城市	1139	679	460	166	51	115
樟树市	468	273	195	23	4	19
高安市	854	527	327	104	27	77
抚州市	**6693**	**3932**	**2761**	**1197**	**407**	**790**
临川区	794	468	326	159	54	105
东乡区	603	358	245	137	43	94
南城县	727	411	316	154	38	116
黎川县	559	326	233	90	37	53
南丰县	653	399	254	179	72	107
崇仁县	865	475	390	119	36	83
乐安县	510	301	209	62	20	42
宜黄县	605	351	254	62	13	49
金溪县	518	321	197	73	31	42
资溪县	279	172	107	48	25	23
广昌县	580	350	230	114	38	76
上饶市	**10175**	**6054**	**4121**	**1780**	**602**	**1178**
信州区	112	68	44	9	1	8
广丰区	654	375	279	38	10	28
广信区	510	293	217	131	51	80
玉山县	1875	1133	742	275	101	174
铅山县	1057	622	435	84	31	53
横峰县	570	336	234	108	35	73
弋阳县	777	484	293	154	69	85
余干县	1054	632	422	235	80	155
鄱阳县	2096	1225	871	536	164	372
万年县	718	433	285	105	31	74
婺源县	665	397	268	99	25	74
德兴市	87	56	31	6	4	2

6-2b 续表 2

单位：人

地 区	学前教育			小 学		
	小计	男	女	小计	男	女
全 省	**335**	**152**	**183**	**31807**	**18425**	**13382**
南昌市	**16**	**10**	**6**	**1771**	**1079**	**692**
东湖区	1		1	7	4	3
西湖区						
青云谱区						
青山湖区	1		1	82	45	37
新建区	1	1		167	101	66
红谷滩区						
南昌县	9	6	3	820	493	327
安义县	1	1		171	100	71
进贤县	3	2	1	524	336	188
景德镇市	**35**	**18**	**17**	**899**	**536**	**363**
昌江区	4	2	2	29	22	7
珠山区	2	2		17	11	6
浮梁县	14	6	8	493	293	200
乐平市	15	8	7	360	210	150
萍乡市	**12**	**3**	**9**	**2274**	**1242**	**1032**
安源区	1	1		368	207	161
湘东区	1	1		307	151	156
莲花县	2		2	372	231	141
上栗县	8	1	7	826	423	403
芦溪县				401	230	171
九江市	**31**	**16**	**15**	**3125**	**1868**	**1257**
濂溪区	3	1	2	110	66	44
浔阳区						
柴桑区	1		1	109	68	41
武宁县	2	2		327	164	163
修水县	4	1	3	695	428	267
永修县	3	3		400	220	180
德安县	4	2	2	233	142	91
都昌县	5	2	3	360	222	138
湖口县	3	1	2	297	172	125
彭泽县	3	2	1	260	169	91
瑞昌市	1		1	174	111	63
共青城市				23	13	10
庐山市	2	2		137	93	44
新余市	**10**	**4**	**6**	**492**	**308**	**184**
渝水区	3	2	1	141	85	56
分宜县	7	2	5	351	223	128
鹰潭市	**15**	**4**	**11**	**587**	**328**	**259**
月湖区	1	1		11	6	5
余江区	12	2	10	251	135	116
贵溪市	2	1	1	325	187	138
赣州市	**44**	**17**	**27**	**4909**	**2749**	**2160**
章贡区				53	34	19
南康区	3	1	2	118	63	55
赣县区				203	136	67
信丰县	17	7	10	702	404	298
大余县	2	1	1	407	231	176
上犹县				254	150	104
崇义县	1		1	117	71	46
安远县	2		2	197	132	65
定南县	1	1		382	182	200
全南县				217	103	114

6-2b 续表 3 单位：人

地 区	学前教育			小 学		
	小计	男	女	小计	男	女
宁都县	3	1	2	526	310	216
于都县	1		1	163	98	65
兴国县	7	4	3	471	220	251
会昌县	5	2	3	361	208	153
寻乌县	1		1	247	137	110
石城县				201	112	89
瑞金市				172	94	78
龙南市	1		1	118	64	54
吉安市	**35**	**15**	**20**	**3927**	**2266**	**1661**
吉州区				53	26	27
青原区				80	48	32
吉安县	4	1	3	419	231	188
吉水县	7	1	6	413	227	186
峡江县	5	4	1	122	72	50
新干县	2	1	1	298	187	111
永丰县	4	1	3	417	275	142
泰和县	3	1	2	417	231	186
遂川县	7	3	4	457	240	217
万安县	2	2		312	169	143
安福县				288	156	132
永新县	1	1		513	312	201
井冈山市				138	92	46
宜春市	**28**	**16**	**12**	**4118**	**2308**	**1810**
袁州区	7	4	3	430	251	179
奉新县	5	3	2	299	150	149
万载县	5	1	4	973	531	442
上高县	1		1	332	181	151
宜丰县	1	1		384	229	155
靖安县	1	1		124	76	48
铜鼓县				177	99	78
丰城市	2	2		627	347	280
樟树市				253	127	126
高安市	6	4	2	519	317	202
抚州市	**51**	**27**	**24**	**3870**	**2249**	**1621**
临川区	8	5	3	468	275	193
东乡区	5	5		358	223	135
南城县	4	1	3	410	243	167
黎川县	3		3	340	199	141
南丰县	3		3	313	201	112
崇仁县	6	3	3	542	280	262
乐安县	4	3	1	330	190	140
宜黄县				376	205	171
金溪县	17	10	7	283	168	115
资溪县				155	90	65
广昌县	1		1	295	175	120
上饶市	**58**	**22**	**36**	**5835**	**3492**	**2343**
信州区				75	43	32
广丰区	6	2	4	442	237	205
广信区	1		1	293	177	116
玉山县	13	5	8	1101	660	441
铅山县	10	5	5	787	460	327
横峰县				316	194	122
弋阳县	2	1	1	437	268	169
余干县	2	1	1	528	323	205
鄱阳县	8	2	6	1015	628	387
万年县	3	3		397	231	166
婺源县	11	3	8	384	236	148
德兴市	2		2	60	35	25

6-2b 续表 4

单位：人

地 区	初 中			高 中			大学专科		
	小计	男	女	小计	男	女	小计	男	女
全 省	**12751**	**9872**	**2879**	**2700**	**2209**	**491**	**593**	**489**	**104**
南昌市	**821**	**634**	**187**	**209**	**163**	**46**	**53**	**44**	**9**
东湖区	4	3	1				1	1	
西湖区									
青云谱区									
青山湖区	56	47	9	26	19	7	7	5	2
新建区	63	54	9	20	19	1	6	5	1
红谷滩区									
南昌县	373	280	93	93	75	18	24	21	3
安义县	110	72	38	27	15	12	6	4	2
进贤县	215	178	37	43	35	8	9	8	1
景德镇市	**227**	**175**	**52**	**35**	**25**	**10**	**10**	**7**	**3**
昌江区	12	8	4	2	2				
珠山区	16	8	8						
浮梁县	123	96	27	24	16	8	9	6	3
乐平市	76	63	13	9	7	2	1	1	
萍乡市	**1031**	**770**	**261**	**127**	**98**	**29**	**20**	**14**	**6**
安源区	165	122	43	22	18	4	1	1	
湘东区	139	100	39	18	14	4			
莲花县	141	120	21	25	22	3	8	6	2
上栗县	342	245	97	35	24	11	7	4	3
芦溪县	244	183	61	27	20	7	4	3	1
九江市	**1185**	**915**	**270**	**318**	**254**	**64**	**63**	**53**	**10**
濂溪区	38	31	7	10	7	3	1	1	
浔阳区									
柴桑区	41	35	6	6	5	1	2	1	1
武宁县	199	158	41	41	35	6	6	5	1
修水县	232	173	59	48	39	9	12	10	2
永修县	170	131	39	42	33	9	9	8	1
德安县	90	68	22	32	20	12	4	3	1
都昌县	150	112	38	40	37	3	6	5	1
湖口县	73	58	15	35	29	6	7	7	
彭泽县	80	64	16	27	20	7	9	6	3
瑞昌市	64	47	17	17	15	2	3	3	
共青城市	11	7	4	2	1	1	2	2	
庐山市	37	31	6	18	13	5	2	2	
新余市	**219**	**166**	**53**	**53**	**40**	**13**	**14**	**12**	**2**
渝水区	71	55	16	13	13		2	1	1
分宜县	148	111	37	40	27	13	12	11	1
鹰潭市	**218**	**159**	**59**	**49**	**36**	**13**	**5**	**5**	
月湖区	2	2							
余江区	102	71	31	28	19	9	2	2	
贵溪市	114	86	28	21	17	4	3	3	
赣州市	**2285**	**1866**	**419**	**465**	**415**	**50**	**98**	**79**	**19**
章贡区	21	19	2	2	1	1			
南康区	64	53	11	8	8		3	3	
赣县区	63	52	11	17	16	1			
信丰县	327	275	52	41	39	2	5	4	1
大余县	180	142	38	43	34	9	10	8	2
上犹县	99	84	15	19	16	3	4	4	
崇义县	58	50	8	11	9	2	6	5	1
安远县	89	79	10	16	14	2	3	3	
定南县	146	107	39	19	16	3	8	6	2
全南县	148	115	33	37	33	4	8	6	2

6-2b 续表 5

单位：人

地区	初中			高中			大学专科		
	小计	男	女	小计	男	女	小计	男	女
宁都县	239	190	49	52	47	5	10	5	5
于都县	75	63	12	5	4	1	6	3	3
兴国县	308	261	47	78	66	12	10	8	2
会昌县	131	107	24	32	30	2	8	7	1
寻乌县	93	73	20	35	34	1	7	7	
石城县	106	83	23	33	33		9	9	
瑞金市	73	62	11	7	6	1	1	1	
龙南市	65	51	14	10	9	1			
吉安市	**1560**	**1241**	**319**	**385**	**327**	**58**	**92**	**77**	**15**
吉州区	9	9		1	1				
青原区	22	19	3	6	4	2	2	1	1
吉安县	176	142	34	43	38	5	14	11	3
吉水县	185	138	47	48	40	8	7	5	2
峡江县	46	31	15	10	8	2	3	2	1
新干县	94	77	17	29	28	1	10	9	1
永丰县	134	112	22	38	31	7	3	3	
泰和县	199	164	35	41	33	8	6	4	2
遂川县	200	166	34	51	48	3	11	8	3
万安县	105	76	29	31	27	4	10	10	
安福县	162	119	43	14	10	4	7	7	
永新县	164	136	28	46	39	7	8	8	
井冈山市	64	52	12	27	20	7	11	9	2
宜春市	**1987**	**1466**	**521**	**421**	**329**	**92**	**71**	**59**	**12**
袁州区	140	105	35	25	20	5	2	1	1
奉新县	263	170	93	59	43	16	9	9	
万载县	473	353	120	84	71	13	13	11	2
上高县	132	100	32	40	27	13	7	5	2
宜丰县	188	128	60	61	42	19	10	8	2
靖安县	81	63	18	32	23	9	5	4	1
铜鼓县	78	57	21	15	13	2	5	3	2
丰城市	281	226	55	51	42	9	11	10	1
樟树市	168	120	48	23	21	2	1	1	
高安市	183	144	39	31	27	4	8	7	1
抚州市	**1264**	**987**	**277**	**222**	**186**	**36**	**73**	**62**	**11**
临川区	146	123	23	11	9	2	2	2	
东乡区	93	79	14	7	5	2	2	2	
南城县	125	97	28	26	24	2	6	6	
黎川县	90	66	24	28	20	8	6	3	3
南丰县	116	91	25	30	24	6	11	10	1
崇仁县	165	129	36	23	19	4	7	6	1
乐安县	89	67	22	15	15		10	6	4
宜黄县	138	106	32	24	22	2	3	3	
金溪县	110	80	30	21	19	2	14	13	1
资溪县	57	43	14	13	9	4	4	3	1
广昌县	135	106	29	24	20	4	8	8	
上饶市	**1954**	**1493**	**461**	**416**	**336**	**80**	**94**	**77**	**17**
信州区	22	19	3	4	4		1	1	
广丰区	153	114	39	12	10	2	2	1	1
广信区	69	53	16	13	10	3	1		1
玉山县	364	270	94	93	72	21	24	21	3
铅山县	147	105	42	21	14	7	7	6	1
横峰县	124	89	35	17	14	3	3	3	
弋阳县	129	100	29	38	32	6	11	8	3
余干县	232	176	56	51	46	5	3	3	
鄱阳县	415	330	85	87	71	16	26	22	4
万年县	153	123	30	49	37	12	6	4	2
婺源县	132	101	31	30	25	5	7	6	1
德兴市	14	13	1	1	1		3	2	1

6-2b　续表 6　　单位：人

地　区	大学本科			硕士研究生			博士研究生		
	小计	男	女	小计	男	女	小计	男	女
全　省	**219**	**186**	**33**	**9**	**7**	**2**	**1**	**1**	
南昌市	**26**	**22**	**4**	**1**		**1**	**1**	**1**	
东湖区									
西湖区									
青云谱区									
青山湖区	2	2					1	1	
新建区	3	3		1		1			
红谷滩区									
南昌县	14	10	4						
安义县	4	4							
进贤县	3	3							
景德镇市	**5**	**5**							
昌江区									
珠山区									
浮梁县	2	2							
乐平市	3	3							
萍乡市	**9**	**9**		**1**		**1**			
安源区	1	1		1		1			
湘东区									
莲花县	4	4							
上栗县	2	2							
芦溪县	2	2							
九江市	**29**	**23**	**6**	**1**	**1**				
濂溪区	1	1							
浔阳区									
柴桑区									
武宁县	3	2	1						
修水县	4	4							
永修县	4	4		1	1				
德安县	8	6	2						
都昌县	2	2							
湖口县	3	1	2						
彭泽县	1	1							
瑞昌市	1	1							
共青城市									
庐山市	2	1	1						
新余市	**4**	**4**							
渝水区									
分宜县	4	4							
鹰潭市	**2**	**2**							
月湖区									
余江区									
贵溪市	2	2							
赣州市	**28**	**26**	**2**	**2**	**2**				
章贡区									
南康区									
赣县区									
信丰县	3	2	1						
大余县	2	2							
上犹县	1	1							
崇义县	2	2							
安远县									
定南县									
全南县	4	4							

6－2b 续表 7

单位：人

地区	大学本科			硕士研究生			博士研究生		
	小计	男	女	小计	男	女	小计	男	女
宁都县	4	4							
于都县									
兴国县	1	1							
会昌县	5	4	1	2	2				
寻乌县	2	2							
石城县	3	3							
瑞金市									
龙南市	1	1							
吉安市	**39**	**32**	**7**	**2**	**2**				
吉州区									
青原区									
吉安县	7	7							
吉水县	3	2	1						
峡江县	1		1						
新干县	3	3							
永丰县	3	3							
泰和县	1	1							
遂川县	4	3	1	1	1				
万安县	5	4	1						
安福县	4	2	2						
永新县	7	7							
井冈山市	1		1	1	1				
宜春市	**25**	**19**	**6**						
袁州区	2	1	1						
奉新县	4	3	1						
万载县	4	3	1						
上高县	5	5							
宜丰县	4	3	1						
靖安县	1	1							
铜鼓县	1	1							
丰城市	1	1							
樟树市									
高安市	3	1	2						
抚州市	**15**	**13**	**2**	**1**	**1**				
临川区									
东乡区	1	1							
南城县	1	1		1	1				
黎川县	2	1	1						
南丰县	1	1							
崇仁县	3	2	1						
乐安县									
宜黄县	2	2							
金溪县									
资溪县	2	2							
广昌县	3	3							
上饶市	**37**	**31**	**6**	**1**	**1**				
信州区	1		1						
广丰区	1	1							
广信区	2	2							
玉山县	5	4	1						
铅山县	1	1							
横峰县	2	1	1						
弋阳县	6	6							
余干县	3	3							
鄱阳县	8	7	1	1	1				
万年县	5	4	1						
婺源县	2	1	1						
德兴市	1	1							

6-2c 各地区分性别、受教育程度的3岁及以上死亡人口(2019.11.1-2020.10.31)(乡村)

单位：人

地区	3岁及以上死亡人口			未上过学		
	合计	男	女	小计	男	女
全省	**129619**	**74163**	**55456**	**28282**	**8605**	**19677**
南昌市	**10502**	**5966**	**4536**	**3061**	**985**	**2076**
东湖区	110	60	50	44	12	32
西湖区						
青云谱区						
青山湖区	26	17	9	5	3	2
新建区	2169	1221	948	710	243	467
红谷滩区	122	73	49	21	6	15
南昌县	4089	2314	1775	1195	382	813
安义县	848	484	364	181	59	122
进贤县	3138	1797	1341	905	280	625
景德镇市	**3528**	**2038**	**1490**	**1045**	**400**	**645**
昌江区	236	128	108	50	14	36
珠山区	2	2				
浮梁县	436	253	183	117	40	77
乐平市	2854	1655	1199	878	346	532
萍乡市	**5033**	**2917**	**2116**	**447**	**123**	**324**
安源区	64	35	29	1		1
湘东区	1134	656	478	59	14	45
莲花县	1057	596	461	180	34	146
上栗县	1714	1021	693	131	49	82
芦溪县	1064	609	455	76	26	50
九江市	**12643**	**7270**	**5373**	**3403**	**1023**	**2380**
濂溪区	383	218	165	111	34	77
浔阳区	17	7	10	4	1	3
柴桑区	1072	610	462	363	104	259
武宁县	1514	873	641	336	114	222
修水县	2577	1539	1038	378	114	264
永修县	892	505	387	226	71	155
德安县	461	262	199	144	60	84
都昌县	1937	1098	839	598	155	443
湖口县	941	533	408	226	42	184
彭泽县	1004	553	451	411	124	287
瑞昌市	1245	717	528	366	108	258
共青城市	192	114	78	96	38	58
庐山市	408	241	167	144	58	86
新余市	**3160**	**1796**	**1364**	**1132**	**399**	**733**
渝水区	2095	1197	898	762	244	518
分宜县	1065	599	466	370	155	215
鹰潭市	**3085**	**1813**	**1272**	**454**	**156**	**298**
月湖区	82	49	33	31	15	16
余江区	1217	732	485	136	44	92
贵溪市	1786	1032	754	287	97	190
赣州市	**29583**	**16826**	**12757**	**5237**	**1165**	**4072**
章贡区	289	189	100	23	4	19
南康区	3338	1857	1481	666	128	538
赣县区	2019	1102	917	394	74	320
信丰县	2508	1415	1093	595	135	460
大余县	965	561	404	182	41	141
上犹县	1426	808	618	148	29	119
崇义县	776	426	350	149	41	108
安远县	1083	601	482	372	101	271
定南县	744	412	332	75	18	57
全南县	833	455	378	77	14	63

6-2c 续表 1

单位：人

地区	3岁及以上死亡人口			未上过学		
	合计	男	女	小计	男	女
宁都县	2926	1749	1177	519	152	367
于都县	2775	1586	1189	643	129	514
兴国县	2890	1675	1215	189	34	155
会昌县	1665	940	725	323	55	268
寻乌县	1119	637	482	105	28	77
石城县	970	547	423	235	59	176
瑞金市	2119	1221	898	370	90	280
龙南市	1138	645	493	172	33	139
吉安市	**16667**	**9386**	**7281**	**3665**	**985**	**2680**
吉州区	411	248	163	68	22	46
青原区	604	343	261	120	22	98
吉安县	1574	874	700	375	95	280
吉水县	1722	916	806	334	82	252
峡江县	546	317	229	171	57	114
新干县	1070	616	454	313	110	203
永丰县	1504	834	670	497	156	341
泰和县	1645	908	737	281	58	223
遂川县	2387	1395	992	375	94	281
万安县	1225	679	546	207	55	152
安福县	1625	906	719	434	118	316
永新县	1873	1077	796	357	87	270
井冈山市	481	273	208	133	29	104
宜春市	**15634**	**8992**	**6642**	**2652**	**874**	**1778**
袁州区	2482	1396	1086	369	139	230
奉新县	712	431	281	93	29	64
万载县	1396	840	556	131	39	92
上高县	1268	722	546	481	191	290
宜丰县	742	443	299	139	48	91
靖安县	492	297	195	102	37	65
铜鼓县	336	196	140	26	9	17
丰城市	4168	2342	1826	803	224	579
樟树市	1488	846	642	135	33	102
高安市	2550	1479	1071	373	125	248
抚州市	**11022**	**6221**	**4801**	**2710**	**930**	**1780**
临川区	3130	1759	1371	597	202	395
东乡区	1023	574	449	338	103	235
南城县	887	495	392	181	68	113
黎川县	815	478	337	179	61	118
南丰县	797	463	334	328	129	199
崇仁县	779	437	342	218	80	138
乐安县	1097	619	478	305	123	182
宜黄县	513	284	229	76	21	55
金溪县	957	518	439	194	53	141
资溪县	354	206	148	103	38	65
广昌县	670	388	282	191	52	139
上饶市	**18762**	**10938**	**7824**	**4476**	**1565**	**2911**
信州区	458	268	190	53	14	39
广丰区	1914	1138	776	223	85	138
广信区	2438	1387	1051	718	246	472
玉山县	1550	940	610	272	94	178
铅山县	804	485	319	63	24	39
横峰县	578	333	245	113	43	70
弋阳县	1067	587	480	310	109	201
余干县	2520	1434	1086	634	203	431
鄱阳县	4231	2497	1734	1387	504	883
万年县	1320	777	543	225	84	141
婺源县	1152	659	493	260	76	184
德兴市	730	433	297	218	83	135

6-2c　续表 2　　　　单位：人

地　区	学前教育			小　学		
	小计	男	女	小计	男	女
全　省	**908**	**415**	**493**	**74851**	**44148**	**30703**
南昌市	**66**	**37**	**29**	**5505**	**3409**	**2096**
东湖区	2	2		50	35	15
西湖区						
青云谱区						
青山湖区	1	1		14	9	5
新建区	12	7	5	1012	616	396
红谷滩区				65	35	30
南昌县	34	18	16	2200	1372	828
安义县	2		2	457	262	195
进贤县	15	9	6	1707	1080	627
景德镇市	**38**	**14**	**24**	**1957**	**1224**	**733**
昌江区	1	1		145	80	65
珠山区				1	1	
浮梁县				239	147	92
乐平市	37	13	24	1572	996	576
萍乡市	**28**	**9**	**19**	**3368**	**1871**	**1497**
安源区				42	19	23
湘东区	2		2	743	406	337
莲花县	17	6	11	639	373	266
上栗县	4	1	3	1202	676	526
芦溪县	5	2	3	742	397	345
九江市	**117**	**64**	**53**	**6955**	**4390**	**2565**
濂溪区	4	1	3	195	120	75
浔阳区	1	1		12	5	7
柴桑区	15	11	4	527	355	172
武宁县	11	7	4	827	474	353
修水县	7	4	3	1805	1119	686
永修县	3	2	1	480	295	185
德安县	5	2	3	247	149	98
都昌县	19	10	9	989	652	337
湖口县	10	3	7	545	342	203
彭泽县	18	11	7	445	299	146
瑞昌市	19	11	8	600	382	218
共青城市	2	1	1	69	53	16
庐山市	3		3	214	145	69
新余市	**20**	**10**	**10**	**1506**	**960**	**546**
渝水区	11	5	6	976	650	326
分宜县	9	5	4	530	310	220
鹰潭市	**12**	**6**	**6**	**1911**	**1102**	**809**
月湖区				47	31	16
余江区	2	1	1	708	404	304
贵溪市	10	5	5	1156	667	489
赣州市	**203**	**72**	**131**	**16949**	**9497**	**7452**
章贡区	2		2	157	92	65
南康区	21	9	12	1840	1040	800
赣县区	13	5	8	1226	693	533
信丰县	34	13	21	1320	773	547
大余县	9	2	7	535	306	229
上犹县	10	4	6	992	527	465
崇义县	10	5	5	461	252	209
安远县	11	4	7	497	322	175
定南县	7	4	3	502	262	240
全南县	8		8	479	226	253

6-2c 续表 3

单位：人

地区	学前教育			小学		
	小计	男	女	小计	男	女
宁都县	5	2	3	1646	941	705
于都县	23	10	13	1481	918	563
兴国县	13	3	10	1721	873	848
会昌县	7	3	4	956	545	411
寻乌县	11	1	10	709	362	347
石城县	7	2	5	543	324	219
瑞金市	10	4	6	1280	730	550
龙南市	2	1	1	604	311	293
吉安市	**80**	**33**	**47**	**9974**	**5861**	**4113**
吉州区	6	2	4	284	182	102
青原区	6	1	5	341	202	139
吉安县	7	2	5	938	557	381
吉水县	11	4	7	1070	584	486
峡江县	6	3	3	277	181	96
新干县				613	382	231
永丰县	2	1	1	796	490	306
泰和县	9	3	6	946	505	441
遂川县	10	5	5	1568	936	632
万安县	6	4	2	790	431	359
安福县	11	4	7	906	543	363
永新县	6	4	2	1185	703	482
井冈山市				260	165	95
宜春市	**115**	**59**	**56**	**9398**	**5316**	**4082**
袁州区	7	1	6	1610	870	740
奉新县	7	4	3	394	226	168
万载县				914	529	385
上高县	9	5	4	562	360	202
宜丰县	8	3	5	405	245	160
靖安县				279	167	112
铜鼓县	4	1	3	247	142	105
丰城市	39	20	19	2472	1418	1054
樟树市	4	3	1	903	464	439
高安市	37	22	15	1612	895	717
抚州市	**86**	**46**	**40**	**6642**	**3965**	**2677**
临川区	21	12	9	1992	1146	846
东乡区	5	3	2	544	362	182
南城县	15	7	8	563	312	251
黎川县	7	3	4	554	351	203
南丰县	9	4	5	378	259	119
崇仁县	6	6		454	264	190
乐安县	4	1	3	617	351	266
宜黄县	4	1	3	357	201	156
金溪县	10	4	6	606	345	261
资溪县	4	4		192	120	72
广昌县	1	1		385	254	131
上饶市	**143**	**65**	**78**	**10686**	**6553**	**4133**
信州区	2	1	1	296	176	120
广丰区	20	9	11	1260	740	520
广信区	13	7	6	1365	870	495
玉山县	6	3	3	974	610	364
铅山县	6	3	3	639	379	260
横峰县	3	1	2	336	186	150
弋阳县	12	4	8	596	355	241
余干县	19	9	10	1337	786	551
鄱阳县	21	13	8	1975	1311	664
万年县	8	3	5	789	444	345
婺源县	29	10	19	713	438	275
德兴市	4	2	2	406	258	148

6-2c　续表 4　　　　　　　　　　　　　　　　　　　　　　　　　　单位：人

地　区	初　中			高　中			大学专科		
	小计	男	女	小计	男	女	小计	男	女
全　省	**22136**	**18004**	**4132**	**2881**	**2527**	**354**	**412**	**350**	**62**
南昌市	**1676**	**1375**	**301**	**153**	**129**	**24**	**27**	**21**	**6**
东湖区	13	10	3	1	1				
西湖区									
青云谱区									
青山湖区	5	3	2	1	1				
新建区	398	326	72	24	19	5	7	6	1
红谷滩区	33	29	4	2	2				
南昌县	595	492	103	52	41	11	9	7	2
安义县	183	143	40	21	18	3	3	1	2
进贤县	449	372	77	52	47	5	8	7	1
景德镇市	**415**	**340**	**75**	**57**	**47**	**10**	**11**	**9**	**2**
昌江区	38	31	7	2	2				
珠山区	1	1							
浮梁县	60	49	11	17	14	3	2	2	
乐平市	316	259	57	38	31	7	9	7	2
萍乡市	**1053**	**800**	**253**	**113**	**95**	**18**	**14**	**12**	**2**
安源区	20	15	5	1	1				
湘东区	297	210	87	25	19	6	5	5	
莲花县	192	158	34	24	22	2	2	2	
上栗县	337	259	78	34	30	4	2	2	
芦溪县	207	158	49	29	23	6	5	3	2
九江市	**1828**	**1498**	**330**	**274**	**246**	**28**	**49**	**41**	**8**
濂溪区	58	50	8	13	11	2	2	2	
浔阳区									
柴桑区	132	109	23	28	26	2	6	4	2
武宁县	304	249	55	32	26	6	1	1	
修水县	324	247	77	51	45	6	9	9	
永修县	164	121	43	15	12	3	4	4	
德安县	53	40	13	10	10		1		1
都昌县	271	230	41	42	39	3	13	11	2
湖口县	136	126	10	20	17	3	4	3	1
彭泽县	107	99	8	19	18	1	3	2	1
瑞昌市	223	183	40	31	29	2	4	3	1
共青城市	21	18	3	4	4				
庐山市	35	26	9	9	9		2	2	
新余市	**425**	**362**	**63**	**68**	**60**	**8**	**9**	**5**	**4**
渝水区	294	254	40	45	39	6	7	5	2
分宜县	131	108	23	23	21	2	2		2
鹰潭市	**579**	**444**	**135**	**124**	**101**	**23**	**3**	**3**	
月湖区	3	2	1	1	1				
余江区	274	207	67	94	73	21	2	2	
贵溪市	302	235	67	29	27	2	1	1	
赣州市	**6353**	**5341**	**1012**	**711**	**637**	**74**	**100**	**91**	**9**
章贡区	94	81	13	10	9	1	2	2	
南康区	706	593	113	83	72	11	13	11	2
赣县区	363	310	53	19	16	3	2	2	
信丰县	514	452	62	38	35	3	5	5	
大余县	212	191	21	23	18	5	4	3	1
上犹县	245	219	26	23	21	2	8	8	
崇义县	138	113	25	17	14	3	1	1	
安远县	185	156	29	13	13		4	4	
定南县	140	113	27	17	13	4	3	2	1
全南县	244	194	50	22	20	2	1		1

6-2c 续表 5

单位：人

地区	初中			高中			大学专科		
	小计	男	女	小计	男	女	小计	男	女
宁都县	671	575	96	77	71	6	7	7	
于都县	560	466	94	61	56	5	5	5	
兴国县	859	668	191	92	82	10	13	13	
会昌县	316	278	38	57	54	3	6	5	1
寻乌县	253	208	45	30	30		9	6	3
石城县	152	132	20	27	24	3	5	5	
瑞金市	392	337	55	59	52	7	5	5	
龙南市	309	255	54	43	37	6	7	7	
吉安市	**2501**	**2099**	**402**	**372**	**343**	**29**	**62**	**55**	**7**
吉州区	45	35	10	8	7	1			
青原区	120	102	18	16	15	1	1	1	
吉安县	229	197	32	19	18	1	6	5	1
吉水县	269	212	57	33	29	4	5	5	
峡江县	77	61	16	10	10		5	5	
新干县	124	105	19	20	19	1			
永丰县	179	158	21	25	24	1	3	3	
泰和县	347	285	62	51	48	3	9	7	2
遂川县	375	307	68	45	43	2	10	8	2
万安县	182	153	29	31	29	2	7	5	2
安福县	224	196	28	41	37	4	8	8	
永新县	271	233	38	50	46	4	4	4	
井冈山市	59	55	4	23	18	5	4	4	
宜春市	**3040**	**2372**	**668**	**381**	**332**	**49**	**30**	**24**	**6**
袁州区	433	328	105	55	50	5	3	3	
奉新县	198	155	43	19	17	2			
万载县	310	239	71	35	28	7	5	4	1
上高县	191	148	43	21	15	6	4	3	1
宜丰县	160	124	36	28	22	6	1	1	
靖安县	91	75	16	19	18	1			
铜鼓县	53	38	15	5	5				
丰城市	751	592	159	92	80	12	7	4	3
樟树市	395	301	94	45	40	5	3	2	1
高安市	458	372	86	62	57	5	7	7	
抚州市	**1393**	**1118**	**275**	**147**	**126**	**21**	**31**	**25**	**6**
临川区	468	352	116	41	36	5	10	10	
东乡区	124	99	25	10	5	5			
南城县	112	93	19	9	8	1	4	4	
黎川县	66	56	10	4	4		4	3	1
南丰县	67	57	10	11	11		1	1	
崇仁县	86	74	12	12	11	1	3	2	1
乐安县	152	129	23	13	11	2	3	1	2
宜黄县	65	50	15	8	8		3	3	
金溪县	122	96	26	22	19	3	3	1	2
资溪县	47	39	8	8	5	3			
广昌县	84	73	11	9	8	1			
上饶市	**2873**	**2255**	**618**	**481**	**411**	**70**	**76**	**64**	**12**
信州区	95	66	29	9	8	1	2	2	
广丰区	365	269	96	37	27	10	7	6	1
广信区	296	226	70	38	30	8	6	6	
玉山县	269	211	58	23	17	6	6	5	1
铅山县	86	71	15	9	7	2			
横峰县	109	88	21	14	12	2	2	2	
弋阳县	132	104	28	15	13	2	1	1	
余干县	419	333	86	100	92	8	11	11	
鄱阳县	654	509	145	156	130	26	27	19	8
万年县	241	193	48	47	44	3	4	3	1
婺源县	123	110	13	24	23	1	3	2	1
德兴市	84	75	9	9	8	1	7	7	

6-2c　续表 6　　　　单位：人

地　区	大学本科			硕士研究生			博士研究生		
	小计	男	女	小计	男	女	小计	男	女
全　省	**142**	**109**	**33**	**5**	**4**	**1**	**2**	**1**	**1**
南昌市	**14**	**10**	**4**						
东湖区									
西湖区									
青云谱区									
青山湖区									
新建区	6	4	2						
红谷滩区	1	1							
南昌县	4	2	2						
安义县	1	1							
进贤县	2	2							
景德镇市	**5**	**4**	**1**						
昌江区									
珠山区									
浮梁县	1	1							
乐平市	4	3	1						
萍乡市	**10**	**7**	**3**						
安源区									
湘东区	3	2	1						
莲花县	3	1	2						
上栗县	4	4							
芦溪县									
九江市	**17**	**8**	**9**						
濂溪区									
浔阳区									
柴桑区	1	1							
武宁县	3	2	1						
修水县	3	1	2						
永修县									
德安县	1	1							
都昌县	5	1	4						
湖口县									
彭泽县	1		1						
瑞昌市	2	1	1						
共青城市									
庐山市	1	1							
新余市									
渝水区									
分宜县									
鹰潭市	**2**	**1**	**1**						
月湖区									
余江区	1	1							
贵溪市	1		1						
赣州市	**29**	**22**	**7**	**1**	**1**				
章贡区	1	1							
南康区	9	4	5						
赣县区	2	2							
信丰县	2	2							
大余县									
上犹县									
崇义县									
安远县	1	1							
定南县									
全南县	2	1	1						

6−2c 续表 7

单位：人

地 区	大学本科			硕士研究生			博士研究生		
	小计	男	女	小计	男	女	小计	男	女
宁都县	1	1							
于都县	2	2							
兴国县	3	2	1						
会昌县									
寻乌县	2	2							
石城县	1	1							
瑞金市	2	2		1	1				
龙南市	1	1							
吉安市	**12**	**10**	**2**				**1**		**1**
吉州区									
青原区									
吉安县									
吉水县									
峡江县									
新干县									
永丰县	2	2							
泰和县	2	2							
遂川县	3	2	1				1		1
万安县	2	2							
安福县	1		1						
永新县									
井冈山市	2	2							
宜春市	**17**	**14**	**3**	**1**	**1**				
袁州区	5	5							
奉新县	1		1						
万载县	1	1							
上高县									
宜丰县	1		1						
靖安县	1		1						
铜鼓县	1	1							
丰城市	3	3		1	1				
樟树市	3	3							
高安市	1	1							
抚州市	**11**	**10**	**1**	**2**	**1**	**1**			
临川区	1	1							
东乡区	2	2							
南城县	3	3							
黎川县	1		1						
南丰县	2	2		1		1			
崇仁县									
乐安县	2	2		1	1				
宜黄县									
金溪县									
资溪县									
广昌县									
上饶市	**25**	**23**	**2**	**1**	**1**		**1**	**1**	
信州区	1	1							
广丰区	1	1		1	1				
广信区	2	2							
玉山县									
铅山县	1	1							
横峰县							1	1	
弋阳县	1	1							
余干县									
鄱阳县	11	11							
万年县	6	6							
婺源县									
德兴市	2		2						

6-3　各地区分性别、婚姻状况的15岁及以上死亡人口
(2019.11.1—2020.10.31)

单位：人

地　区	15岁及以上死亡人口			未　婚		
	合计	男	女	小计	男	女
全　省	**229922**	**133431**	**96491**	**8665**	**7603**	**1062**
南昌市	**24734**	**14410**	**10324**	**750**	**623**	**127**
东湖区	2318	1314	1004	57	40	17
西湖区	2627	1509	1118	70	60	10
青云谱区	1425	872	553	30	24	6
青山湖区	2942	1794	1148	73	55	18
新建区	3412	1977	1435	122	106	16
红谷滩区	792	477	315	36	26	10
南昌县	5834	3330	2504	164	138	26
安义县	1257	734	523	53	43	10
进贤县	4127	2403	1724	145	131	14
景德镇市	**8196**	**4790**	**3406**	**300**	**273**	**27**
昌江区	740	448	292	25	23	2
珠山区	1583	950	633	47	34	13
浮梁县	1550	882	668	72	67	5
乐平市	4323	2510	1813	156	149	7
萍乡市	**11338**	**6636**	**4702**	**423**	**380**	**43**
安源区	2387	1422	965	50	43	7
湘东区	2475	1426	1049	83	72	11
莲花县	1675	986	689	57	48	9
上栗县	3019	1751	1268	142	130	12
芦溪县	1782	1051	731	91	87	4
九江市	**21533**	**12488**	**9045**	**859**	**733**	**126**
濂溪区	1180	698	482	57	39	18
浔阳区	1478	831	647	34	22	12
柴桑区	1577	923	654	52	45	7
武宁县	2159	1258	901	83	63	20
修水县	3702	2231	1471	186	173	13
永修县	1667	949	718	66	56	10
德安县	897	524	373	31	29	2
都昌县	2664	1516	1148	113	95	18
湖口县	1463	822	641	54	51	3
彭泽县	1567	874	693	57	49	8
瑞昌市	1929	1120	809	79	70	9
共青城市	391	227	164	19	16	3
庐山市	859	515	344	28	25	3
新余市	**5522**	**3225**	**2297**	**203**	**173**	**30**
渝水区	3797	2212	1585	128	104	24
分宜县	1725	1013	712	75	69	6
鹰潭市	**6213**	**3668**	**2545**	**237**	**204**	**33**
月湖区	1103	666	437	43	31	12
余江区	2000	1178	822	61	48	13
贵溪市	3110	1824	1286	133	125	8
赣州市	**44627**	**25748**	**18879**	**1673**	**1451**	**222**
章贡区	3831	2289	1542	123	100	23
南康区	4737	2645	2092	186	165	21
赣县区	2456	1383	1073	107	96	11
信丰县	3847	2182	1665	118	106	12
大余县	1731	1018	713	52	43	9
上犹县	1859	1072	787	90	86	4
崇义县	1012	576	436	37	29	8
安远县	1470	834	636	51	46	5
定南县	1364	744	620	49	38	11
全南县	1281	723	558	46	32	14

6-3 续表 1　　　　　　　　　　　　　　　　　　　　　　　　　　　　单位：人

地　　区	15岁及以上死亡人口			未　　婚		
	合计	男	女	小计	男	女
宁都县	3922	2340	1582	151	132	19
于都县	3058	1754	1304	115	92	23
兴国县	3786	2236	1550	164	146	18
会昌县	2265	1302	963	95	78	17
寻乌县	1544	896	648	58	55	3
石城县	1365	797	568	47	42	5
瑞金市	3106	1831	1275	124	111	13
龙南市	1993	1126	867	60	54	6
吉安市	**25640**	**14686**	**10954**	**905**	**800**	**105**
吉州区	2040	1204	836	52	37	15
青原区	922	543	379	22	15	7
吉安县	2370	1334	1036	82	74	8
吉水县	2473	1341	1132	89	77	12
峡江县	781	445	336	20	17	3
新干县	1620	963	657	39	38	1
永丰县	2269	1322	947	91	76	15
泰和县	2403	1366	1037	75	68	7
遂川县	3205	1869	1336	161	155	6
万安县	1733	975	758	74	66	8
安福县	2172	1214	958	67	60	7
永新县	2765	1588	1177	107	95	12
井冈山市	887	522	365	26	22	4
宜春市	**28367**	**16534**	**11833**	**1138**	**1021**	**117**
袁州区	4909	2865	2044	213	187	26
奉新县	1392	816	576	63	60	3
万载县	3102	1852	1250	174	156	18
上高县	1888	1079	809	69	62	7
宜丰县	1464	885	579	70	63	7
靖安县	771	473	298	37	31	6
铜鼓县	623	370	253	21	21	
丰城市	7126	4072	3054	249	224	25
樟树市	3000	1720	1280	102	93	9
高安市	4092	2402	1690	140	124	16
抚州市	**19736**	**11336**	**8400**	**661**	**575**	**86**
临川区	5465	3119	2346	155	133	22
东乡区	2194	1277	917	68	61	7
南城县	1610	903	707	53	48	5
黎川县	1368	801	567	56	46	10
南丰县	1433	853	580	50	38	12
崇仁县	1627	899	728	48	43	5
乐安县	1592	908	684	74	65	9
宜黄县	1106	630	476	42	39	3
金溪县	1469	837	632	56	51	5
资溪县	632	378	254	29	28	1
广昌县	1240	731	509	30	23	7
上饶市	**34016**	**19910**	**14106**	**1516**	**1370**	**146**
信州区	2016	1165	851	68	62	6
广丰区	3982	2326	1656	229	208	21
广信区	4161	2374	1787	195	170	25
玉山县	3405	2063	1342	165	150	15
铅山县	1866	1109	757	79	71	8
横峰县	1140	664	476	47	44	3
弋阳县	1826	1059	767	56	51	5
余干县	3687	2128	1559	148	131	17
鄱阳县	6292	3702	2590	281	252	29
万年县	2022	1199	823	83	79	4
婺源县	1805	1049	756	85	76	9
德兴市	1814	1072	742	80	76	4

6-3 续表 2

单位：人

地 区	有配偶			离婚			丧偶		
	小计	男	女	小计	男	女	小计	男	女
全 省	**127175**	**89992**	**37183**	**3401**	**2815**	**586**	**90681**	**33021**	**57660**
南昌市	**13936**	**10048**	**3888**	**471**	**364**	**107**	**9577**	**3375**	**6202**
东湖区	1249	896	353	87	68	19	925	310	615
西湖区	1430	1053	377	79	56	23	1048	340	708
青云谱区	885	669	216	40	24	16	470	155	315
青山湖区	1756	1288	468	55	41	14	1058	410	648
新建区	1970	1371	599	49	41	8	1271	459	812
红谷滩区	486	346	140	17	12	5	253	93	160
南昌县	3258	2333	925	73	60	13	2339	799	1540
安义县	681	458	223	17	17		506	216	290
进贤县	2221	1634	587	54	45	9	1707	593	1114
景德镇市	**4469**	**3190**	**1279**	**172**	**149**	**23**	**3255**	**1178**	**2077**
昌江区	440	317	123	20	16	4	255	92	163
珠山区	822	609	213	52	45	7	662	262	400
浮梁县	793	560	233	20	17	3	665	238	427
乐平市	2414	1704	710	80	71	9	1673	586	1087
萍乡市	**6377**	**4410**	**1967**	**156**	**129**	**27**	**4382**	**1717**	**2665**
安源区	1380	995	385	65	51	14	892	333	559
湘东区	1423	970	453	22	18	4	947	366	581
莲花县	968	688	280	15	14	1	635	236	399
上栗县	1651	1098	553	30	25	5	1196	498	698
芦溪县	955	659	296	24	21	3	712	284	428
九江市	**11845**	**8229**	**3616**	**411**	**349**	**62**	**8418**	**3177**	**5241**
濂溪区	679	504	175	21	15	6	423	140	283
浔阳区	870	601	269	55	45	10	519	163	356
柴桑区	898	627	271	13	13		614	238	376
武宁县	1125	796	329	66	59	7	885	340	545
修水县	2014	1375	639	65	53	12	1437	630	807
永修县	899	614	285	39	34	5	663	245	418
德安县	511	349	162	18	16	2	337	130	207
都昌县	1429	1006	423	39	35	4	1083	380	703
湖口县	821	555	266	19	16	3	569	200	369
彭泽县	856	591	265	22	19	3	632	215	417
瑞昌市	1030	701	329	38	31	7	782	318	464
共青城市	227	158	69	2	2		143	51	92
庐山市	486	352	134	14	11	3	331	127	204
新余市	**3108**	**2225**	**883**	**73**	**60**	**13**	**2138**	**767**	**1371**
渝水区	2176	1561	615	48	38	10	1445	509	936
分宜县	932	664	268	25	22	3	693	258	435
鹰潭市	**3560**	**2490**	**1070**	**109**	**99**	**10**	**2307**	**875**	**1432**
月湖区	618	451	167	23	21	2	419	163	256
余江区	1149	809	340	36	34	2	754	287	467
贵溪市	1793	1230	563	50	44	6	1134	425	709
赣州市	**24607**	**17494**	**7113**	**547**	**449**	**98**	**17800**	**6354**	**11446**
章贡区	2247	1666	581	89	61	28	1372	462	910
南康区	2570	1806	764	37	28	9	1944	646	1298
赣县区	1301	904	397	25	19	6	1023	364	659
信丰县	2019	1442	577	47	39	8	1663	595	1068
大余县	973	709	264	21	19	2	685	247	438
上犹县	1031	723	308	21	18	3	717	245	472
崇义县	559	405	154	16	12	4	400	130	270
安远县	846	585	261	9	8	1	564	195	369
定南县	672	451	221	14	11	3	629	244	385
全南县	727	525	202	14	12	2	494	154	340

6−3 续表 3

单位：人

地区	有配偶			离婚			丧偶		
	小计	男	女	小计	男	女	小计	男	女
宁都县	2179	1535	644	44	35	9	1548	638	910
于都县	1734	1249	485	36	30	6	1173	383	790
兴国县	2151	1496	655	45	41	4	1426	553	873
会昌县	1258	877	381	31	31		881	316	565
寻乌县	849	600	249	16	14	2	621	227	394
石城县	749	521	228	23	21	2	546	213	333
瑞金市	1676	1228	448	34	31	3	1272	461	811
龙南市	1066	772	294	25	19	6	842	281	561
吉安市	**14019**	**9904**	**4115**	**276**	**227**	**49**	**10440**	**3755**	**6685**
吉州区	1110	808	302	42	34	8	836	325	511
青原区	534	388	146	5	5		361	135	226
吉安县	1296	916	380	21	17	4	971	327	644
吉水县	1337	920	417	15	12	3	1032	332	700
峡江县	447	310	137	14	14		300	104	196
新干县	917	663	254	17	13	4	647	249	398
永丰县	1271	887	384	18	18		889	341	548
泰和县	1281	922	359	38	26	12	1009	350	659
遂川县	1706	1231	475	23	20	3	1315	463	852
万安县	916	621	295	20	17	3	723	271	452
安福县	1154	788	366	22	19	3	929	347	582
永新县	1532	1078	454	24	17	7	1102	398	704
井冈山市	518	372	146	17	15	2	326	113	213
宜春市	**15622**	**11058**	**4564**	**365**	**312**	**53**	**11242**	**4143**	**7099**
袁州区	2823	1956	867	68	58	10	1805	664	1141
奉新县	765	537	228	28	26	2	536	193	343
万载县	1692	1186	506	42	39	3	1194	471	723
上高县	1013	698	315	21	16	5	785	303	482
宜丰县	798	559	239	27	21	6	569	242	327
靖安县	403	303	100	16	14	2	315	125	190
铜鼓县	335	236	99	23	19	4	244	94	150
丰城市	3770	2701	1069	69	58	11	3038	1089	1949
樟树市	1675	1216	459	27	23	4	1196	388	808
高安市	2348	1666	682	44	38	6	1560	574	986
抚州市	**10567**	**7556**	**3011**	**303**	**251**	**52**	**8205**	**2954**	**5251**
临川区	2988	2115	873	84	67	17	2238	804	1434
东乡区	1183	855	328	29	25	4	914	336	578
南城县	851	620	231	17	11	6	689	224	465
黎川县	735	524	211	18	18		559	213	346
南丰县	787	584	203	31	26	5	565	205	360
崇仁县	816	569	247	33	27	6	730	260	470
乐安县	871	590	281	23	19	4	624	234	390
宜黄县	608	425	183	7	6	1	449	160	289
金溪县	798	573	225	22	21	1	593	192	401
资溪县	302	225	77	21	17	4	280	108	172
广昌县	628	476	152	18	14	4	564	218	346
上饶市	**19065**	**13388**	**5677**	**518**	**426**	**92**	**12917**	**4726**	**8191**
信州区	1149	812	337	41	26	15	758	265	493
广丰区	2152	1500	652	42	35	7	1559	583	976
广信区	2404	1646	758	46	39	7	1516	519	997
玉山县	1882	1397	485	55	48	7	1303	468	835
铅山县	1089	760	329	32	23	9	666	255	411
横峰县	637	435	202	19	15	4	437	170	267
弋阳县	1066	758	308	26	20	6	678	230	448
余干县	2116	1442	674	45	39	6	1378	516	862
鄱阳县	3556	2517	1039	104	92	12	2351	841	1510
万年县	1109	773	336	21	19	2	809	328	481
婺源县	949	676	273	41	31	10	730	266	464
德兴市	956	672	284	46	39	7	732	285	447

6–3a 各地区分性别、婚姻状况的15岁及以上死亡人口 (2019.11.1–2020.10.31)(城市)

单位：人

地区	15岁及以上死亡人口			未婚		
	合计	男	女	小计	男	女
全省	**43645**	**25727**	**17918**	**1313**	**1057**	**256**
南昌市	**10585**	**6255**	**4330**	**278**	**213**	**65**
东湖区	2192	1245	947	54	37	17
西湖区	2627	1509	1118	70	60	10
青云谱区	1425	872	553	30	24	6
青山湖区	2698	1641	1057	64	46	18
新建区	912	554	358	27	23	4
红谷滩区	672	405	267	31	21	10
南昌县	59	29	30	2	2	
安义县						
进贤县						
景德镇市	**3121**	**1875**	**1246**	**82**	**67**	**15**
昌江区	446	280	166	15	13	2
珠山区	1544	927	617	43	32	11
浮梁县	206	124	82	7	6	1
乐平市	925	544	381	17	16	1
萍乡市	**2638**	**1547**	**1091**	**51**	**43**	**8**
安源区	1749	1031	718	28	24	4
湘东区	860	499	361	23	19	4
莲花县						
上栗县	29	17	12			
芦溪县						
九江市	**2999**	**1746**	**1253**	**108**	**74**	**34**
濂溪区	616	365	251	35	18	17
浔阳区	1461	824	637	33	21	12
柴桑区	284	187	97	16	14	2
武宁县						
修水县						
永修县						
德安县						
都昌县						
湖口县						
彭泽县						
瑞昌市	353	202	151	10	9	1
共青城市	139	82	57	10	8	2
庐山市	146	86	60	4	4	
新余市	**1425**	**848**	**577**	**43**	**34**	**9**
渝水区	1425	848	577	43	34	9
分宜县						
鹰潭市	**2146**	**1288**	**858**	**78**	**61**	**17**
月湖区	1001	605	396	43	31	12
余江区	341	204	137	15	12	3
贵溪市	804	479	325	20	18	2
赣州市	**6076**	**3574**	**2502**	**188**	**158**	**30**
章贡区	3443	2043	1400	108	86	22
南康区	1164	654	510	31	28	3
赣县区	110	67	43	4	4	
信丰县						
大余县						
上犹县						
崇义县						
安远县						
定南县						
全南县						

6-3a 续表 1

单位：人

地 区	15岁及以上死亡人口			未 婚		
	合计	男	女	小计	男	女
宁都县						
于都县						
兴国县						
会昌县						
寻乌县	7	4	3			
石城县						
瑞金市	735	457	278	28	24	4
龙南市	617	349	268	17	16	1
吉安市	**1860**	**1112**	**748**	**42**	**29**	**13**
吉州区	1563	921	642	37	24	13
青原区	194	126	68	4	4	
吉安县						
吉水县						
峡江县						
新干县						
永丰县						
泰和县						
遂川县						
万安县						
安福县						
永新县						
井冈山市	103	65	38	1	1	
宜春市	**5361**	**3163**	**2198**	**189**	**161**	**28**
袁州区	1729	1057	672	61	49	12
奉新县						
万载县						
上高县						
宜丰县						
靖安县						
铜鼓县						
丰城市	1858	1078	780	65	58	7
樟树市	1060	613	447	33	31	2
高安市	714	415	299	30	23	7
抚州市	**2147**	**1268**	**879**	**53**	**38**	**15**
临川区	1567	913	654	40	26	14
东乡区	580	355	225	13	12	1
南城县						
黎川县						
南丰县						
崇仁县						
乐安县						
宜黄县						
金溪县						
资溪县						
广昌县						
上饶市	**5287**	**3051**	**2236**	**201**	**179**	**22**
信州区	1447	830	617	35	32	3
广丰区	1434	826	608	78	67	11
广信区	1226	702	524	38	32	6
玉山县						
铅山县	14	8	6	1	1	
横峰县						
弋阳县						
余干县	152	91	61	5	4	1
鄱阳县	9	5	4			
万年县						
婺源县						
德兴市	1005	589	416	44	43	1

6–3a 续表 2　　　　单位：人

地 区	有配偶			离婚			丧偶		
	小计	男	女	小计	男	女	小计	男	女
全 省	**25123**	**18039**	**7084**	**962**	**726**	**236**	**16247**	**5905**	**10342**
南昌市	**6098**	**4457**	**1641**	**289**	**208**	**81**	**3920**	**1377**	**2543**
东湖区	1183	849	334	87	68	19	868	291	577
西湖区	1430	1053	377	79	56	23	1048	340	708
青云谱区	885	669	216	40	24	16	470	155	315
青山湖区	1594	1171	423	48	35	13	992	389	603
新建区	563	402	161	19	14	5	303	115	188
红谷滩区	413	291	122	15	10	5	213	83	130
南昌县	30	22	8	1	1		26	4	22
安义县									
进贤县									
景德镇市	**1723**	**1261**	**462**	**94**	**81**	**13**	**1222**	**466**	**756**
昌江区	274	201	73	17	13	4	140	53	87
珠山区	799	595	204	50	44	6	652	256	396
浮梁县	113	82	31	5	5		81	31	50
乐平市	537	383	154	22	19	3	349	126	223
萍乡市	**1580**	**1123**	**457**	**55**	**40**	**15**	**952**	**341**	**611**
安源区	1052	755	297	46	34	12	623	218	405
湘东区	510	354	156	9	6	3	318	120	198
莲花县									
上栗县	18	14	4				11	3	8
芦溪县									
九江市	**1741**	**1202**	**539**	**91**	**73**	**18**	**1059**	**397**	**662**
濂溪区	377	263	114	16	11	5	188	73	115
浔阳区	864	598	266	55	45	10	509	160	349
柴桑区	153	112	41	2	2		113	59	54
武宁县									
修水县									
永修县									
德安县									
都昌县									
湖口县									
彭泽县									
瑞昌市	199	125	74	15	14	1	129	54	75
共青城市	69	43	26				60	31	29
庐山市	79	61	18	3	1	2	60	20	40
新余市	**854**	**603**	**251**	**28**	**21**	**7**	**500**	**190**	**310**
渝水区	854	603	251	28	21	7	500	190	310
分宜县									
鹰潭市	**1219**	**881**	**338**	**43**	**36**	**7**	**806**	**310**	**496**
月湖区	558	408	150	20	19	1	380	147	233
余江区	181	132	49	5	4	1	140	56	84
贵溪市	480	341	139	18	13	5	286	107	179
赣州市	**3520**	**2572**	**948**	**114**	**81**	**33**	**2254**	**763**	**1491**
章贡区	2015	1479	536	86	60	26	1234	418	816
南康区	678	485	193	10	6	4	445	135	310
赣县区	63	45	18	4	3	1	39	15	24
信丰县									
大余县									
上犹县									
崇义县									
安远县									
定南县									
全南县									

6–3a 续表 3 单位：人

地区	有配偶			离婚			丧偶		
	小计	男	女	小计	男	女	小计	男	女
宁都县									
于都县									
兴国县									
会昌县									
寻乌县	7	4	3						
石城县									
瑞金市	424	317	107	5	5		278	111	167
龙南市	333	242	91	9	7	2	258	84	174
吉安市	**1050**	**766**	**284**	**41**	**34**	**7**	**727**	**283**	**444**
吉州区	873	631	242	38	31	7	615	235	380
青原区	114	86	28	2	2		74	34	40
吉安县									
吉水县									
峡江县									
新干县									
永丰县									
泰和县									
遂川县									
万安县									
安福县									
永新县									
井冈山市	63	49	14	1	1		38	14	24
宜春市	**3093**	**2213**	**880**	**66**	**51**	**15**	**2013**	**738**	**1275**
袁州区	1048	751	297	34	27	7	586	230	356
奉新县									
万载县									
上高县									
宜丰县									
靖安县									
铜鼓县									
丰城市	987	722	265	20	13	7	786	285	501
樟树市	624	450	174	8	8		395	124	271
高安市	434	290	144	4	3	1	246	99	147
抚州市	**1213**	**858**	**355**	**40**	**27**	**13**	**841**	**345**	**496**
临川区	878	619	259	33	22	11	616	246	370
东乡区	335	239	96	7	5	2	225	99	126
南城县									
黎川县									
南丰县									
崇仁县									
乐安县									
宜黄县									
金溪县									
资溪县									
广昌县									
上饶市	**3032**	**2103**	**929**	**101**	**74**	**27**	**1953**	**695**	**1258**
信州区	841	602	239	37	22	15	534	174	360
广丰区	799	543	256	19	15	4	538	201	337
广信区	741	516	225	12	8	4	435	146	289
玉山县									
铅山县	8	4	4	1	1		4	2	2
横峰县									
弋阳县									
余干县	94	65	29	1	1		52	21	31
鄱阳县	6	3	3				3	2	1
万年县									
婺源县									
德兴市	543	370	173	31	27	4	387	149	238

6-3b　各地区分性别、婚姻状况的15岁及以上死亡人口 (2019.11.1—2020.10.31)(镇)

单位：人

地　区	15岁及以上死亡人口			未　婚		
	合计	男	女	小计	男	女
全　省	**57586**	**34159**	**23427**	**2020**	**1757**	**263**
南昌市	**3731**	**2248**	**1483**	**118**	**101**	**17**
东湖区	19	10	9			
西湖区						
青云谱区						
青山湖区	218	136	82	9	9	
新建区	358	219	139	14	12	2
红谷滩区						
南昌县	1718	1012	706	51	43	8
安义县	413	252	161	13	9	4
进贤县	1005	619	386	31	28	3
景德镇市	**1579**	**902**	**677**	**70**	**65**	**5**
昌江区	60	41	19	4	4	
珠山区	37	21	16	4	2	2
浮梁县	908	505	403	43	41	2
乐平市	574	335	239	19	18	1
萍乡市	**3694**	**2191**	**1503**	**139**	**123**	**16**
安源区	575	357	218	19	16	3
湘东区	482	271	211	15	11	4
莲花县	621	392	229	20	18	2
上栗县	1292	724	568	61	54	7
芦溪县	724	447	277	24	24	
九江市	**5969**	**3516**	**2453**	**195**	**166**	**29**
濂溪区	182	115	67	4	4	
浔阳区						
柴桑区	228	132	96	7	6	1
武宁县	656	392	264	22	14	8
修水县	1140	697	443	42	41	1
永修县	781	447	334	30	22	8
德安县	440	263	177	13	11	2
都昌县	744	427	317	25	24	1
湖口县	528	294	234	11	9	2
彭泽县	569	326	243	20	16	4
瑞昌市	336	204	132	13	12	1
共青城市	60	31	29			
庐山市	305	188	117	8	7	1
新余市	**960**	**598**	**362**	**35**	**28**	**7**
渝水区	292	179	113	9	5	4
分宜县	668	419	249	26	23	3
鹰潭市	**1002**	**585**	**417**	**31**	**25**	**6**
月湖区	21	13	8			
余江区	449	248	201	12	6	6
贵溪市	532	324	208	19	19	
赣州市	**9165**	**5472**	**3693**	**288**	**243**	**45**
章贡区	101	58	43	2	2	
南康区	251	143	108	12	11	1
赣县区	342	228	114	14	14	
信丰县	1356	781	575	40	35	5
大余县	771	459	312	21	16	5
上犹县	443	270	173	8	8	
崇义县	238	152	86	4	3	1
安远县	402	245	157	11	10	1
定南县	620	332	288	24	16	8
全南县	450	269	181	11	7	4

6-3b 续表 1 单位：人

地　区	15岁及以上死亡人口			未　婚		
	合计	男	女	小计	男	女
宁都县	1012	602	410	35	30	5
于都县	299	179	120	8	7	1
兴国县	926	573	353	32	28	4
会昌县	609	368	241	28	21	7
寻乌县	427	259	168	14	13	1
石城县	403	252	151	13	13	
瑞金市	270	167	103	5	5	
龙南市	245	135	110	6	4	2
吉安市	**7238**	**4269**	**2969**	**226**	**197**	**29**
吉州区	69	37	32	1	1	
青原区	131	78	53	3	1	2
吉安县	804	464	340	27	22	5
吉水县	770	439	331	32	26	6
峡江县	243	132	111	2		2
新干县	555	351	204	16	16	
永丰县	775	494	281	25	21	4
泰和县	765	463	302	18	16	2
遂川县	847	491	356	24	23	1
万安县	515	302	213	21	17	4
安福县	559	315	244	18	17	1
永新县	900	517	383	32	30	2
井冈山市	305	186	119	7	7	
宜春市	**7488**	**4460**	**3028**	**266**	**234**	**32**
袁州区	711	420	291	32	31	1
奉新县	692	393	299	22	20	2
万载县	1717	1017	700	73	61	12
上高县	627	363	264	23	20	3
宜丰县	727	443	284	30	27	3
靖安县	282	179	103	10	7	3
铜鼓县	288	175	113	4	4	
丰城市	1131	676	455	31	29	2
樟树市	466	272	194	12	10	2
高安市	847	522	325	29	25	4
抚州市	**6648**	**3904**	**2744**	**221**	**191**	**30**
临川区	788	464	324	21	19	2
东乡区	600	356	244	15	14	1
南城县	725	410	315	21	20	1
黎川县	559	326	233	27	21	6
南丰县	645	393	252	20	16	4
崇仁县	859	471	388	25	21	4
乐安县	503	295	208	23	18	5
宜黄县	598	348	250	23	22	1
金溪县	517	321	196	16	15	1
资溪县	278	172	106	15	15	
广昌县	576	348	228	15	10	5
上饶市	**10112**	**6014**	**4098**	**431**	**384**	**47**
信州区	112	68	44	6	4	2
广丰区	648	371	277	35	32	3
广信区	508	292	216	22	17	5
玉山县	1864	1128	736	75	68	7
铅山县	1051	619	432	50	43	7
横峰县	568	334	234	20	19	1
弋阳县	772	480	292	25	23	2
余干县	1039	621	418	42	39	3
鄱阳县	2087	1220	867	107	93	14
万年县	715	431	284	18	18	
婺源县	663	396	267	26	23	3
德兴市	85	54	31	5	5	

6-3b 续表 2

单位：人

地区	有配偶			离婚			丧偶		
	小计	男	女	小计	男	女	小计	男	女
全省	**32421**	**23224**	**9197**	**857**	**695**	**162**	**22288**	**8483**	**13805**
南昌市	**2208**	**1591**	**617**	**50**	**42**	**8**	**1355**	**514**	**841**
东湖区	12	9	3				7	1	6
西湖区									
青云谱区									
青山湖区	143	104	39	6	5	1	60	18	42
新建区	195	143	52	5	5		144	59	85
红谷滩区									
南昌县	1045	742	303	20	13	7	602	214	388
安义县	221	143	78	4	4		175	96	79
进贤县	592	450	142	15	15		367	126	241
景德镇市	**839**	**590**	**249**	**25**	**18**	**7**	**645**	**229**	**416**
昌江区	36	25	11	2	2		18	10	8
珠山区	22	13	9	2	1	1	9	5	4
浮梁县	462	320	142	12	9	3	391	135	256
乐平市	319	232	87	9	6	3	227	79	148
萍乡市	**2098**	**1468**	**630**	**53**	**44**	**9**	**1404**	**556**	**848**
安源区	295	216	79	19	17	2	242	108	134
湘东区	291	203	88	1	1		175	56	119
莲花县	368	274	94	8	7	1	225	93	132
上栗县	705	464	241	14	11	3	512	195	317
芦溪县	439	311	128	11	8	3	250	104	146
九江市	**3411**	**2379**	**1032**	**104**	**87**	**17**	**2259**	**884**	**1375**
濂溪区	111	87	24				67	24	43
浔阳区									
柴桑区	145	95	50	1	1		75	30	45
武宁县	356	261	95	15	13	2	263	104	159
修水县	643	453	190	21	16	5	434	187	247
永修县	426	294	132	19	17	2	306	114	192
德安县	276	189	87	8	8		143	55	88
都昌县	397	277	120	18	16	2	304	110	194
湖口县	330	213	117	5	4	1	182	68	114
彭泽县	336	231	105	7	4	3	206	75	131
瑞昌市	186	138	48	6	4	2	131	50	81
共青城市	33	20	13	1	1		26	10	16
庐山市	172	121	51	3	3		122	57	65
新余市	**544**	**397**	**147**	**15**	**13**	**2**	**366**	**160**	**206**
渝水区	164	120	44	5	4	1	114	50	64
分宜县	380	277	103	10	9	1	252	110	142
鹰潭市	**575**	**403**	**172**	**14**	**11**	**3**	**382**	**146**	**236**
月湖区	13	10	3	1		1	7	3	4
余江区	248	174	74	6	5	1	183	63	120
贵溪市	314	219	95	7	6	1	192	80	112
赣州市	**5200**	**3767**	**1433**	**101**	**81**	**20**	**3576**	**1381**	**2195**
章贡区	58	46	12				41	10	31
南康区	124	94	30	2	2		113	36	77
赣县区	190	147	43	5	2	3	133	65	68
信丰县	731	523	208	14	10	4	571	213	358
大余县	433	313	120	11	10	1	306	120	186
上犹县	289	205	84	6	5	1	140	52	88
崇义县	148	110	38	5	3	2	81	36	45
安远县	245	178	67	3	3		143	54	89
定南县	297	192	105	7	6	1	292	118	174
全南县	272	201	71	5	5		162	56	106

6-3b 续表 3 单位：人

地区	有配偶			离婚			丧偶		
	小计	男	女	小计	男	女	小计	男	女
宁都县	582	409	173	7	6	1	388	157	231
于都县	165	122	43	6	5	1	120	45	75
兴国县	548	407	141	7	5	2	339	133	206
会昌县	342	259	83	7	7		232	81	151
寻乌县	250	180	70	6	5	1	157	61	96
石城县	245	178	67	5	3	2	140	58	82
瑞金市	151	112	39	3	3		111	47	64
龙南市	130	91	39	2	1	1	107	39	68
吉安市	**4055**	**2906**	**1149**	**94**	**72**	**22**	**2863**	**1094**	**1769**
吉州区	29	21	8	1		1	38	15	23
青原区	86	60	26				42	17	25
吉安县	443	324	119	3	3		331	115	216
吉水县	415	290	125	6	5	1	317	118	199
峡江县	134	88	46	4	4		103	40	63
新干县	331	245	86	10	6	4	198	84	114
永丰县	460	334	126	5	5		285	134	151
泰和县	413	296	117	23	15	8	311	136	175
遂川县	450	329	121	10	9	1	363	130	233
万安县	281	202	79	9	8	1	204	75	129
安福县	307	215	92	8	5	3	226	78	148
永新县	525	367	158	4	3	1	339	117	222
井冈山市	181	135	46	11	9	2	106	35	71
宜春市	**4208**	**3034**	**1174**	**121**	**100**	**21**	**2893**	**1092**	**1801**
袁州区	407	289	118	4	3	1	268	97	171
奉新县	408	271	137	16	14	2	246	88	158
万载县	973	686	287	23	21	2	648	249	399
上高县	349	246	103	9	5	4	246	92	154
宜丰县	410	289	121	14	9	5	273	118	155
靖安县	161	123	38	6	6		105	43	62
铜鼓县	153	115	38	15	11	4	116	45	71
丰城市	621	474	147	13	12	1	466	161	305
樟树市	261	194	67	5	5		188	63	125
高安市	465	347	118	16	14	2	337	136	201
抚州市	**3555**	**2590**	**965**	**111**	**89**	**22**	**2761**	**1034**	**1727**
临川区	436	314	122	12	11	1	319	120	199
东乡区	315	237	78	5	5		265	100	165
南城县	394	296	98	7	4	3	303	90	213
黎川县	276	198	78	11	11		245	96	149
南丰县	372	279	93	15	11	4	238	87	151
崇仁县	420	294	126	21	17	4	393	139	254
乐安县	284	192	92	7	5	2	189	80	109
宜黄县	339	237	102	5	4	1	231	85	146
金溪县	284	211	73	9	8	1	208	87	121
资溪县	136	102	34	11	8	3	116	47	69
广昌县	299	230	69	8	5	3	254	103	151
上饶市	**5728**	**4099**	**1629**	**169**	**138**	**31**	**3784**	**1393**	**2391**
信州区	49	35	14				57	29	28
广丰区	346	236	110	12	11	1	255	92	163
广信区	289	208	81	6	5	1	191	62	129
玉山县	1042	779	263	30	26	4	717	255	462
铅山县	614	417	197	18	12	6	369	147	222
横峰县	321	223	98	11	10	1	216	82	134
弋阳县	445	339	106	16	11	5	286	107	179
余干县	619	441	178	11	9	2	367	132	235
鄱阳县	1174	829	345	37	33	4	769	265	504
万年县	425	296	129	12	11	1	260	106	154
婺源县	358	264	94	15	9	6	264	100	164
德兴市	46	32	14	1	1		33	16	17

6−3c　各地区分性别、婚姻状况的15岁及以上死亡人口(2019.11.1−2020.10.31)(乡村)

单位：人

地　区	15岁及以上死亡人口			未　婚		
	合计	男	女	小计	男	女
全　省	**128691**	**73545**	**55146**	**5332**	**4789**	**543**
南昌市	**10418**	**5907**	**4511**	**354**	**309**	**45**
东湖区	107	59	48	3	3	
西湖区						
青云谱区						
青山湖区	26	17	9			
新建区	2142	1204	938	81	71	10
红谷滩区	120	72	48	5	5	
南昌县	4057	2289	1768	111	93	18
安义县	844	482	362	40	34	6
进贤县	3122	1784	1338	114	103	11
景德镇市	**3496**	**2013**	**1483**	**148**	**141**	**7**
昌江区	234	127	107	6	6	
珠山区	2	2				
浮梁县	436	253	183	22	20	2
乐平市	2824	1631	1193	120	115	5
萍乡市	**5006**	**2898**	**2108**	**233**	**214**	**19**
安源区	63	34	29	3	3	
湘东区	1133	656	477	45	42	3
莲花县	1054	594	460	37	30	7
上栗县	1698	1010	688	81	76	5
芦溪县	1058	604	454	67	63	4
九江市	**12565**	**7226**	**5339**	**556**	**493**	**63**
濂溪区	382	218	164	18	17	1
浔阳区	17	7	10	1	1	
柴桑区	1065	604	461	29	25	4
武宁县	1503	866	637	61	49	12
修水县	2562	1534	1028	144	132	12
永修县	886	502	384	36	34	2
德安县	457	261	196	18	18	
都昌县	1920	1089	831	88	71	17
湖口县	935	528	407	43	42	1
彭泽县	998	548	450	37	33	4
瑞昌市	1240	714	526	56	49	7
共青城市	192	114	78	9	8	1
庐山市	408	241	167	16	14	2
新余市	**3137**	**1779**	**1358**	**125**	**111**	**14**
渝水区	2080	1185	895	76	65	11
分宜县	1057	594	463	49	46	3
鹰潭市	**3065**	**1795**	**1270**	**128**	**118**	**10**
月湖区	81	48	33			
余江区	1210	726	484	34	30	4
贵溪市	1774	1021	753	94	88	6
赣州市	**29386**	**16702**	**12684**	**1197**	**1050**	**147**
章贡区	287	188	99	13	12	1
南康区	3322	1848	1474	143	126	17
赣县区	2004	1088	916	89	78	11
信丰县	2491	1401	1090	78	71	7
大余县	960	559	401	31	27	4
上犹县	1416	802	614	82	78	4
崇义县	774	424	350	33	26	7
安远县	1068	589	479	40	36	4
定南县	744	412	332	25	22	3
全南县	831	454	377	35	25	10

6-3c 续表 1

单位：人

地区	15岁及以上死亡人口			未婚		
	合计	男	女	小计	男	女
宁都县	2910	1738	1172	116	102	14
于都县	2759	1575	1184	107	85	22
兴国县	2860	1663	1197	132	118	14
会昌县	1656	934	722	67	57	10
寻乌县	1110	633	477	44	42	2
石城县	962	545	417	34	29	5
瑞金市	2101	1207	894	91	82	9
龙南市	1131	642	489	37	34	3
吉安市	**16542**	**9305**	**7237**	**637**	**574**	**63**
吉州区	408	246	162	14	12	2
青原区	597	339	258	15	10	5
吉安县	1566	870	696	55	52	3
吉水县	1703	902	801	57	51	6
峡江县	538	313	225	18	17	1
新干县	1065	612	453	23	22	1
永丰县	1494	828	666	66	55	11
泰和县	1638	903	735	57	52	5
遂川县	2358	1378	980	137	132	5
万安县	1218	673	545	53	49	4
安福县	1613	899	714	49	43	6
永新县	1865	1071	794	75	65	10
井冈山市	479	271	208	18	14	4
宜春市	**15518**	**8911**	**6607**	**683**	**626**	**57**
袁州区	2469	1388	1081	120	107	13
奉新县	700	423	277	41	40	1
万载县	1385	835	550	101	95	6
上高县	1261	716	545	46	42	4
宜丰县	737	442	295	40	36	4
靖安县	489	294	195	27	24	3
铜鼓县	335	195	140	17	17	
丰城市	4137	2318	1819	153	137	16
樟树市	1474	835	639	57	52	5
高安市	2531	1465	1066	81	76	5
抚州市	**10941**	**6164**	**4777**	**387**	**346**	**41**
临川区	3110	1742	1368	94	88	6
东乡区	1014	566	448	40	35	5
南城县	885	493	392	32	28	4
黎川县	809	475	334	29	25	4
南丰县	788	460	328	30	22	8
崇仁县	768	428	340	23	22	1
乐安县	1089	613	476	51	47	4
宜黄县	508	282	226	19	17	2
金溪县	952	516	436	40	36	4
资溪县	354	206	148	14	13	1
广昌县	664	383	281	15	13	2
上饶市	**18617**	**10845**	**7772**	**884**	**807**	**77**
信州区	457	267	190	27	26	1
广丰区	1900	1129	771	116	109	7
广信区	2427	1380	1047	135	121	14
玉山县	1541	935	606	90	82	8
铅山县	801	482	319	28	27	1
横峰县	572	330	242	27	25	2
弋阳县	1054	579	475	31	28	3
余干县	2496	1416	1080	101	88	13
鄱阳县	4196	2477	1719	174	159	15
万年县	1307	768	539	65	61	4
婺源县	1142	653	489	59	53	6
德兴市	724	429	295	31	28	3

6-3c　续表 2　　　　单位：人

地　区	有配偶			离　婚			丧　偶		
	小计	男	女	小计	男	女	小计	男	女
全　省	**69631**	**48729**	**20902**	**1582**	**1394**	**188**	**52146**	**18633**	**33513**
南昌市	**5630**	**4000**	**1630**	**132**	**114**	**18**	**4302**	**1484**	**2818**
东湖区	54	38	16				50	18	32
西湖区									
青云谱区									
青山湖区	19	13	6	1	1		6	3	3
新建区	1212	826	386	25	22	3	824	285	539
红谷滩区	73	55	18	2	2		40	10	30
南昌县	2183	1569	614	52	46	6	1711	581	1130
安义县	460	315	145	13	13		331	120	211
进贤县	1629	1184	445	39	30	9	1340	467	873
景德镇市	**1907**	**1339**	**568**	**53**	**50**	**3**	**1388**	**483**	**905**
昌江区	130	91	39	1	1		97	29	68
珠山区	1	1					1	1	
浮梁县	218	158	60	3	3		193	72	121
乐平市	1558	1089	469	49	46	3	1097	381	716
萍乡市	**2699**	**1819**	**880**	**48**	**45**	**3**	**2026**	**820**	**1206**
安源区	33	24	9				27	7	20
湘东区	622	413	209	12	11	1	454	190	264
莲花县	600	414	186	7	7		410	143	267
上栗县	928	620	308	16	14	2	673	300	373
芦溪县	516	348	168	13	13		462	180	282
九江市	**6693**	**4648**	**2045**	**216**	**189**	**27**	**5100**	**1896**	**3204**
濂溪区	191	154	37	5	4	1	168	43	125
浔阳区	6	3	3				10	3	7
柴桑区	600	420	180	10	10		426	149	277
武宁县	769	535	234	51	46	5	622	236	386
修水县	1371	922	449	44	37	7	1003	443	560
永修县	473	320	153	20	17	3	357	131	226
德安县	235	160	75	10	8	2	194	75	119
都昌县	1032	729	303	21	19	2	779	270	509
湖口县	491	342	149	14	12	2	387	132	255
彭泽县	520	360	160	15	15		426	140	286
瑞昌市	645	438	207	17	13	4	522	214	308
共青城市	125	95	30	1	1		57	10	47
庐山市	235	170	65	8	7	1	149	50	99
新余市	**1710**	**1225**	**485**	**30**	**26**	**4**	**1272**	**417**	**855**
渝水区	1158	838	320	15	13	2	831	269	562
分宜县	552	387	165	15	13	2	441	148	293
鹰潭市	**1766**	**1206**	**560**	**52**	**52**		**1119**	**419**	**700**
月湖区	47	33	14	2	2		32	13	19
余江区	720	503	217	25	25		431	168	263
贵溪市	999	670	329	25	25		656	238	418
赣州市	**15887**	**11155**	**4732**	**332**	**287**	**45**	**11970**	**4210**	**7760**
章贡区	174	141	33	3	1	2	97	34	63
南康区	1768	1227	541	25	20	5	1386	475	911
赣县区	1048	712	336	16	14	2	851	284	567
信丰县	1288	919	369	33	29	4	1092	382	710
大余县	540	396	144	10	9	1	379	127	252
上犹县	742	518	224	15	13	2	577	193	384
崇义县	411	295	116	11	9	2	319	94	225
安远县	601	407	194	6	5	1	421	141	280
定南县	375	259	116	7	5	2	337	126	211
全南县	455	324	131	9	7	2	332	98	234

6-3c 续表 3　　　　　　　　　　　　　　　　　　　　单位：人

地　　区	有配偶			离　婚			丧　偶		
	小计	男	女	小计	男	女	小计	男	女
宁都县	1597	1126	471	37	29	8	1160	481	679
于都县	1569	1127	442	30	25	5	1053	338	715
兴国县	1603	1089	514	38	36	2	1087	420	667
会昌县	916	618	298	24	24		649	235	414
寻乌县	592	416	176	10	9	1	464	166	298
石城县	504	343	161	18	18		406	155	251
瑞金市	1101	799	302	26	23	3	883	303	580
龙南市	603	439	164	14	11	3	477	158	319
吉安市	**8914**	**6232**	**2682**	**141**	**121**	**20**	**6850**	**2378**	**4472**
吉州区	208	156	52	3	3		183	75	108
青原区	334	242	92	3	3		245	84	161
吉安县	853	592	261	18	14	4	640	212	428
吉水县	922	630	292	9	7	2	715	214	501
峡江县	313	222	91	10	10		197	64	133
新干县	586	418	168	7	7		449	165	284
永丰县	811	553	258	13	13		604	207	397
泰和县	868	626	242	15	11	4	698	214	484
遂川县	1256	902	354	13	11	2	952	333	619
万安县	635	419	216	11	9	2	519	196	323
安福县	847	573	274	14	14		703	269	434
永新县	1007	711	296	20	14	6	763	281	482
井冈山市	274	188	86	5	5		182	64	118
宜春市	**8321**	**5811**	**2510**	**178**	**161**	**17**	**6336**	**2313**	**4023**
袁州区	1368	916	452	30	28	2	951	337	614
奉新县	357	266	91	12	12		290	105	185
万载县	719	500	219	19	18	1	546	222	324
上高县	664	452	212	12	11	1	539	211	328
宜丰县	388	270	118	13	12	1	296	124	172
靖安县	242	180	62	10	8	2	210	82	128
铜鼓县	182	121	61	8	8		128	49	79
丰城市	2162	1505	657	36	33	3	1786	643	1143
樟树市	790	572	218	14	10	4	613	201	412
高安市	1449	1029	420	24	21	3	977	339	638
抚州市	**5799**	**4108**	**1691**	**152**	**135**	**17**	**4603**	**1575**	**3028**
临川区	1674	1182	492	39	34	5	1303	438	865
东乡区	533	379	154	17	15	2	424	137	287
南城县	457	324	133	10	7	3	386	134	252
黎川县	459	326	133	7	7		314	117	197
南丰县	415	305	110	16	15	1	327	118	209
崇仁县	396	275	121	12	10	2	337	121	216
乐安县	587	398	189	16	14	2	435	154	281
宜黄县	269	188	81	2	2		218	75	143
金溪县	514	362	152	13	13		385	105	280
资溪县	166	123	43	10	9	1	164	61	103
广昌县	329	246	83	10	9	1	310	115	195
上饶市	**10305**	**7186**	**3119**	**248**	**214**	**34**	**7180**	**2638**	**4542**
信州区	259	175	84	4	4		167	62	105
广丰区	1007	721	286	11	9	2	766	290	476
广信区	1374	922	452	28	26	2	890	311	579
玉山县	840	618	222	25	22	3	586	213	373
铅山县	467	339	128	13	10	3	293	106	187
横峰县	316	212	104	8	5	3	221	88	133
弋阳县	621	419	202	10	9	1	392	123	269
余干县	1403	936	467	33	29	4	959	363	596
鄱阳县	2376	1685	691	67	59	8	1579	574	1005
万年县	684	477	207	9	8	1	549	222	327
婺源县	591	412	179	26	22	4	466	166	300
德兴市	367	270	97	14	11	3	312	120	192

6-4　全省分年龄、性别的死亡人口状况
(2019.11.1—2020.10.31)

单位：人、‰

年　龄	平均人口			死亡人口			死亡率		
	合计	男	女	合计	男	女	合计	男	女
总　计	**45110695**	**23279813**	**21830882**	**232592**	**135084**	**97508**	**5.16**	**5.80**	**4.47**
0—4岁	**2803915**	**1516099**	**1287816**	**1425**	**851**	**574**	**0.51**	**0.56**	**0.45**
0	466814	254253	212561	727	421	306	1.56	1.66	1.44
1	504625	274048	230577	205	113	92	0.41	0.41	0.40
2	579907	314059	265848	217	144	73	0.37	0.46	0.27
3	647636	347956	299680	157	99	58	0.24	0.28	0.19
4	604933	325783	279150	119	74	45	0.20	0.23	0.16
5—9岁	**3500007**	**1906902**	**1593105**	**469**	**296**	**173**	**0.13**	**0.16**	**0.11**
5	653501	353490	300011	97	58	39	0.15	0.16	0.13
6	662520	360146	302374	107	60	47	0.16	0.17	0.16
7	737187	401930	335257	86	53	33	0.12	0.13	0.10
8	728427	397784	330643	83	57	26	0.11	0.14	0.08
9	718372	393552	324820	96	68	28	0.13	0.17	0.09
10—14岁	**3768249**	**2071154**	**1697095**	**776**	**506**	**270**	**0.21**	**0.24**	**0.16**
10	743364	407502	335862	107	69	38	0.14	0.17	0.11
11	759573	415816	343757	126	76	50	0.17	0.18	0.15
12	766201	421069	345132	148	90	58	0.19	0.21	0.17
13	772407	425373	347034	185	128	57	0.24	0.30	0.16
14	726704	401394	325310	210	143	67	0.29	0.36	0.21
15—19岁	**3035565**	**1678244**	**1357321**	**931**	**675**	**256**	**0.31**	**0.40**	**0.19**
15	686870	382116	304754	194	150	44	0.28	0.39	0.14
16	631140	354378	276762	197	149	48	0.31	0.42	0.17
17	580012	323716	256296	165	117	48	0.28	0.36	0.19
18	572196	313501	258695	181	129	52	0.32	0.41	0.20
19	565347	304533	260814	194	130	64	0.34	0.43	0.25
20—24岁	**2542055**	**1364112**	**1177943**	**931**	**656**	**275**	**0.37**	**0.48**	**0.23**
20	535674	287337	248337	182	136	46	0.34	0.47	0.19
21	528069	284182	243887	182	125	57	0.34	0.44	0.23
22	496809	267846	228963	191	133	58	0.38	0.50	0.25
23	487287	261385	225902	181	124	57	0.37	0.47	0.25
24	494216	263362	230854	195	138	57	0.39	0.52	0.25
25—29岁	**2621233**	**1367774**	**1253459**	**1142**	**800**	**342**	**0.44**	**0.58**	**0.27**
25	449091	237196	211895	193	127	66	0.43	0.54	0.31
26	442597	232408	210189	165	119	46	0.37	0.51	0.22
27	482183	252669	229514	204	132	72	0.42	0.52	0.31
28	567895	294732	273163	253	184	69	0.45	0.62	0.25
29	679467	350769	328698	327	238	89	0.48	0.68	0.27

6-4 续表 1 单位：人、‰

年龄	平均人口			死亡人口			死亡率		
	合计	男	女	合计	男	女	合计	男	女
30—34岁	**3226000**	**1615887**	**1610113**	**1847**	**1296**	**551**	**0.57**	**0.80**	**0.34**
30	725568	366023	359545	381	280	101	0.53	0.76	0.28
31	666023	333990	332033	377	257	120	0.57	0.77	0.36
32	658281	329505	328776	334	229	105	0.51	0.69	0.32
33	610026	303545	306481	392	271	121	0.64	0.89	0.39
34	566102	282824	283278	363	259	104	0.64	0.92	0.37
35—39岁	**2657187**	**1322492**	**1334695**	**2198**	**1578**	**620**	**0.83**	**1.19**	**0.46**
35	578933	289851	289082	411	287	124	0.71	0.99	0.43
36	541690	269946	271744	425	298	127	0.78	1.10	0.47
37	541835	270149	271686	452	322	130	0.83	1.19	0.48
38	529367	262394	266973	466	346	120	0.88	1.32	0.45
39	465362	230152	235210	444	325	119	0.95	1.41	0.51
40—44岁	**3391485**	**1706776**	**1684709**	**4365**	**3119**	**1246**	**1.29**	**1.83**	**0.74**
40	549295	275577	273718	557	414	143	1.01	1.50	0.52
41	651915	327151	324764	762	555	207	1.17	1.70	0.64
42	694237	349380	344857	885	641	244	1.27	1.83	0.71
43	737365	371963	365402	977	677	300	1.32	1.82	0.82
44	758673	382705	375968	1184	832	352	1.56	2.17	0.94
45—49岁	**3703061**	**1876777**	**1826284**	**6954**	**4760**	**2194**	**1.88**	**2.54**	**1.20**
45	764652	386225	378427	1194	821	373	1.56	2.13	0.99
46	779834	396207	383627	1327	922	405	1.70	2.33	1.06
47	753259	383799	369460	1506	1016	490	2.00	2.65	1.33
48	693792	351398	342394	1364	917	447	1.97	2.61	1.31
49	711524	359148	352376	1563	1084	479	2.20	3.02	1.36
50—54岁	**3581183**	**1804976**	**1776207**	**10180**	**7020**	**3160**	**2.84**	**3.89**	**1.78**
50	726353	365049	361304	1733	1220	513	2.39	3.34	1.42
51	800037	402890	397147	2039	1394	645	2.55	3.46	1.62
52	690804	347707	343097	2029	1402	627	2.94	4.03	1.83
53	670776	338595	332181	2046	1423	623	3.05	4.20	1.88
54	693213	350735	342478	2333	1581	752	3.37	4.51	2.20
55—59岁	**2781720**	**1405303**	**1376417**	**11563**	**8045**	**3518**	**4.16**	**5.72**	**2.56**
55	664670	335517	329153	2348	1616	732	3.53	4.82	2.22
56	669600	338953	330647	2602	1802	800	3.89	5.32	2.42
57	668984	340439	328545	2831	1972	859	4.23	5.79	2.61
58	405478	203034	202444	1870	1303	567	4.61	6.42	2.80
59	372988	187360	185628	1912	1352	560	5.13	7.22	3.02
60—64岁	**2261329**	**1141756**	**1119573**	**15976**	**11081**	**4895**	**7.06**	**9.71**	**4.37**
60	410831	210767	200064	2484	1744	740	6.05	8.27	3.70
61	434535	221136	213399	2738	1926	812	6.30	8.71	3.81
62	527886	267219	260667	3566	2462	1104	6.76	9.21	4.24
63	471720	236071	235649	3653	2523	1130	7.74	10.69	4.80
64	416357	206563	209794	3535	2426	1109	8.49	11.74	5.29

6-4　续表 2　　　　　　　　　　　　　　　　　　单位：人、‰

年　龄	平均人口			死亡人口			死亡率		
	合计	男	女	合计	男	女	合计	男	女
65—69岁	**2019585**	**1003692**	**1015893**	**22799**	**15262**	**7537**	**11.29**	**15.21**	**7.42**
65	459213	230202	229011	4198	2906	1292	9.14	12.62	5.64
66	443024	221224	221800	4454	2981	1473	10.05	13.48	6.64
67	420194	209068	211126	4782	3236	1546	11.38	15.48	7.32
68	366912	181119	185793	4693	3137	1556	12.79	17.32	8.37
69	330242	162079	168163	4672	3002	1670	14.15	18.52	9.93
70—74岁	**1376482**	**676795**	**699687**	**27263**	**17407**	**9856**	**19.81**	**25.72**	**14.09**
70	342151	171434	170717	5514	3641	1873	16.12	21.24	10.97
71	301668	149350	152318	5443	3547	1896	18.04	23.75	12.45
72	272122	134178	137944	5485	3463	2022	20.16	25.81	14.66
73	245825	119864	125961	5472	3433	2039	22.26	28.64	16.19
74	214716	101969	112747	5349	3323	2026	24.91	32.59	17.97
75—79岁	**850007**	**403681**	**446326**	**31536**	**18588**	**12948**	**37.10**	**46.05**	**29.01**
75	196791	94193	102598	5741	3498	2243	29.17	37.14	21.86
76	182233	86997	95236	6118	3651	2467	33.57	41.97	25.90
77	161965	77693	84272	6012	3619	2393	37.12	46.58	28.40
78	157608	74423	83185	6467	3746	2721	41.03	50.33	32.71
79	151410	70375	81035	7198	4074	3124	47.54	57.89	38.55
80—84岁	**594942**	**261540**	**333402**	**40257**	**21169**	**19088**	**67.67**	**80.94**	**57.25**
80	133549	60397	73152	7268	4062	3206	54.42	67.25	43.83
81	132136	59375	72761	8023	4384	3639	60.72	73.84	50.01
82	123843	54759	69084	8398	4426	3972	67.81	80.83	57.50
83	109768	47195	62573	8482	4285	4197	77.27	90.79	67.07
84	95646	39814	55832	8086	4012	4074	84.54	100.77	72.97
85—89岁	**284876**	**114902**	**169974**	**31295**	**14254**	**17041**	**109.85**	**124.05**	**100.26**
85	79770	32543	47227	7432	3553	3879	93.17	109.18	82.14
86	71236	28861	42375	7263	3390	3873	101.96	117.46	91.40
87	53361	21280	32081	6323	2824	3499	118.49	132.71	109.07
88	43725	17434	26291	5442	2427	3015	124.46	139.21	114.68
89	36784	14784	22000	4835	2060	2775	131.44	139.34	126.14
90—94岁	**88850**	**33301**	**55549**	**15517**	**6086**	**9431**	**174.64**	**182.76**	**169.78**
90	26975	10541	16434	4223	1776	2447	156.55	168.48	148.90
91	21744	8114	13630	3627	1448	2179	166.80	178.46	159.87
92	17885	6611	11274	3295	1297	1998	184.23	196.19	177.22
93	12744	4612	8132	2389	870	1519	187.46	188.64	186.79
94	9502	3423	6079	1983	695	1288	208.69	203.04	211.88
95—99岁	**20806**	**7017**	**13789**	**4488**	**1455**	**3033**	**215.71**	**207.35**	**219.96**
95	7225	2552	4673	1532	554	978	212.04	217.08	209.29
96	5456	1803	3653	1212	381	831	222.14	211.31	227.48
97	3584	1149	2435	795	231	564	221.82	201.04	231.62
98	2633	861	1772	544	176	368	206.61	204.41	207.67
99	1908	652	1256	405	113	292	212.26	173.31	232.48
100岁及以上	**2158**	**633**	**1525**	**680**	**180**	**500**	**315.11**	**284.36**	**327.87**

6-4a 全省分年龄、性别的死亡人口状况
(2019.11.1-2020.10.31)(城市)

单位：人、‰

年龄	平均人口			死亡人口			死亡率		
	合计	男	女	合计	男	女	合计	男	女
总计	**13532701**	**6892601**	**6640100**	**44001**	**25937**	**18064**	**3.25**	**3.76**	**2.72**
0-4岁	**804593**	**436446**	**368147**	**189**	**110**	**79**	**0.23**	**0.25**	**0.21**
0	127523	69426	58097	92	46	46	0.72	0.66	0.79
1	143427	77963	65464	27	16	11	0.19	0.21	0.17
2	170519	92916	77603	31	22	9	0.18	0.24	0.12
3	194338	104873	89465	22	15	7	0.11	0.14	0.08
4	168786	91268	77518	17	11	6	0.10	0.12	0.08
5-9岁	**939899**	**513581**	**426318**	**64**	**34**	**30**	**0.07**	**0.07**	**0.07**
5	181034	98424	82610	13	8	5	0.07	0.08	0.06
6	182462	99624	82838	16	6	10	0.09	0.06	0.12
7	200618	109344	91274	18	8	10	0.09	0.07	0.11
8	191229	104766	86463	5	4	1	0.03	0.04	0.01
9	184556	101423	83133	12	8	4	0.07	0.08	0.05
10-14岁	**953740**	**521475**	**432265**	**103**	**66**	**37**	**0.11**	**0.13**	**0.09**
10	186882	102362	84520	15	10	5	0.08	0.10	0.06
11	189588	103705	85883	10	7	3	0.05	0.07	0.03
12	189721	103944	85777	18	13	5	0.09	0.13	0.06
13	185550	101836	83714	31	18	13	0.17	0.18	0.16
14	201999	109628	92371	29	18	11	0.14	0.16	0.12
15-19岁	**1221104**	**646172**	**574932**	**139**	**103**	**36**	**0.11**	**0.16**	**0.06**
15	240106	130131	109975	28	22	6	0.12	0.17	0.05
16	234034	127164	106870	29	24	5	0.12	0.19	0.05
17	229328	122402	106926	27	19	8	0.12	0.16	0.07
18	251661	130406	121255	26	17	9	0.10	0.13	0.07
19	265975	136069	129906	29	21	8	0.11	0.15	0.06
20-24岁	**974150**	**506195**	**467955**	**171**	**115**	**56**	**0.18**	**0.23**	**0.12**
20	244755	125911	118844	31	23	8	0.13	0.18	0.07
21	214547	111707	102840	32	22	10	0.15	0.20	0.10
22	180255	94367	85888	30	22	8	0.17	0.23	0.09
23	167311	87012	80299	35	22	13	0.21	0.25	0.16
24	167282	87198	80084	43	26	17	0.26	0.30	0.21
25-29岁	**899669**	**454341**	**445328**	**183**	**125**	**58**	**0.20**	**0.28**	**0.13**
25	156391	80286	76105	37	21	16	0.24	0.26	0.21
26	154906	78884	76022	18	14	4	0.12	0.18	0.05
27	166686	84575	82111	34	21	13	0.20	0.25	0.16
28	192599	96523	96076	39	28	11	0.20	0.29	0.11
29	229087	114073	115014	55	41	14	0.24	0.36	0.12

6-4a 续表 1

单位：人、‰

年 龄	平均人口			死亡人口			死亡率		
	合计	男	女	合计	男	女	合计	男	女
30—34岁	**1128327**	**549061**	**579266**	**324**	**213**	**111**	**0.29**	**0.39**	**0.19**
30	249384	121492	127892	64	43	21	0.26	0.35	0.16
31	233013	113579	119434	64	43	21	0.27	0.38	0.18
32	230171	111933	118238	65	40	25	0.28	0.36	0.21
33	215596	104366	111230	71	39	32	0.33	0.37	0.29
34	200163	97691	102472	60	48	12	0.30	0.49	0.12
35—39岁	**896704**	**437101**	**459603**	**408**	**270**	**138**	**0.45**	**0.62**	**0.30**
35	201023	98348	102675	85	54	31	0.42	0.55	0.30
36	186704	90854	95850	73	47	26	0.39	0.52	0.27
37	186538	90859	95679	85	55	30	0.46	0.61	0.31
38	175749	85509	90240	83	59	24	0.47	0.69	0.27
39	146690	71531	75159	82	55	27	0.56	0.77	0.36
40—44岁	**1064297**	**525734**	**538563**	**765**	**512**	**253**	**0.72**	**0.97**	**0.47**
40	178382	87895	90487	82	63	19	0.46	0.72	0.21
41	208108	102132	105976	131	91	40	0.63	0.89	0.38
42	218717	108171	110546	156	113	43	0.71	1.04	0.39
43	228112	113095	115017	195	112	83	0.85	0.99	0.72
44	230978	114441	116537	201	133	68	0.87	1.16	0.58
45—49岁	**1073810**	**540701**	**533109**	**1195**	**794**	**401**	**1.11**	**1.47**	**0.75**
45	226042	112545	113497	204	144	60	0.90	1.28	0.53
46	223414	112343	111071	239	164	75	1.07	1.46	0.68
47	217038	110129	106909	253	163	90	1.17	1.48	0.84
48	201106	101735	99371	250	153	97	1.24	1.50	0.98
49	206210	103949	102261	249	170	79	1.21	1.64	0.77
50—54岁	**975430**	**488709**	**486721**	**1754**	**1193**	**561**	**1.80**	**2.44**	**1.15**
50	205110	102564	102546	330	228	102	1.61	2.22	0.99
51	220306	110527	109779	356	222	134	1.62	2.01	1.22
52	186569	93535	93034	309	222	87	1.66	2.37	0.94
53	177343	88599	88744	315	226	89	1.78	2.55	1.00
54	186102	93484	92618	444	295	149	2.39	3.16	1.61
55—59岁	**778866**	**390835**	**388031**	**2274**	**1568**	**706**	**2.92**	**4.01**	**1.82**
55	184736	93028	91708	457	304	153	2.47	3.27	1.67
56	195711	98217	97494	500	332	168	2.55	3.38	1.72
57	186801	94550	92251	536	373	163	2.87	3.95	1.77
58	107044	52936	54108	374	266	108	3.49	5.02	2.00
59	104574	52104	52470	407	293	114	3.89	5.62	2.17
60—64岁	**589445**	**293413**	**296032**	**2962**	**2069**	**893**	**5.03**	**7.05**	**3.02**
60	114187	57556	56631	491	333	158	4.30	5.79	2.79
61	115984	58439	57545	522	361	161	4.50	6.18	2.80
62	136475	68060	68415	663	467	196	4.86	6.86	2.86
63	117938	58128	59810	632	446	186	5.36	7.67	3.11
64	104861	51230	53631	654	462	192	6.24	9.02	3.58

6-4a 续表 2

单位：人、‰

年 龄	平均人口			死亡人口			死亡率		
	合计	男	女	合计	男	女	合计	男	女
65-69岁	**492518**	**240438**	**252080**	**4202**	**2886**	**1316**	**8.53**	**12.00**	**5.22**
65	113565	55717	57848	793	564	229	6.98	10.12	3.96
66	109624	53547	56077	849	586	263	7.74	10.94	4.69
67	102266	49758	52508	890	632	258	8.70	12.70	4.91
68	88221	42764	45457	821	565	256	9.31	13.21	5.63
69	78842	38652	40190	849	539	310	10.77	13.94	7.71
70-74岁	**312439**	**154181**	**158258**	**4872**	**3211**	**1661**	**15.59**	**20.83**	**10.50**
70	80781	40470	40311	1088	756	332	13.47	18.68	8.24
71	67979	33137	34842	933	610	323	13.72	18.41	9.27
72	60530	29906	30624	951	604	347	15.71	20.20	11.33
73	54780	27092	27688	960	633	327	17.52	23.36	11.81
74	48369	23576	24793	940	608	332	19.43	25.79	13.39
75-79岁	**194253**	**91952**	**102301**	**5753**	**3484**	**2269**	**29.62**	**37.89**	**22.18**
75	44668	21432	23236	984	628	356	22.03	29.30	15.32
76	40857	19571	21286	1151	706	445	28.17	36.07	20.91
77	37353	17889	19464	1117	696	421	29.90	38.91	21.63
78	36318	16752	19566	1172	679	493	32.27	40.53	25.20
79	35057	16308	18749	1329	775	554	37.91	47.52	29.55
80-84岁	**136507**	**61098**	**75409**	**7598**	**4179**	**3419**	**55.66**	**68.40**	**45.34**
80	30889	14137	16752	1399	827	572	45.29	58.50	34.15
81	30191	13677	16514	1494	844	650	49.48	61.71	39.36
82	27874	12548	15326	1523	837	686	54.64	66.70	44.76
83	25068	11057	14011	1611	844	767	64.27	76.33	54.74
84	22485	9679	12806	1571	827	744	69.87	85.44	58.10
85-89岁	**68908**	**29863**	**39045**	**6510**	**3176**	**3334**	**94.47**	**106.35**	**85.39**
85	19033	8058	10975	1491	741	750	78.34	91.96	68.34
86	17449	7508	9941	1585	768	817	90.84	102.29	82.18
87	12798	5602	7196	1301	625	676	101.66	111.57	93.94
88	10641	4661	5980	1143	561	582	107.41	120.36	97.32
89	8987	4034	4953	990	481	509	110.16	119.24	102.77
90-94岁	**22055**	**9190**	**12865**	**3395**	**1445**	**1950**	**153.93**	**157.24**	**151.57**
90	6764	3001	3763	912	421	491	134.83	140.29	130.48
91	5467	2280	3187	840	365	475	153.65	160.09	149.04
92	4393	1799	2594	698	298	400	158.89	165.65	154.20
93	3104	1185	1919	514	192	322	165.59	162.03	167.80
94	2327	925	1402	431	169	262	185.22	182.70	186.88
95-99岁	**5366**	**1932**	**3434**	**946**	**329**	**617**	**176.30**	**170.29**	**179.67**
95	1739	668	1071	321	129	192	184.59	193.11	179.27
96	1410	520	890	262	87	175	185.82	167.31	196.63
97	979	336	643	170	54	116	173.65	160.71	180.40
98	685	225	460	109	34	75	159.12	151.11	163.04
99	553	183	370	84	25	59	151.90	136.61	159.46
100岁及以上	**621**	**183**	**438**	**194**	**55**	**139**	**312.40**	**300.55**	**317.35**

6-4b 全省分年龄、性别的死亡人口状况
(2019.11.1—2020.10.31)(镇)

单位：人、‰

年 龄	平均人口			死亡人口			死亡率		
	合计	男	女	合计	男	女	合计	男	女
总 计	**13726291**	**7033717**	**6692574**	**58286**	**34585**	**23701**	**4.25**	**4.92**	**3.54**
0—4岁	**861622**	**467208**	**394414**	**377**	**229**	**148**	**0.44**	**0.49**	**0.38**
0	135709	74165	61544	215	134	81	1.58	1.81	1.32
1	152472	83157	69315	50	28	22	0.33	0.34	0.32
2	180790	98044	82746	48	33	15	0.27	0.34	0.18
3	205670	110943	94727	40	22	18	0.19	0.20	0.19
4	186981	100899	86082	24	12	12	0.13	0.12	0.14
5—9岁	**1121332**	**614358**	**506974**	**116**	**67**	**49**	**0.10**	**0.11**	**0.10**
5	205012	111709	93303	17	5	12	0.08	0.04	0.13
6	212214	115836	96378	28	17	11	0.13	0.15	0.11
7	238093	130819	107274	20	12	8	0.08	0.09	0.07
8	235015	128919	106096	22	13	9	0.09	0.10	0.08
9	230998	127075	103923	29	20	9	0.13	0.16	0.09
10—14岁	**1239868**	**684078**	**555790**	**207**	**130**	**77**	**0.17**	**0.19**	**0.14**
10	240614	132727	107887	24	16	8	0.10	0.12	0.07
11	249302	136987	112315	43	27	16	0.17	0.20	0.14
12	252475	139085	113390	40	20	20	0.16	0.14	0.18
13	253118	139879	113239	51	34	17	0.20	0.24	0.15
14	244359	135400	108959	49	33	16	0.20	0.24	0.15
15—19岁	**1013668**	**564641**	**449027**	**230**	**169**	**61**	**0.23**	**0.30**	**0.14**
15	252236	140824	111412	48	36	12	0.19	0.26	0.11
16	240435	135360	105075	43	33	10	0.18	0.24	0.10
17	198720	111742	86978	31	20	11	0.16	0.18	0.13
18	167656	92901	74755	50	39	11	0.30	0.42	0.15
19	154621	83814	70807	58	41	17	0.38	0.49	0.24
20—24岁	**709273**	**373512**	**335761**	**220**	**159**	**61**	**0.31**	**0.43**	**0.18**
20	144584	77438	67146	45	35	10	0.31	0.45	0.15
21	144273	76921	67352	40	27	13	0.28	0.35	0.19
22	139100	73335	65765	52	38	14	0.37	0.52	0.21
23	139016	72514	66502	41	27	14	0.29	0.37	0.21
24	142300	73304	68996	42	32	10	0.30	0.44	0.14
25—29岁	**785542**	**394879**	**390663**	**277**	**196**	**81**	**0.35**	**0.50**	**0.21**
25	130265	66905	63360	37	25	12	0.28	0.37	0.19
26	130441	66282	64159	45	33	12	0.34	0.50	0.19
27	143331	72549	70782	54	36	18	0.38	0.50	0.25
28	171766	85445	86321	65	47	18	0.38	0.55	0.21
29	209739	103698	106041	76	55	21	0.36	0.53	0.20

6－4b 续表 1

单位：人、‰

年 龄	平均人口			死亡人口			死亡率		
	合计	男	女	合计	男	女	合计	男	女
30－34岁	**1032263**	**497723**	**534540**	**475**	**341**	**134**	**0.46**	**0.69**	**0.25**
30	226053	109472	116581	103	75	28	0.46	0.69	0.24
31	211319	101941	109378	93	72	21	0.44	0.71	0.19
32	211368	101835	109533	87	66	21	0.41	0.65	0.19
33	198287	95263	103024	98	65	33	0.49	0.68	0.32
34	185236	89212	96024	94	63	31	0.51	0.71	0.32
35－39岁	**884769**	**423908**	**460861**	**611**	**447**	**164**	**0.69**	**1.05**	**0.36**
35	189931	91451	98480	100	73	27	0.53	0.80	0.27
36	179196	86318	92878	120	81	39	0.67	0.94	0.42
37	179113	86041	93072	136	105	31	0.76	1.22	0.33
38	177188	84652	92536	121	90	31	0.68	1.06	0.34
39	159341	75446	83895	134	98	36	0.84	1.30	0.43
40－44岁	**1126303**	**551770**	**574533**	**1113**	**792**	**321**	**0.99**	**1.44**	**0.56**
40	184740	89427	95313	186	136	50	1.01	1.52	0.52
41	219975	107045	112930	192	143	49	0.87	1.34	0.43
42	231579	113410	118169	199	139	60	0.86	1.23	0.51
43	242765	119527	123238	248	180	68	1.02	1.51	0.55
44	247244	122361	124883	288	194	94	1.16	1.59	0.75
45－49岁	**1162466**	**583399**	**579067**	**1775**	**1227**	**548**	**1.53**	**2.10**	**0.95**
45	246897	123012	123885	307	209	98	1.24	1.70	0.79
46	248659	124625	124034	313	211	102	1.26	1.69	0.82
47	237352	119299	118053	404	271	133	1.70	2.27	1.13
48	213418	107685	105733	349	248	101	1.64	2.30	0.96
49	216140	108778	107362	402	288	114	1.86	2.65	1.06
50－54岁	**1057682**	**534789**	**522893**	**2544**	**1781**	**763**	**2.41**	**3.33**	**1.46**
50	218442	110128	108314	468	335	133	2.14	3.04	1.23
51	238312	120261	118051	516	375	141	2.17	3.12	1.19
52	203581	102901	100680	495	342	153	2.43	3.32	1.52
53	196531	99900	96631	524	368	156	2.67	3.68	1.61
54	200816	101599	99217	541	361	180	2.69	3.55	1.81
55－59岁	**793468**	**398752**	**394716**	**2869**	**1997**	**872**	**3.62**	**5.01**	**2.21**
55	191641	96629	95012	570	397	173	2.97	4.11	1.82
56	190578	96171	94407	631	447	184	3.31	4.65	1.95
57	190411	96222	94189	746	524	222	3.92	5.45	2.36
58	116256	57835	58421	477	321	156	4.10	5.55	2.67
59	104582	51895	52687	445	308	137	4.26	5.94	2.60
60－64岁	**613431**	**306637**	**306794**	**4047**	**2829**	**1218**	**6.60**	**9.23**	**3.97**
60	113318	57630	55688	582	418	164	5.14	7.25	2.94
61	118798	59866	58932	697	494	203	5.87	8.25	3.44
62	142944	71741	71203	895	605	290	6.26	8.43	4.07
63	126916	62569	64347	980	674	306	7.72	10.77	4.76
64	111455	54831	56624	893	638	255	8.01	11.64	4.50

6-4b　续表 2　　　　单位：人、‰

年　龄	平均人口			死亡人口			死亡率		
	合计	男	女	合计	男	女	合计	男	女
65–69岁	**526880**	**261730**	**265150**	**5849**	**3995**	**1854**	**11.10**	**15.26**	**6.99**
65	122004	60454	61550	1084	755	329	8.88	12.49	5.35
66	116421	57867	58554	1115	776	339	9.58	13.41	5.79
67	109843	54767	55076	1226	839	387	11.16	15.32	7.03
68	94716	47197	47519	1235	830	405	13.04	17.59	8.52
69	83896	41445	42451	1189	795	394	14.17	19.18	9.28
70–74岁	**346141**	**171794**	**174347**	**6966**	**4503**	**2463**	**20.12**	**26.21**	**14.13**
70	86463	43863	42600	1384	899	485	16.01	20.50	11.38
71	76366	38081	38285	1459	987	472	19.11	25.92	12.33
72	68486	34176	34310	1377	897	480	20.11	26.25	13.99
73	61301	30044	31257	1380	854	526	22.51	28.42	16.83
74	53525	25630	27895	1366	866	500	25.52	33.79	17.92
75–79岁	**208100**	**100333**	**107767**	**8047**	**4927**	**3120**	**38.67**	**49.11**	**28.95**
75	48489	23686	24803	1485	926	559	30.63	39.09	22.54
76	45066	21713	23353	1590	952	638	35.28	43.84	27.32
77	40015	19451	20564	1532	959	573	38.29	49.30	27.86
78	38182	18308	19874	1650	1030	620	43.21	56.26	31.20
79	36348	17175	19173	1790	1060	730	49.25	61.72	38.07
80–84岁	**144874**	**64103**	**80771**	**10123**	**5366**	**4757**	**69.87**	**83.71**	**58.89**
80	32495	14942	17553	1874	1072	802	57.67	71.74	45.69
81	32212	14501	17711	1998	1083	915	62.03	74.68	51.66
82	30253	13464	16789	2117	1140	977	69.98	84.67	58.19
83	26600	11469	15131	2077	1054	1023	78.08	91.90	67.61
84	23314	9727	13587	2057	1017	1040	88.23	104.55	76.54
85–89岁	**69813**	**28752**	**41061**	**7436**	**3471**	**3965**	**106.51**	**120.72**	**96.56**
85	19353	7883	11470	1781	853	928	92.03	108.21	80.91
86	17389	7181	10208	1753	871	882	100.81	121.29	86.40
87	13011	5211	7800	1499	660	839	115.21	126.66	107.56
88	10702	4453	6249	1292	603	689	120.73	135.41	110.26
89	9358	4024	5334	1111	484	627	118.72	120.28	117.55
90–94岁	**22613**	**9144**	**13469**	**3774**	**1566**	**2208**	**166.90**	**171.26**	**163.93**
90	6730	2763	3967	1056	464	592	156.91	167.93	149.23
91	5503	2246	3257	852	354	498	154.82	157.61	152.90
92	4515	1797	2718	830	366	464	183.83	203.67	170.71
93	3293	1363	1930	561	215	346	170.36	157.74	179.27
94	2572	975	1597	475	167	308	184.68	171.28	192.86
95–99岁	**5639**	**2044**	**3595**	**1082**	**355**	**727**	**191.88**	**173.68**	**202.23**
95	1948	752	1196	378	142	236	194.05	188.83	197.32
96	1415	480	935	276	82	194	195.05	170.83	207.49
97	1001	337	664	201	56	145	200.80	166.17	218.37
98	720	273	447	130	43	87	180.56	157.51	194.63
99	555	202	353	97	32	65	174.77	158.42	184.14
100岁及以上	**544**	**163**	**381**	**148**	**38**	**110**	**272.06**	**233.13**	**288.71**

6-4c 全省分年龄、性别的死亡人口状况
(2019.11.1-2020.10.31)(乡村)

单位：人、‰

年 龄	平均人口			死亡人口			死亡率		
	合计	男	女	合计	男	女	合计	男	女
总 计	**17851703**	**9353495**	**8498208**	**130305**	**74562**	**55743**	**7.30**	**7.97**	**6.56**
0-4岁	**1137700**	**612445**	**525255**	**859**	**512**	**347**	**0.76**	**0.84**	**0.66**
0	203582	110662	92920	420	241	179	2.06	2.18	1.93
1	208726	112928	95798	128	69	59	0.61	0.61	0.62
2	228598	123099	105499	138	89	49	0.60	0.72	0.46
3	247628	132140	115488	95	62	33	0.38	0.47	0.29
4	249166	133616	115550	78	51	27	0.31	0.38	0.23
5-9岁	**1438776**	**778963**	**659813**	**289**	**195**	**94**	**0.20**	**0.25**	**0.14**
5	267455	143357	124098	67	45	22	0.25	0.31	0.18
6	267844	144686	123158	63	37	26	0.24	0.26	0.21
7	298476	161767	136709	48	33	15	0.16	0.20	0.11
8	302183	164099	138084	56	40	16	0.19	0.24	0.12
9	302818	165054	137764	55	40	15	0.18	0.24	0.11
10-14岁	**1574641**	**865601**	**709040**	**466**	**310**	**156**	**0.30**	**0.36**	**0.22**
10	315868	172413	143455	68	43	25	0.22	0.25	0.17
11	320683	175124	145559	73	42	31	0.23	0.24	0.21
12	324005	178040	145965	90	57	33	0.28	0.32	0.23
13	333739	183658	150081	103	76	27	0.31	0.41	0.18
14	280346	156366	123980	132	92	40	0.47	0.59	0.32
15-19岁	**800793**	**467431**	**333362**	**562**	**403**	**159**	**0.70**	**0.86**	**0.48**
15	194528	111161	83367	118	92	26	0.61	0.83	0.31
16	156671	91854	64817	125	92	33	0.80	1.00	0.51
17	151964	89572	62392	107	78	29	0.70	0.87	0.46
18	152879	90194	62685	105	73	32	0.69	0.81	0.51
19	144751	84650	60101	107	68	39	0.74	0.80	0.65
20-24岁	**858632**	**484405**	**374227**	**540**	**382**	**158**	**0.63**	**0.79**	**0.42**
20	146335	83988	62347	106	78	28	0.72	0.93	0.45
21	169249	95554	73695	110	76	34	0.65	0.80	0.46
22	177454	100144	77310	109	73	36	0.61	0.73	0.47
23	180960	101859	79101	105	75	30	0.58	0.74	0.38
24	184634	102860	81774	110	80	30	0.60	0.78	0.37
25-29岁	**936022**	**518554**	**417468**	**682**	**479**	**203**	**0.73**	**0.92**	**0.49**
25	162435	90005	72430	119	81	38	0.73	0.90	0.52
26	157250	87242	70008	102	72	30	0.65	0.83	0.43
27	172166	95545	76621	116	75	41	0.67	0.78	0.54
28	203530	112764	90766	149	109	40	0.73	0.97	0.44
29	240641	132998	107643	196	142	54	0.81	1.07	0.50

6-4c　续表 1

单位：人、‰

年　龄	平均人口			死亡人口			死亡率		
	合计	男	女	合计	男	女	合计	男	女
30—34岁	**1065410**	**569103**	**496307**	**1048**	**742**	**306**	**0.98**	**1.30**	**0.62**
30	250131	135059	115072	214	162	52	0.86	1.20	0.45
31	221691	118470	103221	220	142	78	0.99	1.20	0.76
32	216742	115737	101005	182	123	59	0.84	1.06	0.58
33	196143	103916	92227	223	167	56	1.14	1.61	0.61
34	180703	95921	84782	209	148	61	1.16	1.54	0.72
35—39岁	**875714**	**461483**	**414231**	**1179**	**861**	**318**	**1.35**	**1.87**	**0.77**
35	187979	100052	87927	226	160	66	1.20	1.60	0.75
36	175790	92774	83016	232	170	62	1.32	1.83	0.75
37	176184	93249	82935	231	162	69	1.31	1.74	0.83
38	176430	92233	84197	262	197	65	1.49	2.14	0.77
39	159331	83175	76156	228	172	56	1.43	2.07	0.74
40—44岁	**1200885**	**629272**	**571613**	**2487**	**1815**	**672**	**2.07**	**2.88**	**1.18**
40	186173	98255	87918	289	215	74	1.55	2.19	0.84
41	223832	117974	105858	439	321	118	1.96	2.72	1.11
42	243941	127799	116142	530	389	141	2.17	3.04	1.21
43	266488	139341	127147	534	385	149	2.00	2.76	1.17
44	280451	145903	134548	695	505	190	2.48	3.46	1.41
45—49岁	**1466785**	**752677**	**714108**	**3984**	**2739**	**1245**	**2.72**	**3.64**	**1.74**
45	291713	150668	141045	683	468	215	2.34	3.11	1.52
46	307761	159239	148522	775	547	228	2.52	3.44	1.54
47	298869	154371	144498	849	582	267	2.84	3.77	1.85
48	279268	141978	137290	765	516	249	2.74	3.63	1.81
49	289174	146421	142753	912	626	286	3.15	4.28	2.00
50—54岁	**1548071**	**781478**	**766593**	**5882**	**4046**	**1836**	**3.80**	**5.18**	**2.40**
50	302801	152357	150444	935	657	278	3.09	4.31	1.85
51	341419	172102	169317	1167	797	370	3.42	4.63	2.19
52	300654	151271	149383	1225	838	387	4.07	5.54	2.59
53	296902	150096	146806	1207	829	378	4.07	5.52	2.57
54	306295	155652	150643	1348	925	423	4.40	5.94	2.81
55—59岁	**1209386**	**615716**	**593670**	**6420**	**4480**	**1940**	**5.31**	**7.28**	**3.27**
55	288293	145860	142433	1321	915	406	4.58	6.27	2.85
56	283311	144565	138746	1471	1023	448	5.19	7.08	3.23
57	291772	149667	142105	1549	1075	474	5.31	7.18	3.34
58	182178	92263	89915	1019	716	303	5.59	7.76	3.37
59	163832	83361	80471	1060	751	309	6.47	9.01	3.84
60—64岁	**1058453**	**541706**	**516747**	**8967**	**6183**	**2784**	**8.47**	**11.41**	**5.39**
60	183326	95581	87745	1411	993	418	7.70	10.39	4.76
61	199753	102831	96922	1519	1071	448	7.60	10.42	4.62
62	248467	127418	121049	2008	1390	618	8.08	10.91	5.11
63	226866	115374	111492	2041	1403	638	9.00	12.16	5.72
64	200041	100502	99539	1988	1326	662	9.94	13.19	6.65

6-4c 续表 2

单位：人、‰

年 龄	平均人口			死亡人口			死亡率		
	合计	男	女	合计	男	女	合计	男	女
65-69岁	**1000187**	**501524**	**498663**	**12748**	**8381**	**4367**	**12.75**	**16.71**	**8.76**
65	223644	114031	109613	2321	1587	734	10.38	13.92	6.70
66	216979	109810	107169	2490	1619	871	11.48	14.74	8.13
67	208085	104543	103542	2666	1765	901	12.81	16.88	8.70
68	183975	91158	92817	2637	1742	895	14.33	19.11	9.64
69	167504	81982	85522	2634	1668	966	15.72	20.35	11.30
70-74岁	**717902**	**350820**	**367082**	**15425**	**9693**	**5732**	**21.49**	**27.63**	**15.62**
70	174907	87101	87806	3042	1986	1056	17.39	22.80	12.03
71	157323	78132	79191	3051	1950	1101	19.39	24.96	13.90
72	143106	70096	73010	3157	1962	1195	22.06	27.99	16.37
73	129744	62728	67016	3132	1946	1186	24.14	31.02	17.70
74	112822	52763	60059	3043	1849	1194	26.97	35.04	19.88
75-79岁	**447654**	**211396**	**236258**	**17736**	**10177**	**7559**	**39.62**	**48.14**	**31.99**
75	103634	49075	54559	3272	1944	1328	31.57	39.61	24.34
76	96310	45713	50597	3377	1993	1384	35.06	43.60	27.35
77	84597	40353	44244	3363	1964	1399	39.75	48.67	31.62
78	83108	39363	43745	3645	2037	1608	43.86	51.75	36.76
79	80005	36892	43113	4079	2239	1840	50.98	60.69	42.68
80-84岁	**313561**	**136339**	**177222**	**22536**	**11624**	**10912**	**71.87**	**85.26**	**61.57**
80	70165	31318	38847	3995	2163	1832	56.94	69.07	47.16
81	69733	31197	38536	4531	2457	2074	64.98	78.76	53.82
82	65716	28747	36969	4758	2449	2309	72.40	85.19	62.46
83	58100	24669	33431	4794	2387	2407	82.51	96.76	72.00
84	49847	20408	29439	4458	2168	2290	89.43	106.23	77.79
85-89岁	**146155**	**56287**	**89868**	**17349**	**7607**	**9742**	**118.70**	**135.15**	**108.40**
85	41384	16602	24782	4160	1959	2201	100.52	118.00	88.81
86	36398	14172	22226	3925	1751	2174	107.84	123.55	97.81
87	27552	10467	17085	3523	1539	1984	127.87	147.03	116.13
88	22382	8320	14062	3007	1263	1744	134.35	151.80	124.02
89	18439	6726	11713	2734	1095	1639	148.27	162.80	139.93
90-94岁	**44182**	**14967**	**29215**	**8348**	**3075**	**5273**	**188.95**	**205.45**	**180.49**
90	13481	4777	8704	2255	891	1364	167.27	186.52	156.71
91	10774	3588	7186	1935	729	1206	179.60	203.18	167.83
92	8977	3015	5962	1767	633	1134	196.84	209.95	190.20
93	6347	2064	4283	1314	463	851	207.03	224.32	198.69
94	4603	1523	3080	1077	359	718	233.98	235.72	233.12
95-99岁	**9801**	**3041**	**6760**	**2460**	**771**	**1689**	**250.99**	**253.54**	**249.85**
95	3538	1132	2406	833	283	550	235.44	250.00	228.60
96	2631	803	1828	674	212	462	256.18	264.01	252.74
97	1604	476	1128	424	121	303	264.34	254.20	268.62
98	1228	363	865	305	99	206	248.37	272.73	238.15
99	800	267	533	224	56	168	280.00	209.74	315.20
100岁及以上	**993**	**287**	**706**	**338**	**87**	**251**	**340.38**	**303.14**	**355.52**

第一部分　全部数据资料

第七卷　户口登记状况

7-1 全省按现住地、户口登记地、

现住地	合计			户口 省内		
	合计	男	女	小计	男	女
全　省	**13520934**	**7004148**	**6516786**	**12241920**	**6272613**	**5969307**
南昌市	**3189644**	**1699192**	**1490452**	**2740680**	**1441492**	**1299188**
东湖区	194474	100579	93895	154555	77173	77382
西湖区	239054	122975	116079	207716	104426	103290
青云谱区	200830	106620	94210	181910	95314	86596
青山湖区	841583	461332	380251	712472	387638	324834
新建区	421959	226852	195107	385515	205100	180415
红谷滩区	355220	187219	168001	277890	142594	135296
南昌县	705557	373464	332093	614653	324381	290272
安义县	67704	39245	28459	49461	27748	21713
进贤县	163263	80906	82357	156508	77118	79390
景德镇市	**492181**	**251154**	**241027**	**441956**	**224526**	**217430**
昌江区	92497	48340	44157	82827	42583	40244
珠山区	205797	104225	101572	189205	95435	93770
浮梁县	90961	46012	44949	74355	37791	36564
乐平市	102926	52577	50349	95569	48717	46852
萍乡市	**425644**	**214534**	**211110**	**381746**	**189965**	**191781**
安源区	250607	125007	125600	230073	114100	115973
湘东区	42129	21856	20273	36168	18230	17938
莲花县	31240	16235	15005	25963	13055	12908
上栗县	61908	31446	30462	54300	27221	27079
芦溪县	39760	19990	19770	35242	17359	17883
九江市	**1473174**	**749308**	**723866**	**1315508**	**662115**	**653393**
濂溪区	223379	115068	108311	196292	101192	95100
浔阳区	189541	94546	94995	162730	80186	82544
柴桑区	104213	56874	47339	86283	45403	40880
武宁县	86236	41144	45092	78854	37153	41701
修水县	174087	87335	86752	167978	84366	83612
永修县	84945	43963	40982	74947	37953	36994
德安县	80499	40885	39614	72711	36609	36102
都昌县	71219	35467	35752	66578	32897	33681
湖口县	63646	32721	30925	58112	29155	28957
彭泽县	59253	31455	27798	47496	22961	24535
瑞昌市	175010	90548	84462	166147	85503	80644
共青城市	119995	57953	62042	98798	48852	49946
庐山市	41151	21349	19802	38582	19885	18697
新余市	**519157**	**275472**	**243685**	**489964**	**258685**	**231279**
渝水区	417781	222787	194994	392198	208066	184132
分宜县	101376	52685	48691	97766	50619	47147
鹰潭市	**334916**	**170129**	**164787**	**307400**	**154219**	**153181**
月湖区	148683	75696	72987	137679	69470	68209
余江区	56614	29018	27596	50368	25325	25043
贵溪市	129619	65415	64204	119353	59424	59929
赣州市	**2571502**	**1342728**	**1228774**	**2377333**	**1225284**	**1152049**
章贡区	557268	290680	266588	490793	252847	237946
南康区	394420	211182	183238	369829	195021	174808
赣县区	178002	95272	82730	161808	84354	77454
信丰县	156918	81893	75025	143244	73022	70222
大余县	38362	20053	18309	32997	16917	16080
上犹县	76191	38316	37875	73283	36760	36523
崇义县	37576	18939	18637	35657	17915	17742
安远县	53955	26928	27027	50874	25135	25739
定南县	89011	46637	42374	81147	41791	39356
全南县	48570	24524	24046	43165	21390	21775

性别分的户口登记地在外乡镇街道的人口

单位：人

登记地

市辖区内人户分离			省内流动人口			省外		
小计	男	女	小计	男	女	小计	男	女
3886904	**1962289**	**1924615**	**8355016**	**4310324**	**4044692**	**1279014**	**731535**	**547479**
990290	**502250**	**488040**	**1750390**	**939242**	**811148**	**448964**	**257700**	**191264**
82314	40385	41929	72241	36788	35453	39919	23406	16513
127913	63180	64733	79803	41246	38557	31338	18549	12789
99229	49814	49415	82681	45500	37181	18920	11306	7614
277789	142249	135540	434683	245389	189294	129111	73694	55417
282874	146900	135974	102641	58200	44441	36444	21752	14692
120171	59722	60449	157719	82872	74847	77330	44625	32705
			614653	324381	290272	90904	49083	41821
			49461	27748	21713	18243	11497	6746
			156508	77118	79390	6755	3788	2967
144559	**71719**	**72840**	**297397**	**152807**	**144590**	**50225**	**26628**	**23597**
41215	20528	20687	41612	22055	19557	9670	5757	3913
103344	51191	52153	85861	44244	41617	16592	8790	7802
			74355	37791	36564	16606	8221	8385
			95569	48717	46852	7357	3860	3497
173223	**83479**	**89744**	**208523**	**106486**	**102037**	**43898**	**24569**	**19329**
143428	69261	74167	86645	44839	41806	20534	10907	9627
29795	14218	15577	6373	4012	2361	5961	3626	2335
			25963	13055	12908	5277	3180	2097
			54300	27221	27079	7608	4225	3383
			35242	17359	17883	4518	2631	1887
269006	**135238**	**133768**	**1046502**	**526877**	**519625**	**157666**	**87193**	**70473**
101411	50836	50575	94881	50356	44525	27087	13876	13211
101208	50280	50928	61522	29906	31616	26811	14360	12451
66387	34122	32265	19896	11281	8615	17930	11471	6459
			78854	37153	41701	7382	3991	3391
			167978	84366	83612	6109	2969	3140
			74947	37953	36994	9998	6010	3988
			72711	36609	36102	7788	4276	3512
			66578	32897	33681	4641	2570	2071
			58112	29155	28957	5534	3566	1968
			47496	22961	24535	11757	8494	3263
			166147	85503	80644	8863	5045	3818
			98798	48852	49946	21197	9101	12096
			38582	19885	18697	2569	1464	1105
299768	**156525**	**143243**	**190196**	**102160**	**88036**	**29193**	**16787**	**12406**
299768	156525	143243	92430	51541	40889	25583	14721	10862
			97766	50619	47147	3610	2066	1544
125067	**62304**	**62763**	**182333**	**91915**	**90418**	**27516**	**15910**	**11606**
83113	41506	41607	54566	27964	26602	11004	6226	4778
41954	20798	21156	8414	4527	3887	6246	3693	2553
			119353	59424	59929	10266	5991	4275
693592	**353275**	**340317**	**1683741**	**872009**	**811732**	**194169**	**117444**	**76725**
241962	121489	120473	248831	131358	117473	66475	37833	28642
311439	159432	152007	58390	35589	22801	24591	16161	8430
140191	72354	67837	21617	12000	9617	16194	10918	5276
			143244	73022	70222	13674	8871	4803
			32997	16917	16080	5365	3136	2229
			73283	36760	36523	2908	1556	1352
			35657	17915	17742	1919	1024	895
			50874	25135	25739	3081	1793	1288
			81147	41791	39356	7864	4846	3018
			43165	21390	21775	5405	3134	2271

7-1 续表

现住地	户口					
	合计			省内		
	合计	男	女	小计	男	女
宁都县	128697	67705	60992	122459	64115	58344
于都县	191909	99833	92076	184854	95544	89310
兴国县	152279	79916	72363	145565	75904	69661
会昌县	86023	44158	41865	82770	42448	40322
寻乌县	79168	40645	38523	75604	38757	36847
石城县	58848	30696	28152	56629	29413	27216
瑞金市	141201	71188	70013	135714	68058	67656
龙南市	103104	54163	48941	90941	45893	45048
吉安市	**968557**	**491484**	**477073**	**898586**	**452328**	**446258**
吉州区	155809	78381	77428	146176	73215	72961
青原区	83910	42358	41552	73828	37459	36369
吉安县	139784	73075	66709	125656	64741	60915
吉水县	78104	40725	37379	73569	38066	35503
峡江县	24163	12840	11323	22326	11756	10570
新干县	63637	33206	30431	60132	31018	29114
永丰县	61557	31770	29787	58630	30123	28507
泰和县	86992	43153	43839	82752	40807	41945
遂川县	56643	29200	27443	52611	26857	25754
万安县	36053	17753	18300	33282	16167	17115
安福县	51745	25666	26079	47683	23326	24357
永新县	84073	40955	43118	79099	38154	40945
井冈山市	46087	22402	23685	42842	20639	22203
宜春市	**1371467**	**703777**	**667690**	**1276925**	**649699**	**627226**
袁州区	466645	234258	232387	435164	217995	217169
奉新县	76667	38620	38047	71155	35504	35651
万载县	76628	38133	38495	71166	35189	35977
上高县	109512	56849	52663	104072	53687	50385
宜丰县	75537	39336	36201	67697	34651	33046
靖安县	28257	15050	13207	24788	12740	12048
铜鼓县	23940	11926	12014	21893	10867	11026
丰城市	194033	101438	92595	182907	94781	88126
樟树市	135328	69158	66170	128874	65376	63498
高安市	184920	99009	85911	169209	88909	80300
抚州市	**1056887**	**534613**	**522274**	**998772**	**502160**	**496612**
临川区	351180	174266	176914	326754	161112	165642
东乡区	132925	66908	66017	127424	63557	63867
南城县	82393	42426	39967	79065	40519	38546
黎川县	72901	37374	35527	69476	35417	34059
南丰县	67333	34419	32914	64353	32934	31419
崇仁县	62628	31305	31323	60092	29917	30175
乐安县	80619	42352	38267	78505	41116	37389
宜黄县	59471	30557	28914	53940	27108	26832
金溪县	62435	31252	31183	59902	29800	30102
资溪县	22837	11350	11487	19387	9595	9792
广昌县	62165	32404	29761	59874	31085	28789
上饶市	**1117805**	**571757**	**546048**	**1013050**	**512140**	**500910**
信州区	228042	117924	110118	204201	104726	99475
广丰区	92916	44971	47945	83098	40132	42966
广信区	191936	101352	90584	175221	90840	84381
玉山县	100543	48688	51855	89330	43193	46137
铅山县	35448	17728	17720	32000	15788	16212
横峰县	42679	22475	20204	38991	20138	18853
弋阳县	60355	30657	29698	55876	28024	27852
余干县	81464	43071	38393	76122	40027	36095
鄱阳县	108764	54851	53913	99423	49550	49873
万年县	54949	28514	26435	50802	26053	24749
婺源县	63080	30828	32252	58649	28471	30178
德兴市	57629	30698	26931	49337	25198	24139

单位：人

登记地								
市辖区内人户分离			省内流动人口			省外		
小计	男	女	小计	男	女	小计	男	女
			122459	64115	58344	6238	3590	2648
			184854	95544	89310	7055	4289	2766
			145565	75904	69661	6714	4012	2702
			82770	42448	40322	3253	1710	1543
			75604	38757	36847	3564	1888	1676
			56629	29413	27216	2219	1283	936
			135714	68058	67656	5487	3130	2357
			90941	45893	45048	12163	8270	3893
109242	**54598**	**54644**	**789344**	**397730**	**391614**	**69971**	**39156**	**30815**
77459	38490	38969	68717	34725	33992	9633	5166	4467
31783	16108	15675	42045	21351	20694	10082	4899	5183
			125656	64741	60915	14128	8334	5794
			73569	38066	35503	4535	2659	1876
			22326	11756	10570	1837	1084	753
			60132	31018	29114	3505	2188	1317
			58630	30123	28507	2927	1647	1280
			82752	40807	41945	4240	2346	1894
			52611	26857	25754	4032	2343	1689
			33282	16167	17115	2771	1586	1185
			47683	23326	24357	4062	2340	1722
			79099	38154	40945	4974	2801	2173
			42842	20639	22203	3245	1763	1482
353371	**177885**	**175486**	**923554**	**471814**	**451740**	**94542**	**54078**	**40464**
353371	177885	175486	81793	40110	41683	31481	16263	15218
			71155	35504	35651	5512	3116	2396
			71166	35189	35977	5462	2944	2518
			104072	53687	50385	5440	3162	2278
			67697	34651	33046	7840	4685	3155
			24788	12740	12048	3469	2310	1159
			21893	10867	11026	2047	1059	988
			182907	94781	88126	11126	6657	4469
			128874	65376	63498	6454	3782	2672
			169209	88909	80300	15711	10100	5611
372921	**185098**	**187823**	**625851**	**317062**	**308789**	**58115**	**32453**	**25662**
255744	127017	128727	71010	34095	36915	24426	13154	11272
117177	58081	59096	10247	5476	4771	5501	3351	2150
			79065	40519	38546	3328	1907	1421
			69476	35417	34059	3425	1957	1468
			64353	32934	31419	2980	1485	1495
			60092	29917	30175	2536	1388	1148
			78505	41116	37389	2114	1236	878
			53940	27108	26832	5531	3449	2082
			59902	29800	30102	2533	1452	1081
			19387	9595	9792	3450	1755	1695
			59874	31085	28789	2291	1319	972
355865	**179918**	**175947**	**657185**	**332222**	**324963**	**104755**	**59617**	**45138**
142460	73163	69297	61741	31563	30178	23841	13198	10643
71471	34660	36811	11627	5472	6155	9818	4839	4979
141934	72095	69839	33287	18745	14542	16715	10512	6203
			89330	43193	46137	11213	5495	5718
			32000	15788	16212	3448	1940	1508
			38991	20138	18853	3688	2337	1351
			55876	28024	27852	4479	2633	1846
			76122	40027	36095	5342	3044	2298
			99423	49550	49873	9341	5301	4040
			50802	26053	24749	4147	2461	1686
			58649	28471	30178	4431	2357	2074
			49337	25198	24139	8292	5500	2792

7-1a 全省按现住地、户口登记地、

现住地	户口					
	合计			省内		
	合计	男	女	小计	男	女
全省	**7327320**	**3782878**	**3544442**	**6635929**	**3394498**	**3241431**
南昌市	**2052430**	**1088395**	**964035**	**1771210**	**926268**	**844942**
东湖区	189676	97775	91901	151467	75447	76020
西湖区	239054	122975	116079	207716	104426	103290
青云谱区	199256	105704	93552	180621	94594	86027
青山湖区	735846	396798	339048	639908	343701	296207
新建区	336112	180085	156027	315073	166567	148506
红谷滩区	351940	184727	167213	275987	141277	134710
南昌县	546	331	215	438	256	182
安义县						
进贤县						
景德镇市	**360215**	**184183**	**176032**	**331666**	**168434**	**163232**
昌江区	84977	44335	40642	76759	39459	37300
珠山区	198211	100325	97886	181951	91698	90253
浮梁县	1747	954	793	1493	773	720
乐平市	75280	38569	36711	71463	36504	34959
萍乡市	**268864**	**134109**	**134755**	**246817**	**122258**	**124559**
安源区	237233	117789	119444	218166	107745	110421
湘东区	29791	15385	14406	27092	13763	13329
莲花县						
上栗县	1840	935	905	1559	750	809
芦溪县						
九江市	**706769**	**357917**	**348852**	**618671**	**312648**	**306023**
濂溪区	199582	102582	97000	175720	90614	85106
浔阳区	189227	94393	94834	162479	80062	82417
柴桑区	81888	43781	38107	70212	36428	33784
武宁县						
修水县						
永修县						
德安县						
都昌县						
湖口县						
彭泽县						
瑞昌市	93300	47743	45557	88985	45433	43552
共青城市	108530	51639	56891	88547	43197	45350
庐山市	34242	17779	16463	32728	16914	15814
新余市	**384768**	**202912**	**181856**	**364733**	**191730**	**173003**
渝水区	384768	202912	181856	364733	191730	173003
分宜县						
鹰潭市	**285368**	**146027**	**139341**	**268614**	**136698**	**131916**
月湖区	145590	74327	71263	135472	68638	66834
余江区	42288	21705	20583	39185	19876	19309
贵溪市	97490	49995	47495	93957	48184	45773
赣州市	**1203788**	**623683**	**580105**	**1103636**	**565013**	**538623**
章贡区	522531	270114	252417	462090	236421	225669
南康区	323027	169005	154022	307110	158948	148162
赣县区	144977	76352	68625	134109	69517	64592
信丰县						
大余县						
上犹县						
崇义县						
安远县						
定南县						
全南县						

性别分的户口登记地在外乡镇街道的人口(城市)

单位：人

登记地								
市辖区内人户分离			省内流动人口			省外		
小计	男	女	小计	男	女	小计	男	女
3651108	**1840068**	**1811040**	**2984821**	**1554430**	**1430391**	**691391**	**388380**	**303011**
945606	**478623**	**466983**	**825604**	**447645**	**377959**	**281220**	**162127**	**119093**
80947	39641	41306	70520	35806	34714	38209	22328	15881
127913	63180	64733	79803	41246	38557	31338	18549	12789
98765	49572	49193	81856	45022	36834	18635	11110	7525
260425	132871	127554	379483	210830	168653	95938	53097	42841
257854	133912	123942	57219	32655	24564	21039	13518	7521
119702	59447	60255	156285	81830	74455	75953	43450	32503
			438	256	182	108	75	33
139693	**69349**	**70344**	**191973**	**99085**	**92888**	**28549**	**15749**	**12800**
39074	19493	19581	37685	19966	17719	8218	4876	3342
100619	49856	50763	81332	41842	39490	16260	8627	7633
			1493	773	720	254	181	73
			71463	36504	34959	3817	2065	1752
160804	**77611**	**83193**	**86013**	**44647**	**41366**	**22047**	**11851**	**10196**
138137	66751	71386	80029	40994	39035	19067	10044	9023
22667	10860	11807	4425	2903	1522	2699	1622	1077
			1559	750	809	281	185	96
248722	**124879**	**123843**	**369949**	**187769**	**182180**	**88098**	**45269**	**42829**
88944	44593	44351	86776	46021	40755	23862	11968	11894
101066	50215	50851	61413	29847	31566	26748	14331	12417
58712	30071	28641	11500	6357	5143	11676	7353	4323
			88985	45433	43552	4315	2310	2005
			88547	43197	45350	19983	8442	11541
			32728	16914	15814	1514	865	649
292414	**152237**	**140177**	**72319**	**39493**	**32826**	**20035**	**11182**	**8853**
292414	152237	140177	72319	39493	32826	20035	11182	8853
116786	**58488**	**58298**	**151828**	**78210**	**73618**	**16754**	**9329**	**7425**
82520	41273	41247	52952	27365	25587	10118	5689	4429
34266	17215	17051	4919	2661	2258	3103	1829	1274
			93957	48184	45773	3533	1811	1722
616628	**312067**	**304561**	**487008**	**252946**	**234062**	**100152**	**58670**	**41482**
227036	113494	113542	235054	122927	112127	60441	33693	26748
270619	137260	133359	36491	21688	14803	15917	10057	5860
118973	61313	57660	15136	8204	6932	10868	6835	4033

7-1a 续表

现住地	户口 合计			省内		
	合计	男	女	小计	男	女
宁都县						
于都县						
兴国县						
会昌县						
寻乌县	743	333	410	715	320	395
石城县						
瑞金市	120327	60424	59903	116155	57993	58162
龙南市	92183	47455	44728	83457	41814	41643
吉安市	**249393**	**124805**	**124588**	**230863**	**115522**	**115341**
吉州区	147199	74209	72990	138597	69639	68958
青原区	76045	38040	38005	67212	33899	33313
吉安县						
吉水县						
峡江县						
新干县						
永丰县						
泰和县						
遂川县						
万安县						
安福县						
永新县						
井冈山市	26149	12556	13593	25054	11984	13070
宜春市	**851185**	**433392**	**417793**	**806054**	**408541**	**397513**
袁州区	438035	218766	219269	411514	205464	206050
奉新县						
万载县						
上高县						
宜丰县						
靖安县						
铜鼓县						
丰城市	164628	86016	78612	156529	80911	75618
樟树市	124592	63327	61265	119973	60719	59254
高安市	123930	65283	58647	118038	61447	56591
抚州市	**442324**	**217764**	**224560**	**419154**	**205747**	**213407**
临川区	323320	158215	165105	304293	148648	155645
东乡区	119004	59549	59455	114861	57099	57762
南城县						
黎川县						
南丰县						
崇仁县						
乐安县						
宜黄县						
金溪县						
资溪县						
广昌县						
上饶市	**522216**	**269691**	**252525**	**474511**	**241639**	**232872**
信州区	214612	110384	104228	193696	98957	94739
广丰区	76017	36502	39515	69975	33478	36497
广信区	177957	94417	83540	163767	85188	78579
玉山县						
铅山县	98	51	47	89	45	44
横峰县						
弋阳县						
余干县	1093	513	580	889	409	480
鄱阳县	14	6	8	10	6	4
万年县						
婺源县						
德兴市	52425	27818	24607	46085	23556	22529

单位：人

登记地								
市辖区内人户分离			省内流动人口			省外		
小计	男	女	小计	男	女	小计	男	女
			715	320	395	28	13	15
			116155	57993	58162	4172	2431	1741
			83457	41814	41643	8726	5641	3085
103872	**52036**	**51836**	**126991**	**63486**	**63505**	**18530**	**9283**	**9247**
74699	37327	37372	63898	32312	31586	8602	4570	4032
29173	14709	14464	38039	19190	18849	8833	4141	4692
			25054	11984	13070	1095	572	523
340752	**171527**	**169225**	**465302**	**237014**	**228288**	**45131**	**24851**	**20280**
340752	171527	169225	70762	33937	36825	26521	13302	13219
			156529	80911	75618	8099	5105	2994
			119973	60719	59254	4619	2608	2011
			118038	61447	56591	5892	3836	2056
350697	**173550**	**177147**	**68457**	**32197**	**36260**	**23170**	**12017**	**11153**
242477	119988	122489	61816	28660	33156	19027	9567	9460
108220	53562	54658	6641	3537	3104	4143	2450	1693
335134	**169701**	**165433**	**139377**	**71938**	**67439**	**47705**	**28052**	**19653**
136123	69776	66347	57573	29181	28392	20916	11427	9489
62802	30472	32330	7173	3006	4167	6042	3024	3018
136209	69453	66756	27558	15735	11823	14190	9229	4961
			89	45	44	9	6	3
			889	409	480	204	104	100
			10	6	4	4		4
			46085	23556	22529	6340	4262	2078

7-1b 全省按现住地、户口登记地、

现住地	户口					
	合计			省内		
	合计	男	女	小计	男	女
全省	**5257488**	**2703327**	**2554161**	**4848598**	**2467731**	**2380867**
南昌市	**956198**	**505192**	**451006**	**832365**	**437396**	**394969**
东湖区	1130	646	484	886	490	396
西湖区						
青云谱区	1574	916	658	1289	720	569
青山湖区	88995	53566	35429	61746	37192	24554
新建区	21931	11587	10344	20234	10532	9702
红谷滩区						
南昌县	630690	329625	301065	557161	292141	265020
安义县	63050	36303	26747	46420	25918	20502
进贤县	148828	72549	76279	144629	70403	74226
景德镇市	**108982**	**54414**	**54568**	**93094**	**47032**	**46062**
昌江区	2214	1167	1047	1932	1008	924
珠山区	7098	3647	3451	6780	3493	3287
浮梁县	83049	41246	41803	68721	34681	34040
乐平市	16621	8354	8267	15661	7850	7811
萍乡市	**123473**	**62519**	**60954**	**110244**	**54703**	**55541**
安源区	8586	4308	4278	7470	3650	3820
湘东区	5984	2892	3092	5008	2363	2645
莲花县	25259	12682	12577	22367	10939	11428
上栗县	50839	26126	24713	45789	23176	22613
芦溪县	32805	16511	16294	29610	14575	15035
九江市	**650400**	**328249**	**322151**	**602185**	**298846**	**303339**
濂溪区	5793	3080	2713	4988	2584	2404
浔阳区						
柴桑区	7281	4261	3020	5216	2835	2381
武宁县	76547	36023	40524	71698	33511	38187
修水县	167684	84175	83509	162629	81607	81022
永修县	77190	39761	37429	69317	34906	34411
德安县	69798	35107	34691	63861	31931	31930
都昌县	65942	32593	33349	62189	30461	31728
湖口县	59488	30293	29195	54837	27288	27549
彭泽县	54346	28662	25684	44099	21153	22946
瑞昌市	62693	32344	30349	60384	31044	29340
共青城市	198	112	86	167	97	70
庐山市	3440	1838	1602	2800	1429	1371
新余市	**110978**	**59534**	**51444**	**105544**	**56376**	**49168**
渝水区	19205	12035	7170	15925	10039	5886
分宜县	91773	47499	44274	89619	46337	43282
鹰潭市	**36138**	**16889**	**19249**	**28094**	**11831**	**16263**
月湖区	2241	864	1377	1836	633	1203
余江区	10385	5432	4953	7866	3853	4013
贵溪市	23512	10593	12919	18392	7345	11047
赣州市	**1133222**	**587219**	**546003**	**1074178**	**550833**	**523345**
章贡区	8087	5099	2988	7062	4389	2673
南康区	11186	5731	5455	10298	5179	5119
赣县区	22999	13465	9534	19209	10312	8897
信丰县	143746	74476	69270	132496	67334	65162
大余县	32428	16655	15773	28362	14271	14091
上犹县	70690	35347	35343	68402	34123	34279
崇义县	33357	16506	16851	32083	15844	16239
安远县	50024	24862	25162	47628	23434	24194
定南县	71430	37347	34083	64972	33380	31592
全南县	40891	19848	21043	37152	17931	19221

性别分的户口登记地在外乡镇街道的人口(镇)

单位：人

登记地	市辖区内人户分离			省内流动人口			省外		
	小计	男	女	小计	男	女	小计	男	女
	111587	**56859**	**54728**	**4737011**	**2410872**	**2326139**	**408890**	**235596**	**173294**
	27511	**14535**	**12976**	**804854**	**422861**	**381993**	**123833**	**67796**	**56037**
	507	277	230	379	213	166	244	156	88
	464	242	222	825	478	347	285	196	89
	14530	7752	6778	47216	29440	17776	27249	16374	10875
	12010	6264	5746	8224	4268	3956	1697	1055	642
				557161	292141	265020	73529	37484	36045
				46420	25918	20502	16630	10385	6245
				144629	70403	74226	4199	2146	2053
	3119	**1519**	**1600**	**89975**	**45513**	**44462**	**15888**	**7382**	**8506**
	785	385	400	1147	623	524	282	159	123
	2334	1134	1200	4446	2359	2087	318	154	164
				68721	34681	34040	14328	6565	7763
				15661	7850	7811	960	504	456
	9160	**4264**	**4896**	**101084**	**50439**	**50645**	**13229**	**7816**	**5413**
	4737	2200	2537	2733	1450	1283	1116	658	458
	4423	2064	2359	585	299	286	976	529	447
				22367	10939	11428	2892	1743	1149
				45789	23176	22613	5050	2950	2100
				29610	14575	15035	3195	1936	1259
	6832	**3499**	**3333**	**595353**	**295347**	**300006**	**48215**	**29403**	**18812**
	3801	1937	1864	1187	647	540	805	496	309
	3031	1562	1469	2185	1273	912	2065	1426	639
				71698	33511	38187	4849	2512	2337
				162629	81607	81022	5055	2568	2487
				69317	34906	34411	7873	4855	3018
				63861	31931	31930	5937	3176	2761
				62189	30461	31728	3753	2132	1621
				54837	27288	27549	4651	3005	1646
				44099	21153	22946	10247	7509	2738
				60384	31044	29340	2309	1300	1009
				167	97	70	31	15	16
				2800	1429	1371	640	409	231
	3117	**1994**	**1123**	**102427**	**54382**	**48045**	**5434**	**3158**	**2276**
	3117	1994	1123	12808	8045	4763	3280	1996	1284
				89619	46337	43282	2154	1162	992
	6121	**2792**	**3329**	**21973**	**9039**	**12934**	**8044**	**5058**	**2986**
	476	178	298	1360	455	905	405	231	174
	5645	2614	3031	2221	1239	982	2519	1579	940
				18392	7345	11047	5120	3248	1872
	29234	**15178**	**14056**	**1044944**	**535655**	**509289**	**59044**	**36386**	**22658**
	3499	2017	1482	3563	2372	1191	1025	710	315
	8980	4429	4551	1318	750	568	888	552	336
	16755	8732	8023	2454	1580	874	3790	3153	637
				132496	67334	65162	11250	7142	4108
				28362	14271	14091	4066	2384	1682
				68402	34123	34279	2288	1224	1064
				32083	15844	16239	1274	662	612
				47628	23434	24194	2396	1428	968
				64972	33380	31592	6458	3967	2491
				37152	17931	19221	3739	1917	1822

7-1b 续表

现住地	户口					
	合计			省内		
	合计	男	女	小计	男	女
宁都县	116869	61526	55343	112421	58852	53569
于都县	185497	96469	89028	179524	92688	86836
兴国县	141138	74031	67107	136090	70901	65189
会昌县	80753	41595	39158	78373	40261	38112
寻乌县	69253	35585	33668	67307	34551	32756
石城县	51588	26755	24833	50375	26128	24247
瑞金市	1135	584	551	1003	511	492
龙南市	2151	1338	813	1421	744	677
吉安市	**641948**	**324450**	**317498**	**605103**	**302867**	**302236**
吉州区	5379	2406	2973	4739	2040	2699
青原区	1456	716	740	1334	649	685
吉安县	129423	67371	62052	117424	60269	57155
吉水县	70766	36722	34044	67577	34799	32778
峡江县	20979	11132	9847	19938	10488	9450
新干县	60333	31382	28951	57537	29627	27910
永丰县	56205	28802	27403	54196	27691	26505
泰和县	78522	38490	40032	75718	36923	38795
遂川县	50432	25973	24459	47765	24396	23369
万安县	32969	16268	16701	30660	14900	15760
安福县	44831	21734	23097	42344	20330	22014
永新县	75083	36027	39056	71618	34028	37590
井冈山市	15570	7427	8143	14253	6727	7526
宜春市	**429899**	**221728**	**208171**	**395951**	**201429**	**194522**
袁州区	7443	3943	3500	6807	3595	3212
奉新县	72714	36519	36195	68125	33923	34202
万载县	67541	33722	33819	63476	31440	32036
上高县	102788	53161	49627	98279	50569	47710
宜丰县	69641	36185	33456	63422	32416	31006
靖安县	24023	12414	11609	21757	10958	10799
铜鼓县	20765	10329	10436	19167	9468	9699
丰城市	13165	6749	6416	11844	6063	5781
樟树市	5104	2801	2303	4222	2191	2031
高安市	46715	25905	20810	38852	20806	18046
抚州市	**556448**	**285168**	**271280**	**530310**	**270037**	**260273**
临川区	10376	6141	4235	7653	4167	3486
东乡区	7193	3617	3576	6925	3461	3464
南城县	74570	38329	36241	71855	36833	35022
黎川县	68980	35211	33769	66013	33564	32449
南丰县	63674	32610	31064	61246	31368	29878
崇仁县	60091	29963	30128	58337	29030	29307
乐安县	76353	39977	36376	74958	39173	35785
宜黄县	57247	29434	27813	52046	26148	25898
金溪县	58740	29282	29458	56984	28275	28709
资溪县	21777	10710	11067	18704	9213	9491
广昌县	57447	29894	27553	55589	28805	26784
上饶市	**509802**	**257965**	**251837**	**471530**	**236381**	**235149**
信州区	1821	937	884	1506	761	745
广丰区	5945	2973	2972	4605	2299	2306
广信区	3908	2035	1873	3368	1725	1643
玉山县	92688	45267	47421	83488	40526	42962
铅山县	29995	15255	14740	27258	13666	13592
横峰县	39571	20779	18792	37116	19189	17927
弋阳县	56944	29008	27936	53084	26677	26407
余干县	70318	37327	32991	66481	35022	31459
鄱阳县	99538	49972	49566	92406	45883	46523
万年县	49849	25566	24283	46552	23683	22869
婺源县	58341	28343	29998	55017	26578	28439
德兴市	884	503	381	649	372	277

单位：人

登记地									
	市辖区内人户分离			省内流动人口			省　　外		
	小计	男	女	小计	男	女	小计	男	女
				112421	58852	53569	4448	2674	1774
				179524	92688	86836	5973	3781	2192
				136090	70901	65189	5048	3130	1918
				78373	40261	38112	2380	1334	1046
				67307	34551	32756	1946	1034	912
				50375	26128	24247	1213	627	586
				1003	511	492	132	73	59
				1421	744	677	730	594	136
	3110	**1312**	**1798**	**601993**	**301555**	**300438**	**36845**	**21583**	**15262**
	2200	869	1331	2539	1171	1368	640	366	274
	910	443	467	424	206	218	122	67	55
				117424	60269	57155	11999	7102	4897
				67577	34799	32778	3189	1923	1266
				19938	10488	9450	1041	644	397
				57537	29627	27910	2796	1755	1041
				54196	27691	26505	2009	1111	898
				75718	36923	38795	2804	1567	1237
				47765	24396	23369	2667	1577	1090
				30660	14900	15760	2309	1368	941
				42344	20330	22014	2487	1404	1083
				71618	34028	37590	3465	1999	1466
				14253	6727	7526	1317	700	617
	5316	**2756**	**2560**	**390635**	**198673**	**191962**	**33948**	**20299**	**13649**
	5316	2756	2560	1491	839	652	636	348	288
				68125	33923	34202	4589	2596	1993
				63476	31440	32036	4065	2282	1783
				98279	50569	47710	4509	2592	1917
				63422	32416	31006	6219	3769	2450
				21757	10958	10799	2266	1456	810
				19167	9468	9699	1598	861	737
				11844	6063	5781	1321	686	635
				4222	2191	2031	882	610	272
				38852	20806	18046	7863	5099	2764
	11278	**5726**	**5552**	**519032**	**264311**	**254721**	**26138**	**15131**	**11007**
	5220	2722	2498	2433	1445	988	2723	1974	749
	6058	3004	3054	867	457	410	268	156	112
				71855	36833	35022	2715	1496	1219
				66013	33564	32449	2967	1647	1320
				61246	31368	29878	2428	1242	1186
				58337	29030	29307	1754	933	821
				74958	39173	35785	1395	804	591
				52046	26148	25898	5201	3286	1915
				56984	28275	28709	1756	1007	749
				18704	9213	9491	3073	1497	1576
				55589	28805	26784	1858	1089	769
	6789	**3284**	**3505**	**464741**	**233097**	**231644**	**38272**	**21584**	**16688**
	1101	545	556	405	216	189	315	176	139
	3361	1586	1775	1244	713	531	1340	674	666
	2327	1153	1174	1041	572	469	540	310	230
				83488	40526	42962	9200	4741	4459
				27258	13666	13592	2737	1589	1148
				37116	19189	17927	2455	1590	865
				53084	26677	26407	3860	2331	1529
				66481	35022	31459	3837	2305	1532
				92406	45883	46523	7132	4089	3043
				46552	23683	22869	3297	1883	1414
				55017	26578	28439	3324	1765	1559
				649	372	277	235	131	104

7-1c 全省按现住地、户口登记地、

现住地	户口					
	合计			省内		
	合计	男	女	小计	男	女
全　省	**936126**	**517943**	**418183**	**757393**	**410384**	**347009**
南昌市	**181016**	**105605**	**75411**	**137105**	**77828**	**59277**
东湖区	3668	2158	1510	2202	1236	966
西湖区						
青云谱区						
青山湖区	16742	10968	5774	10818	6745	4073
新建区	63916	35180	28736	50208	28001	22207
红谷滩区	3280	2492	788	1903	1317	586
南昌县	74321	43508	30813	57054	31984	25070
安义县	4654	2942	1712	3041	1830	1211
进贤县	14435	8357	6078	11879	6715	5164
景德镇市	**22984**	**12557**	**10427**	**17196**	**9060**	**8136**
昌江区	5306	2838	2468	4136	2116	2020
珠山区	488	253	235	474	244	230
浮梁县	6165	3812	2353	4141	2337	1804
乐平市	11025	5654	5371	8445	4363	4082
萍乡市	**33307**	**17906**	**15401**	**24685**	**13004**	**11681**
安源区	4788	2910	1878	4437	2705	1732
湘东区	6354	3579	2775	4068	2104	1964
莲花县	5981	3553	2428	3596	2116	1480
上栗县	9229	4385	4844	6952	3295	3657
芦溪县	6955	3479	3476	5632	2784	2848
九江市	**116005**	**63142**	**52863**	**94652**	**50621**	**44031**
濂溪区	18004	9406	8598	15584	7994	7590
浔阳区	314	153	161	251	124	127
柴桑区	15044	8832	6212	10855	6140	4715
武宁县	9689	5121	4568	7156	3642	3514
修水县	6403	3160	3243	5349	2759	2590
永修县	7755	4202	3553	5630	3047	2583
德安县	10701	5778	4923	8850	4678	4172
都昌县	5277	2874	2403	4389	2436	1953
湖口县	4158	2428	1730	3275	1867	1408
彭泽县	4907	2793	2114	3397	1808	1589
瑞昌市	19017	10461	8556	16778	9026	7752
共青城市	11267	6202	5065	10084	5558	4526
庐山市	3469	1732	1737	3054	1542	1512
新余市	**23411**	**13026**	**10385**	**19687**	**10579**	**9108**
渝水区	13808	7840	5968	11540	6297	5243
分宜县	9603	5186	4417	8147	4282	3865
鹰潭市	**13410**	**7213**	**6197**	**10692**	**5690**	**5002**
月湖区	852	505	347	371	199	172
余江区	3941	1881	2060	3317	1596	1721
贵溪市	8617	4827	3790	7004	3895	3109
赣州市	**234492**	**131826**	**102666**	**199519**	**109438**	**90081**
章贡区	26650	15467	11183	21641	12037	9604
南康区	60207	36446	23761	52421	30894	21527
赣县区	10026	5455	4571	8490	4525	3965
信丰县	13172	7417	5755	10748	5688	5060
大余县	5934	3398	2536	4635	2646	1989
上犹县	5501	2969	2532	4881	2637	2244
崇义县	4219	2433	1786	3574	2071	1503
安远县	3931	2066	1865	3246	1701	1545
定南县	17581	9290	8291	16175	8411	7764
全南县	7679	4676	3003	6013	3459	2554

性别分的户口登记地在外乡镇街道的人口(乡村)

单位：人

登记地								
市辖区内人户分离			省内流动人口			省外		
小计	男	女	小计	男	女	小计	男	女
124209	**65362**	**58847**	**633184**	**345022**	**288162**	**178733**	**107559**	**71174**
17173	**9092**	**8081**	**119932**	**68736**	**51196**	**43911**	**27777**	**16134**
860	467	393	1342	769	573	1466	922	544
2834	1626	1208	7984	5119	2865	5924	4223	1701
13010	6724	6286	37198	21277	15921	13708	7179	6529
469	275	194	1434	1042	392	1377	1175	202
			57054	31984	25070	17267	11524	5743
			3041	1830	1211	1613	1112	501
			11879	6715	5164	2556	1642	914
1747	**851**	**896**	**15449**	**8209**	**7240**	**5788**	**3497**	**2291**
1356	650	706	2780	1466	1314	1170	722	448
391	201	190	83	43	40	14	9	5
			4141	2337	1804	2024	1475	549
			8445	4363	4082	2580	1291	1289
3259	**1604**	**1655**	**21426**	**11400**	**10026**	**8622**	**4902**	**3720**
554	310	244	3883	2395	1488	351	205	146
2705	1294	1411	1363	810	553	2286	1475	811
			3596	2116	1480	2385	1437	948
			6952	3295	3657	2277	1090	1187
			5632	2784	2848	1323	695	628
13452	**6860**	**6592**	**81200**	**43761**	**37439**	**21353**	**12521**	**8832**
8666	4306	4360	6918	3688	3230	2420	1412	1008
142	65	77	109	59	50	63	29	34
4644	2489	2155	6211	3651	2560	4189	2692	1497
			7156	3642	3514	2533	1479	1054
			5349	2759	2590	1054	401	653
			5630	3047	2583	2125	1155	970
			8850	4678	4172	1851	1100	751
			4389	2436	1953	888	438	450
			3275	1867	1408	883	561	322
			3397	1808	1589	1510	985	525
			16778	9026	7752	2239	1435	804
			10084	5558	4526	1183	644	539
			3054	1542	1512	415	190	225
4237	**2294**	**1943**	**15450**	**8285**	**7165**	**3724**	**2447**	**1277**
4237	2294	1943	7303	4003	3300	2268	1543	725
			8147	4282	3865	1456	904	552
2160	**1024**	**1136**	**8532**	**4666**	**3866**	**2718**	**1523**	**1195**
117	55	62	254	144	110	481	306	175
2043	969	1074	1274	627	647	624	285	339
			7004	3895	3109	1613	932	681
47730	**26030**	**21700**	**151789**	**83408**	**68381**	**34973**	**22388**	**12585**
11427	5978	5449	10214	6059	4155	5009	3430	1579
31840	17743	14097	20581	13151	7430	7786	5552	2234
4463	2309	2154	4027	2216	1811	1536	930	606
			10748	5688	5060	2424	1729	695
			4635	2646	1989	1299	752	547
			4881	2637	2244	620	332	288
			3574	2071	1503	645	362	283
			3246	1701	1545	685	365	320
			16175	8411	7764	1406	879	527
			6013	3459	2554	1666	1217	449

7－1c 续表

现住地	户口					
	合计			省内		
	合计	男	女	小计	男	女
宁都县	11828	6179	5649	10038	5263	4775
于都县	6412	3364	3048	5330	2856	2474
兴国县	11141	5885	5256	9475	5003	4472
会昌县	5270	2563	2707	4397	2187	2210
寻乌县	9172	4727	4445	7582	3886	3696
石城县	7260	3941	3319	6254	3285	2969
瑞金市	19739	10180	9559	18556	9554	9002
龙南市	8770	5370	3400	6063	3335	2728
吉安市	**77216**	**42229**	**34987**	**62620**	**33939**	**28681**
吉州区	3231	1766	1465	2840	1536	1304
青原区	6409	3602	2807	5282	2911	2371
吉安县	10361	5704	4657	8232	4472	3760
吉水县	7338	4003	3335	5992	3267	2725
峡江县	3184	1708	1476	2388	1268	1120
新干县	3304	1824	1480	2595	1391	1204
永丰县	5352	2968	2384	4434	2432	2002
泰和县	8470	4663	3807	7034	3884	3150
遂川县	6211	3227	2984	4846	2461	2385
万安县	3084	1485	1599	2622	1267	1355
安福县	6914	3932	2982	5339	2996	2343
永新县	8990	4928	4062	7481	4126	3355
井冈山市	4368	2419	1949	3535	1928	1607
宜春市	**90383**	**48657**	**41726**	**74920**	**39729**	**35191**
袁州区	21167	11549	9618	16843	8936	7907
奉新县	3953	2101	1852	3030	1581	1449
万载县	9087	4411	4676	7690	3749	3941
上高县	6724	3688	3036	5793	3118	2675
宜丰县	5896	3151	2745	4275	2235	2040
靖安县	4234	2636	1598	3031	1782	1249
铜鼓县	3175	1597	1578	2726	1399	1327
丰城市	16240	8673	7567	14534	7807	6727
樟树市	5632	3030	2602	4679	2466	2213
高安市	14275	7821	6454	12319	6656	5663
抚州市	**58115**	**31681**	**26434**	**49308**	**26376**	**22932**
临川区	17484	9910	7574	14808	8297	6511
东乡区	6728	3742	2986	5638	2997	2641
南城县	7823	4097	3726	7210	3686	3524
黎川县	3921	2163	1758	3463	1853	1610
南丰县	3659	1809	1850	3107	1566	1541
崇仁县	2537	1342	1195	1755	887	868
乐安县	4266	2375	1891	3547	1943	1604
宜黄县	2224	1123	1101	1894	960	934
金溪县	3695	1970	1725	2918	1525	1393
资溪县	1060	640	420	683	382	301
广昌县	4718	2510	2208	4285	2280	2005
上饶市	**85787**	**44101**	**41686**	**67009**	**34120**	**32889**
信州区	11609	6603	5006	8999	5008	3991
广丰区	10954	5496	5458	8518	4355	4163
广信区	10071	4900	5171	8086	3927	4159
玉山县	7855	3421	4434	5842	2667	3175
铅山县	5355	2422	2933	4653	2077	2576
横峰县	3108	1696	1412	1875	949	926
弋阳县	3411	1649	1762	2792	1347	1445
余干县	10053	5231	4822	8752	4596	4156
鄱阳县	9212	4873	4339	7007	3661	3346
万年县	5100	2948	2152	4250	2370	1880
婺源县	4739	2485	2254	3632	1893	1739
德兴市	4320	2377	1943	2603	1270	1333

单位：人

登记地

市辖区内人户分离			省内流动人口			省外		
小计	男	女	小计	男	女	小计	男	女
			10038	5263	4775	1790	916	874
			5330	2856	2474	1082	508	574
			9475	5003	4472	1666	882	784
			4397	2187	2210	873	376	497
			7582	3886	3696	1590	841	749
			6254	3285	2969	1006	656	350
			18556	9554	9002	1183	626	557
			6063	3335	2728	2707	2035	672
2260	**1250**	**1010**	**60360**	**32689**	**27671**	**14596**	**8290**	**6306**
560	294	266	2280	1242	1038	391	230	161
1700	956	744	3582	1955	1627	1127	691	436
			8232	4472	3760	2129	1232	897
			5992	3267	2725	1346	736	610
			2388	1268	1120	796	440	356
			2595	1391	1204	709	433	276
			4434	2432	2002	918	536	382
			7034	3884	3150	1436	779	657
			4846	2461	2385	1365	766	599
			2622	1267	1355	462	218	244
			5339	2996	2343	1575	936	639
			7481	4126	3355	1509	802	707
			3535	1928	1607	833	491	342
7303	**3602**	**3701**	**67617**	**36127**	**31490**	**15463**	**8928**	**6535**
7303	3602	3701	9540	5334	4206	4324	2613	1711
			3030	1581	1449	923	520	403
			7690	3749	3941	1397	662	735
			5793	3118	2675	931	570	361
			4275	2235	2040	1621	916	705
			3031	1782	1249	1203	854	349
			2726	1399	1327	449	198	251
			14534	7807	6727	1706	866	840
			4679	2466	2213	953	564	389
			12319	6656	5663	1956	1165	791
10946	**5822**	**5124**	**38362**	**20554**	**17808**	**8807**	**5305**	**3502**
8047	4307	3740	6761	3990	2771	2676	1613	1063
2899	1515	1384	2739	1482	1257	1090	745	345
			7210	3686	3524	613	411	202
			3463	1853	1610	458	310	148
			3107	1566	1541	552	243	309
			1755	887	868	782	455	327
			3547	1943	1604	719	432	287
			1894	960	934	330	163	167
			2918	1525	1393	777	445	332
			683	382	301	377	258	119
			4285	2280	2005	433	230	203
13942	**6933**	**7009**	**53067**	**27187**	**25880**	**18778**	**9981**	**8797**
5236	2842	2394	3763	2166	1597	2610	1595	1015
5308	2602	2706	3210	1753	1457	2436	1141	1295
3398	1489	1909	4688	2438	2250	1985	973	1012
			5842	2667	3175	2013	754	1259
			4653	2077	2576	702	345	357
			1875	949	926	1233	747	486
			2792	1347	1445	619	302	317
			8752	4596	4156	1301	635	666
			7007	3661	3346	2205	1212	993
			4250	2370	1880	850	578	272
			3632	1893	1739	1107	592	515
			2603	1270	1333	1717	1107	610

7-2 全省按户口登记地、年龄、性别分的

年龄	户口					
	合计			省内		
	合计	男	女	小计	男	女
总计	**13520934**	**7004148**	**6516786**	**12241920**	**6272613**	**5969307**
0-4岁	**633650**	**345630**	**288020**	**594974**	**325081**	**269893**
0	66223	36587	29636	63051	34878	28173
1	113515	61972	51543	106391	58215	48176
2	130008	71221	58787	121519	66678	54841
3	162855	88454	74401	152942	83171	69771
4	161049	87396	73653	151071	82139	68932
5-9岁	**906747**	**500063**	**406684**	**859645**	**475058**	**384587**
5	159915	86963	72952	150428	81913	68515
6	175454	96615	78839	166072	91637	74435
7	180741	99743	80998	171513	94844	76669
8	200826	111250	89576	190797	105936	84861
9	189811	105492	84319	180835	100728	80107
10-14岁	**983568**	**546405**	**437163**	**945960**	**526551**	**419409**
10	188172	104973	83199	179670	100483	79187
11	196233	109063	87170	187897	104619	83278
12	199247	110977	88270	191701	106978	84723
13	193752	107770	85982	186952	104257	82695
14	206164	113622	92542	199740	110214	89526
15-19岁	**1659173**	**889108**	**770065**	**1529929**	**825720**	**704209**
15	299848	163555	136293	292869	159783	133086
16	366943	201269	165674	358174	196345	161829
17	320602	175040	145562	308388	168622	139766
18	319256	168734	150522	279551	149876	129675
19	352524	180510	172014	290947	151094	139853
20-24岁	**1170240**	**600399**	**569841**	**943801**	**484200**	**459601**
20	330074	169022	161052	262036	136315	125721
21	264679	135823	128856	206804	107215	99589
22	222989	115346	107643	180145	92658	87487
23	181923	93385	88538	151112	76306	74806
24	170575	86823	83752	143704	71706	71998
25-29岁	**922046**	**460710**	**461336**	**794569**	**388479**	**406090**
25	175977	89305	86672	149691	74294	75397
26	160400	80513	79887	136659	66974	69685
27	176735	88607	88128	151930	74531	77399
28	190600	94455	96145	165266	80276	84990
29	218334	107830	110504	191023	92404	98619

户口登记地在外乡镇街道的人口

单位：人

登记地					
其中市辖区内人户分离			省外		
小计	男	女	小计	男	女
3886904	**1962289**	**1924615**	**1279014**	**731535**	**547479**
203812	**111028**	**92784**	**38676**	**20549**	**18127**
22419	12305	10114	3172	1709	1463
36952	20158	16794	7124	3757	3367
41876	22882	18994	8489	4543	3946
52064	28255	23809	9913	5283	4630
50501	27428	23073	9978	5257	4721
266924	**146740**	**120184**	**47102**	**25005**	**22097**
49382	26699	22683	9487	5050	4437
51595	28432	23163	9382	4978	4404
52541	28927	23614	9228	4899	4329
58474	32262	26212	10029	5314	4715
54932	30420	24512	8976	4764	4212
283259	**156576**	**126683**	**37608**	**19854**	**17754**
54328	30164	24164	8502	4490	4012
56293	31088	25205	8336	4444	3892
56632	31358	25274	7546	3999	3547
56388	31317	25071	6800	3513	3287
59618	32649	26969	6424	3408	3016
356542	**193182**	**163360**	**129244**	**63388**	**65856**
82564	44758	37806	6979	3772	3207
94683	51489	43194	8769	4924	3845
77849	42671	35178	12214	6418	5796
54322	29723	24599	39705	18858	20847
47124	24541	22583	61577	29416	32161
218719	**110039**	**108680**	**226439**	**116199**	**110240**
42623	22139	20484	68038	32707	35331
40457	20551	19906	57875	28608	29267
45682	22949	22733	42844	22688	20156
44633	22094	22539	30811	17079	13732
45324	22306	23018	26871	15117	11754
262024	**126511**	**135513**	**127477**	**72231**	**55246**
48085	23685	24400	26286	15011	11275
45652	22142	23510	23741	13539	10202
50445	24467	25978	24805	14076	10729
54845	26237	28608	25334	14179	11155
62997	29980	33017	27311	15426	11885

7-2 续表 1

年 龄	户口					
	合 计			省 内		
	合计	男	女	小计	男	女
30-34岁	**1240821**	**605595**	**635226**	**1078529**	**513379**	**565150**
30	279351	136861	142490	244622	117306	127316
31	258476	125858	132618	225145	106856	118289
32	236034	114996	121038	204865	97234	107631
33	251006	122498	128508	217398	103285	114113
34	215954	105382	110572	186499	88698	97801
35-39岁	**960905**	**474970**	**485935**	**843127**	**405841**	**437286**
35	201717	99880	101837	176265	85230	91035
36	207220	102115	105105	182951	88042	94909
37	185044	91218	93826	162516	78070	84446
38	197124	97584	99540	172319	82858	89461
39	169800	84173	85627	149076	71641	77435
40-44岁	**1033350**	**523331**	**510019**	**939494**	**465026**	**474468**
40	159738	79704	80034	141428	68511	72917
41	204070	103139	100931	184329	90848	93481
42	218429	110237	108192	199728	98731	100997
43	217699	110865	106834	199912	99737	100175
44	233414	119386	114028	214097	107199	106898
45-49岁	**1061475**	**555615**	**505860**	**962415**	**490165**	**472250**
45	224029	115603	108426	204633	103234	101399
46	226753	118322	108431	206093	104792	101301
47	221277	116817	104460	201069	103387	97682
48	197743	103892	93851	178168	90816	87352
49	191673	100981	90692	172452	87936	84516
50-54岁	**930035**	**484360**	**445675**	**844791**	**425853**	**418938**
50	199165	104066	95099	179717	90755	88962
51	191166	99799	91367	173277	87624	85653
52	204716	106656	98060	186020	93897	92123
53	160592	83582	77010	146714	73933	72781
54	174396	90257	84139	159063	79644	79419
55-59岁	**699120**	**359525**	**339595**	**644216**	**322801**	**321415**
55	166062	86474	79588	152230	76975	75255
56	155758	79957	75801	143003	71419	71584
57	171727	88920	82807	158075	79703	78372
58	130802	66976	63826	120763	60392	60371
59	74771	37198	37573	70145	34312	35833
60-64岁	**471171**	**238216**	**232955**	**445601**	**222693**	**222908**
60	92546	47000	45546	87724	43993	43731
61	82782	42473	40309	78441	39784	38657
62	100696	51283	49413	95063	47868	47195
63	107992	54300	53692	102019	50717	51302
64	87155	43160	43995	82354	40331	42023

单位：人

登记地					
其中市辖区内人户分离			省　外		
小计	男	女	小计	男	女
351670	**164489**	**187181**	**162292**	**92216**	**70076**
78523	37142	41381	34729	19555	15174
74281	34652	39629	33331	19002	14329
66982	31191	35791	31169	17762	13407
70104	32672	37432	33608	19213	14395
61780	28832	32948	29455	16684	12771
277437	**132148**	**145289**	**117778**	**69129**	**48649**
58377	28091	30286	25452	14650	10802
60432	28743	31689	24269	14073	10196
53611	25437	28174	22528	13148	9380
57750	27401	30349	24805	14726	10079
47267	22476	24791	20724	12532	8192
316892	**154327**	**162565**	**93856**	**58305**	**35551**
45137	21694	23443	18310	11193	7117
61310	29503	31807	19741	12291	7450
68001	33128	34873	18701	11506	7195
69002	33858	35144	17787	11128	6659
73442	36144	37298	19317	12187	7130
336025	**167198**	**168827**	**99060**	**65450**	**33610**
71008	35064	35944	19396	12369	7027
69952	34664	35288	20660	13530	7130
69448	34958	34490	20208	13430	6778
63504	31633	31871	19575	13076	6499
62113	30879	31234	19221	13045	6176
302634	**149841**	**152793**	**85244**	**58507**	**26737**
65484	32461	33023	19448	13311	6137
63192	31192	32000	17889	12175	5714
65876	32773	33103	18696	12759	5937
51523	25439	26084	13878	9649	4229
56559	27976	28583	15333	10613	4720
238809	**119362**	**119447**	**54904**	**36724**	**18180**
55176	27755	27421	13832	9499	4333
54006	26829	27177	12755	8538	4217
60307	30400	29907	13652	9217	4435
43600	21824	21776	10039	6584	3455
25720	12554	13166	4626	2886	1740
166786	**83781**	**83005**	**25570**	**15523**	**10047**
33205	16800	16405	4822	3007	1815
29854	15169	14685	4341	2689	1652
35572	18063	17509	5633	3415	2218
37227	18596	18631	5973	3583	2390
30928	15153	15775	4801	2829	1972

7-2 续表 2

年龄	户口					
	合计			省内		
	合计	男	女	小计	男	女
65-69岁	**369145**	**185786**	**183359**	**350698**	**175357**	**175341**
65	83057	41400	41657	78587	38849	39738
66	85125	42878	42247	80721	40307	40414
67	74330	37254	37076	70549	35095	35454
68	69948	35531	34417	66668	33774	32894
69	56685	28723	27962	54173	27332	26841
70-74岁	**217313**	**111829**	**105484**	**209445**	**107509**	**101936**
70	52421	26935	25486	50316	25786	24530
71	51527	26959	24568	49630	25942	23688
72	42261	21543	20718	40768	20683	20085
73	38178	19730	18448	36888	19026	17862
74	32926	16662	16264	31843	16072	15771
75-79岁	**121393**	**60861**	**60532**	**117529**	**58852**	**58677**
75	28175	14227	13948	27252	13760	13492
76	27318	13925	13393	26453	13464	12989
77	22906	11537	11369	22141	11122	11019
78	21394	10627	10767	20676	10256	10420
79	21600	10545	11055	21007	10250	10757
80-84岁	**80325**	**36662**	**43663**	**78122**	**35604**	**42518**
80	19021	9071	9950	18469	8801	9668
81	16096	7421	8675	15636	7206	8430
82	16756	7739	9017	16304	7527	8777
83	14863	6600	8263	14459	6399	8060
84	13589	5831	7758	13254	5671	7583
85-89岁	**41477**	**17321**	**24156**	**40480**	**16849**	**23631**
85	11069	4596	6473	10801	4474	6327
86	9756	4035	5721	9508	3907	5601
87	8887	3698	5189	8660	3594	5066
88	6273	2603	3670	6121	2531	3590
89	5492	2389	3103	5390	2343	3047
90-94岁	**14488**	**6022**	**8466**	**14193**	**5890**	**8303**
90	4650	2076	2574	4562	2028	2534
91	3246	1316	1930	3166	1280	1886
92	2816	1159	1657	2762	1139	1623
93	2141	832	1309	2098	818	1280
94	1635	639	996	1605	625	980
95-99岁	**3892**	**1529**	**2363**	**3823**	**1504**	**2319**
95	1185	504	681	1164	497	667
96	946	370	576	923	362	561
97	743	288	455	734	285	449
98	535	196	339	530	193	337
99	483	171	312	472	167	305
100岁及以上	**600**	**211**	**389**	**579**	**201**	**378**

单位：人

登记地					
其中市辖区内人户分离			省外		
小计	男	女	小计	男	女
131285	**64847**	**66438**	**18447**	**10429**	**8018**
29266	14445	14821	4470	2551	1919
29910	14838	15072	4404	2571	1833
26322	12909	13413	3781	2159	1622
25112	12444	12668	3280	1757	1523
20675	10211	10464	2512	1391	1121
78600	**39194**	**39406**	**7868**	**4320**	**3548**
18884	9555	9329	2105	1149	956
18637	9340	9297	1897	1017	880
15150	7448	7702	1493	860	633
13854	6896	6958	1290	704	586
12075	5955	6120	1083	590	493
44455	**21386**	**23069**	**3864**	**2009**	**1855**
10156	4920	5236	923	467	456
9936	4825	5111	865	461	404
8403	4066	4337	765	415	350
7931	3815	4116	718	371	347
8029	3760	4269	593	295	298
29676	**13105**	**16571**	**2203**	**1058**	**1145**
6938	3154	3784	552	270	282
6022	2724	3298	460	215	245
6201	2728	3473	452	212	240
5440	2383	3057	404	201	203
5075	2116	2959	335	160	175
15198	**6199**	**8999**	**997**	**472**	**525**
4187	1726	2461	268	122	146
3578	1455	2123	248	128	120
3251	1283	1968	227	104	123
2285	942	1343	152	72	80
1897	793	1104	102	46	56
4946	**1924**	**3022**	**295**	**132**	**163**
1627	697	930	88	48	40
1162	433	729	80	36	44
961	380	581	54	20	34
678	239	439	43	14	29
518	175	343	30	14	16
1081	**376**	**705**	**69**	**25**	**44**
355	134	221	21	7	14
257	91	166	23	8	15
196	63	133	9	3	6
145	46	99	5	3	2
128	42	86	11	4	7
130	**36**	**94**	**21**	**10**	**11**

7-2a 全省按户口登记地、年龄、性别分的

年 龄	户口					
	合 计			省 内		
	合计	男	女	小计	男	女
总 计	**7327320**	**3782878**	**3544442**	**6635929**	**3394498**	**3241431**
0-4岁	**335321**	**183545**	**151776**	**314966**	**172635**	**142331**
0	35384	19571	15813	33728	18675	15053
1	60101	32918	27183	56403	30978	25425
2	69110	38145	30965	64820	35823	28997
3	85977	46821	39156	80699	43942	36757
4	84749	46090	38659	79316	43217	36099
5-9岁	**449199**	**248261**	**200938**	**424812**	**235125**	**189687**
5	82696	45018	37678	77717	42390	35327
6	86998	48042	38956	82135	45407	36728
7	88906	49153	39753	84140	46592	37548
8	98448	54600	43848	93254	51784	41470
9	92151	51448	40703	87566	48952	38614
10-14岁	**467656**	**259440**	**208216**	**448823**	**249345**	**199478**
10	91294	50858	40436	87045	48597	38448
11	93711	52062	41649	89569	49803	39766
12	93382	52011	41371	89596	49974	39622
13	91299	50678	40621	87903	48870	39033
14	97970	53831	44139	94710	52101	42609
15-19岁	**910089**	**477795**	**432294**	**831001**	**439167**	**391834**
15	151349	81519	69830	147289	79381	67908
16	181609	98121	83488	176485	95321	81164
17	164560	88095	76465	157518	84480	73038
18	188362	97305	91057	163928	85626	78302
19	224209	112755	111454	185781	94359	91422
20-24岁	**747569**	**381876**	**365693**	**604908**	**309280**	**295628**
20	216636	109561	107075	173051	88677	84374
21	174673	88612	86061	137359	70300	67059
22	142713	73740	68973	115601	59526	56075
23	111524	57605	53919	92696	47308	45388
24	102023	52358	49665	86201	43469	42732
25-29岁	**532491**	**270359**	**262132**	**463090**	**230476**	**232614**
25	104052	53604	50448	89188	45046	44142
26	94477	47983	46494	81257	40357	40900
27	102408	52148	50260	89147	44477	44670
28	108684	54791	53893	95070	47070	48000
29	122870	61833	61037	108428	53526	54902

户口登记地在外乡镇街道的人口(城市)

单位：人

登记地					
其中市辖区内人户分离			省　外		
小计	男	女	小计	男	女
3651108	**1840068**	**1811040**	**691391**	**388380**	**303011**
192362	**104943**	**87419**	**20355**	**10910**	**9445**
21080	11571	9509	1656	896	760
34701	18948	15753	3698	1940	1758
39502	21643	17859	4290	2322	1968
49331	26796	22535	5278	2879	2399
47748	25985	21763	5433	2873	2560
252961	**139336**	**113625**	**24387**	**13136**	**11251**
46669	25288	21381	4979	2628	2351
48819	26931	21888	4863	2635	2228
49833	27509	22324	4766	2561	2205
55492	30663	24829	5194	2816	2378
52148	28945	23203	4585	2496	2089
267855	**148299**	**119556**	**18833**	**10095**	**8738**
51529	28684	22845	4249	2261	1988
53280	29462	23818	4142	2259	1883
53658	29811	23847	3786	2037	1749
53287	29551	23736	3396	1808	1588
56101	30791	25310	3260	1730	1530
330837	**178306**	**152531**	**79088**	**38628**	**40460**
76662	41374	35288	4060	2138	1922
87275	47105	40170	5124	2800	2324
72727	39747	32980	7042	3615	3427
50457	27453	23004	24434	11679	12755
43716	22627	21089	38428	18396	20032
202283	**101711**	**100572**	**142661**	**72596**	**70065**
39339	20327	19012	43585	20884	22701
37390	18918	18472	37314	18312	19002
42327	21263	21064	27112	14214	12898
41245	20462	20783	18828	10297	8531
41982	20741	21241	15822	8889	6933
243721	**118102**	**125619**	**69401**	**39883**	**29518**
44525	22049	22476	14864	8558	6306
42271	20587	21684	13220	7626	5594
47002	22891	24111	13261	7671	5590
51068	24482	26586	13614	7721	5893
58855	28093	30762	14442	8307	6135

7-2a 续表 1

年 龄	户口					
	合 计			省 内		
	合计	男	女	小计	男	女
30-34岁	**681801**	**339554**	**342247**	**597120**	**290859**	**306261**
30	154924	77555	77369	136551	67053	69498
31	143364	71138	72226	125974	61066	64908
32	129824	64605	65219	113564	55207	58357
33	136359	67998	68361	118850	57858	60992
34	117330	58258	59072	102181	49675	52506
35-39岁	**510937**	**257692**	**253245**	**451283**	**222273**	**229010**
35	109365	55393	53972	96408	47901	48507
36	111613	56078	55535	99252	48845	50407
37	98141	49355	48786	86550	42520	44030
38	104691	52637	52054	92173	45096	47077
39	87127	44229	42898	76900	37911	38989
40-44岁	**536118**	**274385**	**261733**	**491144**	**246302**	**244842**
40	82252	41910	40342	73301	36372	36929
41	106237	54287	51950	96669	48310	48359
42	113060	57807	55253	104152	52270	51882
43	113087	57998	55089	104655	52752	51903
44	121482	62383	59099	112367	56598	55769
45-49岁	**552761**	**288049**	**264712**	**507732**	**258746**	**248986**
45	116446	60262	56184	107610	54671	52939
46	116336	60580	55756	106985	54518	52467
47	114280	60223	54057	105148	54257	50891
48	103832	54009	49823	94949	48175	46774
49	101867	52975	48892	93040	47125	45915
50-54岁	**496253**	**253434**	**242819**	**456937**	**227642**	**229295**
50	106622	54937	51685	97736	49061	48675
51	101945	52170	49775	93711	46777	46934
52	108899	55719	53180	100184	50030	50154
53	85316	43347	41969	78914	39126	39788
54	93471	47261	46210	86392	42648	43744
55-59岁	**388138**	**195536**	**192602**	**360588**	**178702**	**181886**
55	90360	46032	44328	83789	41836	41953
56	87018	43586	43432	80768	39775	40993
57	96659	49128	47531	89672	44823	44849
58	72294	36317	35977	67036	33177	33859
59	41807	20473	21334	39323	19091	20232
60-64岁	**265712**	**133209**	**132503**	**250882**	**124987**	**125895**
60	52712	26495	26217	50048	24985	25063
61	47385	23991	23394	44883	22577	22306
62	57003	28798	28205	53772	27039	26733
63	59933	29923	30010	56425	27983	28442
64	48679	24002	24677	45754	22403	23351

单位：人

登记地					
其中市辖区内人户分离			省　外		
小计	男	女	小计	男	女
330649	**154749**	**175900**	**84681**	**48695**	**35986**
73375	34754	38621	18373	10502	7871
69765	32550	37215	17390	10072	7318
63008	29361	33647	16260	9398	6862
66103	30882	35221	17509	10140	7369
58398	27202	31196	15149	8583	6566
262505	**124998**	**137507**	**59654**	**35419**	**24235**
55217	26560	28657	12957	7492	5465
57339	27294	30045	12361	7233	5128
50705	24060	26645	11591	6835	4756
54668	25910	28758	12518	7541	4977
44576	21174	23402	10227	6318	3909
298643	**145401**	**153242**	**44974**	**28083**	**16891**
42661	20500	22161	8951	5538	3413
57926	27881	30045	9568	5977	3591
64019	31219	32800	8908	5537	3371
65011	31891	33120	8432	5246	3186
69026	33910	35116	9115	5785	3330
315029	**156641**	**158388**	**45029**	**29303**	**15726**
66508	32851	33657	8836	5591	3245
65468	32417	33051	9351	6062	3289
65116	32844	32272	9132	5966	3166
59544	29596	29948	8883	5834	3049
58393	28933	29460	8827	5850	2977
284496	**140173**	**144323**	**39316**	**25792**	**13524**
61714	30464	31250	8886	5876	3010
59245	29127	30118	8234	5393	2841
61913	30702	31211	8715	5689	3026
48403	23774	24629	6402	4221	2181
53221	26106	27115	7079	4613	2466
226585	**112670**	**113915**	**27550**	**16834**	**10716**
52072	26075	25997	6571	4196	2375
51238	25334	25904	6250	3811	2439
57348	28763	28585	6987	4305	2682
41390	20589	20801	5258	3140	2118
24537	11909	12628	2484	1382	1102
158762	**79355**	**79407**	**14830**	**8222**	**6608**
31760	16000	15760	2664	1510	1154
28427	14365	14062	2502	1414	1088
33843	17076	16767	3231	1759	1472
35396	17591	17805	3508	1940	1568
29336	14323	15013	2925	1599	1326

7-2a 续表 2

年 龄	户口					
	合 计			省 内		
	合计	男	女	小计	男	女
65-69岁	**202860**	**100918**	**101942**	**191514**	**94933**	**96581**
65	45877	22705	23172	43160	21288	21872
66	46999	23456	23543	44278	21997	22281
67	40844	20221	20623	38489	18958	19531
68	38239	19062	19177	36241	18048	18193
69	30901	15474	15427	29346	14642	14704
70-74岁	**114941**	**57728**	**57213**	**110050**	**55099**	**54951**
70	28177	14271	13906	26829	13551	13278
71	27319	13815	13504	26136	13198	12938
72	22183	10991	11192	21262	10483	10779
73	19961	10077	9884	19196	9663	9533
74	17301	8574	8727	16627	8204	8423
75-79岁	**62904**	**30311**	**32593**	**60594**	**29109**	**31485**
75	14623	7153	7470	14058	6861	7197
76	14045	6850	7195	13541	6584	6957
77	11850	5763	6087	11386	5521	5865
78	11190	5340	5850	10760	5123	5637
79	11196	5205	5991	10849	5020	5829
80-84岁	**41465**	**18250**	**23215**	**40182**	**17644**	**22538**
80	9802	4472	5330	9502	4334	5168
81	8397	3737	4660	8121	3609	4512
82	8583	3785	4798	8326	3668	4658
83	7600	3314	4286	7366	3193	4173
84	7083	2942	4141	6867	2840	4027
85-89岁	**21624**	**8810**	**12814**	**21036**	**8534**	**12502**
85	5761	2347	3414	5593	2272	3321
86	5089	2079	3010	4950	2004	2946
87	4688	1890	2798	4552	1823	2729
88	3290	1319	1971	3203	1283	1920
89	2796	1175	1621	2738	1152	1586
90-94岁	**7355**	**2968**	**4387**	**7188**	**2898**	**4290**
90	2405	1049	1356	2354	1023	1331
91	1711	680	1031	1664	662	1002
92	1439	580	859	1411	570	841
93	1017	380	637	995	372	623
94	783	279	504	764	271	493
95-99岁	**1861**	**680**	**1181**	**1825**	**668**	**1157**
95	570	225	345	559	220	339
96	447	163	284	436	162	274
97	357	133	224	351	131	220
98	266	89	177	262	86	176
99	221	70	151	217	69	148
100岁及以上	**265**	**78**	**187**	**254**	**74**	**180**

单位：人

登记地					
其中市辖区内人户分离			省外		
小计	男	女	小计	男	女
123639	**60682**	**62957**	**11346**	**5985**	**5361**
27709	13637	14072	2717	1417	1300
28315	13975	14340	2721	1459	1262
24771	12056	12715	2355	1263	1092
23545	11570	11975	1998	1014	984
19299	9444	9855	1555	832	723
72744	**35723**	**37021**	**4891**	**2629**	**2262**
17582	8780	8802	1348	720	628
17265	8532	8733	1183	617	566
13994	6760	7234	921	508	413
12759	6259	6500	765	414	351
11144	5392	5752	674	370	304
40901	**19265**	**21636**	**2310**	**1202**	**1108**
9379	4468	4911	565	292	273
9110	4336	4774	504	266	238
7707	3654	4053	464	242	222
7318	3429	3889	430	217	213
7387	3378	4009	347	185	162
27404	**11912**	**15492**	**1283**	**606**	**677**
6375	2861	3514	300	138	162
5567	2465	3102	276	128	148
5732	2478	3254	257	117	140
5024	2171	2853	234	121	113
4706	1937	2769	216	102	114
14051	**5674**	**8377**	**588**	**276**	**312**
3859	1568	2291	168	75	93
3315	1344	1971	139	75	64
3027	1172	1855	136	67	69
2101	856	1245	87	36	51
1749	734	1015	58	23	35
4571	**1754**	**2817**	**167**	**70**	**97**
1514	638	876	51	26	25
1081	405	676	47	18	29
897	348	549	28	10	18
607	210	397	22	8	14
472	153	319	19	8	11
992	**343**	**649**	**36**	**12**	**24**
323	117	206	11	5	6
232	84	148	11	1	10
179	58	121	6	2	4
134	43	91	4	3	1
124	41	83	4	1	3
118	**31**	**87**	**11**	**4**	**7**

7-2b 全省按户口登记地、年龄、性别分的

年龄	户口					
	合计			省内		
	合计	男	女	小计	男	女
总计	**5257488**	**2703327**	**2554161**	**4848598**	**2467731**	**2380867**
0-4岁	**262359**	**143115**	**119244**	**249641**	**136344**	**113297**
0	26715	14800	11915	25697	14257	11440
1	46301	25324	20977	43954	24059	19895
2	53090	28880	24210	50197	27353	22844
3	68423	37224	31199	65150	35497	29653
4	67830	36887	30943	64643	35178	29465
5-9岁	**414322**	**229049**	**185273**	**398078**	**220449**	**177629**
5	68883	37589	31294	65757	35873	29884
6	80180	44197	35983	76933	42509	34424
7	83394	46150	37244	80179	44440	35739
8	93222	51777	41445	89674	49920	39754
9	88643	49336	39307	85535	47707	37828
10-14岁	**468648**	**261561**	**207087**	**454942**	**254383**	**200559**
10	88201	49481	38720	85074	47838	37236
11	93311	52112	41199	90279	50496	39783
12	96494	53897	42597	93735	52472	41263
13	93180	52068	41112	90712	50823	39889
14	97462	54003	43459	95142	52754	42388
15-19岁	**642165**	**351413**	**290752**	**602279**	**332023**	**270256**
15	130683	72040	58643	128419	70784	57635
16	160544	88997	71547	157932	87510	70422
17	135195	75075	60120	131328	73024	58304
18	110152	59847	50305	97896	54176	43720
19	105591	55454	50137	86704	46529	40175
20-24岁	**339049**	**174704**	**164345**	**275347**	**141789**	**133558**
20	92653	48191	44462	72766	38637	34129
21	72893	38080	34813	56394	29864	26530
22	63763	33026	30737	52049	26732	25317
23	55585	28150	27435	47350	23481	23869
24	54155	27257	26898	46788	23075	23713
25-29岁	**312845**	**152468**	**160377**	**275278**	**131223**	**144055**
25	56294	28040	28254	48820	23735	25085
26	51956	25583	26373	45161	21737	23424
27	59310	29009	30301	51964	24845	27119
28	66304	32017	34287	58792	27801	30991
29	78981	37819	41162	70541	33105	37436

户口登记地在外乡镇街道的人口(镇)

单位：人

登记地					
其中市辖区内人户分离			省外		
小计	男	女	小计	男	女
111587	**56859**	**54728**	**408890**	**235596**	**173294**
5547	**2934**	**2613**	**12718**	**6771**	**5947**
647	352	295	1018	543	475
1071	582	489	2347	1265	1082
1085	558	527	2893	1527	1366
1385	745	640	3273	1727	1546
1359	697	662	3187	1709	1478
7299	**3909**	**3390**	**16244**	**8600**	**7644**
1381	735	646	3126	1716	1410
1500	814	686	3247	1688	1559
1402	731	671	3215	1710	1505
1552	842	710	3548	1857	1691
1464	787	677	3108	1629	1479
8151	**4342**	**3809**	**13706**	**7178**	**6528**
1513	795	718	3127	1643	1484
1614	863	751	3032	1616	1416
1544	781	763	2759	1425	1334
1620	931	689	2468	1245	1223
1860	972	888	2320	1249	1071
13472	**7525**	**5947**	**39886**	**19390**	**20496**
3174	1761	1413	2264	1256	1008
3627	1981	1646	2612	1487	1125
2691	1424	1267	3867	2051	1816
2153	1276	877	12256	5671	6585
1827	1083	744	18887	8925	9962
7587	**4121**	**3466**	**63702**	**32915**	**30787**
1769	1051	718	19887	9554	10333
1447	832	615	16499	8216	8283
1501	827	674	11714	6294	5420
1423	698	725	8235	4669	3566
1447	713	734	7367	4182	3185
7782	**3690**	**4092**	**37567**	**21245**	**16322**
1455	697	758	7474	4305	3169
1440	676	764	6795	3846	2949
1435	685	750	7346	4164	3182
1648	807	841	7512	4216	3296
1804	825	979	8440	4714	3726

7-2b 续表 1

年龄	合计			户口 省内		
	合计	男	女	小计	男	女
30-34岁	**475563**	**223588**	**251975**	**422510**	**193719**	**228791**
30	104500	49313	55187	93515	43208	50307
31	97481	45861	51620	86613	39708	46905
32	90773	42566	48207	80507	36776	43731
33	98179	46056	52123	87141	39841	47300
34	84630	39792	44838	74734	34186	40548
35-39岁	**389371**	**185250**	**204121**	**349101**	**162119**	**186982**
35	79641	37802	41839	70988	32903	38085
36	82965	39497	43468	74691	34719	39972
37	75212	35715	39497	67642	31405	36237
38	79705	38156	41549	71224	33241	37983
39	71848	34080	37768	64556	29851	34705
40-44岁	**428785**	**211681**	**217104**	**395605**	**191344**	**204261**
40	67005	32176	34829	60574	28322	32252
41	84767	41722	43045	77798	37456	40342
42	91107	44813	46294	84462	40798	43664
43	89932	44827	45105	83622	40877	42745
44	95974	48143	47831	89149	43891	45258
45-49岁	**429929**	**222180**	**207749**	**394244**	**198587**	**195657**
45	91880	46650	45230	84892	42198	42694
46	93729	48335	45394	86237	43434	42803
47	90583	47061	43522	83227	42168	41059
48	78861	41059	37802	71755	36336	35419
49	74876	39075	35801	68133	34451	33682
50-54岁	**360613**	**186507**	**174106**	**331308**	**166034**	**165274**
50	76829	39768	37061	70048	35077	34971
51	73882	38465	35417	67649	34156	33493
52	79768	41201	38567	73454	36796	36658
53	62734	32423	30311	57974	29064	28910
54	67400	34650	32750	62183	30941	31242
55-59岁	**261681**	**132973**	**128708**	**244004**	**120519**	**123485**
55	63323	32663	30660	58661	29353	29308
56	57591	29377	28214	53311	26337	26974
57	63124	32244	30880	58858	29200	29658
58	49631	25042	24589	46526	22884	23642
59	28012	13647	14365	26648	12745	13903
60-64岁	**174321**	**86156**	**88165**	**167144**	**81475**	**85669**
60	34091	16952	17139	32656	15995	16661
61	30014	15169	14845	28789	14359	14430
62	37050	18426	18624	35463	17376	18087
63	40810	20037	20773	39143	18963	20180
64	32356	15572	16784	31093	14782	16311

单位：人

登记地

其中市辖区内人户分离			省外		
小计	男	女	小计	男	女
9540	**4446**	**5094**	**53053**	**29869**	**23184**
2250	1046	1204	10985	6105	4880
2015	935	1080	10868	6153	4715
1857	884	973	10266	5790	4476
1834	830	1004	11038	6215	4823
1584	751	833	9896	5606	4290
7215	**3357**	**3858**	**40270**	**23131**	**17139**
1504	726	778	8653	4899	3754
1498	687	811	8274	4778	3496
1417	658	759	7570	4310	3260
1507	698	809	8481	4915	3566
1289	588	701	7292	4229	3063
8663	**4141**	**4522**	**33180**	**20337**	**12843**
1194	553	641	6431	3854	2577
1681	783	898	6969	4266	2703
1866	892	974	6645	4015	2630
1862	908	954	6310	3950	2360
2060	1005	1055	6825	4252	2573
10027	**4879**	**5148**	**35685**	**23593**	**12092**
2106	1009	1097	6988	4452	2536
2131	1021	1110	7492	4901	2591
2091	972	1119	7356	4893	2463
1949	984	965	7106	4723	2383
1750	893	857	6743	4624	2119
8516	**4377**	**4139**	**29305**	**20473**	**8832**
1822	934	888	6781	4691	2090
1843	905	938	6233	4309	1924
1878	981	897	6314	4405	1909
1451	739	712	4760	3359	1401
1522	818	704	5217	3709	1508
5919	**3158**	**2761**	**17677**	**12454**	**5223**
1490	819	671	4662	3310	1352
1356	695	661	4280	3040	1240
1408	751	657	4266	3044	1222
1095	596	499	3105	2158	947
570	297	273	1364	902	462
3752	**1958**	**1794**	**7177**	**4681**	**2496**
706	357	349	1435	957	478
661	350	311	1225	810	415
804	442	362	1587	1050	537
833	449	384	1667	1074	593
748	360	388	1263	790	473

7-2b 续表 2

年龄	户口					
	合计			省内		
	合计	男	女	小计	男	女
65-69岁	**134579**	**65960**	**68619**	**129785**	**63053**	**66732**
65	30961	15124	15837	29765	14386	15379
66	31370	15399	15971	30266	14693	15573
67	27151	13244	13907	26158	12649	13509
68	25005	12430	12575	24153	11935	12218
69	20092	9763	10329	19443	9390	10053
70-74岁	**76476**	**37859**	**38617**	**74484**	**36745**	**37739**
70	18654	9222	9432	18148	8936	9212
71	18283	9364	8919	17805	9105	8700
72	15008	7354	7654	14626	7116	7510
73	13284	6547	6737	12932	6361	6571
74	11247	5372	5875	10973	5227	5746
75-79岁	**41123**	**19735**	**21388**	**40114**	**19228**	**20886**
75	9648	4634	5014	9420	4527	4893
76	9356	4565	4791	9122	4443	4679
77	7770	3708	4062	7573	3601	3972
78	7104	3382	3722	6917	3279	3638
79	7245	3446	3799	7082	3378	3704
80-84岁	**27103**	**11808**	**15295**	**26517**	**11525**	**14992**
80	6418	2926	3492	6259	2848	3411
81	5402	2394	3008	5286	2337	2949
82	5729	2567	3162	5604	2509	3095
83	5101	2096	3005	4994	2046	2948
84	4453	1825	2628	4374	1785	2589
85-89岁	**13096**	**5179**	**7917**	**12851**	**5077**	**7774**
85	3589	1405	2184	3528	1379	2149
86	3106	1195	1911	3044	1172	1872
87	2756	1108	1648	2693	1084	1609
88	1890	747	1143	1857	728	1129
89	1755	724	1031	1729	714	1015
90-94岁	**4264**	**1699**	**2565**	**4196**	**1663**	**2533**
90	1378	578	800	1354	563	791
91	944	362	582	930	355	575
92	817	330	487	804	322	482
93	648	246	402	636	243	393
94	477	183	294	472	180	292
95-99岁	**1052**	**392**	**660**	**1031**	**384**	**647**
95	319	135	184	311	133	178
96	270	87	183	263	83	180
97	188	64	124	187	63	124
98	137	54	83	136	54	82
99	138	52	86	134	51	83
100岁及以上	**144**	**50**	**94**	**139**	**48**	**91**

单位：人

登记地					
其中市辖区内人户分离			省外		
小计	男	女	小计	男	女
3277	**1664**	**1613**	**4794**	**2907**	**1887**
698	348	350	1196	738	458
687	331	356	1104	706	398
704	360	344	993	595	398
643	344	299	852	495	357
545	281	264	649	373	276
2179	**1111**	**1068**	**1992**	**1114**	**878**
522	270	252	506	286	220
502	243	259	478	259	219
431	223	208	382	238	144
397	214	183	352	186	166
327	161	166	274	145	129
1245	**647**	**598**	**1009**	**507**	**502**
288	143	145	228	107	121
279	149	130	234	122	112
268	140	128	197	107	90
193	105	88	187	103	84
217	110	107	163	68	95
852	**373**	**479**	**586**	**283**	**303**
218	93	125	159	78	81
161	80	81	116	57	59
178	73	105	125	58	67
160	70	90	107	50	57
135	57	78	79	40	39
424	**175**	**249**	**245**	**102**	**143**
118	50	68	61	26	35
101	42	59	62	23	39
82	36	46	63	24	39
64	25	39	33	19	14
59	22	37	26	10	16
118	**46**	**72**	**68**	**36**	**32**
39	15	24	24	15	9
24	6	18	14	7	7
26	12	14	13	8	5
17	8	9	12	3	9
12	5	7	5	3	2
16	**4**	**12**	**21**	**8**	**13**
5	1	4	8	2	6
5	2	3	7	4	3
5	1	4	1	1	
1		1	1		1
			4	1	3
6	**2**	**4**	**5**	**2**	**3**

7-2c 全省按户口登记地、年龄、性别分的

年龄	户口					
	合计			省内		
	合计	男	女	小计	男	女
总计	**936126**	**517943**	**418183**	**757393**	**410384**	**347009**
0-4岁	**35970**	**18970**	**17000**	**30367**	**16102**	**14265**
0	4124	2216	1908	3626	1946	1680
1	7113	3730	3383	6034	3178	2856
2	7808	4196	3612	6502	3502	3000
3	8455	4409	4046	7093	3732	3361
4	8470	4419	4051	7112	3744	3368
5-9岁	**43226**	**22753**	**20473**	**36755**	**19484**	**17271**
5	8336	4356	3980	6954	3650	3304
6	8276	4376	3900	7004	3721	3283
7	8441	4440	4001	7194	3812	3382
8	9156	4873	4283	7869	4232	3637
9	9017	4708	4309	7734	4069	3665
10-14岁	**47264**	**25404**	**21860**	**42195**	**22823**	**19372**
10	8677	4634	4043	7551	4048	3503
11	9211	4889	4322	8049	4320	3729
12	9371	5069	4302	8370	4532	3838
13	9273	5024	4249	8337	4564	3773
14	10732	5788	4944	9888	5359	4529
15-19岁	**106919**	**59900**	**47019**	**96649**	**54530**	**42119**
15	17816	9996	7820	17161	9618	7543
16	24790	14151	10639	23757	13514	10243
17	20847	11870	8977	19542	11118	8424
18	20742	11582	9160	17727	10074	7653
19	22724	12301	10423	18462	10206	8256
20-24岁	**83622**	**43819**	**39803**	**63546**	**33131**	**30415**
20	20785	11270	9515	16219	9001	7218
21	17113	9131	7982	13051	7051	6000
22	16513	8580	7933	12495	6400	6095
23	14814	7630	7184	11066	5517	5549
24	14397	7208	7189	10715	5162	5553
25-29岁	**76710**	**37883**	**38827**	**56201**	**26780**	**29421**
25	15631	7661	7970	11683	5513	6170
26	13967	6947	7020	10241	4880	5361
27	15017	7450	7567	10819	5209	5610
28	15612	7647	7965	11404	5405	5999
29	16483	8178	8305	12054	5773	6281

户口登记地在外乡镇街道的人口(乡村)

单位：人

登记地					
其中市辖区内人户分离			省外		
小计	男	女	小计	男	女
124209	**65362**	**58847**	**178733**	**107559**	**71174**
5903	**3151**	**2752**	**5603**	**2868**	**2735**
692	382	310	498	270	228
1180	628	552	1079	552	527
1289	681	608	1306	694	612
1348	714	634	1362	677	685
1394	746	648	1358	675	683
6664	**3495**	**3169**	**6471**	**3269**	**3202**
1332	676	656	1382	706	676
1276	687	589	1272	655	617
1306	687	619	1247	628	619
1430	757	673	1287	641	646
1320	688	632	1283	639	644
7253	**3935**	**3318**	**5069**	**2581**	**2488**
1286	685	601	1126	586	540
1399	763	636	1162	569	593
1430	766	664	1001	537	464
1481	835	646	936	460	476
1657	886	771	844	429	415
12233	**7351**	**4882**	**10270**	**5370**	**4900**
2728	1623	1105	655	378	277
3781	2403	1378	1033	637	396
2431	1500	931	1305	752	553
1712	994	718	3015	1508	1507
1581	831	750	4262	2095	2167
8849	**4207**	**4642**	**20076**	**10688**	**9388**
1515	761	754	4566	2269	2297
1620	801	819	4062	2080	1982
1854	859	995	4018	2180	1838
1965	934	1031	3748	2113	1635
1895	852	1043	3682	2046	1636
10521	**4719**	**5802**	**20509**	**11103**	**9406**
2105	939	1166	3948	2148	1800
1941	879	1062	3726	2067	1659
2008	891	1117	4198	2241	1957
2129	948	1181	4208	2242	1966
2338	1062	1276	4429	2405	2024

7-2c 续表 1

年 龄	户口					
	合 计			省 内		
	合计	男	女	小计	男	女
30-34岁	**83457**	**42453**	**41004**	**58899**	**28801**	**30098**
30	19927	9993	9934	14556	7045	7511
31	17631	8859	8772	12558	6082	6476
32	15437	7825	7612	10794	5251	5543
33	16468	8444	8024	11407	5586	5821
34	13994	7332	6662	9584	4837	4747
35-39岁	**60597**	**32028**	**28569**	**42743**	**21449**	**21294**
35	12711	6685	6026	8869	4426	4443
36	12642	6540	6102	9008	4478	4530
37	11691	6148	5543	8324	4145	4179
38	12728	6791	5937	8922	4521	4401
39	10825	5864	4961	7620	3879	3741
40-44岁	**68447**	**37265**	**31182**	**52745**	**27380**	**25365**
40	10481	5618	4863	7553	3817	3736
41	13066	7130	5936	9862	5082	4780
42	14262	7617	6645	11114	5663	5451
43	14680	8040	6640	11635	6108	5527
44	15958	8860	7098	12581	6710	5871
45-49岁	**78785**	**45386**	**33399**	**60439**	**32832**	**27607**
45	15703	8691	7012	12131	6365	5766
46	16688	9407	7281	12871	6840	6031
47	16414	9533	6881	12694	6962	5732
48	15050	8824	6226	11464	6305	5159
49	14930	8931	5999	11279	6360	4919
50-54岁	**73169**	**44419**	**28750**	**56546**	**32177**	**24369**
50	15714	9361	6353	11933	6617	5316
51	15339	9164	6175	11917	6691	5226
52	16049	9736	6313	12382	7071	5311
53	12542	7812	4730	9826	5743	4083
54	13525	8346	5179	10488	6055	4433
55-59岁	**49301**	**31016**	**18285**	**39624**	**23580**	**16044**
55	12379	7779	4600	9780	5786	3994
56	11149	6994	4155	8924	5307	3617
57	11944	7548	4396	9545	5680	3865
58	8877	5617	3260	7201	4331	2870
59	4952	3078	1874	4174	2476	1698
60-64岁	**31138**	**18851**	**12287**	**27575**	**16231**	**11344**
60	5743	3553	2190	5020	3013	2007
61	5383	3313	2070	4769	2848	1921
62	6643	4059	2584	5828	3453	2375
63	7249	4340	2909	6451	3771	2680
64	6120	3586	2534	5507	3146	2361

单位：人

登记地					
其中市辖区内人户分离			省外		
小计	男	女	小计	男	女
11481	**5294**	**6187**	**24558**	**13652**	**10906**
2898	1342	1556	5371	2948	2423
2501	1167	1334	5073	2777	2296
2117	946	1171	4643	2574	2069
2167	960	1207	5061	2858	2203
1798	879	919	4410	2495	1915
7717	**3793**	**3924**	**17854**	**10579**	**7275**
1656	805	851	3842	2259	1583
1595	762	833	3634	2062	1572
1489	719	770	3367	2003	1364
1575	793	782	3806	2270	1536
1402	714	688	3205	1985	1220
9586	**4785**	**4801**	**15702**	**9885**	**5817**
1282	641	641	2928	1801	1127
1703	839	864	3204	2048	1156
2116	1017	1099	3148	1954	1194
2129	1059	1070	3045	1932	1113
2356	1229	1127	3377	2150	1227
10969	**5678**	**5291**	**18346**	**12554**	**5792**
2394	1204	1190	3572	2326	1246
2353	1226	1127	3817	2567	1250
2241	1142	1099	3720	2571	1149
2011	1053	958	3586	2519	1067
1970	1053	917	3651	2571	1080
9622	**5291**	**4331**	**16623**	**12242**	**4381**
1948	1063	885	3781	2744	1037
2104	1160	944	3422	2473	949
2085	1090	995	3667	2665	1002
1669	926	743	2716	2069	647
1816	1052	764	3037	2291	746
6305	**3534**	**2771**	**9677**	**7436**	**2241**
1614	861	753	2599	1993	606
1412	800	612	2225	1687	538
1551	886	665	2399	1868	531
1115	639	476	1676	1286	390
613	348	265	778	602	176
4272	**2468**	**1804**	**3563**	**2620**	**943**
739	443	296	723	540	183
766	454	312	614	465	149
925	545	380	815	606	209
998	556	442	798	569	229
844	470	374	613	440	173

7-2c 续表 2

年龄	户口					
	合计			省内		
	合计	男	女	小计	男	女
65-69岁	**31706**	**18908**	**12798**	**29399**	**17371**	**12028**
65	6219	3571	2648	5662	3175	2487
66	6756	4023	2733	6177	3617	2560
67	6335	3789	2546	5902	3488	2414
68	6704	4039	2665	6274	3791	2483
69	5692	3486	2206	5384	3300	2084
70-74岁	**25896**	**16242**	**9654**	**24911**	**15665**	**9246**
70	5590	3442	2148	5339	3299	2040
71	5925	3780	2145	5689	3639	2050
72	5070	3198	1872	4880	3084	1796
73	4933	3106	1827	4760	3002	1758
74	4378	2716	1662	4243	2641	1602
75-79岁	**17366**	**10815**	**6551**	**16821**	**10515**	**6306**
75	3904	2440	1464	3774	2372	1402
76	3917	2510	1407	3790	2437	1353
77	3286	2066	1220	3182	2000	1182
78	3100	1905	1195	2999	1854	1145
79	3159	1894	1265	3076	1852	1224
80-84岁	**11757**	**6604**	**5153**	**11423**	**6435**	**4988**
80	2801	1673	1128	2708	1619	1089
81	2297	1290	1007	2229	1260	969
82	2444	1387	1057	2374	1350	1024
83	2162	1190	972	2099	1160	939
84	2053	1064	989	2013	1046	967
85-89岁	**6757**	**3332**	**3425**	**6593**	**3238**	**3355**
85	1719	844	875	1680	823	857
86	1561	761	800	1514	731	783
87	1443	700	743	1415	687	728
88	1093	537	556	1061	520	541
89	941	490	451	923	477	446
90-94岁	**2869**	**1355**	**1514**	**2809**	**1329**	**1480**
90	867	449	418	854	442	412
91	591	274	317	572	263	309
92	560	249	311	547	247	300
93	476	206	270	467	203	264
94	375	177	198	369	174	195
95-99岁	**979**	**457**	**522**	**967**	**452**	**515**
95	296	144	152	294	144	150
96	229	120	109	224	117	107
97	198	91	107	196	91	105
98	132	53	79	132	53	79
99	124	49	75	121	47	74
100岁及以上	**191**	**83**	**108**	**186**	**79**	**107**

单位：人

登记地					
其中市辖区内人户分离			省　　外		
小计	男	女	小计	男	女
4369	**2501**	**1868**	**2307**	**1537**	**770**
859	460	399	557	396	161
908	532	376	579	406	173
847	493	354	433	301	132
924	530	394	430	248	182
831	486	345	308	186	122
3677	**2360**	**1317**	**985**	**577**	**408**
780	505	275	251	143	108
870	565	305	236	141	95
725	465	260	190	114	76
698	423	275	173	104	69
604	402	202	135	75	60
2309	**1474**	**835**	**545**	**300**	**245**
489	309	180	130	68	62
547	340	207	127	73	54
428	272	156	104	66	38
420	281	139	101	51	50
425	272	153	83	42	41
1420	**820**	**600**	**334**	**169**	**165**
345	200	145	93	54	39
294	179	115	68	30	38
291	177	114	70	37	33
256	142	114	63	30	33
234	122	112	40	18	22
723	**350**	**373**	**164**	**94**	**70**
210	108	102	39	21	18
162	69	93	47	30	17
142	75	67	28	13	15
120	61	59	32	17	15
89	37	52	18	13	5
257	**124**	**133**	**60**	**26**	**34**
74	44	30	13	7	6
57	22	35	19	11	8
38	20	18	13	2	11
54	21	33	9	3	6
34	17	17	6	3	3
73	**29**	**44**	**12**	**5**	**7**
27	16	11	2		2
20	5	15	5	3	2
12	4	8	2		2
10	3	7			
4	1	3	3	2	1
6	**3**	**3**	**5**	**4**	**1**

7-3 全省按现住地、性别分的户口登记地在外省的人口

单位：人

现住地	户口登记地 合计 合计	合计 男	合计 女	北京 小计	北京 男	北京 女
全　省	**1279014**	**731535**	**547479**	**5404**	**3287**	**2117**
南昌市	**448964**	**257700**	**191264**	**2659**	**1675**	**984**
东湖区	39919	23406	16513	293	152	141
西湖区	31338	18549	12789	195	114	81
青云谱区	18920	11306	7614	117	66	51
青山湖区	129111	73694	55417	615	387	228
新建区	36444	21752	14692	255	220	35
红谷滩区	77330	44625	32705	669	444	225
南昌县	90904	49083	41821	485	272	213
安义县	18243	11497	6746	18	12	6
进贤县	6755	3788	2967	12	8	4
景德镇市	**50225**	**26628**	**23597**	**230**	**112**	**118**
昌江区	9670	5757	3913	41	25	16
珠山区	16592	8790	7802	106	53	53
浮梁县	16606	8221	8385	64	23	41
乐平市	7357	3860	3497	19	11	8
萍乡市	**43898**	**24569**	**19329**	**140**	**73**	**67**
安源区	20534	10907	9627	80	41	39
湘东区	5961	3626	2335	9	6	3
莲花县	5277	3180	2097	14	9	5
上栗县	7608	4225	3383	23	11	12
芦溪县	4518	2631	1887	14	6	8
九江市	**157666**	**87193**	**70473**	**510**	**304**	**206**
濂溪区	27087	13876	13211	85	56	29
浔阳区	26811	14360	12451	146	80	66
柴桑区	17930	11471	6459	24	19	5
武宁县	7382	3991	3391	30	15	15
修水县	6109	2969	3140	25	15	10
永修县	9998	6010	3988	55	32	23
德安县	7788	4276	3512	10	6	4
都昌县	4641	2570	2071	34	24	10
湖口县	5534	3566	1968	15	11	4
彭泽县	11757	8494	3263	6	5	1
瑞昌市	8863	5045	3818	39	23	16
共青城市	21197	9101	12096	34	15	19
庐山市	2569	1464	1105	7	3	4
新余市	**29193**	**16787**	**12406**	**114**	**65**	**49**
渝水区	25583	14721	10862	94	55	39
分宜县	3610	2066	1544	20	10	10
鹰潭市	**27516**	**15910**	**11606**	**78**	**46**	**32**
月湖区	11004	6226	4778	43	25	18
余江区	6246	3693	2553	9	5	4
贵溪市	10266	5991	4275	26	16	10
赣州市	**194169**	**117444**	**76725**	**444**	**287**	**157**
章贡区	66475	37833	28642	211	130	81
南康区	24591	16161	8430	47	31	16
赣县区	16194	10918	5276	27	21	6
信丰县	13674	8871	4803	15	11	4
大余县	5365	3136	2229	4	3	1
上犹县	2908	1556	1352	6	5	1
崇义县	1919	1024	895	7	4	3
安远县	3081	1793	1288	10	7	3
定南县	7864	4846	3018	8	4	4
全南县	5405	3134	2271	9	7	2

7-3　续表 1　　单位：人

现住地	户口登记地					
	合计			北京		
	合计	男	女	小计	男	女
宁都县	6238	3590	2648	10	7	3
于都县	7055	4289	2766	23	14	9
兴国县	6714	4012	2702	15	11	4
会昌县	3253	1710	1543	9	5	4
寻乌县	3564	1888	1676	6	2	4
石城县	2219	1283	936	11	7	4
瑞金市	5487	3130	2357	13	9	4
龙南市	12163	8270	3893	13	9	4
吉安市	**69971**	**39156**	**30815**	**223**	**127**	**96**
吉州区	9633	5166	4467	81	39	42
青原区	10082	4899	5183	38	20	18
吉安县	14128	8334	5794	22	15	7
吉水县	4535	2659	1876	12	9	3
峡江县	1837	1084	753	1		1
新干县	3505	2188	1317	13	8	5
永丰县	2927	1647	1280	4	3	1
泰和县	4240	2346	1894	18	11	7
遂川县	4032	2343	1689	10	7	3
万安县	2771	1586	1185	2	1	1
安福县	4062	2340	1722	10	5	5
永新县	4974	2801	2173	7	6	1
井冈山市	3245	1763	1482	5	3	2
宜春市	**94542**	**54078**	**40464**	**409**	**250**	**159**
袁州区	31481	16263	15218	199	109	90
奉新县	5512	3116	2396	11	8	3
万载县	5462	2944	2518	13	6	7
上高县	5440	3162	2278	20	13	7
宜丰县	7840	4685	3155	15	9	6
靖安县	3469	2310	1159	19	13	6
铜鼓县	2047	1059	988	6	2	4
丰城市	11126	6657	4469	25	15	10
樟树市	6454	3782	2672	22	12	10
高安市	15711	10100	5611	79	63	16
抚州市	**58115**	**32453**	**25662**	**227**	**124**	**103**
临川区	24426	13154	11272	127	67	60
东乡区	5501	3351	2150	28	18	10
南城县	3328	1907	1421	7	6	1
黎川县	3425	1957	1468	5	3	2
南丰县	2980	1485	1495	10	5	5
崇仁县	2536	1388	1148	11	7	4
乐安县	2114	1236	878	6	3	3
宜黄县	5531	3449	2082	7	4	3
金溪县	2533	1452	1081	11	5	6
资溪县	3450	1755	1695	6	2	4
广昌县	2291	1319	972	9	4	5
上饶市	**104755**	**59617**	**45138**	**370**	**224**	**146**
信州区	23841	13198	10643	156	93	63
广丰区	9818	4839	4979	20	13	7
广信区	16715	10512	6203	44	28	16
玉山县	11213	5495	5718	31	17	14
铅山县	3448	1940	1508	9	6	3
横峰县	3688	2337	1351	4	1	3
弋阳县	4479	2633	1846	6	4	2
余干县	5342	3044	2298	22	13	9
鄱阳县	9341	5301	4040	21	12	9
万年县	4147	2461	1686	10	6	4
婺源县	4431	2357	2074	28	18	10
德兴市	8292	5500	2792	19	13	6

7－3 续表 2 单位：人

现住地	户口登记地								
	天津			河北			山西		
	小计	男	女	小计	男	女	小计	男	女
全 省	**6504**	**3642**	**2862**	**31338**	**18298**	**13040**	**15640**	**8863**	**6777**
南昌市	**2434**	**1374**	**1060**	**15305**	**8717**	**6588**	**7509**	**4095**	**3414**
东湖区	111	54	57	970	602	368	488	247	241
西湖区	87	45	42	1458	895	563	379	223	156
青云谱区	53	36	17	737	463	274	215	140	75
青山湖区	853	473	380	4292	2449	1843	2737	1507	1230
新建区	273	144	129	921	538	383	506	278	228
红谷滩区	722	435	287	2921	1523	1398	1650	839	811
南昌县	314	173	141	3665	2026	1639	1341	734	607
安义县	12	7	5	218	144	74	122	78	44
进贤县	9	7	2	123	77	46	71	49	22
景德镇市	**1538**	**902**	**636**	**1637**	**943**	**694**	**845**	**446**	**399**
昌江区	47	32	15	226	160	66	71	47	24
珠山区	1404	829	575	497	288	209	249	159	90
浮梁县	79	34	45	784	425	359	491	217	274
乐平市	8	7	1	130	70	60	34	23	11
萍乡市	**105**	**66**	**39**	**698**	**445**	**253**	**216**	**136**	**80**
安源区	62	38	24	423	267	156	141	86	55
湘东区	14	9	5	85	60	25	17	9	8
莲花县	8	4	4	48	21	27	16	12	4
上栗县	14	9	5	84	54	30	24	16	8
芦溪县	7	6	1	58	43	15	18	13	5
九江市	**915**	**488**	**427**	**3202**	**1755**	**1447**	**1831**	**1025**	**806**
濂溪区	115	80	35	527	284	243	504	255	249
浔阳区	82	48	34	603	304	299	198	91	107
柴桑区	21	16	5	271	179	92	122	87	35
武宁县	12	6	6	107	63	44	29	16	13
修水县	9	5	4	71	32	39	25	11	14
永修县	32	23	9	134	90	44	96	73	23
德安县	5	3	2	65	47	18	19	9	10
都昌县	22	17	5	41	26	15	23	17	6
湖口县	32	22	10	135	96	39	70	49	21
彭泽县	3	1	2	210	164	46	100	85	15
瑞昌市	24	11	13	106	71	35	31	18	13
共青城市	550	250	300	887	376	511	594	304	290
庐山市	8	6	2	45	23	22	20	10	10
新余市	**49**	**35**	**14**	**833**	**510**	**323**	**389**	**275**	**114**
渝水区	37	27	10	791	490	301	375	263	112
分宜县	12	8	4	42	20	22	14	12	2
鹰潭市	**71**	**45**	**26**	**557**	**371**	**186**	**148**	**88**	**60**
月湖区	38	23	15	230	131	99	80	47	33
余江区	8	6	2	50	37	13	14	9	5
贵溪市	25	16	9	277	203	74	54	32	22
赣州市	**496**	**235**	**261**	**3676**	**2303**	**1373**	**2052**	**1304**	**748**
章贡区	378	152	226	2086	1117	969	1138	592	546
南康区	17	13	4	309	226	83	129	101	28
赣县区	16	11	5	364	294	70	137	102	35
信丰县	13	7	6	160	119	41	70	54	16
大余县	5	3	2	37	26	11	19	14	5
上犹县	1		1	35	27	8	8	6	2
崇义县	8	6	2	18	9	9	7	7	
安远县	2	1	1	67	51	16	12	7	5
定南县	4	4		110	82	28	128	106	22
全南县	2	2		40	34	6	42	27	15

7-3　续表 3　　　　单位：人

现住地	户口登记地								
	天津			河北			山西		
	小计	男	女	小计	男	女	小计	男	女
宁都县	3	3		78	58	20	35	21	14
于都县	6	2	4	49	35	14	33	18	15
兴国县	5	4	1	81	63	18	57	44	13
会昌县	7	5	2	18	11	7	5	5	
寻乌县	3	3		35	23	12	6	4	2
石城县	5	4	1	26	18	8	7	5	2
瑞金市	12	9	3	53	26	27	12	7	5
龙南市	9	6	3	110	84	26	207	184	23
吉安市	**207**	**110**	**97**	**1289**	**730**	**559**	**514**	**316**	**198**
吉州区	26	12	14	218	120	98	70	46	24
青原区	118	64	54	600	288	312	161	85	76
吉安县	20	10	10	101	72	29	124	84	40
吉水县	6	5	1	42	26	16	11	7	4
峡江县	1	1		48	39	9	9	6	3
新干县	9	5	4	54	41	13	22	8	14
永丰县	1	1		28	15	13	21	17	4
泰和县	12	8	4	44	31	13	13	7	6
遂川县	1		1	29	16	13	6	4	2
万安县	2		2	14	10	4	7	5	2
安福县	4		4	37	24	13	15	4	11
永新县	4	3	1	24	19	5	28	21	7
井冈山市	3	1	2	50	29	21	27	22	5
宜春市	**259**	**131**	**128**	**1687**	**1048**	**639**	**768**	**435**	**333**
袁州区	138	58	80	806	463	343	419	203	216
奉新县	7	4	3	40	23	17	30	17	13
万载县	4	4		21	15	6	12	5	7
上高县	16	12	4	40	24	16	14	8	6
宜丰县	9	5	4	72	51	21	36	23	13
靖安县	9	5	4	55	46	9	24	16	8
铜鼓县	5	2	3	61	50	11	8	5	3
丰城市	36	18	18	176	77	99	81	59	22
樟树市	13	8	5	209	151	58	44	32	12
高安市	22	15	7	207	148	59	100	67	33
抚州市	**196**	**115**	**81**	**863**	**477**	**386**	**463**	**250**	**213**
临川区	136	79	57	576	308	268	342	183	159
东乡区	11	5	6	48	27	21	33	21	12
南城县	5	4	1	59	41	18	4	3	1
黎川县	4	4		49	37	12	15	9	6
南丰县	6	3	3	18	8	10	9	1	8
崇仁县	14	8	6	17	7	10	7	2	5
乐安县	5	4	1	21	6	15	10	7	3
宜黄县	5	2	3	24	15	9	22	13	9
金溪县	5	4	1	25	12	13	9	3	6
资溪县	2	1	1	16	10	6	6	3	3
广昌县	3	1	2	10	6	4	6	5	1
上饶市	**234**	**141**	**93**	**1591**	**999**	**592**	**905**	**493**	**412**
信州区	96	48	48	665	380	285	426	183	243
广丰区	10	4	6	98	58	40	37	19	18
广信区	39	25	14	247	170	77	183	127	56
玉山县	11	6	5	102	73	29	26	7	19
铅山县	2	2		26	15	11	16	11	5
横峰县	1		1	23	16	7	20	17	3
弋阳县	2	2		44	25	19	17	9	8
余干县	13	12	1	77	56	21	32	24	8
鄱阳县	20	14	6	111	77	34	43	24	19
万年县	20	16	4	57	34	23	31	18	13
婺源县	7	4	3	58	38	20	26	19	7
德兴市	13	8	5	83	57	26	48	35	13

7-3 续表 4 单位：人

现住地	户口登记地								
	内蒙古			辽宁			吉林		
	小计	男	女	小计	男	女	小计	男	女
全省	**10889**	**5927**	**4962**	**13248**	**7816**	**5432**	**12346**	**6947**	**5399**
南昌市	**5801**	**3123**	**2678**	**6151**	**3578**	**2573**	**5739**	**3184**	**2555**
东湖区	338	170	168	487	293	194	471	230	241
西湖区	261	116	145	432	220	212	421	209	212
青云谱区	166	107	59	286	179	107	212	120	92
青山湖区	2054	1156	898	2072	1203	869	1956	1133	823
新建区	289	150	139	309	164	145	430	242	188
红谷滩区	1505	842	663	1460	877	583	1239	666	573
南昌县	1134	551	583	993	569	424	841	475	366
安义县	34	22	12	70	50	20	126	82	44
进贤县	20	9	11	42	23	19	43	27	16
景德镇市	**469**	**270**	**199**	**737**	**397**	**340**	**426**	**235**	**191**
昌江区	70	37	33	95	57	38	94	51	43
珠山区	181	110	71	322	189	133	173	87	86
浮梁县	192	110	82	260	115	145	118	75	43
乐平市	26	13	13	60	36	24	41	22	19
萍乡市	**160**	**95**	**65**	**221**	**139**	**82**	**287**	**164**	**123**
安源区	94	52	42	128	73	55	174	100	74
湘东区	9	7	2	35	31	4	39	22	17
莲花县	9	7	2	18	12	6	16	11	5
上栗县	21	13	8	15	4	11	27	13	14
芦溪县	27	16	11	25	19	6	31	18	13
九江市	**1176**	**574**	**602**	**1757**	**892**	**865**	**1460**	**705**	**755**
濂溪区	444	204	240	299	148	151	261	142	119
浔阳区	204	97	107	378	157	221	268	105	163
柴桑区	92	61	31	115	82	33	167	111	56
武宁县	37	20	17	51	30	21	56	29	27
修水县	20	7	13	38	14	24	62	22	40
永修县	40	20	20	106	75	31	81	56	25
德安县	20	12	8	28	11	17	21	6	15
都昌县	22	8	14	23	17	6	19	10	9
湖口县	39	25	14	83	61	22	38	26	12
彭泽县	36	24	12	45	33	12	52	39	13
瑞昌市	29	14	15	34	19	15	41	32	9
共青城市	172	71	101	534	236	298	378	118	260
庐山市	21	11	10	23	9	14	16	9	7
新余市	**263**	**157**	**106**	**203**	**117**	**86**	**184**	**103**	**81**
渝水区	252	150	102	182	102	80	151	84	67
分宜县	11	7	4	21	15	6	33	19	14
鹰潭市	**235**	**128**	**107**	**224**	**145**	**79**	**263**	**159**	**104**
月湖区	109	71	38	115	72	43	133	74	59
余江区	25	11	14	22	14	8	34	20	14
贵溪市	101	46	55	87	59	28	96	65	31
赣州市	**1041**	**638**	**403**	**1563**	**1067**	**496**	**1700**	**1074**	**626**
章贡区	694	391	303	730	430	300	927	509	418
南康区	68	49	19	181	136	45	98	76	22
赣县区	79	60	19	127	104	23	132	97	35
信丰县	35	25	10	123	95	28	93	71	22
大余县	11	8	3	21	11	10	19	12	7
上犹县	6	3	3	17	11	6	17	10	7
崇义县	9	8	1	3	2	1	12	5	7
安远县	7	3	4	10	6	4	18	12	6
定南县	23	19	4	104	86	18	28	16	12
全南县	4	2	2	9	8	1	31	25	6

7-3 续表 5 单位：人

现住地	户口登记地								
	内蒙古			辽宁			吉林		
	小计	男	女	小计	男	女	小计	男	女
宁都县	16	12	4	25	18	7	25	14	11
于都县	12	5	7	64	46	18	52	32	20
兴国县	19	13	6	31	22	9	109	101	8
会昌县	4	2	2	11	8	3	34	14	20
寻乌县	10	6	4	8	4	4	28	20	8
石城县	5	4	1	21	15	6	13	11	2
瑞金市	11	6	5	27	21	6	20	14	6
龙南市	28	22	6	51	44	7	44	35	9
吉安市	**399**	**207**	**192**	**443**	**265**	**178**	**480**	**282**	**198**
吉州区	68	32	36	80	44	36	73	37	36
青原区	204	87	117	146	87	59	111	56	55
吉安县	18	9	9	69	36	33	151	88	63
吉水县	7	6	1	21	13	8	26	21	5
峡江县	2	2		7	4	3	11	7	4
新干县	20	15	5	33	28	5	12	8	4
永丰县	7	6	1	12	5	7	11	7	4
泰和县	28	22	6	18	11	7	11	9	2
遂川县	6	3	3	16	10	6	20	11	9
万安县	5	5		14	8	6	11	9	2
安福县	9	6	3	10	10		13	9	4
永新县	10	8	2	9	5	4	11	8	3
井冈山市	15	6	9	8	4	4	19	12	7
宜春市	**454**	**260**	**194**	**701**	**438**	**263**	**686**	**395**	**291**
袁州区	234	125	109	289	153	136	278	139	139
奉新县	22	15	7	26	23	3	46	25	21
万载县	14	10	4	28	22	6	34	17	17
上高县	19	9	10	29	19	10	18	11	7
宜丰县	12	7	5	46	31	15	36	22	14
靖安县	10	8	2	24	16	8	34	27	7
铜鼓县	3	1	2	11	8	3	6	4	2
丰城市	45	26	19	97	63	34	63	42	21
樟树市	34	23	11	37	21	16	63	39	24
高安市	61	36	25	114	82	32	108	69	39
抚州市	**410**	**194**	**216**	**496**	**296**	**200**	**402**	**204**	**198**
临川区	309	146	163	336	191	145	286	137	149
东乡区	22	11	11	21	14	7	21	13	8
南城县	12	7	5	12	9	3	13	9	4
黎川县	10	4	6	21	15	6	9	6	3
南丰县	10	5	5	18	12	6	20	11	9
崇仁县	13	7	6	18	8	10	8	3	5
乐安县	5	1	4	9	8	1	7	4	3
宜黄县	10	6	4	17	12	5	8	4	4
金溪县	12	6	6	11	6	5	4	2	2
资溪县	5	1	4	29	19	10	13	9	4
广昌县	2		2	4	2	2	13	6	7
上饶市	**481**	**281**	**200**	**752**	**482**	**270**	**719**	**442**	**277**
信州区	197	104	93	242	128	114	270	144	126
广丰区	19	14	5	23	11	12	17	10	7
广信区	89	58	31	150	88	62	136	84	52
玉山县	16	10	6	29	16	13	29	16	13
铅山县	15	9	6	8	5	3	13	7	6
横峰县	9	6	3	6	5	1	10	7	3
弋阳县	14	4	10	24	20	4	23	17	6
余干县	22	13	9	42	36	6	54	43	11
鄱阳县	39	25	14	128	104	24	64	45	19
万年县	19	11	8	12	8	4	15	12	3
婺源县	18	10	8	28	18	10	40	22	18
德兴市	24	17	7	60	43	17	48	35	13

7-3 续表 6

单位：人

现住地	户口登记地								
	黑龙江			上海			江苏		
	小计	男	女	小计	男	女	小计	男	女
全省	**14824**	**7861**	**6963**	**13391**	**7106**	**6285**	**51900**	**32537**	**19363**
南昌市	**7392**	**3877**	**3515**	**4819**	**2563**	**2256**	**21016**	**13097**	**7919**
东湖区	630	320	310	580	324	256	2337	1539	798
西湖区	537	253	284	510	254	256	1520	1007	513
青云谱区	327	187	140	337	184	153	778	494	284
青山湖区	2055	1121	934	1183	655	528	6074	3813	2261
新建区	547	289	258	341	167	174	1724	1120	604
红谷滩区	1562	817	745	810	500	310	3583	2232	1351
南昌县	1285	633	652	954	418	536	4343	2448	1895
安义县	390	225	165	50	31	19	402	277	125
进贤县	59	32	27	54	30	24	255	167	88
景德镇市	**647**	**295**	**352**	**1152**	**622**	**530**	**2992**	**1697**	**1295**
昌江区	79	46	33	107	64	43	577	357	220
珠山区	241	120	121	819	441	378	1015	570	445
浮梁县	275	99	176	138	66	72	952	465	487
乐平市	52	30	22	88	51	37	448	305	143
萍乡市	**221**	**135**	**86**	**252**	**129**	**123**	**1591**	**1019**	**572**
安源区	129	74	55	194	98	96	657	399	258
湘东区	23	17	6	11	6	5	147	90	57
莲花县	24	12	12	14	7	7	183	113	70
上栗县	22	18	4	19	11	8	284	180	104
芦溪县	23	14	9	14	7	7	320	237	83
九江市	**1786**	**842**	**944**	**1547**	**799**	**748**	**7525**	**4608**	**2917**
濂溪区	396	168	228	278	146	132	937	553	384
浔阳区	271	122	149	432	220	212	973	599	374
柴桑区	130	74	56	43	24	19	811	559	252
武宁县	32	20	12	30	20	10	343	206	137
修水县	40	12	28	42	23	19	250	161	89
永修县	161	104	57	98	58	40	519	363	156
德安县	30	17	13	48	22	26	274	176	98
都昌县	26	16	10	47	33	14	276	192	84
湖口县	30	22	8	26	14	12	352	254	98
彭泽县	49	33	16	26	18	8	719	538	181
瑞昌市	83	50	33	47	21	26	402	260	142
共青城市	516	195	321	401	188	213	1525	669	856
庐山市	22	9	13	29	12	17	144	78	66
新余市	**207**	**114**	**93**	**359**	**181**	**178**	**1195**	**731**	**464**
渝水区	190	103	87	337	168	169	961	588	373
分宜县	17	11	6	22	13	9	234	143	91
鹰潭市	**271**	**154**	**117**	**300**	**161**	**139**	**1178**	**710**	**468**
月湖区	149	92	57	165	90	75	572	340	232
余江区	43	18	25	40	24	16	259	165	94
贵溪市	79	44	35	95	47	48	347	205	142
赣州市	**1658**	**954**	**704**	**879**	**483**	**396**	**4319**	**2920**	**1399**
章贡区	923	493	430	514	282	232	2255	1445	810
南康区	154	99	55	36	24	12	406	289	117
赣县区	98	66	32	72	39	33	373	295	78
信丰县	71	51	20	16	11	5	193	142	51
大余县	20	12	8	25	12	13	126	91	35
上犹县	4	3	1	14	7	7	38	23	15
崇义县	14	6	8	6	2	4	29	18	11
安远县	24	9	15	14	8	6	48	29	19
定南县	63	47	16	15	10	5	69	57	12
全南县	25	19	6	37	19	18	58	40	18

7-3　续表 7　　　　单位：人

现住地	户口登记地								
	黑龙江			上海			江苏		
	小计	男	女	小计	男	女	小计	男	女
宁都县	32	18	14	21	13	8	135	82	53
于都县	36	20	16	14	6	8	106	66	40
兴国县	36	23	13	19	11	8	110	68	42
会昌县	38	13	25	15	5	10	78	58	20
寻乌县	15	10	5	10	7	3	39	24	15
石城县	8	2	6	15	7	8	48	33	15
瑞金市	39	20	19	21	13	8	88	57	31
龙南市	58	43	15	15	7	8	120	103	17
吉安市	**440**	**238**	**202**	**549**	**295**	**254**	**1836**	**1162**	**674**
吉州区	79	38	41	120	70	50	338	205	133
青原区	82	43	39	138	78	60	384	203	181
吉安县	97	48	49	55	30	25	242	168	74
吉水县	39	24	15	19	14	5	88	57	31
峡江县	5	2	3	18	9	9	47	29	18
新干县	28	20	8	20	10	10	114	87	27
永丰县	11	6	5	23	12	11	112	84	28
泰和县	29	15	14	29	17	12	81	59	22
遂川县	16	13	3	12	6	6	61	35	26
万安县	14	9	5	23	7	16	105	53	52
安福县	8	5	3	23	12	11	84	58	26
永新县	8	4	4	13	6	7	108	80	28
井冈山市	24	11	13	56	24	32	72	44	28
宜春市	**805**	**470**	**335**	**1570**	**787**	**783**	**3665**	**2424**	**1241**
袁州区	345	180	165	1132	544	588	1678	1055	623
奉新县	30	19	11	56	27	29	173	112	61
万载县	36	26	10	37	18	19	146	96	50
上高县	49	27	22	50	33	17	172	99	73
宜丰县	52	34	18	58	32	26	193	125	68
靖安县	36	22	14	45	20	25	162	129	33
铜鼓县	10	4	6	13	6	7	45	19	26
丰城市	94	50	44	61	36	25	315	221	94
樟树市	55	34	21	48	30	18	259	161	98
高安市	98	74	24	70	41	29	522	407	115
抚州市	**491**	**270**	**221**	**512**	**274**	**238**	**2297**	**1461**	**836**
临川区	341	182	159	274	143	131	915	580	335
东乡区	22	13	9	47	25	22	230	153	77
南城县	16	10	6	20	9	11	91	60	31
黎川县	20	14	6	31	17	14	96	47	49
南丰县	20	15	5	37	19	18	89	49	40
崇仁县	10	4	6	25	12	13	87	45	42
乐安县	8	5	3	3	2	1	83	60	23
宜黄县	17	13	4	14	9	5	311	221	90
金溪县	16	5	11	36	23	13	194	134	60
资溪县	7	4	3	17	10	7	106	62	44
广昌县	14	5	9	8	5	3	95	50	45
上饶市	**906**	**512**	**394**	**1452**	**812**	**640**	**4286**	**2708**	**1578**
信州区	360	181	179	562	298	264	1204	707	497
广丰区	30	12	18	183	123	60	325	183	142
广信区	159	100	59	115	77	38	684	481	203
玉山县	49	26	23	67	29	38	368	201	167
铅山县	18	11	7	43	24	19	136	102	34
横峰县	28	17	11	49	35	14	148	104	44
弋阳县	31	23	8	62	29	33	171	106	65
余干县	42	28	14	61	36	25	132	85	47
鄱阳县	58	39	19	35	24	11	485	340	145
万年县	47	24	23	35	18	17	177	121	56
婺源县	19	10	9	124	59	65	183	98	85
德兴市	65	41	24	116	60	56	273	180	93

7-3 续表 8

单位：人

现住地	户口登记地								
	浙江			安徽			福建		
	小计	男	女	小计	男	女	小计	男	女
全省	**90332**	**51282**	**39050**	**94008**	**55833**	**38175**	**87666**	**50085**	**37581**
南昌市	**26204**	**14096**	**12108**	**39086**	**23294**	**15792**	**26912**	**15194**	**11718**
东湖区	1845	1061	784	2567	1563	1004	2484	1457	1027
西湖区	2579	1490	1089	2630	1674	956	3040	1797	1243
青云谱区	1007	617	390	1969	1184	785	2247	1333	914
青山湖区	6244	3487	2757	12536	7385	5151	6505	3664	2841
新建区	2522	1319	1203	3655	2390	1265	2254	1311	943
红谷滩区	4508	2560	1948	5834	3505	2329	3807	2179	1628
南昌县	5916	2832	3084	7890	4382	3508	5579	2891	2688
安义县	1211	477	734	1597	969	628	405	241	164
进贤县	372	253	119	408	242	166	591	321	270
景德镇市	**4987**	**2697**	**2290**	**5233**	**2851**	**2382**	**3107**	**1683**	**1424**
昌江区	901	523	378	1088	643	445	636	379	257
珠山区	1558	805	753	1496	840	656	1068	550	518
浮梁县	1279	647	632	1965	999	966	818	437	381
乐平市	1249	722	527	684	369	315	585	317	268
萍乡市	**2189**	**1207**	**982**	**1458**	**923**	**535**	**2231**	**1341**	**890**
安源区	1335	662	673	689	396	293	1275	769	506
湘东区	177	118	59	161	104	57	197	125	72
莲花县	266	188	78	130	91	39	184	108	76
上栗县	235	150	85	325	236	89	302	165	137
芦溪县	176	89	87	153	96	57	273	174	99
九江市	**8024**	**4451**	**3573**	**16688**	**9574**	**7114**	**8322**	**4508**	**3814**
濂溪区	983	515	468	3344	1838	1506	1111	609	502
浔阳区	1395	744	651	2604	1449	1155	1553	872	681
柴桑区	691	422	269	1965	1234	731	831	525	306
武宁县	646	365	281	465	262	203	329	177	152
修水县	457	253	204	339	194	145	305	163	142
永修县	502	304	198	818	496	322	382	216	166
德安县	325	191	134	747	418	329	414	264	150
都昌县	383	215	168	616	383	233	334	199	135
湖口县	341	219	122	748	453	295	254	149	105
彭泽县	618	432	186	2397	1423	974	256	154	102
瑞昌市	349	205	144	804	494	310	513	292	221
共青城市	1151	474	677	1556	764	792	1712	678	1034
庐山市	183	112	71	285	166	119	328	210	118
新余市	**1451**	**884**	**567**	**1675**	**1014**	**661**	**1910**	**1132**	**778**
渝水区	1205	733	472	1465	882	583	1747	1027	720
分宜县	246	151	95	210	132	78	163	105	58
鹰潭市	**3078**	**1858**	**1220**	**2094**	**1224**	**870**	**2467**	**1325**	**1142**
月湖区	1248	698	550	876	530	346	1255	691	564
余江区	586	380	206	526	333	193	448	244	204
贵溪市	1244	780	464	692	361	331	764	390	374
赣州市	**7518**	**4528**	**2990**	**8678**	**5641**	**3037**	**17666**	**10506**	**7160**
章贡区	3445	1920	1525	3539	2114	1425	7251	4081	3170
南康区	883	563	320	1413	970	443	1408	890	518
赣县区	461	278	183	899	678	221	1014	649	365
信丰县	331	245	86	539	409	130	805	531	274
大余县	146	106	40	134	87	47	342	220	122
上犹县	94	55	39	111	65	46	264	162	102
崇义县	153	94	59	56	31	25	153	93	60
安远县	108	76	32	55	36	19	204	123	81
定南县	183	114	69	193	119	74	286	212	74
全南县	128	91	37	107	75	32	229	154	75

7-3　续表 9　　　　单位：人

现住地	户口登记地								
	浙江			安徽			福建		
	小计	男	女	小计	男	女	小计	男	女
宁都县	229	136	93	300	181	119	799	425	374
于都县	265	164	101	277	168	109	733	454	279
兴国县	330	209	121	271	197	74	718	418	300
会昌县	112	78	34	87	49	38	445	267	178
寻乌县	97	54	43	66	40	26	301	201	100
石城县	97	56	41	75	44	31	659	365	294
瑞金市	275	168	107	224	128	96	1583	926	657
龙南市	181	121	60	332	250	82	472	335	137
吉安市	**3986**	**2419**	**1567**	**2729**	**1588**	**1141**	**4698**	**2772**	**1926**
吉州区	628	357	271	474	279	195	1036	585	451
青原区	703	327	376	541	289	252	1021	545	476
吉安县	482	311	171	384	238	146	590	377	213
吉水县	172	117	55	115	74	41	202	132	70
峡江县	198	147	51	83	51	32	62	40	22
新干县	254	188	66	169	107	62	227	157	70
永丰县	375	263	112	118	69	49	249	142	107
泰和县	202	120	82	138	77	61	241	146	95
遂川县	125	73	52	137	83	54	366	205	161
万安县	98	56	42	101	51	50	106	61	45
安福县	233	133	100	131	85	46	206	131	75
永新县	287	193	94	194	110	84	194	122	72
井冈山市	229	134	95	144	75	69	198	129	69
宜春市	**6776**	**4125**	**2651**	**5018**	**3056**	**1962**	**4979**	**2892**	**2087**
袁州区	2492	1327	1165	1621	858	763	1715	955	760
奉新县	442	297	145	350	218	132	287	171	116
万载县	370	232	138	229	140	89	310	170	140
上高县	520	348	172	288	177	111	389	221	168
宜丰县	691	447	244	349	226	123	298	180	118
靖安县	357	231	126	212	148	64	115	73	42
铜鼓县	185	102	83	87	44	43	74	42	32
丰城市	467	314	153	671	456	215	525	309	216
樟树市	419	263	156	346	209	137	383	224	159
高安市	833	564	269	865	580	285	883	547	336
抚州市	**5778**	**3604**	**2174**	**3556**	**2072**	**1484**	**7143**	**3934**	**3209**
临川区	1845	1096	749	1788	968	820	2214	1195	1019
东乡区	688	472	216	390	259	131	451	279	172
南城县	309	200	109	199	119	80	402	229	173
黎川县	312	199	113	152	92	60	774	419	355
南丰县	385	227	158	156	69	87	438	213	225
崇仁县	265	174	91	131	66	65	200	131	69
乐安县	180	105	75	112	71	41	316	212	104
宜黄县	802	540	262	297	223	74	150	88	62
金溪县	378	231	147	115	78	37	285	161	124
资溪县	407	234	173	109	67	42	1506	777	729
广昌县	207	126	81	107	60	47	407	230	177
上饶市	**20341**	**11413**	**8928**	**7793**	**4596**	**3197**	**8231**	**4798**	**3433**
信州区	3751	2082	1669	1463	893	570	2354	1333	1021
广丰区	2453	1134	1319	570	290	280	1188	648	540
广信区	2157	1318	839	1303	812	491	1122	653	469
玉山县	3469	1789	1680	755	392	363	632	332	300
铅山县	865	552	313	279	173	106	332	186	146
横峰县	1406	925	481	200	125	75	204	124	80
弋阳县	1080	637	443	503	320	183	242	135	107
余干县	662	404	258	261	154	107	405	217	188
鄱阳县	1268	701	567	1104	635	469	497	276	221
万年县	561	361	200	279	169	110	191	104	87
婺源县	902	494	408	582	321	261	191	103	88
德兴市	1767	1016	751	494	312	182	873	687	186

7-3 续表 10　　单位：人

现住地	户口登记地					
	山东			河南		
	小计	男	女	小计	男	女
全省	**37671**	**22580**	**15091**	**115823**	**74245**	**41578**
南昌市	**18087**	**10227**	**7860**	**47500**	**29362**	**18138**
东湖区	1345	790	555	5932	3907	2025
西湖区	869	555	314	2944	1959	985
青云谱区	737	484	253	2062	1316	746
青山湖区	6488	3592	2896	12858	7644	5214
新建区	1239	723	516	3753	2508	1245
红谷滩区	3167	1743	1424	6549	3834	2715
南昌县	3871	2080	1791	10677	6342	4335
安义县	222	169	53	2052	1409	643
进贤县	149	91	58	673	443	230
景德镇市	**1886**	**1025**	**861**	**4496**	**2522**	**1974**
昌江区	281	178	103	1080	690	390
珠山区	630	348	282	1235	690	545
浮梁县	852	428	424	1543	749	794
乐平市	123	71	52	638	393	245
萍乡市	**806**	**546**	**260**	**2816**	**1855**	**961**
安源区	496	312	184	1318	855	463
湘东区	82	63	19	489	352	137
莲花县	56	44	12	332	234	98
上栗县	64	41	23	417	256	161
芦溪县	108	86	22	260	158	102
九江市	**4307**	**2571**	**1736**	**17637**	**12034**	**5603**
濂溪区	712	386	326	2110	1140	970
浔阳区	695	380	315	1992	1324	668
柴桑区	547	425	122	2007	1442	565
武宁县	118	74	44	1032	697	335
修水县	114	70	44	351	187	164
永修县	240	165	75	1203	876	327
德安县	116	70	46	1488	920	568
都昌县	64	42	22	369	227	142
湖口县	214	143	71	627	474	153
彭泽县	394	351	43	3812	3388	424
瑞昌市	132	89	43	594	387	207
共青城市	928	361	567	1945	909	1036
庐山市	33	15	18	107	63	44
新余市	**898**	**566**	**332**	**2288**	**1432**	**856**
渝水区	834	526	308	2030	1266	764
分宜县	64	40	24	258	166	92
鹰潭市	**534**	**333**	**201**	**2224**	**1449**	**775**
月湖区	262	161	101	887	566	321
余江区	74	45	29	500	329	171
贵溪市	198	127	71	837	554	283
赣州市	**4369**	**2964**	**1405**	**14879**	**10284**	**4595**
章贡区	2091	1162	929	5370	3293	2077
南康区	530	379	151	1854	1352	502
赣县区	492	429	63	1876	1550	326
信丰县	175	142	33	1296	956	340
大余县	62	42	20	294	211	83
上犹县	35	22	13	196	114	82
崇义县	25	21	4	132	83	49
安远县	36	20	16	198	123	75
定南县	60	46	14	447	352	95
全南县	105	90	15	182	115	67

7-3 续表 11

单位：人

现住地	户口登记地					
	山东			河南		
	小计	男	女	小计	男	女
宁都县	131	104	27	283	187	96
于都县	74	54	20	474	317	157
兴国县	143	113	30	456	307	149
会昌县	49	31	18	186	111	75
寻乌县	34	29	5	124	84	40
石城县	138	131	7	142	100	42
瑞金市	72	55	17	302	184	118
龙南市	117	94	23	1067	845	222
吉安市	**1420**	**895**	**525**	**5986**	**3638**	**2348**
吉州区	192	113	79	955	614	341
青原区	404	207	197	721	402	319
吉安县	162	103	59	1855	1043	812
吉水县	343	271	72	380	234	146
峡江县	22	15	7	107	67	40
新干县	30	22	8	247	159	88
永丰县	34	21	13	228	158	70
泰和县	45	28	17	297	191	106
遂川县	35	20	15	302	205	97
万安县	38	28	10	267	161	106
安福县	33	18	15	218	143	75
永新县	34	20	14	249	164	85
井冈山市	48	29	19	160	97	63
宜春市	**2187**	**1358**	**829**	**7124**	**4669**	**2455**
袁州区	845	440	405	2174	1265	909
奉新县	79	60	19	380	229	151
万载县	71	47	24	265	146	119
上高县	88	54	34	416	267	149
宜丰县	89	63	26	403	281	122
靖安县	57	47	10	198	160	38
铜鼓县	28	22	6	97	50	47
丰城市	354	234	120	1042	725	317
樟树市	117	89	28	531	338	193
高安市	459	302	157	1618	1208	410
抚州市	**1001**	**647**	**354**	**3729**	**2383**	**1346**
临川区	558	361	197	1645	998	647
东乡区	89	51	38	394	280	114
南城县	59	37	22	194	102	92
黎川县	38	29	9	207	139	68
南丰县	56	35	21	197	127	70
崇仁县	34	24	10	156	82	74
乐安县	18	15	3	132	76	56
宜黄县	25	17	8	405	325	80
金溪县	45	29	16	135	89	46
资溪县	48	28	20	91	46	45
广昌县	31	21	10	173	119	54
上饶市	**2176**	**1448**	**728**	**7144**	**4617**	**2527**
信州区	737	440	297	1656	1045	611
广丰区	148	86	62	473	283	190
广信区	351	261	90	1413	947	466
玉山县	153	99	54	575	305	270
铅山县	34	19	15	245	166	79
横峰县	74	51	23	199	147	52
弋阳县	121	93	28	247	169	78
余干县	85	68	17	252	161	91
鄱阳县	151	101	50	699	459	240
万年县	57	40	17	500	301	199
婺源县	84	51	33	292	170	122
德兴市	181	139	42	593	464	129

7-3 续表 12 单位：人

现住地	户口登记地								
	湖北			湖南			广东		
	小计	男	女	小计	男	女	小计	男	女
全　省	**101087**	**58928**	**42159**	**119574**	**68622**	**50952**	**91143**	**46875**	**44268**
南昌市	**32825**	**19456**	**13369**	**34165**	**19968**	**14197**	**22248**	**12156**	**10092**
东湖区	3097	1729	1368	2888	1657	1231	2151	1162	989
西湖区	2550	1502	1048	2531	1468	1063	1966	1135	831
青云谱区	1714	1046	668	1512	890	622	859	462	397
青山湖区	9508	5420	4088	9695	5451	4244	6071	3352	2719
新建区	2672	1667	1005	2765	1633	1132	1505	772	733
红谷滩区	5810	3659	2151	5764	3471	2293	4240	2544	1696
南昌县	5911	3394	2517	6406	3566	2840	4563	2227	2336
安义县	1172	852	320	2069	1510	559	463	286	177
进贤县	391	187	204	535	322	213	430	216	214
景德镇市	**2360**	**1240**	**1120**	**2650**	**1256**	**1394**	**2372**	**1100**	**1272**
昌江区	530	319	211	518	313	205	434	207	227
珠山区	796	351	445	758	364	394	839	402	437
浮梁县	627	385	242	997	417	580	775	350	425
乐平市	407	185	222	377	162	215	324	141	183
萍乡市	**2220**	**1328**	**892**	**11949**	**6303**	**5646**	**3617**	**1753**	**1864**
安源区	880	501	379	5949	2843	3106	1862	934	928
湘东区	442	319	123	1445	816	629	478	233	245
莲花县	224	134	90	1051	698	353	388	177	211
上栗县	366	203	163	2579	1384	1195	450	206	244
芦溪县	308	171	137	925	562	363	439	203	236
九江市	**28737**	**15710**	**13027**	**8808**	**4939**	**3869**	**6897**	**3268**	**3629**
濂溪区	7090	3730	3360	1142	540	602	955	468	487
浔阳区	8001	4399	3602	1061	540	521	1123	543	580
柴桑区	3562	2117	1445	1252	818	434	488	285	203
武宁县	862	420	442	508	278	230	395	170	225
修水县	604	275	329	758	388	370	525	208	317
永修县	975	565	410	946	574	372	735	358	377
德安县	938	519	419	579	342	237	262	119	143
都昌县	486	245	241	280	143	137	466	249	217
湖口县	729	477	252	589	391	198	204	102	102
彭泽县	589	358	231	543	375	168	234	112	122
瑞昌市	3072	1713	1359	474	251	223	335	147	188
共青城市	1422	657	765	536	232	304	1070	460	610
庐山市	407	235	172	140	67	73	105	47	58
新余市	**1595**	**922**	**673**	**3489**	**1947**	**1542**	**2194**	**1188**	**1006**
渝水区	1388	794	594	3072	1723	1349	1925	1057	868
分宜县	207	128	79	417	224	193	269	131	138
鹰潭市	**1706**	**1028**	**678**	**2409**	**1395**	**1014**	**1164**	**600**	**564**
月湖区	747	460	287	926	494	432	488	243	245
余江区	412	247	165	586	369	217	272	136	136
贵溪市	547	321	226	897	532	365	404	221	183
赣州市	**12258**	**7774**	**4484**	**22601**	**13932**	**8669**	**30818**	**15989**	**14829**
章贡区	3968	2493	1475	6462	3733	2729	7496	4117	3379
南康区	1546	1016	530	4789	3151	1638	2736	1574	1162
赣县区	1066	680	386	1865	1218	647	1689	896	793
信丰县	1011	661	350	1628	1063	565	2287	1251	1036
大余县	266	157	109	893	530	363	1544	794	750
上犹县	146	73	73	452	227	225	594	302	292
崇义县	92	49	43	464	258	206	316	160	156
安远县	194	109	85	277	163	114	766	414	352
定南县	654	479	175	753	452	301	2651	1241	1410
全南县	264	172	92	513	299	214	1974	941	1033

7-3　续表 13　　　　单位：人

现住地	户口登记地								
	湖北			湖南			广东		
	小计	男	女	小计	男	女	小计	男	女
宁都县	416	229	187	596	374	222	962	478	484
于都县	488	283	205	745	470	275	895	435	460
兴国县	529	327	202	647	367	280	921	403	518
会昌县	179	91	88	368	238	130	735	327	408
寻乌县	146	79	67	206	115	91	1679	766	913
石城县	61	32	29	99	44	55	247	119	128
瑞金市	317	180	137	379	234	145	668	318	350
龙南市	915	664	251	1465	996	469	2658	1453	1205
吉安市	**4245**	**2450**	**1795**	**8430**	**4668**	**3762**	**6674**	**3304**	**3370**
吉州区	590	307	283	946	475	471	1125	568	557
青原区	415	215	200	936	416	520	560	274	286
吉安县	1010	630	380	1751	1037	714	1003	518	485
吉水县	263	158	105	338	195	143	402	186	216
峡江县	93	58	35	193	111	82	136	78	58
新干县	195	120	75	349	199	150	282	151	131
永丰县	170	95	75	207	95	112	315	148	167
泰和县	286	155	131	420	231	189	575	277	298
遂川县	323	204	119	632	379	253	512	271	241
万安县	235	129	106	392	230	162	457	235	222
安福县	225	131	94	719	429	290	409	195	214
永新县	269	151	118	749	451	298	591	259	332
井冈山市	171	97	74	798	420	378	307	144	163
宜春市	**6235**	**3830**	**2405**	**14586**	**8071**	**6515**	**7089**	**3611**	**3478**
袁州区	1706	966	740	4855	2434	2421	2459	1178	1281
奉新县	398	213	185	967	500	467	280	131	149
万载县	393	214	179	1177	650	527	505	256	249
上高县	359	212	147	735	390	345	392	198	194
宜丰县	455	290	165	1620	945	675	429	211	218
靖安县	316	235	81	417	269	148	205	97	108
铜鼓县	74	32	42	619	327	292	107	51	56
丰城市	994	650	344	1279	738	541	843	420	423
樟树市	443	270	173	880	492	388	760	375	385
高安市	1097	748	349	2037	1326	711	1109	694	415
抚州市	**3184**	**1795**	**1389**	**4271**	**2477**	**1794**	**3994**	**1830**	**2164**
临川区	1328	721	607	2099	1226	873	1783	865	918
东乡区	377	239	138	322	190	132	231	111	120
南城县	213	121	92	263	143	120	242	121	121
黎川县	210	128	82	234	153	81	224	106	118
南丰县	185	91	94	177	92	85	297	135	162
崇仁县	159	91	68	179	92	87	211	91	120
乐安县	182	98	84	149	71	78	145	72	73
宜黄县	192	113	79	344	210	134	129	61	68
金溪县	112	75	37	181	107	74	135	66	69
资溪县	112	52	60	117	70	47	314	57	257
广昌县	114	66	48	206	123	83	283	145	138
上饶市	**5722**	**3395**	**2327**	**6216**	**3666**	**2550**	**4076**	**2076**	**2000**
信州区	993	573	420	1574	932	642	1097	599	498
广丰区	514	278	236	433	212	221	443	211	232
广信区	1199	797	402	1243	821	422	511	264	247
玉山县	557	271	286	566	278	288	258	106	152
铅山县	170	90	80	179	107	72	138	58	80
横峰县	119	64	55	144	90	54	142	88	54
弋阳县	198	120	78	208	114	94	149	77	72
余干县	226	119	107	328	192	136	354	168	186
鄱阳县	624	347	277	475	244	231	484	246	238
万年县	308	197	111	271	174	97	134	65	69
婺源县	257	134	123	256	148	108	159	81	78
德兴市	557	405	152	539	354	185	207	113	94

7-3 续表 14

单位：人

现住地	户口登记地								
	广西			海南			重庆		
	小计	男	女	小计	男	女	小计	男	女
全省	**45789**	**22981**	**22808**	**11938**	**5492**	**6446**	**32587**	**18295**	**14292**
南昌市	**11991**	**6113**	**5878**	**6151**	**3129**	**3022**	**10413**	**5744**	**4669**
东湖区	1436	732	704	201	87	114	1017	532	485
西湖区	711	364	347	131	54	77	670	349	321
青云谱区	316	144	172	69	31	38	375	212	163
青山湖区	3223	1593	1630	1805	1036	769	2648	1455	1193
新建区	857	453	404	358	151	207	1130	678	452
红谷滩区	1790	931	859	1105	611	494	1825	1030	795
南昌县	2447	1175	1272	2031	900	1131	1804	926	878
安义县	790	528	262	420	247	173	697	458	239
进贤县	421	193	228	31	12	19	247	104	143
景德镇市	**1760**	**854**	**906**	**449**	**197**	**252**	**1184**	**628**	**556**
昌江区	443	257	186	26	10	16	327	187	140
珠山区	323	144	179	170	69	101	284	134	150
浮梁县	605	258	347	228	112	116	375	223	152
乐平市	389	195	194	25	6	19	198	84	114
萍乡市	**1630**	**692**	**938**	**492**	**197**	**295**	**1174**	**693**	**481**
安源区	529	222	307	318	133	185	466	263	203
湘东区	294	135	159	81	26	55	227	152	75
莲花县	282	132	150	24	9	15	136	77	59
上栗县	304	118	186	45	20	25	222	131	91
芦溪县	221	85	136	24	9	15	123	70	53
九江市	**3748**	**1748**	**2000**	**1397**	**570**	**827**	**3381**	**1805**	**1576**
濂溪区	536	230	306	213	84	129	423	207	216
浔阳区	381	170	211	135	52	83	502	280	222
柴桑区	521	311	210	30	9	21	505	315	190
武宁县	322	157	165	71	18	53	276	139	137
修水县	321	146	175	55	12	43	222	112	110
永修县	342	177	165	189	84	105	302	164	138
德安县	230	111	119	19	6	13	223	111	112
都昌县	147	61	86	28	12	16	118	61	57
湖口县	103	49	54	23	14	9	88	55	33
彭泽县	108	43	65	20	9	11	129	67	62
瑞昌市	227	109	118	32	12	20	249	144	105
共青城市	453	156	297	575	256	319	293	123	170
庐山市	57	28	29	7	2	5	51	27	24
新余市	**1209**	**615**	**594**	**247**	**130**	**117**	**626**	**335**	**291**
渝水区	1037	538	499	232	126	106	533	285	248
分宜县	172	77	95	15	4	11	93	50	43
鹰潭市	**750**	**393**	**357**	**85**	**27**	**58**	**833**	**485**	**348**
月湖区	233	113	120	31	10	21	367	218	149
余江区	227	116	111	15		15	221	126	95
贵溪市	290	164	126	39	17	22	245	141	104
赣州市	**10257**	**5429**	**4828**	**1179**	**544**	**635**	**5912**	**3642**	**2270**
章贡区	2183	1134	1049	809	387	422	1637	923	714
南康区	1390	806	584	57	23	34	964	640	324
赣县区	1006	552	454	47	21	26	522	308	214
信丰县	936	511	425	58	28	30	537	351	186
大余县	408	217	191	18	7	11	152	84	68
上犹县	227	108	119	9	3	6	68	37	31
崇义县	102	42	60	8	2	6	30	9	21
安远县	211	96	115	9	3	6	117	72	45
定南县	415	227	188	12	4	8	317	235	82
全南县	543	298	245	16	6	10	211	158	53

7-3　续表 15

单位：人

现住地	户口登记地								
	广西			海南			重庆		
	小计	男	女	小计	男	女	小计	男	女
宁都县	316	151	165	13	6	7	159	75	84
于都县	435	189	246	20	10	10	273	179	94
兴国县	391	177	214	10	4	6	261	161	100
会昌县	156	45	111	14	3	11	97	48	49
寻乌县	198	96	102	16	7	9	66	40	26
石城县	100	44	56	15	8	7	50	23	27
瑞金市	257	118	139	18	7	11	110	63	47
龙南市	983	618	365	30	15	15	341	236	105
吉安市	**5192**	**2730**	**2462**	**501**	**164**	**337**	**1987**	**1149**	**838**
吉州区	325	141	184	66	21	45	250	127	123
青原区	354	137	217	209	55	154	204	112	92
吉安县	1283	760	523	52	24	28	439	280	159
吉水县	661	364	297	25	5	20	90	46	44
峡江县	161	84	77	10	1	9	70	42	28
新干县	187	116	71	13	4	9	106	66	40
永丰县	277	140	137	8	2	6	88	41	47
泰和县	557	311	246	13	5	8	92	52	40
遂川县	210	84	126	17	9	8	233	144	89
万安县	246	140	106	17	9	8	73	47	26
安福县	415	224	191	13	7	6	124	66	58
永新县	351	152	199	35	14	21	121	73	48
井冈山市	165	77	88	23	8	15	97	53	44
宜春市	**4133**	**1995**	**2138**	**554**	**202**	**352**	**2785**	**1523**	**1262**
袁州区	1019	422	597	252	101	151	674	316	358
奉新县	214	94	120	22	7	15	239	123	116
万载县	328	140	188	22	6	16	169	93	76
上高县	388	222	166	16	4	12	120	70	50
宜丰县	298	146	152	32	13	19	206	121	85
靖安县	150	98	52	18	3	15	177	95	82
铜鼓县	84	37	47	5	2	3	57	33	24
丰城市	582	250	332	89	26	63	304	173	131
樟树市	255	101	154	54	25	29	190	111	79
高安市	815	485	330	44	15	29	649	388	261
抚州市	**2139**	**1015**	**1124**	**493**	**185**	**308**	**1470**	**718**	**752**
临川区	807	356	451	329	121	208	536	250	286
东乡区	261	134	127	31	10	21	153	82	71
南城县	115	40	75	26	8	18	105	60	45
黎川县	169	85	84	13	8	5	118	58	60
南丰县	148	52	96	18	8	10	98	36	62
崇仁县	202	107	95	11	4	7	118	68	50
乐安县	68	30	38	20	6	14	46	24	22
宜黄县	111	64	47	11	5	6	115	57	58
金溪县	118	71	47	17	8	9	68	29	39
资溪县	39	20	19	10	5	5	64	28	36
广昌县	101	56	45	7	2	5	49	26	23
上饶市	**2980**	**1397**	**1583**	**390**	**147**	**243**	**2822**	**1573**	**1249**
信州区	605	265	340	157	56	101	660	360	300
广丰区	268	90	178	24	11	13	264	140	124
广信区	441	222	219	60	24	36	440	263	177
玉山县	266	100	166	26	10	16	227	109	118
铅山县	142	69	73	17	5	12	75	37	38
横峰县	71	38	33	13	3	10	59	31	28
弋阳县	149	78	71	10	4	6	144	94	50
余干县	187	90	97	15	6	9	204	117	87
鄱阳县	411	225	186	34	12	22	302	159	143
万年县	121	63	58	8	3	5	80	40	40
婺源县	109	37	72	13	5	8	139	64	75
德兴市	210	120	90	13	8	5	228	159	69

7-3 续表 16

单位：人

现住地	户口登记地 四川 小计	四川 男	四川 女	贵州 小计	贵州 男	贵州 女	云南 小计	云南 男	云南 女
全　省	**71490**	**40326**	**31164**	**93450**	**52504**	**40946**	**33934**	**18327**	**15607**
南昌市	**21515**	**12230**	**9285**	**25147**	**14798**	**10349**	**10337**	**5720**	**4617**
东湖区	2122	1229	893	2613	1569	1044	770	404	366
西湖区	1415	772	643	1430	859	571	429	227	202
青云谱区	879	480	399	695	394	301	259	132	127
青山湖区	5348	2984	2364	5806	3431	2375	3034	1678	1356
新建区	2045	1212	833	2646	1700	946	843	475	368
红谷滩区	3468	1951	1517	3369	2086	1283	1877	1030	847
南昌县	4087	2252	1835	5204	2866	2338	2170	1192	978
安义县	1766	1154	612	2676	1474	1202	695	459	236
进贤县	385	196	189	708	419	289	260	123	137
景德镇市	**2670**	**1375**	**1295**	**3027**	**1550**	**1477**	**986**	**438**	**548**
昌江区	721	431	290	759	447	312	135	67	68
珠山区	778	383	395	606	312	294	214	80	134
浮梁县	774	392	382	1031	513	518	423	216	207
乐平市	397	169	228	631	278	353	214	75	139
萍乡市	**2736**	**1623**	**1113**	**3869**	**2197**	**1672**	**1162**	**590**	**572**
安源区	1055	596	459	961	540	421	349	152	197
湘东区	402	266	136	574	334	240	263	148	115
莲花县	411	263	148	1189	662	527	151	91	60
上栗县	526	298	228	783	454	329	286	153	133
芦溪县	342	200	142	362	207	155	113	46	67
九江市	**7425**	**3874**	**3551**	**8085**	**4112**	**3973**	**3309**	**1591**	**1718**
濂溪区	861	392	469	895	399	496	483	194	289
浔阳区	1017	557	460	757	367	390	337	129	208
柴桑区	1098	675	423	1098	721	377	561	344	217
武宁县	583	299	284	649	322	327	178	70	108
修水县	442	202	240	614	266	348	171	61	110
永修县	522	285	237	690	377	313	476	256	220
德安县	581	303	278	495	253	242	223	120	103
都昌县	249	114	135	290	123	167	122	47	75
湖口县	231	117	114	259	154	105	95	59	36
彭泽县	435	255	180	400	240	160	149	81	68
瑞昌市	426	225	201	352	184	168	134	62	72
共青城市	812	337	475	1408	595	813	313	132	181
庐山市	168	113	55	178	111	67	67	36	31
新余市	**1611**	**883**	**728**	**3275**	**1745**	**1530**	**867**	**461**	**406**
渝水区	1275	693	582	2895	1533	1362	732	396	336
分宜县	336	190	146	380	212	168	135	65	70
鹰潭市	**2059**	**1143**	**916**	**2484**	**1348**	**1136**	**1034**	**530**	**504**
月湖区	741	372	369	702	362	340	213	112	101
余江区	526	305	221	854	484	370	301	154	147
贵溪市	792	466	326	928	502	426	520	264	256
赣州市	**12915**	**7953**	**4962**	**13211**	**8254**	**4957**	**5046**	**3118**	**1928**
章贡区	3605	2014	1591	3208	1802	1406	1271	715	556
南康区	1932	1262	670	2165	1485	680	693	469	224
赣县区	1316	888	428	1372	918	454	386	250	136
信丰县	912	573	339	1223	822	401	597	370	227
大余县	242	141	101	348	206	142	95	53	42
上犹县	228	116	112	166	89	77	76	33	43
崇义县	57	23	34	129	58	71	38	12	26
安远县	282	183	99	264	164	100	93	47	46
定南县	566	393	173	379	257	122	201	143	58
全南县	294	185	109	323	208	115	147	94	53

7-3 续表 17

单位：人

现住地	户口登记地								
	四川			贵州			云南		
	小计	男	女	小计	男	女	小计	男	女
宁都县	551	323	228	489	270	219	154	90	64
于都县	677	415	262	681	449	232	404	313	91
兴国县	462	255	207	503	296	207	125	63	62
会昌县	168	76	92	260	133	127	89	40	49
寻乌县	161	101	60	175	104	71	65	31	34
石城县	119	60	59	127	67	60	38	16	22
瑞金市	281	161	120	414	239	175	185	104	81
龙南市	1062	784	278	985	687	298	389	275	114
吉安市	**3753**	**2008**	**1745**	**8648**	**4711**	**3937**	**2065**	**1132**	**933**
吉州区	481	230	251	887	440	447	136	63	73
青原区	343	163	180	810	402	408	174	53	121
吉安县	836	467	369	1854	1060	794	586	371	215
吉水县	211	121	90	831	448	383	85	41	44
峡江县	118	68	50	351	171	180	60	39	21
新干县	282	172	110	542	338	204	243	128	115
永丰县	189	97	92	258	118	140	94	50	44
泰和县	215	95	120	597	310	287	128	71	57
遂川县	329	189	140	392	222	170	140	90	50
万安县	195	119	76	203	127	76	65	37	28
安福县	208	108	100	642	370	272	136	70	66
永新县	208	106	102	994	552	442	158	92	66
井冈山市	138	73	65	287	153	134	60	27	33
宜春市	**6308**	**3563**	**2745**	**9560**	**5245**	**4315**	**2735**	**1396**	**1339**
袁州区	1882	983	899	2067	922	1145	817	386	431
奉新县	421	224	197	627	369	258	231	129	102
万载县	388	186	202	565	279	286	182	85	97
上高县	335	189	146	562	315	247	206	113	93
宜丰县	461	271	190	1377	801	576	300	163	137
靖安县	246	177	69	424	274	150	93	60	33
铜鼓县	71	25	46	299	151	148	37	13	24
丰城市	765	484	281	1508	881	627	302	145	157
樟树市	411	240	171	492	314	178	148	75	73
高安市	1328	784	544	1639	939	700	419	227	192
抚州市	**4347**	**2346**	**2001**	**5493**	**3087**	**2406**	**2599**	**1379**	**1220**
临川区	1305	646	659	1620	836	784	1302	720	582
东乡区	473	259	214	682	405	277	261	151	110
南城县	228	133	95	556	344	212	100	45	55
黎川县	262	135	127	284	166	118	84	34	50
南丰县	194	88	106	229	122	107	85	23	62
崇仁县	117	59	58	283	160	123	166	85	81
乐安县	155	98	57	243	140	103	97	52	45
宜黄县	1197	706	491	922	516	406	301	168	133
金溪县	150	68	82	301	164	137	85	35	50
资溪县	97	49	48	230	151	79	58	33	25
广昌县	169	105	64	143	83	60	60	33	27
上饶市	**6151**	**3328**	**2823**	**10651**	**5457**	**5194**	**3794**	**1972**	**1822**
信州区	1062	568	494	1745	947	798	557	262	295
广丰区	590	301	289	1197	501	696	263	89	174
广信区	1129	707	422	1692	990	702	579	347	232
玉山县	705	299	406	1541	656	885	430	191	239
铅山县	154	64	90	310	122	188	115	40	75
横峰县	200	114	86	336	173	163	159	121	38
弋阳县	264	147	117	511	261	250	171	89	82
余干县	490	273	217	831	460	371	390	190	200
鄱阳县	633	320	313	883	439	444	442	245	197
万年县	294	177	117	466	244	222	163	78	85
婺源县	197	90	107	421	203	218	109	36	73
德兴市	433	268	165	718	461	257	416	284	132

7–3 续表 18

单位：人

现住地	户口登记地								
	西藏			陕西			甘肃		
	小计	男	女	小计	男	女	小计	男	女
全省	**2699**	**1347**	**1352**	**23953**	**14370**	**9583**	**30048**	**16570**	**13478**
南昌市	**2075**	**1058**	**1017**	**9681**	**5618**	**4063**	**13875**	**7838**	**6037**
东湖区	27	14	13	937	575	362	1172	670	502
西湖区	8	2	6	641	404	237	634	393	241
青云谱区	2	2		434	275	159	367	217	150
青山湖区	265	131	134	2811	1556	1255	5586	3240	2346
新建区	60	37	23	843	493	350	958	521	437
红谷滩区	1315	680	635	1874	1059	815	2150	1167	983
南昌县	270	144	126	1732	1004	728	2700	1454	1246
安义县	1	1		238	156	82	204	118	86
进贤县	127	47	80	171	96	75	104	58	46
景德镇市	**24**	**13**	**11**	**758**	**449**	**309**	**1180**	**670**	**510**
昌江区	2	2		145	95	50	185	109	76
珠山区	4	3	1	313	175	138	439	260	179
浮梁县	13	5	8	220	133	87	465	245	220
乐平市	5	3	2	80	46	34	91	56	35
萍乡市	**54**	**6**	**48**	**665**	**408**	**257**	**479**	**242**	**237**
安源区	47	3	44	275	156	119	277	131	146
湘东区	2	1	1	154	111	43	71	45	26
莲花县	1	1		67	42	25	21	11	10
上栗县	2	1	1	91	44	47	58	28	30
芦溪县	2		2	78	55	23	52	27	25
九江市	**181**	**93**	**88**	**2751**	**1508**	**1243**	**3878**	**1932**	**1946**
濂溪区	5	4	1	388	193	195	1398	677	721
浔阳区	146	75	71	333	191	142	620	243	377
柴桑区	8	3	5	416	288	128	466	278	188
武宁县	3	1	2	107	62	45	86	43	43
修水县	5	3	2	103	53	50	118	61	57
永修县	8	3	5	153	93	60	155	98	57
德安县	1		1	100	62	38	64	38	26
都昌县	3	3		55	29	26	73	43	30
湖口县				77	51	26	100	59	41
彭泽县				142	87	55	148	93	55
瑞昌市	2	1	1	138	89	49	163	108	55
共青城市				689	284	405	436	162	274
庐山市				50	26	24	51	29	22
新余市	**32**	**20**	**12**	**377**	**225**	**152**	**1107**	**674**	**433**
渝水区	31	20	11	300	165	135	1020	627	393
分宜县	1		1	77	60	17	87	47	40
鹰潭市	**6**	**1**	**5**	**718**	**530**	**188**	**432**	**178**	**254**
月湖区	1	1		209	136	73	135	69	66
余江区	2		2	114	76	38	49	28	21
贵溪市	3		3	395	318	77	248	81	167
赣州市	**93**	**48**	**45**	**3660**	**2434**	**1226**	**3064**	**1831**	**1233**
章贡区	75	42	33	1255	769	486	1476	752	724
南康区	5	3	2	494	362	132	180	115	65
赣县区	3		3	396	278	118	228	153	75
信丰县	3	1	2	290	199	91	169	118	51
大余县				81	58	23	41	23	18
上犹县				45	27	18	39	22	17
崇义县				31	14	17	17	8	9
安远县				20	11	9	21	10	11
定南县	1	1		108	80	28	58	39	19
全南县				70	38	32	31	19	12

7-3　续表 19　　　　单位：人

现住地	户口登记地								
	西藏			陕西			甘肃		
	小计	男	女	小计	男	女	小计	男	女
宁都县	1		1	136	92	44	232	155	77
于都县				108	70	38	90	61	29
兴国县	3	1	2	212	156	56	204	172	32
会昌县	1		1	40	22	18	30	15	15
寻乌县				37	19	18	22	12	10
石城县	1		1	27	16	11	49	40	9
瑞金市				48	27	21	41	25	16
龙南市				262	196	66	136	92	44
吉安市	**47**	**23**	**24**	**1118**	**666**	**452**	**1604**	**834**	**770**
吉州区	1	1		144	72	72	142	71	71
青原区	39	19	20	179	84	95	364	145	219
吉安县	1		1	249	159	90	601	340	261
吉水县	1		1	79	49	30	42	23	19
峡江县				10	5	5	10	5	5
新干县				36	23	13	13	6	7
永丰县	2	1	1	38	24	14	33	16	17
泰和县	1	1		63	35	28	52	27	25
遂川县				56	34	22	37	20	17
万安县				49	29	20	23	14	9
安福县	1	1		87	63	24	40	27	13
永新县				64	39	25	189	108	81
井冈山市	1		1	64	50	14	58	32	26
宜春市	**94**	**35**	**59**	**1566**	**943**	**623**	**1353**	**685**	**668**
袁州区	81	32	49	435	234	201	666	312	354
奉新县				77	44	33	47	29	18
万载县	1	1		76	40	36	63	38	25
上高县	2		2	105	63	42	70	50	20
宜丰县				222	137	85	53	35	18
靖安县				35	20	15	21	13	8
铜鼓县	2		2	32	16	16	20	10	10
丰城市	2		2	224	151	73	97	51	46
樟树市	3	1	2	125	78	47	86	51	35
高安市	3	1	2	235	160	75	230	96	134
抚州市	**40**	**19**	**21**	**971**	**574**	**397**	**983**	**468**	**515**
临川区	26	11	15	464	252	212	696	318	378
东乡区	3	1	2	95	62	33	95	56	39
南城县	1	1		43	28	15	18	9	9
黎川县				50	33	17	22	10	12
南丰县	5	2	3	32	15	17	27	14	13
崇仁县				47	30	17	32	15	17
乐安县				64	50	14	25	15	10
宜黄县	1	1		55	38	17	26	13	13
金溪县	1	1		50	25	25	19	7	12
资溪县	3	2	1	16	7	9	13	6	7
广昌县				55	34	21	10	5	5
上饶市	**53**	**31**	**22**	**1688**	**1015**	**673**	**2093**	**1218**	**875**
信州区	18	11	7	366	170	196	558	281	277
广丰区	3	2	1	106	50	56	96	56	40
广信区	4	1	3	397	279	118	673	456	217
玉山县	3	3		112	54	58	168	81	87
铅山县				42	22	20	35	20	15
横峰县	5	3	2	21	7	14	30	20	10
弋阳县	3	2	1	50	34	16	27	14	13
余干县	3	2	1	61	37	24	72	33	39
鄱阳县	1	1		149	93	56	140	69	71
万年县	9	4	5	113	68	45	109	70	39
婺源县	2	1	1	110	82	28	55	28	27
德兴市	2	1	1	161	119	42	130	90	40

7-3 续表 20 　　　　单位：人

现住地	户口登记地								
	青海			宁夏			新疆		
	小计	男	女	小计	男	女	小计	男	女
全　省	**6314**	**3368**	**2946**	**5206**	**2891**	**2315**	**8818**	**4330**	**4488**
南昌市	**3508**	**1968**	**1540**	**3108**	**1818**	**1290**	**5311**	**2630**	**2681**
东湖区	153	77	76	97	60	37	360	200	160
西湖区	62	34	28	51	34	17	247	141	106
青云谱区	45	31	14	31	16	15	113	64	49
青山湖区	1273	749	524	1706	1044	662	1810	905	905
新建区	194	107	87	94	49	45	456	241	215
红谷滩区	1047	582	465	417	206	211	1293	622	671
南昌县	621	328	293	694	400	294	976	429	547
安义县	90	43	47	11	6	5	22	12	10
进贤县	23	17	6	7	3	4	34	16	18
景德镇市	**113**	**51**	**62**	**140**	**49**	**91**	**170**	**61**	**109**
昌江区	15	7	8	8	2	6	29	15	14
珠山区	12	7	5	18	12	6	44	15	29
浮梁县	76	31	45	108	33	75	79	19	60
乐平市	10	6	4	6	2	4	18	12	6
萍乡市	**185**	**101**	**84**	**64**	**36**	**28**	**211**	**127**	**84**
安源区	171	96	75	52	28	24	148	87	61
湘东区	4	3	1	3	3		26	15	11
莲花县	2	1	1	2	2		10	7	3
上栗县	6	1	5	3		3	11	7	4
芦溪县	2		2	4	3	1	16	11	5
九江市	**759**	**295**	**464**	**546**	**218**	**328**	**1077**	**400**	**677**
濂溪区	225	80	145	236	95	141	131	59	72
浔阳区	249	91	158	127	47	80	228	84	144
柴桑区	32	16	16	18	6	12	38	25	13
武宁县	1	1		7	3	4	17	8	9
修水县	4	2	2	9	5	4	10	6	4
永修县	7	4	3	14	9	5	17	12	5
德安县	7	3	4	3	1	2	453	116	337
都昌县	6	3	3	3	3		16	8	8
湖口县	3	1	2	16	13	3	13	6	7
彭泽县	22	16	6	19	14	5	96	56	40
瑞昌市	13	6	7	8	3	5	10	5	5
共青城市	187	70	117	83	18	65	37	11	26
庐山市	3	2	1	3	1	2	11	4	7
新余市	**197**	**126**	**71**	**204**	**126**	**78**	**145**	**74**	**71**
渝水区	173	113	60	184	116	68	135	71	64
分宜县	24	13	11	20	10	10	10	3	7
鹰潭市	**23**	**10**	**13**	**18**	**9**	**9**	**73**	**37**	**36**
月湖区	12	6	6	7	2	5	30	17	13
余江区	3	1	2	3	2	1	23	9	14
贵溪市	8	3	5	8	5	3	20	11	9
赣州市	**760**	**439**	**321**	**590**	**368**	**222**	**867**	**501**	**366**
章贡区	402	225	177	477	280	197	599	336	263
南康区	68	37	31	10	6	4	29	14	15
赣县区	64	35	29	26	22	4	41	26	15
信丰县	62	37	25	3	3		23	14	9
大余县	2	1	1	2	2		8	5	3
上犹县	1		1	2		2	9	6	3
崇义县	1		1				2		2
安远县	2	1	1				12	9	3
定南县	5	4	1	13	13		10	4	6
全南县	3	3					8	5	3

7-3　续表 21　　　　　　　　　　　　　　　　　　　　　　　　　　　　单位：人

现住地	户口登记地								
	青海			宁夏			新疆		
	小计	男	女	小计	男	女	小计	男	女
宁都县	49	36	13	32	26	6	10	6	4
于都县	12	8	4	3	2	1	6	4	2
兴国县	33	19	14	2		2	11	7	4
会昌县	3	2	1	2		2	13	8	5
寻乌县	1		1	1	1		9	6	3
石城县	3	2	1	6	5	1	7	5	2
瑞金市	2	1	1				15	10	5
龙南市	47	28	19	11	8	3	55	36	19
吉安市	**200**	**100**	**100**	**121**	**79**	**42**	**187**	**94**	**93**
吉州区	27	16	11	19	12	7	56	31	25
青原区	47	15	32	34	17	17	42	11	31
吉安县	44	27	17	22	15	7	25	14	11
吉水县	9	5	4	1		1	14	8	6
峡江县				3	3		1		1
新干县	2		2	2	1	1	1	1	
永丰县	6	4	2				8	7	1
泰和县	11	5	6	22	18	4	2	1	1
遂川县	2	2		2		2	5	4	1
万安县	6	4	2	1	1		2	1	1
安福县	1	1		3	2	1	5	3	2
永新县	32	15	17	9	7	2	24	13	11
井冈山市	13	6	7	3	3		2		2
宜春市	**116**	**54**	**62**	**116**	**58**	**58**	**224**	**129**	**95**
袁州区	59	25	34	39	19	20	105	59	46
奉新县	4		4	2	2		4	3	1
万载县	1		1	2	2				
上高县	2	2		8	4	4	12	8	4
宜丰县	8	5	3	8	4	4	12	7	5
靖安县	3	2	1	2	2		5	4	1
铜鼓县	1	1							
丰城市	15	9	6	29	13	16	41	21	20
樟树市	3	1	2	7	3	4	17	11	6
高安市	20	9	11	19	9	10	28	16	12
抚州市	**211**	**90**	**121**	**103**	**41**	**62**	**253**	**124**	**129**
临川区	186	76	110	78	30	48	175	92	83
东乡区	4	3	1	2		2	16	7	9
南城县	2	1	1	5	2	3	9	6	3
黎川县	3	2	1	1		1	8	5	3
南丰县	7	4	3	1	1		8	3	5
崇仁县	2		2	4	3	1	9	3	6
乐安县				1	1		4		4
宜黄县	1	1		4	1	3	8	3	5
金溪县	1	1		4	3	1	10	4	6
资溪县	5	2	3	2		2	2		2
广昌县				1		1	4	1	3
上饶市	**242**	**134**	**108**	**196**	**89**	**107**	**300**	**153**	**147**
信州区	89	31	58	98	31	67	123	53	70
广丰区	4	2	2	5	1	4	14	7	7
广信区	59	44	15	63	47	16	33	21	12
玉山县	19	12	7	5		5	18	7	11
铅山县	3	2	1	2		2	25	16	9
横峰县	1	1		1	1		6	3	3
弋阳县	3	1	2	1	1		4	4	
余干县	3	2	1	2		2	14	5	9
鄱阳县	13	10	3	8	4	4	19	11	8
万年县	45	28	17	9	4	5	6	3	3
婺源县	2		2	1		1	19	13	6
德兴市	1	1		1		1	19	10	9

7-3a 全省按现住地、性别分的户口登记地在外省的人口(城市)

单位：人

现住地	户口登记地					
	合计			北京		
	合计	男	女	小计	男	女
全省	**691391**	**388380**	**303011**	**3664**	**2260**	**1404**
南昌市	**281220**	**162127**	**119093**	**1968**	**1268**	**700**
东湖区	38209	22328	15881	287	148	139
西湖区	31338	18549	12789	195	114	81
青云谱区	18635	11110	7525	117	66	51
青山湖区	95938	53097	42841	503	314	189
新建区	21039	13518	7521	197	182	15
红谷滩区	75953	43450	32503	669	444	225
南昌县	108	75	33			
安义县						
进贤县						
景德镇市	**28549**	**15749**	**12800**	**156**	**84**	**72**
昌江区	8218	4876	3342	36	23	13
珠山区	16260	8627	7633	106	53	53
浮梁县	254	181	73			
乐平市	3817	2065	1752	14	8	6
萍乡市	**22047**	**11851**	**10196**	**83**	**43**	**40**
安源区	19067	10044	9023	78	40	38
湘东区	2699	1622	1077	5	3	2
莲花县						
上栗县	281	185	96			
芦溪县						
九江市	**88098**	**45269**	**42829**	**304**	**174**	**130**
濂溪区	23862	11968	11894	77	51	26
浔阳区	26748	14331	12417	146	80	66
柴桑区	11676	7353	4323	19	14	5
武宁县						
修水县						
永修县						
德安县						
都昌县						
湖口县						
彭泽县						
瑞昌市	4315	2310	2005	23	12	11
共青城市	19983	8442	11541	34	15	19
庐山市	1514	865	649	5	2	3
新余市	**20035**	**11182**	**8853**	**81**	**47**	**34**
渝水区	20035	11182	8853	81	47	34
分宜县						
鹰潭市	**16754**	**9329**	**7425**	**61**	**35**	**26**
月湖区	10118	5689	4429	42	25	17
余江区	3103	1829	1274	6	4	2
贵溪市	3533	1811	1722	13	6	7
赣州市	**100152**	**58670**	**41482**	**262**	**164**	**98**
章贡区	60441	33693	26748	197	120	77
南康区	15917	10057	5860	36	24	12
赣县区	10868	6835	4033	12	8	4
信丰县						
大余县						
上犹县						
崇义县						
安远县						
定南县						
全南县						

7-3a　续表 1　　单位：人

现住地	户口登记地					
	合计			北京		
	合计	男	女	小计	男	女
宁都县						
于都县						
兴国县						
会昌县						
寻乌县	28	13	15			
石城县						
瑞金市	4172	2431	1741	6	4	2
龙南市	8726	5641	3085	11	8	3
吉安市	**18530**	**9283**	**9247**	**112**	**57**	**55**
吉州区	8602	4570	4032	77	38	39
青原区	8833	4141	4692	34	18	16
吉安县						
吉水县						
峡江县						
新干县						
永丰县						
泰和县						
遂川县						
万安县						
安福县						
永新县						
井冈山市	1095	572	523	1	1	
宜春市	**45131**	**24851**	**20280**	**288**	**182**	**106**
袁州区	26521	13302	13219	179	100	79
奉新县						
万载县						
上高县						
宜丰县						
靖安县						
铜鼓县						
丰城市	8099	5105	2994	16	10	6
樟树市	4619	2608	2011	22	12	10
高安市	5892	3836	2056	71	60	11
抚州市	**23170**	**12017**	**11153**	**136**	**77**	**59**
临川区	19027	9567	9460	117	64	53
东乡区	4143	2450	1693	19	13	6
南城县						
黎川县						
南丰县						
崇仁县						
乐安县						
宜黄县						
金溪县						
资溪县						
广昌县						
上饶市	**47705**	**28052**	**19653**	**213**	**129**	**84**
信州区	20916	11427	9489	145	86	59
广丰区	6042	3024	3018	11	6	5
广信区	14190	9229	4961	39	25	14
玉山县						
铅山县	9	6	3			
横峰县						
弋阳县						
余干县	204	104	100			
鄱阳县	4		4			
万年县						
婺源县						
德兴市	6340	4262	2078	18	12	6

7-3a 续表 2 单位：人

现住地	户口登记地								
	天津			河北			山西		
	小计	男	女	小计	男	女	小计	男	女
全省	**5085**	**2776**	**2309**	**19691**	**11040**	**8651**	**10017**	**5423**	**4594**
南昌市	**1687**	**957**	**730**	**9421**	**5395**	**4026**	**4707**	**2514**	**2193**
东湖区	107	52	55	924	568	356	482	243	239
西湖区	87	45	42	1458	895	563	379	223	156
青云谱区	53	36	17	722	451	271	211	138	73
青山湖区	652	337	315	2854	1611	1243	1774	953	821
新建区	66	52	14	548	352	196	212	120	92
红谷滩区	722	435	287	2910	1516	1394	1648	837	811
南昌县				5	2	3	1		1
安义县									
进贤县									
景德镇市	**1450**	**860**	**590**	**764**	**464**	**300**	**318**	**207**	**111**
昌江区	45	30	15	197	139	58	62	42	20
珠山区	1398	824	574	479	277	202	243	155	88
浮梁县	1	1		3	3		1	1	
乐平市	6	5	1	85	45	40	12	9	3
萍乡市	**65**	**39**	**26**	**415**	**253**	**162**	**149**	**93**	**56**
安源区	61	37	24	379	232	147	139	85	54
湘东区	4	2	2	33	19	14	8	6	2
莲花县									
上栗县				3	2	1	2	2	
芦溪县									
九江市	**771**	**385**	**386**	**2240**	**1103**	**1137**	**1375**	**696**	**679**
濂溪区	104	70	34	480	253	227	487	241	246
浔阳区	82	48	34	601	303	298	197	91	106
柴桑区	14	9	5	208	135	73	73	49	24
武宁县									
修水县									
永修县									
德安县									
都昌县									
湖口县									
彭泽县									
瑞昌市	19	7	12	51	28	23	17	8	9
共青城市	548	248	300	877	369	508	590	302	288
庐山市	4	3	1	23	15	8	11	5	6
新余市	**36**	**26**	**10**	**600**	**359**	**241**	**346**	**242**	**104**
渝水区	36	26	10	600	359	241	346	242	104
分宜县									
鹰潭市	**57**	**34**	**23**	**343**	**198**	**145**	**109**	**65**	**44**
月湖区	38	23	15	227	128	99	78	45	33
余江区	5	3	2	32	24	8	8	5	3
贵溪市	14	8	6	84	46	38	23	15	8
赣州市	**406**	**167**	**239**	**2438**	**1340**	**1098**	**1300**	**698**	**602**
章贡区	365	140	225	1968	1037	931	1086	552	534
南康区	11	7	4	221	156	65	84	58	26
赣县区	13	8	5	141	84	57	68	41	27
信丰县									
大余县									
上犹县									
崇义县									
安远县									
定南县									
全南县									

7-3a 续表 3 单位：人

现住地	户口登记地								
	天津			河北			山西		
	小计	男	女	小计	男	女	小计	男	女
宁都县									
于都县									
兴国县									
会昌县									
寻乌县									
石城县									
瑞金市	10	7	3	47	22	25	9	6	3
龙南市	7	5	2	61	41	20	53	41	12
吉安市	**138**	**72**	**66**	**797**	**393**	**404**	**222**	**126**	**96**
吉州区	24	11	13	199	107	92	66	43	23
青原区	114	61	53	585	280	305	149	79	70
吉安县									
吉水县									
峡江县									
新干县									
永丰县									
泰和县									
遂川县									
万安县									
安福县									
永新县									
井冈山市				13	6	7	7	4	3
宜春市	**187**	**82**	**105**	**1117**	**627**	**490**	**511**	**266**	**245**
袁州区	129	50	79	732	412	320	383	178	205
奉新县									
万载县									
上高县									
宜丰县									
靖安县									
铜鼓县									
丰城市	30	14	16	151	64	87	72	55	17
樟树市	13	8	5	92	51	41	26	16	10
高安市	15	10	5	142	100	42	30	17	13
抚州市	**138**	**77**	**61**	**546**	**291**	**255**	**342**	**179**	**163**
临川区	128	72	56	505	268	237	317	165	152
东乡区	10	5	5	41	23	18	25	14	11
南城县									
黎川县									
南丰县									
崇仁县									
乐安县									
宜黄县									
金溪县									
资溪县									
广昌县									
上饶市	**150**	**77**	**73**	**1010**	**617**	**393**	**638**	**337**	**301**
信州区	95	47	48	627	359	268	414	177	237
广丰区	8	2	6	74	43	31	25	13	12
广信区	34	20	14	230	160	70	160	116	44
玉山县									
铅山县									
横峰县									
弋阳县									
余干县				2	2				
鄱阳县									
万年县									
婺源县									
德兴市	13	8	5	77	53	24	39	31	8

7-3a 续表 4 单位：人

现住地	户口登记地								
	内蒙古			辽宁			吉林		
	小计	男	女	小计	男	女	小计	男	女
全　省	**7433**	**3998**	**3435**	**8652**	**4845**	**3807**	**7966**	**4198**	**3768**
南昌市	**3854**	**2095**	**1759**	**4325**	**2513**	**1812**	**3897**	**2094**	**1803**
东湖区	332	167	165	484	293	191	470	230	240
西湖区	261	116	145	432	220	212	421	209	212
青云谱区	166	107	59	284	178	106	210	119	91
青山湖区	1412	767	645	1479	846	633	1351	756	595
新建区	181	99	82	193	105	88	206	114	92
红谷滩区	1501	839	662	1453	871	582	1239	666	573
南昌县	1		1						
安义县									
进贤县									
景德镇市	**257**	**148**	**109**	**449**	**267**	**182**	**273**	**144**	**129**
昌江区	63	32	31	87	52	35	78	44	34
珠山区	177	108	69	313	183	130	169	86	83
浮梁县				4	4		3	2	1
乐平市	17	8	9	45	28	17	23	12	11
萍乡市	**95**	**53**	**42**	**135**	**81**	**54**	**185**	**103**	**82**
安源区	92	50	42	120	68	52	168	95	73
湘东区	3	3		15	13	2	17	8	9
莲花县									
上栗县									
芦溪县									
九江市	**877**	**405**	**472**	**1260**	**579**	**681**	**980**	**417**	**563**
濂溪区	417	189	228	258	127	131	226	117	109
浔阳区	204	97	107	378	157	221	268	105	163
柴桑区	63	40	23	74	51	23	92	61	31
武宁县									
修水县									
永修县									
德安县									
都昌县									
湖口县									
彭泽县									
瑞昌市	12	5	7	15	9	6	22	16	6
共青城市	167	68	99	526	232	294	366	114	252
庐山市	14	6	8	9	3	6	6	4	2
新余市	**237**	**144**	**93**	**169**	**94**	**75**	**144**	**80**	**64**
渝水区	237	144	93	169	94	75	144	80	64
分宜县									
鹰潭市	**140**	**85**	**55**	**162**	**95**	**67**	**178**	**102**	**76**
月湖区	104	68	36	114	72	42	131	72	59
余江区	14	6	8	17	10	7	15	10	5
贵溪市	22	11	11	31	13	18	32	20	12
赣州市	**785**	**461**	**324**	**855**	**515**	**340**	**1043**	**587**	**456**
章贡区	673	381	292	662	372	290	882	482	400
南康区	49	35	14	88	63	25	57	43	14
赣县区	43	30	13	63	48	15	61	32	29
信丰县									
大余县									
上犹县									
崇义县									
安远县									
定南县									
全南县									

7−3a　续表 5　　单位：人

现住地	户口登记地								
	内蒙古			辽宁			吉林		
	小计	男	女	小计	男	女	小计	男	女
宁都县									
于都县									
兴国县									
会昌县									
寻乌县									
石城县									
瑞金市	6	5	1	24	19	5	17	11	6
龙南市	14	10	4	18	13	5	26	19	7
吉安市	**265**	**113**	**152**	**202**	**110**	**92**	**175**	**88**	**87**
吉州区	66	30	36	71	38	33	70	35	35
青原区	195	82	113	126	69	57	99	49	50
吉安县									
吉水县									
峡江县									
新干县									
永丰县									
泰和县									
遂川县									
万安县									
安福县									
永新县									
井冈山市	4	1	3	5	3	2	6	4	2
宜春市	**336**	**187**	**149**	**443**	**251**	**192**	**396**	**209**	**187**
袁州区	226	118	108	259	130	129	228	106	122
奉新县									
万载县									
上高县									
宜丰县									
靖安县									
铜鼓县									
丰城市	38	24	14	87	58	29	48	33	15
樟树市	29	20	9	29	16	13	55	33	22
高安市	43	25	18	68	47	21	65	37	28
抚州市	**288**	**130**	**158**	**228**	**98**	**130**	**249**	**114**	**135**
临川区	272	124	148	212	87	125	234	107	127
东乡区	16	6	10	16	11	5	15	7	8
南城县									
黎川县									
南丰县									
崇仁县									
乐安县									
宜黄县									
金溪县									
资溪县									
广昌县									
上饶市	**299**	**177**	**122**	**424**	**242**	**182**	**446**	**260**	**186**
信州区	189	99	90	227	117	110	256	136	120
广丰区	10	7	3	17	9	8	13	7	6
广信区	78	54	24	124	75	49	130	82	48
玉山县									
铅山县									
横峰县									
弋阳县									
余干县									
鄱阳县									
万年县									
婺源县									
德兴市	22	17	5	56	41	15	47	35	12

7−3a 续表 6

单位：人

现住地	户口登记地								
	黑龙江			上海			江苏		
	小计	男	女	小计	男	女	小计	男	女
全省	**9696**	**4987**	**4709**	**9468**	**5108**	**4360**	**30919**	**19068**	**11851**
南昌市	**4896**	**2555**	**2341**	**3384**	**1892**	**1492**	**13848**	**8785**	**5063**
东湖区	627	319	308	576	321	255	2290	1508	782
西湖区	537	253	284	510	254	256	1520	1007	513
青云谱区	319	182	137	337	184	153	775	491	284
青山湖区	1569	816	753	1033	569	464	4584	2778	1806
新建区	281	168	113	118	64	54	1135	802	333
红谷滩区	1561	816	745	810	500	310	3541	2196	1345
南昌县	2	1	1				3	3	
安义县									
进贤县									
景德镇市	**350**	**180**	**170**	**982**	**538**	**444**	**1811**	**1088**	**723**
昌江区	70	38	32	101	60	41	521	321	200
珠山区	238	118	120	818	440	378	1000	563	437
浮梁县	1	1					15	13	2
乐平市	41	23	18	63	38	25	275	191	84
萍乡市	**147**	**89**	**58**	**191**	**95**	**96**	**707**	**427**	**280**
安源区	126	73	53	184	92	92	623	378	245
湘东区	19	14	5	7	3	4	79	46	33
莲花县									
上栗县	2	2					5	3	2
芦溪县									
九江市	**1228**	**500**	**728**	**1167**	**584**	**583**	**4139**	**2262**	**1877**
濂溪区	334	132	202	253	135	118	797	467	330
浔阳区	271	122	149	432	220	212	967	597	370
柴桑区	75	38	37	30	18	12	633	422	211
武宁县									
修水县									
永修县									
德安县									
都昌县									
湖口县									
彭泽县									
瑞昌市	30	14	16	34	17	17	177	102	75
共青城市	507	189	318	400	187	213	1465	620	845
庐山市	11	5	6	18	7	11	100	54	46
新余市	**178**	**95**	**83**	**327**	**162**	**165**	**758**	**444**	**314**
渝水区	178	95	83	327	162	165	758	444	314
分宜县									
鹰潭市	**216**	**123**	**93**	**276**	**148**	**128**	**868**	**503**	**365**
月湖区	147	91	56	163	90	73	563	334	229
余江区	33	14	19	29	18	11	147	88	59
贵溪市	36	18	18	84	40	44	158	81	77
赣州市	**1098**	**593**	**505**	**626**	**344**	**282**	**2773**	**1793**	**980**
章贡区	875	465	410	508	277	231	2109	1322	787
南康区	120	72	48	21	14	7	262	172	90
赣县区	46	24	22	65	36	29	254	190	64
信丰县									
大余县									
上犹县									
崇义县									
安远县									
定南县									
全南县									

7-3a　续表 7

单位：人

现住地	户口登记地								
	黑龙江			上海			江苏		
	小计	男	女	小计	男	女	小计	男	女
宁都县									
于都县									
兴国县									
会昌县									
寻乌县									
石城县									
瑞金市	33	18	15	17	10	7	74	48	26
龙南市	24	14	10	15	7	8	74	61	13
吉安市	**164**	**82**	**82**	**275**	**154**	**121**	**694**	**388**	**306**
吉州区	73	37	36	120	70	50	301	183	118
青原区	80	41	39	134	76	58	357	183	174
吉安县									
吉水县									
峡江县									
新干县									
永丰县									
泰和县									
遂川县									
万安县									
安福县									
永新县									
井冈山市	11	4	7	21	8	13	36	22	14
宜春市	**511**	**281**	**230**	**1058**	**527**	**531**	**2233**	**1458**	**775**
袁州区	325	165	160	935	454	481	1523	958	565
奉新县									
万载县									
上高县									
宜丰县									
靖安县									
铜鼓县									
丰城市	78	46	32	36	22	14	244	177	67
樟树市	47	28	19	42	24	18	199	116	83
高安市	61	42	19	45	27	18	267	207	60
抚州市	**318**	**167**	**151**	**298**	**158**	**140**	**941**	**581**	**360**
临川区	297	155	142	254	134	120	772	475	297
东乡区	21	12	9	44	24	20	169	106	63
南城县									
黎川县									
南丰县									
崇仁县									
乐安县									
宜黄县									
金溪县									
资溪县									
广昌县									
上饶市	**590**	**322**	**268**	**884**	**506**	**378**	**2147**	**1339**	**808**
信州区	351	174	177	542	288	254	1091	631	460
广丰区	26	11	15	128	88	40	229	134	95
广信区	154	99	55	110	75	35	583	419	164
玉山县									
铅山县									
横峰县									
弋阳县									
余干县				6	4	2	6	1	5
鄱阳县									
万年县									
婺源县									
德兴市	59	38	21	98	51	47	238	154	84

7-3a 续表 8

单位：人

现住地	户口登记地								
	浙江			安徽			福建		
	小计	男	女	小计	男	女	小计	男	女
全省	**45011**	**24960**	**20051**	**54166**	**31995**	**22171**	**50978**	**28810**	**22168**
南昌市	**15171**	**8642**	**6529**	**24826**	**14955**	**9871**	**18154**	**10502**	**7652**
东湖区	1707	974	733	2454	1498	956	2454	1439	1015
西湖区	2579	1490	1089	2630	1674	956	3040	1797	1243
青云谱区	1002	612	390	1951	1172	779	2184	1286	898
青山湖区	4455	2449	2006	9697	5626	4071	5305	2935	2370
新建区	922	560	362	2355	1570	785	1363	869	494
红谷滩区	4499	2553	1946	5722	3406	2316	3798	2170	1628
南昌县	7	4	3	17	9	8	10	6	4
安义县									
进贤县									
景德镇市	**2728**	**1489**	**1239**	**2874**	**1640**	**1234**	**1967**	**1063**	**904**
昌江区	617	355	262	1010	597	413	512	301	211
珠山区	1523	784	739	1454	817	637	1031	528	503
浮梁县	34	22	12	25	17	8	21	17	4
乐平市	554	328	226	385	209	176	403	217	186
萍乡市	**1229**	**592**	**637**	**797**	**483**	**314**	**1283**	**763**	**520**
安源区	1153	548	605	663	381	282	1175	694	481
湘东区	71	40	31	79	54	25	108	69	39
莲花县									
上栗县	5	4	1	55	48	7			
芦溪县									
九江市	**4186**	**2121**	**2065**	**9008**	**4984**	**4024**	**5253**	**2673**	**2580**
濂溪区	839	421	418	2889	1565	1324	852	436	416
浔阳区	1394	744	650	2588	1441	1147	1553	872	681
柴桑区	563	332	231	1455	902	553	665	411	254
武宁县									
修水县									
永修县									
德安县									
都昌县									
湖口县									
彭泽县									
瑞昌市	197	113	84	461	270	191	332	185	147
共青城市	1072	435	637	1395	669	726	1678	660	1018
庐山市	121	76	45	220	137	83	173	109	64
新余市	**925**	**544**	**381**	**1194**	**699**	**495**	**1352**	**793**	**559**
渝水区	925	544	381	1194	699	495	1352	793	559
分宜县									
鹰潭市	**1887**	**1085**	**802**	**1364**	**807**	**557**	**1773**	**955**	**818**
月湖区	1209	679	530	856	520	336	1224	672	552
余江区	303	204	99	249	153	96	230	125	105
贵溪市	375	202	173	259	134	125	319	158	161
赣州市	**4647**	**2640**	**2007**	**5284**	**3273**	**2011**	**10045**	**5758**	**4287**
章贡区	3270	1801	1469	3287	1927	1360	6782	3773	3009
南康区	675	418	257	1053	709	344	949	575	374
赣县区	348	207	141	570	394	176	758	472	286
信丰县									
大余县									
上犹县									
崇义县									
安远县									
定南县									
全南县									

7-3a 续表 9

单位：人

现住地	户口登记地								
	浙江			安徽			福建		
	小计	男	女	小计	男	女	小计	男	女
宁都县									
于都县									
兴国县									
会昌县									
寻乌县									
石城县									
瑞金市	219	130	89	196	115	81	1255	742	513
龙南市	135	84	51	178	128	50	301	196	105
吉安市	**1275**	**630**	**645**	**972**	**542**	**430**	**1921**	**1042**	**879**
吉州区	575	325	250	420	247	173	941	533	408
青原区	594	245	349	489	260	229	910	470	440
吉安县									
吉水县									
峡江县									
新干县									
永丰县									
泰和县									
遂川县									
万安县									
安福县									
永新县									
井冈山市	106	60	46	63	35	28	70	39	31
宜春市	**3088**	**1705**	**1383**	**2679**	**1607**	**1072**	**2547**	**1464**	**1083**
袁州区	2112	1079	1033	1470	771	699	1474	800	674
奉新县									
万载县									
上高县									
宜丰县									
靖安县									
铜鼓县									
丰城市	354	240	114	558	400	158	381	241	140
樟树市	355	210	145	284	166	118	332	193	139
高安市	267	176	91	367	270	97	360	230	130
抚州市	**1952**	**1147**	**805**	**1803**	**962**	**841**	**2245**	**1202**	**1043**
临川区	1442	800	642	1475	752	723	1918	999	919
东乡区	510	347	163	328	210	118	327	203	124
南城县									
黎川县									
南丰县									
崇仁县									
乐安县									
宜黄县									
金溪县									
资溪县									
广昌县									
上饶市	**7923**	**4365**	**3558**	**3365**	**2043**	**1322**	**4438**	**2595**	**1843**
信州区	3198	1766	1432	1330	791	539	2145	1211	934
广丰区	1748	776	972	424	229	195	802	421	381
广信区	1650	1045	605	1197	755	442	923	552	371
玉山县									
铅山县	6	4	2						
横峰县									
弋阳县									
余干县	64	35	29	7	1	6	32	19	13
鄱阳县	1		1						
万年县									
婺源县									
德兴市	1256	739	517	407	267	140	536	392	144

7-3a 续表 10　　　　单位：人

现住地	户口登记地 山东 小计	山东 男	山东 女	河南 小计	河南 男	河南 女
全　省	**22807**	**13042**	**9765**	**60446**	**37235**	**23211**
南昌市	**11582**	**6622**	**4960**	**28704**	**17637**	**11067**
东湖区	1333	784	549	5818	3825	1993
西湖区	869	555	314	2944	1959	985
青云谱区	729	477	252	2032	1294	738
青山湖区	4830	2664	2166	9255	5302	3953
新建区	684	427	257	2256	1553	703
红谷滩区	3117	1696	1421	6389	3695	2694
南昌县	20	19	1	10	9	1
安义县						
进贤县						
景德镇市	**938**	**539**	**399**	**2552**	**1527**	**1025**
昌江区	255	154	101	967	613	354
珠山区	611	336	275	1225	687	538
浮梁县	8	7	1	19	13	6
乐平市	64	42	22	341	214	127
萍乡市	**494**	**311**	**183**	**1455**	**946**	**509**
安源区	453	281	172	1228	796	432
湘东区	41	30	11	216	142	74
莲花县						
上栗县				11	8	3
芦溪县						
九江市	**2578**	**1289**	**1289**	**7220**	**4227**	**2993**
濂溪区	632	329	303	1762	920	842
浔阳区	695	380	315	1985	1320	665
柴桑区	288	204	84	1379	987	392
武宁县						
修水县						
永修县						
德安县						
都昌县						
湖口县						
彭泽县						
瑞昌市	46	23	23	290	180	110
共青城市	899	343	556	1770	803	967
庐山市	18	10	8	34	17	17
新余市	**678**	**418**	**260**	**1499**	**875**	**624**
渝水区	678	418	260	1499	875	624
分宜县						
鹰潭市	**406**	**240**	**166**	**1374**	**868**	**506**
月湖区	261	160	101	841	532	309
余江区	45	28	17	296	197	99
贵溪市	100	52	48	237	139	98
赣州市	**2593**	**1504**	**1089**	**7508**	**4730**	**2778**
章贡区	1993	1079	914	4712	2803	1909
南康区	302	202	100	975	638	337
赣县区	164	122	42	904	659	245
信丰县						
大余县						
上犹县						
崇义县						
安远县						
定南县						
全南县						

7−3a　续表 11　　　　单位：人

现住地	户口登记地 山东 小计	山东 男	山东 女	河南 小计	河南 男	河南 女
宁都县						
于都县						
兴国县						
会昌县						
寻乌县				2	2	
石城县						
瑞金市	43	30	13	263	159	104
龙南市	91	71	20	652	469	183
吉安市	**563**	**297**	**266**	**1465**	**875**	**590**
吉州区	165	96	69	803	519	284
青原区	387	195	192	606	327	279
吉安县						
吉水县						
峡江县						
新干县						
永丰县						
泰和县						
遂川县						
万安县						
安福县						
永新县						
井冈山市	11	6	5	56	29	27
宜春市	**1321**	**779**	**542**	**3725**	**2377**	**1348**
袁州区	783	400	383	1797	998	799
奉新县						
万载县						
上高县						
宜丰县						
靖安县						
铜鼓县						
丰城市	292	200	92	818	603	215
樟树市	93	71	22	402	245	157
高安市	153	108	45	708	531	177
抚州市	**453**	**265**	**188**	**1603**	**947**	**656**
临川区	379	225	154	1328	768	560
东乡区	74	40	34	275	179	96
南城县						
黎川县						
南丰县						
崇仁县						
乐安县						
宜黄县						
金溪县						
资溪县						
广昌县						
上饶市	**1201**	**778**	**423**	**3341**	**2226**	**1115**
信州区	654	376	278	1342	827	515
广丰区	97	59	38	244	145	99
广信区	299	229	70	1272	871	401
玉山县						
铅山县				1	1	
横峰县						
弋阳县						
余干县				1		1
鄱阳县						
万年县						
婺源县						
德兴市	151	114	37	481	382	99

7-3a 续表 12

单位：人

现住地	户口登记地								
	湖北			湖南			广东		
	小计	男	女	小计	男	女	小计	男	女
全省	**60572**	**34729**	**25843**	**62515**	**34733**	**27782**	**45701**	**24253**	**21448**
南昌市	**22385**	**13151**	**9234**	**21737**	**12487**	**9250**	**14677**	**8296**	**6381**
东湖区	3017	1672	1345	2855	1636	1219	2122	1142	980
西湖区	2550	1502	1048	2531	1468	1063	1966	1135	831
青云谱区	1646	1004	642	1492	874	618	855	459	396
青山湖区	7716	4278	3438	7504	4125	3379	4813	2649	2164
新建区	1801	1167	634	1734	1050	684	688	372	316
红谷滩区	5653	3527	2126	5611	3325	2286	4230	2538	1692
南昌县	2	1	1	10	9	1	3	1	2
安义县									
进贤县									
景德镇市	**1529**	**761**	**768**	**1450**	**765**	**685**	**1401**	**671**	**730**
昌江区	506	305	201	480	290	190	385	188	197
珠山区	774	347	427	732	355	377	827	398	429
浮梁县	14	8	6	25	22	3	10	7	3
乐平市	235	101	134	213	98	115	179	78	101
萍乡市	**963**	**560**	**403**	**6559**	**3200**	**3359**	**2013**	**1015**	**998**
安源区	802	459	343	5721	2723	2998	1772	883	889
湘东区	144	87	57	765	437	328	231	127	104
莲花县									
上栗县	17	14	3	73	40	33	10	5	5
芦溪县									
九江市	**19068**	**10268**	**8800**	**3618**	**1855**	**1763**	**3527**	**1662**	**1865**
濂溪区	6220	3260	2960	1021	474	547	844	413	431
浔阳区	7996	4396	3600	1060	540	520	1123	543	580
柴桑区	1829	1075	754	786	501	285	316	174	142
武宁县									
修水县									
永修县									
德安县									
都昌县									
湖口县									
彭泽县									
瑞昌市	1483	781	702	204	106	98	179	76	103
共青城市	1246	581	665	468	194	274	1021	436	585
庐山市	294	175	119	79	40	39	44	20	24
新余市	**1073**	**578**	**495**	**2408**	**1300**	**1108**	**1593**	**850**	**743**
渝水区	1073	578	495	2408	1300	1108	1593	850	743
分宜县									
鹰潭市	**1127**	**646**	**481**	**1489**	**793**	**696**	**807**	**387**	**420**
月湖区	686	404	282	877	464	413	484	241	243
余江区	203	123	80	241	135	106	138	65	73
贵溪市	238	119	119	371	194	177	185	81	104
赣州市	**6377**	**4021**	**2356**	**12017**	**7259**	**4758**	**12718**	**6882**	**5836**
章贡区	3530	2195	1335	5736	3239	2497	6784	3635	3149
南康区	1081	681	400	3408	2191	1217	1912	1085	827
赣县区	815	513	302	1380	854	526	1291	695	596
信丰县									
大余县									
上犹县									
崇义县									
安远县									
定南县									
全南县									

7-3a　续表 13

单位：人

现住地	户口登记地 湖北 小计	湖北 男	湖北 女	湖南 小计	湖南 男	湖南 女	广东 小计	广东 男	广东 女
宁都县									
于都县									
兴国县									
会昌县									
寻乌县	7	3	4	4	1	3	7	2	5
石城县									
瑞金市	263	157	106	288	179	109	446	219	227
龙南市	681	472	209	1201	795	406	2278	1246	1032
吉安市	**952**	**485**	**467**	**1898**	**891**	**1007**	**1626**	**791**	**835**
吉州区	502	261	241	841	414	427	1044	518	526
青原区	387	194	193	835	355	480	483	233	250
吉安县									
吉水县									
峡江县									
新干县									
永丰县									
泰和县									
遂川县									
万安县									
安福县									
永新县									
井冈山市	63	30	33	222	122	100	99	40	59
宜春市	**3049**	**1815**	**1234**	**6336**	**3259**	**3077**	**3777**	**1878**	**1899**
袁州区	1485	819	666	4182	2024	2158	2128	1011	1117
奉新县									
万载县									
上高县									
宜丰县									
靖安县									
铜鼓县									
丰城市	789	519	270	1019	594	425	582	312	270
樟树市	310	175	135	517	275	242	610	313	297
高安市	465	302	163	618	366	252	457	242	215
抚州市	**1326**	**709**	**617**	**1629**	**810**	**819**	**1717**	**835**	**882**
临川区	975	485	490	1357	651	706	1550	760	790
东乡区	351	224	127	272	159	113	167	75	92
南城县									
黎川县									
南丰县									
崇仁县									
乐安县									
宜黄县									
金溪县									
资溪县									
广昌县									
上饶市	**2723**	**1735**	**988**	**3374**	**2114**	**1260**	**1845**	**986**	**859**
信州区	855	476	379	1434	832	602	998	541	457
广丰区	265	146	119	285	155	130	204	99	105
广信区	1125	761	364	1162	797	365	407	219	188
玉山县									
铅山县									
横峰县									
弋阳县									
余干县	3		3	7	3	4	57	29	28
鄱阳县									
万年县									
婺源县									
德兴市	475	352	123	486	327	159	179	98	81

7-3a 续表 14

单位：人

现住地	户口登记地								
	广西			海南			重庆		
	小计	男	女	小计	男	女	小计	男	女
全省	**19856**	**9770**	**10086**	**6813**	**3141**	**3672**	**15808**	**8619**	**7189**
南昌市	**6928**	**3442**	**3486**	**2912**	**1513**	**1399**	**6297**	**3406**	**2891**
东湖区	1320	673	647	189	80	109	924	476	448
西湖区	711	364	347	131	54	77	670	349	321
青云谱区	312	140	172	69	31	38	373	211	162
青山湖区	2314	1049	1265	1247	645	602	1978	1031	947
新建区	487	290	197	173	93	80	674	432	242
红谷滩区	1784	926	858	1103	610	493	1675	905	770
南昌县							3	2	1
安义县									
进贤县									
景德镇市	**839**	**432**	**407**	**197**	**78**	**119**	**589**	**296**	**293**
昌江区	330	190	140	16	6	10	227	131	96
珠山区	320	144	176	168	69	99	276	130	146
浮梁县	18	11	7				5	3	2
乐平市	171	87	84	13	3	10	81	32	49
萍乡市	**592**	**254**	**338**	**333**	**140**	**193**	**510**	**301**	**209**
安源区	471	199	272	313	130	183	399	230	169
湘东区	104	49	55	19	10	9	99	62	37
莲花县									
上栗县	17	6	11	1		1	12	9	3
芦溪县									
九江市	**1777**	**778**	**999**	**967**	**406**	**561**	**1649**	**881**	**768**
濂溪区	490	205	285	207	83	124	370	177	193
浔阳区	380	169	211	135	52	83	500	279	221
柴桑区	381	218	163	26	8	18	380	241	139
武宁县									
修水县									
永修县									
德安县									
都昌县									
湖口县									
彭泽县									
瑞昌市	93	39	54	20	5	15	120	70	50
共青城市	418	139	279	575	256	319	250	98	152
庐山市	15	8	7	4	2	2	29	16	13
新余市	**723**	**354**	**369**	**220**	**119**	**101**	**374**	**185**	**189**
渝水区	723	354	369	220	119	101	374	185	189
分宜县									
鹰潭市	**447**	**216**	**231**	**57**	**15**	**42**	**478**	**271**	**207**
月湖区	227	111	116	31	10	21	276	153	123
余江区	118	57	61	11		11	107	64	43
贵溪市	102	48	54	15	5	10	95	54	41
赣州市	**4476**	**2465**	**2011**	**909**	**429**	**480**	**2714**	**1596**	**1118**
章贡区	1894	955	939	793	381	412	1430	793	637
南康区	934	539	395	44	17	27	574	363	211
赣县区	738	413	325	36	15	21	405	243	162
信丰县									
大余县									
上犹县									
崇义县									
安远县									
定南县									
全南县									

7-3a 续表 15

单位：人

现住地	户口登记地								
	广西			海南			重庆		
	小计	男	女	小计	男	女	小计	男	女
宁都县									
于都县									
兴国县									
会昌县									
寻乌县									
石城县									
瑞金市	184	90	94	12	4	8	78	41	37
龙南市	726	468	258	24	12	12	227	156	71
吉安市	**548**	**218**	**330**	**273**	**74**	**199**	**409**	**212**	**197**
吉州区	276	120	156	61	19	42	199	97	102
青原区	212	67	145	206	54	152	172	93	79
吉安县									
吉水县									
峡江县									
新干县									
永丰县									
泰和县									
遂川县									
万安县									
安福县									
永新县									
井冈山市	60	31	29	6	1	5	38	22	16
宜春市	**1642**	**739**	**903**	**369**	**145**	**224**	**1070**	**548**	**522**
袁州区	815	349	466	244	99	145	550	240	310
奉新县									
万载县									
上高县									
宜丰县									
靖安县									
铜鼓县									
丰城市	429	196	233	59	20	39	207	123	84
樟树市	151	59	92	42	19	23	138	80	58
高安市	247	135	112	24	7	17	175	105	70
抚州市	**736**	**321**	**415**	**338**	**127**	**211**	**535**	**239**	**296**
临川区	579	238	341	309	117	192	407	169	238
东乡区	157	83	74	29	10	19	128	70	58
南城县									
黎川县									
南丰县									
崇仁县									
乐安县									
宜黄县									
金溪县									
资溪县									
广昌县									
上饶市	**1148**	**551**	**597**	**238**	**95**	**143**	**1183**	**684**	**499**
信州区	501	224	277	154	55	99	559	302	257
广丰区	153	56	97	18	9	9	125	67	58
广信区	342	180	162	52	22	30	345	206	139
玉山县									
铅山县							1	1	
横峰县									
弋阳县									
余干县				1	1		1	1	
鄱阳县									
万年县									
婺源县									
德兴市	152	91	61	13	8	5	152	107	45

7-3a 续表 16

单位：人

现住地	户口登记地								
	四川			贵州			云南		
	小计	男	女	小计	男	女	小计	男	女
全 省	**34693**	**19169**	**15524**	**38287**	**21523**	**16764**	**14063**	**7287**	**6776**
南昌市	**12894**	**7146**	**5748**	**13591**	**8135**	**5456**	**5733**	**3046**	**2687**
东湖区	1974	1140	834	2427	1459	968	686	344	342
西湖区	1415	772	643	1430	859	571	429	227	202
青云谱区	866	476	390	693	393	300	255	129	126
青山湖区	4104	2172	1932	4164	2346	1818	2103	1089	1014
新建区	1220	761	459	1666	1118	548	464	299	165
红谷滩区	3306	1818	1488	3206	1958	1248	1796	958	838
南昌县	9	7	2	5	2	3			
安义县									
进贤县									
景德镇市	**1528**	**795**	**733**	**1489**	**810**	**679**	**409**	**175**	**234**
昌江区	568	329	239	647	385	262	119	60	59
珠山区	762	376	386	593	308	285	213	80	133
浮梁县	10	6	4	24	16	8	5	2	3
乐平市	188	84	104	225	101	124	72	33	39
萍乡市	**1203**	**720**	**483**	**1030**	**573**	**457**	**387**	**183**	**204**
安源区	971	551	420	786	435	351	268	113	155
湘东区	208	154	54	212	116	96	112	66	46
莲花县									
上栗县	24	15	9	32	22	10	7	4	3
芦溪县									
九江市	**3485**	**1777**	**1708**	**3936**	**1924**	**2012**	**1334**	**558**	**776**
濂溪区	773	352	421	818	349	469	443	168	275
浔阳区	1013	556	457	746	361	385	336	129	207
柴桑区	738	459	279	806	527	279	191	110	81
武宁县									
修水县									
永修县									
德安县									
都昌县									
湖口县									
彭泽县									
瑞昌市	170	81	89	168	83	85	45	18	27
共青城市	735	302	433	1297	540	757	295	125	170
庐山市	56	27	29	101	64	37	24	8	16
新余市	**979**	**512**	**467**	**2156**	**1118**	**1038**	**394**	**200**	**194**
渝水区	979	512	467	2156	1118	1038	394	200	194
分宜县									
鹰潭市	**1096**	**567**	**529**	**1121**	**593**	**528**	**356**	**177**	**179**
月湖区	586	286	300	502	256	246	157	83	74
余江区	306	179	127	339	197	142	101	52	49
贵溪市	204	102	102	280	140	140	98	42	56
赣州市	**6217**	**3738**	**2479**	**5520**	**3341**	**2179**	**2115**	**1263**	**852**
章贡区	3117	1709	1408	2660	1438	1222	1149	639	510
南康区	1224	774	450	938	627	311	449	300	149
赣县区	940	622	318	1004	658	346	225	134	91
信丰县									
大余县									
上犹县									
崇义县									
安远县									
定南县									
全南县									

7-3a　续表 17　　单位：人

现住地	户口登记地								
	四川			贵州			云南		
	小计	男	女	小计	男	女	小计	男	女
宁都县									
于都县									
兴国县									
会昌县									
寻乌县	6	4	2				2	1	1
石城县									
瑞金市	215	130	85	304	189	115	72	43	29
龙南市	715	499	216	614	429	185	218	146	72
吉安市	**773**	**357**	**416**	**1484**	**720**	**764**	**273**	**97**	**176**
吉州区	424	200	224	822	404	418	117	52	65
青原区	294	132	162	572	266	306	149	42	107
吉安县									
吉水县									
峡江县									
新干县									
永丰县									
泰和县									
遂川县									
万安县									
安福县									
永新县									
井冈山市	55	25	30	90	50	40	7	3	4
宜春市	**2672**	**1462**	**1210**	**2765**	**1447**	**1318**	**964**	**461**	**503**
袁州区	1415	682	733	1321	521	800	560	233	327
奉新县									
万载县									
上高县									
宜丰县									
靖安县									
铜鼓县									
丰城市	598	402	196	694	438	256	188	110	78
樟树市	270	147	123	303	189	114	71	34	37
高安市	389	231	158	447	299	148	145	84	61
抚州市	**1381**	**660**	**721**	**1628**	**841**	**787**	**724**	**317**	**407**
临川区	1010	465	545	1212	604	608	533	218	315
东乡区	371	195	176	416	237	179	191	99	92
南城县									
黎川县									
南丰县									
崇仁县									
乐安县									
宜黄县									
金溪县									
资溪县									
广昌县									
上饶市	**2465**	**1435**	**1030**	**3567**	**2021**	**1546**	**1374**	**810**	**564**
信州区	897	460	437	1327	717	610	458	220	238
广丰区	330	175	155	510	223	287	147	62	85
广信区	890	583	307	1261	770	491	469	307	162
玉山县									
铅山县	1		1						
横峰县									
弋阳县									
余干县	4		4	5	3	2	7	5	2
鄱阳县				2		2	1		1
万年县									
婺源县									
德兴市	343	217	126	462	308	154	292	216	76

7-3a 续表 18 单位：人

现住地	户口登记地								
	西藏			陕西			甘肃		
	小计	男	女	小计	男	女	小计	男	女
全 省	**2005**	**1000**	**1005**	**13720**	**7900**	**5820**	**18450**	**9891**	**8559**
南昌市	**1527**	**786**	**741**	**6394**	**3667**	**2727**	**8563**	**4825**	**3738**
东湖区	26	13	13	819	492	327	947	530	417
西湖区	8	2	6	641	404	237	634	393	241
青云谱区	2	2		434	275	159	358	213	145
青山湖区	138	62	76	2171	1141	1030	3944	2221	1723
新建区	39	28	11	523	353	170	541	309	232
红谷滩区	1314	679	635	1806	1002	804	2139	1159	980
南昌县									
安义县									
进贤县									
景德镇市	**9**	**6**	**3**	**473**	**278**	**195**	**622**	**373**	**249**
昌江区	1	1		122	80	42	149	89	60
珠山区	4	3	1	309	174	135	425	252	173
浮梁县				6	3	3	2	2	
乐平市	4	2	2	36	21	15	46	30	16
萍乡市	**46**	**3**	**43**	**305**	**174**	**131**	**293**	**138**	**155**
安源区	46	3	43	247	135	112	266	126	140
湘东区				55	38	17	26	12	14
莲花县									
上栗县				3	1	2	1		1
芦溪县									
九江市	**156**	**81**	**75**	**1674**	**848**	**826**	**2740**	**1240**	**1500**
濂溪区	5	4	1	348	169	179	1349	644	705
浔阳区	146	75	71	332	191	141	616	241	375
柴桑区	4	1	3	225	157	68	293	170	123
武宁县									
修水县									
永修县									
德安县									
都昌县									
湖口县									
彭泽县									
瑞昌市	1	1		52	35	17	33	16	17
共青城市				673	274	399	406	144	262
庐山市				44	22	22	43	25	18
新余市	**9**	**4**	**5**	**231**	**122**	**109**	**910**	**559**	**351**
渝水区	9	4	5	231	122	109	910	559	351
分宜县									
鹰潭市	**4**	**1**	**3**	**287**	**178**	**109**	**201**	**107**	**94**
月湖区	1	1		171	107	64	87	43	44
余江区	1		1	66	43	23	28	18	10
贵溪市	2		2	50	28	22	86	46	40
赣州市	**78**	**42**	**36**	**1916**	**1215**	**701**	**1750**	**906**	**844**
章贡区	74	41	33	1121	678	443	1365	665	700
南康区	1	1		292	202	90	93	60	33
赣县区	3		3	278	185	93	153	94	59
信丰县									
大余县									
上犹县									
崇义县									
安远县									
定南县									
全南县									

7–3a 续表 19 单位：人

现住地	户口登记地								
	西藏			陕西			甘肃		
	小计	男	女	小计	男	女	小计	男	女
宁都县									
于都县									
兴国县									
会昌县									
寻乌县									
石城县									
瑞金市				39	21	18	37	22	15
龙南市				186	129	57	102	65	37
吉安市	**38**	**19**	**19**	**301**	**141**	**160**	**493**	**210**	**283**
吉州区	1	1		115	51	64	131	65	66
青原区	37	18	19	165	77	88	345	135	210
吉安县									
吉水县									
峡江县									
新干县									
永丰县									
泰和县									
遂川县									
万安县									
安福县									
永新县									
井冈山市				21	13	8	17	10	7
宜春市	**88**	**34**	**54**	**781**	**477**	**304**	**860**	**416**	**444**
袁州区	81	32	49	374	198	176	619	280	339
奉新县									
万载县									
上高县									
宜丰县									
靖安县									
铜鼓县									
丰城市	1		1	178	124	54	79	42	37
樟树市	3	1	2	90	53	37	72	42	30
高安市	3	1	2	139	102	37	90	52	38
抚州市	**27**	**11**	**16**	**472**	**257**	**215**	**686**	**301**	**385**
临川区	25	10	15	392	205	187	615	264	351
东乡区	2	1	1	80	52	28	71	37	34
南城县									
黎川县									
南丰县									
崇仁县									
乐安县									
宜黄县									
金溪县									
资溪县									
广昌县									
上饶市	**23**	**13**	**10**	**886**	**543**	**343**	**1332**	**816**	**516**
信州区	15	10	5	311	144	167	498	248	250
广丰区	2	1	1	66	33	33	66	41	25
广信区	4	1	3	360	255	105	651	446	205
玉山县									
铅山县									
横峰县									
弋阳县									
余干县							1		1
鄱阳县									
万年县									
婺源县									
德兴市	2	1	1	149	111	38	116	81	35

7–3a 续表 20

单位：人

现住地	户口登记地								
	青海			宁夏			新疆		
	小计	男	女	小计	男	女	小计	男	女
全省	**4201**	**2167**	**2034**	**3069**	**1595**	**1474**	**5639**	**2858**	**2781**
南昌市	**2158**	**1215**	**943**	**1525**	**840**	**685**	**3475**	**1746**	**1729**
东湖区	134	67	67	87	52	35	337	183	154
西湖区	62	34	28	51	34	17	247	141	106
青云谱区	44	30	14	31	16	15	113	64	49
青山湖区	782	452	330	909	511	398	1298	603	695
新建区	93	53	40	31	22	9	188	134	54
红谷滩区	1043	579	464	416	205	211	1292	621	671
南昌县									
安义县									
进贤县									
景德镇市	**30**	**15**	**15**	**28**	**15**	**13**	**87**	**41**	**46**
昌江区	12	5	7	8	2	6	27	14	13
珠山区	11	6	5	17	11	6	44	15	29
浮梁县									
乐平市	7	4	3	3	2	1	16	12	4
萍乡市	**167**	**95**	**72**	**51**	**27**	**24**	**165**	**97**	**68**
安源区	167	95	72	51	27	24	145	85	60
湘东区							19	12	7
莲花县									
上栗县							1		1
芦溪县									
九江市	**693**	**255**	**438**	**458**	**163**	**295**	**430**	**174**	**256**
濂溪区	220	77	143	228	89	139	119	51	68
浔阳区	249	91	158	127	47	80	228	84	144
柴桑区	25	11	14	12	5	7	33	23	10
武宁县									
修水县									
永修县									
德安县									
都昌县									
湖口县									
彭泽县									
瑞昌市	10	4	6	6	3	3	5	3	2
共青城市	187	70	117	82	18	64	36	11	25
庐山市	2	2		3	1	2	9	2	7
新余市	**149**	**90**	**59**	**167**	**105**	**62**	**125**	**64**	**61**
渝水区	149	90	59	167	105	62	125	64	61
分宜县									
鹰潭市	**20**	**7**	**13**	**10**	**5**	**5**	**40**	**23**	**17**
月湖区	11	5	6	5	2	3	19	12	7
余江区	3	1	2	2	1	1	10	5	5
贵溪市	6	1	5	3	2	1	11	6	5
赣州市	**504**	**275**	**229**	**475**	**273**	**202**	**703**	**398**	**305**
章贡区	378	207	171	451	257	194	590	330	260
南康区	44	22	22	5	3	2	15	6	9
赣县区	47	26	21	13	10	3	30	18	12
信丰县									
大余县									
上犹县									
崇义县									
安远县									
定南县									
全南县									

7-3a　续表 21　　　　单位：人

现住地	户口登记地								
	青海			宁夏			新疆		
	小计	男	女	小计	男	女	小计	男	女
宁都县									
于都县									
兴国县									
会昌县									
寻乌县									
石城县									
瑞金市							15	10	5
龙南市	35	20	15	6	3	3	53	34	19
吉安市	**74**	**30**	**44**	**51**	**28**	**23**	**97**	**41**	**56**
吉州区	24	14	10	18	11	7	56	31	25
青原区	45	14	31	32	16	16	40	10	30
吉安县									
吉水县									
峡江县									
新干县									
永丰县									
泰和县									
遂川县									
万安县									
安福县									
永新县									
井冈山市	5	2	3	1	1		1		1
宜春市	**78**	**37**	**41**	**72**	**35**	**37**	**168**	**96**	**72**
袁州区	55	22	33	37	17	20	100	56	44
奉新县									
万载县									
上高县									
宜丰县									
靖安县									
铜鼓县									
丰城市	15	9	6	24	10	14	34	19	15
樟树市	3	1	2	5	2	3	14	9	5
高安市	5	5		6	6		20	12	8
抚州市	**178**	**72**	**106**	**74**	**28**	**46**	**179**	**94**	**85**
临川区	175	70	105	72	28	44	166	88	78
东乡区	3	2	1	2		2	13	6	7
南城县									
黎川县									
南丰县									
崇仁县									
乐安县									
宜黄县									
金溪县									
资溪县									
广昌县									
上饶市	**150**	**76**	**74**	**158**	**76**	**82**	**170**	**84**	**86**
信州区	88	31	57	97	31	66	118	51	67
广丰区	3	1	2	3	1	2	9	5	4
广信区	58	43	15	57	44	13	24	18	6
玉山县									
铅山县									
横峰县									
弋阳县									
余干县									
鄱阳县									
万年县									
婺源县									
德兴市	1	1		1		1	19	10	9

7−3b 全省按现住地、性别分的户口登记地在外省的人口(镇)

单位：人

现住地	户口登记地					
	合计			北京		
	合计	男	女	小计	男	女
全　省	**408890**	**235596**	**173294**	**1274**	**735**	**539**
南昌市	**123833**	**67796**	**56037**	**531**	**296**	**235**
东湖区	244	156	88			
西湖区						
青云谱区	285	196	89			
青山湖区	27249	16374	10875	102	64	38
新建区	1697	1055	642	1		1
红谷滩区						
南昌县	73529	37484	36045	409	220	189
安义县	16630	10385	6245	12	7	5
进贤县	4199	2146	2053	7	5	2
景德镇市	**15888**	**7382**	**8506**	**65**	**23**	**42**
昌江区	282	159	123	2	1	1
珠山区	318	154	164			
浮梁县	14328	6565	7763	62	21	41
乐平市	960	504	456	1	1	
萍乡市	**13229**	**7816**	**5413**	**29**	**18**	**11**
安源区	1116	658	458	2	1	1
湘东区	976	529	447			
莲花县	2892	1743	1149	9	7	2
上栗县	5050	2950	2100	10	6	4
芦溪县	3195	1936	1259	8	4	4
九江市	**48215**	**29403**	**18812**	**150**	**94**	**56**
濂溪区	805	496	309			
浔阳区						
柴桑区	2065	1426	639	2	2	
武宁县	4849	2512	2337	22	10	12
修水县	5055	2568	2487	22	12	10
永修县	7873	4855	3018	37	23	14
德安县	5937	3176	2761	10	6	4
都昌县	3753	2132	1621	32	23	9
湖口县	4651	3005	1646	14	10	4
彭泽县	10247	7509	2738	5	4	1
瑞昌市	2309	1300	1009	6	4	2
共青城市	31	15	16			
庐山市	640	409	231			
新余市	**5434**	**3158**	**2276**	**15**	**9**	**6**
渝水区	3280	1996	1284	3	3	
分宜县	2154	1162	992	12	6	6
鹰潭市	**8044**	**5058**	**2986**	**14**	**9**	**5**
月湖区	405	231	174	1		1
余江区	2519	1579	940	3	1	2
贵溪市	5120	3248	1872	10	8	2
赣州市	**59044**	**36386**	**22658**	**124**	**83**	**41**
章贡区	1025	710	315	4	2	2
南康区	888	552	336	1	1	
赣县区	3790	3153	637	15	13	2
信丰县	11250	7142	4108	13	10	3
大余县	4066	2384	1682	3	2	1
上犹县	2288	1224	1064	6	5	1
崇义县	1274	662	612	6	3	3
安远县	2396	1428	968	8	5	3
定南县	6458	3967	2491	6	3	3
全南县	3739	1917	1822	7	5	2

7-3b 续表 1

单位：人

现住地	户口登记地					
	合计			北京		
	合计	男	女	小计	男	女
宁都县	4448	2674	1774	6	4	2
于都县	5973	3781	2192	17	11	6
兴国县	5048	3130	1918	7	5	2
会昌县	2380	1334	1046	8	5	3
寻乌县	1946	1034	912	6	2	4
石城县	1213	627	586	10	6	4
瑞金市	132	73	59	1	1	
龙南市	730	594	136			
吉安市	**36845**	**21583**	**15262**	**93**	**59**	**34**
吉州区	640	366	274	3		3
青原区	122	67	55			
吉安县	11999	7102	4897	17	13	4
吉水县	3189	1923	1266	9	7	2
峡江县	1041	644	397	1		1
新干县	2796	1755	1041	11	6	5
永丰县	2009	1111	898	4	3	1
泰和县	2804	1567	1237	18	11	7
遂川县	2667	1577	1090	9	6	3
万安县	2309	1368	941	2	1	1
安福县	2487	1404	1083	9	5	4
永新县	3465	1999	1466	6	5	1
井冈山市	1317	700	617	4	2	2
宜春市	**33948**	**20299**	**13649**	**74**	**39**	**35**
袁州区	636	348	288	2	1	1
奉新县	4589	2596	1993	6	3	3
万载县	4065	2282	1783	13	6	7
上高县	4509	2592	1917	17	11	6
宜丰县	6219	3769	2450	15	9	6
靖安县	2266	1456	810	4	2	2
铜鼓县	1598	861	737	6	2	4
丰城市	1321	686	635	7	3	4
樟树市	882	610	272			
高安市	7863	5099	2764	4	2	2
抚州市	**26138**	**15131**	**11007**	**69**	**40**	**29**
临川区	2723	1974	749	1	1	
东乡区	268	156	112	8	4	4
南城县	2715	1496	1219	7	6	1
黎川县	2967	1647	1320	5	3	2
南丰县	2428	1242	1186	8	3	5
崇仁县	1754	933	821	10	7	3
乐安县	1395	804	591	4	2	2
宜黄县	5201	3286	1915	5	4	1
金溪县	1756	1007	749	9	4	5
资溪县	3073	1497	1576	4	2	2
广昌县	1858	1089	769	8	4	4
上饶市	**38272**	**21584**	**16688**	**110**	**65**	**45**
信州区	315	176	139	4	3	1
广丰区	1340	674	666	5	4	1
广信区	540	310	230	1	1	
玉山县	9200	4741	4459	28	15	13
铅山县	2737	1589	1148	8	5	3
横峰县	2455	1590	865	2		2
弋阳县	3860	2331	1529	6	4	2
余干县	3837	2305	1532	12	7	5
鄱阳县	7132	4089	3043	16	9	7
万年县	3297	1883	1414	10	6	4
婺源县	3324	1765	1559	18	11	7
德兴市	235	131	104			

7–3b 续表 2

单位：人

现住地	户口登记地								
	天津			河北			山西		
	小计	男	女	小计	男	女	小计	男	女
全省	**995**	**602**	**393**	**8845**	**5321**	**3524**	**4275**	**2513**	**1762**
南昌市	**507**	**300**	**207**	**4926**	**2690**	**2236**	**2279**	**1242**	**1037**
东湖区				2	1	1			
西湖区									
青云谱区				15	12	3	4	2	2
青山湖区	196	132	64	1356	772	584	914	518	396
新建区	6	3	3	25	17	8	34	14	20
红谷滩区									
南昌县	291	157	134	3259	1724	1535	1158	602	556
安义县	11	6	5	196	126	70	114	72	42
进贤县	3	2	1	73	38	35	55	34	21
景德镇市	**82**	**37**	**45**	**668**	**310**	**358**	**475**	**202**	**273**
昌江区				5	2	3	3	2	1
珠山区	6	5	1	17	10	7	6	4	2
浮梁县	75	31	44	631	294	337	462	193	269
乐平市	1	1		15	4	11	4	3	1
萍乡市	**28**	**19**	**9**	**188**	**135**	**53**	**41**	**29**	**12**
安源区	1	1		38	33	5	2	1	1
湘东区	4	2	2	20	16	4			
莲花县	6	4	2	26	11	15	8	8	
上栗县	11	7	4	54	36	18	18	11	7
芦溪县	6	5	1	50	39	11	13	9	4
九江市	**106**	**69**	**37**	**698**	**476**	**222**	**352**	**263**	**89**
濂溪区				1	1		8	7	1
浔阳区									
柴桑区	3	3		35	29	6	12	9	3
武宁县	8	2	6	89	50	39	26	15	11
修水县	7	4	3	59	28	31	24	10	14
永修县	24	16	8	113	76	37	85	68	17
德安县	4	2	2	60	43	17	14	8	6
都昌县	20	15	5	37	22	15	21	17	4
湖口县	31	21	10	128	91	37	62	44	18
彭泽县	2		2	140	114	26	89	78	11
瑞昌市	4	3	1	22	17	5	4	2	2
共青城市				1	1				
庐山市	3	3		13	4	9	7	5	2
新余市	**9**	**6**	**3**	**102**	**59**	**43**	**28**	**20**	**8**
渝水区				86	51	35	19	13	6
分宜县	9	6	3	16	8	8	9	7	2
鹰潭市	**10**	**8**	**2**	**179**	**149**	**30**	**25**	**15**	**10**
月湖区							1	1	
余江区	2	2		12	11	1	5	4	1
贵溪市	8	6	2	167	138	29	19	10	9
赣州市	**51**	**34**	**17**	**714**	**561**	**153**	**420**	**323**	**97**
章贡区	1	1		12	8	4	15	12	3
南康区							4	4	
赣县区	2	2		204	197	7	49	42	7
信丰县	10	4	6	115	83	32	34	24	10
大余县	2	1	1	18	12	6	8	6	2
上犹县				34	26	8	7	5	2
崇义县	8	6	2	15	6	9	6	6	
安远县	2	1	1	14	9	5	11	7	4
定南县	3	3		50	35	15	83	65	18
全南县				14	10	4	28	15	13

7-3b 续表 3

单位：人

现住地	户口登记地								
	天津			河北			山西		
	小计	男	女	小计	男	女	小计	男	女
宁都县	3	3		67	51	16	29	19	10
于都县	6	2	4	39	31	8	26	14	12
兴国县	5	4	1	56	39	17	50	39	11
会昌县	5	4	1	15	11	4	2	2	
寻乌县				31	22	9	4	2	2
石城县	3	2	1	14	7	7	4	3	1
瑞金市							1	1	
龙南市	1	1		16	14	2	59	57	2
吉安市	**52**	**28**	**24**	**361**	**256**	**105**	**206**	**135**	**71**
吉州区	1		1	6	4	2	1	1	
青原区									
吉安县	13	6	7	82	59	23	107	73	34
吉水县	6	5	1	38	25	13	9	6	3
峡江县	1	1		31	28	3	3	2	1
新干县	8	4	4	47	37	10	12	5	7
永丰县	1	1		19	10	9	19	16	3
泰和县	12	8	4	33	23	10	9	4	5
遂川县				22	13	9	6	4	2
万安县	2		2	9	6	3	7	5	2
安福县	3		3	31	20	11	12	3	9
永新县	3	2	1	19	16	3	17	12	5
井冈山市	2	1	1	24	15	9	4	4	
宜春市	**54**	**35**	**19**	**377**	**288**	**89**	**184**	**124**	**60**
袁州区	2	2		1		1	1	1	
奉新县	7	4	3	33	17	16	26	14	12
万载县	4	4		18	14	4	9	5	4
上高县	16	12	4	28	19	9	14	8	6
宜丰县	6	3	3	54	38	16	34	23	11
靖安县	8	4	4	42	34	8	17	10	7
铜鼓县	4	2	2	58	48	10	6	5	1
丰城市	2	1	1	5	1	4	4	2	2
樟树市				85	74	11	11	11	
高安市	5	3	2	53	43	10	62	45	17
抚州市	**43**	**28**	**15**	**236**	**143**	**93**	**81**	**44**	**37**
临川区	3	3		25	19	6	7	5	2
东乡区				2		2	3	2	1
南城县	4	3	1	56	39	17	3	3	
黎川县	4	4		47	35	12	9	3	6
南丰县	5	3	2	16	6	10	8	1	7
崇仁县	12	7	5	16	6	10	3	1	2
乐安县	5	4	1	12	4	8	9	7	2
宜黄县	4	1	3	18	12	6	21	12	9
金溪县	3	2	1	21	9	12	6	2	4
资溪县	1	1		14	8	6	6	3	3
广昌县	2		2	9	5	4	6	5	1
上饶市	**53**	**38**	**15**	**396**	**254**	**142**	**184**	**116**	**68**
信州区	1	1		4	2	2			
广丰区				6	4	2	4	4	
广信区	2	2		4	2	2	2	1	1
玉山县	11	6	5	95	67	28	20	6	14
铅山县	2	2		21	10	11	14	10	4
横峰县	1		1	21	14	7	15	13	2
弋阳县	2	2		39	24	15	14	9	5
余干县	3	3		49	35	14	26	20	6
鄱阳县	14	11	3	84	53	31	38	20	18
万年县	13	9	4	45	26	19	29	16	13
婺源县	4	2	2	28	17	11	22	17	5
德兴市									

7-3b 续表 4

单位：人

现住地	户口登记地								
	内蒙古			辽宁			吉林		
	小计	男	女	小计	男	女	小计	男	女
全省	**2786**	**1518**	**1268**	**3397**	**2149**	**1248**	**3164**	**1948**	**1216**
南昌市	**1761**	**921**	**840**	**1507**	**867**	**640**	**1467**	**852**	**615**
东湖区							1		1
西湖区									
青云谱区				2	1	1	2	1	1
青山湖区	628	378	250	559	335	224	568	347	221
新建区	23	12	11	9	7	2	39	27	12
红谷滩区									
南昌县	1070	507	563	847	468	379	704	379	325
安义县	30	20	10	61	43	18	122	79	43
进贤县	10	4	6	29	13	16	31	19	12
景德镇市	**178**	**103**	**75**	**247**	**104**	**143**	**105**	**60**	**45**
昌江区				1	1		2		2
珠山区	3	1	2	8	5	3	4	1	3
浮梁县	167	97	70	233	95	138	95	57	38
乐平市	8	5	3	5	3	2	4	2	2
萍乡市	**48**	**30**	**18**	**46**	**30**	**16**	**60**	**35**	**25**
安源区	1	1		6	3	3	5	4	1
湘东区	3	2	1	1	1		2		2
莲花县	4	3	1	8	6	2	9	6	3
上栗县	16	11	5	11	4	7	18	9	9
芦溪县	24	13	11	20	16	4	26	16	10
九江市	**187**	**103**	**84**	**341**	**212**	**129**	**293**	**170**	**123**
濂溪区	4	2	2	1	1		3	2	1
浔阳区									
柴桑区	8	5	3	12	8	4	14	11	3
武宁县	21	10	11	39	21	18	44	23	21
修水县	16	6	10	34	13	21	46	13	33
永修县	31	16	15	87	63	24	66	44	22
德安县	16	9	7	25	9	16	14	3	11
都昌县	20	8	12	23	17	6	17	9	8
湖口县	37	23	14	62	42	20	31	21	10
彭泽县	23	16	7	39	29	10	46	35	11
瑞昌市	6	4	2	10	5	5	9	7	2
共青城市									
庐山市	5	4	1	9	4	5	3	2	1
新余市	**19**	**9**	**10**	**20**	**13**	**7**	**16**	**8**	**8**
渝水区	9	3	6	6	3	3			
分宜县	10	6	4	14	10	4	16	8	8
鹰潭市	**73**	**29**	**44**	**51**	**41**	**10**	**58**	**39**	**19**
月湖区	5	3	2	1		1	1	1	
余江区	7	4	3	4	3	1	10	5	5
贵溪市	61	22	39	46	38	8	47	33	14
赣州市	**162**	**113**	**49**	**411**	**322**	**89**	**445**	**332**	**113**
章贡区	5	2	3	9	8	1	5	4	1
南康区	3	2	1				7	7	
赣县区	24	22	2	54	50	4	63	60	3
信丰县	29	22	7	67	52	15	62	43	19
大余县	11	8	3	16	9	7	7	4	3
上犹县	4	1	3	15	10	5	16	9	7
崇义县	4	4		2	1	1	5	1	4
安远县	7	3	4	8	4	4	15	10	5
定南县	16	13	3	90	74	16	18	9	9
全南县	2		2	4	3	1	14	9	5

7-3b　续表 5　　单位：人

现住地	户口登记地								
	内蒙古			辽宁			吉林		
	小计	男	女	小计	男	女	小计	男	女
宁都县	14	10	4	21	16	5	21	12	9
于都县	11	5	6	58	46	12	42	27	15
兴国县	17	12	5	21	16	5	106	98	8
会昌县	3	1	2	9	6	3	27	11	16
寻乌县	9	6	3	7	4	3	24	18	6
石城县				14	9	5	4	2	2
瑞金市	1	1		1	1				
龙南市	2	1	1	15	13	2	9	8	1
吉安市	**74**	**50**	**24**	**175**	**113**	**62**	**242**	**155**	**87**
吉州区				5	4	1	2	1	1
青原区				1	1		5	2	3
吉安县	15	8	7	60	32	28	129	77	52
吉水县	4	3	1	20	13	7	21	18	3
峡江县	1	1		2	1	1	7	4	3
新干县	17	14	3	30	27	3	11	8	3
永丰县	4	4		7	2	5	8	5	3
泰和县	8	3	5	15	9	6	8	6	2
遂川县	4	1	3	9	5	4	18	10	8
万安县	5	5		12	8	4	9	7	2
安福县	5	4	1	7	7		9	7	2
永新县	7	5	2	5	4	1	9	7	2
井冈山市	4	2	2	2		2	6	3	3
宜春市	**85**	**50**	**35**	**183**	**131**	**52**	**204**	**125**	**79**
袁州区				2	1	1	4	1	3
奉新县	18	12	6	21	18	3	46	25	21
万载县	10	8	2	20	16	4	32	16	16
上高县	15	7	8	28	18	10	17	11	6
宜丰县	9	5	4	42	30	12	34	21	13
靖安县	8	6	2	18	11	7	21	16	5
铜鼓县	3	1	2	5	3	2	6	4	2
丰城市	4	1	3	3		3	8	4	4
樟树市	1		1	4	3	1	5	3	2
高安市	17	10	7	40	31	9	31	24	7
抚州市	**72**	**37**	**35**	**197**	**152**	**45**	**88**	**52**	**36**
临川区	8	7	1	103	88	15	13	8	5
东乡区				1	1		2	2	
南城县	11	7	4	11	9	2	12	8	4
黎川县	9	3	6	11	5	6	7	5	2
南丰县	8	4	4	16	10	6	14	9	5
崇仁县	9	5	4	9	4	5	7	3	4
乐安县	5	1	4	8	8		6	3	3
宜黄县	7	4	3	16	11	5	7	3	4
金溪县	12	6	6	7	4	3	3	2	1
资溪县	3		3	11	10	1	9	6	3
广昌县				4	2	2	8	3	5
上饶市	**127**	**73**	**54**	**219**	**164**	**55**	**186**	**120**	**66**
信州区	1	1		1	1		3	2	1
广丰区	4	3	1	3	1	2	2	2	
广信区	3	1	2	4	3	1	2	1	1
玉山县	15	10	5	24	15	9	25	13	12
铅山县	12	8	4	8	5	3	11	6	5
横峰县	8	5	3	5	4	1	9	7	2
弋阳县	12	4	8	21	17	4	22	16	6
余干县	19	10	9	31	26	5	16	10	6
鄱阳县	26	16	10	92	73	19	50	35	15
万年县	16	9	7	9	6	3	12	10	2
婺源县	11	6	5	20	13	7	34	18	16
德兴市				1		1			

7-3b 续表 6

单位：人

现住地	户口登记地								
	黑龙江			上海			江苏		
	小计	男	女	小计	男	女	小计	男	女
全省	**3971**	**2170**	**1801**	**2873**	**1447**	**1426**	**15481**	**9725**	**5756**
南昌市	**2028**	**1054**	**974**	**1152**	**525**	**627**	**5698**	**3297**	**2401**
东湖区							7	6	1
西湖区									
青云谱区	8	5	3				3	3	
青山湖区	452	277	175	145	82	63	1272	847	425
新建区	17	6	11	12	5	7	67	36	31
红谷滩区									
南昌县	1139	534	605	911	389	522	3866	2079	1787
安义县	380	217	163	40	25	15	304	211	93
进贤县	32	15	17	44	24	20	179	115	64
景德镇市	**273**	**98**	**175**	**146**	**70**	**76**	**947**	**456**	**491**
昌江区				1		1	15	10	5
珠山区	3	2	1	1	1		15	7	8
浮梁县	264	91	173	136	65	71	877	412	465
乐平市	6	5	1	8	4	4	40	27	13
萍乡市	**52**	**31**	**21**	**47**	**26**	**21**	**593**	**409**	**184**
安源区	3	1	2	10	6	4	28	16	12
湘东区	2	1	1	1	1		18	13	5
莲花县	14	6	8	12	5	7	87	49	38
上栗县	18	14	4	16	10	6	194	129	65
芦溪县	15	9	6	8	4	4	266	202	64
九江市	**355**	**219**	**136**	**274**	**158**	**116**	**2398**	**1662**	**736**
濂溪区	9	4	5	7	4	3	40	27	13
浔阳区									
柴桑区	10	8	2	3	1	2	99	80	19
武宁县	31	20	11	23	16	7	252	148	104
修水县	37	11	26	37	20	17	193	133	60
永修县	139	92	47	67	39	28	417	289	128
德安县	25	14	11	41	18	23	176	106	70
都昌县	19	13	6	43	30	13	234	162	72
湖口县	24	18	6	21	11	10	278	199	79
彭泽县	43	29	14	23	15	8	597	449	148
瑞昌市	13	7	6	3	1	2	84	52	32
共青城市	1	1					1	1	
庐山市	4	2	2	6	3	3	27	16	11
新余市	**14**	**10**	**4**	**17**	**10**	**7**	**194**	**120**	**74**
渝水区	8	6	2	1	1		82	47	35
分宜县	6	4	2	16	9	7	112	73	39
鹰潭市	**46**	**26**	**20**	**14**	**8**	**6**	**197**	**138**	**59**
月湖区	1		1	1		1	9	6	3
余江区	8	4	4	5	3	2	62	38	24
贵溪市	37	22	15	8	5	3	126	94	32
赣州市	**356**	**227**	**129**	**195**	**103**	**92**	**939**	**665**	**274**
章贡区	14	8	6				30	25	5
南康区	1	1		2	1	1	28	24	4
赣县区	42	36	6				79	71	8
信丰县	57	40	17	12	8	4	141	104	37
大余县	16	11	5	25	12	13	93	72	21
上犹县	4	3	1	9	4	5	30	18	12
崇义县	13	5	8	6	2	4	20	12	8
安远县	16	5	11	13	7	6	36	19	17
定南县	47	35	12	15	10	5	44	36	8
全南县	13	8	5	33	17	16	36	22	14

7-3b　续表 7

单位：人

现住地	户口登记地								
	黑龙江			上海			江苏		
	小计	男	女	小计	男	女	小计	男	女
宁都县	27	15	12	15	10	5	82	48	34
于都县	27	19	8	13	6	7	96	63	33
兴国县	29	19	10	14	8	6	81	50	31
会昌县	31	10	21	14	4	10	67	51	16
寻乌县	11	8	3	10	7	3	30	19	11
石城县	1		1	14	7	7	28	15	13
瑞金市	3	1	2						
龙南市	4	3	1				18	16	2
吉安市	**241**	**137**	**104**	**223**	**115**	**108**	**853**	**562**	**291**
吉州区	4		4				12	7	5
青原区							7	5	2
吉安县	95	47	48	45	23	22	196	132	64
吉水县	36	23	13	18	13	5	60	36	24
峡江县	5	2	3	11	7	4	37	23	14
新干县	27	20	7	20	10	10	102	79	23
永丰县	8	5	3	19	10	9	84	58	26
泰和县	17	8	9	28	16	12	48	33	15
遂川县	15	12	3	12	6	6	49	26	23
万安县	12	8	4	16	4	12	98	50	48
安福县	3	3		17	9	8	62	45	17
永新县	8	4	4	10	4	6	77	57	20
井冈山市	11	5	6	27	13	14	21	11	10
宜春市	**212**	**126**	**86**	**254**	**136**	**118**	**1019**	**696**	**323**
袁州区	5	4	1				14	8	6
奉新县	26	16	10	52	25	27	139	92	47
万载县	18	10	8	34	17	17	132	90	42
上高县	47	26	21	41	28	13	161	92	69
宜丰县	46	29	17	52	29	23	166	109	57
靖安县	21	9	12	35	15	20	125	97	28
铜鼓县	6	3	3	11	5	6	35	14	21
丰城市	10	1	9	12	6	6	35	21	14
樟树市	3	2	1	5	5		36	28	8
高安市	30	26	4	12	6	6	176	145	31
抚州市	**126**	**82**	**44**	**169**	**94**	**75**	**1109**	**714**	**395**
临川区	18	14	4	3	2	1	68	54	14
东乡区	1	1		3	1	2	11	9	2
南城县	16	10	6	17	7	10	85	54	31
黎川县	16	12	4	27	14	13	93	44	49
南丰县	18	15	3	28	13	15	82	46	36
崇仁县	8	4	4	18	9	9	71	35	36
乐安县	7	4	3	3	2	1	58	42	16
宜黄县	15	13	2	12	8	4	304	219	85
金溪县	14	4	10	35	23	12	158	112	46
资溪县	6	3	3	16	10	6	101	59	42
广昌县	7	2	5	7	5	2	78	40	38
上饶市	**268**	**160**	**108**	**382**	**202**	**180**	**1534**	**1006**	**528**
信州区	2	1	1	5	1	4	9	5	4
广丰区				19	13	6	47	26	21
广信区	1		1	3	1	2	32	23	9
玉山县	47	24	23	54	24	30	289	165	124
铅山县	16	10	6	41	23	18	123	98	25
横峰县	26	16	10	27	18	9	103	77	26
弋阳县	29	21	8	60	28	32	155	98	57
余干县	37	24	13	11	7	4	93	64	29
鄱阳县	49	32	17	27	20	7	390	280	110
万年县	45	23	22	32	16	16	138	88	50
婺源县	16	9	7	103	51	52	152	80	72
德兴市							3	2	1

7-3b 续表 8 单位：人

现住地	户口登记地								
	浙江			安徽			福建		
	小计	男	女	小计	男	女	小计	男	女
全　省	**31658**	**18141**	**13517**	**30340**	**17788**	**12552**	**26011**	**14595**	**11416**
南昌市	**8478**	**4081**	**4397**	**11198**	**6277**	**4921**	**6823**	**3567**	**3256**
东湖区	9	6	3	20	11	9	2		2
西湖区									
青云谱区	5	5		18	12	6	63	47	16
青山湖区	1671	953	718	2438	1449	989	1035	619	416
新建区	75	47	28	183	129	54	83	49	34
红谷滩区									
南昌县	5324	2485	2839	6836	3674	3162	4835	2409	2426
安义县	1163	446	717	1432	849	583	363	209	154
进贤县	231	139	92	271	153	118	442	234	208
景德镇市	**1277**	**628**	**649**	**1858**	**891**	**967**	**878**	**455**	**423**
昌江区	14	8	6	40	21	19	75	48	27
珠山区	33	19	14	42	23	19	37	22	15
浮梁县	1103	535	568	1674	788	886	702	346	356
乐平市	127	66	61	102	59	43	64	39	25
萍乡市	**551**	**351**	**200**	**464**	**319**	**145**	**633**	**373**	**260**
安源区	65	45	20	23	13	10	83	63	20
湘东区	32	19	13	27	16	11	29	16	13
莲花县	169	123	46	64	40	24	127	71	56
上栗县	160	100	60	231	173	58	213	114	99
芦溪县	125	64	61	119	77	42	181	109	72
九江市	**2849**	**1727**	**1122**	**5664**	**3351**	**2313**	**2140**	**1261**	**879**
濂溪区	39	29	10	163	95	68	87	59	28
浔阳区									
柴桑区	71	53	18	204	140	64	65	42	23
武宁县	471	248	223	362	206	156	252	132	120
修水县	356	195	161	297	179	118	260	137	123
永修县	368	226	142	669	406	263	301	169	132
德安县	253	147	106	579	316	263	326	206	120
都昌县	328	189	139	524	328	196	218	125	93
湖口县	282	184	98	613	367	246	185	105	80
彭泽县	540	371	169	2059	1205	854	213	133	80
瑞昌市	93	55	38	158	92	66	109	68	41
共青城市	1		1	3	2	1			
庐山市	47	30	17	33	15	18	124	85	39
新余市	**308**	**198**	**110**	**294**	**180**	**114**	**414**	**243**	**171**
渝水区	159	113	46	155	85	70	299	173	126
分宜县	149	85	64	139	95	44	115	70	45
鹰潭市	**903**	**602**	**301**	**622**	**374**	**248**	**464**	**231**	**233**
月湖区	30	13	17	18	9	9	17	9	8
余江区	223	141	82	242	162	80	181	104	77
贵溪市	650	448	202	362	203	159	266	118	148
赣州市	**1800**	**1125**	**675**	**2198**	**1519**	**679**	**4809**	**2942**	**1867**
章贡区	29	19	10	30	27	3	109	74	35
南康区	19	8	11	36	22	14	49	30	19
赣县区	76	51	25	285	248	37	127	95	32
信丰县	218	150	68	395	287	108	676	424	252
大余县	105	74	31	119	78	41	296	190	106
上犹县	72	40	32	104	60	44	201	127	74
崇义县	106	65	41	37	21	16	121	68	53
安远县	95	66	29	52	34	18	170	102	68
定南县	145	86	59	163	104	59	238	170	68
全南县	70	39	31	57	35	22	141	82	59

7-3b　续表 9　　　　单位：人

现住地	户口登记地								
	浙江			安徽			福建		
	小计	男	女	小计	男	女	小计	男	女
宁都县	153	92	61	235	148	87	579	314	265
于都县	209	130	79	255	160	95	583	365	218
兴国县	249	152	97	227	165	62	547	325	222
会昌县	92	60	32	67	42	25	335	204	131
寻乌县	71	39	32	40	25	15	155	98	57
石城县	81	46	35	54	29	25	395	214	181
瑞金市	2	2		5	4	1	37	22	15
龙南市	8	6	2	37	30	7	50	38	12
吉安市	**1849**	**1214**	**635**	**1433**	**847**	**586**	**1830**	**1099**	**731**
吉州区	30	18	12	32	19	13	35	21	14
青原区	6	4	2	2	1	1	5	3	2
吉安县	345	215	130	356	222	134	417	258	159
吉水县	140	96	44	108	71	37	154	100	54
峡江县	116	88	28	65	40	25	54	37	17
新干县	199	151	48	149	92	57	130	79	51
永丰县	244	166	78	94	56	38	177	96	81
泰和县	157	98	59	102	51	51	187	110	77
遂川县	85	48	37	112	61	51	247	136	111
万安县	74	44	30	94	49	45	89	52	37
安福县	152	85	67	101	64	37	129	72	57
永新县	226	157	69	154	89	65	143	95	48
井冈山市	75	44	31	64	32	32	63	40	23
宜春市	**2727**	**1777**	**950**	**1832**	**1147**	**685**	**1805**	**1050**	**755**
袁州区	33	23	10	14	8	6	56	36	20
奉新县	385	253	132	326	206	120	252	150	102
万载县	302	190	112	193	121	72	249	135	114
上高县	454	302	152	271	169	102	330	186	144
宜丰县	609	396	213	287	185	102	263	158	105
靖安县	259	166	93	166	115	51	66	36	30
铜鼓县	152	88	64	66	36	30	65	39	26
丰城市	30	18	12	79	39	40	61	30	31
樟树市	29	24	5	34	25	9	29	19	10
高安市	474	317	157	396	243	153	434	261	173
抚州市	**2897**	**1838**	**1059**	**1401**	**886**	**515**	**3870**	**2052**	**1818**
临川区	224	181	43	158	120	38	51	30	21
东乡区	29	18	11	12	8	4	29	14	15
南城县	217	128	89	183	106	77	315	172	143
黎川县	272	174	98	146	88	58	661	342	319
南丰县	320	195	125	130	58	72	395	195	200
崇仁县	170	106	64	119	58	61	155	93	62
乐安县	131	77	54	96	63	33	224	141	83
宜黄县	755	509	246	282	213	69	111	63	48
金溪县	269	164	105	100	70	30	214	115	99
资溪县	338	181	157	101	61	40	1413	713	700
广昌县	172	105	67	74	41	33	302	174	128
上饶市	**8019**	**4600**	**3419**	**3376**	**1997**	**1379**	**2345**	**1322**	**1023**
信州区	125	69	56	9	6	3	32	18	14
广丰区	169	87	82	47	13	34	199	137	62
广信区	126	85	41	32	23	9	67	41	26
玉山县	2794	1469	1325	639	350	289	524	279	245
铅山县	694	454	240	253	161	92	247	133	114
横峰县	666	447	219	177	115	62	149	86	63
弋阳县	905	541	364	444	286	158	211	116	95
余干县	422	283	139	219	139	80	230	131	99
鄱阳县	1002	557	445	854	495	359	375	208	167
万年县	329	180	149	237	148	89	150	82	68
婺源县	703	381	322	449	250	199	150	82	68
德兴市	84	47	37	16	11	5	11	9	2

7–3b 续表 10

单位：人

现住地	户口登记地					
	山东			河南		
	小计	男	女	小计	男	女
全省	**11003**	**6746**	**4257**	**38563**	**25305**	**13258**
南昌市	**5090**	**2649**	**2441**	**12432**	**7336**	**5096**
东湖区				23	19	4
西湖区						
青云谱区	8	7	1	30	22	8
青山湖区	1512	810	702	2712	1672	1040
新建区	39	24	15	137	99	38
红谷滩区						
南昌县	3270	1627	1643	7244	3988	3256
安义县	207	155	52	1920	1315	605
进贤县	54	26	28	366	221	145
景德镇市	**840**	**416**	**424**	**1491**	**677**	**814**
昌江区	3	3		22	14	8
珠山区	19	12	7	10	3	7
浮梁县	803	397	406	1362	599	763
乐平市	15	4	11	97	61	36
萍乡市	**180**	**134**	**46**	**753**	**502**	**251**
安源区	38	29	9	69	42	27
湘东区	15	12	3	50	27	23
莲花县	38	30	8	197	138	59
上栗县	41	26	15	247	167	80
芦溪县	48	37	11	190	128	62
九江市	**1255**	**952**	**303**	**7794**	**6047**	**1747**
濂溪区	36	30	6	95	65	30
浔阳区						
柴桑区	179	164	15	211	160	51
武宁县	70	40	30	405	247	158
修水县	105	66	39	290	164	126
永修县	171	122	49	1034	774	260
德安县	79	48	31	1020	614	406
都昌县	47	33	14	310	198	112
湖口县	163	100	63	540	406	134
彭泽县	370	333	37	3650	3256	394
瑞昌市	26	12	14	198	138	60
共青城市	2	1	1			
庐山市	7	3	4	41	25	16
新余市	**127**	**75**	**52**	**435**	**284**	**151**
渝水区	82	50	32	325	226	99
分宜县	45	25	20	110	58	52
鹰潭市	**93**	**70**	**23**	**680**	**458**	**222**
月湖区				19	10	9
余江区	19	13	6	179	118	61
贵溪市	74	57	17	482	330	152
赣州市	**1013**	**812**	**201**	**4700**	**3456**	**1244**
章贡区	29	27	2	111	75	36
南康区	22	14	8	136	101	35
赣县区	309	294	15	876	818	58
信丰县	129	102	27	1037	723	314
大余县	44	32	12	217	157	60
上犹县	27	17	10	168	101	67
崇义县	15	12	3	91	58	33
安远县	32	18	14	168	107	61
定南县	43	31	12	394	311	83
全南县	31	23	8	125	66	59

7-3b　续表 11　　　　单位：人

现住地	户口登记地					
	山东			河南		
	小计	男	女	小计	男	女
宁都县	68	44	24	232	166	66
于都县	65	48	17	440	297	143
兴国县	121	97	24	381	262	119
会昌县	42	26	16	141	88	53
寻乌县	17	13	4	68	44	24
石城县	9	6	3	45	24	21
瑞金市	1	1		8	6	2
龙南市	9	7	2	62	52	10
吉安市	**721**	**503**	**218**	**3661**	**2196**	**1465**
吉州区	19	10	9	119	71	48
青原区				7	5	2
吉安县	142	88	54	1725	961	764
吉水县	336	265	71	318	196	122
峡江县	13	7	6	80	50	30
新干县	24	17	7	216	142	74
永丰县	30	19	11	165	119	46
泰和县	33	22	11	228	148	80
遂川县	27	16	11	197	130	67
万安县	25	20	5	243	151	92
安福县	28	14	14	135	83	52
永新县	21	11	10	170	105	65
井冈山市	23	14	9	58	35	23
宜春市	**647**	**421**	**226**	**2354**	**1589**	**765**
袁州区	8	5	3	65	34	31
奉新县	70	51	19	345	206	139
万载县	64	40	24	216	127	89
上高县	66	40	26	348	222	126
宜丰县	85	60	25	340	241	99
靖安县	37	30	7	131	102	29
铜鼓县	24	19	5	80	42	38
丰城市	27	11	16	73	39	34
樟树市	8	7	1	52	41	11
高安市	258	158	100	704	535	169
抚州市	**386**	**264**	**122**	**1674**	**1130**	**544**
临川区	96	80	16	178	151	27
东乡区	6	4	2	14	10	4
南城县	37	16	21	170	87	83
黎川县	33	24	9	191	126	65
南丰县	47	31	16	178	117	61
崇仁县	24	16	8	130	68	62
乐安县	15	12	3	101	55	46
宜黄县	25	17	8	397	321	76
金溪县	35	23	12	91	57	34
资溪县	41	23	18	83	40	43
广昌县	27	18	9	141	98	43
上饶市	**651**	**450**	**201**	**2589**	**1630**	**959**
信州区	6	3	3	9	8	1
广丰区	16	12	4	59	34	25
广信区	18	14	4	30	13	17
玉山县	128	87	41	476	269	207
铅山县	26	14	12	193	135	58
横峰县	50	40	10	170	132	38
弋阳县	121	93	28	217	150	67
余干县	67	52	15	205	136	69
鄱阳县	115	71	44	545	356	189
万年县	37	26	11	454	266	188
婺源县	67	38	29	219	126	93
德兴市				12	5	7

7-3b 续表 12

单位：人

现住地	户口登记地								
	湖北			湖南			广东		
	小计	男	女	小计	男	女	小计	男	女
全省	**28131**	**16509**	**11622**	**41317**	**24105**	**17212**	**31554**	**15749**	**15805**
南昌市	**7626**	**4376**	**3250**	**8822**	**5047**	**3775**	**5908**	**2952**	**2956**
东湖区	29	18	11	4		4	2	2	
西湖区									
青云谱区	68	42	26	20	16	4	4	3	1
青山湖区	1261	777	484	1624	929	695	1121	611	510
新建区	184	112	72	131	77	54	90	44	46
红谷滩区									
南昌县	4750	2540	2210	4864	2500	2364	4004	1907	2097
安义县	1080	781	299	1884	1383	501	414	263	151
进贤县	254	106	148	295	142	153	273	122	151
景德镇市	**551**	**286**	**265**	**968**	**367**	**601**	**813**	**363**	**450**
昌江区	9	4	5	10	4	6	14	6	8
珠山区	22	4	18	26	9	17	12	4	8
浮梁县	444	235	209	885	335	550	737	328	409
乐平市	76	43	33	47	19	28	50	25	25
萍乡市	**769**	**465**	**304**	**3829**	**2219**	**1610**	**990**	**473**	**517**
安源区	70	36	34	208	110	98	78	45	33
湘东区	68	43	25	305	177	128	104	49	55
莲花县	137	88	49	621	383	238	229	113	116
上栗县	270	163	107	2004	1113	891	282	129	153
芦溪县	224	135	89	691	436	255	297	137	160
九江市	**5859**	**3282**	**2577**	**3899**	**2355**	**1544**	**2312**	**1115**	**1197**
濂溪区	172	97	75	42	25	17	13	4	9
浔阳区									
柴桑区	446	268	178	167	115	52	45	24	21
武宁县	684	332	352	377	206	171	289	129	160
修水县	493	232	261	653	352	301	395	163	232
永修县	730	422	308	802	499	303	543	271	272
德安县	746	412	334	461	271	190	207	95	112
都昌县	406	213	193	225	119	106	373	205	168
湖口县	655	435	220	557	377	180	163	83	80
彭泽县	508	317	191	421	291	130	179	89	90
瑞昌市	959	513	446	152	79	73	79	39	40
共青城市	2	1	1	3	1	2	1		1
庐山市	58	40	18	39	20	19	25	13	12
新余市	**288**	**165**	**123**	**794**	**434**	**360**	**363**	**215**	**148**
渝水区	163	89	74	523	306	217	193	132	61
分宜县	125	76	49	271	128	143	170	83	87
鹰潭市	**464**	**314**	**150**	**732**	**491**	**241**	**251**	**170**	**81**
月湖区	36	33	3	17	6	11	2	1	1
余江区	181	113	68	309	213	96	88	50	38
贵溪市	247	168	79	406	272	134	161	119	42
赣州市	**3954**	**2487**	**1467**	**6774**	**4177**	**2597**	**12059**	**6010**	**6049**
章贡区	61	35	26	162	115	47	139	99	40
南康区	36	20	16	76	42	34	101	51	50
赣县区	159	107	52	339	273	66	169	93	76
信丰县	897	581	316	1466	948	518	2015	1108	907
大余县	203	117	86	663	383	280	1199	604	595
上犹县	131	68	63	385	193	192	422	203	219
崇义县	52	25	27	312	164	148	180	94	86
安远县	142	83	59	243	148	95	506	271	235
定南县	596	441	155	600	362	238	2225	1041	1184
全南县	164	99	65	374	195	179	1630	736	894

7–3b　续表 13　　　　单位：人

现住地	户口登记地								
	湖北			湖南			广东		
	小计	男	女	小计	男	女	小计	男	女
宁都县	331	197	134	411	254	157	564	298	266
于都县	443	265	178	671	434	237	709	369	340
兴国县	447	293	154	504	300	204	565	255	310
会昌县	125	63	62	314	225	89	474	225	249
寻乌县	78	39	39	139	77	62	903	432	471
石城县	32	14	18	70	30	40	175	86	89
瑞金市	7	2	5	8	3	5	23	12	11
龙南市	50	38	12	37	31	6	60	33	27
吉安市	**2753**	**1667**	**1086**	**5413**	**3153**	**2260**	**3512**	**1802**	**1710**
吉州区	70	40	30	93	54	39	34	19	15
青原区				4	1	3	5	4	1
吉安县	986	620	366	1669	993	676	744	394	350
吉水县	230	146	84	289	167	122	283	134	149
峡江县	53	34	19	125	68	57	100	58	42
新干县	171	108	63	317	180	137	218	115	103
永丰县	119	63	56	167	79	88	233	111	122
泰和县	249	141	108	337	186	151	415	209	206
遂川县	240	145	95	475	298	177	316	178	138
万安县	209	122	87	347	211	136	355	191	164
安福县	164	96	68	559	335	224	267	129	138
永新县	209	123	86	587	347	240	417	195	222
井冈山市	53	29	24	444	234	210	125	65	60
宜春市	**2306**	**1431**	**875**	**6123**	**3573**	**2550**	**2243**	**1222**	**1021**
袁州区	21	10	11	130	73	57	35	14	21
奉新县	347	192	155	800	416	384	243	111	132
万载县	297	159	138	850	461	389	375	204	171
上高县	320	182	138	697	367	330	320	154	166
宜丰县	389	250	139	1201	696	505	352	179	173
靖安县	244	178	66	249	161	88	162	78	84
铜鼓县	60	25	35	500	264	236	81	40	41
丰城市	79	40	39	169	102	67	120	51	69
樟树市	47	29	18	300	193	107	45	22	23
高安市	502	366	136	1227	840	387	510	369	141
抚州市	**1420**	**826**	**594**	**1881**	**1114**	**767**	**1754**	**769**	**985**
临川区	190	140	50	303	221	82	59	39	20
东乡区	8	4	4	16	5	11	17	8	9
南城县	188	104	84	236	124	112	216	110	106
黎川县	164	94	70	190	117	73	210	99	111
南丰县	158	81	77	137	70	67	236	108	128
崇仁县	135	80	55	132	65	67	150	63	87
乐安县	106	48	58	123	64	59	121	63	58
宜黄县	180	110	70	325	202	123	90	43	47
金溪县	92	61	31	122	68	54	105	54	51
资溪县	103	48	55	110	65	45	310	54	256
广昌县	96	56	40	187	113	74	240	128	112
上饶市	**2141**	**1210**	**931**	**2082**	**1175**	**907**	**1349**	**658**	**691**
信州区	6	4	2	4	3	1	22	13	9
广丰区	56	31	25	64	32	32	110	55	55
广信区	12	7	5	14	4	10	11	1	10
玉山县	488	251	237	482	247	235	186	78	108
铅山县	144	79	65	148	95	53	109	44	65
横峰县	111	62	49	122	77	45	60	37	23
弋阳县	159	103	56	198	112	86	133	71	62
余干县	188	104	84	262	160	102	155	75	80
鄱阳县	467	258	209	379	203	176	329	166	163
万年县	269	171	98	188	113	75	117	57	60
婺源县	208	116	92	212	124	88	112	61	51
德兴市	33	24	9	9	5	4	5		5

7-3b 续表 14　　单位：人

现住地	户口登记地								
	广西			海南			重庆		
	小计	男	女	小计	男	女	小计	男	女
全　省	**16009**	**8185**	**7824**	**4062**	**1965**	**2097**	**10903**	**6195**	**4708**
南昌市	**3405**	**1735**	**1670**	**2801**	**1436**	**1365**	**2736**	**1437**	**1299**
东湖区	4	3	1				9	7	2
西湖区									
青云谱区	4	4					2	1	1
青山湖区	623	331	292	544	384	160	520	311	209
新建区	39	23	16	8	2	6	76	45	31
红谷滩区									
南昌县	1705	742	963	1813	796	1017	1407	652	755
安义县	735	502	233	413	245	168	576	361	215
进贤县	295	130	165	23	9	14	146	60	86
景德镇市	**563**	**224**	**339**	**230**	**110**	**120**	**344**	**180**	**164**
昌江区	12	7	5	1		1	7	3	4
珠山区	2		2	2		2	8	4	4
浮梁县	517	205	312	224	110	114	297	161	136
乐平市	32	12	20	3		3	32	12	20
萍乡市	**522**	**231**	**291**	**86**	**42**	**44**	**382**	**231**	**151**
安源区	55	23	32	5	3	2	61	31	30
湘东区	43	12	31	20	9	11	34	20	14
莲花县	117	63	54	18	7	11	67	43	24
上栗县	138	63	75	27	15	12	126	82	44
芦溪县	169	70	99	16	8	8	94	55	39
九江市	**1361**	**669**	**692**	**275**	**104**	**171**	**1090**	**585**	**505**
濂溪区	12	6	6	1		1	6	4	2
浔阳区									
柴桑区	32	24	8				53	30	23
武宁县	249	122	127	50	13	37	143	73	70
修水县	271	135	136	49	11	38	189	101	88
永修县	254	134	120	96	44	52	215	126	89
德安县	181	87	94	15	6	9	159	79	80
都昌县	126	55	71	18	8	10	109	55	54
湖口县	86	41	45	21	12	9	69	39	30
彭泽县	80	30	50	16	8	8	101	56	45
瑞昌市	63	31	32	7	2	5	31	13	18
共青城市							1	1	
庐山市	7	4	3	2		2	14	8	6
新余市	**277**	**133**	**144**	**20**	**8**	**12**	**150**	**82**	**68**
渝水区	174	94	80	7	5	2	91	55	36
分宜县	103	39	64	13	3	10	59	27	32
鹰潭市	**225**	**144**	**81**	**12**	**6**	**6**	**232**	**147**	**85**
月湖区	4	2	2				21	16	5
余江区	85	55	30	1		1	92	53	39
贵溪市	136	87	49	11	6	5	119	78	41
赣州市	**3438**	**1784**	**1654**	**145**	**60**	**85**	**1963**	**1246**	**717**
章贡区	31	22	9	3	3		16	10	6
南康区	43	21	22				14	9	5
赣县区	110	66	44	5	2	3	72	44	28
信丰县	813	444	369	42	19	23	473	311	162
大余县	271	150	121	12	5	7	121	66	55
上犹县	153	70	83	7	1	6	57	32	25
崇义县	58	24	34	5	1	4	26	9	17
安远县	166	81	85	6	2	4	103	65	38
定南县	333	193	140	7	2	5	284	213	71
全南县	368	194	174	10	3	7	93	58	35

7-3b　续表 15　　　　单位：人

现住地	户口登记地								
	广西			海南			重庆		
	小计	男	女	小计	男	女	小计	男	女
宁都县	212	118	94	4	2	2	119	61	58
于都县	323	150	173	16	8	8	226	157	69
兴国县	275	140	135	8	2	6	206	128	78
会昌县	108	36	72	5	2	3	67	31	36
寻乌县	85	36	49	4	2	2	40	25	15
石城县	48	18	30	8	3	5	31	15	16
瑞金市	21	11	10	1	1				
龙南市	20	10	10	2	2		15	12	3
吉安市	**2612**	**1422**	**1190**	**173**	**76**	**97**	**1112**	**687**	**425**
吉州区	35	14	21	5	2	3	30	17	13
青原区	20	13	7				8	4	4
吉安县	974	580	394	42	21	21	366	243	123
吉水县	318	168	150	19	5	14	63	32	31
峡江县	53	28	25	4	1	3	33	27	6
新干县	123	72	51	13	4	9	93	58	35
永丰县	131	59	72	4	1	3	72	35	37
泰和县	218	121	97	10	4	6	59	34	25
遂川县	131	65	66	17	9	8	148	95	53
万安县	166	95	71	10	8	2	65	42	23
安福县	177	89	88	10	5	5	67	38	29
永新县	214	96	118	24	11	13	81	50	31
井冈山市	52	22	30	15	5	10	27	12	15
宜春市	**1544**	**844**	**700**	**105**	**36**	**69**	**1184**	**685**	**499**
袁州区	33	17	16	1		1	11	7	4
奉新县	132	55	77	16	5	11	193	101	92
万载县	242	123	119	17	5	12	137	82	55
上高县	266	148	118	13	3	10	96	57	39
宜丰县	242	125	117	27	11	16	171	104	67
靖安县	57	31	26	8	2	6	120	61	59
铜鼓县	63	29	34	4	2	2	36	25	11
丰城市	46	14	32	5	1	4	26	12	14
樟树市	26	11	15	2	1	1	19	13	6
高安市	437	291	146	12	6	6	375	223	152
抚州市	**866**	**427**	**439**	**119**	**51**	**68**	**717**	**371**	**346**
临川区	79	55	24	5	3	2	64	52	12
东乡区	14	9	5	1		1	7	3	4
南城县	108	38	70	24	8	16	92	53	39
黎川县	120	55	65	12	7	5	114	56	58
南丰县	108	38	70	15	8	7	64	22	42
崇仁县	117	59	58	9	3	6	80	43	37
乐安县	34	11	23	13	5	8	30	14	16
宜黄县	89	53	36	11	5	6	113	57	56
金溪县	74	40	34	13	5	8	48	21	27
资溪县	38	20	18	10	5	5	61	26	35
广昌县	85	49	36	6	2	4	44	24	20
上饶市	**1196**	**572**	**624**	**96**	**36**	**60**	**993**	**544**	**449**
信州区	16	5	11				3	3	
广丰区	58	17	41	2	1	1	29	14	15
广信区	15	4	11	1	1		15	8	7
玉山县	220	94	126	14	6	8	182	99	83
铅山县	106	50	56	10	3	7	60	31	29
横峰县	47	25	22	10	2	8	49	28	21
弋阳县	133	71	62	7	3	4	117	79	38
余干县	152	80	72	10	4	6	152	91	61
鄱阳县	270	147	123	25	11	14	221	116	105
万年县	97	53	44	7	2	5	66	32	34
婺源县	72	23	49	10	3	7	96	42	54
德兴市	10	3	7				3	1	2

7-3b 续表 16 单位：人

现住地	户口登记地								
	四川			贵州			云南		
	小计	男	女	小计	男	女	小计	男	女
全省	**24691**	**14047**	**10644**	**33634**	**18827**	**14807**	**12605**	**7151**	**5454**
南昌市	**5977**	**3392**	**2585**	**7501**	**4166**	**3335**	**3198**	**1820**	**1378**
东湖区	55	37	18	22	15	7	4	1	3
西湖区									
青云谱区	13	4	9	2	1	1	4	3	1
青山湖区	921	606	315	1020	673	347	758	470	288
新建区	85	55	30	178	125	53	57	30	27
红谷滩区									
南昌县	3078	1558	1520	3491	1830	1661	1608	838	770
安义县	1619	1046	573	2412	1307	1105	631	420	211
进贤县	206	86	120	376	215	161	136	58	78
景德镇市	**695**	**309**	**386**	**897**	**403**	**494**	**358**	**165**	**193**
昌江区	17	10	7	12	8	4	5	1	4
珠山区	15	6	9	9	3	6	1		1
浮梁县	606	268	338	785	348	437	317	149	168
乐平市	57	25	32	91	44	47	35	15	20
萍乡市	**881**	**533**	**348**	**1399**	**808**	**591**	**312**	**169**	**143**
安源区	73	38	35	123	71	52	33	18	15
湘东区	70	34	36	71	37	34	31	10	21
莲花县	203	130	73	619	345	274	55	35	20
上栗县	310	189	121	375	228	147	156	95	61
芦溪县	225	142	83	211	127	84	37	11	26
九江市	**2557**	**1347**	**1210**	**2577**	**1384**	**1193**	**1253**	**647**	**606**
濂溪区	14	4	10	14	7	7	1	1	
浔阳区									
柴桑区	125	75	50	99	64	35	104	68	36
武宁县	266	118	148	390	195	195	112	42	70
修水县	343	164	179	512	242	270	140	53	87
永修县	418	232	186	495	288	207	408	225	183
德安县	492	259	233	271	135	136	175	91	84
都昌县	191	89	102	202	94	108	69	23	46
湖口县	186	97	89	186	118	68	77	47	30
彭泽县	322	172	150	287	170	117	119	68	51
瑞昌市	111	66	45	62	35	27	26	14	12
共青城市	2		2	11	5	6	2	1	1
庐山市	87	71	16	48	31	17	20	14	6
新余市	**357**	**208**	**149**	**709**	**393**	**316**	**197**	**107**	**90**
渝水区	139	88	51	517	294	223	134	80	54
分宜县	218	120	98	192	99	93	63	27	36
鹰潭市	**671**	**413**	**258**	**1045**	**599**	**446**	**498**	**269**	**229**
月湖区	56	32	24	132	72	60	28	12	16
余江区	169	105	64	444	262	182	133	76	57
贵溪市	446	276	170	469	265	204	337	181	156
赣州市	**4130**	**2606**	**1524**	**4165**	**2662**	**1503**	**1726**	**1120**	**606**
章贡区	82	49	33	54	33	21	16	7	9
南康区	48	27	21	209	138	71	13	7	6
赣县区	234	179	55	214	161	53	119	93	26
信丰县	787	500	287	909	605	304	424	264	160
大余县	177	104	73	285	187	98	69	43	26
上犹县	182	94	88	118	63	55	52	28	24
崇义县	40	14	26	80	37	43	20	4	16
安远县	231	162	69	238	153	85	65	38	27
定南县	426	292	134	294	201	93	170	117	53
全南县	182	104	78	182	109	73	81	43	38

7-3b　续表 17

单位：人

现住地	户口登记地								
	四川			贵州			云南		
	小计	男	女	小计	男	女	小计	男	女
宁都县	395	237	158	336	195	141	115	74	41
于都县	588	371	217	563	391	172	351	277	74
兴国县	353	208	145	327	192	135	81	37	44
会昌县	122	60	62	172	94	78	71	35	36
寻乌县	63	35	28	82	44	38	31	17	14
石城县	63	31	32	51	25	26	16	6	10
瑞金市	1		1	7	1	6	2	1	1
龙南市	156	139	17	44	33	11	30	29	1
吉安市	**2157**	**1203**	**954**	**4164**	**2357**	**1807**	**1159**	**705**	**454**
吉州区	36	21	15	30	18	12	9	4	5
青原区	3	2	1	40	19	21			
吉安县	719	405	314	1470	849	621	429	279	150
吉水县	146	82	64	383	205	178	58	32	26
峡江县	56	29	27	121	64	57	51	34	17
新干县	228	141	87	423	266	157	162	95	67
永丰县	141	71	70	146	63	83	52	24	28
泰和县	140	65	75	306	157	149	61	37	24
遂川县	200	115	85	167	92	75	81	60	21
万安县	166	104	62	162	106	56	56	33	23
安福县	117	56	61	323	184	139	43	17	26
永新县	154	82	72	494	281	213	129	80	49
井冈山市	51	30	21	99	53	46	28	10	18
宜春市	**2403**	**1385**	**1018**	**4110**	**2309**	**1801**	**896**	**491**	**405**
袁州区	56	30	26	109	52	57	20	12	8
奉新县	363	193	170	444	260	184	193	108	85
万载县	274	147	127	346	185	161	87	44	43
上高县	269	153	116	397	213	184	103	53	50
宜丰县	364	219	145	980	576	404	204	119	85
靖安县	158	106	52	222	132	90	50	30	20
铜鼓县	52	22	30	217	116	101	20	7	13
丰城市	53	29	24	420	234	186	10	4	6
樟树市	45	36	9	57	40	17	19	9	10
高安市	769	450	319	918	501	417	190	105	85
抚州市	**2379**	**1347**	**1032**	**2519**	**1456**	**1063**	**1411**	**829**	**582**
临川区	125	73	52	243	146	97	656	454	202
东乡区	17	9	8	47	33	14	9	5	4
南城县	188	104	84	367	219	148	81	36	45
黎川县	231	117	114	239	139	100	76	33	43
南丰县	162	78	84	155	83	72	66	21	45
崇仁县	79	41	38	143	80	63	73	36	37
乐安县	78	46	32	105	58	47	21	12	9
宜黄县	1156	692	464	881	496	385	295	166	129
金溪县	110	51	59	126	71	55	24	7	17
资溪县	79	39	40	120	73	47	56	31	25
广昌县	154	97	57	93	58	35	54	28	26
上饶市	**2484**	**1304**	**1180**	**4548**	**2290**	**2258**	**1597**	**829**	**768**
信州区	7	4	3	32	17	15	4	2	2
广丰区	75	38	37	274	109	165	55	14	41
广信区	17	9	8	84	49	35	22	4	18
玉山县	615	280	335	1208	562	646	352	183	169
铅山县	126	56	70	221	87	134	72	27	45
横峰县	157	91	66	273	152	121	141	110	31
弋阳县	226	133	93	420	226	194	133	75	58
余干县	385	226	159	709	413	296	262	135	127
鄱阳县	489	256	233	637	337	300	346	192	154
万年县	241	144	97	381	192	189	127	58	69
婺源县	136	59	77	279	135	144	79	27	52
德兴市	10	8	2	30	11	19	4	2	2

7-3b 续表 18

单位：人

现住地	户口登记地								
	西藏			陕西			甘肃		
	小计	男	女	小计	男	女	小计	男	女
全省	**617**	**309**	**308**	**6826**	**4242**	**2584**	**8106**	**4575**	**3531**
南昌市	**506**	**250**	**256**	**2226**	**1270**	**956**	**3507**	**1941**	**1566**
东湖区	1	1		41	24	17	4	2	2
西湖区									
青云谱区							9	4	5
青山湖区	122	65	57	511	326	185	1152	706	446
新建区				18	9	9	51	35	16
红谷滩区									
南昌县	255	136	119	1334	721	613	2030	1044	986
安义县	1	1		201	128	73	194	112	82
进贤县	127	47	80	121	62	59	67	38	29
景德镇市	**13**	**5**	**8**	**194**	**111**	**83**	**470**	**245**	**225**
昌江区				5	2	3	4	2	2
珠山区				3	1	2	13	7	6
浮梁县	13	5	8	169	98	71	431	221	210
乐平市				17	10	7	22	15	7
萍乡市	**4**	**1**	**3**	**188**	**119**	**69**	**108**	**55**	**53**
安源区				22	16	6	10	5	5
湘东区				18	11	7	6	1	5
莲花县	1	1		33	18	15	6	3	3
上栗县	1		1	50	26	24	40	23	17
芦溪县	2		2	65	48	17	46	23	23
九江市	**17**	**9**	**8**	**701**	**420**	**281**	**738**	**439**	**299**
濂溪区				13	7	6	19	13	6
浔阳区									
柴桑区				17	12	5	42	28	14
武宁县	2	1	1	83	49	34	68	34	34
修水县	3	3		96	51	45	107	57	50
永修县	8	3	5	131	82	49	137	87	50
德安县	1		1	76	45	31	52	29	23
都昌县	2	2		51	28	23	66	38	28
湖口县				69	45	24	87	50	37
彭泽县				125	79	46	123	81	42
瑞昌市	1		1	36	19	17	31	19	12
共青城市									
庐山市				4	3	1	6	3	3
新余市	**21**	**16**	**5**	**53**	**37**	**16**	**113**	**66**	**47**
渝水区	21	16	5	19	12	7	36	25	11
分宜县				34	25	9	77	41	36
鹰潭市	**2**		**2**	**305**	**261**	**44**	**163**	**38**	**125**
月湖区				4	4		1	1	
余江区	1		1	36	30	6	15	8	7
贵溪市	1		1	265	227	38	147	29	118
赣州市	**8**	**3**	**5**	**1091**	**739**	**352**	**929**	**648**	**281**
章贡区				30	21	9	20	16	4
南康区				12	7	5	16	8	8
赣县区				84	69	15	50	44	6
信丰县	3	1	2	259	174	85	144	98	46
大余县				42	29	13	36	21	15
上犹县				37	20	17	36	20	16
崇义县				27	12	15	16	8	8
安远县				18	10	8	19	9	10
定南县	1	1		93	68	25	48	31	17
全南县				46	21	25	25	15	10

7-3b 续表 19

单位：人

现住地	户口登记地								
	西藏			陕西			甘肃		
	小计	男	女	小计	男	女	小计	男	女
宁都县	1		1	112	79	33	215	145	70
于都县				98	67	31	79	55	24
兴国县	3	1	2	170	127	43	157	133	24
会昌县				27	14	13	23	14	9
寻乌县				15	7	8	13	7	6
石城县				9	4	5	25	19	6
瑞金市				2	2				
龙南市				10	8	2	7	5	2
吉安市	**6**	**3**	**3**	**599**	**377**	**222**	**951**	**536**	**415**
吉州区				25	18	7	4	3	1
青原区	1	1		1		1	7	2	5
吉安县	1		1	223	144	79	555	314	241
吉水县	1		1	65	42	23	35	22	13
峡江县				6	3	3	9	4	5
新干县				29	18	11	12	6	6
永丰县	2	1	1	25	14	11	26	14	12
泰和县	1	1		43	28	15	38	20	18
遂川县				46	28	18	28	15	13
万安县				45	27	18	23	14	9
安福县				30	16	14	23	15	8
永新县				48	31	17	175	99	76
井冈山市				13	8	5	16	8	8
宜春市	**5**	**1**	**4**	**569**	**350**	**219**	**359**	**189**	**170**
袁州区				8	5	3	4	3	1
奉新县				62	36	26	37	22	15
万载县	1	1		68	38	30	55	32	23
上高县	2		2	88	53	35	65	46	19
宜丰县				188	114	74	44	30	14
靖安县				16	10	6	16	9	7
铜鼓县	2		2	25	15	10	10	4	6
丰城市				28	20	8	3	1	2
樟树市				11	8	3	7	4	3
高安市				75	51	24	118	38	80
抚州市	**9**	**5**	**4**	**366**	**243**	**123**	**182**	**96**	**86**
临川区				22	17	5	18	10	8
东乡区	1		1	1		1	9	6	3
南城县	1	1		37	26	11	17	9	8
黎川县				48	32	16	21	10	11
南丰县	3	1	2	19	9	10	17	10	7
崇仁县				39	26	13	25	12	13
乐安县				58	47	11	18	11	7
宜黄县				48	34	14	23	13	10
金溪县	1	1		39	19	20	12	4	8
资溪县	3	2	1	15	6	9	12	6	6
广昌县				40	27	13	10	5	5
上饶市	**26**	**16**	**10**	**534**	**315**	**219**	**586**	**322**	**264**
信州区				3	1	2	6	3	3
广丰区	1	1		11	6	5	23	14	9
广信区				8	4	4	10	5	5
玉山县	3	3		96	46	50	147	75	72
铅山县				34	20	14	24	14	10
横峰县	4	2	2	15	6	9	30	20	10
弋阳县	3	2	1	43	31	12	22	10	12
余干县	3	2	1	51	34	17	52	27	25
鄱阳县	1	1		125	79	46	131	65	66
万年县	9	4	5	88	50	38	94	63	31
婺源县	2	1	1	59	38	21	44	23	21
德兴市				1		1	3	3	

7-3b 续表 20　　　　单位：人

现住地	户口登记地								
	青海			宁夏			新疆		
	小计	男	女	小计	男	女	小计	男	女
全省	**1531**	**849**	**682**	**1667**	**987**	**680**	**2601**	**1198**	**1403**
南昌市	**994**	**537**	**457**	**1271**	**767**	**504**	**1478**	**716**	**762**
东湖区							5	3	2
西湖区									
青云谱区	1	1							
青山湖区	374	219	155	632	413	219	506	298	208
新建区	4	2	2	1	1		25	20	5
红谷滩区									
南昌县	509	259	250	623	346	277	895	373	522
安义县	87	42	45	9	5	4	19	9	10
进贤县	19	14	5	6	2	4	28	13	15
景德镇市	**78**	**32**	**46**	**105**	**32**	**73**	**79**	**20**	**59**
昌江区	2	1	1				1	1	
珠山区	1	1							
浮梁县	75	30	45	104	32	72	78	19	59
乐平市				1		1			
萍乡市	**7**	**2**	**5**	**6**	**5**	**1**	**33**	**22**	**11**
安源区				1	1		3	2	1
湘东区							2		2
莲花县	1	1		1	1		6	5	1
上栗县	5	1	4				8	6	2
芦溪县	1		1	4	3	1	14	9	5
九江市	**49**	**33**	**16**	**66**	**45**	**21**	**605**	**205**	**400**
濂溪区	1	1		2	1	1	2		2
浔阳区									
柴桑区	3	2	1	4	1	3			
武宁县	1	1		7	3	4	13	6	7
修水县	4	2	2	8	5	3	9	6	3
永修县	5	3	2	11	8	3	11	8	3
德安县	7	3	4	1		1	451	115	336
都昌县	5	3	2	3	3		14	8	6
湖口县	2	1	1	14	13	1	8	5	3
彭泽县	20	16	4	15	11	4	92	54	38
瑞昌市	1	1		1		1	4	2	2
共青城市									
庐山市							1	1	
新余市	**43**	**32**	**11**	**25**	**13**	**12**	**12**	**5**	**7**
渝水区	20	20		7	4	3	2	2	
分宜县	23	12	11	18	9	9	10	3	7
鹰潭市	**1**	**1**		**3**	**2**	**1**	**11**	**6**	**5**
月湖区									
余江区							3	1	2
贵溪市	1	1		3	2	1	8	5	3
赣州市	**131**	**87**	**44**	**68**	**59**	**9**	**126**	**81**	**45**
章贡区	4	4		2	2		2	2	
南康区	6	3	3				6	4	2
赣县区	14	8	6	12	11	1	4	4	
信丰县	2	1	1	1	1		20	11	9
大余县	1	1		2	2		5	4	1
上犹县	1		1	1		1	9	6	3
崇义县	1		1				2		2
安远县							12	9	3
定南县	3	3		13	13		10	4	6
全南县	2	2					7	4	3

7-3b 续表 21 单位：人

现住地	户口登记地								
	青海			宁夏			新疆		
	小计	男	女	小计	男	女	小计	男	女
宁都县	46	33	13	25	23	2	10	6	4
于都县	12	8	4	3	2	1	4	3	1
兴国县	29	17	12	2		2	10	6	4
会昌县	2	2		2		2	10	8	2
寻乌县	1		1	1	1		8	5	3
石城县	2	1	1	1	1		6	4	2
瑞金市									
龙南市	5	4	1	3	3		1	1	
吉安市	**102**	**53**	**49**	**49**	**32**	**17**	**69**	**41**	**28**
吉州区									
青原区									
吉安县	38	23	15	19	12	7	20	11	9
吉水县	8	4	4	1		1	13	7	6
峡江县				3	3				
新干县	2		2	1		1	1	1	
永丰县	1		1				7	6	1
泰和县	11	5	6	11	8	3	2	1	1
遂川县				2		2	4	3	1
万安县	6	4	2				2	1	1
安福县				2	1	1	2	2	
永新县	31	15	16	9	7	2	18	9	9
井冈山市	5	2	3	1	1				
宜春市	**22**	**9**	**13**	**31**	**14**	**17**	**37**	**26**	**11**
袁州区							1	1	
奉新县	1		1	2	2		4	3	1
万载县				2	2				
上高县	2	2		7	3	4	11	7	4
宜丰县	1	1		5	2	3	9	7	2
靖安县	2	1	1	1	1		3	3	
铜鼓县	1	1							
丰城市				1	1		1		1
樟树市							2	2	
高安市	15	4	11	13	3	10	6	3	3
抚州市	**22**	**11**	**11**	**19**	**9**	**10**	**56**	**21**	**35**
临川区	1		1	1	1		1		1
东乡区									
南城县	2	1	1	5	2	3	9	6	3
黎川县	3	2	1	1		1	7	4	3
南丰县	7	4	3	1	1		7	2	5
崇仁县	2		2	2	1	1	7	2	5
乐安县							4		4
宜黄县	1	1		2	1	1	8	3	5
金溪县	1	1		4	3	1	8	4	4
资溪县	5	2	3	2		2	2		2
广昌县				1		1	3		3
上饶市	**82**	**52**	**30**	**24**	**9**	**15**	**95**	**55**	**40**
信州区							1		1
广丰区	1	1					1	1	
广信区	1	1					3	2	1
玉山县	17	11	6	3		3	18	7	11
铅山县	3	2	1	1		1	10	7	3
横峰县				1	1		6	3	3
弋阳县	3	1	2	1	1		4	4	
余干县	3	2	1	2		2	11	5	6
鄱阳县	9	8	1	7	3	4	19	11	8
万年县	43	26	17	9	4	5	5	3	2
婺源县	2		2				17	12	5
德兴市									

7-3c 全省按现住地、性别分的户口登记地在外省的人口(乡村)

单位：人

现住地	户口登记地					
	合计			北京		
	合计	男	女	小计	男	女
全省	**178733**	**107559**	**71174**	**466**	**292**	**174**
南昌市	**43911**	**27777**	**16134**	**160**	**111**	**49**
东湖区	1466	922	544	6	4	2
西湖区						
青云谱区						
青山湖区	5924	4223	1701	10	9	1
新建区	13708	7179	6529	57	38	19
红谷滩区	1377	1175	202			
南昌县	17267	11524	5743	76	52	24
安义县	1613	1112	501	6	5	1
进贤县	2556	1642	914	5	3	2
景德镇市	**5788**	**3497**	**2291**	**9**	**5**	**4**
昌江区	1170	722	448	3	1	2
珠山区	14	9	5			
浮梁县	2024	1475	549	2	2	
乐平市	2580	1291	1289	4	2	2
萍乡市	**8622**	**4902**	**3720**	**28**	**12**	**16**
安源区	351	205	146			
湘东区	2286	1475	811	4	3	1
莲花县	2385	1437	948	5	2	3
上栗县	2277	1090	1187	13	5	8
芦溪县	1323	695	628	6	2	4
九江市	**21353**	**12521**	**8832**	**56**	**36**	**20**
濂溪区	2420	1412	1008	8	5	3
浔阳区	63	29	34			
柴桑区	4189	2692	1497	3	3	
武宁县	2533	1479	1054	8	5	3
修水县	1054	401	653	3	3	
永修县	2125	1155	970	18	9	9
德安县	1851	1100	751			
都昌县	888	438	450	2	1	1
湖口县	883	561	322	1	1	
彭泽县	1510	985	525	1	1	
瑞昌市	2239	1435	804	10	7	3
共青城市	1183	644	539			
庐山市	415	190	225	2	1	1
新余市	**3724**	**2447**	**1277**	**18**	**9**	**9**
渝水区	2268	1543	725	10	5	5
分宜县	1456	904	552	8	4	4
鹰潭市	**2718**	**1523**	**1195**	**3**	**2**	**1**
月湖区	481	306	175			
余江区	624	285	339			
贵溪市	1613	932	681	3	2	1
赣州市	**34973**	**22388**	**12585**	**58**	**40**	**18**
章贡区	5009	3430	1579	10	8	2
南康区	7786	5552	2234	10	6	4
赣县区	1536	930	606			
信丰县	2424	1729	695	2	1	1
大余县	1299	752	547	1	1	
上犹县	620	332	288			
崇义县	645	362	283	1	1	
安远县	685	365	320	2	2	
定南县	1406	879	527	2	1	1
全南县	1666	1217	449	2	2	

7−3c 续表 1 单位：人

现住地	户口登记地 合计 合计	合计 男	合计 女	北京 小计	北京 男	北京 女
宁都县	1790	916	874	4	3	1
于都县	1082	508	574	6	3	3
兴国县	1666	882	784	8	6	2
会昌县	873	376	497	1		1
寻乌县	1590	841	749			
石城县	1006	656	350	1	1	
瑞金市	1183	626	557	6	4	2
龙南市	2707	2035	672	2	1	1
吉安市	**14596**	**8290**	**6306**	**18**	**11**	**7**
吉州区	391	230	161	1	1	
青原区	1127	691	436	4	2	2
吉安县	2129	1232	897	5	2	3
吉水县	1346	736	610	3	2	1
峡江县	796	440	356			
新干县	709	433	276	2	2	
永丰县	918	536	382			
泰和县	1436	779	657			
遂川县	1365	766	599	1	1	
万安县	462	218	244			
安福县	1575	936	639	1		1
永新县	1509	802	707	1	1	
井冈山市	833	491	342			
宜春市	**15463**	**8928**	**6535**	**47**	**29**	**18**
袁州区	4324	2613	1711	18	8	10
奉新县	923	520	403	5	5	
万载县	1397	662	735			
上高县	931	570	361	3	2	1
宜丰县	1621	916	705			
靖安县	1203	854	349	15	11	4
铜鼓县	449	198	251			
丰城市	1706	866	840	2	2	
樟树市	953	564	389			
高安市	1956	1165	791	4	1	3
抚州市	**8807**	**5305**	**3502**	**22**	**7**	**15**
临川区	2676	1613	1063	9	2	7
东乡区	1090	745	345	1	1	
南城县	613	411	202			
黎川县	458	310	148			
南丰县	552	243	309	2	2	
崇仁县	782	455	327	1		1
乐安县	719	432	287	2	1	1
宜黄县	330	163	167	2		2
金溪县	777	445	332	2	1	1
资溪县	377	258	119	2		2
广昌县	433	230	203	1		1
上饶市	**18778**	**9981**	**8797**	**47**	**30**	**17**
信州区	2610	1595	1015	7	4	3
广丰区	2436	1141	1295	4	3	1
广信区	1985	973	1012	4	2	2
玉山县	2013	754	1259	3	2	1
铅山县	702	345	357	1	1	
横峰县	1233	747	486	2	1	1
弋阳县	619	302	317			
余干县	1301	635	666	10	6	4
鄱阳县	2205	1212	993	5	3	2
万年县	850	578	272			
婺源县	1107	592	515	10	7	3
德兴市	1717	1107	610	1	1	

7－3c　续表 2

单位：人

现住地	户口登记地								
	天津			河北			山西		
	小计	男	女	小计	男	女	小计	男	女
全省	**424**	**264**	**160**	**2802**	**1937**	**865**	**1348**	**927**	**421**
南昌市	**240**	**117**	**123**	**958**	**632**	**326**	**523**	**339**	**184**
东湖区	4	2	2	44	33	11	6	4	2
西湖区									
青云谱区									
青山湖区	5	4	1	82	66	16	49	36	13
新建区	201	89	112	348	169	179	260	144	116
红谷滩区				11	7	4	2	2	
南昌县	23	16	7	401	300	101	182	132	50
安义县	1	1		22	18	4	8	6	2
进贤县	6	5	1	50	39	11	16	15	1
景德镇市	**6**	**5**	**1**	**205**	**169**	**36**	**52**	**37**	**15**
昌江区	2	2		24	19	5	6	3	3
珠山区				1	1				
浮梁县	3	2	1	150	128	22	28	23	5
乐平市	1	1		30	21	9	18	11	7
萍乡市	**12**	**8**	**4**	**95**	**57**	**38**	**26**	**14**	**12**
安源区				6	2	4			
湘东区	6	5	1	32	25	7	9	3	6
莲花县	2		2	22	10	12	8	4	4
上栗县	3	2	1	27	16	11	4	3	1
芦溪县	1	1		8	4	4	5	4	1
九江市	**38**	**34**	**4**	**264**	**176**	**88**	**104**	**66**	**38**
濂溪区	11	10	1	46	30	16	9	7	2
浔阳区				2	1	1	1		1
柴桑区	4	4		28	15	13	37	29	8
武宁县	4	4		18	13	5	3	1	2
修水县	2	1	1	12	4	8	1	1	
永修县	8	7	1	21	14	7	11	5	6
德安县	1	1		5	4	1	5	1	4
都昌县	2	2		4	4		2		2
湖口县	1	1		7	5	2	8	5	3
彭泽县	1	1		70	50	20	11	7	4
瑞昌市	1	1		33	26	7	10	8	2
共青城市	2	2		9	6	3	4	2	2
庐山市	1		1	9	4	5	2		2
新余市	**4**	**3**	**1**	**131**	**92**	**39**	**15**	**13**	**2**
渝水区	1	1		105	80	25	10	8	2
分宜县	3	2	1	26	12	14	5	5	
鹰潭市	**4**	**3**	**1**	**35**	**24**	**11**	**14**	**8**	**6**
月湖区				3	3		1	1	
余江区	1	1		6	2	4	1		1
贵溪市	3	2	1	26	19	7	12	7	5
赣州市	**39**	**34**	**5**	**524**	**402**	**122**	**332**	**283**	**49**
章贡区	12	11	1	106	72	34	37	28	9
南康区	6	6		88	70	18	41	39	2
赣县区	1	1		19	13	6	20	19	1
信丰县	3	3		45	36	9	36	30	6
大余县	3	2	1	19	14	5	11	8	3
上犹县	1		1	1	1		1	1	
崇义县				3	3		1	1	
安远县				53	42	11	1		1
定南县	1	1		60	47	13	45	41	4
全南县	2	2		26	24	2	14	12	2

7−3c　续表 3　　　　单位：人

现住地	户口登记地								
	天津			河北			山西		
	小计	男	女	小计	男	女	小计	男	女
宁都县				11	7	4	6	2	4
于都县				10	4	6	7	4	3
兴国县				25	24	1	7	5	2
会昌县	2	1	1	3		3	3	3	
寻乌县	3	3		4	1	3	2	2	
石城县	2	2		12	11	1	3	2	1
瑞金市	2	2		6	4	2	2		2
龙南市	1		1	33	29	4	95	86	9
吉安市	**17**	**10**	**7**	**131**	**81**	**50**	**86**	**55**	**31**
吉州区	1	1		13	9	4	3	2	1
青原区	4	3	1	15	8	7	12	6	6
吉安县	7	4	3	19	13	6	17	11	6
吉水县				4	1	3	2	1	1
峡江县				17	11	6	6	4	2
新干县	1	1		7	4	3	10	3	7
永丰县				9	5	4	2	1	1
泰和县				11	8	3	4	3	1
遂川县	1		1	7	3	4			
万安县				5	4	1			
安福县	1		1	6	4	2	3	1	2
永新县	1	1		5	3	2	11	9	2
井冈山市	1		1	13	8	5	16	14	2
宜春市	**18**	**14**	**4**	**193**	**133**	**60**	**73**	**45**	**28**
袁州区	7	6	1	73	51	22	35	24	11
奉新县				7	6	1	4	3	1
万载县				3	1	2	3		3
上高县				12	5	7			
宜丰县	3	2	1	18	13	5	2		2
靖安县	1	1		13	12	1	7	6	1
铜鼓县	1		1	3	2	1	2		2
丰城市	4	3	1	20	12	8	5	2	3
樟树市				32	26	6	7	5	2
高安市	2	2		12	5	7	8	5	3
抚州市	**15**	**10**	**5**	**81**	**43**	**38**	**40**	**27**	**13**
临川区	5	4	1	46	21	25	18	13	5
东乡区	1		1	5	4	1	5	5	
南城县	1	1		3	2	1	1		1
黎川县				2	2		6	6	
南丰县	1		1	2	2		1		1
崇仁县	2	1	1	1	1		4	1	3
乐安县				9	2	7	1		1
宜黄县	1	1		6	3	3	1	1	
金溪县	2	2		4	3	1	3	1	2
资溪县	1		1	2	2				
广昌县	1	1		1	1				
上饶市	**31**	**26**	**5**	**185**	**128**	**57**	**83**	**40**	**43**
信州区				34	19	15	12	6	6
广丰区	2	2		18	11	7	8	2	6
广信区	3	3		13	8	5	21	10	11
玉山县				7	6	1	6	1	5
铅山县				5	5		2	1	1
横峰县				2	2		5	4	1
弋阳县				5	1	4	3		3
余干县	10	9	1	26	19	7	6	4	2
鄱阳县	6	3	3	27	24	3	5	4	1
万年县	7	7		12	8	4	2	2	
婺源县	3	2	1	30	21	9	4	2	2
德兴市				6	4	2	9	4	5

7-3c 续表 4 单位：人

现住地	户口登记地								
	内蒙古			辽宁			吉林		
	小计	男	女	小计	男	女	小计	男	女
全省	**670**	**411**	**259**	**1199**	**822**	**377**	**1216**	**801**	**415**
南昌市	**186**	**107**	**79**	**319**	**198**	**121**	**375**	**238**	**137**
东湖区	6	3	3	3		3			
西湖区									
青云谱区									
青山湖区	14	11	3	34	22	12	37	30	7
新建区	85	39	46	107	52	55	185	101	84
红谷滩区	4	3	1	7	6	1			
南昌县	63	44	19	146	101	45	137	96	41
安义县	4	2	2	9	7	2	4	3	1
进贤县	10	5	5	13	10	3	12	8	4
景德镇市	**34**	**19**	**15**	**41**	**26**	**15**	**48**	**31**	**17**
昌江区	7	5	2	7	4	3	14	7	7
珠山区	1	1		1	1				
浮梁县	25	13	12	23	16	7	20	16	4
乐平市	1		1	10	5	5	14	8	6
萍乡市	**17**	**12**	**5**	**40**	**28**	**12**	**42**	**26**	**16**
安源区	1	1		2	2		1	1	
湘东区	3	2	1	19	17	2	20	14	6
莲花县	5	4	1	10	6	4	7	5	2
上栗县	5	2	3	4		4	9	4	5
芦溪县	3	3		5	3	2	5	2	3
九江市	**112**	**66**	**46**	**156**	**101**	**55**	**187**	**118**	**69**
濂溪区	23	13	10	40	20	20	32	23	9
浔阳区									
柴桑区	21	16	5	29	23	6	61	39	22
武宁县	16	10	6	12	9	3	12	6	6
修水县	4	1	3	4	1	3	16	9	7
永修县	9	4	5	19	12	7	15	12	3
德安县	4	3	1	3	2	1	7	3	4
都昌县	2		2				2	1	1
湖口县	2	2		21	19	2	7	5	2
彭泽县	13	8	5	6	4	2	6	4	2
瑞昌市	11	5	6	9	5	4	10	9	1
共青城市	5	3	2	8	4	4	12	4	8
庐山市	2	1	1	5	2	3	7	3	4
新余市	**7**	**4**	**3**	**14**	**10**	**4**	**24**	**15**	**9**
渝水区	6	3	3	7	5	2	7	4	3
分宜县	1	1		7	5	2	17	11	6
鹰潭市	**22**	**14**	**8**	**11**	**9**	**2**	**27**	**18**	**9**
月湖区							1	1	
余江区	4	1	3	1	1		9	5	4
贵溪市	18	13	5	10	8	2	17	12	5
赣州市	**94**	**64**	**30**	**297**	**230**	**67**	**212**	**155**	**57**
章贡区	16	8	8	59	50	9	40	23	17
南康区	16	12	4	93	73	20	34	26	8
赣县区	12	8	4	10	6	4	8	5	3
信丰县	6	3	3	56	43	13	31	28	3
大余县				5	2	3	12	8	4
上犹县	2	2		2	1	1	1	1	
崇义县	5	4	1	1	1		7	4	3
安远县				2	2		3	2	1
定南县	7	6	1	14	12	2	10	7	3
全南县	2	2		5	5		17	16	1

7−3c　续表 5　　　　　　　　　　　　　　　　　　　　　　　　　　　　　　单位：人

现住地	户口登记地								
	内蒙古			辽宁			吉林		
	小计	男	女	小计	男	女	小计	男	女
宁都县	2	2		4	2	2	4	2	2
于都县	1		1	6		6	10	5	5
兴国县	2	1	1	10	6	4	3	3	
会昌县	1	1		2	2		7	3	4
寻乌县	1		1	1		1	4	2	2
石城县	5	4	1	7	6	1	9	9	
瑞金市	4		4	2	1	1	3	3	
龙南市	12	11	1	18	18		9	8	1
吉安市	**60**	**44**	**16**	**66**	**42**	**24**	**63**	**39**	**24**
吉州区	2	2		4	2	2	1	1	
青原区	9	5	4	19	17	2	7	5	2
吉安县	3	1	2	9	4	5	22	11	11
吉水县	3	3		1		1	5	3	2
峡江县	1	1		5	3	2	4	3	1
新干县	3	1	2	3	1	2	1		1
永丰县	3	2	1	5	3	2	3	2	1
泰和县	20	19	1	3	2	1	3	3	
遂川县	2	2		7	5	2	2	1	1
万安县				2		2	2	2	
安福县	4	2	2	3	3		4	2	2
永新县	3	3		4	1	3	2	1	1
井冈山市	7	3	4	1	1		7	5	2
宜春市	**33**	**23**	**10**	**75**	**56**	**19**	**86**	**61**	**25**
袁州区	8	7	1	28	22	6	46	32	14
奉新县	4	3	1	5	5				
万载县	4	2	2	8	6	2	2	1	1
上高县	4	2	2	1	1		1		1
宜丰县	3	2	1	4	1	3	2	1	1
靖安县	2	2		6	5	1	13	11	2
铜鼓县				6	5	1			
丰城市	3	1	2	7	5	2	7	5	2
樟树市	4	3	1	4	2	2	3	3	
高安市	1	1		6	4	2	12	8	4
抚州市	**50**	**27**	**23**	**71**	**46**	**25**	**65**	**38**	**27**
临川区	29	15	14	21	16	5	39	22	17
东乡区	6	5	1	4	2	2	4	4	
南城县	1		1	1		1	1	1	
黎川县	1	1		10	10		2	1	1
南丰县	2	1	1	2	2		6	2	4
崇仁县	4	2	2	9	4	5	1		1
乐安县				1		1	1	1	
宜黄县	3	2	1	1	1		1	1	
金溪县				4	2	2	1		1
资溪县	2	1	1	18	9	9	4	3	1
广昌县	2		2				5	3	2
上饶市	**55**	**31**	**24**	**109**	**76**	**33**	**87**	**62**	**25**
信州区	7	4	3	14	10	4	11	6	5
广丰区	5	4	1	3	1	2	2	1	1
广信区	8	3	5	22	10	12	4	1	3
玉山县	1		1	5	1	4	4	3	1
铅山县	3	1	2				2	1	1
横峰县	1	1		1	1		1		1
弋阳县	2		2	3	3		1	1	
余干县	3	3		11	10	1	38	33	5
鄱阳县	13	9	4	36	31	5	14	10	4
万年县	3	2	1	3	2	1	3	2	1
婺源县	7	4	3	8	5	3	6	4	2
德兴市	2		2	3	2	1	1		1

7－3c　续表 6

单位：人

现住地	户口登记地								
	黑龙江			上海			江苏		
	小计	男	女	小计	男	女	小计	男	女
全　省	**1157**	**704**	**453**	**1050**	**551**	**499**	**5500**	**3744**	**1756**
南昌市	**468**	**268**	**200**	**283**	**146**	**137**	**1470**	**1015**	**455**
东湖区	3	1	2	4	3	1	40	25	15
西湖区									
青云谱区									
青山湖区	34	28	6	5	4	1	218	188	30
新建区	249	115	134	211	98	113	522	282	240
红谷滩区	1	1					42	36	6
南昌县	144	98	46	43	29	14	474	366	108
安义县	10	8	2	10	6	4	98	66	32
进贤县	27	17	10	10	6	4	76	52	24
景德镇市	**24**	**17**	**7**	**24**	**14**	**10**	**234**	**153**	**81**
昌江区	9	8	1	5	4	1	41	26	15
珠山区									
浮梁县	10	7	3	2	1	1	60	40	20
乐平市	5	2	3	17	9	8	133	87	46
萍乡市	**22**	**15**	**7**	**14**	**8**	**6**	**291**	**183**	**108**
安源区							6	5	1
湘东区	2	2		3	2	1	50	31	19
莲花县	10	6	4	2	2		96	64	32
上栗县	2	2		3	1	2	85	48	37
芦溪县	8	5	3	6	3	3	54	35	19
九江市	**203**	**123**	**80**	**106**	**57**	**49**	**988**	**684**	**304**
濂溪区	53	32	21	18	7	11	100	59	41
浔阳区							6	2	4
柴桑区	45	28	17	10	5	5	79	57	22
武宁县	1		1	7	4	3	91	58	33
修水县	3	1	2	5	3	2	57	28	29
永修县	22	12	10	31	19	12	102	74	28
德安县	5	3	2	7	4	3	98	70	28
都昌县	7	3	4	4	3	1	42	30	12
湖口县	6	4	2	5	3	2	74	55	19
彭泽县	6	4	2	3	3		122	89	33
瑞昌市	40	29	11	10	3	7	141	106	35
共青城市	8	5	3	1	1		59	48	11
庐山市	7	2	5	5	2	3	17	8	9
新余市	**15**	**9**	**6**	**15**	**9**	**6**	**243**	**167**	**76**
渝水区	4	2	2	9	5	4	121	97	24
分宜县	11	7	4	6	4	2	122	70	52
鹰潭市	**9**	**5**	**4**	**10**	**5**	**5**	**113**	**69**	**44**
月湖区	1	1		1		1			
余江区	2		2	6	3	3	50	39	11
贵溪市	6	4	2	3	2	1	63	30	33
赣州市	**204**	**134**	**70**	**58**	**36**	**22**	**607**	**462**	**145**
章贡区	34	20	14	6	5	1	116	98	18
南康区	33	26	7	13	9	4	116	93	23
赣县区	10	6	4	7	3	4	40	34	6
信丰县	14	11	3	4	3	1	52	38	14
大余县	4	1	3				33	19	14
上犹县				5	3	2	8	5	3
崇义县	1	1					9	6	3
安远县	8	4	4	1	1		12	10	2
定南县	16	12	4				25	21	4
全南县	12	11	1	4	2	2	22	18	4

7−3c　续表 7　　　　　　　　　　　　　　　　　　　　　　　　　　单位：人

现住地	户口登记地								
	黑龙江			上海			江苏		
	小计	男	女	小计	男	女	小计	男	女
宁都县	5	3	2	6	3	3	53	34	19
于都县	9	1	8	1		1	10	3	7
兴国县	7	4	3	5	3	2	29	18	11
会昌县	7	3	4	1	1		11	7	4
寻乌县	4	2	2				9	5	4
石城县	7	2	5	1		1	20	18	2
瑞金市	3	1	2	4	3	1	14	9	5
龙南市	30	26	4				28	26	2
吉安市	**35**	**19**	**16**	**51**	**26**	**25**	**289**	**212**	**77**
吉州区	2	1	1				25	15	10
青原区	2	2		4	2	2	20	15	5
吉安县	2	1	1	10	7	3	46	36	10
吉水县	3	1	2	1	1		28	21	7
峡江县				7	2	5	10	6	4
新干县	1		1				12	8	4
永丰县	3	1	2	4	2	2	28	26	2
泰和县	12	7	5	1	1		33	26	7
遂川县	1	1					12	9	3
万安县	2	1	1	7	3	4	7	3	4
安福县	5	2	3	6	3	3	22	13	9
永新县				3	2	1	31	23	8
井冈山市	2	2		8	3	5	15	11	4
宜春市	**82**	**63**	**19**	**258**	**124**	**134**	**413**	**270**	**143**
袁州区	15	11	4	197	90	107	141	89	52
奉新县	4	3	1	4	2	2	34	20	14
万载县	18	16	2	3	1	2	14	6	8
上高县	2	1	1	9	5	4	11	7	4
宜丰县	6	5	1	6	3	3	27	16	11
靖安县	15	13	2	10	5	5	37	32	5
铜鼓县	4	1	3	2	1	1	10	5	5
丰城市	6	3	3	13	8	5	36	23	13
樟树市	5	4	1	1	1		24	17	7
高安市	7	6	1	13	8	5	79	55	24
抚州市	**47**	**21**	**26**	**45**	**22**	**23**	**247**	**166**	**81**
临川区	26	13	13	17	7	10	75	51	24
东乡区							50	38	12
南城县				3	2	1	6	6	
黎川县	4	2	2	4	3	1	3	3	
南丰县	2		2	9	6	3	7	3	4
崇仁县	2		2	7	3	4	16	10	6
乐安县	1	1					25	18	7
宜黄县	2		2	2	1	1	7	2	5
金溪县	2	1	1	1		1	36	22	14
资溪县	1	1		1		1	5	3	2
广昌县	7	3	4	1		1	17	10	7
上饶市	**48**	**30**	**18**	**186**	**104**	**82**	**605**	**363**	**242**
信州区	7	6	1	15	9	6	104	71	33
广丰区	4	1	3	36	22	14	49	23	26
广信区	4	1	3	2	1	1	69	39	30
玉山县	2	2		13	5	8	79	36	43
铅山县	2	1	1	2	1	1	13	4	9
横峰县	2	1	1	22	17	5	45	27	18
弋阳县	2	2		2	1	1	16	8	8
余干县	5	4	1	44	25	19	33	20	13
鄱阳县	9	7	2	8	4	4	95	60	35
万年县	2	1	1	3	2	1	39	33	6
婺源县	3	1	2	21	8	13	31	18	13
德兴市	6	3	3	18	9	9	32	24	8

7-3c 续表 8

单位：人

现住地	户口登记地								
	浙江			安徽			福建		
	小计	男	女	小计	男	女	小计	男	女
全省	**13663**	**8181**	**5482**	**9502**	**6050**	**3452**	**10677**	**6680**	**3997**
南昌市	**2555**	**1373**	**1182**	**3062**	**2062**	**1000**	**1935**	**1125**	**810**
东湖区	129	81	48	93	54	39	28	18	10
西湖区									
青云谱区									
青山湖区	118	85	33	401	310	91	165	110	55
新建区	1525	712	813	1117	691	426	808	393	415
红谷滩区	9	7	2	112	99	13	9	9	
南昌县	585	343	242	1037	699	338	734	476	258
安义县	48	31	17	165	120	45	42	32	10
进贤县	141	114	27	137	89	48	149	87	62
景德镇市	**982**	**580**	**402**	**501**	**320**	**181**	**262**	**165**	**97**
昌江区	270	160	110	38	25	13	49	30	19
珠山区	2	2							
浮梁县	142	90	52	266	194	72	95	74	21
乐平市	568	328	240	197	101	96	118	61	57
萍乡市	**409**	**264**	**145**	**197**	**121**	**76**	**315**	**205**	**110**
安源区	117	69	48	3	2	1	17	12	5
湘东区	74	59	15	55	34	21	60	40	20
莲花县	97	65	32	66	51	15	57	37	20
上栗县	70	46	24	39	15	24	89	51	38
芦溪县	51	25	26	34	19	15	92	65	27
九江市	**989**	**603**	**386**	**2016**	**1239**	**777**	**929**	**574**	**355**
濂溪区	105	65	40	292	178	114	172	114	58
浔阳区	1		1	16	8	8			
柴桑区	57	37	20	306	192	114	101	72	29
武宁县	175	117	58	103	56	47	77	45	32
修水县	101	58	43	42	15	27	45	26	19
永修县	134	78	56	149	90	59	81	47	34
德安县	72	44	28	168	102	66	88	58	30
都昌县	55	26	29	92	55	37	116	74	42
湖口县	59	35	24	135	86	49	69	44	25
彭泽县	78	61	17	338	218	120	43	21	22
瑞昌市	59	37	22	185	132	53	72	39	33
共青城市	78	39	39	158	93	65	34	18	16
庐山市	15	6	9	32	14	18	31	16	15
新余市	**218**	**142**	**76**	**187**	**135**	**52**	**144**	**96**	**48**
渝水区	121	76	45	116	98	18	96	61	35
分宜县	97	66	31	71	37	34	48	35	13
鹰潭市	**288**	**171**	**117**	**108**	**43**	**65**	**230**	**139**	**91**
月湖区	9	6	3	2	1	1	14	10	4
余江区	60	35	25	35	18	17	37	15	22
贵溪市	219	130	89	71	24	47	179	114	65
赣州市	**1071**	**763**	**308**	**1196**	**849**	**347**	**2812**	**1806**	**1006**
章贡区	146	100	46	222	160	62	360	234	126
南康区	189	137	52	324	239	85	410	285	125
赣县区	37	20	17	44	36	8	129	82	47
信丰县	113	95	18	144	122	22	129	107	22
大余县	41	32	9	15	9	6	46	30	16
上犹县	22	15	7	7	5	2	63	35	28
崇义县	47	29	18	19	10	9	32	25	7
安远县	13	10	3	3	2	1	34	21	13
定南县	38	28	10	30	15	15	48	42	6
全南县	58	52	6	50	40	10	88	72	16

7-3c　续表 9　　　　单位：人

现住地	户口登记地								
	浙江			安徽			福建		
	小计	男	女	小计	男	女	小计	男	女
宁都县	76	44	32	65	33	32	220	111	109
于都县	56	34	22	22	8	14	150	89	61
兴国县	81	57	24	44	32	12	171	93	78
会昌县	20	18	2	20	7	13	110	63	47
寻乌县	26	15	11	26	15	11	146	103	43
石城县	16	10	6	21	15	6	264	151	113
瑞金市	54	36	18	23	9	14	291	162	129
龙南市	38	31	7	117	92	25	121	101	20
吉安市	**862**	**575**	**287**	**324**	**199**	**125**	**947**	**631**	**316**
吉州区	23	14	9	22	13	9	60	31	29
青原区	103	78	25	50	28	22	106	72	34
吉安县	137	96	41	28	16	12	173	119	54
吉水县	32	21	11	7	3	4	48	32	16
峡江县	82	59	23	18	11	7	8	3	5
新干县	55	37	18	20	15	5	97	78	19
永丰县	131	97	34	24	13	11	72	46	26
泰和县	45	22	23	36	26	10	54	36	18
遂川县	40	25	15	25	22	3	119	69	50
万安县	24	12	12	7	2	5	17	9	8
安福县	81	48	33	30	21	9	77	59	18
永新县	61	36	25	40	21	19	51	27	24
井冈山市	48	30	18	17	8	9	65	50	15
宜春市	**961**	**643**	**318**	**507**	**302**	**205**	**627**	**378**	**249**
袁州区	347	225	122	137	79	58	185	119	66
奉新县	57	44	13	24	12	12	35	21	14
万载县	68	42	26	36	19	17	61	35	26
上高县	66	46	20	17	8	9	59	35	24
宜丰县	82	51	31	62	41	21	35	22	13
靖安县	98	65	33	46	33	13	49	37	12
铜鼓县	33	14	19	21	8	13	9	3	6
丰城市	83	56	27	34	17	17	83	38	45
樟树市	35	29	6	28	18	10	22	12	10
高安市	92	71	21	102	67	35	89	56	33
抚州市	**929**	**619**	**310**	**352**	**224**	**128**	**1028**	**680**	**348**
临川区	179	115	64	155	96	59	245	166	79
东乡区	149	107	42	50	41	9	95	62	33
南城县	92	72	20	16	13	3	87	57	30
黎川县	40	25	15	6	4	2	113	77	36
南丰县	65	32	33	26	11	15	43	18	25
崇仁县	95	68	27	12	8	4	45	38	7
乐安县	49	28	21	16	8	8	92	71	21
宜黄县	47	31	16	15	10	5	39	25	14
金溪县	109	67	42	15	8	7	71	46	25
资溪县	69	53	16	8	6	2	93	64	29
广昌县	35	21	14	33	19	14	105	56	49
上饶市	**4399**	**2448**	**1951**	**1052**	**556**	**496**	**1448**	**881**	**567**
信州区	428	247	181	124	96	28	177	104	73
广丰区	536	271	265	99	48	51	187	90	97
广信区	381	188	193	74	34	40	132	60	72
玉山县	675	320	355	116	42	74	108	53	55
铅山县	165	94	71	26	12	14	85	53	32
横峰县	740	478	262	23	10	13	55	38	17
弋阳县	175	96	79	59	34	25	31	19	12
余干县	176	86	90	35	14	21	143	67	76
鄱阳县	265	144	121	250	140	110	122	68	54
万年县	232	181	51	42	21	21	41	22	19
婺源县	199	113	86	133	71	62	41	21	20
德兴市	427	230	197	71	34	37	326	286	40

7-3c 续表 10

单位：人

现住地	户口登记地					
	山东			河南		
	小计	男	女	小计	男	女
全省	**3861**	**2792**	**1069**	**16814**	**11705**	**5109**
南昌市	**1415**	**956**	**459**	**6364**	**4389**	**1975**
东湖区	12	6	6	91	63	28
西湖区						
青云谱区						
青山湖区	146	118	28	891	670	221
新建区	516	272	244	1360	856	504
红谷滩区	50	47	3	160	139	21
南昌县	581	434	147	3423	2345	1078
安义县	15	14	1	132	94	38
进贤县	95	65	30	307	222	85
景德镇市	**108**	**70**	**38**	**453**	**318**	**135**
昌江区	23	21	2	91	63	28
珠山区						
浮梁县	41	24	17	162	137	25
乐平市	44	25	19	200	118	82
萍乡市	**132**	**101**	**31**	**608**	**407**	**201**
安源区	5	2	3	21	17	4
湘东区	26	21	5	223	183	40
莲花县	18	14	4	135	96	39
上栗县	23	15	8	159	81	78
芦溪县	60	49	11	70	30	40
九江市	**474**	**330**	**144**	**2623**	**1760**	**863**
濂溪区	44	27	17	253	155	98
浔阳区				7	4	3
柴桑区	80	57	23	417	295	122
武宁县	48	34	14	627	450	177
修水县	9	4	5	61	23	38
永修县	69	43	26	169	102	67
德安县	37	22	15	468	306	162
都昌县	17	9	8	59	29	30
湖口县	51	43	8	87	68	19
彭泽县	24	18	6	162	132	30
瑞昌市	60	54	6	106	69	37
共青城市	27	17	10	175	106	69
庐山市	8	2	6	32	21	11
新余市	**93**	**73**	**20**	**354**	**273**	**81**
渝水区	74	58	16	206	165	41
分宜县	19	15	4	148	108	40
鹰潭市	**35**	**23**	**12**	**170**	**123**	**47**
月湖区	1	1		27	24	3
余江区	10	4	6	25	14	11
贵溪市	24	18	6	118	85	33
赣州市	**763**	**648**	**115**	**2671**	**2098**	**573**
章贡区	69	56	13	547	415	132
南康区	206	163	43	743	613	130
赣县区	19	13	6	96	73	23
信丰县	46	40	6	259	233	26
大余县	18	10	8	77	54	23
上犹县	8	5	3	28	13	15
崇义县	10	9	1	41	25	16
安远县	4	2	2	30	16	14
定南县	17	15	2	53	41	12
全南县	74	67	7	57	49	8

7-3c　续表 11　　　　单位：人

现住地	户口登记地					
	山东			河南		
	小计	男	女	小计	男	女
宁都县	63	60	3	51	21	30
于都县	9	6	3	34	20	14
兴国县	22	16	6	75	45	30
会昌县	7	5	2	45	23	22
寻乌县	17	16	1	54	38	16
石城县	129	125	4	97	76	21
瑞金市	28	24	4	31	19	12
龙南市	17	16	1	353	324	29
吉安市	**136**	**95**	**41**	**860**	**567**	**293**
吉州区	8	7	1	33	24	9
青原区	17	12	5	108	70	38
吉安县	20	15	5	130	82	48
吉水县	7	6	1	62	38	24
峡江县	9	8	1	27	17	10
新干县	6	5	1	31	17	14
永丰县	4	2	2	63	39	24
泰和县	12	6	6	69	43	26
遂川县	8	4	4	105	75	30
万安县	13	8	5	24	10	14
安福县	5	4	1	83	60	23
永新县	13	9	4	79	59	20
井冈山市	14	9	5	46	33	13
宜春市	**219**	**158**	**61**	**1045**	**703**	**342**
袁州区	54	35	19	312	233	79
奉新县	9	9		35	23	12
万载县	7	7		49	19	30
上高县	22	14	8	68	45	23
宜丰县	4	3	1	63	40	23
靖安县	20	17	3	67	58	9
铜鼓县	4	3	1	17	8	9
丰城市	35	23	12	151	83	68
樟树市	16	11	5	77	52	25
高安市	48	36	12	206	142	64
抚州市	**162**	**118**	**44**	**452**	**306**	**146**
临川区	83	56	27	139	79	60
东乡区	9	7	2	105	91	14
南城县	22	21	1	24	15	9
黎川县	5	5		16	13	3
南丰县	9	4	5	19	10	9
崇仁县	10	8	2	26	14	12
乐安县	3	3		31	21	10
宜黄县				8	4	4
金溪县	10	6	4	44	32	12
资溪县	7	5	2	8	6	2
广昌县	4	3	1	32	21	11
上饶市	**324**	**220**	**104**	**1214**	**761**	**453**
信州区	77	61	16	305	210	95
广丰区	35	15	20	170	104	66
广信区	34	18	16	111	63	48
玉山县	25	12	13	99	36	63
铅山县	8	5	3	51	30	21
横峰县	24	11	13	29	15	14
弋阳县				30	19	11
余干县	18	16	2	46	25	21
鄱阳县	36	30	6	154	103	51
万年县	20	14	6	46	35	11
婺源县	17	13	4	73	44	29
德兴市	30	25	5	100	77	23

7-3c 续表 12　　单位：人

现住地	户口登记地								
	湖北			湖南			广东		
	小计	男	女	小计	男	女	小计	男	女
全省	**12384**	**7690**	**4694**	**15742**	**9784**	**5958**	**13888**	**6873**	**7015**
南昌市	**2814**	**1929**	**885**	**3606**	**2434**	**1172**	**1663**	**908**	**755**
东湖区	51	39	12	29	21	8	27	18	9
西湖区									
青云谱区									
青山湖区	531	365	166	567	397	170	137	92	45
新建区	687	388	299	900	506	394	727	356	371
红谷滩区	157	132	25	153	146	7	10	6	4
南昌县	1159	853	306	1532	1057	475	556	319	237
安义县	92	71	21	185	127	58	49	23	26
进贤县	137	81	56	240	180	60	157	94	63
景德镇市	**280**	**193**	**87**	**232**	**124**	**108**	**158**	**66**	**92**
昌江区	15	10	5	28	19	9	35	13	22
珠山区									
浮梁县	169	142	27	87	60	27	28	15	13
乐平市	96	41	55	117	45	72	95	38	57
萍乡市	**488**	**303**	**185**	**1561**	**884**	**677**	**614**	**265**	**349**
安源区	8	6	2	20	10	10	12	6	6
湘东区	230	189	41	375	202	173	143	57	86
莲花县	87	46	41	430	315	115	159	64	95
上栗县	79	26	53	502	231	271	158	72	86
芦溪县	84	36	48	234	126	108	142	66	76
九江市	**3810**	**2160**	**1650**	**1291**	**729**	**562**	**1058**	**491**	**567**
濂溪区	698	373	325	79	41	38	98	51	47
浔阳区	5	3	2	1		1			
柴桑区	1287	774	513	299	202	97	127	87	40
武宁县	178	88	90	131	72	59	106	41	65
修水县	111	43	68	105	36	69	130	45	85
永修县	245	143	102	144	75	69	192	87	105
德安县	192	107	85	118	71	47	55	24	31
都昌县	80	32	48	55	24	31	93	44	49
湖口县	74	42	32	32	14	18	41	19	22
彭泽县	81	41	40	122	84	38	55	23	32
瑞昌市	630	419	211	118	66	52	77	32	45
共青城市	174	75	99	65	37	28	48	24	24
庐山市	55	20	35	22	7	15	36	14	22
新余市	**234**	**179**	**55**	**287**	**213**	**74**	**238**	**123**	**115**
渝水区	152	127	25	141	117	24	139	75	64
分宜县	82	52	30	146	96	50	99	48	51
鹰潭市	**115**	**68**	**47**	**188**	**111**	**77**	**106**	**43**	**63**
月湖区	25	23	2	32	24	8	2	1	1
余江区	28	11	17	36	21	15	46	21	25
贵溪市	62	34	28	120	66	54	58	21	37
赣州市	**1927**	**1266**	**661**	**3810**	**2496**	**1314**	**6041**	**3097**	**2944**
章贡区	377	263	114	564	379	185	573	383	190
南康区	429	315	114	1305	918	387	723	438	285
赣县区	92	60	32	146	91	55	229	108	121
信丰县	114	80	34	162	115	47	272	143	129
大余县	63	40	23	230	147	83	345	190	155
上犹县	15	5	10	67	34	33	172	99	73
崇义县	40	24	16	152	94	58	136	66	70
安远县	52	26	26	34	15	19	260	143	117
定南县	58	38	20	153	90	63	426	200	226
全南县	100	73	27	139	104	35	344	205	139

7-3c　续表 13

单位：人

现住地	户口登记地								
	湖北			湖南			广东		
	小计	男	女	小计	男	女	小计	男	女
宁都县	85	32	53	185	120	65	398	180	218
于都县	45	18	27	74	36	38	186	66	120
兴国县	82	34	48	143	67	76	356	148	208
会昌县	54	28	26	54	13	41	261	102	159
寻乌县	61	37	24	63	37	26	769	332	437
石城县	29	18	11	29	14	15	72	33	39
瑞金市	47	21	26	83	52	31	199	87	112
龙南市	184	154	30	227	170	57	320	174	146
吉安市	**540**	**298**	**242**	**1119**	**624**	**495**	**1536**	**711**	**825**
吉州区	18	6	12	12	7	5	47	31	16
青原区	28	21	7	97	60	37	72	37	35
吉安县	24	10	14	82	44	38	259	124	135
吉水县	33	12	21	49	28	21	119	52	67
峡江县	40	24	16	68	43	25	36	20	16
新干县	24	12	12	32	19	13	64	36	28
永丰县	51	32	19	40	16	24	82	37	45
泰和县	37	14	23	83	45	38	160	68	92
遂川县	83	59	24	157	81	76	196	93	103
万安县	26	7	19	45	19	26	102	44	58
安福县	61	35	26	160	94	66	142	66	76
永新县	60	28	32	162	104	58	174	64	110
井冈山市	55	38	17	132	64	68	83	39	44
宜春市	**880**	**584**	**296**	**2127**	**1239**	**888**	**1069**	**511**	**558**
袁州区	200	137	63	543	337	206	296	153	143
奉新县	51	21	30	167	84	83	37	20	17
万载县	96	55	41	327	189	138	130	52	78
上高县	39	30	9	38	23	15	72	44	28
宜丰县	66	40	26	419	249	170	77	32	45
靖安县	72	57	15	168	108	60	43	19	24
铜鼓县	14	7	7	119	63	56	26	11	15
丰城市	126	91	35	91	42	49	141	57	84
樟树市	86	66	20	63	24	39	105	40	65
高安市	130	80	50	192	120	72	142	83	59
抚州市	**438**	**260**	**178**	**761**	**553**	**208**	**523**	**226**	**297**
临川区	163	96	67	439	354	85	174	66	108
东乡区	18	11	7	34	26	8	47	28	19
南城县	25	17	8	27	19	8	26	11	15
黎川县	46	34	12	44	36	8	14	7	7
南丰县	27	10	17	40	22	18	61	27	34
崇仁县	24	11	13	47	27	20	61	28	33
乐安县	76	50	26	26	7	19	24	9	15
宜黄县	12	3	9	19	8	11	39	18	21
金溪县	20	14	6	59	39	20	30	12	18
资溪县	9	4	5	7	5	2	4	3	1
广昌县	18	10	8	19	10	9	43	17	26
上饶市	**858**	**450**	**408**	**760**	**377**	**383**	**882**	**432**	**450**
信州区	132	93	39	136	97	39	77	45	32
广丰区	193	101	92	84	25	59	129	57	72
广信区	62	29	33	67	20	47	93	44	49
玉山县	69	20	49	84	31	53	72	28	44
铅山县	26	11	15	31	12	19	29	14	15
横峰县	8	2	6	22	13	9	82	51	31
弋阳县	39	17	22	10	2	8	16	6	10
余干县	35	15	20	59	29	30	142	64	78
鄱阳县	157	89	68	96	41	55	155	80	75
万年县	39	26	13	83	61	22	17	8	9
婺源县	49	18	31	44	24	20	47	20	27
德兴市	49	29	20	44	22	22	23	15	8

7–3c 续表 14

单位：人

现住地	户口登记地								
	广西			海南			重庆		
	小计	男	女	小计	男	女	小计	男	女
全 省	**9924**	**5026**	**4898**	**1063**	**386**	**677**	**5876**	**3481**	**2395**
南昌市	**1658**	**936**	**722**	**438**	**180**	**258**	**1380**	**901**	**479**
东湖区	112	56	56	12	7	5	84	49	35
西湖区									
青云谱区									
青山湖区	286	213	73	14	7	7	150	113	37
新建区	331	140	191	177	56	121	380	201	179
红谷滩区	6	5	1	2	1	1	150	125	25
南昌县	742	433	309	218	104	114	394	272	122
安义县	55	26	29	7	2	5	121	97	24
进贤县	126	63	63	8	3	5	101	44	57
景德镇市	**358**	**198**	**160**	**22**	**9**	**13**	**251**	**152**	**99**
昌江区	101	60	41	9	4	5	93	53	40
珠山区	1		1						
浮梁县	70	42	28	4	2	2	73	59	14
乐平市	186	96	90	9	3	6	85	40	45
萍乡市	**516**	**207**	**309**	**73**	**15**	**58**	**282**	**161**	**121**
安源区	3		3				6	2	4
湘东区	147	74	73	42	7	35	94	70	24
莲花县	165	69	96	6	2	4	69	34	35
上栗县	149	49	100	17	5	12	84	40	44
芦溪县	52	15	37	8	1	7	29	15	14
九江市	**610**	**301**	**309**	**155**	**60**	**95**	**642**	**339**	**303**
濂溪区	34	19	15	5	1	4	47	26	21
浔阳区	1	1					2	1	1
柴桑区	108	69	39	4	1	3	72	44	28
武宁县	73	35	38	21	5	16	133	66	67
修水县	50	11	39	6	1	5	33	11	22
永修县	88	43	45	93	40	53	87	38	49
德安县	49	24	25	4		4	64	32	32
都昌县	21	6	15	10	4	6	9	6	3
湖口县	17	8	9	2	2		19	16	3
彭泽县	28	13	15	4	1	3	28	11	17
瑞昌市	71	39	32	5	5		98	61	37
共青城市	35	17	18				42	24	18
庐山市	35	16	19	1		1	8	3	5
新余市	**209**	**128**	**81**	**7**	**3**	**4**	**102**	**68**	**34**
渝水区	140	90	50	5	2	3	68	45	23
分宜县	69	38	31	2	1	1	34	23	11
鹰潭市	**78**	**33**	**45**	**16**	**6**	**10**	**123**	**67**	**56**
月湖区	2		2				70	49	21
余江区	24	4	20	3		3	22	9	13
贵溪市	52	29	23	13	6	7	31	9	22
赣州市	**2343**	**1180**	**1163**	**125**	**55**	**70**	**1235**	**800**	**435**
章贡区	258	157	101	13	3	10	191	120	71
南康区	413	246	167	13	6	7	376	268	108
赣县区	158	73	85	6	4	2	45	21	24
信丰县	123	67	56	16	9	7	64	40	24
大余县	137	67	70	6	2	4	31	18	13
上犹县	74	38	36	2	2		11	5	6
崇义县	44	18	26	3	1	2	4		4
安远县	45	15	30	3	1	2	14	7	7
定南县	82	34	48	5	2	3	33	22	11
全南县	175	104	71	6	3	3	118	100	18

7-3c 续表 15 单位：人

现住地	户口登记地								
	广西			海南			重庆		
	小计	男	女	小计	男	女	小计	男	女
宁都县	104	33	71	9	4	5	40	14	26
于都县	112	39	73	4	2	2	47	22	25
兴国县	116	37	79	2	2		55	33	22
会昌县	48	9	39	9	1	8	30	17	13
寻乌县	113	60	53	12	5	7	26	15	11
石城县	52	26	26	7	5	2	19	8	11
瑞金市	52	17	35	5	2	3	32	22	10
龙南市	237	140	97	4	1	3	99	68	31
吉安市	**2032**	**1090**	**942**	**55**	**14**	**41**	**466**	**250**	**216**
吉州区	14	7	7				21	13	8
青原区	122	57	65	3	1	2	24	15	9
吉安县	309	180	129	10	3	7	73	37	36
吉水县	343	196	147	6		6	27	14	13
峡江县	108	56	52	6		6	37	15	22
新干县	64	44	20				13	8	5
永丰县	146	81	65	4	1	3	16	6	10
泰和县	339	190	149	3	1	2	33	18	15
遂川县	79	19	60				85	49	36
万安县	80	45	35	7	1	6	8	5	3
安福县	238	135	103	3	2	1	57	28	29
永新县	137	56	81	11	3	8	40	23	17
井冈山市	53	24	29	2	2		32	19	13
宜春市	**947**	**412**	**535**	**80**	**21**	**59**	**531**	**290**	**241**
袁州区	171	56	115	7	2	5	113	69	44
奉新县	82	39	43	6	2	4	46	22	24
万载县	86	17	69	5	1	4	32	11	21
上高县	122	74	48	3	1	2	24	13	11
宜丰县	56	21	35	5	2	3	35	17	18
靖安县	93	67	26	10	1	9	57	34	23
铜鼓县	21	8	13	1		1	21	8	13
丰城市	107	40	67	25	5	20	71	38	33
樟树市	78	31	47	10	5	5	33	18	15
高安市	131	59	72	8	2	6	99	60	39
抚州市	**537**	**267**	**270**	**36**	**7**	**29**	**218**	**108**	**110**
临川区	149	63	86	15	1	14	65	29	36
东乡区	90	42	48	1		1	18	9	9
南城县	7	2	5	2		2	13	7	6
黎川县	49	30	19	1	1		4	2	2
南丰县	40	14	26	3		3	34	14	20
崇仁县	85	48	37	2	1	1	38	25	13
乐安县	34	19	15	7	1	6	16	10	6
宜黄县	22	11	11				2		2
金溪县	44	31	13	4	3	1	20	8	12
资溪县	1		1				3	2	1
广昌县	16	7	9	1		1	5	2	3
上饶市	**636**	**274**	**362**	**56**	**16**	**40**	**646**	**345**	**301**
信州区	88	36	52	3	1	2	98	55	43
广丰区	57	17	40	4	1	3	110	59	51
广信区	84	38	46	7	1	6	80	49	31
玉山县	46	6	40	12	4	8	45	10	35
铅山县	36	19	17	7	2	5	14	5	9
横峰县	24	13	11	3	1	2	10	3	7
弋阳县	16	7	9	3	1	2	27	15	12
余干县	35	10	25	4	1	3	51	25	26
鄱阳县	141	78	63	9	1	8	81	43	38
万年县	24	10	14	1	1		14	8	6
婺源县	37	14	23	3	2	1	43	22	21
德兴市	48	26	22				73	51	22

7-3c 续表 16 单位：人

现住地	户口登记地								
	四川			贵州			云南		
	小计	男	女	小计	男	女	小计	男	女
全省	**12106**	**7110**	**4996**	**21529**	**12154**	**9375**	**7266**	**3889**	**3377**
南昌市	**2644**	**1692**	**952**	**4055**	**2497**	**1558**	**1406**	**854**	**552**
东湖区	93	52	41	164	95	69	80	59	21
西湖区									
青云谱区									
青山湖区	323	206	117	622	412	210	173	119	54
新建区	740	396	344	802	457	345	322	146	176
红谷滩区	162	133	29	163	128	35	81	72	9
南昌县	1000	687	313	1708	1034	674	562	354	208
安义县	147	108	39	264	167	97	64	39	25
进贤县	179	110	69	332	204	128	124	65	59
景德镇市	**447**	**271**	**176**	**641**	**337**	**304**	**219**	**98**	**121**
昌江区	136	92	44	100	54	46	11	6	5
珠山区	1	1		4	1	3			
浮梁县	158	118	40	222	149	73	101	65	36
乐平市	152	60	92	315	133	182	107	27	80
萍乡市	**652**	**370**	**282**	**1440**	**816**	**624**	**463**	**238**	**225**
安源区	11	7	4	52	34	18	48	21	27
湘东区	124	78	46	291	181	110	120	72	48
莲花县	208	133	75	570	317	253	96	56	40
上栗县	192	94	98	376	204	172	123	54	69
芦溪县	117	58	59	151	80	71	76	35	41
九江市	**1383**	**750**	**633**	**1572**	**804**	**768**	**722**	**386**	**336**
濂溪区	74	36	38	63	43	20	39	25	14
浔阳区	4	1	3	11	6	5	1		1
柴桑区	235	141	94	193	130	63	266	166	100
武宁县	317	181	136	259	127	132	66	28	38
修水县	99	38	61	102	24	78	31	8	23
永修县	104	53	51	195	89	106	68	31	37
德安县	89	44	45	224	118	106	48	29	19
都昌县	58	25	33	88	29	59	53	24	29
湖口县	45	20	25	73	36	37	18	12	6
彭泽县	113	83	30	113	70	43	30	13	17
瑞昌市	145	78	67	122	66	56	63	30	33
共青城市	75	35	40	100	50	50	16	6	10
庐山市	25	15	10	29	16	13	23	14	9
新余市	**275**	**163**	**112**	**410**	**234**	**176**	**276**	**154**	**122**
渝水区	157	93	64	222	121	101	204	116	88
分宜县	118	70	48	188	113	75	72	38	34
鹰潭市	**292**	**163**	**129**	**318**	**156**	**162**	**180**	**84**	**96**
月湖区	99	54	45	68	34	34	28	17	11
余江区	51	21	30	71	25	46	67	26	41
贵溪市	142	88	54	179	97	82	85	41	44
赣州市	**2568**	**1609**	**959**	**3526**	**2251**	**1275**	**1205**	**735**	**470**
章贡区	406	256	150	494	331	163	106	69	37
南康区	660	461	199	1018	720	298	231	162	69
赣县区	142	87	55	154	99	55	42	23	19
信丰县	125	73	52	314	217	97	173	106	67
大余县	65	37	28	63	19	44	26	10	16
上犹县	46	22	24	48	26	22	24	5	19
崇义县	17	9	8	49	21	28	18	8	10
安远县	51	21	30	26	11	15	28	9	19
定南县	140	101	39	85	56	29	31	26	5
全南县	112	81	31	141	99	42	66	51	15

7-3c　续表 17　　　　　　　　　　　　　　　　　　　　　　　单位：人

现住地	户口登记地								
	四川			贵州			云南		
	小计	男	女	小计	男	女	小计	男	女
宁都县	156	86	70	153	75	78	39	16	23
于都县	89	44	45	118	58	60	53	36	17
兴国县	109	47	62	176	104	72	44	26	18
会昌县	46	16	30	88	39	49	18	5	13
寻乌县	92	62	30	93	60	33	32	13	19
石城县	56	29	27	76	42	34	22	10	12
瑞金市	65	31	34	103	49	54	111	60	51
龙南市	191	146	45	327	225	102	141	100	41
吉安市	**823**	**448**	**375**	**3000**	**1634**	**1366**	**633**	**330**	**303**
吉州区	21	9	12	35	18	17	10	7	3
青原区	46	29	17	198	117	81	25	11	14
吉安县	117	62	55	384	211	173	157	92	65
吉水县	65	39	26	448	243	205	27	9	18
峡江县	62	39	23	230	107	123	9	5	4
新干县	54	31	23	119	72	47	81	33	48
永丰县	48	26	22	112	55	57	42	26	16
泰和县	75	30	45	291	153	138	67	34	33
遂川县	129	74	55	225	130	95	59	30	29
万安县	29	15	14	41	21	20	9	4	5
安福县	91	52	39	319	186	133	93	53	40
永新县	54	24	30	500	271	229	29	12	17
井冈山市	32	18	14	98	50	48	25	14	11
宜春市	**1233**	**716**	**517**	**2685**	**1489**	**1196**	**875**	**444**	**431**
袁州区	411	271	140	637	349	288	237	141	96
奉新县	58	31	27	183	109	74	38	21	17
万载县	114	39	75	219	94	125	95	41	54
上高县	66	36	30	165	102	63	103	60	43
宜丰县	97	52	45	397	225	172	96	44	52
靖安县	88	71	17	202	142	60	43	30	13
铜鼓县	19	3	16	82	35	47	17	6	11
丰城市	114	53	61	394	209	185	104	31	73
樟树市	96	57	39	132	85	47	58	32	26
高安市	170	103	67	274	139	135	84	38	46
抚州市	**587**	**339**	**248**	**1346**	**790**	**556**	**464**	**233**	**231**
临川区	170	108	62	165	86	79	113	48	65
东乡区	85	55	30	219	135	84	61	47	14
南城县	40	29	11	189	125	64	19	9	10
黎川县	31	18	13	45	27	18	8	1	7
南丰县	32	10	22	74	39	35	19	2	17
崇仁县	38	18	20	140	80	60	93	49	44
乐安县	77	52	25	138	82	56	76	40	36
宜黄县	41	14	27	41	20	21	6	2	4
金溪县	40	17	23	175	93	82	61	28	33
资溪县	18	10	8	110	78	32	2	2	
广昌县	15	8	7	50	25	25	6	5	1
上饶市	**1202**	**589**	**613**	**2536**	**1146**	**1390**	**823**	**333**	**490**
信州区	158	104	54	386	213	173	95	40	55
广丰区	185	88	97	413	169	244	61	13	48
广信区	222	115	107	347	171	176	88	36	52
玉山县	90	19	71	333	94	239	78	8	70
铅山县	27	8	19	89	35	54	43	13	30
横峰县	43	23	20	63	21	42	18	11	7
弋阳县	38	14	24	91	35	56	38	14	24
余干县	101	47	54	117	44	73	121	50	71
鄱阳县	144	64	80	244	102	142	95	53	42
万年县	53	33	20	85	52	33	36	20	16
婺源县	61	31	30	142	68	74	30	9	21
德兴市	80	43	37	226	142	84	120	66	54

7-3c 续表 18 单位：人

现住地	户口登记地								
	西藏			陕西			甘肃		
	小计	男	女	小计	男	女	小计	男	女
全　省	**77**	**38**	**39**	**3407**	**2228**	**1179**	**3492**	**2104**	**1388**
南昌市	**42**	**22**	**20**	**1061**	**681**	**380**	**1805**	**1072**	**733**
东湖区				77	59	18	221	138	83
西湖区									
青云谱区									
青山湖区	5	4	1	129	89	40	490	313	177
新建区	21	9	12	302	131	171	366	177	189
红谷滩区	1	1		68	57	11	11	8	3
南昌县	15	8	7	398	283	115	670	410	260
安义县				37	28	9	10	6	4
进贤县				50	34	16	37	20	17
景德镇市	**2**	**2**		**91**	**60**	**31**	**88**	**52**	**36**
昌江区	1	1		18	13	5	32	18	14
珠山区				1		1	1	1	
浮梁县				45	32	13	32	22	10
乐平市	1	1		27	15	12	23	11	12
萍乡市	**4**	**2**	**2**	**172**	**115**	**57**	**78**	**49**	**29**
安源区	1		1	6	5	1	1		1
湘东区	2	1	1	81	62	19	39	32	7
莲花县				34	24	10	15	8	7
上栗县	1	1		38	17	21	17	5	12
芦溪县				13	7	6	6	4	2
九江市	**8**	**3**	**5**	**376**	**240**	**136**	**400**	**253**	**147**
濂溪区				27	17	10	30	20	10
浔阳区				1		1	4	2	2
柴桑区	4	2	2	174	119	55	131	80	51
武宁县	1		1	24	13	11	18	9	9
修水县	2		2	7	2	5	11	4	7
永修县				22	11	11	18	11	7
德安县				24	17	7	12	9	3
都昌县	1	1		4	1	3	7	5	2
湖口县				8	6	2	13	9	4
彭泽县				17	8	9	25	12	13
瑞昌市				50	35	15	99	73	26
共青城市				16	10	6	30	18	12
庐山市				2	1	1	2	1	1
新余市	**2**		**2**	**93**	**66**	**27**	**84**	**49**	**35**
渝水区	1		1	50	31	19	74	43	31
分宜县	1		1	43	35	8	10	6	4
鹰潭市				**126**	**91**	**35**	**68**	**33**	**35**
月湖区				34	25	9	47	25	22
余江区				12	3	9	6	2	4
贵溪市				80	63	17	15	6	9
赣州市	**7**	**3**	**4**	**653**	**480**	**173**	**385**	**277**	**108**
章贡区	1	1		104	70	34	91	71	20
南康区	4	2	2	190	153	37	71	47	24
赣县区				34	24	10	25	15	10
信丰县				31	25	6	25	20	5
大余县				39	29	10	5	2	3
上犹县				8	7	1	3	2	1
崇义县				4	2	2	1		1
安远县				2	1	1	2	1	1
定南县				15	12	3	10	8	2
全南县				24	17	7	6	4	2

7-3c　续表 19　　　　单位：人

现住地	户口登记地								
	西藏			陕西			甘肃		
	小计	男	女	小计	男	女	小计	男	女
宁都县				24	13	11	17	10	7
于都县				10	3	7	11	6	5
兴国县				42	29	13	47	39	8
会昌县	1		1	13	8	5	7	1	6
寻乌县				22	12	10	9	5	4
石城县	1		1	18	12	6	24	21	3
瑞金市				7	4	3	4	3	1
龙南市				66	59	7	27	22	5
吉安市	**3**	**1**	**2**	**218**	**148**	**70**	**160**	**88**	**72**
吉州区				4	3	1	7	3	4
青原区	1		1	13	7	6	12	8	4
吉安县				26	15	11	46	26	20
吉水县				14	7	7	7	1	6
峡江县				4	2	2	1	1	
新干县				7	5	2	1		1
永丰县				13	10	3	7	2	5
泰和县				20	7	13	14	7	7
遂川县				10	6	4	9	5	4
万安县				4	2	2			
安福县	1	1		57	47	10	17	12	5
永新县				16	8	8	14	9	5
井冈山市	1		1	30	29	1	25	14	11
宜春市	**1**		**1**	**216**	**116**	**100**	**134**	**80**	**54**
袁州区				53	31	22	43	29	14
奉新县				15	8	7	10	7	3
万载县				8	2	6	8	6	2
上高县				17	10	7	5	4	1
宜丰县				34	23	11	9	5	4
靖安县				19	10	9	5	4	1
铜鼓县				7	1	6	10	6	4
丰城市	1		1	18	7	11	15	8	7
樟树市				24	17	7	7	5	2
高安市				21	7	14	22	6	16
抚州市	**4**	**3**	**1**	**133**	**74**	**59**	**115**	**71**	**44**
临川区	1	1		50	30	20	63	44	19
东乡区				14	10	4	15	13	2
南城县				6	2	4	1		1
黎川县				2	1	1	1		1
南丰县	2	1	1	13	6	7	10	4	6
崇仁县				8	4	4	7	3	4
乐安县				6	3	3	7	4	3
宜黄县	1	1		7	4	3	3		3
金溪县				11	6	5	7	3	4
资溪县				1	1		1		1
广昌县				15	7	8			
上饶市	**4**	**2**	**2**	**268**	**157**	**111**	**175**	**80**	**95**
信州区	3	1	2	52	25	27	54	30	24
广丰区				29	11	18	7	1	6
广信区				29	20	9	12	5	7
玉山县				16	8	8	21	6	15
铅山县				8	2	6	11	6	5
横峰县	1	1		6	1	5			
弋阳县				7	3	4	5	4	1
余干县				10	3	7	19	6	13
鄱阳县				24	14	10	9	4	5
万年县				25	18	7	15	7	8
婺源县				51	44	7	11	5	6
德兴市				11	8	3	11	6	5

7-3c 续表 20　　单位：人

现住地	户口登记地								
	青海			宁夏			新疆		
	小计	男	女	小计	男	女	小计	男	女
全　省	**582**	**352**	**230**	**470**	**309**	**161**	**578**	**274**	**304**
南昌市	**356**	**216**	**140**	**312**	**211**	**101**	**358**	**168**	**190**
东湖区	19	10	9	10	8	2	18	14	4
西湖区									
青云谱区									
青山湖区	117	78	39	165	120	45	6	4	2
新建区	97	52	45	62	26	36	243	87	156
红谷滩区	4	3	1	1	1		1	1	
南昌县	112	69	43	71	54	17	81	56	25
安义县	3	1	2	2	1	1	3	3	
进贤县	4	3	1	1	1		6	3	3
景德镇市	**5**	**4**	**1**	**7**	**2**	**5**	**4**		**4**
昌江区	1	1					1		1
珠山区				1	1				
浮梁县	1	1		4	1	3	1		1
乐平市	3	2	1	2		2	2		2
萍乡市	**11**	**4**	**7**	**7**	**4**	**3**	**13**	**8**	**5**
安源区	4	1	3						
湘东区	4	3	1	3	3		5	3	2
莲花县	1		1	1	1		4	2	2
上栗县	1		1	3		3	2	1	1
芦溪县	1		1				2	2	
九江市	**17**	**7**	**10**	**22**	**10**	**12**	**42**	**21**	**21**
濂溪区	4	2	2	6	5	1	10	8	2
浔阳区									
柴桑区	4	3	1	2		2	5	2	3
武宁县							4	2	2
修水县				1		1	1		1
永修县	2	1	1	3	1	2	6	4	2
德安县				2	1	1	2	1	1
都昌县	1		1				2		2
湖口县	1		1	2		2	5	1	4
彭泽县	2		2	4	3	1	4	2	2
瑞昌市	2	1	1	1		1	1		1
共青城市				1		1	1		1
庐山市	1		1				1	1	
新余市	**5**	**4**	**1**	**12**	**8**	**4**	**8**	**5**	**3**
渝水区	4	3	1	10	7	3	8	5	3
分宜县	1	1		2	1	1			
鹰潭市	**2**	**2**		**5**	**2**	**3**	**22**	**8**	**14**
月湖区	1	1		2		2	11	5	6
余江区				1	1		10	3	7
贵溪市	1	1		2	1	1	1		1
赣州市	**125**	**77**	**48**	**47**	**36**	**11**	**38**	**22**	**16**
章贡区	20	14	6	24	21	3	7	4	3
南康区	18	12	6	5	3	2	8	4	4
赣县区	3	1	2	1	1		7	4	3
信丰县	60	36	24	2	2		3	3	
大余县	1		1				3	1	2
上犹县				1		1			
崇义县									
安远县	2	1	1						
定南县	2	1	1						
全南县	1	1					1	1	

7-3c 续表 21

单位：人

现住地	户口登记地								
	青海			宁夏			新疆		
	小计	男	女	小计	男	女	小计	男	女
宁都县	3	3		7	3	4			
于都县							2	1	1
兴国县	4	2	2				1	1	
会昌县	1		1				3		3
寻乌县							1	1	
石城县	1	1		5	4	1	1	1	
瑞金市	2	1	1						
龙南市	7	4	3	2	2		1	1	
吉安市	**24**	**17**	**7**	**21**	**19**	**2**	**21**	**12**	**9**
吉州区	3	2	1	1	1				
青原区	2	1	1	2	1	1	2	1	1
吉安县	6	4	2	3	3		5	3	2
吉水县	1	1					1	1	
峡江县							1		1
新干县				1	1				
永丰县	5	4	1				1	1	
泰和县				11	10	1			
遂川县	2	2					1	1	
万安县				1	1				
安福县	1	1		1	1		3	1	2
永新县	1		1				6	4	2
井冈山市	3	2	1	1	1		1		1
宜春市	**16**	**8**	**8**	**13**	**9**	**4**	**19**	**7**	**12**
袁州区	4	3	1	2	2		4	2	2
奉新县	3		3						
万载县	1		1						
上高县				1	1		1	1	
宜丰县	7	4	3	3	2	1	3		3
靖安县	1	1		1	1		2	1	1
铜鼓县									
丰城市				4	2	2	6	2	4
樟树市				2	1	1	1		1
高安市							2	1	1
抚州市	**11**	**7**	**4**	**10**	**4**	**6**	**18**	**9**	**9**
临川区	10	6	4	5	1	4	8	4	4
东乡区	1	1					3	1	2
南城县									
黎川县							1	1	
南丰县							1	1	
崇仁县				2	2		2	1	1
乐安县				1	1				
宜黄县				2		2			
金溪县							2		2
资溪县									
广昌县							1	1	
上饶市	**10**	**6**	**4**	**14**	**4**	**10**	**35**	**14**	**21**
信州区	1		1	1		1	4	2	2
广丰区				2		2	4	1	3
广信区				6	3	3	6	1	5
玉山县	2	1	1	2		2			
铅山县				1		1	15	9	6
横峰县	1	1							
弋阳县									
余干县							3		3
鄱阳县	4	2	2	1	1				
万年县	2	2					1		1
婺源县				1		1	2	1	1
德兴市									

7–4 全省按现住地、离开户口登记地时间分的户口登记地在外乡镇街道的人口

单位：人

现住地	离开户口登记地时间							
	合计							
	合计	半年以上，不满一年	一年以上，不满二年	二年以上，不满三年	三年以上，不满四年	四年以上，不满五年	五年以上，不满十年	十年以上
全　省	**13520934**	**2967873**	**2358405**	**2016555**	**1548785**	**963041**	**2010646**	**1655629**
南昌市	**3189644**	**627306**	**562742**	**463113**	**394520**	**235645**	**500553**	**405765**
东湖区	194474	47405	34961	27607	18966	12011	26429	27095
西湖区	239054	44075	36832	34194	33595	16485	37789	36084
青云谱区	200830	28965	28300	26728	24093	14903	39136	38705
青山湖区	841583	147349	139319	119093	115718	68630	141904	109570
新建区	421959	65781	81140	63045	54128	35850	66116	55899
红谷滩区	355220	98250	79188	59539	40137	21509	31869	24728
南昌县	705557	147883	133604	104393	82756	49674	108874	78373
安义县	67704	24181	13297	10846	6364	3225	4824	4967
进贤县	163263	23417	16101	17668	18763	13358	43612	30344
景德镇市	**492181**	**91335**	**70976**	**76714**	**64494**	**42089**	**78921**	**67652**
昌江区	92497	15525	10337	11719	11461	7497	18505	17453
珠山区	205797	25707	25141	36873	29589	22626	36109	29752
浮梁县	90961	21867	18512	14718	11069	5325	10910	8560
乐平市	102926	28236	16986	13404	12375	6641	13397	11887
萍乡市	**425644**	**79444**	**67376**	**58309**	**40179**	**30557**	**79162**	**70617**
安源区	250607	45760	38859	33547	25360	18684	48664	39733
湘东区	42129	9171	5861	5223	2927	2509	7504	8934
莲花县	31240	6586	5533	4880	2594	1962	4558	5127
上栗县	61908	10438	11089	9296	5903	4722	10883	9577
芦溪县	39760	7489	6034	5363	3395	2680	7553	7246
九江市	**1473174**	**328518**	**238816**	**218491**	**176582**	**101939**	**224023**	**184805**
濂溪区	223379	35489	44456	42861	32391	15698	29070	23414
浔阳区	189541	36340	32653	35636	21618	12259	29117	21918
柴桑区	104213	31408	15306	12072	11595	7645	15597	10590
武宁县	86236	13051	12484	12271	10548	6776	16069	15037
修水县	174087	48236	20316	20728	17770	13285	27201	26551
永修县	84945	18222	14422	10864	7582	4832	15496	13527
德安县	80499	10824	11080	10102	9150	6077	18706	14560
都昌县	71219	30311	12409	8657	5356	4037	5625	4824
湖口县	63646	12192	8372	8149	7676	5272	12115	9870
彭泽县	59253	18284	9115	7753	5974	3134	7983	7010
瑞昌市	175010	40708	24142	21477	24196	15070	27578	21839
共青城市	119995	19358	29068	23501	18470	5303	14092	10203
庐山市	41151	14095	4993	4420	4256	2551	5374	5462
新余市	**519157**	**91430**	**93511**	**88415**	**63099**	**41051**	**86254**	**55397**
渝水区	417781	71275	76583	72185	51297	32470	68272	45699
分宜县	101376	20155	16928	16230	11802	8581	17982	9698
鹰潭市	**334916**	**87954**	**59016**	**46395**	**34968**	**21457**	**47567**	**37559**
月湖区	148683	29037	27562	21829	18137	10797	22611	18710
余江区	56614	19546	8011	6999	5500	3317	6924	6317
贵溪市	129619	39371	23443	17567	11331	7343	18032	12532
赣州市	**2571502**	**627614**	**501733**	**404423**	**273761**	**170628**	**327910**	**265433**
章贡区	557268	130009	112751	94660	73440	34636	67437	44335
南康区	394420	102112	91626	65574	36925	23587	48508	26088
赣县区	178002	49427	40483	30634	18810	13665	14233	10750
信丰县	156918	42877	33107	23603	13565	9842	20051	13873
大余县	38362	10327	5412	2981	2956	2461	5820	8405
上犹县	76191	12080	9525	9165	7688	5350	17783	14600
崇义县	37576	9400	6995	5380	3726	2322	4779	4974
安远县	53955	15816	10364	7543	4515	3773	7321	4623
定南县	89011	15992	12900	9546	9851	7774	17592	15356
全南县	48570	8654	7581	6423	4495	3716	9130	8571

7–4　续表 1　　　　单位：人

现住地	离开户口登记地时间							
	合计							
	合计	半年以上，不满一年	一年以上，不满二年	二年以上，不满三年	三年以上，不满四年	四年以上，不满五年	五年以上，不满十年	十年以上
宁都县	128697	17913	21503	19983	15720	9649	22835	21094
于都县	191909	70643	38443	29952	16061	8539	15075	13196
兴国县	152279	50569	35009	25286	11443	6580	13667	9725
会昌县	86023	27702	12940	11442	7559	5286	9485	11609
寻乌县	79168	10296	14872	16880	13710	6519	9240	7651
石城县	58848	10453	6727	8788	6540	6022	10732	9586
瑞金市	141201	22552	26881	21809	14975	12803	18896	23285
龙南市	103104	20792	14614	14774	11782	8104	15326	17712
吉安市	**968557**	**241094**	**168191**	**144341**	**103903**	**65456**	**128564**	**117008**
吉州区	155809	32409	29624	26911	17342	12525	18996	18002
青原区	83910	15576	15358	15382	13837	6415	9439	7903
吉安县	139784	42623	23781	18575	14911	9631	17874	12389
吉水县	78104	18385	9268	9354	8429	6091	13539	13038
峡江县	24163	4838	4606	3484	3317	1593	2756	3569
新干县	63637	13533	10013	8964	7705	4617	10122	8683
永丰县	61557	11094	10310	8584	6540	4635	10365	10029
泰和县	86992	25368	17152	15182	7529	4334	9380	8047
遂川县	56643	11948	11481	9618	5806	3610	7973	6207
万安县	36053	11021	6913	4811	2690	1776	4477	4365
安福县	51745	16841	8419	5642	3909	2819	6727	7388
永新县	84073	29333	15297	11919	6736	4136	7781	8871
井冈山市	46087	8125	5969	5915	5152	3274	9135	8517
宜春市	**1371467**	**263015**	**234540**	**217449**	**162746**	**99088**	**215536**	**179093**
袁州区	466645	71823	82005	75818	66596	34842	77297	58264
奉新县	76667	12436	10269	11072	8471	6042	15181	13196
万载县	76628	17662	16093	12920	8142	4885	10678	6248
上高县	109512	18898	15880	14641	11543	8017	22294	18239
宜丰县	75537	14302	11827	11152	7687	6204	13319	11046
靖安县	28257	8695	4667	3721	2461	1676	3723	3314
铜鼓县	23940	5495	2317	2641	2482	1845	4125	5035
丰城市	194033	46838	34528	36446	19887	12708	24095	19531
樟树市	135328	28835	22747	21187	15925	10370	20301	15963
高安市	184920	38031	34207	27851	19552	12499	24523	28257
抚州市	**1056887**	**230795**	**151601**	**135481**	**124518**	**84543**	**183511**	**146438**
临川区	351180	65472	52852	53918	42615	26381	61147	48795
东乡区	132925	18938	17108	16633	18152	12373	24704	25017
南城县	82393	17094	8910	8616	10766	9278	16908	10821
黎川县	72901	8521	11549	8684	8463	7788	16540	11356
南丰县	67333	9102	7524	8547	7824	5258	15172	13906
崇仁县	62628	12133	10329	7276	6972	5134	9943	10841
乐安县	80619	24791	15844	9248	8517	4567	10740	6912
宜黄县	59471	11828	11617	10686	9397	4418	8378	3147
金溪县	62435	43962	4375	2400	2207	1766	4188	3537
资溪县	22837	4984	3739	2619	2349	1634	3949	3563
广昌县	62165	13970	7754	6854	7256	5946	11842	8543
上饶市	**1117805**	**299368**	**209903**	**163424**	**110015**	**70588**	**138645**	**125862**
信州区	228042	59591	46632	34431	26292	12912	25767	22417
广丰区	92916	31582	19231	11212	6757	4915	8605	10614
广信区	191936	43143	37487	30895	20223	13030	24499	22659
玉山县	100543	23378	15073	15545	8952	6442	15142	16011
铅山县	35448	10385	6326	4613	3421	2303	4611	3789
横峰县	42679	10398	5581	4800	4176	2930	7098	7696
弋阳县	60355	19905	11877	8106	5015	3730	6563	5159
余干县	81464	26027	21020	11819	5821	3144	6612	7021
鄱阳县	108764	25738	21999	19242	11843	7343	13533	9066
万年县	54949	17195	9301	8072	5335	4005	6449	4592
婺源县	63080	16486	7109	7263	7233	5290	11590	8109
德兴市	57629	15540	8267	7426	4947	4544	8176	8729

7-4 续表 2 单位：人

现住地	离开户口登记地时间							
	省内							
	小计	半年以上，不满一年	一年以上，不满二年	二年以上，不满三年	三年以上，不满四年	四年以上，不满五年	五年以上，不满十年	十年以上
全省	**12241920**	**2585468**	**2102686**	**1830300**	**1406182**	**894137**	**1877126**	**1546021**
南昌市	**2740680**	**498723**	**470565**	**396619**	**338479**	**208134**	**453405**	**374755**
东湖区	154555	32796	25944	21831	15360	9917	23962	24745
西湖区	207716	35702	30756	29358	30331	14536	34127	32906
青云谱区	181910	24509	24675	24101	21973	13685	36384	36583
青山湖区	712472	119740	116655	100799	95744	58439	121675	99420
新建区	385515	56108	71470	57723	49812	33756	63422	53224
红谷滩区	277890	73841	61523	46423	30176	16899	27169	21859
南昌县	614653	116983	114171	92138	72729	45767	100409	72456
安义县	49461	17975	10361	7311	4231	2174	3553	3856
进贤县	156508	21069	15010	16935	18123	12961	42704	29706
景德镇市	**441956**	**77622**	**62523**	**66849**	**58409**	**39164**	**73780**	**63609**
昌江区	82827	13415	9044	10258	10074	6747	17087	16202
珠山区	189205	22802	22531	32558	27737	21322	33853	28402
浮梁县	74355	15877	15053	11452	8850	4865	10278	7980
乐平市	95569	25528	15895	12581	11748	6230	12562	11025
萍乡市	**381746**	**67268**	**59682**	**52876**	**36503**	**28137**	**72662**	**64618**
安源区	230073	41212	34468	30715	23424	17570	45517	37167
湘东区	36168	6828	5006	4595	2552	2232	6795	8160
莲花县	25963	5113	4730	4291	2266	1704	3753	4106
上栗县	54300	8119	10074	8394	5210	4165	9766	8572
芦溪县	35242	5996	5404	4881	3051	2466	6831	6613
九江市	**1315508**	**285235**	**206167**	**193468**	**158422**	**94538**	**207797**	**169881**
濂溪区	196292	32088	38688	36732	28041	14128	25897	20718
浔阳区	162730	30853	28210	30959	18401	10513	25287	18507
柴桑区	86283	23381	12019	9958	10115	6900	14360	9550
武宁县	78854	11554	10611	11117	9641	6395	15256	14280
修水县	167978	46135	19572	20141	17314	12887	26278	25651
永修县	74947	14514	12273	9603	6971	4492	14568	12526
德安县	72711	9148	9683	9237	8387	5665	17562	13029
都昌县	66578	28032	11449	8185	5129	3899	5294	4590
湖口县	58112	10494	7185	7599	7226	4978	11364	9266
彭泽县	47496	12100	7487	6636	5281	2846	7091	6055
瑞昌市	166147	37317	23195	20612	23152	14438	26545	20888
共青城市	98798	16201	21570	18514	14683	4972	13248	9610
庐山市	38582	13418	4225	4175	4081	2425	5047	5211
新余市	**489964**	**81997**	**86002**	**84518**	**60418**	**39843**	**83782**	**53404**
渝水区	392198	63588	69601	68584	48843	31385	66199	43998
分宜县	97766	18409	16401	15934	11575	8458	17583	9406
鹰潭市	**307400**	**76955**	**54522**	**43095**	**32969**	**20311**	**44889**	**34659**
月湖区	137679	25552	25641	20477	17122	10222	21270	17395
余江区	50368	15938	7213	6425	5160	3133	6559	5940
贵溪市	119353	35465	21668	16193	10687	6956	17060	11324
赣州市	**2377333**	**567351**	**461627**	**373403**	**252138**	**161244**	**310879**	**250691**
章贡区	490793	114317	98335	82183	62785	31567	61603	40003
南康区	369829	92610	86813	62240	34524	22378	46528	24736
赣县区	161808	43330	37273	27136	17308	12985	13533	10243
信丰县	143244	37538	30111	21062	12739	9374	19182	13238
大余县	32997	8731	4349	2448	2497	2020	5230	7722
上犹县	73283	11361	9097	8828	7428	5170	17278	14121
崇义县	35657	8828	6710	5160	3575	2209	4495	4680
安远县	50874	14833	9609	7154	4344	3590	6975	4369
定南县	81147	13207	11804	8654	9049	7317	16695	14421
全南县	43165	7209	6548	5525	4011	3416	8537	7919

7-4　续表 3　　　　单位：人

现住地	离开户口登记地时间 省内 小计	半年以上，不满一年	一年以上，不满二年	二年以上，不满三年	三年以上，不满四年	四年以上，不满五年	五年以上，不满十年	十年以上
宁都县	122459	16034	19998	19313	15224	9363	22079	20448
于都县	184854	67967	37077	28533	15487	8324	14662	12804
兴国县	145565	47433	33965	24634	11018	6313	13052	9150
会昌县	82770	26596	12296	11029	7279	5058	9189	11323
寻乌县	75604	9269	14410	16442	13334	6304	8790	7055
石城县	56629	9669	6407	8558	6297	5870	10471	9357
瑞金市	135714	21384	25345	21170	14338	12325	18391	22761
龙南市	90941	17035	11480	13334	10901	7661	14189	16341
吉安市	**898586**	**221377**	**154363**	**135106**	**96456**	**61747**	**120648**	**108889**
吉州区	146176	30332	27665	25483	16274	11901	17699	16822
青原区	73828	13907	12968	13275	11730	5908	8735	7305
吉安县	125656	38224	20288	16829	13637	8997	16387	11294
吉水县	73569	16841	8705	8892	8058	5823	13046	12204
峡江县	22326	4335	4282	3324	3184	1498	2513	3190
新干县	60132	12215	9349	8574	7391	4451	9761	8391
永丰县	58630	10341	9708	8245	6300	4451	9949	9636
泰和县	82752	24076	16567	14417	6988	4068	8965	7671
遂川县	52611	10694	10489	9131	5476	3419	7551	5851
万安县	33282	10330	6373	4574	2497	1612	4092	3804
安福县	47683	15412	7773	5329	3655	2641	6205	6668
永新县	79099	27307	14624	11395	6406	3910	7225	8232
井冈山市	42842	7363	5572	5638	4860	3068	8520	7821
宜春市	**1276925**	**234156**	**217682**	**205701**	**152744**	**93965**	**203894**	**168783**
袁州区	435164	64483	75955	71074	61618	33179	73558	55297
奉新县	71155	10748	9602	10376	8022	5730	14367	12310
万载县	71166	15491	15097	12399	7801	4609	9974	5795
上高县	104072	17227	15013	14061	11040	7701	21489	17541
宜丰县	67697	12260	10621	10174	7023	5694	12113	9812
靖安县	24788	7120	4150	3450	2252	1539	3381	2896
铜鼓县	21893	4803	2084	2460	2331	1719	3880	4616
丰城市	182907	42346	32781	35132	18998	12188	22873	18589
樟树市	128874	26477	21628	20498	15361	9995	19536	15379
高安市	169209	33201	30751	26077	18298	11611	22723	26548
抚州市	**998772**	**214494**	**140043**	**127676**	**118361**	**81191**	**176407**	**140600**
临川区	326754	58499	47368	50252	40113	25205	58407	46910
东乡区	127424	17472	16104	15995	17622	12088	24003	24140
南城县	79065	16343	8462	8106	10342	9045	16375	10392
黎川县	69476	7615	10522	8292	8262	7640	16130	11015
南丰县	64353	8409	7016	8185	7570	5068	14738	13367
崇仁县	60092	11123	9827	7020	6769	5034	9717	10602
乐安县	78505	23763	15509	9064	8342	4479	10567	6781
宜黄县	53940	11055	10920	9796	8146	3670	7416	2937
金溪县	59902	42783	3987	2197	1995	1683	3950	3307
资溪县	19387	4194	2832	2115	2106	1456	3556	3128
广昌县	59874	13238	7496	6654	7094	5823	11548	8021
上饶市	**1013050**	**260290**	**189510**	**150989**	**101283**	**65863**	**128983**	**116132**
信州区	204201	52149	41264	31321	23806	11862	23565	20234
广丰区	83098	26541	17614	10297	6162	4609	7980	9895
广信区	175221	37915	33571	28737	18654	12205	22946	21193
玉山县	89330	19720	13295	14053	8081	5888	13840	14453
铅山县	32000	8805	5884	4359	3160	2149	4216	3427
横峰县	38991	8775	5020	4478	3826	2778	6785	7329
弋阳县	55876	18151	10913	7541	4643	3519	6280	4829
余干县	76122	23881	20056	11017	5285	2948	6258	6677
鄱阳县	99423	22321	19838	17961	11198	6963	12746	8396
万年县	50802	14802	8605	7776	5145	3936	6199	4339
婺源县	58649	14707	6503	6888	6956	5022	11069	7504
德兴市	49337	12523	6947	6561	4367	3984	7099	7856

7–4 续表 4

单位：人

现住地	离开户口登记地时间							
	省外							
	小计	半年以上，不满一年	一年以上，不满二年	二年以上，不满三年	三年以上，不满四年	四年以上，不满五年	五年以上，不满十年	十年以上
全 省	**1279014**	**382405**	**255719**	**186255**	**142603**	**68904**	**133520**	**109608**
南昌市	**448964**	**128583**	**92177**	**66494**	**56041**	**27511**	**47148**	**31010**
东湖区	39919	14609	9017	5776	3606	2094	2467	2350
西湖区	31338	8373	6076	4836	3264	1949	3662	3178
青云谱区	18920	4456	3625	2627	2120	1218	2752	2122
青山湖区	129111	27609	22664	18294	19974	10191	20229	10150
新建区	36444	9673	9670	5322	4316	2094	2694	2675
红谷滩区	77330	24409	17665	13116	9961	4610	4700	2869
南昌县	90904	30900	19433	12255	10027	3907	8465	5917
安义县	18243	6206	2936	3535	2133	1051	1271	1111
进贤县	6755	2348	1091	733	640	397	908	638
景德镇市	**50225**	**13713**	**8453**	**9865**	**6085**	**2925**	**5141**	**4043**
昌江区	9670	2110	1293	1461	1387	750	1418	1251
珠山区	16592	2905	2610	4315	1852	1304	2256	1350
浮梁县	16606	5990	3459	3266	2219	460	632	580
乐平市	7357	2708	1091	823	627	411	835	862
萍乡市	**43898**	**12176**	**7694**	**5433**	**3676**	**2420**	**6500**	**5999**
安源区	20534	4548	4391	2832	1936	1114	3147	2566
湘东区	5961	2343	855	628	375	277	709	774
莲花县	5277	1473	803	589	328	258	805	1021
上栗县	7608	2319	1015	902	693	557	1117	1005
芦溪县	4518	1493	630	482	344	214	722	633
九江市	**157666**	**43283**	**32649**	**25023**	**18160**	**7401**	**16226**	**14924**
濂溪区	27087	3401	5768	6129	4350	1570	3173	2696
浔阳区	26811	5487	4443	4677	3217	1746	3830	3411
柴桑区	17930	8027	3287	2114	1480	745	1237	1040
武宁县	7382	1497	1873	1154	907	381	813	757
修水县	6109	2101	744	587	456	398	923	900
永修县	9998	3708	2149	1261	611	340	928	1001
德安县	7788	1676	1397	865	763	412	1144	1531
都昌县	4641	2279	960	472	227	138	331	234
湖口县	5534	1698	1187	550	450	294	751	604
彭泽县	11757	6184	1628	1117	693	288	892	955
瑞昌市	8863	3391	947	865	1044	632	1033	951
共青城市	21197	3157	7498	4987	3787	331	844	593
庐山市	2569	677	768	245	175	126	327	251
新余市	**29193**	**9433**	**7509**	**3897**	**2681**	**1208**	**2472**	**1993**
渝水区	25583	7687	6982	3601	2454	1085	2073	1701
分宜县	3610	1746	527	296	227	123	399	292
鹰潭市	**27516**	**10999**	**4494**	**3300**	**1999**	**1146**	**2678**	**2900**
月湖区	11004	3485	1921	1352	1015	575	1341	1315
余江区	6246	3608	798	574	340	184	365	377
贵溪市	10266	3906	1775	1374	644	387	972	1208
赣州市	**194169**	**60263**	**40106**	**31020**	**21623**	**9384**	**17031**	**14742**
章贡区	66475	15692	14416	12477	10655	3069	5834	4332
南康区	24591	9502	4813	3334	2401	1209	1980	1352
赣县区	16194	6097	3210	3498	1502	680	700	507
信丰县	13674	5339	2996	2541	826	468	869	635
大余县	5365	1596	1063	533	459	441	590	683
上犹县	2908	719	428	337	260	180	505	479
崇义县	1919	572	285	220	151	113	284	294
安远县	3081	983	755	389	171	183	346	254
定南县	7864	2785	1096	892	802	457	897	935
全南县	5405	1445	1033	898	484	300	593	652

7-4　续表 5

单位：人

现住地	离开户口登记地时间							
	省外							
	小计	半年以上，不满一年	一年以上，不满二年	二年以上，不满三年	三年以上，不满四年	四年以上，不满五年	五年以上，不满十年	十年以上
宁都县	6238	1879	1505	670	496	286	756	646
于都县	7055	2676	1366	1419	574	215	413	392
兴国县	6714	3136	1044	652	425	267	615	575
会昌县	3253	1106	644	413	280	228	296	286
寻乌县	3564	1027	462	438	376	215	450	596
石城县	2219	784	320	230	243	152	261	229
瑞金市	5487	1168	1536	639	637	478	505	524
龙南市	12163	3757	3134	1440	881	443	1137	1371
吉安市	**69971**	**19717**	**13828**	**9235**	**7447**	**3709**	**7916**	**8119**
吉州区	9633	2077	1959	1428	1068	624	1297	1180
青原区	10082	1669	2390	2107	2107	507	704	598
吉安县	14128	4399	3493	1746	1274	634	1487	1095
吉水县	4535	1544	563	462	371	268	493	834
峡江县	1837	503	324	160	133	95	243	379
新干县	3505	1318	664	390	314	166	361	292
永丰县	2927	753	602	339	240	184	416	393
泰和县	4240	1292	585	765	541	266	415	376
遂川县	4032	1254	992	487	330	191	422	356
万安县	2771	691	540	237	193	164	385	561
安福县	4062	1429	646	313	254	178	522	720
永新县	4974	2026	673	524	330	226	556	639
井冈山市	3245	762	397	277	292	206	615	696
宜春市	**94542**	**28859**	**16858**	**11748**	**10002**	**5123**	**11642**	**10310**
袁州区	31481	7340	6050	4744	4978	1663	3739	2967
奉新县	5512	1688	667	696	449	312	814	886
万载县	5462	2171	996	521	341	276	704	453
上高县	5440	1671	867	580	503	316	805	698
宜丰县	7840	2042	1206	978	664	510	1206	1234
靖安县	3469	1575	517	271	209	137	342	418
铜鼓县	2047	692	233	181	151	126	245	419
丰城市	11126	4492	1747	1314	889	520	1222	942
樟树市	6454	2358	1119	689	564	375	765	584
高安市	15711	4830	3456	1774	1254	888	1800	1709
抚州市	**58115**	**16301**	**11558**	**7805**	**6157**	**3352**	**7104**	**5838**
临川区	24426	6973	5484	3666	2502	1176	2740	1885
东乡区	5501	1466	1004	638	530	285	701	877
南城县	3328	751	448	510	424	233	533	429
黎川县	3425	906	1027	392	201	148	410	341
南丰县	2980	693	508	362	254	190	434	539
崇仁县	2536	1010	502	256	203	100	226	239
乐安县	2114	1028	335	184	175	88	173	131
宜黄县	5531	773	697	890	1251	748	962	210
金溪县	2533	1179	388	203	212	83	238	230
资溪县	3450	790	907	504	243	178	393	435
广昌县	2291	732	258	200	162	123	294	522
上饶市	**104755**	**39078**	**20393**	**12435**	**8732**	**4725**	**9662**	**9730**
信州区	23841	7442	5368	3110	2486	1050	2202	2183
广丰区	9818	5041	1617	915	595	306	625	719
广信区	16715	5228	3916	2158	1569	825	1553	1466
玉山县	11213	3658	1778	1492	871	554	1302	1558
铅山县	3448	1580	442	254	261	154	395	362
横峰县	3688	1623	561	322	350	152	313	367
弋阳县	4479	1754	964	565	372	211	283	330
余干县	5342	2146	964	802	536	196	354	344
鄱阳县	9341	3417	2161	1281	645	380	787	670
万年县	4147	2393	696	296	190	69	250	253
婺源县	4431	1779	606	375	277	268	521	605
德兴市	8292	3017	1320	865	580	560	1077	873

7-4a 全省按现住地、离开户口登记地时间分的户口登记地在外乡镇街道的人口(城市)

单位：人

现住地	离开户口登记地时间							
	合计							
	合计	半年以上，不满一年	一年以上，不满二年	二年以上，不满三年	三年以上，不满四年	四年以上，不满五年	五年以上，不满十年	十年以上
全　省	**7327320**	**1405467**	**1311833**	**1165061**	**911132**	**545883**	**1103057**	**884887**
南昌市	**2052430**	**387304**	**358169**	**302682**	**261382**	**153236**	**314563**	**275094**
东湖区	189676	45574	34281	27005	18574	11723	25929	26590
西湖区	239054	44075	36832	34194	33595	16485	37789	36084
青云谱区	199256	28765	27952	26491	23891	14817	38707	38633
青山湖区	735846	127063	126908	107576	98716	55514	120420	99649
新建区	336112	45636	53572	47990	46484	33210	59832	49388
红谷滩区	351940	96094	78539	59346	40059	21460	31807	24635
南昌县	546	97	85	80	63	27	79	115
安义县								
进贤县								
景德镇市	**360215**	**57033**	**46806**	**54485**	**48056**	**34991**	**64446**	**54398**
昌江区	84977	13267	9236	10981	10879	7129	17551	15934
珠山区	198211	25209	24273	32945	28683	22411	35556	29134
浮梁县	1747	558	132	89	69	86	172	641
乐平市	75280	17999	13165	10470	8425	5365	11167	8689
萍乡市	**268864**	**49640**	**40209**	**35483**	**27092**	**19906**	**53135**	**43399**
安源区	237233	43142	35715	31244	24610	17819	47149	37554
湘东区	29791	6074	4189	3841	2263	1920	5740	5764
莲花县								
上栗县	1840	424	305	398	219	167	246	81
芦溪县								
九江市	**706769**	**138484**	**123308**	**119399**	**92532**	**48770**	**105575**	**78701**
濂溪区	199582	29125	38935	40224	30160	14002	26238	20898
浔阳区	189227	36292	32607	35607	21595	12240	29051	21835
柴桑区	81888	23456	10355	9318	9427	6506	13897	8929
武宁县								
修水县								
永修县								
德安县								
都昌县								
湖口县								
彭泽县								
瑞昌市	93300	23594	10449	8138	9717	8797	18646	13959
共青城市	108530	14391	26927	22187	17796	5054	13244	8931
庐山市	34242	11626	4035	3925	3837	2171	4499	4149
新余市	**384768**	**57272**	**69318**	**67636**	**49715**	**31431**	**66398**	**42998**
渝水区	384768	57272	69318	67636	49715	31431	66398	42998
分宜县								
鹰潭市	**285368**	**64216**	**50485**	**41253**	**32638**	**20184**	**44077**	**32515**
月湖区	145590	27855	26222	21675	18034	10739	22478	18587
余江区	42288	13360	6262	5411	4707	2790	5358	4400
贵溪市	97490	23001	18001	14167	9897	6655	16241	9528
赣州市	**1203788**	**258401**	**254902**	**206145**	**141978**	**84543**	**149551**	**108268**
章贡区	522531	119544	105680	88591	69457	32565	64716	41978
南康区	323027	70111	78120	58984	31284	20337	42770	21421
赣县区	144977	37016	35687	27257	16231	11690	10320	6776
信丰县								
大余县								
上犹县								
崇义县								
安远县								
定南县								
全南县								

7-4a 续表 1

单位：人

现住地	离开户口登记地时间							
	合计							
	合计	半年以上，不满一年	一年以上，不满二年	二年以上，不满三年	三年以上，不满四年	四年以上，不满五年	五年以上，不满十年	十年以上
宁都县								
于都县								
兴国县								
会昌县								
寻乌县	743	196	86	79	75	62	164	81
石城县								
瑞金市	120327	15158	22726	17558	13876	12190	17455	21364
龙南市	92183	16376	12603	13676	11055	7699	14126	16648
吉安市	**249393**	**45504**	**45810**	**44085**	**33101**	**20156**	**32433**	**28304**
吉州区	147199	29312	28384	25905	16550	12030	17955	17063
青原区	76045	12162	14350	14619	13284	6121	8718	6791
吉安县								
吉水县								
峡江县								
新干县								
永丰县								
泰和县								
遂川县								
万安县								
安福县								
永新县								
井冈山市	26149	4030	3076	3561	3267	2005	5760	4450
宜春市	**851185**	**147955**	**153049**	**146719**	**110920**	**62524**	**130343**	**99675**
袁州区	438035	62592	77591	72541	64287	33046	73861	54117
奉新县								
万载县								
上高县								
宜丰县								
靖安县								
铜鼓县								
丰城市	164628	37145	31229	33483	17469	11058	20267	13977
樟树市	124592	24314	21131	20069	15260	9845	19333	14640
高安市	123930	23904	23098	20626	13904	8575	16882	16941
抚州市	**442324**	**70811**	**63966**	**67077**	**58101**	**36827**	**80955**	**64587**
临川区	323320	55647	48169	51653	40929	25197	57986	43739
东乡区	119004	15164	15797	15424	17172	11630	22969	20848
南城县								
黎川县								
南丰县								
崇仁县								
乐安县								
宜黄县								
金溪县								
资溪县								
广昌县								
上饶市	**522216**	**128847**	**105811**	**80097**	**55617**	**33315**	**61581**	**56948**
信州区	214612	53599	44931	33306	25593	12394	24196	20593
广丰区	76017	23863	16809	9748	5994	4360	7136	8107
广信区	177957	37274	36200	29872	19289	12407	22857	20058
玉山县								
铅山县	98	35	1	1	7	6	13	35
横峰县								
弋阳县								
余干县	1093	488	135	59	43	37	116	215
鄱阳县	14	5			2	1	1	5
万年县								
婺源县								
德兴市	52425	13583	7735	7111	4689	4110	7262	7935

7-4a 续表 2

单位：人

现住地	离开户口登记地时间							
	省内							
	小计	半年以上，不满一年	一年以上，不满二年	二年以上，不满三年	三年以上，不满四年	四年以上，不满五年	五年以上，不满十年	十年以上
全　省	**6635929**	**1229818**	**1166016**	**1051452**	**822548**	**506866**	**1031648**	**827581**
南昌市	**1771210**	**311399**	**299725**	**258875**	**225617**	**135722**	**285862**	**254010**
东湖区	151467	31890	25536	21423	15061	9676	23558	24323
西湖区	207716	35702	30756	29358	30331	14536	34127	32906
青云谱区	180621	24364	24382	23900	21806	13618	36026	36525
青山湖区	639908	106641	108339	92592	84645	49501	107086	91104
新建区	315073	40168	49409	45216	43615	31519	57884	47262
红谷滩区	275987	72563	61234	46316	30113	16858	27117	21786
南昌县	438	71	69	70	46	14	64	104
安义县								
进贤县								
景德镇市	**331666**	**51237**	**42668**	**48645**	**44584**	**32724**	**60366**	**51442**
昌江区	76759	11599	8245	9766	9604	6442	16258	14845
珠山区	181951	22341	21691	28789	26871	21119	33325	27815
浮梁县	1493	417	106	80	62	72	152	604
乐平市	71463	16880	12626	10010	8047	5091	10631	8178
萍乡市	**246817**	**44406**	**35716**	**32520**	**25016**	**18710**	**49823**	**40626**
安源区	218166	38969	31638	28618	22777	16783	44231	35150
湘东区	27092	5102	3824	3580	2042	1771	5371	5402
莲花县								
上栗县	1559	335	254	322	197	156	221	74
芦溪县								
九江市	**618671**	**119833**	**103751**	**102409**	**80097**	**44459**	**96843**	**71279**
濂溪区	175720	26270	34049	34568	26097	12639	23545	18552
浔阳区	162479	30820	28186	30937	18379	10498	25227	18432
柴桑区	70212	17627	8450	8015	8573	6014	13149	8384
武宁县								
修水县								
永修县								
德安县								
都昌县								
湖口县								
彭泽县								
瑞昌市	88985	22168	9984	7706	9199	8411	18068	13449
共青城市	88547	11673	19695	17423	14094	4768	12472	8422
庐山市	32728	11275	3387	3760	3755	2129	4382	4040
新余市	**364733**	**52682**	**63415**	**64617**	**47497**	**30460**	**64557**	**41505**
渝水区	364733	52682	63415	64617	47497	30460	64557	41505
分宜县								
鹰潭市	**268614**	**58770**	**47594**	**39204**	**31121**	**19285**	**42113**	**30527**
月湖区	135472	24990	24437	20369	17042	10173	21168	17293
余江区	39185	11612	5836	5113	4503	2694	5190	4237
贵溪市	93957	22168	17321	13722	9576	6418	15755	8997
赣州市	**1103636**	**234450**	**232902**	**186932**	**127596**	**79623**	**140922**	**101211**
章贡区	462090	106103	92446	76953	59515	29846	59338	37889
南康区	307110	65111	75090	56373	29452	19446	41254	20384
赣县区	134109	34337	33137	24110	14928	11159	9948	6490
信丰县								
大余县								
上犹县								
崇义县								
安远县								
定南县								
全南县								

7-4a　续表 3　　　　　　　　　　　　　　　　　　　　　　　　　　　　　单位：人

现住地	离开户口登记地时间							
	省内							
	小计	半年以上，不满一年	一年以上，不满二年	二年以上，不满三年	三年以上，不满四年	四年以上，不满五年	五年以上，不满十年	十年以上
宁都县								
于都县								
兴国县								
会昌县								
寻乌县	715	187	85	71	72	61	162	77
石城县								
瑞金市	116155	14510	21473	17036	13348	11769	17051	20968
龙南市	83457	14202	10671	12389	10281	7342	13169	15403
吉安市	**230863**	**42498**	**41715**	**40671**	**30014**	**19056**	**30429**	**26480**
吉州区	138597	27573	26614	24585	15584	11469	16778	15994
青原区	67212	11096	12156	12603	11266	5653	8145	6293
吉安县								
吉水县								
峡江县								
新干县								
永丰县								
泰和县								
遂川县								
万安县								
安福县								
永新县								
井冈山市	25054	3829	2945	3483	3164	1934	5506	4193
宜春市	**806054**	**136097**	**144552**	**140398**	**104586**	**60026**	**124973**	**95422**
袁州区	411514	57284	72427	68444	59605	31538	70617	51599
奉新县								
万载县								
上高县								
宜丰县								
靖安县								
铜鼓县								
丰城市	156529	33936	29997	32444	16787	10663	19393	13309
樟树市	119973	22832	20306	19550	14808	9565	18773	14139
高安市	118038	22045	21822	19960	13386	8260	16190	16375
抚州市	**419154**	**64664**	**58931**	**63455**	**55555**	**35722**	**78482**	**62345**
临川区	304293	50328	43874	48579	38855	24340	56092	42225
东乡区	114861	14336	15057	14876	16700	11382	22390	20120
南城县								
黎川县								
南丰县								
崇仁县								
乐安县								
宜黄县								
金溪县								
资溪县								
广昌县								
上饶市	**474511**	**113782**	**95047**	**73726**	**50865**	**31079**	**57278**	**52734**
信州区	193696	47633	40052	30439	23268	11448	22245	18611
广丰区	69975	21069	15747	9040	5512	4132	6741	7734
广信区	163767	33329	32537	27871	17860	11685	21570	18915
玉山县								
铅山县	89	27	1	1	7	6	13	34
横峰县								
弋阳县								
余干县	889	374	74	51	41	30	109	210
鄱阳县	10	4			1	1	1	3
万年县								
婺源县								
德兴市	46085	11346	6636	6324	4176	3777	6599	7227

7-4a　续表 4　　　　单位：人

现住地	离开户口登记地时间							
	省外							
	小计	半年以上，不满一年	一年以上，不满二年	二年以上，不满三年	三年以上，不满四年	四年以上，不满五年	五年以上，不满十年	十年以上
全　省	**691391**	**175649**	**145817**	**113609**	**88584**	**39017**	**71409**	**57306**
南昌市	**281220**	**75905**	**58444**	**43807**	**35765**	**17514**	**28701**	**21084**
东湖区	38209	13684	8745	5582	3513	2047	2371	2267
西湖区	31338	8373	6076	4836	3264	1949	3662	3178
青云谱区	18635	4401	3570	2591	2085	1199	2681	2108
青山湖区	95938	20422	18569	14984	14071	6013	13334	8545
新建区	21039	5468	4163	2774	2869	1691	1948	2126
红谷滩区	75953	23531	17305	13030	9946	4602	4690	2849
南昌县	108	26	16	10	17	13	15	11
安义县								
进贤县								
景德镇市	**28549**	**5796**	**4138**	**5840**	**3472**	**2267**	**4080**	**2956**
昌江区	8218	1668	991	1215	1275	687	1293	1089
珠山区	16260	2868	2582	4156	1812	1292	2231	1319
浮梁县	254	141	26	9	7	14	20	37
乐平市	3817	1119	539	460	378	274	536	511
萍乡市	**22047**	**5234**	**4493**	**2963**	**2076**	**1196**	**3312**	**2773**
安源区	19067	4173	4077	2626	1833	1036	2918	2404
湘东区	2699	972	365	261	221	149	369	362
莲花县								
上栗县	281	89	51	76	22	11	25	7
芦溪县								
九江市	**88098**	**18651**	**19557**	**16990**	**12435**	**4311**	**8732**	**7422**
濂溪区	23862	2855	4886	5656	4063	1363	2693	2346
浔阳区	26748	5472	4421	4670	3216	1742	3824	3403
柴桑区	11676	5829	1905	1303	854	492	748	545
武宁县								
修水县								
永修县								
德安县								
都昌县								
湖口县								
彭泽县								
瑞昌市	4315	1426	465	432	518	386	578	510
共青城市	19983	2718	7232	4764	3702	286	772	509
庐山市	1514	351	648	165	82	42	117	109
新余市	**20035**	**4590**	**5903**	**3019**	**2218**	**971**	**1841**	**1493**
渝水区	20035	4590	5903	3019	2218	971	1841	1493
分宜县								
鹰潭市	**16754**	**5446**	**2891**	**2049**	**1517**	**899**	**1964**	**1988**
月湖区	10118	2865	1785	1306	992	566	1310	1294
余江区	3103	1748	426	298	204	96	168	163
贵溪市	3533	833	680	445	321	237	486	531
赣州市	**100152**	**23951**	**22000**	**19213**	**14382**	**4920**	**8629**	**7057**
章贡区	60441	13441	13234	11638	9942	2719	5378	4089
南康区	15917	5000	3030	2611	1832	891	1516	1037
赣县区	10868	2679	2550	3147	1303	531	372	286
信丰县								
大余县								
上犹县								
崇义县								
安远县								
定南县								
全南县								

7-4a　续表 5　　　　　单位：人

现住地	离开户口登记地时间 省外 小计	半年以上，不满一年	一年以上，不满二年	二年以上，不满三年	三年以上，不满四年	四年以上，不满五年	五年以上，不满十年	十年以上
宁都县								
于都县								
兴国县								
会昌县								
寻乌县	28	9	1	8	3	1	2	4
石城县								
瑞金市	4172	648	1253	522	528	421	404	396
龙南市	8726	2174	1932	1287	774	357	957	1245
吉安市	**18530**	**3006**	**4095**	**3414**	**3087**	**1100**	**2004**	**1824**
吉州区	8602	1739	1770	1320	966	561	1177	1069
青原区	8833	1066	2194	2016	2018	468	573	498
吉安县								
吉水县								
峡江县								
新干县								
永丰县								
泰和县								
遂川县								
万安县								
安福县								
永新县								
井冈山市	1095	201	131	78	103	71	254	257
宜春市	**45131**	**11858**	**8497**	**6321**	**6334**	**2498**	**5370**	**4253**
袁州区	26521	5308	5164	4097	4682	1508	3244	2518
奉新县								
万载县								
上高县								
宜丰县								
靖安县								
铜鼓县								
丰城市	8099	3209	1232	1039	682	395	874	668
樟树市	4619	1482	825	519	452	280	560	501
高安市	5892	1859	1276	666	518	315	692	566
抚州市	**23170**	**6147**	**5035**	**3622**	**2546**	**1105**	**2473**	**2242**
临川区	19027	5319	4295	3074	2074	857	1894	1514
东乡区	4143	828	740	548	472	248	579	728
南城县								
黎川县								
南丰县								
崇仁县								
乐安县								
宜黄县								
金溪县								
资溪县								
广昌县								
上饶市	**47705**	**15065**	**10764**	**6371**	**4752**	**2236**	**4303**	**4214**
信州区	20916	5966	4879	2867	2325	946	1951	1982
广丰区	6042	2794	1062	708	482	228	395	373
广信区	14190	3945	3663	2001	1429	722	1287	1143
玉山县								
铅山县	9	8						1
横峰县								
弋阳县								
余干县	204	114	61	8	2	7	7	5
鄱阳县	4	1			1			2
万年县								
婺源县								
德兴市	6340	2237	1099	787	513	333	663	708

7－4b 全省按现住地、离开户口登记地时间分的户口登记地在外乡镇街道的人口(镇)

单位：人

现住地	离开户口登记地时间							
	合计							
	合计	半年以上，不满一年	一年以上，不满二年	二年以上，不满三年	三年以上，不满四年	四年以上，不满五年	五年以上，不满十年	十年以上
全　省	**5257488**	**1206948**	**894909**	**750348**	**574071**	**376239**	**812847**	**642126**
南昌市	**956198**	**171420**	**161927**	**136656**	**119533**	**76933**	**173868**	**115861**
东湖区	1130	271	282	106	72	51	118	230
西湖区								
青云谱区	1574	200	348	237	202	86	429	72
青山湖区	88995	13649	9629	9411	15607	12321	19858	8520
新建区	21931	2992	6359	3819	2652	1061	2899	2149
红谷滩区								
南昌县	630690	113788	118170	96124	77409	47688	104591	72920
安义县	63050	21729	12703	10564	6189	3090	4450	4325
进贤县	148828	18791	14436	16395	17402	12636	41523	27645
景德镇市	**108982**	**25204**	**21144**	**20245**	**15047**	**6101**	**11982**	**9259**
昌江区	2214	830	442	197	165	94	215	271
珠山区	7098	450	635	3915	889	186	422	601
浮梁县	83049	18199	17772	14216	10645	4981	10200	7036
乐平市	16621	5725	2295	1917	3348	840	1145	1351
萍乡市	**123473**	**21778**	**21399**	**18612**	**11209**	**9163**	**21629**	**19683**
安源区	8586	1652	1086	977	673	827	1378	1993
湘东区	5984	1212	873	768	302	275	945	1609
莲花县	25259	4992	4842	4344	2216	1675	3776	3414
上栗县	50839	7942	9791	8016	5043	4008	9000	7039
芦溪县	32805	5980	4807	4507	2975	2378	6530	5628
九江市	**650400**	**149364**	**96458**	**87235**	**75813**	**46849**	**105651**	**89030**
濂溪区	5793	921	680	773	769	515	1254	881
浔阳区								
柴桑区	7281	2997	1176	928	562	302	649	667
武宁县	76547	10007	11006	11135	9778	6185	14708	13728
修水县	167684	46158	19751	20133	17303	12936	26349	25054
永修县	77190	15710	13102	10023	7178	4576	14680	11921
德安县	69798	8814	9495	8504	8472	5496	16666	12351
都昌县	65942	27541	11995	8392	5139	3886	5158	3831
湖口县	59488	10580	7955	7877	7387	5085	11642	8962
彭泽县	54346	15335	8712	7487	5720	3008	7689	6395
瑞昌市	62693	10268	12053	11689	13284	4625	6304	4470
共青城市	198	17	38	46	12	7	17	61
庐山市	3440	1016	495	248	209	228	535	709
新余市	**110978**	**26014**	**21675**	**18049**	**11504**	**8337**	**16852**	**8547**
渝水区	19205	9261	5705	2964	413	275	246	341
分宜县	91773	16753	15970	15085	11091	8062	16606	8206
鹰潭市	**36138**	**16353**	**7160**	**4180**	**1735**	**893**	**2517**	**3300**
月湖区	2241	652	1240	97	71	46	90	45
余江区	10385	4826	1179	1141	566	372	1158	1143
贵溪市	23512	10875	4741	2942	1098	475	1269	2112
赣州市	**1133222**	**277571**	**206707**	**168744**	**115672**	**75784**	**155387**	**133357**
章贡区	8087	1202	1488	1275	1680	807	924	711
南康区	11186	1505	1943	1771	1956	1155	1692	1164
赣县区	22999	8775	3451	2441	1863	1464	2728	2277
信丰县	143746	38125	30812	21055	12677	9101	19295	12681
大余县	32428	7522	4738	2610	2724	2255	5197	7382
上犹县	70690	9758	8999	8597	7313	5129	17000	13894
崇义县	33357	7228	6612	5122	3507	2195	4390	4303
安远县	50024	13888	9909	7273	4281	3590	6975	4108
定南县	71430	12454	9743	6839	7591	6353	14253	14197
全南县	40891	6221	5744	5489	3916	3297	8306	7918

7-4b　续表 1　　　　单位：人

现住地	离开户口登记地时间							
	合计							
	合计	半年以上，不满一年	一年以上，不满二年	二年以上，不满三年	三年以上，不满四年	四年以上，不满五年	五年以上，不满十年	十年以上
宁都县	116869	15352	19698	18429	14846	9122	20653	18769
于都县	185497	67989	37811	29539	15661	8236	14346	11915
兴国县	141138	45947	33056	23750	10997	6213	12771	8404
会昌县	80753	25922	12344	10845	7218	5023	8839	10562
寻乌县	69253	6732	13935	15300	13146	6139	8016	5985
石城县	51588	7802	5701	8202	6076	5603	9674	8530
瑞金市	1135	201	165	69	54	48	204	394
龙南市	2151	948	558	138	166	54	124	163
吉安市	**641948**	**164604**	**113820**	**93914**	**65720**	**41889**	**87779**	**74222**
吉州区	5379	1997	826	666	486	346	701	357
青原区	1456	647	157	174	95	65	123	195
吉安县	129423	38150	22636	17692	14156	9183	16881	10725
吉水县	70766	15151	8611	8801	7952	5756	12788	11707
峡江县	20979	3804	4210	3226	3118	1439	2353	2829
新干县	60333	11982	9637	8757	7553	4508	9813	8083
永丰县	56205	9163	9686	8070	6144	4343	9751	9048
泰和县	78522	22368	16385	14431	6989	3932	8385	6032
遂川县	50432	9246	10790	9111	5405	3356	7338	5186
万安县	32969	9579	6601	4600	2529	1624	4159	3877
安福县	44831	14110	7419	5132	3528	2519	6032	6091
永新县	75083	25491	14509	11271	6212	3761	6655	7184
井冈山市	15570	2916	2353	1983	1553	1057	2800	2908
宜春市	**429899**	**83087**	**71134**	**62377**	**45440**	**31935**	**74224**	**61702**
袁州区	7443	1761	1620	1015	703	681	885	778
奉新县	72714	10904	9902	10759	8265	5828	14710	12346
万载县	67541	14290	15093	12142	7528	4409	9471	4608
上高县	102788	16716	15152	14016	11003	7597	21383	16921
宜丰县	69641	12887	10836	10423	7184	5875	12639	9797
靖安县	24023	6601	4131	3421	2267	1503	3341	2759
铜鼓县	20765	4613	2057	2401	2198	1602	3555	4339
丰城市	13165	3697	1851	1607	1347	882	1913	1868
樟树市	5104	1929	1047	715	303	282	482	346
高安市	46715	9689	9445	5878	4642	3276	5845	7940
抚州市	**556448**	**138566**	**79108**	**63696**	**62536**	**44654**	**94951**	**72937**
临川区	10376	4151	1080	722	729	505	1477	1712
东乡区	7193	1485	557	590	520	452	964	2625
南城县	74570	14128	8284	8228	10221	8667	14986	10056
黎川县	68980	7198	10436	8269	8244	7629	16188	11016
南丰县	63674	8010	7038	8197	7503	5037	14703	13186
崇仁县	60091	10974	10013	7042	6819	5027	9665	10551
乐安县	76353	22761	15509	9061	8249	4305	10116	6352
宜黄县	57247	10911	11411	10510	9231	4279	8067	2838
金溪县	58740	41989	4010	2164	1959	1647	3895	3076
资溪县	21777	4555	3471	2511	2285	1595	3900	3460
广昌县	57447	12404	7299	6402	6776	5511	10990	8065
上饶市	**509802**	**132987**	**94377**	**76640**	**49862**	**33701**	**68007**	**54228**
信州区	1821	1131	118	100	72	63	202	135
广丰区	5945	2733	695	349	254	203	645	1066
广信区	3908	1670	349	241	257	159	456	776
玉山县	92688	21031	14503	15007	8516	6049	13985	13597
铅山县	29995	8168	5210	4150	3199	2122	4178	2968
横峰县	39571	8935	5273	4614	4009	2795	6801	7144
弋阳县	56944	18090	11594	7886	4847	3616	6250	4661
余干县	70318	20133	20115	11062	5341	2757	5694	5216
鄱阳县	99538	21924	21056	18514	11232	6898	12566	7348
万年县	49849	14417	8625	7700	5146	3881	6104	3976
婺源县	58341	14286	6751	6957	6960	5121	11044	7222
德兴市	884	469	88	60	29	37	82	119

7-4b 续表 2

单位：人

现住地	离开户口登记地时间							
	省内							
	小计	半年以上，不满一年	一年以上，不满二年	二年以上，不满三年	三年以上，不满四年	四年以上，不满五年	五年以上，不满十年	十年以上
全　省	**4848598**	**1080722**	**819653**	**695178**	**530883**	**352619**	**765387**	**604156**
南昌市	**832365**	**138249**	**139571**	**119154**	**102287**	**68057**	**157539**	**107508**
东湖区	886	193	207	71	55	44	103	213
西湖区								
青云谱区	1289	145	293	201	167	67	358	58
青山湖区	61746	9274	6502	6831	10222	8424	13343	7150
新建区	20234	2588	5892	3647	2520	979	2680	1928
红谷滩区								
南昌县	557161	92078	102774	85395	68237	44115	96950	67612
安义县	46420	16461	10078	7130	4093	2080	3270	3308
进贤县	144629	17510	13825	15879	16993	12348	40835	27239
景德镇市	**93094**	**20229**	**17724**	**16806**	**12693**	**5635**	**11338**	**8669**
昌江区	1932	726	399	176	119	73	189	250
珠山区	6780	419	610	3759	850	175	397	570
浮梁县	68721	13753	14544	11046	8499	4587	9676	6616
乐平市	15661	5331	2171	1825	3225	800	1076	1233
萍乡市	**110244**	**17944**	**19522**	**17089**	**10148**	**8340**	**19573**	**17628**
安源区	7470	1343	889	832	587	760	1205	1854
湘东区	5008	907	748	670	250	224	791	1418
莲花县	22367	4335	4377	4002	2017	1515	3282	2839
上栗县	45789	6424	9160	7427	4548	3618	8281	6331
芦溪县	29610	4935	4348	4158	2746	2223	6014	5186
九江市	**602185**	**132257**	**87760**	**81749**	**71645**	**44679**	**100319**	**83776**
濂溪区	4988	839	567	651	701	453	1059	718
浔阳区								
柴桑区	5216	2022	849	736	429	219	492	469
武宁县	71698	9221	9837	10385	8985	5911	14170	13189
修水县	162629	44355	19149	19669	16915	12612	25599	24330
永修县	69317	12799	11379	9035	6651	4295	13991	11167
德安县	63861	7707	8344	7797	7818	5139	15749	11307
都昌县	62189	25796	11156	7967	4941	3769	4898	3662
湖口县	54837	9204	6953	7424	7012	4845	10988	8411
彭泽县	44099	10065	7270	6440	5103	2754	6883	5584
瑞昌市	60384	9347	11805	11418	12935	4514	6111	4254
共青城市	167	14	34	30	12	4	15	58
庐山市	2800	888	417	197	143	164	364	627
新余市	**105544**	**23228**	**20552**	**17491**	**11238**	**8218**	**16491**	**8326**
渝水区	15925	7328	4971	2599	307	242	178	300
分宜县	89619	15900	15581	14892	10931	7976	16313	8026
鹰潭市	**28094**	**12322**	**5916**	**3128**	**1369**	**719**	**1999**	**2641**
月湖区	1836	415	1168	64	54	38	64	33
余江区	7866	3227	954	899	463	308	1018	997
贵溪市	18392	8680	3794	2165	852	373	917	1611
赣州市	**1074178**	**258054**	**195522**	**160077**	**110501**	**72539**	**149561**	**127924**
章贡区	7062	1100	1337	1125	1421	675	786	618
南康区	10298	1271	1866	1655	1748	1057	1591	1110
赣县区	19209	6019	3092	2222	1737	1386	2549	2204
信丰县	132496	34190	28239	18800	11934	8684	18496	12153
大余县	28362	6615	3893	2158	2308	1858	4715	6815
上犹县	68402	9340	8635	8305	7088	4958	16580	13496
崇义县	32083	6984	6397	4946	3389	2108	4194	4065
安远县	47628	13245	9298	6918	4141	3431	6687	3908
定南县	64972	10186	8844	6129	7006	5966	13499	13342
全南县	37152	5609	5132	4738	3486	3033	7789	7365

7-4b　续表 3

单位：人

现住地	离开户口登记地时间							
	省内							
	小计	半年以上，不满一年	一年以上，不满二年	二年以上，不满三年	三年以上，不满四年	四年以上，不满五年	五年以上，不满十年	十年以上
宁都县	112421	14045	18567	17927	14488	8916	20177	18301
于都县	179524	65890	36587	28186	15153	8060	14029	11619
兴国县	136090	43730	32229	23224	10650	6003	12296	7958
会昌县	78373	25114	11932	10492	6989	4838	8636	10372
寻乌县	67307	6335	13638	15026	12853	5989	7761	5705
石城县	50375	7579	5526	8044	5908	5482	9476	8360
瑞金市	1003	175	99	61	42	46	194	386
龙南市	1421	627	211	121	160	49	106	147
吉安市	**605103**	**154860**	**106333**	**89059**	**62187**	**39816**	**83252**	**69596**
吉州区	4739	1799	707	603	420	304	620	286
青原区	1334	569	148	165	88	61	117	186
吉安县	117424	34743	19466	16094	13069	8619	15582	9851
吉水县	67577	14325	8182	8398	7632	5535	12396	11109
峡江县	19938	3597	3994	3107	3016	1372	2212	2640
新干县	57537	11078	9111	8415	7259	4351	9491	7832
永丰县	54196	8818	9295	7814	5954	4193	9412	8710
泰和县	75718	21801	16003	13765	6521	3722	8104	5802
遂川县	47765	8692	10020	8706	5141	3222	7040	4944
万安县	30660	9096	6131	4390	2352	1482	3845	3364
安福县	42344	13447	7092	4900	3352	2390	5630	5533
永新县	71618	24249	13996	10842	5946	3598	6256	6731
井冈山市	14253	2646	2188	1860	1437	967	2547	2608
宜春市	**395951**	**72643**	**65310**	**58503**	**42664**	**29888**	**69642**	**57301**
袁州区	6807	1517	1507	943	662	635	816	727
奉新县	68125	9669	9296	10121	7846	5555	14005	11633
万载县	63476	12650	14268	11765	7269	4199	8994	4331
上高县	98279	15462	14431	13513	10556	7327	20667	16323
宜丰县	63422	11207	9946	9698	6649	5450	11674	8798
靖安县	21757	5669	3843	3214	2096	1394	3086	2455
铜鼓县	19167	4094	1877	2244	2068	1508	3386	3990
丰城市	11844	3199	1633	1465	1228	814	1750	1755
樟树市	4222	1655	872	602	239	227	319	308
高安市	38852	7521	7637	4938	4051	2779	4945	6981
抚州市	**530310**	**132468**	**74273**	**60309**	**59420**	**42706**	**91102**	**70032**
临川区	7653	3286	632	440	495	302	926	1572
东乡区	6925	1396	496	562	505	446	926	2594
南城县	71855	13711	7920	7772	9818	8449	14521	9664
黎川县	66013	6570	9456	7907	8057	7498	15817	10708
南丰县	61246	7500	6623	7909	7292	4885	14326	12711
崇仁县	58337	10429	9620	6852	6649	4953	9486	10348
乐安县	74958	22238	15267	8901	8101	4232	9973	6246
宜黄县	52046	10283	10759	9657	8001	3541	7151	2654
金溪县	56984	41218	3732	2006	1813	1584	3725	2906
资溪县	18704	3941	2660	2060	2052	1421	3517	3053
广昌县	55589	11896	7108	6243	6637	5395	10734	7576
上饶市	**471530**	**118468**	**87170**	**71813**	**46731**	**32022**	**64571**	**50755**
信州区	1506	908	97	82	67	57	181	114
广丰区	4605	1860	514	281	228	185	565	972
广信区	3368	1400	292	213	225	144	399	695
玉山县	83488	18090	12916	13659	7759	5587	12982	12495
铅山县	27258	6923	4860	3944	2963	1988	3857	2723
横峰县	37116	8086	4852	4341	3703	2682	6574	6878
弋阳县	53084	16693	10718	7342	4500	3422	6013	4396
余干县	66481	18821	19354	10445	4857	2603	5438	4963
鄱阳县	92406	19579	19255	17395	10700	6608	11969	6900
万年县	46552	12684	7992	7422	4980	3822	5893	3759
婺源县	55017	13087	6272	6644	6723	4894	10636	6761
德兴市	649	337	48	45	26	30	64	99

7-4b 续表 4

单位：人

现住地	离开户口登记地时间							
	省外							
	小计	半年以上，不满一年	一年以上，不满二年	二年以上，不满三年	三年以上，不满四年	四年以上，不满五年	五年以上，不满十年	十年以上
全　省	**408890**	**126226**	**75256**	**55170**	**43188**	**23620**	**47460**	**37970**
南昌市	**123833**	**33171**	**22356**	**17502**	**17246**	**8876**	**16329**	**8353**
东湖区	244	78	75	35	17	7	15	17
西湖区								
青云谱区	285	55	55	36	35	19	71	14
青山湖区	27249	4375	3127	2580	5385	3897	6515	1370
新建区	1697	404	467	172	132	82	219	221
红谷滩区								
南昌县	73529	21710	15396	10729	9172	3573	7641	5308
安义县	16630	5268	2625	3434	2096	1010	1180	1017
进贤县	4199	1281	611	516	409	288	688	406
景德镇市	**15888**	**4975**	**3420**	**3439**	**2354**	**466**	**644**	**590**
昌江区	282	104	43	21	46	21	26	21
珠山区	318	31	25	156	39	11	25	31
浮梁县	14328	4446	3228	3170	2146	394	524	420
乐平市	960	394	124	92	123	40	69	118
萍乡市	**13229**	**3834**	**1877**	**1523**	**1061**	**823**	**2056**	**2055**
安源区	1116	309	197	145	86	67	173	139
湘东区	976	305	125	98	52	51	154	191
莲花县	2892	657	465	342	199	160	494	575
上栗县	5050	1518	631	589	495	390	719	708
芦溪县	3195	1045	459	349	229	155	516	442
九江市	**48215**	**17107**	**8698**	**5486**	**4168**	**2170**	**5332**	**5254**
濂溪区	805	82	113	122	68	62	195	163
浔阳区								
柴桑区	2065	975	327	192	133	83	157	198
武宁县	4849	786	1169	750	793	274	538	539
修水县	5055	1803	602	464	388	324	750	724
永修县	7873	2911	1723	988	527	281	689	754
德安县	5937	1107	1151	707	654	357	917	1044
都昌县	3753	1745	839	425	198	117	260	169
湖口县	4651	1376	1002	453	375	240	654	551
彭泽县	10247	5270	1442	1047	617	254	806	811
瑞昌市	2309	921	248	271	349	111	193	216
共青城市	31	3	4	16		3	2	3
庐山市	640	128	78	51	66	64	171	82
新余市	**5434**	**2786**	**1123**	**558**	**266**	**119**	**361**	**221**
渝水区	3280	1933	734	365	106	33	68	41
分宜县	2154	853	389	193	160	86	293	180
鹰潭市	**8044**	**4031**	**1244**	**1052**	**366**	**174**	**518**	**659**
月湖区	405	237	72	33	17	8	26	12
余江区	2519	1599	225	242	103	64	140	146
贵溪市	5120	2195	947	777	246	102	352	501
赣州市	**59044**	**19517**	**11185**	**8667**	**5171**	**3245**	**5826**	**5433**
章贡区	1025	102	151	150	259	132	138	93
南康区	888	234	77	116	208	98	101	54
赣县区	3790	2756	359	219	126	78	179	73
信丰县	11250	3935	2573	2255	743	417	799	528
大余县	4066	907	845	452	416	397	482	567
上犹县	2288	418	364	292	225	171	420	398
崇义县	1274	244	215	176	118	87	196	238
安远县	2396	643	611	355	140	159	288	200
定南县	6458	2268	899	710	585	387	754	855
全南县	3739	612	612	751	430	264	517	553

7-4b 续表 5　　　　单位：人

现住地	离开户口登记地时间							
	省外							
	小计	半年以上，不满一年	一年以上，不满二年	二年以上，不满三年	三年以上，不满四年	四年以上，不满五年	五年以上，不满十年	十年以上
宁都县	4448	1307	1131	502	358	206	476	468
于都县	5973	2099	1224	1353	508	176	317	296
兴国县	5048	2217	827	526	347	210	475	446
会昌县	2380	808	412	353	229	185	203	190
寻乌县	1946	397	297	274	293	150	255	280
石城县	1213	223	175	158	168	121	198	170
瑞金市	132	26	66	8	12	2	10	8
龙南市	730	321	347	17	6	5	18	16
吉安市	**36845**	**9744**	**7487**	**4855**	**3533**	**2073**	**4527**	**4626**
吉州区	640	198	119	63	66	42	81	71
青原区	122	78	9	9	7	4	6	9
吉安县	11999	3407	3170	1598	1087	564	1299	874
吉水县	3189	826	429	403	320	221	392	598
峡江县	1041	207	216	119	102	67	141	189
新干县	2796	904	526	342	294	157	322	251
永丰县	2009	345	391	256	190	150	339	338
泰和县	2804	567	382	666	468	210	281	230
遂川县	2667	554	770	405	264	134	298	242
万安县	2309	483	470	210	177	142	314	513
安福县	2487	663	327	232	176	129	402	558
永新县	3465	1242	513	429	266	163	399	453
井冈山市	1317	270	165	123	116	90	253	300
宜春市	**33948**	**10444**	**5824**	**3874**	**2776**	**2047**	**4582**	**4401**
袁州区	636	244	113	72	41	46	69	51
奉新县	4589	1235	606	638	419	273	705	713
万载县	4065	1640	825	377	259	210	477	277
上高县	4509	1254	721	503	447	270	716	598
宜丰县	6219	1680	890	725	535	425	965	999
靖安县	2266	932	288	207	171	109	255	304
铜鼓县	1598	519	180	157	130	94	169	349
丰城市	1321	498	218	142	119	68	163	113
樟树市	882	274	175	113	64	55	163	38
高安市	7863	2168	1808	940	591	497	900	959
抚州市	**26138**	**6098**	**4835**	**3387**	**3116**	**1948**	**3849**	**2905**
临川区	2723	865	448	282	234	203	551	140
东乡区	268	89	61	28	15	6	38	31
南城县	2715	417	364	456	403	218	465	392
黎川县	2967	628	980	362	187	131	371	308
南丰县	2428	510	415	288	211	152	377	475
崇仁县	1754	545	393	190	170	74	179	203
乐安县	1395	523	242	160	148	73	143	106
宜黄县	5201	628	652	853	1230	738	916	184
金溪县	1756	771	278	158	146	63	170	170
资溪县	3073	614	811	451	233	174	383	407
广昌县	1858	508	191	159	139	116	256	489
上饶市	**38272**	**14519**	**7207**	**4827**	**3131**	**1679**	**3436**	**3473**
信州区	315	223	21	18	5	6	21	21
广丰区	1340	873	181	68	26	18	80	94
广信区	540	270	57	28	32	15	57	81
玉山县	9200	2941	1587	1348	757	462	1003	1102
铅山县	2737	1245	350	206	236	134	321	245
横峰县	2455	849	421	273	306	113	227	266
弋阳县	3860	1397	876	544	347	194	237	265
余干县	3837	1312	761	617	484	154	256	253
鄱阳县	7132	2345	1801	1119	532	290	597	448
万年县	3297	1733	633	278	166	59	211	217
婺源县	3324	1199	479	313	237	227	408	461
德兴市	235	132	40	15	3	7	18	20

7-4c 全省按现住地、离开户口登记地时间分的户口登记地在外乡镇街道的人口(乡村)

单位：人

现住地	离开户口登记地时间 合计							
	合计	半年以上，不满一年	一年以上，不满二年	二年以上，不满三年	三年以上，不满四年	四年以上，不满五年	五年以上，不满十年	十年以上
全　省	**936126**	**355458**	**151663**	**101146**	**63582**	**40919**	**94742**	**128616**
南昌市	**181016**	**68582**	**42646**	**23775**	**13605**	**5476**	**12122**	**14810**
东湖区	3668	1560	398	496	320	237	382	275
西湖区								
青云谱区								
青山湖区	16742	6637	2782	2106	1395	795	1626	1401
新建区	63916	17153	21209	11236	4992	1579	3385	4362
红谷滩区	3280	2156	649	193	78	49	62	93
南昌县	74321	33998	15349	8189	5284	1959	4204	5338
安义县	4654	2452	594	282	175	135	374	642
进贤县	14435	4626	1665	1273	1361	722	2089	2699
景德镇市	**22984**	**9098**	**3026**	**1984**	**1391**	**997**	**2493**	**3995**
昌江区	5306	1428	659	541	417	274	739	1248
珠山区	488	48	233	13	17	29	131	17
浮梁县	6165	3110	608	413	355	258	538	883
乐平市	11025	4512	1526	1017	602	436	1085	1847
萍乡市	**33307**	**8026**	**5768**	**4214**	**1878**	**1488**	**4398**	**7535**
安源区	4788	966	2058	1326	77	38	137	186
湘东区	6354	1885	799	614	362	314	819	1561
莲花县	5981	1594	691	536	378	287	782	1713
上栗县	9229	2072	993	882	641	547	1637	2457
芦溪县	6955	1509	1227	856	420	302	1023	1618
九江市	**116005**	**40670**	**19050**	**11857**	**8237**	**6320**	**12797**	**17074**
濂溪区	18004	5443	4841	1864	1462	1181	1578	1635
浔阳区	314	48	46	29	23	19	66	83
柴桑区	15044	4955	3775	1826	1606	837	1051	994
武宁县	9689	3044	1478	1136	770	591	1361	1309
修水县	6403	2078	565	595	467	349	852	1497
永修县	7755	2512	1320	841	404	256	816	1606
德安县	10701	2010	1585	1598	678	581	2040	2209
都昌县	5277	2770	414	265	217	151	467	993
湖口县	4158	1612	417	272	289	187	473	908
彭泽县	4907	2949	403	266	254	126	294	615
瑞昌市	19017	6846	1640	1650	1195	1648	2628	3410
共青城市	11267	4950	2103	1268	662	242	831	1211
庐山市	3469	1453	463	247	210	152	340	604
新余市	**23411**	**8144**	**2518**	**2730**	**1880**	**1283**	**3004**	**3852**
渝水区	13808	4742	1560	1585	1169	764	1628	2360
分宜县	9603	3402	958	1145	711	519	1376	1492
鹰潭市	**13410**	**7385**	**1371**	**962**	**595**	**380**	**973**	**1744**
月湖区	852	530	100	57	32	12	43	78
余江区	3941	1360	570	447	227	155	408	774
贵溪市	8617	5495	701	458	336	213	522	892
赣州市	**234492**	**91642**	**40124**	**29534**	**16111**	**10301**	**22972**	**23808**
章贡区	26650	9263	5583	4794	2303	1264	1797	1646
南康区	60207	30496	11563	4819	3685	2095	4046	3503
赣县区	10026	3636	1345	936	716	511	1185	1697
信丰县	13172	4752	2295	2548	888	741	756	1192
大余县	5934	2805	674	371	232	206	623	1023
上犹县	5501	2322	526	568	375	221	783	706
崇义县	4219	2172	383	258	219	127	389	671
安远县	3931	1928	455	270	234	183	346	515
定南县	17581	3538	3157	2707	2260	1421	3339	1159
全南县	7679	2433	1837	934	579	419	824	653

7-4c　续表 1

单位：人

现住地	离开户口登记地时间 合计							
	合计	半年以上，不满一年	一年以上，不满二年	二年以上，不满三年	三年以上，不满四年	四年以上，不满五年	五年以上，不满十年	十年以上
宁都县	11828	2561	1805	1554	874	527	2182	2325
于都县	6412	2654	632	413	400	303	729	1281
兴国县	11141	4622	1953	1536	446	367	896	1321
会昌县	5270	1780	596	597	341	263	646	1047
寻乌县	9172	3368	851	1501	489	318	1060	1585
石城县	7260	2651	1026	586	464	419	1058	1056
瑞金市	19739	7193	3990	4182	1045	565	1237	1527
龙南市	8770	3468	1453	960	561	351	1076	901
吉安市	**77216**	**30986**	**8561**	**6342**	**5082**	**3411**	**8352**	**14482**
吉州区	3231	1100	414	340	306	149	340	582
青原区	6409	2767	851	589	458	229	598	917
吉安县	10361	4473	1145	883	755	448	993	1664
吉水县	7338	3234	657	553	477	335	751	1331
峡江县	3184	1034	396	258	199	154	403	740
新干县	3304	1551	376	207	152	109	309	600
永丰县	5352	1931	624	514	396	292	614	981
泰和县	8470	3000	767	751	540	402	995	2015
遂川县	6211	2702	691	507	401	254	635	1021
万安县	3084	1442	312	211	161	152	318	488
安福县	6914	2731	1000	510	381	300	695	1297
永新县	8990	3842	788	648	524	375	1126	1687
井冈山市	4368	1179	540	371	332	212	575	1159
宜春市	**90383**	**31973**	**10357**	**8353**	**6386**	**4629**	**10969**	**17716**
袁州区	21167	7470	2794	2262	1606	1115	2551	3369
奉新县	3953	1532	367	313	206	214	471	850
万载县	9087	3372	1000	778	614	476	1207	1640
上高县	6724	2182	728	625	540	420	911	1318
宜丰县	5896	1415	991	729	503	329	680	1249
靖安县	4234	2094	536	300	194	173	382	555
铜鼓县	3175	882	260	240	284	243	570	696
丰城市	16240	5996	1448	1356	1071	768	1915	3686
樟树市	5632	2592	569	403	362	243	486	977
高安市	14275	4438	1664	1347	1006	648	1796	3376
抚州市	**58115**	**21418**	**8527**	**4708**	**3881**	**3062**	**7605**	**8914**
临川区	17484	5674	3603	1543	957	679	1684	3344
东乡区	6728	2289	754	619	460	291	771	1544
南城县	7823	2966	626	388	545	611	1922	765
黎川县	3921	1323	1113	415	219	159	352	340
南丰县	3659	1092	486	350	321	221	469	720
崇仁县	2537	1159	316	234	153	107	278	290
乐安县	4266	2030	335	187	268	262	624	560
宜黄县	2224	917	206	176	166	139	311	309
金溪县	3695	1973	365	236	248	119	293	461
资溪县	1060	429	268	108	64	39	49	103
广昌县	4718	1566	455	452	480	435	852	478
上饶市	**85787**	**37534**	**9715**	**6687**	**4536**	**3572**	**9057**	**14686**
信州区	11609	4861	1583	1025	627	455	1369	1689
广丰区	10954	4986	1727	1115	509	352	824	1441
广信区	10071	4199	938	782	677	464	1186	1825
玉山县	7855	2347	570	538	436	393	1157	2414
铅山县	5355	2182	1115	462	215	175	420	786
横峰县	3108	1463	308	186	167	135	297	552
弋阳县	3411	1815	283	220	168	114	313	498
余干县	10053	5406	770	698	437	350	802	1590
鄱阳县	9212	3809	943	728	609	444	966	1713
万年县	5100	2778	676	372	189	124	345	616
婺源县	4739	2200	358	306	273	169	546	887
德兴市	4320	1488	444	255	229	397	832	675

7-4c 续表 2 单位：人

现住地	离开户口登记地时间							
	省内							
	小计	半年以上，不满一年	一年以上，不满二年	二年以上，不满三年	三年以上，不满四年	四年以上，不满五年	五年以上，不满十年	十年以上
全　省	**757393**	**274928**	**117017**	**83670**	**52751**	**34652**	**80091**	**114284**
南昌市	**137105**	**49075**	**31269**	**18590**	**10575**	**4355**	**10004**	**13237**
东湖区	2202	713	201	337	244	197	301	209
西湖区								
青云谱区								
青山湖区	10818	3825	1814	1376	877	514	1246	1166
新建区	50208	13352	16169	8860	3677	1258	2858	4034
红谷滩区	1903	1278	289	107	63	41	52	73
南昌县	57054	24834	11328	6673	4446	1638	3395	4740
安义县	3041	1514	283	181	138	94	283	548
进贤县	11879	3559	1185	1056	1130	613	1869	2467
景德镇市	**17196**	**6156**	**2131**	**1398**	**1132**	**805**	**2076**	**3498**
昌江区	4136	1090	400	316	351	232	640	1107
珠山区	474	42	230	10	16	28	131	17
浮梁县	4141	1707	403	326	289	206	450	760
乐平市	8445	3317	1098	746	476	339	855	1614
萍乡市	**24685**	**4918**	**4444**	**3267**	**1339**	**1087**	**3266**	**6364**
安源区	4437	900	1941	1265	60	27	81	163
湘东区	4068	819	434	345	260	237	633	1340
莲花县	3596	778	353	289	249	189	471	1267
上栗县	6952	1360	660	645	465	391	1264	2167
芦溪县	5632	1061	1056	723	305	243	817	1427
九江市	**94652**	**33145**	**14656**	**9310**	**6680**	**5400**	**10635**	**14826**
濂溪区	15584	4979	4072	1513	1243	1036	1293	1448
浔阳区	251	33	24	22	22	15	60	75
柴桑区	10855	3732	2720	1207	1113	667	719	697
武宁县	7156	2333	774	732	656	484	1086	1091
修水县	5349	1780	423	472	399	275	679	1321
永修县	5630	1715	894	568	320	197	577	1359
德安县	8850	1441	1339	1440	569	526	1813	1722
都昌县	4389	2236	293	218	188	130	396	928
湖口县	3275	1290	232	175	214	133	376	855
彭泽县	3397	2035	217	196	178	92	208	471
瑞昌市	16778	5802	1406	1488	1018	1513	2366	3185
共青城市	10084	4514	1841	1061	577	200	761	1130
庐山市	3054	1255	421	218	183	132	301	544
新余市	**19687**	**6087**	**2035**	**2410**	**1683**	**1165**	**2734**	**3573**
渝水区	11540	3578	1215	1368	1039	683	1464	2193
分宜县	8147	2509	820	1042	644	482	1270	1380
鹰潭市	**10692**	**5863**	**1012**	**763**	**479**	**307**	**777**	**1491**
月湖区	371	147	36	44	26	11	38	69
余江区	3317	1099	423	413	194	131	351	706
贵溪市	7004	4617	553	306	259	165	388	716
赣州市	**199519**	**74847**	**33203**	**26394**	**14041**	**9082**	**20396**	**21556**
章贡区	21641	7114	4552	4105	1849	1046	1479	1496
南康区	52421	26228	9857	4212	3324	1875	3683	3242
赣县区	8490	2974	1044	804	643	440	1036	1549
信丰县	10748	3348	1872	2262	805	690	686	1085
大余县	4635	2116	456	290	189	162	515	907
上犹县	4881	2021	462	523	340	212	698	625
崇义县	3574	1844	313	214	186	101	301	615
安远县	3246	1588	311	236	203	159	288	461
定南县	16175	3021	2960	2525	2043	1351	3196	1079
全南县	6013	1600	1416	787	525	383	748	554

7-4c　续表 3　　单位：人

现住地	离开户口登记地时间 省内 小计	半年以上，不满一年	一年以上，不满二年	二年以上，不满三年	三年以上，不满四年	四年以上，不满五年	五年以上，不满十年	十年以上
宁都县	10038	1989	1431	1386	736	447	1902	2147
于都县	5330	2077	490	347	334	264	633	1185
兴国县	9475	3703	1736	1410	368	310	756	1192
会昌县	4397	1482	364	537	290	220	553	951
寻乌县	7582	2747	687	1345	409	254	867	1273
石城县	6254	2090	881	514	389	388	995	997
瑞金市	18556	6699	3773	4073	948	510	1146	1407
龙南市	6063	2206	598	824	460	270	914	791
吉安市	**62620**	**24019**	**6315**	**5376**	**4255**	**2875**	**6967**	**12813**
吉州区	2840	960	344	295	270	128	301	542
青原区	5282	2242	664	507	376	194	473	826
吉安县	8232	3481	822	735	568	378	805	1443
吉水县	5992	2516	523	494	426	288	650	1095
峡江县	2388	738	288	217	168	126	301	550
新干县	2595	1137	238	159	132	100	270	559
永丰县	4434	1523	413	431	346	258	537	926
泰和县	7034	2275	564	652	467	346	861	1869
遂川县	4846	2002	469	425	335	197	511	907
万安县	2622	1234	242	184	145	130	247	440
安福县	5339	1965	681	429	303	251	575	1135
永新县	7481	3058	628	553	460	312	969	1501
井冈山市	3535	888	439	295	259	167	467	1020
宜春市	**74920**	**25416**	**7820**	**6800**	**5494**	**4051**	**9279**	**16060**
袁州区	16843	5682	2021	1687	1351	1006	2125	2971
奉新县	3030	1079	306	255	176	175	362	677
万载县	7690	2841	829	634	532	410	980	1464
上高县	5793	1765	582	548	484	374	822	1218
宜丰县	4275	1053	675	476	374	244	439	1014
靖安县	3031	1451	307	236	156	145	295	441
铜鼓县	2726	709	207	216	263	211	494	626
丰城市	14534	5211	1151	1223	983	711	1730	3525
樟树市	4679	1990	450	346	314	203	444	932
高安市	12319	3635	1292	1179	861	572	1588	3192
抚州市	**49308**	**17362**	**6839**	**3912**	**3386**	**2763**	**6823**	**8223**
临川区	14808	4885	2862	1233	763	563	1389	3113
东乡区	5638	1740	551	557	417	260	687	1426
南城县	7210	2632	542	334	524	596	1854	728
黎川县	3463	1045	1066	385	205	142	313	307
南丰县	3107	909	393	276	278	183	412	656
崇仁县	1755	694	207	168	120	81	231	254
乐安县	3547	1525	242	163	241	247	594	535
宜黄县	1894	772	161	139	145	129	265	283
金溪县	2918	1565	255	191	182	99	225	401
资溪县	683	253	172	55	54	35	39	75
广昌县	4285	1342	388	411	457	428	814	445
上饶市	**67009**	**28040**	**7293**	**5450**	**3687**	**2762**	**7134**	**12643**
信州区	8999	3608	1115	800	471	357	1139	1509
广丰区	8518	3612	1353	976	422	292	674	1189
广信区	8086	3186	742	653	569	376	977	1583
玉山县	5842	1630	379	394	322	301	858	1958
铅山县	4653	1855	1023	414	190	155	346	670
横峰县	1875	689	168	137	123	96	211	451
弋阳县	2792	1458	195	199	143	97	267	433
余干县	8752	4686	628	521	387	315	711	1504
鄱阳县	7007	2738	583	566	497	354	776	1493
万年县	4250	2118	613	354	165	114	306	580
婺源县	3632	1620	231	244	233	128	433	743
德兴市	2603	840	263	192	165	177	436	530

7－4c 续表 4

单位：人

现住地	离开户口登记地时间							
	省外							
	小计	半年以上，不满一年	一年以上，不满二年	二年以上，不满三年	三年以上，不满四年	四年以上，不满五年	五年以上，不满十年	十年以上
全　省	**178733**	**80530**	**34646**	**17476**	**10831**	**6267**	**14651**	**14332**
南昌市	**43911**	**19507**	**11377**	**5185**	**3030**	**1121**	**2118**	**1573**
东湖区	1466	847	197	159	76	40	81	66
西湖区								
青云谱区								
青山湖区	5924	2812	968	730	518	281	380	235
新建区	13708	3801	5040	2376	1315	321	527	328
红谷滩区	1377	878	360	86	15	8	10	20
南昌县	17267	9164	4021	1516	838	321	809	598
安义县	1613	938	311	101	37	41	91	94
进贤县	2556	1067	480	217	231	109	220	232
景德镇市	**5788**	**2942**	**895**	**586**	**259**	**192**	**417**	**497**
昌江区	1170	338	259	225	66	42	99	141
珠山区	14	6	3	3	1	1		
浮梁县	2024	1403	205	87	66	52	88	123
乐平市	2580	1195	428	271	126	97	230	233
萍乡市	**8622**	**3108**	**1324**	**947**	**539**	**401**	**1132**	**1171**
安源区	351	66	117	61	17	11	56	23
湘东区	2286	1066	365	269	102	77	186	221
莲花县	2385	816	338	247	129	98	311	446
上栗县	2277	712	333	237	176	156	373	290
芦溪县	1323	448	171	133	115	59	206	191
九江市	**21353**	**7525**	**4394**	**2547**	**1557**	**920**	**2162**	**2248**
濂溪区	2420	464	769	351	219	145	285	187
浔阳区	63	15	22	7	1	4	6	8
柴桑区	4189	1223	1055	619	493	170	332	297
武宁县	2533	711	704	404	114	107	275	218
修水县	1054	298	142	123	68	74	173	176
永修县	2125	797	426	273	84	59	239	247
德安县	1851	569	246	158	109	55	227	487
都昌县	888	534	121	47	29	21	71	65
湖口县	883	322	185	97	75	54	97	53
彭泽县	1510	914	186	70	76	34	86	144
瑞昌市	2239	1044	234	162	177	135	262	225
共青城市	1183	436	262	207	85	42	70	81
庐山市	415	198	42	29	27	20	39	60
新余市	**3724**	**2057**	**483**	**320**	**197**	**118**	**270**	**279**
渝水区	2268	1164	345	217	130	81	164	167
分宜县	1456	893	138	103	67	37	106	112
鹰潭市	**2718**	**1522**	**359**	**199**	**116**	**73**	**196**	**253**
月湖区	481	383	64	13	6	1	5	9
余江区	624	261	147	34	33	24	57	68
贵溪市	1613	878	148	152	77	48	134	176
赣州市	**34973**	**16795**	**6921**	**3140**	**2070**	**1219**	**2576**	**2252**
章贡区	5009	2149	1031	689	454	218	318	150
南康区	7786	4268	1706	607	361	220	363	261
赣县区	1536	662	301	132	73	71	149	148
信丰县	2424	1404	423	286	83	51	70	107
大余县	1299	689	218	81	43	44	108	116
上犹县	620	301	64	45	35	9	85	81
崇义县	645	328	70	44	33	26	88	56
安远县	685	340	144	34	31	24	58	54
定南县	1406	517	197	182	217	70	143	80
全南县	1666	833	421	147	54	36	76	99

7-4c 续表 5

单位：人

现住地	离开户口登记地时间							
	省外							
	小计	半年以上，不满一年	一年以上，不满二年	二年以上，不满三年	三年以上，不满四年	四年以上，不满五年	五年以上，不满十年	十年以上
宁都县	1790	572	374	168	138	80	280	178
于都县	1082	577	142	66	66	39	96	96
兴国县	1666	919	217	126	78	57	140	129
会昌县	873	298	232	60	51	43	93	96
寻乌县	1590	621	164	156	80	64	193	312
石城县	1006	561	145	72	75	31	63	59
瑞金市	1183	494	217	109	97	55	91	120
龙南市	2707	1262	855	136	101	81	162	110
吉安市	**14596**	**6967**	**2246**	**966**	**827**	**536**	**1385**	**1669**
吉州区	391	140	70	45	36	21	39	40
青原区	1127	525	187	82	82	35	125	91
吉安县	2129	992	323	148	187	70	188	221
吉水县	1346	718	134	59	51	47	101	236
峡江县	796	296	108	41	31	28	102	190
新干县	709	414	138	48	20	9	39	41
永丰县	918	408	211	83	50	34	77	55
泰和县	1436	725	203	99	73	56	134	146
遂川县	1365	700	222	82	66	57	124	114
万安县	462	208	70	27	16	22	71	48
安福县	1575	766	319	81	78	49	120	162
永新县	1509	784	160	95	64	63	157	186
井冈山市	833	291	101	76	73	45	108	139
宜春市	**15463**	**6557**	**2537**	**1553**	**892**	**578**	**1690**	**1656**
袁州区	4324	1788	773	575	255	109	426	398
奉新县	923	453	61	58	30	39	109	173
万载县	1397	531	171	144	82	66	227	176
上高县	931	417	146	77	56	46	89	100
宜丰县	1621	362	316	253	129	85	241	235
靖安县	1203	643	229	64	38	28	87	114
铜鼓县	449	173	53	24	21	32	76	70
丰城市	1706	785	297	133	88	57	185	161
樟树市	953	602	119	57	48	40	42	45
高安市	1956	803	372	168	145	76	208	184
抚州市	**8807**	**4056**	**1688**	**796**	**495**	**299**	**782**	**691**
临川区	2676	789	741	310	194	116	295	231
东乡区	1090	549	203	62	43	31	84	118
南城县	613	334	84	54	21	15	68	37
黎川县	458	278	47	30	14	17	39	33
南丰县	552	183	93	74	43	38	57	64
崇仁县	782	465	109	66	33	26	47	36
乐安县	719	505	93	24	27	15	30	25
宜黄县	330	145	45	37	21	10	46	26
金溪县	777	408	110	45	66	20	68	60
资溪县	377	176	96	53	10	4	10	28
广昌县	433	224	67	41	23	7	38	33
上饶市	**18778**	**9494**	**2422**	**1237**	**849**	**810**	**1923**	**2043**
信州区	2610	1253	468	225	156	98	230	180
广丰区	2436	1374	374	139	87	60	150	252
广信区	1985	1013	196	129	108	88	209	242
玉山县	2013	717	191	144	114	92	299	456
铅山县	702	327	92	48	25	20	74	116
横峰县	1233	774	140	49	44	39	86	101
弋阳县	619	357	88	21	25	17	46	65
余干县	1301	720	142	177	50	35	91	86
鄱阳县	2205	1071	360	162	112	90	190	220
万年县	850	660	63	18	24	10	39	36
婺源县	1107	580	127	62	40	41	113	144
德兴市	1717	648	181	63	64	220	396	145

7-5 全省按户口登记地、性别、受教育程度分的户口登记地在外乡镇街道的人口

单位：人

受教育程度	合计			省内		
	合计	男	女	小计	男	女
总　计	**13211188**	**6834368**	**6376820**	**11950959**	**6112842**	**5838117**
未上过学	170894	50525	120369	161545	46958	114587
学前教育	482269	260854	221415	453785	245783	208002
小　学	2537256	1184456	1352800	2390506	1104310	1286196
初　中	4331977	2251624	2080353	3938306	2011649	1926657
高　中	2896316	1604650	1291666	2656971	1459685	1197286
大学专科	1484036	791598	692438	1317703	697029	620674
大学本科	1219785	643834	575951	966418	512216	454202
硕士研究生	81737	42177	39560	60639	31814	28825
博士研究生	6918	4650	2268	5086	3398	1688

7-5　续表

单位：人

受教育程度	省内			省外		
	其中市辖区内人户分离					
	小计	男	女	小计	男	女
总　计	**3785657**	**1906944**	**1878713**	**1260229**	**721526**	**538703**
未上过学	51363	15476	35887	9349	3567	5782
学前教育	149173	80707	68466	28484	15071	13413
小　学	730689	335158	395531	146750	80146	66604
初　中	1237320	623815	613505	393671	239975	153696
高　中	867140	462424	404716	239345	144965	94380
大学专科	409900	209821	200079	166333	94569	71764
大学本科	307948	162432	145516	253367	131618	121749
硕士研究生	28929	14996	13933	21098	10363	10735
博士研究生	3195	2115	1080	1832	1252	580

7-5a 全省按户口登记地、性别、受教育程度分的户口登记地在外乡镇街道的人口(城市)

单位：人

受教育程度	合计			省内		
	合计	男	女	小计	男	女
总　计	**7162725**	**3692244**	**3470481**	**6480978**	**3309022**	**3171956**
未上过学	84360	25833	58527	79399	23951	55448
学前教育	249487	135331	114156	234412	127311	107101
小　学	1217925	569595	648330	1148653	532074	616579
初　中	2140014	1108486	1031528	1970195	1005404	964791
高　中	1607464	873315	734149	1475731	796347	679384
大学专科	941669	494457	447212	841864	437595	404269
大学本科	853104	448555	404549	679109	358458	320651
硕士研究生	63144	32921	30223	47494	25119	22375
博士研究生	5558	3751	1807	4121	2763	1358

7-5a 续表

单位：人

受教育程度	省内			省外		
	其中市辖区内人户分离					
	小计	男	女	小计	男	女
总　计	**3555825**	**1787906**	**1767919**	**681747**	**383222**	**298525**
未上过学	47449	14186	33263	4961	1882	3079
学前教育	141228	76537	64691	15075	8020	7055
小　学	682577	312491	370086	69272	37521	31751
初　中	1145887	576595	569292	169819	103082	66737
高　中	817810	434691	383119	131733	76968	54765
大学专科	392481	200328	192153	99805	56862	42943
大学本科	297159	156461	140698	173995	90097	83898
硕士研究生	28165	14591	13574	15650	7802	7848
博士研究生	3069	2026	1043	1437	988	449

7-5b 全省按户口登记地、性别、受教育程度分的户口登记地在外乡镇街道的人口(镇)

单位：人

受教育程度	合计			省内		
	合计	男	女	小计	男	女
总　计	**5131382**	**2634323**	**2497059**	**4728750**	**2402062**	**2326688**
未上过学	71925	19441	52484	69193	18408	50785
学前教育	207966	112660	95306	198454	107566	90888
小　学	1136349	522540	613809	1086703	495552	591151
初　中	1821917	935179	886738	1682938	850765	832173
高　中	1104927	621914	483013	1026239	572422	453817
大学专科	459141	247311	211830	407292	218712	188580
大学本科	311575	166359	145216	245195	132069	113126
硕士研究生	16367	8116	8251	11855	5988	5867
博士研究生	1215	803	412	881	580	301

7-5b 续表

单位：人

受教育程度	省内 其中市辖区内人户分离			省外		
	小计	男	女	小计	男	女
总　计	**108784**	**55367**	**53417**	**402632**	**232261**	**170371**
未上过学	1913	608	1305	2732	1033	1699
学前教育	3993	2103	1890	9512	5094	4418
小　学	23305	10549	12756	49646	26988	22658
初　中	39543	20158	19385	138979	84414	54565
高　中	24372	13207	11165	78688	49492	29196
大学专科	9018	4917	4101	51849	28599	23250
大学本科	5992	3448	2544	66380	34290	32090
硕士研究生	542	297	245	4512	2128	2384
博士研究生	106	80	26	334	223	111

7-5c 全省按户口登记地、性别、受教育程度分的户口登记地在外乡镇街道的人口(乡村)

单位：人

受教育程度	合计			省内		
	合计	男	女	小计	男	女
总　计	**917081**	**507801**	**409280**	**741231**	**401758**	**339473**
未上过学	14609	5251	9358	12953	4599	8354
学前教育	24816	12863	11953	20919	10906	10013
小　学	182982	92321	90661	155150	76684	78466
初　中	370046	207959	162087	285173	155480	129693
高　中	183925	109421	74504	155001	90916	64085
大学专科	83226	49830	33396	68547	40722	27825
大学本科	55106	28920	26186	42114	21689	20425
硕士研究生	2226	1140	1086	1290	707	583
博士研究生	145	96	49	84	55	29

7-5c 续表

单位：人

受教育程度	省内			省外		
	其中市辖区内人户分离					
	小计	男	女	小计	男	女
总　计	**121048**	**63671**	**57377**	**175850**	**106043**	**69807**
未上过学	2001	682	1319	1656	652	1004
学前教育	3952	2067	1885	3897	1957	1940
小　学	24807	12118	12689	27832	15637	12195
初　中	51890	27062	24828	84873	52479	32394
高　中	24958	14526	10432	28924	18505	10419
大学专科	8401	4576	3825	14679	9108	5571
大学本科	4797	2523	2274	12992	7231	5761
硕士研究生	222	108	114	936	433	503
博士研究生	20	9	11	61	41	20

7-6 全省按现住地、受教育程度、性别分的户口登记地在本省其他乡镇街道的人口

单位：人

现住地	合计			未上过学		
	合计	男	女	小计	男	女
全　省	**11950959**	**6112842**	**5838117**	**161545**	**46958**	**114587**
南昌市	**2680030**	**1408060**	**1271970**	**41052**	**11422**	**29630**
东湖区	151709	75604	76105	2046	700	1346
西湖区	203528	102104	101424	3289	1023	2266
青云谱区	177977	93124	84853	2779	932	1847
青山湖区	697948	379633	318315	9601	2851	6750
新建区	374760	199097	175663	6956	1747	5209
红谷滩区	273079	139930	133149	3444	942	2502
南昌县	599586	316149	283437	8673	2337	6336
安义县	48837	27403	21434	355	109	246
进贤县	152606	75016	77590	3909	781	3128
景德镇市	**433332**	**219805**	**213527**	**7005**	**2221**	**4784**
昌江区	81032	41616	39416	1438	431	1007
珠山区	185554	93444	92110	2772	969	1803
浮梁县	72872	37003	35869	1031	364	667
乐平市	93874	47742	46132	1764	457	1307
萍乡市	**372408**	**185048**	**187360**	**2055**	**804**	**1251**
安源区	224805	111358	113447	1141	455	686
湘东区	35311	17797	17514	190	80	110
莲花县	25294	12680	12614	282	69	213
上栗县	52816	26408	26408	309	144	165
芦溪县	34182	16805	17377	133	56	77
九江市	**1284106**	**644994**	**639112**	**21758**	**5405**	**16353**
濂溪区	192600	99209	93391	2920	724	2196
浔阳区	159479	78438	81041	2005	569	1436
柴桑区	83934	44090	39844	1481	362	1119
武宁县	76397	35850	40547	1297	366	931
修水县	163604	82043	81561	1801	651	1150
永修县	73049	36920	36129	1298	326	972
德安县	70535	35410	35125	1177	292	885
都昌县	65343	32215	33128	1901	303	1598
湖口县	56447	28221	28226	1711	276	1435
彭泽县	46403	22370	24033	1805	291	1514
瑞昌市	161370	82832	78538	2219	680	1539
共青城市	97252	48004	49248	1341	372	969
庐山市	37693	19392	18301	802	193	609
新余市	**476312**	**251076**	**225236**	**7911**	**2754**	**5157**
渝水区	381596	202125	179471	6004	2028	3976
分宜县	94716	48951	45765	1907	726	1181
鹰潭市	**300326**	**150208**	**150118**	**3362**	**1226**	**2136**
月湖区	134286	67551	66735	1956	657	1299
余江区	49200	24657	24543	540	176	364
贵溪市	116840	58000	58840	866	393	473
赣州市	**2322092**	**1195146**	**1126946**	**26740**	**7763**	**18977**
章贡区	480473	247233	233240	2972	932	2040
南康区	361700	190576	171124	4779	1496	3283
赣县区	158177	82411	75766	1883	590	1293
信丰县	139555	71000	68555	1648	469	1179
大余县	32292	16534	15758	423	101	322
上犹县	71219	35608	35611	1122	248	874
崇义县	34750	17434	17316	740	177	563
安远县	49717	24483	25234	1148	191	957
定南县	78862	40542	38320	753	207	546
全南县	41873	20694	21179	374	122	252

7-6　续表 1

单位：人

现住地	合计			未上过学		
	合计	男	女	小计	男	女
宁都县	119573	62499	57074	2066	483	1583
于都县	182086	94040	88046	3698	1259	2439
兴国县	142172	74033	68139	808	292	516
会昌县	80487	41238	39249	1058	256	802
寻乌县	73384	37610	35774	556	155	401
石城县	54914	28464	26450	769	178	591
瑞金市	132329	66205	66124	1108	368	740
龙南市	88529	44542	43987	835	239	596
吉安市	**875905**	**439743**	**436162**	**11223**	**3186**	**8037**
吉州区	142104	70917	71187	1895	579	1316
青原区	71641	36218	35423	1007	325	682
吉安县	122855	63223	59632	1193	365	828
吉水县	71905	37122	34783	905	245	660
峡江县	21711	11404	10307	338	91	247
新干县	58503	30118	28385	1144	243	901
永丰县	56787	29113	27674	1278	290	988
泰和县	81136	39941	41195	435	158	277
遂川县	51297	26119	25178	508	167	341
万安县	32444	15698	16746	283	81	202
安福县	46385	22618	23767	560	160	400
永新县	77474	37261	40213	921	257	664
井冈山市	41663	19991	21672	756	225	531
宜春市	**1242993**	**630938**	**612055**	**10548**	**3780**	**6768**
袁州区	422678	211185	211493	3586	1332	2254
奉新县	69233	34472	34761	442	167	275
万载县	69160	34086	35074	423	160	263
上高县	100912	51926	48986	1227	377	850
宜丰县	65834	33584	32250	566	183	383
靖安县	24141	12383	11758	300	122	178
铜鼓县	21249	10515	10734	236	110	126
丰城市	179163	92654	86509	1799	649	1150
樟树市	125553	63554	61999	677	270	407
高安市	165070	86579	78491	1292	410	882
抚州市	**972185**	**487636**	**484549**	**18341**	**5289**	**13052**
临川区	318412	156467	161945	4358	1396	2962
东乡区	123770	61598	62172	2722	653	2069
南城县	77189	39510	37679	1972	505	1467
黎川县	67428	34278	33150	1659	489	1170
南丰县	62471	31926	30545	1780	491	1289
崇仁县	58460	29004	29456	731	276	455
乐安县	76440	39978	36462	855	335	520
宜黄县	52664	26436	26228	696	206	490
金溪县	58286	28921	29365	1468	393	1075
资溪县	18950	9365	9585	683	160	523
广昌县	58115	30153	27962	1417	385	1032
上饶市	**991270**	**500188**	**491082**	**11550**	**3108**	**8442**
信州区	200171	102538	97633	1081	337	744
广丰区	81488	39253	42235	576	208	368
广信区	170959	88499	82460	2866	746	2120
玉山县	87336	42178	45158	727	211	516
铅山县	31360	15430	15930	201	91	110
横峰县	38106	19636	18470	638	158	480
弋阳县	54779	27395	27384	673	216	457
余干县	74684	39217	35467	992	284	708
鄱阳县	97393	48432	48961	2417	455	1962
万年县	49769	25430	24339	412	171	241
婺源县	56908	27547	29361	650	130	520
德兴市	48317	24633	23684	317	101	216

7-6 续表 2

单位：人

现住地	学前教育			小学		
	小计	男	女	小计	男	女
全省	**453785**	**245783**	**208002**	**2390506**	**1104310**	**1286196**
南昌市	**85062**	**45902**	**39160**	**429972**	**198866**	**231106**
东湖区	3544	1943	1601	19566	9038	10528
西湖区	5881	3193	2688	29521	13367	16154
青云谱区	5758	3100	2658	28890	13404	15486
青山湖区	20083	10863	9220	94664	43887	50777
新建区	15289	8190	7099	82230	38438	43792
红谷滩区	5977	3271	2706	25726	12002	13724
南昌县	20751	11143	9608	97513	45319	52194
安义县	1160	615	545	7948	4088	3860
进贤县	6619	3584	3035	43914	19323	24591
景德镇市	**14444**	**7799**	**6645**	**91305**	**43563**	**47742**
昌江区	3016	1627	1389	18441	8677	9764
珠山区	5609	2969	2640	36682	17613	19069
浮梁县	2378	1281	1097	11524	5512	6012
乐平市	3441	1922	1519	24658	11761	12897
萍乡市	**13303**	**7014**	**6289**	**56879**	**27406**	**29473**
安源区	7665	4108	3557	28998	13834	15164
湘东区	1146	594	552	5823	2873	2950
莲花县	1098	605	493	6098	2923	3175
上栗县	1936	957	979	9328	4536	4792
芦溪县	1458	750	708	6632	3240	3392
九江市	**49019**	**26111**	**22908**	**253631**	**116129**	**137502**
濂溪区	5355	2848	2507	25223	11221	14002
浔阳区	4676	2524	2152	21906	9835	12071
柴桑区	3433	1838	1595	16077	7615	8462
武宁县	4263	2231	2032	20948	9369	11579
修水县	6994	3640	3354	38275	17889	20386
永修县	2915	1586	1329	16276	7350	8926
德安县	3375	1784	1591	18516	8606	9910
都昌县	2334	1264	1070	15424	7018	8406
湖口县	2657	1443	1214	14295	5920	8375
彭泽县	1905	1020	885	10838	4602	6236
瑞昌市	7054	3766	3288	33095	15550	17545
共青城市	2449	1302	1147	13669	6781	6888
庐山市	1609	865	744	9089	4373	4716
新余市	**20454**	**11392**	**9062**	**102896**	**49108**	**53788**
渝水区	15905	8914	6991	78798	37202	41596
分宜县	4549	2478	2071	24098	11906	12192
鹰潭市	**11266**	**6194**	**5072**	**60017**	**28499**	**31518**
月湖区	5584	3070	2514	27679	12993	14686
余江区	1822	1007	815	8003	3826	4177
贵溪市	3860	2117	1743	24335	11680	12655
赣州市	**91221**	**49106**	**42115**	**465306**	**208823**	**256483**
章贡区	15418	8306	7112	60592	27330	33262
南康区	13893	7438	6455	73555	34186	39369
赣县区	5814	3148	2666	33964	15617	18347
信丰县	5592	3042	2550	28542	12292	16250
大余县	1198	629	569	6516	2949	3567
上犹县	3328	1782	1546	20983	8476	12507
崇义县	1590	871	719	9118	3817	5301
安远县	1857	991	866	12780	5275	7505
定南县	3579	1929	1650	19795	8729	11066
全南县	2012	1047	965	9563	3876	5687

7-6　续表 3　　　　　　　　　　　　　　　　　　　　单位：人

现住地	学前教育			小　学		
	小计	男	女	小计	男	女
宁都县	5166	2823	2343	29146	13017	16129
于都县	6536	3535	3001	44092	21037	23055
兴国县	5739	3041	2698	26778	12796	13982
会昌县	3513	1890	1623	17472	7397	10075
寻乌县	3871	2162	1709	15684	7199	8485
石城县	2733	1490	1243	13676	6100	7576
瑞金市	5557	2943	2614	25088	10838	14250
龙南市	3825	2039	1786	17962	7892	10070
吉安市	**38737**	**21303**	**17434**	**199701**	**90993**	**108708**
吉州区	6172	3363	2809	28211	13155	15056
青原区	3410	1889	1521	15392	7231	8161
吉安县	4351	2399	1952	25447	10880	14567
吉水县	3266	1895	1371	19085	8879	10206
峡江县	1101	615	486	4984	2383	2601
新干县	2956	1637	1319	16307	7676	8631
永丰县	3172	1728	1444	16814	7632	9182
泰和县	2900	1586	1314	13970	6665	7305
遂川县	2372	1304	1068	11331	4986	6345
万安县	1321	727	594	6450	2681	3769
安福县	2209	1209	1000	11056	5021	6035
永新县	3439	1863	1576	20860	9452	11408
井冈山市	2068	1088	980	9794	4352	5442
宜春市	**52516**	**28622**	**23894**	**248927**	**119119**	**129808**
袁州区	18296	9840	8456	86264	40884	45380
奉新县	3279	1756	1523	14398	6837	7561
万载县	3116	1688	1428	13554	6377	7177
上高县	5358	2911	2447	23694	11475	12219
宜丰县	2856	1587	1269	14269	6719	7550
靖安县	1046	563	483	5229	2587	2642
铜鼓县	914	479	435	5543	2583	2960
丰城市	5942	3324	2618	32646	15368	17278
樟树市	5343	2962	2381	21842	10496	11346
高安市	6366	3512	2854	31488	15793	15695
抚州市	**43066**	**23676**	**19390**	**283846**	**129889**	**153957**
临川区	12010	6696	5314	69121	30773	38348
东乡区	6076	3258	2818	41760	19083	22677
南城县	3208	1793	1415	26689	12466	14223
黎川县	2988	1643	1345	24918	11622	13296
南丰县	3215	1795	1420	21606	10720	10886
崇仁县	3076	1695	1381	18671	8249	10422
乐安县	3677	2015	1662	21657	9870	11787
宜黄县	2313	1246	1067	15202	6782	8420
金溪县	2779	1534	1245	20425	9566	10859
资溪县	811	447	364	6181	2825	3356
广昌县	2913	1554	1359	17616	7933	9683
上饶市	**34697**	**18664**	**16033**	**198026**	**91915**	**106111**
信州区	5960	3163	2797	24268	12047	12221
广丰区	2545	1331	1214	12631	6010	6621
广信区	6269	3350	2919	42206	19731	22475
玉山县	3431	1831	1600	17925	7809	10116
铅山县	1074	567	507	7489	3514	3975
横峰县	1769	1002	767	9903	4710	5193
弋阳县	1942	1074	868	14363	6623	7740
余干县	2730	1484	1246	14120	6966	7154
鄱阳县	3196	1723	1473	21167	9508	11659
万年县	1756	1014	742	9962	4750	5212
婺源县	2411	1266	1145	14979	6176	8803
德兴市	1614	859	755	9013	4071	4942

7-6 续表 4

单位：人

现住地	初中			高中			大学专科		
	小计	男	女	小计	男	女	小计	男	女
全省	**3938306**	**2011649**	**1926657**	**2656971**	**1459685**	**1197286**	**1317703**	**697029**	**620674**
南昌市	**727520**	**388175**	**339345**	**510001**	**281797**	**228204**	**459651**	**254299**	**205352**
东湖区	36771	18860	17911	36978	18565	18413	25248	12139	13109
西湖区	55261	28028	27233	51645	26900	24745	32339	16196	16143
青云谱区	53064	28015	25049	43514	23456	20058	26447	14928	11519
青山湖区	164810	89230	75580	128104	71370	56734	140737	82948	57789
新建区	122055	68037	54018	66103	37481	28622	41675	23686	17989
红谷滩区	40575	21569	19006	41286	22330	18956	59299	29476	29823
南昌县	174671	92592	82079	107790	61594	46196	119565	67133	52432
安义县	19894	11711	8183	8662	5072	3590	6403	3721	2682
进贤县	60419	30133	30286	25919	15029	10890	7938	4072	3866
景德镇市	**144918**	**73689**	**71229**	**92056**	**49134**	**42922**	**43407**	**23153**	**20254**
昌江区	29966	15467	14499	15725	8743	6982	6578	3499	3079
珠山区	60318	30590	29728	45899	23447	22452	18491	9733	8758
浮梁县	21072	10776	10296	8831	4959	3872	12825	6954	5871
乐平市	33562	16856	16706	21601	11985	9616	5513	2967	2546
萍乡市	**121834**	**60479**	**61355**	**95001**	**47601**	**47400**	**50739**	**25765**	**24974**
安源区	68768	33904	34864	52668	26166	26502	39646	20073	19573
湘东区	13178	6696	6482	10357	5084	5273	3315	1895	1420
莲花县	8643	4318	4325	6517	3418	3099	1552	752	800
上栗县	18502	9336	9166	16436	8366	8070	3738	1837	1901
芦溪县	12743	6225	6518	9023	4567	4456	2488	1208	1280
九江市	**399398**	**198691**	**200707**	**291404**	**159896**	**131508**	**152597**	**79875**	**72722**
濂溪区	48053	24638	23415	40466	21599	18867	46181	25302	20879
浔阳区	39836	19960	19876	36164	19087	17077	35953	16461	19492
柴桑区	30607	15892	14715	19724	11404	8320	8337	4597	3740
武宁县	31327	14369	16958	12181	6394	5787	3560	1698	1862
修水县	58091	29258	28833	38555	20236	18319	11731	6032	5699
永修县	25352	12589	12763	17529	9920	7609	5883	3111	2772
德安县	29285	14932	14353	11865	6550	5315	4165	2138	2027
都昌县	18884	8833	10051	19500	10800	8700	4743	2533	2210
湖口县	17882	8995	8887	12556	7377	5179	4975	2836	2139
彭泽县	14359	6932	7427	11353	6275	5078	3441	1783	1658
瑞昌市	53089	25786	27303	48911	27562	21349	10339	5738	4601
共青城市	21249	10718	10531	11565	6492	5073	10723	6326	4397
庐山市	11384	5789	5595	11035	6200	4835	2566	1320	1246
新余市	**181179**	**93368**	**87811**	**90136**	**52886**	**37250**	**42535**	**24520**	**18015**
渝水区	137882	71308	66574	76127	44833	31294	38029	22093	15936
分宜县	43297	22060	21237	14009	8053	5956	4506	2427	2079
鹰潭市	**100367**	**50140**	**50227**	**73559**	**39494**	**34065**	**34326**	**15245**	**19081**
月湖区	44579	22188	22391	29790	15900	13890	14322	7109	7213
余江区	17024	8186	8838	16857	8915	7942	2995	1524	1471
贵溪市	38764	19766	18998	26912	14679	12233	17009	6612	10397
赣州市	**846604**	**438435**	**408169**	**573015**	**315384**	**257631**	**190452**	**103486**	**86966**
章贡区	129116	65693	63423	145407	74958	70449	69740	37739	32001
南康区	157870	84665	73205	71592	40544	31048	24518	13569	10949
赣县区	50521	27252	23269	46851	25494	21357	11177	6035	5142
信丰县	63251	31915	31336	27620	16070	11550	8255	4613	3642
大余县	12775	6680	6095	7046	3888	3158	2676	1395	1281
上犹县	25988	13875	12113	13120	7648	5472	4115	2208	1907
崇义县	12113	6483	5630	6774	3797	2977	2511	1301	1210
安远县	16884	8933	7951	12532	6692	5840	2501	1313	1188
定南县	34533	18135	16398	13257	7748	5509	4598	2453	2145
全南县	17376	8721	8655	8705	4874	3831	2301	1195	1106

7-6　续表 5　　　　单位：人

现住地	初中			高中			大学专科		
	小计	男	女	小计	男	女	小计	男	女
宁都县	46379	24485	21894	25522	15242	10280	6834	3872	2962
于都县	65473	33824	31649	46381	26069	20312	10232	5245	4987
兴国县	48419	24214	24205	45622	25433	20189	10216	5604	4612
会昌县	24363	12585	11778	21404	11772	9632	8373	4811	3562
寻乌县	27815	14299	13516	18425	9957	8468	5398	2924	2474
石城县	21571	10972	10599	10318	6353	3965	3601	2024	1577
瑞金市	54156	26506	27650	33794	18627	15167	7759	4151	3608
龙南市	38001	19198	18803	18645	10218	8427	5647	3034	2613
吉安市	**318047**	**154558**	**163489**	**191526**	**107864**	**83662**	**68645**	**36236**	**32409**
吉州区	41468	20276	21192	32573	17468	15105	21020	10237	10783
青原区	21847	10883	10964	11390	6264	5126	6321	3411	2910
吉安县	49520	24716	24804	29997	17736	12261	7924	4682	3242
吉水县	31195	15669	15526	11319	6992	4327	3698	2085	1613
峡江县	7872	3972	3900	5025	3013	2012	1369	762	607
新干县	21000	10867	10133	11535	6745	4790	3433	1821	1612
永丰县	18271	9383	8888	11494	6858	4636	3656	2022	1634
泰和县	36213	16783	19430	19839	10432	9407	4943	2764	2179
遂川县	17502	8562	8940	13535	7850	5685	3440	1839	1601
万安县	11423	5091	6332	9078	5071	4007	2439	1271	1168
安福县	18886	8952	9934	9579	5221	4358	2586	1302	1284
永新县	28523	12795	15728	17960	9892	8068	3753	1950	1803
井冈山市	14327	6609	7718	8202	4322	3880	4063	2090	1973
宜春市	**458044**	**229582**	**228462**	**292712**	**160409**	**132303**	**105225**	**50299**	**54926**
袁州区	150938	76136	74802	87578	47049	40529	39862	17517	22345
奉新县	28452	14000	14452	15658	8252	7406	4035	1996	2039
万载县	25196	12095	13101	19581	10097	9484	4457	2246	2211
上高县	39898	20392	19506	21378	11915	9463	5614	2873	2741
宜丰县	28270	14767	13503	13925	7365	6560	3715	1826	1889
靖安县	8977	4547	4430	5920	3160	2760	1631	828	803
铜鼓县	8281	4136	4145	3743	1891	1852	1457	748	709
丰城市	59853	29282	30571	54449	30750	23699	13562	7273	6289
樟树市	45830	22566	23264	28949	15288	13661	16029	8340	7689
高安市	62349	31661	30688	41531	24642	16889	14863	6652	8211
抚州市	**345957**	**176574**	**169383**	**155982**	**89094**	**66888**	**77692**	**37175**	**40517**
临川区	98719	48227	50492	61266	34823	26443	43785	18923	24862
东乡区	46042	23421	22621	17590	9936	7654	6514	3501	3013
南城县	29381	15595	13786	9701	5799	3902	3924	2089	1835
黎川县	23304	12239	11065	9635	5516	4119	3381	1886	1495
南丰县	24355	12668	11687	7685	4312	3373	2649	1341	1308
崇仁县	22333	11066	11267	8854	5058	3796	3097	1665	1432
乐安县	29060	15341	13719	13413	7836	5577	4897	2815	2082
宜黄县	21345	11044	10301	8270	4584	3686	3274	1703	1571
金溪县	20785	10497	10288	8412	4647	3765	2770	1398	1372
资溪县	6678	3462	3216	2947	1621	1326	919	453	466
广昌县	23955	13014	10941	8209	4962	3247	2482	1401	1081
上饶市	**294438**	**147958**	**146480**	**291579**	**156126**	**135453**	**92434**	**46976**	**45458**
信州区	45147	23673	21474	60335	32384	27951	31722	15401	16321
广丰区	21431	10280	11151	33951	16280	17671	6606	3217	3389
广信区	55542	29478	26064	37847	20983	16864	16917	9153	7764
玉山县	29186	13703	15483	27319	14244	13075	5219	2555	2664
铅山县	9764	4661	5103	9675	4933	4742	1848	959	889
横峰县	15242	7960	7282	6734	3779	2955	2447	1278	1169
弋阳县	18243	8955	9288	13938	7643	6295	3338	1726	1612
余干县	23307	12010	11297	26231	14588	11643	4443	2276	2167
鄱阳县	28403	13642	14761	30568	16780	13788	7075	3774	3301
万年县	15318	7223	8095	17102	9492	7610	3309	1718	1591
婺源县	18452	9278	9174	12196	6526	5670	5562	2811	2751
德兴市	14403	7095	7308	15683	8494	7189	3948	2108	1840

7-6 续表 6 单位：人

现住地	大学本科			硕士研究生			博士研究生		
	小计	男	女	小计	男	女	小计	男	女
全　省	**966418**	**512216**	**454202**	**60639**	**31814**	**28825**	**5086**	**3398**	**1688**
南昌市	**386462**	**206381**	**180081**	**37133**	**19071**	**18062**	**3177**	**2147**	**1030**
东湖区	24253	12708	11545	3006	1460	1546	297	191	106
西湖区	23307	12207	11100	2176	1110	1066	109	80	29
青云谱区	16160	8540	7620	1296	703	593	69	46	23
青山湖区	126651	71387	55264	12119	6303	5816	1179	794	385
新建区	37978	20214	17764	2201	1129	1072	273	175	98
红谷滩区	85929	44226	41703	10066	5554	4512	777	560	217
南昌县	64295	33142	31153	5903	2623	3280	425	266	159
安义县	4142	1946	2196	234	114	120	39	27	12
进贤县	3747	2011	1736	132	75	57	9	8	1
景德镇市	**38420**	**19332**	**19088**	**1631**	**826**	**805**	**146**	**88**	**58**
昌江区	5492	2972	2520	342	182	160	34	18	16
珠山区	15091	7768	7323	627	315	312	65	40	25
浮梁县	14624	6860	7764	548	273	275	39	24	15
乐平市	3213	1732	1481	114	56	58	8	6	2
萍乡市	**31432**	**15389**	**16043**	**1101**	**554**	**547**	**64**	**36**	**28**
安源区	24961	12334	12627	904	451	453	54	33	21
湘东区	1272	558	714	28	16	12	2	1	1
莲花县	1078	582	496	26	13	13			
上栗县	2469	1184	1285	91	46	45	7	2	5
芦溪县	1652	731	921	52	28	24	1		1
九江市	**112880**	**57057**	**55823**	**3205**	**1705**	**1500**	**214**	**125**	**89**
濂溪区	23377	12342	11035	939	488	451	86	47	39
浔阳区	17838	9423	8415	1032	538	494	69	41	28
柴桑区	4117	2306	1811	154	74	80	4	2	2
武宁县	2720	1362	1358	98	59	39	3	2	1
修水县	7962	4230	3732	183	101	82	12	6	6
永修县	3650	1957	1693	142	80	62	4	1	3
德安县	2068	1062	1006	82	44	38	2	2	
都昌县	2484	1414	1070	68	45	23	5	5	
湖口县	2288	1320	968	81	53	28	2	1	1
彭泽县	2632	1425	1207	70	42	28			
瑞昌市	6442	3642	2800	203	98	105	18	10	8
共青城市	36138	15950	20188	109	55	54	9	8	1
庐山市	1164	624	540	44	28	16			
新余市	**30156**	**16465**	**13691**	**955**	**525**	**430**	**90**	**58**	**32**
渝水区	27891	15211	12680	878	483	395	82	53	29
分宜县	2265	1254	1011	77	42	35	8	5	3
鹰潭市	**16643**	**8961**	**7682**	**755**	**430**	**325**	**31**	**19**	**12**
月湖区	9824	5310	4514	533	310	223	19	14	5
余江区	1899	991	908	58	31	27	2	1	1
贵溪市	4920	2660	2260	164	89	75	10	4	6
赣州市	**122100**	**68247**	**53853**	**6078**	**3506**	**2572**	**576**	**396**	**180**
章贡区	53068	29798	23270	3802	2218	1584	358	259	99
南康区	14970	8378	6592	476	271	205	47	29	18
赣县区	7486	4030	3456	414	206	208	67	39	28
信丰县	4528	2526	2002	111	69	42	8	4	4
大余县	1611	858	753	43	31	12	4	3	1
上犹县	2482	1333	1149	78	37	41	3	1	2
崇义县	1819	940	879	85	48	37			
安远县	1951	1057	894	61	30	31	3	1	2
定南县	2284	1304	980	62	36	26	1	1	
全南县	1498	833	665	42	24	18	2	2	

7-6　续表 7　　　　　　　　　　　　　　　　　　　　　　　　　　单位：人

现住地	大学本科			硕士研究生			博士研究生		
	小计	男	女	小计	男	女	小计	男	女
宁都县	4324	2492	1832	127	78	49	9	7	2
于都县	5509	2984	2525	155	83	72	10	4	6
兴国县	4457	2578	1879	126	70	56	7	5	2
会昌县	4212	2465	1747	82	55	27	10	7	3
寻乌县	1590	883	707	41	27	14	4	4	
石城县	2129	1273	856	107	66	41	10	8	2
瑞金市	4701	2669	2032	154	96	58	12	7	5
龙南市	3481	1846	1635	112	61	51	21	15	6
吉安市	**46215**	**24561**	**21654**	**1651**	**926**	**725**	**160**	**116**	**44**
吉州区	10013	5408	4605	694	391	303	58	40	18
青原区	11941	6027	5914	279	145	134	54	43	11
吉安县	4296	2382	1914	120	58	62	7	5	2
吉水县	2362	1307	1055	72	49	23	3	1	2
峡江县	986	545	441	32	20	12	4	3	1
新干县	2072	1100	972	54	27	27	2	2	
永丰县	2053	1172	881	43	24	19	6	4	2
泰和县	2760	1503	1257	68	46	22	8	4	4
遂川县	2528	1365	1163	78	44	34	3	2	1
万安县	1419	761	658	28	13	15	3	2	1
安福县	1462	725	737	44	25	19	3	3	
永新县	1974	1028	946	43	23	20	1	1	
井冈山市	2349	1238	1111	96	61	35	8	6	2
宜春市	**71310**	**37193**	**34117**	**3413**	**1741**	**1672**	**298**	**193**	**105**
袁州区	34106	17386	16720	1878	926	952	170	115	55
奉新县	2882	1413	1469	82	46	36	5	5	
万载县	2749	1370	1379	79	49	30	5	4	1
上高县	3644	1928	1716	96	55	41	3		3
宜丰县	2167	1095	1072	60	37	23	6	5	1
靖安县	978	536	442	54	35	19	6	5	1
铜鼓县	1021	538	483	54	30	24			
丰城市	10298	5682	4616	540	280	260	74	46	28
樟树市	6566	3472	3094	306	153	153	11	7	4
高安市	6899	3773	3126	264	130	134	18	6	12
抚州市	**44942**	**24672**	**20270**	**2196**	**1163**	**1033**	**163**	**104**	**59**
临川区	27503	14774	12729	1537	784	753	113	71	42
东乡区	2851	1615	1236	199	122	77	16	9	7
南城县	2249	1227	1022	61	33	28	4	3	1
黎川县	1481	857	624	60	24	36	2	2	
南丰县	1135	575	560	44	22	22	2	2	
崇仁县	1641	958	683	54	35	19	3	2	1
乐安县	2793	1710	1083	82	51	31	6	5	1
宜黄县	1512	842	670	48	26	22	4	3	1
金溪县	1591	856	735	51	28	23	5	2	3
资溪县	708	382	326	20	13	7	3	2	1
广昌县	1478	876	602	40	25	15	5	3	2
上饶市	**65858**	**33958**	**31900**	**2521**	**1367**	**1154**	**167**	**116**	**51**
信州区	30217	14768	15449	1354	710	644	87	55	32
广丰区	3648	1872	1776	96	53	43	4	2	2
广信区	8879	4803	4076	401	228	173	32	27	5
玉山县	3396	1745	1651	120	72	48	13	8	5
铅山县	1271	677	594	38	28	10			
横峰县	1345	735	610	25	13	12	3	1	2
弋阳县	2226	1133	1093	54	23	31	2	2	
余干县	2789	1566	1223	67	39	28	5	4	1
鄱阳县	4440	2475	1965	118	66	52	9	9	
万年县	1851	1034	817	55	26	29	4	2	2
婺源县	2576	1319	1257	76	37	39	6	4	2
德兴市	3220	1831	1389	117	72	45	2	2	

7-6a 全省按现住地、受教育程度、性别分的户口登记地在本省其他乡镇街道的人口(城市)

单位：人

现住地	合计			未上过学		
	合计	男	女	小计	男	女
全省	**6480978**	**3309022**	**3171956**	**79399**	**23951**	**55448**
南昌市	**1732429**	**904781**	**827648**	**26180**	**7577**	**18603**
东湖区	148692	73919	74773	1965	669	1296
西湖区	203528	102104	101424	3289	1023	2266
青云谱区	176724	92422	84302	2749	921	1828
青山湖区	626505	336322	290183	8684	2568	6116
新建区	305356	161139	144217	6076	1464	4612
红谷滩区	271197	138623	132574	3413	928	2485
南昌县	427	252	175	4	4	
安义县						
进贤县						
景德镇市	**325319**	**164945**	**160374**	**5423**	**1650**	**3773**
昌江区	75121	38572	36549	1330	393	937
珠山区	178461	89799	88662	2671	926	1745
浮梁县	1468	763	705	52	16	36
乐平市	70269	35811	34458	1370	315	1055
萍乡市	**241092**	**119289**	**121803**	**1206**	**482**	**724**
安源区	213063	105091	107972	1076	426	650
湘东区	26513	13472	13041	123	52	71
莲花县						
上栗县	1516	726	790	7	4	3
芦溪县						
九江市	**605746**	**305580**	**300166**	**8861**	**2299**	**6562**
濂溪区	172521	88883	83638	2546	611	1935
浔阳区	159231	78317	80914	1997	567	1430
柴桑区	68173	35298	32875	1132	253	879
武宁县						
修水县						
永修县						
德安县						
都昌县						
湖口县						
彭泽县						
瑞昌市	86663	44135	42528	1346	394	952
共青城市	87170	42436	44734	1191	325	866
庐山市	31988	16511	15477	649	149	500
新余市	**354556**	**186028**	**168528**	**5566**	**1871**	**3695**
渝水区	354556	186028	168528	5566	1871	3695
分宜县						
鹰潭市	**262160**	**133030**	**129130**	**2967**	**1088**	**1879**
月湖区	132112	66734	65378	1938	650	1288
余江区	38252	19341	18911	318	111	207
贵溪市	91796	46955	44841	711	327	384
赣州市	**1078871**	**551444**	**527427**	**9936**	**3014**	**6922**
章贡区	452312	231081	221231	2764	849	1915
南康区	300418	155243	145175	4054	1185	2869
赣县区	131153	67947	63206	1465	474	991
信丰县						
大余县						
上犹县						
崇义县						
安远县						
定南县						
全南县						

7-6a　续表 1　　单位：人

现住地	合计			未上过学		
	合计	男	女	小计	男	女
宁都县						
于都县						
兴国县						
会昌县						
寻乌县	695	310	385	11		11
石城县						
瑞金市	113032	56285	56747	889	298	591
龙南市	81261	40578	40683	753	208	545
吉安市	**224143**	**111737**	**112406**	**2891**	**867**	**2024**
吉州区	134596	67378	67218	1756	545	1211
青原区	65169	32739	32430	835	257	578
吉安县						
吉水县						
峡江县						
新干县						
永丰县						
泰和县						
遂川县						
万安县						
安福县						
永新县						
井冈山市	24378	11620	12758	300	65	235
宜春市	**784404**	**396543**	**387861**	**5890**	**2158**	**3732**
袁州区	399704	199011	200693	3154	1168	1986
奉新县						
万载县						
上高县						
宜丰县						
靖安县						
铜鼓县						
丰城市	153334	79081	74253	1303	476	827
樟树市	116847	59010	57837	565	224	341
高安市	114519	59441	55078	868	290	578
抚州市	**407845**	**199505**	**208340**	**6356**	**1812**	**4544**
临川区	296293	144186	152107	3939	1243	2696
东乡区	111552	55319	56233	2417	569	1848
南城县						
黎川县						
南丰县						
崇仁县						
乐安县						
宜黄县						
金溪县						
资溪县						
广昌县						
上饶市	**464413**	**236140**	**228273**	**4123**	**1133**	**2990**
信州区	189845	96859	92986	952	280	672
广丰区	68597	32743	35854	429	151	278
广信区	159862	83047	76815	2452	617	1835
玉山县						
铅山县	85	42	43			
横峰县						
弋阳县						
余干县	869	401	468	14	3	11
鄱阳县	9	5	4			
万年县						
婺源县						
德兴市	45146	23043	22103	276	82	194

7-6a 续表 2

单位：人

现住地	学前教育			小学		
	小计	男	女	小计	男	女
全 省	**234412**	**127311**	**107101**	**1148653**	**532074**	**616579**
南昌市	**53687**	**29105**	**24582**	**263412**	**121680**	**141732**
东湖区	3432	1876	1556	18714	8579	10135
西湖区	5881	3193	2688	29521	13367	16154
青云谱区	5725	3083	2642	28525	13219	15306
青山湖区	18643	10126	8517	87111	40375	46736
新建区	14041	7560	6481	74117	34376	39741
红谷滩区	5948	3256	2692	25340	11718	13622
南昌县	17	11	6	84	46	38
安义县						
进贤县						
景德镇市	**10914**	**5916**	**4998**	**70841**	**33665**	**37176**
昌江区	2856	1543	1313	16851	7895	8956
珠山区	5408	2861	2547	34797	16658	18139
浮梁县	47	26	21	369	185	184
乐平市	2603	1486	1117	18824	8927	9897
萍乡市	**8338**	**4451**	**3887**	**31849**	**15182**	**16667**
安源区	7407	3967	3440	27530	13101	14429
湘东区	871	454	417	4094	1970	2124
莲花县						
上栗县	60	30	30	225	111	114
芦溪县						
九江市	**19560**	**10480**	**9080**	**92720**	**42679**	**50041**
濂溪区	4608	2457	2151	21475	9485	11990
浔阳区	4669	2520	2149	21830	9793	12037
柴桑区	3019	1616	1403	12819	6050	6769
武宁县						
修水县						
永修县						
德安县						
都昌县						
湖口县						
彭泽县						
瑞昌市	3631	1930	1701	16978	7777	9201
共青城市	2219	1184	1035	12090	5984	6106
庐山市	1414	773	641	7528	3590	3938
新余市	**15260**	**8592**	**6668**	**74693**	**35162**	**39531**
渝水区	15260	8592	6668	74693	35162	39531
分宜县						
鹰潭市	**10342**	**5743**	**4599**	**53704**	**25399**	**28305**
月湖区	5543	3049	2494	27495	12910	14585
余江区	1475	835	640	5942	2943	2999
贵溪市	3324	1859	1465	20267	9546	10721
赣州市	**40350**	**21674**	**18676**	**185779**	**83458**	**102321**
章贡区	14726	7924	6802	56946	25440	31506
南康区	12048	6458	5590	62447	28551	33896
赣县区	4759	2591	2168	27454	12628	14826
信丰县						
大余县						
上犹县						
崇义县						
安远县						
定南县						
全南县						

7-6a　续表 3　　　　单位：人

现住地	学前教育			小学		
	小计	男	女	小计	男	女
宁都县						
于都县						
兴国县						
会昌县						
寻乌县	32	18	14	213	72	141
石城县						
瑞金市	5197	2761	2436	22197	9596	12601
龙南市	3588	1922	1666	16522	7171	9351
吉安市	**10426**	**5678**	**4748**	**45467**	**21134**	**24333**
吉州区	6017	3277	2740	26594	12429	14165
青原区	3211	1779	1432	13932	6537	7395
吉安县						
吉水县						
峡江县						
新干县						
永丰县						
泰和县						
遂川县						
万安县						
安福县						
永新县						
井冈山市	1198	622	576	4941	2168	2773
宜春市	**33128**	**18094**	**15034**	**147897**	**70183**	**77714**
袁州区	17404	9342	8062	80170	37845	42325
奉新县						
万载县						
上高县						
宜丰县						
靖安县						
铜鼓县						
丰城市	5318	2985	2333	26516	12387	14129
樟树市	5065	2809	2256	20120	9654	10466
高安市	5341	2958	2383	21091	10297	10794
抚州市	**17089**	**9425**	**7664**	**102838**	**45969**	**56869**
临川区	11539	6446	5093	64762	28615	36147
东乡区	5550	2979	2571	38076	17354	20722
南城县						
黎川县						
南丰县						
崇仁县						
乐安县						
宜黄县						
金溪县						
资溪县						
广昌县						
上饶市	**15318**	**8153**	**7165**	**79453**	**37563**	**41890**
信州区	5715	3047	2668	21940	10858	11082
广丰区	2221	1159	1062	10061	4745	5316
广信区	5834	3118	2716	38909	18146	20763
玉山县						
铅山县	3		3	43	21	22
横峰县						
弋阳县						
余干县	41	22	19	224	100	124
鄱阳县	1		1	1	1	
万年县						
婺源县						
德兴市	1503	807	696	8275	3692	4583

7-6a 续表 4

单位：人

现住地	初中			高中			大学专科		
	小计	男	女	小计	男	女	小计	男	女
全 省	**1970195**	**1005404**	**964791**	**1475731**	**796347**	**679384**	**841864**	**437595**	**404269**
南昌市	**440094**	**234941**	**205153**	**343400**	**186465**	**156935**	**298855**	**160844**	**138011**
东湖区	35506	18154	17352	36490	18271	18219	25089	12052	13037
西湖区	55261	28028	27233	51645	26900	24745	32339	16196	16143
青云谱区	52706	27815	24891	43244	23283	19961	26301	14849	11452
青山湖区	149474	80242	69232	118532	65668	52864	126722	73459	53263
新建区	107396	59747	47649	52342	30112	22230	29191	14861	14330
红谷滩区	39522	20824	18698	41075	22184	18891	59203	29421	29782
南昌县	229	131	98	72	47	25	10	6	4
安义县									
进贤县									
景德镇市	**111165**	**56534**	**54631**	**75064**	**39846**	**35218**	**28239**	**14964**	**13275**
昌江区	27534	14212	13322	14724	8201	6523	6198	3300	2898
珠山区	58309	29538	28771	43901	22417	21484	17858	9419	8439
浮梁县	663	344	319	214	130	84	83	42	41
乐平市	24659	12440	12219	16225	9098	7127	4100	2203	1897
萍乡市	**76025**	**37573**	**38452**	**58994**	**29330**	**29664**	**38116**	**19169**	**18947**
安源区	65566	32311	33255	50565	25139	25426	35284	17468	17816
湘东区	9728	4928	4800	8069	4006	4063	2734	1661	1073
莲花县									
上栗县	731	334	397	360	185	175	98	40	58
芦溪县									
九江市	**159924**	**80634**	**79290**	**134228**	**73055**	**61173**	**103391**	**53433**	**49958**
濂溪区	40814	20943	19871	34569	18299	16270	44681	24534	20147
浔阳区	39725	19910	19815	36135	19075	17060	35942	16454	19488
柴桑区	24814	12692	12122	15837	8978	6859	7006	3756	3250
武宁县									
修水县									
永修县									
德安县									
都昌县									
湖口县									
彭泽县									
瑞昌市	26550	12912	13638	28780	15982	12798	5556	3009	2547
共青城市	18737	9449	9288	9035	5119	3916	7992	4546	3446
庐山市	9284	4728	4556	9872	5602	4270	2214	1134	1080
新余市	**131453**	**67679**	**63774**	**67612**	**39571**	**28041**	**32456**	**18074**	**14382**
渝水区	131453	67679	63774	67612	39571	28041	32456	18074	14382
分宜县									
鹰潭市	**89512**	**44316**	**45196**	**66899**	**35952**	**30947**	**22354**	**11702**	**10652**
月湖区	44198	21970	22228	29610	15805	13805	13053	6774	6279
余江区	13134	6230	6904	13511	7214	6297	2327	1211	1116
贵溪市	32180	16116	16064	23778	12933	10845	6974	3717	3257
赣州市	**369691**	**188936**	**180755**	**279483**	**148272**	**131211**	**109427**	**58947**	**50480**
章贡区	118170	59489	58681	136263	69549	66714	67261	36219	31042
南康区	128228	67211	61017	59819	33323	26496	20243	10862	9381
赣县区	38431	20445	17986	41992	22613	19379	9834	5354	4480
信丰县									
大余县									
上犹县									
崇义县									
安远县									
定南县									
全南县									

7−6a 续表 5

单位：人

现住地	初中			高中			大学专科		
	小计	男	女	小计	男	女	小计	男	女
宁都县									
于都县									
兴国县									
会昌县									
寻乌县	270	139	131	101	52	49	27	13	14
石城县									
瑞金市	49869	24331	25538	23825	13195	10630	7041	3779	3262
龙南市	34723	17321	17402	17483	9540	7943	5021	2720	2301
吉安市	**64978**	**31704**	**33274**	**47156**	**25201**	**21955**	**29121**	**14557**	**14564**
吉州区	38221	18928	19293	31038	16570	14468	20519	9970	10549
青原区	19266	9429	9837	10384	5671	4713	5737	3104	2633
吉安县									
吉水县									
峡江县									
新干县									
永丰县									
泰和县									
遂川县									
万安县									
安福县									
永新县									
井冈山市	7491	3347	4144	5734	2960	2774	2865	1483	1382
宜春市	**272445**	**134497**	**137948**	**193476**	**105990**	**87486**	**74801**	**35896**	**38905**
袁州区	140551	70639	69912	84632	45247	39385	38525	16809	21716
奉新县									
万载县									
上高县									
宜丰县									
靖安县									
铜鼓县									
丰城市	49534	23839	25695	49292	27793	21499	11765	6246	5519
樟树市	42344	20738	21606	27157	14214	12943	15325	8020	7305
高安市	40016	19281	20735	32395	18736	13659	9186	4821	4365
抚州市	**132088**	**65135**	**66953**	**70117**	**39189**	**30928**	**48301**	**21318**	**26983**
临川区	90651	44164	46487	54454	30363	24091	42545	18205	24340
东乡区	41437	20971	20466	15663	8826	6837	5756	3113	2643
南城县									
黎川县									
南丰县									
崇仁县									
乐安县									
宜黄县									
金溪县									
资溪县									
广昌县									
上饶市	**122820**	**63455**	**59365**	**139302**	**73476**	**65826**	**56803**	**28691**	**28112**
信州区	41022	21375	19647	57973	30988	26985	31040	15023	16017
广丰区	17189	8133	9056	29714	14047	15667	5706	2806	2900
广信区	51297	27400	23897	36258	20113	16145	16224	8816	7408
玉山县									
铅山县	27	15	12	8	5	3	3	1	2
横峰县									
弋阳县									
余干县	329	144	185	177	92	85	54	25	29
鄱阳县	4	2	2	1	1		2	1	1
万年县									
婺源县									
德兴市	12952	6386	6566	15171	8230	6941	3774	2019	1755

7-6a 续表 6

单位：人

现住地	大学本科			硕士研究生			博士研究生		
	小计	男	女	小计	男	女	小计	男	女
全　省	**679109**	**358458**	**320651**	**47494**	**25119**	**22375**	**4121**	**2763**	**1358**
南昌市	**274848**	**146995**	**127853**	**29389**	**15429**	**13960**	**2564**	**1745**	**819**
东湖区	24195	12668	11527	3004	1459	1545	297	191	106
西湖区	23307	12207	11100	2176	1110	1066	109	80	29
青云谱区	16109	8503	7606	1296	703	593	69	46	23
青山湖区	105059	57434	47625	11202	5733	5469	1078	717	361
新建区	20311	11996	8315	1648	872	776	234	151	83
红谷滩区	85856	44180	41676	10063	5552	4511	777	560	217
南昌县	11	7	4						
安义县									
进贤县									
景德镇市	**22522**	**11776**	**10746**	**1048**	**533**	**515**	**103**	**61**	**42**
昌江区	5264	2837	2427	331	174	157	33	17	16
珠山区	14834	7630	7204	620	311	309	63	39	24
浮梁县	39	20	19	1		1			
乐平市	2385	1289	1096	96	48	48	7	5	2
萍乡市	**25595**	**12608**	**12987**	**913**	**459**	**454**	**56**	**35**	**21**
安源区	24687	12199	12488	894	447	447	54	33	21
湘东区	874	388	486	19	12	7	1	1	
莲花县									
上栗县	34	21	13				1	1	
芦溪县									
九江市	**84541**	**41691**	**42850**	**2345**	**1207**	**1138**	**176**	**102**	**74**
濂溪区	22824	12031	10793	920	478	442	84	45	39
浔阳区	17832	9419	8413	1032	538	494	69	41	28
柴桑区	3412	1890	1522	132	62	70	2	1	1
武宁县									
修水县									
永修县									
德安县									
都昌县									
湖口县									
彭泽县									
瑞昌市	3687	2069	1618	123	55	68	12	7	5
共青城市	35794	15769	20025	103	52	51	9	8	1
庐山市	992	513	479	35	22	13			
新余市	**26581**	**14557**	**12024**	**856**	**471**	**385**	**79**	**51**	**28**
渝水区	26581	14557	12024	856	471	385	79	51	28
分宜县									
鹰潭市	**15651**	**8413**	**7238**	**704**	**400**	**304**	**27**	**17**	**10**
月湖区	9732	5259	4473	524	303	221	19	14	5
余江区	1492	769	723	51	27	24	2	1	1
贵溪市	4427	2385	2042	129	70	59	6	2	4
赣州市	**78948**	**44060**	**34888**	**4769**	**2745**	**2024**	**488**	**338**	**150**
章贡区	52072	29174	22898	3758	2184	1574	352	253	99
南康区	13122	7380	5742	415	245	170	42	28	14
赣县区	6774	3617	3157	381	189	192	63	36	27
信丰县									
大余县									
上犹县									
崇义县									
安远县									
定南县									
全南县									

7-6a　续表 7　　　　单位：人

现住地	大学本科			硕士研究生			博士研究生		
	小计	男	女	小计	男	女	小计	男	女
宁都县									
于都县									
兴国县									
会昌县									
寻乌县	41	16	25						
石城县									
瑞金市	3892	2246	1646	111	72	39	11	7	4
龙南市	3047	1627	1420	104	55	49	20	14	6
吉安市	**23001**	**11974**	**11027**	**993**	**542**	**451**	**110**	**80**	**30**
吉州区	9718	5240	4478	679	382	297	54	37	17
青原区	11488	5784	5704	264	137	127	52	41	11
吉安县									
吉水县									
峡江县									
新干县									
永丰县									
泰和县									
遂川县									
万安县									
安福县									
永新县									
井冈山市	1795	950	845	50	23	27	4	2	2
宜春市	**53626**	**28137**	**25489**	**2871**	**1416**	**1455**	**270**	**172**	**98**
袁州区	33247	16938	16309	1852	909	943	169	114	55
奉新县									
万载县									
上高县									
宜丰县									
靖安县									
铜鼓县									
丰城市	9029	5052	3977	504	258	246	73	45	28
樟树市	5968	3202	2766	292	142	150	11	7	4
高安市	5382	2945	2437	223	107	116	17	6	11
抚州市	**29242**	**15699**	**13543**	**1687**	**880**	**807**	**127**	**78**	**49**
临川区	26782	14307	12475	1508	772	736	113	71	42
东乡区	2460	1392	1068	179	108	71	14	7	7
南城县									
黎川县									
南丰县									
崇仁县									
乐安县									
宜黄县									
金溪县									
资溪县									
广昌县									
上饶市	**44554**	**22548**	**22006**	**1919**	**1037**	**882**	**121**	**84**	**37**
信州区	29775	14529	15246	1342	704	638	86	55	31
广丰区	3195	1654	1541	80	47	33	2	1	1
广信区	8473	4594	3879	384	217	167	31	26	5
玉山县									
铅山县	1		1						
横峰县									
弋阳县									
余干县	29	15	14	1		1			
鄱阳县									
万年县									
婺源县									
德兴市	3081	1756	1325	112	69	43	2	2	

7－6b 全省按现住地、受教育程度、性别分的户口登记地在本省其他乡镇街道的人口(镇)

单位：人

现住地	合计			未上过学		
	合计	男	女	小计	男	女
全省	**4728750**	**2402062**	**2326688**	**69193**	**18408**	**50785**
南昌市	**812249**	**426443**	**385806**	**13009**	**3230**	**9779**
东湖区	865	482	383	18	4	14
西湖区						
青云谱区	1253	702	551	30	11	19
青山湖区	60728	36634	24094	755	225	530
新建区	19773	10286	9487	344	110	234
红谷滩区						
南昌县	542779	284294	258485	7910	2075	5835
安义县	45833	25594	20239	301	95	206
进贤县	141018	68451	72567	3651	710	2941
景德镇市	**91208**	**46008**	**45200**	**1206**	**421**	**785**
昌江区	1882	980	902	36	10	26
珠山区	6631	3408	3223	96	40	56
浮梁县	67360	33954	33406	886	310	576
乐平市	15335	7666	7669	188	61	127
萍乡市	**107382**	**53138**	**54244**	**603**	**217**	**386**
安源区	7323	3574	3749	53	24	29
湘东区	4870	2295	2575	26	11	15
莲花县	21858	10645	11213	212	45	167
上栗县	44601	22514	22087	207	96	111
芦溪县	28730	14110	14620	105	41	64
九江市	**585746**	**289866**	**295880**	**10980**	**2463**	**8517**
濂溪区	4838	2515	2323	83	19	64
浔阳区						
柴桑区	5095	2751	2344	161	47	114
武宁县	69404	32292	37112	1096	298	798
修水县	158405	79354	79051	1686	607	1079
永修县	67551	33938	33613	1123	248	875
德安县	61874	30830	31044	1026	246	780
都昌县	61087	29850	31237	1810	274	1536
湖口县	53247	26395	26852	1636	262	1374
彭泽县	43050	20582	22468	1743	274	1469
瑞昌市	58303	29880	28423	547	169	378
共青城市	165	95	70			
庐山市	2727	1384	1343	69	19	50
新余市	**102605**	**54758**	**47847**	**1711**	**660**	**1051**
渝水区	15841	9997	5844	49	16	33
分宜县	86764	44761	42003	1662	644	1018
鹰潭市	**27716**	**11631**	**16085**	**242**	**74**	**168**
月湖区	1812	623	1189	12	3	9
余江区	7734	3778	3956	158	38	120
贵溪市	18170	7230	10940	72	33	39
赣州市	**1048195**	**536637**	**511558**	**14268**	**3807**	**10461**
章贡区	6993	4350	2643	59	20	39
南康区	10048	5055	4993	131	45	86
赣县区	18765	10074	8691	290	76	214
信丰县	128997	65416	63581	1491	416	1075
大余县	27751	13938	13813	359	79	280
上犹县	66468	33040	33428	1046	225	821
崇义县	31241	15387	15854	619	110	509
安远县	46519	22806	23713	1047	169	878
定南县	63196	32423	30773	537	128	409
全南县	36014	17313	18701	321	99	222

7-6b　续表 1　　单位：人

现住地	合计			未上过学		
	合计	男	女	小计	男	女
宁都县	109713	57324	52389	1916	432	1484
于都县	176910	91262	85648	3541	1207	2334
兴国县	132883	69131	63752	744	262	482
会昌县	76214	39120	37094	987	234	753
寻乌县	65294	33507	31787	476	137	339
石城县	48819	25263	23556	671	158	513
瑞金市	982	501	481	16	5	11
龙南市	1388	727	661	17	5	12
吉安市	**590656**	**294854**	**295802**	**6909**	**1821**	**5088**
吉州区	4680	2008	2672	69	14	55
青原区	1319	642	677	21	9	12
吉安县	114844	58863	55981	1029	316	713
吉水县	66071	33935	32136	780	205	575
峡江县	19364	10160	9204	259	69	190
新干县	55978	28761	27217	1079	218	861
永丰县	52437	26724	25713	1175	254	921
泰和县	74201	36101	38100	307	118	189
遂川县	46599	23731	22868	421	130	291
万安县	29903	14480	15423	232	69	163
安福县	41212	19706	21506	469	124	345
永新县	70205	33251	36954	760	204	556
井冈山市	13843	6492	7351	308	91	217
宜春市	**385454**	**195618**	**189836**	**3237**	**1084**	**2153**
袁州区	6560	3458	3102	87	32	55
奉新县	66256	32919	33337	387	144	243
万载县	61681	30446	31235	313	124	189
上高县	95283	48901	46382	1069	311	758
宜丰县	61695	31428	30267	510	160	350
靖安县	21188	10636	10552	257	102	155
铜鼓县	18593	9157	9436	191	84	107
丰城市	11557	5906	5651	186	64	122
樟树市	4151	2150	2001	41	18	23
高安市	38490	20617	17873	196	45	151
抚州市	**516102**	**262323**	**253779**	**10954**	**3149**	**7805**
临川区	7536	4103	3433	181	82	99
东乡区	6754	3373	3381	147	46	101
南城县	70161	35925	34236	1814	451	1363
黎川县	64033	32464	31569	1608	475	1133
南丰县	59448	30407	29041	1662	450	1212
崇仁县	56738	28134	28604	691	261	430
乐安县	72961	38070	34891	766	299	467
宜黄县	50809	25498	25311	653	191	462
金溪县	55438	27431	28007	1417	378	1039
资溪县	18282	8993	9289	672	156	516
广昌县	53942	27925	26017	1343	360	983
上饶市	**461437**	**230786**	**230651**	**6074**	**1482**	**4592**
信州区	1482	745	737	18	11	7
广丰区	4496	2231	2265	51	18	33
广信区	3274	1672	1602	125	38	87
玉山县	81697	39601	42096	595	167	428
铅山县	26683	13349	13334	158	75	83
横峰县	36286	18724	17562	600	147	453
弋阳县	52049	26078	25971	626	197	429
余干县	65243	34325	30918	818	228	590
鄱阳县	90584	44866	45718	2148	360	1788
万年县	45589	23104	22485	330	132	198
婺源县	53421	25729	27692	603	109	494
德兴市	633	362	271	2		2

7-6b 续表 2 单位：人

现住地	学前教育			小学		
	小计	男	女	小计	男	女
全 省	**198454**	**107566**	**90888**	**1086703**	**495552**	**591151**
南昌市	**29194**	**15642**	**13552**	**147960**	**67698**	**80262**
东湖区	39	24	15	238	130	108
西湖区						
青云谱区	33	17	16	365	185	180
青山湖区	1258	640	618	5888	2636	3252
新建区	698	355	343	3406	1729	1677
红谷滩区						
南昌县	19739	10585	9154	89406	41155	48251
安义县	1115	590	525	7389	3810	3579
进贤县	6312	3431	2881	41268	18053	23215
景德镇市	**3066**	**1656**	**1410**	**16202**	**7737**	**8465**
昌江区	51	26	25	576	281	295
珠山区	186	103	83	1725	878	847
浮梁县	2225	1204	1021	10232	4848	5384
乐平市	604	323	281	3669	1730	1939
萍乡市	**4219**	**2192**	**2027**	**20573**	**9854**	**10719**
安源区	239	130	109	1321	656	665
湘东区	137	75	62	920	474	446
莲花县	933	523	410	5141	2368	2773
上栗县	1636	813	823	7509	3589	3920
芦溪县	1274	651	623	5682	2767	2915
九江市	**26435**	**14047**	**12388**	**140110**	**63222**	**76888**
濂溪区	178	88	90	928	412	516
浔阳区						
柴桑区	154	82	72	1130	532	598
武宁县	3979	2087	1892	19055	8450	10605
修水县	6800	3536	3264	36597	17084	19513
永修县	2752	1495	1257	15061	6760	8301
德安县	3023	1603	1420	16261	7517	8744
都昌县	2176	1187	989	14375	6465	7910
湖口县	2571	1400	1171	13419	5482	7937
彭泽县	1858	992	866	10255	4339	5916
瑞昌市	2850	1540	1310	12327	5831	6496
共青城市	5		5	38	27	11
庐山市	89	37	52	664	323	341
新余市	**4413**	**2384**	**2029**	**22780**	**11227**	**11553**
渝水区	150	87	63	939	425	514
分宜县	4263	2297	1966	21841	10802	11039
鹰潭市	**609**	**297**	**312**	**3706**	**1717**	**1989**
月湖区	27	12	15	89	42	47
余江区	240	115	125	1422	581	841
贵溪市	342	170	172	2195	1094	1101
赣州市	**45023**	**24341**	**20682**	**242575**	**107496**	**135079**
章贡区	147	84	63	766	417	349
南康区	342	169	173	2075	924	1151
赣县区	753	388	365	4538	2040	2498
信丰县	5321	2895	2426	26403	11246	15157
大余县	1087	567	520	5772	2561	3211
上犹县	3148	1692	1456	19605	7827	11778
崇义县	1510	840	670	8411	3440	4971
安远县	1749	938	811	11962	4915	7047
定南县	2843	1536	1307	15653	6858	8795
全南县	1804	933	871	8641	3414	5227

7-6b 续表 3 单位：人

现住地	学前教育			小学		
	小计	男	女	小计	男	女
宁都县	4888	2672	2216	27354	12185	15169
于都县	6359	3447	2912	42879	20449	22430
兴国县	5526	2931	2595	25535	12253	13282
会昌县	3364	1815	1549	16342	6932	9410
寻乌县	3582	2011	1571	13934	6445	7489
石城县	2527	1389	1138	12251	5397	6854
瑞金市	41	19	22	258	104	154
龙南市	32	15	17	196	89	107
吉安市	**26447**	**14656**	**11791**	**138847**	**62337**	**76510**
吉州区	89	46	43	788	292	496
青原区	42	23	19	232	108	124
吉安县	4056	2245	1811	23307	9827	13480
吉水县	3090	1809	1281	17540	8086	9454
峡江县	1024	581	443	4436	2118	2318
新干县	2884	1593	1291	15563	7315	8248
永丰县	3063	1677	1386	15786	7147	8639
泰和县	2755	1515	1240	12304	5891	6413
遂川县	2201	1213	988	10257	4472	5785
万安县	1229	685	544	5891	2438	3453
安福县	2041	1126	915	9785	4356	5429
永新县	3193	1729	1464	18927	8509	10418
井冈山市	780	414	366	4031	1778	2253
宜春市	**17197**	**9362**	**7835**	**83137**	**40013**	**43124**
袁州区	280	146	134	1733	815	918
奉新县	3215	1723	1492	13868	6572	7296
万载县	2864	1569	1295	11809	5538	6271
上高县	5130	2795	2335	22397	10841	11556
宜丰县	2701	1506	1195	13135	6156	6979
靖安县	958	521	437	4648	2280	2368
铜鼓县	827	438	389	4789	2214	2575
丰城市	422	223	199	2727	1258	1469
樟树市	121	68	53	653	336	317
高安市	679	373	306	7378	4003	3375
抚州市	**24353**	**13419**	**10934**	**167682**	**77500**	**90182**
临川区	197	110	87	1555	776	779
东乡区	319	177	142	2119	944	1175
南城县	2864	1613	1251	24236	11344	12892
黎川县	2863	1575	1288	23607	10954	12653
南丰县	3088	1729	1359	20649	10217	10432
崇仁县	3033	1675	1358	18289	8070	10219
乐安县	3570	1953	1617	20500	9303	11197
宜黄县	2245	1219	1026	14675	6565	8110
金溪县	2652	1472	1180	19658	9212	10446
资溪县	789	435	354	6022	2747	3275
广昌县	2733	1461	1272	16372	7368	9004
上饶市	**17498**	**9570**	**7928**	**103131**	**46751**	**56380**
信州区	49	19	30	324	157	167
广丰区	140	80	60	1120	522	598
广信区	122	70	52	1020	514	506
玉山县	3258	1753	1505	16427	7130	9297
铅山县	1011	538	473	6576	3048	3528
横峰县	1710	971	739	9416	4480	4936
弋阳县	1852	1026	826	13534	6240	7294
余干县	2428	1326	1102	12067	5962	6105
鄱阳县	2956	1602	1354	19260	8557	10703
万年县	1674	972	702	9271	4409	4862
婺源县	2279	1201	1078	13975	5659	8316
德兴市	19	12	7	141	73	68

7－6b　续表 4　　　　单位：人

现住地	初中			高中			大学专科		
	小计	男	女	小计	男	女	小计	男	女
全　省	**1682938**	**850765**	**832173**	**1026239**	**572422**	**453817**	**407292**	**218712**	**188580**
南昌市	**242054**	**127573**	**114481**	**141441**	**79726**	**61715**	**138474**	**78737**	**59737**
东湖区	336	186	150	150	90	60	52	26	26
西湖区									
青云谱区	358	200	158	270	173	97	146	79	67
青山湖区	10417	5939	4478	7080	4016	3064	13130	8857	4273
新建区	4942	2774	2168	7798	3793	4005	1346	779	567
红谷滩区									
南昌县	151503	79929	71574	94756	53750	41006	110377	61755	48622
安义县	18299	10696	7603	8316	4857	3459	6191	3596	2595
进贤县	56199	27849	28350	23071	13047	10024	7232	3645	3587
景德镇市	**26151**	**13165**	**12986**	**14484**	**7839**	**6645**	**14126**	**7615**	**6511**
昌江区	718	385	333	313	158	155	123	79	44
珠山区	1857	971	886	1893	971	922	612	304	308
浮梁县	18642	9432	9210	7964	4418	3546	12391	6689	5702
乐平市	4934	2377	2557	4314	2292	2022	1000	543	457
萍乡市	**37548**	**18579**	**18969**	**31877**	**16221**	**15656**	**7396**	**3617**	**3779**
安源区	2910	1438	1472	1980	969	1011	584	247	337
湘东区	1638	785	853	1711	788	923	247	94	153
莲花县	7309	3469	3840	6061	3132	2929	1258	602	656
上栗县	14791	7585	7206	15034	7730	7304	3143	1597	1546
芦溪县	10900	5302	5598	7091	3602	3489	2164	1077	1087
九江市	**206286**	**100792**	**105494**	**135593**	**74070**	**61523**	**40766**	**21476**	**19290**
濂溪区	2081	1106	975	1172	680	492	299	156	143
浔阳区									
柴桑区	1988	1150	838	876	507	369	408	233	175
武宁县	28386	12881	15505	11187	5853	5334	3210	1501	1709
修水县	56151	28202	27949	37870	19832	18038	11418	5882	5536
永修县	23280	11546	11734	16160	8990	7170	5538	2938	2600
德安县	25369	12835	12534	10576	5793	4783	3708	1878	1830
都昌县	17484	8071	9413	18510	10170	8340	4416	2354	2062
湖口县	16753	8299	8454	11905	6956	4949	4712	2685	2027
彭泽县	13224	6317	6907	10715	5898	4817	3063	1604	1459
瑞昌市	20422	9789	10633	16004	9070	6934	3838	2164	1674
共青城市	69	33	36	30	18	12	6	4	2
庐山市	1079	563	516	588	303	285	150	77	73
新余市	**41724**	**21342**	**20382**	**19772**	**11656**	**8116**	**9069**	**5841**	**3228**
渝水区	2162	1230	932	6721	4180	2541	4881	3615	1266
分宜县	39562	20112	19450	13051	7476	5575	4188	2226	1962
鹰潭市	**6416**	**3402**	**3014**	**4667**	**2503**	**2164**	**11286**	**3185**	**8101**
月湖区	215	127	88	135	74	61	1247	318	929
余江区	2699	1357	1342	2442	1289	1153	458	222	236
贵溪市	3502	1918	1584	2090	1140	950	9581	2645	6936
赣州市	**395302**	**203696**	**191606**	**245511**	**139042**	**106469**	**67958**	**37060**	**30898**
章贡区	2845	1728	1117	2079	1354	725	697	468	229
南康区	4356	2264	2092	2439	1278	1161	448	242	206
赣县区	8283	4700	3583	3640	2183	1457	849	448	401
信丰县	58302	29298	29004	25746	14969	10777	7517	4206	3311
大余县	10516	5356	5160	6209	3358	2851	2384	1248	1136
上犹县	23936	12670	11266	12527	7287	5240	3814	2048	1766
崇义县	10673	5586	5087	6217	3442	2775	2173	1123	1050
安远县	15664	8227	7437	12078	6431	5647	2228	1156	1072
定南县	27040	14067	12973	11102	6522	4580	3922	2104	1818
全南县	14448	7035	7413	7561	4151	3410	1914	953	961

7-6b 续表 5

单位：人

现住地	初中			高中			大学专科		
	小计	男	女	小计	男	女	小计	男	女
宁都县	42836	22696	20140	22627	13561	9066	6132	3490	2642
于都县	63239	32595	30644	45585	25573	20012	9846	5032	4814
兴国县	45773	22875	22898	41244	22951	18293	9699	5327	4372
会昌县	22928	11850	11078	20688	11378	9310	7799	4507	3292
寻乌县	24403	12443	11960	16427	8909	7518	5026	2741	2285
石城县	19053	9721	9332	8971	5495	3476	3300	1865	1435
瑞金市	411	230	181	162	96	66	55	28	27
龙南市	596	355	241	209	104	105	155	74	81
吉安市	**229695**	**109777**	**119918**	**134478**	**76608**	**57870**	**34050**	**18635**	**15415**
吉州区	2213	769	1444	1056	630	426	291	162	129
青原区	443	227	216	193	112	81	166	60	106
吉安县	46543	22986	23557	28738	16980	11758	7246	4316	2930
吉水县	28981	14432	14549	10406	6438	3968	3213	1811	1402
峡江县	6967	3478	3489	4684	2800	1884	1151	644	507
新干县	20036	10331	9705	11171	6533	4638	3219	1683	1536
永丰县	16750	8553	8197	10810	6411	4399	3106	1692	1414
泰和县	33544	15258	18286	18532	9600	8932	4330	2395	1935
遂川县	15676	7636	8040	12832	7431	5401	2971	1610	1361
万安县	10542	4657	5885	8662	4821	3841	2111	1138	973
安福县	16827	7777	9050	8676	4665	4011	2169	1061	1108
永新县	25662	11118	14544	16794	9172	7622	3209	1649	1560
井冈山市	5511	2555	2956	1924	1015	909	868	414	454
宜春市	**154116**	**78177**	**75939**	**86873**	**47281**	**39592**	**25754**	**11896**	**13858**
袁州区	3267	1754	1513	668	430	238	327	175	152
奉新县	27154	13318	13836	15059	7929	7130	3777	1853	1924
万载县	22433	10763	11670	17836	9144	8692	3987	2036	1951
上高县	37474	19068	18406	20421	11360	9061	5295	2689	2606
宜丰县	26345	13760	12585	13368	7054	6314	3529	1723	1806
靖安县	7542	3671	3871	5414	2850	2564	1466	729	737
铜鼓县	7180	3572	3608	3380	1697	1683	1268	652	616
丰城市	4275	2151	2124	2553	1457	1096	761	434	327
樟树市	1525	746	779	1048	650	398	385	163	222
高安市	16921	9374	7547	7126	4710	2416	4959	1442	3517
抚州市	**195459**	**101694**	**93765**	**76256**	**43880**	**32376**	**26669**	**14333**	**12336**
临川区	2772	1415	1357	2213	1350	863	400	233	167
东乡区	2560	1317	1243	1090	619	471	336	161	175
南城县	27088	14332	12756	8221	5005	3216	3704	1964	1740
黎川县	21982	11525	10457	9242	5296	3946	3247	1796	1451
南丰县	23157	12135	11022	7338	4094	3244	2450	1234	1216
崇仁县	21568	10689	10879	8583	4900	3683	2961	1595	1366
乐安县	27711	14548	13163	13012	7593	5419	4646	2681	1965
宜黄县	20500	10593	9907	8039	4439	3600	3178	1649	1529
金溪县	19686	9913	9773	7952	4356	3596	2561	1288	1273
资溪县	6412	3306	3106	2825	1552	1273	867	428	439
广昌县	22023	11921	10102	7741	4676	3065	2319	1304	1015
上饶市	**148187**	**72568**	**75619**	**135287**	**73596**	**61691**	**31744**	**16317**	**15427**
信州区	497	247	250	366	186	180	113	63	50
广丰区	1724	874	850	918	471	447	376	178	198
广信区	1222	643	579	437	244	193	214	102	112
玉山县	26756	12590	14166	26475	13848	12627	4828	2375	2453
铅山县	8654	4137	4517	7522	4088	3434	1614	843	771
横峰县	14458	7566	6892	6464	3631	2833	2330	1207	1123
弋阳县	17117	8416	8701	13527	7431	6096	3191	1657	1534
余干县	20120	10371	9749	23338	12967	10371	3953	2041	1912
鄱阳县	25949	12314	13635	29389	16122	13267	6630	3526	3104
万年县	14237	6635	7602	15179	8346	6833	3130	1623	1507
婺源县	17146	8593	8553	11550	6188	5362	5338	2688	2650
德兴市	307	182	125	122	74	48	27	14	13

7-6b 续表 6

单位：人

现住地	大学本科			硕士研究生			博士研究生		
	小计	男	女	小计	男	女	小计	男	女
全　省	**245195**	**132069**	**113126**	**11855**	**5988**	**5867**	**881**	**580**	**301**
南昌市	**92395**	**50119**	**42276**	**7141**	**3337**	**3804**	**581**	**381**	**200**
东湖区	31	21	10	1	1				
西湖区									
青云谱区	51	37	14						
青山湖区	21200	13687	7513	899	557	342	101	77	24
新建区	1134	686	448	92	51	41	13	9	4
红谷滩区									
南昌县	62838	32209	30629	5827	2572	3255	423	264	159
安义县	3966	1823	2143	218	101	117	38	26	12
进贤县	3175	1656	1519	104	55	49	6	5	1
景德镇市	**15363**	**7264**	**8099**	**568**	**285**	**283**	**42**	**26**	**16**
昌江区	59	37	22	6	4	2			
珠山区	253	136	117	7	4	3	2	1	1
浮梁县	14437	6758	7679	544	271	273	39	24	15
乐平市	614	333	281	11	6	5	1	1	
萍乡市	**4991**	**2374**	**2617**	**167**	**83**	**84**	**8**	**1**	**7**
安源区	226	106	120	10	4	6			
湘东区	188	68	120	2		2	1		1
莲花县	921	495	426	23	11	12			
上栗县	2188	1059	1129	87	44	43	6	1	5
芦溪县	1468	646	822	45	24	21	1		1
九江市	**24789**	**13342**	**11447**	**756**	**436**	**320**	**31**	**18**	**13**
濂溪区	94	52	42	2	1	1	1	1	
浔阳区									
柴桑区	367	195	172	11	5	6			
武宁县	2412	1176	1236	76	44	32	3	2	1
修水县	7690	4106	3584	182	100	82	11	5	6
永修县	3495	1881	1614	139	79	60	3	1	2
德安县	1836	918	918	74	39	35	1	1	
都昌县	2249	1283	966	63	42	21	4	4	
湖口县	2171	1259	912	78	51	27	2	1	1
彭泽县	2124	1118	1006	68	40	28			
瑞昌市	2252	1284	968	57	30	27	6	3	3
共青城市	17	13	4						
庐山市	82	57	25	6	5	1			
新余市	**3051**	**1598**	**1453**	**77**	**44**	**33**	**8**	**6**	**2**
渝水区	929	436	493	8	6	2	2	2	
分宜县	2122	1162	960	69	38	31	6	4	2
鹰潭市	**743**	**426**	**317**	**43**	**25**	**18**	**4**	**2**	**2**
月湖区	80	42	38	7	5	2			
余江区	310	172	138	5	4	1			
贵溪市	353	212	141	31	16	15	4	2	2
赣州市	**36405**	**20511**	**15894**	**1080**	**634**	**446**	**73**	**50**	**23**
章贡区	375	255	120	19	18	1	6	6	
南康区	253	131	122	4	2	2			
赣县区	390	227	163	19	10	9	3	2	1
信丰县	4109	2318	1791	101	64	37	7	4	3
大余县	1381	735	646	39	31	8	4	3	1
上犹县	2317	1256	1061	72	34	38	3	1	2
崇义县	1564	808	756	74	38	36			
安远县	1730	941	789	58	28	30	3	1	2
定南县	2040	1174	866	58	33	25	1	1	
全南县	1286	705	581	37	21	16	2	2	

7-6b　续表 7　　　　单位：人

现住地	大学本科			硕士研究生			博士研究生		
	小计	男	女	小计	男	女	小计	男	女
宁都县	3836	2212	1624	117	71	46	7	5	2
于都县	5304	2877	2427	148	79	69	9	3	6
兴国县	4240	2463	1777	118	66	52	4	3	1
会昌县	4018	2345	1673	78	52	26	10	7	3
寻乌县	1403	792	611	39	25	14	4	4	
石城县	1941	1170	771	95	60	35	10	8	2
瑞金市	39	19	20						
龙南市	179	83	96	4	2	2			
吉安市	**19622**	**10665**	**8957**	**568**	**326**	**242**	**40**	**29**	**11**
吉州区	164	88	76	8	5	3	2	2	
青原区	215	98	117	6	4	2	1	1	
吉安县	3808	2136	1672	111	53	58	6	4	2
吉水县	2004	1118	886	55	36	19	2		2
峡江县	809	448	361	31	19	12	3	3	
新干县	1971	1059	912	53	27	26	2	2	
永丰县	1703	966	737	39	21	18	5	3	2
泰和县	2367	1284	1083	55	36	19	7	4	3
遂川县	2170	1201	969	68	36	32	3	2	1
万安县	1206	657	549	27	13	14	3	2	1
安福县	1206	572	634	37	23	14	2	2	
永新县	1626	853	773	34	17	17			
井冈山市	373	185	188	44	36	8	4	4	
宜春市	**14644**	**7505**	**7139**	**474**	**283**	**191**	**22**	**17**	**5**
袁州区	191	101	90	6	4	2	1	1	
奉新县	2711	1331	1380	80	44	36	5	5	
万载县	2364	1224	1140	70	44	26	5	4	1
上高县	3404	1786	1618	90	51	39	3		3
宜丰县	2041	1027	1014	60	37	23	6	5	1
靖安县	848	447	401	53	34	19	2	2	
铜鼓县	906	472	434	52	28	24			
丰城市	616	306	310	17	13	4			
樟树市	366	159	207	12	10	2			
高安市	1197	652	545	34	18	16			
抚州市	**14249**	**8081**	**6168**	**447**	**244**	**203**	**33**	**23**	**10**
临川区	214	135	79	4	2	2			
东乡区	178	106	72	5	3	2			
南城县	2170	1181	989	60	32	28	4	3	1
黎川县	1425	820	605	57	21	36	2	2	
南丰县	1061	526	535	41	20	21	2	2	
崇仁县	1559	908	651	51	34	17	3	2	1
乐安县	2671	1640	1031	79	48	31	6	5	1
宜黄县	1468	814	654	47	25	22	4	3	1
金溪县	1461	786	675	46	24	22	5	2	3
资溪县	673	355	318	19	12	7	3	2	1
广昌县	1369	810	559	38	23	15	4	2	2
上饶市	**18943**	**10184**	**8759**	**534**	**291**	**243**	**39**	**27**	**12**
信州区	111	60	51	4	2	2			
广丰区	159	84	75	7	3	4	1	1	
广信区	128	58	70	6	3	3			
玉山县	3231	1660	1571	114	70	44	13	8	5
铅山县	1113	595	518	35	25	10			
横峰县	1281	708	573	24	13	11	3	1	2
弋阳县	2148	1087	1061	52	22	30	2	2	
余干县	2454	1390	1064	61	37	24	4	3	1
鄱阳县	4139	2322	1817	107	57	50	6	6	
万年县	1714	962	752	50	23	27	4	2	2
婺源县	2450	1251	1199	74	36	38	6	4	2
德兴市	15	7	8						

7-6c 全省按现住地、受教育程度、性别分的户口登记地在本省其他乡镇街道的人口(乡村)

单位：人

现住地	合计			未上过学		
	合计	男	女	小计	男	女
全　省	**741231**	**401758**	**339473**	**12953**	**4599**	**8354**
南昌市	**135352**	**76836**	**58516**	**1863**	**615**	**1248**
东湖区	2152	1203	949	63	27	36
西湖区						
青云谱区						
青山湖区	10715	6677	4038	162	58	104
新建区	49631	27672	21959	536	173	363
红谷滩区	1882	1307	575	31	14	17
南昌县	56380	31603	24777	759	258	501
安义县	3004	1809	1195	54	14	40
进贤县	11588	6565	5023	258	71	187
景德镇市	**16805**	**8852**	**7953**	**376**	**150**	**226**
昌江区	4029	2064	1965	72	28	44
珠山区	462	237	225	5	3	2
浮梁县	4044	2286	1758	93	38	55
乐平市	8270	4265	4005	206	81	125
萍乡市	**23934**	**12621**	**11313**	**246**	**105**	**141**
安源区	4419	2693	1726	12	5	7
湘东区	3928	2030	1898	41	17	24
莲花县	3436	2035	1401	70	24	46
上栗县	6699	3168	3531	95	44	51
芦溪县	5452	2695	2757	28	15	13
九江市	**92614**	**49548**	**43066**	**1917**	**643**	**1274**
濂溪区	15241	7811	7430	291	94	197
浔阳区	248	121	127	8	2	6
柴桑区	10666	6041	4625	188	62	126
武宁县	6993	3558	3435	201	68	133
修水县	5199	2689	2510	115	44	71
永修县	5498	2982	2516	175	78	97
德安县	8661	4580	4081	151	46	105
都昌县	4256	2365	1891	91	29	62
湖口县	3200	1826	1374	75	14	61
彭泽县	3353	1788	1565	62	17	45
瑞昌市	16404	8817	7587	326	117	209
共青城市	9917	5473	4444	150	47	103
庐山市	2978	1497	1481	84	25	59
新余市	**19151**	**10290**	**8861**	**634**	**223**	**411**
渝水区	11199	6100	5099	389	141	248
分宜县	7952	4190	3762	245	82	163
鹰潭市	**10450**	**5547**	**4903**	**153**	**64**	**89**
月湖区	362	194	168	6	4	2
余江区	3214	1538	1676	64	27	37
贵溪市	6874	3815	3059	83	33	50
赣州市	**195026**	**107065**	**87961**	**2536**	**942**	**1594**
章贡区	21168	11802	9366	149	63	86
南康区	51234	30278	20956	594	266	328
赣县区	8259	4390	3869	128	40	88
信丰县	10558	5584	4974	157	53	104
大余县	4541	2596	1945	64	22	42
上犹县	4751	2568	2183	76	23	53
崇义县	3509	2047	1462	121	67	54
安远县	3198	1677	1521	101	22	79
定南县	15666	8119	7547	216	79	137
全南县	5859	3381	2478	53	23	30

7-6c 续表 1

单位：人

现住地	合计			未上过学		
	合计	男	女	小计	男	女
宁都县	9860	5175	4685	150	51	99
于都县	5176	2778	2398	157	52	105
兴国县	9289	4902	4387	64	30	34
会昌县	4273	2118	2155	71	22	49
寻乌县	7395	3793	3602	69	18	51
石城县	6095	3201	2894	98	20	78
瑞金市	18315	9419	8896	203	65	138
龙南市	5880	3237	2643	65	26	39
吉安市	**61106**	**33152**	**27954**	**1423**	**498**	**925**
吉州区	2828	1531	1297	70	20	50
青原区	5153	2837	2316	151	59	92
吉安县	8011	4360	3651	164	49	115
吉水县	5834	3187	2647	125	40	85
峡江县	2347	1244	1103	79	22	57
新干县	2525	1357	1168	65	25	40
永丰县	4350	2389	1961	103	36	67
泰和县	6935	3840	3095	128	40	88
遂川县	4698	2388	2310	87	37	50
万安县	2541	1218	1323	51	12	39
安福县	5173	2912	2261	91	36	55
永新县	7269	4010	3259	161	53	108
井冈山市	3442	1879	1563	148	69	79
宜春市	**73135**	**38777**	**34358**	**1421**	**538**	**883**
袁州区	16414	8716	7698	345	132	213
奉新县	2977	1553	1424	55	23	32
万载县	7479	3640	3839	110	36	74
上高县	5629	3025	2604	158	66	92
宜丰县	4139	2156	1983	56	23	33
靖安县	2953	1747	1206	43	20	23
铜鼓县	2656	1358	1298	45	26	19
丰城市	14272	7667	6605	310	109	201
樟树市	4555	2394	2161	71	28	43
高安市	12061	6521	5540	228	75	153
抚州市	**48238**	**25808**	**22430**	**1031**	**328**	**703**
临川区	14583	8178	6405	238	71	167
东乡区	5464	2906	2558	158	38	120
南城县	7028	3585	3443	158	54	104
黎川县	3395	1814	1581	51	14	37
南丰县	3023	1519	1504	118	41	77
崇仁县	1722	870	852	40	15	25
乐安县	3479	1908	1571	89	36	53
宜黄县	1855	938	917	43	15	28
金溪县	2848	1490	1358	51	15	36
资溪县	668	372	296	11	4	7
广昌县	4173	2228	1945	74	25	49
上饶市	**65420**	**33262**	**32158**	**1353**	**493**	**860**
信州区	8844	4934	3910	111	46	65
广丰区	8395	4279	4116	96	39	57
广信区	7823	3780	4043	289	91	198
玉山县	5639	2577	3062	132	44	88
铅山县	4592	2039	2553	43	16	27
横峰县	1820	912	908	38	11	27
弋阳县	2730	1317	1413	47	19	28
余干县	8572	4491	4081	160	53	107
鄱阳县	6800	3561	3239	269	95	174
万年县	4180	2326	1854	82	39	43
婺源县	3487	1818	1669	47	21	26
德兴市	2538	1228	1310	39	19	20

7-6c 续表 2

单位：人

现住地	学前教育			小学		
	小计	男	女	小计	男	女
全 省	**20919**	**10906**	**10013**	**155150**	**76684**	**78466**
南昌市	**2181**	**1155**	**1026**	**18600**	**9488**	**9112**
东湖区	73	43	30	614	329	285
西湖区						
青云谱区						
青山湖区	182	97	85	1665	876	789
新建区	550	275	275	4707	2333	2374
红谷滩区	29	15	14	386	284	102
南昌县	995	547	448	8023	4118	3905
安义县	45	25	20	559	278	281
进贤县	307	153	154	2646	1270	1376
景德镇市	**464**	**227**	**237**	**4262**	**2161**	**2101**
昌江区	109	58	51	1014	501	513
珠山区	15	5	10	160	77	83
浮梁县	106	51	55	923	479	444
乐平市	234	113	121	2165	1104	1061
萍乡市	**746**	**371**	**375**	**4457**	**2370**	**2087**
安源区	19	11	8	147	77	70
湘东区	138	65	73	809	429	380
莲花县	165	82	83	957	555	402
上栗县	240	114	126	1594	836	758
芦溪县	184	99	85	950	473	477
九江市	**3024**	**1584**	**1440**	**20801**	**10228**	**10573**
濂溪区	569	303	266	2820	1324	1496
浔阳区	7	4	3	76	42	34
柴桑区	260	140	120	2128	1033	1095
武宁县	284	144	140	1893	919	974
修水县	194	104	90	1678	805	873
永修县	163	91	72	1215	590	625
德安县	352	181	171	2255	1089	1166
都昌县	158	77	81	1049	553	496
湖口县	86	43	43	876	438	438
彭泽县	47	28	19	583	263	320
瑞昌市	573	296	277	3790	1942	1848
共青城市	225	118	107	1541	770	771
庐山市	106	55	51	897	460	437
新余市	**781**	**416**	**365**	**5423**	**2719**	**2704**
渝水区	495	235	260	3166	1615	1551
分宜县	286	181	105	2257	1104	1153
鹰潭市	**315**	**154**	**161**	**2607**	**1383**	**1224**
月湖区	14	9	5	95	41	54
余江区	107	57	50	639	302	337
贵溪市	194	88	106	1873	1040	833
赣州市	**5848**	**3091**	**2757**	**36952**	**17869**	**19083**
章贡区	545	298	247	2880	1473	1407
南康区	1503	811	692	9033	4711	4322
赣县区	302	169	133	1972	949	1023
信丰县	271	147	124	2139	1046	1093
大余县	111	62	49	744	388	356
上犹县	180	90	90	1378	649	729
崇义县	80	31	49	707	377	330
安远县	108	53	55	818	360	458
定南县	736	393	343	4142	1871	2271
全南县	208	114	94	922	462	460

7-6c　续表 3　　单位：人

现住地	学前教育			小学		
	小计	男	女	小计	男	女
宁都县	278	151	127	1792	832	960
于都县	177	88	89	1213	588	625
兴国县	213	110	103	1243	543	700
会昌县	149	75	74	1130	465	665
寻乌县	257	133	124	1537	682	855
石城县	206	101	105	1425	703	722
瑞金市	319	163	156	2633	1138	1495
龙南市	205	102	103	1244	632	612
吉安市	**1864**	**969**	**895**	**15387**	**7522**	**7865**
吉州区	66	40	26	829	434	395
青原区	157	87	70	1228	586	642
吉安县	295	154	141	2140	1053	1087
吉水县	176	86	90	1545	793	752
峡江县	77	34	43	548	265	283
新干县	72	44	28	744	361	383
永丰县	109	51	58	1028	485	543
泰和县	145	71	74	1666	774	892
遂川县	171	91	80	1074	514	560
万安县	92	42	50	559	243	316
安福县	168	83	85	1271	665	606
永新县	246	134	112	1933	943	990
井冈山市	90	52	38	822	406	416
宜春市	**2191**	**1166**	**1025**	**17893**	**8923**	**8970**
袁州区	612	352	260	4361	2224	2137
奉新县	64	33	31	530	265	265
万载县	252	119	133	1745	839	906
上高县	228	116	112	1297	634	663
宜丰县	155	81	74	1134	563	571
靖安县	88	42	46	581	307	274
铜鼓县	87	41	46	754	369	385
丰城市	202	116	86	3403	1723	1680
樟树市	157	85	72	1069	506	563
高安市	346	181	165	3019	1493	1526
抚州市	**1624**	**832**	**792**	**13326**	**6420**	**6906**
临川区	274	140	134	2804	1382	1422
东乡区	207	102	105	1565	785	780
南城县	344	180	164	2453	1122	1331
黎川县	125	68	57	1311	668	643
南丰县	127	66	61	957	503	454
崇仁县	43	20	23	382	179	203
乐安县	107	62	45	1157	567	590
宜黄县	68	27	41	527	217	310
金溪县	127	62	65	767	354	413
资溪县	22	12	10	159	78	81
广昌县	180	93	87	1244	565	679
上饶市	**1881**	**941**	**940**	**15442**	**7601**	**7841**
信州区	196	97	99	2004	1032	972
广丰区	184	92	92	1450	743	707
广信区	313	162	151	2277	1071	1206
玉山县	173	78	95	1498	679	819
铅山县	60	29	31	870	445	425
横峰县	59	31	28	487	230	257
弋阳县	90	48	42	829	383	446
余干县	261	136	125	1829	904	925
鄱阳县	239	121	118	1906	950	956
万年县	82	42	40	691	341	350
婺源县	132	65	67	1004	517	487
德兴市	92	40	52	597	306	291

7-6c 续表 4

单位：人

现住地	初中			高中			大学专科		
	小计	男	女	小计	男	女	小计	男	女
全省	**285173**	**155480**	**129693**	**155001**	**90916**	**64085**	**68547**	**40722**	**27825**
南昌市	**45372**	**25661**	**19711**	**25160**	**15606**	**9554**	**22322**	**14718**	**7604**
东湖区	929	520	409	338	204	134	107	61	46
西湖区									
青云谱区									
青山湖区	4919	3049	1870	2492	1686	806	885	632	253
新建区	9717	5516	4201	5963	3576	2387	11138	8046	3092
红谷滩区	1053	745	308	211	146	65	96	55	41
南昌县	22939	12532	10407	12962	7797	5165	9178	5372	3806
安义县	1595	1015	580	346	215	131	212	125	87
进贤县	4220	2284	1936	2848	1982	866	706	427	279
景德镇市	**7602**	**3990**	**3612**	**2508**	**1449**	**1059**	**1042**	**574**	**468**
昌江区	1714	870	844	688	384	304	257	120	137
珠山区	152	81	71	105	59	46	21	10	11
浮梁县	1767	1000	767	653	411	242	351	223	128
乐平市	3969	2039	1930	1062	595	467	413	221	192
萍乡市	**8261**	**4327**	**3934**	**4130**	**2050**	**2080**	**5227**	**2979**	**2248**
安源区	292	155	137	123	58	65	3778	2358	1420
湘东区	1812	983	829	577	290	287	334	140	194
莲花县	1334	849	485	456	286	170	294	150	144
上栗县	2980	1417	1563	1042	451	591	497	200	297
芦溪县	1843	923	920	1932	965	967	324	131	193
九江市	**33188**	**17265**	**15923**	**21583**	**12771**	**8812**	**8440**	**4966**	**3474**
濂溪区	5158	2589	2569	4725	2620	2105	1201	612	589
浔阳区	111	50	61	29	12	17	11	7	4
柴桑区	3805	2050	1755	3011	1919	1092	923	608	315
武宁县	2941	1488	1453	994	541	453	350	197	153
修水县	1940	1056	884	685	404	281	313	150	163
永修县	2072	1043	1029	1369	930	439	345	173	172
德安县	3916	2097	1819	1289	757	532	457	260	197
都昌县	1400	762	638	990	630	360	327	179	148
湖口县	1129	696	433	651	421	230	263	151	112
彭泽县	1135	615	520	638	377	261	378	179	199
瑞昌市	6117	3085	3032	4127	2510	1617	945	565	380
共青城市	2443	1236	1207	2500	1355	1145	2725	1776	949
庐山市	1021	498	523	575	295	280	202	109	93
新余市	**8002**	**4347**	**3655**	**2752**	**1659**	**1093**	**1010**	**605**	**405**
渝水区	4267	2399	1868	1794	1082	712	692	404	288
分宜县	3735	1948	1787	958	577	381	318	201	117
鹰潭市	**4439**	**2422**	**2017**	**1993**	**1039**	**954**	**686**	**358**	**328**
月湖区	166	91	75	45	21	24	22	17	5
余江区	1191	599	592	904	412	492	210	91	119
贵溪市	3082	1732	1350	1044	606	438	454	250	204
赣州市	**81611**	**45803**	**35808**	**48021**	**28070**	**19951**	**13067**	**7479**	**5588**
章贡区	8101	4476	3625	7065	4055	3010	1782	1052	730
南康区	25286	15190	10096	9334	5943	3391	3827	2465	1362
赣县区	3807	2107	1700	1219	698	521	494	233	261
信丰县	4949	2617	2332	1874	1101	773	738	407	331
大余县	2259	1324	935	837	530	307	292	147	145
上犹县	2052	1205	847	593	361	232	301	160	141
崇义县	1440	897	543	557	355	202	338	178	160
安远县	1220	706	514	454	261	193	273	157	116
定南县	7493	4068	3425	2155	1226	929	676	349	327
全南县	2928	1686	1242	1144	723	421	387	242	145

7-6c　续表 5　　　　单位：人

现住地	初中			高中			大学专科		
	小计	男	女	小计	男	女	小计	男	女
宁都县	3543	1789	1754	2895	1681	1214	702	382	320
于都县	2234	1229	1005	796	496	300	386	213	173
兴国县	2646	1339	1307	4378	2482	1896	517	277	240
会昌县	1435	735	700	716	394	322	574	304	270
寻乌县	3142	1717	1425	1897	996	901	345	170	175
石城县	2518	1251	1267	1347	858	489	301	159	142
瑞金市	3876	1945	1931	9807	5336	4471	663	344	319
龙南市	2682	1522	1160	953	574	379	471	240	231
吉安市	**23374**	**13077**	**10297**	**9892**	**6055**	**3837**	**5474**	**3044**	**2430**
吉州区	1034	579	455	479	268	211	210	105	105
青原区	2138	1227	911	813	481	332	418	247	171
吉安县	2977	1730	1247	1259	756	503	678	366	312
吉水县	2214	1237	977	913	554	359	485	274	211
峡江县	905	494	411	341	213	128	218	118	100
新干县	964	536	428	364	212	152	214	138	76
永丰县	1521	830	691	684	447	237	550	330	220
泰和县	2669	1525	1144	1307	832	475	613	369	244
遂川县	1826	926	900	703	419	284	469	229	240
万安县	881	434	447	416	250	166	328	133	195
安福县	2059	1175	884	903	556	347	417	241	176
永新县	2861	1677	1184	1166	720	446	544	301	243
井冈山市	1325	707	618	544	347	197	330	193	137
宜春市	**31483**	**16908**	**14575**	**12363**	**7138**	**5225**	**4670**	**2507**	**2163**
袁州区	7120	3743	3377	2278	1372	906	1010	533	477
奉新县	1298	682	616	599	323	276	258	143	115
万载县	2763	1332	1431	1745	953	792	470	210	260
上高县	2424	1324	1100	957	555	402	319	184	135
宜丰县	1925	1007	918	557	311	246	186	103	83
靖安县	1435	876	559	506	310	196	165	99	66
铜鼓县	1101	564	537	363	194	169	189	96	93
丰城市	6044	3292	2752	2604	1500	1104	1036	593	443
樟树市	1961	1082	879	744	424	320	319	157	162
高安市	5412	3006	2406	2010	1196	814	718	389	329
抚州市	**18410**	**9745**	**8665**	**9609**	**6025**	**3584**	**2722**	**1524**	**1198**
临川区	5296	2648	2648	4599	3110	1489	840	485	355
东乡区	2045	1133	912	837	491	346	422	227	195
南城县	2293	1263	1030	1480	794	686	220	125	95
黎川县	1322	714	608	393	220	173	134	90	44
南丰县	1198	533	665	347	218	129	199	107	92
崇仁县	765	377	388	271	158	113	136	70	66
乐安县	1349	793	556	401	243	158	251	134	117
宜黄县	845	451	394	231	145	86	96	54	42
金溪县	1099	584	515	460	291	169	209	110	99
资溪县	266	156	110	122	69	53	52	25	27
广昌县	1932	1093	839	468	286	182	163	97	66
上饶市	**23431**	**11935**	**11496**	**16990**	**9054**	**7936**	**3887**	**1968**	**1919**
信州区	3628	2051	1577	1996	1210	786	569	315	254
广丰区	2518	1273	1245	3319	1762	1557	524	233	291
广信区	3023	1435	1588	1152	626	526	479	235	244
玉山县	2430	1113	1317	844	396	448	391	180	211
铅山县	1083	509	574	2145	840	1305	231	115	116
横峰县	784	394	390	270	148	122	117	71	46
弋阳县	1126	539	587	411	212	199	147	69	78
余干县	2858	1495	1363	2716	1529	1187	436	210	226
鄱阳县	2450	1326	1124	1178	657	521	443	247	196
万年县	1081	588	493	1923	1146	777	179	95	84
婺源县	1306	685	621	646	338	308	224	123	101
德兴市	1144	527	617	390	190	200	147	75	72

7-6c 续表 6

单位：人

现住地	大学本科			硕士研究生			博士研究生		
	小计	男	女	小计	男	女	小计	男	女
全　省	**42114**	**21689**	**20425**	**1290**	**707**	**583**	**84**	**55**	**29**
南昌市	**19219**	**9267**	**9952**	**603**	**305**	**298**	**32**	**21**	**11**
东湖区	27	19	8	1		1			
西湖区									
青云谱区									
青山湖区	392	266	126	18	13	5			
新建区	16533	7532	9001	461	206	255	26	15	11
红谷滩区	73	46	27	3	2	1			
南昌县	1446	926	520	76	51	25	2	2	
安义县	176	123	53	16	13	3	1	1	
进贤县	572	355	217	28	20	8	3	3	
景德镇市	**535**	**292**	**243**	**15**	**8**	**7**	**1**	**1**	
昌江区	169	98	71	5	4	1	1	1	
珠山区	4	2	2						
浮梁县	148	82	66	3	2	1			
乐平市	214	110	104	7	2	5			
萍乡市	**846**	**407**	**439**	**21**	**12**	**9**			
安源区	48	29	19						
湘东区	210	102	108	7	4	3			
莲花县	157	87	70	3	2	1			
上栗县	247	104	143	4	2	2			
芦溪县	184	85	99	7	4	3			
九江市	**3550**	**2024**	**1526**	**104**	**62**	**42**	**7**	**5**	**2**
濂溪区	459	259	200	17	9	8	1	1	
浔阳区	6	4	2						
柴桑区	338	221	117	11	7	4	2	1	1
武宁县	308	186	122	22	15	7			
修水县	272	124	148	1	1		1	1	
永修县	155	76	79	3	1	2	1		1
德安县	232	144	88	8	5	3	1	1	
都昌县	235	131	104	5	3	2	1	1	
湖口县	117	61	56	3	2	1			
彭泽县	508	307	201	2	2				
瑞昌市	503	289	214	23	13	10			
共青城市	327	168	159	6	3	3			
庐山市	90	54	36	3	1	2			
新余市	**524**	**310**	**214**	**22**	**10**	**12**	**3**	**1**	**2**
渝水区	381	218	163	14	6	8	1		1
分宜县	143	92	51	8	4	4	2	1	1
鹰潭市	**249**	**122**	**127**	**8**	**5**	**3**			
月湖区	12	9	3	2	2				
余江区	97	50	47	2		2			
贵溪市	140	63	77	4	3	1			
赣州市	**6747**	**3676**	**3071**	**229**	**127**	**102**	**15**	**8**	**7**
章贡区	621	369	252	25	16	9			
南康区	1595	867	728	57	24	33	5	1	4
赣县区	322	186	136	14	7	7	1	1	
信丰县	419	208	211	10	5	5	1		1
大余县	230	123	107	4		4			
上犹县	165	77	88	6	3	3			
崇义县	255	132	123	11	10	1			
安远县	221	116	105	3	2	1			
定南县	244	130	114	4	3	1			
全南县	212	128	84	5	3	2			

7-6c　续表 7　　　　单位：人

现住地	大学本科			硕士研究生			博士研究生		
	小计	男	女	小计	男	女	小计	男	女
宁都县	488	280	208	10	7	3	2	2	
于都县	205	107	98	7	4	3	1	1	
兴国县	217	115	102	8	4	4	3	2	1
会昌县	194	120	74	4	3	1			
寻乌县	146	75	71	2	2				
石城县	188	103	85	12	6	6			
瑞金市	770	404	366	43	24	19	1		1
龙南市	255	136	119	4	4		1	1	
吉安市	**3592**	**1922**	**1670**	**90**	**58**	**32**	**10**	**7**	**3**
吉州区	131	80	51	7	4	3	2	1	1
青原区	238	145	93	9	4	5	1	1	
吉安县	488	246	242	9	5	4	1	1	
吉水县	358	189	169	17	13	4	1	1	
峡江县	177	97	80	1	1		1		1
新干县	101	41	60	1		1			
永丰县	350	206	144	4	3	1	1	1	
泰和县	393	219	174	13	10	3	1		1
遂川县	358	164	194	10	8	2			
万安县	213	104	109	1		1			
安福县	256	153	103	7	2	5	1	1	
永新县	348	175	173	9	6	3	1	1	
井冈山市	181	103	78	2	2				
宜春市	**3040**	**1551**	**1489**	**68**	**42**	**26**	**6**	**4**	**2**
袁州区	668	347	321	20	13	7			
奉新县	171	82	89	2	2				
万载县	385	146	239	9	5	4			
上高县	240	142	98	6	4	2			
宜丰县	126	68	58						
靖安县	130	89	41	1	1		4	3	1
铜鼓县	115	66	49	2	2				
丰城市	653	324	329	19	9	10	1	1	
樟树市	232	111	121	2	1	1			
高安市	320	176	144	7	5	2	1		1
抚州市	**1451**	**892**	**559**	**62**	**39**	**23**	**3**	**3**	
临川区	507	332	175	25	10	15			
东乡区	213	117	96	15	11	4	2	2	
南城县	79	46	33	1	1				
黎川县	56	37	19	3	3				
南丰县	74	49	25	3	2	1			
崇仁县	82	50	32	3	1	2			
乐安县	122	70	52	3	3				
宜黄县	44	28	16	1	1				
金溪县	130	70	60	5	4	1			
资溪县	35	27	8	1	1				
广昌县	109	66	43	2	2		1	1	
上饶市	**2361**	**1226**	**1135**	**68**	**39**	**29**	**7**	**5**	**2**
信州区	331	179	152	8	4	4	1		1
广丰区	294	134	160	9	3	6	1		1
广信区	278	151	127	11	8	3	1	1	
玉山县	165	85	80	6	2	4			
铅山县	157	82	75	3	3				
横峰县	64	27	37	1		1			
弋阳县	78	46	32	2	1	1			
余干县	306	161	145	5	2	3	1	1	
鄱阳县	301	153	148	11	9	2	3	3	
万年县	137	72	65	5	3	2			
婺源县	126	68	58	2	1	1			
德兴市	124	68	56	5	3	2			

7-7 全省按现住地、受教育程度、性别分的户口登记地在外省的人口

单位：人

现住地	合计			未上过学		
	合计	男	女	小计	男	女
全　省	**1260229**	**721526**	**538703**	**9349**	**3567**	**5782**
南昌市	**443799**	**254998**	**188801**	**3380**	**1260**	**2120**
东湖区	39416	23134	16282	364	146	218
西湖区	30755	18241	12514	303	96	207
青云谱区	18583	11122	7461	251	103	148
青山湖区	127770	73016	54754	973	344	629
新建区	35975	21505	14470	238	100	138
红谷滩区	76737	44321	32416	477	174	303
南昌县	89811	48513	41298	626	230	396
安义县	18133	11438	6695	80	32	48
进贤县	6619	3708	2911	68	35	33
景德镇市	**49439**	**26232**	**23207**	**373**	**149**	**224**
昌江区	9476	5660	3816	96	41	55
珠山区	16223	8600	7623	133	47	86
浮梁县	16519	8179	8340	60	23	37
乐平市	7221	3793	3428	84	38	46
萍乡市	**42865**	**24008**	**18857**	**343**	**124**	**219**
安源区	20137	10686	9451	111	53	58
湘东区	5802	3538	2264	57	17	40
莲花县	5131	3111	2020	98	29	69
上栗县	7417	4122	3295	53	16	37
芦溪县	4378	2551	1827	24	9	15
九江市	**155472**	**85981**	**69491**	**1412**	**471**	**941**
濂溪区	26752	13678	13074	292	70	222
浔阳区	26451	14158	12293	286	81	205
柴桑区	17660	11326	6334	114	38	76
武宁县	7232	3902	3330	59	21	38
修水县	5991	2908	3083	46	14	32
永修县	9851	5932	3919	89	35	54
德安县	7658	4200	3458	85	34	51
都昌县	4529	2503	2026	47	24	23
湖口县	5416	3506	1910	44	13	31
彭泽县	11612	8412	3200	147	52	95
瑞昌市	8702	4961	3741	99	55	44
共青城市	21099	9061	12038	87	28	59
庐山市	2519	1434	1085	17	6	11
新余市	**28741**	**16539**	**12202**	**240**	**91**	**149**
渝水区	25197	14509	10688	210	81	129
分宜县	3544	2030	1514	30	10	20
鹰潭市	**27043**	**15634**	**11409**	**198**	**90**	**108**
月湖区	10775	6094	4681	100	45	55
余江区	6148	3631	2517	44	22	22
贵溪市	10120	5909	4211	54	23	31
赣州市	**191274**	**115850**	**75424**	**863**	**395**	**468**
章贡区	65724	37407	28317	193	81	112
南康区	24286	16002	8284	162	73	89
赣县区	15957	10794	5163	85	54	31
信丰县	13466	8750	4716	39	17	22
大余县	5262	3083	2179	27	11	16
上犹县	2826	1513	1313	11	4	7
崇义县	1871	1001	870	19	8	11
安远县	3017	1754	1263	31	12	19
定南县	7737	4778	2959	28	9	19
全南县	5282	3063	2219	37	18	19

7-7　续表 1　　　　单位：人

现住地	合计			未上过学		
	合计	男	女	小计	男	女
宁都县	6110	3523	2587	33	19	14
于都县	6935	4229	2706	50	19	31
兴国县	6584	3939	2645	21	8	13
会昌县	3194	1681	1513	16	7	9
寻乌县	3451	1821	1630	18	7	11
石城县	2162	1250	912	20	8	12
瑞金市	5393	3076	2317	29	18	11
龙南市	12017	8186	3831	44	22	22
吉安市	**68744**	**38504**	**30240**	**735**	**255**	**480**
吉州区	9442	5068	4374	77	26	51
青原区	9963	4832	5131	64	18	46
吉安县	13963	8249	5714	129	48	81
吉水县	4456	2614	1842	87	26	61
峡江县	1817	1075	742	30	11	19
新干县	3447	2153	1294	44	22	22
永丰县	2865	1618	1247	39	16	23
泰和县	4154	2302	1852	27	9	18
遂川县	3951	2298	1653	21	9	12
万安县	2703	1547	1156	26	15	11
安福县	3967	2289	1678	48	12	36
永新县	4847	2737	2110	94	25	69
井冈山市	3169	1722	1447	49	18	31
宜春市	**92948**	**53235**	**39713**	**639**	**270**	**369**
袁州区	30998	16003	14995	161	72	89
奉新县	5417	3068	2349	48	20	28
万载县	5342	2880	2462	22	12	10
上高县	5359	3108	2251	44	18	26
宜丰县	7675	4601	3074	60	20	40
靖安县	3412	2276	1136	41	18	23
铜鼓县	1982	1025	957	23	6	17
丰城市	10961	6578	4383	92	43	49
樟树市	6325	3707	2618	37	16	21
高安市	15477	9989	5488	111	45	66
抚州市	**57027**	**31905**	**25122**	**473**	**188**	**285**
临川区	24044	12968	11076	171	81	90
东乡区	5408	3305	2103	49	17	32
南城县	3260	1872	1388	30	9	21
黎川县	3331	1914	1417	24	8	16
南丰县	2895	1445	1450	31	12	19
崇仁县	2464	1350	1114	17	5	12
乐安县	2065	1208	857	14	4	10
宜黄县	5478	3419	2059	19	12	7
金溪县	2469	1417	1052	24	5	19
资溪县	3369	1712	1657	71	25	46
广昌县	2244	1295	949	23	10	13
上饶市	**102877**	**58640**	**44237**	**693**	**274**	**419**
信州区	23502	13018	10484	134	52	82
广丰区	9614	4731	4883	65	29	36
广信区	16401	10342	6059	157	70	87
玉山县	10965	5379	5586	82	27	55
铅山县	3397	1913	1484	18	6	12
横峰县	3632	2310	1322	23	4	19
弋阳县	4393	2587	1806	30	14	16
余干县	5266	3008	2258	27	12	15
鄱阳县	9148	5198	3950	77	32	45
万年县	4094	2438	1656	12	5	7
婺源县	4303	2281	2022	29	5	24
德兴市	8162	5435	2727	39	18	21

7-7 续表 2

单位：人

现住地	学前教育			小学		
	小计	男	女	小计	男	女
全省	**28484**	**15071**	**13413**	**146750**	**80146**	**66604**
南昌市	**7759**	**4177**	**3582**	**40870**	**23256**	**17614**
东湖区	666	348	318	4019	2176	1843
西湖区	854	480	374	3559	1868	1691
青云谱区	588	318	270	2510	1341	1169
青山湖区	2169	1158	1011	10081	5477	4604
新建区	625	323	302	4496	2888	1608
红谷滩区	824	439	385	4615	2932	1683
南昌县	1691	939	752	8551	4804	3747
安义县	150	76	74	2024	1230	794
进贤县	192	96	96	1015	540	475
景德镇市	**1111**	**574**	**537**	**5795**	**3127**	**2668**
昌江区	281	145	136	1539	849	690
珠山区	480	253	227	1910	957	953
浮梁县	120	59	61	1069	653	416
乐平市	230	117	113	1277	668	609
萍乡市	**1416**	**748**	**668**	**6883**	**3799**	**3084**
安源区	571	313	258	2308	1192	1116
湘东区	195	90	105	1162	712	450
莲花县	204	109	95	1383	819	564
上栗县	265	142	123	1263	664	599
芦溪县	181	94	87	767	412	355
九江市	**3302**	**1728**	**1574**	**18737**	**9562**	**9175**
濂溪区	517	277	240	2980	1406	1574
浔阳区	569	327	242	3785	1836	1949
柴桑区	381	187	194	1945	1070	875
武宁县	217	105	112	996	498	498
修水县	212	100	112	968	435	533
永修县	186	111	75	1393	794	599
德安县	202	98	104	1412	722	690
都昌县	142	70	72	564	307	257
湖口县	166	85	81	757	407	350
彭泽县	217	113	104	1326	723	603
瑞昌市	267	137	130	1292	689	603
共青城市	161	85	76	944	470	474
庐山市	65	33	32	375	205	170
新余市	**619**	**314**	**305**	**3285**	**1750**	**1535**
渝水区	536	269	267	2682	1404	1278
分宜县	83	45	38	603	346	257
鹰潭市	**704**	**354**	**350**	**3494**	**1869**	**1625**
月湖区	319	169	150	1409	676	733
余江区	185	96	89	558	294	264
贵溪市	200	89	111	1527	899	628
赣州市	**4937**	**2626**	**2311**	**21651**	**11965**	**9686**
章贡区	1394	738	656	5194	2821	2373
南康区	651	343	308	3453	2058	1395
赣县区	356	197	159	1899	1121	778
信丰县	325	187	138	1621	893	728
大余县	160	96	64	745	401	344
上犹县	107	59	48	498	237	261
崇义县	79	37	42	375	187	188
安远县	84	43	41	466	272	194
定南县	213	107	106	1176	658	518
全南县	186	104	82	653	334	319

7-7　续表 3

单位：人

现住地	学前教育			小学		
	小计	男	女	小计	男	女
宁都县	202	108	94	731	422	309
于都县	177	89	88	649	334	315
兴国县	208	102	106	824	435	389
会昌县	121	58	63	421	189	232
寻乌县	155	91	64	508	239	269
石城县	95	50	45	415	191	224
瑞金市	215	109	106	730	375	355
龙南市	209	108	101	1293	798	495
吉安市	**2031**	**1044**	**987**	**11036**	**5797**	**5239**
吉州区	325	167	158	1380	720	660
青原区	215	111	104	997	528	469
吉安县	329	181	148	1920	1010	910
吉水县	127	67	60	815	415	400
峡江县	39	22	17	364	196	168
新干县	100	59	41	618	339	279
永丰县	104	56	48	512	256	256
泰和县	136	62	74	719	359	360
遂川县	125	66	59	593	326	267
万安县	88	40	48	416	213	203
安福县	110	53	57	847	469	378
永新县	210	100	110	1163	605	558
井冈山市	123	60	63	692	361	331
宜春市	**2452**	**1298**	**1154**	**12601**	**6973**	**5628**
袁州区	739	403	336	3582	1916	1666
奉新县	137	84	53	708	373	335
万载县	207	106	101	829	427	402
上高县	169	83	86	894	494	400
宜丰县	217	117	100	1145	592	553
靖安县	69	35	34	566	354	212
铜鼓县	69	38	31	403	218	185
丰城市	290	157	133	1480	794	686
樟树市	211	95	116	715	392	323
高安市	344	180	164	2279	1413	866
抚州市	**1490**	**792**	**698**	**8806**	**4783**	**4023**
临川区	552	297	255	2645	1408	1237
东乡区	105	50	55	1030	621	409
南城县	83	48	35	786	472	314
黎川县	109	56	53	659	387	272
南丰县	103	55	48	593	318	275
崇仁县	90	52	38	323	156	167
乐安县	66	32	34	374	209	165
宜黄县	73	39	34	722	371	351
金溪县	96	56	40	500	246	254
资溪县	128	63	65	781	398	383
广昌县	85	44	41	393	197	196
上饶市	**2663**	**1416**	**1247**	**13592**	**7265**	**6327**
信州区	514	280	234	2182	1155	1027
广丰区	268	143	125	1112	555	557
广信区	421	212	209	2401	1321	1080
玉山县	377	196	181	1525	665	860
铅山县	94	54	40	430	198	232
横峰县	85	48	37	568	340	228
弋阳县	106	57	49	675	355	320
余干县	120	69	51	721	393	328
鄱阳县	266	147	119	1637	996	641
万年县	86	48	38	464	258	206
婺源县	138	75	63	722	369	353
德兴市	188	87	101	1155	660	495

7-7 续表 4

单位：人

现住地	初中			高中			大学专科		
	小计	男	女	小计	男	女	小计	男	女
全　省	**393671**	**239975**	**153696**	**239345**	**144965**	**94380**	**166333**	**94569**	**71764**
南昌市	**100853**	**64928**	**35925**	**65548**	**41264**	**24284**	**67048**	**39008**	**28040**
东湖区	10310	6405	3905	10310	6500	3810	6245	3779	2466
西湖区	9007	5614	3393	8345	5065	3280	5137	2997	2140
青云谱区	5707	3466	2241	4142	2467	1675	3177	2035	1142
青山湖区	23805	15033	8772	14258	8823	5435	17316	10634	6682
新建区	9716	6513	3203	5615	3818	1797	5201	3108	2093
红谷滩区	9608	6783	2825	6892	4549	2343	9750	5948	3802
南昌县	22309	14182	8127	12079	7439	4640	14693	7736	6957
安义县	7467	5326	2141	2433	1741	692	5002	2468	2534
进贤县	2924	1606	1318	1474	862	612	527	303	224
景德镇市	**13085**	**7648**	**5437**	**7211**	**4072**	**3139**	**7024**	**3735**	**3289**
昌江区	3453	2098	1355	2054	1259	795	1131	697	434
珠山区	3708	2087	1621	2790	1392	1398	1982	1104	878
浮梁县	2720	1869	851	973	639	334	3325	1620	1705
乐平市	3204	1594	1610	1394	782	612	586	314	272
萍乡市	**17004**	**10210**	**6794**	**7630**	**4115**	**3515**	**5036**	**2703**	**2333**
安源区	5985	3568	2417	4132	2049	2083	3502	1810	1692
湘东区	2889	1816	1073	834	476	358	388	248	140
莲花县	2400	1487	913	590	383	207	255	157	98
上栗县	3688	2093	1595	1245	720	525	558	308	250
芦溪县	2042	1246	796	829	487	342	333	180	153
九江市	**47905**	**27892**	**20013**	**31224**	**19715**	**11509**	**22741**	**12296**	**10445**
濂溪区	6136	3407	2729	4503	2573	1930	5972	3003	2969
浔阳区	8251	4944	3307	4776	2832	1944	5833	2575	3258
柴桑区	6915	4437	2478	4281	2870	1411	2575	1737	838
武宁县	4054	2191	1863	1297	757	540	368	194	174
修水县	2543	1189	1354	1357	692	665	553	278	275
永修县	3806	2235	1571	2586	1664	922	1049	617	432
德安县	3806	2005	1801	1437	892	545	510	316	194
都昌县	1415	743	672	1390	788	602	651	391	260
湖口县	2071	1399	672	1216	792	424	696	456	240
彭泽县	3459	2397	1062	3933	3255	678	1549	1123	426
瑞昌市	2638	1421	1217	2496	1492	1004	1132	678	454
共青城市	1711	896	815	1340	740	600	1602	783	819
庐山市	1100	628	472	612	368	244	251	145	106
新余市	**7752**	**4441**	**3311**	**6291**	**3833**	**2458**	**5038**	**3045**	**1993**
渝水区	6148	3540	2608	5632	3451	2181	4686	2825	1861
分宜县	1604	901	703	659	382	277	352	220	132
鹰潭市	**9949**	**5945**	**4004**	**6677**	**3943**	**2734**	**3986**	**2118**	**1868**
月湖区	3776	2166	1610	2553	1471	1082	1635	977	658
余江区	2185	1335	850	2133	1210	923	597	385	212
贵溪市	3988	2444	1544	1991	1262	729	1754	756	998
赣州市	**72074**	**45854**	**26220**	**48699**	**28836**	**19863**	**18554**	**11401**	**7153**
章贡区	14406	9050	5356	19691	9973	9718	7653	4571	3082
南康区	12988	8861	4127	4284	2828	1456	1759	1153	606
赣县区	6487	4637	1850	4534	3134	1400	1387	858	529
信丰县	6744	4406	2338	2937	1976	961	1130	789	341
大余县	2327	1405	922	1000	590	410	515	297	218
上犹县	1253	668	585	546	326	220	237	127	110
崇义县	796	439	357	344	184	160	140	71	69
安远县	1276	746	530	750	446	304	250	143	107
定南县	3347	2107	1240	1924	1290	634	646	369	277
全南县	2290	1388	902	1220	727	493	516	293	223

7-7　续表 5　　　　单位：人

现住地	初中			高中			大学专科		
	小计	男	女	小计	男	女	小计	男	女
宁都县	2558	1382	1176	1588	983	605	636	377	259
于都县	2203	1217	986	2605	1774	831	718	499	219
兴国县	3110	1852	1258	1441	894	547	643	428	215
会昌县	1072	590	482	782	403	379	529	297	232
寻乌县	1667	882	785	640	345	295	286	150	136
石城县	919	523	396	465	336	129	131	80	51
瑞金市	2347	1353	994	1263	736	527	468	268	200
龙南市	6284	4348	1936	2685	1891	794	910	631	279
吉安市	**28130**	**16172**	**11958**	**12377**	**7449**	**4928**	**5751**	**3387**	**2364**
吉州区	3151	1763	1388	2055	1118	937	1432	699	733
青原区	1917	1064	853	903	497	406	530	292	238
吉安县	6592	3801	2791	3281	2064	1217	1107	755	352
吉水县	2205	1298	907	691	441	250	312	209	103
峡江县	853	512	341	304	191	113	134	76	58
新干县	1430	916	514	690	453	237	371	234	137
永丰县	1306	720	586	521	315	206	239	157	82
泰和县	2102	1178	924	710	426	284	269	158	111
遂川县	1957	1124	833	847	543	304	276	160	116
万安县	1233	693	540	554	338	216	230	148	82
安福县	1895	1126	769	609	352	257	270	153	117
永新县	2230	1293	937	727	434	293	253	155	98
井冈山市	1259	684	575	485	277	208	328	191	137
宜春市	**36938**	**22208**	**14730**	**18256**	**11104**	**7152**	**10881**	**5544**	**5337**
袁州区	9743	5588	4155	4885	2717	2168	4409	1979	2430
奉新县	2634	1462	1172	1139	660	479	397	229	168
万载县	2622	1373	1249	976	536	440	433	264	169
上高县	2331	1361	970	1255	736	519	395	244	151
宜丰县	3891	2458	1433	1653	1006	647	431	229	202
靖安县	1515	1042	473	749	511	238	271	177	94
铜鼓县	802	412	390	370	193	177	185	95	90
丰城市	4676	2881	1795	2254	1381	873	1342	741	601
樟树市	2343	1352	991	1479	858	621	956	597	359
高安市	6381	4279	2102	3496	2506	990	2062	989	1073
抚州市	**21121**	**12167**	**8954**	**10853**	**6384**	**4469**	**8241**	**4186**	**4055**
临川区	7066	3991	3075	4126	2444	1682	5168	2403	2765
东乡区	2626	1626	1000	899	549	350	439	269	170
南城县	1239	695	544	558	335	223	327	168	159
黎川县	1504	873	631	657	389	268	246	122	124
南丰县	1165	549	616	523	264	259	298	145	153
崇仁县	1084	577	507	538	316	222	280	159	121
乐安县	979	580	399	378	228	150	165	97	68
宜黄县	2025	1297	728	1500	962	538	781	504	277
金溪县	1101	631	470	379	246	133	213	137	76
资溪县	1250	703	547	879	383	496	167	97	70
广昌县	1082	645	437	416	268	148	157	85	72
上饶市	**38860**	**22510**	**16350**	**24579**	**14250**	**10329**	**12033**	**7146**	**4887**
信州区	5793	3564	2229	5585	3409	2176	3841	2073	1768
广丰区	3420	1731	1689	3340	1474	1866	1047	589	458
广信区	6188	3725	2463	3454	2315	1139	2267	1609	658
玉山县	5192	2542	2650	2326	1152	1174	924	501	423
铅山县	1376	713	663	952	599	353	319	208	111
横峰县	1880	1217	663	685	454	231	258	161	97
弋阳县	1704	1015	689	1160	699	461	463	285	178
余干县	2554	1475	1079	1235	687	548	398	240	158
鄱阳县	3445	1923	1522	2131	1177	954	842	471	371
万年县	1885	1098	787	1052	648	404	378	228	150
婺源县	1526	769	757	947	510	437	684	394	290
德兴市	3897	2738	1159	1712	1126	586	612	387	225

7-7 续表 6

单位：人

现住地	大学本科			硕士研究生			博士研究生		
	小计	男	女	小计	男	女	小计	男	女
全　省	**253367**	**131618**	**121749**	**21098**	**10363**	**10735**	**1832**	**1252**	**580**
南昌市	**142078**	**73311**	**68767**	**15137**	**7058**	**8079**	**1126**	**736**	**390**
东湖区	6856	3461	3395	582	277	305	64	42	22
西湖区	3193	1925	1268	333	182	151	24	14	10
青云谱区	2025	1292	733	167	93	74	16	7	9
青山湖区	52914	28557	24357	5734	2654	3080	520	336	184
新建区	9321	4453	4868	708	272	436	55	30	25
红谷滩区	38795	20599	18196	5462	2667	2795	314	230	84
南昌县	27639	12228	15411	2097	884	1213	126	71	55
安义县	954	552	402	20	10	10	3	3	
进贤县	381	244	137	34	19	15	4	3	1
景德镇市	**13417**	**6280**	**7137**	**1327**	**591**	**736**	**96**	**56**	**40**
昌江区	854	533	321	57	30	27	11	8	3
珠山区	4835	2516	2319	355	224	131	30	20	10
浮梁县	7309	2966	4343	890	324	566	53	26	27
乐平市	419	265	154	25	13	12	2	2	
萍乡市	**4268**	**2153**	**2115**	**260**	**141**	**119**	**25**	**15**	**10**
安源区	3301	1574	1727	212	118	94	15	9	6
湘东区	264	172	92	10	4	6	3	3	
莲花县	192	123	69	6	2	4	3	2	1
上栗县	324	172	152	17	6	11	4	1	3
芦溪县	187	112	75	15	11	4			
九江市	**29407**	**13845**	**15562**	**616**	**380**	**236**	**128**	**92**	**36**
濂溪区	6123	2799	3324	150	89	61	79	54	25
浔阳区	2721	1427	1294	208	120	88	22	16	6
柴桑区	1410	959	451	35	25	10	4	3	1
武宁县	223	126	97	17	10	7	1		1
修水县	284	182	102	24	14	10	4	4	
永修县	693	446	247	43	26	17	6	4	2
德安县	198	128	70	8	5	3			
都昌县	297	166	131	20	12	8	3	2	1
湖口县	431	322	109	33	30	3	2	2	
彭泽县	946	721	225	34	27	7	1	1	
瑞昌市	757	475	282	17	10	7	4	4	
共青城市	15230	6047	9183	23	11	12	1	1	
庐山市	94	47	47	4	1	3	1	1	
新余市	**5344**	**2973**	**2371**	**156**	**79**	**77**	**16**	**13**	**3**
渝水区	5148	2857	2291	141	70	71	14	12	2
分宜县	196	116	80	15	9	6	2	1	1
鹰潭市	**1894**	**1235**	**659**	**129**	**70**	**59**	**12**	**10**	**2**
月湖区	902	552	350	77	34	43	4	4	
余江区	428	276	152	17	12	5	1	1	
贵溪市	564	407	157	35	24	11	7	5	2
赣州市	**22619**	**13578**	**9041**	**1726**	**1072**	**654**	**151**	**123**	**28**
章贡区	15766	9270	6496	1323	821	502	104	82	22
南康区	921	637	284	60	42	18	8	7	1
赣县区	1135	738	397	59	41	18	15	14	1
信丰县	634	457	177	33	22	11	3	3	
大余县	475	277	198	13	6	7			
上犹县	160	81	79	13	10	3	1	1	
崇义县	103	68	35	14	7	7	1		1
安远县	146	83	63	13	8	5	1	1	
定南县	384	227	157	17	10	7	2	1	1
全南县	361	183	178	18	15	3	1	1	

7-7　续表 7　　　　　　　　　　　　　　　　　　　　　　　　　　　　　　单位：人

现住地	大学本科			硕士研究生			博士研究生		
	小计	男	女	小计	男	女	小计	男	女
宁都县	338	220	118	21	10	11	3	2	1
于都县	496	276	220	34	19	15	3	2	1
兴国县	309	201	108	27	18	9	1	1	
会昌县	240	130	110	13	7	6			
寻乌县	171	105	66	6	2	4			
石城县	106	58	48	11	4	7			
瑞金市	319	203	116	17	9	8	5	5	
龙南市	555	364	191	34	21	13	3	3	
吉安市	**8324**	**4192**	**4132**	**297**	**160**	**137**	**63**	**48**	**15**
吉州区	913	517	396	91	46	45	18	12	6
青原区	5244	2272	2972	62	27	35	31	23	8
吉安县	571	372	199	33	17	16	1	1	
吉水县	205	147	58	12	9	3	2	2	
峡江县	85	62	23	8	5	3			
新干县	185	124	61	9	6	3			
永丰县	137	93	44	6	4	2	1	1	
泰和县	172	101	71	19	9	10			
遂川县	123	64	59	7	4	3	2	2	
万安县	143	94	49	11	5	6	2	1	1
安福县	175	114	61	11	8	3	2	2	
永新县	158	114	44	11	10	1	1	1	
井冈山市	213	118	95	17	10	7	3	3	
宜春市	**10477**	**5442**	**5035**	**607**	**324**	**283**	**97**	**72**	**25**
袁州区	7043	3100	3943	360	171	189	76	57	19
奉新县	331	223	108	20	14	6	3	3	
万载县	236	150	86	14	10	4	3	2	1
上高县	256	160	96	13	10	3	2	2	
宜丰县	264	172	92	14	7	7			
靖安县	186	129	57	13	8	5	2	2	
铜鼓县	120	57	63	9	6	3	1		1
丰城市	764	541	223	57	35	22	6	5	1
樟树市	529	365	164	54	32	22	1		1
高安市	748	545	203	53	31	22	3	1	2
抚州市	**5681**	**3214**	**2467**	**335**	**170**	**165**	**27**	**21**	**6**
临川区	4073	2232	1841	230	102	128	13	10	3
东乡区	240	158	82	19	14	5	1	1	
南城县	219	136	83	16	7	9	2	2	
黎川县	123	72	51	8	6	2	1	1	
南丰县	172	97	75	9	4	5	1	1	
崇仁县	128	83	45	4	2	2			
乐安县	83	55	28	6	3	3			
宜黄县	344	221	123	13	12	1	1	1	
金溪县	133	79	54	19	13	6	4	4	
资溪县	85	38	47	6	4	2	2	1	1
广昌县	81	43	38	5	3	2	2		2
上饶市	**9858**	**5395**	**4463**	**508**	**318**	**190**	**91**	**66**	**25**
信州区	5183	2331	2852	219	120	99	51	34	17
广丰区	340	198	142	18	11	7	4	1	3
广信区	1374	990	384	118	82	36	21	18	3
玉山县	509	276	233	26	17	9	4	3	1
铅山县	195	124	71	12	10	2	1	1	
横峰县	119	77	42	11	6	5	3	3	
弋阳县	246	156	90	9	6	3			
余干县	198	123	75	12	8	4	1	1	
鄱阳县	721	433	288	29	19	10			
万年县	206	143	63	10	9	1	1	1	
婺源县	236	144	92	20	14	6	1	1	
德兴市	531	400	131	24	16	8	4	3	1

7－7a 全省按现住地、受教育程度、性别分的户口登记地在外省的人口(城市)

单位：人

现住地	合计			未上过学		
	合计	男	女	小计	男	女
全　省	**681747**	**383222**	**298525**	**4961**	**1882**	**3079**
南昌市	**277684**	**160283**	**117401**	**2344**	**864**	**1480**
东湖区	37723	22064	15659	350	141	209
西湖区	30755	18241	12514	303	96	207
青云谱区	18302	10928	7374	251	103	148
青山湖区	94771	52514	42257	802	286	516
新建区	20668	13315	7353	168	68	100
红谷滩区	75360	43146	32214	470	170	300
南昌县	105	75	30			
安义县						
进贤县						
景德镇市	**27954**	**15444**	**12510**	**236**	**91**	**145**
昌江区	8060	4795	3265	84	36	48
珠山区	15895	8438	7457	127	44	83
浮梁县	250	179	71	2		2
乐平市	3749	2032	1717	23	11	12
萍乡市	**21610**	**11609**	**10001**	**131**	**55**	**76**
安源区	18701	9842	8859	104	48	56
湘东区	2633	1584	1049	27	7	20
莲花县						
上栗县	276	183	93			
芦溪县						
九江市	**87067**	**44709**	**42358**	**755**	**222**	**533**
濂溪区	23574	11798	11776	264	64	200
浔阳区	26390	14131	12259	286	81	205
柴桑区	11484	7255	4229	71	25	46
武宁县						
修水县						
永修县						
德安县						
都昌县						
湖口县						
彭泽县						
瑞昌市	4231	2265	1966	47	23	24
共青城市	19904	8411	11493	78	26	52
庐山市	1484	849	635	9	3	6
新余市	**19736**	**11006**	**8730**	**155**	**62**	**93**
渝水区	19736	11006	8730	155	62	93
分宜县						
鹰潭市	**16400**	**9122**	**7278**	**148**	**66**	**82**
月湖区	9901	5564	4337	96	43	53
余江区	3048	1796	1252	24	11	13
贵溪市	3451	1762	1689	28	12	16
赣州市	**98903**	**57969**	**40934**	**374**	**168**	**206**
章贡区	59759	33300	26459	177	72	105
南康区	15707	9942	5765	97	40	57
赣县区	10689	6745	3944	51	31	20
信丰县						
大余县						
上犹县						
崇义县						
安远县						
定南县						
全南县						

7-7a 续表 1

单位：人

现住地	合计			未上过学		
	合计	男	女	小计	男	女
宁都县						
于都县						
兴国县						
会昌县						
寻乌县	28	13	15			
石城县						
瑞金市	4098	2389	1709	22	14	8
龙南市	8622	5580	3042	27	11	16
吉安市	**18220**	**9117**	**9103**	**130**	**44**	**86**
吉州区	8423	4475	3948	67	23	44
青原区	8731	4085	4646	49	14	35
吉安县						
吉水县						
峡江县						
新干县						
永丰县						
泰和县						
遂川县						
万安县						
安福县						
永新县						
井冈山市	1066	557	509	14	7	7
宜春市	**44432**	**24480**	**19952**	**230**	**101**	**129**
袁州区	26117	13086	13031	128	54	74
奉新县						
万载县						
上高县						
宜丰县						
靖安县						
铜鼓县						
丰城市	8000	5053	2947	47	23	24
樟树市	4527	2555	1972	28	12	16
高安市	5788	3786	2002	27	12	15
抚州市	**22784**	**11822**	**10962**	**158**	**72**	**86**
临川区	18709	9409	9300	126	62	64
东乡区	4075	2413	1662	32	10	22
南城县						
黎川县						
南丰县						
崇仁县						
乐安县						
宜黄县						
金溪县						
资溪县						
广昌县						
上饶市	**46957**	**27661**	**19296**	**300**	**137**	**163**
信州区	20625	11276	9349	116	43	73
广丰区	5930	2967	2963	42	23	19
广信区	13942	9093	4849	121	58	63
玉山县						
铅山县	9	6	3			
横峰县						
弋阳县						
余干县	203	104	99	1	1	
鄱阳县	4		4			
万年县						
婺源县						
德兴市	6244	4215	2029	20	12	8

7-7a 续表 2

单位：人

现住地	学前教育			小学		
	小计	男	女	小计	男	女
全　省	**15075**	**8020**	**7055**	**69272**	**37521**	**31751**
南昌市	**5277**	**2818**	**2459**	**25599**	**14399**	**11200**
东湖区	636	330	306	3662	1957	1705
西湖区	854	480	374	3559	1868	1691
青云谱区	582	313	269	2476	1319	1157
青山湖区	1884	998	886	8112	4268	3844
新建区	493	258	235	3334	2182	1152
红谷滩区	823	438	385	4442	2797	1645
南昌县	5	1	4	14	8	6
安义县						
进贤县						
景德镇市	**867**	**457**	**410**	**3797**	**1999**	**1798**
昌江区	247	128	119	1333	746	587
珠山区	476	252	224	1855	933	922
浮梁县	3	1	2	41	32	9
乐平市	141	76	65	568	288	280
萍乡市	**635**	**337**	**298**	**2484**	**1311**	**1173**
安源区	527	285	242	2050	1054	996
湘东区	99	50	49	408	243	165
莲花县						
上栗县	9	2	7	26	14	12
芦溪县						
九江市	**1621**	**889**	**732**	**9017**	**4420**	**4597**
濂溪区	443	243	200	2470	1146	1324
浔阳区	567	326	241	3778	1832	1946
柴桑区	279	146	133	1157	641	516
武宁县						
修水县						
永修县						
德安县						
都昌县						
湖口县						
彭泽县						
瑞昌市	153	85	68	629	308	321
共青城市	139	73	66	765	382	383
庐山市	40	16	24	218	111	107
新余市	**423**	**210**	**213**	**1881**	**946**	**935**
渝水区	423	210	213	1881	946	935
分宜县						
鹰潭市	**537**	**275**	**262**	**2023**	**988**	**1035**
月湖区	301	159	142	1252	591	661
余江区	117	60	57	294	174	120
贵溪市	119	56	63	477	223	254
赣州市	**2351**	**1257**	**1094**	**9828**	**5542**	**4286**
章贡区	1275	679	596	4640	2487	2153
南康区	488	264	224	2360	1378	982
赣县区	273	150	123	1407	853	554
信丰县						
大余县						
上犹县						
崇义县						
安远县						
定南县						
全南县						

7-7a　续表 3　　　　单位：人

现住地	学前教育			小　学		
	小计	男	女	小计	男	女
宁都县						
于都县						
兴国县						
会昌县						
寻乌县	2	1	1	1		1
石城县						
瑞金市	162	84	78	520	289	231
龙南市	151	79	72	900	535	365
吉安市	**536**	**265**	**271**	**2203**	**1142**	**1061**
吉州区	303	153	150	1244	647	597
青原区	183	94	89	717	366	351
吉安县						
吉水县						
峡江县						
新干县						
永丰县						
泰和县						
遂川县						
万安县						
安福县						
永新县						
井冈山市	50	18	32	242	129	113
宜春市	**1144**	**624**	**520**	**4986**	**2711**	**2275**
袁州区	631	349	282	2704	1400	1304
奉新县						
万载县						
上高县						
宜丰县						
靖安县						
铜鼓县						
丰城市	177	103	74	909	526	383
樟树市	163	73	90	499	241	258
高安市	173	99	74	874	544	330
抚州市	**580**	**308**	**272**	**2542**	**1371**	**1171**
临川区	500	268	232	1798	939	859
东乡区	80	40	40	744	432	312
南城县						
黎川县						
南丰县						
崇仁县						
乐安县						
宜黄县						
金溪县						
资溪县						
广昌县						
上饶市	**1104**	**580**	**524**	**4912**	**2692**	**2220**
信州区	457	252	205	1677	862	815
广丰区	159	84	75	557	284	273
广信区	343	180	163	1837	1069	768
玉山县						
铅山县				4	3	1
横峰县						
弋阳县						
余干县	9	4	5	15	6	9
鄱阳县				2		2
万年县						
婺源县						
德兴市	136	60	76	820	468	352

7−7a 续表 4 单位：人

现住地	初中			高中			大学专科		
	小计	男	女	小计	男	女	小计	男	女
全 省	**169819**	**103082**	**66737**	**131733**	**76968**	**54765**	**99805**	**56862**	**42943**
南昌市	**57816**	**36439**	**21377**	**44556**	**27715**	**16841**	**39769**	**24488**	**15281**
东湖区	9555	5913	3642	9916	6235	3681	6155	3739	2416
西湖区	9007	5614	3393	8345	5065	3280	5137	2997	2140
青云谱区	5619	3406	2213	4039	2393	1646	3144	2015	1129
青山湖区	18330	11164	7166	11219	6714	4505	12810	8076	4734
新建区	6569	4330	2239	4247	2848	1399	2838	1767	1071
红谷滩区	8679	5967	2712	6766	4441	2325	9684	5893	3791
南昌县	57	45	12	24	19	5	1	1	
安义县									
进贤县									
景德镇市	**7908**	**4495**	**3413**	**5425**	**3002**	**2423**	**3364**	**1924**	**1440**
昌江区	2797	1688	1109	1745	1061	684	1013	616	397
珠山区	3627	2042	1585	2697	1354	1343	1940	1084	856
浮梁县	122	76	46	52	45	7	15	13	2
乐平市	1362	689	673	931	542	389	396	211	185
萍乡市	**6813**	**4083**	**2730**	**4408**	**2216**	**2192**	**3530**	**1864**	**1666**
安源区	5373	3187	2186	3890	1909	1981	3284	1697	1587
湘东区	1321	818	503	445	253	192	211	141	70
莲花县									
上栗县	119	78	41	73	54	19	35	26	9
芦溪县									
九江市	**20221**	**11761**	**8460**	**13977**	**8252**	**5725**	**15571**	**7743**	**7828**
濂溪区	4946	2706	2240	3572	1990	1582	5703	2838	2865
浔阳区	8218	4930	3288	4763	2828	1935	5827	2571	3256
柴桑区	3883	2447	1436	2902	1883	1019	2036	1339	697
武宁县									
修水县									
永修县									
德安县									
都昌县									
湖口县									
彭泽县									
瑞昌市	1203	630	573	1345	745	600	407	212	195
共青城市	1372	707	665	985	553	432	1439	682	757
庐山市	599	341	258	410	253	157	159	101	58
新余市	**4014**	**2095**	**1919**	**4387**	**2626**	**1761**	**3903**	**2310**	**1593**
渝水区	4014	2095	1919	4387	2626	1761	3903	2310	1593
分宜县									
鹰潭市	**5319**	**2910**	**2409**	**4260**	**2389**	**1871**	**2486**	**1471**	**1015**
月湖区	3323	1861	1462	2388	1372	1016	1568	953	615
余江区	899	542	357	1035	583	452	396	245	151
贵溪市	1097	507	590	837	434	403	522	273	249
赣州市	**28840**	**18251**	**10589**	**27719**	**15011**	**12708**	**10524**	**6282**	**4242**
章贡区	11823	7298	4525	18033	8789	9244	7011	4108	2903
南康区	7662	5031	2631	3191	2030	1161	1236	757	479
赣县区	3234	2055	1179	3495	2271	1224	1185	712	473
信丰县									
大余县									
上犹县									
崇义县									
安远县									
定南县									
全南县									

7-7a　续表 5　　　　　　　　　　　　　　　　　　　　　　　　　　　　　　单位：人

现 住 地	初中			高中			大学专科		
	小计	男	女	小计	男	女	小计	男	女
宁都县									
于都县									
兴国县									
会昌县									
寻乌县	20	9	11	5	3	2			
石城县									
瑞金市	1765	1053	712	1021	588	433	376	216	160
龙南市	4336	2805	1531	1974	1330	644	716	489	227
吉安市	**4412**	**2438**	**1974**	**2771**	**1476**	**1295**	**1872**	**911**	**961**
吉州区	2705	1526	1179	1837	984	853	1318	619	699
青原区	1316	691	625	747	395	352	457	247	210
吉安县									
吉水县									
峡江县									
新干县									
永丰县									
泰和县									
遂川县									
万安县									
安福县									
永新县									
井冈山市	391	221	170	187	97	90	97	45	52
宜春市	**13947**	**8360**	**5587**	**8623**	**5088**	**3535**	**6621**	**3293**	**3328**
袁州区	7133	4003	3130	4286	2360	1926	4036	1773	2263
奉新县									
万载县									
上高县									
宜丰县									
靖安县									
铜鼓县									
丰城市	3240	2124	1116	1739	1113	626	1180	661	519
樟树市	1488	854	634	1112	614	498	765	450	315
高安市	2086	1379	707	1486	1001	485	640	409	231
抚州市	**6421**	**3439**	**2982**	**3769**	**2069**	**1700**	**5051**	**2281**	**2770**
临川区	4517	2311	2206	3053	1645	1408	4670	2044	2626
东乡区	1904	1128	776	716	424	292	381	237	144
南城县									
黎川县									
南丰县									
崇仁县									
乐安县									
宜黄县									
金溪县									
资溪县									
广昌县									
上饶市	**14108**	**8811**	**5297**	**11838**	**7124**	**4714**	**7114**	**4295**	**2819**
信州区	4454	2752	1702	4942	3011	1931	3658	1956	1702
广丰区	1934	1009	925	2202	943	1259	769	456	313
广信区	4905	3064	1841	3170	2162	1008	2123	1519	604
玉山县									
铅山县	4	3	1	1		1			
横峰县									
弋阳县									
余干县	111	55	56	50	30	20	9	2	7
鄱阳县	2		2						
万年县									
婺源县									
德兴市	2698	1928	770	1473	978	495	555	362	193

7-7a 续表 6

单位：人

现住地	大学本科			硕士研究生			博士研究生		
	小计	男	女	小计	男	女	小计	男	女
全 省	**173995**	**90097**	**83898**	**15650**	**7802**	**7848**	**1437**	**988**	**449**
南昌市	**89631**	**47372**	**42259**	**11767**	**5576**	**6191**	**925**	**612**	**313**
东湖区	6805	3431	3374	580	276	304	64	42	22
西湖区	3193	1925	1268	333	182	151	24	14	10
青云谱区	2008	1279	729	167	93	74	16	7	9
青山湖区	36109	18449	17660	5027	2255	2772	478	304	174
新建区	2789	1742	1047	201	105	96	29	15	14
红谷滩区	38724	20545	18179	5458	2665	2793	314	230	84
南昌县	3	1	2	1		1			
安义县									
进贤县									
景德镇市	**5891**	**3188**	**2703**	**424**	**259**	**165**	**42**	**29**	**13**
昌江区	777	485	292	53	27	26	11	8	3
珠山区	4791	2487	2304	352	222	130	30	20	10
浮梁县	15	12	3						
乐平市	308	204	104	19	10	9	1	1	
萍乡市	**3383**	**1619**	**1764**	**210**	**114**	**96**	**16**	**10**	**6**
安源区	3255	1542	1713	204	112	92	14	8	6
湘东区	114	68	46	6	2	4	2	2	
莲花县									
上栗县	14	9	5						
芦溪县									
九江市	**25398**	**11112**	**14286**	**400**	**234**	**166**	**107**	**76**	**31**
濂溪区	5952	2673	3279	145	84	61	79	54	25
浔阳区	2721	1427	1294	208	120	88	22	16	6
柴桑区	1140	760	380	15	13	2	1	1	
武宁县									
修水县									
永修县									
德安县									
都昌县									
湖口县									
彭泽县									
瑞昌市	434	251	183	9	7	2	4	4	
共青城市	15104	5977	9127	21	10	11	1	1	
庐山市	47	24	23	2		2			
新余市	**4824**	**2677**	**2147**	**136**	**69**	**67**	**13**	**11**	**2**
渝水区	4824	2677	2147	136	69	67	13	11	2
分宜县									
鹰潭市	**1516**	**964**	**552**	**104**	**54**	**50**	**7**	**5**	**2**
月湖区	893	547	346	76	34	42	4	4	
余江区	271	172	99	11	8	3	1	1	
贵溪市	352	245	107	17	12	5	2		2
赣州市	**17752**	**10503**	**7249**	**1403**	**866**	**537**	**112**	**89**	**23**
章贡区	15429	9011	6418	1270	777	493	101	79	22
南康区	624	407	217	44	31	13	5	4	1
赣县区	1000	641	359	44	32	12			
信丰县									
大余县									
上犹县									
崇义县									
安远县									
定南县									
全南县									

7-7a　续表 7　　　　单位：人

现住地	大学本科			硕士研究生			博士研究生		
	小计	男	女	小计	男	女	小计	男	女
宁都县									
于都县									
兴国县									
会昌县									
寻乌县									
石城县									
瑞金市	215	135	80	13	6	7	4	4	
龙南市	484	309	175	32	20	12	2	2	
吉安市	**6098**	**2735**	**3363**	**149**	**71**	**78**	**49**	**35**	**14**
吉州区	845	467	378	86	44	42	18	12	6
青原区	5173	2230	2943	58	25	33	31	23	8
吉安县									
吉水县									
峡江县									
新干县									
永丰县									
泰和县									
遂川县									
万安县									
安福县									
永新县									
井冈山市	80	38	42	5	2	3			
宜春市	**8327**	**4002**	**4325**	**472**	**240**	**232**	**82**	**61**	**21**
袁州区	6785	2932	3853	340	159	181	74	56	18
奉新县									
万载县									
上高县									
宜丰县									
靖安县									
铜鼓县									
丰城市	654	469	185	49	30	19	5	4	1
樟树市	419	281	138	52	30	22	1		1
高安市	469	320	149	31	21	10	2	1	1
抚州市	**4019**	**2166**	**1853**	**233**	**107**	**126**	**11**	**9**	**2**
临川区	3818	2036	1782	217	96	121	10	8	2
东乡区	201	130	71	16	11	5	1	1	
南城县									
黎川县									
南丰县									
崇仁县									
乐安县									
宜黄县									
金溪县									
资溪县									
广昌县									
上饶市	**7156**	**3759**	**3397**	**352**	**212**	**140**	**73**	**51**	**22**
信州区	5065	2254	2811	206	113	93	50	33	17
广丰区	256	162	94	10	6	4	1		1
广信区	1309	945	364	115	80	35	19	16	3
玉山县									
铅山县									
横峰县									
弋阳县									
余干县	8	6	2						
鄱阳县									
万年县									
婺源县									
德兴市	518	392	126	21	13	8	3	2	1

7-7b 全省按现住地、受教育程度、性别分的户口登记地在外省的人口(镇)

单位：人

现住地	合计			未上过学		
	合计	男	女	小计	男	女
全　省	**402632**	**232261**	**170371**	**2732**	**1033**	**1699**
南昌市	**122536**	**67116**	**55420**	**766**	**289**	**477**
东湖区	242	154	88	2	2	
西湖区						
青云谱区	281	194	87			
青山湖区	27109	16300	10809	126	44	82
新建区	1667	1043	624	19	5	14
红谷滩区						
南昌县	72596	37002	35594	513	183	330
安义县	16543	10340	6203	57	27	30
进贤县	4098	2083	2015	49	28	21
景德镇市	**15799**	**7338**	**8461**	**64**	**29**	**35**
昌江区	278	156	122	2	1	1
珠山区	314	153	161	6	3	3
浮梁县	14265	6535	7730	48	21	27
乐平市	942	494	448	8	4	4
萍乡市	**12896**	**7633**	**5263**	**90**	**27**	**63**
安源区	1086	640	446	6	4	2
湘东区	950	514	436	14	5	9
莲花县	2811	1702	1109	31	6	25
上栗县	4942	2893	2049	26	8	18
芦溪县	3107	1884	1223	13	4	9
九江市	**47410**	**28953**	**18457**	**448**	**158**	**290**
濂溪区	789	485	304	7	3	4
浔阳区						
柴桑区	2034	1409	625	22	7	15
武宁县	4743	2447	2296	29	11	18
修水县	4963	2519	2444	32	10	22
永修县	7770	4802	2968	65	24	41
德安县	5834	3115	2719	65	25	40
都昌县	3675	2086	1589	36	18	18
湖口县	4546	2951	1595	37	10	27
彭泽县	10129	7445	2684	129	43	86
瑞昌市	2265	1276	989	21	6	15
共青城市	29	14	15			
庐山市	633	404	229	5	1	4
新余市	**5336**	**3113**	**2223**	**39**	**11**	**28**
渝水区	3231	1976	1255	27	7	20
分宜县	2105	1137	968	12	4	8
鹰潭市	**7956**	**5011**	**2945**	**40**	**19**	**21**
月湖区	394	225	169	2	1	1
余江区	2492	1561	931	18	9	9
贵溪市	5070	3225	1845	20	9	11
赣州市	**57962**	**35784**	**22178**	**279**	**125**	**154**
章贡区	1020	707	313	3	1	2
南康区	875	547	328	4	3	1
赣县区	3760	3134	626	25	17	8
信丰县	11067	7039	4028	35	16	19
大余县	3983	2341	1642	22	9	13
上犹县	2228	1191	1037	8	3	5
崇义县	1249	648	601	12	6	6
安远县	2338	1393	945	20	8	12
定南县	6351	3909	2442	23	7	16
全南县	3641	1859	1782	29	15	14

7-7b 续表 1

单位：人

现住地	合计			未上过学		
	合计	男	女	小计	男	女
宁都县	4362	2629	1733	16	8	8
于都县	5880	3739	2141	40	16	24
兴国县	4950	3072	1878	12	5	7
会昌县	2333	1309	1024	11	5	6
寻乌县	1891	998	893	6	2	4
石城县	1176	605	571	10	3	7
瑞金市	132	73	59			
龙南市	726	591	135	3	1	2
吉安市	**36219**	**21249**	**14970**	**354**	**126**	**228**
吉州区	632	364	268	4	2	2
青原区	120	65	55			
吉安县	11860	7031	4829	88	33	55
吉水县	3136	1894	1242	46	14	32
峡江县	1027	637	390	7	4	3
新干县	2747	1724	1023	33	16	17
永丰县	1966	1092	874	33	14	19
泰和县	2748	1535	1213	16	6	10
遂川县	2612	1546	1066	11	3	8
万安县	2262	1341	921	22	12	10
安福县	2431	1374	1057	26	6	20
永新县	3391	1960	1431	52	12	40
井冈山市	1287	686	601	16	4	12
宜春市	**33371**	**19985**	**13386**	**229**	**89**	**140**
袁州区	628	343	285	6	2	4
奉新县	4509	2557	1952	37	19	18
万载县	3982	2234	1748	9	4	5
上高县	4442	2550	1892	32	12	20
宜丰县	6093	3699	2394	34	10	24
靖安县	2230	1433	797	17	6	11
铜鼓县	1556	842	714	8	4	4
丰城市	1282	670	612	16	3	13
樟树市	871	603	268	3	2	1
高安市	7778	5054	2724	67	27	40
抚州市	**25608**	**14861**	**10747**	**212**	**81**	**131**
临川区	2698	1962	736	22	11	11
东乡区	262	155	107	2	1	1
南城县	2655	1466	1189	27	8	19
黎川县	2881	1607	1274	20	8	12
南丰县	2366	1215	1151	20	7	13
崇仁县	1698	905	793	10	3	7
乐安县	1364	785	579	8	3	5
宜黄县	5159	3262	1897	10	7	3
金溪县	1707	978	729	11	3	8
资溪县	2997	1456	1541	67	23	44
广昌县	1821	1070	751	15	7	8
上饶市	**37539**	**21218**	**16321**	**211**	**79**	**132**
信州区	311	174	137	3	3	
广丰区	1311	662	649	8	2	6
广信区	524	300	224	5	3	2
玉山县	9010	4658	4352	51	20	31
铅山县	2697	1567	1130	12	3	9
横峰县	2414	1570	844	8	1	7
弋阳县	3786	2294	1492	25	11	14
余干县	3791	2280	1511	11	5	6
鄱阳县	6978	4010	2968	58	24	34
万年县	3255	1865	1390	10	4	6
婺源县	3231	1710	1521	20	3	17
德兴市	231	128	103			

7-7b 续表 2

单位：人

现住地	学前教育			小学		
	小计	男	女	小计	男	女
全省	**9512**	**5094**	**4418**	**49646**	**26988**	**22658**
南昌市	**1958**	**1069**	**889**	**10522**	**5858**	**4664**
东湖区	3	1	2	53	29	24
西湖区						
青云谱区	6	5	1	34	22	12
青山湖区	216	122	94	1027	596	431
新建区	41	23	18	311	189	122
红谷滩区						
南昌县	1420	786	634	6703	3630	3073
安义县	136	69	67	1761	1077	684
进贤县	136	63	73	633	315	318
景德镇市	**139**	**67**	**72**	**1038**	**594**	**444**
昌江区	6	2	4	36	18	18
珠山区	4	1	3	54	23	31
浮梁县	99	53	46	759	448	311
乐平市	30	11	19	189	105	84
萍乡市	**450**	**244**	**206**	**2438**	**1330**	**1108**
安源区	35	24	11	194	104	90
湘东区	30	12	18	218	111	107
莲花县	116	63	53	706	403	303
上栗县	157	83	74	801	430	371
芦溪县	112	62	50	519	282	237
九江市	**1224**	**624**	**600**	**6355**	**3374**	**2981**
濂溪区	18	11	7	113	56	57
浔阳区						
柴桑区	34	14	20	275	148	127
武宁县	162	79	83	684	342	342
修水县	166	80	86	697	318	379
永修县	149	87	62	1102	651	451
德安县	163	79	84	1011	501	510
都昌县	111	57	54	399	233	166
湖口县	142	72	70	599	324	275
彭泽县	194	99	95	1062	574	488
瑞昌市	73	37	36	322	172	150
共青城市				9	6	3
庐山市	12	9	3	82	49	33
新余市	**138**	**75**	**63**	**720**	**375**	**345**
渝水区	77	41	36	365	191	174
分宜县	61	34	27	355	184	171
鹰潭市	**111**	**60**	**51**	**1031**	**629**	**402**
月湖区	9	7	2	62	28	34
余江区	50	29	21	205	97	108
贵溪市	52	24	28	764	504	260
赣州市	**1762**	**965**	**797**	**7302**	**3902**	**3400**
章贡区	16	9	7	80	52	28
南康区	26	12	14	157	86	71
赣县区	43	24	19	232	121	111
信丰县	284	168	116	1371	739	632
大余县	128	76	52	559	310	249
上犹县	83	50	33	389	188	201
崇义县	64	30	34	245	121	124
安远县	77	39	38	344	200	144
定南县	178	92	86	999	560	439
全南县	160	92	68	492	242	250

7-7b　续表 3　　单位：人

现住地	学前教育			小学		
	小计	男	女	小计	男	女
宁都县	147	82	65	524	296	228
于都县	137	67	70	448	242	206
兴国县	159	79	80	608	333	275
会昌县	93	47	46	301	147	154
寻乌县	94	60	34	244	128	116
石城县	61	32	29	252	108	144
瑞金市	5	1	4	22	9	13
龙南市	7	5	2	35	20	15
吉安市	**1047**	**554**	**493**	**5547**	**2918**	**2629**
吉州区	12	6	6	65	31	34
青原区	5	4	1	33	16	17
吉安县	268	149	119	1451	760	691
吉水县	82	43	39	436	224	212
峡江县	24	14	10	149	86	63
新干县	85	49	36	456	246	210
永丰县	72	41	31	364	185	179
泰和县	93	41	52	381	188	193
遂川县	90	50	40	366	200	166
万安县	51	20	31	320	168	152
安福县	69	36	33	486	267	219
永新县	139	67	72	734	386	348
井冈山市	57	34	23	306	161	145
宜春市	**918**	**482**	**436**	**4798**	**2667**	**2131**
袁州区	13	5	8	123	65	58
奉新县	124	75	49	570	293	277
万载县	157	84	73	538	281	257
上高县	139	68	71	718	389	329
宜丰县	154	86	68	792	403	389
靖安县	56	30	26	345	209	136
铜鼓县	54	29	25	305	174	131
丰城市	71	34	37	230	112	118
樟树市	20	12	8	75	48	27
高安市	130	59	71	1102	693	409
抚州市	**723**	**389**	**334**	**4596**	**2464**	**2132**
临川区	19	10	9	581	362	219
东乡区	5	1	4	57	31	26
南城县	74	44	30	575	328	247
黎川县	105	53	52	496	278	218
南丰县	86	50	36	461	251	210
崇仁县	70	42	28	224	108	116
乐安县	53	28	25	206	115	91
宜黄县	67	35	32	654	334	320
金溪县	61	34	27	331	155	176
资溪县	122	61	61	691	337	354
广昌县	61	31	30	320	165	155
上饶市	**1042**	**565**	**477**	**5299**	**2877**	**2422**
信州区	11	5	6	38	20	18
广丰区	35	21	14	171	80	91
广信区	15	6	9	112	59	53
玉山县	299	157	142	1126	535	591
铅山县	75	45	30	279	128	151
横峰县	57	31	26	382	234	148
弋阳县	93	48	45	536	290	246
余干县	82	50	32	534	308	226
鄱阳县	191	104	87	1200	745	455
万年县	71	38	33	376	199	177
婺源县	103	55	48	505	256	249
德兴市	10	5	5	40	23	17

7-7b 续表 4　　单位：人

现住地	初中			高中			大学专科		
	小计	男	女	小计	男	女	小计	男	女
全　省	**138979**	**84414**	**54565**	**78688**	**49492**	**29196**	**51849**	**28599**	**23250**
南昌市	**25372**	**16131**	**9241**	**14580**	**8997**	**5583**	**21765**	**11145**	**10620**
东湖区	98	67	31	53	35	18	12	6	6
西湖区									
青云谱区	88	60	28	103	74	29	33	20	13
青山湖区	2483	1745	738	2001	1321	680	4026	2174	1852
新建区	541	332	209	469	306	163	160	105	55
红谷滩区									
南昌县	13883	8401	5482	8774	5186	3588	12268	6255	6013
安义县	6545	4676	1869	2212	1569	643	4918	2406	2512
进贤县	1734	850	884	968	506	462	348	179	169
景德镇市	**2187**	**1331**	**856**	**873**	**488**	**385**	**3291**	**1557**	**1734**
昌江区	114	62	52	62	36	26	31	22	9
珠山区	71	39	32	90	36	54	42	20	22
浮梁县	1563	1007	556	573	333	240	3137	1475	1662
乐平市	439	223	216	148	83	65	81	40	41
萍乡市	**6017**	**3712**	**2305**	**2276**	**1404**	**872**	**965**	**542**	**423**
安源区	505	311	194	220	127	93	84	41	43
湘东区	470	267	203	135	79	56	49	23	26
莲花县	1273	788	485	391	259	132	161	96	65
上栗县	2378	1457	921	885	540	345	406	231	175
芦溪县	1391	889	502	645	399	246	265	151	114
九江市	**18332**	**10812**	**7520**	**12655**	**8556**	**4099**	**5239**	**3294**	**1945**
濂溪区	354	218	136	204	131	73	55	38	17
浔阳区									
柴桑区	1180	877	303	299	213	86	135	94	41
武宁县	2472	1238	1234	973	561	412	253	127	126
修水县	2025	1014	1011	1242	646	596	504	259	245
永修县	2879	1768	1111	2045	1340	705	890	523	367
德安县	2832	1430	1402	1153	712	441	437	259	178
都昌县	1036	575	461	1214	687	527	593	359	234
湖口县	1632	1100	532	1073	708	365	626	406	220
彭泽县	2834	1993	841	3649	3050	599	1394	1022	372
瑞昌市	754	394	360	670	416	254	295	171	124
共青城市	12	3	9	5	3	2	1	1	
庐山市	322	202	120	128	89	39	56	35	21
新余市	**1821**	**1022**	**799**	**1393**	**860**	**533**	**859**	**568**	**291**
渝水区	983	601	382	922	595	327	623	421	202
分宜县	838	421	417	471	265	206	236	147	89
鹰潭市	**3318**	**2286**	**1032**	**1821**	**1257**	**564**	**1310**	**520**	**790**
月湖区	176	119	57	76	45	31	61	20	41
余江区	1106	704	402	809	504	305	167	124	43
贵溪市	2036	1463	573	936	708	228	1082	376	706
赣州市	**24671**	**15502**	**9169**	**14825**	**9644**	**5181**	**5480**	**3449**	**2031**
章贡区	349	231	118	311	214	97	131	98	33
南康区	523	340	183	121	76	45	22	14	8
赣县区	2382	2048	334	862	752	110	126	103	23
信丰县	5303	3360	1943	2570	1713	857	952	653	299
大余县	1620	956	664	847	510	337	438	257	181
上犹县	950	491	459	446	270	176	199	111	88
崇义县	479	254	225	247	124	123	105	51	54
安远县	918	562	356	638	384	254	208	123	85
定南县	2585	1627	958	1709	1152	557	512	279	233
全南县	1379	713	666	897	471	426	374	192	182

7−7b　续表 5　　　　单位：人

现住地	初中			高中			大学专科		
	小计	男	女	小计	男	女	小计	男	女
宁都县	1716	994	722	1243	805	438	481	295	186
于都县	1632	958	674	2465	1698	767	664	480	184
兴国县	2280	1425	855	1118	713	405	507	343	164
会昌县	703	393	310	583	332	251	430	263	167
寻乌县	774	395	379	454	237	217	207	113	94
石城县	455	246	209	219	124	95	95	52	43
瑞金市	35	12	23	28	21	7	12	8	4
龙南市	588	497	91	67	48	19	17	14	3
吉安市	**16442**	**9564**	**6878**	**7861**	**4888**	**2973**	**3104**	**1998**	**1106**
吉州区	256	133	123	168	101	67	85	58	27
青原区	53	30	23	14	8	6	7	4	3
吉安县	5511	3175	2336	3024	1892	1132	987	676	311
吉水县	1513	905	608	584	380	204	273	183	90
峡江县	454	280	174	225	147	78	95	56	39
新干县	1089	698	391	592	391	201	315	202	113
永丰县	801	432	369	405	233	172	186	120	66
泰和县	1350	775	575	546	324	222	209	119	90
遂川县	1194	706	488	613	392	221	227	139	88
万安县	1023	595	428	498	314	184	205	138	67
安福县	1126	663	463	417	231	186	180	94	86
永新县	1547	906	641	592	371	221	205	133	72
井冈山市	525	266	259	183	104	79	130	76	54
宜春市	**14913**	**9161**	**5752**	**7422**	**4719**	**2703**	**3392**	**1751**	**1641**
袁州区	339	172	167	94	59	35	27	19	8
奉新县	2188	1220	968	950	557	393	329	186	143
万载县	1880	1045	835	785	426	359	384	244	140
上高县	1849	1056	793	1100	652	448	358	221	137
宜丰县	3050	1967	1083	1448	888	560	368	187	181
靖安县	882	581	301	564	376	188	222	142	80
铜鼓县	596	329	267	320	173	147	154	77	77
丰城市	576	318	258	246	132	114	90	45	45
樟树市	332	204	128	238	172	66	122	100	22
高安市	3221	2269	952	1677	1284	393	1338	530	808
抚州市	**10362**	**6134**	**4228**	**5662**	**3378**	**2284**	**2621**	**1536**	**1085**
临川区	1332	976	356	434	348	86	223	180	43
东乡区	120	72	48	53	34	19	12	5	7
南城县	963	514	449	487	281	206	305	158	147
黎川县	1285	721	564	611	358	253	237	114	123
南丰县	933	476	457	453	231	222	250	113	137
崇仁县	687	351	336	395	230	165	211	109	102
乐安县	591	345	246	290	167	123	144	82	62
宜黄县	1867	1223	644	1456	946	510	763	493	270
金溪县	692	385	307	301	203	98	176	112	64
资溪县	1042	551	491	829	352	477	159	93	66
广昌县	850	520	330	353	228	125	141	77	64
上饶市	**15544**	**8759**	**6785**	**9320**	**5301**	**4019**	**3823**	**2239**	**1584**
信州区	111	70	41	115	56	59	19	11	8
广丰区	585	298	287	371	189	182	102	54	48
广信区	265	157	108	65	35	30	39	24	15
玉山县	4190	2186	2004	2017	1024	993	821	456	365
铅山县	1018	539	479	839	543	296	290	188	102
横峰县	1145	768	377	513	336	177	204	129	75
弋阳县	1371	853	518	1087	665	422	432	272	160
余干县	1773	1104	669	935	535	400	303	182	121
鄱阳县	2406	1347	1059	1737	981	756	715	399	316
万年县	1489	830	659	857	515	342	305	187	118
婺源县	1068	539	529	733	393	340	587	334	253
德兴市	123	68	55	51	29	22	6	3	3

7－7b 续表 6

单位：人

现住地	大学本科			硕士研究生			博士研究生		
	小计	男	女	小计	男	女	小计	男	女
全 省	**66380**	**34290**	**32090**	**4512**	**2128**	**2384**	**334**	**223**	**111**
南昌市	**44638**	**22258**	**22380**	**2764**	**1262**	**1502**	**171**	**107**	**64**
东湖区	21	14	7						
西湖区									
青云谱区	17	13	4						
青山湖区	16496	9875	6621	692	391	301	42	32	10
新建区	117	76	41	8	6	2	1	1	
红谷滩区									
南昌县	26893	11651	15242	2020	841	1179	122	69	53
安义县	894	504	390	17	9	8	3	3	
进贤县	200	125	75	27	15	12	3	2	1
景德镇市	**7265**	**2921**	**4344**	**889**	**325**	**564**	**53**	**26**	**27**
昌江区	27	15	12						
珠山区	44	29	15	3	2	1			
浮梁县	7150	2851	4299	883	321	562	53	26	27
乐平市	44	26	18	3	2	1			
萍乡市	**615**	**349**	**266**	**39**	**21**	**18**	**6**	**4**	**2**
安源区	33	22	11	8	6	2	1	1	
湘东区	33	16	17	1	1				
莲花县	129	84	45	2	1	1	2	2	
上栗县	270	138	132	16	5	11	3	1	2
芦溪县	150	89	61	12	8	4			
九江市	**2968**	**2004**	**964**	**170**	**116**	**54**	**19**	**15**	**4**
濂溪区	37	27	10	1	1				
浔阳区									
柴桑区	74	46	28	13	8	5	2	2	
武宁县	160	84	76	9	5	4	1		1
修水县	270	175	95	23	13	10	4	4	
永修县	600	385	215	35	21	14	5	3	2
德安县	167	105	62	6	4	2			
都昌县	266	146	120	17	9	8	3	2	1
湖口县	404	301	103	31	28	3	2	2	
彭泽县	834	638	196	32	25	7	1	1	
瑞昌市	127	78	49	3	2	1			
共青城市	2	1	1						
庐山市	27	18	9				1	1	
新余市	**356**	**196**	**160**	**8**	**4**	**4**	**2**	**2**	
渝水区	232	119	113	1		1	1	1	
分宜县	124	77	47	7	4	3	1	1	
鹰潭市	**301**	**223**	**78**	**19**	**12**	**7**	**5**	**5**	
月湖区	7	5	2	1		1			
余江区	134	92	42	3	2	1			
贵溪市	160	126	34	15	10	5	5	5	
赣州市	**3400**	**2041**	**1359**	**215**	**133**	**82**	**28**	**23**	**5**
章贡区	117	91	26	12	10	2	1	1	
南康区	21	15	6	1	1				
赣县区	66	50	16	10	6	4	14	13	1
信丰县	521	368	153	28	19	9	3	3	
大余县	356	217	139	13	6	7			
上犹县	140	68	72	12	9	3	1	1	
崇义县	84	56	28	12	6	6	1		1
安远县	120	68	52	12	8	4	1	1	
定南县	328	181	147	15	10	5	2	1	1
全南县	299	126	173	11	8	3			

7-7b　续表 7　　　　　　　　　　　　　　　　　　　　　　　　　单位：人

现住地	大学本科			硕士研究生			博士研究生		
	小计	男	女	小计	男	女	小计	男	女
宁都县	217	139	78	16	9	7	2	1	1
于都县	462	257	205	29	19	10	3	2	1
兴国县	248	163	85	18	11	7			
会昌县	201	116	85	11	6	5			
寻乌县	107	61	46	5	2	3			
石城县	74	37	37	10	3	7			
瑞金市	30	22	8						
龙南市	9	6	3						
吉安市	**1732**	**1119**	**613**	**120**	**71**	**49**	**12**	**11**	**1**
吉州区	39	31	8	3	2	1			
青原区	8	3	5						
吉安县	503	331	172	27	14	13	1	1	
吉水县	190	136	54	11	8	3	1	1	
峡江县	66	46	20	7	4	3			
新干县	168	116	52	9	6	3			
永丰县	100	64	36	5	3	2			
泰和县	137	75	62	16	7	9			
遂川县	104	52	52	5	2	3	2	2	
万安县	131	89	42	10	4	6	2	1	1
安福县	115	68	47	10	7	3	2	2	
永新县	114	77	37	7	7		1	1	
井冈山市	57	31	26	10	7	3	3	3	
宜春市	**1591**	**1045**	**546**	**98**	**63**	**35**	**10**	**8**	**2**
袁州区	26	21	5						
奉新县	291	191	100	17	13	4	3	3	
万载县	214	140	74	13	9	4	2	1	1
上高县	233	142	91	11	8	3	2	2	
宜丰县	235	151	84	12	7	5			
靖安县	129	79	50	13	8	5	2	2	
铜鼓县	109	50	59	9	6	3	1		1
丰城市	48	23	25	5	3	2			
樟树市	80	64	16	1	1				
高安市	226	184	42	17	8	9			
抚州市	**1342**	**822**	**520**	**78**	**48**	**30**	**12**	**9**	**3**
临川区	83	72	11	4	3	1			
东乡区	12	10	2	1	1				
南城县	206	124	82	16	7	9	2	2	
黎川县	118	68	50	8	6	2	1	1	
南丰县	154	83	71	8	3	5	1	1	
崇仁县	98	61	37	3	1	2			
乐安县	66	42	24	6	3	3			
宜黄县	332	214	118	9	9		1	1	
金溪县	117	73	44	15	10	5	3	3	
资溪县	82	36	46	3	2	1	2	1	1
广昌县	74	39	35	5	3	2	2		2
上饶市	**2172**	**1312**	**860**	**112**	**73**	**39**	**16**	**13**	**3**
信州区	12	8	4	1		1	1	1	
广丰区	32	16	16	4	1	3	3	1	2
广信区	19	13	6	2	1	1	2	2	
玉山县	476	260	216	26	17	9	4	3	1
铅山县	172	111	61	11	9	2	1	1	
横峰县	97	66	31	5	2	3	3	3	
弋阳县	233	149	84	9	6	3			
余干县	145	90	55	8	6	2			
鄱阳县	647	395	252	24	15	9			
万年县	139	85	54	7	6	1	1	1	
婺源县	199	119	80	15	10	5	1	1	
德兴市	1		1						

7-7c 全省按现住地、受教育程度、性别分的户口登记地在外省的人口(乡村)

单位：人

现住地	合计			未上过学		
	合计	男	女	小计	男	女
全　省	**175850**	**106043**	**69807**	**1656**	**652**	**1004**
南昌市	**43579**	**27599**	**15980**	**270**	**107**	**163**
东湖区	1451	916	535	12	3	9
西湖区						
青云谱区						
青山湖区	5890	4202	1688	45	14	31
新建区	13640	7147	6493	51	27	24
红谷滩区	1377	1175	202	7	4	3
南昌县	17110	11436	5674	113	47	66
安义县	1590	1098	492	23	5	18
进贤县	2521	1625	896	19	7	12
景德镇市	**5686**	**3450**	**2236**	**73**	**29**	**44**
昌江区	1138	709	429	10	4	6
珠山区	14	9	5			
浮梁县	2004	1465	539	10	2	8
乐平市	2530	1267	1263	53	23	30
萍乡市	**8359**	**4766**	**3593**	**122**	**42**	**80**
安源区	350	204	146	1	1	
湘东区	2219	1440	779	16	5	11
莲花县	2320	1409	911	67	23	44
上栗县	2199	1046	1153	27	8	19
芦溪县	1271	667	604	11	5	6
九江市	**20995**	**12319**	**8676**	**209**	**91**	**118**
濂溪区	2389	1395	994	21	3	18
浔阳区	61	27	34			
柴桑区	4142	2662	1480	21	6	15
武宁县	2489	1455	1034	30	10	20
修水县	1028	389	639	14	4	10
永修县	2081	1130	951	24	11	13
德安县	1824	1085	739	20	9	11
都昌县	854	417	437	11	6	5
湖口县	870	555	315	7	3	4
彭泽县	1483	967	516	18	9	9
瑞昌市	2206	1420	786	31	26	5
共青城市	1166	636	530	9	2	7
庐山市	402	181	221	3	2	1
新余市	**3669**	**2420**	**1249**	**46**	**18**	**28**
渝水区	2230	1527	703	28	12	16
分宜县	1439	893	546	18	6	12
鹰潭市	**2687**	**1501**	**1186**	**10**	**5**	**5**
月湖区	480	305	175	2	1	1
余江区	608	274	334	2	2	
贵溪市	1599	922	677	6	2	4
赣州市	**34409**	**22097**	**12312**	**210**	**102**	**108**
章贡区	4945	3400	1545	13	8	5
南康区	7704	5513	2191	61	30	31
赣县区	1508	915	593	9	6	3
信丰县	2399	1711	688	4	1	3
大余县	1279	742	537	5	2	3
上犹县	598	322	276	3	1	2
崇义县	622	353	269	7	2	5
安远县	679	361	318	11	4	7
定南县	1386	869	517	5	2	3
全南县	1641	1204	437	8	3	5

7-7c　续表 1　　　　单位：人

现住地	合计			未上过学		
	合计	男	女	小计	男	女
宁都县	1748	894	854	17	11	6
于都县	1055	490	565	10	3	7
兴国县	1634	867	767	9	3	6
会昌县	861	372	489	5	2	3
寻乌县	1532	810	722	12	5	7
石城县	986	645	341	10	5	5
瑞金市	1163	614	549	7	4	3
龙南市	2669	2015	654	14	10	4
吉安市	**14305**	**8138**	**6167**	**251**	**85**	**166**
吉州区	387	229	158	6	1	5
青原区	1112	682	430	15	4	11
吉安县	2103	1218	885	41	15	26
吉水县	1320	720	600	41	12	29
峡江县	790	438	352	23	7	16
新干县	700	429	271	11	6	5
永丰县	899	526	373	6	2	4
泰和县	1406	767	639	11	3	8
遂川县	1339	752	587	10	6	4
万安县	441	206	235	4	3	1
安福县	1536	915	621	22	6	16
永新县	1456	777	679	42	13	29
井冈山市	816	479	337	19	7	12
宜春市	**15145**	**8770**	**6375**	**180**	**80**	**100**
袁州区	4253	2574	1679	27	16	11
奉新县	908	511	397	11	1	10
万载县	1360	646	714	13	8	5
上高县	917	558	359	12	6	6
宜丰县	1582	902	680	26	10	16
靖安县	1182	843	339	24	12	12
铜鼓县	426	183	243	15	2	13
丰城市	1679	855	824	29	17	12
樟树市	927	549	378	6	2	4
高安市	1911	1149	762	17	6	11
抚州市	**8635**	**5222**	**3413**	**103**	**35**	**68**
临川区	2637	1597	1040	23	8	15
东乡区	1071	737	334	15	6	9
南城县	605	406	199	3	1	2
黎川县	450	307	143	4		4
南丰县	529	230	299	11	5	6
崇仁县	766	445	321	7	2	5
乐安县	701	423	278	6	1	5
宜黄县	319	157	162	9	5	4
金溪县	762	439	323	13	2	11
资溪县	372	256	116	4	2	2
广昌县	423	225	198	8	3	5
上饶市	**18381**	**9761**	**8620**	**182**	**58**	**124**
信州区	2566	1568	998	15	6	9
广丰区	2373	1102	1271	15	4	11
广信区	1935	949	986	31	9	22
玉山县	1955	721	1234	31	7	24
铅山县	691	340	351	6	3	3
横峰县	1218	740	478	15	3	12
弋阳县	607	293	314	5	3	2
余干县	1272	624	648	15	6	9
鄱阳县	2166	1188	978	19	8	11
万年县	839	573	266	2	1	1
婺源县	1072	571	501	9	2	7
德兴市	1687	1092	595	19	6	13

7-7c 续表 2 单位：人

现住地	学前教育			小学		
	小计	男	女	小计	男	女
全 省	**3897**	**1957**	**1940**	**27832**	**15637**	**12195**
南昌市	**524**	**290**	**234**	**4749**	**2999**	**1750**
东湖区	27	17	10	304	190	114
西湖区						
青云谱区						
青山湖区	69	38	31	942	613	329
新建区	91	42	49	851	517	334
红谷滩区	1	1		173	135	38
南昌县	266	152	114	1834	1166	668
安义县	14	7	7	263	153	110
进贤县	56	33	23	382	225	157
景德镇市	**105**	**50**	**55**	**960**	**534**	**426**
昌江区	28	15	13	170	85	85
珠山区				1	1	
浮梁县	18	5	13	269	173	96
乐平市	59	30	29	520	275	245
萍乡市	**331**	**167**	**164**	**1961**	**1158**	**803**
安源区	9	4	5	64	34	30
湘东区	66	28	38	536	358	178
莲花县	88	46	42	677	416	261
上栗县	99	57	42	436	220	216
芦溪县	69	32	37	248	130	118
九江市	**457**	**215**	**242**	**3365**	**1768**	**1597**
濂溪区	56	23	33	397	204	193
浔阳区	2	1	1	7	4	3
柴桑区	68	27	41	513	281	232
武宁县	55	26	29	312	156	156
修水县	46	20	26	271	117	154
永修县	37	24	13	291	143	148
德安县	39	19	20	401	221	180
都昌县	31	13	18	165	74	91
湖口县	24	13	11	158	83	75
彭泽县	23	14	9	264	149	115
瑞昌市	41	15	26	341	209	132
共青城市	22	12	10	170	82	88
庐山市	13	8	5	75	45	30
新余市	**58**	**29**	**29**	**684**	**429**	**255**
渝水区	36	18	18	436	267	169
分宜县	22	11	11	248	162	86
鹰潭市	**56**	**19**	**37**	**440**	**252**	**188**
月湖区	9	3	6	95	57	38
余江区	18	7	11	59	23	36
贵溪市	29	9	20	286	172	114
赣州市	**824**	**404**	**420**	**4521**	**2521**	**2000**
章贡区	103	50	53	474	282	192
南康区	137	67	70	936	594	342
赣县区	40	23	17	260	147	113
信丰县	41	19	22	250	154	96
大余县	32	20	12	186	91	95
上犹县	24	9	15	109	49	60
崇义县	15	7	8	130	66	64
安远县	7	4	3	122	72	50
定南县	35	15	20	177	98	79
全南县	26	12	14	161	92	69

7-7c　续表 3　　　　单位：人

现 住 地	学前教育			小　学		
	小计	男	女	小计	男	女
宁都县	55	26	29	207	126	81
于都县	40	22	18	201	92	109
兴国县	49	23	26	216	102	114
会昌县	28	11	17	120	42	78
寻乌县	59	30	29	263	111	152
石城县	34	18	16	163	83	80
瑞金市	48	24	24	188	77	111
龙南市	51	24	27	358	243	115
吉安市	**448**	**225**	**223**	**3286**	**1737**	**1549**
吉州区	10	8	2	71	42	29
青原区	27	13	14	247	146	101
吉安县	61	32	29	469	250	219
吉水县	45	24	21	379	191	188
峡江县	15	8	7	215	110	105
新干县	15	10	5	162	93	69
永丰县	32	15	17	148	71	77
泰和县	43	21	22	338	171	167
遂川县	35	16	19	227	126	101
万安县	37	20	17	96	45	51
安福县	41	17	24	361	202	159
永新县	71	33	38	429	219	210
井冈山市	16	8	8	144	71	73
宜春市	**390**	**192**	**198**	**2817**	**1595**	**1222**
袁州区	95	49	46	755	451	304
奉新县	13	9	4	138	80	58
万载县	50	22	28	291	146	145
上高县	30	15	15	176	105	71
宜丰县	63	31	32	353	189	164
靖安县	13	5	8	221	145	76
铜鼓县	15	9	6	98	44	54
丰城市	42	20	22	341	156	185
樟树市	28	10	18	141	103	38
高安市	41	22	19	303	176	127
抚州市	**187**	**95**	**92**	**1668**	**948**	**720**
临川区	33	19	14	266	107	159
东乡区	20	9	11	229	158	71
南城县	9	4	5	211	144	67
黎川县	4	3	1	163	109	54
南丰县	17	5	12	132	67	65
崇仁县	20	10	10	99	48	51
乐安县	13	4	9	168	94	74
宜黄县	6	4	2	68	37	31
金溪县	35	22	13	169	91	78
资溪县	6	2	4	90	61	29
广昌县	24	13	11	73	32	41
上饶市	**517**	**271**	**246**	**3381**	**1696**	**1685**
信州区	46	23	23	467	273	194
广丰区	74	38	36	384	191	193
广信区	63	26	37	452	193	259
玉山县	78	39	39	399	130	269
铅山县	19	9	10	147	67	80
横峰县	28	17	11	186	106	80
弋阳县	13	9	4	139	65	74
余干县	29	15	14	172	79	93
鄱阳县	75	43	32	435	251	184
万年县	15	10	5	88	59	29
婺源县	35	20	15	217	113	104
德兴市	42	22	20	295	169	126

7-7c 续表 4

单位：人

现住地	初中			高中			大学专科		
	小计	男	女	小计	男	女	小计	男	女
全　省	**84873**	**52479**	**32394**	**28924**	**18505**	**10419**	**14679**	**9108**	**5571**
南昌市	**17665**	**12358**	**5307**	**6412**	**4552**	**1860**	**5514**	**3375**	**2139**
东湖区	657	425	232	341	230	111	78	34	44
西湖区									
青云谱区									
青山湖区	2992	2124	868	1038	788	250	480	384	96
新建区	2606	1851	755	899	664	235	2203	1236	967
红谷滩区	929	816	113	126	108	18	66	55	11
南昌县	8369	5736	2633	3281	2234	1047	2424	1480	944
安义县	922	650	272	221	172	49	84	62	22
进贤县	1190	756	434	506	356	150	179	124	55
景德镇市	**2990**	**1822**	**1168**	**913**	**582**	**331**	**369**	**254**	**115**
昌江区	542	348	194	247	162	85	87	59	28
珠山区	10	6	4	3	2	1			
浮梁县	1035	786	249	348	261	87	173	132	41
乐平市	1403	682	721	315	157	158	109	63	46
萍乡市	**4174**	**2415**	**1759**	**946**	**495**	**451**	**541**	**297**	**244**
安源区	107	70	37	22	13	9	134	72	62
湘东区	1098	731	367	254	144	110	128	84	44
莲花县	1127	699	428	199	124	75	94	61	33
上栗县	1191	558	633	287	126	161	117	51	66
芦溪县	651	357	294	184	88	96	68	29	39
九江市	**9352**	**5319**	**4033**	**4592**	**2907**	**1685**	**1931**	**1259**	**672**
濂溪区	836	483	353	727	452	275	214	127	87
浔阳区	33	14	19	13	4	9	6	4	2
柴桑区	1852	1113	739	1080	774	306	404	304	100
武宁县	1582	953	629	324	196	128	115	67	48
修水县	518	175	343	115	46	69	49	19	30
永修县	927	467	460	541	324	217	159	94	65
德安县	974	575	399	284	180	104	73	57	16
都昌县	379	168	211	176	101	75	58	32	26
湖口县	439	299	140	143	84	59	70	50	20
彭泽县	625	404	221	284	205	79	155	101	54
瑞昌市	681	397	284	481	331	150	430	295	135
共青城市	327	186	141	350	184	166	162	100	62
庐山市	179	85	94	74	26	48	36	9	27
新余市	**1917**	**1324**	**593**	**511**	**347**	**164**	**276**	**167**	**109**
渝水区	1151	844	307	323	230	93	160	94	66
分宜县	766	480	286	188	117	71	116	73	43
鹰潭市	**1312**	**749**	**563**	**596**	**297**	**299**	**190**	**127**	**63**
月湖区	277	186	91	89	54	35	6	4	2
余江区	180	89	91	289	123	166	34	16	18
贵溪市	855	474	381	218	120	98	150	107	43
赣州市	**18563**	**12101**	**6462**	**6155**	**4181**	**1974**	**2550**	**1670**	**880**
章贡区	2234	1521	713	1347	970	377	511	365	146
南康区	4803	3490	1313	972	722	250	501	382	119
赣县区	871	534	337	177	111	66	76	43	33
信丰县	1441	1046	395	367	263	104	178	136	42
大余县	707	449	258	153	80	73	77	40	37
上犹县	303	177	126	100	56	44	38	16	22
崇义县	317	185	132	97	60	37	35	20	15
安远县	358	184	174	112	62	50	42	20	22
定南县	762	480	282	215	138	77	134	90	44
全南县	911	675	236	323	256	67	142	101	41

7-7c　续表 5

单位：人

现住地	初中			高中			大学专科		
	小计	男	女	小计	男	女	小计	男	女
宁都县	842	388	454	345	178	167	155	82	73
于都县	571	259	312	140	76	64	54	19	35
兴国县	830	427	403	323	181	142	136	85	51
会昌县	369	197	172	199	71	128	99	34	65
寻乌县	873	478	395	181	105	76	79	37	42
石城县	464	277	187	246	212	34	36	28	8
瑞金市	547	288	259	214	127	87	80	44	36
龙南市	1360	1046	314	644	513	131	177	128	49
吉安市	**7276**	**4170**	**3106**	**1745**	**1085**	**660**	**775**	**478**	**297**
吉州区	190	104	86	50	33	17	29	22	7
青原区	548	343	205	142	94	48	66	41	25
吉安县	1081	626	455	257	172	85	120	79	41
吉水县	692	393	299	107	61	46	39	26	13
峡江县	399	232	167	79	44	35	39	20	19
新干县	341	218	123	98	62	36	56	32	24
永丰县	505	288	217	116	82	34	53	37	16
泰和县	752	403	349	164	102	62	60	39	21
遂川县	763	418	345	234	151	83	49	21	28
万安县	210	98	112	56	24	32	25	10	15
安福县	769	463	306	192	121	71	90	59	31
永新县	683	387	296	135	63	72	48	22	26
井冈山市	343	197	146	115	76	39	101	70	31
宜春市	**8078**	**4687**	**3391**	**2211**	**1297**	**914**	**868**	**500**	**368**
袁州区	2271	1413	858	505	298	207	346	187	159
奉新县	446	242	204	189	103	86	68	43	25
万载县	742	328	414	191	110	81	49	20	29
上高县	482	305	177	155	84	71	37	23	14
宜丰县	841	491	350	205	118	87	63	42	21
靖安县	633	461	172	185	135	50	49	35	14
铜鼓县	206	83	123	50	20	30	31	18	13
丰城市	860	439	421	269	136	133	72	35	37
樟树市	523	294	229	129	72	57	69	47	22
高安市	1074	631	443	333	221	112	84	50	34
抚州市	**4338**	**2594**	**1744**	**1422**	**937**	**485**	**569**	**369**	**200**
临川区	1217	704	513	639	451	188	275	179	96
东乡区	602	426	176	130	91	39	46	27	19
南城县	276	181	95	71	54	17	22	10	12
黎川县	219	152	67	46	31	15	9	8	1
南丰县	232	73	159	70	33	37	48	32	16
崇仁县	397	226	171	143	86	57	69	50	19
乐安县	388	235	153	88	61	27	21	15	6
宜黄县	158	74	84	44	16	28	18	11	7
金溪县	409	246	163	78	43	35	37	25	12
资溪县	208	152	56	50	31	19	8	4	4
广昌县	232	125	107	63	40	23	16	8	8
上饶市	**9208**	**4940**	**4268**	**3421**	**1825**	**1596**	**1096**	**612**	**484**
信州区	1228	742	486	528	342	186	164	106	58
广丰区	901	424	477	767	342	425	176	79	97
广信区	1018	504	514	219	118	101	105	66	39
玉山县	1002	356	646	309	128	181	103	45	58
铅山县	354	171	183	112	56	56	29	20	9
横峰县	735	449	286	172	118	54	54	32	22
弋阳县	333	162	171	73	34	39	31	13	18
余干县	670	316	354	250	122	128	86	56	30
鄱阳县	1037	576	461	394	196	198	127	72	55
万年县	396	268	128	195	133	62	73	41	32
婺源县	458	230	228	214	117	97	97	60	37
德兴市	1076	742	334	188	119	69	51	22	29

7-7c 续表 6

单位：人

现住地	大学本科			硕士研究生			博士研究生		
	小计	男	女	小计	男	女	小计	男	女
全　省	**12992**	**7231**	**5761**	**936**	**433**	**503**	**61**	**41**	**20**
南昌市	**7809**	**3681**	**4128**	**606**	**220**	**386**	**30**	**17**	**13**
东湖区	30	16	14	2	1	1			
西湖区									
青云谱区									
青山湖区	309	233	76	15	8	7			
新建区	6415	2635	3780	499	161	338	25	14	11
红谷滩区	71	54	17	4	2	2			
南昌县	743	576	167	76	43	33	4	2	2
安义县	60	48	12	3	1	2			
进贤县	181	119	62	7	4	3	1	1	
景德镇市	**261**	**171**	**90**	**14**	**7**	**7**	**1**	**1**	
昌江区	50	33	17	4	3	1			
珠山区									
浮梁县	144	103	41	7	3	4			
乐平市	67	35	32	3	1	2	1	1	
萍乡市	**270**	**185**	**85**	**11**	**6**	**5**	**3**	**1**	**2**
安源区	13	10	3						
湘东区	117	88	29	3	1	2	1	1	
莲花县	63	39	24	4	1	3	1		1
上栗县	40	25	15	1	1		1		1
芦溪县	37	23	14	3	3				
九江市	**1041**	**729**	**312**	**46**	**30**	**16**	**2**	**1**	**1**
濂溪区	134	99	35	4	4				
浔阳区									
柴桑区	196	153	43	7	4	3	1		1
武宁县	63	42	21	8	5	3			
修水县	14	7	7	1	1				
永修县	93	61	32	8	5	3	1	1	
德安县	31	23	8	2	1	1			
都昌县	31	20	11	3	3				
湖口县	27	21	6	2	2				
彭泽县	112	83	29	2	2				
瑞昌市	196	146	50	5	1	4			
共青城市	124	69	55	2	1	1			
庐山市	20	5	15	2	1	1			
新余市	**164**	**100**	**64**	**12**	**6**	**6**	**1**		**1**
渝水区	92	61	31	4	1	3			
分宜县	72	39	33	8	5	3	1		1
鹰潭市	**77**	**48**	**29**	**6**	**4**	**2**			
月湖区	2		2						
余江区	23	12	11	3	2	1			
贵溪市	52	36	16	3	2	1			
赣州市	**1467**	**1034**	**433**	**108**	**73**	**35**	**11**	**11**	
章贡区	220	168	52	41	34	7	2	2	
南康区	276	215	61	15	10	5	3	3	
赣县区	69	47	22	5	3	2	1	1	
信丰县	113	89	24	5	3	2			
大余县	119	60	59						
上犹县	20	13	7	1	1				
崇义县	19	12	7	2	1	1			
安远县	26	15	11	1		1			
定南县	56	46	10	2		2			
全南县	62	57	5	7	7		1	1	

7-7c　续表 7　　　　单位：人

现住地	大学本科			硕士研究生			博士研究生		
	小计	男	女	小计	男	女	小计	男	女
宁都县	121	81	40	5	1	4	1	1	
于都县	34	19	15	5		5			
兴国县	61	38	23	9	7	2	1	1	
会昌县	39	14	25	2	1	1			
寻乌县	64	44	20	1		1			
石城县	32	21	11	1	1				
瑞金市	74	46	28	4	3	1	1	1	
龙南市	62	49	13	2	1	1	1	1	
吉安市	**494**	**338**	**156**	**28**	**18**	**10**	**2**	**2**	
吉州区	29	19	10	2		2			
青原区	63	39	24	4	2	2			
吉安县	68	41	27	6	3	3			
吉水县	15	11	4	1	1		1	1	
峡江县	19	16	3	1	1				
新干县	17	8	9						
永丰县	37	29	8	1	1		1	1	
泰和县	35	26	9	3	2	1			
遂川县	19	12	7	2	2				
万安县	12	5	7	1	1				
安福县	60	46	14	1	1				
永新县	44	37	7	4	3	1			
井冈山市	76	49	27	2	1	1			
宜春市	**559**	**395**	**164**	**37**	**21**	**16**	**5**	**3**	**2**
袁州区	232	147	85	20	12	8	2	1	1
奉新县	40	32	8	3	1	2			
万载县	22	10	12	1	1		1	1	
上高县	23	18	5	2	2				
宜丰县	29	21	8	2		2			
靖安县	57	50	7						
铜鼓县	11	7	4						
丰城市	62	49	13	3	2	1	1	1	
樟树市	30	20	10	1	1				
高安市	53	41	12	5	2	3	1		1
抚州市	**320**	**226**	**94**	**24**	**15**	**9**	**4**	**3**	**1**
临川区	172	124	48	9	3	6	3	2	1
东乡区	27	18	9	2	2				
南城县	13	12	1						
黎川县	5	4	1						
南丰县	18	14	4	1	1				
崇仁县	30	22	8	1	1				
乐安县	17	13	4						
宜黄县	12	7	5	4	3	1			
金溪县	16	6	10	4	3	1	1	1	
资溪县	3	2	1	3	2	1			
广昌县	7	4	3						
上饶市	**530**	**324**	**206**	**44**	**33**	**11**	**2**	**2**	
信州区	106	69	37	12	7	5			
广丰区	52	20	32	4	4				
广信区	46	32	14	1	1				
玉山县	33	16	17						
铅山县	23	13	10	1	1				
横峰县	22	11	11	6	4	2			
弋阳县	13	7	6						
余干县	45	27	18	4	2	2	1	1	
鄱阳县	74	38	36	5	4	1			
万年县	67	58	9	3	3				
婺源县	37	25	12	5	4	1			
德兴市	12	8	4	3	3		1	1	

7-8 全省分年龄、性别、迁移原因的户口登记地在外乡镇街道的人口

单位：人

年 龄	合 计			工作就业		
	合计	男	女	小计	男	女
总 计	**13520934**	**7004148**	**6516786**	**3499250**	**2038015**	**1461235**
0-4岁	**633650**	**345630**	**288020**			
0	66223	36587	29636			
1	113515	61972	51543			
2	130008	71221	58787			
3	162855	88454	74401			
4	161049	87396	73653			
5-9岁	**906747**	**500063**	**406684**			
5	159915	86963	72952			
6	175454	96615	78839			
7	180741	99743	80998			
8	200826	111250	89576			
9	189811	105492	84319			
10-14岁	**983568**	**546405**	**437163**	**507**	**289**	**218**
10	188172	104973	83199	86	48	38
11	196233	109063	87170	73	43	30
12	199247	110977	88270	91	56	35
13	193752	107770	85982	96	55	41
14	206164	113622	92542	161	87	74
15-19岁	**1659173**	**889108**	**770065**	**85235**	**48836**	**36399**
15	299848	163555	136293	4413	2678	1735
16	366943	201269	165674	9384	5603	3781
17	320602	175040	145562	16616	9649	6967
18	319256	168734	150522	23471	13563	9908
19	352524	180510	172014	31351	17343	14008
20-24岁	**1170240**	**600399**	**569841**	**330031**	**180129**	**149902**
20	330074	169022	161052	41948	22874	19074
21	264679	135823	128856	55091	29741	25350
22	222989	115346	107643	74399	40100	34299
23	181923	93385	88538	78160	42775	35385
24	170575	86823	83752	80433	44639	35794
25-29岁	**922046**	**460710**	**461336**	**449681**	**254425**	**195256**
25	175977	89305	86672	85649	48090	37559
26	160400	80513	79887	79409	44858	34551
27	176735	88607	88128	87163	49627	37536
28	190600	94455	96145	92702	52504	40198
29	218334	107830	110504	104758	59346	45412

7-8　续表 1　　单位：人

年　龄	合　计			工作就业		
	合计	男	女	小计	男	女
30—34岁	**1240821**	**605595**	**635226**	**576791**	**325401**	**251390**
30	279351	136861	142490	132504	74937	57567
31	258476	125858	132618	121190	68248	52942
32	236034	114996	121038	109448	61902	47546
33	251006	122498	128508	115134	64958	50176
34	215954	105382	110572	98515	55356	43159
35—39岁	**960905**	**474970**	**485935**	**428560**	**242135**	**186425**
35	201717	99880	101837	90857	51580	39277
36	207220	102115	105105	92042	51901	40141
37	185044	91218	93826	82405	46496	35909
38	197124	97584	99540	87339	49469	37870
39	169800	84173	85627	75917	42689	33228
40—44岁	**1033350**	**523331**	**510019**	**446881**	**252778**	**194103**
40	159738	79704	80034	70219	39877	30342
41	204070	103139	100931	87833	49989	37844
42	218429	110237	108192	94478	53065	41413
43	217699	110865	106834	93672	52943	40729
44	233414	119386	114028	100679	56904	43775
45—49岁	**1061475**	**555615**	**505860**	**458548**	**267561**	**190987**
45	224029	115603	108426	97161	55432	41729
46	226753	118322	108431	99361	57340	42021
47	221277	116817	104460	96192	56402	39790
48	197743	103892	93851	85190	50055	35135
49	191673	100981	90692	80644	48332	32312
50—54岁	**930035**	**484360**	**445675**	**345525**	**216613**	**128912**
50	199165	104066	95099	80613	48969	31644
51	191166	99799	91367	73188	45299	27889
52	204716	106656	98060	75667	47519	28148
53	160592	83582	77010	57040	36587	20453
54	174396	90257	84139	59017	38239	20778
55—59岁	**699120**	**359525**	**339595**	**201837**	**134813**	**67024**
55	166062	86474	79588	52886	34966	17920
56	155758	79957	75801	46276	30643	15633
57	171727	88920	82807	48809	33152	15657
58	130802	66976	63826	35576	23970	11606
59	74771	37198	37573	18290	12082	6208
60—64岁	**471171**	**238216**	**232955**	**89923**	**59981**	**29942**
60	92546	47000	45546	20262	13458	6804
61	82782	42473	40309	16236	10972	5264
62	100696	51283	49413	19069	12721	6348
63	107992	54300	53692	19582	13161	6421
64	87155	43160	43995	14774	9669	5105
65岁及以上	**848633**	**420221**	**428412**	**85731**	**55054**	**30677**

7-8 续表 2

单位：人

年龄	学习培训			随同离开/投亲靠友			拆迁/搬家		
	小计	男	女	小计	男	女	小计	男	女
总计	**2365591**	**1259375**	**1106216**	**1807546**	**893436**	**914110**	**3584826**	**1877602**	**1707224**
0—4岁	**5579**	**3046**	**2533**	**355482**	**193827**	**161655**	**141711**	**77660**	**64051**
0	127	81	46	36949	20387	16562	14738	8216	6522
1	317	179	138	64235	35099	29136	24225	13380	10845
2	626	340	286	73438	40254	33184	28510	15617	12893
3	1952	1056	896	90994	49412	41582	37026	20138	16888
4	2557	1390	1167	89866	48675	41191	37212	20309	16903
5—9岁	**217851**	**122859**	**94992**	**374767**	**204349**	**170418**	**206718**	**114185**	**92533**
5	3053	1685	1368	88162	47754	40408	37798	20776	17022
6	43588	24468	19120	72747	39676	33071	39411	21690	17721
7	52120	29387	22733	69465	37843	31622	40995	22543	18452
8	60190	33873	26317	75311	41283	34028	45294	25156	20138
9	58900	33446	25454	69082	37793	31289	43220	24020	19200
10—14岁	**347288**	**194909**	**152379**	**317378**	**174673**	**142705**	**224133**	**124939**	**99194**
10	59719	33865	25854	66912	37006	29906	43183	24125	19058
11	63845	36050	27795	67789	37454	30335	45371	25034	20337
12	68666	38808	29858	64500	35410	29090	46374	25887	20487
13	68559	38742	29817	61000	33421	27579	45326	25344	19982
14	86499	47444	39055	57177	31382	25795	43879	24549	19330
15—19岁	**1221123**	**643291**	**577832**	**150639**	**84408**	**66231**	**133501**	**76226**	**57275**
15	204674	110138	94536	41619	23124	18495	33920	19212	14708
16	274567	149027	125540	36474	20348	16126	31316	17951	13365
17	232612	124943	107669	30311	17267	13044	26691	15427	11264
18	239302	123530	115772	22979	13027	9952	21567	12381	9186
19	269968	135653	134315	19256	10642	8614	20007	11255	8752
20—24岁	**521037**	**267055**	**253982**	**90071**	**47176**	**42895**	**136424**	**72654**	**63770**
20	236139	119126	117013	17799	9617	8182	20773	11536	9237
21	154077	78560	75517	16947	8972	7975	23299	12535	10764
22	80169	42369	37800	19440	10053	9387	29321	15610	13711
23	33330	17849	15481	18550	9559	8991	30829	16120	14709
24	17322	9151	8171	17335	8975	8360	32202	16853	15349
25—29岁	**27899**	**15200**	**12699**	**76004**	**37849**	**38155**	**216690**	**111069**	**105621**
25	11206	6011	5195	16859	8764	8095	36204	18931	17273
26	6123	3287	2836	14142	7078	7064	35212	18183	17029
27	4294	2366	1928	14629	7369	7260	41508	21265	20243
28	3306	1888	1418	14697	7258	7439	47141	23904	23237
29	2970	1648	1322	15677	7380	8297	56625	28786	27839

7-8 续表 3

单位：人

年 龄	学习培训			随同离开/投亲靠友			拆迁/搬家		
	小计	男	女	小计	男	女	小计	男	女
30—34岁	**9875**	**5459**	**4416**	**72485**	**30021**	**42464**	**357385**	**178165**	**179220**
30	3045	1720	1325	18355	8217	10138	76251	38345	37906
31	2104	1144	960	15781	6651	9130	73203	36343	36860
32	1825	1024	801	13588	5499	8089	68052	33664	34388
33	1646	892	754	13516	5357	8159	74718	37270	37448
34	1255	679	576	11245	4297	6948	65161	32543	32618
35—39岁	**4628**	**2467**	**2161**	**45487**	**16141**	**29346**	**304316**	**153214**	**151102**
35	1080	576	504	10000	3730	6270	62382	31546	30836
36	1059	587	472	10169	3671	6498	65474	32951	32523
37	864	449	415	8712	3097	5615	58799	29452	29347
38	888	466	422	9048	3074	5974	63288	31859	31429
39	737	389	348	7558	2569	4989	54373	27406	26967
40—44岁	**3374**	**1655**	**1719**	**44895**	**13568**	**31327**	**355512**	**183190**	**172322**
40	623	285	338	7063	2249	4814	52606	26534	26072
41	747	348	399	8983	2784	6199	69240	35636	33604
42	701	354	347	9369	2832	6537	75111	38740	36371
43	644	322	322	9490	2801	6689	76099	39528	36571
44	659	346	313	9990	2902	7088	82456	42752	39704
45—49岁	**2512**	**1275**	**1237**	**46796**	**12693**	**34103**	**385212**	**201817**	**183395**
45	612	307	305	9665	2705	6960	79851	41689	38162
46	545	264	281	9783	2691	7092	80881	42436	38445
47	535	282	253	9641	2566	7075	80446	42513	37933
48	433	216	217	8906	2379	6527	72446	37805	34641
49	387	206	181	8801	2352	6449	71588	37374	34214
50—54岁	**1429**	**742**	**687**	**51924**	**14070**	**37854**	**354556**	**183856**	**170700**
50	340	167	173	9917	2558	7359	75379	38914	36465
51	315	165	150	10428	2767	7661	72913	37773	35140
52	331	167	164	11542	3123	8419	78442	40763	37679
53	227	124	103	9301	2572	6729	61375	31871	29504
54	216	119	97	10736	3050	7686	66447	34535	31912
55—59岁	**1060**	**516**	**544**	**46342**	**14202**	**32140**	**269104**	**141079**	**128025**
55	254	120	134	10522	3152	7370	63626	33517	30109
56	237	113	124	10128	2999	7129	60576	31743	28833
57	244	127	117	11450	3595	7855	66274	34815	31459
58	198	94	104	8920	2787	6133	49621	26158	23463
59	127	62	65	5322	1669	3653	29007	14846	14161
60—64岁	**660**	**290**	**370**	**38882**	**13766**	**25116**	**179013**	**94912**	**84101**
60	131	57	74	6954	2418	4536	35815	18971	16844
61	121	54	67	6686	2360	4326	32107	17281	14826
62	131	61	70	8426	2997	5429	38464	20615	17849
63	152	66	86	9235	3363	5872	40006	21117	18889
64	125	52	73	7581	2628	4953	32621	16928	15693
65岁及以上	**1276**	**611**	**665**	**96394**	**36693**	**59701**	**320551**	**164636**	**155915**

7－8 续表 4 单位：人

年 龄	寄挂户口			婚姻嫁娶			照料孙子女		
	小计	男	女	小计	男	女	小计	男	女
总 计	**161569**	**88654**	**72915**	**344927**	**39819**	**305108**	**357901**	**121355**	**236546**
0－4岁	**9312**	**4948**	**4364**						
0	912	488	424						
1	1776	937	839						
2	2119	1103	1016						
3	2347	1274	1073						
4	2158	1146	1012						
5－9岁	**9821**	**5176**	**4645**						
5	1983	1032	951						
6	1839	995	844						
7	1814	977	837						
8	2140	1116	1024						
9	2045	1056	989						
10－14岁	**12992**	**6640**	**6352**	**19**	**8**	**11**			
10	2162	1110	1052						
11	2577	1314	1263	6	3	3			
12	2725	1415	1310	3	2	1			
13	2776	1383	1393	4	3	1			
14	2752	1418	1334	6		6			
15－19岁	**7950**	**4473**	**3477**	**4060**	**209**	**3851**	**8**	**1**	**7**
15	1869	1027	842	139	44	95	2		2
16	1759	961	798	269	51	218	1		1
17	1794	1021	773	525	33	492	1		1
18	1339	768	571	1021	38	983	3	1	2
19	1189	696	493	2106	43	2063	1		1
20－24岁	**9270**	**5113**	**4157**	**30659**	**594**	**30065**	**22**	**6**	**16**
20	1417	834	583	2939	47	2892	3	1	2
21	1631	905	726	4101	44	4057	4	2	2
22	2081	1132	949	6188	113	6075	2		2
23	2049	1117	932	7773	164	7609	5	1	4
24	2092	1125	967	9658	226	9432	8	2	6
25－29岁	**10256**	**5577**	**4679**	**70683**	**3264**	**67419**	**43**	**9**	**34**
25	2117	1163	954	11770	351	11419	5	3	2
26	1935	1037	898	12031	442	11589	5		5
27	1926	1053	873	13829	634	13195	4	1	3
28	2044	1091	953	15507	799	14708	11	2	9
29	2234	1233	1001	17546	1038	16508	18	3	15

7-8　续表 5

单位：人

年　龄	寄挂户口			婚姻嫁娶			照料孙子女		
	小计	男	女	小计	男	女	小计	男	女
30—34岁	**12579**	**6686**	**5893**	**88369**	**7155**	**81214**	**1307**	**345**	**962**
30	2606	1353	1253	21485	1465	20020	233	53	180
31	2573	1363	1210	19186	1479	17707	246	61	185
32	2484	1352	1132	16872	1389	15483	230	56	174
33	2583	1348	1235	17007	1492	15515	313	87	226
34	2333	1270	1063	13819	1330	12489	285	88	197
35—39岁	**10831**	**5677**	**5154**	**50047**	**5620**	**44427**	**1365**	**385**	**980**
35	2274	1183	1091	11793	1217	10576	267	64	203
36	2294	1245	1049	11312	1230	10082	284	88	196
37	2090	1127	963	9537	1075	8462	258	68	190
38	2222	1115	1107	9692	1157	8535	272	75	197
39	1951	1007	944	7713	941	6772	284	90	194
40—44岁	**13032**	**6621**	**6411**	**35672**	**5965**	**29707**	**2781**	**789**	**1992**
40	1939	963	976	6626	930	5696	279	99	180
41	2576	1301	1275	7741	1232	6509	443	151	292
42	2762	1401	1361	7578	1251	6327	527	136	391
43	2833	1437	1396	6859	1229	5630	634	160	474
44	2922	1519	1403	6868	1323	5545	898	243	655
45—49岁	**12939**	**6759**	**6180**	**25528**	**5638**	**19890**	**12295**	**2206**	**10089**
45	2732	1400	1332	6216	1241	4975	1120	259	861
46	2713	1369	1344	5761	1263	4498	1631	334	1297
47	2739	1468	1271	5206	1157	4049	2217	361	1856
48	2450	1288	1162	4411	1047	3364	2941	498	2443
49	2305	1234	1071	3934	930	3004	4386	754	3632
50—54岁	**11137**	**6092**	**5045**	**15651**	**3916**	**11735**	**57468**	**13311**	**44157**
50	2519	1304	1215	3887	952	2935	6497	1228	5269
51	2287	1245	1042	3448	856	2592	9280	2072	7208
52	2389	1322	1067	3361	834	2527	12768	2866	9902
53	1872	1055	817	2441	619	1822	12679	3060	9619
54	2070	1166	904	2514	655	1859	16244	4085	12159
55—59岁	**8908**	**5159**	**3749**	**9395**	**2599**	**6796**	**87773**	**25173**	**62600**
55	1978	1142	836	2268	599	1669	17622	4736	12886
56	1984	1151	833	2195	636	1559	18109	4901	13208
57	2216	1255	961	2277	601	1676	22248	6551	15697
58	1703	997	706	1675	465	1210	18620	5531	13089
59	1027	614	413	980	298	682	11174	3454	7720
60—64岁	**6948**	**4059**	**2889**	**5716**	**1686**	**4030**	**85090**	**31431**	**53659**
60	1315	789	526	1126	339	787	15228	5129	10099
61	1192	699	493	1002	295	707	14295	5243	9052
62	1444	854	590	1223	366	857	18315	6802	11513
63	1587	909	678	1318	381	937	20726	7871	12855
64	1410	808	602	1047	305	742	16526	6386	10140
65岁及以上	**25594**	**15674**	**9920**	**9128**	**3165**	**5963**	**109749**	**47699**	**62050**

7－8　续表 6

单位：人

年　龄	为子女就学			养老/康养			其　他		
	小计	男	女	小计	男	女	小计	男	女
总　计	**283359**	**108036**	**175323**	**154825**	**70589**	**84236**	**961140**	**507267**	**453873**
0－4岁							**121566**	**66149**	**55417**
0							13497	7415	6082
1							22962	12377	10585
2							25315	13907	11408
3							30536	16574	13962
4							29256	15876	13380
5－9岁							**97590**	**53494**	**44096**
5							28919	15716	13203
6							17869	9786	8083
7							16347	8993	7354
8							17891	9822	8069
9							16564	9177	7387
10－14岁				**7**	**5**	**2**	**81244**	**44942**	**36302**
10				2	2		16108	8817	7291
11				2	1	1	16570	9164	7406
12							16888	9399	7489
13				2	1	1	15989	8821	7168
14				1	1		15689	8741	6948
15－19岁	**245**	**128**	**117**	**16**	**9**	**7**	**56396**	**31527**	**24869**
15	55	26	29	2	2		13155	7304	5851
16	56	35	21	2		2	13115	7293	5822
17	49	20	29	2	2		12001	6678	5323
18	36	21	15	3	1	2	9535	5404	4131
19	49	26	23	7	4	3	8590	4848	3742
20－24岁	**2025**	**474**	**1551**	**35**	**23**	**12**	**50666**	**27175**	**23491**
20	136	49	87	4	2	2	8916	4936	3980
21	221	60	161	7	4	3	9301	5000	4301
22	345	79	266	12	9	3	11032	5881	5151
23	473	102	371	5	2	3	10749	5696	5053
24	850	184	666	7	6	1	10668	5662	5006
25－29岁	**14356**	**3739**	**10617**	**33**	**22**	**11**	**56401**	**29556**	**26845**
25	1190	241	949	5	4	1	10972	5747	5225
26	1584	336	1248	2	2		9957	5290	4667
27	2426	624	1802	10	7	3	10946	5661	5285
28	3714	1004	2710	7	4	3	11471	6001	5470
29	5442	1534	3908	9	5	4	13055	6857	6198

7-8 续表 7

单位：人

年 龄	为子女就学			养老/康养			其 他		
	小计	男	女	小计	男	女	小计	男	女
30–34岁	**50038**	**15817**	**34221**	**52**	**45**	**7**	**71940**	**36501**	**35439**
30	8589	2491	6098	7	7		16276	8273	8003
31	9186	2837	6349	8	7	1	14999	7725	7274
32	9915	3135	6780	12	9	3	13608	6966	6642
33	11530	3792	7738	13	12	1	14546	7290	7256
34	10818	3562	7256	12	10	2	12511	6247	6264
35–39岁	**59441**	**20717**	**38724**	**71**	**45**	**26**	**56159**	**28569**	**27590**
35	11154	3836	7318	10	6	4	11900	6142	5758
36	12511	4314	8197	16	11	5	12059	6117	5942
37	11591	3996	7595	18	11	7	10770	5447	5323
38	12961	4588	8373	15	9	6	11399	5772	5627
39	11224	3983	7241	12	8	4	10031	5091	4940
40–44岁	**67718**	**26473**	**41245**	**110**	**60**	**50**	**63375**	**32232**	**31143**
40	10838	3892	6946	11	7	4	9534	4868	4666
41	14217	5406	8811	16	7	9	12274	6285	5989
42	14483	5742	8741	30	19	11	13390	6697	6693
43	13994	5577	8417	21	12	9	13453	6856	6597
44	14186	5856	8330	32	15	17	14724	7526	7198
45–49岁	**47861**	**21336**	**26525**	**236**	**127**	**109**	**69548**	**36203**	**33345**
45	12395	5221	7174	28	16	12	14249	7333	6916
46	11531	5082	6449	43	29	14	14504	7514	6990
47	9732	4381	5351	50	32	18	14519	7655	6864
48	7717	3634	4083	59	28	31	13190	6942	6248
49	6486	3018	3468	56	22	34	13086	6759	6327
50–54岁	**19782**	**9451**	**10331**	**7257**	**2576**	**4681**	**65306**	**33733**	**31573**
50	5616	2646	2970	747	244	503	13650	7084	6566
51	4377	2115	2262	1263	446	817	13667	7061	6606
52	4164	2049	2115	1652	565	1087	14400	7448	6952
53	2842	1363	1479	1532	559	973	11283	5772	5511
54	2783	1278	1505	2063	762	1301	12306	6368	5938
55–59岁	**9276**	**4119**	**5157**	**13494**	**5271**	**8223**	**51931**	**26594**	**25337**
55	2377	1098	1279	2334	898	1436	12195	6246	5949
56	2041	894	1147	2756	1067	1689	11456	5810	5646
57	2147	947	1200	3410	1365	2045	12652	6512	6140
58	1736	745	991	2931	1118	1813	9822	5111	4711
59	975	435	540	2063	823	1240	5806	2915	2891
60–64岁	**5852**	**2548**	**3304**	**21434**	**10121**	**11313**	**37653**	**19422**	**18231**
60	1233	531	702	3165	1474	1691	7317	3834	3483
61	964	407	557	3499	1681	1818	6680	3481	3199
62	1190	535	655	4560	2208	2352	7874	4124	3750
63	1410	585	825	5310	2418	2892	8666	4429	4237
64	1055	490	565	4900	2340	2560	7116	3554	3562
65岁及以上	**6765**	**3234**	**3531**	**112080**	**52285**	**59795**	**81365**	**41170**	**40195**

7-8a 全省分年龄、性别、迁移原因的户口登记地在外乡镇街道的人口(城市)

单位：人

年 龄	合 计			工作就业		
	合计	男	女	小计	男	女
总 计	**7327320**	**3782878**	**3544442**	**1882067**	**1086561**	**795506**
0-4岁	**335321**	**183545**	**151776**			
0	35384	19571	15813			
1	60101	32918	27183			
2	69110	38145	30965			
3	85977	46821	39156			
4	84749	46090	38659			
5-9岁	**449199**	**248261**	**200938**			
5	82696	45018	37678			
6	86998	48042	38956			
7	88906	49153	39753			
8	98448	54600	43848			
9	92151	51448	40703			
10-14岁	**467656**	**259440**	**208216**	**321**	**183**	**138**
10	91294	50858	40436	62	37	25
11	93711	52062	41649	49	28	21
12	93382	52011	41371	66	39	27
13	91299	50678	40621	52	26	26
14	97970	53831	44139	92	53	39
15-19岁	**910089**	**477795**	**432294**	**48994**	**26939**	**22055**
15	151349	81519	69830	2240	1334	906
16	181609	98121	83488	4817	2783	2034
17	164560	88095	76465	9466	5207	4259
18	188362	97305	91057	13724	7629	6095
19	224209	112755	111454	18747	9986	8761
20-24岁	**747569**	**381876**	**365693**	**201040**	**107192**	**93848**
20	216636	109561	107075	25481	13431	12050
21	174673	88612	86061	33964	17765	16199
22	142713	73740	68973	45689	23972	21717
23	111524	57605	53919	47590	25605	21985
24	102023	52358	49665	48316	26419	21897
25-29岁	**532491**	**270359**	**262132**	**263690**	**148647**	**115043**
25	104052	53604	50448	51212	28603	22609
26	94477	47983	46494	47329	26557	20772
27	102408	52148	50260	51194	29030	22164
28	108684	54791	53893	53936	30489	23447
29	122870	61833	61037	60019	33968	26051

7-8a　续表 1　　单位：人

年　龄	合　计			工作就业		
	合计	男	女	小计	男	女
30—34岁	**681801**	**339554**	**342247**	**319501**	**181161**	**138340**
30	154924	77555	77369	74956	42633	32323
31	143364	71138	72226	67732	38218	29514
32	129824	64605	65219	60565	34471	26094
33	136359	67998	68361	62903	35750	27153
34	117330	58258	59072	53345	30089	23256
35—39岁	**510937**	**257692**	**253245**	**226008**	**129364**	**96644**
35	109365	55393	53972	48947	28177	20770
36	111613	56078	55535	49381	28171	21210
37	98141	49355	48786	43524	24881	18643
38	104691	52637	52054	45531	26040	19491
39	87127	44229	42898	38625	22095	16530
40—44岁	**536118**	**274385**	**261733**	**224292**	**128149**	**96143**
40	82252	41910	40342	35345	20409	14936
41	106237	54287	51950	44171	25362	18809
42	113060	57807	55253	47410	26978	20432
43	113087	57998	55089	46888	26624	20264
44	121482	62383	59099	50478	28776	21702
45—49岁	**552761**	**288049**	**264712**	**227546**	**132464**	**95082**
45	116446	60262	56184	48625	27894	20731
46	116336	60580	55756	48792	28274	20518
47	114280	60223	54057	47497	27896	19601
48	103832	54009	49823	42224	24555	17669
49	101867	52975	48892	40408	23845	16563
50—54岁	**496253**	**253434**	**242819**	**174018**	**106528**	**67490**
50	106622	54937	51685	40886	24481	16405
51	101945	52170	49775	36843	22343	14500
52	108899	55719	53180	38050	23342	14708
53	85316	43347	41969	28617	17815	10802
54	93471	47261	46210	29622	18547	11075
55—59岁	**388138**	**195536**	**192602**	**104130**	**67046**	**37084**
55	90360	46032	44328	26918	17213	9705
56	87018	43586	43432	23915	15282	8633
57	96659	49128	47531	25515	16689	8826
58	72294	36317	35977	18357	11899	6458
59	41807	20473	21334	9425	5963	3462
60—64岁	**265712**	**133209**	**132503**	**47435**	**30711**	**16724**
60	52712	26495	26217	10609	6810	3799
61	47385	23991	23394	8732	5755	2977
62	57003	28798	28205	10041	6482	3559
63	59933	29923	30010	10209	6678	3531
64	48679	24002	24677	7844	4986	2858
65岁及以上	**453275**	**219743**	**233532**	**45092**	**28177**	**16915**

7-8a 续表 2

单位：人

年 龄	学习培训			随同离开/投亲靠友			拆迁/搬家		
	小计	男	女	小计	男	女	小计	男	女
总 计	**1306611**	**680762**	**625849**	**1021706**	**503347**	**518359**	**1968759**	**1031626**	**937133**
0-4岁	**3193**	**1738**	**1455**	**191500**	**104702**	**86798**	**73192**	**40287**	**32905**
0	86	56	30	20149	11085	9064	7458	4171	3287
1	212	121	91	34695	19088	15607	12440	6869	5571
2	406	222	184	39743	21908	17835	14876	8219	6657
3	1077	571	506	48848	26576	22272	19199	10505	8694
4	1412	768	644	48065	26045	22020	19219	10523	8696
5-9岁	**93282**	**52766**	**40516**	**201437**	**110270**	**91167**	**101388**	**56095**	**45293**
5	1676	909	767	46314	25071	21243	19254	10632	8622
6	18588	10468	8120	39262	21497	17765	19341	10669	8672
7	22304	12633	9671	37619	20633	16986	19968	10950	9018
8	25821	14537	11284	40872	22460	18412	21920	12182	9738
9	24893	14219	10674	37370	20609	16761	20905	11662	9243
10-14岁	**145543**	**81462**	**64081**	**169911**	**93863**	**76048**	**106785**	**59194**	**47591**
10	25174	14325	10849	36309	20001	16308	20690	11543	9147
11	26277	14863	11414	36225	20124	16101	21879	11935	9944
12	27776	15608	12168	34275	19002	15273	22007	12216	9791
13	28303	15982	12321	32526	17885	14641	21583	12005	9578
14	38013	20684	17329	30576	16851	13725	20626	11495	9131
15-19岁	**669107**	**343490**	**325617**	**88760**	**49678**	**39082**	**69627**	**39431**	**30196**
15	102202	53969	48233	23103	12938	10165	16582	9298	7284
16	133360	70922	62438	20947	11673	9274	15548	8849	6699
17	116161	60899	55262	17982	10195	7787	13987	7994	5993
18	142325	71523	70802	14170	7965	6205	11902	6817	5085
19	175059	86177	88882	12558	6907	5651	11608	6473	5135
20-24岁	**361845**	**183300**	**178545**	**59264**	**31122**	**28142**	**78755**	**41645**	**37110**
20	160091	79644	80447	11909	6441	5468	12284	6763	5521
21	108189	54321	53868	11242	5974	5268	13490	7142	6348
22	57508	30152	27356	12745	6618	6127	16906	8962	7944
23	23769	12678	11091	12148	6239	5909	17483	9155	8328
24	12288	6505	5783	11220	5850	5370	18592	9623	8969
25-29岁	**19062**	**10270**	**8792**	**48322**	**24185**	**24137**	**124945**	**64056**	**60889**
25	7909	4236	3673	11029	5730	5299	20964	10940	10024
26	4303	2279	2024	9230	4637	4593	20639	10579	10060
27	2885	1579	1306	9367	4703	4664	24355	12453	11902
28	2092	1175	917	9139	4546	4593	26929	13690	13239
29	1873	1001	872	9557	4569	4988	32058	16394	15664

7-8a 续表 3

单位：人

年 龄	学习培训			随同离开/投亲靠友			拆迁/搬家		
	小计	男	女	小计	男	女	小计	男	女
30—34岁	**6079**	**3324**	**2755**	**43828**	**18250**	**25578**	**200071**	**101227**	**98844**
30	1899	1073	826	11108	4988	6120	42590	21632	20958
31	1292	684	608	9675	4052	5623	41436	20908	20528
32	1130	624	506	8196	3365	4831	38049	19123	18926
33	1002	534	468	8107	3247	4860	41465	21022	20443
34	756	409	347	6742	2598	4144	36531	18542	17989
35—39岁	**2695**	**1464**	**1231**	**27248**	**9857**	**17391**	**167449**	**85273**	**82176**
35	646	347	299	6061	2287	3774	34985	17982	17003
36	630	351	279	6186	2244	3942	36350	18488	17862
37	492	254	238	5258	1936	3322	32055	16191	15864
38	533	288	245	5390	1872	3518	35119	17797	17322
39	394	224	170	4353	1518	2835	28940	14815	14125
40—44岁	**1910**	**958**	**952**	**26512**	**8236**	**18276**	**194108**	**100259**	**93849**
40	329	154	175	4084	1366	2718	28364	14485	13879
41	436	210	226	5314	1688	3626	38182	19752	18430
42	399	213	186	5578	1759	3819	40761	21080	19681
43	378	193	185	5653	1715	3938	41541	21637	19904
44	368	188	180	5883	1708	4175	45260	23305	21955
45—49岁	**1465**	**759**	**706**	**28119**	**7734**	**20385**	**212336**	**110554**	**101782**
45	354	173	181	5826	1636	4190	43731	22725	21006
46	304	148	156	5792	1619	4173	43743	22716	21027
47	309	173	136	5771	1538	4233	43856	23037	20819
48	262	136	126	5344	1475	3869	40555	21024	19531
49	236	129	107	5386	1466	3920	40451	21052	19399
50—54岁	**796**	**423**	**373**	**31344**	**8556**	**22788**	**198186**	**102514**	**95672**
50	193	93	100	6072	1545	4527	42518	21905	20613
51	182	97	85	6273	1675	4598	40906	21020	19886
52	172	92	80	6927	1899	5028	43620	22697	20923
53	125	71	54	5594	1557	4037	33947	17540	16407
54	124	70	54	6478	1880	4598	37195	19352	17843
55—59岁	**622**	**319**	**303**	**28380**	**8695**	**19685**	**156465**	**82457**	**74008**
55	155	74	81	6503	1949	4554	36130	19133	16997
56	133	68	65	6225	1834	4391	35667	18683	16984
57	155	82	73	7017	2232	4785	39066	20653	18413
58	111	58	53	5457	1701	3756	28555	15144	13411
59	68	37	31	3178	979	2199	17047	8844	8203
60—64岁	**346**	**153**	**193**	**23380**	**8285**	**15095**	**104908**	**56021**	**48887**
60	69	30	39	4234	1505	2729	21424	11412	10012
61	65	29	36	4062	1422	2640	19025	10251	8774
62	69	33	36	4988	1745	3243	22674	12257	10417
63	72	31	41	5568	2040	3528	22976	12165	10811
64	71	30	41	4528	1573	2955	18809	9936	8873
65岁及以上	**666**	**336**	**330**	**53701**	**19914**	**33787**	**180544**	**92613**	**87931**

7−8a 续表 4

单位：人

年龄	寄挂户口			婚姻嫁娶			照料孙子女		
	小计	男	女	小计	男	女	小计	男	女
总　计	**67744**	**36632**	**31112**	**166992**	**23124**	**143868**	**198894**	**68483**	**130411**
0−4岁	**4107**	**2185**	**1922**						
0	381	205	176						
1	779	413	366						
2	897	456	441						
3	1068	588	480						
4	982	523	459						
5−9岁	**4183**	**2224**	**1959**						
5	885	450	435						
6	771	427	344						
7	760	425	335						
8	944	486	458						
9	823	436	387						
10−14岁	**5831**	**2969**	**2862**	**12**	**5**	**7**			
10	989	518	471						
11	1152	601	551	5	3	2			
12	1257	651	606	1		1			
13	1229	598	631	2	2				
14	1204	601	603	4		4			
15−19岁	**3659**	**2114**	**1545**	**1091**	**102**	**989**	**3**	**1**	**2**
15	844	483	361	64	21	43	1		1
16	779	437	342	87	26	61			
17	827	477	350	123	10	113			
18	652	385	267	268	21	247	2	1	1
19	557	332	225	549	24	525			
20−24岁	**3989**	**2159**	**1830**	**12021**	**385**	**11636**	**13**	**4**	**9**
20	629	357	272	908	32	876	3	1	2
21	697	382	315	1454	28	1426	1	1	
22	901	486	415	2337	66	2271	1		1
23	869	473	396	3153	112	3041	3	1	2
24	893	461	432	4169	147	4022	5	1	4
25−29岁	**4177**	**2258**	**1919**	**33503**	**2170**	**31333**	**26**	**5**	**21**
25	856	476	380	5237	201	5036	3	2	1
26	802	417	385	5664	292	5372	3		3
27	756	420	336	6497	423	6074	2	1	1
28	823	439	384	7519	541	6978	11	2	9
29	940	506	434	8586	713	7873	7		7

7-8a　续表 5　　　　　　　　　　　　　　　　　　　　　　　　单位：人

年　龄	寄挂户口			婚姻嫁娶			照料孙子女		
	小计	男	女	小计	男	女	小计	男	女
30—34岁	**5618**	**3011**	**2607**	**44365**	**4740**	**39625**	**625**	**176**	**449**
30	1085	537	548	10527	985	9542	114	29	85
31	1160	633	527	9679	1004	8675	125	37	88
32	1140	635	505	8593	932	7661	116	28	88
33	1164	615	549	8472	952	7520	156	44	112
34	1069	591	478	7094	867	6227	114	38	76
35—39岁	**4829**	**2538**	**2291**	**25546**	**3600**	**21946**	**640**	**181**	**459**
35	1018	514	504	6099	801	5298	124	29	95
36	1043	561	482	5782	794	4988	122	36	86
37	952	513	439	4874	687	4187	123	34	89
38	979	500	479	4989	734	4255	132	37	95
39	837	450	387	3802	584	3218	139	45	94
40—44岁	**5658**	**2834**	**2824**	**18140**	**3637**	**14503**	**1360**	**419**	**941**
40	837	405	432	3315	584	2731	134	52	82
41	1105	550	555	3920	740	3180	213	80	133
42	1201	599	602	3858	763	3095	232	63	169
43	1228	606	622	3541	755	2786	308	88	220
44	1287	674	613	3506	795	2711	473	136	337
45—49岁	**5526**	**2844**	**2682**	**12693**	**3147**	**9546**	**6642**	**1219**	**5423**
45	1223	616	607	3084	682	2402	575	117	458
46	1182	581	601	2874	722	2152	873	182	691
47	1177	632	545	2562	667	1895	1181	207	974
48	980	502	478	2221	573	1648	1631	283	1348
49	964	513	451	1952	503	1449	2382	430	1952
50—54岁	**4490**	**2435**	**2055**	**7782**	**2068**	**5714**	**31377**	**7145**	**24232**
50	1030	522	508	1976	519	1457	3619	692	2927
51	886	481	405	1759	492	1267	4982	1042	3940
52	963	513	450	1646	431	1215	6894	1513	5381
53	778	451	327	1173	303	870	6919	1642	5277
54	833	468	365	1228	323	905	8963	2256	6707
55—59岁	**3824**	**2174**	**1650**	**4798**	**1287**	**3511**	**48954**	**14061**	**34893**
55	842	457	385	1113	299	814	9685	2576	7109
56	857	498	359	1124	304	820	10152	2717	7435
57	942	533	409	1197	307	890	12543	3720	8823
58	709	403	306	863	245	618	10330	3065	7265
59	474	283	191	501	132	369	6244	1983	4261
60—64岁	**2996**	**1681**	**1315**	**2875**	**772**	**2103**	**48483**	**18244**	**30239**
60	585	336	249	578	161	417	8673	2997	5676
61	535	307	228	543	132	411	8311	3063	5248
62	642	366	276	599	160	439	10490	3979	6511
63	652	353	299	645	172	473	11639	4544	7095
64	582	319	263	510	147	363	9370	3661	5709
65岁及以上	**8857**	**5206**	**3651**	**4166**	**1211**	**2955**	**60771**	**27028**	**33743**

7-8a　续表 6　　单位：人

年　龄	为子女就学			养老/康养			其　他		
	小计	男	女	小计	男	女	小计	男	女
总　计	**127702**	**52221**	**75481**	**78840**	**33176**	**45664**	**508005**	**266946**	**241059**
0-4岁							**63329**	**34633**	**28696**
0							7310	4054	3256
1							11975	6427	5548
2							13188	7340	5848
3							15785	8581	7204
4							15071	8231	6840
5-9岁							**48909**	**26906**	**22003**
5							14567	7956	6611
6							9036	4981	4055
7							8255	4512	3743
8							8891	4935	3956
9							8160	4522	3638
10-14岁				**5**	**4**	**1**	**39248**	**21760**	**17488**
10				1	1		8069	4433	3636
11				2	1	1	8122	4507	3615
12							8000	4495	3505
13				1	1		7603	4179	3424
14				1	1		7454	4146	3308
15-19岁	**158**	**81**	**77**	**9**	**7**	**2**	**28681**	**15952**	**12729**
15	38	16	22	2	2		6273	3458	2815
16	36	26	10	1		1	6034	3405	2629
17	31	13	18	2	2		5981	3298	2683
18	30	17	13	1	1		5288	2946	2342
19	23	9	14	3	2	1	5105	2845	2260
20-24岁	**1022**	**264**	**758**	**12**	**8**	**4**	**29608**	**15797**	**13811**
20	78	31	47	1	1		5252	2860	2392
21	121	37	84	2	1	1	5513	2961	2552
22	177	47	130	5	4	1	6444	3433	3011
23	240	51	189	1		1	6268	3291	2977
24	406	98	308	3	2	1	6131	3252	2879
25-29岁	**6814**	**1912**	**4902**	**2**	**2**		**31950**	**16854**	**15096**
25	580	127	453				6262	3289	2973
26	775	180	595				5732	3042	2690
27	1195	321	874	2	2		6155	3216	2939
28	1778	522	1256				6457	3387	3070
29	2486	762	1724				7344	3920	3424

7-8a　续表 7

单位：人

年　龄	为子女就学			养老/康养			其　他		
	小计	男	女	小计	男	女	小计	男	女
30-34岁	**22686**	**7796**	**14890**	**12**	**10**	**2**	**39016**	**19859**	**19157**
30	3841	1239	2602	2	2		8802	4437	4365
31	4143	1379	2764	2	2		8120	4221	3899
32	4560	1560	3000	2	1	1	7473	3866	3607
33	5218	1843	3375	2	2		7870	3989	3881
34	4924	1775	3149	4	3	1	6751	3346	3405
35-39岁	**26607**	**10044**	**16563**	**25**	**11**	**14**	**29890**	**15360**	**14530**
35	5049	1913	3136	5	4	1	6431	3339	3092
36	5659	2103	3556	8	3	5	6452	3327	3125
37	5120	1896	3224	6	1	5	5737	2962	2775
38	5862	2248	3614	4	1	3	6152	3120	3032
39	4917	1884	3033	2	2		5118	2612	2506
40-44岁	**30569**	**12788**	**17781**	**37**	**18**	**19**	**33532**	**17087**	**16445**
40	4826	1854	2972	3	1	2	5015	2600	2415
41	6411	2610	3801	5	1	4	6480	3294	3186
42	6533	2793	3740	8	4	4	7080	3555	3525
43	6374	2702	3672	11	6	5	7165	3672	3493
44	6425	2829	3596	10	6	4	7792	3966	3826
45-49岁	**21530**	**10432**	**11098**	**118**	**55**	**63**	**36786**	**18841**	**17945**
45	5532	2555	2977	12	5	7	7484	3859	3625
46	5189	2479	2710	14	10	4	7573	3849	3724
47	4315	2128	2187	22	13	9	7590	3932	3658
48	3536	1794	1742	33	13	20	7046	3654	3392
49	2958	1476	1482	37	14	23	7093	3547	3546
50-54岁	**8856**	**4427**	**4429**	**4070**	**1369**	**2701**	**35334**	**17969**	**17365**
50	2531	1269	1262	406	124	282	7391	3787	3604
51	2015	1014	1001	710	238	472	7389	3768	3621
52	1861	946	915	931	297	634	7835	3989	3846
53	1245	623	622	875	303	572	6043	3042	3001
54	1204	575	629	1148	407	741	6676	3383	3293
55-59岁	**4101**	**1939**	**2162**	**7806**	**2912**	**4894**	**29058**	**14646**	**14412**
55	1068	534	534	1367	507	860	6579	3290	3289
56	886	406	480	1589	576	1013	6470	3218	3252
57	972	439	533	2004	783	1221	7248	3690	3558
58	748	364	384	1701	624	1077	5463	2814	2649
59	427	196	231	1145	422	723	3298	1634	1664
60-64岁	**2435**	**1096**	**1339**	**11545**	**5262**	**6283**	**21309**	**10984**	**10325**
60	501	213	288	1768	810	958	4271	2221	2050
61	415	172	243	1933	907	1026	3764	1953	1811
62	494	240	254	2468	1150	1318	4538	2386	2152
63	583	259	324	2813	1215	1598	4776	2466	2310
64	442	212	230	2563	1180	1383	3960	1958	2002
65岁及以上	**2924**	**1442**	**1482**	**55199**	**23518**	**31681**	**41355**	**20298**	**21057**

7-8b 全省分年龄、性别、迁移原因的户口登记地在外乡镇街道的人口(镇)

单位：人

年龄	合计			工作就业		
	合计	男	女	小计	男	女
总 计	**5257488**	**2703327**	**2554161**	**1311099**	**747072**	**564027**
0-4岁	**262359**	**143115**	**119244**			
0	26715	14800	11915			
1	46301	25324	20977			
2	53090	28880	24210			
3	68423	37224	31199			
4	67830	36887	30943			
5-9岁	**414322**	**229049**	**185273**			
5	68883	37589	31294			
6	80180	44197	35983			
7	83394	46150	37244			
8	93222	51777	41445			
9	88643	49336	39307			
10-14岁	**468648**	**261561**	**207087**	**168**	**97**	**71**
10	88201	49481	38720	23	10	13
11	93311	52112	41199	21	13	8
12	96494	53897	42597	21	16	5
13	93180	52068	41112	40	27	13
14	97462	54003	43459	63	31	32
15-19岁	**642165**	**351413**	**290752**	**27330**	**15933**	**11397**
15	130683	72040	58643	1911	1187	724
16	160544	88997	71547	3663	2211	1452
17	135195	75075	60120	5371	3245	2126
18	110152	59847	50305	7098	4139	2959
19	105591	55454	50137	9287	5151	4136
20-24岁	**339049**	**174704**	**164345**	**97853**	**53461**	**44392**
20	92653	48191	44462	12301	6723	5578
21	72893	38080	34813	15987	8728	7259
22	63763	33026	30737	21623	11757	9866
23	55585	28150	27435	23179	12544	10635
24	54155	27257	26898	24763	13709	11054
25-29岁	**312845**	**152468**	**160377**	**147250**	**81393**	**65857**
25	56294	28040	28254	26531	14615	11916
26	51956	25583	26373	24953	13825	11128
27	59310	29009	30301	28373	15786	12587
28	66304	32017	34287	31034	17122	13912
29	78981	37819	41162	36359	20045	16314

7-8b　续表 1

单位：人

年　龄	合　计			工作就业		
	合计	男	女	小计	男	女
30-34岁	**475563**	**223588**	**251975**	**214278**	**116378**	**97900**
30	104500	49313	55187	47445	25819	21626
31	97481	45861	51620	44363	24150	20213
32	90773	42566	48207	40903	22236	18667
33	98179	46056	52123	43727	23663	20064
34	84630	39792	44838	37840	20510	17330
35-39岁	**389371**	**185250**	**204121**	**171279**	**92328**	**78951**
35	79641	37802	41839	35295	19056	16239
36	82965	39497	43468	36226	19591	16635
37	75212	35715	39497	32895	17673	15222
38	79705	38156	41549	35214	19103	16111
39	71848	34080	37768	31649	16905	14744
40-44岁	**428785**	**211681**	**217104**	**187807**	**102116**	**85691**
40	67005	32176	34829	29438	15945	13493
41	84767	41722	43045	37087	20309	16778
42	91107	44813	46294	39913	21502	18411
43	89932	44827	45105	39350	21550	17800
44	95974	48143	47831	42019	22810	19209
45-49岁	**429929**	**222180**	**207749**	**189178**	**107300**	**81878**
45	91880	46650	45230	40251	22175	18076
46	93729	48335	45394	41714	23318	18396
47	90583	47061	43522	39939	22677	17262
48	78861	41059	37802	34970	20113	14857
49	74876	39075	35801	32304	19017	13287
50-54岁	**360613**	**186507**	**174106**	**134619**	**83857**	**50762**
50	76829	39768	37061	31625	18865	12760
51	73882	38465	35417	28574	17518	11056
52	79768	41201	38567	29422	18386	11036
53	62734	32423	30311	22166	14193	7973
54	67400	34650	32750	22832	14895	7937
55-59岁	**261681**	**132973**	**128708**	**75949**	**51175**	**24774**
55	63323	32663	30660	20118	13351	6767
56	57591	29377	28214	17408	11637	5771
57	63124	32244	30880	18066	12417	5649
58	49631	25042	24589	13374	9088	4286
59	28012	13647	14365	6983	4682	2301
60-64岁	**174321**	**86156**	**88165**	**33631**	**22550**	**11081**
60	34091	16952	17139	7648	5125	2523
61	30014	15169	14845	5907	3992	1915
62	37050	18426	18624	7136	4807	2329
63	40810	20037	20773	7429	5023	2406
64	32356	15572	16784	5511	3603	1908
65岁及以上	**297837**	**142682**	**155155**	**31757**	**20484**	**11273**

7-8b 续表 2

单位：人

年 龄	学习培训			随同离开/投亲靠友			拆迁/搬家		
	小计	男	女	小计	男	女	小计	男	女
总 计	**934079**	**509103**	**424976**	**700486**	**347010**	**353476**	**1426433**	**744152**	**682281**
0-4岁	**2209**	**1212**	**997**	**144989**	**79131**	**65858**	**60601**	**33168**	**27433**
0	34	19	15	14659	8129	6530	6138	3439	2699
1	96	53	43	25692	14021	11671	10338	5729	4609
2	201	108	93	29539	16113	13426	12050	6551	5499
3	811	452	359	37706	20536	17170	15995	8661	7334
4	1067	580	487	37393	20332	17061	16080	8788	7292
5-9岁	**118030**	**66523**	**51507**	**155559**	**84825**	**70734**	**95038**	**52604**	**42434**
5	1289	721	568	37566	20424	17142	16555	9111	7444
6	23699	13281	10418	30057	16375	13682	18157	10014	8143
7	28224	15877	12347	28600	15519	13081	19019	10535	8484
8	32607	18387	14220	30951	16981	13970	21168	11775	9393
9	32211	18257	13954	28385	15526	12859	20139	11169	8970
10-14岁	**189649**	**106797**	**82852**	**133003**	**73197**	**59806**	**105745**	**59401**	**46344**
10	32749	18574	14175	27549	15367	12182	20303	11403	8900
11	35553	20090	15463	28399	15683	12716	21247	11866	9381
12	38763	22001	16762	27377	14914	12463	21950	12363	9587
13	38020	21501	16519	25687	14068	11619	21354	12005	9349
14	44564	24631	19933	23991	13165	10826	20891	11764	9127
15-19岁	**472810**	**255605**	**217205**	**56905**	**31976**	**24929**	**57533**	**33098**	**24435**
15	89391	48811	40580	16986	9368	7618	15704	8949	6755
16	121164	66656	54508	14384	8058	6326	14352	8292	6060
17	100968	55321	45647	11432	6561	4871	11474	6709	4765
18	82109	43836	38273	8062	4630	3432	8641	4970	3671
19	79178	40981	38197	6041	3359	2682	7362	4178	3184
20-24岁	**134087**	**69927**	**64160**	**27957**	**14544**	**13413**	**49422**	**26324**	**23098**
20	63499	32635	30864	5330	2872	2458	7327	4095	3232
21	38688	20270	18418	5149	2704	2445	8339	4548	3791
22	19239	10317	8922	6080	3119	2961	10571	5599	4972
23	8241	4421	3820	5864	3036	2828	11439	5923	5516
24	4420	2284	2136	5534	2813	2721	11746	6159	5587
25-29岁	**7893**	**4341**	**3552**	**24719**	**12218**	**12501**	**80477**	**40831**	**39646**
25	2932	1568	1364	5228	2722	2506	13002	6742	6260
26	1603	873	730	4396	2199	2197	12531	6469	6062
27	1271	707	564	4703	2384	2319	15006	7605	7401
28	1084	613	471	4901	2392	2509	17873	8979	8894
29	1003	580	423	5491	2521	2970	22065	11036	11029

7-8b　续表 3　　　　单位：人

年　龄	学习培训			随同离开/投亲靠友			拆迁/搬家		
	小计	男	女	小计	男	女	小计	男	女
30-34岁	**3476**	**1907**	**1569**	**25826**	**10482**	**15344**	**144083**	**69934**	**74149**
30	1052	575	477	6501	2868	3633	30549	15038	15511
31	739	412	327	5523	2319	3204	29061	14001	15060
32	645	360	285	4872	1916	2956	27571	13257	14314
33	587	324	263	4883	1876	3007	30547	14831	15716
34	453	236	217	4047	1503	2544	26355	12807	13548
35-39岁	**1739**	**858**	**881**	**16331**	**5518**	**10813**	**125886**	**62256**	**63630**
35	391	193	198	3569	1296	2273	25199	12418	12781
36	383	206	177	3585	1279	2306	26826	13272	13554
37	334	170	164	3081	1027	2054	24585	12162	12423
38	317	147	170	3257	1039	2218	25843	12846	12997
39	314	142	172	2839	877	1962	23433	11558	11875
40-44岁	**1344**	**615**	**729**	**16284**	**4484**	**11800**	**146664**	**75308**	**71356**
40	271	116	155	2655	755	1900	22196	11015	11181
41	282	120	162	3270	941	2329	28326	14461	13865
42	288	128	160	3374	906	2468	31268	16113	15155
43	243	115	128	3370	889	2481	31231	16133	15098
44	260	136	124	3615	993	2622	33643	17586	16057
45-49岁	**980**	**468**	**512**	**16529**	**4148**	**12381**	**154583**	**81582**	**73001**
45	238	119	119	3379	895	2484	32629	17163	15466
46	225	103	122	3512	878	2634	33307	17703	15604
47	213	100	113	3436	868	2568	32807	17424	15383
48	163	75	88	3182	774	2408	28332	14887	13445
49	141	71	70	3020	733	2287	27508	14405	13103
50-54岁	**586**	**291**	**295**	**18325**	**4720**	**13605**	**137505**	**71283**	**66222**
50	137	69	68	3433	868	2565	28865	14923	13942
51	119	60	59	3673	920	2753	28129	14720	13409
52	148	68	80	4109	1044	3065	30749	15921	14828
53	96	49	47	3310	880	2430	24142	12500	11642
54	86	45	41	3800	1008	2792	25620	13219	12401
55-59岁	**413**	**185**	**228**	**15994**	**4724**	**11270**	**98897**	**51133**	**47764**
55	94	45	49	3574	1035	2539	24197	12596	11601
56	98	40	58	3492	1008	2484	21754	11292	10462
57	85	43	42	3941	1164	2777	23857	12366	11491
58	81	34	47	3093	939	2154	18596	9659	8937
59	55	23	32	1894	578	1316	10493	5220	5273
60-64岁	**294**	**125**	**169**	**13603**	**4616**	**8987**	**63946**	**33388**	**30558**
60	60	25	35	2453	796	1657	12626	6607	6019
61	51	23	28	2311	797	1514	11301	6052	5249
62	56	24	32	2997	1039	1958	13590	7141	6449
63	76	32	44	3191	1102	2089	14688	7666	7022
64	51	21	30	2651	882	1769	11741	5922	5819
65岁及以上	**569**	**249**	**320**	**34462**	**12427**	**22035**	**106053**	**53842**	**52211**

7-8b 续表 4

单位：人

年 龄	寄挂户口			婚姻嫁娶			照料孙子女		
	小计	男	女	小计	男	女	小计	男	女
总 计	**40140**	**21491**	**18649**	**114729**	**11528**	**103201**	**153855**	**50928**	**102927**
0–4岁	**2947**	**1599**	**1348**						
0	369	207	162						
1	537	286	251						
2	676	359	317						
3	719	398	321						
4	646	349	297						
5–9岁	**2992**	**1587**	**1405**						
5	612	325	287						
6	597	305	292						
7	542	290	252						
8	624	348	276						
9	617	319	298						
10–14岁	**3562**	**1867**	**1695**	**7**	**3**	**4**			
10	565	304	261						
11	713	347	366	1		1			
12	732	398	334	2	2				
13	773	408	365	2	1	1			
14	779	410	369	2		2			
15–19岁	**2211**	**1191**	**1020**	**1144**	**100**	**1044**	**3**		**3**
15	537	290	247	46	22	24	1		1
16	526	277	249	88	23	65	1		1
17	487	272	215	155	21	134	1		1
18	346	183	163	280	15	265			
19	315	169	146	575	19	556			
20–24岁	**2406**	**1322**	**1084**	**9915**	**167**	**9748**	**7**	**2**	**5**
20	378	219	159	880	12	868			
21	442	244	198	1250	14	1236	3	1	2
22	542	299	243	2005	36	1969	1		1
23	538	286	252	2588	39	2549	1		1
24	506	274	232	3192	66	3126	2	1	1
25–29岁	**2472**	**1281**	**1191**	**23724**	**918**	**22806**	**13**	**4**	**9**
25	521	269	252	3866	123	3743	2	1	1
26	468	255	213	3986	124	3862	1		1
27	458	226	232	4642	171	4471	1		1
28	501	252	249	5159	217	4942			
29	524	279	245	6071	283	5788	9	3	6

7-8b 续表 5

单位：人

年 龄	寄挂户口			婚姻嫁娶			照料孙子女		
	小计	男	女	小计	男	女	小计	男	女
30-34岁	**3208**	**1610**	**1598**	**30465**	**1973**	**28492**	**632**	**159**	**473**
30	659	344	315	7575	403	7172	111	24	87
31	629	305	324	6532	398	6134	112	23	89
32	654	349	305	5716	379	5337	106	26	80
33	683	332	351	5913	423	5490	149	41	108
34	583	280	303	4729	370	4359	154	45	109
35-39岁	**2659**	**1302**	**1357**	**17085**	**1620**	**15465**	**675**	**196**	**479**
35	554	280	274	4008	346	3662	131	33	98
36	568	283	285	3889	358	3531	151	51	100
37	480	251	229	3244	314	2930	123	32	91
38	550	259	291	3195	323	2872	132	36	96
39	507	229	278	2749	279	2470	138	44	94
40-44岁	**3218**	**1617**	**1601**	**11623**	**1745**	**9878**	**1342**	**345**	**997**
40	469	239	230	2277	271	2006	136	45	91
41	646	310	336	2571	380	2191	215	65	150
42	673	339	334	2424	361	2063	279	68	211
43	704	358	346	2173	350	1823	308	67	241
44	726	371	355	2178	383	1795	404	100	304
45-49岁	**3291**	**1667**	**1624**	**8144**	**1811**	**6333**	**5463**	**948**	**4515**
45	728	369	359	1982	405	1577	518	133	385
46	701	343	358	1816	408	1408	728	144	584
47	730	377	353	1689	349	1340	998	145	853
48	602	319	283	1404	346	1058	1263	207	1056
49	530	259	271	1253	303	950	1956	319	1637
50-54岁	**2607**	**1397**	**1210**	**4965**	**1164**	**3801**	**25413**	**5997**	**19416**
50	597	305	292	1231	290	941	2803	519	2284
51	506	275	231	1058	236	822	4187	1009	3178
52	560	294	266	1078	261	817	5730	1315	4415
53	443	235	208	802	190	612	5602	1375	4227
54	501	288	213	796	187	609	7091	1779	5312
55-59岁	**2241**	**1292**	**949**	**2936**	**718**	**2218**	**37788**	**10823**	**26965**
55	490	280	210	731	165	566	7707	2096	5611
56	461	271	190	688	188	500	7747	2126	5621
57	557	312	245	661	139	522	9449	2752	6697
58	477	281	196	544	135	409	8088	2417	5671
59	256	148	108	312	91	221	4797	1432	3365
60-64岁	**1560**	**923**	**637**	**1829**	**471**	**1358**	**35614**	**12808**	**22806**
60	303	191	112	355	97	258	6394	2079	4315
61	278	160	118	293	89	204	5816	2114	3702
62	332	206	126	407	111	296	7607	2740	4867
63	358	203	155	429	104	325	8834	3233	5601
64	289	163	126	345	70	275	6963	2642	4321
65岁及以上	**4766**	**2836**	**1930**	**2892**	**838**	**2054**	**46905**	**19646**	**27259**

7-8b 续表 6

单位：人

年 龄	为子女就学			养老/康养			其 他		
	小计	男	女	小计	男	女	小计	男	女
总 计	**152522**	**54774**	**97748**	**56003**	**24487**	**31516**	**368142**	**192782**	**175360**
0-4岁							**51613**	**28005**	**23608**
0							5515	3006	2509
1							9638	5235	4403
2							10624	5749	4875
3							13192	7177	6015
4							12644	6838	5806
5-9岁							**42703**	**23510**	**19193**
5							12861	7008	5853
6							7670	4222	3448
7							7009	3929	3080
8							7872	4286	3586
9							7291	4065	3226
10-14岁				**1**	**1**		**36513**	**20198**	**16315**
10				1	1		7011	3822	3189
11							7377	4113	3264
12							7649	4203	3446
13							7304	4058	3246
14							7172	4002	3170
15-19岁	**61**	**33**	**28**	**3**	**2**	**1**	**24165**	**13475**	**10690**
15	9	4	5				6098	3409	2689
16	13	7	6				6353	3473	2880
17	14	7	7				5293	2939	2354
18	3	2	1	1		1	3612	2072	1540
19	22	13	9	2	2		2809	1582	1227
20-24岁	**955**	**196**	**759**	**10**	**5**	**5**	**16437**	**8756**	**7681**
20	55	17	38				2883	1618	1265
21	94	20	74	4	2	2	2937	1549	1388
22	158	31	127	2	1	1	3542	1867	1675
23	221	48	173	2		2	3512	1853	1659
24	427	80	347	2	2		3563	1869	1694
25-29岁	**7334**	**1784**	**5550**	**19**	**12**	**7**	**18944**	**9686**	**9258**
25	586	109	477	3	2	1	3623	1889	1734
26	779	149	630	1	1		3238	1688	1550
27	1191	294	897	5	3	2	3660	1833	1827
28	1885	470	1415	4	3	1	3863	1969	1894
29	2893	762	2131	6	3	3	4560	2307	2253

7-8b　续表 7

单位：人

年　龄	为子女就学			养老/康养			其　他		
	小计	男	女	小计	男	女	小计	男	女
30—34岁	**26806**	**7887**	**18919**	**21**	**17**	**4**	**26768**	**13241**	**13527**
30	4612	1219	3393	3	3		5993	3020	2973
31	4934	1443	3491	4	3	1	5584	2807	2777
32	5258	1547	3711	4	3	1	5044	2493	2551
33	6199	1913	4286	6	5	1	5485	2648	2837
34	5803	1765	4038	4	3	1	4662	2273	2389
35—39岁	**32282**	**10537**	**21745**	**28**	**17**	**11**	**21407**	**10618**	**10789**
35	6000	1906	4094	3		3	4491	2274	2217
36	6742	2187	4555	5	5		4590	2265	2325
37	6361	2073	4288	8	6	2	4101	2007	2094
38	6965	2298	4667	4	2	2	4228	2103	2125
39	6214	2073	4141	8	4	4	3997	1969	2028
40—44岁	**36528**	**13468**	**23060**	**36**	**18**	**18**	**23939**	**11965**	**11974**
40	5913	2002	3911	3	1	2	3647	1787	1860
41	7682	2757	4925	6	4	2	4682	2375	2307
42	7806	2903	4903	8	6	2	5074	2487	2587
43	7510	2831	4679	4	2	2	5039	2532	2507
44	7617	2975	4642	15	5	10	5497	2784	2713
45—49岁	**25806**	**10703**	**15103**	**80**	**43**	**37**	**25875**	**13510**	**12365**
45	6721	2617	4104	10	7	3	5424	2767	2657
46	6231	2557	3674	17	9	8	5478	2872	2606
47	5305	2215	3090	20	12	8	5446	2894	2552
48	4099	1805	2294	20	9	11	4826	2524	2302
49	3450	1509	1941	13	6	7	4701	2453	2248
50—54岁	**10690**	**4918**	**5772**	**2713**	**977**	**1736**	**23190**	**11903**	**11287**
50	3019	1348	1671	285	90	195	4834	2491	2343
51	2305	1075	1230	469	166	303	4862	2486	2376
52	2259	1081	1178	617	219	398	5096	2612	2484
53	1563	726	837	556	213	343	4054	2062	1992
54	1544	688	856	786	289	497	4344	2252	2092
55—59岁	**5033**	**2118**	**2915**	**4733**	**1848**	**2885**	**17697**	**8957**	**8740**
55	1275	550	725	834	320	514	4303	2225	2078
56	1131	477	654	969	379	590	3843	1959	1884
57	1139	493	646	1191	461	730	4178	2097	2081
58	956	369	587	996	382	614	3426	1738	1688
59	532	229	303	743	306	437	1947	938	1009
60—64岁	**3313**	**1398**	**1915**	**7897**	**3619**	**4278**	**12634**	**6258**	**6376**
60	707	306	401	1151	513	638	2394	1213	1181
61	534	228	306	1256	571	685	2267	1143	1124
62	673	281	392	1672	795	877	2580	1282	1298
63	807	316	491	1986	887	1099	3012	1471	1541
64	592	267	325	1832	853	979	2381	1149	1232
65岁及以上	**3714**	**1732**	**1982**	**40462**	**17928**	**22534**	**26257**	**12700**	**13557**

7-8c 全省分年龄、性别、迁移原因的户口登记地在外乡镇街道的人口(乡村)

单位：人

年龄	合计			工作就业		
	合计	男	女	小计	男	女
总计	**936126**	**517943**	**418183**	**306084**	**204382**	**101702**
0-4岁	**35970**	**18970**	**17000**			
0	4124	2216	1908			
1	7113	3730	3383			
2	7808	4196	3612			
3	8455	4409	4046			
4	8470	4419	4051			
5-9岁	**43226**	**22753**	**20473**			
5	8336	4356	3980			
6	8276	4376	3900			
7	8441	4440	4001			
8	9156	4873	4283			
9	9017	4708	4309			
10-14岁	**47264**	**25404**	**21860**	**18**	**9**	**9**
10	8677	4634	4043	1	1	
11	9211	4889	4322	3	2	1
12	9371	5069	4302	4	1	3
13	9273	5024	4249	4	2	2
14	10732	5788	4944	6	3	3
15-19岁	**106919**	**59900**	**47019**	**8911**	**5964**	**2947**
15	17816	9996	7820	262	157	105
16	24790	14151	10639	904	609	295
17	20847	11870	8977	1779	1197	582
18	20742	11582	9160	2649	1795	854
19	22724	12301	10423	3317	2206	1111
20-24岁	**83622**	**43819**	**39803**	**31138**	**19476**	**11662**
20	20785	11270	9515	4166	2720	1446
21	17113	9131	7982	5140	3248	1892
22	16513	8580	7933	7087	4371	2716
23	14814	7630	7184	7391	4626	2765
24	14397	7208	7189	7354	4511	2843
25-29岁	**76710**	**37883**	**38827**	**38741**	**24385**	**14356**
25	15631	7661	7970	7906	4872	3034
26	13967	6947	7020	7127	4476	2651
27	15017	7450	7567	7596	4811	2785
28	15612	7647	7965	7732	4893	2839
29	16483	8178	8305	8380	5333	3047

7-8c 续表 1

单位：人

年 龄	合 计			工作就业		
	合计	男	女	小计	男	女
30–34岁	**83457**	**42453**	**41004**	**43012**	**27862**	**15150**
30	19927	9993	9934	10103	6485	3618
31	17631	8859	8772	9095	5880	3215
32	15437	7825	7612	7980	5195	2785
33	16468	8444	8024	8504	5545	2959
34	13994	7332	6662	7330	4757	2573
35–39岁	**60597**	**32028**	**28569**	**31273**	**20443**	**10830**
35	12711	6685	6026	6615	4347	2268
36	12642	6540	6102	6435	4139	2296
37	11691	6148	5543	5986	3942	2044
38	12728	6791	5937	6594	4326	2268
39	10825	5864	4961	5643	3689	1954
40–44岁	**68447**	**37265**	**31182**	**34782**	**22513**	**12269**
40	10481	5618	4863	5436	3523	1913
41	13066	7130	5936	6575	4318	2257
42	14262	7617	6645	7155	4585	2570
43	14680	8040	6640	7434	4769	2665
44	15958	8860	7098	8182	5318	2864
45–49岁	**78785**	**45386**	**33399**	**41824**	**27797**	**14027**
45	15703	8691	7012	8285	5363	2922
46	16688	9407	7281	8855	5748	3107
47	16414	9533	6881	8756	5829	2927
48	15050	8824	6226	7996	5387	2609
49	14930	8931	5999	7932	5470	2462
50–54岁	**73169**	**44419**	**28750**	**36888**	**26228**	**10660**
50	15714	9361	6353	8102	5623	2479
51	15339	9164	6175	7771	5438	2333
52	16049	9736	6313	8195	5791	2404
53	12542	7812	4730	6257	4579	1678
54	13525	8346	5179	6563	4797	1766
55–59岁	**49301**	**31016**	**18285**	**21758**	**16592**	**5166**
55	12379	7779	4600	5850	4402	1448
56	11149	6994	4155	4953	3724	1229
57	11944	7548	4396	5228	4046	1182
58	8877	5617	3260	3845	2983	862
59	4952	3078	1874	1882	1437	445
60–64岁	**31138**	**18851**	**12287**	**8857**	**6720**	**2137**
60	5743	3553	2190	2005	1523	482
61	5383	3313	2070	1597	1225	372
62	6643	4059	2584	1892	1432	460
63	7249	4340	2909	1944	1460	484
64	6120	3586	2534	1419	1080	339
65岁及以上	**97521**	**57796**	**39725**	**8882**	**6393**	**2489**

7-8c 续表 2 单位：人

年 龄	学习培训			随同离开/投亲靠友			拆迁/搬家		
	小计	男	女	小计	男	女	小计	男	女
总 计	**124901**	**69510**	**55391**	**85354**	**43079**	**42275**	**189634**	**101824**	**87810**
0-4岁	**177**	**96**	**81**	**18993**	**9994**	**8999**	**7918**	**4205**	**3713**
0	7	6	1	2141	1173	968	1142	606	536
1	9	5	4	3848	1990	1858	1447	782	665
2	19	10	9	4156	2233	1923	1584	847	737
3	64	33	31	4440	2300	2140	1832	972	860
4	78	42	36	4408	2298	2110	1913	998	915
5-9岁	**6539**	**3570**	**2969**	**17771**	**9254**	**8517**	**10292**	**5486**	**4806**
5	88	55	33	4282	2259	2023	1989	1033	956
6	1301	719	582	3428	1804	1624	1913	1007	906
7	1592	877	715	3246	1691	1555	2008	1058	950
8	1762	949	813	3488	1842	1646	2206	1199	1007
9	1796	970	826	3327	1658	1669	2176	1189	987
10-14岁	**12096**	**6650**	**5446**	**14464**	**7613**	**6851**	**11603**	**6344**	**5259**
10	1796	966	830	3054	1638	1416	2190	1179	1011
11	2015	1097	918	3165	1647	1518	2245	1233	1012
12	2127	1199	928	2848	1494	1354	2417	1308	1109
13	2236	1259	977	2787	1468	1319	2389	1334	1055
14	3922	2129	1793	2610	1366	1244	2362	1290	1072
15-19岁	**79206**	**44196**	**35010**	**4974**	**2754**	**2220**	**6341**	**3697**	**2644**
15	13081	7358	5723	1530	818	712	1634	965	669
16	20043	11449	8594	1143	617	526	1416	810	606
17	15483	8723	6760	897	511	386	1230	724	506
18	14868	8171	6697	747	432	315	1024	594	430
19	15731	8495	7236	657	376	281	1037	604	433
20-24岁	**25105**	**13828**	**11277**	**2850**	**1510**	**1340**	**8247**	**4685**	**3562**
20	12549	6847	5702	560	304	256	1162	678	484
21	7200	3969	3231	556	294	262	1470	845	625
22	3422	1900	1522	615	316	299	1844	1049	795
23	1320	750	570	538	284	254	1907	1042	865
24	614	362	252	581	312	269	1864	1071	793
25-29岁	**944**	**589**	**355**	**2963**	**1446**	**1517**	**11268**	**6182**	**5086**
25	365	207	158	602	312	290	2238	1249	989
26	217	135	82	516	242	274	2042	1135	907
27	138	80	58	559	282	277	2147	1207	940
28	130	100	30	657	320	337	2339	1235	1104
29	94	67	27	629	290	339	2502	1356	1146

7-8c 续表 3

单位：人

年 龄	学习培训			随同离开/投亲靠友			拆迁/搬家		
	小计	男	女	小计	男	女	小计	男	女
30–34岁	**320**	**228**	**92**	**2831**	**1289**	**1542**	**13231**	**7004**	**6227**
30	94	72	22	746	361	385	3112	1675	1437
31	73	48	25	583	280	303	2706	1434	1272
32	50	40	10	520	218	302	2432	1284	1148
33	57	34	23	526	234	292	2706	1417	1289
34	46	34	12	456	196	260	2275	1194	1081
35–39岁	**194**	**145**	**49**	**1908**	**766**	**1142**	**10981**	**5685**	**5296**
35	43	36	7	370	147	223	2198	1146	1052
36	46	30	16	398	148	250	2298	1191	1107
37	38	25	13	373	134	239	2159	1099	1060
38	38	31	7	401	163	238	2326	1216	1110
39	29	23	6	366	174	192	2000	1033	967
40–44岁	**120**	**82**	**38**	**2099**	**848**	**1251**	**14740**	**7623**	**7117**
40	23	15	8	324	128	196	2046	1034	1012
41	29	18	11	399	155	244	2732	1423	1309
42	14	13	1	417	167	250	3082	1547	1535
43	23	14	9	467	197	270	3327	1758	1569
44	31	22	9	492	201	291	3553	1861	1692
45–49岁	**67**	**48**	**19**	**2148**	**811**	**1337**	**18293**	**9681**	**8612**
45	20	15	5	460	174	286	3491	1801	1690
46	16	13	3	479	194	285	3831	2017	1814
47	13	9	4	434	160	274	3783	2052	1731
48	8	5	3	380	130	250	3559	1894	1665
49	10	6	4	395	153	242	3629	1917	1712
50–54岁	**47**	**28**	**19**	**2255**	**794**	**1461**	**18865**	**10059**	**8806**
50	10	5	5	412	145	267	3996	2086	1910
51	14	8	6	482	172	310	3878	2033	1845
52	11	7	4	506	180	326	4073	2145	1928
53	6	4	2	397	135	262	3286	1831	1455
54	6	4	2	458	162	296	3632	1964	1668
55–59岁	**25**	**12**	**13**	**1968**	**783**	**1185**	**13742**	**7489**	**6253**
55	5	1	4	445	168	277	3299	1788	1511
56	6	5	1	411	157	254	3155	1768	1387
57	4	2	2	492	199	293	3351	1796	1555
58	6	2	4	370	147	223	2470	1355	1115
59	4	2	2	250	112	138	1467	782	685
60–64岁	**20**	**12**	**8**	**1899**	**865**	**1034**	**10159**	**5503**	**4656**
60	2	2		267	117	150	1765	952	813
61	5	2	3	313	141	172	1781	978	803
62	6	4	2	441	213	228	2200	1217	983
63	4	3	1	476	221	255	2342	1286	1056
64	3	1	2	402	173	229	2071	1070	1001
65岁及以上	**41**	**26**	**15**	**8231**	**4352**	**3879**	**33954**	**18181**	**15773**

7-8c 续表 4

单位：人

年 龄	寄挂户口			婚姻嫁娶			照料孙子女		
	小计	男	女	小计	男	女	小计	男	女
总 计	**53685**	**30531**	**23154**	**63206**	**5167**	**58039**	**5152**	**1944**	**3208**
0-4岁	**2258**	**1164**	**1094**						
0	162	76	86						
1	460	238	222						
2	546	288	258						
3	560	288	272						
4	530	274	256						
5-9岁	**2646**	**1365**	**1281**						
5	486	257	229						
6	471	263	208						
7	512	262	250						
8	572	282	290						
9	605	301	304						
10-14岁	**3599**	**1804**	**1795**						
10	608	288	320						
11	712	366	346						
12	736	366	370						
13	774	377	397						
14	769	407	362						
15-19岁	**2080**	**1168**	**912**	**1825**	**7**	**1818**	**2**		**2**
15	488	254	234	29	1	28			
16	454	247	207	94	2	92			
17	480	272	208	247	2	245			
18	341	200	141	473	2	471	1		1
19	317	195	122	982		982	1		1
20-24岁	**2875**	**1632**	**1243**	**8723**	**42**	**8681**	**2**		**2**
20	410	258	152	1151	3	1148			
21	492	279	213	1397	2	1395			
22	638	347	291	1846	11	1835			
23	642	358	284	2032	13	2019	1		1
24	693	390	303	2297	13	2284	1		1
25-29岁	**3607**	**2038**	**1569**	**13456**	**176**	**13280**	**4**		**4**
25	740	418	322	2667	27	2640			
26	665	365	300	2381	26	2355	1		1
27	712	407	305	2690	40	2650	1		1
28	720	400	320	2829	41	2788			
29	770	448	322	2889	42	2847	2		2

7-8c　续表 5　　　　单位：人

年　龄	寄挂户口			婚姻嫁娶			照料孙子女		
	小计	男	女	小计	男	女	小计	男	女
30—34岁	**3753**	**2065**	**1688**	**13539**	**442**	**13097**	**50**	**10**	**40**
30	862	472	390	3383	77	3306	8		8
31	784	425	359	2975	77	2898	9	1	8
32	690	368	322	2563	78	2485	8	2	6
33	736	401	335	2622	117	2505	8	2	6
34	681	399	282	1996	93	1903	17	5	12
35—39岁	**3343**	**1837**	**1506**	**7416**	**400**	**7016**	**50**	**8**	**42**
35	702	389	313	1686	70	1616	12	2	10
36	683	401	282	1641	78	1563	11	1	10
37	658	363	295	1419	74	1345	12	2	10
38	693	356	337	1508	100	1408	8	2	6
39	607	328	279	1162	78	1084	7	1	6
40—44岁	**4156**	**2170**	**1986**	**5909**	**583**	**5326**	**79**	**25**	**54**
40	633	319	314	1034	75	959	9	2	7
41	825	441	384	1250	112	1138	15	6	9
42	888	463	425	1296	127	1169	16	5	11
43	901	473	428	1145	124	1021	18	5	13
44	909	474	435	1184	145	1039	21	7	14
45—49岁	**4122**	**2248**	**1874**	**4691**	**680**	**4011**	**190**	**39**	**151**
45	781	415	366	1150	154	996	27	9	18
46	830	445	385	1071	133	938	30	8	22
47	832	459	373	955	141	814	38	9	29
48	868	467	401	786	128	658	47	8	39
49	811	462	349	729	124	605	48	5	43
50—54岁	**4040**	**2260**	**1780**	**2904**	**684**	**2220**	**678**	**169**	**509**
50	892	477	415	680	143	537	75	17	58
51	895	489	406	631	128	503	111	21	90
52	866	515	351	637	142	495	144	38	106
53	651	369	282	466	126	340	158	43	115
54	736	410	326	490	145	345	190	50	140
55—59岁	**2843**	**1693**	**1150**	**1661**	**594**	**1067**	**1031**	**289**	**742**
55	646	405	241	424	135	289	230	64	166
56	666	382	284	383	144	239	210	58	152
57	717	410	307	419	155	264	256	79	177
58	517	313	204	268	85	183	202	49	153
59	297	183	114	167	75	92	133	39	94
60—64岁	**2392**	**1455**	**937**	**1012**	**443**	**569**	**993**	**379**	**614**
60	427	262	165	193	81	112	161	53	108
61	379	232	147	166	74	92	168	66	102
62	470	282	188	217	95	122	218	83	135
63	577	353	224	244	105	139	253	94	159
64	539	326	213	192	88	104	193	83	110
65岁及以上	**11971**	**7632**	**4339**	**2070**	**1116**	**954**	**2073**	**1025**	**1048**

7–8c 续表 6

单位：人

年 龄	为子女就学			养老/康养			其 他		
	小计	男	女	小计	男	女	小计	男	女
总 计	**3135**	**1041**	**2094**	**19982**	**12926**	**7056**	**84993**	**47539**	**37454**
0–4岁							**6624**	**3511**	**3113**
0							672	355	317
1							1349	715	634
2							1503	818	685
3							1559	816	743
4							1541	807	734
5–9岁							**5978**	**3078**	**2900**
5							1491	752	739
6							1163	583	580
7							1083	552	531
8							1128	601	527
9							1113	590	523
10–14岁				**1**		**1**	**5483**	**2984**	**2499**
10							1028	562	466
11							1071	544	527
12							1239	701	538
13				1		1	1082	584	498
14							1063	593	470
15–19岁	**26**	**14**	**12**	**4**		**4**	**3550**	**2100**	**1450**
15	8	6	2				784	437	347
16	7	2	5	1		1	728	415	313
17	4		4				727	441	286
18	3	2	1	1		1	635	386	249
19	4	4		2		2	676	421	255
20–24岁	**48**	**14**	**34**	**13**	**10**	**3**	**4621**	**2622**	**1999**
20	3	1	2	3	1	2	781	458	323
21	6	3	3	1	1		851	490	361
22	10	1	9	5	4	1	1046	581	465
23	12	3	9	2	2		969	552	417
24	17	6	11	2	2		974	541	433
25–29岁	**208**	**43**	**165**	**12**	**8**	**4**	**5507**	**3016**	**2491**
25	24	5	19	2	2		1087	569	518
26	30	7	23	1	1		987	560	427
27	40	9	31	3	2	1	1131	612	519
28	51	12	39	3	1	2	1151	645	506
29	63	10	53	3	2	1	1151	630	521

7−8c 续表 7

单位：人

年 龄	为子女就学			养老/康养			其 他		
	小计	男	女	小计	男	女	小计	男	女
30−34岁	**546**	**134**	**412**	**19**	**18**	**1**	**6156**	**3401**	**2755**
30	136	33	103	2	2		1481	816	665
31	109	15	94	2	2		1295	697	598
32	97	28	69	6	5	1	1091	607	484
33	113	36	77	5	5		1191	653	538
34	91	22	69	4	4		1098	628	470
35−39岁	**552**	**136**	**416**	**18**	**17**	**1**	**4862**	**2591**	**2271**
35	105	17	88	2	2		978	529	449
36	110	24	86	3	3		1017	525	492
37	110	27	83	4	4		932	478	454
38	134	42	92	7	6	1	1019	549	470
39	93	26	67	2	2		916	510	406
40−44岁	**621**	**217**	**404**	**37**	**24**	**13**	**5904**	**3180**	**2724**
40	99	36	63	5	5		872	481	391
41	124	39	85	5	2	3	1112	616	496
42	144	46	98	14	9	5	1236	655	581
43	110	44	66	6	4	2	1249	652	597
44	144	52	92	7	4	3	1435	776	659
45−49岁	**525**	**201**	**324**	**38**	**29**	**9**	**6887**	**3852**	**3035**
45	142	49	93	6	4	2	1341	707	634
46	111	46	65	12	10	2	1453	793	660
47	112	38	74	8	7	1	1483	829	654
48	82	35	47	6	6		1318	764	554
49	78	33	45	6	2	4	1292	759	533
50−54岁	**236**	**106**	**130**	**474**	**230**	**244**	**6782**	**3861**	**2921**
50	66	29	37	56	30	26	1425	806	619
51	57	26	31	84	42	42	1416	807	609
52	44	22	22	104	49	55	1469	847	622
53	34	14	20	101	43	58	1186	668	518
54	35	15	20	129	66	63	1286	733	553
55−59岁	**142**	**62**	**80**	**955**	**511**	**444**	**5176**	**2991**	**2185**
55	34	14	20	133	71	62	1313	731	582
56	24	11	13	198	112	86	1143	633	510
57	36	15	21	215	121	94	1226	725	501
58	32	12	20	234	112	122	933	559	374
59	16	10	6	175	95	80	561	343	218
60−64岁	**104**	**54**	**50**	**1992**	**1240**	**752**	**3710**	**2180**	**1530**
60	25	12	13	246	151	95	652	400	252
61	15	7	8	310	203	107	649	385	264
62	23	14	9	420	263	157	756	456	300
63	20	10	10	511	316	195	878	492	386
64	21	11	10	505	307	198	775	447	328
65岁及以上	**127**	**60**	**67**	**16419**	**10839**	**5580**	**13753**	**8172**	**5581**

7-9 全省按现住地、性别、迁移原因分的户口登记地在本省其他乡镇街道的人口

单位：人

现住地	合计			工作就业		
	合计	男	女	小计	男	女
全 省	**12241920**	**6272613**	**5969307**	**2861616**	**1598618**	**1262998**
南昌市	**2740680**	**1441492**	**1299188**	**710411**	**411596**	**298815**
东湖区	154555	77173	77382	50062	26790	23272
西湖区	207716	104426	103290	57683	31524	26159
青云谱区	181910	95314	86596	51310	29676	21634
青山湖区	712472	387638	324834	207400	121094	86306
新建区	385515	205100	180415	81645	49371	32274
红谷滩区	277890	142594	135296	78430	44551	33879
南昌县	614653	324381	290272	138447	81897	56550
安义县	49461	27748	21713	20411	12818	7593
进贤县	156508	77118	79390	25023	13875	11148
景德镇市	**441956**	**224526**	**217430**	**73677**	**42369**	**31308**
昌江区	82827	42583	40244	21427	12214	9213
珠山区	189205	95435	93770	30695	17830	12865
浮梁县	74355	37791	36564	8932	5246	3686
乐平市	95569	48717	46852	12623	7079	5544
萍乡市	**381746**	**189965**	**191781**	**47775**	**28174**	**19601**
安源区	230073	114100	115973	28552	16246	12306
湘东区	36168	18230	17938	3884	2647	1237
莲花县	25963	13055	12908	5259	3090	2169
上栗县	54300	27221	27079	6451	3900	2551
芦溪县	35242	17359	17883	3629	2291	1338
九江市	**1315508**	**662115**	**653393**	**259980**	**143816**	**116164**
濂溪区	196292	101192	95100	43658	24191	19467
浔阳区	162730	80186	82544	28612	15692	12920
柴桑区	86283	45403	40880	30493	17128	13365
武宁县	78854	37153	41701	15826	8385	7441
修水县	167978	84366	83612	25916	14856	11060
永修县	74947	37953	36994	14188	8133	6055
德安县	72711	36609	36102	19279	10537	8742
都昌县	66578	32897	33681	14320	7352	6968
湖口县	58112	29155	28957	17500	10086	7414
彭泽县	47496	22961	24535	11015	6027	4988
瑞昌市	166147	85503	80644	18047	10002	8045
共青城市	98798	48852	49946	16053	8630	7423
庐山市	38582	19885	18697	5073	2797	2276
新余市	**489964**	**258685**	**231279**	**87708**	**49496**	**38212**
渝水区	392198	208066	184132	74512	41969	32543
分宜县	97766	50619	47147	13196	7527	5669
鹰潭市	**307400**	**154219**	**153181**	**63886**	**36447**	**27439**
月湖区	137679	69470	68209	28888	16228	12660
余江区	50368	25325	25043	10665	5946	4719
贵溪市	119353	59424	59929	24333	14273	10060
赣州市	**2377333**	**1225284**	**1152049**	**718409**	**391106**	**327303**
章贡区	490793	252847	237946	159511	89788	69723
南康区	369829	195021	174808	170571	92749	77822
赣县区	161808	84354	77454	50077	27297	22780
信丰县	143244	73022	70222	49352	25903	23449
大余县	32997	16917	16080	7845	4759	3086
上犹县	73283	36760	36523	22209	11816	10393
崇义县	35657	17915	17742	11266	6228	5038
安远县	50874	25135	25739	10192	5203	4989
定南县	81147	41791	39356	17679	10329	7350
全南县	43165	21390	21775	10804	5919	4885

7-9 续表 1

单位：人

现住地	合计			工作就业		
	合计	男	女	小计	男	女
宁都县	122459	64115	58344	16158	9004	7154
于都县	184854	95544	89310	73862	38008	35854
兴国县	145565	75904	69661	50327	26668	23659
会昌县	82770	42448	40322	16837	9389	7448
寻乌县	75604	38757	36847	9266	4973	4293
石城县	56629	29413	27216	5243	2780	2463
瑞金市	135714	68058	67656	15069	8095	6974
龙南市	90941	45893	45048	22141	12198	9943
吉安市	**898586**	**452328**	**446258**	**232827**	**119337**	**113490**
吉州区	146176	73215	72961	23007	11832	11175
青原区	73828	37459	36369	19205	10607	8598
吉安县	125656	64741	60915	50688	26561	24127
吉水县	73569	38066	35503	17263	9100	8163
峡江县	22326	11756	10570	4224	2478	1746
新干县	60132	31018	29114	15456	8448	7008
永丰县	58630	30123	28507	10580	5754	4826
泰和县	82752	40807	41945	26556	12116	14440
遂川县	52611	26857	25754	9924	5246	4678
万安县	33282	16167	17115	11421	5421	6000
安福县	47683	23326	24357	13491	6889	6602
永新县	79099	38154	40945	17274	7729	9545
井冈山市	42842	20639	22203	13738	7156	6582
宜春市	**1276925**	**649699**	**627226**	**273094**	**153486**	**119608**
袁州区	435164	217995	217169	78259	44377	33882
奉新县	71155	35504	35651	19983	10869	9114
万载县	71166	35189	35977	13852	7301	6551
上高县	104072	53687	50385	20815	11590	9225
宜丰县	67697	34651	33046	18045	10560	7485
靖安县	24788	12740	12048	6894	4387	2507
铜鼓县	21893	10867	11026	4736	2717	2019
丰城市	182907	94781	88126	24989	14204	10785
樟树市	128874	65376	63498	21723	11839	9884
高安市	169209	88909	80300	63798	35642	28156
抚州市	**998772**	**502160**	**496612**	**146839**	**82866**	**63973**
临川区	326754	161112	165642	42740	24524	18216
东乡区	127424	63557	63867	21538	12009	9529
南城县	79065	40519	38546	7135	4063	3072
黎川县	69476	35417	34059	4084	2448	1636
南丰县	64353	32934	31419	7979	4660	3319
崇仁县	60092	29917	30175	9057	5240	3817
乐安县	78505	41116	37389	17596	9950	7646
宜黄县	53940	27108	26832	10568	5625	4943
金溪县	59902	29800	30102	13478	7150	6328
资溪县	19387	9595	9792	3469	1956	1513
广昌县	59874	31085	28789	9195	5241	3954
上饶市	**1013050**	**512140**	**500910**	**247010**	**139925**	**107085**
信州区	204201	104726	99475	60353	34556	25797
广丰区	83098	40132	42966	13141	7334	5807
广信区	175221	90840	84381	59828	34673	25155
玉山县	89330	43193	46137	15685	8545	7140
铅山县	32000	15788	16212	4722	2849	1873
横峰县	38991	20138	18853	11177	6322	4855
弋阳县	55876	28024	27852	12188	6504	5684
余干县	76122	40027	36095	13459	7823	5636
鄱阳县	99423	49550	49873	17936	9821	8115
万年县	50802	26053	24749	11691	6354	5337
婺源县	58649	28471	30178	14903	7857	7046
德兴市	49337	25198	24139	11927	7287	4640

7-9 续表 2

单位：人

现住地	学习培训			随同离开/投亲靠友			拆迁/搬家		
	小计	男	女	小计	男	女	小计	男	女
全　省	**2088328**	**1127699**	**960629**	**1696395**	**838816**	**857579**	**3512131**	**1838964**	**1673167**
南昌市	**556980**	**311400**	**245580**	**414211**	**204795**	**209416**	**685336**	**360918**	**324418**
东湖区	13933	6882	7051	23185	11221	11964	39191	20213	18978
西湖区	8156	4375	3781	37598	18170	19428	65122	34166	30956
青云谱区	13982	8595	5387	34194	16745	17449	58706	30898	27808
青山湖区	193375	115255	78120	108135	53517	54618	133781	70847	62934
新建区	62105	34015	28090	86162	43068	43094	99075	54110	44965
红谷滩区	84819	43515	41304	22004	10798	11206	53689	27481	26208
南昌县	147360	80332	67028	75544	37697	37847	170317	90243	80074
安义县	11822	6475	5347	3711	1893	1818	8331	4295	4036
进贤县	21428	11956	9472	23678	11686	11992	57124	28665	28459
景德镇市	**55796**	**28743**	**27053**	**67396**	**32580**	**34816**	**160503**	**83696**	**76807**
昌江区	4902	2846	2056	13387	6363	7024	25707	13422	12285
珠山区	10600	4333	6267	34508	16347	18161	79822	41415	38407
浮梁县	23656	12009	11647	7607	3737	3870	24148	12468	11680
乐平市	16638	9555	7083	11894	6133	5761	30826	16391	14435
萍乡市	**67738**	**34852**	**32886**	**60342**	**28637**	**31705**	**147511**	**76688**	**70823**
安源区	38722	19711	19011	34560	16251	18309	96535	49945	46590
湘东区	7183	3960	3223	6030	2805	3225	12346	6416	5930
莲花县	6688	3561	3127	3441	1734	1707	5004	2453	2551
上栗县	10030	5049	4981	9038	4334	4704	20978	11189	9789
芦溪县	5115	2571	2544	7273	3513	3760	12648	6685	5963
九江市	**233719**	**122023**	**111696**	**171457**	**83420**	**88037**	**388645**	**202744**	**185901**
濂溪区	51279	27596	23683	17263	8400	8863	51826	27261	24565
浔阳区	23472	10213	13259	18032	8715	9317	54638	28465	26173
柴桑区	9831	5579	4252	9422	4977	4445	21972	11530	10442
武宁县	11155	6018	5137	10383	4775	5608	21230	10432	10798
修水县	22486	11651	10835	26418	12154	14264	47146	24640	22506
永修县	11942	6817	5125	8958	4364	4594	23245	11969	11276
德安县	5588	2960	2628	14850	7351	7499	19684	10353	9331
都昌县	19031	10753	8278	4869	2451	2418	9526	4732	4794
湖口县	9297	5212	4085	7905	3884	4021	9704	4924	4780
彭泽县	9007	4808	4199	4431	2094	2337	12854	6375	6479
瑞昌市	11389	6371	5018	28342	14031	14311	86323	45766	40557
共青城市	42340	19978	22362	14824	7429	7395	18658	10020	8638
庐山市	6902	4067	2835	5760	2795	2965	11839	6277	5562
新余市	**66234**	**39985**	**26249**	**62377**	**32047**	**30330**	**176587**	**94146**	**82441**
渝水区	58744	35648	23096	47234	24292	22942	137268	73166	64102
分宜县	7490	4337	3153	15143	7755	7388	39319	20980	18339
鹰潭市	**43687**	**21208**	**22479**	**43007**	**21160**	**21847**	**98829**	**51776**	**47053**
月湖区	13133	6773	6360	20004	9870	10134	49079	25468	23611
余江区	7851	4461	3390	5901	3042	2859	15029	7834	7195
贵溪市	22703	9974	12729	17102	8248	8854	34721	18474	16247
赣州市	**375918**	**201270**	**174648**	**316346**	**157518**	**158828**	**632133**	**331588**	**300545**
章贡区	104294	51135	53159	54262	26902	27360	94531	49533	44998
南康区	50340	28249	22091	49670	24975	24695	45393	24307	21086
赣县区	26097	13953	12144	20056	10050	10006	41098	21886	19212
信丰县	12393	6819	5574	20155	10029	10126	41862	21890	19972
大余县	3064	1621	1443	4586	2271	2315	8591	4537	4054
上犹县	13127	7335	5792	9580	4770	4810	16652	8386	8266
崇义县	5435	3037	2398	4566	2255	2311	7113	3716	3397
安远县	7356	3578	3778	5653	2880	2773	22292	11358	10934
定南县	7540	4075	3465	14199	6885	7314	31155	16557	14598
全南县	5926	3124	2802	7103	3386	3717	11397	5841	5556

7−9 续表 3 单位：人

现住地	学习培训			随同离开/投亲靠友			拆迁/搬家		
	小计	男	女	小计	男	女	小计	男	女
宁都县	19010	10806	8204	25929	13044	12885	48055	26157	21898
于都县	46768	26864	19904	16664	8417	8247	31133	15809	15324
兴国县	29071	16469	12602	19622	10180	9442	23841	12476	11365
会昌县	8162	4126	4036	13903	6968	6935	32517	17181	15336
寻乌县	7997	4168	3829	8699	4393	4306	39773	21015	18758
石城县	3966	2479	1487	9003	4538	4465	32937	17323	15614
瑞金市	17122	9184	7938	19353	9142	10211	69290	35642	33648
龙南市	8250	4248	4002	13343	6433	6910	34503	17974	16529
吉安市	**150642**	**84410**	**66232**	**117621**	**60583**	**57038**	**226763**	**117104**	**109659**
吉州区	19665	10319	9346	19064	9801	9263	61066	31181	29885
青原区	15066	7779	7287	11828	6034	5794	15005	7745	7260
吉安县	17433	10108	7325	12782	6707	6075	24656	12747	11909
吉水县	11049	6708	4341	9916	5340	4576	20675	10809	9866
峡江县	4119	2449	1670	4009	1951	2058	5639	3075	2564
新干县	10478	6211	4267	9793	5128	4665	12890	6711	6179
永丰县	9705	5701	4004	8516	4415	4101	18479	9711	8768
泰和县	10060	5470	4590	11138	5797	5341	23591	12158	11433
遂川县	11095	6388	4707	7301	3759	3542	14149	7305	6844
万安县	6631	3675	2956	4594	2373	2221	5280	2688	2592
安福县	8344	4679	3665	4541	2352	2189	7669	3901	3768
永新县	20000	11168	8832	7206	3581	3625	12968	6696	6272
井冈山市	6997	3755	3242	6933	3345	3588	4696	2377	2319
宜春市	**196501**	**103137**	**93364**	**192740**	**96420**	**96320**	**396804**	**205670**	**191134**
袁州区	70532	33691	36841	72639	35391	37248	153607	80287	73320
奉新县	10674	5786	4888	12825	6375	6450	15545	7914	7631
万载县	11354	5674	5680	8848	4304	4544	16711	8629	8082
上高县	5927	3420	2507	19543	10216	9327	35617	18506	17111
宜丰县	7069	3686	3383	12103	5962	6141	20175	10516	9659
靖安县	2900	1581	1319	3662	1796	1866	6018	3008	3010
铜鼓县	1658	808	850	3777	1726	2051	5972	3155	2817
丰城市	37228	21356	15872	16940	8794	8146	71322	36240	35082
樟树市	19781	10853	8928	21023	10736	10287	45008	23312	21696
高安市	29378	16282	13096	21380	11120	10260	26829	14103	12726
抚州市	**138122**	**73952**	**64170**	**147332**	**71899**	**75433**	**359619**	**190164**	**169455**
临川区	60752	30305	30447	48723	23943	24780	107387	56252	51135
东乡区	14764	8257	6507	19633	9627	10006	40352	21304	19048
南城县	5353	3191	2162	8654	4326	4328	45671	23819	21852
黎川县	2945	1683	1262	9986	4530	5456	45422	24142	21280
南丰县	7025	4054	2971	11225	5482	5743	21913	11999	9914
崇仁县	11897	6464	5433	8679	4622	4057	16317	8452	7865
乐安县	10258	5777	4481	10961	5518	5443	19171	10353	8818
宜黄县	3237	1821	1416	12645	5673	6972	17987	10000	7987
金溪县	12375	6893	5482	6218	3072	3146	11377	5901	5476
资溪县	2884	1594	1290	2330	1103	1227	6137	3117	3020
广昌县	6632	3913	2719	8278	4003	4275	27885	14825	13060
上饶市	**202991**	**106719**	**96272**	**103566**	**49757**	**53809**	**239401**	**124470**	**114931**
信州区	21618	8923	12695	17109	8196	8913	52922	27452	25470
广丰区	24922	12093	12829	8788	4112	4676	20207	10774	9433
广信区	40585	22009	18576	13959	6588	7371	30479	16038	14441
玉山县	22014	11730	10284	11355	5499	5856	21814	11072	10742
铅山县	6279	3080	3199	3663	1822	1841	11757	6012	5745
横峰县	7517	4187	3330	4316	2229	2087	10137	5265	4872
弋阳县	10354	5812	4542	5723	2824	2899	16017	8212	7805
余干县	14683	8204	6479	7178	3463	3715	19151	10062	9089
鄱阳县	25086	14100	10986	11240	5452	5788	21604	11229	10375
万年县	12461	7265	5196	5115	2523	2592	9498	4909	4589
婺源县	7488	3814	3674	7912	3800	4112	13000	6721	6279
德兴市	9984	5502	4482	7208	3249	3959	12815	6724	6091

7−9 续表 4

单位：人

现住地	寄挂户口			婚姻嫁娶			照料孙子女		
	小计	男	女	小计	男	女	小计	男	女
全 省	**154536**	**84830**	**69706**	**279866**	**32070**	**247796**	**340337**	**115555**	**224782**
南昌市	**28229**	**15362**	**12867**	**61843**	**7692**	**54151**	**73237**	**25005**	**48232**
东湖区	2085	1152	933	4779	942	3837	4034	1441	2593
西湖区	2679	1451	1228	7510	1406	6104	7155	2589	4566
青云谱区	1512	838	674	5981	999	4982	3933	1387	2546
青山湖区	5755	3222	2533	13732	1654	12078	17337	5735	11602
新建区	4073	2235	1838	8488	536	7952	6609	2320	4289
红谷滩区	2114	1109	1005	4473	772	3701	10889	3878	7011
南昌县	7666	4070	3596	12928	1116	11812	15089	4984	10105
安义县	412	225	187	523	49	474	874	318	556
进贤县	1933	1060	873	3429	218	3211	7317	2353	4964
景德镇市	**10579**	**5686**	**4893**	**12235**	**2039**	**10196**	**8292**	**3031**	**5261**
昌江区	2014	1097	917	2355	367	1988	1236	421	815
珠山区	5265	2815	2450	4530	1046	3484	2817	1069	1748
浮梁县	1296	696	600	1902	327	1575	548	204	344
乐平市	2004	1078	926	3448	299	3149	3691	1337	2354
萍乡市	**6374**	**3589**	**2785**	**19271**	**2649**	**16622**	**6952**	**2483**	**4469**
安源区	3185	1718	1467	9972	1656	8316	4575	1702	2873
湘东区	893	523	370	2719	263	2456	332	128	204
莲花县	577	370	207	919	168	751	880	238	642
上栗县	1142	643	499	3475	368	3107	449	174	275
芦溪县	577	335	242	2186	194	1992	716	241	475
九江市	**14776**	**8150**	**6626**	**28361**	**3451**	**24910**	**37182**	**12488**	**24694**
濂溪区	2290	1272	1018	4080	581	3499	4817	1609	3208
浔阳区	3702	1947	1755	4427	1040	3387	4221	1538	2683
柴桑区	870	491	379	1777	136	1641	2485	896	1589
武宁县	1052	579	473	1835	181	1654	3777	1168	2609
修水县	997	543	454	2119	239	1880	2865	888	1977
永修县	837	474	363	2437	220	2217	2578	879	1699
德安县	568	328	240	2436	277	2159	2039	646	1393
都昌县	708	406	302	1049	101	948	3432	1188	2244
湖口县	455	267	188	1043	102	941	4719	1489	3230
彭泽县	453	251	202	1243	126	1117	1745	585	1160
瑞昌市	1485	833	652	3220	236	2984	2976	1052	1924
共青城市	701	391	310	1514	121	1393	805	285	520
庐山市	658	368	290	1181	91	1090	723	265	458
新余市	**5431**	**2946**	**2485**	**8524**	**812**	**7712**	**13542**	**4491**	**9051**
渝水区	4599	2477	2122	6689	659	6030	11309	3714	7595
分宜县	832	469	363	1835	153	1682	2233	777	1456
鹰潭市	**3039**	**1637**	**1402**	**7811**	**647**	**7164**	**10138**	**3488**	**6650**
月湖区	1556	829	727	3101	279	2822	4930	1686	3244
余江区	551	284	267	1737	146	1591	2514	858	1656
贵溪市	932	524	408	2973	222	2751	2694	944	1750
赣州市	**27064**	**14855**	**12209**	**41503**	**4550**	**36953**	**54688**	**19440**	**35248**
章贡区	5753	3157	2596	8944	1976	6968	10909	3877	7032
南康区	3189	1856	1333	3832	229	3603	8271	3073	5198
赣县区	1507	818	689	2300	250	2050	2788	1037	1751
信丰县	1511	787	724	1927	143	1784	4173	1540	2633
大余县	451	284	167	1610	147	1463	902	336	566
上犹县	577	339	238	1225	70	1155	3714	1229	2485
崇义县	318	188	130	1224	136	1088	1535	441	1094
安远县	677	372	305	1013	85	928	832	278	554
定南县	482	255	227	2106	141	1965	2630	985	1645
全南县	449	256	193	1219	104	1115	1642	540	1102

7-9　续表 5

单位：人

现住地	寄挂户口			婚姻嫁娶			照料孙子女		
	小计	男	女	小计	男	女	小计	男	女
宁都县	652	371	281	2327	218	2109	2759	1017	1742
于都县	2188	1224	964	1940	158	1782	5291	1875	3416
兴国县	826	478	348	2269	219	2050	3169	977	2192
会昌县	917	460	457	1619	81	1538	1519	571	948
寻乌县	1734	904	830	1603	143	1460	755	284	471
石城县	769	426	343	872	55	817	526	186	340
瑞金市	4155	2174	1981	2899	148	2751	2044	784	1260
龙南市	909	506	403	2574	247	2327	1229	410	819
吉安市	**18282**	**10216**	**8066**	**17691**	**1969**	**15722**	**30136**	**9904**	**20232**
吉州区	3669	2060	1609	2936	508	2428	4419	1535	2884
青原区	1197	652	545	1108	53	1055	2545	764	1781
吉安县	2338	1302	1036	1576	92	1484	4487	1493	2994
吉水县	1614	905	709	1074	41	1033	3025	992	2033
峡江县	583	335	248	596	72	524	491	167	324
新干县	683	374	309	1168	97	1071	2349	702	1647
永丰县	1415	769	646	1534	95	1439	1528	500	1028
泰和县	1621	918	703	1139	145	994	1863	727	1136
遂川县	1127	640	487	1562	161	1401	1298	408	890
万安县	404	224	180	1036	106	930	871	264	607
安福县	997	560	437	1439	178	1261	1988	552	1436
永新县	1979	1116	863	1218	190	1028	3633	1294	2339
井冈山市	655	361	294	1305	231	1074	1639	506	1133
宜春市	**17991**	**9891**	**8100**	**28094**	**2794**	**25300**	**34230**	**11059**	**23171**
袁州区	4632	2511	2121	9311	853	8458	10385	3460	6925
奉新县	923	505	418	1703	177	1526	3529	1129	2400
万载县	1206	654	552	2330	282	2048	660	203	457
上高县	1575	851	724	1739	159	1580	3124	1011	2113
宜丰县	460	236	224	1488	171	1317	1822	539	1283
靖安县	270	146	124	984	166	818	905	271	634
铜鼓县	244	134	110	950	115	835	333	114	219
丰城市	5066	2817	2249	3636	317	3319	4968	1660	3308
樟树市	1149	655	494	2607	334	2273	4462	1498	2964
高安市	2466	1382	1084	3346	220	3126	4042	1174	2868
抚州市	**7900**	**4291**	**3609**	**22533**	**1830**	**20703**	**43969**	**14818**	**29151**
临川区	3305	1809	1496	8621	725	7896	15019	5019	10000
东乡区	1441	797	644	2705	202	2503	8175	2717	5458
南城县	536	271	265	1409	138	1271	1965	699	1266
黎川县	308	161	147	1438	107	1331	1377	485	892
南丰县	417	219	198	2734	259	2475	2668	987	1681
崇仁县	321	186	135	1731	76	1655	3839	1198	2641
乐安县	310	173	137	909	49	860	2111	704	1407
宜黄县	243	138	105	764	96	668	1540	516	1024
金溪县	624	331	293	922	78	844	4557	1586	2971
资溪县	70	34	36	465	41	424	1265	440	825
广昌县	325	172	153	835	59	776	1453	467	986
上饶市	**14871**	**8207**	**6664**	**32000**	**3637**	**28363**	**27971**	**9348**	**18623**
信州区	2733	1479	1254	4342	745	3597	4042	1509	2533
广丰区	1639	914	725	4733	348	4385	1144	413	731
广信区	2255	1258	997	5029	454	4575	5729	1810	3919
玉山县	1181	670	511	4232	482	3750	2887	916	1971
铅山县	612	347	265	1401	160	1241	765	255	510
横峰县	393	213	180	1011	79	932	1201	373	828
弋阳县	565	296	269	1378	133	1245	1914	662	1252
余干县	1623	863	760	1877	155	1722	991	369	622
鄱阳县	1933	1097	836	2089	245	1844	4061	1377	2684
万年县	588	322	266	1086	85	1001	2013	621	1392
婺源县	687	394	293	2420	478	1942	2508	826	1682
德兴市	662	354	308	2402	273	2129	716	217	499

7-9 续表 6

单位：人

现住地	为子女就学			养老/康养			其他		
	小计	男	女	小计	男	女	小计	男	女
全省	**277910**	**106427**	**171483**	**147278**	**67106**	**80172**	**883523**	**462528**	**420995**
南昌市	**33286**	**14374**	**18912**	**28623**	**12290**	**16333**	**148524**	**78060**	**70464**
东湖区	2183	983	1200	1821	744	1077	13282	6805	6477
西湖区	2524	1162	1362	3268	1311	1957	16021	8272	7749
青云谱区	1007	432	575	2316	997	1319	8969	4747	4222
青山湖区	4562	1966	2596	4960	2138	2822	23435	12210	11225
新建区	5905	2799	3106	3157	1377	1780	28296	15269	13027
红谷滩区	3273	1479	1794	2866	1191	1675	15333	7820	7513
南昌县	6169	2679	3490	6664	2963	3701	34469	18400	16069
安义县	315	94	221	784	400	384	2278	1181	1097
进贤县	7348	2780	4568	2787	1169	1618	6441	3356	3085
景德镇市	**10651**	**4271**	**6380**	**4465**	**2032**	**2433**	**38362**	**20079**	**18283**
昌江区	1913	763	1150	1108	485	623	8778	4605	4173
珠山区	1206	529	677	1485	629	856	18277	9422	8855
浮梁县	1531	660	871	411	201	210	4324	2243	2081
乐平市	6001	2319	3682	1461	717	744	6983	3809	3174
萍乡市	**4721**	**1796**	**2925**	**5002**	**2575**	**2427**	**16060**	**8522**	**7538**
安源区	1202	519	683	2666	1095	1571	10104	5257	4847
湘东区	490	217	273	649	392	257	1642	879	763
莲花县	1560	442	1118	732	472	260	903	527	376
上栗县	111	34	77	639	436	203	1987	1094	893
芦溪县	1358	584	774	316	180	136	1424	765	659
九江市	**38354**	**13657**	**24697**	**19415**	**8837**	**10578**	**123619**	**63529**	**60090**
濂溪区	2866	1230	1636	4214	1894	2320	13999	7158	6841
浔阳区	3687	1633	2054	2863	1217	1646	19076	9726	9350
柴桑区	1596	668	928	945	409	536	6892	3589	3303
武宁县	4099	1075	3024	2134	895	1239	7363	3645	3718
修水县	4741	1529	3212	1699	785	914	33591	17081	16510
永修县	2809	991	1818	1253	571	682	6700	3535	3165
德安县	2650	1174	1476	918	410	508	4699	2573	2126
都昌县	5383	1615	3768	1377	740	637	6883	3559	3324
湖口县	3588	1151	2437	1158	618	540	2743	1422	1321
彭泽县	3093	940	2153	751	321	430	2904	1434	1470
瑞昌市	2819	1188	1631	1368	620	748	10178	5404	4774
共青城市	210	98	112	282	124	158	3411	1776	1635
庐山市	813	365	448	453	233	220	5180	2627	2553
新余市	**13408**	**5649**	**7759**	**6219**	**2666**	**3553**	**49934**	**26447**	**23487**
渝水区	9503	4079	5424	5103	2164	2939	37237	19898	17339
分宜县	3905	1570	2335	1116	502	614	12697	6549	6148
鹰潭市	**7910**	**3070**	**4840**	**4250**	**1880**	**2370**	**24843**	**12906**	**11937**
月湖区	2762	1093	1669	2066	868	1198	12160	6376	5784
余江区	2010	706	1304	936	414	522	3174	1634	1540
贵溪市	3138	1271	1867	1248	598	650	9509	4896	4613
赣州市	**35595**	**14481**	**21114**	**24385**	**11266**	**13119**	**151292**	**79210**	**72082**
章贡区	1933	851	1082	6033	2621	3412	44623	23007	21616
南康区	6619	2782	3837	3709	1708	2001	28235	15093	13142
赣县区	2149	979	1170	1219	585	634	14517	7499	7018
信丰县	2271	888	1383	762	360	402	8838	4663	4175
大余县	809	296	513	717	392	325	4422	2274	2148
上犹县	1982	650	1332	1298	631	667	2919	1534	1385
崇义县	1520	534	986	610	344	266	2070	1036	1034
安远县	505	202	303	387	183	204	1967	996	971
定南县	1734	781	953	942	380	562	2680	1403	1277
全南县	1072	415	657	909	436	473	2644	1369	1275

7-9　续表 7　　　　单位：人

现住地	为子女就学			养老/康养			其他		
	小计	男	女	小计	男	女	小计	男	女
宁都县	2863	1115	1748	1443	658	785	3263	1725	1538
于都县	2993	1133	1860	2233	1067	1166	1782	989	793
兴国县	2405	739	1666	1648	796	852	12387	6902	5485
会昌县	782	359	423	616	288	328	5898	3025	2873
寻乌县	1457	668	789	300	138	162	4020	2071	1949
石城县	1037	447	590	230	105	125	2046	1074	972
瑞金市	2036	1010	1026	393	168	225	3353	1711	1642
龙南市	1428	632	796	936	406	530	5628	2839	2789
吉安市	**32895**	**11382**	**21513**	**13068**	**6612**	**6456**	**58661**	**30811**	**27850**
吉州区	2532	1030	1502	1700	744	956	8118	4205	3913
青原区	2345	812	1533	1321	615	706	4208	2398	1810
吉安县	3176	1240	1936	1355	660	695	7165	3831	3334
吉水县	3059	1097	1962	1391	689	702	4503	2385	2118
峡江县	902	366	536	248	111	137	1515	752	763
新干县	2815	1015	1800	755	353	402	3745	1979	1766
永丰县	2784	1021	1763	511	249	262	3578	1908	1670
泰和县	1848	864	984	939	546	393	3997	2066	1931
遂川县	2164	790	1374	508	304	204	3483	1856	1627
万安县	675	226	449	710	334	376	1660	856	804
安福县	2780	805	1975	1029	578	451	5405	2832	2573
永新县	4995	1299	3696	1437	854	583	8389	4227	4162
井冈山市	2820	817	2003	1164	575	589	2895	1516	1379
宜春市	**27188**	**10704**	**16484**	**16123**	**7400**	**8723**	**94160**	**49138**	**45022**
袁州区	8027	3401	4626	5265	2292	2973	22507	11732	10775
奉新县	1719	555	1164	1010	492	518	3244	1702	1542
万载县	383	135	248	756	359	397	15066	7648	7418
上高县	2322	957	1365	1150	483	667	12260	6494	5766
宜丰县	2343	930	1413	901	352	549	3291	1699	1592
靖安县	989	293	696	361	160	201	1805	932	873
铜鼓县	595	258	337	281	115	166	3347	1725	1622
丰城市	3768	1441	2327	2007	1054	953	12983	6898	6085
樟树市	2808	977	1831	1825	827	998	8488	4345	4143
高安市	4234	1757	2477	2567	1266	1301	11169	5963	5206
抚州市	**37565**	**14158**	**23407**	**13366**	**5772**	**7594**	**81527**	**42410**	**39117**
临川区	12254	4418	7836	4721	2144	2577	23232	11973	11259
东乡区	4403	1519	2884	2106	860	1246	12307	6265	6042
南城县	2047	841	1206	626	263	363	5669	2908	2761
黎川县	1074	419	655	675	301	374	2167	1141	1026
南丰县	5292	2612	2680	772	308	464	4328	2354	1974
崇仁县	2183	668	1515	689	283	406	5379	2728	2651
乐安县	3045	1037	2008	1136	511	625	13008	7044	5964
宜黄县	2055	794	1261	380	153	227	4521	2292	2229
金溪县	3070	1075	1995	803	347	456	6478	3367	3111
资溪县	724	278	446	445	194	251	1598	838	760
广昌县	1418	497	921	1013	408	605	2840	1500	1340
上饶市	**36337**	**12885**	**23452**	**12362**	**5776**	**6586**	**96541**	**51416**	**45125**
信州区	2924	1303	1621	2000	854	1146	36158	19709	16449
广丰区	1306	443	863	768	384	384	6450	3317	3133
广信区	7152	2820	4332	1492	689	803	8713	4501	4212
玉山县	4032	1286	2746	1328	625	703	4802	2368	2434
铅山县	977	327	650	270	133	137	1554	803	751
横峰县	1779	665	1114	479	246	233	981	559	422
弋阳县	2119	741	1378	1084	464	620	4534	2376	2158
余干县	1818	771	1047	883	463	420	14459	7854	6605
鄱阳县	7588	2080	5508	1538	778	760	6348	3371	2977
万年县	2035	626	1409	633	317	316	5682	3031	2651
婺源县	3732	1515	2217	1106	519	587	4893	2547	2346
德兴市	875	308	567	781	304	477	1967	980	987

7-9a 全省按现住地、性别、迁移原因分的户口登记地在本省其他乡镇街道的人口(城市)

单位：人

现住地	合计			工作就业		
	合计	男	女	小计	男	女
全　省	**6635929**	**3394498**	**3241431**	**1568586**	**876208**	**692378**
南昌市	**1771210**	**926268**	**844942**	**490556**	**279569**	**210987**
东湖区	151467	75447	76020	48887	26058	22829
西湖区	207716	104426	103290	57683	31524	26159
青云谱区	180621	94594	86027	50590	29248	21342
青山湖区	639908	343701	296207	185854	107114	78740
新建区	315073	166567	148506	70417	42074	28343
红谷滩区	275987	141277	134710	76973	43447	33526
南昌县	438	256	182	152	104	48
安义县						
进贤县						
景德镇市	**331666**	**168434**	**163232**	**57874**	**33299**	**24575**
昌江区	76759	39459	37300	20325	11577	8748
珠山区	181951	91698	90253	28933	16847	12086
浮梁县	1493	773	720	324	189	135
乐平市	71463	36504	34959	8292	4686	3606
萍乡市	**246817**	**122258**	**124559**	**31298**	**17967**	**13331**
安源区	218166	107745	110421	27862	15804	12058
湘东区	27092	13763	13329	2674	1806	868
莲花县						
上栗县	1559	750	809	762	357	405
芦溪县						
九江市	**618671**	**312648**	**306023**	**118125**	**64734**	**53391**
濂溪区	175720	90614	85106	37245	20604	16641
浔阳区	162479	80062	82417	28573	15666	12907
柴桑区	70212	36428	33784	24744	13512	11232
武宁县						
修水县						
永修县						
德安县						
都昌县						
湖口县						
彭泽县						
瑞昌市	88985	45433	43552	11180	6076	5104
共青城市	88547	43197	45350	12702	6868	5834
庐山市	32728	16914	15814	3681	2008	1673
新余市	**364733**	**191730**	**173003**	**69849**	**39172**	**30677**
渝水区	364733	191730	173003	69849	39172	30677
分宜县						
鹰潭市	**268614**	**136698**	**131916**	**53704**	**30074**	**23630**
月湖区	135472	68638	66834	28605	16017	12588
余江区	39185	19876	19309	7482	4107	3375
贵溪市	93957	48184	45773	17617	9950	7667
赣州市	**1103636**	**565013**	**538623**	**359362**	**194436**	**164926**
章贡区	462090	236421	225669	144397	80306	64091
南康区	307110	158948	148162	140003	73954	66049
赣县区	134109	69517	64592	41480	22196	19284
信丰县						
大余县						
上犹县						
崇义县						
安远县						
定南县						
全南县						

7-9a 续表 1

单位：人

现住地	合计			工作就业		
	合计	男	女	小计	男	女
宁都县						
于都县						
兴国县						
会昌县						
寻乌县	715	320	395	217	78	139
石城县						
瑞金市	116155	57993	58162	13393	7204	6189
龙南市	83457	41814	41643	19872	10698	9174
吉安市	**230863**	**115522**	**115341**	**44931**	**24058**	**20873**
吉州区	138597	69639	68958	19582	10433	9149
青原区	67212	33899	33313	16952	9271	7681
吉安县						
吉水县						
峡江县						
新干县						
永丰县						
泰和县						
遂川县						
万安县						
安福县						
永新县						
井冈山市	25054	11984	13070	8397	4354	4043
宜春市	**806054**	**408541**	**397513**	**148509**	**82084**	**66425**
袁州区	411514	205464	206050	74022	41562	32460
奉新县						
万载县						
上高县						
宜丰县						
靖安县						
铜鼓县						
丰城市	156529	80911	75618	20478	11643	8835
樟树市	119973	60719	59254	19248	10515	8733
高安市	118038	61447	56591	34761	18364	16397
抚州市	**419154**	**205747**	**213407**	**57115**	**32014**	**25101**
临川区	304293	148648	155645	37022	20851	16171
东乡区	114861	57099	57762	20093	11163	8930
南城县						
黎川县						
南丰县						
崇仁县						
乐安县						
宜黄县						
金溪县						
资溪县						
广昌县						
上饶市	**474511**	**241639**	**232872**	**137263**	**78801**	**58462**
信州区	193696	98957	94739	56900	32296	24604
广丰区	69975	33478	36497	11128	6143	4985
广信区	163767	85188	78579	58170	33692	24478
玉山县						
铅山县	89	45	44	10	9	1
横峰县						
弋阳县						
余干县	889	409	480	151	89	62
鄱阳县	10	6	4	1	1	
万年县						
婺源县						
德兴市	46085	23556	22529	10903	6571	4332

7-9a 续表 2

单位：人

现住地	学习培训			随同离开/投亲靠友			拆迁/搬家		
	小计	男	女	小计	男	女	小计	男	女
全 省	**1125651**	**594830**	**530821**	**960387**	**473202**	**487185**	**1922448**	**1006824**	**915624**
南昌市	**309157**	**172493**	**136664**	**297896**	**146909**	**150987**	**430840**	**227763**	**203077**
东湖区	13870	6845	7025	22591	10907	11684	38369	19738	18631
西湖区	8156	4375	3781	37598	18170	19428	65122	34166	30956
青云谱区	13956	8574	5382	34073	16685	17388	58577	30834	27743
青山湖区	160270	93740	66530	100144	49548	50596	128252	67889	60363
新建区	28109	15459	12650	81498	40808	40690	86886	47673	39213
红谷滩区	84783	43493	41290	21933	10759	11174	53573	27426	26147
南昌县	13	7	6	59	32	27	61	37	24
安义县									
进贤县									
景德镇市	**27261**	**14017**	**13244**	**54821**	**26408**	**28413**	**128461**	**66954**	**61507**
昌江区	4797	2787	2010	12429	5889	6540	23625	12294	11331
珠山区	10298	4169	6129	33496	15878	17618	79179	41080	38099
浮梁县	29	15	14	382	205	177	492	271	221
乐平市	12137	7046	5091	8514	4436	4078	25165	13309	11856
萍乡市	**40677**	**20645**	**20032**	**38078**	**17847**	**20231**	**104009**	**53739**	**50270**
安源区	34766	17308	17458	33245	15614	17631	93378	48252	45126
湘东区	5888	3323	2565	4523	2070	2453	10248	5292	4956
莲花县									
上栗县	23	14	9	310	163	147	383	195	188
芦溪县									
九江市	**136227**	**68342**	**67885**	**73313**	**36190**	**37123**	**187300**	**98655**	**88645**
濂溪区	48786	26210	22576	14852	7216	7636	47088	24752	22336
浔阳区	23469	10211	13258	17970	8686	9284	54563	28417	26146
柴桑区	8584	4826	3758	8308	4402	3906	15914	8365	7549
武宁县									
修水县									
永修县									
德安县									
都昌县									
湖口县									
彭泽县									
瑞昌市	9011	4921	4090	14146	6933	7213	42061	22416	19645
共青城市	39612	18185	21427	12886	6446	6440	17317	9258	8059
庐山市	6765	3989	2776	5151	2507	2644	10357	5447	4910
新余市	**46721**	**27754**	**18967**	**45707**	**23488**	**22219**	**132558**	**70658**	**61900**
渝水区	46721	27754	18967	45707	23488	22219	132558	70658	61900
分宜县									
鹰潭市	**31235**	**17364**	**13871**	**39640**	**19492**	**20148**	**93653**	**49055**	**44598**
月湖区	11972	6502	5470	19857	9798	10059	48694	25279	23415
余江区	6583	3745	2838	4768	2485	2283	12428	6490	5938
贵溪市	12680	7117	5563	15015	7209	7806	32531	17286	15245
赣州市	**185078**	**94893**	**90185**	**145003**	**71507**	**73496**	**255352**	**133757**	**121595**
章贡区	100865	49266	51599	52237	25824	26413	91621	47977	43644
南康区	42892	23781	19111	44147	22092	22055	36008	19368	16640
赣县区	24545	13059	11486	17921	8951	8970	31790	16924	14866
信丰县									
大余县									
上犹县									
崇义县									
安远县									
定南县									
全南县									

7–9a　续表 3　　　　单位：人

现住地	学习培训			随同离开/投亲靠友			拆迁/搬家		
	小计	男	女	小计	男	女	小计	男	女
宁都县									
于都县									
兴国县									
会昌县									
寻乌县	61	32	29	63	33	30	297	154	143
石城县									
瑞金市	8571	4569	4002	18243	8630	9613	63545	32656	30889
龙南市	8144	4186	3958	12392	5977	6415	32091	16678	15413
吉安市	**39114**	**20366**	**18748**	**34236**	**17409**	**16827**	**74387**	**37994**	**36393**
吉州区	19277	10061	9216	18666	9604	9062	59125	30172	28953
青原区	14855	7657	7198	11377	5797	5580	13178	6779	6399
吉安县									
吉水县									
峡江县									
新干县									
永丰县									
泰和县									
遂川县									
万安县									
安福县									
永新县									
井冈山市	4982	2648	2334	4193	2008	2185	2084	1043	1041
宜春市	**146560**	**77494**	**69066**	**123697**	**61883**	**61814**	**271410**	**140386**	**131024**
袁州区	69812	33333	36479	70453	34292	36161	144130	75168	68962
奉新县									
万载县									
上高县									
宜丰县									
靖安县									
铜鼓县									
丰城市	35724	20517	15207	14925	7768	7157	61362	30986	30376
樟树市	19077	10436	8641	20067	10239	9828	43101	22288	20813
高安市	21947	13208	8739	18252	9584	8668	22817	11944	10873
抚州市	**69890**	**34884**	**35006**	**64603**	**31678**	**32925**	**139855**	**73235**	**66620**
临川区	55634	26911	28723	46351	22704	23647	103955	54360	49595
东乡区	14256	7973	6283	18252	8974	9278	35900	18875	17025
南城县									
黎川县									
南丰县									
崇仁县									
乐安县									
宜黄县									
金溪县									
资溪县									
广昌县									
上饶市	**93731**	**46578**	**47153**	**43393**	**20391**	**23002**	**104623**	**54628**	**49995**
信州区	21172	8649	12523	15818	7616	8202	49852	25794	24058
广丰区	22348	10603	11745	7746	3611	4135	16437	8710	7727
广信区	40254	21842	18412	12875	6057	6818	25970	13640	12330
玉山县									
铅山县	12	6	6	29	10	19	28	18	10
横峰县									
弋阳县									
余干县	50	25	25	103	45	58	262	126	136
鄱阳县							3	2	1
万年县									
婺源县									
德兴市	9895	5453	4442	6822	3052	3770	12071	6338	5733

7-9a 续表 4

单位：人

现住地	寄挂户口			婚姻嫁娶			照料孙子女		
	小计	男	女	小计	男	女	小计	男	女
全　省	**64502**	**34800**	**29702**	**143112**	**19311**	**123801**	**185874**	**64081**	**121793**
南昌市	**15530**	**8468**	**7062**	**42107**	**6093**	**36014**	**48760**	**17019**	**31741**
东湖区	2019	1110	909	4632	922	3710	4009	1435	2574
西湖区	2679	1451	1228	7510	1406	6104	7155	2589	4566
青云谱区	1507	834	673	5974	999	4975	3924	1383	2541
青山湖区	5114	2850	2264	12356	1538	10818	16491	5524	10967
新建区	2128	1129	999	7146	452	6694	6316	2213	4103
红谷滩区	2064	1082	982	4455	772	3683	10863	3874	6989
南昌县	19	12	7	34	4	30	2	1	1
安义县									
进贤县									
景德镇市	**7466**	**3971**	**3495**	**8421**	**1595**	**6826**	**7032**	**2561**	**4471**
昌江区	1391	755	636	1987	330	1657	1206	409	797
珠山区	5153	2753	2400	4410	1032	3378	2754	1037	1717
浮梁县	107	48	59	101	17	84	1		1
乐平市	815	415	400	1923	216	1707	3071	1115	1956
萍乡市	**2960**	**1593**	**1367**	**10448**	**1659**	**8789**	**4855**	**1804**	**3051**
安源区	2568	1381	1187	8982	1521	7461	4552	1692	2860
湘东区	383	210	173	1429	135	1294	303	112	191
莲花县									
上栗县	9	2	7	37	3	34			
芦溪县									
九江市	**6783**	**3654**	**3129**	**12714**	**1904**	**10810**	**14406**	**5066**	**9340**
濂溪区	1620	898	722	3191	497	2694	4577	1526	3051
浔阳区	3685	1939	1746	4384	1037	3347	4221	1538	2683
柴桑区	338	181	157	1405	96	1309	2364	861	1503
武宁县									
修水县									
永修县									
德安县									
都昌县									
湖口县									
彭泽县									
瑞昌市	438	245	193	1831	147	1684	1776	616	1160
共青城市	524	291	233	1219	85	1134	778	273	505
庐山市	178	100	78	684	42	642	690	252	438
新余市	**3030**	**1609**	**1421**	**6309**	**619**	**5690**	**11218**	**3684**	**7534**
渝水区	3030	1609	1421	6309	619	5690	11218	3684	7534
分宜县									
鹰潭市	**2212**	**1175**	**1037**	**5933**	**517**	**5416**	**9822**	**3389**	**6433**
月湖区	1493	791	702	3024	277	2747	4903	1676	3227
余江区	229	116	113	912	89	823	2299	804	1495
贵溪市	490	268	222	1997	151	1846	2620	909	1711
赣州市	**10481**	**5623**	**4858**	**16390**	**2574**	**13816**	**24313**	**8829**	**15484**
章贡区	5089	2794	2295	8073	1900	6173	10816	3846	6970
南康区	1290	736	554	2641	160	2481	7732	2852	4880
赣县区	442	212	230	1276	200	1076	2608	982	1626
信丰县									
大余县									
上犹县									
崇义县									
安远县									
定南县									
全南县									

7–9a　续表 5

单位：人

现 住 地	寄挂户口			婚姻嫁娶			照料孙子女		
	小计	男	女	小计	男	女	小计	男	女
宁都县									
于都县									
兴国县									
会昌县									
寻乌县	17	8	9	20	2	18	2	1	1
石城县									
瑞金市	3173	1638	1535	2341	128	2213	1964	748	1216
龙南市	470	235	235	2039	184	1855	1191	400	791
吉安市	**3754**	**2098**	**1656**	**4107**	**613**	**3494**	**8101**	**2663**	**5438**
吉州区	3050	1711	1339	2798	500	2298	4382	1523	2859
青原区	551	294	257	909	45	864	2506	749	1757
吉安县									
吉水县									
峡江县									
新干县									
永丰县									
泰和县									
遂川县									
万安县									
安福县									
永新县									
井冈山市	153	93	60	400	68	332	1213	391	822
宜春市	**5344**	**2904**	**2440**	**14754**	**1450**	**13304**	**22967**	**7513**	**15454**
袁州区	2464	1321	1143	7905	757	7148	10167	3380	6787
奉新县									
万载县									
上高县									
宜丰县									
靖安县									
铜鼓县									
丰城市	1773	973	800	2627	262	2365	4721	1568	3153
樟树市	519	280	239	2198	286	1912	4382	1476	2906
高安市	588	330	258	2024	145	1879	3697	1089	2608
抚州市	**2655**	**1415**	**1240**	**9086**	**792**	**8294**	**22912**	**7660**	**15252**
临川区	1982	1053	929	6799	639	6160	14829	4969	9860
东乡区	673	362	311	2287	153	2134	8083	2691	5392
南城县									
黎川县									
南丰县									
崇仁县									
乐安县									
宜黄县									
金溪县									
资溪县									
广昌县									
上饶市	**4287**	**2290**	**1997**	**12843**	**1495**	**11348**	**11488**	**3893**	**7595**
信州区	1984	1061	923	3779	687	3092	4014	1499	2515
广丰区	731	382	349	3331	253	3078	1076	387	689
广信区	1059	581	478	3779	322	3457	5684	1793	3891
玉山县									
铅山县	2		2	5	1	4	1		1
横峰县									
弋阳县									
余干县	50	28	22	105	4	101	2		2
鄱阳县	3	2	1	2	1	1			
万年县									
婺源县									
德兴市	458	236	222	1842	227	1615	711	214	497

7-9a 续表 6

单位：人

现住地	为子女就学			养老/康养			其他		
	小计	男	女	小计	男	女	小计	男	女
全省	**124683**	**51221**	**73462**	**73826**	**30915**	**42911**	**466860**	**243106**	**223754**
南昌市	**19165**	**8699**	**10466**	**17664**	**7393**	**10271**	**99535**	**51862**	**47673**
东湖区	2181	981	1200	1782	719	1063	13127	6732	6395
西湖区	2524	1162	1362	3268	1311	1957	16021	8272	7749
青云谱区	1006	431	575	2224	952	1272	8790	4654	4136
青山湖区	4431	1913	2518	4743	2036	2707	22253	11549	10704
新建区	5747	2731	3016	2772	1176	1596	24054	12852	11202
红谷滩区	3272	1478	1794	2864	1191	1673	15207	7755	7452
南昌县	4	3	1	11	8	3	83	48	35
安义县									
进贤县									
景德镇市	**8686**	**3455**	**5231**	**3378**	**1446**	**1932**	**28266**	**14728**	**13538**
昌江区	1873	748	1125	1068	468	600	8058	4202	3856
珠山区	1125	491	634	1424	598	826	15179	7813	7366
浮梁县				4	2	2	53	26	27
乐平市	5688	2216	3472	882	378	504	4976	2687	2289
萍乡市	**1669**	**724**	**945**	**2778**	**1151**	**1627**	**10045**	**5129**	**4916**
安源区	1193	515	678	2541	1024	1517	9079	4634	4445
湘东区	471	208	263	233	125	108	940	482	458
莲花县									
上栗县	5	1	4	4	2	2	26	13	13
芦溪县									
九江市	**11424**	**4962**	**6462**	**8496**	**3639**	**4857**	**49883**	**25502**	**24381**
濂溪区	2684	1165	1519	3397	1492	1905	12280	6254	6026
浔阳区	3687	1633	2054	2862	1216	1646	19065	9719	9346
柴桑区	1575	662	913	809	339	470	6171	3184	2987
武宁县									
修水县									
永修县									
德安县									
都昌县									
湖口县									
彭泽县									
瑞昌市	2483	1048	1435	983	415	568	5076	2616	2460
共青城市	199	94	105	236	94	142	3074	1603	1471
庐山市	796	360	436	209	83	126	4217	2126	2091
新余市	**9424**	**4053**	**5371**	**4693**	**1915**	**2778**	**35224**	**18778**	**16446**
渝水区	9424	4053	5371	4693	1915	2778	35224	18778	16446
分宜县									
鹰潭市	**7482**	**3005**	**4477**	**3767**	**1605**	**2162**	**21166**	**11022**	**10144**
月湖区	2762	1093	1669	2060	865	1195	12102	6340	5762
余江区	1620	652	968	754	310	444	2110	1078	1032
贵溪市	3100	1260	1840	953	430	523	6954	3604	3350
赣州市	**13695**	**6064**	**7631**	**10692**	**4379**	**6313**	**83270**	**42951**	**40319**
章贡区	1900	836	1064	5595	2353	3242	41497	21319	20178
南康区	6341	2671	3670	3102	1243	1859	22954	12091	10863
赣县区	2049	942	1107	860	345	515	11138	5706	5432
信丰县									
大余县									
上犹县									
崇义县									
安远县									
定南县									
全南县									

7–9a　续表 7

单位：人

现住地	为子女就学			养老/康养			其他		
	小计	男	女	小计	男	女	小计	男	女
宁都县									
于都县									
兴国县									
会昌县									
寻乌县	6	2	4	3		3	29	10	19
石城县									
瑞金市	1980	986	994	320	124	196	2625	1310	1315
龙南市	1419	627	792	812	314	498	5027	2515	2512
吉安市	**6651**	**2360**	**4291**	**3404**	**1476**	**1928**	**12178**	**6485**	**5693**
吉州区	2517	1024	1493	1604	682	922	7596	3929	3667
青原区	2330	807	1523	1008	448	560	3546	2052	1494
吉安县									
吉水县									
峡江县									
新干县									
永丰县									
泰和县									
遂川县									
万安县									
安福县									
永新县									
井冈山市	1804	529	1275	792	346	446	1036	504	532
宜春市	**17955**	**7194**	**10761**	**8590**	**3615**	**4975**	**46268**	**24018**	**22250**
袁州区	7845	3326	4519	4731	1985	2746	19985	10340	9645
奉新县									
万载县									
上高县									
宜丰县									
靖安县									
铜鼓县									
丰城市	3543	1367	2176	1191	506	685	10185	5321	4864
樟树市	2718	955	1763	1365	562	803	7298	3682	3616
高安市	3849	1546	2303	1303	562	741	8800	4675	4125
抚州市	**16426**	**5876**	**10550**	**5882**	**2414**	**3468**	**30730**	**15779**	**14951**
临川区	12106	4386	7720	4101	1724	2377	21514	11051	10463
东乡区	4320	1490	2830	1781	690	1091	9216	4728	4488
南城县									
黎川县									
南丰县									
崇仁县									
乐安县									
宜黄县									
金溪县									
资溪县									
广昌县									
上饶市	**12106**	**4829**	**7277**	**4482**	**1882**	**2600**	**50295**	**26852**	**23443**
信州区	2892	1294	1598	1828	759	1069	35457	19302	16155
广丰区	1232	422	810	612	272	340	5334	2695	2639
广信区	7106	2804	4302	1291	568	723	7579	3889	3690
玉山县									
铅山县							2	1	1
横峰县									
弋阳县									
余干县	7	2	5	6	3	3	153	87	66
鄱阳县							1		1
万年县									
婺源县									
德兴市	869	307	562	745	280	465	1769	878	891

7-9b 全省按现住地、性别、迁移原因分的户口登记地在本省其他乡镇街道的人口(镇)

单位：人

现住地	合计			工作就业		
	合计	男	女	小计	男	女
全　省	**4848598**	**2467731**	**2380867**	**1096264**	**599017**	**497247**
南昌市	**832365**	**437396**	**394969**	**177099**	**103557**	**73542**
东湖区	886	490	396	332	207	125
西湖区						
青云谱区	1289	720	569	720	428	292
青山湖区	61746	37192	24554	14361	9091	5270
新建区	20234	10532	9702	3894	2573	1321
红谷滩区						
南昌县	557161	292141	265020	116566	67262	49304
安义县	46420	25918	20502	19092	11884	7208
进贤县	144629	70403	74226	22134	12112	10022
景德镇市	**93094**	**47032**	**46062**	**13094**	**7262**	**5832**
昌江区	1932	1008	924	709	390	319
珠山区	6780	3493	3287	1725	962	763
浮梁县	68721	34681	34040	7626	4283	3343
乐平市	15661	7850	7811	3034	1627	1407
萍乡市	**110244**	**54703**	**55541**	**13359**	**7961**	**5398**
安源区	7470	3650	3820	608	392	216
湘东区	5008	2363	2645	450	261	189
莲花县	22367	10939	11428	4378	2441	1937
上栗县	45789	23176	22613	4999	3060	1939
芦溪县	29610	14575	15035	2924	1807	1117
九江市	**602185**	**298846**	**303339**	**114727**	**63478**	**51249**
濂溪区	4988	2584	2404	1653	1006	647
浔阳区						
柴桑区	5216	2835	2381	1543	1009	534
武宁县	71698	33511	38187	13225	6956	6269
修水县	162629	81607	81022	24987	14295	10692
永修县	69317	34906	34411	13194	7534	5660
德安县	63861	31931	31930	16618	8945	7673
都昌县	62189	30461	31728	13486	6825	6661
湖口县	54837	27288	27549	16646	9569	7077
彭泽县	44099	21153	22946	9247	4992	4255
瑞昌市	60384	31044	29340	3234	1833	1401
共青城市	167	97	70	37	25	12
庐山市	2800	1429	1371	857	489	368
新余市	**105544**	**56376**	**49168**	**13657**	**7775**	**5882**
渝水区	15925	10039	5886	2664	1563	1101
分宜县	89619	46337	43282	10993	6212	4781
鹰潭市	**28094**	**11831**	**16263**	**6941**	**4221**	**2720**
月湖区	1836	633	1203	180	137	43
余江区	7866	3853	4013	2719	1550	1169
贵溪市	18392	7345	11047	4042	2534	1508
赣州市	**1074178**	**550833**	**523345**	**292416**	**156080**	**136336**
章贡区	7062	4389	2673	5537	3524	2013
南康区	10298	5179	5119	2040	1144	896
赣县区	19209	10312	8897	6691	3860	2831
信丰县	132496	67334	65162	43957	23050	20907
大余县	28362	14271	14091	6070	3550	2520
上犹县	68402	34123	34279	20720	10920	9800
崇义县	32083	15844	16239	9641	5181	4460
安远县	47628	23434	24194	9398	4701	4697
定南县	64972	33380	31592	14905	8732	6173
全南县	37152	17931	19221	8781	4601	4180

7—9b　续表 1

单位：人

现住地	合计			工作就业		
	合计	男	女	小计	男	女
宁都县	112421	58852	53569	14481	7998	6483
于都县	179524	92688	86836	72945	37488	35457
兴国县	136090	70901	65189	48955	25814	23141
会昌县	78373	40261	38112	15822	8781	7041
寻乌县	67307	34551	32756	7602	4034	3568
石城县	50375	26128	24247	4092	2269	1823
瑞金市	1003	511	492	92	50	42
龙南市	1421	744	677	687	383	304
吉安市	**605103**	**302867**	**302236**	**174145**	**86712**	**87433**
吉州区	4739	2040	2699	2979	1113	1866
青原区	1334	649	685	629	289	340
吉安县	117424	60269	57155	49056	25567	23489
吉水县	67577	34799	32778	16250	8497	7753
峡江县	19938	10488	9450	3595	2061	1534
新干县	57537	29627	27910	14829	8043	6786
永丰县	54196	27691	26505	9336	4956	4380
泰和县	75718	36923	38795	24942	11133	13809
遂川县	47765	24396	23369	8833	4611	4222
万安县	30660	14900	15760	10659	5040	5619
安福县	42344	20330	22014	12327	6042	6285
永新县	71618	34028	37590	16230	7117	9113
井冈山市	14253	6727	7526	4480	2243	2237
宜春市	**395951**	**201429**	**194522**	**110035**	**61983**	**48052**
袁州区	6807	3595	3212	1383	874	509
奉新县	68125	33923	34202	19088	10315	8773
万载县	63476	31440	32036	12597	6553	6044
上高县	98279	50569	47710	19675	10846	8829
宜丰县	63422	32416	31006	16953	9868	7085
靖安县	21757	10958	10799	5729	3489	2240
铜鼓县	19167	9468	9699	4383	2488	1895
丰城市	11844	6063	5781	2816	1538	1278
樟树市	4222	2191	2031	1605	819	786
高安市	38852	20806	18046	25806	15193	10613
抚州市	**530310**	**270037**	**260273**	**81597**	**45564**	**36033**
临川区	7653	4167	3486	2431	1532	899
东乡区	6925	3461	3464	862	460	402
南城县	71855	36833	35022	6687	3780	2907
黎川县	66013	33564	32449	3699	2159	1540
南丰县	61246	31368	29878	7545	4349	3196
崇仁县	58337	29030	29307	8557	4934	3623
乐安县	74958	39173	35785	16655	9331	7324
宜黄县	52046	26148	25898	10397	5520	4877
金溪县	56984	28275	28709	12943	6833	6110
资溪县	18704	9213	9491	3174	1765	1409
广昌县	55589	28805	26784	8647	4901	3746
上饶市	**471530**	**236381**	**235149**	**99194**	**54424**	**44770**
信州区	1506	761	745	442	239	203
广丰区	4605	2299	2306	1168	685	483
广信区	3368	1725	1643	724	397	327
玉山县	83488	40526	42962	15060	8158	6902
铅山县	27258	13666	13592	4129	2493	1636
横峰县	37116	19189	17927	10828	6112	4716
弋阳县	53084	26677	26407	11639	6191	5448
余干县	66481	35022	31459	12372	7155	5217
鄱阳县	92406	45883	46523	16962	9259	7703
万年县	46552	23683	22869	11123	5981	5142
婺源县	55017	26578	28439	14433	7532	6901
德兴市	649	372	277	314	222	92

7-9b 续表 2

单位：人

现住地	学习培训			随同离开/投亲靠友			拆迁/搬家		
	小计	男	女	小计	男	女	小计	男	女
全　省	**852536**	**470304**	**382232**	**665161**	**329601**	**335560**	**1404507**	**732806**	**671701**
南昌市	**202026**	**113624**	**88402**	**106890**	**53056**	**53834**	**237090**	**123818**	**113272**
东湖区	7	4	3	282	139	143	192	123	69
西湖区									
青云谱区	26	21	5	121	60	61	129	64	65
青山湖区	32377	21060	11317	7044	3491	3553	4726	2498	2228
新建区	6182	2891	3291	1966	933	1033	5925	3099	2826
红谷滩区									
南昌县	131663	72390	59273	71557	35623	35934	164656	87188	77468
安义县	11781	6447	5334	3363	1712	1651	7884	4051	3833
进贤县	19990	10811	9179	22557	11098	11459	53578	26795	26783
景德镇市	**27641**	**14139**	**13502**	**10891**	**5293**	**5598**	**26759**	**13870**	**12889**
昌江区	72	39	33	340	166	174	390	206	184
珠山区	302	164	138	1011	468	543	594	307	287
浮梁县	23587	11971	11616	6922	3367	3555	22186	11416	10770
乐平市	3680	1965	1715	2618	1292	1326	3589	1941	1648
萍乡市	**21946**	**11202**	**10744**	**19213**	**9203**	**10010**	**38468**	**20192**	**18276**
安源区	428	242	186	1248	594	654	2872	1546	1326
湘东区	1231	598	633	863	408	455	1280	670	610
莲花县	6576	3501	3075	2871	1426	1445	4375	2113	2262
上栗县	9902	4990	4912	7737	3652	4085	18424	9812	8612
芦溪县	3809	1871	1938	6494	3123	3371	11517	6051	5466
九江市	**87181**	**47298**	**39883**	**87486**	**41911**	**45575**	**177092**	**91113**	**85979**
濂溪区	330	179	151	993	467	526	1087	578	509
浔阳区									
柴桑区	46	26	20	463	249	214	2563	1328	1235
武宁县	10712	5759	4953	9748	4486	5262	19718	9617	10101
修水县	22337	11574	10763	25800	11873	13927	45250	23622	21628
永修县	11139	6189	4950	8361	4072	4289	21961	11275	10686
德安县	5058	2659	2399	13251	6574	6677	17824	9349	8475
都昌县	18537	10461	8076	4398	2194	2204	8772	4317	4455
湖口县	9174	5142	4032	7521	3667	3854	9154	4632	4522
彭泽县	8931	4772	4159	4239	2000	2239	12205	6033	6172
瑞昌市	855	499	356	12373	6175	6198	37810	19933	17877
共青城市	1		1	27	15	12	84	50	34
庐山市	61	38	23	312	139	173	664	379	285
新余市	**18428**	**11592**	**6836**	**14870**	**7619**	**7251**	**38079**	**20298**	**17781**
渝水区	11846	7794	4052	571	290	281	323	170	153
分宜县	6582	3798	2784	14299	7329	6970	37756	20128	17628
鹰潭市	**11974**	**3502**	**8472**	**2092**	**1018**	**1074**	**3339**	**1728**	**1611**
月湖区	1156	269	887	118	57	61	288	139	149
余江区	1213	692	521	709	345	364	1681	844	837
贵溪市	9605	2541	7064	1265	616	649	1370	745	625
赣州市	**161865**	**90024**	**71841**	**151513**	**75855**	**75658**	**331666**	**173660**	**158006**
章贡区	402	261	141	274	162	112	417	223	194
南康区	1414	631	783	1189	571	618	4001	2038	1963
赣县区	1364	813	551	1498	761	737	6124	3255	2869
信丰县	11900	6535	5365	19473	9633	9840	39808	20774	19034
大余县	2719	1408	1311	4155	2038	2117	7797	4086	3711
上犹县	12847	7180	5667	9102	4516	4586	15322	7702	7620
崇义县	5371	3008	2363	4154	2039	2115	6667	3453	3214
安远县	7306	3549	3757	5445	2786	2659	20901	10623	10278
定南县	6148	3340	2808	10224	4965	5259	24881	13187	11694
全南县	5602	2941	2661	6435	3059	3376	9494	4777	4717

7-9b　续表 3　　　　单位：人

现住地	学习培训			随同离开/投亲靠友			拆迁/搬家		
	小计	男	女	小计	男	女	小计	男	女
宁都县	17082	9712	7370	24470	12267	12203	44923	24475	20448
于都县	46617	26797	19820	16077	8093	7984	29554	14953	14601
兴国县	25407	14410	10997	18796	9779	9017	22259	11652	10607
会昌县	7784	3925	3859	13505	6763	6742	31059	16406	14653
寻乌县	6630	3493	3137	7906	4010	3896	37589	19833	17756
石城县	3226	1993	1233	8561	4303	4258	30015	15781	14234
瑞金市	15	9	6	132	61	71	615	319	296
龙南市	31	19	12	117	49	68	240	123	117
吉安市	**109871**	**63151**	**46720**	**78363**	**40569**	**37794**	**133147**	**68901**	**64246**
吉州区	358	240	118	289	142	147	748	382	366
青原区	66	36	30	123	64	59	291	161	130
吉安县	17216	9987	7229	12389	6512	5877	21667	11206	10461
吉水县	10913	6635	4278	9561	5157	4404	18347	9551	8796
峡江县	4067	2417	1650	3686	1804	1882	5066	2759	2307
新干县	10427	6190	4237	9533	4991	4542	12230	6378	5852
永丰县	9548	5612	3936	8115	4215	3900	17215	9025	8190
泰和县	9869	5361	4508	10475	5448	5027	21541	11080	10461
遂川县	10959	6321	4638	6818	3512	3306	12921	6674	6247
万安县	6553	3635	2918	4316	2225	2091	4658	2350	2308
安福县	8238	4623	3615	4058	2075	1983	6176	3110	3066
永新县	19756	11045	8711	6629	3272	3357	10574	5386	5188
井冈山市	1901	1049	852	2371	1152	1219	1713	839	874
宜春市	**47549**	**24326**	**23223**	**62363**	**31154**	**31209**	**101143**	**52321**	**48822**
袁州区	406	216	190	830	418	412	2891	1546	1345
奉新县	10604	5750	4854	12515	6215	6300	14794	7540	7254
万载县	10376	5149	5227	7998	3889	4109	14493	7499	6994
上高县	5851	3373	2478	19083	9973	9110	33323	17322	16001
宜丰县	6986	3638	3348	11258	5549	5709	19026	9888	9138
靖安县	2857	1561	1296	3376	1660	1716	5506	2741	2765
铜鼓县	1609	783	826	3474	1567	1907	4875	2559	2316
丰城市	1305	724	581	1392	672	720	4053	2068	1985
樟树市	592	364	228	519	269	250	542	290	252
高安市	6963	2768	4195	1918	942	976	1640	868	772
抚州市	**63156**	**35779**	**27377**	**76988**	**37403**	**39585**	**202852**	**107788**	**95064**
临川区	1797	1068	729	1009	484	525	1130	623	507
东乡区	439	250	189	873	395	478	1674	933	741
南城县	4267	2619	1648	8156	4106	4050	41592	21697	19895
黎川县	2917	1666	1251	9051	4121	4930	43840	23238	20602
南丰县	6979	4028	2951	10723	5242	5481	20788	11395	9393
崇仁县	11864	6446	5418	8600	4574	4026	15766	8164	7602
乐安县	10139	5707	4432	10733	5401	5332	18171	9813	8358
宜黄县	3195	1802	1393	12433	5573	6860	17060	9513	7547
金溪县	12219	6791	5428	6007	2980	3027	10676	5534	5142
资溪县	2859	1578	1281	2259	1063	1196	5981	3033	2948
广昌县	6481	3824	2657	7144	3464	3680	26174	13845	12329
上饶市	**100899**	**55667**	**45232**	**54492**	**26520**	**27972**	**114872**	**59117**	**55755**
信州区	76	37	39	387	169	218	356	206	150
广丰区	272	143	129	527	243	284	1501	825	676
广信区	95	52	43	436	226	210	1336	717	619
玉山县	21879	11657	10222	10511	5079	5432	20088	10125	9963
铅山县	4524	2457	2067	3363	1675	1688	10622	5404	5218
横峰县	7362	4108	3254	4145	2136	2009	9580	4985	4595
弋阳县	10238	5754	4484	5496	2704	2792	15209	7774	7435
余干县	13039	7287	5752	6498	3097	3401	16214	8455	7759
鄱阳县	24924	14009	10915	10709	5187	5522	19254	9929	9325
万年县	11063	6385	4678	4893	2416	2477	8568	4426	4142
婺源县	7417	3772	3645	7434	3541	3893	12023	6202	5821
德兴市	10	6	4	93	47	46	121	69	52

7–9b 续表 4　　　　单位：人

现住地	寄挂户口			婚姻嫁娶			照料孙子女		
	小计	男	女	小计	男	女	小计	男	女
全　省	**38336**	**20541**	**17795**	**93422**	**8880**	**84542**	**149855**	**49695**	**100160**
南昌市	**7326**	**3839**	**3487**	**15283**	**1329**	**13954**	**23961**	**7815**	**16146**
东湖区	14	10	4	43	3	40	1		1
西湖区									
青云谱区	5	4	1	7		7	9	4	5
青山湖区	341	197	144	996	91	905	818	204	614
新建区	146	70	76	276	19	257	187	69	118
红谷滩区									
南昌县	5536	2899	2637	10698	1027	9671	14867	4907	9960
安义县	223	107	116	369	28	341	849	304	545
进贤县	1061	552	509	2894	161	2733	7230	2327	4903
景德镇市	**1132**	**607**	**525**	**2110**	**304**	**1806**	**1210**	**448**	**762**
昌江区	118	68	50	52	8	44	26	9	17
珠山区	93	55	38	116	12	104	63	32	31
浮梁县	663	352	311	1404	257	1147	544	202	342
乐平市	258	132	126	538	27	511	577	205	372
萍乡市	**1793**	**1020**	**773**	**5350**	**665**	**4685**	**1970**	**612**	**1358**
安源区	509	274	235	906	121	785	23	10	13
湘东区	213	129	84	520	48	472	7	3	4
莲花县	254	160	94	582	124	458	845	222	623
上栗县	571	316	255	1965	230	1735	411	150	261
芦溪县	246	141	105	1377	142	1235	684	227	457
九江市	**3399**	**1857**	**1542**	**11385**	**1063**	**10322**	**21939**	**7139**	**14800**
濂溪区	120	72	48	260	27	233	79	28	51
浔阳区									
柴桑区	101	49	52	149	14	135	63	16	47
武宁县	553	308	245	1543	143	1400	3694	1154	2540
修水县	424	227	197	1774	180	1594	2841	877	1964
永修县	499	288	211	1911	174	1737	2548	867	1681
德安县	318	179	139	1974	218	1756	1987	632	1355
都昌县	290	157	133	715	60	655	3388	1168	2220
湖口县	167	90	77	867	73	794	4649	1463	3186
彭泽县	271	145	126	1014	98	916	1736	583	1153
瑞昌市	435	223	212	981	60	921	936	345	591
共青城市	3	3		6	2	4	3	1	2
庐山市	218	116	102	191	14	177	15	5	10
新余市	**576**	**314**	**262**	**1536**	**109**	**1427**	**2118**	**751**	**1367**
渝水区	107	54	53	83	5	78	22	8	14
分宜县	469	260	209	1453	104	1349	2096	743	1353
鹰潭市	**211**	**119**	**92**	**739**	**63**	**676**	**262**	**74**	**188**
月湖区	14	7	7	27		27	25	10	15
余江区	85	46	39	359	34	325	186	40	146
贵溪市	112	66	46	353	29	324	51	24	27
赣州市	**7220**	**3785**	**3435**	**16549**	**1254**	**15295**	**28979**	**10032**	**18947**
章贡区	40	20	20	2	1	1	16	3	13
南康区	110	61	49	296	26	270	104	45	59
赣县区	210	119	91	342	14	328	141	40	101
信丰县	840	418	422	1693	121	1572	4123	1515	2608
大余县	185	109	76	1087	103	984	871	312	559
上犹县	237	138	99	1006	53	953	3640	1203	2437
崇义县	158	93	65	894	85	809	1517	432	1085
安远县	372	196	176	759	55	704	827	275	552
定南县	293	144	149	1782	112	1670	2259	839	1420
全南县	201	104	97	1037	88	949	1603	525	1078

7-9b 续表 5

单位：人

现住地	寄挂户口			婚姻嫁娶			照料孙子女		
	小计	男	女	小计	男	女	小计	男	女
宁都县	253	134	119	1586	149	1437	2742	1011	1731
于都县	1488	797	691	1503	127	1376	5259	1858	3401
兴国县	422	248	174	1596	154	1442	3134	957	2177
会昌县	648	308	340	1165	58	1107	1488	560	928
寻乌县	1260	632	628	994	64	930	728	272	456
石城县	390	196	194	724	40	684	516	183	333
瑞金市	67	39	28	23		23	1	1	
龙南市	46	29	17	60	4	56	10	1	9
吉安市	**6737**	**3678**	**3059**	**9964**	**951**	**9013**	**21609**	**7043**	**14566**
吉州区	118	61	57	38	1	37	32	9	23
青原区	82	35	47	17	1	16	21	9	12
吉安县	1141	618	523	1324	82	1242	4432	1465	2967
吉水县	672	376	296	891	35	856	2981	971	2010
峡江县	365	205	160	437	66	371	480	164	316
新干县	414	222	192	1002	86	916	2312	688	1624
永丰县	981	522	459	1277	64	1213	1513	496	1017
泰和县	716	406	310	810	104	706	1807	700	1107
遂川县	572	326	246	991	88	903	1271	389	882
万安县	206	119	87	775	84	691	844	251	593
安福县	395	213	182	957	117	840	1945	530	1415
永新县	853	461	392	891	121	770	3570	1267	2303
井冈山市	222	114	108	554	102	452	401	104	297
宜春市	**3900**	**2077**	**1823**	**8047**	**934**	**7113**	**10877**	**3387**	**7490**
袁州区	230	118	112	248	18	230	140	47	93
奉新县	636	332	304	1394	140	1254	3509	1121	2388
万载县	560	290	270	1534	237	1297	634	195	439
上高县	906	488	418	1547	142	1405	3090	1000	2090
宜丰县	268	142	126	1207	135	1072	1808	534	1274
靖安县	136	73	63	704	133	571	891	268	623
铜鼓县	101	48	53	663	78	585	321	112	209
丰城市	603	340	263	282	16	266	175	49	126
樟树市	74	45	29	74	13	61	53	12	41
高安市	386	201	185	394	22	372	256	49	207
抚州市	**1957**	**1030**	**927**	**10397**	**802**	**9595**	**20773**	**7071**	**13702**
临川区	223	124	99	352	11	341	107	24	83
东乡区	141	76	65	181	25	156	74	20	54
南城县	369	177	192	1274	124	1150	1908	682	1226
黎川县	192	102	90	1329	96	1233	1373	484	889
南丰县	235	119	116	2329	209	2120	2648	978	1670
崇仁县	126	80	46	1542	70	1472	3833	1195	2638
乐安县	133	76	57	730	39	691	2089	698	1391
宜黄县	92	45	47	658	81	577	1530	514	1016
金溪县	252	131	121	845	65	780	4521	1576	2945
资溪县	38	20	18	433	38	395	1263	440	823
广昌县	156	80	76	724	44	680	1427	460	967
上饶市	**4085**	**2215**	**1870**	**12062**	**1406**	**10656**	**16157**	**5323**	**10834**
信州区	73	36	37	25	1	24	1	1	
广丰区	206	118	88	436	26	410	52	21	31
广信区	176	101	75	229	27	202	17	7	10
玉山县	752	419	333	2948	327	2621	2843	900	1943
铅山县	330	169	161	1058	120	938	749	249	500
横峰县	183	95	88	828	54	774	1187	369	818
弋阳县	299	157	142	1049	110	939	1882	648	1234
余干县	660	338	322	1177	118	1059	932	341	591
鄱阳县	836	463	373	1595	210	1385	4010	1352	2658
万年县	251	139	112	873	67	806	1988	612	1376
婺源县	303	171	132	1770	339	1431	2496	823	1673
德兴市	16	9	7	74	7	67			

7-9b 续表 6

单位：人

现住地	为子女就学			养老/康养			其他		
	小计	男	女	小计	男	女	小计	男	女
全省	**150298**	**54216**	**96082**	**54430**	**23752**	**30678**	**343789**	**178919**	**164870**
南昌市	**13927**	**5601**	**8326**	**9267**	**3973**	**5294**	**39496**	**20784**	**18712**
东湖区	1	1		2	1	1	12	2	10
西湖区									
青云谱区	1	1		92	45	47	179	93	86
青山湖区	127	51	76	181	82	99	775	427	348
新建区	86	37	49	127	62	65	1445	779	666
红谷滩区									
南昌县	6083	2647	3436	5874	2534	3340	29661	15664	13997
安义县	310	92	218	560	274	286	1989	1019	970
进贤县	7319	2772	4547	2431	975	1456	5435	2800	2635
景德镇市	**1934**	**805**	**1129**	**738**	**347**	**391**	**7585**	**3957**	**3628**
昌江区	32	12	20	17	6	11	176	104	72
珠山区	81	38	43	61	31	30	2734	1424	1310
浮梁县	1530	660	870	350	165	185	3909	2008	1901
乐平市	291	95	196	310	145	165	766	421	345
萍乡市	**2988**	**1052**	**1936**	**1139**	**623**	**516**	**4018**	**2173**	**1845**
安源区	7	3	4	111	59	52	758	409	349
湘东区	11	5	6	90	49	41	343	192	151
莲花县	1531	432	1099	394	210	184	561	310	251
上栗县	97	32	65	347	207	140	1336	727	609
芦溪县	1342	580	762	197	98	99	1020	535	485
九江市	**26406**	**8527**	**17879**	**8143**	**3522**	**4621**	**64427**	**32938**	**31489**
濂溪区	30	12	18	52	25	27	384	190	194
浔阳区									
柴桑区	9	1	8	59	22	37	220	121	99
武宁县	4038	1070	2968	1970	811	1159	6497	3207	3290
修水县	4724	1523	3201	1586	715	871	32906	16721	16185
永修县	2795	984	1811	998	415	583	5911	3108	2803
德安县	2498	1111	1387	774	324	450	3559	1940	1619
都昌县	5357	1607	3750	1064	505	559	6182	3167	3015
湖口县	3572	1148	2424	703	299	404	2384	1205	1179
彭泽县	3081	937	2144	686	287	399	2689	1306	1383
瑞昌市	297	134	163	160	68	92	3303	1774	1529
共青城市	1		1	2	1	1	3		3
庐山市	4		4	89	50	39	389	199	190
新余市	**3681**	**1526**	**2155**	**944**	**413**	**531**	**11655**	**5979**	**5676**
渝水区	24	8	16	26	17	9	259	130	129
分宜县	3657	1518	2139	918	396	522	11396	5849	5547
鹰潭市	**412**	**59**	**353**	**235**	**118**	**117**	**1889**	**929**	**960**
月湖区				2		2	26	14	12
余江区	386	53	333	78	40	38	450	209	241
贵溪市	26	6	20	155	78	77	1413	706	707
赣州市	**21054**	**8067**	**12987**	**10364**	**4433**	**5931**	**52552**	**27643**	**24909**
章贡区	1		1	9	4	5	364	191	173
南康区	179	70	109	116	67	49	849	526	323
赣县区	79	30	49	166	78	88	2594	1342	1252
信丰县	2265	887	1378	604	250	354	7833	4151	3682
大余县	800	295	505	566	275	291	4112	2095	2017
上犹县	1924	642	1282	1067	442	625	2537	1327	1210
崇义县	1514	531	983	342	130	212	1825	892	933
安远县	502	201	301	349	153	196	1769	895	874
定南县	1345	597	748	804	291	513	2331	1173	1158
全南县	1041	402	639	673	267	406	2285	1167	1118

7-9b 续表 7

单位：人

现住地	为子女就学			养老/康养			其他		
	小计	男	女	小计	男	女	小计	男	女
宁都县	2835	1110	1725	1309	572	737	2740	1424	1316
于都县	2980	1128	1852	1959	845	1114	1142	602	540
兴国县	2398	737	1661	1427	636	791	11696	6514	5182
会昌县	773	353	420	512	231	281	5617	2876	2741
寻乌县	1440	663	777	240	97	143	2918	1453	1465
石城县	976	420	556	207	86	121	1668	857	811
瑞金市				2	1	1	56	31	25
龙南市	2	1	1	12	8	4	216	127	89
吉安市	**25957**	**8908**	**17049**	**6681**	**3004**	**3677**	**38629**	**19950**	**18679**
吉州区	11	5	6	31	18	13	135	69	66
青原区	3	1	2	40	18	22	62	35	27
吉安县	3160	1240	1920	995	395	600	6044	3197	2847
吉水县	3047	1094	1953	1066	457	609	3849	2026	1823
峡江县	871	346	525	141	53	88	1230	613	617
新干县	2811	1014	1797	601	246	355	3378	1769	1609
永丰县	2771	1014	1757	441	197	244	2999	1590	1409
泰和县	1831	860	971	551	249	302	3176	1582	1594
遂川县	2159	788	1371	363	182	181	2878	1505	1373
万安县	669	223	446	593	256	337	1387	717	670
安福县	2768	802	1966	708	336	372	4772	2482	2290
永新县	4866	1240	3626	934	488	446	7315	3631	3684
井冈山市	990	281	709	217	109	108	1404	734	670
宜春市	**9036**	**3442**	**5594**	**4528**	**1917**	**2611**	**38473**	**19888**	**18585**
袁州区	160	68	92	82	40	42	437	250	187
奉新县	1714	553	1161	901	410	491	2970	1547	1423
万载县	364	129	235	647	294	353	14273	7205	7068
上高县	2314	955	1359	1031	411	620	11459	6059	5400
宜丰县	2331	928	1403	786	286	500	2799	1448	1351
靖安县	973	288	685	253	95	158	1332	650	682
铜鼓县	578	249	329	241	89	152	2922	1495	1427
丰城市	173	55	118	211	115	96	834	486	348
樟树市	75	19	56	153	69	84	535	291	244
高安市	354	198	156	223	108	115	912	457	455
抚州市	**20868**	**8215**	**12653**	**6105**	**2538**	**3567**	**45617**	**23847**	**21770**
临川区	91	20	71	81	46	35	432	235	197
东乡区	72	27	45	94	36	58	2515	1239	1276
南城县	1984	828	1156	591	247	344	5027	2573	2454
黎川县	1069	418	651	508	219	289	2035	1061	974
南丰县	5249	2598	2651	757	299	458	3993	2151	1842
崇仁县	2183	668	1515	668	266	402	5198	2633	2565
乐安县	3031	1035	1996	920	397	523	12357	6676	5681
宜黄县	2047	789	1258	371	150	221	4263	2161	2102
金溪县	3041	1067	1974	733	306	427	5747	2992	2755
资溪县	715	275	440	437	191	246	1545	810	735
广昌县	1386	490	896	945	381	564	2505	1316	1189
上饶市	**24035**	**8014**	**16021**	**6286**	**2864**	**3422**	**39448**	**20831**	**18617**
信州区	5	1	4	15	7	8	126	64	62
广丰区	56	19	37	59	37	22	328	182	146
广信区	31	13	18	55	29	26	269	156	113
玉山县	4012	1281	2731	1093	476	617	4302	2104	2198
铅山县	959	323	636	233	112	121	1291	664	627
横峰县	1754	661	1093	424	205	219	825	464	361
弋阳县	2107	738	1369	1028	434	594	4137	2167	1970
余干县	1782	762	1020	753	376	377	13054	7093	5961
鄱阳县	7576	2078	5498	1191	562	629	5349	2834	2515
万年县	2024	623	1401	492	222	270	5277	2812	2465
婺源县	3729	1515	2214	941	402	539	4471	2281	2190
德兴市				2	2		19	10	9

7-9c 全省按现住地、性别、迁移原因分的户口登记地在本省其他乡镇街道的人口(乡村)

单位：人

现住地	合计			工作就业		
	合计	男	女	小计	男	女
全省	**757393**	**410384**	**347009**	**196766**	**123393**	**73373**
南昌市	**137105**	**77828**	**59277**	**42756**	**28470**	**14286**
东湖区	2202	1236	966	843	525	318
西湖区						
青云谱区						
青山湖区	10818	6745	4073	7185	4889	2296
新建区	50208	28001	22207	7334	4724	2610
红谷滩区	1903	1317	586	1457	1104	353
南昌县	57054	31984	25070	21729	14531	7198
安义县	3041	1830	1211	1319	934	385
进贤县	11879	6715	5164	2889	1763	1126
景德镇市	**17196**	**9060**	**8136**	**2709**	**1808**	**901**
昌江区	4136	2116	2020	393	247	146
珠山区	474	244	230	37	21	16
浮梁县	4141	2337	1804	982	774	208
乐平市	8445	4363	4082	1297	766	531
萍乡市	**24685**	**13004**	**11681**	**3118**	**2246**	**872**
安源区	4437	2705	1732	82	50	32
湘东区	4068	2104	1964	760	580	180
莲花县	3596	2116	1480	881	649	232
上栗县	6952	3295	3657	690	483	207
芦溪县	5632	2784	2848	705	484	221
九江市	**94652**	**50621**	**44031**	**27128**	**15604**	**11524**
濂溪区	15584	7994	7590	4760	2581	2179
浔阳区	251	124	127	39	26	13
柴桑区	10855	6140	4715	4206	2607	1599
武宁县	7156	3642	3514	2601	1429	1172
修水县	5349	2759	2590	929	561	368
永修县	5630	3047	2583	994	599	395
德安县	8850	4678	4172	2661	1592	1069
都昌县	4389	2436	1953	834	527	307
湖口县	3275	1867	1408	854	517	337
彭泽县	3397	1808	1589	1768	1035	733
瑞昌市	16778	9026	7752	3633	2093	1540
共青城市	10084	5558	4526	3314	1737	1577
庐山市	3054	1542	1512	535	300	235
新余市	**19687**	**10579**	**9108**	**4202**	**2549**	**1653**
渝水区	11540	6297	5243	1999	1234	765
分宜县	8147	4282	3865	2203	1315	888
鹰潭市	**10692**	**5690**	**5002**	**3241**	**2152**	**1089**
月湖区	371	199	172	103	74	29
余江区	3317	1596	1721	464	289	175
贵溪市	7004	3895	3109	2674	1789	885
赣州市	**199519**	**109438**	**90081**	**66631**	**40590**	**26041**
章贡区	21641	12037	9604	9577	5958	3619
南康区	52421	30894	21527	28528	17651	10877
赣县区	8490	4525	3965	1906	1241	665
信丰县	10748	5688	5060	5395	2853	2542
大余县	4635	2646	1989	1775	1209	566
上犹县	4881	2637	2244	1489	896	593
崇义县	3574	2071	1503	1625	1047	578
安远县	3246	1701	1545	794	502	292
定南县	16175	8411	7764	2774	1597	1177
全南县	6013	3459	2554	2023	1318	705

7–9c　续表 1　　单位：人

现住地	合计			工作就业		
	合计	男	女	小计	男	女
宁都县	10038	5263	4775	1677	1006	671
于都县	5330	2856	2474	917	520	397
兴国县	9475	5003	4472	1372	854	518
会昌县	4397	2187	2210	1015	608	407
寻乌县	7582	3886	3696	1447	861	586
石城县	6254	3285	2969	1151	511	640
瑞金市	18556	9554	9002	1584	841	743
龙南市	6063	3335	2728	1582	1117	465
吉安市	**62620**	**33939**	**28681**	**13751**	**8567**	**5184**
吉州区	2840	1536	1304	446	286	160
青原区	5282	2911	2371	1624	1047	577
吉安县	8232	4472	3760	1632	994	638
吉水县	5992	3267	2725	1013	603	410
峡江县	2388	1268	1120	629	417	212
新干县	2595	1391	1204	627	405	222
永丰县	4434	2432	2002	1244	798	446
泰和县	7034	3884	3150	1614	983	631
遂川县	4846	2461	2385	1091	635	456
万安县	2622	1267	1355	762	381	381
安福县	5339	2996	2343	1164	847	317
永新县	7481	4126	3355	1044	612	432
井冈山市	3535	1928	1607	861	559	302
宜春市	**74920**	**39729**	**35191**	**14550**	**9419**	**5131**
袁州区	16843	8936	7907	2854	1941	913
奉新县	3030	1581	1449	895	554	341
万载县	7690	3749	3941	1255	748	507
上高县	5793	3118	2675	1140	744	396
宜丰县	4275	2235	2040	1092	692	400
靖安县	3031	1782	1249	1165	898	267
铜鼓县	2726	1399	1327	353	229	124
丰城市	14534	7807	6727	1695	1023	672
樟树市	4679	2466	2213	870	505	365
高安市	12319	6656	5663	3231	2085	1146
抚州市	**49308**	**26376**	**22932**	**8127**	**5288**	**2839**
临川区	14808	8297	6511	3287	2141	1146
东乡区	5638	2997	2641	583	386	197
南城县	7210	3686	3524	448	283	165
黎川县	3463	1853	1610	385	289	96
南丰县	3107	1566	1541	434	311	123
崇仁县	1755	887	868	500	306	194
乐安县	3547	1943	1604	941	619	322
宜黄县	1894	960	934	171	105	66
金溪县	2918	1525	1393	535	317	218
资溪县	683	382	301	295	191	104
广昌县	4285	2280	2005	548	340	208
上饶市	**67009**	**34120**	**32889**	**10553**	**6700**	**3853**
信州区	8999	5008	3991	3011	2021	990
广丰区	8518	4355	4163	845	506	339
广信区	8086	3927	4159	934	584	350
玉山县	5842	2667	3175	625	387	238
铅山县	4653	2077	2576	583	347	236
横峰县	1875	949	926	349	210	139
弋阳县	2792	1347	1445	549	313	236
余干县	8752	4596	4156	936	579	357
鄱阳县	7007	3661	3346	973	561	412
万年县	4250	2370	1880	568	373	195
婺源县	3632	1893	1739	470	325	145
德兴市	2603	1270	1333	710	494	216

7–9c 续表 2 单位：人

现住地	学习培训			随同离开/投亲靠友			拆迁/搬家		
	小计	男	女	小计	男	女	小计	男	女
全　省	**110141**	**62565**	**47576**	**70847**	**36013**	**34834**	**185176**	**99334**	**85842**
南昌市	**45797**	**25283**	**20514**	**9425**	**4830**	**4595**	**17406**	**9337**	**8069**
东湖区	56	33	23	312	175	137	630	352	278
西湖区									
青云谱区									
青山湖区	728	455	273	947	478	469	803	460	343
新建区	27814	15665	12149	2698	1327	1371	6264	3338	2926
红谷滩区	36	22	14	71	39	32	116	55	61
南昌县	15684	7935	7749	3928	2042	1886	5600	3018	2582
安义县	41	28	13	348	181	167	447	244	203
进贤县	1438	1145	293	1121	588	533	3546	1870	1676
景德镇市	**894**	**587**	**307**	**1684**	**879**	**805**	**5283**	**2872**	**2411**
昌江区	33	20	13	618	308	310	1692	922	770
珠山区				1	1		49	28	21
浮梁县	40	23	17	303	165	138	1470	781	689
乐平市	821	544	277	762	405	357	2072	1141	931
萍乡市	**5115**	**3005**	**2110**	**3051**	**1587**	**1464**	**5034**	**2757**	**2277**
安源区	3528	2161	1367	67	43	24	285	147	138
湘东区	64	39	25	644	327	317	818	454	364
莲花县	112	60	52	570	308	262	629	340	289
上栗县	105	45	60	991	519	472	2171	1182	989
芦溪县	1306	700	606	779	390	389	1131	634	497
九江市	**10311**	**6383**	**3928**	**10658**	**5319**	**5339**	**24253**	**12976**	**11277**
濂溪区	2163	1207	956	1418	717	701	3651	1931	1720
浔阳区	3	2	1	62	29	33	75	48	27
柴桑区	1201	727	474	651	326	325	3495	1837	1658
武宁县	443	259	184	635	289	346	1512	815	697
修水县	149	77	72	618	281	337	1896	1018	878
永修县	803	628	175	597	292	305	1284	694	590
德安县	530	301	229	1599	777	822	1860	1004	856
都昌县	494	292	202	471	257	214	754	415	339
湖口县	123	70	53	384	217	167	550	292	258
彭泽县	76	36	40	192	94	98	649	342	307
瑞昌市	1523	951	572	1823	923	900	6452	3417	3035
共青城市	2727	1793	934	1911	968	943	1257	712	545
庐山市	76	40	36	297	149	148	818	451	367
新余市	**1085**	**639**	**446**	**1800**	**940**	**860**	**5950**	**3190**	**2760**
渝水区	177	100	77	956	514	442	4387	2338	2049
分宜县	908	539	369	844	426	418	1563	852	711
鹰潭市	**478**	**342**	**136**	**1275**	**650**	**625**	**1837**	**993**	**844**
月湖区	5	2	3	29	15	14	97	50	47
余江区	55	24	31	424	212	212	920	500	420
贵溪市	418	316	102	822	423	399	820	443	377
赣州市	**28975**	**16353**	**12622**	**19830**	**10156**	**9674**	**45115**	**24171**	**20944**
章贡区	3027	1608	1419	1751	916	835	2493	1333	1160
南康区	6034	3837	2197	4334	2312	2022	5384	2901	2483
赣县区	188	81	107	637	338	299	3184	1707	1477
信丰县	493	284	209	682	396	286	2054	1116	938
大余县	345	213	132	431	233	198	794	451	343
上犹县	280	155	125	478	254	224	1330	684	646
崇义县	64	29	35	412	216	196	446	263	183
安远县	50	29	21	208	94	114	1391	735	656
定南县	1392	735	657	3975	1920	2055	6274	3370	2904
全南县	324	183	141	668	327	341	1903	1064	839

7-9c　续表 3　　　　单位：人

现住地	学习培训			随同离开/投亲靠友			拆迁/搬家		
	小计	男	女	小计	男	女	小计	男	女
宁都县	1928	1094	834	1459	777	682	3132	1682	1450
于都县	151	67	84	587	324	263	1579	856	723
兴国县	3664	2059	1605	826	401	425	1582	824	758
会昌县	378	201	177	398	205	193	1458	775	683
寻乌县	1306	643	663	730	350	380	1887	1028	859
石城县	740	486	254	442	235	207	2922	1542	1380
瑞金市	8536	4606	3930	978	451	527	5130	2667	2463
龙南市	75	43	32	834	407	427	2172	1173	999
吉安市	**1657**	**893**	**764**	**5022**	**2605**	**2417**	**19229**	**10209**	**9020**
吉州区	30	18	12	109	55	54	1193	627	566
青原区	145	86	59	328	173	155	1536	805	731
吉安县	217	121	96	393	195	198	2989	1541	1448
吉水县	136	73	63	355	183	172	2328	1258	1070
峡江县	52	32	20	323	147	176	573	316	257
新干县	51	21	30	260	137	123	660	333	327
永丰县	157	89	68	401	200	201	1264	686	578
泰和县	191	109	82	663	349	314	2050	1078	972
遂川县	136	67	69	483	247	236	1228	631	597
万安县	78	40	38	278	148	130	622	338	284
安福县	106	56	50	483	277	206	1493	791	702
永新县	244	123	121	577	309	268	2394	1310	1084
井冈山市	114	58	56	369	185	184	899	495	404
宜春市	**2392**	**1317**	**1075**	**6680**	**3383**	**3297**	**24251**	**12963**	**11288**
袁州区	314	142	172	1356	681	675	6586	3573	3013
奉新县	70	36	34	310	160	150	751	374	377
万载县	978	525	453	850	415	435	2218	1130	1088
上高县	76	47	29	460	243	217	2294	1184	1110
宜丰县	83	48	35	845	413	432	1149	628	521
靖安县	43	20	23	286	136	150	512	267	245
铜鼓县	49	25	24	303	159	144	1097	596	501
丰城市	199	115	84	623	354	269	5907	3186	2721
樟树市	112	53	59	437	228	209	1365	734	631
高安市	468	306	162	1210	594	616	2372	1291	1081
抚州市	**5076**	**3289**	**1787**	**5741**	**2818**	**2923**	**16912**	**9141**	**7771**
临川区	3321	2326	995	1363	755	608	2302	1269	1033
东乡区	69	34	35	508	258	250	2778	1496	1282
南城县	1086	572	514	498	220	278	4079	2122	1957
黎川县	28	17	11	935	409	526	1582	904	678
南丰县	46	26	20	502	240	262	1125	604	521
崇仁县	33	18	15	79	48	31	551	288	263
乐安县	119	70	49	228	117	111	1000	540	460
宜黄县	42	19	23	212	100	112	927	487	440
金溪县	156	102	54	211	92	119	701	367	334
资溪县	25	16	9	71	40	31	156	84	72
广昌县	151	89	62	1134	539	595	1711	980	731
上饶市	**8361**	**4474**	**3887**	**5681**	**2846**	**2835**	**19906**	**10725**	**9181**
信州区	370	237	133	904	411	493	2714	1452	1262
广丰区	2302	1347	955	515	258	257	2269	1239	1030
广信区	236	115	121	648	305	343	3173	1681	1492
玉山县	135	73	62	844	420	424	1726	947	779
铅山县	1743	617	1126	271	137	134	1107	590	517
横峰县	155	79	76	171	93	78	557	280	277
弋阳县	116	58	58	227	120	107	808	438	370
余干县	1594	892	702	577	321	256	2675	1481	1194
鄱阳县	162	91	71	531	265	266	2347	1298	1049
万年县	1398	880	518	222	107	115	930	483	447
婺源县	71	42	29	478	259	219	977	519	458
德兴市	79	43	36	293	150	143	623	317	306

7−9c 续表 4

单位：人

现住地	寄挂户口			婚姻嫁娶			照料孙子女		
	小计	男	女	小计	男	女	小计	男	女
全　省	**51698**	**29489**	**22209**	**43332**	**3879**	**39453**	**4608**	**1779**	**2829**
南昌市	**5373**	**3055**	**2318**	**4453**	**270**	**4183**	**516**	**171**	**345**
东湖区	52	32	20	104	17	87	24	6	18
西湖区									
青云谱区									
青山湖区	300	175	125	380	25	355	28	7	21
新建区	1799	1036	763	1066	65	1001	106	38	68
红谷滩区	50	27	23	18		18	26	4	22
南昌县	2111	1159	952	2196	85	2111	220	76	144
安义县	189	118	71	154	21	133	25	14	11
进贤县	872	508	364	535	57	478	87	26	61
景德镇市	**1981**	**1108**	**873**	**1704**	**140**	**1564**	**50**	**22**	**28**
昌江区	505	274	231	316	29	287	4	3	1
珠山区	19	7	12	4	2	2			
浮梁县	526	296	230	397	53	344	3	2	1
乐平市	931	531	400	987	56	931	43	17	26
萍乡市	**1621**	**976**	**645**	**3473**	**325**	**3148**	**127**	**67**	**60**
安源区	108	63	45	84	14	70			
湘东区	297	184	113	770	80	690	22	13	9
莲花县	323	210	113	337	44	293	35	16	19
上栗县	562	325	237	1473	135	1338	38	24	14
芦溪县	331	194	137	809	52	757	32	14	18
九江市	**4594**	**2639**	**1955**	**4262**	**484**	**3778**	**837**	**283**	**554**
濂溪区	550	302	248	629	57	572	161	55	106
浔阳区	17	8	9	43	3	40			
柴桑区	431	261	170	223	26	197	58	19	39
武宁县	499	271	228	292	38	254	83	14	69
修水县	573	316	257	345	59	286	24	11	13
永修县	338	186	152	526	46	480	30	12	18
德安县	250	149	101	462	59	403	52	14	38
都昌县	418	249	169	334	41	293	44	20	24
湖口县	288	177	111	176	29	147	70	26	44
彭泽县	182	106	76	229	28	201	9	2	7
瑞昌市	612	365	247	408	29	379	264	91	173
共青城市	174	97	77	289	34	255	24	11	13
庐山市	262	152	110	306	35	271	18	8	10
新余市	**1825**	**1023**	**802**	**679**	**84**	**595**	**206**	**56**	**150**
渝水区	1462	814	648	297	35	262	69	22	47
分宜县	363	209	154	382	49	333	137	34	103
鹰潭市	**616**	**343**	**273**	**1139**	**67**	**1072**	**54**	**25**	**29**
月湖区	49	31	18	50	2	48	2		2
余江区	237	122	115	466	23	443	29	14	15
贵溪市	330	190	140	623	42	581	23	11	12
赣州市	**9363**	**5447**	**3916**	**8564**	**722**	**7842**	**1396**	**579**	**817**
章贡区	624	343	281	869	75	794	77	28	49
南康区	1789	1059	730	895	43	852	435	176	259
赣县区	855	487	368	682	36	646	39	15	24
信丰县	671	369	302	234	22	212	50	25	25
大余县	266	175	91	523	44	479	31	24	7
上犹县	340	201	139	219	17	202	74	26	48
崇义县	160	95	65	330	51	279	18	9	9
安远县	305	176	129	254	30	224	5	3	2
定南县	189	111	78	324	29	295	371	146	225
全南县	248	152	96	182	16	166	39	15	24

7-9c　续表 5　　　　单位：人

现 住 地	寄挂户口			婚姻嫁娶			照料孙子女		
	小计	男	女	小计	男	女	小计	男	女
宁都县	399	237	162	741	69	672	17	6	11
于都县	700	427	273	437	31	406	32	17	15
兴国县	404	230	174	673	65	608	35	20	15
会昌县	269	152	117	454	23	431	31	11	20
寻乌县	457	264	193	589	77	512	25	11	14
石城县	379	230	149	148	15	133	10	3	7
瑞金市	915	497	418	535	20	515	79	35	44
龙南市	393	242	151	475	59	416	28	9	19
吉安市	**7791**	**4440**	**3351**	**3620**	**405**	**3215**	**426**	**198**	**228**
吉州区	501	288	213	100	7	93	5	3	2
青原区	564	323	241	182	7	175	18	6	12
吉安县	1197	684	513	252	10	242	55	28	27
吉水县	942	529	413	183	6	177	44	21	23
峡江县	218	130	88	159	6	153	11	3	8
新干县	269	152	117	166	11	155	37	14	23
永丰县	434	247	187	257	31	226	15	4	11
泰和县	905	512	393	329	41	288	56	27	29
遂川县	555	314	241	571	73	498	27	19	8
万安县	198	105	93	261	22	239	27	13	14
安福县	602	347	255	482	61	421	43	22	21
永新县	1126	655	471	327	69	258	63	27	36
井冈山市	280	154	126	351	61	290	25	11	14
宜春市	**8747**	**4910**	**3837**	**5293**	**410**	**4883**	**386**	**159**	**227**
袁州区	1938	1072	866	1158	78	1080	78	33	45
奉新县	287	173	114	309	37	272	20	8	12
万载县	646	364	282	796	45	751	26	8	18
上高县	669	363	306	192	17	175	34	11	23
宜丰县	192	94	98	281	36	245	14	5	9
靖安县	134	73	61	280	33	247	14	3	11
铜鼓县	143	86	57	287	37	250	12	2	10
丰城市	2690	1504	1186	727	39	688	72	43	29
樟树市	556	330	226	335	35	300	27	10	17
高安市	1492	851	641	928	53	875	89	36	53
抚州市	**3288**	**1846**	**1442**	**3050**	**236**	**2814**	**284**	**87**	**197**
临川区	1100	632	468	1470	75	1395	83	26	57
东乡区	627	359	268	237	24	213	18	6	12
南城县	167	94	73	135	14	121	57	17	40
黎川县	116	59	57	109	11	98	4	1	3
南丰县	182	100	82	405	50	355	20	9	11
崇仁县	195	106	89	189	6	183	6	3	3
乐安县	177	97	80	179	10	169	22	6	16
宜黄县	151	93	58	106	15	91	10	2	8
金溪县	372	200	172	77	13	64	36	10	26
资溪县	32	14	18	32	3	29	2		2
广昌县	169	92	77	111	15	96	26	7	19
上饶市	**6499**	**3702**	**2797**	**7095**	**736**	**6359**	**326**	**132**	**194**
信州区	676	382	294	538	57	481	27	9	18
广丰区	702	414	288	966	69	897	16	5	11
广信区	1020	576	444	1021	105	916	28	10	18
玉山县	429	251	178	1284	155	1129	44	16	28
铅山县	280	178	102	338	39	299	15	6	9
横峰县	210	118	92	183	25	158	14	4	10
弋阳县	266	139	127	329	23	306	32	14	18
余干县	913	497	416	595	33	562	57	28	29
鄱阳县	1094	632	462	492	34	458	51	25	26
万年县	337	183	154	213	18	195	25	9	16
婺源县	384	223	161	650	139	511	12	3	9
德兴市	188	109	79	486	39	447	5	3	2

7—9c 续表 6

单位：人

现住地	为子女就学			养老/康养			其他		
	小计	男	女	小计	男	女	小计	男	女
全省	**2929**	**990**	**1939**	**19022**	**12439**	**6583**	**72874**	**40503**	**32371**
南昌市	**194**	**74**	**120**	**1692**	**924**	**768**	**9493**	**5414**	**4079**
东湖区	1	1		37	24	13	143	71	72
西湖区									
青云谱区									
青山湖区	4	2	2	36	20	16	407	234	173
新建区	72	31	41	258	139	119	2797	1638	1159
红谷滩区	1	1		2		2	126	65	61
南昌县	82	29	53	779	421	358	4725	2688	2037
安义县	5	2	3	224	126	98	289	162	127
进贤县	29	8	21	356	194	162	1006	556	450
景德镇市	**31**	**11**	**20**	**349**	**239**	**110**	**2511**	**1394**	**1117**
昌江区	8	3	5	23	11	12	544	299	245
珠山区							364	185	179
浮梁县	1		1	57	34	23	362	209	153
乐平市	22	8	14	269	194	75	1241	701	540
萍乡市	**64**	**20**	**44**	**1085**	**801**	**284**	**1997**	**1220**	**777**
安源区	2	1	1	14	12	2	267	214	53
湘东区	8	4	4	326	218	108	359	205	154
莲花县	29	10	19	338	262	76	342	217	125
上栗县	9	1	8	288	227	61	625	354	271
芦溪县	16	4	12	119	82	37	404	230	174
九江市	**524**	**168**	**356**	**2776**	**1676**	**1100**	**9309**	**5089**	**4220**
濂溪区	152	53	99	765	377	388	1335	714	621
浔阳区				1	1		11	7	4
柴桑区	12	5	7	77	48	29	501	284	217
武宁县	61	5	56	164	84	80	866	438	428
修水县	17	6	11	113	70	43	685	360	325
永修县	14	7	7	255	156	99	789	427	362
德安县	152	63	89	144	86	58	1140	633	507
都昌县	26	8	18	313	235	78	701	392	309
湖口县	16	3	13	455	319	136	359	217	142
彭泽县	12	3	9	65	34	31	215	128	87
瑞昌市	39	6	33	225	137	88	1799	1014	785
共青城市	10	4	6	44	29	15	334	173	161
庐山市	13	5	8	155	100	55	574	302	272
新余市	**303**	**70**	**233**	**582**	**338**	**244**	**3055**	**1690**	**1365**
渝水区	55	18	37	384	232	152	1754	990	764
分宜县	248	52	196	198	106	92	1301	700	601
鹰潭市	**16**	**6**	**10**	**248**	**157**	**91**	**1788**	**955**	**833**
月湖区				4	3	1	32	22	10
余江区	4	1	3	104	64	40	614	347	267
贵溪市	12	5	7	140	90	50	1142	586	556
赣州市	**846**	**350**	**496**	**3329**	**2454**	**875**	**15470**	**8616**	**6854**
章贡区	32	15	17	429	264	165	2762	1497	1265
南康区	99	41	58	491	398	93	4432	2476	1956
赣县区	21	7	14	193	162	31	785	451	334
信丰县	6	1	5	158	110	48	1005	512	493
大余县	9	1	8	151	117	34	310	179	131
上犹县	58	8	50	231	189	42	382	207	175
崇义县	6	3	3	268	214	54	245	144	101
安远县	3	1	2	38	30	8	198	101	97
定南县	389	184	205	138	89	49	349	230	119
全南县	31	13	18	236	169	67	359	202	157

7—9c 续表 7

单位：人

现住地	为子女就学			养老/康养			其他		
	小计	男	女	小计	男	女	小计	男	女
宁都县	28	5	23	134	86	48	523	301	222
于都县	13	5	8	274	222	52	640	387	253
兴国县	7	2	5	221	160	61	691	388	303
会昌县	9	6	3	104	57	47	281	149	132
寻乌县	11	3	8	57	41	16	1073	608	465
石城县	61	27	34	23	19	4	378	217	161
瑞金市	56	24	32	71	43	28	672	370	302
龙南市	7	4	3	112	84	28	385	197	188
吉安市	**287**	**114**	**173**	**2983**	**2132**	**851**	**7854**	**4376**	**3478**
吉州区	4	1	3	65	44	21	387	207	180
青原区	12	4	8	273	149	124	600	311	289
吉安县	16		16	360	265	95	1121	634	487
吉水县	12	3	9	325	232	93	654	359	295
峡江县	31	20	11	107	58	49	285	139	146
新干县	4	1	3	154	107	47	367	210	157
永丰县	13	7	6	70	52	18	579	318	261
泰和县	17	4	13	388	297	91	821	484	337
遂川县	5	2	3	145	122	23	605	351	254
万安县	6	3	3	117	78	39	273	139	134
安福县	12	3	9	321	242	79	633	350	283
永新县	129	59	70	503	366	137	1074	596	478
井冈山市	26	7	19	155	120	35	455	278	177
宜春市	**197**	**68**	**129**	**3005**	**1868**	**1137**	**9419**	**5232**	**4187**
袁州区	22	7	15	452	267	185	2085	1142	943
奉新县	5	2	3	109	82	27	274	155	119
万载县	19	6	13	109	65	44	793	443	350
上高县	8	2	6	119	72	47	801	435	366
宜丰县	12	2	10	115	66	49	492	251	241
靖安县	16	5	11	108	65	43	473	282	191
铜鼓县	17	9	8	40	26	14	425	230	195
丰城市	52	19	33	605	433	172	1964	1091	873
樟树市	15	3	12	307	196	111	655	372	283
高安市	31	13	18	1041	596	445	1457	831	626
抚州市	**271**	**67**	**204**	**1379**	**820**	**559**	**5180**	**2784**	**2396**
临川区	57	12	45	539	374	165	1286	687	599
东乡区	11	2	9	231	134	97	576	298	278
南城县	63	13	50	35	16	19	642	335	307
黎川县	5	1	4	167	82	85	132	80	52
南丰县	43	14	29	15	9	6	335	203	132
崇仁县				21	17	4	181	95	86
乐安县	14	2	12	216	114	102	651	368	283
宜黄县	8	5	3	9	3	6	258	131	127
金溪县	29	8	21	70	41	29	731	375	356
资溪县	9	3	6	8	3	5	53	28	25
广昌县	32	7	25	68	27	41	335	184	151
上饶市	**196**	**42**	**154**	**1594**	**1030**	**564**	**6798**	**3733**	**3065**
信州区	27	8	19	157	88	69	575	343	232
广丰区	18	2	16	97	75	22	788	440	348
广信区	15	3	12	146	92	54	865	456	409
玉山县	20	5	15	235	149	86	500	264	236
铅山县	18	4	14	37	21	16	261	138	123
横峰县	25	4	21	55	41	14	156	95	61
弋阳县	12	3	9	56	30	26	397	209	188
余干县	29	7	22	124	84	40	1252	674	578
鄱阳县	12	2	10	347	216	131	998	537	461
万年县	11	3	8	141	95	46	405	219	186
婺源县	3		3	165	117	48	422	266	156
德兴市	6	1	5	34	22	12	179	92	87

7-10 全省按现住地、性别、迁移原因分的户口登记地在外省的人口

单位：人

现住地	合计			工作就业		
	合计	男	女	小计	男	女
全　省	**1279014**	**731535**	**547479**	**637634**	**439397**	**198237**
南昌市	**448964**	**257700**	**191264**	**198181**	**135817**	**62364**
东湖区	39919	23406	16513	22278	14589	7689
西湖区	31338	18549	12789	19299	12705	6594
青云谱区	18920	11306	7614	11550	7703	3847
青山湖区	129111	73694	55417	49352	33164	16188
新建区	36444	21752	14692	16557	12149	4408
红谷滩区	77330	44625	32705	27586	19653	7933
南昌县	90904	49083	41821	36928	25442	11486
安义县	18243	11497	6746	10877	7865	3012
进贤县	6755	3788	2967	3754	2547	1207
景德镇市	**50225**	**26628**	**23597**	**20643**	**13773**	**6870**
昌江区	9670	5757	3913	5155	3491	1664
珠山区	16592	8790	7802	7455	4717	2738
浮梁县	16606	8221	8385	4362	3050	1312
乐平市	7357	3860	3497	3671	2515	1156
萍乡市	**43898**	**24569**	**19329**	**20202**	**14735**	**5467**
安源区	20534	10907	9627	7942	5422	2520
湘东区	5961	3626	2335	3253	2562	691
莲花县	5277	3180	2097	2882	2174	708
上栗县	7608	4225	3383	3774	2776	998
芦溪县	4518	2631	1887	2351	1801	550
九江市	**157666**	**87193**	**70473**	**71028**	**48203**	**22825**
濂溪区	27087	13876	13211	9043	5631	3412
浔阳区	26811	14360	12451	11622	7543	4079
柴桑区	17930	11471	6459	12145	8390	3755
武宁县	7382	3991	3391	2575	1677	898
修水县	6109	2969	3140	1895	1227	668
永修县	9998	6010	3988	4725	3278	1447
德安县	7788	4276	3512	4935	3049	1886
都昌县	4641	2570	2071	2698	1676	1022
湖口县	5534	3566	1968	3758	2801	957
彭泽县	11757	8494	3263	8933	7333	1600
瑞昌市	8863	5045	3818	4158	2824	1334
共青城市	21197	9101	12096	3064	1787	1277
庐山市	2569	1464	1105	1477	987	490
新余市	**29193**	**16787**	**12406**	**11464**	**7609**	**3855**
渝水区	25583	14721	10862	9523	6247	3276
分宜县	3610	2066	1544	1941	1362	579
鹰潭市	**27516**	**15910**	**11606**	**16966**	**11824**	**5142**
月湖区	11004	6226	4778	6262	4197	2065
余江区	6246	3693	2553	4467	2999	1468
贵溪市	10266	5991	4275	6237	4628	1609
赣州市	**194169**	**117444**	**76725**	**112957**	**79171**	**33786**
章贡区	66475	37833	28642	28818	19215	9603
南康区	24591	16161	8430	18532	13223	5309
赣县区	16194	10918	5276	10643	7917	2726
信丰县	13674	8871	4803	9897	7033	2864
大余县	5365	3136	2229	2630	1794	836
上犹县	2908	1556	1352	1648	1070	578
崇义县	1919	1024	895	979	655	324
安远县	3081	1793	1288	1926	1326	600
定南县	7864	4846	3018	4861	3552	1309
全南县	5405	3134	2271	3323	2270	1053

7-10　续表 1

单位：人

现住地	合计			工作就业		
	合计	男	女	小计	男	女
宁都县	6238	3590	2648	3554	2568	986
于都县	7055	4289	2766	5138	3501	1637
兴国县	6714	4012	2702	4250	3037	1213
会昌县	3253	1710	1543	1890	1212	678
寻乌县	3564	1888	1676	1568	1105	463
石城县	2219	1283	936	1004	734	270
瑞金市	5487	3130	2357	3053	2036	1017
龙南市	12163	8270	3893	9243	6923	2320
吉安市	**69971**	**39156**	**30815**	**39765**	**26497**	**13268**
吉州区	9633	5166	4467	4881	3042	1839
青原区	10082	4899	5183	2904	1875	1029
吉安县	14128	8334	5794	10051	6463	3588
吉水县	4535	2659	1876	3019	2061	958
峡江县	1837	1084	753	1061	789	272
新干县	3505	2188	1317	2470	1766	704
永丰县	2927	1647	1280	1737	1221	516
泰和县	4240	2346	1894	2556	1643	913
遂川县	4032	2343	1689	2467	1783	684
万安县	2771	1586	1185	1690	1159	531
安福县	4062	2340	1722	2453	1691	762
永新县	4974	2801	2173	2832	1903	929
井冈山市	3245	1763	1482	1644	1101	543
宜春市	**94542**	**54078**	**40464**	**52038**	**36845**	**15193**
袁州区	31481	16263	15218	12605	8739	3866
奉新县	5512	3116	2396	3513	2257	1256
万载县	5462	2944	2518	2967	1972	995
上高县	5440	3162	2278	3278	2191	1087
宜丰县	7840	4685	3155	5035	3437	1598
靖安县	3469	2310	1159	2086	1638	448
铜鼓县	2047	1059	988	832	554	278
丰城市	11126	6657	4469	6924	5037	1887
樟树市	6454	3782	2672	3784	2681	1103
高安市	15711	10100	5611	11014	8339	2675
抚州市	**58115**	**32453**	**25662**	**31181**	**21307**	**9874**
临川区	24426	13154	11272	10076	6989	3087
东乡区	5501	3351	2150	3768	2708	1060
南城县	3328	1907	1421	1900	1317	583
黎川县	3425	1957	1468	1995	1370	625
南丰县	2980	1485	1495	1418	937	481
崇仁县	2536	1388	1148	1496	1020	476
乐安县	2114	1236	878	1325	957	368
宜黄县	5531	3449	2082	4660	3091	1569
金溪县	2533	1452	1081	1556	1058	498
资溪县	3450	1755	1695	1741	991	750
广昌县	2291	1319	972	1246	869	377
上饶市	**104755**	**59617**	**45138**	**63209**	**43616**	**19593**
信州区	23841	13198	10643	12418	8329	4089
广丰区	9818	4839	4979	5212	3293	1919
广信区	16715	10512	6203	11502	8389	3113
玉山县	11213	5495	5718	6177	3930	2247
铅山县	3448	1940	1508	2162	1521	641
横峰县	3688	2337	1351	2720	1973	747
弋阳县	4479	2633	1846	3014	2037	977
余干县	5342	3044	2298	3437	2329	1108
鄱阳县	9341	5301	4040	5855	3973	1882
万年县	4147	2461	1686	3036	2022	1014
婺源县	4431	2357	2074	2070	1400	670
德兴市	8292	5500	2792	5606	4420	1186

7-10 续表 2

单位：人

现住地	学习培训			随同离开/投亲靠友			拆迁/搬家		
	小计	男	女	小计	男	女	小计	男	女
全　省	**277263**	**131676**	**145587**	**111151**	**54620**	**56531**	**72695**	**38638**	**34057**
南昌市	**155269**	**76709**	**78560**	**33596**	**16440**	**17156**	**20052**	**10823**	**9229**
东湖区	4407	1851	2556	3724	1933	1791	2596	1518	1078
西湖区	1411	751	660	4226	2100	2126	1838	1003	835
青云谱区	853	581	272	2709	1295	1414	1314	724	590
青山湖区	58495	31056	27439	9399	4464	4935	4244	2288	1956
新建区	10253	4665	5588	3035	1548	1487	2206	1268	938
红谷滩区	39443	20279	19164	2957	1439	1518	2373	1232	1141
南昌县	34592	14675	19917	5953	2858	3095	4769	2429	2340
安义县	5329	2567	2762	828	435	393	255	147	108
进贤县	486	284	202	765	368	397	457	214	243
景德镇市	**13461**	**5708**	**7753**	**4569**	**2240**	**2329**	**3549**	**1837**	**1712**
昌江区	372	212	160	1058	543	515	882	494	388
珠山区	2706	1189	1517	2207	1045	1162	1650	830	820
浮梁县	10146	4185	5961	534	276	258	516	266	250
乐平市	237	122	115	770	376	394	501	247	254
萍乡市	**4801**	**2000**	**2801**	**6011**	**2893**	**3118**	**4573**	**2404**	**2169**
安源区	4138	1650	2488	2444	1170	1274	2833	1490	1343
湘东区	176	101	75	847	407	440	390	202	188
莲花县	220	112	108	818	395	423	333	168	165
上栗县	166	90	76	1166	568	598	687	367	320
芦溪县	101	47	54	736	353	383	330	177	153
九江市	**31746**	**13376**	**18370**	**13195**	**6403**	**6792**	**12428**	**6858**	**5570**
濂溪区	9081	4060	5021	2016	952	1064	2767	1525	1242
浔阳区	3952	1465	2487	2917	1404	1513	3785	2052	1733
柴桑区	501	280	221	1436	736	700	882	494	388
武宁县	272	156	116	491	247	244	377	191	186
修水县	181	98	83	755	327	428	419	203	216
永修县	519	304	215	681	339	342	851	593	258
德安县	211	104	107	859	410	449	484	259	225
都昌县	197	106	91	446	245	201	106	56	50
湖口县	217	121	96	555	269	286	177	82	95
彭泽县	294	149	145	738	341	397	399	199	200
瑞昌市	383	200	183	1109	556	553	1453	809	644
共青城市	15890	6311	9579	929	445	484	633	345	288
庐山市	48	22	26	263	132	131	95	50	45
新余市	**8638**	**5117**	**3521**	**2300**	**1132**	**1168**	**2402**	**1216**	**1186**
渝水区	8554	5078	3476	1958	960	998	2164	1084	1080
分宜县	84	39	45	342	172	170	238	132	106
鹰潭市	**1599**	**625**	**974**	**2639**	**1253**	**1386**	**1827**	**884**	**943**
月湖区	414	203	211	1206	561	645	1194	588	606
余江区	112	69	43	555	296	259	164	73	91
贵溪市	1073	353	720	878	396	482	469	223	246
赣州市	**27613**	**13768**	**13845**	**17904**	**9180**	**8724**	**10572**	**5707**	**4865**
章贡区	22602	11022	11580	4953	2532	2421	3013	1640	1373
南康区	1200	657	543	2327	1196	1131	673	370	303
赣县区	507	273	234	1159	610	549	1046	632	414
信丰县	374	208	166	1383	729	654	704	364	340
大余县	219	124	95	604	324	280	317	173	144
上犹县	192	111	81	376	182	194	144	76	68
崇义县	107	57	50	278	132	146	111	63	48
安远县	60	34	26	387	202	185	197	112	85
定南县	449	244	205	869	474	395	675	336	339
全南县	326	178	148	599	304	295	343	152	191

7-10　续表 3

单位：人

现住地	学习培训			随同离开/投亲靠友			拆迁/搬家		
	小计	男	女	小计	男	女	小计	男	女
宁都县	258	144	114	675	332	343	411	227	184
于都县	267	138	129	737	386	351	220	111	109
兴国县	281	147	134	761	361	400	223	110	113
会昌县	67	32	35	415	212	203	228	116	112
寻乌县	102	54	48	498	247	251	353	181	172
石城县	66	39	27	303	142	161	425	242	183
瑞金市	202	105	97	730	385	345	733	404	329
龙南市	334	201	133	850	430	420	756	398	358
吉安市	**8027**	**3522**	**4505**	**7480**	**3721**	**3759**	**3470**	**1793**	**1677**
吉州区	732	301	431	1232	626	606	1111	557	554
青原区	4960	1991	2969	766	375	391	345	181	164
吉安县	572	310	262	1037	503	534	557	295	262
吉水县	168	86	82	471	232	239	210	107	103
峡江县	72	37	35	264	113	151	86	56	30
新干县	156	83	73	347	176	171	77	41	36
永丰县	125	71	54	382	183	199	144	71	73
泰和县	153	80	73	577	264	313	309	159	150
遂川县	143	72	71	455	256	199	157	68	89
万安县	146	81	65	312	161	151	74	42	32
安福县	211	107	104	503	278	225	111	57	54
永新县	335	178	157	635	316	319	177	99	78
井冈山市	254	125	129	499	238	261	112	60	52
宜春市	**10539**	**3888**	**6651**	**9625**	**4712**	**4913**	**5462**	**2809**	**2653**
袁州区	7366	2634	4732	3061	1487	1574	2393	1259	1134
奉新县	231	120	111	616	307	309	265	131	134
万载县	155	78	77	661	338	323	221	118	103
上高县	184	99	85	602	304	298	383	182	201
宜丰县	254	113	141	1162	563	599	399	220	179
靖安县	65	38	27	308	154	154	165	86	79
铜鼓县	66	30	36	247	129	118	169	91	78
丰城市	613	239	374	886	427	459	695	337	358
樟树市	387	200	187	811	393	418	436	217	219
高安市	1218	337	881	1271	610	661	336	168	168
抚州市	**6905**	**3233**	**3672**	**5343**	**2564**	**2779**	**4265**	**2136**	**2129**
临川区	5914	2687	3227	2083	988	1095	1838	928	910
东乡区	125	72	53	391	184	207	290	139	151
南城县	69	40	29	374	180	194	419	211	208
黎川县	60	37	23	360	171	189	361	172	189
南丰县	108	62	46	387	181	206	182	92	90
崇仁县	83	45	38	266	135	131	112	61	51
乐安县	48	26	22	232	111	121	75	40	35
宜黄县	27	17	10	324	157	167	127	56	71
金溪县	146	73	73	249	122	127	97	61	36
资溪县	226	119	107	449	225	224	464	222	242
广昌县	99	55	44	228	110	118	300	154	146
上饶市	**8665**	**3730**	**4935**	**8489**	**4082**	**4407**	**4095**	**2171**	**1924**
信州区	4348	1578	2770	1509	725	784	1286	664	622
广丰区	922	280	642	999	457	542	358	200	158
广信区	1294	777	517	1077	506	571	358	209	149
玉山县	556	292	264	1104	515	589	583	267	316
铅山县	103	47	56	312	155	157	181	97	84
横峰县	159	84	75	226	110	116	101	61	40
弋阳县	124	68	56	343	171	172	169	89	80
余干县	134	79	55	262	121	141	192	116	76
鄱阳县	347	189	158	1086	560	526	290	157	133
万年县	134	67	67	311	155	156	90	45	45
婺源县	294	144	150	504	263	241	261	142	119
德兴市	250	125	125	756	344	412	226	124	102

7-10 续表 4

单位：人

现住地	寄挂户口			婚姻嫁娶			照料孙子女		
	小计	男	女	小计	男	女	小计	男	女
全　省	**7033**	**3824**	**3209**	**65061**	**7749**	**57312**	**17564**	**5800**	**11764**
南昌市	**1749**	**1026**	**723**	**9523**	**1290**	**8233**	**8370**	**2786**	**5584**
东湖区	874	524	350	1119	172	947	537	203	334
西湖区	168	93	75	995	200	795	835	286	549
青云谱区	97	55	42	714	124	590	442	141	301
青山湖区	141	83	58	1956	305	1651	2749	888	1861
新建区	114	61	53	1003	91	912	418	144	274
红谷滩区	89	57	32	838	160	678	1795	619	1176
南昌县	197	109	88	2102	187	1915	1505	479	1026
安义县	15	9	6	151	13	138	43	12	31
进贤县	54	35	19	645	38	607	46	14	32
景德镇市	**406**	**205**	**201**	**3010**	**413**	**2597**	**551**	**195**	**356**
昌江区	101	56	45	546	74	472	106	40	66
珠山区	157	82	75	785	149	636	344	119	225
浮梁县	66	31	35	449	79	370	28	11	17
乐平市	82	36	46	1230	111	1119	73	25	48
萍乡市	**570**	**307**	**263**	**4816**	**796**	**4020**	**424**	**129**	**295**
安源区	211	130	81	1583	379	1204	287	83	204
湘东区	81	41	40	833	114	719	28	8	20
莲花县	115	58	57	525	86	439	33	12	21
上栗县	104	50	54	1246	146	1100	44	17	27
芦溪县	59	28	31	629	71	558	32	9	23
九江市	**827**	**455**	**372**	**8296**	**1188**	**7108**	**2352**	**780**	**1572**
濂溪区	114	57	57	989	163	826	744	248	496
浔阳区	157	94	63	1173	250	923	814	286	528
柴桑区	80	53	27	408	60	348	110	32	78
武宁县	111	57	54	822	92	730	57	17	40
修水县	100	51	49	867	111	756	40	10	30
永修县	56	30	26	867	81	786	67	22	45
德安县	30	16	14	593	98	495	106	38	68
都昌县	30	12	18	476	63	413	28	11	17
湖口县	11	10	1	325	62	263	121	30	91
彭泽县	25	15	10	616	87	529	78	19	59
瑞昌市	28	16	12	682	79	603	76	28	48
共青城市	22	8	14	255	26	229	98	35	63
庐山市	63	36	27	223	16	207	13	4	9
新余市	**238**	**119**	**119**	**1244**	**110**	**1134**	**388**	**115**	**273**
渝水区	148	73	75	890	83	807	373	112	261
分宜县	90	46	44	354	27	327	15	3	12
鹰潭市	**201**	**102**	**99**	**1947**	**134**	**1813**	**394**	**123**	**271**
月湖区	80	36	44	647	77	570	244	79	165
余江区	37	20	17	448	16	432	29	8	21
贵溪市	84	46	38	852	41	811	121	36	85
赣州市	**1169**	**615**	**554**	**9559**	**1216**	**8343**	**1652**	**576**	**1076**
章贡区	182	112	70	1421	375	1046	908	319	589
南康区	59	33	26	675	69	606	189	76	113
赣县区	74	38	36	519	55	464	67	26	41
信丰县	64	33	31	494	75	419	64	18	46
大余县	41	23	18	519	81	438	41	13	28
上犹县	26	15	11	344	31	313	42	15	27
崇义县	21	9	12	242	25	217	24	6	18
安远县	49	22	27	300	19	281	12	2	10
定南县	61	17	44	566	67	499	61	21	40
全南县	71	30	41	327	27	300	43	11	32

7-10 续表 5

单位：人

现住地	寄挂户口			婚姻嫁娶			照料孙子女		
	小计	男	女	小计	男	女	小计	男	女
宁都县	56	28	28	834	81	753	18	3	15
于都县	49	28	21	415	32	383	29	9	20
兴国县	39	26	13	725	66	659	43	15	28
会昌县	35	15	20	412	22	390	21	7	14
寻乌县	186	102	84	568	38	530	8	5	3
石城县	17	8	9	217	21	196	15	3	12
瑞金市	95	57	38	452	36	416	26	9	17
龙南市	44	19	25	529	96	433	41	18	23
吉安市	**531**	**269**	**262**	**5106**	**567**	**4539**	**778**	**255**	**523**
吉州区	70	40	30	598	116	482	214	81	133
青原区	29	13	16	308	20	288	139	46	93
吉安县	89	41	48	588	52	536	155	50	105
吉水县	49	27	22	360	20	340	27	8	19
峡江县	21	9	12	217	18	199	4	2	2
新干县	26	13	13	234	19	215	11	4	7
永丰县	27	16	11	350	18	332	16	5	11
泰和县	40	18	22	321	30	291	28	9	19
遂川县	29	17	12	551	53	498	20	4	16
万安县	44	20	24	306	38	268	32	5	27
安福县	26	10	16	451	56	395	43	15	28
永新县	50	29	21	448	56	392	25	7	18
井冈山市	31	16	15	374	71	303	64	19	45
宜春市	**481**	**271**	**210**	**6671**	**718**	**5953**	**1017**	**312**	**705**
袁州区	91	46	45	1905	216	1689	488	153	335
奉新县	31	22	9	398	42	356	76	25	51
万载县	21	12	9	781	98	683	21	3	18
上高县	28	14	14	362	42	320	55	13	42
宜丰县	35	21	14	452	69	383	57	15	42
靖安县	29	12	17	331	65	266	37	13	24
铜鼓县	8	3	5	301	42	259	11	3	8
丰城市	82	42	40	808	31	777	64	22	42
樟树市	31	19	12	542	67	475	92	28	64
高安市	125	80	45	791	46	745	116	37	79
抚州市	**299**	**159**	**140**	**4515**	**380**	**4135**	**637**	**209**	**428**
临川区	86	48	38	1476	109	1367	362	122	240
东乡区	29	16	13	484	34	450	56	19	37
南城县	22	10	12	279	21	258	18	6	12
黎川县	23	13	10	323	35	288	13	2	11
南丰县	16	7	9	558	66	492	19	5	14
崇仁县	48	24	24	336	15	321	13	3	10
乐安县	7	3	4	242	14	228	12	5	7
宜黄县	10	8	2	168	21	147	9	3	6
金溪县	29	18	11	264	23	241	22	10	12
资溪县	19	10	9	173	18	155	93	29	64
广昌县	10	2	8	212	24	188	20	5	15
上饶市	**562**	**296**	**266**	**10374**	**937**	**9437**	**1001**	**320**	**681**
信州区	95	51	44	1199	168	1031	346	114	232
广丰区	49	27	22	1311	69	1242	34	9	25
广信区	41	16	25	1387	111	1276	187	58	129
玉山县	49	22	27	1909	123	1786	92	26	66
铅山县	25	13	12	507	32	475	23	12	11
横峰县	10	5	5	282	30	252	23	6	17
弋阳县	34	14	20	372	32	340	25	11	14
余干县	35	18	17	563	26	537	11	5	6
鄱阳县	74	43	31	1072	95	977	68	17	51
万年县	17	12	5	294	35	259	32	13	19
婺源县	45	29	16	754	137	617	62	17	45
德兴市	88	46	42	724	79	645	98	32	66

7-10 续表 6

单位：人

现住地	为子女就学			养老/康养			其他		
	小计	男	女	小计	男	女	小计	男	女
全　省	**5449**	**1609**	**3840**	**7547**	**3483**	**4064**	**77617**	**44739**	**32878**
南昌市	**1022**	**356**	**666**	**1435**	**650**	**785**	**19767**	**11803**	**7964**
东湖区	89	32	57	124	56	68	4171	2528	1643
西湖区	116	49	67	153	72	81	2297	1290	1007
青云谱区	54	21	33	148	66	82	1039	596	443
青山湖区	205	67	138	334	150	184	2236	1229	1007
新建区	90	34	56	117	54	63	2651	1738	913
红谷滩区	176	68	108	234	109	125	1839	1009	830
南昌县	206	70	136	266	112	154	4386	2722	1664
安义县	18	3	15	15	10	5	712	436	276
进贤县	68	12	56	44	21	23	436	255	181
景德镇市	**176**	**59**	**117**	**249**	**110**	**139**	**3611**	**2088**	**1523**
昌江区	27	5	22	82	37	45	1341	805	536
珠山区	45	18	27	110	49	61	1133	592	541
浮梁县	27	7	20	28	11	17	450	305	145
乐平市	77	29	48	29	13	16	687	386	301
萍乡市	**146**	**50**	**96**	**247**	**120**	**127**	**2108**	**1135**	**973**
安源区	51	17	34	139	64	75	906	502	404
湘东区	12	6	6	38	21	17	303	164	139
莲花县	19	8	11	21	13	8	311	154	157
上栗县	38	8	30	30	14	16	353	189	164
芦溪县	26	11	15	19	8	11	235	126	109
九江市	**1009**	**330**	**679**	**1097**	**501**	**596**	**15688**	**9099**	**6589**
濂溪区	197	83	114	378	155	223	1758	1002	756
浔阳区	221	90	131	277	127	150	1893	1049	844
柴桑区	110	40	70	41	20	21	2217	1366	851
武宁县	71	14	57	38	19	19	2568	1521	1047
修水县	51	7	44	26	12	14	1775	923	852
永修县	57	9	48	68	32	36	2107	1322	785
德安县	62	18	44	55	28	27	453	256	197
都昌县	40	10	30	21	12	9	599	379	220
湖口县	32	6	26	38	21	17	300	164	136
彭泽县	83	26	57	56	34	22	535	291	244
瑞昌市	68	25	43	33	14	19	873	494	379
共青城市	9	1	8	28	12	16	269	131	138
庐山市	8	1	7	38	15	23	341	201	140
新余市	**158**	**45**	**113**	**176**	**71**	**105**	**2185**	**1253**	**932**
渝水区	140	40	100	160	64	96	1673	980	693
分宜县	18	5	13	16	7	9	512	273	239
鹰潭市	**132**	**24**	**108**	**203**	**88**	**115**	**1608**	**853**	**755**
月湖区	73	19	54	101	41	60	783	425	358
余江区	25	3	22	23	10	13	386	199	187
贵溪市	34	2	32	79	37	42	439	229	210
赣州市	**807**	**243**	**564**	**626**	**299**	**327**	**11310**	**6669**	**4641**
章贡区	111	41	70	247	105	142	4220	2472	1748
南康区	92	40	52	63	39	24	781	458	323
赣县区	37	18	19	33	13	20	2109	1336	773
信丰县	44	17	27	14	7	7	636	387	249
大余县	49	11	38	24	11	13	921	582	339
上犹县	25	6	19	9	4	5	102	46	56
崇义县	18	2	16	9	4	5	130	71	59
安远县	7	1	6	3	1	2	140	74	66
定南县	103	26	77	42	22	20	177	87	90
全南县	84	19	65	27	11	16	262	132	130

7-10 续表 7

单位：人

现住地	为子女就学			养老/康养			其他		
	小计	男	女	小计	男	女	小计	男	女
宁都县	30	8	22	37	20	17	365	179	186
于都县	41	12	29	33	17	16	126	55	71
兴国县	29	6	23	28	14	14	335	230	105
会昌县	9	2	7	11	6	5	165	86	79
寻乌县	11	3	8	5	2	3	265	151	114
石城县	9	2	7	7	3	4	156	89	67
瑞金市	16	6	10	13	8	5	167	84	83
龙南市	92	23	69	21	12	9	253	150	103
吉安市	**454**	**116**	**338**	**383**	**187**	**196**	**3977**	**2229**	**1748**
吉州区	83	23	60	91	45	46	621	335	286
青原区	77	17	60	49	20	29	505	361	144
吉安县	64	32	32	58	27	31	957	561	396
吉水县	15	3	12	9	3	6	207	112	95
峡江县	14	7	7	13	7	6	85	46	39
新干县	28	5	23	10	3	7	146	78	68
永丰县	17	2	15	7	4	3	122	56	66
泰和县	10	5	5	24	12	12	222	126	96
遂川县	20	5	15	11	6	5	179	79	100
万安县	14	2	12	13	7	6	140	71	69
安福县	28	4	24	30	16	14	206	106	100
永新县	46	6	40	32	16	16	394	191	203
井冈山市	38	5	33	36	21	15	193	107	86
宜春市	**433**	**110**	**323**	**2223**	**1032**	**1191**	**6053**	**3381**	**2672**
袁州区	169	46	123	1931	895	1036	1472	788	684
奉新县	18	1	17	36	19	17	328	192	136
万载县	4		4	23	9	14	608	316	292
上高县	39	10	29	28	15	13	481	292	189
宜丰县	27	9	18	30	13	17	389	225	164
靖安县	22	4	18	30	13	17	396	287	109
铜鼓县	16	1	15	32	12	20	365	194	171
丰城市	32	9	23	30	16	14	992	497	495
樟树市	33	10	23	40	20	20	298	147	151
高安市	73	20	53	43	20	23	724	443	281
抚州市	**483**	**128**	**355**	**309**	**131**	**178**	**4178**	**2206**	**1972**
临川区	254	67	187	161	69	92	2176	1147	1029
东乡区	36	6	30	16	7	9	306	166	140
南城县	21	6	15	7	2	5	219	114	105
黎川县	14	3	11	18	9	9	258	145	113
南丰县	36	11	25	29	13	16	227	111	116
崇仁县	16	2	14	8	4	4	158	79	79
乐安县	15	2	13	12	5	7	146	73	73
宜黄县	12	2	10	8	5	3	186	89	97
金溪县	12	3	9	16	5	11	142	79	63
资溪县	50	22	28	20	6	14	215	113	102
广昌县	17	4	13	14	6	8	145	90	55
上饶市	**629**	**148**	**481**	**599**	**294**	**305**	**7132**	**4023**	**3109**
信州区	108	33	75	158	76	82	2374	1460	914
广丰区	21	3	18	30	14	16	882	487	395
广信区	91	27	64	77	38	39	701	381	320
玉山县	140	27	113	78	39	39	525	254	271
铅山县	17	6	11	19	12	7	99	45	54
横峰县	17	2	15	9	2	7	141	64	77
弋阳县	20	4	16	35	16	19	343	191	152
余干县	14	3	11	6	4	2	688	343	345
鄱阳县	83	20	63	40	23	17	426	224	202
万年县	28	1	27	12	9	3	193	102	91
婺源县	61	14	47	77	34	43	303	177	126
德兴市	29	8	21	58	27	31	457	295	162

7-10a 全省按现住地、性别、迁移原因分的户口登记地在外省的人口(城市)

单位：人

现住地	合计			工作就业		
	合计	男	女	小计	男	女
全 省	**691391**	**388380**	**303011**	**313481**	**210353**	**103128**
南昌市	**281220**	**162127**	**119093**	**128516**	**86537**	**41979**
东湖区	38209	22328	15881	21108	13807	7301
西湖区	31338	18549	12789	19299	12705	6594
青云谱区	18635	11110	7525	11321	7541	3780
青山湖区	95938	53097	42841	38837	25422	13415
新建区	21039	13518	7521	11616	8488	3128
红谷滩区	75953	43450	32503	26269	18524	7745
南昌县	108	75	33	66	50	16
安义县						
进贤县						
景德镇市	**28549**	**15749**	**12800**	**13740**	**8983**	**4757**
昌江区	8218	4876	3342	4454	2968	1486
珠山区	16260	8627	7633	7286	4627	2659
浮梁县	254	181	73	175	146	29
乐平市	3817	2065	1752	1825	1242	583
萍乡市	**22047**	**11851**	**10196**	**8866**	**6144**	**2722**
安源区	19067	10044	9023	7283	4940	2343
湘东区	2699	1622	1077	1366	1041	325
莲花县						
上栗县	281	185	96	217	163	54
芦溪县						
九江市	**88098**	**45269**	**42829**	**30693**	**19582**	**11111**
濂溪区	23862	11968	11894	7310	4442	2868
浔阳区	26748	14331	12417	11584	7520	4064
柴桑区	11676	7353	4323	7045	4766	2279
武宁县						
修水县						
永修县						
德安县						
都昌县						
湖口县						
彭泽县						
瑞昌市	4315	2310	2005	1626	1001	625
共青城市	19983	8442	11541	2243	1295	948
庐山市	1514	865	649	885	558	327
新余市	**20035**	**11182**	**8853**	**6318**	**4014**	**2304**
渝水区	20035	11182	8853	6318	4014	2304
分宜县						
鹰潭市	**16754**	**9329**	**7425**	**9393**	**6229**	**3164**
月湖区	10118	5689	4429	5556	3730	1826
余江区	3103	1829	1274	2179	1437	742
贵溪市	3533	1811	1722	1658	1062	596
赣州市	**100152**	**58670**	**41482**	**50957**	**34209**	**16748**
章贡区	60441	33693	26748	24164	15846	8318
南康区	15917	10057	5860	11538	7936	3602
赣县区	10868	6835	4033	6505	4320	2185
信丰县						
大余县						
上犹县						
崇义县						
安远县						
定南县						
全南县						

7－10a　续表 1

单位：人

现住地	合计			工作就业		
	合计	男	女	小计	男	女
宁都县						
于都县						
兴国县						
会昌县						
寻乌县	28	13	15	20	11	9
石城县						
瑞金市	4172	2431	1741	2314	1542	772
龙南市	8726	5641	3085	6416	4554	1862
吉安市	**18530**	**9283**	**9247**	**6705**	**4163**	**2542**
吉州区	8602	4570	4032	4115	2555	1560
青原区	8833	4141	4692	2068	1277	791
吉安县						
吉水县						
峡江县						
新干县						
永丰县						
泰和县						
遂川县						
万安县						
安福县						
永新县						
井冈山市	1095	572	523	522	331	191
宜春市	**45131**	**24851**	**20280**	**21303**	**15002**	**6301**
袁州区	26521	13302	13219	9643	6470	3173
奉新县						
万载县						
上高县						
宜丰县						
靖安县						
铜鼓县						
丰城市	8099	5105	2994	5302	3959	1343
樟树市	4619	2608	2011	2486	1675	811
高安市	5892	3836	2056	3872	2898	974
抚州市	**23170**	**12017**	**11153**	**8853**	**5710**	**3143**
临川区	19027	9567	9460	6040	3758	2282
东乡区	4143	2450	1693	2813	1952	861
南城县						
黎川县						
南丰县						
崇仁县						
乐安县						
宜黄县						
金溪县						
资溪县						
广昌县						
上饶市	**47705**	**28052**	**19653**	**28137**	**19780**	**8357**
信州区	20916	11427	9489	10304	6846	3458
广丰区	6042	3024	3018	3203	2028	1175
广信区	14190	9229	4961	10172	7425	2747
玉山县						
铅山县	9	6	3	8	5	3
横峰县						
弋阳县						
余干县	204	104	100	141	81	60
鄱阳县	4		4			
万年县						
婺源县						
德兴市	6340	4262	2078	4309	3395	914

7-10a 续表 2

单位：人

现住地	学习培训			随同离开/投亲靠友			拆迁/搬家		
	小计	男	女	小计	男	女	小计	男	女
全 省	**180960**	**85932**	**95028**	**61319**	**30145**	**31174**	**46311**	**24802**	**21509**
南昌市	**85983**	**43780**	**42203**	**24062**	**11790**	**12272**	**13918**	**7673**	**6245**
东湖区	4363	1826	2537	3493	1792	1701	2520	1473	1047
西湖区	1411	751	660	4226	2100	2126	1838	1003	835
青云谱区	848	579	269	2679	1274	1405	1309	722	587
青山湖区	38065	19227	18838	8218	3882	4336	4040	2179	1861
新建区	1854	1120	734	2482	1300	1182	1845	1068	777
红谷滩区	39439	20275	19164	2953	1437	1516	2366	1228	1138
南昌县	3	2	1	11	5	6			
安义县									
进贤县									
景德镇市	**3190**	**1456**	**1734**	**3568**	**1737**	**1831**	**2752**	**1415**	**1337**
昌江区	335	188	147	940	484	456	709	394	315
珠山区	2701	1187	1514	2173	1031	1142	1646	826	820
浮梁县	2	1	1	23	11	12	10	7	3
乐平市	152	80	72	432	211	221	387	188	199
萍乡市	**4091**	**1630**	**2461**	**2685**	**1292**	**1393**	**3044**	**1587**	**1457**
安源区	3987	1570	2417	2235	1068	1167	2761	1443	1318
湘东区	99	58	41	421	211	210	273	142	131
莲花县									
上栗县	5	2	3	29	13	16	10	2	8
芦溪县									
九江市	**29397**	**12084**	**17313**	**7297**	**3585**	**3712**	**8432**	**4650**	**3782**
濂溪区	8940	3987	4953	1726	819	907	2524	1392	1132
浔阳区	3952	1465	2487	2908	1400	1508	3784	2051	1733
柴桑区	384	210	174	1074	581	493	594	352	242
武宁县									
修水县									
永修县									
德安县									
都昌县									
湖口县									
彭泽县									
瑞昌市	244	118	126	603	306	297	874	500	374
共青城市	15842	6288	9554	786	380	406	578	313	265
庐山市	35	16	19	200	99	101	78	42	36
新余市	**7104**	**4159**	**2945**	**1527**	**757**	**770**	**2093**	**1045**	**1048**
渝水区	7104	4159	2945	1527	757	770	2093	1045	1048
分宜县									
鹰潭市	**663**	**383**	**280**	**1888**	**891**	**997**	**1629**	**791**	**838**
月湖区	379	195	184	1126	519	607	1175	579	596
余江区	75	47	28	270	140	130	106	51	55
贵溪市	209	141	68	492	232	260	348	161	187
赣州市	**24200**	**11858**	**12342**	**8521**	**4379**	**4142**	**5599**	**3089**	**2510**
章贡区	22382	10877	11505	4630	2361	2269	2956	1608	1348
南康区	963	508	455	1691	859	832	504	275	229
赣县区	405	218	187	919	492	427	843	519	324
信丰县									
大余县									
上犹县									
崇义县									
安远县									
定南县									
全南县									

7-10a 续表 3

单位：人

现住地	学习培训			随同离开/投亲靠友			拆迁/搬家		
	小计	男	女	小计	男	女	小计	男	女
宁都县									
于都县									
兴国县									
会昌县									
寻乌县	2		2	1	1		1	1	
石城县									
瑞金市	151	76	75	595	324	271	649	358	291
龙南市	297	179	118	685	342	343	646	328	318
吉安市	**5701**	**2297**	**3404**	**1992**	**996**	**996**	**1436**	**723**	**713**
吉州区	700	286	414	1147	583	564	1083	543	540
青原区	4893	1959	2934	651	321	330	318	162	156
吉安县									
吉水县									
峡江县									
新干县									
永丰县									
泰和县									
遂川县									
万安县									
安福县									
永新县									
井冈山市	108	52	56	194	92	102	35	18	17
宜春市	**8273**	**3020**	**5253**	**4413**	**2169**	**2244**	**3465**	**1784**	**1681**
袁州区	7234	2574	4660	2622	1272	1350	2295	1210	1085
奉新县									
万载县									
上高县									
宜丰县									
靖安县									
铜鼓县									
丰城市	483	165	318	572	292	280	529	259	270
樟树市	347	175	172	636	315	321	417	209	208
高安市	209	106	103	583	290	293	224	106	118
抚州市	**5838**	**2667**	**3171**	**2104**	**1008**	**1096**	**2015**	**1012**	**1003**
临川区	5734	2608	3126	1792	860	932	1782	898	884
东乡区	104	59	45	312	148	164	233	114	119
南城县									
黎川县									
南丰县									
崇仁县									
乐安县									
宜黄县									
金溪县									
资溪县									
广昌县									
上饶市	**6520**	**2598**	**3922**	**3262**	**1541**	**1721**	**1928**	**1033**	**895**
信州区	4255	1522	2733	1297	621	676	1225	637	588
广丰区	820	223	597	606	288	318	208	116	92
广信区	1214	736	478	788	383	405	311	182	129
玉山县									
铅山县									
横峰县									
弋阳县									
余干县	11	9	2	7	1	6	2	1	1
鄱阳县				2		2			
万年县									
婺源县									
德兴市	220	108	112	562	248	314	182	97	85

7-10a 续表 4

单位：人

现住地	寄挂户口			婚姻嫁娶			照料孙子女		
	小计	男	女	小计	男	女	小计	男	女
全 省	**3242**	**1832**	**1410**	**23880**	**3813**	**20067**	**13020**	**4402**	**8618**
南昌市	**1380**	**815**	**565**	**6074**	**994**	**5080**	**6472**	**2191**	**4281**
东湖区	827	495	332	1067	163	904	527	199	328
西湖区	168	93	75	995	200	795	835	286	549
青云谱区	96	54	42	713	124	589	438	139	299
青山湖区	132	76	56	1740	281	1459	2539	831	1708
新建区	68	40	28	718	65	653	343	120	223
红谷滩区	89	57	32	837	160	677	1788	616	1172
南昌县				4	1	3	2		2
安义县									
进贤县									
景德镇市	**263**	**138**	**125**	**1655**	**271**	**1384**	**508**	**182**	**326**
昌江区	79	45	34	402	62	340	99	39	60
珠山区	157	82	75	768	148	620	342	119	223
浮梁县	5	3	2	26	3	23	2	1	1
乐平市	22	8	14	459	58	401	65	23	42
萍乡市	**159**	**90**	**69**	**1753**	**408**	**1345**	**302**	**87**	**215**
安源区	126	73	53	1405	347	1058	281	82	199
湘东区	33	17	16	334	59	275	21	5	16
莲花县									
上栗县				14	2	12			
芦溪县									
九江市	**374**	**211**	**163**	**2748**	**484**	**2264**	**1744**	**597**	**1147**
濂溪区	85	40	45	794	133	661	718	237	481
浔阳区	157	94	63	1160	250	910	814	286	528
柴桑区	50	35	15	223	30	193	71	24	47
武宁县									
修水县									
永修县									
德安县									
都昌县									
湖口县									
彭泽县									
瑞昌市	16	10	6	331	44	287	40	16	24
共青城市	19	8	11	182	18	164	92	32	60
庐山市	47	24	23	58	9	49	9	2	7
新余市	**95**	**47**	**48**	**763**	**76**	**687**	**355**	**106**	**249**
渝水区	95	47	48	763	76	687	355	106	249
分宜县									
鹰潭市	**125**	**61**	**64**	**1133**	**115**	**1018**	**372**	**117**	**255**
月湖区	75	35	40	624	76	548	239	77	162
余江区	12	7	5	165	11	154	25	7	18
贵溪市	38	19	19	344	28	316	108	33	75
赣州市	**316**	**181**	**135**	**2434**	**524**	**1910**	**1177**	**431**	**746**
章贡区	178	109	69	1280	356	924	894	316	578
南康区	32	16	16	386	39	347	170	70	100
赣县区	30	17	13	194	31	163	53	21	32
信丰县									
大余县									
上犹县									
崇义县									
安远县									
定南县									
全南县									

7-10a　续表 5

单位：人

现住地	寄挂户口			婚姻嫁娶			照料孙子女		
	小计	男	女	小计	男	女	小计	男	女
宁都县									
于都县									
兴国县									
会昌县									
寻乌县				4		4			
石城县									
瑞金市	52	29	23	248	29	219	22	7	15
龙南市	24	10	14	322	69	253	38	17	21
吉安市	**78**	**40**	**38**	**872**	**158**	**714**	**370**	**132**	**238**
吉州区	57	32	25	547	113	434	204	77	127
青原区	12	4	8	215	18	197	132	44	88
吉安县									
吉水县									
峡江县									
新干县									
永丰县									
泰和县									
遂川县									
万安县									
安福县									
永新县									
井冈山市	9	4	5	110	27	83	34	11	23
宜春市	**189**	**112**	**77**	**2305**	**314**	**1991**	**701**	**223**	**478**
袁州区	58	28	30	1275	198	1077	477	149	328
奉新县									
万载县									
上高县									
宜丰县									
靖安县									
铜鼓县									
丰城市	34	17	17	389	25	364	54	19	35
樟树市	21	14	7	336	60	276	88	27	61
高安市	76	53	23	305	31	274	82	28	54
抚州市	**83**	**46**	**37**	**1354**	**127**	**1227**	**406**	**138**	**268**
临川区	62	35	27	997	97	900	357	121	236
东乡区	21	11	10	357	30	327	49	17	32
南城县									
黎川县									
南丰县									
崇仁县									
乐安县									
宜黄县									
金溪县									
资溪县									
广昌县									
上饶市	**180**	**91**	**89**	**2789**	**342**	**2447**	**613**	**198**	**415**
信州区	74	42	32	929	158	771	330	111	219
广丰区	20	11	9	613	51	562	21	7	14
广信区	18	5	13	802	82	720	171	49	122
玉山县									
铅山县				1	1				
横峰县									
弋阳县									
余干县				19		19			
鄱阳县				2		2			
万年县									
婺源县									
德兴市	68	33	35	423	50	373	91	31	60

7—10a 续表 6

单位：人

现住地	为子女就学			养老/康养			其他		
	小计	男	女	小计	男	女	小计	男	女
全 省	**3019**	**1000**	**2019**	**5014**	**2261**	**2753**	**41145**	**23840**	**17305**
南昌市	**706**	**263**	**443**	**1068**	**486**	**582**	**13041**	**7598**	**5443**
东湖区	88	32	56	123	55	68	4093	2486	1607
西湖区	116	49	67	153	72	81	2297	1290	1007
青云谱区	54	21	33	148	66	82	1029	590	439
青山湖区	200	66	134	314	138	176	1853	995	858
新建区	72	27	45	96	46	50	1945	1244	701
红谷滩区	176	68	108	234	109	125	1802	976	826
南昌县							22	17	5
安义县									
进贤县									
景德镇市	**140**	**51**	**89**	**203**	**93**	**110**	**2530**	**1423**	**1107**
昌江区	26	5	21	76	35	41	1098	656	442
珠山区	45	18	27	108	48	60	1034	541	493
浮梁县							11	9	2
乐平市	69	28	41	19	10	9	387	217	170
萍乡市	**62**	**23**	**39**	**146**	**67**	**79**	**939**	**523**	**416**
安源区	51	17	34	133	61	72	805	443	362
湘东区	10	5	5	13	6	7	129	78	51
莲花县									
上栗县	1	1					5	2	3
芦溪县									
九江市	**573**	**226**	**347**	**688**	**303**	**385**	**6152**	**3547**	**2605**
濂溪区	184	80	104	327	139	188	1254	699	555
浔阳区	221	90	131	277	127	150	1891	1048	843
柴桑区	100	35	65	30	13	17	2105	1307	798
武宁县									
修水县									
永修县									
德安县									
都昌县									
湖口县									
彭泽县									
瑞昌市	52	19	33	16	8	8	513	288	225
共青城市	9	1	8	24	10	14	208	97	111
庐山市	7	1	6	14	6	8	181	108	73
新余市	**134**	**37**	**97**	**155**	**61**	**94**	**1491**	**880**	**611**
渝水区	134	37	97	155	61	94	1491	880	611
分宜县									
鹰潭市	**123**	**23**	**100**	**184**	**77**	**107**	**1244**	**642**	**602**
月湖区	73	19	54	101	41	60	770	418	352
余江区	18	2	16	15	5	10	238	122	116
贵溪市	32	2	30	68	31	37	236	102	134
赣州市	**326**	**118**	**208**	**328**	**143**	**185**	**6294**	**3738**	**2556**
章贡区	103	39	64	242	101	141	3612	2080	1532
南康区	90	39	51	39	21	18	504	294	210
赣县区	32	16	16	24	7	17	1863	1194	669
信丰县									
大余县									
上犹县									
崇义县									
安远县									
定南县									
全南县									

7-10a　续表 7

单位：人

现住地	为子女就学			养老/康养			其他		
	小计	男	女	小计	男	女	小计	男	女
宁都县									
于都县									
兴国县									
会昌县									
寻乌县									
石城县									
瑞金市	14	5	9	7	5	2	120	56	64
龙南市	87	19	68	16	9	7	195	114	81
吉安市	**177**	**43**	**134**	**152**	**75**	**77**	**1047**	**656**	**391**
吉州区	82	23	59	89	45	44	578	313	265
青原区	74	17	57	45	18	27	425	321	104
吉安县									
吉水县									
峡江县									
新干县									
永丰县									
泰和县									
遂川县									
万安县									
安福县									
永新县									
井冈山市	21	3	18	18	12	6	44	22	22
宜春市	**259**	**74**	**185**	**1656**	**760**	**896**	**2567**	**1393**	**1174**
袁州区	161	45	116	1592	732	860	1164	624	540
奉新县									
万载县									
上高县									
宜丰县									
靖安县									
铜鼓县									
丰城市	23	7	16	13	5	8	700	357	343
樟树市	28	10	18	32	15	17	228	108	120
高安市	47	12	35	19	8	11	475	304	171
抚州市	**285**	**73**	**212**	**151**	**65**	**86**	**2081**	**1171**	**910**
临川区	250	67	183	138	60	78	1875	1063	812
东乡区	35	6	29	13	5	8	206	108	98
南城县									
黎川县									
南丰县									
崇仁县									
乐安县									
宜黄县									
金溪县									
资溪县									
广昌县									
上饶市	**234**	**69**	**165**	**283**	**131**	**152**	**3759**	**2269**	**1490**
信州区	106	33	73	150	71	79	2246	1386	860
广丰区	12	2	10	22	7	15	517	291	226
广信区	87	26	61	61	29	32	566	312	254
玉山县									
铅山县									
横峰县									
弋阳县									
余干县							24	12	12
鄱阳县									
万年县									
婺源县									
德兴市	29	8	21	50	24	26	406	268	138

7-10b 全省按现住地、性别、迁移原因分的户口登记地在外省的人口(镇)

单位：人

现住地	合计			工作就业		
	合计	男	女	小计	男	女
全省	**408890**	**235596**	**173294**	**214835**	**148055**	**66780**
南昌市	**123833**	**67796**	**56037**	**43086**	**29559**	**13527**
东湖区	244	156	88	157	108	49
西湖区						
青云谱区	285	196	89	229	162	67
青山湖区	27249	16374	10875	5303	3883	1420
新建区	1697	1055	642	902	673	229
红谷滩区						
南昌县	73529	37484	36045	24759	16474	8285
安义县	16630	10385	6245	9587	6879	2708
进贤县	4199	2146	2053	2149	1380	769
景德镇市	**15888**	**7382**	**8506**	**3443**	**2153**	**1290**
昌江区	282	159	123	109	77	32
珠山区	318	154	164	164	87	77
浮梁县	14328	6565	7763	2733	1684	1049
乐平市	960	504	456	437	305	132
萍乡市	**13229**	**7816**	**5413**	**6950**	**5162**	**1788**
安源区	1116	658	458	528	389	139
湘东区	976	529	447	452	329	123
莲花县	2892	1743	1149	1604	1167	437
上栗县	5050	2950	2100	2590	1929	661
芦溪县	3195	1936	1259	1776	1348	428
九江市	**48215**	**29403**	**18812**	**27376**	**19612**	**7764**
濂溪区	805	496	309	438	317	121
浔阳区						
柴桑区	2065	1426	639	1597	1216	381
武宁县	4849	2512	2337	1270	773	497
修水县	5055	2568	2487	1645	1061	584
永修县	7873	4855	3018	3874	2738	1136
德安县	5937	3176	2761	3766	2270	1496
都昌县	3753	2132	1621	2255	1368	887
湖口县	4651	3005	1646	3166	2355	811
彭泽县	10247	7509	2738	7930	6525	1405
瑞昌市	2309	1300	1009	1001	668	333
共青城市	31	15	16	4	3	1
庐山市	640	409	231	430	318	112
新余市	**5434**	**3158**	**2276**	**2520**	**1585**	**935**
渝水区	3280	1996	1284	1510	916	594
分宜县	2154	1162	992	1010	669	341
鹰潭市	**8044**	**5058**	**2986**	**5994**	**4372**	**1622**
月湖区	405	231	174	283	180	103
余江区	2519	1579	940	2025	1364	661
贵溪市	5120	3248	1872	3686	2828	858
赣州市	**59044**	**36386**	**22658**	**37873**	**26660**	**11213**
章贡区	1025	710	315	947	666	281
南康区	888	552	336	547	382	165
赣县区	3790	3153	637	3274	2902	372
信丰县	11250	7142	4108	7965	5525	2440
大余县	4066	2384	1682	1846	1206	640
上犹县	2288	1224	1064	1297	804	493
崇义县	1274	662	612	645	398	247
安远县	2396	1428	968	1502	1020	482
定南县	6458	3967	2491	3931	2866	1065
全南县	3739	1917	1822	1974	1170	804

7-10b　续表 1　　单位：人

现住地	合计			工作就业		
	合计	男	女	小计	男	女
宁都县	4448	2674	1774	2704	1908	796
于都县	5973	3781	2192	4586	3135	1451
兴国县	5048	3130	1918	3324	2354	970
会昌县	2380	1334	1046	1393	927	466
寻乌县	1946	1034	912	856	568	288
石城县	1213	627	586	343	215	128
瑞金市	132	73	59	76	53	23
龙南市	730	594	136	663	561	102
吉安市	**36845**	**21583**	**15262**	**24589**	**16233**	**8356**
吉州区	640	366	274	524	323	201
青原区	122	67	55	55	37	18
吉安县	11999	7102	4897	8699	5523	3176
吉水县	3189	1923	1266	2273	1552	721
峡江县	1041	644	397	639	480	159
新干县	2796	1755	1041	1993	1421	572
永丰县	2009	1111	898	1162	781	381
泰和县	2804	1567	1237	1741	1095	646
遂川县	2667	1577	1090	1695	1178	517
万安县	2309	1368	941	1531	1047	484
安福县	2487	1404	1083	1499	972	527
永新县	3465	1999	1466	2115	1403	712
井冈山市	1317	700	617	663	421	242
宜春市	**33948**	**20299**	**13649**	**21832**	**15175**	**6657**
袁州区	636	348	288	397	263	134
奉新县	4589	2596	1993	3046	1924	1122
万载县	4065	2282	1783	2335	1495	840
上高县	4509	2592	1917	2652	1751	901
宜丰县	6219	3769	2450	4103	2814	1289
靖安县	2266	1456	810	1375	1054	321
铜鼓县	1598	861	737	683	447	236
丰城市	1321	686	635	614	397	217
樟树市	882	610	272	706	542	164
高安市	7863	5099	2764	5921	4488	1433
抚州市	**26138**	**15131**	**11007**	**16665**	**11249**	**5416**
临川区	2723	1974	749	2340	1823	517
东乡区	268	156	112	146	116	30
南城县	2715	1496	1219	1468	973	495
黎川县	2967	1647	1320	1657	1105	552
南丰县	2428	1242	1186	1207	790	417
崇仁县	1754	933	821	956	639	317
乐安县	1395	804	591	852	596	256
宜黄县	5201	3286	1915	4530	3005	1525
金溪县	1756	1007	749	1047	713	334
资溪县	3073	1497	1576	1447	774	673
广昌县	1858	1089	769	1015	715	300
上饶市	**38272**	**21584**	**16688**	**24507**	**16295**	**8212**
信州区	315	176	139	199	125	74
广丰区	1340	674	666	771	511	260
广信区	540	310	230	304	222	82
玉山县	9200	4741	4459	5483	3444	2039
铅山县	2737	1589	1148	1817	1262	555
横峰县	2455	1590	865	1780	1330	450
弋阳县	3860	2331	1529	2685	1818	867
余干县	3837	2305	1532	2672	1820	852
鄱阳县	7132	4089	3043	4665	3109	1556
万年县	3297	1883	1414	2406	1531	875
婺源县	3324	1765	1559	1582	1026	556
德兴市	235	131	104	143	97	46

7-10b 续表 2

单位：人

现住地	学习培训			随同离开/投亲靠友			拆迁/搬家		
	小计	男	女	小计	男	女	小计	男	女
全　省	**81543**	**38799**	**42744**	**35325**	**17409**	**17916**	**21926**	**11346**	**10580**
南昌市	**58663**	**28227**	**30436**	**7330**	**3546**	**3784**	**5594**	**2849**	**2745**
东湖区	3	2	1	35	22	13	29	18	11
西湖区									
青云谱区	5	2	3	30	21	9	5	2	3
青山湖区	20366	11793	8573	870	421	449	160	84	76
新建区	124	62	62	162	65	97	154	81	73
红谷滩区									
南昌县	32556	13670	18886	4980	2373	2607	4617	2345	2272
安义县	5307	2553	2754	695	378	317	229	136	93
进贤县	302	145	157	558	266	292	400	183	217
景德镇市	**10138**	**4184**	**5954**	**584**	**301**	**283**	**627**	**322**	**305**
昌江区	3	1	2	20	11	9	97	58	39
珠山区	5	2	3	34	14	20	4	4	
浮梁县	10100	4162	5938	417	223	194	464	231	233
乐平市	30	19	11	113	53	60	62	29	33
萍乡市	**411**	**217**	**194**	**2105**	**1014**	**1091**	**1229**	**652**	**577**
安源区	21	11	10	175	87	88	69	46	23
湘东区	35	20	15	154	71	83	81	39	42
莲花县	157	79	78	474	232	242	202	104	98
上栗县	128	72	56	816	397	419	588	310	278
芦溪县	70	35	35	486	227	259	289	153	136
九江市	**1544**	**843**	**701**	**4147**	**1987**	**2160**	**3198**	**1771**	**1427**
濂溪区	24	13	11	132	61	71	48	26	22
浔阳区									
柴桑区	15	8	7	128	53	75	221	111	110
武宁县	217	126	91	360	181	179	278	131	147
修水县	157	87	70	599	266	333	340	162	178
永修县	236	139	97	481	227	254	804	572	232
德安县	177	82	95	644	309	335	422	223	199
都昌县	173	93	80	341	194	147	97	50	47
湖口县	199	110	89	473	230	243	164	74	90
彭泽县	275	142	133	592	267	325	345	168	177
瑞昌市	62	37	25	352	178	174	465	248	217
共青城市	3	3		12	5	7	6	2	4
庐山市	6	3	3	33	16	17	8	4	4
新余市	**1429**	**910**	**519**	**569**	**279**	**290**	**175**	**97**	**78**
渝水区	1365	879	486	310	152	158	9	6	3
分宜县	64	31	33	259	127	132	166	91	75
鹰潭市	**871**	**192**	**679**	**579**	**290**	**289**	**128**	**59**	**69**
月湖区	34	8	26	50	28	22	18	9	9
余江区	32	17	15	227	131	96	35	13	22
贵溪市	805	167	638	302	131	171	75	37	38
赣州市	**2413**	**1324**	**1089**	**6579**	**3422**	**3157**	**4058**	**2102**	**1956**
章贡区	20	7	13	35	19	16	2	1	1
南康区	27	15	12	126	67	59	92	54	38
赣县区	53	29	24	108	57	51	126	72	54
信丰县	323	177	146	1260	673	587	647	326	321
大余县	191	106	85	470	260	210	284	153	131
上犹县	167	99	68	311	157	154	133	71	62
崇义县	87	47	40	184	87	97	86	47	39
安远县	39	20	19	355	186	169	181	103	78
定南县	401	219	182	687	376	311	605	301	304
全南县	291	166	125	479	243	236	312	140	172

7-10b　续表 3　　　　单位：人

现住地	学习培训			随同离开/投亲靠友			拆迁/搬家		
	小计	男	女	小计	男	女	小计	男	女
宁都县	198	118	80	488	241	247	339	181	158
于都县	249	131	118	604	322	282	195	97	98
兴国县	224	114	110	581	285	296	193	92	101
会昌县	44	23	21	344	177	167	190	100	90
寻乌县	47	26	21	293	151	142	289	140	149
石城县	44	23	21	219	101	118	354	207	147
瑞金市	5	2	3	11	4	7	25	13	12
龙南市	3	2	1	24	16	8	5	4	1
吉安市	**1776**	**954**	**822**	**3732**	**1891**	**1841**	**1619**	**836**	**783**
吉州区	14	5	9	49	22	27	9	4	5
青原区	16	9	7	14	5	9	7	4	3
吉安县	514	280	234	867	420	447	467	247	220
吉水县	119	61	58	287	146	141	146	70	76
峡江县	58	30	28	120	54	66	42	29	13
新干县	137	74	63	296	151	145	70	37	33
永丰县	97	59	38	281	139	142	130	63	67
泰和县	103	58	45	378	181	197	273	137	136
遂川县	107	51	56	317	181	136	153	67	86
万安县	129	75	54	216	109	107	63	36	27
安福县	156	78	78	324	186	138	80	41	39
永新县	238	127	111	373	195	178	132	75	57
井冈山市	88	47	41	210	102	108	47	26	21
宜春市	**1920**	**695**	**1225**	**3609**	**1771**	**1838**	**1631**	**838**	**793**
袁州区	16	6	10	68	30	38	21	12	9
奉新县	211	107	104	524	259	265	231	114	117
万载县	109	57	52	493	256	237	178	95	83
上高县	162	85	77	538	265	273	349	166	183
宜丰县	234	106	128	805	387	418	342	192	150
靖安县	53	32	21	234	119	115	144	75	69
铜鼓县	61	29	32	172	94	78	151	84	67
丰城市	87	52	35	180	81	99	125	55	70
樟树市	13	7	6	95	41	54	10	3	7
高安市	974	214	760	500	239	261	80	42	38
抚州市	**801**	**439**	**362**	**2623**	**1238**	**1385**	**1998**	**985**	**1013**
临川区	34	18	16	171	69	102	22	13	9
东乡区	5	3	2	25	8	17	19	7	12
南城县	51	32	19	330	158	172	390	192	198
黎川县	55	36	19	338	159	179	340	158	182
南丰县	96	54	42	304	141	163	167	85	82
崇仁县	76	42	34	211	99	112	99	52	47
乐安县	44	25	19	181	88	93	69	35	34
宜黄县	20	11	9	280	131	149	95	42	53
金溪县	117	56	61	173	86	87	79	51	28
资溪县	223	116	107	432	216	216	454	215	239
广昌县	80	46	34	178	83	95	264	135	129
上饶市	**1577**	**814**	**763**	**3468**	**1670**	**1798**	**1669**	**835**	**834**
信州区	17	11	6	35	14	21	7	4	3
广丰区	39	15	24	135	54	81	45	22	23
广信区	14	6	8	57	27	30	16	8	8
玉山县	492	258	234	856	395	461	528	238	290
铅山县	75	38	37	228	115	113	169	88	81
横峰县	100	48	52	163	78	85	95	57	38
弋阳县	107	56	51	304	148	156	149	78	71
余干县	77	43	34	179	85	94	120	64	56
鄱阳县	270	148	122	845	419	426	235	116	119
万年县	119	62	57	270	130	140	79	40	39
婺源县	264	127	137	362	189	173	219	116	103
德兴市	3	2	1	34	16	18	7	4	3

7-10b 续表 4

单位：人

现住地	寄挂户口			婚姻嫁娶			照料孙子女		
	小计	男	女	小计	男	女	小计	男	女
全　省	**1804**	**950**	**854**	**21307**	**2648**	**18659**	**4000**	**1233**	**2767**
南昌市	**225**	**120**	**105**	**2394**	**234**	**2160**	**1794**	**565**	**1229**
东湖区	1	1		9	2	7	1	1	
西湖区									
青云谱区	1	1		1		1	4	2	2
青山湖区	5	5		163	18	145	200	55	145
新建区	16	7	9	71	10	61	45	18	27
红谷滩区									
南昌县	166	85	81	1619	169	1450	1468	467	1001
安义县	8	5	3	78	7	71	41	12	29
进贤县	28	16	12	453	28	425	35	10	25
景德镇市	**63**	**30**	**33**	**430**	**60**	**370**	**33**	**12**	**21**
昌江区	4	2	2	28	1	27	4		4
珠山区				17	1	16	2		2
浮梁县	47	23	24	221	47	174	23	10	13
乐平市	12	5	7	164	11	153	4	2	2
萍乡市	**212**	**115**	**97**	**1477**	**227**	**1250**	**94**	**33**	**61**
安源区	61	42	19	162	27	135	6	1	5
湘东区	21	10	11	157	25	132	5	2	3
莲花县	45	25	20	242	50	192	19	8	11
上栗县	57	27	30	583	79	504	37	13	24
芦溪县	28	11	17	333	46	287	27	9	18
九江市	**197**	**110**	**87**	**3315**	**473**	**2842**	**483**	**141**	**342**
濂溪区	2	2		62	16	46	11	5	6
浔阳区									
柴桑区	8	4	4	42	8	34	10	3	7
武宁县	44	24	20	553	72	481	50	15	35
修水县	46	26	20	528	85	443	31	8	23
永修县	29	13	16	568	54	514	57	19	38
德安县	17	11	6	441	55	386	90	30	60
都昌县	16	7	9	248	41	207	27	11	16
湖口县	6	5	1	217	43	174	111	25	86
彭泽县	17	11	6	412	69	343	75	18	57
瑞昌市	5	2	3	179	26	153	17	5	12
共青城市				3		3	2	1	1
庐山市	7	5	2	62	4	58	2	1	1
新余市	**43**	**23**	**20**	**233**	**20**	**213**	**22**	**7**	**15**
渝水区	5	1	4	12		12	12	5	7
分宜县	38	22	16	221	20	201	10	2	8
鹰潭市	**23**	**15**	**8**	**220**	**12**	**208**	**19**	**5**	**14**
月湖区	2		2	5	1	4	5	2	3
余江区	7	5	2	86	3	83	4	1	3
贵溪市	14	10	4	129	8	121	10	2	8
赣州市	**416**	**206**	**210**	**3410**	**435**	**2975**	**409**	**127**	**282**
章贡区				1		1	2	2	
南康区	1	1		55	13	42	1		1
赣县区	9	4	5	64	6	58	10	4	6
信丰县	36	18	18	358	56	302	64	18	46
大余县	27	16	11	281	60	221	39	13	26
上犹县	10	6	4	224	22	202	39	15	24
崇义县	12	2	10	121	19	102	24	6	18
安远县	26	12	14	152	14	138	9	1	8
定南县	50	14	36	445	59	386	57	19	38
全南县	59	25	34	240	19	221	40	11	29

7-10b　续表 5　　　　单位：人

现住地	寄挂户口			婚姻嫁娶			照料孙子女		
	小计	男	女	小计	男	女	小计	男	女
宁都县	17	8	9	360	56	304	16	3	13
于都县	17	11	6	170	16	154	27	8	19
兴国县	17	13	4	352	52	300	40	14	26
会昌县	18	12	6	219	13	206	21	7	14
寻乌县	99	57	42	209	12	197	6	3	3
石城县	11	5	6	128	16	112	13	3	10
瑞金市	1	1		13		13			
龙南市	6	1	5	18	2	16	1		1
吉安市	**193**	**90**	**103**	**2223**	**289**	**1934**	**348**	**102**	**246**
吉州区	7	2	5	17	1	16	6	3	3
青原区	3	1	2	7	1	6			
吉安县	42	18	24	362	43	319	145	47	98
吉水县	17	9	8	197	16	181	22	5	17
峡江县	8	5	3	109	10	99	2	1	1
新干县	10	4	6	149	15	134	10	3	7
永丰县	16	8	8	216	16	200	14	4	10
泰和县	22	11	11	134	17	117	25	8	17
遂川县	11	7	4	223	31	192	18	3	15
万安县	18	5	13	197	34	163	30	5	25
安福县	10	3	7	226	41	185	35	12	23
永新县	20	14	6	238	36	202	19	5	14
井冈山市	9	3	6	148	28	120	22	6	16
宜春市	**113**	**66**	**47**	**1970**	**289**	**1681**	**269**	**72**	**197**
袁州区	2	2		79	3	76	1		1
奉新县	24	16	8	250	33	217	72	24	48
万载县	7	4	3	378	85	293	20	3	17
上高县	14	7	7	274	36	238	50	11	39
宜丰县	26	17	9	319	53	266	46	12	34
靖安县	14	6	8	212	38	174	33	11	22
铜鼓县	7	3	4	166	29	137	9	1	8
丰城市	9	6	3	105	1	104	5	1	4
樟树市	1	1		30	3	27	2		2
高安市	9	4	5	157	8	149	31	9	22
抚州市	**132**	**72**	**60**	**1959**	**205**	**1754**	**217**	**68**	**149**
临川区	5	4	1	79	3	76	1	1	
东乡区	1	1		30	2	28	5	1	4
南城县	19	8	11	214	17	197	18	6	12
黎川县	19	10	9	273	32	241	12	2	10
南丰县	9	4	5	396	54	342	17	5	12
崇仁县	36	20	16	222	13	209	13	3	10
乐安县	4	1	3	143	11	132	12	5	7
宜黄县	5	5		115	19	96	9	3	6
金溪县	16	10	6	176	19	157	21	9	12
资溪县	12	7	5	156	14	142	91	29	62
广昌县	6	2	4	155	21	134	18	4	14
上饶市	**187**	**103**	**84**	**3676**	**404**	**3272**	**312**	**101**	**211**
信州区	3	1	2	14		14	2		2
广丰区	9	3	6	205	7	198	9	2	7
广信区	7	5	2	93	9	84	7	3	4
玉山县	33	15	18	1095	101	994	84	25	59
铅山县	17	9	8	313	23	290	21	11	10
横峰县	5	1	4	163	17	146	18	6	12
弋阳县	21	7	14	209	26	183	24	11	13
余干县	17	10	7	256	21	235	7	2	5
鄱阳县	30	18	12	619	71	548	59	16	43
万年县	5	4	1	214	28	186	29	12	17
婺源县	34	25	9	456	96	360	52	13	39
德兴市	6	5	1	39	5	34			

7-10b 续表 6

单位：人

现 住 地	为子女就学			养老/康养			其 他		
	小计	男	女	小计	男	女	小计	男	女
全 省	**2224**	**558**	**1666**	**1573**	**735**	**838**	**24353**	**13863**	**10490**
南昌市	**296**	**84**	**212**	**314**	**137**	**177**	**4137**	**2475**	**1662**
东湖区	1		1				8	2	6
西湖区									
青云谱区							10	6	4
青山湖区	5	1	4	18	10	8	159	104	55
新建区	7	2	5	12	4	8	204	133	71
红谷滩区									
南昌县	204	70	134	246	103	143	2914	1728	1186
安义县	17	3	14	11	8	3	657	404	253
进贤县	62	8	54	27	12	15	185	98	87
景德镇市	**33**	**8**	**25**	**32**	**11**	**21**	**505**	**301**	**204**
昌江区				1		1	16	9	7
珠山区				2	1	1	90	45	45
浮梁县	27	7	20	25	9	16	271	169	102
乐平市	6	1	5	4	1	3	128	78	50
萍乡市	**73**	**24**	**49**	**59**	**29**	**30**	**619**	**343**	**276**
安源区				6	3	3	88	52	36
湘东区	1		1	8	5	3	62	28	34
莲花县	17	7	10	9	6	3	123	65	58
上栗县	31	6	25	22	10	12	198	107	91
芦溪县	24	11	13	14	5	9	148	91	57
九江市	**393**	**94**	**299**	**275**	**140**	**135**	**7287**	**4232**	**3055**
濂溪区	3		3				85	56	29
浔阳区									
柴桑区	6	2	4	3	2	1	35	19	16
武宁县	62	13	49	30	16	14	1985	1161	824
修水县	48	7	41	23	10	13	1638	856	782
永修县	56	9	47	51	22	29	1717	1062	655
德安县	59	18	41	45	25	20	276	153	123
都昌县	40	10	30	14	8	6	542	350	192
湖口县	31	6	25	31	16	15	253	141	112
彭泽县	79	26	53	50	29	21	472	254	218
瑞昌市	9	3	6	5	2	3	214	131	83
共青城市				1	1				
庐山市				22	9	13	70	49	21
新余市	**23**	**8**	**15**	**14**	**7**	**7**	**406**	**222**	**184**
渝水区	5	3	2				52	34	18
分宜县	18	5	13	14	7	7	354	188	166
鹰潭市	**6**	**1**	**5**	**10**	**5**	**5**	**194**	**107**	**87**
月湖区							8	3	5
余江区	5	1	4	3	1	2	95	43	52
贵溪市	1		1	7	4	3	91	61	30
赣州市	**434**	**110**	**324**	**197**	**93**	**104**	**3255**	**1907**	**1348**
章贡区	1		1				17	15	2
南康区	2	1	1	1	1		36	18	18
赣县区	4	1	3				142	78	64
信丰县	42	15	27	11	5	6	544	329	215
大余县	47	10	37	22	9	13	859	551	308
上犹县	24	6	18	6	3	3	77	41	36
崇义县	17	2	15	8	4	4	90	50	40
安远县	5	1	4	2	1	1	125	70	55
定南县	90	22	68	31	14	17	161	77	84
全南县	83	19	64	24	10	14	237	114	123

7-10b 续表 7

单位：人

现住地	为子女就学			养老/康养			其他		
	小计	男	女	小计	男	女	小计	男	女
宁都县	25	8	17	30	16	14	271	135	136
于都县	37	12	25	25	13	12	63	36	27
兴国县	28	6	22	21	9	12	268	191	77
会昌县	9	2	7	8	5	3	134	68	66
寻乌县	11	3	8	4	2	2	132	72	60
石城县	9	2	7	4	1	3	88	54	34
瑞金市							1		1
龙南市							10	8	2
吉安市	**252**	**70**	**182**	**167**	**79**	**88**	**1946**	**1039**	**907**
吉州区	1		1				13	6	7
青原区	2		2				18	10	8
吉安县	59	32	27	47	21	26	797	471	326
吉水县	12	3	9	7	3	4	109	58	51
峡江县	12	6	6	6	3	3	45	26	19
新干县	28	5	23	9	3	6	94	42	52
永丰县	17	2	15	6	4	2	70	35	35
泰和县	10	5	5	17	10	7	101	45	56
遂川县	18	5	13	8	4	4	117	50	67
万安县	13	1	12	11	6	5	101	50	51
安福县	25	4	21	18	7	11	114	60	54
永新县	40	5	35	21	10	11	269	129	140
井冈山市	15	2	13	17	8	9	98	57	41
宜春市	**161**	**34**	**127**	**164**	**74**	**90**	**2279**	**1285**	**994**
袁州区	5		5	2	2		45	30	15
奉新县	17	1	16	29	14	15	185	104	81
万载县	2		2	22	8	14	521	279	242
上高县	38	9	29	24	13	11	408	249	159
宜丰县	26	9	17	22	9	13	296	170	126
靖安县	21	4	17	18	7	11	162	110	52
铜鼓县	16	1	15	25	11	14	308	162	146
丰城市	8	2	6	10	5	5	178	86	92
樟树市	4		4				21	13	8
高安市	24	8	16	12	5	7	155	82	73
抚州市	**189**	**53**	**136**	**111**	**46**	**65**	**1443**	**776**	**667**
临川区	2		2	4	2	2	65	41	24
东乡区	1		1	2	1	1	34	17	17
南城县	21	6	15	5	1	4	199	103	96
黎川县	14	3	11	18	9	9	241	133	108
南丰县	35	11	24	17	7	10	180	91	89
崇仁县	16	2	14	7	3	4	118	60	58
乐安县	13	2	11	7	4	3	70	37	33
宜黄县	12	2	10	8	5	3	127	63	64
金溪县	12	3	9	14	4	10	101	56	45
资溪县	48	21	27	20	6	14	190	99	91
广昌县	15	3	12	9	4	5	118	76	42
上饶市	**364**	**72**	**292**	**230**	**114**	**116**	**2282**	**1176**	**1106**
信州区				1		1	37	21	16
广丰区	3	1	2	2	2		122	57	65
广信区	1		1	4	2	2	37	28	9
玉山县	134	24	110	65	32	33	430	209	221
铅山县	17	6	11	16	10	6	64	27	37
横峰县	14	1	13	6	2	4	111	50	61
弋阳县	20	4	16	30	13	17	311	170	141
余干县	10	3	7	1	1		498	256	242
鄱阳县	79	18	61	33	19	14	297	155	142
万年县	27	1	26	12	9	3	136	66	70
婺源县	59	14	45	60	24	36	236	135	101
德兴市							3	2	1

7-10c 全省按现住地、性别、迁移原因分的户口登记地在外省的人口(乡村)

单位：人

现住地	合计			工作就业		
	合计	男	女	小计	男	女
全 省	**178733**	**107559**	**71174**	**109318**	**80989**	**28329**
南昌市	**43911**	**27777**	**16134**	**26579**	**19721**	**6858**
东湖区	1466	922	544	1013	674	339
西湖区						
青云谱区						
青山湖区	5924	4223	1701	5212	3859	1353
新建区	13708	7179	6529	4039	2988	1051
红谷滩区	1377	1175	202	1317	1129	188
南昌县	17267	11524	5743	12103	8918	3185
安义县	1613	1112	501	1290	986	304
进贤县	2556	1642	914	1605	1167	438
景德镇市	**5788**	**3497**	**2291**	**3460**	**2637**	**823**
昌江区	1170	722	448	592	446	146
珠山区	14	9	5	5	3	2
浮梁县	2024	1475	549	1454	1220	234
乐平市	2580	1291	1289	1409	968	441
萍乡市	**8622**	**4902**	**3720**	**4386**	**3429**	**957**
安源区	351	205	146	131	93	38
湘东区	2286	1475	811	1435	1192	243
莲花县	2385	1437	948	1278	1007	271
上栗县	2277	1090	1187	967	684	283
芦溪县	1323	695	628	575	453	122
九江市	**21353**	**12521**	**8832**	**12959**	**9009**	**3950**
濂溪区	2420	1412	1008	1295	872	423
浔阳区	63	29	34	38	23	15
柴桑区	4189	2692	1497	3503	2408	1095
武宁县	2533	1479	1054	1305	904	401
修水县	1054	401	653	250	166	84
永修县	2125	1155	970	851	540	311
德安县	1851	1100	751	1169	779	390
都昌县	888	438	450	443	308	135
湖口县	883	561	322	592	446	146
彭泽县	1510	985	525	1003	808	195
瑞昌市	2239	1435	804	1531	1155	376
共青城市	1183	644	539	817	489	328
庐山市	415	190	225	162	111	51
新余市	**3724**	**2447**	**1277**	**2626**	**2010**	**616**
渝水区	2268	1543	725	1695	1317	378
分宜县	1456	904	552	931	693	238
鹰潭市	**2718**	**1523**	**1195**	**1579**	**1223**	**356**
月湖区	481	306	175	423	287	136
余江区	624	285	339	263	198	65
贵溪市	1613	932	681	893	738	155
赣州市	**34973**	**22388**	**12585**	**24127**	**18302**	**5825**
章贡区	5009	3430	1579	3707	2703	1004
南康区	7786	5552	2234	6447	4905	1542
赣县区	1536	930	606	864	695	169
信丰县	2424	1729	695	1932	1508	424
大余县	1299	752	547	784	588	196
上犹县	620	332	288	351	266	85
崇义县	645	362	283	334	257	77
安远县	685	365	320	424	306	118
定南县	1406	879	527	930	686	244
全南县	1666	1217	449	1349	1100	249

7-10c 续表 1

单位：人

现住地	合计			工作就业		
	合计	男	女	小计	男	女
宁都县	1790	916	874	850	660	190
于都县	1082	508	574	552	366	186
兴国县	1666	882	784	926	683	243
会昌县	873	376	497	497	285	212
寻乌县	1590	841	749	692	526	166
石城县	1006	656	350	661	519	142
瑞金市	1183	626	557	663	441	222
龙南市	2707	2035	672	2164	1808	356
吉安市	**14596**	**8290**	**6306**	**8471**	**6101**	**2370**
吉州区	391	230	161	242	164	78
青原区	1127	691	436	781	561	220
吉安县	2129	1232	897	1352	940	412
吉水县	1346	736	610	746	509	237
峡江县	796	440	356	422	309	113
新干县	709	433	276	477	345	132
永丰县	918	536	382	575	440	135
泰和县	1436	779	657	815	548	267
遂川县	1365	766	599	772	605	167
万安县	462	218	244	159	112	47
安福县	1575	936	639	954	719	235
永新县	1509	802	707	717	500	217
井冈山市	833	491	342	459	349	110
宜春市	**15463**	**8928**	**6535**	**8903**	**6668**	**2235**
袁州区	4324	2613	1711	2565	2006	559
奉新县	923	520	403	467	333	134
万载县	1397	662	735	632	477	155
上高县	931	570	361	626	440	186
宜丰县	1621	916	705	932	623	309
靖安县	1203	854	349	711	584	127
铜鼓县	449	198	251	149	107	42
丰城市	1706	866	840	1008	681	327
樟树市	953	564	389	592	464	128
高安市	1956	1165	791	1221	953	268
抚州市	**8807**	**5305**	**3502**	**5663**	**4348**	**1315**
临川区	2676	1613	1063	1696	1408	288
东乡区	1090	745	345	809	640	169
南城县	613	411	202	432	344	88
黎川县	458	310	148	338	265	73
南丰县	552	243	309	211	147	64
崇仁县	782	455	327	540	381	159
乐安县	719	432	287	473	361	112
宜黄县	330	163	167	130	86	44
金溪县	777	445	332	509	345	164
资溪县	377	258	119	294	217	77
广昌县	433	230	203	231	154	77
上饶市	**18778**	**9981**	**8797**	**10565**	**7541**	**3024**
信州区	2610	1595	1015	1915	1358	557
广丰区	2436	1141	1295	1238	754	484
广信区	1985	973	1012	1026	742	284
玉山县	2013	754	1259	694	486	208
铅山县	702	345	357	337	254	83
横峰县	1233	747	486	940	643	297
弋阳县	619	302	317	329	219	110
余干县	1301	635	666	624	428	196
鄱阳县	2205	1212	993	1190	864	326
万年县	850	578	272	630	491	139
婺源县	1107	592	515	488	374	114
德兴市	1717	1107	610	1154	928	226

7-10c 续表 2

单位：人

现住地	学习培训			随同离开/投亲靠友			拆迁/搬家		
	小计	男	女	小计	男	女	小计	男	女
全　省	**14760**	**6945**	**7815**	**14507**	**7066**	**7441**	**4458**	**2490**	**1968**
南昌市	**10623**	**4702**	**5921**	**2204**	**1104**	**1100**	**540**	**301**	**239**
东湖区	41	23	18	196	119	77	47	27	20
西湖区									
青云谱区									
青山湖区	64	36	28	311	161	150	44	25	19
新建区	8275	3483	4792	391	183	208	207	119	88
红谷滩区	4	4		4	2	2	7	4	3
南昌县	2033	1003	1030	962	480	482	152	84	68
安义县	22	14	8	133	57	76	26	11	15
进贤县	184	139	45	207	102	105	57	31	26
景德镇市	**133**	**68**	**65**	**417**	**202**	**215**	**170**	**100**	**70**
昌江区	34	23	11	98	48	50	76	42	34
珠山区									
浮梁县	44	22	22	94	42	52	42	28	14
乐平市	55	23	32	225	112	113	52	30	22
萍乡市	**299**	**153**	**146**	**1221**	**587**	**634**	**300**	**165**	**135**
安源区	130	69	61	34	15	19	3	1	2
湘东区	42	23	19	272	125	147	36	21	15
莲花县	63	33	30	344	163	181	131	64	67
上栗县	33	16	17	321	158	163	89	55	34
芦溪县	31	12	19	250	126	124	41	24	17
九江市	**805**	**449**	**356**	**1751**	**831**	**920**	**798**	**437**	**361**
濂溪区	117	60	57	158	72	86	195	107	88
浔阳区				9	4	5	1	1	
柴桑区	102	62	40	234	102	132	67	31	36
武宁县	55	30	25	131	66	65	99	60	39
修水县	24	11	13	156	61	95	79	41	38
永修县	283	165	118	200	112	88	47	21	26
德安县	34	22	12	215	101	114	62	36	26
都昌县	24	13	11	105	51	54	9	6	3
湖口县	18	11	7	82	39	43	13	8	5
彭泽县	19	7	12	146	74	72	54	31	23
瑞昌市	77	45	32	154	72	82	114	61	53
共青城市	45	20	25	131	60	71	49	30	19
庐山市	7	3	4	30	17	13	9	4	5
新余市	**105**	**48**	**57**	**204**	**96**	**108**	**134**	**74**	**60**
渝水区	85	40	45	121	51	70	62	33	29
分宜县	20	8	12	83	45	38	72	41	31
鹰潭市	**65**	**50**	**15**	**172**	**72**	**100**	**70**	**34**	**36**
月湖区	1		1	30	14	16	1		1
余江区	5	5		58	25	33	23	9	14
贵溪市	59	45	14	84	33	51	46	25	21
赣州市	**1000**	**586**	**414**	**2804**	**1379**	**1425**	**915**	**516**	**399**
章贡区	200	138	62	288	152	136	55	31	24
南康区	210	134	76	510	270	240	77	41	36
赣县区	49	26	23	132	61	71	77	41	36
信丰县	51	31	20	123	56	67	57	38	19
大余县	28	18	10	134	64	70	33	20	13
上犹县	25	12	13	65	25	40	11	5	6
崇义县	20	10	10	94	45	49	25	16	9
安远县	21	14	7	32	16	16	16	9	7
定南县	48	25	23	182	98	84	70	35	35
全南县	35	12	23	120	61	59	31	12	19

7-10c 续表 3

单位：人

现住地	学习培训			随同离开/投亲靠友			拆迁/搬家		
	小计	男	女	小计	男	女	小计	男	女
宁都县	60	26	34	187	91	96	72	46	26
于都县	18	7	11	133	64	69	25	14	11
兴国县	57	33	24	180	76	104	30	18	12
会昌县	23	9	14	71	35	36	38	16	22
寻乌县	53	28	25	204	95	109	63	40	23
石城县	22	16	6	84	41	43	71	35	36
瑞金市	46	27	19	124	57	67	59	33	26
龙南市	34	20	14	141	72	69	105	66	39
吉安市	**550**	**271**	**279**	**1756**	**834**	**922**	**415**	**234**	**181**
吉州区	18	10	8	36	21	15	19	10	9
青原区	51	23	28	101	49	52	20	15	5
吉安县	58	30	28	170	83	87	90	48	42
吉水县	49	25	24	184	86	98	64	37	27
峡江县	14	7	7	144	59	85	44	27	17
新干县	19	9	10	51	25	26	7	4	3
永丰县	28	12	16	101	44	57	14	8	6
泰和县	50	22	28	199	83	116	36	22	14
遂川县	36	21	15	138	75	63	4	1	3
万安县	17	6	11	96	52	44	11	6	5
安福县	55	29	26	179	92	87	31	16	15
永新县	97	51	46	262	121	141	45	24	21
井冈山市	58	26	32	95	44	51	30	16	14
宜春市	**346**	**173**	**173**	**1603**	**772**	**831**	**366**	**187**	**179**
袁州区	116	54	62	371	185	186	77	37	40
奉新县	20	13	7	92	48	44	34	17	17
万载县	46	21	25	168	82	86	43	23	20
上高县	22	14	8	64	39	25	34	16	18
宜丰县	20	7	13	357	176	181	57	28	29
靖安县	12	6	6	74	35	39	21	11	10
铜鼓县	5	1	4	75	35	40	18	7	11
丰城市	43	22	21	134	54	80	41	23	18
樟树市	27	18	9	80	37	43	9	5	4
高安市	35	17	18	188	81	107	32	20	12
抚州市	**266**	**127**	**139**	**616**	**318**	**298**	**252**	**139**	**113**
临川区	146	61	85	120	59	61	34	17	17
东乡区	16	10	6	54	28	26	38	18	20
南城县	18	8	10	44	22	22	29	19	10
黎川县	5	1	4	22	12	10	21	14	7
南丰县	12	8	4	83	40	43	15	7	8
崇仁县	7	3	4	55	36	19	13	9	4
乐安县	4	1	3	51	23	28	6	5	1
宜黄县	7	6	1	44	26	18	32	14	18
金溪县	29	17	12	76	36	40	18	10	8
资溪县	3	3		17	9	8	10	7	3
广昌县	19	9	10	50	27	23	36	19	17
上饶市	**568**	**318**	**250**	**1759**	**871**	**888**	**498**	**303**	**195**
信州区	76	45	31	177	90	87	54	23	31
广丰区	63	42	21	258	115	143	105	62	43
广信区	66	35	31	232	96	136	31	19	12
玉山县	64	34	30	248	120	128	55	29	26
铅山县	28	9	19	84	40	44	12	9	3
横峰县	59	36	23	63	32	31	6	4	2
弋阳县	17	12	5	39	23	16	20	11	9
余干县	46	27	19	76	35	41	70	51	19
鄱阳县	77	41	36	239	141	98	55	41	14
万年县	15	5	10	41	25	16	11	5	6
婺源县	30	17	13	142	74	68	42	26	16
德兴市	27	15	12	160	80	80	37	23	14

7-10c 续表 4

单位：人

现住地	寄挂户口			婚姻嫁娶			照料孙子女		
	小计	男	女	小计	男	女	小计	男	女
全　省	**1987**	**1042**	**945**	**19874**	**1288**	**18586**	**544**	**165**	**379**
南昌市	**144**	**91**	**53**	**1055**	**62**	**993**	**104**	**30**	**74**
东湖区	46	28	18	43	7	36	9	3	6
西湖区									
青云谱区									
青山湖区	4	2	2	53	6	47	10	2	8
新建区	30	14	16	214	16	198	30	6	24
红谷滩区				1		1	7	3	4
南昌县	31	24	7	479	17	462	35	12	23
安义县	7	4	3	73	6	67	2		2
进贤县	26	19	7	192	10	182	11	4	7
景德镇市	**80**	**37**	**43**	**925**	**82**	**843**	**10**	**1**	**9**
昌江区	18	9	9	116	11	105	3	1	2
珠山区									
浮梁县	14	5	9	202	29	173	3		3
乐平市	48	23	25	607	42	565	4		4
萍乡市	**199**	**102**	**97**	**1586**	**161**	**1425**	**28**	**9**	**19**
安源区	24	15	9	16	5	11			
湘东区	27	14	13	342	30	312	2	1	1
莲花县	70	33	37	283	36	247	14	4	10
上栗县	47	23	24	649	65	584	7	4	3
芦溪县	31	17	14	296	25	271	5		5
九江市	**256**	**134**	**122**	**2233**	**231**	**2002**	**125**	**42**	**83**
濂溪区	27	15	12	133	14	119	15	6	9
浔阳区				13		13			
柴桑区	22	14	8	143	22	121	29	5	24
武宁县	67	33	34	269	20	249	7	2	5
修水县	54	25	29	339	26	313	9	2	7
永修县	27	17	10	299	27	272	10	3	7
德安县	13	5	8	152	43	109	16	8	8
都昌县	14	5	9	228	22	206	1		1
湖口县	5	5		108	19	89	10	5	5
彭泽县	8	4	4	204	18	186	3	1	2
瑞昌市	7	4	3	172	9	163	19	7	12
共青城市	3		3	70	8	62	4	2	2
庐山市	9	7	2	103	3	100	2	1	1
新余市	**100**	**49**	**51**	**248**	**14**	**234**	**11**	**2**	**9**
渝水区	48	25	23	115	7	108	6	1	5
分宜县	52	24	28	133	7	126	5	1	4
鹰潭市	**53**	**26**	**27**	**594**	**7**	**587**	**3**	**1**	**2**
月湖区	3	1	2	18		18			
余江区	18	8	10	197	2	195			
贵溪市	32	17	15	379	5	374	3	1	2
赣州市	**437**	**228**	**209**	**3715**	**257**	**3458**	**66**	**18**	**48**
章贡区	4	3	1	140	19	121	12	1	11
南康区	26	16	10	234	17	217	18	6	12
赣县区	35	17	18	261	18	243	4	1	3
信丰县	28	15	13	136	19	117			
大余县	14	7	7	238	21	217	2		2
上犹县	16	9	7	120	9	111	3		3
崇义县	9	7	2	121	6	115			
安远县	23	10	13	148	5	143	3	1	2
定南县	11	3	8	121	8	113	4	2	2
全南县	12	5	7	87	8	79	3		3

7-10c　续表 5

单位：人

现住地	寄挂户口			婚姻嫁娶			照料孙子女		
	小计	男	女	小计	男	女	小计	男	女
宁都县	39	20	19	474	25	449	2		2
于都县	32	17	15	245	16	229	2	1	1
兴国县	22	13	9	373	14	359	3	1	2
会昌县	17	3	14	193	9	184			
寻乌县	87	45	42	355	26	329	2	2	
石城县	6	3	3	89	5	84	2		2
瑞金市	42	27	15	191	7	184	4	2	2
龙南市	14	8	6	189	25	164	2	1	1
吉安市	**260**	**139**	**121**	**2011**	**120**	**1891**	**60**	**21**	**39**
吉州区	6	6		34	2	32	4	1	3
青原区	14	8	6	86	1	85	7	2	5
吉安县	47	23	24	226	9	217	10	3	7
吉水县	32	18	14	163	4	159	5	3	2
峡江县	13	4	9	108	8	100	2	1	1
新干县	16	9	7	85	4	81	1	1	
永丰县	11	8	3	134	2	132	2	1	1
泰和县	18	7	11	187	13	174	3	1	2
遂川县	18	10	8	328	22	306	2	1	1
万安县	26	15	11	109	4	105	2		2
安福县	16	7	9	225	15	210	8	3	5
永新县	30	15	15	210	20	190	6	2	4
井冈山市	13	9	4	116	16	100	8	2	6
宜春市	**179**	**93**	**86**	**2396**	**115**	**2281**	**47**	**17**	**30**
袁州区	31	16	15	551	15	536	10	4	6
奉新县	7	6	1	148	9	139	4	1	3
万载县	14	8	6	403	13	390	1		1
上高县	14	7	7	88	6	82	5	2	3
宜丰县	9	4	5	133	16	117	11	3	8
靖安县	15	6	9	119	27	92	4	2	2
铜鼓县	1		1	135	13	122	2	2	
丰城市	39	19	20	314	5	309	5	2	3
樟树市	9	4	5	176	4	172	2	1	1
高安市	40	23	17	329	7	322	3		3
抚州市	**84**	**41**	**43**	**1202**	**48**	**1154**	**14**	**3**	**11**
临川区	19	9	10	400	9	391	4		4
东乡区	7	4	3	97	2	95	2	1	1
南城县	3	2	1	65	4	61			
黎川县	4	3	1	50	3	47	1		1
南丰县	7	3	4	162	12	150	2		2
崇仁县	12	4	8	114	2	112			
乐安县	3	2	1	99	3	96			
宜黄县	5	3	2	53	2	51			
金溪县	13	8	5	88	4	84	1	1	
资溪县	7	3	4	17	4	13	2		2
广昌县	4		4	57	3	54	2	1	1
上饶市	**195**	**102**	**93**	**3909**	**191**	**3718**	**76**	**21**	**55**
信州区	18	8	10	256	10	246	14	3	11
广丰区	20	13	7	493	11	482	4		4
广信区	16	6	10	492	20	472	9	6	3
玉山县	16	7	9	814	22	792	8	1	7
铅山县	8	4	4	193	8	185	2	1	1
横峰县	5	4	1	119	13	106	5		5
弋阳县	13	7	6	163	6	157	1		1
余干县	18	8	10	288	5	283	4	3	1
鄱阳县	44	25	19	451	24	427	9	1	8
万年县	12	8	4	80	7	73	3	1	2
婺源县	11	4	7	298	41	257	10	4	6
德兴市	14	8	6	262	24	238	7	1	6

7-10c 续表 6

单位：人

现住地	为子女就学			养老/康养			其他		
	小计	男	女	小计	男	女	小计	男	女
全省	**206**	**51**	**155**	**960**	**487**	**473**	**12119**	**7036**	**5083**
南昌市	**20**	**9**	**11**	**53**	**27**	**26**	**2589**	**1730**	**859**
东湖区				1	1		70	40	30
西湖区									
青云谱区									
青山湖区				2	2		224	130	94
新建区	11	5	6	9	4	5	502	361	141
红谷滩区							37	33	4
南昌县	2		2	20	9	11	1450	977	473
安义县	1		1	4	2	2	55	32	23
进贤县	6	4	2	17	9	8	251	157	94
景德镇市	**3**		**3**	**14**	**6**	**8**	**576**	**364**	**212**
昌江区	1		1	5	2	3	227	140	87
珠山区							9	6	3
浮梁县				3	2	1	168	127	41
乐平市	2		2	6	2	4	172	91	81
萍乡市	**11**	**3**	**8**	**42**	**24**	**18**	**550**	**269**	**281**
安源区							13	7	6
湘东区	1	1		17	10	7	112	58	54
莲花县	2	1	1	12	7	5	188	89	99
上栗县	6	1	5	8	4	4	150	80	70
芦溪县	2		2	5	3	2	87	35	52
九江市	**43**	**10**	**33**	**134**	**58**	**76**	**2249**	**1320**	**929**
濂溪区	10	3	7	51	16	35	419	247	172
浔阳区							2	1	1
柴桑区	4	3	1	8	5	3	77	40	37
武宁县	9	1	8	8	3	5	583	360	223
修水县	3		3	3	2	1	137	67	70
永修县	1		1	17	10	7	390	260	130
德安县	3		3	10	3	7	177	103	74
都昌县				7	4	3	57	29	28
湖口县	1		1	7	5	2	47	23	24
彭泽县	4		4	6	5	1	63	37	26
瑞昌市	7	3	4	12	4	8	146	75	71
共青城市				3	1	2	61	34	27
庐山市	1		1	2		2	90	44	46
新余市	**1**		**1**	**7**	**3**	**4**	**288**	**151**	**137**
渝水区	1		1	5	3	2	130	66	64
分宜县				2		2	158	85	73
鹰潭市	**3**		**3**	**9**	**6**	**3**	**170**	**104**	**66**
月湖区							5	4	1
余江区	2		2	5	4	1	53	34	19
贵溪市	1		1	4	2	2	112	66	46
赣州市	**47**	**15**	**32**	**101**	**63**	**38**	**1761**	**1024**	**737**
章贡区	7	2	5	5	4	1	591	377	214
南康区				23	17	6	241	146	95
赣县区	1	1		9	6	3	104	64	40
信丰县	2	2		3	2	1	92	58	34
大余县	2	1	1	2	2		62	31	31
上犹县	1		1	3	1	2	25	5	20
崇义县	1		1	1		1	40	21	19
安远县	2		2	1		1	15	4	11
定南县	13	4	9	11	8	3	16	10	6
全南县	1		1	3	1	2	25	18	7

7-10c 续表 7

单位：人

现住地	为子女就学			养老/康养			其他		
	小计	男	女	小计	男	女	小计	男	女
宁都县	5		5	7	4	3	94	44	50
于都县	4		4	8	4	4	63	19	44
兴国县	1		1	7	5	2	67	39	28
会昌县				3	1	2	31	18	13
寻乌县				1		1	133	79	54
石城县				3	2	1	68	35	33
瑞金市	2	1	1	6	3	3	46	28	18
龙南市	5	4	1	5	3	2	48	28	20
吉安市	**25**	**3**	**22**	**64**	**33**	**31**	**984**	**534**	**450**
吉州区				2		2	30	16	14
青原区	1		1	4	2	2	62	30	32
吉安县	5		5	11	6	5	160	90	70
吉水县	3		3	2		2	98	54	44
峡江县	2	1	1	7	4	3	40	20	20
新干县				1		1	52	36	16
永丰县				1		1	52	21	31
泰和县				7	2	5	121	81	40
遂川县	2		2	3	2	1	62	29	33
万安县	1	1		2	1	1	39	21	18
安福县	3		3	12	9	3	92	46	46
永新县	6	1	5	11	6	5	125	62	63
井冈山市	2		2	1	1		51	28	23
宜春市	**13**	**2**	**11**	**403**	**198**	**205**	**1207**	**703**	**504**
袁州区	3	1	2	337	161	176	263	134	129
奉新县	1		1	7	5	2	143	88	55
万载县	2		2	1	1		87	37	50
上高县	1	1		4	2	2	73	43	30
宜丰县	1		1	8	4	4	93	55	38
靖安县	1		1	12	6	6	234	177	57
铜鼓县				7	1	6	57	32	25
丰城市	1		1	7	6	1	114	54	60
樟树市	1		1	8	5	3	49	26	23
高安市	2		2	12	7	5	94	57	37
抚州市	**9**	**2**	**7**	**47**	**20**	**27**	**654**	**259**	**395**
临川区	2		2	19	7	12	236	43	193
东乡区				1	1		66	41	25
南城县				2	1	1	20	11	9
黎川县							17	12	5
南丰县	1		1	12	6	6	47	20	27
崇仁县				1	1		40	19	21
乐安县	2		2	5	1	4	76	36	40
宜黄县							59	26	33
金溪县				2	1	1	41	23	18
资溪县	2	1	1				25	14	11
广昌县	2	1	1	5	2	3	27	14	13
上饶市	**31**	**7**	**24**	**86**	**49**	**37**	**1091**	**578**	**513**
信州区	2		2	7	5	2	91	53	38
广丰区	6		6	6	5	1	243	139	104
广信区	3	1	2	12	7	5	98	41	57
玉山县	6	3	3	13	7	6	95	45	50
铅山县				3	2	1	35	18	17
横峰县	3	1	2	3		3	30	14	16
弋阳县				5	3	2	32	21	11
余干县	4		4	5	3	2	166	75	91
鄱阳县	4	2	2	7	4	3	129	69	60
万年县	1		1				57	36	21
婺源县	2		2	17	10	7	67	42	25
德兴市				8	3	5	48	25	23

第一部分　全部数据资料

第八卷　住房

8-1　各地区按住房间数分的家庭户户数

单位：户

地　区	家庭户户　数	住房间数				
		一间	二间	三间	四间	五间
全　省	**13331484**	**482679**	**2264406**	**4079276**	**2132526**	**1117933**
南昌市	**1745487**	**153701**	**565547**	**634465**	**171243**	**54346**
东湖区	133547	22285	66152	35907	5579	1330
西湖区	163649	18677	82293	54724	6853	711
青云谱区	116581	15975	66149	29360	3228	774
青山湖区	338209	49610	131843	120966	20472	4710
新建区	214124	9348	66909	76111	27107	8065
红谷滩区	131829	17326	36716	62229	10818	2395
南昌县	382123	14394	87361	147451	51603	21512
安义县	68813	1625	7430	22540	12140	4105
进贤县	196612	4461	20694	85177	33443	10744
景德镇市	**481943**	**15784**	**126581**	**113386**	**88101**	**51267**
昌江区	62038	3386	22660	14677	6587	4667
珠山区	127352	5593	66816	39052	7038	3188
浮梁县	75066	1356	9084	16497	18623	9737
乐平市	217487	5449	28021	43160	55853	33675
萍乡市	**521043**	**8000**	**42462**	**169790**	**97827**	**48496**
安源区	162884	4278	21298	92717	19826	5467
湘东区	90887	796	6767	26047	24594	11696
莲花县	67006	772	3832	10401	12696	9653
上栗县	124061	1245	5913	24752	24448	13141
芦溪县	76205	909	4652	15873	16263	8539
九江市	**1424473**	**43754**	**269523**	**493447**	**235357**	**131040**
濂溪区	130136	5601	54467	50509	9212	4380
浔阳区	148927	5731	65563	65792	8206	1591
柴桑区	89118	1308	11254	32018	17559	9508
武宁县	104197	3269	13830	39686	15516	9814
修水县	209498	4328	23303	62539	35679	26603
永修县	99518	3826	18101	34651	20761	7788
德安县	51438	1470	9982	20644	8345	4233
都昌县	187702	5921	17912	44672	41350	25721
湖口县	75544	3771	11850	23182	17433	7359
彭泽县	97716	2576	16302	31090	20678	11246
瑞昌市	126028	4416	15514	51373	23023	12596
共青城市	35449	580	4836	18387	4362	2720
庐山市	69202	957	6609	18904	13233	7481
新余市	**390109**	**21145**	**102103**	**202191**	**30879**	**10163**
渝水区	299301	17391	83453	162266	19849	4952
分宜县	90808	3754	18650	39925	11030	5211
鹰潭市	**354703**	**11682**	**74156**	**98190**	**69223**	**25520**
月湖区	94259	4210	35116	38322	7292	2322
余江区	97418	2841	12897	19685	28202	9071
贵溪市	163026	4631	26143	40183	33729	14127
赣州市	**2499425**	**76524**	**302484**	**728473**	**420199**	**230829**
章贡区	303256	21860	95143	130062	30879	8272
南康区	248684	13683	34250	68433	38219	21574
赣县区	164688	3243	11876	55647	30205	14882
信丰县	177595	4329	14362	39439	32018	27705
大余县	85336	1464	6827	20058	9785	9936
上犹县	85086	2722	9678	28310	12014	8660
崇义县	56545	1411	5667	15476	8986	7387
安远县	89580	1466	7808	25582	22080	11800
定南县	57651	1322	7037	21437	14627	4607
全南县	52692	1300	6139	19239	8893	6350

注：本表数据为居住在普通住宅的家庭户。

8-1 续表 1

单位：户

地区	家庭户户数	住房间数				
		一间	二间	三间	四间	五间
宁都县	202561	5407	24124	61430	39050	18776
于都县	254416	2179	13744	66736	39608	17239
兴国县	194827	4001	15160	31517	33140	23092
会昌县	109393	1195	6399	21910	20868	10122
寻乌县	80380	1015	6158	19034	14597	8597
石城县	75286	678	5401	21547	16241	7525
瑞金市	167117	3642	15608	52737	29367	14927
龙南市	94332	5607	17103	29879	19622	9378
吉安市	**1378762**	**31890**	**164167**	**343512**	**208034**	**111001**
吉州区	124582	6269	41595	45501	10007	4224
青原区	68104	2853	8640	21709	10754	5833
吉安县	135339	2280	13408	38285	27320	11637
吉水县	135887	3059	13847	39803	25418	7971
峡江县	49891	958	6504	24264	5589	1725
新干县	98696	2954	14846	26368	15958	7261
永丰县	115417	1640	11113	27230	16964	9872
泰和县	146402	3867	16220	34052	27765	16353
遂川县	147481	1911	10047	22544	24510	16142
万安县	76777	1205	4237	11735	9385	7946
安福县	104180	1544	8557	25348	15386	10464
永新县	126271	1805	10048	15322	14974	9324
井冈山市	49735	1545	5105	11351	4004	2249
宜春市	**1515432**	**36408**	**202723**	**523565**	**269869**	**103715**
袁州区	318483	10663	48136	135231	46713	15640
奉新县	85678	1597	11012	36319	15098	3858
万载县	137805	2932	14300	39310	26064	16296
上高县	106132	1666	10408	49357	13529	5293
宜丰县	84299	3102	14517	37352	13338	4691
靖安县	42373	1324	7562	15818	5439	2437
铜鼓县	36594	1137	4210	13957	8479	3248
丰城市	320432	4575	34864	67928	68919	26220
樟树市	157912	4681	30944	51457	31372	11414
高安市	225724	4731	26770	76836	40918	14618
抚州市	**1132618**	**36140**	**190528**	**381550**	**199756**	**84195**
临川区	332928	8656	74925	103197	52717	18716
东乡区	122072	4637	20273	37405	22493	8894
南城县	88431	2115	13427	29816	16114	7819
黎川县	68633	2120	9957	32661	11787	5124
南丰县	86372	1716	13287	38930	14173	7007
崇仁县	91309	2571	10029	25803	17535	8545
乐安县	91084	1859	8346	21780	14859	6288
宜黄县	65213	1507	9040	25978	12293	5462
金溪县	80676	2848	11051	22770	21201	9678
资溪县	30767	1728	5959	11426	5804	2112
广昌县	75133	6383	14234	31784	10780	4550
上饶市	**1887489**	**47651**	**224132**	**390707**	**342038**	**267361**
信州区	154444	5963	41813	55051	15365	8415
广丰区	210871	4903	18634	33405	38734	26296
广信区	208625	5928	19867	50996	30726	23151
玉山县	160633	4078	12803	33443	24188	20767
铅山县	114040	3278	14546	21189	21494	15445
横峰县	59637	1445	7074	16736	10933	9439
弋阳县	104008	2313	13605	19752	16619	15057
余干县	238550	4596	20999	42128	44469	39764
鄱阳县	345836	7606	31619	57204	85565	66681
万年县	104940	2456	11909	20806	21429	15104
婺源县	96617	2305	9769	21709	17854	14582
德兴市	89288	2780	21494	18288	14662	12660

8-1 续表 2

单位：户

地 区	住房间数				
	六间	七间	八间	九间	十间及以上
全 省	**1545890**	**382891**	**632102**	**304900**	**388881**
南昌市	**88800**	**14497**	**30244**	**12380**	**20264**
东湖区	982	202	474	130	506
西湖区	229	58	35	16	53
青云谱区	518	103	142	33	299
青山湖区	4096	1048	1947	930	2587
新建区	13775	2278	4507	2265	3759
红谷滩区	1400	264	343	111	227
南昌县	33144	6335	9715	3847	6761
安义县	9647	1402	5852	1327	2745
进贤县	25009	2807	7229	3721	3327
景德镇市	**57463**	**11087**	**10495**	**3735**	**4044**
昌江区	5420	1432	1763	535	911
珠山区	2867	1047	868	274	609
浮梁县	10984	3313	3262	934	1276
乐平市	38192	5295	4602	1992	1248
萍乡市	**77825**	**16277**	**34054**	**11732**	**14580**
安源区	10220	1767	3071	1858	2382
湘东区	13333	2222	3256	977	1199
莲花县	12226	3634	6563	4113	3116
上栗县	27073	5379	12195	3535	6380
芦溪县	14973	3275	8969	1249	1503
九江市	**140921**	**33162**	**39503**	**17035**	**20731**
濂溪区	2806	694	1205	410	852
浔阳区	1147	158	414	95	230
柴桑区	9660	2062	2547	1323	1879
武宁县	11381	2864	3642	1890	2305
修水县	28487	8587	11461	2485	6026
永修县	9191	1428	2108	593	1071
德安县	3244	1033	1047	521	919
都昌县	33000	6961	6163	4258	1744
湖口县	7607	1265	1356	1051	670
彭泽县	9900	2528	2032	676	688
瑞昌市	11493	2375	2854	810	1574
共青城市	2477	602	833	374	278
庐山市	10528	2605	3841	2549	2495
新余市	**12486**	**2173**	**3610**	**3051**	**2308**
渝水区	6336	749	1385	1758	1162
分宜县	6150	1424	2225	1293	1146
鹰潭市	**43477**	**6979**	**13602**	**5653**	**6221**
月湖区	3364	580	1561	827	665
余江区	15461	2194	4042	1386	1639
贵溪市	24652	4205	7999	3440	3917
赣州市	**298114**	**81603**	**154131**	**74801**	**132267**
章贡区	8993	1417	3306	1347	1977
南康区	30309	7224	14067	9006	11919
赣县区	20434	4625	10618	4603	8555
信丰县	29588	9405	10392	4645	5712
大余县	15887	4605	7602	5953	3219
上犹县	11318	4159	3619	2054	2552
崇义县	7306	2377	3400	1556	2979
安远县	9596	2935	4250	1733	2330
定南县	3823	1618	1610	590	980
全南县	4972	1760	1946	580	1513

8-1 续表 3

单位：户

地 区	住房间数				
	六间	七间	八间	九间	十间及以上
宁都县	22622	5077	11001	5352	9722
于都县	36589	6896	26769	13170	31486
兴国县	32337	9420	19475	8151	18534
会昌县	17713	5685	11337	5200	8964
寻乌县	9979	4499	6449	2806	7246
石城县	8528	3033	4891	2642	4800
瑞金市	21541	5125	11097	4539	8534
龙南市	6579	1743	2302	874	1245
吉安市	**219595**	**53790**	**112926**	**66698**	**67149**
吉州区	6752	1693	3661	1946	2934
青原区	9168	2002	3959	1602	1584
吉安县	22254	3549	10351	2361	3894
吉水县	17957	3509	9904	6797	7622
峡江县	5662	710	1870	1831	778
新干县	14282	4521	5735	4897	1874
永丰县	20395	6449	9766	6757	5231
泰和县	24766	5688	8614	4547	4530
遂川县	27938	8812	15847	9425	10305
万安县	15831	4151	11250	4321	6716
安福县	18765	4780	9428	5093	4815
永新县	30276	6099	16653	11590	10180
井冈山市	5549	1827	5888	5531	6686
宜春市	**174787**	**45897**	**79756**	**37357**	**41355**
袁州区	26639	4836	15912	5169	9544
奉新县	8547	1356	4641	1160	2090
万载县	21637	4489	8375	1701	2701
上高县	9165	2809	5454	3360	5091
宜丰县	5866	1247	1912	1259	1015
靖安县	4149	766	1769	1583	1526
铜鼓县	2779	907	915	306	656
丰城市	53707	16890	23820	13308	10201
樟树市	17447	2794	4365	2276	1162
高安市	24851	9803	12593	7235	7369
抚州市	**116005**	**28709**	**47917**	**21754**	**26064**
临川区	33953	7959	16903	7344	8558
东乡区	17290	3390	4182	1719	1789
南城县	8233	2424	3202	1352	3929
黎川县	3682	1218	1138	397	549
南丰县	5919	1592	1922	822	1004
崇仁县	12265	2768	5637	3024	3132
乐安县	14847	4964	8604	5022	4515
宜黄县	5781	1263	2094	713	1082
金溪县	7494	1870	2328	576	860
资溪县	2226	389	624	322	177
广昌县	4315	872	1283	463	469
上饶市	**316417**	**88717**	**105864**	**50704**	**53898**
信州区	8765	2901	5749	4444	5978
广丰区	37711	10958	19082	8164	12984
广信区	29388	10428	16425	8729	12987
玉山县	31032	10155	12919	4971	6277
铅山县	19320	6488	6924	2787	2569
横峰县	7179	2141	2640	1248	802
弋阳县	20975	6381	5845	2351	1110
余干县	49886	12508	12488	7847	3865
鄱阳县	63221	13887	12078	4523	3452
万年县	20959	3933	4142	3116	1086
婺源县	16587	5612	4889	1523	1787
德兴市	11394	3325	2683	1001	1001

8-1a　各地区按住房间数分的家庭户户数(城市)

单位：户

地　区	家庭户户　数	住房间数 一间	二间	三间	四间	五间
全　省	**3850395**	**256668**	**1224532**	**1711984**	**322612**	**103306**
南昌市	**954849**	**126239**	**416235**	**346767**	**48093**	**8479**
东湖区	127288	22109	65006	34799	4547	582
西湖区	163649	18677	82293	54724	6853	711
青云谱区	116155	15759	66006	29311	3210	774
青山湖区	307241	47423	122097	111629	17826	3495
新建区	112399	5051	44489	55209	5482	925
红谷滩区	126888	17215	36308	60944	9914	1870
南昌县	1229	5	36	151	261	122
安义县						
进贤县						
景德镇市	**237738**	**10667**	**100850**	**75354**	**20656**	**11485**
昌江区	47093	3128	20936	13034	3182	2120
珠山区	123156	5278	65225	37393	6820	3098
浮梁县	5661	88	518	552	1871	1023
乐平市	61828	2173	14171	24375	8783	5244
萍乡市	**180035**	**4658**	**23361**	**103416**	**24414**	**7048**
安源区	141080	4180	18883	88120	15837	3082
湘东区	37360	424	4197	14559	8303	3911
莲花县						
上栗县	1595	54	281	737	274	55
芦溪县						
九江市	**373960**	**14705**	**131106**	**176918**	**27107**	**9597**
濂溪区	103444	4684	47377	43419	4966	1879
浔阳区	148134	5725	65502	65666	7891	1506
柴桑区	31508	391	5779	16008	4117	1728
武宁县						
修水县						
永修县						
德安县						
都昌县						
湖口县						
彭泽县						
瑞昌市	44040	3140	5985	23994	4554	2473
共青城市	22354	438	3719	16273	1082	306
庐山市	24480	327	2744	11558	4497	1705
新余市	**206541**	**9001**	**59390**	**126230**	**9585**	**1769**
渝水区	206541	9001	59390	126230	9585	1769
分宜县						
鹰潭市	**181481**	**8122**	**58472**	**77039**	**16288**	**5202**
月湖区	89723	4178	34920	37673	6102	1722
余江区	30452	1091	6273	12115	5172	1616
贵溪市	61306	2853	17279	27251	5014	1864
赣州市	**567845**	**39243**	**146837**	**271926**	**68632**	**15765**
章贡区	268002	20804	91655	121360	24129	4311
南康区	114790	10458	27026	50722	18387	3893
赣县区	59514	2185	7572	41237	6409	944
信丰县						
大余县						
上犹县						
崇义县						
安远县						
定南县						
全南县						

注：本表数据为居住在普通住宅的家庭户。

8-1a 续表 1

单位：户

地区	家庭户户数	住房间数				
		一间	二间	三间	四间	五间
宁都县						
于都县						
兴国县						
会昌县						
寻乌县	300	17	40	84	82	41
石城县						
瑞金市	76365	2024	9613	39819	11244	3312
龙南市	48874	3755	10931	18704	8381	3264
吉安市	**146807**	**8971**	**48506**	**67432**	**10007**	**3157**
吉州区	101610	5890	40389	43578	6095	2184
青原区	30695	2346	6087	17249	2647	637
吉安县						
吉水县						
峡江县						
新干县						
永丰县						
泰和县						
遂川县						
万安县						
安福县						
永新县						
井冈山市	14502	735	2030	6605	1265	336
宜春市	**411370**	**13399**	**86705**	**231876**	**38274**	**9622**
袁州区	178325	7845	36123	106695	17024	3452
奉新县						
万载县						
上高县						
宜丰县						
靖安县						
铜鼓县						
丰城市	94623	1822	17995	41327	12433	3933
樟树市	68392	2170	20433	35994	5414	1222
高安市	70030	1562	12154	47860	3403	1015
抚州市	**220878**	**7555**	**72894**	**110472**	**13675**	**4157**
临川区	163876	4473	60621	81356	9387	1890
东乡区	57002	3082	12273	29116	4288	2267
南城县						
黎川县						
南丰县						
崇仁县						
乐安县						
宜黄县						
金溪县						
资溪县						
广昌县						
上饶市	**368891**	**14108**	**80176**	**124554**	**45881**	**27025**
信州区	120282	5685	40499	52375	10468	3302
广丰区	90831	2419	8798	19701	16244	9528
广信区	95036	3701	11852	38434	10902	6648
玉山县						
铅山县	687	27	65	81	190	175
横峰县						
弋阳县						
余干县	9119	129	504	686	1599	1626
鄱阳县	606	8	50	47	152	165
万年县						
婺源县						
德兴市	52330	2139	18408	13230	6326	5581

8-1a　续表 2

单位：户

地　区	住房间数				
	六间	七间	八间	九间	十间及以上
全　省	**106727**	**25916**	**41115**	**21064**	**36471**
南昌市	**4375**	**795**	**1380**	**504**	**1982**
东湖区	137	28	29	4	47
西湖区	229	58	35	16	53
青云谱区	518	103	142	33	299
青山湖区	2250	391	806	309	1015
新建区	596	81	207	83	276
红谷滩区	433	87	35	16	66
南昌县	212	47	126	43	226
安义县					
进贤县					
景德镇市	**11005**	**2663**	**2705**	**944**	**1409**
昌江区	2120	725	949	292	607
珠山区	2725	970	827	240	580
浮梁县	1078	257	177	70	27
乐平市	5082	711	752	342	195
萍乡市	**9224**	**1492**	**2545**	**1642**	**2235**
安源区	5392	844	1618	1227	1897
湘东区	3663	638	917	411	337
莲花县					
上栗县	169	10	10	4	1
芦溪县					
九江市	**7405**	**1599**	**2473**	**1054**	**1996**
濂溪区	560	102	241	46	170
浔阳区	1033	144	350	94	223
柴桑区	1509	389	473	523	591
武宁县					
修水县					
永修县					
德安县					
都昌县					
湖口县					
彭泽县					
瑞昌市	2321	571	650	117	235
共青城市	275	66	104	29	62
庐山市	1707	327	655	245	715
新余市	**400**	**44**	**46**	**30**	**46**
渝水区	400	44	46	30	46
分宜县					
鹰潭市	**8372**	**1478**	**2622**	**1768**	**2118**
月湖区	2294	402	1110	725	597
余江区	2627	502	556	167	333
贵溪市	3451	574	956	876	1188
赣州市	**13706**	**2220**	**4539**	**1784**	**3193**
章贡区	3314	492	1062	333	542
南康区	2426	384	666	325	503
赣县区	962	33	85	36	51
信丰县					
大余县					
上犹县					
崇义县					
安远县					
定南县					
全南县					

8-1a 续表 3

单位：户

地区	住房间数				
	六间	七间	八间	九间	十间及以上
宁都县					
于都县					
兴国县					
会昌县					
寻乌县	20	7	3	4	2
石城县					
瑞金市	4875	804	2079	875	1720
龙南市	2109	500	644	211	375
吉安市	**2997**	**859**	**1729**	**1087**	**2062**
吉州区	1703	367	676	265	463
青原区	745	382	417	99	86
吉安县					
吉水县					
峡江县					
新干县					
永丰县					
泰和县					
遂川县					
万安县					
安福县					
永新县					
井冈山市	549	110	636	723	1513
宜春市	**13339**	**4308**	**6067**	**2992**	**4788**
袁州区	2730	659	1307	918	1572
奉新县					
万载县					
上高县					
宜丰县					
靖安县					
铜鼓县					
丰城市	7477	2426	3476	1451	2283
樟树市	1858	369	554	169	209
高安市	1274	854	730	454	724
抚州市	**6175**	**1622**	**1829**	**1608**	**891**
临川区	3008	468	912	1272	489
东乡区	3167	1154	917	336	402
南城县					
黎川县					
南丰县					
崇仁县					
乐安县					
宜黄县					
金溪县					
资溪县					
广昌县					
上饶市	**29729**	**8836**	**15180**	**7651**	**15751**
信州区	2279	529	1528	792	2825
广丰区	13731	3899	7177	2776	6558
广信区	7128	2535	4719	3257	5860
玉山县					
铅山县	69	46	33	1	
横峰县					
弋阳县					
余干县	2419	672	865	508	111
鄱阳县	149	28	7		
万年县					
婺源县					
德兴市	3954	1127	851	317	397

8-1b　各地区按住房间数分的家庭户户数(镇)

单位：户

地　区	家庭户户　数	住房间数 一间	二间	三间	四间	五间
全　省	**3751140**	**120977**	**583067**	**1556840**	**530703**	**268594**
南昌市	**383814**	**16704**	**94798**	**211506**	**28600**	**8885**
东湖区	1018	31	302	173	105	166
西湖区						
青云谱区	426	216	143	49	18	
青山湖区	18370	1274	7907	7027	873	189
新建区	12327	969	4341	4557	1425	341
红谷滩区						
南昌县	225912	10949	67438	118085	15227	4255
安义县	31197	1073	4742	18204	2986	1216
进贤县	94564	2192	9925	63411	7966	2718
景德镇市	**71431**	**2017**	**12291**	**18885**	**13483**	**8290**
昌江区	3316	79	753	541	635	470
珠山区	3734	315	1589	1637	188	4
浮梁县	36201	686	5987	11523	5188	3697
乐平市	28180	937	3962	5184	7472	4119
萍乡市	**166383**	**1941**	**11730**	**44033**	**33822**	**18050**
安源区	19404	83	2227	4343	3343	2128
湘东区	18080	150	973	4583	5557	2171
莲花县	30276	542	2769	7211	5787	4162
上栗县	59907	721	3006	16393	11245	5872
芦溪县	38716	445	2755	11503	7890	3717
九江市	**455565**	**19735**	**85385**	**206939**	**58542**	**30896**
濂溪区	6329	139	2158	2374	422	299
浔阳区						
柴桑区	13097	258	2101	4325	3015	1664
武宁县	52061	2461	8361	29006	4735	2550
修水县	94353	3048	15873	46133	11487	6307
永修县	55956	2417	12424	25832	7238	2973
德安县	31589	918	7871	16267	2854	1749
都昌县	72850	5046	11128	26015	11627	6439
湖口县	35965	3059	8880	16339	4124	1417
彭泽县	50809	1819	11251	21433	8079	3893
瑞昌市	26174	168	3152	16478	2339	1415
共青城市	422	6	41	109	113	73
庐山市	15960	396	2145	2628	2509	2117
新余市	**56662**	**1639**	**13749**	**32891**	**4063**	**1308**
渝水区	6959	359	2138	2752	429	161
分宜县	49703	1280	11611	30139	3634	1147
鹰潭市	**42864**	**1352**	**4361**	**6767**	**11412**	**5127**
月湖区	1411	6	49	264	293	142
余江区	18273	892	2265	3113	5085	1941
贵溪市	23180	454	2047	3390	6034	3044
赣州市	**715968**	**20236**	**89475**	**300946**	**128324**	**51141**
章贡区	1717	131	421	854	106	31
南康区	10856	319	1062	4313	2109	829
赣县区	21107	416	1545	5627	6064	1909
信丰县	81222	3270	10045	29149	12216	8411
大余县	42649	813	4337	16020	5343	4627
上犹县	35563	1752	6045	20705	3535	870
崇义县	24112	1009	3599	11443	3359	1922
安远县	37859	756	4910	15766	8243	3589
定南县	33603	909	4991	15672	7829	1658
全南县	26612	902	4803	15269	3088	974

注：本表数据为居住在普通住宅的家庭户。

8-1b 续表 1

单位：户

地区	家庭户户数	住房间数				
		一间	二间	三间	四间	五间
宁都县	92332	2754	12373	40440	18562	5463
于都县	94303	1605	10356	54637	13617	3143
兴国县	75267	3379	11561	21776	12395	6162
会昌县	53567	979	4691	16519	12061	4361
寻乌县	36868	509	4116	14393	7741	2927
石城县	35088	244	3290	15683	8750	2098
瑞金市	7195	132	459	1162	1748	1203
龙南市	6048	357	871	1518	1558	964
吉安市	**511166**	**14640**	**75943**	**198612**	**60341**	**31899**
吉州区	3161	227	468	503	422	225
青原区	2875	90	179	1044	373	248
吉安县	60707	1784	9564	30751	7529	2876
吉水县	61564	1779	7777	28519	8152	2741
峡江县	23613	569	3883	16332	1263	365
新干县	42101	1351	9168	18370	4264	2315
永丰县	50346	942	7591	19235	6092	3094
泰和县	66257	2844	11723	24540	8155	5491
遂川县	53577	1096	6272	14597	8309	4895
万安县	30631	988	3125	8919	3351	2524
安福县	42538	865	5649	19746	4593	2319
永新县	58079	1425	8026	12363	6755	4106
井冈山市	15717	680	2518	3693	1083	700
宜春市	**365379**	**8537**	**50479**	**187477**	**47992**	**17020**
袁州区	16493	253	1321	4880	4005	1574
奉新县	47434	793	7531	29918	3997	950
万载县	66151	1274	8143	28914	9858	5141
上高县	57266	805	5763	42166	4341	1011
宜丰县	47072	1307	8297	28799	5193	1092
靖安县	21685	463	4817	11809	1819	592
铜鼓县	19406	754	2768	9819	4052	847
丰城市	42389	1042	4966	11048	7840	3236
樟树市	11591	452	2501	4809	1936	705
高安市	35892	1394	4372	15315	4951	1872
抚州市	**374764**	**16405**	**66926**	**185419**	**43679**	**17917**
临川区	22986	974	2362	4488	5327	2244
东乡区	11847	474	1744	1890	2320	1402
南城县	51776	1652	10697	22481	6349	3051
黎川县	38409	1277	6558	23630	4075	1339
南丰县	43122	931	8644	27191	3711	1203
崇仁县	44122	1773	6478	20207	4823	2540
乐安县	37833	1343	5829	17833	4127	1761
宜黄县	31731	737	5232	19510	3190	1123
金溪县	34098	1508	6200	16984	4901	1824
资溪县	16860	1069	3844	8161	1710	647
广昌县	41980	4667	9338	23044	3146	783
上饶市	**607144**	**17771**	**77930**	**163365**	**100445**	**78061**
信州区	3759	30	271	426	537	617
广丰区	30206	748	2627	3394	6070	4815
广信区	18530	327	1024	1844	3097	2718
玉山县	88648	2658	8144	27099	11725	9612
铅山县	63956	1674	9322	15309	9697	7689
横峰县	33135	899	5213	13749	4316	3333
弋阳县	50578	1579	9948	15000	6171	5031
余干县	90961	1952	10029	23552	17613	13351
鄱阳县	133397	4723	16616	32306	27738	20763
万年县	45079	1616	7678	13813	7110	4193
婺源县	45686	1483	6648	16306	5405	5395
德兴市	3209	82	410	567	966	544

8-1b　续表 2

单位：户

地　区	住房间数				
	六间	七间	八间	九间	十间及以上
全　省	**334147**	**86906**	**127376**	**61584**	**80946**
南昌市	**11244**	**2661**	**3952**	**1821**	**3643**
东湖区	75	21	76	10	59
西湖区					
青云谱区					
青山湖区	327	246	147	280	100
新建区	397	44	96	67	90
红谷滩区					
南昌县	4365	1623	1619	519	1832
安义县	1201	219	644	265	647
进贤县	4879	508	1370	680	915
景德镇市	**9368**	**2603**	**2442**	**772**	**1280**
昌江区	438	92	211	36	61
珠山区	1				
浮梁县	4494	1748	1537	416	925
乐平市	4435	763	694	320	294
萍乡市	**29679**	**5955**	**11800**	**3918**	**5455**
安源区	4202	784	1271	578	445
湘东区	2993	448	759	205	241
莲花县	4910	1356	1855	968	716
上栗县	11198	1882	4729	1560	3301
芦溪县	6376	1485	3186	607	752
九江市	**29607**	**6740**	**8475**	**3919**	**5327**
濂溪区	376	138	175	67	181
浔阳区					
柴桑区	1135	206	235	59	99
武宁县	2568	579	779	474	548
修水县	5881	1788	2075	568	1193
永修县	3118	484	829	193	448
德安县	947	199	326	138	320
都昌县	7890	1352	1581	1051	721
湖口县	1247	221	273	171	234
彭泽县	2775	519	559	214	267
瑞昌市	1239	315	458	152	458
共青城市	55	7	13	1	4
庐山市	2376	932	1172	831	854
新余市	**1410**	**332**	**491**	**233**	**546**
渝水区	474	87	196	106	257
分宜县	936	245	295	127	289
鹰潭市	**8053**	**1497**	**2428**	**855**	**1012**
月湖区	334	104	145	50	24
余江区	3103	482	924	193	275
贵溪市	4616	911	1359	612	713
赣州市	**55628**	**13945**	**22558**	**12382**	**21333**
章贡区	169	1	1	1	2
南康区	1302	139	498	149	136
赣县区	2459	528	1118	620	821
信丰县	8315	2766	3165	1507	2378
大余县	6345	1217	1765	1462	720
上犹县	1038	338	339	323	618
崇义县	1324	320	477	224	435
安远县	2288	670	797	338	502
定南县	1293	472	445	101	233
全南县	769	186	257	75	289

8-1b 续表 3

单位：户

地　区	住房间数				
	六间	七间	八间	九间	十间及以上
宁都县	5189	1110	2359	1306	2776
于都县	4227	763	2168	1455	2332
兴国县	8050	1797	3513	2373	4261
会昌县	6410	1549	2954	1296	2747
寻乌县	2740	1076	1183	512	1671
石城县	1945	542	870	450	1216
瑞金市	1355	303	529	152	152
龙南市	410	168	120	38	44
吉安市	**54030**	**14473**	**27928**	**15457**	**17843**
吉州区	504	158	288	133	233
青原区	390	73	256	61	161
吉安县	4134	625	2093	510	841
吉水县	4856	1099	2704	1749	2188
峡江县	680	94	191	152	84
新干县	3210	1147	1162	680	434
永丰县	5884	2269	2474	1377	1388
泰和县	6845	1553	2439	1149	1518
遂川县	7440	2237	4172	2203	2356
万安县	4300	1376	2812	1173	2063
安福县	3719	1044	2001	1250	1352
永新县	10638	2233	5565	3276	3692
井冈山市	1430	565	1771	1744	1533
宜春市	**24773**	**6635**	**10418**	**5756**	**6292**
袁州区	2268	404	880	301	607
奉新县	1983	333	859	525	545
万载县	6903	1310	2819	685	1104
上高县	1341	187	490	454	708
宜丰县	1179	280	371	303	251
靖安县	857	159	310	486	373
铜鼓县	545	164	187	105	165
丰城市	5799	2623	3173	1718	944
樟树市	806	96	160	72	54
高安市	3092	1079	1169	1107	1541
抚州市	**20883**	**6038**	**8286**	**4035**	**5176**
临川区	3510	1022	1536	627	896
东乡区	2401	618	682	193	123
南城县	2731	700	1136	725	2254
黎川县	831	269	239	77	114
南丰县	716	388	185	72	81
崇仁县	3628	1007	1980	1138	548
乐安县	3341	1125	1314	686	474
宜黄县	1045	196	351	129	218
金溪县	1415	418	467	87	294
资溪县	666	190	274	196	103
广昌县	599	105	122	105	71
上饶市	**89472**	**26027**	**28598**	**12436**	**13039**
信州区	751	302	318	262	245
广丰区	5515	1690	2596	1154	1597
广信区	3664	1515	2018	733	1590
玉山县	13865	4227	5721	2520	3077
铅山县	10172	3791	3374	1385	1543
横峰县	2643	903	1047	590	442
弋阳县	7436	2105	1934	803	571
余干县	14002	3705	3776	1662	1319
鄱阳县	19076	4459	4748	1588	1380
万年县	6276	1108	1465	1280	540
婺源县	5668	2092	1516	452	721
德兴市	404	130	85	7	14

8－1c　各地区按住房间数分的家庭户户数(乡村)

单位：户

地　区	家庭户户　数	住房间数				
		一间	二间	三间	四间	五间
全　省	**5729949**	**105034**	**456807**	**810452**	**1279211**	**746033**
南昌市	**406824**	**10758**	**54514**	**76192**	**94550**	**36982**
东湖区	5241	145	844	935	927	582
西湖区						
青云谱区						
青山湖区	12598	913	1839	2310	1773	1026
新建区	89398	3328	18079	16345	20200	6799
红谷滩区	4941	111	408	1285	904	525
南昌县	154982	3440	19887	29215	36115	17135
安义县	37616	552	2688	4336	9154	2889
进贤县	102048	2269	10769	21766	25477	8026
景德镇市	**172774**	**3100**	**13440**	**19147**	**53962**	**31492**
昌江区	11629	179	971	1102	2770	2077
珠山区	462		2	22	30	86
浮梁县	33204	582	2579	4422	11564	5017
乐平市	127479	2339	9888	13601	39598	24312
萍乡市	**174625**	**1401**	**7371**	**22341**	**39591**	**23398**
安源区	2400	15	188	254	646	257
湘东区	35447	222	1597	6905	10734	5614
莲花县	36730	230	1063	3190	6909	5491
上栗县	62559	470	2626	7622	12929	7214
芦溪县	37489	464	1897	4370	8373	4822
九江市	**594948**	**9314**	**53032**	**109590**	**149708**	**90547**
濂溪区	20363	778	4932	4716	3824	2202
浔阳区	793	6	61	126	315	85
柴桑区	44513	659	3374	11685	10427	6116
武宁县	52136	808	5469	10680	10781	7264
修水县	115145	1280	7430	16406	24192	20296
永修县	43562	1409	5677	8819	13523	4815
德安县	19849	552	2111	4377	5491	2484
都昌县	114852	875	6784	18657	29723	19282
湖口县	39579	712	2970	6843	13309	5942
彭泽县	46907	757	5051	9657	12599	7353
瑞昌市	55814	1108	6377	10901	16130	8708
共青城市	12673	136	1076	2005	3167	2341
庐山市	28762	234	1720	4718	6227	3659
新余市	**126906**	**10505**	**28964**	**43070**	**17231**	**7086**
渝水区	85801	8031	21925	33284	9835	3022
分宜县	41105	2474	7039	9786	7396	4064
鹰潭市	**130358**	**2208**	**11323**	**14384**	**41523**	**15191**
月湖区	3125	26	147	385	897	458
余江区	48693	858	4359	4457	17945	5514
贵溪市	78540	1324	6817	9542	22681	9219
赣州市	**1215612**	**17045**	**66172**	**155601**	**223243**	**163923**
章贡区	33537	925	3067	7848	6644	3930
南康区	123038	2906	6162	13398	17723	16852
赣县区	84067	642	2759	8783	17732	12029
信丰县	96373	1059	4317	10290	19802	19294
大余县	42687	651	2490	4038	4442	5309
上犹县	49523	970	3633	7605	8479	7790
崇义县	32433	402	2068	4033	5627	5465
安远县	51721	710	2898	9816	13837	8211
定南县	24048	413	2046	5765	6798	2949
全南县	26080	398	1336	3970	5805	5376

注：本表数据为居住在普通住宅的家庭户。

8-1c 续表 1

单位：户

地区	家庭户户数	住房间数 一间	二间	三间	四间	五间
宁都县	110229	2653	11751	20990	20488	13313
于都县	160113	574	3388	12099	25991	14096
兴国县	119560	622	3599	9741	20745	16930
会昌县	55826	216	1708	5391	8807	5761
寻乌县	43212	489	2002	4557	6774	5629
石城县	40198	434	2111	5864	7491	5427
瑞金市	83557	1486	5536	11756	16375	10412
龙南市	39410	1495	5301	9657	9683	5150
吉安市	**720789**	**8279**	**39718**	**77468**	**137686**	**75945**
吉州区	19811	152	738	1420	3490	1815
青原区	34534	417	2374	3416	7734	4948
吉安县	74632	496	3844	7534	19791	8761
吉水县	74323	1280	6070	11284	17266	5230
峡江县	26278	389	2621	7932	4326	1360
新干县	56595	1603	5678	7998	11694	4946
永丰县	65071	698	3522	7995	10872	6778
泰和县	80145	1023	4497	9512	19610	10862
遂川县	93904	815	3775	7947	16201	11247
万安县	46146	217	1112	2816	6034	5422
安福县	61642	679	2908	5602	10793	8145
永新县	68192	380	2022	2959	8219	5218
井冈山市	19516	130	557	1053	1656	1213
宜春市	**738683**	**14472**	**65539**	**104212**	**183603**	**77073**
袁州区	123665	2565	10692	23656	25684	10614
奉新县	38244	804	3481	6401	11101	2908
万载县	71654	1658	6157	10396	16206	11155
上高县	48866	861	4645	7191	9188	4282
宜丰县	37227	1795	6220	8553	8145	3599
靖安县	20688	861	2745	4009	3620	1845
铜鼓县	17188	383	1442	4138	4427	2401
丰城市	183420	1711	11903	15553	48646	19051
樟树市	77929	2059	8010	10654	24022	9487
高安市	119802	1775	10244	13661	32564	11731
抚州市	**536976**	**12180**	**50708**	**85659**	**142402**	**62121**
临川区	146066	3209	11942	17353	38003	14582
东乡区	53223	1081	6256	6399	15885	5225
南城县	36655	463	2730	7335	9765	4768
黎川县	30224	843	3399	9031	7712	3785
南丰县	43250	785	4643	11739	10462	5804
崇仁县	47187	798	3551	5596	12712	6005
乐安县	53251	516	2517	3947	10732	4527
宜黄县	33482	770	3808	6468	9103	4339
金溪县	46578	1340	4851	5786	16300	7854
资溪县	13907	659	2115	3265	4094	1465
广昌县	33153	1716	4896	8740	7634	3767
上饶市	**911454**	**15772**	**66026**	**102788**	**195712**	**162275**
信州区	30403	248	1043	2250	4360	4496
广丰区	89834	1736	7209	10310	16420	11953
广信区	95059	1900	6991	10718	16727	13785
玉山县	71985	1420	4659	6344	12463	11155
铅山县	49397	1577	5159	5799	11607	7581
横峰县	26502	546	1861	2987	6617	6106
弋阳县	53430	734	3657	4752	10448	10026
余干县	138470	2515	10466	17890	25257	24787
鄱阳县	211833	2875	14953	24851	57675	45753
万年县	59861	840	4231	6993	14319	10911
婺源县	50931	822	3121	5403	12449	9187
德兴市	33749	559	2676	4491	7370	6535

8-1c　续表 2

单位：户

地　区	住房间数				
	六间	七间	八间	九间	十间及以上
全　省	**1105016**	**270069**	**463611**	**222252**	**271464**
南昌市	**73181**	**11041**	**24912**	**10055**	**14639**
东湖区	770	153	369	116	400
西湖区					
青云谱区					
青山湖区	1519	411	994	341	1472
新建区	12782	2153	4204	2115	3393
红谷滩区	967	177	308	95	161
南昌县	28567	4665	7970	3285	4703
安义县	8446	1183	5208	1062	2098
进贤县	20130	2299	5859	3041	2412
景德镇市	**37090**	**5821**	**5348**	**2019**	**1355**
昌江区	2862	615	603	207	243
珠山区	141	77	41	34	29
浮梁县	5412	1308	1548	448	324
乐平市	28675	3821	3156	1330	759
萍乡市	**38922**	**8830**	**19709**	**6172**	**6890**
安源区	626	139	182	53	40
湘东区	6677	1136	1580	361	621
莲花县	7316	2278	4708	3145	2400
上栗县	15706	3487	7456	1971	3078
芦溪县	8597	1790	5783	642	751
九江市	**103909**	**24823**	**28555**	**12062**	**13408**
濂溪区	1870	454	789	297	501
浔阳区	114	14	64	1	7
柴桑区	7016	1467	1839	741	1189
武宁县	8813	2285	2863	1416	1757
修水县	22606	6799	9386	1917	4833
永修县	6073	944	1279	400	623
德安县	2297	834	721	383	599
都昌县	25110	5609	4582	3207	1023
湖口县	6360	1044	1083	880	436
彭泽县	7125	2009	1473	462	421
瑞昌市	7933	1489	1746	541	881
共青城市	2147	529	716	344	212
庐山市	6445	1346	2014	1473	926
新余市	**10676**	**1797**	**3073**	**2788**	**1716**
渝水区	5462	618	1143	1622	859
分宜县	5214	1179	1930	1166	857
鹰潭市	**27052**	**4004**	**8552**	**3030**	**3091**
月湖区	736	74	306	52	44
余江区	9731	1210	2562	1026	1031
贵溪市	16585	2720	5684	1952	2016
赣州市	**228780**	**65438**	**127034**	**60635**	**107741**
章贡区	5510	924	2243	1013	1433
南康区	26581	6701	12903	8532	11280
赣县区	17013	4064	9415	3947	7683
信丰县	21273	6639	7227	3138	3334
大余县	9542	3388	5837	4491	2499
上犹县	10280	3821	3280	1731	1934
崇义县	5982	2057	2923	1332	2544
安远县	7308	2265	3453	1395	1828
定南县	2530	1146	1165	489	747
全南县	4203	1574	1689	505	1224

8-1c 续表 3

单位：户

地　区	住房间数				
	六间	七间	八间	九间	十间及以上
宁都县	17433	3967	8642	4046	6946
于都县	32362	6133	24601	11715	29154
兴国县	24287	7623	15962	5778	14273
会昌县	11303	4136	8383	3904	6217
寻乌县	7219	3416	5263	2290	5573
石城县	6583	2491	4021	2192	3584
瑞金市	15311	4018	8489	3512	6662
龙南市	4060	1075	1538	625	826
吉安市	**162568**	**38458**	**83269**	**50154**	**47244**
吉州区	4545	1168	2697	1548	2238
青原区	8033	1547	3286	1442	1337
吉安县	18120	2924	8258	1851	3053
吉水县	13101	2410	7200	5048	5434
峡江县	4982	616	1679	1679	694
新干县	11072	3374	4573	4217	1440
永丰县	14511	4180	7292	5380	3843
泰和县	17921	4135	6175	3398	3012
遂川县	20498	6575	11675	7222	7949
万安县	11531	2775	8438	3148	4653
安福县	15046	3736	7427	3843	3463
永新县	19638	3866	11088	8314	6488
井冈山市	3570	1152	3481	3064	3640
宜春市	**136675**	**34954**	**63271**	**28609**	**30275**
袁州区	21641	3773	13725	3950	7365
奉新县	6564	1023	3782	635	1545
万载县	14734	3179	5556	1016	1597
上高县	7824	2622	4964	2906	4383
宜丰县	4687	967	1541	956	764
靖安县	3292	607	1459	1097	1153
铜鼓县	2234	743	728	201	491
丰城市	40431	11841	17171	10139	6974
樟树市	14783	2329	3651	2035	899
高安市	20485	7870	10694	5674	5104
抚州市	**88947**	**21049**	**37802**	**16111**	**19997**
临川区	27435	6469	14455	5445	7173
东乡区	11722	1618	2583	1190	1264
南城县	5502	1724	2066	627	1675
黎川县	2851	949	899	320	435
南丰县	5203	1204	1737	750	923
崇仁县	8637	1761	3657	1886	2584
乐安县	11506	3839	7290	4336	4041
宜黄县	4736	1067	1743	584	864
金溪县	6079	1452	1861	489	566
资溪县	1560	199	350	126	74
广昌县	3716	767	1161	358	398
上饶市	**197216**	**53854**	**62086**	**30617**	**25108**
信州区	5735	2070	3903	3390	2908
广丰区	18465	5369	9309	4234	4829
广信区	18596	6378	9688	4739	5537
玉山县	17167	5928	7198	2451	3200
铅山县	9079	2651	3517	1401	1026
横峰县	4536	1238	1593	658	360
弋阳县	13539	4276	3911	1548	539
余干县	33465	8131	7847	5677	2435
鄱阳县	43996	9400	7323	2935	2072
万年县	14683	2825	2677	1836	546
婺源县	10919	3520	3373	1071	1066
德兴市	7036	2068	1747	677	590

8−2　各地区按人均住房建筑面积分的家庭户户数

单位：户

地　区	家庭户户　数	人均住房建筑面积(平方米)			
		8及以下	9−12	13−16	17−19
全　省	**13331484**	**45959**	**156382**	**350602**	**300597**
南昌市	**1745487**	**12947**	**44097**	**90383**	**78987**
东湖区	133547	2147	6093	10649	7780
西湖区	163649	1160	5662	11382	9515
青云谱区	116581	1341	4683	9839	7053
青山湖区	338209	5076	13418	23505	18386
新建区	214124	929	4966	11517	11584
红谷滩区	131829	482	2249	5252	5511
南昌县	382123	1087	4964	13679	14947
安义县	68813	243	784	1275	1005
进贤县	196612	482	1278	3285	3206
景德镇市	**481943**	**1869**	**6957**	**15722**	**10604**
昌江区	62038	513	1697	3266	1658
珠山区	127352	705	3188	7527	4416
浮梁县	75066	53	358	1231	1082
乐平市	217487	598	1714	3698	3448
萍乡市	**521043**	**414**	**2354**	**6551**	**6112**
安源区	162884	196	1213	3605	3413
湘东区	90887	62	371	879	787
莲花县	67006	40	189	429	296
上栗县	124061	83	391	1137	1206
芦溪县	76205	33	190	501	410
九江市	**1424473**	**3815**	**13325**	**30501**	**25060**
濂溪区	130136	217	1564	4491	4187
浔阳区	148927	232	2009	5833	4565
柴桑区	89118	68	385	1137	1347
武宁县	104197	250	802	1743	1330
修水县	209498	412	1569	3943	2777
永修县	99518	389	982	1989	1639
德安县	51438	93	466	970	1016
都昌县	187702	1007	1997	3071	1733
湖口县	75544	477	1155	1579	1080
彭泽县	97716	178	552	1088	747
瑞昌市	126028	298	1226	2865	2908
共青城市	35449	86	240	767	809
庐山市	69202	108	378	1025	922
新余市	**390109**	**754**	**3583**	**9990**	**10448**
渝水区	299301	413	2513	7535	8393
分宜县	90808	341	1070	2455	2055
鹰潭市	**354703**	**933**	**3944**	**8594**	**8455**
月湖区	94259	292	1546	3352	3748
余江区	97418	228	944	2087	1966
贵溪市	163026	413	1454	3155	2741
赣州市	**2499425**	**6826**	**31042**	**71789**	**59334**
章贡区	303256	1029	5266	14086	12529
南康区	248684	841	4246	10134	6133
赣县区	164688	302	1449	3876	3943
信丰县	177595	266	1395	3171	2880
大余县	85336	65	319	841	697
上犹县	85086	341	1456	2393	1792
崇义县	56545	121	598	1466	1364
安远县	89580	242	1007	2331	2199
定南县	57651	190	990	2493	2581
全南县	52692	139	679	1633	1558

注：本表数据为居住在普通住宅的家庭户。

8-2 续表 1

单位：户

地　　区	家庭户户　数	人均住房建筑面积(平方米)			
		8及以下	9-12	13-16	17-19
宁都县	202561	355	1798	4436	3786
于都县	254416	551	2807	5596	4448
兴国县	194827	786	2037	4385	3687
会昌县	109393	174	929	2480	2512
寻乌县	80380	122	842	2017	1557
石城县	75286	114	556	1356	1428
瑞金市	167117	599	2269	4969	4126
龙南市	94332	589	2399	4126	2114
吉安市	**1378762**	**4215**	**12613**	**26706**	**24266**
吉州区	124582	315	1593	3866	4185
青原区	68104	230	602	1418	1479
吉安县	135339	296	1143	3037	3100
吉水县	135887	548	1367	2369	2108
峡江县	49891	67	433	987	903
新干县	98696	189	685	1741	1963
永丰县	115417	221	1015	2238	1923
泰和县	146402	889	1892	2976	2569
遂川县	147481	181	1028	2299	1616
万安县	76777	114	467	1145	957
安福县	104180	166	512	1389	1484
永新县	126271	599	1373	2310	1404
井冈山市	49735	400	503	931	575
宜春市	**1515432**	**2573**	**10666**	**28989**	**27130**
袁州区	318483	652	2769	8848	8266
奉新县	85678	150	581	1487	1358
万载县	137805	162	718	2041	2053
上高县	106132	85	351	1077	1461
宜丰县	84299	90	497	1066	1171
靖安县	42373	79	366	845	545
铜鼓县	36594	36	209	619	554
丰城市	320432	713	2479	6555	4907
樟树市	157912	334	1313	3395	3553
高安市	225724	272	1383	3056	3262
抚州市	**1132618**	**4855**	**12658**	**28954**	**24603**
临川区	332928	1016	3345	8819	8426
东乡区	122072	533	1517	3033	2549
南城县	88431	323	941	2221	2295
黎川县	68633	295	821	2003	1719
南丰县	86372	138	795	2400	2014
崇仁县	91309	748	939	2190	1813
乐安县	91084	301	849	1502	1271
宜黄县	65213	249	808	1930	1326
金溪县	80676	558	903	1713	1320
资溪县	30767	244	510	989	753
广昌县	75133	450	1230	2154	1117
上饶市	**1887489**	**6758**	**15143**	**32423**	**25598**
信州区	154444	889	2700	5190	4157
广丰区	210871	811	2736	5418	3587
广信区	208625	893	1759	3737	3556
玉山县	160633	356	671	1515	1262
铅山县	114040	252	699	1785	1192
横峰县	59637	96	364	840	691
弋阳县	104008	351	841	1731	1456
余干县	238550	347	939	2310	1966
鄱阳县	345836	1864	2102	4603	3552
万年县	104940	233	545	1504	1586
婺源县	96617	386	935	1804	1454
德兴市	89288	280	852	1986	1139

8-2　续表 2

单位：户

地　　区	人均住房建筑面积(平方米)					
	20—29	30—39	40—49	50—59	60—69	70及以上
全　省	**1846734**	**1770612**	**1642311**	**1090859**	**1366506**	**4760922**
南昌市	**367194**	**276140**	**226174**	**130501**	**128425**	**390639**
东湖区	30109	23388	17116	9599	7880	18786
西湖区	38326	30627	21081	15167	9207	21522
青云谱区	29100	22489	13558	7864	7349	13305
青山湖区	86227	61272	40622	22463	18174	49066
新建区	43447	27725	26131	13845	15227	58753
红谷滩区	29211	23973	20602	11646	8219	24684
南昌县	79177	51628	52725	29323	28735	105858
安义县	6853	7664	8551	4979	8981	28478
进贤县	24744	27374	25788	15615	24653	70187
景德镇市	**67358**	**58722**	**56840**	**43029**	**45324**	**175518**
昌江区	10685	8216	7177	5436	4936	18454
珠山区	28738	21681	19051	11121	8651	22274
浮梁县	8014	8526	8720	6961	7790	32331
乐平市	19921	20299	21892	19511	23947	102459
萍乡市	**51080**	**61280**	**74479**	**40952**	**65027**	**212794**
安源区	25035	27668	28515	13400	18970	40869
湘东区	7614	9529	11570	6955	11190	41930
莲花县	2959	3831	4973	4987	6755	42547
上栗县	10468	13095	17973	9800	17250	52658
芦溪县	5004	7157	11448	5810	10862	34790
九江市	**186502**	**192137**	**182178**	**126400**	**154806**	**509749**
濂溪区	24803	20895	16834	14108	13878	29159
浔阳区	31262	29025	22607	13467	13719	26208
柴桑区	9825	10593	10244	7631	9828	38060
武宁县	11762	13823	14500	8616	12998	38373
修水县	25867	26745	27969	19202	24828	76186
永修县	13207	14377	14578	9108	11918	31331
德安县	7652	8050	7083	4501	4755	16852
都昌县	14387	17242	20786	15641	21537	90301
湖口县	7568	7547	7615	5023	6790	36710
彭泽县	7741	10823	11475	9116	11332	44664
瑞昌市	18809	18658	15651	10994	12319	42300
共青城市	6489	6432	4969	2852	3489	9316
庐山市	7130	7927	7867	6141	7415	30289
新余市	**77703**	**74684**	**57841**	**33210**	**35587**	**86309**
渝水区	62947	60208	45356	26275	26431	59230
分宜县	14756	14476	12485	6935	9156	27079
鹰潭市	**50238**	**48256**	**44139**	**33110**	**36141**	**120893**
月湖区	18977	16040	13282	8979	7966	20077
余江区	12416	12884	11752	8804	10972	35365
贵溪市	18845	19332	19105	15327	17203	65451
赣州市	**353551**	**339858**	**300522**	**195009**	**251212**	**890282**
章贡区	64500	53133	42226	21926	23473	65088
南康区	38974	32152	23203	16283	23914	92804
赣县区	23638	21694	19898	11473	18622	59793
信丰县	17852	18280	20062	15913	17488	80288
大余县	6125	7650	8147	7025	8899	45568
上犹县	11226	10332	9288	6049	8445	33764
崇义县	7804	7537	7186	4655	5243	20571
安远县	12143	12837	12041	8425	9126	29229
定南县	13590	9839	6478	3951	4618	12921
全南县	9195	7950	6972	4593	5046	14927

8-2 续表 3

单位：户

地区	人均住房建筑面积(平方米)					
	20-29	30-39	40-49	50-59	60-69	70及以上
宁都县	26962	29969	26665	16774	22191	69625
于都县	27971	32813	29497	19070	25613	106050
兴国县	21339	21748	21459	16013	21167	82206
会昌县	14057	14342	14511	8764	12544	39080
寻乌县	10192	11385	10608	6649	8305	28703
石城县	9597	10003	8837	6285	7778	29332
瑞金市	23862	24088	21815	13413	18891	53085
龙南市	14524	14106	11629	7748	9849	27248
吉安市	**153329**	**160685**	**159814**	**112402**	**151082**	**573650**
吉州区	22506	20648	18328	10827	11146	31168
青原区	9927	9992	8329	5126	6750	24251
吉安县	20601	20501	18774	10645	16868	40374
吉水县	13599	12991	12238	9202	13436	68029
峡江县	6638	6561	6329	4089	6944	16940
新干县	9888	10119	9542	7351	9633	47585
永丰县	12375	11933	12439	9451	12829	50993
泰和县	16013	18957	18431	12931	16148	55596
遂川县	11682	14088	17057	13742	16903	68885
万安县	6828	7968	8730	6478	9067	35023
安福县	9524	11619	11883	9050	12303	46250
永新县	9588	10445	12856	9925	14139	63632
井冈山市	4160	4863	4878	3585	4916	24924
宜春市	**194521**	**205207**	**191417**	**124671**	**167449**	**562809**
袁州区	55867	49241	42570	24140	33130	93000
奉新县	11350	13276	13100	6550	11606	26220
万载县	15554	19145	19363	12609	17031	49129
上高县	12194	15608	12969	7003	12689	42695
宜丰县	10227	13264	12674	6611	11019	27680
靖安县	4681	5503	5580	2797	5318	16659
铜鼓县	5191	6220	5506	3389	4326	10544
丰城市	33478	33674	32549	31829	35655	138593
樟树市	21878	22704	21111	13127	15242	55255
高安市	24101	26572	25995	16616	21433	103034
抚州市	**166090**	**160600**	**142714**	**95834**	**122344**	**373966**
临川区	49529	45781	40479	27317	35128	113088
东乡区	16842	15101	13407	10789	11630	46671
南城县	14246	13876	11650	7958	9023	25898
黎川县	12340	11654	8855	6940	6347	17659
南丰县	15843	15634	12796	7774	8916	20062
崇仁县	11320	11406	11274	6993	10902	33724
乐安县	9651	9860	9651	7094	10329	40576
宜黄县	10815	10393	9525	5093	7862	17212
金溪县	10034	10425	10086	7566	9222	28849
资溪县	4673	4672	4383	2736	3632	8175
广昌县	10797	11798	10608	5574	9353	22052
上饶市	**179168**	**193043**	**206193**	**155741**	**209109**	**864313**
信州区	23926	22294	20236	12293	14315	48444
广丰区	23167	22984	25779	18384	23406	84599
广信区	24431	23785	23003	15720	21881	89860
玉山县	9995	13221	15388	12160	17620	88445
铅山县	10272	12489	13241	10541	14781	48788
横峰县	5873	6858	7277	4307	7676	25655
弋阳县	9305	10140	11497	7979	11990	48718
余干县	15699	18891	22146	20035	26989	129228
鄱阳县	28038	31941	36116	31238	38734	167648
万年县	9721	9765	10281	7507	12085	51713
婺源县	9322	10388	10596	8395	9677	43660
德兴市	9419	10287	10633	7182	9955	37555

8-2a　各地区按人均住房建筑面积分的家庭户户数(城市)

单位：户

地　区	家庭户户　数	人均住房建筑面积(平方米)			
		8及以下	9-12	13-16	17-19
全　省	**3850395**	**21639**	**82365**	**181122**	**157005**
南昌市	**954849**	**10546**	**35136**	**68160**	**56815**
东湖区	127288	2131	6026	10497	7645
西湖区	163649	1160	5662	11382	9515
青云谱区	116155	1339	4671	9798	7018
青山湖区	307241	4871	12806	22179	17093
新建区	112399	575	3774	9122	10068
红谷滩区	126888	470	2194	5153	5453
南昌县	1229		3	29	23
安义县					
进贤县					
景德镇市	**237738**	**1597**	**5963**	**12953**	**8274**
昌江区	47093	497	1633	3097	1572
珠山区	123156	663	3111	7379	4290
浮梁县	5661	3	20	58	53
乐平市	61828	434	1199	2419	2359
萍乡市	**180035**	**219**	**1373**	**3779**	**3744**
安源区	141080	173	1022	3096	3198
湘东区	37360	42	320	663	488
莲花县					
上栗县	1595	4	31	20	58
芦溪县					
九江市	**373960**	**783**	**4765**	**13266**	**12103**
濂溪区	103444	193	1310	3897	3842
浔阳区	148134	232	2008	5831	4565
柴桑区	31508	34	262	801	1007
武宁县					
修水县					
永修县					
德安县					
都昌县					
湖口县					
彭泽县					
瑞昌市	44040	200	802	1581	1540
共青城市	22354	73	193	633	647
庐山市	24480	51	190	523	502
新余市	**206541**	**255**	**1839**	**5767**	**7387**
渝水区	206541	255	1839	5767	7387
分宜县					
鹰潭市	**181481**	**659**	**3151**	**6848**	**6984**
月湖区	89723	290	1539	3337	3726
余江区	30452	66	471	1112	1099
贵溪市	61306	303	1141	2399	2159
赣州市	**567845**	**2607**	**12648**	**29693**	**22648**
章贡区	268002	988	5067	13502	11821
南康区	114790	667	3792	8805	4994
赣县区	59514	219	938	2332	2322
信丰县					
大余县					
上犹县					
崇义县					
安远县					
定南县					
全南县					

注：本表数据为居住在普通住宅的家庭户。

8-2a 续表 1

单位：户

地 区	家庭户户 数	人均住房建筑面积(平方米)			
		8及以下	9-12	13-16	17-19
宁都县					
于都县					
兴国县					
会昌县					
寻乌县	300		1	2	6
石城县					
瑞金市	76365	306	1126	2435	2161
龙南市	48874	427	1724	2617	1344
吉安市	**146807**	**486**	**2066**	**4864**	**5275**
吉州区	101610	298	1524	3638	3956
青原区	30695	160	427	940	1114
吉安县					
吉水县					
峡江县					
新干县					
永丰县					
泰和县					
遂川县					
万安县					
安福县					
永新县					
井冈山市	14502	28	115	286	205
宜春市	**411370**	**1103**	**5221**	**14375**	**14587**
袁州区	178325	480	2200	7150	6908
奉新县					
万载县					
上高县					
宜丰县					
靖安县					
铜鼓县					
丰城市	94623	299	1363	3350	3105
樟树市	68392	192	858	2243	2650
高安市	70030	132	800	1632	1924
抚州市	**220878**	**1018**	**3704**	**9221**	**9502**
临川区	163876	553	2460	6887	7358
东乡区	57002	465	1244	2334	2144
南城县					
黎川县					
南丰县					
崇仁县					
乐安县					
宜黄县					
金溪县					
资溪县					
广昌县					
上饶市	**368891**	**2366**	**6499**	**12196**	**9686**
信州区	120282	856	2596	4838	3805
广丰区	90831	539	1874	3167	2252
广信区	95036	708	1189	2349	2611
玉山县					
铅山县	687		1	6	3
横峰县					
弋阳县					
余干县	9119	2	30	48	26
鄱阳县	606			2	2
万年县					
婺源县					
德兴市	52330	261	809	1786	987

8-2a　续表 2　　单位：户

地　区	人均住房建筑面积(平方米)					
	20-29	30-39	40-49	50-59	60-69	70及以上
全　省	**838060**	**695431**	**528641**	**301959**	**310951**	**733222**
南昌市	**238442**	**173449**	**121520**	**68424**	**52370**	**129987**
东湖区	29095	22471	16251	8885	7228	17059
西湖区	38326	30627	21081	15167	9207	21522
青云谱区	28997	22457	13439	7803	7349	13284
青山湖区	80095	56851	36926	19796	15955	40669
新建区	32978	17388	13465	5647	4773	14609
红谷滩区	28785	23450	20147	11001	7728	22507
南昌县	166	205	211	125	130	337
安义县						
进贤县						
景德镇市	**49892**	**38528**	**32656**	**20995**	**17328**	**49552**
昌江区	9782	7313	5970	4128	3205	9896
珠山区	27801	21150	18333	10886	8446	21097
浮梁县	427	475	588	688	621	2728
乐平市	11882	9590	7765	5293	5056	15831
萍乡市	**27933**	**31481**	**30924**	**15005**	**20761**	**44816**
安源区	23230	26076	25485	11546	16212	31042
湘东区	4368	5143	5113	3279	4325	13619
莲花县						
上栗县	335	262	326	180	224	155
芦溪县						
九江市	**77551**	**69632**	**52688**	**34283**	**35741**	**73148**
濂溪区	21586	18409	13785	11099	10751	18572
浔阳区	31244	28989	22540	13376	13600	25749
柴桑区	6349	5230	3873	2805	2765	8382
武宁县						
修水县						
永修县						
德安县						
都昌县						
湖口县						
彭泽县						
瑞昌市	9062	8049	6003	3427	3965	9411
共青城市	5286	5003	3310	1633	2138	3438
庐山市	4024	3952	3177	1943	2522	7596
新余市	**52492**	**48890**	**30695**	**17546**	**15357**	**26313**
渝水区	52492	48890	30695	17546	15357	26313
分宜县						
鹰潭市	**36734**	**31130**	**24337**	**18107**	**15596**	**37935**
月湖区	18682	15597	12711	8603	7298	17940
余江区	5537	4934	4019	3064	3011	7139
贵溪市	12515	10599	7607	6440	5287	12856
赣州市	**125684**	**102167**	**75699**	**37709**	**49559**	**109431**
章贡区	60199	49263	38175	19144	19304	50539
南康区	30762	22370	12550	6958	9272	14620
赣县区	12784	9853	8436	2254	6713	13663
信丰县						
大余县						
上犹县						
崇义县						
安远县						
定南县						
全南县						

8−2a 续表 3 单位：户

地　区	人均住房建筑面积(平方米)					
	20−29	30−39	40−49	50−59	60−69	70及以上
宁都县						
于都县						
兴国县						
会昌县						
寻乌县	23	38	49	33	28	120
石城县						
瑞金市	13116	12707	10640	5390	9369	19115
龙南市	8800	7936	5849	3930	4873	11374
吉安市	**30151**	**27753**	**22610**	**11724**	**12116**	**29762**
吉州区	20945	18665	15983	8508	8220	19873
青原区	7160	6680	4441	2071	2349	5353
吉安县						
吉水县						
峡江县						
新干县						
永丰县						
泰和县						
遂川县						
万安县						
安福县						
永新县						
井冈山市	2046	2408	2186	1145	1547	4536
宜春市	**90482**	**78317**	**58475**	**32300**	**38132**	**78378**
袁州区	43648	34813	25531	13024	15720	28851
奉新县						
万载县						
上高县						
宜丰县						
靖安县						
铜鼓县						
丰城市	17121	14894	11789	9041	9865	23796
樟树市	15271	13981	10503	4649	5814	12231
高安市	14442	14629	10652	5586	6733	13500
抚州市	**50528**	**40284**	**30020**	**17034**	**18442**	**41125**
临川区	37797	30147	22686	12313	13993	29682
东乡区	12731	10137	7334	4721	4449	11443
南城县						
黎川县						
南丰县						
崇仁县						
乐安县						
宜黄县						
金溪县						
资溪县						
广昌县						
上饶市	**58171**	**53800**	**49017**	**28832**	**35549**	**112775**
信州区	21579	19830	17510	9771	10686	28811
广丰区	12196	10971	11831	7479	9481	31041
广信区	16291	14468	11348	6428	8415	31229
玉山县						
铅山县	37	71	111	119	113	226
横峰县						
弋阳县						
余干县	258	385	591	794	1071	5914
鄱阳县	19	33	53	57	57	383
万年县						
婺源县						
德兴市	7791	8042	7573	4184	5726	15171

8-2b　各地区按人均住房建筑面积分的家庭户户数(镇)

单位：户

地　区	家庭户户数	人均住房建筑面积(平方米)			
		8及以下	9-12	13-16	17-19
全　省	**3751140**	**18219**	**52703**	**108372**	**95266**
南昌市	**383814**	**1335**	**5677**	**15116**	**17659**
东湖区	1018	4	18	31	20
西湖区					
青云谱区	426	2	12	41	35
青山湖区	18370	119	424	1025	1166
新建区	12327	63	180	486	389
红谷滩区					
南昌县	225912	649	3631	10775	13041
安义县	31197	171	606	851	713
进贤县	94564	327	806	1907	2295
景德镇市	**71431**	**193**	**667**	**1604**	**1416**
昌江区	3316	7	46	124	53
珠山区	3734	41	77	147	124
浮梁县	36201	36	210	699	670
乐平市	28180	109	334	634	569
萍乡市	**166383**	**131**	**803**	**2166**	**1695**
安源区	19404	21	184	487	210
湘东区	18080	13	31	111	136
莲花县	30276	27	160	368	216
上栗县	59907	49	280	834	815
芦溪县	38716	21	148	366	318
九江市	**455565**	**2668**	**7089**	**12828**	**9398**
濂溪区	6329	10	85	204	86
浔阳区					
柴桑区	13097	6	38	113	132
武宁县	52061	198	533	1114	960
修水县	94353	358	1404	3157	2185
永修县	55956	348	766	1498	1253
德安县	31589	82	408	813	908
都昌县	72850	959	1877	2509	1163
湖口县	35965	471	1127	1468	996
彭泽县	50809	140	458	899	559
瑞昌市	26174	55	248	722	907
共青城市	422	1	2	5	5
庐山市	15960	40	143	326	244
新余市	**56662**	**303**	**972**	**2113**	**1850**
渝水区	6959	15	100	188	83
分宜县	49703	288	872	1925	1767
鹰潭市	**42864**	**176**	**490**	**770**	**487**
月湖区	1411	1	2	3	2
余江区	18273	126	333	495	315
贵溪市	23180	49	155	272	170
赣州市	**715968**	**2880**	**12413**	**25140**	**21513**
章贡区	1717	4	17	72	83
南康区	10856	89	123	332	313
赣县区	21107	40	247	563	525
信丰县	81222	219	1212	2522	2190
大余县	42649	48	247	629	531
上犹县	35563	290	1199	1783	1338
崇义县	24112	95	460	1022	923
安远县	37859	177	655	1241	1099
定南县	33603	133	787	1915	1970
全南县	26612	125	580	1283	1189

注：本表数据为居住在普通住宅的家庭户。

8-2b 续表 1 单位：户

地 区	家庭户户 数	人均住房建筑面积(平方米)			
		8及以下	9-12	13-16	17-19
宁都县	92332	179	1124	2568	2328
于都县	94303	463	2290	3822	2724
兴国县	75267	729	1685	2993	2190
会昌县	53567	113	603	1578	1672
寻乌县	36868	70	598	1337	1011
石城县	35088	58	384	1005	1105
瑞金市	7195	24	114	285	222
龙南市	6048	24	88	190	100
吉安市	**511166**	**3050**	**8644**	**15540**	**13466**
吉州区	3161	8	26	62	72
青原区	2875	2	18	31	24
吉安县	60707	250	952	2103	2087
吉水县	61564	480	1220	2005	1804
峡江县	23613	52	318	724	625
新干县	42101	142	583	1433	1650
永丰县	50346	145	844	1703	1412
泰和县	66257	724	1601	1963	1881
遂川县	53577	115	739	1270	776
万安县	30631	100	352	752	505
安福县	42538	125	419	1040	1191
永新县	58079	548	1212	1892	1111
井冈山市	15717	359	360	562	328
宜春市	**365379**	**875**	**3235**	**7824**	**7448**
袁州区	16493	19	69	246	348
奉新县	47434	99	430	1103	1065
万载县	66151	122	580	1496	1581
上高县	57266	41	245	829	1238
宜丰县	47072	50	325	648	934
靖安县	21685	36	262	612	437
铜鼓县	19406	27	164	469	404
丰城市	42389	309	628	1338	622
樟树市	11591	82	150	295	206
高安市	35892	90	382	788	613
抚州市	**374764**	**2935**	**6361**	**12651**	**10865**
临川区	22986	174	192	306	163
东乡区	11847	24	122	225	85
南城县	51776	286	779	1822	1943
黎川县	38409	214	546	1230	1291
南丰县	43122	105	584	1557	1405
崇仁县	44122	702	785	1568	1393
乐安县	37833	259	777	1247	1088
宜黄县	31731	157	504	1160	958
金溪县	34098	447	683	1187	1071
资溪县	16860	194	375	725	612
广昌县	41980	373	1014	1624	856
上饶市	**607144**	**3673**	**6352**	**12620**	**9469**
信州区	3759	4	11	35	18
广丰区	30206	136	362	781	367
广信区	18530	56	129	248	138
玉山县	88648	321	607	1219	1090
铅山县	63956	181	509	1246	883
横峰县	33135	81	311	702	523
弋阳县	50578	328	788	1440	1107
余干县	90961	231	621	1339	1165
鄱阳县	133397	1769	1727	2970	1913
万年县	45079	218	503	1277	1222
婺源县	45686	346	773	1341	1027
德兴市	3209	2	11	22	16

8-2b 续表 2

单位：户

地 区	人均住房建筑面积(平方米)					
	20–29	30–39	40–49	50–59	60–69	70及以上
全 省	**608920**	**574067**	**499591**	**294122**	**385813**	**1114067**
南昌市	**91896**	**61892**	**56403**	**26517**	**29603**	**77716**
东湖区	131	159	145	105	128	277
西湖区						
青云谱区	103	32	119	61		21
青山湖区	4793	2946	2443	1406	947	3101
新建区	2191	1980	1968	1069	1127	2874
红谷滩区						
南昌县	63837	34592	33131	14820	11581	39855
安义县	4364	4517	3974	2532	3936	9533
进贤县	16477	17666	14623	6524	11884	22055
景德镇市	**8795**	**8351**	**7900**	**6114**	**7121**	**29270**
昌江区	426	291	340	303	300	1426
珠山区	927	521	707	202	173	815
浮梁县	4662	4759	4207	3049	3486	14423
乐平市	2780	2780	2646	2560	3162	12606
萍乡市	**15675**	**18223**	**23087**	**13100**	**21290**	**70213**
安源区	1718	1465	2684	1685	2374	8576
湘东区	1393	1728	2386	1280	2308	8694
莲花县	2382	2739	2944	2500	3302	15638
上栗县	6739	7668	8998	4506	8119	21899
芦溪县	3443	4623	6075	3129	5187	15406
九江市	**72119**	**71853**	**64485**	**37298**	**50097**	**127730**
濂溪区	1347	752	1056	456	673	1660
浔阳区						
柴桑区	1187	1562	1748	1116	1661	5534
武宁县	7762	8826	8520	3818	6924	13406
修水县	17312	15388	13105	7392	10309	23743
永修县	9150	9202	8424	4973	6395	13947
德安县	6355	6404	5024	2680	2699	6216
都昌县	9116	9313	9217	5541	7794	25361
湖口县	6795	6060	5239	2602	3543	7664
彭泽县	5924	7527	6975	4767	6251	17309
瑞昌市	5569	5034	3422	2336	2167	5714
共青城市	45	39	28	51	35	211
庐山市	1557	1746	1727	1566	1646	6965
新余市	**12765**	**11231**	**8630**	**4238**	**5120**	**9440**
渝水区	959	967	1089	576	1086	1896
分宜县	11806	10264	7541	3662	4034	7544
鹰潭市	**4023**	**4729**	**5023**	**3807**	**5033**	**18326**
月湖区	97	132	195	103	228	648
余江区	2238	2331	1986	1633	1947	6869
贵溪市	1688	2266	2842	2071	2858	10809
赣州市	**130275**	**120823**	**93814**	**51941**	**68538**	**188631**
章贡区	430	321	264	63	149	314
南康区	2039	1634	1298	861	969	3198
赣县区	3422	2961	2477	1641	2319	6912
信丰县	13372	11385	9857	6214	7713	26538
大余县	4640	5437	5166	3566	4667	17718
上犹县	8286	6335	4436	2171	3093	6632
崇义县	5103	4404	3338	1954	1823	4990
安远县	6862	6667	5480	3104	3705	8869
定南县	9875	6297	3638	1911	2230	4847
全南县	6097	4546	3767	2160	2477	4388

8-2b 续表 3

单位：户

地 区	人均住房建筑面积(平方米)					
	20-29	30-39	40-49	50-59	60-69	70及以上
宁都县	16747	17246	13071	6535	9566	22968
于都县	16743	19749	14193	6515	8305	19499
兴国县	11222	9932	7889	5583	7485	25559
会昌县	9582	8678	7440	3581	5856	14464
寻乌县	6802	6812	5108	2531	3375	9224
石城县	7121	6499	4694	2399	3443	8380
瑞金市	1081	1011	958	639	680	2181
龙南市	851	909	740	513	683	1950
吉安市	**78383**	**75330**	**63205**	**42369**	**51598**	**159581**
吉州区	404	301	354	466	323	1145
青原区	268	303	317	130	393	1389
吉安县	12340	10911	8958	4465	6118	12523
吉水县	10723	8988	6470	4803	4955	20116
峡江县	4566	4198	3376	2159	2679	4916
新干县	7277	6814	5099	3381	3649	12073
永丰县	8588	7327	6089	4445	4914	14879
泰和县	9255	10358	8579	5171	7297	19428
遂川县	5902	6476	6305	5100	5734	21160
万安县	3685	4091	3751	2492	3494	11409
安福县	6717	7450	6122	3920	4726	10828
永新县	7044	6537	6359	4733	5972	22671
井冈山市	1614	1576	1426	1104	1344	7044
宜春市	**56342**	**64791**	**55553**	**28099**	**43346**	**97866**
袁州区	2263	2282	2235	1226	1925	5880
奉新县	8309	9206	8018	3426	6047	9731
万载县	10156	11565	9791	5446	7680	17734
上高县	10224	12640	9061	3959	6847	12182
宜丰县	7407	9478	8033	3392	5929	10876
靖安县	3492	3743	3335	1609	2419	5740
铜鼓县	3396	3913	3353	1758	2146	3776
丰城市	5030	4999	5064	3809	5197	15393
樟树市	1539	1779	1642	1026	1391	3481
高安市	4526	5186	5021	2448	3765	13073
抚州市	**71142**	**65406**	**51527**	**29792**	**37647**	**86438**
临川区	1882	2387	2334	1789	2715	11044
东乡区	929	1002	1194	980	1323	5963
南城县	11045	9490	6917	4379	4711	10404
黎川县	8647	7433	5138	3971	3107	6832
南丰县	10026	9344	7071	2991	4162	5877
崇仁县	7129	6880	5774	3280	4701	11910
乐安县	7487	6650	5000	3183	3662	8480
宜黄县	6439	5772	4735	2391	3422	6193
金溪县	7009	6033	4671	2853	3115	7029
资溪县	3172	2849	2374	1524	1689	3346
广昌县	7377	7566	6319	2451	5040	9360
上饶市	**67505**	**71438**	**69964**	**50847**	**66420**	**248856**
信州区	227	240	356	293	417	2158
广丰区	3085	3311	3579	2926	3354	12305
广信区	1268	1546	1824	1589	2194	9538
玉山县	8123	9860	10092	7013	9893	40430
铅山县	6851	7743	7154	5821	7866	25702
横峰县	4255	4702	4249	2493	4207	11612
弋阳县	6557	6580	6415	4105	5313	17945
余干县	8943	9968	10219	7594	10024	40857
鄱阳县	14782	14790	14590	11511	13539	55806
万年县	6804	6040	5372	3404	4741	15498
婺源县	6378	6395	5772	3825	4490	15339
德兴市	232	263	342	273	382	1666

8−2c　各地区按人均住房建筑面积分的家庭户户数(乡村)

单位：户

地　区	家庭户户　数	人均住房建筑面积(平方米)			
		8及以下	9−12	13−16	17−19
全　省	**5729949**	**6101**	**21314**	**61108**	**48326**
南昌市	**406824**	**1066**	**3284**	**7107**	**4513**
东湖区	5241	12	49	121	115
西湖区					
青云谱区					
青山湖区	12598	86	188	301	127
新建区	89398	291	1012	1909	1127
红谷滩区	4941	12	55	99	58
南昌县	154982	438	1330	2875	1883
安义县	37616	72	178	424	292
进贤县	102048	155	472	1378	911
景德镇市	**172774**	**79**	**327**	**1165**	**914**
昌江区	11629	9	18	45	33
珠山区	462	1		1	2
浮梁县	33204	14	128	474	359
乐平市	127479	55	181	645	520
萍乡市	**174625**	**64**	**178**	**606**	**673**
安源区	2400	2	7	22	5
湘东区	35447	7	20	105	163
莲花县	36730	13	29	61	80
上栗县	62559	30	80	283	333
芦溪县	37489	12	42	135	92
九江市	**594948**	**364**	**1471**	**4407**	**3559**
濂溪区	20363	14	169	390	259
浔阳区	793		1	2	
柴桑区	44513	28	85	223	208
武宁县	52136	52	269	629	370
修水县	115145	54	165	786	592
永修县	43562	41	216	491	386
德安县	19849	11	58	157	108
都昌县	114852	48	120	562	570
湖口县	39579	6	28	111	84
彭泽县	46907	38	94	189	188
瑞昌市	55814	43	176	562	461
共青城市	12673	12	45	129	157
庐山市	28762	17	45	176	176
新余市	**126906**	**196**	**772**	**2110**	**1211**
渝水区	85801	143	574	1580	923
分宜县	41105	53	198	530	288
鹰潭市	**130358**	**98**	**303**	**976**	**984**
月湖区	3125	1	5	12	20
余江区	48693	36	140	480	552
贵溪市	78540	61	158	484	412
赣州市	**1215612**	**1339**	**5981**	**16956**	**15173**
章贡区	33537	37	182	512	625
南康区	123038	85	331	997	826
赣县区	84067	43	264	981	1096
信丰县	96373	47	183	649	690
大余县	42687	17	72	212	166
上犹县	49523	51	257	610	454
崇义县	32433	26	138	444	441
安远县	51721	65	352	1090	1100
定南县	24048	57	203	578	611
全南县	26080	14	99	350	369

注：本表数据为居住在普通住宅的家庭户。

8-2c 续表 1

单位：户

地　　区	家庭户户　数	人均住房建筑面积(平方米)			
		8及以下	9-12	13-16	17-19
宁都县	110229	176	674	1868	1458
于都县	160113	88	517	1774	1724
兴国县	119560	57	352	1392	1497
会昌县	55826	61	326	902	840
寻乌县	43212	52	243	678	540
石城县	40198	56	172	351	323
瑞金市	83557	269	1029	2249	1743
龙南市	39410	138	587	1319	670
吉安市	**720789**	**679**	**1903**	**6302**	**5525**
吉州区	19811	9	43	166	157
青原区	34534	68	157	447	341
吉安县	74632	46	191	934	1013
吉水县	74323	68	147	364	304
峡江县	26278	15	115	263	278
新干县	56595	47	102	308	313
永丰县	65071	76	171	535	511
泰和县	80145	165	291	1013	688
遂川县	93904	66	289	1029	840
万安县	46146	14	115	393	452
安福县	61642	41	93	349	293
永新县	68192	51	161	418	293
井冈山市	19516	13	28	83	42
宜春市	**738683**	**595**	**2210**	**6790**	**5095**
袁州区	123665	153	500	1452	1010
奉新县	38244	51	151	384	293
万载县	71654	40	138	545	472
上高县	48866	44	106	248	223
宜丰县	37227	40	172	418	237
靖安县	20688	43	104	233	108
铜鼓县	17188	9	45	150	150
丰城市	183420	105	488	1867	1180
樟树市	77929	60	305	857	697
高安市	119802	50	201	636	725
抚州市	**536976**	**902**	**2593**	**7082**	**4236**
临川区	146066	289	693	1626	905
东乡区	53223	44	151	474	320
南城县	36655	37	162	399	352
黎川县	30224	81	275	773	428
南丰县	43250	33	211	843	609
崇仁县	47187	46	154	622	420
乐安县	53251	42	72	255	183
宜黄县	33482	92	304	770	368
金溪县	46578	111	220	526	249
资溪县	13907	50	135	264	141
广昌县	33153	77	216	530	261
上饶市	**911454**	**719**	**2292**	**7607**	**6443**
信州区	30403	29	93	317	334
广丰区	89834	136	500	1470	968
广信区	95059	129	441	1140	807
玉山县	71985	35	64	296	172
铅山县	49397	71	189	533	306
横峰县	26502	15	53	138	168
弋阳县	53430	23	53	291	349
余干县	138470	114	288	923	775
鄱阳县	211833	95	375	1631	1637
万年县	59861	15	42	227	364
婺源县	50931	40	162	463	427
德兴市	33749	17	32	178	136

8-2c 续表 2

单位：户

地区	人均住房建筑面积(平方米)					
	20-29	30-39	40-49	50-59	60-69	70及以上
全省	**399754**	**501114**	**614079**	**494778**	**669742**	**2913633**
南昌市	**36856**	**40799**	**48251**	**35560**	**46452**	**182936**
东湖区	883	758	720	609	524	1450
西湖区						
青云谱区						
青山湖区	1339	1475	1253	1261	1272	5296
新建区	8278	8357	10698	7129	9327	41270
红谷滩区	426	523	455	645	491	2177
南昌县	15174	16831	19383	14378	17024	65666
安义县	2489	3147	4577	2447	5045	18945
进贤县	8267	9708	11165	9091	12769	48132
景德镇市	**8671**	**11843**	**16284**	**15920**	**20875**	**96696**
昌江区	477	612	867	1005	1431	7132
珠山区	10	10	11	33	32	362
浮梁县	2925	3292	3925	3224	3683	15180
乐平市	5259	7929	11481	11658	15729	74022
萍乡市	**7472**	**11576**	**20468**	**12847**	**22976**	**97765**
安源区	87	127	346	169	384	1251
湘东区	1853	2658	4071	2396	4557	19617
莲花县	577	1092	2029	2487	3453	26909
上栗县	3394	5165	8649	5114	8907	30604
芦溪县	1561	2534	5373	2681	5675	19384
九江市	**36832**	**50652**	**65005**	**54819**	**68968**	**308871**
濂溪区	1870	1734	1993	2553	2454	8927
浔阳区	18	36	67	91	119	459
柴桑区	2289	3801	4623	3710	5402	24144
武宁县	4000	4997	5980	4798	6074	24967
修水县	8555	11357	14864	11810	14519	52443
永修县	4057	5175	6154	4135	5523	17384
德安县	1297	1646	2059	1821	2056	10636
都昌县	5271	7929	11569	10100	13743	64940
湖口县	773	1487	2376	2421	3247	29046
彭泽县	1817	3296	4500	4349	5081	27355
瑞昌市	4178	5575	6226	5231	6187	27175
共青城市	1158	1390	1631	1168	1316	5667
庐山市	1549	2229	2963	2632	3247	15728
新余市	**12446**	**14563**	**18516**	**11426**	**15110**	**50556**
渝水区	9496	10351	13572	8153	9988	31021
分宜县	2950	4212	4944	3273	5122	19535
鹰潭市	**9481**	**12397**	**14779**	**11196**	**15512**	**64632**
月湖区	198	311	376	273	440	1489
余江区	4641	5619	5747	4107	6014	21357
贵溪市	4642	6467	8656	6816	9058	41786
赣州市	**97592**	**116868**	**131009**	**105359**	**133115**	**592220**
章贡区	3871	3549	3787	2719	4020	14235
南康区	6173	8148	9355	8464	13673	74986
赣县区	7432	8880	8985	7578	9590	39218
信丰县	4480	6895	10205	9699	9775	53750
大余县	1485	2213	2981	3459	4232	27850
上犹县	2940	3997	4852	3878	5352	27132
崇义县	2701	3133	3848	2701	3420	15581
安远县	5281	6170	6561	5321	5421	20360
定南县	3715	3542	2840	2040	2388	8074
全南县	3098	3404	3205	2433	2569	10539

8-2c 续表 3

单位：户

地 区	人均住房建筑面积(平方米)					
	20–29	30–39	40–49	50–59	60–69	70及以上
宁都县	10215	12723	13594	10239	12625	46657
于都县	11228	13064	15304	12555	17308	86551
兴国县	10117	11816	13570	10430	13682	56647
会昌县	4475	5664	7071	5183	6688	24616
寻乌县	3367	4535	5451	4085	4902	19359
石城县	2476	3504	4143	3886	4335	20952
瑞金市	9665	10370	10217	7384	8842	31789
龙南市	4873	5261	5040	3305	4293	13924
吉安市	**44795**	**57602**	**73999**	**58309**	**87368**	**384307**
吉州区	1157	1682	1991	1853	2603	10150
青原区	2499	3009	3571	2925	4008	17509
吉安县	8261	9590	9816	6180	10750	27851
吉水县	2876	4003	5768	4399	8481	47913
峡江县	2072	2363	2953	1930	4265	12024
新干县	2611	3305	4443	3970	5984	35512
永丰县	3787	4606	6350	5006	7915	36114
泰和县	6758	8599	9852	7760	8851	36168
遂川县	5780	7612	10752	8642	11169	47725
万安县	3143	3877	4979	3986	5573	23614
安福县	2807	4169	5761	5130	7577	35422
永新县	2544	3908	6497	5192	8167	40961
井冈山市	500	879	1266	1336	2025	13344
宜春市	**47697**	**62099**	**77389**	**64272**	**85971**	**386565**
袁州区	9956	12146	14804	9890	15485	58269
奉新县	3041	4070	5082	3124	5559	16489
万载县	5398	7580	9572	7163	9351	31395
上高县	1970	2968	3908	3044	5842	30513
宜丰县	2820	3786	4641	3219	5090	16804
靖安县	1189	1760	2245	1188	2899	10919
铜鼓县	1795	2307	2153	1631	2180	6768
丰城市	11327	13781	15696	18979	20593	99404
樟树市	5068	6944	8966	7452	8037	39543
高安市	5133	6757	10322	8582	10935	76461
抚州市	**44420**	**54910**	**61167**	**49008**	**66255**	**246403**
临川区	9850	13247	15459	13215	18420	72362
东乡区	3182	3962	4879	5088	5858	29265
南城县	3201	4386	4733	3579	4312	15494
黎川县	3693	4221	3717	2969	3240	10827
南丰县	5817	6290	5725	4783	4754	14185
崇仁县	4191	4526	5500	3713	6201	21814
乐安县	2164	3210	4651	3911	6667	32096
宜黄县	4376	4621	4790	2702	4440	11019
金溪县	3025	4392	5415	4713	6107	21820
资溪县	1501	1823	2009	1212	1943	4829
广昌县	3420	4232	4289	3123	4313	12692
上饶市	**53492**	**67805**	**87212**	**76062**	**107140**	**502682**
信州区	2120	2224	2370	2229	3212	17475
广丰区	7886	8702	10369	7979	10571	41253
广信区	6872	7771	9831	7703	11272	49093
玉山县	1872	3361	5296	5147	7727	48015
铅山县	3384	4675	5976	4601	6802	22860
横峰县	1618	2156	3028	1814	3469	14043
弋阳县	2748	3560	5082	3874	6677	30773
余干县	6498	8538	11336	11647	15894	82457
鄱阳县	13237	17118	21473	19670	25138	111459
万年县	2917	3725	4909	4103	7344	36215
婺源县	2944	3993	4824	4570	5187	28321
德兴市	1396	1982	2718	2725	3847	20718

8-3 各地区按家庭户类别和住房间数分的家庭户户数

单位：户

地 区	家庭户户数	一代户					
		小计	一间	二间	三间	四间	五间及以上
全 省	**13331484**	**5238374**	**384538**	**1190387**	**1483523**	**809316**	**1370610**
南昌市	**1745487**	**762657**	**123060**	**268459**	**223607**	**65744**	**81787**
东湖区	133547	66195	16486	32141	14571	2107	890
西湖区	163649	76771	13826	41225	19186	2147	387
青云谱区	116581	54650	11787	30710	10529	1026	598
青山湖区	338209	150906	42190	59452	39313	6063	3888
新建区	214124	90660	7328	30486	26112	11751	14983
红谷滩区	131829	59976	14974	17633	21749	3765	1855
南昌县	382123	150380	11751	40629	50004	19191	28805
安义县	68813	32923	1421	4855	11417	5400	9830
进贤县	196612	80196	3297	11328	30726	14294	20551
景德镇市	**481943**	**182408**	**12338**	**64370**	**39770**	**29728**	**36202**
昌江区	62038	26082	2532	11436	5375	2345	4394
珠山区	127352	57011	4659	33378	14080	2421	2473
浮梁县	75066	26682	1129	4910	5976	6971	7696
乐平市	217487	72633	4018	14646	14339	17991	21639
萍乡市	**521043**	**173337**	**6815**	**24005**	**61485**	**30681**	**50351**
安源区	162884	62243	3711	12283	34347	6315	5587
湘东区	90887	30934	668	3816	9815	7736	8899
莲花县	67006	23606	590	1916	3908	4807	12385
上栗县	124061	32324	1060	3296	7992	6461	13515
芦溪县	76205	24230	786	2694	5423	5362	9965
九江市	**1424473**	**595271**	**32325**	**149181**	**189302**	**93736**	**130727**
濂溪区	130136	64337	4782	32127	20072	3526	3830
浔阳区	148927	68956	4532	34699	25544	2874	1307
柴桑区	89118	37689	1131	6173	12239	7624	10522
武宁县	104197	40458	2266	7353	15129	5814	9896
修水县	209498	75527	3411	12598	22065	12595	24858
永修县	99518	44773	3092	10645	14473	8225	8338
德安县	51438	21334	1169	5273	6675	3891	4326
都昌县	187702	78189	3530	10444	20399	16585	27231
湖口县	75544	31885	2199	5701	8327	7756	7902
彭泽县	97716	43282	1810	9237	13725	8635	9875
瑞昌市	126028	48205	3113	8192	16086	9398	11416
共青城市	35449	12858	504	2584	5890	1648	2232
庐山市	69202	27778	786	4155	8678	5165	8994
新余市	**390109**	**169929**	**17476**	**55338**	**68625**	**12997**	**15493**
渝水区	299301	130953	14504	44991	55625	8142	7691
分宜县	90808	38976	2972	10347	13000	4855	7802
鹰潭市	**354703**	**144082**	**8881**	**41587**	**37738**	**25761**	**30115**
月湖区	94259	42878	3402	19150	14776	2722	2828
余江区	97418	36451	1930	7262	6890	10324	10045
贵溪市	163026	64753	3549	15175	16072	12715	17242
赣州市	**2499425**	**927562**	**65377**	**155543**	**264316**	**142545**	**299781**
章贡区	303256	125732	19278	46363	45097	9386	5608
南康区	248684	103770	12860	18664	23244	13391	35611
赣县区	164688	67639	2893	6891	24839	12258	20758
信丰县	177595	58908	3513	7213	12769	11105	24308
大余县	85336	35663	1262	4476	9164	4273	16488
上犹县	85086	31987	2324	4749	8950	4506	11458
崇义县	56545	20960	1180	2733	5170	3368	8509
安远县	89580	26960	1353	4141	8332	5770	7364
定南县	57651	18736	915	2999	6275	3978	4569
全南县	52692	20515	1011	3313	7013	3414	5764

注：本表数据为居住在普通住宅的家庭户。

8-3 续表 1

单位：户

地区	家庭户户数	一代户					
		小计	一间	二间	三间	四间	五间及以上
宁都县	202561	76370	4196	13841	22843	13159	22331
于都县	254416	92888	1554	5634	24816	14666	46218
兴国县	194827	65519	3149	7349	11694	11669	31658
会昌县	109393	33962	1010	3346	7684	6690	15232
寻乌县	80380	28392	897	3156	6631	5036	12672
石城县	75286	24172	520	2792	7514	4498	8848
瑞金市	167117	59722	3162	9393	21958	9282	15927
龙南市	94332	35667	4300	8490	10323	6096	6458
吉安市	**1378762**	**544599**	**24141**	**86067**	**127973**	**91477**	**214941**
吉州区	124582	51739	4869	20857	16170	3648	6195
青原区	68104	25111	2175	4248	6643	4284	7761
吉安县	135339	55289	1781	7260	14412	12616	19220
吉水县	135887	58342	2354	7744	14716	12567	20961
峡江县	49891	22796	781	3584	10659	2711	5061
新干县	98696	46385	2447	8179	9825	8594	17340
永丰县	115417	42821	1268	5302	9578	7538	19135
泰和县	146402	64489	2853	9712	15796	12716	23412
遂川县	147481	44632	1465	5085	7289	8126	22667
万安县	76777	28289	846	2254	4482	4041	16666
安福县	104180	39296	1304	5251	9473	6441	16827
永新县	126271	46486	1038	4207	4914	6587	29740
井冈山市	49735	18924	960	2384	4016	1608	9956
宜春市	**1515432**	**606111**	**30008**	**115894**	**185226**	**114473**	**160510**
袁州区	318483	117092	8919	25266	41769	16153	24985
奉新县	85678	35579	1315	6308	13202	6966	7788
万载县	137805	45263	2528	8165	12957	8284	13329
上高县	106132	42922	1377	6599	17479	6051	11416
宜丰县	84299	38739	2653	9124	14976	5786	6200
靖安县	42373	20097	1110	4563	6929	2672	4823
铜鼓县	36594	14174	910	2267	5587	2866	2544
丰城市	320432	125522	3421	19662	26890	29711	45838
樟树市	157912	68560	3782	17007	18101	14802	14868
高安市	225724	98163	3993	16933	27336	21182	28719
抚州市	**1132618**	**465502**	**27677**	**103372**	**137483**	**85329**	**111641**
临川区	332928	134663	6700	38879	36124	22083	30877
东乡区	122072	49804	3280	10817	11809	10342	13556
南城县	88431	35979	1755	7309	11681	6562	8672
黎川县	68633	28676	1676	5678	12095	4748	4479
南丰县	86372	31836	1464	7134	12413	5015	5810
崇仁县	91309	34924	1745	5624	9294	7308	10953
乐安县	91084	36570	1306	4456	7342	7126	16340
宜黄县	65213	27694	1130	5523	10150	5247	5644
金溪县	80676	33392	1918	5954	7715	9611	8194
资溪县	30767	13757	1324	3319	4686	2451	1977
广昌县	75133	38207	5379	8679	14174	4836	5139
上饶市	**1887489**	**666916**	**36440**	**126571**	**147998**	**116845**	**239062**
信州区	154444	67009	5059	23505	23679	5399	9367
广丰区	210871	66944	3964	10604	12391	12412	27573
广信区	208625	67604	4542	9845	15983	10209	27025
玉山县	160633	59894	3141	7485	12831	9928	26509
铅山县	114040	37516	2600	8506	8128	6363	11919
横峰县	59637	22548	1085	4046	6557	3908	6952
弋阳县	104008	38011	1755	7551	7755	6070	14880
余干县	238550	84536	3595	12243	17672	15317	35709
鄱阳县	345836	115943	4953	18329	21041	27350	44270
万年县	104940	38228	1873	6825	7552	7920	14058
婺源县	96617	33662	1592	4725	7038	7353	12954
德兴市	89288	35021	2281	12907	7371	4616	7846

8-3 续表 2

单位：户

地 区	二代户					
	小计	一间	二间	三间	四间	五间及以上
全 省	**5531028**	**88617**	**878280**	**1908429**	**873672**	**1782030**
南昌市	**701375**	**27177**	**232110**	**293878**	**67971**	**80239**
东湖区	50178	5065	26558	15177	2223	1155
西湖区	65409	4189	32084	25527	3175	434
青云谱区	45925	3624	27229	13066	1359	647
青山湖区	136915	6757	56686	58223	9392	5857
新建区	91400	1832	28870	36636	10798	13264
红谷滩区	53268	2125	15062	29347	4912	1822
南昌县	154471	2367	36070	67224	19727	29083
安义县	24598	177	2171	8840	4371	9039
进贤县	79211	1041	7380	39838	12014	18938
景德镇市	**206573**	**3116**	**51636**	**55108**	**37307**	**59406**
昌江区	26475	778	9447	7149	2825	6276
珠山区	55056	829	27963	19317	3269	3678
浮梁县	31566	194	3469	7997	7428	12478
乐平市	93476	1315	10757	20645	23785	36974
萍乡市	**214715**	**1092**	**15543**	**77270**	**41048**	**79762**
安源区	67728	523	7568	41661	8498	9478
湘东区	35360	114	2431	11178	9609	12028
莲花县	28833	174	1731	5214	5354	16360
上栗县	50578	165	2123	11475	10405	26410
芦溪县	32216	116	1690	7742	7182	15486
九江市	**590402**	**10488**	**101419**	**229315**	**96085**	**153095**
濂溪区	51588	724	19185	23692	4007	3980
浔阳区	65101	1075	26406	32117	4018	1485
柴桑区	37058	151	4245	14731	7000	10931
武宁县	43591	908	5337	18035	6455	12856
修水县	87705	860	8763	29053	15227	33802
永修县	39421	687	6278	15361	8423	8672
德安县	22119	285	3973	10558	3067	4236
都昌县	75919	2308	6447	18588	16660	31916
湖口县	30325	1455	5047	10551	6368	6904
彭泽县	39785	689	5863	13593	8590	11050
瑞昌市	53528	1143	5917	25285	9112	12071
共青城市	16699	68	1918	10003	1766	2944
庐山市	27563	135	2040	7748	5392	12248
新余市	**168954**	**3344**	**39099**	**101238**	**12661**	**12612**
渝水区	130065	2644	32049	80937	8381	6054
分宜县	38889	700	7050	20301	4280	6558
鹰潭市	**142605**	**2578**	**26962**	**44885**	**27572**	**40608**
月湖区	38830	740	13317	17906	3046	3821
余江区	38317	842	4578	9095	10803	12999
贵溪市	65458	996	9067	17884	13723	23788
赣州市	**1037119**	**9966**	**122529**	**335144**	**180866**	**388614**
章贡区	126659	2357	40230	60467	13950	9655
南康区	98122	750	13303	32687	16012	35370
赣县区	63099	318	4258	21721	11718	25084
信丰县	71748	742	5774	17385	12970	34877
大余县	36070	191	2074	8421	4059	21325
上犹县	35358	375	4002	13041	5039	12901
崇义县	24388	220	2552	7583	3803	10230
安远县	37710	99	3147	12417	9620	12427
定南县	24158	343	3138	9630	6120	4927
全南县	21353	264	2324	8194	3596	6975

8-3 续表 3

单位：户

地　区	二代户					
	小计	一间	二间	三间	四间	五间及以上
宁都县	90224	1034	8549	30132	18731	31778
于都县	108867	579	7013	32135	17161	51979
兴国县	82152	813	6845	14951	14162	45381
会昌县	44735	155	2545	9930	8781	23324
寻乌县	35343	114	2626	10061	6744	15798
石城县	32235	131	2181	10219	7394	12310
瑞金市	65332	423	4951	22165	12517	25276
龙南市	39566	1058	7017	14005	8489	8997
吉安市	**592867**	**7184**	**66117**	**166963**	**83607**	**268996**
吉州区	52948	1234	16501	21919	4369	8925
青原区	30304	632	3647	11234	4480	10311
吉安县	56960	465	5083	17676	10746	22990
吉水县	57792	655	5354	19705	9545	22533
峡江县	20920	162	2510	10985	2050	5213
新干县	41770	467	5849	13435	5769	16250
永丰县	51775	344	4970	13882	6731	25848
泰和县	59593	940	5612	14222	11051	27768
遂川县	67824	411	4347	11958	11149	39959
万安县	33205	343	1710	5627	3794	21731
安福县	43019	221	2879	12217	6091	21611
永新县	54982	748	5246	8162	6080	34746
井冈山市	21775	562	2409	5941	1752	11111
宜春市	**627589**	**5788**	**71268**	**248652**	**104488**	**197393**
袁州区	138548	1597	18723	65670	20523	32035
奉新县	36155	264	4026	17635	5701	8529
万载县	63065	372	5177	19529	12132	25855
上高县	46130	255	3131	24508	5223	13013
宜丰县	35102	427	4669	17728	5541	6737
靖安县	16828	203	2626	7045	1981	4973
铜鼓县	15922	210	1673	6349	3894	3796
丰城市	122472	1011	11871	28448	25131	56011
樟树市	62549	784	11117	23898	11028	15722
高安市	90818	665	8255	37842	13334	30722
抚州市	**463749**	**7819**	**71513**	**177124**	**76913**	**130380**
临川区	135104	1748	28641	47463	20149	37103
东乡区	49872	1248	7709	18105	8153	14657
南城县	33559	313	4853	12269	6167	9957
黎川县	27063	412	3528	14328	4427	4368
南丰县	37416	228	5179	18765	5860	7384
崇仁县	38135	767	3646	12214	6833	14675
乐安县	40021	526	3438	11599	5623	18835
宜黄县	26468	358	3027	11731	4870	6482
金溪县	33879	873	4169	11144	8110	9583
资溪县	12294	389	2220	5058	2249	2378
广昌县	29938	957	5103	14448	4472	4958
上饶市	**785080**	**10065**	**80084**	**178852**	**145154**	**370925**
信州区	61335	816	15120	23844	6737	14818
广丰区	88102	791	6494	15762	17202	47853
广信区	88073	1249	8091	24694	12926	41113
玉山县	66214	876	4516	16011	9593	35218
铅山县	45450	584	4885	9368	8946	21667
横峰县	24378	312	2494	7721	4502	9349
弋阳县	43103	515	5023	8820	6820	21925
余干县	100514	831	7121	18242	19269	55051
鄱阳县	146153	2441	10510	25856	36999	70347
万年县	43346	535	4262	9522	8736	20291
婺源县	41267	649	4165	10770	6869	18814
德兴市	37145	466	7403	8242	6555	14479

8-3 续表 4

单位：户

地区	三代户					
	小计	一间	二间	三间	四间	五间及以上
全 省	**2468212**	**9405**	**193165**	**673151**	**433225**	**1159266**
南昌市	**272868**	**3431**	**64172**	**114559**	**35910**	**54796**
东湖区	16842	732	7381	6055	1209	1465
西湖区	21155	657	8890	9838	1498	272
青云谱区	15724	556	8116	5645	815	592
青山湖区	49348	656	15553	23053	4857	5229
新建区	31143	185	7441	13061	4393	6063
红谷滩区	18324	225	3987	10993	2101	1018
南昌县	74039	271	10471	29454	11986	21857
安义县	10784	27	397	2234	2284	5842
进贤县	35509	122	1936	14226	6767	12458
景德镇市	**89943**	**325**	**10460**	**18229**	**20355**	**40574**
昌江区	9185	75	1757	2118	1374	3861
珠山区	15051	104	5418	5582	1323	2624
浮梁县	16274	32	695	2481	4114	8952
乐平市	49433	114	2590	8048	13544	25137
萍乡市	**127120**	**91**	**2865**	**30270**	**25043**	**68851**
安源区	31936	44	1434	16358	4858	9242
湘东区	23365	14	509	4891	6904	11047
莲花县	14061	8	183	1265	2465	10140
上栗县	38707	19	474	5104	7214	25896
芦溪县	19051	6	265	2652	3602	12526
九江市	**230235**	**929**	**18680**	**73253**	**43846**	**93527**
濂溪区	13964	94	3130	6662	1634	2444
浔阳区	14689	123	4426	8026	1292	822
柴桑区	13902	23	826	4921	2836	5296
武宁县	19365	94	1124	6358	3132	8657
修水县	43887	57	1900	11078	7490	23362
永修县	14841	46	1166	4730	3966	4933
德安县	7813	16	729	3355	1355	2358
都昌县	32217	83	1012	5549	7775	17798
湖口县	12818	116	1079	4208	3157	4258
彭泽县	14161	76	1172	3686	3348	5879
瑞昌市	23569	157	1383	9801	4366	7862
共青城市	5735	8	330	2465	914	2018
庐山市	13274	36	403	2414	2581	7840
新余市	**50569**	**321**	**7591**	**31970**	**5124**	**5563**
渝水区	37827	239	6352	25436	3265	2535
分宜县	12742	82	1239	6534	1859	3028
鹰潭市	**65329**	**220**	**5533**	**15262**	**15227**	**29087**
月湖区	12265	67	2628	5563	1463	2544
余江区	21561	68	1034	3613	6743	10103
贵溪市	31503	85	1871	6086	7021	16440
赣州市	**514093**	**1164**	**24083**	**126093**	**93561**	**269192**
章贡区	49687	224	8464	24031	7336	9632
南康区	45241	71	2248	12280	8585	22057
赣县区	32574	32	716	8810	6010	17006
信丰县	44940	73	1356	9066	7648	26797
大余县	13251	11	273	2432	1427	9108
上犹县	17210	23	921	6163	2391	7712
崇义县	10876	11	379	2688	1774	6024
安远县	23960	14	514	4730	6440	12262
定南县	14194	63	891	5370	4334	3536
全南县	10554	25	498	3959	1842	4230

8−3 续表 5

单位：户

地　区	三代户					
	小计	一间	二间	三间	四间	五间及以上
宁都县	34827	177	1705	8286	6956	17703
于都县	49960	44	1065	9470	7456	31925
兴国县	44694	38	954	4751	7016	31935
会昌县	29041	27	497	4163	5177	19177
寻乌县	15957	4	372	2298	2727	10556
石城县	18065	27	420	3713	4196	9709
瑞金市	40589	56	1242	8443	7370	23478
龙南市	18473	244	1568	5440	4876	6345
吉安市	**234237**	**563**	**11884**	**47857**	**32131**	**141802**
吉州区	19491	165	4204	7305	1948	5869
青原区	12385	46	744	3786	1947	5862
吉安县	22440	34	1058	6108	3846	11394
吉水县	19206	50	742	5302	3214	9898
峡江县	6001	15	402	2561	804	2219
新干县	10346	40	812	3070	1568	4856
永丰县	20178	28	827	3700	2628	12995
泰和县	21700	74	892	3966	3903	12865
遂川县	33853	35	609	3261	5106	24842
万安县	14815	15	268	1606	1511	11415
安福县	21060	19	424	3602	2763	14252
永新县	23992	19	591	2217	2259	18906
井冈山市	8770	23	311	1373	634	6429
宜春市	**271310**	**600**	**15342**	**87934**	**49031**	**118403**
袁州区	61077	145	4099	27247	9744	19842
奉新县	13497	18	670	5381	2337	5091
万载县	28672	31	944	6716	5515	15466
上高县	16647	34	671	7284	2194	6464
宜丰县	10287	21	719	4590	1976	2981
靖安县	5327	11	372	1826	769	2349
铜鼓县	6268	17	265	1976	1663	2347
丰城市	67951	138	3248	12165	13277	39123
樟树市	25990	112	2788	9289	5344	8457
高安市	35594	73	1566	11460	6212	16283
抚州市	**196395**	**638**	**15437**	**65618**	**36196**	**78506**
临川区	60988	207	7320	19241	10108	24112
东乡区	21601	109	1718	7341	3849	8584
南城县	18155	46	1246	5737	3274	7852
黎川县	12450	32	738	6087	2508	3085
南丰县	16669	24	968	7603	3194	4880
崇仁县	17550	58	750	4221	3264	9257
乐安县	13990	26	449	2805	2055	8655
宜黄县	10701	18	480	4018	2101	4084
金溪县	12946	56	906	3833	3347	4804
资溪县	4549	15	413	1644	1070	1407
广昌县	6796	47	449	3088	1426	1786
上饶市	**416113**	**1123**	**17118**	**62106**	**76801**	**258965**
信州区	25123	87	3136	7343	3113	11444
广丰区	53681	147	1501	5158	8845	38030
广信区	50514	130	1883	9964	7278	31259
玉山县	33336	60	792	4522	4545	23417
铅山县	29529	93	1130	3575	5921	18810
横峰县	12043	47	521	2385	2389	6701
弋阳县	21958	43	1009	3109	3583	14214
余干县	50533	165	1583	5988	9372	33425
鄱阳县	79531	208	2707	9946	20272	46398
万年县	22321	48	810	3636	4568	13259
婺源县	20933	62	869	3848	3530	12624
德兴市	16611	33	1177	2632	3385	9384

8-3　续表 6

单位：户

地　区	四代户					
	小计	一间	二间	三间	四间	五间及以上
全　省	**93782**	**119**	**2571**	**14163**	**16297**	**60632**
南昌市	**8582**	**33**	**805**	**2421**	**1618**	**3705**
东湖区	332	2	72	104	40	114
西湖区	314	5	94	173	33	9
青云谱区	282	8	94	120	28	32
青山湖区	1039	7	152	377	160	343
新建区	920	3	111	302	165	339
红谷滩区	261	2	34	140	40	45
南昌县	3230	5	191	769	699	1566
安义县	508		7	49	85	367
进贤县	1696	1	50	387	368	890
景德镇市	**3016**	**5**	**114**	**279**	**710**	**1908**
昌江区	296	1	20	35	43	197
珠山区	234	1	57	73	25	78
浮梁县	542	1	9	43	109	380
乐平市	1944	2	28	128	533	1253
萍乡市	**5868**	**2**	**49**	**765**	**1055**	**3997**
安源区	977		13	351	155	458
湘东区	1227		11	163	345	708
莲花县	506		2	14	70	420
上栗县	2450	1	20	181	368	1880
芦溪县	708	1	3	56	117	531
九江市	**8554**	**12**	**242**	**1574**	**1688**	**5038**
濂溪区	246	1	25	82	45	93
浔阳区	181	1	32	105	22	21
柴桑区	469	3	10	127	99	230
武宁县	781	1	16	163	115	486
修水县	2376		41	343	367	1625
永修县	483	1	12	87	147	236
德安县	172		7	56	32	77
都昌县	1376		9	136	330	901
湖口县	515	1	23	96	151	244
彭泽县	487	1	30	86	104	266
瑞昌市	725	3	22	200	147	353
共青城市	157		4	29	34	90
庐山市	586		11	64	95	416
新余市	**656**	**4**	**75**	**358**	**97**	**122**
渝水区	456	4	61	268	61	62
分宜县	200		14	90	36	60
鹰潭市	**2687**	**3**	**74**	**305**	**663**	**1642**
月湖区	286	1	21	77	61	126
余江区	1089	1	23	87	332	646
贵溪市	1312	1	30	141	270	870
赣州市	**20626**	**17**	**329**	**2916**	**3223**	**14141**
章贡区	1177	1	86	467	207	416
南康区	1549	2	35	222	231	1059
赣县区	1373		11	276	219	867
信丰县	1995	1	19	219	294	1462
大余县	352		4	41	26	281
上犹县	531		6	156	78	291
崇义县	321		3	35	41	242
安远县	949		6	103	250	590
定南县	563	1	9	162	195	196
全南县	270		4	73	41	152

8-3 续表 7

单位：户

地　区	四代户					
	小计	一间	二间	三间	四间	五间及以上
宁都县	1140		29	169	204	738
于都县	2698	2	32	314	324	2026
兴国县	2458	1	12	121	293	2031
会昌县	1652	3	11	132	219	1287
寻乌县	687		4	44	90	549
石城县	813		8	101	153	551
瑞金市	1473	1	22	170	198	1082
龙南市	625	5	28	111	160	321
吉安市	**7055**	**2**	**99**	**718**	**819**	**5417**
吉州区	404	1	33	107	42	221
青原区	304		1	46	43	214
吉安县	650		7	89	112	442
吉水县	546		7	79	92	368
峡江县	174		8	59	24	83
新干县	195		6	38	27	124
永丰县	643		14	70	67	492
泰和县	620		4	68	95	453
遂川县	1170		6	36	129	999
万安县	467	1	5	20	39	402
安福县	805		3	56	91	655
永新县	811		4	29	48	730
井冈山市	266		1	21	10	234
宜春市	**10413**	**12**	**219**	**1752**	**1876**	**6554**
袁州区	1764	2	48	544	293	877
奉新县	447		8	101	94	244
万载县	805	1	14	108	133	549
上高县	433		7	86	61	279
宜丰县	171	1	5	58	35	72
靖安县	121		1	18	17	85
铜鼓县	230		5	45	56	124
丰城市	4481	5	83	425	799	3169
樟树市	813	3	32	169	198	411
高安市	1148		16	198	190	744
抚州市	**6967**	**6**	**206**	**1325**	**1317**	**4113**
临川区	2172	1	85	369	377	1340
东乡区	794		29	150	149	466
南城县	738	1	19	129	111	478
黎川县	444		13	151	104	176
南丰县	451		6	149	104	192
崇仁县	700	1	9	74	130	486
乐安县	500	1	3	34	54	408
宜黄县	350	1	10	79	75	185
金溪县	459	1	22	78	133	225
资溪县	167		7	38	34	88
广昌县	192		3	74	46	69
上饶市	**19358**	**23**	**359**	**1750**	**3231**	**13995**
信州区	975	1	52	184	116	622
广丰区	2143	1	35	94	275	1738
广信区	2432	7	48	355	312	1710
玉山县	1189	1	10	79	122	977
铅山县	1543	1	25	118	264	1135
横峰县	666	1	13	73	133	446
弋阳县	936		22	68	146	700
余干县	2960	5	52	226	509	2168
鄱阳县	4207	4	73	361	943	2826
万年县	1043		12	96	204	731
婺源县	754	2	10	53	102	587
德兴市	510		7	43	105	355

8-3　续表 8

单位：户

地　区	五代及以上户					
	小计	一间	二间	三间	四间	五间及以上
全　省	**88**		**3**	**10**	**16**	**59**
南昌市	**5**		**1**			**4**
东湖区						
西湖区						
青云谱区						
青山湖区	1					1
新建区	1		1			
红谷滩区						
南昌县	3					3
安义县						
进贤县						
景德镇市	**3**		**1**		**1**	**1**
昌江区						
珠山区						
浮梁县	2		1		1	
乐平市	1					1
萍乡市	**3**					**3**
安源区						
湘东区	1					1
莲花县						
上栗县	2					2
芦溪县						
九江市	**11**		**1**	**3**	**2**	**5**
濂溪区	1			1		
浔阳区						
柴桑区						
武宁县	2			1		1
修水县	3		1			2
永修县						
德安县						
都昌县	1					1
湖口县	1				1	
彭泽县	1				1	
瑞昌市	1			1		
共青城市						
庐山市	1					1
新余市	**1**					**1**
渝水区						
分宜县	1					1
鹰潭市						
月湖区						
余江区						
贵溪市						
赣州市	**25**			**4**	**4**	**17**
章贡区	1					1
南康区	2					2
赣县区	3			1		2
信丰县	4				1	3
大余县						
上犹县						
崇义县						
安远县	1					1
定南县						
全南县						

8-3 续表 9

单位：户

地　区	五代及以上户					
	小计	一间	二间	三间	四间	五间及以上
宁都县						
于都县	3			1	1	1
兴国县	4					4
会昌县	3			1	1	1
寻乌县	1					1
石城县	1					1
瑞金市	1			1		
龙南市	1				1	
吉安市	**4**			**1**		**3**
吉州区						
青原区						
吉安县						
吉水县	1			1		
峡江县						
新干县						
永丰县						
泰和县						
遂川县	2					2
万安县	1					1
安福县						
永新县						
井冈山市						
宜春市	**9**			**1**	**1**	**7**
袁州区	2			1		1
奉新县						
万载县						
上高县						
宜丰县						
靖安县						
铜鼓县						
丰城市	6				1	5
樟树市						
高安市	1					1
抚州市	**5**				**1**	**4**
临川区	1					1
东乡区	1					1
南城县						
黎川县						
南丰县						
崇仁县						
乐安县	3				1	2
宜黄县						
金溪县						
资溪县						
广昌县						
上饶市	**22**			**1**	**7**	**14**
信州区	2			1		1
广丰区	1					1
广信区	2				1	1
玉山县						
铅山县	2					2
横峰县	2				1	1
弋阳县						
余干县	7				2	5
鄱阳县	2				1	1
万年县	2				1	1
婺源县	1					1
德兴市	1				1	

8－3a　各地区按家庭户类别和住房间数分的家庭户户数(城市)

单位：户

地　　区	家庭户户　数	一代户					
		小计	一间	二间	三间	四间	五间及以上
全　省	**3850395**	**1555640**	**206790**	**599934**	**567035**	**97536**	**84345**
南昌市	**954849**	**428881**	**100643**	**192076**	**116185**	**14991**	**4986**
东湖区	127288	64430	16349	31670	14227	1853	331
西湖区	163649	76771	13826	41225	19186	2147	387
青云谱区	116155	54374	11600	30641	10513	1022	598
青山湖区	307241	137976	40328	54758	35708	5118	2064
新建区	112399	37899	3662	16443	15562	1567	665
红谷滩区	126888	57156	14873	17316	20952	3222	793
南昌县	1229	275	5	23	37	62	148
安义县							
进贤县							
景德镇市	**237738**	**96377**	**8040**	**48899**	**25093**	**6434**	**7911**
昌江区	47093	20414	2306	10261	4525	1046	2276
珠山区	123156	54962	4374	32545	13374	2330	2339
浮梁县	5661	1917	80	359	258	650	570
乐平市	61828	19084	1280	5734	6936	2408	2726
萍乡市	**180035**	**67041**	**4026**	**13185**	**37305**	**7272**	**5253**
安源区	141080	54214	3631	10693	32045	4923	2922
湘东区	37360	12349	343	2319	5056	2327	2304
莲花县							
上栗县	1595	478	52	173	204	22	27
芦溪县							
九江市	**373960**	**162626**	**11586**	**70574**	**63517**	**9183**	**7766**
濂溪区	103444	51795	3950	27655	17363	1742	1085
浔阳区	148134	68646	4527	34646	25483	2762	1228
柴桑区	31508	10557	330	2524	4558	1524	1621
武宁县							
修水县							
永修县							
德安县							
都昌县							
湖口县							
彭泽县							
瑞昌市	44040	14190	2093	2364	6481	1322	1930
共青城市	22354	7531	375	1788	4860	308	200
庐山市	24480	9907	311	1597	4772	1525	1702
新余市	**206541**	**74435**	**7581**	**28519**	**35166**	**2530**	**639**
渝水区	206541	74435	7581	28519	35166	2530	639
分宜县							
鹰潭市	**181481**	**77522**	**6241**	**31723**	**28003**	**5524**	**6031**
月湖区	89723	41144	3375	19005	14487	2233	2044
余江区	30452	10812	814	3191	3538	1683	1586
贵溪市	61306	25566	2052	9527	9978	1608	2401
赣州市	**567845**	**230585**	**34661**	**71555**	**95296**	**19048**	**10025**
章贡区	268002	114836	18294	44330	42253	7507	2452
南康区	114790	42585	9808	13194	13743	3817	2023
赣县区	59514	27349	1955	4016	17937	2644	797
信丰县							
大余县							
上犹县							
崇义县							
安远县							
定南县							
全南县							

注：本表数据为居住在普通住宅的家庭户。

8-3a 续表 1

单位：户

地区	家庭户户数	一代户					
		小计	一间	二间	三间	四间	五间及以上
宁都县							
于都县							
兴国县							
会昌县							
寻乌县	300	97	16	18	28	21	14
石城县							
瑞金市	76365	29740	1833	5395	16256	3092	3164
龙南市	48874	15978	2755	4602	5079	1967	1575
吉安市	**146807**	**57656**	**6739**	**23228**	**21477**	**3026**	**3186**
吉州区	101610	43083	4527	19972	15161	1880	1543
青原区	30695	9907	1760	2462	4393	720	572
吉安县							
吉水县							
峡江县							
新干县							
永丰县							
泰和县							
遂川县							
万安县							
安福县							
永新县							
井冈山市	14502	4666	452	794	1923	426	1071
宜春市	**411370**	**142119**	**10644**	**42073**	**67640**	**11475**	**10287**
袁州区	178325	59553	6466	17557	28849	4165	2516
奉新县							
万载县							
上高县							
宜丰县							
靖安县							
铜鼓县							
丰城市	94623	33119	1327	8632	14095	4198	4867
樟树市	68392	24886	1666	9655	10340	1879	1346
高安市	70030	24561	1185	6229	14356	1233	1558
抚州市	**220878**	**80393**	**5276**	**34718**	**32283**	**4009**	**4107**
临川区	163876	62653	3282	29289	25226	2816	2040
东乡区	57002	17740	1994	5429	7057	1193	2067
南城县							
黎川县							
南丰县							
崇仁县							
乐安县							
宜黄县							
金溪县							
资溪县							
广昌县							
上饶市	**368891**	**138005**	**11353**	**43384**	**45070**	**14044**	**24154**
信州区	120282	57135	4823	22649	22481	3798	3384
广丰区	90831	27070	1960	4550	6408	4694	9458
广信区	95036	28341	2747	4954	10635	2975	7030
玉山县							
铅山县	687	123	23	32	24	18	26
横峰县							
弋阳县							
余干县	9119	2523	91	303	306	486	1337
鄱阳县	606	225	5	41	19	62	98
万年县							
婺源县							
德兴市	52330	22588	1704	10855	5197	2011	2821

8-3a　续表 2

单位：户

地　区	二代户					
	小计	一间	二间	三间	四间	五间及以上
全　省	**1662884**	**44691**	**506164**	**834248**	**145253**	**132528**
南昌市	**391473**	**22651**	**175102**	**165077**	**22048**	**6595**
东湖区	47825	5027	26030	14657	1803	308
西湖区	65409	4189	32084	25527	3175	434
青云谱区	45812	3598	27171	13048	1348	647
青山湖区	124638	6454	52823	54082	8267	3012
新建区	55659	1268	21994	28725	2714	958
红谷滩区	51705	2115	14988	28962	4637	1003
南昌县	425		12	76	104	233
安义县						
进贤县						
景德镇市	**104771**	**2381**	**43132**	**37845**	**9203**	**12210**
昌江区	20407	752	8972	6549	1428	2706
珠山区	53261	801	27291	18501	3165	3503
浮梁县	2278	7	127	223	789	1132
乐平市	28825	821	6742	12572	3821	4869
萍乡市	**75026**	**583**	**8521**	**46909**	**10220**	**8793**
安源区	59243	507	6847	39905	6793	5191
湘东区	15198	74	1582	6649	3329	3564
莲花县						
上栗县	585	2	92	355	98	38
芦溪县						
九江市	**164929**	**2797**	**51666**	**88024**	**12659**	**9783**
濂溪区	41801	651	16990	20538	2384	1238
浔阳区	64765	1074	26400	32066	3870	1355
柴桑区	15214	53	2720	8528	1785	2128
武宁县						
修水县						
永修县						
德安县						
都昌县						
湖口县						
彭泽县						
瑞昌市	20819	948	2921	12415	2007	2528
共青城市	11900	58	1663	9224	565	390
庐山市	10430	13	972	5253	2048	2144
新余市	**101914**	**1327**	**25786**	**68791**	**4920**	**1090**
渝水区	101914	1327	25786	68791	4920	1090
分宜县						
鹰潭市	**76145**	**1741**	**22333**	**36723**	**6825**	**8523**
月湖区	36992	735	13274	17636	2565	2782
余江区	13216	250	2589	6176	2058	2143
贵溪市	25937	756	6470	12911	2202	3598
赣州市	**238390**	**4096**	**62295**	**125957**	**30966**	**15076**
章贡区	112881	2303	39029	56697	11097	3755
南康区	50636	597	11815	26451	8767	3006
赣县区	22638	212	3015	16333	2382	696
信丰县						
大余县						
上犹县						
崇义县						
安远县						
定南县						
全南县						

8-3a 续表 3　　单位：户

地　区	二代户					
	小计	一间	二间	三间	四间	五间及以上
宁都县						
于都县						
兴国县						
会昌县						
寻乌县	122	1	21	39	33	28
石城县						
瑞金市	30532	181	3355	16992	5059	4945
龙南市	21581	802	5060	9445	3628	2646
吉安市	**66820**	**2015**	**20332**	**34585**	**4913**	**4975**
吉州区	43987	1198	16230	21239	2962	2358
青原区	15346	548	2996	9515	1344	943
吉安县						
吉水县						
峡江县						
新干县						
永丰县						
泰和县						
遂川县						
万安县						
安福县						
永新县						
井冈山市	7487	269	1106	3831	607	1674
宜春市	**187930**	**2508**	**35959**	**116312**	**16768**	**16383**
袁州区	83288	1276	15096	54025	8168	4723
奉新县						
万载县						
上高县						
宜丰县						
靖安县						
铜鼓县						
丰城市	39400	436	7360	18761	4973	7870
樟树市	30793	450	8498	17886	2162	1797
高安市	34449	346	5005	25640	1465	1993
抚州市	**99828**	**2088**	**30388**	**54766**	**6114**	**6472**
临川区	72559	1079	24767	39368	4197	3148
东乡区	27269	1009	5621	15398	1917	3324
南城县						
黎川县						
南丰县						
崇仁县						
乐安县						
宜黄县						
金溪县						
资溪县						
广昌县						
上饶市	**155658**	**2504**	**30650**	**59259**	**20617**	**42628**
信州区	47191	784	14757	22807	4658	4185
广丰区	39374	393	3497	10176	7436	17872
广信区	43297	888	5635	19773	4850	12151
玉山县						
铅山县	271	4	24	35	90	118
横峰县						
弋阳县						
余干县	3847	26	158	269	688	2706
鄱阳县	245	2	6	21	56	160
万年县						
婺源县						
德兴市	21433	407	6573	6178	2839	5436

8-3a 续表 4

单位：户

地 区	三代户					
	小计	一间	二间	三间	四间	五间及以上
全 省	**616734**	**5141**	**117207**	**305276**	**77351**	**111759**
南昌市	**132274**	**2919**	**48545**	**64419**	**10763**	**5628**
东湖区	14840	731	7234	5821	872	182
西湖区	21155	657	8890	9838	1498	272
青云谱区	15687	553	8100	5630	812	592
青山湖区	43819	634	14379	21493	4303	3010
新建区	18485	119	5971	10705	1172	518
红谷滩区	17801	225	3970	10896	2018	692
南昌县	487		1	36	88	362
安义县						
进贤县						
景德镇市	**35768**	**243**	**8724**	**12251**	**4870**	**9680**
昌江区	6117	69	1683	1930	687	1748
珠山区	14702	102	5332	5446	1300	2522
浮梁县	1424	1	31	71	421	900
乐平市	13525	71	1678	4804	2462	4510
萍乡市	**36681**	**49**	**1636**	**18778**	**6658**	**9560**
安源区	26829	42	1330	15830	3990	5637
湘东区	9353	7	291	2776	2522	3757
莲花县						
上栗县	499		15	172	146	166
芦溪县						
九江市	**45569**	**318**	**8796**	**25006**	**5133**	**6316**
濂溪区	9746	82	2710	5470	824	660
浔阳区	14543	123	4424	8012	1238	746
柴桑区	5592	8	529	2859	789	1407
武宁县						
修水县						
永修县						
德安县						
都昌县						
湖口县						
彭泽县						
瑞昌市	8788	97	695	4993	1183	1820
共青城市	2880	5	267	2167	200	241
庐山市	4020	3	171	1505	899	1442
新余市	**29903**	**92**	**5047**	**22068**	**2108**	**588**
渝水区	29903	92	5047	22068	2108	588
分宜县						
鹰潭市	**27088**	**139**	**4377**	**12130**	**3800**	**6642**
月湖区	11352	67	2620	5474	1257	1934
余江区	6207	27	489	2364	1379	1948
贵溪市	9529	45	1268	4292	1164	2760
赣州市	**96464**	**483**	**12841**	**49639**	**18104**	**15397**
章贡区	39481	206	8216	21989	5381	3689
南康区	21068	53	1992	10350	5650	3023
赣县区	9231	18	534	6744	1340	595
信丰县						
大余县						
上犹县						
崇义县						
安远县						
定南县						
全南县						

8-3a 续表 5

单位：户

地区	三代户					
	小计	一间	二间	三间	四间	五间及以上
宁都县						
于都县						
兴国县						
会昌县						
寻乌县	75		1	17	25	32
石城县						
瑞金市	15645	10	846	6440	3020	5329
龙南市	10964	196	1252	4099	2688	2729
吉安市	**21946**	**216**	**4911**	**11220**	**2027**	**3572**
吉州区	14306	164	4154	7075	1231	1682
青原区	5349	38	628	3304	569	810
吉安县						
吉水县						
峡江县						
新干县						
永丰县						
泰和县						
遂川县						
万安县						
安福县						
永新县						
井冈山市	2291	14	129	841	227	1080
宜春市	**78981**	**244**	**8583**	**47024**	**9640**	**13490**
袁州区	34758	101	3438	23408	4567	3244
奉新县						
万载县						
上高县						
宜丰县						
靖安县						
铜鼓县						
丰城市	20963	58	1969	8227	3060	7649
樟树市	12448	54	2261	7636	1322	1175
高安市	10812	31	915	7753	691	1422
抚州市	**39759**	**191**	**7704**	**23027**	**3454**	**5383**
临川区	28126	112	6499	16493	2317	2705
东乡区	11633	79	1205	6534	1137	2678
南城县						
黎川县						
南丰县						
崇仁县						
乐安县						
宜黄县						
金溪县						
资溪县						
广昌县						
上饶市	**72301**	**247**	**6043**	**19714**	**10794**	**35503**
信州区	15476	78	3042	6921	1939	3496
广丰区	23465	66	738	3067	3980	15614
广信区	22323	62	1238	7758	2935	10330
玉山县						
铅山县	278		9	21	80	168
横峰县						
弋阳县						
余干县	2550	12	41	107	397	1993
鄱阳县	131	1	2	7	32	89
万年县						
婺源县						
德兴市	8078	28	973	1833	1431	3813

8-3a　续表 6

单位：户

地　区	四代户					
	小计	一间	二间	三间	四间	五间及以上
全　省	**15122**	**46**	**1226**	**5420**	**2469**	**5961**
南昌市	**2219**	**26**	**511**	**1086**	**291**	**305**
东湖区	193	2	72	94	19	6
西湖区	314	5	94	173	33	9
青云谱区	282	8	94	120	28	32
青山湖区	807	7	137	346	138	179
新建区	355	2	80	217	29	27
红谷滩区	226	2	34	134	37	19
南昌县	42			2	7	33
安义县						
进贤县						
景德镇市	**822**	**3**	**95**	**165**	**149**	**410**
昌江区	155	1	20	30	21	83
珠山区	231	1	57	72	25	76
浮梁县	42		1		11	30
乐平市	394	1	17	63	92	221
萍乡市	**1287**		**19**	**424**	**264**	**580**
安源区	794		13	340	131	310
湘东区	460		5	78	125	252
莲花县						
上栗县	33		1	6	8	18
芦溪县						
九江市	**834**	**4**	**70**	**369**	**132**	**259**
濂溪区	101	1	22	47	16	15
浔阳区	180	1	32	105	21	21
柴桑区	145		6	63	19	57
武宁县						
修水县						
永修县						
德安县						
都昌县						
湖口县						
彭泽县						
瑞昌市	242	2	5	104	42	89
共青城市	43		1	22	9	11
庐山市	123		4	28	25	66
新余市	**289**	**1**	**38**	**205**	**27**	**18**
渝水区	289	1	38	205	27	18
分宜县						
鹰潭市	**726**	**1**	**39**	**183**	**139**	**364**
月湖区	235	1	21	76	47	90
余江区	217		4	37	52	124
贵溪市	274		14	70	40	150
赣州市	**2402**	**3**	**146**	**1032**	**513**	**708**
章贡区	804	1	80	421	144	158
南康区	500		25	178	153	144
赣县区	295		7	222	43	23
信丰县						
大余县						
上犹县						
崇义县						
安远县						
定南县						
全南县						

8-3a 续表 7

单位：户

地　　区	四代户					
	小计	一间	二间	三间	四间	五间及以上
宁都县						
于都县						
兴国县						
会昌县						
寻乌县	6				3	3
石城县						
瑞金市	447		17	130	73	227
龙南市	350	2	17	81	97	153
吉安市	**385**	**1**	**35**	**150**	**41**	**158**
吉州区	234	1	33	103	22	75
青原区	93		1	37	14	41
吉安县						
吉水县						
峡江县						
新干县						
永丰县						
泰和县						
遂川县						
万安县						
安福县						
永新县						
井冈山市	58		1	10	5	42
宜春市	**2337**	**3**	**90**	**900**	**390**	**954**
袁州区	726	2	32	413	124	155
奉新县						
万载县						
上高县						
宜丰县						
靖安县						
铜鼓县						
丰城市	1138	1	34	244	201	658
樟树市	265		19	132	51	63
高安市	208		5	111	14	78
抚州市	**897**		**84**	**396**	**98**	**319**
临川区	538		66	269	57	146
东乡区	359		18	127	41	173
南城县						
黎川县						
南丰县						
崇仁县						
乐安县						
宜黄县						
金溪县						
资溪县						
广昌县						
上饶市	**2924**	**4**	**99**	**510**	**425**	**1886**
信州区	479		51	165	73	190
广丰区	921		13	50	134	724
广信区	1074	4	25	268	141	636
玉山县						
铅山县	15			1	2	12
横峰县						
弋阳县						
余干县	199		2	4	28	165
鄱阳县	5		1		2	2
万年县						
婺源县						
德兴市	231		7	22	45	157

8-3a 续表 8

单位：户

地区	五代及以上户					
	小计	一间	二间	三间	四间	五间及以上
全 省	**15**		**1**	**5**	**3**	**6**
南昌市	**2**		**1**			**1**
东湖区						
西湖区						
青云谱区						
青山湖区	1					1
新建区	1		1			
红谷滩区						
南昌县						
安义县						
进贤县						
景德镇市						
昌江区						
珠山区						
浮梁县						
乐平市						
萍乡市						
安源区						
湘东区						
莲花县						
上栗县						
芦溪县						
九江市	**2**			**2**		
濂溪区	1			1		
浔阳区						
柴桑区						
武宁县						
修水县						
永修县						
德安县						
都昌县						
湖口县						
彭泽县						
瑞昌市	1			1		
共青城市						
庐山市						
新余市						
渝水区						
分宜县						
鹰潭市						
月湖区						
余江区						
贵溪市						
赣州市	**4**			**2**	**1**	**1**
章贡区						
南康区	1					1
赣县区	1			1		
信丰县						
大余县						
上犹县						
崇义县						
安远县						
定南县						
全南县						

8−3a 续表 9 单位：户

地区	五代及以上户					
	小计	一间	二间	三间	四间	五间及以上
宁都县						
于都县						
兴国县						
会昌县						
寻乌县						
石城县						
瑞金市	1			1		
龙南市	1				1	
吉安市						
吉州区						
青原区						
吉安县						
吉水县						
峡江县						
新干县						
永丰县						
泰和县						
遂川县						
万安县						
安福县						
永新县						
井冈山市						
宜春市	**3**				**1**	**2**
袁州区						
奉新县						
万载县						
上高县						
宜丰县						
靖安县						
铜鼓县						
丰城市	3				1	2
樟树市						
高安市						
抚州市	**1**					**1**
临川区						
东乡区	1					1
南城县						
黎川县						
南丰县						
崇仁县						
乐安县						
宜黄县						
金溪县						
资溪县						
广昌县						
上饶市	**3**			**1**	**1**	**1**
信州区	1			1		
广丰区	1					1
广信区	1				1	
玉山县						
铅山县						
横峰县						
弋阳县						
余干县						
鄱阳县						
万年县						
婺源县						
德兴市						

8−3b　各地区按家庭户类别和住房间数分的家庭户户数(镇)

单位：户

地　区	家庭户户　数	一代户					
		小计	一间	二间	三间	四间	五间及以上
全　省	**3751140**	**1339658**	**88083**	**287276**	**515831**	**174949**	**273519**
南昌市	**383814**	**148135**	**13606**	**43080**	**70113**	**9803**	**11533**
东湖区	1018	370	22	159	79	29	81
西湖区							
青云谱区	426	276	187	69	16	4	
青山湖区	18370	7808	1063	3518	2678	325	224
新建区	12327	6455	865	2711	1984	500	395
红谷滩区							
南昌县	225912	83326	8964	28671	36251	4514	4926
安义县	31197	16523	963	3113	9216	1340	1891
进贤县	94564	33377	1542	4839	19889	3091	4016
景德镇市	**71431**	**24688**	**1626**	**6471**	**6305**	**4333**	**5953**
昌江区	3316	1519	69	495	295	253	407
珠山区	3734	1887	285	832	696	73	1
浮梁县	36201	12036	568	2915	3511	1845	3197
乐平市	28180	9246	704	2229	1803	2162	2348
萍乡市	**166383**	**48897**	**1549**	**6248**	**14495**	**9746**	**16859**
安源区	19404	7180	68	1461	2191	1168	2292
湘东区	18080	5611	133	538	1672	1577	1691
莲花县	30276	9934	383	1172	2380	1988	4011
上栗县	59907	14755	594	1606	4806	2677	5072
芦溪县	38716	11417	371	1471	3446	2336	3793
九江市	**455565**	**177972**	**12684**	**43842**	**72121**	**21675**	**27650**
濂溪区	6329	2847	114	1273	818	182	460
浔阳区							
柴桑区	13097	5961	230	1286	1988	1212	1245
武宁县	52061	19022	1590	3911	9912	1497	2112
修水县	94353	33823	2255	7956	14466	3770	5376
永修县	55956	24508	1861	6790	10052	2833	2972
德安县	31589	11185	700	3873	4517	991	1104
都昌县	72850	30670	2758	5688	10976	4621	6627
湖口县	35965	12915	1601	3803	4831	1499	1181
彭泽县	50809	22591	1187	6155	8982	3241	3026
瑞昌市	26174	7535	119	1712	4013	628	1063
共青城市	422	167	6	25	57	36	43
庐山市	15960	6748	263	1370	1509	1165	2441
新余市	**56662**	**20730**	**1241**	**7035**	**9542**	**1303**	**1609**
渝水区	6959	3973	279	1513	1495	221	465
分宜县	49703	16757	962	5522	8047	1082	1144
鹰潭市	**42864**	**16205**	**782**	**2593**	**2999**	**4233**	**5598**
月湖区	1411	552	3	38	106	112	293
余江区	18273	6841	393	1229	1270	1870	2079
贵溪市	23180	8812	386	1326	1623	2251	3226
赣州市	**715968**	**229555**	**15659**	**38862**	**92769**	**34408**	**47857**
章贡区	1717	637	119	206	247	29	36
南康区	10856	4355	265	676	1677	765	972
赣县区	21107	7751	349	904	2281	1967	2250
信丰县	81222	23972	2536	4087	7317	3271	6761
大余县	42649	17313	659	2594	6745	2111	5204
上犹县	35563	10515	1453	2255	5086	803	918
崇义县	24112	7363	829	1328	3041	829	1336
安远县	37859	10620	682	2121	4261	1877	1679
定南县	33603	8813	551	1777	3826	1543	1116
全南县	26612	9310	669	2359	4873	763	646

注：本表数据为居住在普通住宅的家庭户。

8-3b 续表 1

单位：户

地　　区	家庭户户　数	一代户					
		小计	一间	二间	三间	四间	五间及以上
宁都县	92332	31417	2059	6259	12689	5148	5262
于都县	94303	30973	1055	3254	18463	3383	4818
兴国县	75267	24565	2578	4760	7034	3739	6454
会昌县	53567	16131	824	2199	5114	3155	4839
寻乌县	36868	11114	442	1767	4195	2133	2577
石城县	35088	10215	193	1476	4858	1959	1729
瑞金市	7195	2136	99	334	454	482	767
龙南市	6048	2355	297	506	608	451	493
吉安市	**511166**	**183119**	**10323**	**35270**	**65022**	**22769**	**49735**
吉州区	3161	1378	201	322	263	214	378
青原区	2875	1355	76	111	513	155	500
吉安县	60707	22447	1332	4405	10228	2919	3563
吉水县	61564	21477	1241	3434	8192	3339	5271
峡江县	23613	10218	468	2143	6548	480	579
新干县	42101	15712	1031	4147	5371	1639	3524
永丰县	50346	15882	701	2993	5499	2310	4379
泰和县	66257	29580	2058	6593	10606	3763	6560
遂川县	53577	14930	761	2643	3681	2289	5556
万安县	30631	10816	655	1445	2926	1248	4542
安福县	42538	14596	692	3067	6383	1545	2909
永新县	58079	18512	703	2768	3264	2467	9310
井冈山市	15717	6216	404	1199	1548	401	2664
宜春市	**365379**	**137665**	**6738**	**28452**	**64103**	**17347**	**21025**
袁州区	16493	5763	206	812	1691	1265	1789
奉新县	47434	17262	630	3894	9726	1474	1538
万载县	66151	20133	1048	4161	8300	2756	3868
上高县	57266	19941	648	3274	13430	1312	1277
宜丰县	47072	19104	1089	4579	10141	1930	1365
靖安县	21685	9245	345	2560	4657	773	910
铜鼓县	19406	7357	561	1390	3647	1225	534
丰城市	42389	18086	660	3255	5014	3450	5707
樟树市	11591	5639	361	1666	2068	890	654
高安市	35892	15135	1190	2861	5429	2272	3383
抚州市	**374764**	**142446**	**11963**	**34151**	**60711**	**15828**	**19793**
临川区	22986	10746	720	1634	2148	2573	3671
东乡区	11847	5722	368	1133	1097	1120	2004
南城县	51776	19094	1327	5390	7595	2028	2754
黎川县	38409	13804	961	3471	7277	1179	916
南丰县	43122	13869	790	4214	7225	924	716
崇仁县	44122	15376	1031	3181	6346	1796	3022
乐安县	37833	12575	834	2550	5128	1405	2658
宜黄县	31731	12612	491	2915	6833	1186	1187
金溪县	34098	11265	822	2646	4527	1804	1466
资溪县	16860	6826	774	1891	2971	598	592
广昌县	41980	20557	3845	5126	9564	1215	807
上饶市	**607144**	**210246**	**11912**	**41272**	**57651**	**33504**	**65907**
信州区	3759	1204	24	200	235	175	570
广丰区	30206	9542	621	1613	1368	1874	4066
广信区	18530	6085	255	642	801	1112	3275
玉山县	88648	31786	1893	4333	9471	4535	11554
铅山县	63956	21960	1269	5454	5880	3019	6338
横峰县	33135	12610	659	2914	5181	1473	2383
弋阳县	50578	18887	1103	5089	5596	2199	4900
余干县	90961	32672	1464	5484	9514	5988	10222
鄱阳县	133397	45898	2530	8886	10932	8693	14857
万年县	45079	14608	1098	3726	4131	2279	3374
婺源县	45686	13842	928	2668	4294	1856	4096
德兴市	3209	1152	68	263	248	301	272

8-3b 续表 2

单位：户

地区	二代户					
	小计	一间	二间	三间	四间	五间及以上
全 省	**1675863**	**30608**	**246627**	**771699**	**232712**	**394217**
南昌市	**168401**	**2834**	**40320**	**101431**	**12129**	**11687**
东湖区	391	8	117	75	53	138
西湖区						
青云谱区	113	26	58	18	11	
青山湖区	7380	196	3295	3039	355	495
新建区	4540	94	1369	2005	643	429
红谷滩区						
南昌县	100431	1797	29922	56684	6793	5235
安义县	11467	104	1444	7331	1182	1406
进贤县	44079	609	4115	32279	3092	3984
景德镇市	**31680**	**371**	**4982**	**9623**	**5879**	**10825**
昌江区	1235	8	221	175	251	580
珠山区	1605	28	671	807	97	2
浮梁县	16719	113	2602	6207	2237	5560
乐平市	12121	222	1488	2434	3294	4683
萍乡市	**70733**	**365**	**4723**	**21618**	**14591**	**29436**
安源区	7576	13	675	1646	1427	3815
湘东区	7010	13	341	1945	2173	2538
莲花县	13756	154	1445	3935	2517	5705
上栗县	25128	116	1144	8049	4866	10953
芦溪县	17263	69	1118	6043	3608	6425
九江市	**201121**	**6604**	**34878**	**100439**	**24835**	**34365**
濂溪区	2495	19	735	1139	148	454
浔阳区						
柴桑区	5076	27	686	1742	1258	1363
武宁县	23802	793	3688	14146	2152	3023
修水县	42037	749	6506	22556	5177	7049
永修县	23337	518	4731	12028	2920	3140
德安县	15343	205	3371	8856	1268	1643
都昌县	31495	2210	4809	11986	4722	7768
湖口县	16641	1359	4207	8203	1624	1248
彭泽县	21803	586	4327	9998	3516	3376
瑞昌市	12861	38	1177	8874	1070	1702
共青城市	170		12	41	50	67
庐山市	6061	100	629	870	930	3532
新余市	**27207**	**369**	**5721**	**17596**	**1894**	**1627**
渝水区	2349	73	548	1082	158	488
分宜县	24858	296	5173	16514	1736	1139
鹰潭市	**16853**	**540**	**1423**	**2703**	**4551**	**7636**
月湖区	542	3	7	117	109	306
余江区	7284	479	819	1275	1991	2720
贵溪市	9027	58	597	1311	2451	4610
赣州市	**327985**	**4187**	**42630**	**149982**	**60126**	**71060**
章贡区	639	8	160	352	38	81
南康区	4386	44	337	1961	823	1221
赣县区	8253	61	544	2303	2504	2841
信丰县	34748	666	4779	13730	5132	10441
大余县	18086	147	1530	7040	2235	7134
上犹县	16509	288	3005	10197	1657	1362
崇义县	11696	172	1972	6097	1566	1889
安远县	17231	69	2382	8204	3693	2883
定南县	14816	299	2427	7206	3345	1539
全南县	11323	216	1984	6778	1340	1005

8-3b 续表 3

单位：户

地　区	二代户					
	小计	一间	二间	三间	四间	五间及以上
宁都县	45651	610	5271	21773	9759	8238
于都县	46912	514	6171	27855	7184	5188
兴国县	34205	772	5961	11153	5694	10625
会昌县	23159	134	2099	7934	5381	7611
寻乌县	18646	64	2072	8377	4035	4098
石城县	16309	47	1533	7809	4227	2693
瑞金市	2895	24	96	517	795	1463
龙南市	2521	52	307	696	718	748
吉安市	**240001**	**4080**	**35315**	**104142**	**26618**	**69846**
吉州区	1174	25	119	179	138	713
青原区	1121	13	61	425	148	474
吉安县	28028	421	4234	15003	3321	5049
吉水县	30222	500	3819	15873	3493	6537
峡江县	10944	97	1511	8129	545	662
新干县	20887	298	4417	10545	1945	3682
永丰县	25400	232	3979	10884	2674	7631
泰和县	27623	731	4414	10849	3286	8343
遂川县	26185	307	3214	8574	3982	10108
万安县	13960	318	1447	4611	1435	6149
安福县	19382	159	2216	10223	2031	4753
永新县	28271	707	4734	7122	3110	12598
井冈山市	6804	272	1150	1725	510	3147
宜春市	**164855**	**1668**	**18656**	**94188**	**20714**	**29629**
袁州区	6969	44	421	2340	1853	2311
奉新县	22345	152	3090	15295	1699	2109
万载县	31861	208	3311	15121	4689	8532
上高县	28229	140	2082	22058	2086	1863
宜丰县	21896	212	3234	14733	2355	1362
靖安县	9517	114	1960	5612	688	1143
铜鼓县	8875	181	1198	4669	1976	851
丰城市	15687	349	1366	4393	2883	6696
樟树市	4449	85	705	2200	729	730
高安市	15027	183	1289	7767	1756	4032
抚州市	**165790**	**4183**	**27543**	**90852**	**18184**	**25028**
临川区	8296	233	626	1806	1848	3783
东乡区	4280	99	512	628	821	2220
南城县	20983	286	4160	9797	2681	4059
黎川县	16892	299	2536	11255	1736	1066
南丰县	20635	130	3705	14014	1717	1069
崇仁县	20111	694	2744	10173	1974	4526
乐安县	19215	487	2898	10159	1918	3753
宜黄县	13905	238	1998	9156	1355	1158
金溪县	16442	648	2881	9116	2012	1785
资溪县	7266	284	1617	3824	686	855
广昌县	17765	785	3866	10924	1436	754
上饶市	**261237**	**5407**	**30436**	**79125**	**43191**	**103078**
信州区	1561	3	64	151	268	1075
广丰区	12377	110	802	1450	2780	7235
广信区	7388	60	311	700	1282	5035
玉山县	38406	720	3282	13777	4848	15779
铅山县	25799	361	3177	6873	4044	11344
横峰县	14116	217	1922	6628	1841	3508
弋阳县	21375	442	4051	6961	2541	7380
余干县	38918	406	3779	10804	7726	16203
鄱阳县	58346	2072	6291	15774	12227	21982
万年县	20052	475	3314	6950	2953	6360
婺源县	21518	527	3320	8815	2253	6603
德兴市	1381	14	123	242	428	574

8-3b　续表 4

单位：户

地　区	三代户					
	小计	一间	二间	三间	四间	五间及以上
全　省	**710953**	**2261**	**48509**	**263949**	**118799**	**277435**
南昌市	**65494**	**261**	**11250**	**39149**	**6405**	**8429**
东湖区	248	1	26	19	22	180
西湖区						
青云谱区	37	3	16	15	3	
青山湖区	3103	15	1082	1286	187	533
新建区	1288	10	257	552	273	196
红谷滩区						
南昌县	41086	185	8725	24624	3755	3797
安义县	3121	6	184	1635	457	839
进贤县	16611	41	960	11018	1708	2884
景德镇市	**14537**	**20**	**830**	**2921**	**3162**	**7604**
昌江区	542	2	37	70	127	306
珠山区	241	2	86	133	18	2
浮梁县	7228	5	465	1782	1080	3896
乐平市	6526	11	242	936	1937	3400
萍乡市	**44515**	**26**	**746**	**7702**	**9115**	**26926**
安源区	4483	2	91	495	726	3169
湘东区	5172	4	93	930	1721	2424
莲花县	6366	5	151	888	1255	4067
上栗县	18793	10	246	3409	3524	11604
芦溪县	9701	5	165	1980	1889	5662
九江市	**74059**	**445**	**6572**	**33632**	**11623**	**21787**
濂溪区	952	6	148	399	90	309
浔阳区						
柴桑区	1979	1	128	574	527	749
武宁县	8947	78	753	4835	1047	2234
修水县	17733	44	1385	8840	2430	5034
永修县	7900	38	893	3694	1427	1848
德安县	4976	13	622	2857	582	902
都昌县	10342	78	628	2999	2216	4421
湖口县	6248	98	858	3250	969	1073
彭泽县	6247	46	754	2404	1290	1753
瑞昌市	5647	10	257	3529	621	1230
共青城市	82		3	11	26	42
庐山市	3006	33	143	240	398	2192
新余市	**8598**	**29**	**984**	**5679**	**845**	**1061**
渝水区	624	7	76	173	49	319
分宜县	7974	22	908	5506	796	742
鹰潭市	**9317**	**30**	**339**	**1027**	**2505**	**5416**
月湖区	298		4	41	67	186
余江区	3924	20	212	547	1158	1987
贵溪市	5095	10	123	439	1280	3243
赣州市	**152894**	**384**	**7874**	**56845**	**32617**	**55174**
章贡区	435	4	55	252	39	85
南康区	2048	9	49	664	507	819
赣县区	4910	6	95	1009	1547	2253
信丰县	21698	68	1166	7907	3687	8870
大余县	7071	7	209	2197	979	3679
上犹县	8308	11	780	5284	1043	1190
崇义县	4949	8	297	2277	940	1427
安远县	9664	5	402	3234	2567	3456
定南县	9597	58	778	4506	2799	1456
全南县	5852	17	456	3554	967	858

8-3b 续表 5

单位：户

地　区	三代户					
	小计	一间	二间	三间	四间	五间及以上
宁都县	14881	85	835	5877	3564	4520
于都县	15774	36	905	8069	2916	3848
兴国县	15817	28	830	3515	2853	8591
会昌县	13578	19	385	3374	3367	6433
寻乌县	6855	3	274	1787	1525	3266
石城县	8264	4	276	2939	2485	2560
瑞金市	2063	9	28	188	454	1384
龙南市	1130	7	54	212	378	479
吉安市	**85823**	**236**	**5313**	**29055**	**10699**	**40520**
吉州区	589	1	27	60	68	433
青原区	388	1	7	104	69	207
吉安县	10025	31	919	5441	1254	2380
吉水县	9643	38	519	4394	1282	3410
峡江县	2397	4	224	1622	232	315
新干县	5411	22	600	2432	670	1687
永丰县	8827	9	612	2812	1079	4315
泰和县	8857	55	713	3041	1079	3969
遂川县	12075	28	410	2321	1986	7330
万安县	5687	14	228	1365	658	3422
安福县	8327	14	364	3092	992	3865
永新县	10984	15	521	1956	1158	7334
井冈山市	2613	4	169	415	172	1853
宜春市	**61081**	**131**	**3333**	**28748**	**9633**	**19236**
袁州区	3625	3	86	824	865	1847
奉新县	7619	11	541	4810	793	1464
万载县	13837	18	664	5406	2354	5395
上高县	8961	17	405	6611	925	1003
宜丰县	5985	6	483	3879	891	726
靖安县	2875	4	296	1525	352	698
铜鼓县	3092	12	179	1477	827	597
丰城市	8074	33	336	1597	1425	4683
樟树市	1462	6	127	533	305	491
高安市	5551	21	216	2086	896	2332
抚州市	**64687**	**256**	**5169**	**33209**	**9371**	**16682**
临川区	3755	21	100	513	879	2242
东乡区	1787	7	98	162	366	1154
南城县	11323	38	1129	4982	1589	3585
黎川县	7514	17	544	4987	1119	847
南丰县	8444	11	721	5849	1040	823
崇仁县	8389	48	550	3629	1018	3144
乐安县	5900	21	378	2522	787	2192
宜黄县	5103	8	316	3453	632	694
金溪县	6223	37	658	3281	1053	1194
资溪县	2687	11	332	1339	415	590
广昌县	3562	37	343	2492	473	217
上饶市	**129948**	**443**	**6099**	**25982**	**22824**	**74600**
信州区	944	3	7	40	93	801
广丰区	7944	17	204	560	1367	5796
广信区	4837	11	67	334	681	3744
玉山县	17822	44	520	3787	2273	11198
铅山县	15450	43	678	2487	2539	9703
横峰县	6097	23	371	1884	958	2861
弋阳县	9945	34	795	2395	1376	5345
余干县	18384	78	743	3137	3714	10712
鄱阳县	27856	119	1407	5457	6530	14343
万年县	10009	43	630	2670	1802	4864
婺源县	10001	28	653	3154	1259	4907
德兴市	659		24	77	232	326

8-3b 续表 6

单位：户

地区	四代户					
	小计	一间	二间	三间	四间	五间及以上
全 省	**24644**	**25**	**653**	**5358**	**4240**	**14368**
南昌市	**1783**	**3**	**148**	**813**	**263**	**556**
东湖区	9				1	8
西湖区						
青云谱区						
青山湖区	79		12	24	6	37
新建区	44		4	16	9	15
红谷滩区						
南昌县	1068	3	120	526	165	254
安义县	86		1	22	7	56
进贤县	497		11	225	75	186
景德镇市	**525**		**7**	**36**	**109**	**373**
昌江区	20			1	4	15
珠山区	1			1		
浮梁县	217		4	23	26	164
乐平市	287		3	11	79	194
萍乡市	**2237**	**1**	**13**	**218**	**370**	**1635**
安源区	165			11	22	132
湘东区	286		1	36	86	163
莲花县	220		1	8	27	184
上栗县	1231	1	10	129	178	913
芦溪县	335		1	34	57	243
九江市	**2410**	**2**	**92**	**747**	**408**	**1161**
濂溪区	35		2	18	2	13
浔阳区						
柴桑区	81		1	21	18	41
武宁县	290		9	113	39	129
修水县	759		25	271	110	353
永修县	211		10	58	58	85
德安县	85		5	37	13	30
都昌县	342		3	54	68	217
湖口县	160	1	12	55	31	61
彭泽县	168		15	49	32	72
瑞昌市	131	1	6	62	20	42
共青城市	3		1		1	1
庐山市	145		3	9	16	117
新余市	**127**		**9**	**74**	**21**	**23**
渝水区	13		1	2	1	9
分宜县	114		8	72	20	14
鹰潭市	**489**		**6**	**38**	**123**	**322**
月湖区	19				5	14
余江区	224		5	21	66	132
贵溪市	246		1	17	52	176
赣州市	**5527**	**6**	**109**	**1348**	**1171**	**2893**
章贡区	6			3		3
南康区	66	1		11	14	40
赣县区	193		2	34	46	111
信丰县	801		13	195	125	468
大余县	179		4	38	18	119
上犹县	231		5	138	32	56
崇义县	104		2	28	24	50
安远县	344		5	67	106	166
定南县	377	1	9	134	142	91
全南县	127		4	64	18	41

8-3b 续表 7

单位：户

地　区	四代户					
	小计	一间	二间	三间	四间	五间及以上
宁都县	383		8	101	91	183
于都县	643		26	249	134	234
兴国县	680	1	10	74	109	486
会昌县	697	2	8	96	157	434
寻乌县	253		3	34	48	168
石城县	300		5	77	79	139
瑞金市	101		1	3	17	80
龙南市	42	1	4	2	11	24
吉安市	**2220**	**1**	**45**	**392**	**255**	**1527**
吉州区	20			1	2	17
青原区	11			2	1	8
吉安县	207		6	79	35	87
吉水县	221		5	59	38	119
峡江县	54		5	33	6	10
新干县	91		4	22	10	55
永丰县	237		7	40	29	161
泰和县	197		3	44	27	123
遂川县	385		5	21	52	307
万安县	168	1	5	17	10	135
安福县	233		2	48	25	158
永新县	312		3	21	20	268
井冈山市	84			5		79
宜春市	**1778**		**38**	**438**	**298**	**1004**
袁州区	136		2	25	22	87
奉新县	208		6	87	31	84
万载县	320		7	87	59	167
上高县	135		2	67	18	48
宜丰县	87		1	46	17	23
靖安县	48		1	15	6	26
铜鼓县	82		1	26	24	31
丰城市	542		9	44	82	407
樟树市	41		3	8	12	18
高安市	179		6	33	27	113
抚州市	**1841**	**3**	**63**	**647**	**296**	**832**
临川区	189		2	21	27	139
东乡区	58		1	3	13	41
南城县	376	1	18	107	51	199
黎川县	199		7	111	41	40
南丰县	174		4	103	30	37
崇仁县	246		3	59	35	149
乐安县	143	1	3	24	17	98
宜黄县	111		3	68	17	23
金溪县	168	1	15	60	32	60
资溪县	81		4	27	11	39
广昌县	96		3	64	22	7
上饶市	**5707**	**9**	**123**	**607**	**926**	**4042**
信州区	49				1	48
广丰区	343		8	16	49	270
广信区	220	1	4	9	22	184
玉山县	634	1	9	64	69	491
铅山县	745	1	13	69	95	567
横峰县	311		6	56	44	205
弋阳县	371		13	48	55	255
余干县	987	4	23	97	185	678
鄱阳县	1296	2	32	143	288	831
万年县	410		8	62	76	264
婺源县	324		7	43	37	237
德兴市	17				5	12

8-3b　续表 8

单位：户

地　区	五代及以上户					
	小计	一间	二间	三间	四间	五间及以上
全　省	**22**		**2**	**3**	**3**	**14**
南昌市	**1**					**1**
东湖区						
西湖区						
青云谱区						
青山湖区						
新建区						
红谷滩区						
南昌县	1					1
安义县						
进贤县						
景德镇市	**1**		**1**			
昌江区						
珠山区						
浮梁县	1		1			
乐平市						
萍乡市	**1**					**1**
安源区						
湘东区	1					1
莲花县						
上栗县						
芦溪县						
九江市	**3**		**1**		**1**	**1**
濂溪区						
浔阳区						
柴桑区						
武宁县						
修水县	1		1			
永修县						
德安县						
都昌县	1					1
湖口县	1				1	
彭泽县						
瑞昌市						
共青城市						
庐山市						
新余市						
渝水区						
分宜县						
鹰潭市						
月湖区						
余江区						
贵溪市						
赣州市	**7**			**2**	**2**	**3**
章贡区						
南康区	1					1
赣县区						
信丰县	3				1	2
大余县						
上犹县						
崇义县						
安远县						
定南县						
全南县						

8－3b 续表 9

单位：户

地 区	五代及以上户					
	小计	一间	二间	三间	四间	五间及以上
宁都县						
于都县	1			1		
兴国县						
会昌县	2			1	1	
寻乌县						
石城县						
瑞金市						
龙南市						
吉安市	**3**			**1**		**2**
吉州区						
青原区						
吉安县						
吉水县	1			1		
峡江县						
新干县						
永丰县						
泰和县						
遂川县	2					2
万安县						
安福县						
永新县						
井冈山市						
宜春市						
袁州区						
奉新县						
万载县						
上高县						
宜丰县						
靖安县						
铜鼓县						
丰城市						
樟树市						
高安市						
抚州市						
临川区						
东乡区						
南城县						
黎川县						
南丰县						
崇仁县						
乐安县						
宜黄县						
金溪县						
资溪县						
广昌县						
上饶市	**6**					**6**
信州区	1					1
广丰区						
广信区						
玉山县						
铅山县	2					2
横峰县	1					1
弋阳县						
余干县						
鄱阳县	1					1
万年县						
婺源县	1					1
德兴市						

8-3c　各地区按家庭户类别和住房间数分的家庭户户数(乡村)

单位：户

地　区	家庭户户　数	一代户 小计	一间	二间	三间	四间	五间及以上
全　省	**5729949**	**2343076**	**89665**	**303177**	**400657**	**536831**	**1012746**
南昌市	**406824**	**185641**	**8811**	**33303**	**37309**	**40950**	**65268**
东湖区	5241	1395	115	312	265	225	478
西湖区							
青云谱区							
青山湖区	12598	5122	799	1176	927	620	1600
新建区	89398	46306	2801	11332	8566	9684	13923
红谷滩区	4941	2820	101	317	797	543	1062
南昌县	154982	66779	2782	11935	13716	14615	23731
安义县	37616	16400	458	1742	2201	4060	7939
进贤县	102048	46819	1755	6489	10837	11203	16535
景德镇市	**172774**	**61343**	**2672**	**9000**	**8372**	**18961**	**22338**
昌江区	11629	4149	157	680	555	1046	1711
珠山区	462	162		1	10	18	133
浮梁县	33204	12729	481	1636	2207	4476	3929
乐平市	127479	44303	2034	6683	5600	13421	16565
萍乡市	**174625**	**57399**	**1240**	**4572**	**9685**	**13663**	**28239**
安源区	2400	849	12	129	111	224	373
湘东区	35447	12974	192	959	3087	3832	4904
莲花县	36730	13672	207	744	1528	2819	8374
上栗县	62559	17091	414	1517	2982	3762	8416
芦溪县	37489	12813	415	1223	1977	3026	6172
九江市	**594948**	**254673**	**8055**	**34765**	**53664**	**62878**	**95311**
濂溪区	20363	9695	718	3199	1891	1602	2285
浔阳区	793	310	5	53	61	112	79
柴桑区	44513	21171	571	2363	5693	4888	7656
武宁县	52136	21436	676	3442	5217	4317	7784
修水县	115145	41704	1156	4642	7599	8825	19482
永修县	43562	20265	1231	3855	4421	5392	5366
德安县	19849	10149	469	1400	2158	2900	3222
都昌县	114852	47519	772	4756	9423	11964	20604
湖口县	39579	18970	598	1898	3496	6257	6721
彭泽县	46907	20691	623	3082	4743	5394	6849
瑞昌市	55814	26480	901	4116	5592	7448	8423
共青城市	12673	5160	123	771	973	1304	1989
庐山市	28762	11123	212	1188	2397	2475	4851
新余市	**126906**	**74764**	**8654**	**19784**	**23917**	**9164**	**13245**
渝水区	85801	52545	6644	14959	18964	5391	6587
分宜县	41105	22219	2010	4825	4953	3773	6658
鹰潭市	**130358**	**50355**	**1858**	**7271**	**6736**	**16004**	**18486**
月湖区	3125	1182	24	107	183	377	491
余江区	48693	18798	723	2842	2082	6771	6380
贵溪市	78540	30375	1111	4322	4471	8856	11615
赣州市	**1215612**	**467422**	**15057**	**45126**	**76251**	**89089**	**241899**
章贡区	33537	10259	865	1827	2597	1850	3120
南康区	123038	56830	2787	4794	7824	8809	32616
赣县区	84067	32539	589	1971	4621	7647	17711
信丰县	96373	34936	977	3126	5452	7834	17547
大余县	42687	18350	603	1882	2419	2162	11284
上犹县	49523	21472	871	2494	3864	3703	10540
崇义县	32433	13597	351	1405	2129	2539	7173
安远县	51721	16340	671	2020	4071	3893	5685
定南县	24048	9923	364	1222	2449	2435	3453
全南县	26080	11205	342	954	2140	2651	5118

注：本表数据为居住在普通住宅的家庭户。

8-3c 续表 1

单位：户

地　　区	家庭户户数	一代户					
		小计	一间	二间	三间	四间	五间及以上
宁都县	110229	44953	2137	7582	10154	8011	17069
于都县	160113	61915	499	2380	6353	11283	41400
兴国县	119560	40954	571	2589	4660	7930	25204
会昌县	55826	17831	186	1147	2570	3535	10393
寻乌县	43212	17181	439	1371	2408	2882	10081
石城县	40198	13957	327	1316	2656	2539	7119
瑞金市	83557	27846	1230	3664	5248	5708	11996
龙南市	39410	17334	1248	3382	4636	3678	4390
吉安市	**720789**	**303824**	**7079**	**27569**	**41474**	**65682**	**162020**
吉州区	19811	7278	141	563	746	1554	4274
青原区	34534	13849	339	1675	1737	3409	6689
吉安县	74632	32842	449	2855	4184	9697	15657
吉水县	74323	36865	1113	4310	6524	9228	15690
峡江县	26278	12578	313	1441	4111	2231	4482
新干县	56595	30673	1416	4032	4454	6955	13816
永丰县	65071	26939	567	2309	4079	5228	14756
泰和县	80145	34909	795	3119	5190	8953	16852
遂川县	93904	29702	704	2442	3608	5837	17111
万安县	46146	17473	191	809	1556	2793	12124
安福县	61642	24700	612	2184	3090	4896	13918
永新县	68192	27974	335	1439	1650	4120	20430
井冈山市	19516	8042	104	391	545	781	6221
宜春市	**738683**	**326327**	**12626**	**45369**	**53483**	**85651**	**129198**
袁州区	123665	51776	2247	6897	11229	10723	20680
奉新县	38244	18317	685	2414	3476	5492	6250
万载县	71654	25130	1480	4004	4657	5528	9461
上高县	48866	22981	729	3325	4049	4739	10139
宜丰县	37227	19635	1564	4545	4835	3856	4835
靖安县	20688	10852	765	2003	2272	1899	3913
铜鼓县	17188	6817	349	877	1940	1641	2010
丰城市	183420	74317	1434	7775	7781	22063	35264
樟树市	77929	38035	1755	5686	5693	12033	12868
高安市	119802	58467	1618	7843	7551	17677	23778
抚州市	**536976**	**242663**	**10438**	**34503**	**44489**	**65492**	**87741**
临川区	146066	61264	2698	7956	8750	16694	25166
东乡区	53223	26342	918	4255	3655	8029	9485
南城县	36655	16885	428	1919	4086	4534	5918
黎川县	30224	14872	715	2207	4818	3569	3563
南丰县	43250	17967	674	2920	5188	4091	5094
崇仁县	47187	19548	714	2443	2948	5512	7931
乐安县	53251	23995	472	1906	2214	5721	13682
宜黄县	33482	15082	639	2608	3317	4061	4457
金溪县	46578	22127	1096	3308	3188	7807	6728
资溪县	13907	6931	550	1428	1715	1853	1385
广昌县	33153	17650	1534	3553	4610	3621	4332
上饶市	**911454**	**318665**	**13175**	**41915**	**45277**	**69297**	**149001**
信州区	30403	8670	212	656	963	1426	5413
广丰区	89834	30332	1383	4441	4615	5844	14049
广信区	95059	33178	1540	4249	4547	6122	16720
玉山县	71985	28108	1248	3152	3360	5393	14955
铅山县	49397	15433	1308	3020	2224	3326	5555
横峰县	26502	9938	426	1132	1376	2435	4569
弋阳县	53430	19124	652	2462	2159	3871	9980
余干县	138470	49341	2040	6456	7852	8843	24150
鄱阳县	211833	69820	2418	9402	10090	18595	29315
万年县	59861	23620	775	3099	3421	5641	10684
婺源县	50931	19820	664	2057	2744	5497	8858
德兴市	33749	11281	509	1789	1926	2304	4753

8-3c　续表 2

单位：户

地　区	二代户					
	小计	一间	二间	三间	四间	五间及以上
全　省	**2192281**	**13318**	**125489**	**302482**	**495707**	**1255285**
南昌市	**141501**	**1692**	**16688**	**27370**	**33794**	**61957**
东湖区	1962	30	411	445	367	709
西湖区						
青云谱区						
青山湖区	4897	107	568	1102	770	2350
新建区	31201	470	5507	5906	7441	11877
红谷滩区	1563	10	74	385	275	819
南昌县	53615	570	6136	10464	12830	23615
安义县	13131	73	727	1509	3189	7633
进贤县	35132	432	3265	7559	8922	14954
景德镇市	**70122**	**364**	**3522**	**7640**	**22225**	**36371**
昌江区	4833	18	254	425	1146	2990
珠山区	190		1	9	7	173
浮梁县	12569	74	740	1567	4402	5786
乐平市	52530	272	2527	5639	16670	27422
萍乡市	**68956**	**144**	**2299**	**8743**	**16237**	**41533**
安源区	909	3	46	110	278	472
湘东区	13152	27	508	2584	4107	5926
莲花县	15077	20	286	1279	2837	10655
上栗县	24865	47	887	3071	5441	15419
芦溪县	14953	47	572	1699	3574	9061
九江市	**224352**	**1087**	**14875**	**40852**	**58591**	**108947**
濂溪区	7292	54	1460	2015	1475	2288
浔阳区	336	1	6	51	148	130
柴桑区	16768	71	839	4461	3957	7440
武宁县	19789	115	1649	3889	4303	9833
修水县	45668	111	2257	6497	10050	26753
永修县	16084	169	1547	3333	5503	5532
德安县	6776	80	602	1702	1799	2593
都昌县	44424	98	1638	6602	11938	24148
湖口县	13684	96	840	2348	4744	5656
彭泽县	17982	103	1536	3595	5074	7674
瑞昌市	19848	157	1819	3996	6035	7841
共青城市	4629	10	243	738	1151	2487
庐山市	11072	22	439	1625	2414	6572
新余市	**39833**	**1648**	**7592**	**14851**	**5847**	**9895**
渝水区	25802	1244	5715	11064	3303	4476
分宜县	14031	404	1877	3787	2544	5419
鹰潭市	**49607**	**297**	**3206**	**5459**	**16196**	**24449**
月湖区	1296	2	36	153	372	733
余江区	17817	113	1170	1644	6754	8136
贵溪市	30494	182	2000	3662	9070	15580
赣州市	**470744**	**1683**	**17604**	**59205**	**89774**	**302478**
章贡区	13139	46	1041	3418	2815	5819
南康区	43100	109	1151	4275	6422	31143
赣县区	32208	45	699	3085	6832	21547
信丰县	37000	76	995	3655	7838	24436
大余县	17984	44	544	1381	1824	14191
上犹县	18849	87	997	2844	3382	11539
崇义县	12692	48	580	1486	2237	8341
安远县	20479	30	765	4213	5927	9544
定南县	9342	44	711	2424	2775	3388
全南县	10030	48	340	1416	2256	5970

8-3c 续表 3

单位：户

地　区	二代户					
	小计	一间	二间	三间	四间	五间及以上
宁都县	44573	424	3278	8359	8972	23540
于都县	61955	65	842	4280	9977	46791
兴国县	47947	41	884	3798	8468	34756
会昌县	21576	21	446	1996	3400	15713
寻乌县	16575	49	533	1645	2676	11672
石城县	15926	84	648	2410	3167	9617
瑞金市	31905	218	1500	4656	6663	18868
龙南市	15464	204	1650	3864	4143	5603
吉安市	**286046**	**1089**	**10470**	**28236**	**52076**	**194175**
吉州区	7787	11	152	501	1269	5854
青原区	13837	71	590	1294	2988	8894
吉安县	28932	44	849	2673	7425	17941
吉水县	27570	155	1535	3832	6052	15996
峡江县	9976	65	999	2856	1505	4551
新干县	20883	169	1432	2890	3824	12568
永丰县	26375	112	991	2998	4057	18217
泰和县	31970	209	1198	3373	7765	19425
遂川县	41639	104	1133	3384	7167	29851
万安县	19245	25	263	1016	2359	15582
安福县	23637	62	663	1994	4060	16858
永新县	26711	41	512	1040	2970	22148
井冈山市	7484	21	153	385	635	6290
宜春市	**274804**	**1612**	**16653**	**38152**	**67006**	**151381**
袁州区	48291	277	3206	9305	10502	25001
奉新县	13810	112	936	2340	4002	6420
万载县	31204	164	1866	4408	7443	17323
上高县	17901	115	1049	2450	3137	11150
宜丰县	13206	215	1435	2995	3186	5375
靖安县	7311	89	666	1433	1293	3830
铜鼓县	7047	29	475	1680	1918	2945
丰城市	67385	226	3145	5294	17275	41445
樟树市	27307	249	1914	3812	8137	13195
高安市	41342	136	1961	4435	10113	24697
抚州市	**198131**	**1548**	**13582**	**31506**	**52615**	**98880**
临川区	54249	436	3248	6289	14104	30172
东乡区	18323	140	1576	2079	5415	9113
南城县	12576	27	693	2472	3486	5898
黎川县	10171	113	992	3073	2691	3302
南丰县	16781	98	1474	4751	4143	6315
崇仁县	18024	73	902	2041	4859	10149
乐安县	20806	39	540	1440	3705	15082
宜黄县	12563	120	1029	2575	3515	5324
金溪县	17437	225	1288	2028	6098	7798
资溪县	5028	105	603	1234	1563	1523
广昌县	12173	172	1237	3524	3036	4204
上饶市	**368185**	**2154**	**18998**	**40468**	**81346**	**225219**
信州区	12583	29	299	886	1811	9558
广丰区	36351	288	2195	4136	6986	22746
广信区	37388	301	2145	4221	6794	23927
玉山县	27808	156	1234	2234	4745	19439
铅山县	19380	219	1684	2460	4812	10205
横峰县	10262	95	572	1093	2661	5841
弋阳县	21728	73	972	1859	4279	14545
余干县	57749	399	3184	7169	10855	36142
鄱阳县	87562	367	4213	10061	24716	48205
万年县	23294	60	948	2572	5783	13931
婺源县	19749	122	845	1955	4616	12211
德兴市	14331	45	707	1822	3288	8469

8-3c　续表 4

单位：户

地　区	三代户					
	小计	一间	二间	三间	四间	五间及以上
全　省	**1140525**	**2003**	**27449**	**103926**	**237075**	**770072**
南昌市	**75100**	**251**	**4377**	**10991**	**18742**	**40739**
东湖区	1754		121	215	315	1103
西湖区						
青云谱区						
青山湖区	2426	7	92	274	367	1686
新建区	11370	56	1213	1804	2948	5349
红谷滩区	523		17	97	83	326
南昌县	32466	86	1745	4794	8143	17698
安义县	7663	21	213	599	1827	5003
进贤县	18898	81	976	3208	5059	9574
景德镇市	**39638**	**62**	**906**	**3057**	**12323**	**23290**
昌江区	2526	4	37	118	560	1807
珠山区	108			3	5	100
浮梁县	7622	26	199	628	2613	4156
乐平市	29382	32	670	2308	9145	17227
萍乡市	**45924**	**16**	**483**	**3790**	**9270**	**32365**
安源区	624		13	33	142	436
湘东区	8840	3	125	1185	2661	4866
莲花县	7695	3	32	377	1210	6073
上栗县	19415	9	213	1523	3544	14126
芦溪县	9350	1	100	672	1713	6864
九江市	**110607**	**166**	**3312**	**14615**	**27090**	**65424**
濂溪区	3266	6	272	793	720	1475
浔阳区	146		2	14	54	76
柴桑区	6331	14	169	1488	1520	3140
武宁县	10418	16	371	1523	2085	6423
修水县	26154	13	515	2238	5060	18328
永修县	6941	8	273	1036	2539	3085
德安县	2837	3	107	498	773	1456
都昌县	21875	5	384	2550	5559	13377
湖口县	6570	18	221	958	2188	3185
彭泽县	7914	30	418	1282	2058	4126
瑞昌市	9134	50	431	1279	2562	4812
共青城市	2773	3	60	287	688	1735
庐山市	6248		89	669	1284	4206
新余市	**12068**	**200**	**1560**	**4223**	**2171**	**3914**
渝水区	7300	140	1229	3195	1108	1628
分宜县	4768	60	331	1028	1063	2286
鹰潭市	**28924**	**51**	**817**	**2105**	**8922**	**17029**
月湖区	615		4	48	139	424
余江区	11430	21	333	702	4206	6168
贵溪市	16879	30	480	1355	4577	10437
赣州市	**264735**	**297**	**3368**	**19609**	**42840**	**198621**
章贡区	9771	14	193	1790	1916	5858
南康区	22125	9	207	1266	2428	18215
赣县区	18433	8	87	1057	3123	14158
信丰县	23242	5	190	1159	3961	17927
大余县	6180	4	64	235	448	5429
上犹县	8902	12	141	879	1348	6522
崇义县	5927	3	82	411	834	4597
安远县	14296	9	112	1496	3873	8806
定南县	4597	5	113	864	1535	2080
全南县	4702	8	42	405	875	3372

8-3c 续表 5

单位：户

地　　区	三代户					
	小计	一间	二间	三间	四间	五间及以上
宁都县	19946	92	870	2409	3392	13183
于都县	34186	8	160	1401	4540	28077
兴国县	28877	10	124	1236	4163	23344
会昌县	15463	8	112	789	1810	12744
寻乌县	9027	1	97	494	1177	7258
石城县	9801	23	144	774	1711	7149
瑞金市	22881	37	368	1815	3896	16765
龙南市	6379	41	262	1129	1810	3137
吉安市	**126468**	**111**	**1660**	**7582**	**19405**	**97710**
吉州区	4596		23	170	649	3754
青原区	6648	7	109	378	1309	4845
吉安县	12415	3	139	667	2592	9014
吉水县	9563	12	223	908	1932	6488
峡江县	3604	11	178	939	572	1904
新干县	4935	18	212	638	898	3169
永丰县	11351	19	215	888	1549	8680
泰和县	12843	19	179	925	2824	8896
遂川县	21778	7	199	940	3120	17512
万安县	9128	1	40	241	853	7993
安福县	12733	5	60	510	1771	10387
永新县	13008	4	70	261	1101	11572
井冈山市	3866	5	13	117	235	3496
宜春市	**131248**	**225**	**3426**	**12162**	**29758**	**85677**
袁州区	22694	41	575	3015	4312	14751
奉新县	5878	7	129	571	1544	3627
万载县	14835	13	280	1310	3161	10071
上高县	7686	17	266	673	1269	5461
宜丰县	4302	15	236	711	1085	2255
靖安县	2452	7	76	301	417	1651
铜鼓县	3176	5	86	499	836	1750
丰城市	38914	47	943	2341	8792	26791
樟树市	12080	52	400	1120	3717	6791
高安市	19231	21	435	1621	4625	12529
抚州市	**91949**	**191**	**2564**	**9382**	**23371**	**56441**
临川区	29107	74	721	2235	6912	19165
东乡区	8181	23	415	645	2346	4752
南城县	6832	8	117	755	1685	4267
黎川县	4936	15	194	1100	1389	2238
南丰县	8225	13	247	1754	2154	4057
崇仁县	9161	10	200	592	2246	6113
乐安县	8090	5	71	283	1268	6463
宜黄县	5598	10	164	565	1469	3390
金溪县	6723	19	248	552	2294	3610
资溪县	1862	4	81	305	655	817
广昌县	3234	10	106	596	953	1569
上饶市	**213864**	**433**	**4976**	**16410**	**43183**	**148862**
信州区	8703	6	87	382	1081	7147
广丰区	22272	64	559	1531	3498	16620
广信区	23354	57	578	1872	3662	17185
玉山县	15514	16	272	735	2272	12219
铅山县	13801	50	443	1067	3302	8939
横峰县	5946	24	150	501	1431	3840
弋阳县	12013	9	214	714	2207	8869
余干县	29599	75	799	2744	5261	20720
鄱阳县	51544	88	1298	4482	13710	31966
万年县	12312	5	180	966	2766	8395
婺源县	10932	34	216	694	2271	7717
德兴市	7874	5	180	722	1722	5245

8-3c 续表 6

单位：户

地 区	四代户					
	小计	一间	二间	三间	四间	五间及以上
全 省	**54016**	**48**	**692**	**3385**	**9588**	**40303**
南昌市	**4580**	**4**	**146**	**522**	**1064**	**2844**
东湖区	130			10	20	100
西湖区						
青云谱区						
青山湖区	153		3	7	16	127
新建区	521	1	27	69	127	297
红谷滩区	35			6	3	26
南昌县	2120	2	71	241	527	1279
安义县	422		6	27	78	311
进贤县	1199	1	39	162	293	704
景德镇市	**1669**	**2**	**12**	**78**	**452**	**1125**
昌江区	121			4	18	99
珠山区	2					2
浮梁县	283	1	4	20	72	186
乐平市	1263	1	8	54	362	838
萍乡市	**2344**	**1**	**17**	**123**	**421**	**1782**
安源区	18				2	16
湘东区	481		5	49	134	293
莲花县	286		1	6	43	236
上栗县	1186		9	46	182	949
芦溪县	373	1	2	22	60	288
九江市	**5310**	**6**	**80**	**458**	**1148**	**3618**
濂溪区	110		1	17	27	65
浔阳区	1				1	
柴桑区	243	3	3	43	62	132
武宁县	491	1	7	50	76	357
修水县	1617		16	72	257	1272
永修县	272	1	2	29	89	151
德安县	87		2	19	19	47
都昌县	1034		6	82	262	684
湖口县	355		11	41	120	183
彭泽县	319	1	15	37	72	194
瑞昌市	352		11	34	85	222
共青城市	111		2	7	24	78
庐山市	318		4	27	54	233
新余市	**240**	**3**	**28**	**79**	**49**	**81**
渝水区	154	3	22	61	33	35
分宜县	86		6	18	16	46
鹰潭市	**1472**	**2**	**29**	**84**	**401**	**956**
月湖区	32			1	9	22
余江区	648	1	14	29	214	390
贵溪市	792	1	15	54	178	544
赣州市	**12697**	**8**	**74**	**536**	**1539**	**10540**
章贡区	367		6	43	63	255
南康区	983	1	10	33	64	875
赣县区	885		2	20	130	733
信丰县	1194	1	6	24	169	994
大余县	173			3	8	162
上犹县	300		1	18	46	235
崇义县	217		1	7	17	192
安远县	605		1	36	144	424
定南县	186			28	53	105
全南县	143			9	23	111

8-3c 续表 7

单位：户

地 区	四代户					
	小计	一间	二间	三间	四间	五间及以上
宁都县	757		21	68	113	555
于都县	2055	2	6	65	190	1792
兴国县	1778		2	47	184	1545
会昌县	955	1	3	36	62	853
寻乌县	428		1	10	39	378
石城县	513		3	24	74	412
瑞金市	925	1	4	37	108	775
龙南市	233	2	7	28	52	144
吉安市	**4450**		**19**	**176**	**523**	**3732**
吉州区	150			3	18	129
青原区	200			7	28	165
吉安县	443		1	10	77	355
吉水县	325		2	20	54	249
峡江县	120		3	26	18	73
新干县	104		2	16	17	69
永丰县	406		7	30	38	331
泰和县	423		1	24	68	330
遂川县	785		1	15	77	692
万安县	299			3	29	267
安福县	572		1	8	66	497
永新县	499		1	8	28	462
井冈山市	124			6	5	113
宜春市	**6298**	**9**	**91**	**414**	**1188**	**4596**
袁州区	902		14	106	147	635
奉新县	239		2	14	63	160
万载县	485	1	7	21	74	382
上高县	298		5	19	43	231
宜丰县	84	1	4	12	18	49
靖安县	73			3	11	59
铜鼓县	148		4	19	32	93
丰城市	2801	4	40	137	516	2104
樟树市	507	3	10	29	135	330
高安市	761		5	54	149	553
抚州市	**4229**	**3**	**59**	**282**	**923**	**2962**
临川区	1445	1	17	79	293	1055
东乡区	377		10	20	95	252
南城县	362		1	22	60	279
黎川县	245		6	40	63	136
南丰县	277		2	46	74	155
崇仁县	454	1	6	15	95	337
乐安县	357			10	37	310
宜黄县	239	1	7	11	58	162
金溪县	291		7	18	101	165
资溪县	86		3	11	23	49
广昌县	96			10	24	62
上饶市	**10727**	**10**	**137**	**633**	**1880**	**8067**
信州区	447	1	1	19	42	384
广丰区	879	1	14	28	92	744
广信区	1138	2	19	78	149	890
玉山县	555		1	15	53	486
铅山县	783		12	48	167	556
横峰县	355	1	7	17	89	241
弋阳县	565		9	20	91	445
余干县	1774	1	27	125	296	1325
鄱阳县	2906	2	40	218	653	1993
万年县	633		4	34	128	467
婺源县	430	2	3	10	65	350
德兴市	262			21	55	186

8-3c　续表 8

单位：户

地　区	五代及以上户					
	小计	一间	二间	三间	四间	五间及以上
全　省	**51**			**2**	**10**	**39**
南昌市	**2**					**2**
东湖区						
西湖区						
青云谱区						
青山湖区						
新建区						
红谷滩区						
南昌县	2					2
安义县						
进贤县						
景德镇市	**2**				**1**	**1**
昌江区						
珠山区						
浮梁县	1				1	
乐平市	1					1
萍乡市	**2**					**2**
安源区						
湘东区						
莲花县						
上栗县	2					2
芦溪县						
九江市	**6**			**1**	**1**	**4**
濂溪区						
浔阳区						
柴桑区						
武宁县	2			1		1
修水县	2					2
永修县						
德安县						
都昌县						
湖口县						
彭泽县	1				1	
瑞昌市						
共青城市						
庐山市	1					1
新余市	**1**					**1**
渝水区						
分宜县	1					1
鹰潭市						
月湖区						
余江区						
贵溪市						
赣州市	**14**				**1**	**13**
章贡区	1					1
南康区						
赣县区	2					2
信丰县	1					1
大余县						
上犹县						
崇义县						
安远县	1					1
定南县						
全南县						

8-3c 续表 9

单位：户

地 区	五代及以上户					
	小计	一间	二间	三间	四间	五间及以上
宁都县						
于都县	2				1	1
兴国县	4					4
会昌县	1					1
寻乌县	1					1
石城县	1					1
瑞金市						
龙南市						
吉安市	**1**					**1**
吉州区						
青原区						
吉安县						
吉水县						
峡江县						
新干县						
永丰县						
泰和县						
遂川县						
万安县	1					1
安福县						
永新县						
井冈山市						
宜春市	**6**			**1**		**5**
袁州区	2			1		1
奉新县						
万载县						
上高县						
宜丰县						
靖安县						
铜鼓县						
丰城市	3					3
樟树市						
高安市	1					1
抚州市	**4**				**1**	**3**
临川区	1					1
东乡区						
南城县						
黎川县						
南丰县						
崇仁县						
乐安县	3				1	2
宜黄县						
金溪县						
资溪县						
广昌县						
上饶市	**13**				**6**	**7**
信州区						
广丰区						
广信区	1					1
玉山县						
铅山县						
横峰县	1				1	
弋阳县						
余干县	7				2	5
鄱阳县	1				1	
万年县	2				1	1
婺源县						
德兴市	1				1	

8-4　全省按户主的受教育程度分的家庭户住房状况

受教育程度	户　数 (户)	人　数 (人)	平均每户 住房间数 (间/户)	人均住房 建筑面积 (平方米/人)	人均住房 间　数 (间/人)
总　计	**11445425**	**36020485**	**4.07**	**50.89**	**1.29**
未上过学	241535	571045	3.69	59.65	1.56
学前教育	15958	40985	3.81	57.14	1.48
小　学	2976311	9256675	4.43	55.69	1.42
初　中	5108665	16942118	4.33	51.49	1.31
高　中	1787032	5449526	3.57	45.89	1.17
大学专科	754590	2156948	3.07	42.64	1.07
大学本科	512507	1463888	2.97	41.82	1.04
硕士研究生	42427	121632	2.85	39.92	0.99
博士研究生	6400	17668	2.75	38.69	1.00

注：本表数据为居住在普通住宅的家庭户。

8-4a　全省按户主的受教育程度分的家庭户住房状况(城市)

受教育程度	户　数 (户)	人　数 (人)	平均每户 住房间数 (间/户)	人均住房 建筑面积 (平方米/人)	人均住房 间　数 (间/人)
总　计	**3560552**	**10707436**	**2.95**	**38.15**	**0.98**
未上过学	40074	98923	2.85	42.84	1.15
学前教育	3715	9270	2.99	43.64	1.20
小　学	506969	1586100	3.24	40.08	1.04
初　中	1330877	4241909	3.05	37.12	0.96
高　中	824338	2379241	2.80	37.36	0.97
大学专科	456734	1268919	2.74	38.73	0.99
大学本科	356318	1003244	2.81	40.02	1.00
硕士研究生	36136	104759	2.81	39.02	0.97
博士研究生	5391	15071	2.71	38.09	0.97

注：本表数据为居住在普通住宅的家庭户。

8-4b 全省按户主的受教育程度分的家庭户住房状况(镇)

受教育程度	户 数 (户)	人 数 (人)	平均每户住房间数 (间/户)	人均住房建筑面积 (平方米/人)	人均住房间 数 (间/人)
总 计	**3357420**	**10870610**	**3.83**	**47.04**	**1.18**
未上过学	58455	145210	3.46	53.56	1.39
学前教育	3985	10659	3.62	52.60	1.35
小 学	746719	2389473	4.06	50.55	1.27
初 中	1562153	5263951	3.96	46.93	1.18
高 中	591516	1877290	3.58	44.45	1.13
大学专科	246571	742280	3.30	43.88	1.10
大学本科	141456	423765	3.21	43.31	1.07
硕士研究生	5666	15628	2.99	42.64	1.08
博士研究生	899	2354	2.79	39.26	1.07

注：本表数据为居住在普通住宅的家庭户。

8-4c 全省按户主的受教育程度分的家庭户住房状况(乡村)

受教育程度	户 数 (户)	人 数 (人)	平均每户住房间数 (间/户)	人均住房建筑面积 (平方米/人)	人均住房间 数 (间/人)
总 计	**4527453**	**14442439**	**5.13**	**63.24**	**1.61**
未上过学	143006	326912	4.02	67.43	1.76
学前教育	8258	21056	4.27	65.38	1.67
小 学	1722623	5281102	4.93	62.71	1.61
初 中	2215635	7436258	5.36	62.92	1.60
高 中	371178	1192995	5.25	65.18	1.63
大学专科	51285	145749	4.94	70.45	1.74
大学本科	14733	36879	4.55	73.89	1.82
硕士研究生	625	1245	4.15	81.75	2.08
博士研究生	110	243	4.21	70.47	1.91

注：本表数据为居住在普通住宅的家庭户。

8−5　全省按户主受教育程度、人均住房建筑面积分的家庭户户数

单位：户

受教育程度	户　数	人均住房建筑面积(平方米)			
		8及以下	9−12	13−16	17−19
总　计	**11445425**	**44350**	**151381**	**338557**	**291098**
未上过学	241535	1277	3136	5626	3563
学前教育	15958	83	175	406	289
小　学	2976311	12130	34806	75467	59514
初　中	5108665	21203	72362	158252	132141
高　中	1787032	6848	27379	62537	55646
大学专科	754590	1928	9056	22936	23152
大学本科	512507	800	4069	12080	15093
硕士研究生	42427	51	302	1022	1511
博士研究生	6400	30	96	231	189

注：本表数据为居住在普通住宅的家庭户。

8−5　续表

单位：户

受教育程度	人均住房建筑面积(平方米)				
	20−29	30−39	40−49	50−59	60及以上
总　计	**1765407**	**1660176**	**1503540**	**978553**	**4712363**
未上过学	23932	25241	27789	22732	128239
学前教育	1644	1745	1734	1436	8446
小　学	352053	344413	371421	283826	1442681
初　中	797689	730868	642731	426941	2126478
高　中	330057	302109	247719	143800	610937
大学专科	148332	143509	117243	57283	231151
大学本科	101028	102605	86720	38850	151262
硕士研究生	9231	8524	7136	3278	11372
博士研究生	1441	1162	1047	407	1797

8-5a 全省按户主受教育程度、人均住房建筑面积分的家庭户户数(城市)

单位：户

受教育程度	户 数	人均住房建筑面积(平方米)			
		8及以下	9-12	13-16	17-19
总 计	**3560552**	**21026**	**80256**	**176311**	**152502**
未上过学	40074	401	1274	2090	1424
学前教育	3715	34	90	171	103
小 学	506969	4813	15324	29691	23078
初 中	1330877	9943	36726	78133	64063
高 中	824338	3959	17024	39612	34747
大学专科	456734	1299	6477	16402	16207
大学本科	356318	519	3025	9151	11405
硕士研究生	36136	40	243	872	1317
博士研究生	5391	18	73	189	158

注：本表数据为居住在普通住宅的家庭户。

8-5a 续表

单位：户

受教育程度	人均住房建筑面积(平方米)				
	20-29	30-39	40-49	50-59	60及以上
总 计	**809667**	**662700**	**494552**	**276109**	**887429**
未上过学	6912	5462	4667	4225	13619
学前教育	570	485	371	364	1527
小 学	105941	77110	61557	44162	145293
初 中	325839	246533	167947	97098	304595
高 中	189331	159813	118969	64180	196703
大学专科	98565	91730	72849	35012	118193
大学本科	73274	73015	61123	27849	96957
硕士研究生	8023	7525	6155	2856	9105
博士研究生	1212	1027	914	363	1437

8-5b　全省按户主受教育程度、人均住房建筑面积分的家庭户户数(镇)

单位：户

受教育程度	户　数	人均住房建筑面积(平方米)			
		8及以下	9-12	13-16	17-19
总　计	**3357420**	**17709**	**51091**	**104758**	**92633**
未上过学	58455	708	1195	1863	1065
学前教育	3985	43	45	124	84
小　学	746719	5268	11904	23614	18750
初　中	1562153	8442	25917	51963	45149
高　中	591516	2415	8647	18357	17273
大学专科	246571	558	2340	5908	6515
大学本科	141456	253	966	2748	3579
硕士研究生	5666	11	55	141	188
博士研究生	899	11	22	40	30

注：本表数据为居住在普通住宅的家庭户。

8-5b　续表

单位：户

受教育程度	人均住房建筑面积(平方米)				
	20-29	30-39	40-49	50-59	60及以上
总　计	**585783**	**544684**	**462975**	**268174**	**1229613**
未上过学	7311	6528	6691	5466	27628
学前教育	512	468	443	347	1919
小　学	110246	98189	95081	67444	316223
初　中	283007	257383	209292	120726	560274
高　中	110825	105788	86909	45765	195537
大学专科	45890	46971	39347	18139	80903
大学本科	26613	28270	24165	9866	44996
硕士研究生	1156	961	925	384	1845
博士研究生	223	126	122	37	288

8－5c 全省按户主受教育程度、人均住房建筑面积分的家庭户户数(乡村)

单位：户

受教育程度	户 数	人均住房建筑面积(平方米)			
		8及以下	9－12	13－16	17－19
总 计	**4527453**	**5615**	**20034**	**57488**	**45963**
未上过学	143006	168	667	1673	1074
学前教育	8258	6	40	111	102
小 学	1722623	2049	7578	22162	17686
初 中	2215635	2818	9719	28156	22929
高 中	371178	474	1708	4568	3626
大学专科	51285	71	239	626	430
大学本科	14733	28	78	181	109
硕士研究生	625		4	9	6
博士研究生	110	1	1	2	1

注：本表数据为居住在普通住宅的家庭户。

8－5c 续表

单位：户

受教育程度	人均住房建筑面积(平方米)				
	20－29	30－39	40－49	50－59	60及以上
总 计	**369957**	**452792**	**546013**	**434270**	**2595321**
未上过学	9709	13251	16431	13041	86992
学前教育	562	792	920	725	5000
小 学	135866	169114	214783	172220	981165
初 中	188843	226952	265492	209117	1261609
高 中	29901	36508	41841	33855	218697
大学专科	3877	4808	5047	4132	32055
大学本科	1141	1320	1432	1135	9309
硕士研究生	52	38	56	38	422
博士研究生	6	9	11	7	72

第二部分　长表数据资料

第一卷　概要

1-1　各地区户数、

地　区	户　数						
				合　计			
	合计	家庭户	集体户	合计	男	女	性别比(女=100)
全　省	**1416102**	**1373791**	**42311**	**4810312**	**2485964**	**2324348**	**106.95**
南昌市	**200344**	**182056**	**18288**	**655501**	**341283**	**314218**	**108.61**
东湖区	14685	14322	363	42612	20989	21623	97.07
西湖区	17000	16655	345	48405	24112	24293	99.25
青云谱区	12076	11805	271	33918	17253	16665	103.53
青山湖区	41779	34714	7065	131794	70257	61537	114.17
新建区	23388	22434	954	86076	45380	40696	111.51
红谷滩区	18248	14121	4127	58426	30353	28073	108.12
南昌县	43826	39444	4382	151206	79224	71982	110.06
安义县	8288	7617	671	28060	15064	12996	115.91
进贤县	21054	20944	110	75004	38651	36353	106.32
景德镇市	**50543**	**49897**	**646**	**172650**	**89891**	**82759**	**108.62**
昌江区	6265	6241	24	19108	9809	9299	105.48
珠山区	13167	13117	50	37156	18761	18395	101.99
浮梁县	8380	7904	476	31066	16172	14894	108.58
乐平市	22731	22635	96	85320	45149	40171	112.39
萍乡市	**53278**	**52051**	**1227**	**184698**	**94033**	**90665**	**103.71**
安源区	17173	16583	590	56771	28309	28462	99.46
湘东区	9246	9079	167	31906	16530	15376	107.51
莲花县	6763	6618	145	21731	10925	10806	101.10
上栗县	12365	12161	204	47397	24460	22937	106.64
芦溪县	7731	7610	121	26893	13809	13084	105.54
九江市	**153452**	**150520**	**2932**	**496877**	**255392**	**241485**	**105.76**
濂溪区	14006	13377	629	40010	20237	19773	102.35
浔阳区	15205	14899	306	42802	21050	21752	96.77
柴桑区	10623	10310	313	34839	18668	16171	115.44
武宁县	11162	11086	76	36279	18443	17836	103.40
修水县	22684	22427	257	76095	39166	36929	106.06
永修县	10560	10359	201	32455	16782	15673	107.08
德安县	5364	5232	132	16268	8351	7917	105.48
都昌县	20035	19825	210	68174	35371	32803	107.83
湖口县	7748	7677	71	23758	12164	11594	104.92
彭泽县	10258	10117	141	32196	16530	15666	105.52
瑞昌市	14471	14330	141	50274	26208	24066	108.90
共青城市	4084	3673	411	18803	9356	9447	99.04
庐山市	7252	7208	44	24924	13066	11858	110.19
新余市	**38393**	**37815**	**578**	**116844**	**60999**	**55845**	**109.23**
渝水区	29512	28998	514	89944	47038	42906	109.63
分宜县	8881	8817	64	26900	13961	12939	107.90
鹰潭市	**38416**	**37603**	**813**	**130366**	**67650**	**62716**	**107.87**
月湖区	9855	9677	178	28782	14569	14213	102.50
余江区	10750	10580	170	39544	20650	18894	109.29
贵溪市	17811	17346	465	62040	32431	29609	109.53
赣州市	**268534**	**261661**	**6873**	**970491**	**500280**	**470211**	**106.39**
章贡区	34193	31643	2550	114442	57711	56731	101.73
南康区	26027	25071	956	86738	44913	41825	107.38
赣县区	17219	16910	309	58117	30127	27990	107.63
信丰县	18951	18599	352	71475	36551	34924	104.66
大余县	9122	9040	82	28212	14557	13655	106.61
上犹县	9175	9094	81	30326	15513	14813	104.73
崇义县	6098	6020	78	19999	10321	9678	106.64
安远县	8918	8790	128	35386	18208	17178	106.00
定南县	6042	5936	106	21542	11025	10517	104.83
全南县	5683	5573	110	18995	9761	9234	105.71

人口数和性别比

单位：户、人

人口数								平均家庭户规模（人/户）
家庭户				集体户				
小计	男	女	性别比（女=100）	小计	男	女	性别比（女=100）	
4526612	**2325974**	**2200638**	**105.70**	**283700**	**159990**	**123710**	**129.33**	**3.29**
570025	**291698**	**278327**	**104.80**	**85476**	**49585**	**35891**	**138.15**	**3.13**
40282	19769	20513	96.37	2330	1220	1110	109.91	2.81
46696	23103	23593	97.92	1709	1009	700	144.14	2.80
32543	16354	16189	101.02	1375	899	476	188.87	2.76
101174	51896	49278	105.31	30620	18361	12259	149.78	2.91
78158	40677	37481	108.53	7918	4703	3215	146.28	3.48
41413	20885	20528	101.74	17013	9468	7545	125.49	2.93
130405	67686	62719	107.92	20801	11538	9263	124.56	3.31
25207	13260	11947	110.99	2853	1804	1049	171.97	3.31
74147	38068	36079	105.51	857	583	274	212.77	3.54
167217	**87022**	**80195**	**108.51**	**5433**	**2869**	**2564**	**111.90**	**3.35**
18958	9698	9260	104.73	150	111	39	284.62	3.04
36689	18422	18267	100.85	467	339	128	264.84	2.80
27373	14388	12985	110.80	3693	1784	1909	93.45	3.46
84197	44514	39683	112.17	1123	635	488	130.12	3.72
175049	**88314**	**86735**	**101.82**	**9649**	**5719**	**3930**	**145.52**	**3.36**
51881	25480	26401	96.51	4890	2829	2061	137.26	3.13
30670	15761	14909	105.71	1236	769	467	164.67	3.38
20844	10382	10462	99.24	887	543	344	157.85	3.15
45700	23422	22278	105.14	1697	1038	659	157.51	3.76
25954	13269	12685	104.60	939	540	399	135.34	3.41
471615	**241698**	**229917**	**105.12**	**25262**	**13694**	**11568**	**118.38**	**3.13**
34481	17338	17143	101.14	5529	2899	2630	110.23	2.58
40099	19892	20207	98.44	2703	1158	1545	74.95	2.69
33537	17780	15757	112.84	1302	888	414	214.49	3.25
35747	18121	17626	102.81	532	322	210	153.33	3.22
74454	38237	36217	105.58	1641	929	712	130.48	3.32
30969	15848	15121	104.81	1486	934	552	169.20	2.99
15670	7969	7701	103.48	598	382	216	176.85	3.00
66649	34527	32122	107.49	1525	844	681	123.94	3.36
23102	11658	11444	101.87	656	506	150	337.33	3.01
30720	15469	15251	101.43	1476	1061	415	255.66	3.04
49245	25605	23640	108.31	1029	603	426	141.55	3.44
12697	6597	6100	108.15	6106	2759	3347	82.43	3.46
24245	12657	11588	109.23	679	409	270	151.48	3.36
111057	**57352**	**53705**	**106.79**	**5787**	**3647**	**2140**	**170.42**	**2.94**
84569	43656	40913	106.70	5375	3382	1993	169.69	2.92
26488	13696	12792	107.07	412	265	147	180.27	3.00
125306	**65017**	**60289**	**107.84**	**5060**	**2633**	**2427**	**108.49**	**3.33**
27700	13986	13714	101.98	1082	583	499	116.83	2.86
38491	20020	18471	108.39	1053	630	423	148.94	3.64
59115	31011	28104	110.34	2925	1420	1505	94.35	3.41
908604	**465578**	**443026**	**105.09**	**61887**	**34702**	**27185**	**127.65**	**3.47**
96825	48378	48447	99.86	17617	9333	8284	112.66	3.06
79295	40493	38802	104.36	7443	4420	3023	146.21	3.16
55290	28437	26853	105.90	2827	1690	1137	148.64	3.27
66814	34053	32761	103.94	4661	2498	2163	115.49	3.59
27399	14027	13372	104.90	813	530	283	187.28	3.03
29501	15006	14495	103.53	825	507	318	159.43	3.24
19416	9966	9450	105.46	583	355	228	155.70	3.23
33697	17294	16403	105.43	1689	914	775	117.94	3.83
20873	10542	10331	102.04	669	483	186	259.68	3.52
18069	9203	8866	103.80	926	558	368	151.63	3.24

1-1 续表

地区	户数			合计			
	合计	家庭户	集体户	合计	男	女	性别比(女=100)
宁都县	24313	24025	288	92528	48770	43758	111.45
于都县	27669	27104	565	107955	55090	52865	104.21
兴国县	20537	20180	357	78054	40271	37783	106.58
会昌县	11978	11626	352	48728	25126	23602	106.46
寻乌县	8374	8244	130	29557	15566	13991	111.26
石城县	7774	7677	97	29192	15444	13748	112.34
瑞金市	16784	16611	173	66708	34699	32009	108.40
龙南市	9677	9518	159	32537	16627	15910	104.51
吉安市	**139340**	**136979**	**2361**	**448042**	**229934**	**218108**	**105.42**
吉州区	12458	12135	323	37580	18873	18707	100.89
青原区	7143	6778	365	23286	11849	11437	103.60
吉安县	13434	13109	325	44765	23044	21721	106.09
吉水县	13559	13407	152	43400	22615	20785	108.80
峡江县	4910	4881	29	14963	7862	7101	110.72
新干县	10151	10087	64	30573	16016	14557	110.02
永丰县	11230	11108	122	36239	18888	17351	108.86
泰和县	15086	14694	392	45389	22625	22764	99.39
遂川县	14962	14804	158	52318	27231	25087	108.55
万安县	7998	7887	111	27499	14080	13419	104.93
安福县	10328	10211	117	31892	16207	15685	103.33
永新县	13347	13202	145	45878	23600	22278	105.93
井冈山市	4734	4676	58	14260	7044	7216	97.62
宜春市	**154638**	**150965**	**3673**	**504959**	**260667**	**244292**	**106.70**
袁州区	32612	31361	1251	110123	55948	54175	103.27
奉新县	8609	8457	152	26577	13749	12828	107.18
万载县	13602	13486	116	46540	23611	22929	102.97
上高县	10456	10361	95	32136	16547	15589	106.15
宜丰县	8653	8442	211	24444	12566	11878	105.79
靖安县	4253	4204	49	12115	6270	5845	107.27
铜鼓县	3819	3797	22	11370	5756	5614	102.53
丰城市	31440	31086	354	110096	57456	52640	109.15
樟树市	16388	16141	247	51638	26436	25202	104.90
高安市	24806	23630	1176	79920	42328	37592	112.60
抚州市	**120622**	**118957**	**1665**	**399893**	**207613**	**192280**	**107.97**
临川区	34748	33674	1074	112173	57368	54805	104.68
东乡区	12424	12357	67	40199	20435	19764	103.40
南城县	8730	8691	39	29909	15511	14398	107.73
黎川县	7337	7287	50	24491	12975	11516	112.67
南丰县	8594	8549	45	27095	14051	13044	107.72
崇仁县	10311	10231	80	39512	20894	18618	112.22
乐安县	10524	10450	74	36758	19316	17442	110.74
宜黄县	7527	7450	77	25307	13266	12041	110.17
金溪县	8934	8883	51	30310	16012	14298	111.99
资溪县	3514	3486	28	11618	5979	5639	106.03
广昌县	7979	7899	80	22521	11806	10715	110.18
上饶市	**198542**	**195287**	**3255**	**729991**	**378222**	**351769**	**107.52**
信州区	17507	16679	828	60892	30418	30474	99.82
广丰区	22231	22021	210	92717	47959	44758	107.15
广信区	21600	21071	529	80079	41584	38495	108.02
玉山县	16246	15943	303	54635	27564	27071	101.82
铅山县	11628	11510	118	42629	22126	20503	107.92
横峰县	5737	5676	61	18997	9863	9134	107.98
弋阳县	10870	10754	116	37589	19573	18016	108.64
余干县	25630	25398	232	98273	51767	46506	111.31
鄱阳县	36320	35868	452	136498	71444	65054	109.82
万年县	11289	11170	119	40988	21509	19479	110.42
婺源县	10326	10171	155	36117	18506	17611	105.08
德兴市	9158	9026	132	30577	15909	14668	108.46

单位：户、人

人口数								平均家庭户规模（人/户）
家庭户				集体户				
小计	男	女	性别比（女=100）	小计	男	女	性别比（女=100）	
89448	47041	42407	110.93	3080	1729	1351	127.98	3.72
100801	51216	49585	103.29	7154	3874	3280	118.11	3.72
73391	37564	35827	104.85	4663	2707	1956	138.39	3.64
45461	23336	22125	105.47	3267	1790	1477	121.19	3.91
28582	15010	13572	110.60	975	556	419	132.70	3.47
28669	15125	13544	111.67	523	319	204	156.37	3.73
64451	33444	31007	107.86	2257	1255	1002	125.25	3.88
30622	15443	15179	101.74	1915	1184	731	161.97	3.22
429183	**219819**	**209364**	**104.99**	**18859**	**10115**	**8744**	**115.68**	**3.13**
35863	18011	17852	100.89	1717	862	855	100.82	2.96
21563	10973	10590	103.62	1723	876	847	103.42	3.18
40849	21015	19834	105.95	3916	2029	1887	107.53	3.12
41855	21769	20086	108.38	1545	846	699	121.03	3.12
14742	7712	7030	109.70	221	150	71	211.27	3.02
29840	15545	14295	108.74	733	471	262	179.77	2.96
35319	18283	17036	107.32	920	605	315	192.06	3.18
42998	21547	21451	100.45	2391	1078	1313	82.10	2.93
50859	26360	24499	107.60	1459	871	588	148.13	3.44
26275	13459	12816	105.02	1224	621	603	102.99	3.33
31091	15714	15377	102.19	801	493	308	160.06	3.04
44035	22624	21411	105.67	1843	976	867	112.57	3.34
13894	6807	7087	96.05	366	237	129	183.72	2.97
478758	**245743**	**233015**	**105.46**	**26201**	**14924**	**11277**	**132.34**	**3.17**
101888	51788	50100	103.37	8235	4160	4075	102.09	3.25
25862	13281	12581	105.56	715	468	247	189.47	3.06
44937	22759	22178	102.62	1603	852	751	113.45	3.33
31370	16062	15308	104.93	766	485	281	172.60	3.03
23111	11744	11367	103.32	1333	822	511	160.86	2.74
11566	5845	5721	102.17	549	425	124	342.74	2.75
11247	5682	5565	102.10	123	74	49	151.02	2.96
105908	54770	51138	107.10	4188	2686	1502	178.83	3.41
50023	25549	24474	104.39	1615	887	728	121.84	3.10
72846	38263	34583	110.64	7074	4065	3009	135.09	3.08
389086	**201790**	**187296**	**107.74**	**10807**	**5823**	**4984**	**116.83**	**3.27**
106662	54806	51856	105.69	5511	2562	2949	86.88	3.17
39647	20111	19536	102.94	552	324	228	142.11	3.21
29525	15251	14274	106.84	384	260	124	209.68	3.40
24049	12641	11408	110.81	442	334	108	309.26	3.30
26839	13874	12965	107.01	256	177	79	224.05	3.14
38791	20496	18295	112.03	721	398	323	123.22	3.79
36041	18917	17124	110.47	717	399	318	125.47	3.45
24222	12605	11617	108.50	1085	661	424	155.90	3.25
29734	15674	14060	111.48	576	338	238	142.02	3.35
11380	5824	5556	104.82	238	155	83	186.75	3.26
22196	11591	10605	109.30	325	215	110	195.45	2.81
700712	**361943**	**338769**	**106.84**	**29279**	**16279**	**13000**	**125.22**	**3.59**
54214	27130	27084	100.17	6678	3288	3390	96.99	3.25
89719	46500	43219	107.59	2998	1459	1539	94.80	4.07
75769	38896	36873	105.49	4310	2688	1622	165.72	3.60
51713	25940	25773	100.65	2922	1624	1298	125.12	3.24
41765	21681	20084	107.95	864	445	419	106.21	3.63
18583	9585	8998	106.52	414	278	136	204.41	3.27
36835	19141	17694	108.18	754	432	322	134.16	3.43
94723	49703	45020	110.40	3550	2064	1486	138.90	3.73
133783	70004	63779	109.76	2715	1440	1275	112.94	3.73
39428	20568	18860	109.06	1560	941	619	152.02	3.53
35207	17952	17255	104.04	910	554	356	155.62	3.46
28973	14843	14130	105.05	1604	1066	538	198.14	3.21

1-1a 各地区户数、

地区	户数			合计			
	合计	家庭户	集体户	合计	男	女	性别比(女=100)
全 省	**411783**	**389625**	**22158**	**1341561**	**680729**	**660832**	**103.01**
南昌市	**108675**	**97988**	**10687**	**332892**	**171293**	**161599**	**106.00**
东湖区	14031	13682	349	39817	19515	20302	96.12
西湖区	17000	16655	345	48405	24112	24293	99.25
青云谱区	12000	11747	253	33749	17151	16598	103.33
青山湖区	36637	31386	5251	113295	59522	53773	110.69
新建区	11248	10863	385	41174	21730	19444	111.76
红谷滩区	17625	13530	4095	55870	28951	26919	107.55
南昌县	134	125	9	582	312	270	115.56
安义县							
进贤县							
景德镇市	**24313**	**24202**	**111**	**74488**	**37978**	**36510**	**104.02**
昌江区	4732	4712	20	13817	7009	6808	102.95
珠山区	12679	12629	50	35852	18091	17761	101.86
浮梁县	577	577		1985	1070	915	116.94
乐平市	6325	6284	41	22834	11808	11026	107.09
萍乡市	**18970**	**18278**	**692**	**62924**	**31346**	**31578**	**99.27**
安源区	14874	14324	550	48708	24063	24645	97.64
湘东区	3931	3802	129	13582	6957	6625	105.01
莲花县							
上栗县	165	152	13	634	326	308	105.84
芦溪县							
九江市	**39124**	**37743**	**1381**	**122249**	**61106**	**61143**	**99.94**
濂溪区	11175	10609	566	31644	15860	15784	100.48
浔阳区	15135	14829	306	42595	20948	21647	96.77
柴桑区	3300	3248	52	10899	5670	5229	108.43
武宁县							
修水县							
永修县							
德安县							
都昌县							
湖口县							
彭泽县							
瑞昌市	4414	4340	74	15070	7657	7413	103.29
共青城市	2671	2318	353	13519	6557	6962	94.18
庐山市	2429	2399	30	8522	4414	4108	107.45
新余市	**20420**	**20048**	**372**	**65791**	**34084**	**31707**	**107.50**
渝水区	20420	20048	372	65791	34084	31707	107.50
分宜县							
鹰潭市	**19207**	**18846**	**361**	**59710**	**30377**	**29333**	**103.56**
月湖区	9398	9238	160	27171	13777	13394	102.86
余江区	3204	3123	81	11002	5592	5410	103.36
贵溪市	6605	6485	120	21537	11008	10529	104.55
赣州市	**60058**	**56653**	**3405**	**205420**	**104017**	**101403**	**102.58**
章贡区	30336	27989	2347	98858	49473	49385	100.18
南康区	11838	11181	657	41859	21670	20189	107.34
赣县区	6152	5960	192	20522	10441	10081	103.57
信丰县							
大余县							
上犹县							
崇义县							
安远县							
定南县							
全南县							

人口数和性别比(城市)

单位：户、人

人口数								平均家庭户规模（人/户）
家庭户				集体户				
小计	男	女	性别比（女=100）	小计	男	女	性别比（女=100）	
1204533	**606431**	**598102**	**101.39**	**137028**	**74298**	**62730**	**118.44**	**3.09**
284878	**143648**	**141230**	**101.71**	**48014**	**27645**	**20369**	**135.72**	**2.91**
37563	18349	19214	95.50	2254	1166	1088	107.17	2.75
46696	23103	23593	97.92	1709	1009	700	144.14	2.80
32430	16284	16146	100.85	1319	867	452	191.81	2.76
90568	46321	44247	104.69	22727	13201	9526	138.58	2.89
37970	19598	18372	106.67	3204	2132	1072	198.88	3.50
39101	19703	19398	101.57	16769	9248	7521	122.96	2.89
550	290	260	111.54	32	22	10	220.00	4.40
73307	**37197**	**36110**	**103.01**	**1181**	**781**	**400**	**195.25**	**3.03**
13690	6919	6771	102.19	127	90	37	243.24	2.91
35385	17752	17633	100.67	467	339	128	264.84	2.80
1985	1070	915	116.94					3.44
22247	11456	10791	106.16	587	352	235	149.79	3.54
57740	**28416**	**29324**	**96.90**	**5184**	**2930**	**2254**	**129.99**	**3.16**
44370	21645	22725	95.25	4338	2418	1920	125.94	3.10
12792	6473	6319	102.44	790	484	306	158.17	3.36
578	298	280	106.43	56	28	28	100.00	3.80
107531	**54103**	**53428**	**101.26**	**14718**	**7003**	**7715**	**90.77**	**2.85**
26503	13204	13299	99.29	5141	2656	2485	106.88	2.50
39892	19790	20102	98.45	2703	1158	1545	74.95	2.69
10549	5434	5115	106.24	350	236	114	207.02	3.25
14621	7442	7179	103.66	449	215	234	91.88	3.37
8002	4139	3863	107.14	5517	2418	3099	78.03	3.45
7964	4094	3870	105.79	558	320	238	134.45	3.32
62172	**31913**	**30259**	**105.47**	**3619**	**2171**	**1448**	**149.93**	**3.10**
62172	31913	30259	105.47	3619	2171	1448	149.93	3.10
57242	**29023**	**28219**	**102.85**	**2468**	**1354**	**1114**	**121.54**	**3.04**
26205	13216	12989	101.75	966	561	405	138.52	2.84
10576	5349	5227	102.33	426	243	183	132.79	3.39
20461	10458	10003	104.55	1076	550	526	104.56	3.16
180903	**91150**	**89753**	**101.56**	**24517**	**12867**	**11650**	**110.45**	**3.19**
83279	41472	41807	99.20	15579	8001	7578	105.58	2.98
37103	19044	18059	105.45	4756	2626	2130	123.29	3.32
18836	9581	9255	103.52	1686	860	826	104.12	3.16

1-1a 续表

地区	户数			合计			
	合计	家庭户	集体户	合计	男	女	性别比(女=100)
宁都县							
于都县							
兴国县							
会昌县							
寻乌县	30	30		111	55	56	98.21
石城县							
瑞金市	6810	6726	84	26088	13321	12767	104.34
龙南市	4892	4767	125	17982	9057	8925	101.48
吉安市	**14970**	**14375**	**595**	**45708**	**22799**	**22909**	**99.52**
吉州区	10144	9897	247	29912	14942	14970	99.81
青原区	3441	3115	326	11474	5741	5733	100.14
吉安县							
吉水县							
峡江县							
新干县							
永丰县							
泰和县							
遂川县							
万安县							
安福县							
永新县							
井冈山市	1385	1363	22	4322	2116	2206	95.92
宜春市	**43383**	**41269**	**2114**	**151555**	**77258**	**74297**	**103.99**
袁州区	19020	17843	1177	66141	33023	33118	99.71
奉新县							
万载县							
上高县							
宜丰县							
靖安县							
铜鼓县							
丰城市	9610	9328	282	35743	18728	17015	110.07
樟树市	7045	6851	194	23375	11809	11566	102.10
高安市	7708	7247	461	26296	13698	12598	108.73
抚州市	**22888**	**22009**	**879**	**74408**	**36500**	**37908**	**96.29**
临川区	17223	16394	829	55274	26960	28314	95.22
东乡区	5665	5615	50	19134	9540	9594	99.44
南城县							
黎川县							
南丰县							
崇仁县							
乐安县							
宜黄县							
金溪县							
资溪县							
广昌县							
上饶市	**39775**	**38214**	**1561**	**146416**	**73971**	**72445**	**102.11**
信州区	13748	12982	766	45428	22339	23089	96.75
广丰区	9558	9385	173	41524	20934	20590	101.67
广信区	9915	9412	503	37264	19219	18045	106.51
玉山县							
铅山县	70	69	1	283	150	133	112.78
横峰县							
弋阳县							
余干县	926	926		3837	2024	1813	111.64
鄱阳县	61	61		219	119	100	119.00
万年县							
婺源县							
德兴市	5497	5379	118	17861	9186	8675	105.89

单位：户、人

人口数								平均家庭户规模（人/户）
家庭户				集体户				
小计	男	女	性别比（女=100）	小计	男	女	性别比（女=100）	
111	55	56	98.21					3.70
25097	12799	12298	104.07	991	522	469	111.30	3.73
16477	8199	8278	99.05	1505	858	647	132.61	3.46
42845	**21286**	**21559**	**98.73**	**2863**	**1513**	**1350**	**112.07**	**2.98**
28491	14151	14340	98.68	1421	791	630	125.56	2.88
10156	5108	5048	101.19	1318	633	685	92.41	3.26
4198	2027	2171	93.37	124	89	35	254.29	3.08
136172	**68911**	**67261**	**102.45**	**15383**	**8347**	**7036**	**118.63**	**3.30**
58708	29434	29274	100.55	7433	3589	3844	93.37	3.29
32233	16466	15767	104.43	3510	2262	1248	181.25	3.46
21971	11066	10905	101.48	1404	743	661	112.41	3.21
23260	11945	11315	105.57	3036	1753	1283	136.63	3.21
69655	**34489**	**35166**	**98.07**	**4753**	**2011**	**2742**	**73.34**	**3.16**
50943	25191	25752	97.82	4331	1769	2562	69.05	3.11
18712	9298	9414	98.77	422	242	180	134.44	3.33
132088	**66295**	**65793**	**100.76**	**14328**	**7676**	**6652**	**115.39**	**3.46**
39236	19351	19885	97.31	6192	2988	3204	93.26	3.02
38955	19740	19215	102.73	2569	1194	1375	86.84	4.15
33137	16653	16484	101.03	4127	2566	1561	164.38	3.52
280	148	132	112.12	3	2	1	200.00	4.06
3837	2024	1813	111.64					4.14
219	119	100	119.00					3.59
16424	8260	8164	101.18	1437	926	511	181.21	3.05

1-1b 各地区户数、

地区	户数						
				合计			
	合计	家庭户	集体户	合计	男	女	性别比(女=100)
全 省	**401955**	**386303**	**15652**	**1407473**	**722256**	**685217**	**105.41**
南昌市	**45706**	**39735**	**5971**	**155091**	**80896**	**74195**	**109.03**
东湖区	109	106	3	422	220	202	108.91
西湖区							
青云谱区	76	58	18	169	102	67	152.24
青山湖区	3504	1966	1538	12787	7482	5305	141.04
新建区	1473	1414	59	5049	2598	2451	106.00
红谷滩区							
南昌县	26832	23194	3638	91708	47506	44202	107.47
安义县	4292	3637	655	13545	7391	6154	120.10
进贤县	9420	9360	60	31411	15597	15814	98.63
景德镇市	**7864**	**7367**	**497**	**28929**	**14782**	**14147**	**104.49**
昌江区	301	301		926	475	451	105.32
珠山区	425	425		1082	566	516	109.69
浮梁县	4219	3753	466	16122	8134	7988	101.83
乐平市	2919	2888	31	10799	5607	5192	107.99
萍乡市	**17181**	**16754**	**427**	**62337**	**31624**	**30713**	**102.97**
安源区	2012	2003	9	6788	3496	3292	106.20
湘东区	1850	1831	19	6470	3303	3167	104.29
莲花县	3129	3001	128	10245	5040	5205	96.83
上栗县	6154	5978	176	24366	12463	11903	104.70
芦溪县	4036	3941	95	14468	7322	7146	102.46
九江市	**49453**	**48469**	**984**	**159090**	**81246**	**77844**	**104.37**
濂溪区	627	617	10	1971	1036	935	110.80
浔阳区							
柴桑区	1583	1551	32	5051	2714	2337	116.13
武宁县	5506	5448	58	16794	8222	8572	95.92
修水县	10454	10214	240	34316	17330	16986	102.03
永修县	5981	5837	144	18150	9294	8856	104.95
德安县	3254	3150	104	10104	5114	4990	102.48
都昌县	8424	8230	194	29539	15338	14201	108.01
湖口县	3686	3622	64	11502	5780	5722	101.01
彭泽县	5297	5183	114	15854	8154	7700	105.90
瑞昌市	2797	2786	11	9853	5131	4722	108.66
共青城市	44	43	1	145	72	73	98.63
庐山市	1800	1788	12	5811	3061	2750	111.31
新余市	**5785**	**5622**	**163**	**19697**	**10462**	**9235**	**113.29**
渝水区	933	807	126	3698	2207	1491	148.02
分宜县	4852	4815	37	15999	8255	7744	106.60
鹰潭市	**5108**	**4685**	**423**	**18681**	**9620**	**9061**	**106.17**
月湖区	157	139	18	548	237	311	76.21
余江区	2171	2090	81	7744	4033	3711	108.68
贵溪市	2780	2456	324	10389	5350	5039	106.17
赣州市	**76687**	**74321**	**2366**	**296325**	**152212**	**144113**	**105.62**
章贡区	260	193	67	1605	934	671	139.20
南康区	1125	1113	12	3805	1893	1912	99.01
赣县区	2336	2244	92	9082	4844	4238	114.30
信丰县	8805	8511	294	35388	17917	17471	102.55
大余县	4472	4428	44	13863	7001	6862	102.03
上犹县	3580	3519	61	12951	6438	6513	98.85
崇义县	2537	2492	45	8562	4353	4209	103.42
安远县	3877	3770	107	15809	8086	7723	104.70
定南县	3277	3223	54	12928	6586	6342	103.85
全南县	2770	2688	82	9437	4720	4717	100.06

人口数和性别比(镇)

单位：户、人

人口数								平均家庭户规模（人/户）
家庭户				集体户				
小计	男	女	性别比（女=100）	小计	男	女	性别比（女=100）	
1294776	**658774**	**636002**	**103.58**	**112697**	**63482**	**49215**	**128.99**	**3.35**
127214	**65014**	**62200**	**104.52**	**27877**	**15882**	**11995**	**132.41**	**3.20**
396	205	191	107.33	26	15	11	136.36	3.74
113	70	43	162.79	56	32	24	133.33	1.95
5977	3093	2884	107.25	6810	4389	2421	181.29	3.04
4177	2165	2012	107.60	872	433	439	98.63	2.95
74718	38402	36316	105.74	16990	9104	7886	115.45	3.22
10866	5731	5135	111.61	2679	1660	1019	162.90	2.99
30967	15348	15619	98.26	444	249	195	127.69	3.31
25051	**12985**	**12066**	**107.62**	**3878**	**1797**	**2081**	**86.35**	**3.40**
926	475	451	105.32					3.08
1082	566	516	109.69					2.55
12603	6493	6110	106.27	3519	1641	1878	87.38	3.36
10440	5451	4989	109.26	359	156	203	76.85	3.61
59116	**29751**	**29365**	**101.31**	**3221**	**1873**	**1348**	**138.95**	**3.53**
6659	3391	3268	103.76	129	105	24	437.50	3.32
6271	3195	3076	103.87	199	108	91	118.68	3.42
9529	4649	4880	95.27	716	391	325	120.31	3.18
22891	11596	11295	102.66	1475	867	608	142.60	3.83
13766	6920	6846	101.08	702	402	300	134.00	3.49
152063	**76842**	**75221**	**102.15**	**7027**	**4404**	**2623**	**167.90**	**3.14**
1866	966	900	107.33	105	70	35	200.00	3.02
4911	2601	2310	112.60	140	113	27	418.52	3.17
16460	8027	8433	95.19	334	195	139	140.29	3.02
32823	16526	16297	101.41	1493	804	689	116.69	3.21
17017	8604	8413	102.27	1133	690	443	155.76	2.92
9634	4823	4811	100.25	470	291	179	162.57	3.06
28136	14566	13570	107.34	1403	772	631	122.35	3.42
10881	5301	5580	95.00	621	479	142	337.32	3.00
14779	7338	7441	98.62	1075	816	259	315.06	2.85
9717	5041	4676	107.81	136	90	46	195.65	3.49
139	68	71	95.77	6	4	2	200.00	3.23
5700	2981	2719	109.64	111	80	31	258.06	3.19
17906	**9283**	**8623**	**107.65**	**1791**	**1179**	**612**	**192.65**	**3.18**
2093	1117	976	114.45	1605	1090	515	211.65	2.59
15813	8166	7647	106.79	186	89	97	91.75	3.28
16408	**8608**	**7800**	**110.36**	**2273**	**1012**	**1261**	**80.25**	**3.50**
432	215	217	99.08	116	22	94	23.40	3.11
7214	3726	3488	106.82	530	307	223	137.67	3.45
8762	4667	4095	113.97	1627	683	944	72.35	3.57
268978	**136859**	**132119**	**103.59**	**27347**	**15353**	**11994**	**128.01**	**3.62**
712	368	344	106.98	893	566	327	173.09	3.69
3612	1808	1804	100.22	193	85	108	78.70	3.25
8158	4160	3998	104.05	924	684	240	285.00	3.64
31388	15785	15603	101.17	4000	2132	1868	114.13	3.69
13393	6715	6678	100.55	470	286	184	155.43	3.02
12263	6045	6218	97.22	688	393	295	133.22	3.48
8259	4172	4087	102.08	303	181	122	148.36	3.31
14290	7299	6991	104.41	1519	787	732	107.51	3.79
12454	6228	6226	100.03	474	358	116	308.62	3.86
8796	4365	4431	98.51	641	355	286	124.13	3.27

1-1b 续表

地区	户数			合计			
	合计	家庭户	集体户	合计	男	女	性别比(女=100)
宁都县	10497	10272	225	39777	20723	19054	108.76
于都县	10532	9988	544	44757	23267	21490	108.27
兴国县	8235	7930	305	31964	16366	15598	104.92
会昌县	5846	5545	301	24394	12499	11895	105.08
寻乌县	3834	3745	89	14062	7330	6732	108.88
石城县	3279	3250	29	12673	6546	6127	106.84
瑞金市	779	772	7	3245	1641	1604	102.31
龙南市	646	638	8	2023	1068	955	111.83
吉安市	**53082**	**51544**	**1538**	**181110**	**92086**	**89024**	**103.44**
吉州区	435	365	70	1340	617	723	85.34
青原区	355	331	24	1263	668	595	112.27
吉安县	6121	5822	299	22270	11352	10918	103.98
吉水县	6286	6155	131	22029	11445	10584	108.13
峡江县	2274	2253	21	7164	3752	3412	109.96
新干县	4247	4194	53	13758	7141	6617	107.92
永丰县	5108	5017	91	17409	9003	8406	107.10
泰和县	7461	7097	364	23472	11574	11898	97.28
遂川县	5628	5489	139	20298	10458	9840	106.28
万安县	3226	3131	95	11362	5673	5689	99.72
安福县	4343	4238	105	14081	7082	6999	101.19
永新县	6068	5941	127	22063	11058	11005	100.48
井冈山市	1530	1511	19	4601	2263	2338	96.79
宜春市	**38227**	**36894**	**1333**	**125076**	**63797**	**61279**	**104.11**
袁州区	1689	1670	19	5915	3017	2898	104.11
奉新县	4881	4740	141	15563	7868	7695	102.25
万载县	6646	6561	85	24050	12000	12050	99.59
上高县	5668	5581	87	18536	9483	9053	104.75
宜丰县	4949	4761	188	14835	7561	7274	103.95
靖安县	2204	2168	36	6728	3404	3324	102.41
铜鼓县	2020	2006	14	6071	2971	3100	95.84
丰城市	4096	4059	37	13714	7029	6685	105.15
樟树市	1294	1247	47	3688	1869	1819	102.75
高安市	4780	4101	679	15976	8595	7381	116.45
抚州市	**38743**	**38193**	**550**	**128206**	**65708**	**62498**	**105.14**
临川区	2611	2481	130	7658	4083	3575	114.21
东乡区	1229	1222	7	3649	1833	1816	100.94
南城县	4852	4825	27	17070	8738	8332	104.87
黎川县	4002	3968	34	13119	6746	6373	105.85
南丰县	4179	4138	41	13579	6850	6729	101.80
崇仁县	4719	4657	62	17242	8900	8342	106.69
乐安县	4098	4047	51	14442	7345	7097	103.49
宜黄县	3501	3430	71	11648	6017	5631	106.85
金溪县	3622	3582	40	12601	6429	6172	104.16
资溪县	1806	1789	17	5774	2905	2869	101.25
广昌县	4124	4054	70	11424	5862	5562	105.39
上饶市	**64119**	**62719**	**1400**	**232931**	**119823**	**113108**	**105.94**
信州区	424	421	3	1673	840	833	100.84
广丰区	3194	3183	11	13067	6833	6234	109.61
广信区	1933	1924	9	7241	3759	3482	107.96
玉山县	9185	8900	285	32022	15921	16101	98.88
铅山县	6440	6361	79	22759	11764	10995	106.99
横峰县	3089	3032	57	10271	5272	4999	105.46
弋阳县	5326	5220	106	17693	9038	8655	104.43
余干县	10049	9859	190	39386	20716	18670	110.96
鄱阳县	14485	14060	425	53018	27470	25548	107.52
万年县	4837	4745	92	17837	9259	8578	107.94
婺源县	4823	4683	140	16813	8315	8498	97.85
德兴市	334	331	3	1151	636	515	123.50

单位：户、人

人口数								平均家庭户规模（人/户）
家庭户				集体户				
小计	男	女	性别比（女=100）	小计	男	女	性别比（女=100）	
37355	19379	17976	107.80	2422	1344	1078	124.68	3.64
37727	19469	18258	106.63	7030	3798	3232	117.51	3.78
27959	14111	13848	101.90	4005	2255	1750	128.86	3.53
21571	10957	10614	103.23	2823	1542	1281	120.37	3.89
13488	7028	6460	108.79	574	302	272	111.03	3.60
12494	6413	6081	105.46	179	133	46	289.13	3.84
3170	1592	1578	100.89	75	49	26	188.46	4.11
1889	965	924	104.44	134	103	31	332.26	2.96
167010	**84748**	**82262**	**103.02**	**14100**	**7338**	**6762**	**108.52**	**3.24**
1073	563	510	110.39	267	54	213	25.35	2.94
981	518	463	111.88	282	150	132	113.64	2.96
18671	9525	9146	104.14	3599	1827	1772	103.10	3.21
20612	10665	9947	107.22	1417	780	637	122.45	3.35
7023	3660	3363	108.83	141	92	49	187.76	3.12
13113	6727	6386	105.34	645	414	231	179.22	3.13
16734	8581	8153	105.25	675	422	253	166.80	3.34
21357	10660	10697	99.65	2115	914	1201	76.10	3.01
18966	9661	9305	103.83	1332	797	535	148.97	3.46
10232	5111	5121	99.80	1130	562	568	98.94	3.27
13395	6674	6721	99.30	686	408	278	146.76	3.16
20349	10186	10163	100.23	1714	872	842	103.56	3.43
4504	2217	2287	96.94	97	46	51	90.20	2.98
116394	**58682**	**57712**	**101.68**	**8682**	**5115**	**3567**	**143.40**	**3.15**
5778	2928	2850	102.74	137	89	48	185.42	3.46
14922	7454	7468	99.81	641	414	227	182.38	3.15
22801	11364	11437	99.36	1249	636	613	103.75	3.48
17833	9034	8799	102.67	703	449	254	176.77	3.20
13600	6806	6794	100.18	1235	755	480	157.29	2.86
6305	3085	3220	95.81	423	319	104	306.73	2.91
5989	2917	3072	94.95	82	54	28	192.86	2.99
13414	6853	6561	104.45	300	176	124	141.94	3.30
3514	1755	1759	99.77	174	114	60	190.00	2.82
12238	6486	5752	112.76	3738	2109	1629	129.47	2.98
123970	**63121**	**60849**	**103.73**	**4236**	**2587**	**1649**	**156.88**	**3.25**
7203	3772	3431	109.94	455	311	144	215.97	2.90
3581	1796	1785	100.62	68	37	31	119.35	2.93
16836	8568	8268	103.63	234	170	64	265.63	3.49
12831	6525	6306	103.47	288	221	67	329.85	3.23
13356	6701	6655	100.69	223	149	74	201.35	3.23
16723	8639	8084	106.87	519	261	258	101.16	3.59
13924	7082	6842	103.51	518	263	255	103.14	3.44
10625	5394	5231	103.12	1023	623	400	155.75	3.10
12107	6138	5969	102.83	494	291	203	143.35	3.38
5624	2815	2809	100.21	150	90	60	150.00	3.14
11160	5691	5469	104.06	264	171	93	183.87	2.75
220666	**112881**	**107785**	**104.73**	**12265**	**6942**	**5323**	**130.42**	**3.52**
1615	825	790	104.43	58	15	43	34.88	3.84
12967	6763	6204	109.01	100	70	30	233.33	4.07
7163	3710	3453	107.44	78	49	29	168.97	3.72
29216	14365	14851	96.73	2806	1556	1250	124.48	3.28
22182	11422	10760	106.15	577	342	235	145.53	3.49
9872	5003	4869	102.75	399	269	130	206.92	3.26
17033	8669	8364	103.65	660	369	291	126.80	3.26
36364	18950	17414	108.82	3022	1766	1256	140.61	3.69
50517	26169	24348	107.48	2501	1301	1200	108.42	3.59
16599	8551	8048	106.25	1238	708	530	133.58	3.50
16028	7856	8172	96.13	785	459	326	140.80	3.42
1110	598	512	116.80	41	38	3	1266.67	3.35

1－1c 各地区户数、

地区	户数			合计			
	合计	家庭户	集体户	合计	男	女	性别比（女=100）
全 省	**602364**	**597863**	**4501**	**2061278**	**1082979**	**978299**	**110.70**
南昌市	**45963**	**44333**	**1630**	**167518**	**89094**	**78424**	**113.61**
东湖区	545	534	11	2373	1254	1119	112.06
西湖区							
青云谱区							
青山湖区	1638	1362	276	5712	3253	2459	132.29
新建区	10667	10157	510	39853	21052	18801	111.97
红谷滩区	623	591	32	2556	1402	1154	121.49
南昌县	16860	16125	735	58916	31406	27510	114.16
安义县	3996	3980	16	14515	7673	6842	112.15
进贤县	11634	11584	50	43593	23054	20539	112.24
景德镇市	**18366**	**18328**	**38**	**69233**	**37131**	**32102**	**115.67**
昌江区	1232	1228	4	4365	2325	2040	113.97
珠山区	63	63		222	104	118	88.14
浮梁县	3584	3574	10	12959	6968	5991	116.31
乐平市	13487	13463	24	51687	27734	23953	115.79
萍乡市	**17127**	**17019**	**108**	**59437**	**31063**	**28374**	**109.48**
安源区	287	256	31	1275	750	525	142.86
湘东区	3465	3446	19	11854	6270	5584	112.29
莲花县	3634	3617	17	11486	5885	5601	105.07
上栗县	6046	6031	15	22397	11671	10726	108.81
芦溪县	3695	3669	26	12425	6487	5938	109.25
九江市	**64875**	**64308**	**567**	**215538**	**113040**	**102498**	**110.29**
濂溪区	2204	2151	53	6395	3341	3054	109.40
浔阳区	70	70		207	102	105	97.14
柴桑区	5740	5511	229	18889	10284	8605	119.51
武宁县	5656	5638	18	19485	10221	9264	110.33
修水县	12230	12213	17	41779	21836	19943	109.49
永修县	4579	4522	57	14305	7488	6817	109.84
德安县	2110	2082	28	6164	3237	2927	110.59
都昌县	11611	11595	16	38635	20033	18602	107.69
湖口县	4062	4055	7	12256	6384	5872	108.72
彭泽县	4961	4934	27	16342	8376	7966	105.15
瑞昌市	7260	7204	56	25351	13420	11931	112.48
共青城市	1369	1312	57	5139	2727	2412	113.06
庐山市	3023	3021	2	10591	5591	5000	111.82
新余市	**12188**	**12145**	**43**	**31356**	**16453**	**14903**	**110.40**
渝水区	8159	8143	16	20455	10747	9708	110.70
分宜县	4029	4002	27	10901	5706	5195	109.84
鹰潭市	**14101**	**14072**	**29**	**51975**	**27653**	**24322**	**113.70**
月湖区	300	300		1063	555	508	109.25
余江区	5375	5367	8	20798	11025	9773	112.81
贵溪市	8426	8405	21	30114	16073	14041	114.47
赣州市	**131789**	**130687**	**1102**	**468746**	**244051**	**224695**	**108.61**
章贡区	3597	3461	136	13979	7304	6675	109.42
南康区	13064	12777	287	41074	21350	19724	108.24
赣县区	8731	8706	25	28513	14842	13671	108.57
信丰县	10146	10088	58	36087	18634	17453	106.77
大余县	4650	4612	38	14349	7556	6793	111.23
上犹县	5595	5575	20	17375	9075	8300	109.34
崇义县	3561	3528	33	11437	5968	5469	109.12
安远县	5041	5020	21	19577	10122	9455	107.05
定南县	2765	2713	52	8614	4439	4175	106.32
全南县	2913	2885	28	9558	5041	4517	111.60

人口数和性别比(乡村)

单位：户、人

人口数								平均家庭户规模(人/户)
家庭户				集体户				
小计	男	女	性别比(女=100)	小计	男	女	性别比(女=100)	
2027303	**1060769**	**966534**	**109.75**	**33975**	**22210**	**11765**	**188.78**	**3.39**
157933	**83036**	**74897**	**110.87**	**9585**	**6058**	**3527**	**171.76**	**3.56**
2323	1215	1108	109.66	50	39	11	354.55	4.35
4629	2482	2147	115.60	1083	771	312	247.12	3.40
36011	18914	17097	110.63	3842	2138	1704	125.47	3.55
2312	1182	1130	104.60	244	220	24	916.67	3.91
55137	28994	26143	110.91	3779	2412	1367	176.44	3.42
14341	7529	6812	110.53	174	144	30	480.00	3.60
43180	22720	20460	111.05	413	334	79	422.78	3.73
68859	**36840**	**32019**	**115.06**	**374**	**291**	**83**	**350.60**	**3.76**
4342	2304	2038	113.05	23	21	2	1050.00	3.54
222	104	118	88.14					3.52
12785	6825	5960	114.51	174	143	31	461.29	3.58
51510	27607	23903	115.50	177	127	50	254.00	3.83
58193	**30147**	**28046**	**107.49**	**1244**	**916**	**328**	**279.27**	**3.42**
852	444	408	108.82	423	306	117	261.54	3.33
11607	6093	5514	110.50	247	177	70	252.86	3.37
11315	5733	5582	102.71	171	152	19	800.00	3.13
22231	11528	10703	107.71	166	143	23	621.74	3.69
12188	6349	5839	108.73	237	138	99	139.39	3.32
212021	**110753**	**101268**	**109.37**	**3517**	**2287**	**1230**	**185.93**	**3.30**
6112	3168	2944	107.61	283	173	110	157.27	2.84
207	102	105	97.14					2.96
18077	9745	8332	116.96	812	539	273	197.44	3.28
19287	10094	9193	109.80	198	127	71	178.87	3.42
41631	21711	19920	108.99	148	125	23	543.48	3.41
13952	7244	6708	107.99	353	244	109	223.85	3.09
6036	3146	2890	108.86	128	91	37	245.95	2.90
38513	19961	18552	107.59	122	72	50	144.00	3.32
12221	6357	5864	108.41	35	27	8	337.50	3.01
15941	8131	7810	104.11	401	245	156	157.05	3.23
24907	13122	11785	111.34	444	298	146	204.11	3.46
4556	2390	2166	110.34	583	337	246	136.99	3.47
10581	5582	4999	111.66	10	9	1	900.00	3.50
30979	**16156**	**14823**	**108.99**	**377**	**297**	**80**	**371.25**	**2.55**
20304	10626	9678	109.80	151	121	30	403.33	2.49
10675	5530	5145	107.48	226	176	50	352.00	2.67
51656	**27386**	**24270**	**112.84**	**319**	**267**	**52**	**513.46**	**3.67**
1063	555	508	109.25					3.54
20701	10945	9756	112.19	97	80	17	470.59	3.86
29892	15886	14006	113.42	222	187	35	534.29	3.56
458723	**237569**	**221154**	**107.42**	**10023**	**6482**	**3541**	**183.06**	**3.51**
12834	6538	6296	103.84	1145	766	379	202.11	3.71
38580	19641	18939	103.71	2494	1709	785	217.71	3.02
28296	14696	13600	108.06	217	146	71	205.63	3.25
35426	18268	17158	106.47	661	366	295	124.07	3.51
14006	7312	6694	109.23	343	244	99	246.46	3.04
17238	8961	8277	108.26	137	114	23	495.65	3.09
11157	5794	5363	108.04	280	174	106	164.15	3.16
19407	9995	9412	106.19	170	127	43	295.35	3.87
8419	4314	4105	105.09	195	125	70	178.57	3.10
9273	4838	4435	109.09	285	203	82	247.56	3.21

1-1c 续表

地区	户数			合计			
	合计	家庭户	集体户	合计	男	女	性别比(女=100)
宁都县	13816	13753	63	52751	28047	24704	113.53
于都县	17137	17116	21	63198	31823	31375	101.43
兴国县	12302	12250	52	46090	23905	22185	107.75
会昌县	6132	6081	51	24334	12627	11707	107.86
寻乌县	4510	4469	41	15384	8181	7203	113.58
石城县	4495	4427	68	16519	8898	7621	116.76
瑞金市	9195	9113	82	37375	19737	17638	111.90
龙南市	4139	4113	26	12532	6502	6030	107.83
吉安市	**71288**	**71060**	**228**	**221224**	**115049**	**106175**	**108.36**
吉州区	1879	1873	6	6328	3314	3014	109.95
青原区	3347	3332	15	10549	5440	5109	106.48
吉安县	7313	7287	26	22495	11692	10803	108.23
吉水县	7273	7252	21	21371	11170	10201	109.50
峡江县	2636	2628	8	7799	4110	3689	111.41
新干县	5904	5893	11	16815	8875	7940	111.78
永丰县	6122	6091	31	18830	9885	8945	110.51
泰和县	7625	7597	28	21917	11051	10866	101.70
遂川县	9334	9315	19	32020	16773	15247	110.01
万安县	4772	4756	16	16137	8407	7730	108.76
安福县	5985	5973	12	17811	9125	8686	105.05
永新县	7279	7261	18	23815	12542	11273	111.26
井冈山市	1819	1802	17	5337	2665	2672	99.74
宜春市	**73028**	**72802**	**226**	**228328**	**119612**	**108716**	**110.02**
袁州区	11903	11848	55	38067	19908	18159	109.63
奉新县	3728	3717	11	11014	5881	5133	114.57
万载县	6956	6925	31	22490	11611	10879	106.73
上高县	4788	4780	8	13600	7064	6536	108.08
宜丰县	3704	3681	23	9609	5005	4604	108.71
靖安县	2049	2036	13	5387	2866	2521	113.69
铜鼓县	1799	1791	8	5299	2785	2514	110.78
丰城市	17734	17699	35	60639	31699	28940	109.53
樟树市	8049	8043	6	24575	12758	11817	107.96
高安市	12318	12282	36	37648	20035	17613	113.75
抚州市	**58991**	**58755**	**236**	**197279**	**105405**	**91874**	**114.73**
临川区	14914	14799	115	49241	26325	22916	114.88
东乡区	5530	5520	10	17416	9062	8354	108.47
南城县	3878	3866	12	12839	6773	6066	111.66
黎川县	3335	3319	16	11372	6229	5143	121.12
南丰县	4415	4411	4	13516	7201	6315	114.03
崇仁县	5592	5574	18	22270	11994	10276	116.72
乐安县	6426	6403	23	22316	11971	10345	115.72
宜黄县	4026	4020	6	13659	7249	6410	113.09
金溪县	5312	5301	11	17709	9583	8126	117.93
资溪县	1708	1697	11	5844	3074	2770	110.97
广昌县	3855	3845	10	11097	5944	5153	115.35
上饶市	**94648**	**94354**	**294**	**350644**	**184428**	**166216**	**110.96**
信州区	3335	3276	59	13791	7239	6552	110.49
广丰区	9479	9453	26	38126	20192	17934	112.59
广信区	9752	9735	17	35574	18606	16968	109.65
玉山县	7061	7043	18	22613	11643	10970	106.13
铅山县	5118	5080	38	19587	10212	9375	108.93
横峰县	2648	2644	4	8726	4591	4135	111.03
弋阳县	5544	5534	10	19896	10535	9361	112.54
余干县	14655	14613	42	55050	29027	26023	111.54
鄱阳县	21774	21747	27	83261	43855	39406	111.29
万年县	6452	6425	27	23151	12250	10901	112.38
婺源县	5503	5488	15	19304	10191	9113	111.83
德兴市	3327	3316	11	11565	6087	5478	111.12

单位：户、人

人口数								平均家庭户规模（人/户）
家庭户				集体户				
小计	男	女	性别比（女=100）	小计	男	女	性别比（女=100）	
52093	27662	24431	113.23	658	385	273	141.03	3.79
63074	31747	31327	101.34	124	76	48	158.33	3.69
45432	23453	21979	106.71	658	452	206	219.42	3.71
23890	12379	11511	107.54	444	248	196	126.53	3.93
14983	7927	7056	112.34	401	254	147	172.79	3.35
16175	8712	7463	116.74	344	186	158	117.72	3.65
36184	19053	17131	111.22	1191	684	507	134.91	3.97
12256	6279	5977	105.05	276	223	53	420.75	2.98
219328	**113785**	**105543**	**107.81**	**1896**	**1264**	**632**	**200.00**	**3.09**
6299	3297	3002	109.83	29	17	12	141.67	3.36
10426	5347	5079	105.28	123	93	30	310.00	3.13
22178	11490	10688	107.50	317	202	115	175.65	3.04
21243	11104	10139	109.52	128	66	62	106.45	2.93
7719	4052	3667	110.50	80	58	22	263.64	2.94
16727	8818	7909	111.49	88	57	31	183.87	2.84
18585	9702	8883	109.22	245	183	62	295.16	3.05
21641	10887	10754	101.24	276	164	112	146.43	2.85
31893	16699	15194	109.91	127	74	53	139.62	3.42
16043	8348	7695	108.49	94	59	35	168.57	3.37
17696	9040	8656	104.44	115	85	30	283.33	2.96
23686	12438	11248	110.58	129	104	25	416.00	3.26
5192	2563	2629	97.49	145	102	43	237.21	2.88
226192	**118150**	**108042**	**109.36**	**2136**	**1462**	**674**	**216.91**	**3.11**
37402	19426	17976	108.07	665	482	183	263.39	3.16
10940	5827	5113	113.96	74	54	20	270.00	2.94
22136	11395	10741	106.09	354	216	138	156.52	3.20
13537	7028	6509	107.97	63	36	27	133.33	2.83
9511	4938	4573	107.98	98	67	31	216.13	2.58
5261	2760	2501	110.36	126	106	20	530.00	2.58
5258	2765	2493	110.91	41	20	21	95.24	2.94
60261	31451	28810	109.17	378	248	130	190.77	3.40
24538	12728	11810	107.77	37	30	7	428.57	3.05
37348	19832	17516	113.22	300	203	97	209.28	3.04
195461	**104180**	**91281**	**114.13**	**1818**	**1225**	**593**	**206.58**	**3.33**
48516	25843	22673	113.98	725	482	243	198.35	3.28
17354	9017	8337	108.16	62	45	17	264.71	3.14
12689	6683	6006	111.27	150	90	60	150.00	3.28
11218	6116	5102	119.87	154	113	41	275.61	3.38
13483	7173	6310	113.68	33	28	5	560.00	3.06
22068	11857	10211	116.12	202	137	65	210.77	3.96
22117	11835	10282	115.10	199	136	63	215.87	3.45
13597	7211	6386	112.92	62	38	24	158.33	3.38
17627	9536	8091	117.86	82	47	35	134.29	3.33
5756	3009	2747	109.54	88	65	23	282.61	3.39
11036	5900	5136	114.88	61	44	17	258.82	2.87
347958	**182767**	**165191**	**110.64**	**2686**	**1661**	**1025**	**162.05**	**3.69**
13363	6954	6409	108.50	428	285	143	199.30	4.08
37797	19997	17800	112.34	329	195	134	145.52	4.00
35469	18533	16936	109.43	105	73	32	228.13	3.64
22497	11575	10922	105.98	116	68	48	141.67	3.19
19303	10111	9192	110.00	284	101	183	55.19	3.80
8711	4582	4129	110.97	15	9	6	150.00	3.29
19802	10472	9330	112.24	94	63	31	203.23	3.58
54522	28729	25793	111.38	528	298	230	129.57	3.73
83047	43716	39331	111.15	214	139	75	185.33	3.82
22829	12017	10812	111.15	322	233	89	261.80	3.55
19179	10096	9083	111.15	125	95	30	316.67	3.49
11439	5985	5454	109.74	126	102	24	425.00	3.45

1-2 各地区分性别、

地 区	人口数			居住本乡、镇、街道，户口在本乡、镇、街道		
	合计	男	女	小计	男	女
全 省	**4810312**	**2485964**	**2324348**	**3560343**	**1840647**	**1719696**
南昌市	**655501**	**341283**	**314218**	**354335**	**181917**	**172418**
东湖区	42612	20989	21623	26917	13257	13660
西湖区	48405	24112	24293	27090	13314	13776
青云谱区	33918	17253	16665	15472	7652	7820
青山湖区	131794	70257	61537	49370	25090	24280
新建区	86076	45380	40696	47510	24842	22668
红谷滩区	58426	30353	28073	22978	11573	11405
南昌县	151206	79224	71982	83759	43830	39929
安义县	28060	15064	12996	22240	11639	10601
进贤县	75004	38651	36353	58999	30720	28279
景德镇市	**172650**	**89891**	**82759**	**128474**	**67488**	**60986**
昌江区	19108	9809	9299	11467	5915	5552
珠山区	37156	18761	18395	19223	9571	9652
浮梁县	31066	16172	14894	22235	11793	10442
乐平市	85320	45149	40171	75549	40209	35340
萍乡市	**184698**	**94033**	**90665**	**144074**	**73419**	**70655**
安源区	56771	28309	28462	33162	16388	16774
湘东区	31906	16530	15376	27800	14431	13369
莲花县	21731	10925	10806	18750	9403	9347
上栗县	47397	24460	22937	41395	21350	20045
芦溪县	26893	13809	13084	22967	11847	11120
九江市	**496877**	**255392**	**241485**	**362947**	**187597**	**175350**
濂溪区	40010	20237	19773	18905	9438	9467
浔阳区	42802	21050	21752	25009	12221	12788
柴桑区	34839	18668	16171	27064	14468	12596
武宁县	36279	18443	17836	28222	14713	13509
修水县	76095	39166	36929	60712	31411	29301
永修县	32455	16782	15673	24759	12807	11952
德安县	16268	8351	7917	9176	4750	4426
都昌县	68174	35371	32803	61057	31795	29262
湖口县	23758	12164	11594	17913	9156	8757
彭泽县	32196	16530	15666	26423	13416	13007
瑞昌市	50274	26208	24066	33196	17424	15772
共青城市	18803	9356	9447	8617	4506	4111
庐山市	24924	13066	11858	21894	11492	10402
新余市	**116844**	**60999**	**55845**	**68813**	**35416**	**33397**
渝水区	89944	47038	42906	51179	26311	24868
分宜县	26900	13961	12939	17634	9105	8529
鹰潭市	**130366**	**67650**	**62716**	**98525**	**51643**	**46882**
月湖区	28782	14569	14213	14717	7451	7266
余江区	39544	20650	18894	34075	17882	16193
贵溪市	62040	32431	29609	49733	26310	23423
赣州市	**970491**	**500280**	**470211**	**741356**	**380685**	**360671**
章贡区	114442	57711	56731	62634	30828	31806
南康区	86738	44913	41825	53396	26912	26484
赣县区	58117	30127	27990	44166	22716	21450
信丰县	71475	36551	34924	58200	29758	28442
大余县	28212	14557	13655	24917	12790	12127
上犹县	30326	15513	14813	22992	11813	11179
崇义县	19999	10321	9678	16344	8471	7873
安远县	35386	18208	17178	30283	15626	14657
定南县	21542	11025	10517	13642	6906	6736
全南县	18995	9761	9234	14183	7352	6831

户口登记状况的人口

单位：人

居住本乡、镇、街道，户口在外乡、镇、街道，离开户口登记地半年以上			居住本乡、镇、街道，户口待定			原住本乡、镇、街道，现在港澳台或国外工作学习		
小计	男	女	小计	男	女	小计	男	女
1234479	**637498**	**596981**	**12715**	**6103**	**6612**	**2775**	**1716**	**1059**
299013	**158272**	**140741**	**1467**	**760**	**707**	**686**	**334**	**352**
15522	7650	7872	38	23	15	135	59	76
21154	10718	10436	69	35	34	92	45	47
18311	9545	8766	57	24	33	78	32	46
82068	44991	37077	249	121	128	107	55	52
38246	20375	17871	299	151	148	21	12	9
35225	18666	16559	138	82	56	85	32	53
66956	35136	31820	367	192	175	124	66	58
5754	3394	2360	58	28	30	8	3	5
15777	7797	7980	192	104	88	36	30	6
43430	**22010**	**21420**	**676**	**345**	**331**	**70**	**48**	**22**
7550	3847	3703	85	44	41	6	3	3
17826	9135	8691	91	48	43	16	7	9
8735	4322	4413	86	50	36	10	7	3
9319	4706	4613	414	203	211	38	31	7
40007	**20280**	**19727**	**420**	**213**	**207**	**197**	**121**	**76**
23497	11856	11641	65	36	29	47	29	18
4002	2041	1961	47	23	24	57	35	22
2872	1464	1408	83	41	42	26	17	9
5786	3000	2786	172	84	88	44	26	18
3850	1919	1931	53	29	24	23	14	9
132482	**66989**	**65493**	**1166**	**618**	**548**	**282**	**188**	**94**
20925	10679	10246	169	115	54	11	5	6
17651	8758	8893	89	43	46	53	28	25
7712	4168	3544	49	23	26	14	9	5
7958	3675	4283	80	40	40	19	15	4
15130	7612	7518	227	121	106	26	22	4
7586	3918	3668	84	43	41	26	14	12
7061	3586	3475	23	11	12	8	4	4
6957	3487	3470	125	62	63	35	27	8
5786	2972	2814	44	25	19	15	11	4
5693	3062	2631	36	23	13	44	29	15
16990	8744	8246	76	32	44	12	8	4
10125	4825	5300	56	20	36	5	5	
2908	1503	1405	108	60	48	14	11	3
47669	**25353**	**22316**	**319**	**199**	**120**	**43**	**31**	**12**
38486	20544	17942	248	161	87	31	22	9
9183	4809	4374	71	38	33	12	9	3
31332	**15766**	**15566**	**430**	**198**	**232**	**79**	**43**	**36**
13944	7051	6893	102	57	45	19	10	9
5309	2703	2606	140	52	88	20	13	7
12079	6012	6067	188	89	99	40	20	20
226997	**118475**	**108522**	**1823**	**896**	**927**	**315**	**224**	**91**
51548	26742	24806	188	104	84	72	37	35
33210	17920	15290	108	60	48	24	21	3
13786	7316	6470	145	78	67	20	17	3
13159	6728	6431	102	55	47	14	10	4
3230	1734	1496	50	24	26	15	9	6
7264	3656	3608	59	36	23	11	8	3
3582	1812	1770	65	32	33	8	6	2
4985	2527	2458	109	48	61	9	7	2
7862	4095	3767	28	15	13	10	9	1
4772	2388	2384	36	17	19	4	4	

1-2 续表

地　区	人　口　数			居住本乡、镇、街道，户口在本乡、镇、街道		
	合计	男	女	小计	男	女
宁都县	92528	48770	43758	78862	41631	37231
于都县	107955	55090	52865	88406	44838	43568
兴国县	78054	40271	37783	65350	33640	31710
会昌县	48728	25126	23602	41706	21540	20166
寻乌县	29557	15566	13991	22575	11858	10717
石城县	29192	15444	13748	24215	12841	11374
瑞金市	66708	34699	32009	56137	29323	26814
龙南市	32537	16627	15910	23348	11842	11506
吉安市	**448042**	**229934**	**218108**	**364414**	**187675**	**176739**
吉州区	37580	18873	18707	24814	12488	12326
青原区	23286	11849	11437	15735	8103	7632
吉安县	44765	23044	21721	33841	17451	16390
吉水县	43400	22615	20785	36327	18986	17341
峡江县	14963	7862	7101	13126	6894	6232
新干县	30573	16016	14557	24690	12934	11756
永丰县	36239	18888	17351	30490	15856	14634
泰和县	45389	22625	22764	37519	18788	18731
遂川县	52318	27231	25087	47169	24587	22582
万安县	27499	14080	13419	24367	12578	11789
安福县	31892	16207	15685	27517	13924	13593
永新县	45878	23600	22278	38543	20020	18523
井冈山市	14260	7044	7216	10276	5066	5210
宜春市	**504959**	**260667**	**244292**	**377497**	**195008**	**182489**
袁州区	110123	55948	54175	65659	33575	32084
奉新县	26577	13749	12828	19496	10138	9358
万载县	46540	23611	22929	39723	20236	19487
上高县	32136	16547	15589	22605	11603	11002
宜丰县	24444	12566	11878	17616	8982	8634
靖安县	12115	6270	5845	9416	4799	4617
铜鼓县	11370	5756	5614	9311	4777	4534
丰城市	110096	57456	52640	93067	48461	44606
樟树市	51638	26436	25202	39111	20054	19057
高安市	79920	42328	37592	61493	32383	29110
抚州市	**399893**	**207613**	**192280**	**297889**	**156284**	**141605**
临川区	112173	57368	54805	77762	40569	37193
东乡区	40199	20435	19764	27711	14271	13440
南城县	29909	15511	14398	22253	11550	10703
黎川县	24491	12975	11516	16915	8975	7940
南丰县	27095	14051	13044	20863	10854	10009
崇仁县	39512	20894	18618	32960	17628	15332
乐安县	36758	19316	17442	29828	15767	14061
宜黄县	25307	13266	12041	19258	10100	9158
金溪县	30310	16012	14298	24383	13026	11357
资溪县	11618	5979	5639	9377	4859	4518
广昌县	22521	11806	10715	16579	8685	7894
上饶市	**729991**	**378222**	**351769**	**622019**	**323515**	**298504**
信州区	60892	30418	30474	37832	18750	19082
广丰区	92717	47959	44758	83697	43705	39992
广信区	80079	41584	38495	61998	32039	29959
玉山县	54635	27564	27071	44346	22615	21731
铅山县	42629	22126	20503	39603	20644	18959
横峰县	18997	9863	9134	15436	8015	7421
弋阳县	37589	19573	18016	32096	16818	15278
余干县	98273	51767	46506	89787	47290	42497
鄱阳县	136498	71444	65054	126118	66261	59857
万年县	40988	21509	19479	35494	18625	16869
婺源县	36117	18506	17611	30295	15627	14668
德兴市	30577	15909	14668	25317	13126	12191

单位：人

居住本乡、镇、街道，户口在外乡、镇、街道，离开户口登记地半年以上			居住本乡、镇、街道，户口待定			原住本乡、镇、街道，现在港澳台或国外工作学习		
小计	男	女	小计	男	女	小计	男	女
13513	7055	6458	142	79	63	11	5	6
19359	10149	9210	155	76	79	35	27	8
12461	6512	5949	220	101	119	23	18	5
6866	3520	3346	152	62	90	4	4	
6896	3668	3228	80	35	45	6	5	1
4897	2563	2334	61	27	34	19	13	6
10465	5330	5135	84	28	56	22	18	4
9142	4760	4382	39	19	20	8	6	2
82199	**41503**	**40696**	**1187**	**583**	**604**	**242**	**173**	**69**
12668	6329	6339	72	41	31	26	15	11
7438	3697	3741	99	41	58	14	8	6
10785	5535	5250	119	44	75	20	14	6
6946	3553	3393	110	63	47	17	13	4
1797	945	852	38	21	17	2	2	
5782	3028	2754	88	47	41	13	7	6
5578	2940	2638	149	74	75	22	18	4
7764	3782	3982	83	40	43	23	15	8
4985	2559	2426	143	69	74	21	16	5
3066	1466	1600	52	26	26	14	10	4
4268	2220	2048	74	34	40	33	29	4
7194	3499	3695	114	61	53	27	20	7
3928	1950	1978	46	22	24	10	6	4
125966	**64854**	**61112**	**1135**	**579**	**556**	**361**	**226**	**135**
44073	22176	21897	331	158	173	60	39	21
6998	3560	3438	59	36	23	24	15	9
6615	3261	3354	163	88	75	39	26	13
9436	4898	4538	51	26	25	44	20	24
6764	3557	3207	38	16	22	26	11	15
2662	1453	1209	18	6	12	19	12	7
2003	946	1057	43	22	21	13	11	2
16692	8800	7892	266	147	119	71	48	23
12438	6333	6105	58	27	31	31	22	9
18285	9870	8415	108	53	55	34	22	12
100778	**50707**	**50071**	**1073**	**521**	**552**	**153**	**101**	**52**
33976	16599	17377	381	161	220	54	39	15
12356	6093	6263	111	58	53	21	13	8
7572	3914	3658	78	45	33	6	2	4
7494	3956	3538	71	38	33	11	6	5
6177	3170	3007	28	11	17	27	16	11
6404	3193	3211	145	71	74	3	2	1
6849	3503	3346	71	38	33	10	8	2
6004	3138	2866	39	24	15	6	4	2
5840	2947	2893	81	35	46	6	4	2
2217	1108	1109	20	9	11	4	3	1
5889	3086	2803	48	31	17	5	4	1
104606	**53289**	**51317**	**3019**	**1191**	**1828**	**347**	**227**	**120**
22267	11559	10708	771	97	674	22	12	10
8767	4119	4648	222	115	107	31	20	11
17678	9333	8345	368	191	177	35	21	14
10094	4855	5239	165	76	89	30	18	12
2944	1437	1507	75	40	35	7	5	2
3534	1837	1697	24	10	14	3	1	2
5317	2666	2651	159	77	82	17	12	5
7993	4224	3769	410	192	218	83	61	22
9702	4842	4860	616	296	320	62	45	17
5352	2811	2541	113	56	57	29	17	12
5759	2845	2914	50	26	24	13	8	5
5199	2761	2438	46	15	31	15	7	8

1-2a 各地区分性别、

地 区	人口数			居住本乡、镇、街道，户口在本乡、镇、街道		
	合计	男	女	小计	男	女
全 省	**1341561**	**680729**	**660832**	**661867**	**331869**	**329998**
南昌市	**332892**	**171293**	**161599**	**140545**	**70195**	**70350**
东湖区	39817	19515	20302	24456	11978	12478
西湖区	48405	24112	24293	27090	13314	13776
青云谱区	33749	17151	16598	15464	7652	7812
青山湖区	113295	59522	53773	42117	21275	20842
新建区	41174	21730	19444	10165	5264	4901
红谷滩区	55870	28951	26919	20722	10429	10293
南昌县	582	312	270	531	283	248
安义县						
进贤县						
景德镇市	**74488**	**37978**	**36510**	**42667**	**21676**	**20991**
昌江区	13817	7009	6808	6536	3294	3242
珠山区	35852	18091	17761	18652	9283	9369
浮梁县	1985	1070	915	1887	1017	870
乐平市	22834	11808	11026	15592	8082	7510
萍乡市	**62924**	**31346**	**31578**	**37449**	**18537**	**18912**
安源区	48708	24063	24645	26314	12841	13473
湘东区	13582	6957	6625	10712	5480	5232
莲花县						
上栗县	634	326	308	423	216	207
芦溪县						
九江市	**122249**	**61106**	**61143**	**58985**	**29478**	**29507**
濂溪区	31644	15860	15784	12489	6088	6401
浔阳区	42595	20948	21647	24825	12128	12697
柴桑区	10899	5670	5229	5478	2883	2595
武宁县						
修水县						
永修县						
德安县						
都昌县						
湖口县						
彭泽县						
瑞昌市	15070	7657	7413	6112	3126	2986
共青城市	13519	6557	6962	4095	2141	1954
庐山市	8522	4414	4108	5986	3112	2874
新余市	**65791**	**34084**	**31707**	**29756**	**15113**	**14643**
渝水区	65791	34084	31707	29756	15113	14643
分宜县						
鹰潭市	**59710**	**30377**	**29333**	**32163**	**16385**	**15778**
月湖区	27171	13777	13394	13291	6715	6576
余江区	11002	5592	5410	7032	3592	3440
贵溪市	21537	11008	10529	11840	6078	5762
赣州市	**205420**	**104017**	**101403**	**99797**	**49476**	**50321**
章贡区	98858	49473	49385	50084	24439	25645
南康区	41859	21670	20189	13455	6716	6739
赣县区	20522	10441	10081	9115	4543	4572
信丰县						
大余县						
上犹县						
崇义县						
安远县						
定南县						
全南县						

户口登记状况的人口(城市)

单位：人

居住本乡、镇、街道，户口在外乡、镇、街道，离开户口登记地半年以上			居住本乡、镇、街道，户口待定			原住本乡、镇、街道，现在港澳台或国外工作学习		
小计	男	女	小计	男	女	小计	男	女
675281	**346834**	**328447**	**3444**	**1539**	**1905**	**969**	**487**	**482**
191209	**100534**	**90675**	**659**	**348**	**311**	**479**	**216**	**263**
15196	7458	7738	35	22	13	130	57	73
21154	10718	10436	69	35	34	92	45	47
18151	9444	8707	56	23	33	78	32	46
70872	38096	32776	217	104	113	89	47	42
30859	16382	14477	145	81	64	5	3	2
34928	18408	16520	135	82	53	85	32	53
49	28	21	2	1	1			
31600	**16182**	**15418**	**196**	**105**	**91**	**25**	**15**	**10**
7225	3682	3543	56	33	23			
17098	8755	8343	87	46	41	15	7	8
91	49	42	5	2	3	2	2	
7186	3696	3490	48	24	24	8	6	2
25329	**12721**	**12608**	**73**	**43**	**30**	**73**	**45**	**28**
22289	11163	11126	61	33	28	44	26	18
2832	1450	1382	11	9	2	27	18	9
208	108	100	1	1		2	1	1
62919	**31442**	**31477**	**277**	**150**	**127**	**68**	**36**	**32**
19060	9712	9348	87	57	30	8	3	5
17628	8749	8879	89	43	46	53	28	25
5411	2782	2629	10	5	5			
8924	4516	4408	28	11	17	6	4	2
9391	4402	4989	32	13	19	1	1	
2505	1281	1224	31	21	10			
35793	**18811**	**16982**	**219**	**145**	**74**	**23**	**15**	**8**
35793	18811	16982	219	145	74	23	15	8
27341	**13884**	**13457**	**162**	**84**	**78**	**44**	**24**	**20**
13768	6999	6769	93	53	40	19	10	9
3936	1989	1947	31	10	21	3	1	2
9637	4896	4741	38	21	17	22	13	9
105306	**54372**	**50934**	**244**	**131**	**113**	**73**	**38**	**35**
48564	24922	23642	144	79	65	66	33	33
28375	14935	13440	28	18	10	1	1	
11375	5883	5492	30	14	16	2	1	1

1－2a　续表

地　区	人口数			居住本乡、镇、街道，户口在本乡、镇、街道		
	合计	男	女	小计	男	女
宁都县						
于都县						
兴国县						
会昌县						
寻乌县	111	55	56	71	35	36
石城县						
瑞金市	26088	13321	12767	17475	8964	8511
龙南市	17982	9057	8925	9597	4779	4818
吉安市	**45708**	**22799**	**22909**	**24112**	**12038**	**12074**
吉州区	29912	14942	14970	17660	8775	8885
青原区	11474	5741	5733	4403	2259	2144
吉安县						
吉水县						
峡江县						
新干县						
永丰县						
泰和县						
遂川县						
万安县						
安福县						
永新县						
井冈山市	4322	2116	2206	2049	1004	1045
宜春市	**151555**	**77258**	**74297**	**70331**	**35697**	**34634**
袁州区	66141	33023	33118	23960	11857	12103
奉新县						
万载县						
上高县						
宜丰县						
靖安县						
铜鼓县						
丰城市	35743	18728	17015	20659	10742	9917
樟树市	23375	11809	11566	11625	5852	5773
高安市	26296	13698	12598	14087	7246	6841
抚州市	**74408**	**36500**	**37908**	**31396**	**15675**	**15721**
临川区	55274	26960	28314	23628	11723	11905
东乡区	19134	9540	9594	7768	3952	3816
南城县						
黎川县						
南丰县						
崇仁县						
乐安县						
宜黄县						
金溪县						
资溪县						
广昌县						
上饶市	**146416**	**73971**	**72445**	**94666**	**47599**	**47067**
信州区	45428	22339	23089	23433	11271	12162
广丰区	41524	20934	20590	33902	17339	16563
广信区	37264	19219	18045	20164	10141	10023
玉山县						
铅山县	283	150	133	271	146	125
横峰县						
弋阳县						
余干县	3837	2024	1813	3732	1977	1755
鄱阳县	219	119	100	215	118	97
万年县						
婺源县						
德兴市	17861	9186	8675	12949	6607	6342

单位：人

居住本乡、镇、街道，户口在外乡、镇、街道，离开户口登记地半年以上			居住本乡、镇、街道，户口待定			原住本乡、镇、街道，现在港澳台或国外工作学习		
小计	男	女	小计	男	女	小计	男	女
39	19	20	1	1				
8586	4346	4240	24	9	15	3	2	1
8367	4267	4100	17	10	7	1	1	
21450	**10688**	**10762**	**115**	**56**	**59**	**31**	**17**	**14**
12172	6124	6048	59	31	28	21	12	9
7016	3460	3556	49	21	28	6	1	5
2262	1104	1158	7	4	3	4	4	
80918	**41383**	**39535**	**245**	**141**	**104**	**61**	**37**	**24**
42027	21079	20948	131	75	56	23	12	11
15006	7934	7072	62	42	20	16	10	6
11717	5941	5776	19	6	13	14	10	4
12168	6429	5739	33	18	15	8	5	3
42755	**20708**	**22047**	**227**	**103**	**124**	**30**	**14**	**16**
31456	15154	16302	169	73	96	21	10	11
11299	5554	5745	58	30	28	9	4	5
50661	**26109**	**24552**	**1027**	**233**	**794**	**62**	**30**	**32**
21244	10981	10263	733	79	654	18	8	10
7513	3535	3978	98	54	44	11	6	5
16936	8988	7948	151	84	67	13	6	7
12	4	8						
84	37	47	12	4	8	9	6	3
1	1		3		3			
4871	2563	2308	30	12	18	11	4	7

1-2b 各地区分性别、

地区	人口数			居住本乡、镇、街道，户口在本乡、镇、街道		
	合计	男	女	小计	男	女
全省	**1407473**	**722256**	**685217**	**911910**	**467486**	**444424**
南昌市	**155091**	**80896**	**74195**	**61026**	**31405**	**29621**
东湖区	422	220	202	324	164	160
西湖区						
青云谱区	169	102	67	8		8
青山湖区	12787	7482	5305	3090	1603	1487
新建区	5049	2598	2451	2802	1464	1338
红谷滩区						
南昌县	91708	47506	44202	30043	15535	14508
安义县	13545	7391	6154	8149	4239	3910
进贤县	31411	15597	15814	16610	8400	8210
景德镇市	**28929**	**14782**	**14147**	**18219**	**9550**	**8669**
昌江区	926	475	451	840	433	407
珠山区	1082	566	516	398	204	194
浮梁县	16122	8134	7988	7805	4069	3736
乐平市	10799	5607	5192	9176	4844	4332
萍乡市	**62337**	**31624**	**30713**	**50403**	**25605**	**24798**
安源区	6788	3496	3292	6038	3123	2915
湘东区	6470	3303	3167	5880	3014	2866
莲花县	10245	5040	5205	7858	3898	3960
上栗县	24366	12463	11903	19420	9885	9535
芦溪县	14468	7322	7146	11207	5685	5522
九江市	**159090**	**81246**	**77844**	**98147**	**50425**	**47722**
濂溪区	1971	1036	935	1467	771	696
浔阳区						
柴桑区	5051	2714	2337	4297	2266	2031
武宁县	16794	8222	8572	9447	4854	4593
修水县	34316	17330	16986	19533	9869	9664
永修县	18150	9294	8856	11094	5681	5413
德安县	10104	5114	4990	3863	1954	1909
都昌县	29539	15338	14201	22875	12014	10861
湖口县	11502	5780	5722	5963	2946	3017
彭泽县	15854	8154	7700	10621	5349	5272
瑞昌市	9853	5131	4722	3268	1726	1542
共青城市	145	72	73	126	62	64
庐山市	5811	3061	2750	5593	2933	2660
新余市	**19697**	**10462**	**9235**	**9168**	**4718**	**4450**
渝水区	3698	2207	1491	1610	856	754
分宜县	15999	8255	7744	7558	3862	3696
鹰潭市	**18681**	**9620**	**9061**	**15399**	**8134**	**7265**
月湖区	548	237	311	381	189	192
余江区	7744	4033	3711	6660	3471	3189
贵溪市	10389	5350	5039	8358	4474	3884
赣州市	**296325**	**152212**	**144113**	**192100**	**98116**	**93984**
章贡区	1605	934	671	634	314	320
南康区	3805	1893	1912	2888	1443	1445
赣县区	9082	4844	4238	7350	3760	3590
信丰县	35388	17917	17471	22759	11501	11258
大余县	13863	7001	6862	11196	5605	5591
上犹县	12951	6438	6513	6069	3014	3055
崇义县	8562	4353	4209	5267	2695	2572
安远县	15809	8086	7723	11116	5712	5404
定南县	12928	6586	6342	6419	3212	3207
全南县	9437	4720	4717	5449	2814	2635

户口登记状况的人口(镇)

单位：人

居住本乡、镇、街道，户口在外乡、镇、街道，离开户口登记地半年以上			居住本乡、镇、街道，户口待定			原住本乡、镇、街道，现在港澳台或国外工作学习		
小计	男	女	小计	男	女	小计	男	女
492089	**252957**	**239132**	**2988**	**1522**	**1466**	**486**	**291**	**195**
93654	**49277**	**44377**	**362**	**192**	**170**	**49**	**22**	**27**
98	56	42						
160	101	59	1	1				
9661	5864	3797	24	12	12	12	3	9
2231	1125	1106	15	8	7	1	1	
61416	31838	29578	223	121	102	26	12	14
5372	3140	2232	23	12	11	1		1
14716	7153	7563	76	38	38	9	6	3
10617	**5193**	**5424**	**85**	**35**	**50**	**8**	**4**	**4**
81	40	41	3	1	2	2	1	1
681	361	320	2	1	1	1		1
8281	4047	4234	36	18	18			
1574	745	829	44	15	29	5	3	2
11750	**5925**	**5825**	**141**	**72**	**69**	**43**	**22**	**21**
744	368	376	4	3	1	2	2	
579	285	294	5	2	3	6	2	4
2349	1121	1228	31	17	14	7	4	3
4844	2528	2316	81	40	41	21	10	11
3234	1623	1611	20	10	10	7	4	3
60531	**30596**	**29935**	**344**	**184**	**160**	**68**	**41**	**27**
498	260	238	6	5	1			
736	439	297	12	6	6	6	3	3
7304	3349	3955	39	17	22	4	2	2
14685	7402	7283	91	55	36	7	4	3
6996	3580	3416	46	24	22	14	9	5
6223	3151	3072	13	7	6	5	2	3
6598	3292	3306	56	25	31	10	7	3
5516	2822	2694	19	9	10	4	3	1
5198	2783	2415	20	14	6	15	8	7
6563	3394	3169	21	10	11	1	1	
19	10	9						
195	114	81	21	12	9	2	2	
10493	**5722**	**4771**	**33**	**19**	**14**	**3**	**3**	
2083	1348	735	5	3	2			
8410	4374	4036	28	16	12	3	3	
3219	**1458**	**1761**	**55**	**24**	**31**	**8**	**4**	**4**
164	46	118	3	2	1			
1057	550	507	22	9	13	5	3	2
1998	862	1136	30	13	17	3	1	2
103755	**53860**	**49895**	**429**	**210**	**219**	**41**	**26**	**15**
971	620	351						
908	447	461	8	3	5	1		1
1712	1076	636	18	7	11	2	1	1
12589	6394	6195	36	19	17	4	3	1
2645	1385	1260	18	9	9	4	2	2
6864	3417	3447	16	6	10	2	1	1
3258	1640	1618	34	16	18	3	2	1
4654	2355	2299	36	17	19	3	2	1
6490	3365	3125	18	9	9	1		1
3965	1896	2069	22	9	13	1	1	

1-2b 续表

地　区	人　口　数			居住本乡、镇、街道，户口在本乡、镇、街道		
	合计	男	女	小计	男	女
宁都县	39777	20723	19054	27522	14294	13228
于都县	44757	23267	21490	25830	13323	12507
兴国县	31964	16366	15598	20446	10359	10087
会昌县	24394	12499	11895	17896	9152	8744
寻乌县	14062	7330	6732	7881	4062	3819
石城县	12673	6546	6127	8414	4333	4081
瑞金市	3245	1641	1604	3136	1580	1556
龙南市	2023	1068	955	1828	943	885
吉安市	**181110**	**92086**	**89024**	**123922**	**63337**	**60585**
吉州区	1340	617	723	910	449	461
青原区	1263	668	595	1150	622	528
吉安县	22270	11352	10918	11815	6014	5801
吉水县	22029	11445	10584	15297	7987	7310
峡江县	7164	3752	3412	5541	2909	2632
新干县	13758	7141	6617	8078	4171	3907
永丰县	17409	9003	8406	12102	6243	5859
泰和县	23472	11574	11898	16225	8099	8126
遂川县	20298	10458	9840	15609	8051	7558
万安县	11362	5673	5689	8451	4273	4178
安福县	14081	7082	6999	10215	5106	5109
永新县	22063	11058	11005	15246	7786	7460
井冈山市	4601	2263	2338	3283	1627	1656
宜春市	**125076**	**63797**	**61279**	**85116**	**43021**	**42095**
袁州区	5915	3017	2898	5253	2668	2585
奉新县	15563	7868	7695	8707	4377	4330
万载县	24050	12000	12050	17927	8945	8982
上高县	18536	9483	9053	9378	4746	4632
宜丰县	14835	7561	7274	8503	4244	4259
靖安县	6728	3404	3324	4395	2163	2232
铜鼓县	6071	2971	3100	4261	2107	2154
丰城市	13714	7029	6685	12609	6467	6142
樟树市	3688	1869	1819	3247	1624	1623
高安市	15976	8595	7381	10836	5680	5156
抚州市	**128206**	**65708**	**62498**	**74455**	**38064**	**36391**
临川区	7658	4083	3575	6691	3529	3162
东乡区	3649	1833	1816	2922	1477	1445
南城县	17070	8738	8332	10146	5153	4993
黎川县	13119	6746	6373	6005	3029	2976
南丰县	13579	6850	6729	7613	3784	3829
崇仁县	17242	8900	8342	10955	5762	5193
乐安县	14442	7345	7097	7976	4060	3916
宜黄县	11648	6017	5631	5780	2946	2834
金溪县	12601	6429	6172	6876	3545	3331
资溪县	5774	2905	2869	3605	1819	1786
广昌县	11424	5862	5562	5886	2960	2926
上饶市	**232931**	**119823**	**113108**	**183955**	**95111**	**88844**
信州区	1673	840	833	1525	770	755
广丰区	13067	6833	6234	12526	6577	5949
广信区	7241	3759	3482	6963	3616	3347
玉山县	32022	15921	16101	22471	11281	11190
铅山县	22759	11764	10995	20198	10470	9728
横峰县	10271	5272	4999	6942	3553	3389
弋阳县	17693	9038	8655	12552	6449	6103
余干县	39386	20716	18670	31950	16756	15194
鄱阳县	53018	27470	25548	43607	22786	20821
万年县	17837	9259	8578	12783	6625	6158
婺源县	16813	8315	8498	11356	5640	5716
德兴市	1151	636	515	1082	588	494

单位：人

居住本乡、镇、街道，户口在外乡、镇、街道，离开户口登记地半年以上			居住本乡、镇、街道，户口待定			原住本乡、镇、街道，现在港澳台或国外工作学习		
小计	男	女	小计	男	女	小计	男	女
12210	6405	5805	43	24	19	2		2
18891	9918	8973	31	22	9	5	4	1
11455	5969	5486	57	34	23	6	4	2
6463	3334	3129	34	12	22	1	1	
6151	3257	2894	28	9	19	2	2	
4229	2198	2031	26	12	14	4	3	1
105	59	46	4	2	2			
195	125	70						
56736	**28508**	**28228**	**386**	**195**	**191**	**66**	**46**	**20**
427	166	261	3	2	1			
111	45	66	2	1	1			
10400	5312	5088	47	21	26	8	5	3
6679	3427	3252	50	29	21	3	2	1
1602	832	770	21	11	10			
5638	2946	2692	35	21	14	7	3	4
5232	2719	2513	66	34	32	9	7	2
7223	3461	3762	21	11	10	3	3	
4631	2375	2256	52	26	26	6	6	
2890	1391	1499	14	5	9	7	4	3
3839	1963	1876	17	4	13	10	9	1
6766	3246	3520	43	21	22	8	5	3
1298	625	673	15	9	6	5	2	3
39615	**20593**	**19022**	**259**	**134**	**125**	**86**	**49**	**37**
635	340	295	25	7	18	2	2	
6812	3461	3351	35	24	11	9	6	3
6034	3011	3023	70	33	37	19	11	8
9122	4719	4403	25	12	13	11	6	5
6289	3299	2990	28	14	14	15	4	11
2316	1233	1083	9	3	6	8	5	3
1783	845	938	21	14	7	6	5	1
1069	541	528	23	13	10	13	8	5
437	241	196	3	3		1	1	
5118	2903	2215	20	11	9	2	1	1
53457	**27486**	**25971**	**269**	**143**	**126**	**25**	**15**	**10**
948	547	401	18	6	12	1	1	
719	351	368	6	3	3	2	2	
6882	3562	3320	38	22	16	4	1	3
7079	3701	3378	31	13	18	4	3	1
5943	3054	2889	17	10	7	6	2	4
6226	3103	3123	60	34	26	1	1	
6449	3277	3172	17	8	9			
5851	3059	2792	15	11	4	2	1	1
5695	2872	2823	30	12	18			
2159	1080	1079	9	5	4	1	1	
5506	2880	2626	28	19	9	4	3	1
48262	**24339**	**23923**	**625**	**314**	**311**	**89**	**59**	**30**
147	70	77	1		1			
517	247	270	21	8	13	3	1	2
241	120	121	35	21	14	2	2	
9470	4598	4872	74	38	36	7	4	3
2523	1273	1250	36	20	16	2	1	1
3322	1717	1605	5	1	4	2	1	1
5081	2558	2523	49	24	25	11	7	4
7267	3873	3394	145	70	75	24	17	7
9200	4578	4622	190	93	97	21	13	8
4998	2598	2400	44	25	19	12	11	1
5427	2659	2768	25	14	11	5	2	3
69	48	21						

1-2c 各地区分性别、

地 区	人 口 数			居住本乡、镇、街道，户口在本乡、镇、街道		
	合计	男	女	小计	男	女
全 省	**2061278**	**1082979**	**978299**	**1986566**	**1041292**	**945274**
南昌市	**167518**	**89094**	**78424**	**152764**	**80317**	**72447**
东湖区	2373	1254	1119	2137	1115	1022
西湖区						
青云谱区						
青山湖区	5712	3253	2459	4163	2212	1951
新建区	39853	21052	18801	34543	18114	16429
红谷滩区	2556	1402	1154	2256	1144	1112
南昌县	58916	31406	27510	53185	28012	25173
安义县	14515	7673	6842	14091	7400	6691
进贤县	43593	23054	20539	42389	22320	20069
景德镇市	**69233**	**37131**	**32102**	**67588**	**36262**	**31326**
昌江区	4365	2325	2040	4091	2188	1903
珠山区	222	104	118	173	84	89
浮梁县	12959	6968	5991	12543	6707	5836
乐平市	51687	27734	23953	50781	27283	23498
萍乡市	**59437**	**31063**	**28374**	**56222**	**29277**	**26945**
安源区	1275	750	525	810	424	386
湘东区	11854	6270	5584	11208	5937	5271
莲花县	11486	5885	5601	10892	5505	5387
上栗县	22397	11671	10726	21552	11249	10303
芦溪县	12425	6487	5938	11760	6162	5598
九江市	**215538**	**113040**	**102498**	**205815**	**107694**	**98121**
濂溪区	6395	3341	3054	4949	2579	2370
浔阳区	207	102	105	184	93	91
柴桑区	18889	10284	8605	17289	9319	7970
武宁县	19485	10221	9264	18775	9859	8916
修水县	41779	21836	19943	41179	21542	19637
永修县	14305	7488	6817	13665	7126	6539
德安县	6164	3237	2927	5313	2796	2517
都昌县	38635	20033	18602	38182	19781	18401
湖口县	12256	6384	5872	11950	6210	5740
彭泽县	16342	8376	7966	15802	8067	7735
瑞昌市	25351	13420	11931	23816	12572	11244
共青城市	5139	2727	2412	4396	2303	2093
庐山市	10591	5591	5000	10315	5447	4868
新余市	**31356**	**16453**	**14903**	**29889**	**15585**	**14304**
渝水区	20455	10747	9708	19813	10342	9471
分宜县	10901	5706	5195	10076	5243	4833
鹰潭市	**51975**	**27653**	**24322**	**50963**	**27124**	**23839**
月湖区	1063	555	508	1045	547	498
余江区	20798	11025	9773	20383	10819	9564
贵溪市	30114	16073	14041	29535	15758	13777
赣州市	**468746**	**244051**	**224695**	**449459**	**233093**	**216366**
章贡区	13979	7304	6675	11916	6075	5841
南康区	41074	21350	19724	37053	18753	18300
赣县区	28513	14842	13671	27701	14413	13288
信丰县	36087	18634	17453	35441	18257	17184
大余县	14349	7556	6793	13721	7185	6536
上犹县	17375	9075	8300	16923	8799	8124
崇义县	11437	5968	5469	11077	5776	5301
安远县	19577	10122	9455	19167	9914	9253
定南县	8614	4439	4175	7223	3694	3529
全南县	9558	5041	4517	8734	4538	4196

户口登记状况的人口(乡村)

单位：人

居住本乡、镇、街道，户口在外乡、镇、街道，离开户口登记地半年以上			居住本乡、镇、街道，户口待定			原住本乡、镇、街道，现在港澳台或国外工作学习		
小计	男	女	小计	男	女	小计	男	女
67109	**37707**	**29402**	**6283**	**3042**	**3241**	**1320**	**938**	**382**
14150	**8461**	**5689**	**446**	**220**	**226**	**158**	**96**	**62**
228	136	92	3	1	2	5	2	3
1535	1031	504	8	5	3	6	5	1
5156	2868	2288	139	62	77	15	8	7
297	258	39	3		3			
5491	3270	2221	142	70	72	98	54	44
382	254	128	35	16	19	7	3	4
1061	644	417	116	66	50	27	24	3
1213	**635**	**578**	**395**	**205**	**190**	**37**	**29**	**8**
244	125	119	26	10	16	4	2	2
47	19	28	2	1	1			
363	226	137	45	30	15	8	5	3
559	265	294	322	164	158	25	22	3
2928	**1634**	**1294**	**206**	**98**	**108**	**81**	**54**	**27**
464	325	139				1	1	
591	306	285	31	12	19	24	15	9
523	343	180	52	24	28	19	13	6
734	364	370	90	43	47	21	15	6
616	296	320	33	19	14	16	10	6
9032	**4951**	**4081**	**545**	**284**	**261**	**146**	**111**	**35**
1367	707	660	76	53	23	3	2	1
23	9	14						
1565	947	618	27	12	15	8	6	2
654	326	328	41	23	18	15	13	2
445	210	235	136	66	70	19	18	1
590	338	252	38	19	19	12	5	7
838	435	403	10	4	6	3	2	1
359	195	164	69	37	32	25	20	5
270	150	120	25	16	9	11	8	3
495	279	216	16	9	7	29	21	8
1503	834	669	27	11	16	5	3	2
715	413	302	24	7	17	4	4	
208	108	100	56	27	29	12	9	3
1383	**820**	**563**	**67**	**35**	**32**	**17**	**13**	**4**
610	385	225	24	13	11	8	7	1
773	435	338	43	22	21	9	6	3
772	**424**	**348**	**213**	**90**	**123**	**27**	**15**	**12**
12	6	6	6	2	4			
316	164	152	87	33	54	12	9	3
444	254	190	120	55	65	15	6	9
17936	**10243**	**7693**	**1150**	**555**	**595**	**201**	**160**	**41**
2013	1200	813	44	25	19	6	4	2
3927	2538	1389	72	39	33	22	20	2
699	357	342	97	57	40	16	15	1
570	334	236	66	36	30	10	7	3
585	349	236	32	15	17	11	7	4
400	239	161	43	30	13	9	7	2
324	172	152	31	16	15	5	4	1
331	172	159	73	31	42	6	5	1
1372	730	642	10	6	4	9	9	
807	492	315	14	8	6	3	3	

1-2c 续表

地 区	人口数			居住本乡、镇、街道，户口在本乡、镇、街道		
	合计	男	女	小计	男	女
宁都县	52751	28047	24704	51340	27337	24003
于都县	63198	31823	31375	62576	31515	31061
兴国县	46090	23905	22185	44904	23281	21623
会昌县	24334	12627	11707	23810	12388	11422
寻乌县	15384	8181	7203	14623	7761	6862
石城县	16519	8898	7621	15801	8508	7293
瑞金市	37375	19737	17638	35526	18779	16747
龙南市	12532	6502	6030	11923	6120	5803
吉安市	**221224**	**115049**	**106175**	**216380**	**112300**	**104080**
吉州区	6328	3314	3014	6244	3264	2980
青原区	10549	5440	5109	10182	5222	4960
吉安县	22495	11692	10803	22026	11437	10589
吉水县	21371	11170	10201	21030	10999	10031
峡江县	7799	4110	3689	7585	3985	3600
新干县	16815	8875	7940	16612	8763	7849
永丰县	18830	9885	8945	18388	9613	8775
泰和县	21917	11051	10866	21294	10689	10605
遂川县	32020	16773	15247	31560	16536	15024
万安县	16137	8407	7730	15916	8305	7611
安福县	17811	9125	8686	17302	8818	8484
永新县	23815	12542	11273	23297	12234	11063
井冈山市	5337	2665	2672	4944	2435	2509
宜春市	**228328**	**119612**	**108716**	**222050**	**116290**	**105760**
袁州区	38067	19908	18159	36446	19050	17396
奉新县	11014	5881	5133	10789	5761	5028
万载县	22490	11611	10879	21796	11291	10505
上高县	13600	7064	6536	13227	6857	6370
宜丰县	9609	5005	4604	9113	4738	4375
靖安县	5387	2866	2521	5021	2636	2385
铜鼓县	5299	2785	2514	5050	2670	2380
丰城市	60639	31699	28940	59799	31252	28547
樟树市	24575	12758	11817	24239	12578	11661
高安市	37648	20035	17613	36570	19457	17113
抚州市	**197279**	**105405**	**91874**	**192038**	**102545**	**89493**
临川区	49241	26325	22916	47443	25317	22126
东乡区	17416	9062	8354	17021	8842	8179
南城县	12839	6773	6066	12107	6397	5710
黎川县	11372	6229	5143	10910	5946	4964
南丰县	13516	7201	6315	13250	7070	6180
崇仁县	22270	11994	10276	22005	11866	10139
乐安县	22316	11971	10345	21852	11707	10145
宜黄县	13659	7249	6410	13478	7154	6324
金溪县	17709	9583	8126	17507	9481	8026
资溪县	5844	3074	2770	5772	3040	2732
广昌县	11097	5944	5153	10693	5725	4968
上饶市	**350644**	**184428**	**166216**	**343398**	**180805**	**162593**
信州区	13791	7239	6552	12874	6709	6165
广丰区	38126	20192	17934	37269	19789	17480
广信区	35574	18606	16968	34871	18282	16589
玉山县	22613	11643	10970	21875	11334	10541
铅山县	19587	10212	9375	19134	10028	9106
横峰县	8726	4591	4135	8494	4462	4032
弋阳县	19896	10535	9361	19544	10369	9175
余干县	55050	29027	26023	54105	28557	25548
鄱阳县	83261	43855	39406	82296	43357	38939
万年县	23151	12250	10901	22711	12000	10711
婺源县	19304	10191	9113	18939	9987	8952
德兴市	11565	6087	5478	11286	5931	5355

单位：人

居住本乡、镇、街道，户口在外乡、镇、街道，离开户口登记地半年以上			居住本乡、镇、街道，户口待定			原住本乡、镇、街道，现在港澳台或国外工作学习		
小计	男	女	小计	男	女	小计	男	女
1303	650	653	99	55	44	9	5	4
468	231	237	124	54	70	30	23	7
1006	543	463	163	67	96	17	14	3
403	186	217	118	50	68	3	3	
706	392	314	51	25	26	4	3	1
668	365	303	35	15	20	15	10	5
1774	925	849	56	17	39	19	16	3
580	368	212	22	9	13	7	5	2
4013	**2307**	**1706**	**686**	**332**	**354**	**145**	**110**	**35**
69	39	30	10	8	2	5	3	2
311	192	119	48	19	29	8	7	1
385	223	162	72	23	49	12	9	3
267	126	141	60	34	26	14	11	3
195	113	82	17	10	7	2	2	
144	82	62	53	26	27	6	4	2
346	221	125	83	40	43	13	11	2
541	321	220	62	29	33	20	12	8
354	184	170	91	43	48	15	10	5
176	75	101	38	21	17	7	6	1
429	257	172	57	30	27	23	20	3
428	253	175	71	40	31	19	15	4
368	221	147	24	9	15	1		1
5433	**2878**	**2555**	**631**	**304**	**327**	**214**	**140**	**74**
1411	757	654	175	76	99	35	25	10
186	99	87	24	12	12	15	9	6
581	250	331	93	55	38	20	15	5
314	179	135	26	14	12	33	14	19
475	258	217	10	2	8	11	7	4
346	220	126	9	3	6	11	7	4
220	101	119	22	8	14	7	6	1
617	325	292	181	92	89	42	30	12
284	151	133	36	18	18	16	11	5
999	538	461	55	24	31	24	16	8
4566	**2513**	**2053**	**577**	**275**	**302**	**98**	**72**	**26**
1572	898	674	194	82	112	32	28	4
338	188	150	47	25	22	10	7	3
690	352	338	40	23	17	2	1	1
415	255	160	40	25	15	7	3	4
234	116	118	11	1	10	21	14	7
178	90	88	85	37	48	2	1	1
400	226	174	54	30	24	10	8	2
153	79	74	24	13	11	4	3	1
145	75	70	51	23	28	6	4	2
58	28	30	11	4	7	3	2	1
383	206	177	20	12	8	1	1	
5683	**2841**	**2842**	**1367**	**644**	**723**	**196**	**138**	**58**
876	508	368	37	18	19	4	4	
737	337	400	103	53	50	17	13	4
501	225	276	182	86	96	20	13	7
624	257	367	91	38	53	23	14	9
409	160	249	39	20	19	5	4	1
212	120	92	19	9	10	1		1
236	108	128	110	53	57	6	5	1
642	314	328	253	118	135	50	38	12
501	263	238	423	203	220	41	32	9
354	213	141	69	31	38	17	6	11
332	186	146	25	12	13	8	6	2
259	150	109	16	3	13	4	3	1

1—3 各地区分年龄、性别的人口

单位：人

地 区	合 计			0岁		
	合计	男	女	小计	男	女
全 省	**4810312**	**2485964**	**2324348**	**39905**	**21920**	**17985**
南昌市	**655501**	**341283**	**314218**	**4916**	**2636**	**2280**
东湖区	42612	20989	21623	248	132	116
西湖区	48405	24112	24293	332	171	161
青云谱区	33918	17253	16665	214	101	113
青山湖区	131794	70257	61537	812	431	381
新建区	86076	45380	40696	821	437	384
红谷滩区	58426	30353	28073	392	224	168
南昌县	151206	79224	71982	1273	677	596
安义县	28060	15064	12996	235	132	103
进贤县	75004	38651	36353	589	331	258
景德镇市	**172650**	**89891**	**82759**	**1391**	**749**	**642**
昌江区	19108	9809	9299	142	72	70
珠山区	37156	18761	18395	266	142	124
浮梁县	31066	16172	14894	249	147	102
乐平市	85320	45149	40171	734	388	346
萍乡市	**184698**	**94033**	**90665**	**1586**	**859**	**727**
安源区	56771	28309	28462	400	201	199
湘东区	31906	16530	15376	237	132	105
莲花县	21731	10925	10806	243	136	107
上栗县	47397	24460	22937	475	257	218
芦溪县	26893	13809	13084	231	133	98
九江市	**496877**	**255392**	**241485**	**3802**	**2134**	**1668**
濂溪区	40010	20237	19773	245	139	106
浔阳区	42802	21050	21752	245	134	111
柴桑区	34839	18668	16171	298	179	119
武宁县	36279	18443	17836	311	165	146
修水县	76095	39166	36929	642	362	280
永修县	32455	16782	15673	273	153	120
德安县	16268	8351	7917	99	59	40
都昌县	68174	35371	32803	535	294	241
湖口县	23758	12164	11594	197	106	91
彭泽县	32196	16530	15666	223	136	87
瑞昌市	50274	26208	24066	383	220	163
共青城市	18803	9356	9447	105	55	50
庐山市	24924	13066	11858	246	132	114
新余市	**116844**	**60999**	**55845**	**885**	**498**	**387**
渝水区	89944	47038	42906	642	357	285
分宜县	26900	13961	12939	243	141	102
鹰潭市	**130366**	**67650**	**62716**	**1029**	**567**	**462**
月湖区	28782	14569	14213	217	118	99
余江区	39544	20650	18894	324	170	154
贵溪市	62040	32431	29609	488	279	209
赣州市	**970491**	**500280**	**470211**	**8074**	**4402**	**3672**
章贡区	114442	57711	56731	853	474	379
南康区	86738	44913	41825	723	414	309
赣县区	58117	30127	27990	482	248	234
信丰县	71475	36551	34924	533	289	244
大余县	28212	14557	13655	214	122	92
上犹县	30326	15513	14813	236	124	112
崇义县	19999	10321	9678	210	126	84
安远县	35386	18208	17178	329	172	157
定南县	21542	11025	10517	178	102	76
全南县	18995	9761	9234	166	90	76

1-3 续表 1

单位：人

地区	合计			0岁		
	合计	男	女	小计	男	女
宁都县	92528	48770	43758	656	369	287
于都县	107955	55090	52865	920	488	432
兴国县	78054	40271	37783	789	424	365
会昌县	48728	25126	23602	495	273	222
寻乌县	29557	15566	13991	271	151	120
石城县	29192	15444	13748	234	127	107
瑞金市	66708	34699	32009	518	274	244
龙南市	32537	16627	15910	267	135	132
吉安市	**448042**	**229934**	**218108**	**4288**	**2349**	**1939**
吉州区	37580	18873	18707	293	163	130
青原区	23286	11849	11437	239	119	120
吉安县	44765	23044	21721	420	218	202
吉水县	43400	22615	20785	404	258	146
峡江县	14963	7862	7101	143	79	64
新干县	30573	16016	14557	301	165	136
永丰县	36239	18888	17351	416	233	183
泰和县	45389	22625	22764	430	235	195
遂川县	52318	27231	25087	503	285	218
万安县	27499	14080	13419	247	137	110
安福县	31892	16207	15685	329	166	163
永新县	45878	23600	22278	428	220	208
井冈山市	14260	7044	7216	135	71	64
宜春市	**504959**	**260667**	**244292**	**4453**	**2484**	**1969**
袁州区	110123	55948	54175	1041	571	470
奉新县	26577	13749	12828	250	150	100
万载县	46540	23611	22929	495	272	223
上高县	32136	16547	15589	273	147	126
宜丰县	24444	12566	11878	201	118	83
靖安县	12115	6270	5845	106	54	52
铜鼓县	11370	5756	5614	101	53	48
丰城市	110096	57456	52640	943	513	430
樟树市	51638	26436	25202	376	212	164
高安市	79920	42328	37592	667	394	273
抚州市	**399893**	**207613**	**192280**	**3478**	**1935**	**1543**
临川区	112173	57368	54805	1042	600	442
东乡区	40199	20435	19764	330	183	147
南城县	29909	15511	14398	235	126	109
黎川县	24491	12975	11516	237	133	104
南丰县	27095	14051	13044	207	111	96
崇仁县	39512	20894	18618	381	204	177
乐安县	36758	19316	17442	298	172	126
宜黄县	25307	13266	12041	181	95	86
金溪县	30310	16012	14298	299	173	126
资溪县	11618	5979	5639	73	39	34
广昌县	22521	11806	10715	195	99	96
上饶市	**729991**	**378222**	**351769**	**6003**	**3307**	**2696**
信州区	60892	30418	30474	416	236	180
广丰区	92717	47959	44758	772	440	332
广信区	80079	41584	38495	752	404	348
玉山县	54635	27564	27071	489	268	221
铅山县	42629	22126	20503	272	150	122
横峰县	18997	9863	9134	141	72	69
弋阳县	37589	19573	18016	305	162	143
余干县	98273	51767	46506	857	474	383
鄱阳县	136498	71444	65054	1147	624	523
万年县	40988	21509	19479	331	185	146
婺源县	36117	18506	17611	281	156	125
德兴市	30577	15909	14668	240	136	104

1-3 续表 2

单位：人

地 区	1-4岁			5-9岁			10-14岁		
	小计	男	女	小计	男	女	小计	男	女
全 省	**232666**	**126515**	**106151**	**361962**	**197329**	**164633**	**389608**	**214521**	**175087**
南昌市	**29608**	**16158**	**13450**	**40865**	**21989**	**18876**	**39815**	**21562**	**18253**
东湖区	1629	903	726	2050	1083	967	2105	1130	975
西湖区	2143	1149	994	2877	1526	1351	2486	1310	1176
青云谱区	1354	729	625	1702	904	798	1737	911	826
青山湖区	5691	3113	2578	7156	3835	3321	6277	3383	2894
新建区	4483	2400	2083	6636	3548	3088	6656	3578	3078
红谷滩区	2804	1528	1276	3404	1842	1562	2653	1431	1222
南昌县	6912	3810	3102	9311	5029	4282	9114	4999	4115
安义县	1307	711	596	2112	1177	935	2154	1188	966
进贤县	3285	1815	1470	5617	3045	2572	6633	3632	3001
景德镇市	**7925**	**4296**	**3629**	**12774**	**7122**	**5652**	**13745**	**7806**	**5939**
昌江区	910	467	443	1331	717	614	1267	718	549
珠山区	1523	824	699	2053	1101	952	2158	1196	962
浮梁县	1393	776	617	1822	1018	804	1963	1074	889
乐平市	4099	2229	1870	7568	4286	3282	8357	4818	3539
萍乡市	**8589**	**4516**	**4073**	**13024**	**6855**	**6169**	**13147**	**6851**	**6296**
安源区	2429	1219	1210	3445	1804	1641	3072	1578	1494
湘东区	1266	671	595	2116	1076	1040	2039	1051	988
莲花县	1130	591	539	1737	969	768	1979	1058	921
上栗县	2492	1340	1152	3778	1987	1791	3740	1952	1788
芦溪县	1272	695	577	1948	1019	929	2317	1212	1105
九江市	**22884**	**12347**	**10537**	**35945**	**19563**	**16382**	**39132**	**21316**	**17816**
濂溪区	1689	911	778	2349	1278	1071	1925	1041	884
浔阳区	1867	1035	832	2468	1354	1114	2493	1354	1139
柴桑区	1585	861	724	2291	1300	991	2482	1358	1124
武宁县	1956	1040	916	3270	1721	1549	3235	1741	1494
修水县	3734	1964	1770	5824	3159	2665	6902	3636	3266
永修县	1521	827	694	2272	1235	1037	2731	1482	1249
德安县	785	416	369	1256	678	578	1430	800	630
都昌县	3101	1698	1403	5280	2943	2337	5935	3318	2617
湖口县	1084	575	509	1763	937	826	1802	956	846
彭泽县	1292	684	608	2027	1047	980	2677	1425	1252
瑞昌市	2356	1299	1057	3894	2127	1767	4211	2396	1815
共青城市	677	381	296	1190	657	533	1249	701	548
庐山市	1237	656	581	2061	1127	934	2060	1108	952
新余市	**5812**	**3290**	**2522**	**8488**	**4997**	**3491**	**9050**	**5267**	**3783**
渝水区	4301	2438	1863	6194	3681	2513	6677	3891	2786
分宜县	1511	852	659	2294	1316	978	2373	1376	997
鹰潭市	**5741**	**3167**	**2574**	**9590**	**5383**	**4207**	**11482**	**6294**	**5188**
月湖区	1336	732	604	2088	1178	910	2272	1219	1053
余江区	1646	873	773	2900	1601	1299	3475	1905	1570
贵溪市	2759	1562	1197	4602	2604	1998	5735	3170	2565
赣州市	**48389**	**26061**	**22328**	**74313**	**39945**	**34368**	**81573**	**44528**	**37045**
章贡区	5587	3076	2511	7623	4127	3496	6877	3649	3228
南康区	3753	2023	1730	5883	3153	2730	6506	3624	2882
赣县区	2825	1515	1310	4165	2222	1943	4991	2664	2327
信丰县	3722	1966	1756	5612	3020	2592	5981	3233	2748
大余县	1244	697	547	2013	1098	915	2456	1370	1086
上犹县	1460	812	648	2394	1321	1073	2766	1527	1239
崇义县	957	521	436	1486	814	672	1735	975	760
安远县	1830	1009	821	3052	1639	1413	3480	1915	1565
定南县	1063	552	511	1869	958	911	1846	983	863
全南县	984	513	471	1421	767	654	1786	966	820

1-3　续表 3

单位：人

地　区	1-4岁			5-9岁			10-14岁		
	小计	男	女	小计	男	女	小计	男	女
宁都县	4369	2307	2062	7282	4046	3236	9115	5027	4088
于都县	5666	2988	2678	9283	4863	4420	10070	5525	4545
兴国县	4169	2233	1936	6628	3536	3092	7770	4335	3435
会昌县	2658	1410	1248	3658	1938	1720	3825	2060	1765
寻乌县	1616	909	707	2342	1298	1044	2138	1159	979
石城县	1569	831	738	2212	1230	982	2077	1138	939
瑞金市	3224	1792	1432	5032	2659	2373	5810	3102	2708
龙南市	1693	907	786	2358	1256	1102	2344	1276	1068
吉安市	**24126**	**13317**	**10809**	**39493**	**21853**	**17640**	**41236**	**23421**	**17815**
吉州区	2049	1144	905	2823	1529	1294	2642	1484	1158
青原区	1356	755	601	2092	1196	896	2268	1284	984
吉安县	2486	1360	1126	4040	2304	1736	4057	2337	1720
吉水县	2123	1221	902	4024	2249	1775	4540	2674	1866
峡江县	812	452	360	1224	694	530	1440	825	615
新干县	1565	865	700	2703	1495	1208	2781	1629	1152
永丰县	2137	1211	926	3758	2123	1635	3667	2119	1548
泰和县	2512	1383	1129	4087	2213	1874	4105	2303	1802
遂川县	2765	1506	1259	4790	2652	2138	5245	2906	2339
万安县	1488	793	695	2331	1282	1049	2443	1320	1123
安福县	1838	1005	833	2759	1528	1231	2588	1439	1149
永新县	2234	1222	1012	3587	1919	1668	3984	2265	1719
井冈山市	761	400	361	1275	669	606	1476	836	640
宜春市	**25126**	**13720**	**11406**	**40140**	**22030**	**18110**	**43010**	**23743**	**19267**
袁州区	5834	3116	2718	8894	4737	4157	9548	5067	4481
奉新县	1218	614	604	2129	1159	970	2360	1349	1011
万载县	2552	1351	1201	4098	2146	1952	5124	2745	2379
上高县	1629	901	728	2641	1478	1163	2705	1571	1134
宜丰县	1085	615	470	1813	983	830	2028	1096	932
靖安县	591	328	263	895	485	410	900	483	417
铜鼓县	506	275	231	730	375	355	942	473	469
丰城市	5361	2975	2386	8693	4851	3842	8884	4944	3940
樟树市	2503	1386	1117	4309	2387	1922	4208	2347	1861
高安市	3847	2159	1688	5938	3429	2509	6311	3668	2643
抚州市	**19384**	**10504**	**8880**	**31379**	**17348**	**14031**	**34679**	**19583**	**15096**
临川区	5420	2971	2449	8772	4841	3931	8520	4843	3677
东乡区	1966	1043	923	3418	1874	1544	3846	2163	1683
南城县	1253	683	570	2088	1156	932	2773	1651	1122
黎川县	1221	687	534	1709	961	748	1788	1027	761
南丰县	1341	711	630	2026	1125	901	2433	1393	1040
崇仁县	2131	1172	959	3555	1948	1607	3685	2044	1641
乐安县	1902	1020	882	3222	1789	1433	3753	2010	1743
宜黄县	1056	552	504	1690	928	762	2091	1175	916
金溪县	1462	803	659	2392	1364	1028	2748	1553	1195
资溪县	462	236	226	825	443	382	1008	556	452
广昌县	1170	626	544	1682	919	763	2034	1168	866
上饶市	**35082**	**19139**	**15943**	**55951**	**30244**	**25707**	**62739**	**34150**	**28589**
信州区	2608	1348	1260	3545	1896	1649	3607	1903	1704
广丰区	4849	2623	2226	7231	3811	3420	7921	4192	3729
广信区	3714	2004	1710	5856	3133	2723	6911	3702	3209
玉山县	2407	1281	1126	3941	2059	1882	5109	2715	2394
铅山县	1834	989	845	3130	1680	1450	3844	2081	1763
横峰县	855	468	387	1478	810	668	1861	1059	802
弋阳县	1726	970	756	3151	1705	1446	3757	2130	1627
余干县	5094	2828	2266	8469	4607	3862	9072	4991	4081
鄱阳县	7103	3893	3210	11056	6106	4950	11340	6328	5012
万年县	1868	1074	794	3273	1841	1432	3847	2145	1702
婺源县	1737	949	788	2655	1399	1256	2885	1500	1385
德兴市	1287	712	575	2166	1197	969	2585	1404	1181

1—3 续表 4

单位：人

地　区	15—19岁			20—24岁			25—29岁		
	小计	男	女	小计	男	女	小计	男	女
全　省	**372020**	**204023**	**167997**	**286742**	**152204**	**134538**	**270765**	**140344**	**130421**
南昌市	**64127**	**35409**	**28718**	**68321**	**37605**	**30716**	**44852**	**23803**	**21049**
东湖区	2050	1045	1005	3214	1552	1662	2957	1526	1431
西湖区	2224	1201	1023	2913	1453	1460	3193	1573	1620
青云谱区	2038	1145	893	1920	1076	844	2187	1139	1048
青山湖区	17955	10381	7574	19109	10972	8137	9791	5336	4455
新建区	8355	4519	3836	7789	4340	3449	6314	3425	2889
红谷滩区	7862	4070	3792	10733	5640	5093	4450	2247	2203
南昌县	15872	8669	7203	16518	9096	7422	10535	5775	4760
安义县	2368	1334	1034	2054	1183	871	1609	842	767
进贤县	5403	3045	2358	4071	2293	1778	3816	1940	1876
景德镇市	**11844**	**6639**	**5205**	**9905**	**5176**	**4729**	**10736**	**5398**	**5338**
昌江区	987	584	403	848	437	411	1274	610	664
珠山区	1934	1104	830	1788	949	839	2459	1167	1292
浮梁县	2823	1411	1412	2982	1419	1563	2104	1078	1026
乐平市	6100	3540	2560	4287	2371	1916	4899	2543	2356
萍乡市	**12191**	**6516**	**5675**	**8205**	**4172**	**4033**	**9159**	**4603**	**4556**
安源区	4751	2556	2195	3242	1631	1611	2759	1336	1423
湘东区	1779	954	825	1250	675	575	1585	837	748
莲花县	1322	708	614	649	328	321	861	437	424
上栗县	2884	1556	1328	2209	1113	1096	2713	1391	1322
芦溪县	1455	742	713	855	425	430	1241	602	639
九江市	**35272**	**19066**	**16206**	**28817**	**14742**	**14075**	**25849**	**13187**	**12662**
濂溪区	3576	1823	1753	4389	2229	2160	2457	1185	1272
浔阳区	3181	1509	1672	2573	1207	1366	2340	1145	1195
柴桑区	2049	1225	824	1755	1021	734	2203	1213	990
武宁县	1781	911	870	1142	559	583	1433	692	741
修水县	5488	2886	2602	3078	1578	1500	3424	1638	1786
永修县	2308	1278	1030	1440	760	680	1612	865	747
德安县	826	446	380	528	292	236	731	357	374
都昌县	5309	3092	2217	4056	2152	1904	4015	2122	1893
湖口县	1190	663	527	832	457	375	1222	643	579
彭泽县	2136	1164	972	1341	687	654	1304	698	606
瑞昌市	3557	2000	1557	1959	1055	904	2951	1540	1411
共青城市	2136	1030	1106	4304	1976	2328	781	369	412
庐山市	1735	1039	696	1420	769	651	1376	720	656
新余市	**9240**	**5433**	**3807**	**5667**	**3129**	**2538**	**5050**	**2549**	**2501**
渝水区	7748	4579	3169	4778	2696	2082	4062	2054	2008
分宜县	1492	854	638	889	433	456	988	495	493
鹰潭市	**10012**	**5351**	**4661**	**6334**	**3272**	**3062**	**6839**	**3609**	**3230**
月湖区	1856	964	892	1224	635	589	1572	789	783
余江区	3021	1729	1292	2141	1184	957	2289	1231	1058
贵溪市	5135	2658	2477	2969	1453	1516	2978	1589	1389
赣州市	**79051**	**42888**	**36163**	**58636**	**30746**	**27890**	**58302**	**30651**	**27651**
章贡区	11827	5916	5911	10474	5242	5232	7635	3870	3765
南康区	6570	3711	2859	4634	2451	2183	5621	3060	2561
赣县区	4285	2309	1976	3123	1666	1457	3447	1800	1647
信丰县	5026	2787	2239	3614	1947	1667	4414	2336	2078
大余县	1741	975	766	1360	696	664	1403	742	661
上犹县	2175	1184	991	1205	569	636	1393	738	655
崇义县	1261	689	572	730	375	355	793	415	378
安远县	2761	1478	1283	2044	1069	975	2154	1108	1046
定南县	1181	635	546	772	358	414	1386	722	664
全南县	1247	678	569	618	311	307	918	501	417

1-3　续表 5　　　　　　　　　　　　　　　　　　　　　　　　　　　　单位：人

地　　区	15-19岁			20-24岁			25-29岁		
	小计	男	女	小计	男	女	小计	男	女
宁都县	8326	4710	3616	5244	2837	2407	5198	2731	2467
于都县	9486	5100	4386	7862	4123	3739	6609	3469	3140
兴国县	6537	3637	2900	3901	2121	1780	4160	2137	2023
会昌县	4194	2287	1907	3931	2037	1894	3204	1660	1544
寻乌县	2097	1156	941	1661	904	757	1758	905	853
石城县	2238	1306	932	1586	852	734	2087	1175	912
瑞金市	6083	3279	2804	4531	2469	2062	4010	2195	1815
龙南市	2016	1051	965	1346	719	627	2112	1087	1025
吉安市	**28413**	**16281**	**12132**	**17052**	**9024**	**8028**	**20849**	**10492**	**10357**
吉州区	2751	1540	1211	1594	809	785	1989	948	1041
青原区	1447	781	666	1728	847	881	1227	606	621
吉安县	2775	1631	1144	1700	906	794	2435	1275	1160
吉水县	2882	1747	1135	1696	958	738	1924	982	942
峡江县	786	487	299	557	299	258	636	331	305
新干县	2079	1308	771	1148	654	494	1283	679	604
永丰县	1939	1178	761	1266	707	559	1690	815	875
泰和县	2697	1439	1258	1379	703	676	1943	922	1021
遂川县	3994	2310	1684	1934	1048	886	2387	1211	1176
万安县	1810	987	823	1074	560	514	1434	785	649
安福县	1526	841	685	795	404	391	1162	560	602
永新县	2996	1634	1362	1841	983	858	2269	1171	1098
井冈山市	731	398	333	340	146	194	470	207	263
宜春市	**37188**	**20592**	**16596**	**22855**	**11992**	**10863**	**25993**	**13350**	**12643**
袁州区	10118	5058	5060	5860	2825	3035	5947	2952	2995
奉新县	1773	1007	766	981	508	473	1056	517	539
万载县	4126	2166	1960	1706	836	870	1787	874	913
上高县	1688	970	718	1067	571	496	1421	677	744
宜丰县	1269	695	574	689	332	357	788	361	427
靖安县	698	411	287	370	196	174	565	288	277
铜鼓县	664	333	331	378	172	206	457	224	233
丰城市	8245	4885	3360	6303	3589	2714	6767	3666	3101
樟树市	3357	1875	1482	2213	1165	1048	2789	1404	1385
高安市	5250	3192	2058	3288	1798	1490	4416	2387	2029
抚州市	**26902**	**14902**	**12000**	**21936**	**11705**	**10231**	**21126**	**10997**	**10129**
临川区	9278	4906	4372	8032	4227	3805	5972	3024	2948
东乡区	2338	1290	1048	1772	943	829	1801	905	896
南城县	1766	1040	726	1343	693	650	1454	742	712
黎川县	1236	716	520	1271	718	553	1391	783	608
南丰县	1282	721	561	884	451	433	1315	657	658
崇仁县	2952	1643	1309	2842	1625	1217	2277	1300	977
乐安县	2575	1479	1096	1684	891	793	2061	1097	964
宜黄县	1518	843	675	1295	683	612	1427	713	714
金溪县	1801	1031	770	1391	745	646	1500	787	713
资溪县	747	406	341	514	248	266	539	271	268
广昌县	1409	827	582	908	481	427	1389	718	671
上饶市	**57780**	**30946**	**26834**	**39014**	**20641**	**18373**	**42010**	**21705**	**20305**
信州区	4431	1839	2592	4408	2013	2395	4028	2044	1984
广丰区	8126	4099	4027	5898	3121	2777	6134	3187	2947
广信区	6849	3644	3205	4826	2544	2282	4856	2503	2353
玉山县	5314	2758	2556	2051	1014	1037	2207	1098	1109
铅山县	3155	1697	1458	1957	1007	950	2078	1108	970
横峰县	1208	665	543	652	341	311	835	421	414
弋阳县	2737	1524	1213	1545	828	717	1731	909	822
余干县	8076	4563	3513	4977	2881	2096	6424	3399	3025
鄱阳县	9718	5683	4035	8217	4533	3684	8725	4520	4205
万年县	3487	2007	1480	1960	1073	887	2132	1106	1026
婺源县	2271	1179	1092	1365	682	683	1655	782	873
德兴市	2408	1288	1120	1158	604	554	1205	628	577

1—3 续表 6

单位：人

地区	30—34岁			35—39岁			40—44岁		
	小计	男	女	小计	男	女	小计	男	女
全省	**368221**	**185463**	**182758**	**299721**	**150344**	**149377**	**352296**	**178739**	**173557**
南昌市	**55195**	**28045**	**27150**	**40180**	**20506**	**19674**	**43723**	**22331**	**21392**
东湖区	3360	1601	1759	2732	1256	1476	3047	1473	1574
西湖区	4593	2231	2362	3491	1713	1778	3575	1770	1805
青云谱区	2788	1413	1375	2124	1051	1073	2712	1339	1373
青山湖区	11922	6062	5860	8212	4284	3928	8170	4193	3977
新建区	6608	3390	3218	5103	2684	2419	5858	3048	2810
红谷滩区	5078	2537	2541	4019	2057	1962	3506	1858	1648
南昌县	12918	6705	6213	8343	4399	3944	9561	4965	4596
安义县	2257	1211	1046	1657	851	806	1802	941	861
进贤县	5671	2895	2776	4499	2211	2288	5492	2744	2748
景德镇市	**14081**	**7194**	**6887**	**11611**	**5859**	**5752**	**12971**	**6685**	**6286**
昌江区	1655	829	826	1314	637	677	1468	769	699
珠山区	3176	1524	1652	2733	1339	1394	2918	1382	1536
浮梁县	2379	1266	1113	1701	893	808	2242	1186	1056
乐平市	6871	3575	3296	5863	2990	2873	6343	3348	2995
萍乡市	**13219**	**6542**	**6677**	**12378**	**6179**	**6199**	**14901**	**7679**	**7222**
安源区	4307	1998	2309	4009	1917	2092	4801	2389	2412
湘东区	2110	1110	1000	2044	1083	961	2621	1406	1215
莲花县	1322	647	675	1315	623	692	1611	797	814
上栗县	3620	1840	1780	3205	1627	1578	3760	2013	1747
芦溪县	1860	947	913	1805	929	876	2108	1074	1034
九江市	**39207**	**19530**	**19677**	**32386**	**16112**	**16274**	**36581**	**18497**	**18084**
濂溪区	3760	1778	1982	2755	1433	1322	2756	1369	1387
浔阳区	3496	1576	1920	2991	1340	1651	3571	1663	1908
柴桑区	3283	1776	1507	2543	1350	1193	2535	1352	1183
武宁县	3163	1572	1591	2467	1202	1265	2368	1203	1165
修水县	5860	2903	2957	4717	2384	2333	5607	2900	2707
永修县	2114	1062	1052	1818	880	938	2352	1202	1150
德安县	1442	706	736	1090	534	556	1342	672	670
都昌县	4966	2526	2440	4511	2230	2281	5156	2546	2610
湖口县	1676	854	822	1394	705	689	1819	911	908
彭泽县	2223	1151	1072	1939	1004	935	2466	1258	1208
瑞昌市	4089	2017	2072	3597	1751	1846	3826	1996	1830
共青城市	1251	620	631	1021	503	518	1020	519	501
庐山市	1884	989	895	1543	796	747	1763	906	857
新余市	**7907**	**3822**	**4085**	**7129**	**3432**	**3697**	**8924**	**4461**	**4463**
渝水区	6147	2989	3158	5580	2652	2928	6954	3450	3504
分宜县	1760	833	927	1549	780	769	1970	1011	959
鹰潭市	**9808**	**4923**	**4885**	**8710**	**4472**	**4238**	**9317**	**4772**	**4545**
月湖区	2529	1197	1332	2141	1027	1114	2146	1075	1071
余江区	3054	1596	1458	2619	1375	1244	2479	1244	1235
贵溪市	4225	2130	2095	3950	2070	1880	4592	2453	2239
赣州市	**74532**	**38150**	**36382**	**59748**	**30365**	**29383**	**72115**	**36614**	**35501**
章贡区	10721	5227	5494	7895	3987	3908	8131	4016	4115
南康区	6704	3462	3242	5440	2782	2658	6924	3540	3384
赣县区	4474	2317	2157	3377	1749	1628	4455	2271	2184
信丰县	5465	2837	2628	3833	1951	1882	5231	2543	2688
大余县	2078	1075	1003	1618	823	795	2273	1182	1091
上犹县	2030	1086	944	1747	848	899	2371	1190	1181
崇义县	1523	784	739	1201	602	599	1609	815	794
安远县	2460	1263	1197	2114	1095	1019	2559	1338	1221
定南县	1766	873	893	1581	805	776	1583	800	783
全南县	1380	721	659	1134	549	585	1383	702	681

1-3 续表 7

单位：人

地区	30-34岁			35-39岁			40-44岁		
	小计	男	女	小计	男	女	小计	男	女
宁都县	7224	3851	3373	5524	2857	2667	6879	3576	3303
于都县	7307	3654	3653	6423	3258	3165	7980	4029	3951
兴国县	5209	2565	2644	4818	2406	2412	5422	2677	2745
会昌县	3378	1740	1638	2736	1429	1307	3484	1801	1683
寻乌县	2300	1214	1086	1989	978	1011	2399	1242	1157
石城县	2612	1388	1224	1807	951	856	2020	1086	934
瑞金市	5358	2790	2568	4283	2175	2108	4785	2479	2306
龙南市	2543	1303	1240	2228	1120	1108	2627	1327	1300
吉安市	**30154**	**14517**	**15637**	**26919**	**12982**	**13937**	**36015**	**17705**	**18310**
吉州区	2974	1393	1581	2571	1202	1369	2988	1420	1568
青原区	1704	788	916	1464	696	768	1703	835	868
吉安县	3376	1641	1735	2856	1371	1485	3655	1774	1881
吉水县	2561	1230	1331	2246	1060	1186	3518	1706	1812
峡江县	1003	484	519	747	379	368	1246	651	595
新干县	2211	1094	1117	1748	841	907	2651	1375	1276
永丰县	2317	1160	1157	1891	930	961	2634	1283	1351
泰和县	3010	1389	1621	2908	1306	1602	3990	1934	2056
遂川县	3607	1820	1787	3217	1662	1555	3951	1952	1999
万安县	1744	879	865	1643	812	831	2191	1081	1110
安福县	1964	875	1089	1819	857	962	2412	1183	1229
永新县	2926	1440	1486	2928	1478	1450	3911	1972	1939
井冈山市	757	324	433	881	388	493	1165	539	626
宜春市	**34700**	**17360**	**17340**	**29636**	**14740**	**14896**	**35487**	**17820**	**17667**
袁州区	8052	3983	4069	6451	3225	3226	7627	3888	3739
奉新县	1760	865	895	1653	812	841	2084	1088	996
万载县	2916	1367	1549	2867	1392	1475	3212	1612	1600
上高县	2481	1237	1244	1993	990	1003	1868	910	958
宜丰县	1522	719	803	1544	770	774	1937	992	945
靖安县	732	367	365	731	343	388	890	440	450
铜鼓县	850	409	441	768	369	399	936	487	449
丰城市	7206	3758	3448	5310	2677	2633	7340	3716	3624
樟树市	3635	1795	1840	3052	1523	1529	3562	1738	1824
高安市	5546	2860	2686	5267	2639	2628	6031	2949	3082
抚州市	**32363**	**16277**	**16086**	**24472**	**12141**	**12331**	**29545**	**15183**	**14362**
临川区	8552	4205	4347	6291	2970	3321	7767	3827	3940
东乡区	3023	1454	1569	2478	1173	1305	2886	1457	1429
南城县	2468	1220	1248	1803	950	853	2338	1178	1160
黎川县	1971	1025	946	1423	716	707	1880	964	916
南丰县	2203	1097	1106	1912	907	1005	2347	1240	1107
崇仁县	3190	1665	1525	2273	1134	1139	2732	1432	1300
乐安县	3110	1573	1537	2283	1198	1085	2569	1400	1169
宜黄县	2156	1136	1020	1611	825	786	2053	1072	981
金溪县	2632	1333	1299	2287	1164	1123	2391	1274	1117
资溪县	943	476	467	731	378	353	912	490	422
广昌县	2115	1093	1022	1380	726	654	1670	849	821
上饶市	**57055**	**29103**	**27952**	**46552**	**23556**	**22996**	**52717**	**26992**	**25725**
信州区	5657	2899	2758	4512	2237	2275	4638	2400	2238
广丰区	7946	4181	3765	5219	2702	2517	5921	3053	2868
广信区	6354	3230	3124	5271	2723	2548	5963	3120	2843
玉山县	3549	1729	1820	2979	1458	1521	3742	1817	1925
铅山县	3349	1708	1641	2704	1394	1310	3196	1651	1545
横峰县	1249	622	627	1334	643	691	1410	735	675
弋阳县	2585	1263	1322	2344	1147	1197	2596	1302	1294
余干县	8033	4160	3873	6360	3298	3062	6718	3499	3219
鄱阳县	10085	5109	4976	8940	4491	4449	10562	5317	5245
万年县	2886	1475	1411	2640	1329	1311	2903	1473	1430
婺源县	3122	1599	1523	2323	1151	1172	2836	1506	1330
德兴市	2240	1128	1112	1926	983	943	2232	1119	1113

1-3 续表 8

单位：人

地区	45-49岁			50-54岁			55-59岁		
	小计	男	女	小计	男	女	小计	男	女
全省	**395195**	**202075**	**193120**	**377324**	**190387**	**186937**	**302886**	**152777**	**150109**
南昌市	**47030**	**24083**	**22947**	**45499**	**22915**	**22584**	**36903**	**18428**	**18475**
东湖区	3336	1615	1721	3269	1594	1675	3162	1591	1571
西湖区	3627	1833	1794	3586	1732	1854	3655	1775	1880
青云谱区	2921	1473	1448	2838	1387	1451	2517	1277	1240
青山湖区	8166	4184	3982	7740	3890	3850	6391	3212	3179
新建区	6281	3273	3008	5857	3048	2809	4270	2211	2059
红谷滩区	3225	1783	1442	2883	1488	1395	2522	1267	1255
南昌县	10791	5510	5281	10779	5417	5362	8054	3923	4131
安义县	2249	1200	1049	2246	1187	1059	1764	956	808
进贤县	6434	3212	3222	6301	3172	3129	4568	2216	2352
景德镇市	**13891**	**7172**	**6719**	**13782**	**6963**	**6819**	**11850**	**6049**	**5801**
昌江区	1646	828	818	1674	853	821	1451	739	712
珠山区	3041	1540	1501	3372	1655	1717	3138	1596	1542
浮梁县	2400	1280	1120	2592	1351	1241	2056	1061	995
乐平市	6804	3524	3280	6144	3104	3040	5205	2653	2552
萍乡市	**15523**	**7949**	**7574**	**15091**	**7758**	**7333**	**12963**	**6635**	**6328**
安源区	4733	2401	2332	4683	2410	2273	4334	2205	2129
湘东区	2796	1481	1315	2745	1414	1331	2345	1233	1112
莲花县	1705	825	880	1687	855	832	1522	769	753
上栗县	4020	2056	1964	3658	1867	1791	2905	1493	1412
芦溪县	2269	1186	1083	2318	1212	1106	1857	935	922
九江市	**41041**	**21008**	**20033**	**40688**	**20680**	**20008**	**33803**	**16998**	**16805**
濂溪区	2993	1467	1526	3026	1532	1494	2550	1295	1255
浔阳区	3893	1941	1952	3465	1760	1705	2987	1478	1509
柴桑区	2727	1445	1282	3000	1554	1446	2462	1239	1223
武宁县	2965	1507	1458	3227	1630	1597	2662	1362	1300
修水县	6318	3319	2999	6378	3295	3083	5269	2688	2581
永修县	2723	1421	1302	2908	1484	1424	2375	1212	1163
德安县	1446	738	708	1411	715	696	1192	609	583
都昌县	5310	2663	2647	4852	2406	2446	4030	1971	2059
湖口县	2216	1127	1089	2050	1023	1027	1790	913	877
彭泽县	3039	1556	1483	3078	1542	1536	2478	1283	1195
瑞昌市	4395	2282	2113	4128	2134	1994	3399	1674	1725
共青城市	1138	586	552	1192	592	600	949	456	493
庐山市	1878	956	922	1973	1013	960	1660	818	842
新余市	**10579**	**5333**	**5246**	**10055**	**5140**	**4915**	**7908**	**3978**	**3930**
渝水区	8163	4105	4058	7686	3922	3764	6073	3080	2993
分宜县	2416	1228	1188	2369	1218	1151	1835	898	937
鹰潭市	**11080**	**5722**	**5358**	**10939**	**5529**	**5410**	**8569**	**4382**	**4187**
月湖区	2459	1275	1184	2355	1116	1239	2102	1043	1059
余江区	3482	1787	1695	3285	1642	1643	2446	1255	1191
贵溪市	5139	2660	2479	5299	2771	2528	4021	2084	1937
赣州市	**82083**	**42184**	**39899**	**74572**	**37655**	**36917**	**56593**	**28537**	**28056**
章贡区	8257	4155	4102	7250	3613	3637	6099	3040	3059
南康区	8361	4271	4090	7586	3822	3764	5125	2626	2499
赣县区	5047	2640	2407	4644	2446	2198	3697	1926	1771
信丰县	6766	3376	3390	6389	3181	3208	4532	2280	2252
大余县	2650	1340	1310	2556	1310	1246	1901	952	949
上犹县	2805	1418	1387	2627	1314	1313	1974	967	1007
崇义县	1913	972	941	1823	927	896	1438	698	740
安远县	2836	1507	1329	2743	1363	1380	2004	999	1005
定南县	1916	1052	864	1790	942	848	1410	747	663
全南县	1831	989	842	1673	826	847	1313	684	629

1-3　续表 9

单位：人

地　区	45–49岁			50–54岁			55–59岁		
	小计	男	女	小计	男	女	小计	男	女
宁都县	7812	4064	3748	6844	3521	3323	5372	2716	2656
于都县	8412	4269	4143	7354	3531	3823	5284	2569	2715
兴国县	6342	3192	3150	5516	2771	2745	4513	2242	2271
会昌县	4135	2120	2015	3691	1853	1838	2492	1254	1238
寻乌县	2519	1377	1142	2379	1282	1097	1826	966	860
石城县	2314	1196	1118	2259	1173	1086	1781	896	885
瑞金市	5358	2785	2573	4708	2361	2347	3587	1805	1782
龙南市	2809	1461	1348	2740	1419	1321	2245	1170	1075
吉安市	**37906**	**18856**	**19050**	**35441**	**17729**	**17712**	**29014**	**14527**	**14487**
吉州区	3109	1494	1615	2877	1429	1448	2456	1186	1270
青原区	1805	897	908	1588	793	795	1303	636	667
吉安县	3749	1815	1934	3393	1706	1687	2633	1322	1311
吉水县	3645	1849	1796	3395	1658	1737	2590	1261	1329
峡江县	1351	661	690	1276	671	605	1090	568	522
新干县	2660	1328	1332	2372	1204	1168	2081	1036	1045
永丰县	3124	1554	1570	2993	1488	1505	2239	1132	1107
泰和县	3774	1838	1936	3450	1677	1773	3017	1501	1516
遂川县	4083	2097	1986	4165	2096	2069	3415	1715	1700
万安县	2383	1180	1203	2282	1132	1150	1804	882	922
安福县	2853	1447	1406	3027	1488	1539	2336	1201	1135
永新县	4073	2072	2001	3412	1775	1637	2944	1513	1431
井冈山市	1297	624	673	1211	612	599	1106	574	532
宜春市	**42331**	**21608**	**20723**	**41915**	**21039**	**20876**	**34458**	**17540**	**16918**
袁州区	8551	4441	4110	8050	4061	3989	6723	3447	3276
奉新县	2296	1153	1143	2227	1105	1122	1888	957	931
万载县	3501	1788	1713	3652	1862	1790	3101	1554	1547
上高县	3069	1529	1540	2992	1494	1498	2526	1301	1225
宜丰县	2334	1197	1137	2473	1261	1212	1963	1022	941
靖安县	1087	569	518	1102	574	528	1002	513	489
铜鼓县	1033	535	498	1103	589	514	890	450	440
丰城市	8862	4496	4366	8958	4392	4566	7383	3663	3720
樟树市	4209	2136	2073	4376	2120	2256	3583	1822	1761
高安市	7389	3764	3625	6982	3581	3401	5399	2811	2588
抚州市	**34518**	**17830**	**16688**	**34245**	**17237**	**17008**	**25480**	**12698**	**12782**
临川区	9027	4630	4397	9278	4548	4730	6883	3354	3529
东乡区	3389	1720	1669	3442	1661	1781	2569	1241	1328
南城县	2801	1398	1403	2795	1355	1440	2083	1050	1033
黎川县	2327	1199	1128	2458	1263	1195	1749	874	875
南丰县	2567	1326	1241	2564	1371	1193	1759	879	880
崇仁县	3159	1686	1473	2950	1478	1472	2183	1078	1105
乐安县	3099	1608	1491	2930	1515	1415	2239	1118	1121
宜黄县	2503	1292	1211	2397	1265	1132	1832	955	877
金溪县	2696	1416	1280	2525	1284	1241	1890	977	913
资溪县	992	508	484	1045	523	522	917	497	420
广昌县	1958	1047	911	1861	974	887	1376	675	701
上饶市	**59213**	**30330**	**28883**	**55097**	**27742**	**27355**	**45345**	**23005**	**22340**
信州区	5023	2572	2451	4532	2300	2232	4074	2063	2011
广丰区	7143	3610	3533	6736	3402	3334	5228	2623	2605
广信区	6476	3353	3123	5706	2895	2811	4613	2349	2264
玉山县	4444	2170	2274	4363	2157	2206	3660	1849	1811
铅山县	3580	1845	1735	3532	1778	1754	2871	1491	1380
横峰县	1561	816	745	1526	784	742	1298	656	642
弋阳县	3112	1622	1490	2848	1451	1397	2546	1266	1280
余干县	7707	3990	3717	6644	3345	3299	5528	2802	2726
鄱阳县	10792	5524	5268	10256	5078	5178	8184	4123	4061
万年县	3526	1762	1764	3205	1609	1596	2484	1230	1254
婺源县	3070	1610	1460	2978	1505	1473	2563	1322	1241
德兴市	2779	1456	1323	2771	1438	1333	2296	1231	1065

1-3 续表 10

单位：人

地区	60-64岁			65-69岁			70-74岁		
	小计	男	女	小计	男	女	小计	男	女
全 省	**232071**	**116855**	**115216**	**207541**	**103224**	**104317**	**142265**	**69606**	**72659**
南昌市	**28875**	**14471**	**14404**	**25167**	**12436**	**12731**	**17646**	**8607**	**9039**
东湖区	2745	1359	1386	2461	1196	1265	1587	752	835
西湖区	3200	1599	1601	2399	1169	1230	1676	833	843
青云谱区	2007	1029	978	1776	842	934	1269	615	654
青山湖区	4670	2329	2341	3829	1878	1951	2583	1222	1361
新建区	3287	1700	1587	2781	1404	1377	2214	1086	1128
红谷滩区	1776	859	917	1474	707	767	800	413	387
南昌县	6503	3266	3237	5671	2828	2843	4044	1955	2089
安义县	1317	688	629	1137	583	554	843	420	423
进贤县	3370	1642	1728	3639	1829	1810	2630	1311	1319
景德镇市	**8563**	**4303**	**4260**	**7242**	**3622**	**3620**	**4899**	**2420**	**2479**
昌江区	1044	543	501	860	439	421	557	268	289
珠山区	2232	1114	1118	1770	912	858	1053	536	517
浮梁县	1437	752	685	1222	632	590	814	413	401
乐平市	3850	1894	1956	3390	1639	1751	2475	1203	1272
萍乡市	**10563**	**5306**	**5257**	**9967**	**4941**	**5026**	**6114**	**2992**	**3122**
安源区	3140	1572	1568	2788	1318	1470	1607	789	818
湘东区	2161	1081	1080	2036	1036	1000	1161	562	599
莲花县	1290	637	653	1359	653	706	824	379	445
上栗县	2373	1207	1166	2238	1146	1092	1480	733	747
芦溪县	1599	809	790	1546	788	758	1042	529	513
九江市	**24317**	**12339**	**11978**	**22258**	**11381**	**10877**	**15821**	**7857**	**7964**
濂溪区	1707	865	842	1481	731	750	1068	545	523
浔阳区	2070	1050	1020	1885	934	951	1370	665	705
柴桑区	1661	836	825	1570	854	716	1061	507	554
武宁县	2074	1085	989	1680	878	802	1109	541	568
修水县	4060	2070	1990	3358	1768	1590	2433	1250	1183
永修县	1697	873	824	1608	787	821	1149	563	586
德安县	805	392	413	729	389	340	499	238	261
都昌县	3283	1610	1673	3215	1657	1558	2321	1155	1166
湖口县	1296	678	618	1346	657	689	1087	527	560
彭泽县	1661	844	817	1687	837	850	1210	615	595
瑞昌市	2300	1148	1152	2009	1023	986	1393	696	697
共青城市	574	309	265	529	284	245	304	140	164
庐山市	1129	579	550	1161	582	579	817	415	402
新余市	**6213**	**3086**	**3127**	**5344**	**2533**	**2811**	**3628**	**1789**	**1839**
渝水区	4535	2247	2288	4070	1920	2150	2652	1311	1341
分宜县	1678	839	839	1274	613	661	976	478	498
鹰潭市	**6597**	**3329**	**3268**	**5785**	**2887**	**2898**	**3952**	**1903**	**2049**
月湖区	1478	737	741	1239	642	597	775	369	406
余江区	1961	977	984	1844	908	936	1211	572	639
贵溪市	3158	1615	1543	2702	1337	1365	1966	962	1004
赣州市	**42555**	**21472**	**21083**	**38563**	**18933**	**19630**	**26065**	**12428**	**13637**
章贡区	4585	2329	2256	4286	2110	2176	2732	1319	1413
南康区	3534	1780	1754	3732	1828	1904	2428	1138	1290
赣县区	2557	1260	1297	2511	1255	1256	1856	865	991
信丰县	3390	1698	1692	2780	1366	1414	1794	844	950
大余县	1453	718	735	1307	589	718	814	394	420
上犹县	1401	704	697	1444	702	742	924	435	489
崇义县	1009	521	488	883	441	442	606	291	315
安远县	1603	757	846	1333	618	715	863	381	482
定南县	962	488	474	934	472	462	540	255	285
全南县	1006	494	512	856	423	433	467	221	246

1–3　续表 11

单位：人

地　　区	60–64岁			65–69岁			70–74岁		
	小计	男	女	小计	男	女	小计	男	女
宁都县	4018	2037	1981	3339	1641	1698	2316	1129	1187
于都县	4529	2268	2261	4163	2086	2077	2775	1318	1457
兴国县	3523	1815	1708	3148	1604	1544	2416	1175	1241
会昌县	1898	963	935	1885	908	977	1373	673	700
寻乌县	1297	705	592	1062	485	577	672	312	360
石城县	1315	658	657	1084	511	573	858	428	430
瑞金市	2854	1434	1420	2413	1192	1221	1728	852	876
龙南市	1621	843	778	1403	702	701	903	398	505
吉安市	**23446**	**11778**	**11668**	**20445**	**10077**	**10368**	**13921**	**6715**	**7206**
吉州区	2000	1017	983	1699	846	853	1183	561	622
青原区	1024	511	513	957	482	475	623	296	327
吉安县	2218	1097	1121	1947	934	1013	1342	640	702
吉水县	2377	1209	1168	2036	999	1037	1482	731	751
峡江县	779	388	391	644	331	313	482	228	254
新干县	1653	797	856	1338	652	686	815	387	428
永丰县	1873	941	932	1580	763	817	1095	539	556
泰和县	2501	1261	1240	2150	1041	1109	1550	722	828
遂川县	2503	1236	1267	2266	1150	1116	1433	684	749
万安县	1390	690	700	1193	603	590	807	402	405
安福县	1904	987	917	1658	818	840	1181	604	577
永新县	2422	1230	1192	2334	1149	1185	1437	691	746
井冈山市	802	414	388	643	309	334	491	230	261
宜春市	**27511**	**13864**	**13647**	**23813**	**11914**	**11899**	**16104**	**7919**	**8185**
袁州区	5435	2738	2697	4791	2428	2363	3077	1517	1560
奉新县	1540	781	759	1398	714	684	961	504	457
万载县	2405	1233	1172	1982	996	986	1367	667	700
上高县	1990	1015	975	1479	719	760	944	458	486
宜丰县	1416	693	723	1332	670	662	864	475	389
靖安县	793	423	370	627	313	314	468	244	224
铜鼓县	624	333	291	485	262	223	375	175	200
丰城市	5830	2856	2974	5256	2620	2636	3771	1783	1988
樟树市	3044	1502	1542	2674	1300	1374	1696	829	867
高安市	4434	2290	2144	3789	1892	1897	2581	1267	1314
抚州市	**17893**	**8880**	**9013**	**16601**	**8198**	**8403**	**12037**	**5888**	**6149**
临川区	4791	2346	2445	4933	2410	2523	3500	1775	1725
东乡区	2160	1074	1086	1920	924	996	1336	649	687
南城县	1398	688	710	1321	670	651	1030	491	539
黎川县	1044	539	505	1016	519	497	885	431	454
南丰县	1207	600	607	1163	556	607	912	458	454
崇仁县	1616	786	830	1458	710	748	944	457	487
乐安县	1442	716	726	1312	662	650	968	440	528
宜黄县	1154	597	557	941	484	457	634	312	322
金溪县	1410	707	703	1267	644	623	791	374	417
资溪县	613	296	317	475	232	243	354	182	172
广昌县	1058	531	527	795	387	408	683	319	364
上饶市	**35538**	**18027**	**17511**	**32356**	**16302**	**16054**	**22078**	**11088**	**10990**
信州区	3087	1549	1538	2546	1302	1244	1668	829	839
广丰区	4214	2189	2025	3845	2001	1844	2544	1270	1274
广信区	3759	1907	1852	3308	1640	1668	2265	1150	1115
玉山县	3002	1489	1513	3082	1576	1506	1998	1016	982
铅山县	2248	1155	1093	2004	979	1025	1330	655	675
横峰县	1141	576	565	920	453	467	710	367	343
弋阳县	2134	1079	1055	1794	908	886	1180	593	587
余干县	4068	2031	2037	4093	2024	2069	2731	1360	1371
鄱阳县	6255	3199	3056	5724	2866	2858	4123	2109	2014
万年县	2041	1036	1005	1769	916	853	1244	620	624
婺源县	1993	1014	979	1873	931	942	1217	622	595
德兴市	1596	803	793	1398	706	692	1068	497	571

1-3 续表 12

单位：人

地 区	75-79岁			80-84岁			85-89岁		
	小计	男	女	小计	男	女	小计	男	女
全 省	**83967**	**39582**	**44385**	**57549**	**25522**	**32027**	**27285**	**10847**	**16438**
南昌市	**10324**	**4951**	**5373**	**7102**	**3266**	**3836**	**3811**	**1526**	**2285**
东湖区	1103	512	591	855	363	492	492	217	275
西湖区	1052	462	590	787	367	420	422	176	246
青云谱区	823	376	447	636	305	331	261	103	158
青山湖区	1519	739	780	1128	523	605	501	219	282
新建区	1349	670	679	749	366	383	445	177	268
红谷滩区	415	206	209	239	123	116	121	53	68
南昌县	2343	1128	1215	1530	673	857	812	302	510
安义县	461	231	230	252	121	131	168	84	84
进贤县	1259	627	632	926	425	501	589	195	394
景德镇市	**2595**	**1212**	**1383**	**1821**	**816**	**1005**	**792**	**322**	**470**
昌江区	322	146	176	233	111	122	93	28	65
珠山区	664	293	371	547	242	305	255	121	134
浮梁县	428	216	212	275	129	146	144	57	87
乐平市	1181	557	624	766	334	432	300	116	184
萍乡市	**3774**	**1748**	**2026**	**2648**	**1207**	**1441**	**1175**	**526**	**649**
安源区	1055	438	617	762	355	407	337	139	198
湘东区	746	337	409	496	221	275	257	120	137
莲花县	545	255	290	414	172	242	159	64	95
上栗县	860	431	429	616	272	344	253	129	124
芦溪县	568	287	281	360	187	173	169	74	95
九江市	**9770**	**4609**	**5161**	**5441**	**2484**	**2957**	**2787**	**1149**	**1638**
濂溪区	665	325	340	364	173	191	190	93	97
浔阳区	901	413	488	630	305	325	282	140	142
柴桑区	727	342	385	346	164	182	195	78	117
武宁县	685	307	378	407	186	221	241	93	148
修水县	1538	702	836	948	441	507	371	166	205
永修县	837	404	433	368	159	209	236	93	143
德安县	335	159	176	182	88	94	108	54	54
都昌县	1105	533	572	666	277	389	370	134	236
湖口县	572	283	289	242	97	145	125	37	88
彭泽县	734	329	405	414	183	231	210	70	140
瑞昌市	974	464	510	492	233	259	253	107	146
共青城市	207	102	105	109	52	57	49	17	32
庐山市	490	246	244	273	126	147	157	67	90
新余市	**2302**	**1117**	**1185**	**1568**	**685**	**883**	**825**	**348**	**477**
渝水区	1712	819	893	1186	521	665	580	246	334
分宜县	590	298	292	382	164	218	245	102	143
鹰潭市	**2109**	**997**	**1112**	**1548**	**715**	**833**	**699**	**290**	**409**
月湖区	447	206	241	329	148	181	160	73	87
余江区	644	303	341	451	202	249	205	77	128
贵溪市	1018	488	530	768	365	403	334	140	194
赣州市	**16283**	**7406**	**8877**	**11852**	**4771**	**7081**	**5130**	**1881**	**3249**
章贡区	1691	776	915	1144	502	642	541	210	331
南康区	1482	673	809	1014	358	656	497	141	356
赣县区	1126	560	566	691	282	409	261	98	163
信丰县	1162	480	682	773	278	495	333	110	223
大余县	492	218	274	371	141	230	196	86	110
上犹县	582	274	308	506	200	306	218	76	142
崇义县	363	164	199	287	122	165	131	50	81
安远县	555	257	298	426	167	259	170	54	116
定南县	316	123	193	271	103	168	129	45	84
全南县	319	137	182	290	111	179	146	52	94

1-3 续表 13

单位：人

地区	75-79岁			80-84岁			85-89岁		
	小计	男	女	小计	男	女	小计	男	女
宁都县	1443	668	775	1037	457	580	374	168	206
于都县	1760	776	984	1292	499	793	538	192	346
兴国县	1523	706	817	1044	467	577	451	172	279
会昌县	791	364	427	605	251	354	208	75	133
寻乌县	483	225	258	463	193	270	212	74	138
石城县	540	253	287	395	159	236	152	65	87
瑞金市	1078	501	577	855	363	492	331	142	189
龙南市	577	251	326	388	118	270	242	71	171
吉安市	**9171**	**4212**	**4959**	**6498**	**2781**	**3717**	**2686**	**977**	**1709**
吉州区	751	384	367	511	199	312	223	86	137
青原区	361	171	190	251	102	149	108	38	70
吉安县	841	395	446	521	216	305	237	78	159
吉水县	980	444	536	611	240	371	276	107	169
峡江县	318	155	163	256	114	142	129	48	81
新干县	511	228	283	401	180	221	199	70	129
永丰县	826	363	463	572	271	301	188	69	119
泰和县	911	393	518	609	237	372	255	86	169
遂川县	988	468	520	700	302	398	259	91	168
万安县	543	254	289	450	210	240	170	72	98
安福县	816	377	439	614	298	316	226	93	133
永新县	971	425	546	754	305	449	324	106	218
井冈山市	354	155	199	248	107	141	92	33	59
宜春市	**9276**	**4382**	**4894**	**6213**	**2753**	**3460**	**3372**	**1326**	**2046**
袁州区	1885	922	963	1383	608	775	597	263	334
奉新县	504	240	264	235	116	119	174	76	98
万载县	760	358	402	560	254	306	237	99	138
上高县	616	269	347	442	205	237	239	74	165
宜丰县	524	246	278	393	195	198	192	95	97
靖安县	231	108	123	160	68	92	116	42	74
铜鼓县	252	117	135	178	81	97	68	23	45
丰城市	2229	1020	1209	1483	628	855	905	332	573
樟树市	908	426	482	617	275	342	379	141	238
高安市	1367	676	691	762	323	439	465	181	284
抚州市	**6458**	**3110**	**3348**	**4612**	**2115**	**2497**	**2126**	**857**	**1269**
临川区	1786	867	919	1365	650	715	719	292	427
东乡区	736	340	396	463	218	245	257	103	154
南城县	513	243	270	272	119	153	132	44	88
黎川县	453	232	221	277	116	161	117	55	62
南丰县	485	226	259	348	164	184	112	45	67
崇仁县	508	239	269	405	195	210	199	77	122
乐安县	637	324	313	447	223	224	177	66	111
宜黄县	361	162	199	271	118	153	111	51	60
金溪县	383	197	186	272	119	153	133	51	82
资溪县	197	86	111	166	67	99	84	39	45
广昌县	399	194	205	326	126	200	85	34	51
上饶市	**11905**	**5838**	**6067**	**8246**	**3929**	**4317**	**3882**	**1645**	**2237**
信州区	932	471	461	684	304	380	373	161	212
广丰区	1299	646	653	955	502	453	516	226	290
广信区	1300	664	636	873	423	450	280	136	144
玉山县	1033	524	509	795	394	401	345	140	205
铅山县	758	382	376	560	276	284	159	71	88
横峰县	440	206	234	266	121	145	86	39	47
弋阳县	725	348	377	509	247	262	202	86	116
余干县	1498	714	784	1071	494	577	625	237	388
鄱阳县	2057	994	1063	1216	541	675	744	327	417
万年县	658	304	354	497	233	264	184	74	110
婺源县	607	294	313	428	203	225	197	80	117
德兴市	598	291	307	392	191	201	171	68	103

1-3 续表 14

单位：人

地区	90-94岁			95-99岁			100岁及以上		
	小计	男	女	小计	男	女	小计	男	女
全省	**8343**	**3095**	**5248**	**1796**	**541**	**1255**	**184**	**51**	**133**
南昌市	**1273**	**473**	**800**	**244**	**78**	**166**	**25**	**5**	**20**
东湖区	183	83	100	23	5	18	4	1	3
西湖区	143	55	88	29	13	16	2	1	1
青云谱区	79	33	46	14	5	9	1		1
青山湖区	139	56	83	30	14	16	3	1	2
新建区	172	63	109	41	12	29	7	1	6
红谷滩区	57	18	39	9	2	7	4		4
南昌县	271	85	186	50	13	37	1		1
安义县	59	21	38	8	3	5	1		1
进贤县	170	59	111	40	11	29	2	1	1
景德镇市	**192**	**75**	**117**	**35**	**12**	**23**	**5**	**1**	**4**
昌江区	23	13	10	7	1	6	2		2
珠山区	59	16	43	15	7	8	2	1	1
浮梁县	37	13	24	2		2	1		1
乐平市	73	33	40	11	4	7			
萍乡市	**399**	**177**	**222**	**71**	**18**	**53**	**11**	**4**	**7**
安源区	105	50	55	11	2	9	1	1	
湘东区	94	45	49	19	4	15	3	1	2
莲花县	46	19	27	10	3	7	1		1
上栗县	90	39	51	23	9	14	5	2	3
芦溪县	64	24	40	8		8	1		1
九江市	**879**	**340**	**539**	**178**	**46**	**132**	**19**	**7**	**12**
濂溪区	59	24	35	6	1	5			
浔阳区	78	40	38	11	6	5	5	1	4
柴桑区	58	13	45	8	1	7			
武宁县	88	43	45	14	4	10	1	1	
修水县	111	48	63	33	8	25	2	1	1
永修县	97	36	61	15	5	10	1	1	
德安县	26	8	18	5	1	4	1		1
都昌县	128	37	91	28	7	21	2		2
湖口县	40	13	27	13	1	12	2	1	1
彭泽县	48	16	32	8	1	7	1		1
瑞昌市	87	40	47	19	5	14	2	1	1
共青城市	13	5	8	4	2	2	1		1
庐山市	46	17	29	14	4	10	1	1	
新余市	**226**	**94**	**132**	**41**	**17**	**24**	**3**	**1**	**2**
渝水区	170	67	103	32	13	19	2		2
分宜县	56	27	29	9	4	5	1	1	
鹰潭市	**186**	**75**	**111**	**37**	**11**	**26**	**3**		**3**
月湖区	51	25	26	6	1	5			
余江区	55	16	39	11	3	8	1		1
贵溪市	80	34	46	20	7	13	2		2
赣州市	**1633**	**547**	**1086**	**386**	**108**	**278**	**43**	**8**	**35**
章贡区	200	58	142	32	14	18	2	1	1
南康区	181	52	129	35	4	31	5		5
赣县区	76	29	47	25	5	20	2		2
信丰县	98	26	72	26	3	23	1		1
大余县	58	23	35	12	5	7	2	1	1
上犹县	57	18	39	10	5	5	1	1	
崇义县	32	13	19	9	6	3			
安远县	54	17	37	15	2	13	1		1
定南县	40	5	35	7	4	3	2	1	1
全南县	48	21	27	6	5	1	3		3

1-3 续表 15

单位：人

地区	90-94岁			95-99岁			100岁及以上		
	小计	男	女	小计	男	女	小计	男	女
宁都县	122	47	75	29	10	19	5	1	4
于都县	188	68	120	52	17	35	2		2
兴国县	136	48	88	31	7	24	8	1	7
会昌县	68	25	43	18	5	13	1		1
寻乌县	55	25	30	15	5	10	3	1	2
石城县	46	20	26	6	1	5			
瑞金市	126	39	87	33	10	23	3	1	2
龙南市	48	13	35	25		25	2		2
吉安市	**757**	**286**	**471**	**198**	**50**	**148**	**14**	**5**	**9**
吉州区	73	31	42	23	8	15	1		1
青原区	25	11	14	13	5	8			
吉安县	61	19	42	21	5	16	2		2
吉水县	72	27	45	18	5	13			
峡江县	34	14	20	9	3	6	1		1
新干县	61	28	33	11	1	10	1		1
永丰县	26	8	18	8	1	7			
泰和县	85	32	53	24	8	16	2	2	
遂川县	99	39	60	13		13	1	1	
万安县	60	15	45	11	4	7	1		1
安福县	68	32	36	16	4	12	1		1
永新县	78	25	53	23	4	19	2	1	1
井冈山市	15	5	10	8	2	6	2	1	1
宜春市	**1113**	**402**	**711**	**238**	**78**	**160**	**27**	**11**	**16**
袁州区	201	77	124	54	22	32	4	2	2
奉新县	79	29	50	10	5	5	1		1
万载县	70	31	39	20	6	14	2	2	
上高县	58	26	32	14	4	10	1	1	
宜丰县	55	24	31	17	6	11	5	1	4
靖安县	38	17	21	11	3	8	2	1	1
铜鼓县	24	16	8	6	5	1			
丰城市	298	80	218	60	10	50	9	2	7
樟树市	131	48	83	15	3	12	2	2	
高安市	159	54	105	31	14	17	1		1
抚州市	**541**	**191**	**350**	**108**	**32**	**76**	**10**	**2**	**8**
临川区	197	64	133	46	17	29	2	1	1
东乡区	60	17	43	9	3	6			
南城县	35	13	22	7	1	6	1		1
黎川县	30	14	16	5	2	3	3	1	2
南丰县	22	12	10	5	1	4	1		1
崇仁县	61	19	42	11	2	9			
乐安县	45	14	31	5	1	4			
宜黄县	23	8	15	2		2			
金溪县	33	15	18	7	1	6			
资溪县	12	4	8	6	2	4	3		3
广昌县	23	11	12	5	2	3			
上饶市	**1144**	**435**	**709**	**260**	**91**	**169**	**24**	**7**	**17**
信州区	102	41	61	19	9	10	2	2	
广丰区	179	70	109	40	11	29	1		1
广信区	116	46	70	28	14	14	3		3
玉山县	105	46	59	18	6	12	2		2
铅山县	52	21	31	15	7	8	1	1	
横峰县	21	8	13	4	1	3	1		1
弋阳县	47	24	23	13	8	5	2	1	1
余干县	175	54	121	49	14	35	4	2	2
鄱阳县	203	66	137	46	13	33	5		5
万年县	41	16	25	11	1	10	1		1
婺源县	53	19	34	6	2	4	2	1	1
德兴市	50	24	26	11	5	6			

1-3a 各地区分年龄、性别的人口(城市)

单位：人

地 区	合计			0岁		
	合计	男	女	小计	男	女
全 省	**1341561**	**680729**	**660832**	**8893**	**4826**	**4067**
南昌市	**332892**	**171293**	**161599**	**2089**	**1098**	**991**
东湖区	39817	19515	20302	212	113	99
西湖区	48405	24112	24293	332	171	161
青云谱区	33749	17151	16598	213	100	113
青山湖区	113295	59522	53773	692	363	329
新建区	41174	21730	19444	275	144	131
红谷滩区	55870	28951	26919	363	206	157
南昌县	582	312	270	2	1	1
安义县						
进贤县						
景德镇市	**74488**	**37978**	**36510**	**509**	**263**	**246**
昌江区	13817	7009	6808	93	47	46
珠山区	35852	18091	17761	258	137	121
浮梁县	1985	1070	915	15	6	9
乐平市	22834	11808	11026	143	73	70
萍乡市	**62924**	**31346**	**31578**	**437**	**226**	**211**
安源区	48708	24063	24645	346	173	173
湘东区	13582	6957	6625	88	51	37
莲花县						
上栗县	634	326	308	3	2	1
芦溪县						
九江市	**122249**	**61106**	**61143**	**714**	**397**	**317**
濂溪区	31644	15860	15784	190	111	79
浔阳区	42595	20948	21647	245	134	111
柴桑区	10899	5670	5229	73	40	33
武宁县						
修水县						
永修县						
德安县						
都昌县						
湖口县						
彭泽县						
瑞昌市	15070	7657	7413	85	48	37
共青城市	13519	6557	6962	41	21	20
庐山市	8522	4414	4108	80	43	37
新余市	**65791**	**34084**	**31707**	**402**	**221**	**181**
渝水区	65791	34084	31707	402	221	181
分宜县						
鹰潭市	**59710**	**30377**	**29333**	**402**	**225**	**177**
月湖区	27171	13777	13394	193	103	90
余江区	11002	5592	5410	80	43	37
贵溪市	21537	11008	10529	129	79	50
赣州市	**205420**	**104017**	**101403**	**1342**	**749**	**593**
章贡区	98858	49473	49385	729	409	320
南康区	41859	21670	20189	186	102	84
赣县区	20522	10441	10081	125	65	60
信丰县						
大余县						
上犹县						
崇义县						
安远县						
定南县						
全南县						

1-3a 续表 1

单位：人

地区	合计			0岁		
	合计	男	女	小计	男	女
宁都县						
于都县						
兴国县						
会昌县						
寻乌县	111	55	56	1	1	
石城县						
瑞金市	26088	13321	12767	188	110	78
龙南市	17982	9057	8925	113	62	51
吉安市	**45708**	**22799**	**22909**	**343**	**184**	**159**
吉州区	29912	14942	14970	222	125	97
青原区	11474	5741	5733	88	43	45
吉安县						
吉水县						
峡江县						
新干县						
永丰县						
泰和县						
遂川县						
万安县						
安福县						
永新县						
井冈山市	4322	2116	2206	33	16	17
宜春市	**151555**	**77258**	**74297**	**1050**	**588**	**462**
袁州区	66141	33023	33118	491	275	216
奉新县						
万载县						
上高县						
宜丰县						
靖安县						
铜鼓县						
丰城市	35743	18728	17015	262	147	115
樟树市	23375	11809	11566	131	71	60
高安市	26296	13698	12598	166	95	71
抚州市	**74408**	**36500**	**37908**	**525**	**288**	**237**
临川区	55274	26960	28314	387	218	169
东乡区	19134	9540	9594	138	70	68
南城县						
黎川县						
南丰县						
崇仁县						
乐安县						
宜黄县						
金溪县						
资溪县						
广昌县						
上饶市	**146416**	**73971**	**72445**	**1080**	**587**	**493**
信州区	45428	22339	23089	292	171	121
广丰区	41524	20934	20590	327	179	148
广信区	37264	19219	18045	288	140	148
玉山县						
铅山县	283	150	133	1	1	
横峰县						
弋阳县						
余干县	3837	2024	1813	41	18	23
鄱阳县	219	119	100	1		1
万年县						
婺源县						
德兴市	17861	9186	8675	130	78	52

1-3a 续表 2

单位：人

地 区	1-4岁			5-9岁			10-14岁		
	小计	男	女	小计	男	女	小计	男	女
全 省	**63221**	**34451**	**28770**	**91049**	**49798**	**41251**	**90453**	**49452**	**41001**
南昌市	**14984**	**8138**	**6846**	**19399**	**10392**	**9007**	**17485**	**9436**	**8049**
东湖区	1461	800	661	1839	963	876	1902	1025	877
西湖区	2143	1149	994	2877	1526	1351	2486	1310	1176
青云谱区	1348	726	622	1699	904	795	1734	908	826
青山湖区	5061	2770	2291	6414	3434	2980	5519	3012	2507
新建区	2278	1222	1056	3336	1797	1539	3365	1843	1522
红谷滩区	2668	1454	1214	3201	1748	1453	2441	1317	1124
南昌县	25	17	8	33	20	13	38	21	17
安义县									
进贤县									
景德镇市	**3214**	**1728**	**1486**	**4868**	**2642**	**2226**	**5149**	**2930**	**2219**
昌江区	633	334	299	925	480	445	868	477	391
珠山区	1476	795	681	1969	1054	915	2069	1150	919
浮梁县	95	47	48	135	76	59	144	85	59
乐平市	1010	552	458	1839	1032	807	2068	1218	850
萍乡市	**2718**	**1392**	**1326**	**3917**	**2020**	**1897**	**3538**	**1817**	**1721**
安源区	2161	1096	1065	2988	1565	1423	2644	1359	1285
湘东区	516	274	242	884	434	450	849	434	415
莲花县									
上栗县	41	22	19	45	21	24	45	24	21
芦溪县									
九江市	**5334**	**2925**	**2409**	**7680**	**4259**	**3421**	**7695**	**4194**	**3501**
濂溪区	1334	720	614	1865	1026	839	1496	809	687
浔阳区	1859	1032	827	2453	1348	1105	2477	1345	1132
柴桑区	540	311	229	803	441	362	893	481	412
武宁县									
修水县									
永修县									
德安县									
都昌县									
湖口县									
彭泽县									
瑞昌市	720	380	340	1131	637	494	1252	694	558
共青城市	432	231	201	728	406	322	832	468	364
庐山市	449	251	198	700	401	299	745	397	348
新余市	**3441**	**1958**	**1483**	**4832**	**2819**	**2013**	**5137**	**2983**	**2154**
渝水区	3441	1958	1483	4832	2819	2013	5137	2983	2154
分宜县									
鹰潭市	**2662**	**1461**	**1201**	**4284**	**2438**	**1846**	**4944**	**2686**	**2258**
月湖区	1270	700	570	1971	1117	854	2140	1148	992
余江区	481	261	220	821	468	353	1043	561	482
贵溪市	911	500	411	1492	853	639	1761	977	784
赣州市	**9972**	**5448**	**4524**	**14211**	**7731**	**6480**	**14085**	**7602**	**6483**
章贡区	4918	2710	2208	6541	3549	2992	5640	2971	2669
南康区	1685	920	765	2958	1643	1315	3273	1872	1401
赣县区	988	507	481	1380	745	635	1556	811	745
信丰县									
大余县									
上犹县									
崇义县									
安远县									
定南县									
全南县									

1-3a　续表 3

单位：人

地　区	1-4岁			5-9岁			10-14岁		
	小计	男	女	小计	男	女	小计	男	女
宁都县									
于都县									
兴国县									
会昌县									
寻乌县	7	5	2	10	6	4	10	4	6
石城县									
瑞金市	1400	779	621	1988	1067	921	2322	1251	1071
龙南市	974	527	447	1334	721	613	1284	693	591
吉安市	**2528**	**1390**	**1138**	**3589**	**1969**	**1620**	**3510**	**1948**	**1562**
吉州区	1642	905	737	2169	1182	987	2010	1107	903
青原区	639	352	287	1050	598	452	1029	580	449
吉安县									
吉水县									
峡江县									
新干县									
永丰县									
泰和县									
遂川县									
万安县									
安福县									
永新县									
井冈山市	247	133	114	370	189	181	471	261	210
宜春市	**7701**	**4253**	**3448**	**11965**	**6656**	**5309**	**12042**	**6725**	**5317**
袁州区	3402	1819	1583	5208	2827	2381	5336	2855	2481
奉新县									
万载县									
上高县									
宜丰县									
靖安县									
铜鼓县									
丰城市	1674	944	730	2641	1489	1152	2761	1586	1175
樟树市	1191	661	530	1928	1061	867	1770	992	778
高安市	1434	829	605	2188	1279	909	2175	1292	883
抚州市	**3787**	**2068**	**1719**	**6366**	**3522**	**2844**	**6211**	**3473**	**2738**
临川区	2794	1532	1262	4524	2512	2012	4317	2425	1892
东乡区	993	536	457	1842	1010	832	1894	1048	846
南城县									
黎川县									
南丰县									
崇仁县									
乐安县									
宜黄县									
金溪县									
资溪县									
广昌县									
上饶市	**6880**	**3690**	**3190**	**9938**	**5350**	**4588**	**10657**	**5658**	**4999**
信州区	1898	991	907	2467	1340	1127	2358	1242	1116
广丰区	2264	1250	1014	3279	1725	1554	3515	1855	1660
广信区	1732	916	816	2658	1451	1207	3079	1657	1422
玉山县									
铅山县	13	9	4	23	11	12	27	11	16
横峰县									
弋阳县									
余干县	219	114	105	380	196	184	378	223	155
鄱阳县	19	12	7	20	11	9	22	13	9
万年县									
婺源县									
德兴市	735	398	337	1111	616	495	1278	657	621

1-3a 续表 4

单位：人

地区	15-19岁			20-24岁			25-29岁		
	小计	男	女	小计	男	女	小计	男	女
全 省	**122990**	**65085**	**57905**	**102855**	**52838**	**50017**	**84224**	**42002**	**42222**
南昌市	**32382**	**17774**	**14608**	**36496**	**19637**	**16859**	**24295**	**12604**	**11691**
东湖区	1939	988	951	3055	1468	1587	2726	1400	1326
西湖区	2224	1201	1023	2913	1453	1460	3193	1573	1620
青云谱区	2034	1143	891	1899	1063	836	2165	1123	1042
青山湖区	14699	8313	6386	14779	8282	6497	8453	4509	3944
新建区	3757	2134	1623	3293	1823	1470	3495	1842	1653
红谷滩区	7677	3969	3708	10518	5525	4993	4220	2127	2093
南昌县	52	26	26	39	23	16	43	30	13
安义县									
进贤县									
景德镇市	**4436**	**2547**	**1889**	**3534**	**1854**	**1680**	**4804**	**2318**	**2486**
昌江区	653	391	262	618	312	306	953	445	508
珠山区	1867	1061	806	1718	912	806	2345	1112	1233
浮梁县	90	49	41	79	43	36	155	83	72
乐平市	1826	1046	780	1119	587	532	1351	678	673
萍乡市	**5217**	**2760**	**2457**	**3361**	**1671**	**1690**	**3138**	**1550**	**1588**
安源区	4176	2211	1965	2731	1323	1408	2411	1160	1251
湘东区	1025	540	485	597	330	267	684	366	318
莲花县									
上栗县	16	9	7	33	18	15	43	24	19
芦溪县									
九江市	**10824**	**5488**	**5336**	**12175**	**5858**	**6317**	**6707**	**3224**	**3483**
濂溪区	3042	1539	1503	4036	2051	1985	1946	919	1027
浔阳区	3172	1504	1668	2567	1204	1363	2333	1142	1191
柴桑区	737	441	296	509	276	233	640	317	323
武宁县									
修水县									
永修县									
德安县									
都昌县									
湖口县									
彭泽县									
瑞昌市	1401	770	631	589	303	286	821	399	422
共青城市	1569	709	860	4009	1789	2220	526	240	286
庐山市	903	525	378	465	235	230	441	207	234
新余市	**5706**	**3274**	**2432**	**3755**	**2087**	**1668**	**3279**	**1616**	**1663**
渝水区	5706	3274	2432	3755	2087	1668	3279	1616	1663
分宜县									
鹰潭市	**4636**	**2525**	**2111**	**2579**	**1324**	**1255**	**3148**	**1559**	**1589**
月湖区	1653	895	758	1144	588	556	1493	750	743
余江区	1066	616	450	516	262	254	581	283	298
贵溪市	1917	1014	903	919	474	445	1074	526	548
赣州市	**19760**	**10183**	**9577**	**15753**	**7982**	**7771**	**14020**	**7072**	**6948**
章贡区	10620	5246	5374	9559	4732	4827	6598	3294	3304
南康区	3671	2033	1638	2539	1291	1248	3050	1575	1475
赣县区	1729	950	779	1230	665	565	1542	753	789
信丰县									
大余县									
上犹县									
崇义县									
安远县									
定南县									
全南县									

1-3a 续表 5

单位：人

地区	15-19岁			20-24岁			25-29岁		
	小计	男	女	小计	男	女	小计	男	女
宁都县									
于都县									
兴国县									
会昌县									
寻乌县	2	1	1	5	2	3	7	4	3
石城县									
瑞金市	2384	1268	1116	1681	880	801	1640	852	788
龙南市	1354	685	669	739	412	327	1183	594	589
吉安市	**3532**	**1935**	**1597**	**2686**	**1318**	**1368**	**2485**	**1164**	**1321**
吉州区	2344	1300	1044	1267	642	625	1614	751	863
青原区	852	438	414	1300	622	678	699	344	355
吉安县									
吉水县									
峡江县									
新干县									
永丰县									
泰和县									
遂川县									
万安县									
安福县									
永新县									
井冈山市	336	197	139	119	54	65	172	69	103
宜春市	**16213**	**8801**	**7412**	**8262**	**4123**	**4139**	**8885**	**4337**	**4548**
袁州区	7675	3738	3937	4062	1902	2160	3866	1813	2053
奉新县									
万载县									
上高县									
宜丰县									
靖安县									
铜鼓县									
丰城市	3843	2311	1532	1998	1070	928	2263	1167	1096
樟树市	1987	1072	915	1143	581	562	1336	653	683
高安市	2708	1680	1028	1059	570	489	1420	704	716
抚州市	**6480**	**3205**	**3275**	**5077**	**2431**	**2646**	**4058**	**1855**	**2203**
临川区	5372	2596	2776	4208	1979	2229	3058	1387	1671
东乡区	1108	609	499	869	452	417	1000	468	532
南城县									
黎川县									
南丰县									
崇仁县									
乐安县									
宜黄县									
金溪县									
资溪县									
广昌县									
上饶市	**13804**	**6593**	**7211**	**9177**	**4553**	**4624**	**9405**	**4703**	**4702**
信州区	3278	1247	2031	3427	1471	1956	3094	1523	1571
广丰区	4510	2147	2363	2615	1378	1237	2808	1400	1408
广信区	4093	2178	1915	2220	1184	1036	2480	1247	1233
玉山县									
铅山县	14	8	6	15	10	5	12	8	4
横峰县									
弋阳县									
余干县	232	128	104	194	122	72	263	140	123
鄱阳县	16	11	5	13	8	5	11	7	4
万年县									
婺源县									
德兴市	1661	874	787	693	380	313	737	378	359

1-3a 续表 6

单位：人

地 区	30-34岁			35-39岁			40-44岁		
	小计	男	女	小计	男	女	小计	男	女
全 省	**115791**	**55830**	**59961**	**93178**	**45139**	**48039**	**102102**	**50307**	**51795**
南昌市	**29652**	**14683**	**14969**	**22341**	**11169**	**11172**	**23019**	**11629**	**11390**
东湖区	3040	1431	1609	2597	1179	1418	2895	1394	1501
西湖区	4593	2231	2362	3491	1713	1778	3575	1770	1805
青云谱区	2768	1399	1369	2106	1040	1066	2700	1331	1369
青山湖区	10643	5335	5308	7398	3807	3591	7304	3699	3605
新建区	3695	1848	1847	2879	1470	1409	3168	1646	1522
红谷滩区	4866	2418	2448	3833	1942	1891	3330	1763	1567
南昌县	47	21	26	37	18	19	47	26	21
安义县									
进贤县									
景德镇市	**6289**	**3083**	**3206**	**5332**	**2572**	**2760**	**5893**	**2887**	**3006**
昌江区	1248	615	633	977	477	500	1071	551	520
珠山区	3024	1455	1569	2615	1277	1338	2810	1325	1485
浮梁县	156	87	69	113	56	57	154	91	63
乐平市	1861	926	935	1627	762	865	1858	920	938
萍乡市	**4790**	**2231**	**2559**	**4435**	**2099**	**2336**	**5436**	**2714**	**2722**
安源区	3760	1699	2061	3534	1653	1881	4196	2062	2134
湘东区	965	502	463	856	430	426	1183	622	561
莲花县									
上栗县	65	30	35	45	16	29	57	30	27
芦溪县									
九江市	**10262**	**4725**	**5537**	**8392**	**3952**	**4440**	**9271**	**4422**	**4849**
濂溪区	3051	1395	1656	2264	1156	1108	2208	1055	1153
浔阳区	3473	1564	1909	2977	1334	1643	3562	1658	1904
柴桑区	1003	477	526	798	370	428	874	439	435
武宁县									
修水县									
永修县									
德安县									
都昌县									
湖口县									
彭泽县									
瑞昌市	1139	520	619	1099	474	625	1271	604	667
共青城市	901	435	466	688	347	341	695	340	355
庐山市	695	334	361	566	271	295	661	326	335
新余市	**4984**	**2374**	**2610**	**4588**	**2127**	**2461**	**5546**	**2682**	**2864**
渝水区	4984	2374	2610	4588	2127	2461	5546	2682	2864
分宜县									
鹰潭市	**4948**	**2325**	**2623**	**4555**	**2197**	**2358**	**4637**	**2314**	**2323**
月湖区	2432	1145	1287	2075	992	1083	2051	1030	1021
余江区	921	440	481	861	399	462	789	390	399
贵溪市	1595	740	855	1619	806	813	1797	894	903
赣州市	**19293**	**9347**	**9946**	**15153**	**7419**	**7734**	**16606**	**8234**	**8372**
章贡区	9355	4491	4864	6922	3432	3490	6937	3394	3543
南康区	3998	1978	2020	3352	1651	1701	3942	1984	1958
赣县区	2125	1006	1119	1574	751	823	2006	1014	992
信丰县									
大余县									
上犹县									
崇义县									
安远县									
定南县									
全南县									

1-3a　续表 7

单位：人

地　　区	30-34岁			35-39岁			40-44岁		
	小计	男	女	小计	男	女	小计	男	女
宁都县									
于都县									
兴国县									
会昌县									
寻乌县	5	2	3	11	6	5	10	4	6
石城县									
瑞金市	2267	1110	1157	1906	921	985	2101	1051	1050
龙南市	1543	760	783	1388	658	730	1610	787	823
吉安市	**3750**	**1693**	**2057**	**3330**	**1535**	**1795**	**3708**	**1758**	**1950**
吉州区	2402	1104	1298	2116	988	1128	2401	1147	1254
青原区	1057	469	588	877	401	476	906	439	467
吉安县									
吉水县									
峡江县									
新干县									
永丰县									
泰和县									
遂川县									
万安县									
安福县									
永新县									
井冈山市	291	120	171	337	146	191	401	172	229
宜春市	**12209**	**5861**	**6348**	**10156**	**4876**	**5280**	**11777**	**5726**	**6051**
袁州区	5456	2628	2828	4354	2100	2254	4874	2432	2442
奉新县									
万载县									
上高县									
宜丰县									
靖安县									
铜鼓县									
丰城市	2745	1375	1370	2072	1022	1050	2704	1335	1369
樟树市	1833	860	973	1616	780	836	1797	857	940
高安市	2175	998	1177	2114	974	1140	2402	1102	1300
抚州市	**6343**	**2936**	**3407**	**4743**	**2121**	**2622**	**5527**	**2583**	**2944**
临川区	4730	2193	2537	3434	1542	1892	3989	1842	2147
东乡区	1613	743	870	1309	579	730	1538	741	797
南城县									
黎川县									
南丰县									
崇仁县									
乐安县									
宜黄县									
金溪县									
资溪县									
广昌县									
上饶市	**13271**	**6572**	**6699**	**10153**	**5072**	**5081**	**10682**	**5358**	**5324**
信州区	4451	2249	2202	3534	1736	1798	3454	1773	1681
广丰区	3684	1805	1879	2463	1229	1234	2667	1304	1363
广信区	3436	1681	1755	2770	1415	1355	2959	1504	1455
玉山县									
铅山县	27	10	17	14	9	5	25	13	12
横峰县									
弋阳县									
余干县	339	178	161	248	131	117	236	112	124
鄱阳县	14	8	6	9	5	4	19	9	10
万年县									
婺源县									
德兴市	1320	641	679	1115	547	568	1322	643	679

1—3a 续表 8

单位：人

地 区	45—49岁			50—54岁			55—59岁		
	小计	男	女	小计	男	女	小计	男	女
全 省	**106793**	**53954**	**52839**	**97255**	**48632**	**48623**	**80877**	**40469**	**40408**
南昌市	**23049**	**11796**	**11253**	**21630**	**10749**	**10881**	**19090**	**9548**	**9542**
东湖区	3120	1508	1612	3023	1474	1549	2971	1492	1479
西湖区	3627	1833	1794	3586	1732	1854	3655	1775	1880
青云谱区	2909	1466	1443	2825	1382	1443	2505	1270	1235
青山湖区	7154	3636	3518	6767	3370	3397	5663	2824	2839
新建区	3161	1666	1495	2669	1382	1287	1860	972	888
红谷滩区	3028	1666	1362	2716	1385	1331	2409	1200	1209
南昌县	50	21	29	44	24	20	27	15	12
安义县									
进贤县									
景德镇市	**6264**	**3183**	**3081**	**6323**	**3142**	**3181**	**5743**	**2895**	**2848**
昌江区	1155	580	575	1218	611	607	1086	539	547
珠山区	2956	1500	1456	3268	1604	1664	3054	1550	1504
浮梁县	176	97	79	191	104	87	141	70	71
乐平市	1977	1006	971	1646	823	823	1462	736	726
萍乡市	**5327**	**2712**	**2615**	**5160**	**2629**	**2531**	**4729**	**2421**	**2308**
安源区	4006	2010	1996	3984	2027	1957	3690	1885	1805
湘东区	1247	659	588	1138	585	553	999	515	484
莲花县									
上栗县	74	43	31	38	17	21	40	21	19
芦溪县									
九江市	**10090**	**5066**	**5024**	**9231**	**4679**	**4552**	**7611**	**3777**	**3834**
濂溪区	2370	1155	1215	2286	1140	1146	1861	943	918
浔阳区	3879	1933	1946	3452	1752	1700	2968	1472	1496
柴桑区	917	485	432	911	477	434	714	351	363
武宁县									
修水县									
永修县									
德安县									
都昌县									
湖口县									
彭泽县									
瑞昌市	1454	745	709	1211	612	599	970	480	490
共青城市	805	417	388	793	392	401	588	289	299
庐山市	665	331	334	578	306	272	510	242	268
新余市	**6234**	**3105**	**3129**	**5567**	**2838**	**2729**	**4167**	**2118**	**2049**
渝水区	6234	3105	3129	5567	2838	2729	4167	2118	2049
分宜县									
鹰潭市	**5163**	**2634**	**2529**	**4941**	**2415**	**2526**	**4122**	**2061**	**2061**
月湖区	2315	1199	1116	2217	1049	1168	2004	988	1016
余江区	938	476	462	849	414	435	626	318	308
贵溪市	1910	959	951	1875	952	923	1492	755	737
赣州市	**16771**	**8471**	**8300**	**13828**	**6967**	**6861**	**10715**	**5419**	**5296**
章贡区	6978	3498	3480	6036	2963	3073	5225	2588	2637
南康区	4182	2169	2013	3237	1680	1557	2038	1044	994
赣县区	1884	949	935	1377	741	636	1040	564	476
信丰县									
大余县									
上犹县									
崇义县									
安远县									
定南县									
全南县									

1-3a　续表 9

单位：人

地　　区	45-49岁			50-54岁			55-59岁		
	小计	男	女	小计	男	女	小计	男	女
宁都县									
于都县									
兴国县									
会昌县									
寻乌县	7	3	4	9	4	5	6	4	2
石城县									
瑞金市	2100	1041	1059	1761	858	903	1305	661	644
龙南市	1620	811	809	1408	721	687	1101	558	543
吉安市	**3680**	**1773**	**1907**	**3174**	**1580**	**1594**	**2698**	**1295**	**1403**
吉州区	2441	1174	1267	2235	1104	1131	1935	924	1011
青原区	825	417	408	601	298	303	491	229	262
吉安县									
吉水县									
峡江县									
新干县									
永丰县									
泰和县									
遂川县									
万安县									
安福县									
永新县									
井冈山市	414	182	232	338	178	160	272	142	130
宜春市	**12511**	**6316**	**6195**	**10906**	**5466**	**5440**	**8658**	**4358**	**4300**
袁州区	5209	2653	2556	4527	2277	2250	3667	1845	1822
奉新县									
万载县									
上高县									
宜丰县									
靖安县									
铜鼓县									
丰城市	2856	1466	1390	2731	1364	1367	2201	1111	1090
樟树市	1992	993	999	1794	883	911	1457	724	733
高安市	2454	1204	1250	1854	942	912	1333	678	655
抚州市	**5776**	**2825**	**2951**	**5792**	**2742**	**3050**	**4394**	**2053**	**2341**
临川区	4104	1992	2112	4168	1977	2191	3245	1512	1733
东乡区	1672	833	839	1624	765	859	1149	541	608
南城县									
黎川县									
南丰县									
崇仁县									
乐安县									
宜黄县									
金溪县									
资溪县									
广昌县									
上饶市	**11928**	**6073**	**5855**	**10703**	**5425**	**5278**	**8950**	**4524**	**4426**
信州区	3713	1881	1832	3392	1726	1666	3114	1569	1545
广丰区	3171	1564	1607	2831	1411	1420	2249	1079	1170
广信区	2896	1510	1386	2468	1236	1232	2010	1007	1003
玉山县									
铅山县	19	12	7	24	13	11	29	15	14
横峰县									
弋阳县									
余干县	322	172	150	252	125	127	203	105	98
鄱阳县	19	11	8	16	7	9	11	6	5
万年县									
婺源县									
德兴市	1788	923	865	1720	907	813	1334	743	591

1－3a 续表 10

单位：人

地 区	60－64岁			65－69岁			70－74岁		
	小计	男	女	小计	男	女	小计	男	女
全 省	**58940**	**29378**	**29562**	**49574**	**24230**	**25344**	**32032**	**15634**	**16398**
南昌市	**15109**	**7544**	**7565**	**12306**	**5961**	**6345**	**8210**	**3966**	**4244**
东湖区	2618	1286	1332	2366	1148	1218	1514	717	797
西湖区	3200	1599	1601	2399	1169	1230	1676	833	843
青云谱区	2001	1027	974	1772	838	934	1266	612	654
青山湖区	4171	2084	2087	3371	1634	1737	2314	1097	1217
新建区	1392	716	676	984	495	489	683	319	364
红谷滩区	1686	812	874	1388	663	725	741	380	361
南昌县	41	20	21	26	14	12	16	8	8
安义县									
进贤县									
景德镇市	**4084**	**2048**	**2036**	**3355**	**1687**	**1668**	**2013**	**1020**	**993**
昌江区	811	420	391	643	331	312	371	185	186
珠山区	2167	1087	1080	1724	891	833	1024	518	506
浮梁县	102	49	53	105	52	53	58	32	26
乐平市	1004	492	512	883	413	470	560	285	275
萍乡市	**3437**	**1739**	**1698**	**3086**	**1460**	**1626**	**1736**	**854**	**882**
安源区	2597	1311	1286	2302	1075	1227	1314	657	657
湘东区	808	407	401	762	378	384	406	188	218
莲花县									
上栗县	32	21	11	22	7	15	16	9	7
芦溪县									
九江市	**5000**	**2535**	**2465**	**4403**	**2240**	**2163**	**2932**	**1480**	**1452**
濂溪区	1196	598	598	967	480	487	659	340	319
浔阳区	2051	1039	1012	1870	925	945	1359	661	698
柴桑区	448	235	213	451	240	211	270	138	132
武宁县									
修水县									
永修县									
德安县									
都昌县									
湖口县									
彭泽县									
瑞昌市	635	311	324	536	281	255	324	176	148
共青城市	349	184	165	261	149	112	124	58	66
庐山市	321	168	153	318	165	153	196	107	89
新余市	**2663**	**1317**	**1346**	**2231**	**996**	**1235**	**1398**	**711**	**687**
渝水区	2663	1317	1346	2231	996	1235	1398	711	687
分宜县									
鹰潭市	**2887**	**1428**	**1459**	**2340**	**1179**	**1161**	**1558**	**750**	**808**
月湖区	1402	699	703	1154	600	554	712	337	375
余江区	486	231	255	416	198	218	260	121	139
贵溪市	999	498	501	770	381	389	586	292	294
赣州市	**7620**	**3787**	**3833**	**6776**	**3313**	**3463**	**4258**	**2048**	**2210**
章贡区	3908	1973	1935	3640	1801	1839	2260	1100	1160
南康区	1235	590	645	1187	565	622	672	321	351
赣县区	598	283	315	545	251	294	412	183	229
信丰县									
大余县									
上犹县									
崇义县									
安远县									
定南县									
全南县									

1-3a 续表 11

单位：人

地区	60-64岁			65-69岁			70-74岁		
	小计	男	女	小计	男	女	小计	男	女
宁都县									
于都县									
兴国县									
会昌县									
寻乌县	7	3	4	5	3	2	5	2	3
石城县									
瑞金市	1082	544	538	759	374	385	515	259	256
龙南市	790	394	396	640	319	321	394	183	211
吉安市	**2136**	**1079**	**1057**	**1783**	**896**	**887**	**1195**	**573**	**622**
吉州区	1579	804	775	1321	664	657	941	446	495
青原区	373	183	190	331	159	172	175	91	84
吉安县									
吉水县									
峡江县									
新干县									
永丰县									
泰和县									
遂川县									
万安县									
安福县									
永新县									
井冈山市	184	92	92	131	73	58	79	36	43
宜春市	**6552**	**3193**	**3359**	**5407**	**2614**	**2793**	**3307**	**1616**	**1691**
袁州区	2790	1374	1416	2213	1084	1129	1303	630	673
奉新县									
万载县									
上高县									
宜丰县									
靖安县									
铜鼓县									
丰城市	1617	770	847	1430	680	750	889	444	445
樟树市	1167	561	606	971	484	487	598	285	313
高安市	978	488	490	793	366	427	517	257	260
抚州市	**2959**	**1421**	**1538**	**2601**	**1196**	**1405**	**1734**	**840**	**894**
临川区	2105	1004	1101	1943	882	1061	1309	639	670
东乡区	854	417	437	658	314	344	425	201	224
南城县									
黎川县									
南丰县									
崇仁县									
乐安县									
宜黄县									
金溪县									
资溪县									
广昌县									
上饶市	**6493**	**3287**	**3206**	**5286**	**2688**	**2598**	**3691**	**1776**	**1915**
信州区	2357	1156	1201	1823	930	893	1200	589	611
广丰区	1632	849	783	1396	718	678	1038	505	533
广信区	1473	751	722	1148	582	566	744	363	381
玉山县									
铅山县	12	6	6	17	8	9	5	5	
横峰县									
弋阳县									
余干县	170	88	82	150	75	75	104	51	53
鄱阳县	8	3	5	6	2	4	4	2	2
万年县									
婺源县									
德兴市	841	434	407	746	373	373	596	261	335

1-3a 续表 12

单位：人

地区	75-79岁			80-84岁			85-89岁		
	小计	男	女	小计	男	女	小计	男	女
全 省	**19194**	**9001**	**10193**	**13229**	**5999**	**7230**	**6445**	**2750**	**3695**
南昌市	**5096**	**2390**	**2706**	**3661**	**1692**	**1969**	**1863**	**795**	**1068**
东湖区	1055	491	564	812	345	467	470	208	262
西湖区	1052	462	590	787	367	420	422	176	246
青云谱区	821	375	446	632	303	329	259	103	156
青山湖区	1321	647	674	978	448	530	447	196	251
新建区	450	220	230	231	114	117	146	58	88
红谷滩区	388	190	198	220	115	105	114	52	62
南昌县	9	5	4	1		1	5	2	3
安义县									
进贤县									
景德镇市	**1222**	**553**	**669**	**933**	**413**	**520**	**397**	**166**	**231**
昌江区	226	100	126	180	86	94	67	19	48
珠山区	650	286	364	534	237	297	249	117	132
浮梁县	39	25	14	23	13	10	10	3	7
乐平市	307	142	165	196	77	119	71	27	44
萍乡市	**1140**	**466**	**674**	**835**	**379**	**456**	**354**	**147**	**207**
安源区	873	352	521	637	293	344	262	109	153
湘东区	258	107	151	190	81	109	92	38	54
莲花县									
上栗县	9	7	2	8	5	3			
芦溪县									
九江市	**1942**	**925**	**1017**	**1209**	**589**	**620**	**577**	**275**	**302**
濂溪区	453	216	237	256	127	129	126	62	64
浔阳区	896	411	485	627	304	323	282	140	142
柴桑区	164	79	85	86	45	41	45	20	25
武宁县									
修水县									
永修县									
德安县									
都昌县									
湖口县									
彭泽县									
瑞昌市	228	117	111	114	62	52	60	26	34
共青城市	96	48	48	49	21	28	25	10	15
庐山市	105	54	51	77	30	47	39	17	22
新余市	**871**	**417**	**454**	**587**	**262**	**325**	**305**	**137**	**168**
渝水区	871	417	454	587	262	325	305	137	168
分宜县									
鹰潭市	**887**	**401**	**486**	**630**	**285**	**345**	**291**	**127**	**164**
月湖区	428	198	230	312	144	168	150	69	81
余江区	141	62	79	77	30	47	39	14	25
贵溪市	318	141	177	241	111	130	102	44	58
赣州市	**2454**	**1135**	**1319**	**1664**	**699**	**965**	**811**	**311**	**500**
章贡区	1404	653	751	951	422	529	455	182	273
南康区	312	142	170	201	72	129	97	26	71
赣县区	199	110	89	126	55	71	61	31	30
信丰县									
大余县									
上犹县									
崇义县									
安远县									
定南县									
全南县									

1-3a　续表 13

单位：人

地　　区	75-79岁			80-84岁			85-89岁		
	小计	男	女	小计	男	女	小计	男	女
宁都县									
于都县									
兴国县									
会昌县									
寻乌县	1	1		2		2	1		1
石城县									
瑞金市	316	137	179	235	105	130	98	42	56
龙南市	222	92	130	149	45	104	99	30	69
吉安市	**766**	**393**	**373**	**501**	**197**	**304**	**217**	**79**	**138**
吉州区	601	311	290	410	159	251	178	70	108
青原区	96	49	47	49	22	27	27	3	24
吉安县									
吉水县									
峡江县									
新干县									
永丰县									
泰和县									
遂川县									
万安县									
安福县									
永新县									
井冈山市	69	33	36	42	16	26	12	6	6
宜春市	**1891**	**893**	**998**	**1162**	**499**	**663**	**617**	**264**	**353**
袁州区	812	385	427	539	237	302	255	112	143
奉新县									
万载县									
上高县									
宜丰县									
靖安县									
铜鼓县									
丰城市	499	230	269	292	126	166	168	68	100
樟树市	319	149	170	181	75	106	115	48	67
高安市	261	129	132	150	61	89	79	36	43
抚州市	**927**	**433**	**494**	**661**	**323**	**338**	**347**	**155**	**192**
临川区	708	330	378	531	257	274	265	118	147
东乡区	219	103	116	130	66	64	82	37	45
南城县									
黎川县									
南丰县									
崇仁县									
乐安县									
宜黄县									
金溪县									
资溪县									
广昌县									
上饶市	**1998**	**995**	**1003**	**1386**	**661**	**725**	**666**	**294**	**372**
信州区	681	341	340	518	236	282	277	123	154
广丰区	496	258	238	332	179	153	166	72	94
广信区	406	204	202	274	124	150	85	51	34
玉山县									
铅山县	3		3	2	1	1	1		1
横峰县									
弋阳县									
余干县	51	29	22	29	8	21	19	6	13
鄱阳县	7	2	5	2	1	1	2	1	1
万年县									
婺源县									
德兴市	354	161	193	229	112	117	116	41	75

1-3a 续表 14

单位：人

地区	90-94岁			95-99岁			100岁及以上		
	小计	男	女	小计	男	女	小计	男	女
全省	**2008**	**802**	**1206**	**415**	**140**	**275**	**43**	**12**	**31**
南昌市	**607**	**247**	**360**	**116**	**42**	**74**	**13**	**3**	**10**
东湖区	176	79	97	22	5	17	4	1	3
西湖区	143	55	88	29	13	16	2	1	1
青云谱区	78	33	45	14	5	9	1		1
青山湖区	115	47	68	29	14	15	3	1	2
新建区	42	15	27	14	4	10	1		1
红谷滩区	53	18	35	8	1	7	2		2
南昌县									
安义县									
进贤县									
景德镇市	**96**	**34**	**62**	**27**	**12**	**15**	**3**	**1**	**2**
昌江区	14	8	6	6	1	5	1		1
珠山区	58	15	43	15	7	8	2	1	1
浮梁县	4	2	2						
乐平市	20	9	11	6	4	2			
萍乡市	**116**	**55**	**61**	**15**	**3**	**12**	**2**	**1**	**1**
安源区	87	40	47	8	2	6	1	1	
湘东区	28	15	13	6	1	5	1		1
莲花县									
上栗县	1		1	1		1			
芦溪县									
九江市	**168**	**82**	**86**	**25**	**12**	**13**	**7**	**2**	**5**
濂溪区	34	17	17	4	1	3			
浔阳区	77	39	38	11	6	5	5	1	4
柴桑区	21	6	15	2	1	1			
武宁县									
修水县									
永修县									
德安县									
都昌县									
湖口县									
彭泽县									
瑞昌市	26	16	10	3	1	2	1	1	
共青城市	4	1	3	3	2	1	1		1
庐山市	6	3	3	2	1	1			
新余市	**81**	**36**	**45**	**16**	**6**	**10**	**1**		**1**
渝水区	81	36	45	16	6	10	1		1
分宜县									
鹰潭市	**81**	**40**	**41**	**14**	**3**	**11**	**1**		**1**
月湖区	50	25	25	5	1	4			
余江区	9	5	4	2		2			
贵溪市	22	10	12	7	2	5	1		1
赣州市	**251**	**79**	**172**	**71**	**20**	**51**	**6**	**1**	**5**
章贡区	151	51	100	29	13	16	2	1	1
南康区	36	11	25	7	1	6	1		1
赣县区	16	6	10	9	1	8			
信丰县									
大余县									
上犹县									
崇义县									
安远县									
定南县									
全南县									

1-3a　续表 15

单位：人

地　区	90-94岁			95-99岁			100岁及以上		
	小计	男	女	小计	男	女	小计	男	女
宁都县									
于都县									
兴国县									
会昌县									
寻乌县									
石城县									
瑞金市	28	6	22	11	5	6	1		1
龙南市	20	5	15	15		15	2		2
吉安市	**73**	**33**	**40**	**23**	**7**	**16**	**1**		**1**
吉州区	64	29	35	19	6	13	1		1
青原区	6	3	3	3	1	2			
吉安县									
吉水县									
峡江县									
新干县									
永丰县									
泰和县									
遂川县									
万安县									
安福县									
永新县									
井冈山市	3	1	2	1		1			
宜春市	**236**	**82**	**154**	**42**	**9**	**33**	**6**	**2**	**4**
袁州区	85	33	52	15	4	11	2		2
奉新县									
万载县									
上高县									
宜丰县									
靖安县									
铜鼓县									
丰城市	80	21	59	15	1	14	2	1	1
樟树市	42	18	24	6		6	1	1	
高安市	29	10	19	6	4	2	1		1
抚州市	**80**	**23**	**57**	**19**	**7**	**12**	**1**		**1**
临川区	65	17	48	17	6	11	1		1
东乡区	15	6	9	2	1	1			
南城县									
黎川县									
南丰县									
崇仁县									
乐安县									
宜黄县									
金溪县									
资溪县									
广昌县									
上饶市	**219**	**91**	**128**	**47**	**19**	**28**	**2**	**2**	
信州区	82	35	47	16	8	8	2	2	
广丰区	66	25	41	15	2	13			
广信区	37	13	24	8	5	3			
玉山县									
铅山县									
横峰县									
弋阳县									
余干县	6	2	4	1	1				
鄱阳县									
万年县									
婺源县									
德兴市	28	16	12	7	3	4			

1-3b 各地区分年龄、性别的人口(镇)

单位：人

地　区	合　计			0岁		
	合计	男	女	小计	男	女
全　省	**1407473**	**722256**	**685217**	**10275**	**5623**	**4652**
南昌市	**155091**	**80896**	**74195**	**1073**	**588**	**485**
东湖区	422	220	202	3		3
西湖区						
青云谱区	169	102	67	1	1	
青山湖区	12787	7482	5305	68	35	33
新建区	5049	2598	2451	53	28	25
红谷滩区						
南昌县	91708	47506	44202	666	362	304
安义县	13545	7391	6154	85	50	35
进贤县	31411	15597	15814	197	112	85
景德镇市	**28929**	**14782**	**14147**	**232**	**128**	**104**
昌江区	926	475	451	9	6	3
珠山区	1082	566	516	5	3	2
浮梁县	16122	8134	7988	110	67	43
乐平市	10799	5607	5192	108	52	56
萍乡市	**62337**	**31624**	**30713**	**527**	**289**	**238**
安源区	6788	3496	3292	50	26	24
湘东区	6470	3303	3167	39	21	18
莲花县	10245	5040	5205	98	56	42
上栗县	24366	12463	11903	225	122	103
芦溪县	14468	7322	7146	115	64	51
九江市	**159090**	**81246**	**77844**	**1055**	**596**	**459**
濂溪区	1971	1036	935	15	10	5
浔阳区						
柴桑区	5051	2714	2337	36	23	13
武宁县	16794	8222	8572	107	57	50
修水县	34316	17330	16986	255	152	103
永修县	18150	9294	8856	131	73	58
德安县	10104	5114	4990	48	27	21
都昌县	29539	15338	14201	189	96	93
湖口县	11502	5780	5722	63	29	34
彭泽县	15854	8154	7700	99	65	34
瑞昌市	9853	5131	4722	66	42	24
共青城市	145	72	73			
庐山市	5811	3061	2750	46	22	24
新余市	**19697**	**10462**	**9235**	**120**	**68**	**52**
渝水区	3698	2207	1491	17	8	9
分宜县	15999	8255	7744	103	60	43
鹰潭市	**18681**	**9620**	**9061**	**140**	**81**	**59**
月湖区	548	237	311	8	5	3
余江区	7744	4033	3711	55	30	25
贵溪市	10389	5350	5039	77	46	31
赣州市	**296325**	**152212**	**144113**	**2122**	**1175**	**947**
章贡区	1605	934	671	2	2	
南康区	3805	1893	1912	41	17	24
赣县区	9082	4844	4238	75	36	39
信丰县	35388	17917	17471	203	108	95
大余县	13863	7001	6862	92	54	38
上犹县	12951	6438	6513	76	36	40
崇义县	8562	4353	4209	79	49	30
安远县	15809	8086	7723	125	61	64
定南县	12928	6586	6342	91	55	36
全南县	9437	4720	4717	70	35	35

1-3b　续表 1

单位：人

地　　区	合　计			0岁		
	合计	男	女	小计	男	女
宁都县	39777	20723	19054	264	156	108
于都县	44757	23267	21490	255	137	118
兴国县	31964	16366	15598	260	154	106
会昌县	24394	12499	11895	212	110	102
寻乌县	14062	7330	6732	125	73	52
石城县	12673	6546	6127	102	58	44
瑞金市	3245	1641	1604	29	19	10
龙南市	2023	1068	955	21	15	6
吉安市	**181110**	**92086**	**89024**	**1479**	**783**	**696**
吉州区	1340	617	723	12	4	8
青原区	1263	668	595	9	5	4
吉安县	22270	11352	10918	149	80	69
吉水县	22029	11445	10584	170	102	68
峡江县	7164	3752	3412	70	37	33
新干县	13758	7141	6617	123	64	59
永丰县	17409	9003	8406	171	88	83
泰和县	23472	11574	11898	166	83	83
遂川县	20298	10458	9840	191	105	86
万安县	11362	5673	5689	89	47	42
安福县	14081	7082	6999	106	57	49
永新县	22063	11058	11005	186	88	98
井冈山市	4601	2263	2338	37	23	14
宜春市	**125076**	**63797**	**61279**	**913**	**499**	**414**
袁州区	5915	3017	2898	83	39	44
奉新县	15563	7868	7695	106	64	42
万载县	24050	12000	12050	209	109	100
上高县	18536	9483	9053	115	61	54
宜丰县	14835	7561	7274	94	50	44
靖安县	6728	3404	3324	41	19	22
铜鼓县	6071	2971	3100	50	25	25
丰城市	13714	7029	6685	105	65	40
樟树市	3688	1869	1819	15	8	7
高安市	15976	8595	7381	95	59	36
抚州市	**128206**	**65708**	**62498**	**937**	**505**	**432**
临川区	7658	4083	3575	69	32	37
东乡区	3649	1833	1816	24	13	11
南城县	17070	8738	8332	109	59	50
黎川县	13119	6746	6373	106	57	49
南丰县	13579	6850	6729	96	48	48
崇仁县	17242	8900	8342	166	90	76
乐安县	14442	7345	7097	81	47	34
宜黄县	11648	6017	5631	59	36	23
金溪县	12601	6429	6172	105	57	48
资溪县	5774	2905	2869	34	22	12
广昌县	11424	5862	5562	88	44	44
上饶市	**232931**	**119823**	**113108**	**1677**	**911**	**766**
信州区	1673	840	833	6	4	2
广丰区	13067	6833	6234	107	59	48
广信区	7241	3759	3482	71	39	32
玉山县	32022	15921	16101	246	135	111
铅山县	22759	11764	10995	132	73	59
横峰县	10271	5272	4999	73	37	36
弋阳县	17693	9038	8655	118	59	59
余干县	39386	20716	18670	274	153	121
鄱阳县	53018	27470	25548	413	217	196
万年县	17837	9259	8578	106	59	47
婺源县	16813	8315	8498	124	69	55
德兴市	1151	636	515	7	7	

1-3b 续表 2

单位：人

地　区	1-4岁			5-9岁			10-14岁		
	小计	男	女	小计	男	女	小计	男	女
全　省	**68792**	**37470**	**31322**	**109899**	**60157**	**49742**	**121128**	**66629**	**54499**
南昌市	**6831**	**3755**	**3076**	**9738**	**5295**	**4443**	**10041**	**5386**	**4655**
东湖区	20	14	6	35	21	14	30	12	18
西湖区									
青云谱区	6	3	3	3		3	3	3	
青山湖区	379	202	177	382	215	167	423	191	232
新建区	224	122	102	340	188	152	348	164	184
红谷滩区									
南昌县	4285	2337	1948	5613	3062	2551	5236	2853	2383
安义县	496	279	217	766	409	357	877	477	400
进贤县	1421	798	623	2599	1400	1199	3124	1686	1438
景德镇市	**1225**	**667**	**558**	**1973**	**1127**	**846**	**2175**	**1212**	**963**
昌江区	38	14	24	72	36	36	71	45	26
珠山区	34	20	14	74	43	31	77	38	39
浮梁县	656	360	296	862	484	378	962	531	431
乐平市	497	273	224	965	564	401	1065	598	467
萍乡市	**3111**	**1673**	**1438**	**4803**	**2542**	**2261**	**4928**	**2555**	**2373**
安源区	241	112	129	407	212	195	370	194	176
湘东区	285	151	134	426	217	209	433	225	208
莲花县	522	285	237	906	494	412	1003	535	468
上栗县	1355	732	623	1967	1052	915	1844	934	910
芦溪县	708	393	315	1097	567	530	1278	667	611
九江市	**7501**	**4045**	**3456**	**12407**	**6733**	**5674**	**13921**	**7578**	**6343**
濂溪区	85	50	35	124	64	60	110	56	54
浔阳区									
柴桑区	200	106	94	329	192	137	316	179	137
武宁县	898	473	425	1644	859	785	1625	866	759
修水县	1665	901	764	2712	1465	1247	3075	1642	1433
永修县	849	450	399	1269	717	552	1516	828	688
德安县	527	284	243	822	437	385	915	532	383
都昌县	1234	681	553	2271	1269	1002	2751	1544	1207
湖口县	559	301	258	943	498	445	975	490	485
彭泽县	686	362	324	1043	551	492	1316	705	611
瑞昌市	535	302	233	818	444	374	872	498	374
共青城市	3	1	2	14	6	8	13	7	6
庐山市	260	134	126	418	231	187	437	231	206
新余市	**995**	**566**	**429**	**1529**	**882**	**647**	**1624**	**947**	**677**
渝水区	91	46	45	138	93	45	196	117	79
分宜县	904	520	384	1391	789	602	1428	830	598
鹰潭市	**736**	**411**	**325**	**1325**	**730**	**595**	**1558**	**842**	**716**
月湖区	16	10	6	26	12	14	43	18	25
余江区	294	148	146	583	321	262	650	350	300
贵溪市	426	253	173	716	397	319	865	474	391
赣州市	**15067**	**8140**	**6927**	**23731**	**12861**	**10870**	**26415**	**14537**	**11878**
章贡区	37	21	16	83	51	32	73	37	36
南康区	178	86	92	289	146	143	354	197	157
赣县区	426	230	196	712	364	348	828	445	383
信丰县	1805	969	836	2709	1460	1249	2829	1502	1327
大余县	629	350	279	1020	560	460	1184	655	529
上犹县	737	397	340	1136	590	546	1229	675	554
崇义县	461	254	207	699	390	309	793	455	338
安远县	808	432	376	1288	712	576	1294	725	569
定南县	659	349	310	1172	606	566	1138	594	544
全南县	492	255	237	754	406	348	901	504	397

1-3b　续表 3

单位：人

地　区	1-4岁			5-9岁			10-14岁		
	小计	男	女	小计	男	女	小计	男	女
宁都县	1997	1056	941	3160	1747	1413	3935	2154	1781
于都县	1904	1040	864	3598	1958	1640	4420	2551	1869
兴国县	1790	991	799	2688	1478	1210	2986	1653	1333
会昌县	1338	704	634	1803	969	834	1956	1035	921
寻乌县	804	450	354	1188	655	533	1110	605	505
石城县	739	410	329	1046	587	459	963	532	431
瑞金市	171	95	76	242	111	131	284	138	146
龙南市	92	51	41	144	71	73	138	80	58
吉安市	**9580**	**5337**	**4243**	**15902**	**9003**	**6899**	**16876**	**9590**	**7286**
吉州区	56	29	27	95	55	40	83	51	32
青原区	57	30	27	68	42	26	141	79	62
吉安县	1100	595	505	1777	1031	746	1948	1149	799
吉水县	1085	647	438	2017	1148	869	2365	1370	995
峡江县	445	259	186	628	358	270	702	400	302
新干县	795	441	354	1278	706	572	1315	782	533
永丰县	1086	612	474	1862	1083	779	1765	1018	747
泰和县	1143	637	506	1861	1022	839	1878	1024	854
遂川县	1103	616	487	1802	1034	768	1969	1095	874
万安县	596	326	270	943	530	413	901	463	438
安福县	803	434	369	1204	696	508	1127	611	516
永新县	1091	604	487	1894	1052	842	2174	1240	934
井冈山市	220	107	113	473	246	227	508	308	200
宜春市	**6194**	**3334**	**2860**	**10144**	**5512**	**4632**	**11231**	**6105**	**5126**
袁州区	380	200	180	547	295	252	656	331	325
奉新县	731	369	362	1299	709	590	1440	816	624
万载县	1342	719	623	2026	1071	955	2502	1358	1144
上高县	992	533	459	1685	939	746	1644	929	715
宜丰县	704	405	299	1143	616	527	1215	660	555
靖安县	328	182	146	548	296	252	523	277	246
铜鼓县	270	153	117	386	185	201	516	251	265
丰城市	645	335	310	1075	592	483	1129	587	542
樟树市	153	82	71	285	157	128	372	209	163
高安市	649	356	293	1150	652	498	1234	687	547
抚州市	**6406**	**3440**	**2966**	**10374**	**5706**	**4668**	**12199**	**6836**	**5363**
临川区	378	211	167	584	313	271	552	317	235
东乡区	160	75	85	307	159	148	347	199	148
南城县	736	392	344	1227	683	544	1616	972	644
黎川县	700	390	310	958	522	436	1001	566	435
南丰县	765	394	371	1131	628	503	1283	744	539
崇仁县	950	519	431	1658	896	762	1770	1016	754
乐安县	751	413	338	1321	745	576	1698	843	855
宜黄县	479	249	230	792	429	363	962	544	418
金溪县	617	357	260	1116	629	487	1302	711	591
资溪县	224	115	109	433	242	191	540	284	256
广昌县	646	325	321	847	460	387	1128	640	488
上饶市	**11146**	**6102**	**5044**	**17973**	**9766**	**8207**	**20160**	**11041**	**9119**
信州区	79	39	40	96	50	46	149	85	64
广丰区	642	344	298	1026	546	480	1100	593	507
广信区	341	195	146	555	272	283	620	332	288
玉山县	1449	772	677	2339	1218	1121	2940	1577	1363
铅山县	981	526	455	1595	876	719	1945	1043	902
横峰县	462	248	214	781	421	360	981	553	428
弋阳县	772	438	334	1401	760	641	1594	903	691
余干县	1993	1125	868	3266	1823	1443	3479	1910	1569
鄱阳县	2659	1422	1237	4061	2199	1862	4200	2357	1843
万年县	847	503	344	1439	856	583	1647	913	734
婺源县	880	469	411	1349	715	634	1395	717	678
德兴市	41	21	20	65	30	35	110	58	52

1-3b 续表 4　　　　单位：人

地区	15-19岁			20-24岁			25-29岁		
	小计	男	女	小计	男	女	小计	男	女
全 省	**119998**	**66341**	**53657**	**79156**	**41441**	**37715**	**77648**	**38882**	**38766**
南昌市	**18911**	**10513**	**8398**	**19237**	**10523**	**8714**	**10169**	**5305**	**4864**
东湖区	19	10	9	16	8	8	32	19	13
西湖区									
青云谱区	4	2	2	21	13	8	22	16	6
青山湖区	2880	1820	1060	3784	2342	1442	783	471	312
新建区	857	392	465	244	130	114	259	134	125
红谷滩区									
南昌县	11220	6096	5124	12365	6512	5853	6744	3520	3224
安义县	1519	849	670	1304	733	571	797	431	366
进贤县	2412	1344	1068	1503	785	718	1532	714	818
景德镇市	**3152**	**1568**	**1584**	**2949**	**1411**	**1538**	**1774**	**861**	**913**
昌江区	59	34	25	45	21	24	47	30	17
珠山区	55	35	20	55	29	26	84	43	41
浮梁县	2184	1055	1129	2337	1090	1247	996	481	515
乐平市	854	444	410	512	271	241	647	307	340
萍乡市	**4292**	**2276**	**2016**	**2343**	**1183**	**1160**	**3180**	**1546**	**1634**
安源区	353	190	163	261	135	126	310	154	156
湘东区	345	186	159	225	115	110	316	148	168
莲花县	848	439	409	267	135	132	388	184	204
上栗县	1866	1018	848	1138	574	564	1472	718	754
芦溪县	880	443	437	452	224	228	694	342	352
九江市	**11798**	**6488**	**5310**	**6865**	**3563**	**3302**	**8008**	**4022**	**3986**
濂溪区	116	60	56	92	44	48	127	63	64
浔阳区									
柴桑区	246	148	98	235	136	99	345	191	154
武宁县	904	458	446	518	232	286	648	294	354
修水县	3027	1567	1460	1357	683	674	1577	728	849
永修县	1392	757	635	738	370	368	910	456	454
德安县	572	307	265	334	177	157	482	228	254
都昌县	2877	1681	1196	1849	989	860	1702	881	821
湖口县	680	375	305	392	213	179	609	319	290
彭泽县	1149	655	494	639	320	319	625	326	299
瑞昌市	557	324	233	373	208	165	656	353	303
共青城市	6	1	5	4	2	2	6	5	1
庐山市	272	155	117	334	189	145	321	178	143
新余市	**2313**	**1427**	**886**	**1026**	**595**	**431**	**800**	**398**	**402**
渝水区	1275	838	437	394	276	118	107	60	47
分宜县	1038	589	449	632	319	313	693	338	355
鹰潭市	**2027**	**933**	**1094**	**1226**	**544**	**682**	**925**	**494**	**431**
月湖区	134	34	100	27	14	13	17	8	9
余江区	577	333	244	409	229	180	450	235	215
贵溪市	1316	566	750	790	301	489	458	251	207
赣州市	**25940**	**14407**	**11533**	**16727**	**8679**	**8048**	**18179**	**9112**	**9067**
章贡区	117	73	44	146	79	67	179	113	66
南康区	350	178	172	147	70	77	171	93	78
赣县区	548	297	251	548	307	241	571	311	260
信丰县	2677	1501	1176	1936	1013	923	2389	1215	1174
大余县	791	433	358	631	328	303	694	326	368
上犹县	1132	610	522	489	216	273	629	290	339
崇义县	631	332	299	328	172	156	337	162	175
安远县	1436	763	673	834	441	393	1025	494	531
定南县	693	381	312	495	227	268	866	434	432
全南县	754	400	354	289	136	153	440	234	206

1-3b　续表 5

单位：人

地　区	15-19岁			20-24岁			25-29岁		
	小计	男	女	小计	男	女	小计	男	女
宁都县	4234	2437	1797	2328	1232	1096	2258	1113	1145
于都县	4751	2606	2145	3333	1735	1598	2845	1467	1378
兴国县	2959	1659	1300	1530	801	729	1954	936	1018
会昌县	2331	1280	1051	1895	967	928	1694	854	840
寻乌县	1182	653	529	849	469	380	929	457	472
石城县	1034	628	406	639	320	319	866	443	423
瑞金市	228	119	109	224	123	101	200	102	98
龙南市	92	57	35	86	43	43	132	68	64
吉安市	**14054**	**8087**	**5967**	**6865**	**3628**	**3237**	**9038**	**4387**	**4651**
吉州区	62	43	19	53	19	34	71	27	44
青原区	70	40	30	73	29	44	95	47	48
吉安县	1748	1017	731	988	528	460	1416	740	676
吉水县	1762	1079	683	1009	562	447	1087	529	558
峡江县	408	250	158	335	174	161	346	166	180
新干县	1148	724	424	518	281	237	612	303	309
永丰县	1161	711	450	661	350	311	901	412	489
泰和县	1565	809	756	819	420	399	1243	574	669
遂川县	2038	1202	836	693	361	332	977	484	493
万安县	974	523	451	439	237	202	568	294	274
安福县	900	510	390	389	191	198	593	282	311
永新县	2013	1071	942	800	436	364	988	462	526
井冈山市	205	108	97	88	40	48	141	67	74
宜春市	**8900**	**4806**	**4094**	**4951**	**2494**	**2457**	**5935**	**2902**	**3033**
袁州区	325	172	153	218	123	95	285	135	150
奉新县	1159	650	509	589	286	303	634	294	340
万载县	2525	1275	1250	993	475	518	1077	522	555
上高县	1161	663	498	672	345	327	902	422	480
宜丰县	921	494	427	433	202	231	548	253	295
靖安县	455	273	182	223	106	117	346	166	180
铜鼓县	331	174	157	223	102	121	280	131	149
丰城市	779	455	324	709	410	299	798	402	396
樟树市	209	119	90	152	85	67	206	92	114
高安市	1035	531	504	739	360	379	859	485	374
抚州市	**8314**	**4683**	**3631**	**5867**	**2969**	**2898**	**6636**	**3322**	**3314**
临川区	424	239	185	513	295	218	390	201	189
东乡区	180	87	93	140	80	60	138	73	65
南城县	1041	616	425	765	375	390	830	413	417
黎川县	712	408	304	641	339	302	700	374	326
南丰县	757	417	340	449	201	248	712	327	385
崇仁县	1385	739	646	994	533	461	901	481	420
乐安县	1122	653	469	623	288	335	778	394	384
宜黄县	652	358	294	546	273	273	666	330	336
金溪县	849	478	371	507	242	265	567	269	298
资溪县	381	211	170	224	99	125	249	111	138
广昌县	811	477	334	465	244	221	705	349	356
上饶市	**20297**	**11153**	**9144**	**11100**	**5852**	**5248**	**13004**	**6533**	**6471**
信州区	123	54	69	92	46	46	90	45	45
广丰区	849	453	396	922	481	441	882	441	441
广信区	410	224	186	472	252	220	466	258	208
玉山县	3827	1970	1857	1134	563	571	1295	595	700
铅山县	1699	956	743	1036	525	511	1135	607	528
横峰县	709	387	322	366	186	180	475	233	242
弋阳县	1441	762	679	708	365	343	851	432	419
余干县	3802	2143	1659	1787	1010	777	2531	1271	1260
鄱阳县	4472	2598	1874	3104	1679	1425	3532	1833	1699
万年县	1657	929	728	770	386	384	918	448	470
婺源县	1249	644	605	660	324	336	781	345	436
德兴市	59	33	26	49	35	14	48	25	23

1-3b 续表 6

单位：人

地区	30-34岁			35-39岁			40-44岁		
	小计	男	女	小计	男	女	小计	男	女
全 省	**111371**	**54020**	**57351**	**94061**	**45626**	**48435**	**112157**	**55391**	**56766**
南昌市	**13282**	**6647**	**6635**	**9473**	**4800**	**4673**	**10490**	**5308**	**5182**
东湖区	43	19	24	24	12	12	32	14	18
西湖区									
青云谱区	20	14	6	18	11	7	12	8	4
青山湖区	678	385	293	467	271	196	524	305	219
新建区	386	209	177	255	134	121	306	154	152
红谷滩区									
南昌县	8706	4352	4354	5741	2981	2760	6026	3068	2958
安义县	1113	596	517	937	474	463	1046	566	480
进贤县	2336	1072	1264	2031	917	1114	2544	1193	1351
景德镇市	**2183**	**1113**	**1070**	**1716**	**854**	**862**	**2143**	**1082**	**1061**
昌江区	50	26	24	62	27	35	77	43	34
珠山区	137	66	71	107	60	47	88	47	41
浮梁县	1148	588	560	828	404	424	1178	574	604
乐平市	848	433	415	719	363	356	800	418	382
萍乡市	**4753**	**2352**	**2401**	**4479**	**2242**	**2237**	**5107**	**2634**	**2473**
安源区	495	264	231	431	239	192	542	292	250
湘东区	420	215	205	463	251	212	547	295	252
莲花县	655	296	359	717	311	406	811	385	426
上栗县	2074	1050	1024	1785	896	889	1961	1037	924
芦溪县	1109	527	582	1083	545	538	1246	625	621
九江市	**12777**	**6117**	**6660**	**11034**	**5285**	**5749**	**12804**	**6296**	**6508**
濂溪区	163	94	69	107	56	51	149	87	62
浔阳区									
柴桑区	454	246	208	338	184	154	382	203	179
武宁县	1378	618	760	1141	498	643	1177	538	639
修水县	2809	1315	1494	2319	1102	1217	2698	1333	1365
永修县	1250	607	643	1080	512	568	1365	674	691
德安县	983	446	537	774	372	402	911	433	478
都昌县	2287	1098	1189	2241	1068	1173	2588	1251	1337
湖口县	915	452	463	781	363	418	990	465	525
彭泽县	1169	596	573	1038	515	523	1331	675	656
瑞昌市	950	434	516	847	407	440	785	414	371
共青城市	11	3	8	8	5	3	9	5	4
庐山市	408	208	200	360	203	157	419	218	201
新余市	**1403**	**646**	**757**	**1228**	**621**	**607**	**1520**	**765**	**755**
渝水区	170	86	84	148	76	72	192	110	82
分宜县	1233	560	673	1080	545	535	1328	655	673
鹰潭市	**1319**	**677**	**642**	**1179**	**646**	**533**	**1201**	**624**	**577**
月湖区	31	18	13	17	8	9	30	16	14
余江区	622	307	315	588	323	265	505	255	250
贵溪市	666	352	314	574	315	259	666	353	313
赣州市	**24128**	**11778**	**12350**	**20281**	**9976**	**10305**	**24060**	**11884**	**12176**
章贡区	230	136	94	170	107	63	152	86	66
南康区	238	113	125	252	128	124	305	151	154
赣县区	736	400	336	539	300	239	693	367	326
信丰县	3105	1548	1557	2230	1088	1142	2979	1407	1572
大余县	1089	510	579	927	452	475	1152	592	560
上犹县	984	471	513	870	399	471	1079	518	561
崇义县	747	354	393	567	267	300	762	364	398
安远县	1279	622	657	1098	560	538	1300	658	642
定南县	1147	539	608	1034	522	512	1048	516	532
全南县	675	315	360	638	295	343	709	330	379

1−3b 续表 7

单位：人

地 区	30−34岁			35−39岁			40−44岁		
	小计	男	女	小计	男	女	小计	男	女
宁都县	3175	1586	1589	2503	1243	1260	3134	1539	1595
于都县	3480	1667	1813	3353	1624	1729	3908	1964	1944
兴国县	2563	1184	1379	2368	1124	1244	2490	1213	1277
会昌县	1837	907	930	1519	778	741	1844	948	896
寻乌县	1249	630	619	1037	498	539	1184	581	603
石城县	1201	585	616	837	416	421	941	463	478
瑞金市	261	134	127	196	96	100	209	100	109
龙南市	132	77	55	143	79	64	171	87	84
吉安市	**13642**	**6243**	**7399**	**12355**	**5652**	**6703**	**17140**	**7993**	**9147**
吉州区	146	69	77	127	45	82	171	55	116
青原区	81	44	37	76	38	38	117	60	57
吉安县	2085	982	1103	1720	815	905	2232	1009	1223
吉水县	1480	722	758	1343	596	747	2102	969	1133
峡江县	532	253	279	403	191	212	745	376	369
新干县	1039	477	562	874	389	485	1351	661	690
永丰县	1306	621	685	1068	502	566	1437	664	773
泰和县	1978	882	1096	1876	841	1035	2522	1204	1318
遂川县	1561	730	831	1430	688	742	1663	792	871
万安县	768	336	432	740	327	413	1044	484	560
安福县	1002	413	589	942	417	525	1276	590	686
永新县	1425	620	805	1464	676	788	2065	948	1117
井冈山市	239	94	145	292	127	165	415	181	234
宜春市	**9110**	**4392**	**4718**	**8292**	**3970**	**4322**	**9841**	**4905**	**4936**
袁州区	396	195	201	313	152	161	418	222	196
奉新县	1133	513	620	1088	497	591	1347	679	668
万载县	1695	784	911	1614	755	859	1800	870	930
上高县	1663	799	864	1338	652	686	1268	620	648
宜丰县	1033	483	550	1042	505	537	1317	663	654
靖安县	456	224	232	441	190	251	544	257	287
铜鼓县	491	222	269	431	192	239	542	268	274
丰城市	847	442	405	661	333	328	980	500	480
樟树市	215	105	110	204	92	112	269	126	143
高安市	1181	625	556	1160	602	558	1356	700	656
抚州市	**10614**	**5112**	**5502**	**8662**	**4113**	**4549**	**10319**	**5179**	**5140**
临川区	602	314	288	454	232	222	563	292	271
东乡区	275	127	148	210	107	103	230	119	111
南城县	1402	653	749	1167	582	585	1473	733	740
黎川县	1018	496	522	802	379	423	1035	513	522
南丰县	1203	560	643	1149	506	643	1218	628	590
崇仁县	1335	667	668	976	452	524	1245	635	610
乐安县	1220	555	665	997	487	510	1109	548	561
宜黄县	1013	502	511	835	392	443	1007	492	515
金溪县	1046	511	535	991	460	531	1051	534	517
资溪县	417	202	215	325	151	174	483	245	238
广昌县	1083	525	558	756	365	391	905	440	465
上饶市	**18160**	**8943**	**9217**	**15362**	**7467**	**7895**	**17532**	**8721**	**8811**
信州区	136	67	69	110	65	45	140	66	74
广丰区	1162	635	527	642	324	318	868	469	399
广信区	544	278	266	438	225	213	510	282	228
玉山县	2273	1050	1223	1877	877	1000	2388	1102	1286
铅山县	1771	895	876	1535	776	759	1715	875	840
横峰县	757	362	395	818	382	436	821	429	392
弋阳县	1272	594	678	1137	536	601	1266	624	642
余干县	3360	1678	1682	2696	1372	1324	2853	1471	1382
鄱阳县	3922	1973	1949	3580	1735	1845	4072	1949	2123
万年县	1337	654	683	1257	619	638	1392	685	707
婺源县	1538	705	833	1184	506	678	1422	717	705
德兴市	88	52	36	88	50	38	85	52	33

1－3b 续表 8

单位：人

地 区	45－49岁			50－54岁			55－59岁		
	小计	男	女	小计	男	女	小计	男	女
全 省	**120122**	**60599**	**59523**	**107277**	**54572**	**52705**	**83759**	**42267**	**41492**
南昌市	**11120**	**5604**	**5516**	**10374**	**5265**	**5109**	**7754**	**3851**	**3903**
东湖区	35	18	17	46	24	22	28	18	10
西湖区									
青云谱区	12	7	5	13	5	8	12	7	5
青山湖区	578	302	276	557	307	250	390	212	178
新建区	371	192	179	394	222	172	339	175	164
红谷滩区									
南昌县	6137	3116	3021	5728	2868	2860	4285	2074	2211
安义县	1234	650	584	1049	610	439	815	473	342
进贤县	2753	1319	1434	2587	1229	1358	1885	892	993
景德镇市	**2193**	**1142**	**1051**	**2066**	**1054**	**1012**	**1632**	**849**	**783**
昌江区	99	46	53	101	53	48	49	30	19
珠山区	69	32	37	78	40	38	77	43	34
浮梁县	1175	626	549	1117	569	548	876	451	425
乐平市	850	438	412	770	392	378	630	325	305
萍乡市	**5175**	**2644**	**2531**	**4868**	**2521**	**2347**	**4009**	**1994**	**2015**
安源区	611	321	290	598	331	267	587	291	296
湘东区	515	277	238	544	272	272	474	237	237
莲花县	848	400	448	743	368	375	674	340	334
上栗县	2029	1023	1006	1793	917	876	1351	683	668
芦溪县	1172	623	549	1190	633	557	923	443	480
九江市	**13869**	**6957**	**6912**	**13038**	**6668**	**6370**	**10590**	**5308**	**5282**
濂溪区	142	65	77	191	108	83	160	89	71
浔阳区									
柴桑区	401	211	190	485	259	226	369	193	176
武宁县	1401	665	736	1513	744	769	1234	616	618
修水县	3018	1542	1476	2817	1429	1388	2238	1139	1099
永修县	1594	823	771	1640	849	791	1359	690	669
德安县	968	490	478	854	434	420	653	316	337
都昌县	2301	1143	1158	1850	955	895	1515	718	797
湖口县	1191	587	604	928	477	451	778	405	373
彭泽县	1537	783	754	1468	732	736	1158	599	559
瑞昌市	840	409	431	770	401	369	657	308	349
共青城市	11	7	4	16	9	7	12	5	7
庐山市	465	232	233	506	271	235	457	230	227
新余市	**1778**	**897**	**881**	**1563**	**813**	**750**	**1108**	**533**	**575**
渝水区	208	121	87	164	85	79	140	72	68
分宜县	1570	776	794	1399	728	671	968	461	507
鹰潭市	**1505**	**793**	**712**	**1495**	**801**	**694**	**1100**	**578**	**522**
月湖区	40	21	19	36	17	19	21	10	11
余江区	640	325	315	632	323	309	473	239	234
贵溪市	825	447	378	827	461	366	606	329	277
赣州市	**26192**	**13369**	**12823**	**21183**	**10775**	**10408**	**15951**	**8013**	**7938**
章贡区	118	64	54	125	73	52	64	42	22
南康区	319	156	163	303	158	145	209	101	108
赣县区	842	469	373	703	382	321	569	303	266
信丰县	3556	1740	1816	2892	1465	1427	1990	989	1001
大余县	1321	639	682	1228	628	600	893	436	457
上犹县	1204	589	615	1001	510	491	760	362	398
崇义县	880	430	450	667	340	327	559	265	294
安远县	1417	748	669	1156	571	585	801	404	397
定南县	1178	644	534	1004	529	475	789	416	373
全南县	944	480	464	740	353	387	604	297	307

1-3b 续表 9

单位：人

地 区	45-49岁			50-54岁			55-59岁		
	小计	男	女	小计	男	女	小计	男	女
宁都县	3404	1745	1659	2663	1373	1290	2052	1036	1016
于都县	3607	1858	1749	2582	1282	1300	1929	973	956
兴国县	2641	1333	1308	2102	1074	1028	1662	814	848
会昌县	2104	1083	1021	1762	889	873	1177	600	577
寻乌县	1176	631	545	960	497	463	776	417	359
石城县	1027	506	521	884	452	432	758	374	384
瑞金市	268	143	125	246	118	128	194	98	96
龙南市	186	111	75	165	81	84	165	86	79
吉安市	**16384**	**7954**	**8430**	**13228**	**6658**	**6570**	**10155**	**5152**	**5003**
吉州区	151	66	85	107	52	55	61	30	31
青原区	115	61	54	123	60	63	73	48	25
吉安县	1969	907	1062	1496	750	746	1107	548	559
吉水县	2003	1003	1000	1589	801	788	1100	519	581
峡江县	678	332	346	541	286	255	447	254	193
新干县	1304	630	674	1024	539	485	794	406	388
永丰县	1497	743	754	1293	649	644	955	486	469
泰和县	2233	1065	1168	1632	816	816	1316	674	642
遂川县	1614	799	815	1475	745	730	1118	557	561
万安县	1033	494	539	865	427	438	700	353	347
安福县	1371	700	671	1246	605	641	905	476	429
永新县	1981	943	1038	1436	729	707	1240	626	614
井冈山市	435	211	224	401	199	202	339	175	164
宜春市	**11480**	**5805**	**5675**	**10845**	**5551**	**5294**	**8706**	**4513**	**4193**
袁州区	451	223	228	444	237	207	377	181	196
奉新县	1441	702	739	1300	652	648	1002	511	491
万载县	1801	900	901	1776	892	884	1524	748	776
上高县	1850	922	928	1594	809	785	1279	659	620
宜丰县	1516	777	739	1458	760	698	1109	572	537
靖安县	598	307	291	561	293	268	529	261	268
铜鼓县	586	288	298	602	306	296	447	219	228
丰城市	1138	583	555	1249	584	665	1065	568	497
樟树市	367	187	180	321	163	158	267	141	126
高安市	1732	916	816	1540	855	685	1107	653	454
抚州市	**11514**	**5864**	**5650**	**10903**	**5576**	**5327**	**8238**	**4132**	**4106**
临川区	663	381	282	699	383	316	468	235	233
东乡区	299	146	153	328	163	165	275	138	137
南城县	1587	788	799	1510	729	781	1143	575	568
黎川县	1282	629	653	1337	682	655	987	494	493
南丰县	1213	613	600	1146	610	536	801	399	402
崇仁县	1382	716	666	1260	625	635	946	451	495
乐安县	1261	627	634	1041	532	509	831	420	411
宜黄县	1213	625	588	1154	619	535	895	472	423
金溪县	1115	561	554	998	496	502	767	377	390
资溪县	508	263	245	530	265	265	467	250	217
广昌县	991	515	476	900	472	428	658	321	337
上饶市	**18912**	**9570**	**9342**	**17714**	**8890**	**8824**	**14516**	**7344**	**7172**
信州区	130	68	62	135	63	72	95	39	56
广丰区	1023	513	510	1057	533	524	751	379	372
广信区	582	312	270	583	273	310	453	238	215
玉山县	2591	1241	1350	2514	1235	1279	2056	1047	1009
铅山县	1905	970	935	1938	972	966	1557	789	768
横峰县	845	433	412	848	436	412	719	369	350
弋阳县	1534	774	760	1395	718	677	1228	610	618
余干县	3020	1571	1449	2596	1344	1252	2255	1146	1109
鄱阳县	4195	2140	2055	3908	1950	1958	3187	1627	1560
万年县	1526	765	761	1322	658	664	1033	506	527
婺源县	1456	720	736	1322	658	664	1094	549	545
德兴市	105	63	42	96	50	46	88	45	43

1-3b 续表 10

单位：人

地区	60-64岁			65-69岁			70-74岁		
	小计	男	女	小计	男	女	小计	男	女
全省	**61515**	**30686**	**30829**	**52946**	**26134**	**26812**	**35199**	**17413**	**17786**
南昌市	**5454**	**2708**	**2746**	**4463**	**2230**	**2233**	**2998**	**1441**	**1557**
东湖区	21	11	10	13	8	5	6	4	2
西湖区									
青云谱区	6	2	4	4	4		3	3	
青山湖区	273	129	144	229	116	113	134	65	69
新建区	195	114	81	137	74	63	126	61	65
红谷滩区									
南昌县	3115	1542	1573	2367	1179	1188	1539	711	828
安义县	491	268	223	394	206	188	293	154	139
进贤县	1353	642	711	1319	643	676	897	443	454
景德镇市	**1181**	**590**	**591**	**956**	**453**	**503**	**719**	**355**	**364**
昌江区	35	17	18	44	21	23	26	8	18
珠山区	54	22	32	35	16	19	24	14	10
浮梁县	600	317	283	457	226	231	313	161	152
乐平市	492	234	258	420	190	230	356	172	184
萍乡市	**3312**	**1615**	**1697**	**3187**	**1561**	**1626**	**1947**	**926**	**1021**
安源区	485	235	250	438	222	216	259	117	142
湘东区	462	224	238	441	220	221	240	109	131
莲花县	484	232	252	569	269	300	308	141	167
上栗县	1091	543	548	1012	498	514	649	316	333
芦溪县	790	381	409	727	352	375	491	243	248
九江市	**7380**	**3723**	**3657**	**6521**	**3310**	**3211**	**4359**	**2229**	**2130**
濂溪区	112	52	60	114	63	51	76	34	42
浔阳区									
柴桑区	277	137	140	247	133	114	165	76	89
武宁县	891	450	441	714	364	350	450	238	212
修水县	1603	788	815	1236	626	610	843	445	398
永修县	887	471	416	830	404	426	562	281	281
德安县	419	209	210	349	188	161	206	92	114
都昌县	1204	605	599	1115	581	534	787	430	357
湖口县	525	255	270	498	242	256	353	167	186
彭泽县	772	402	370	751	356	395	487	251	236
瑞昌市	369	190	179	343	185	158	208	106	102
共青城市	9	6	3	10	4	6	8	4	4
庐山市	312	158	154	314	164	150	214	105	109
新余市	**912**	**454**	**458**	**709**	**337**	**372**	**519**	**255**	**264**
渝水区	121	56	65	140	64	76	101	51	50
分宜县	791	398	393	569	273	296	418	204	214
鹰潭市	**950**	**503**	**447**	**850**	**417**	**433**	**573**	**285**	**288**
月湖区	30	15	15	32	15	17	23	9	14
余江区	407	215	192	377	177	200	242	120	122
贵溪市	513	273	240	441	225	216	308	156	152
赣州市	**11633**	**5834**	**5799**	**9922**	**4873**	**5049**	**6473**	**3202**	**3271**
章贡区	38	18	20	34	16	18	10	6	4
南康区	190	87	103	182	99	83	123	48	75
赣县区	387	194	193	330	169	161	245	113	132
信丰县	1416	693	723	1148	562	586	695	344	351
大余县	725	357	368	602	276	326	387	185	202
上犹县	509	240	269	482	241	241	275	135	140
崇义县	333	165	168	297	150	147	202	100	102
安远县	636	310	326	516	231	285	357	178	179
定南县	536	275	261	448	231	217	259	122	137
全南县	471	241	230	406	188	218	208	115	93

1–3b　续表 11

单位：人

地　区	60–64岁			65–69岁			70–74岁		
	小计	男	女	小计	男	女	小计	男	女
宁都县	1545	783	762	1265	621	644	860	436	424
于都县	1569	813	756	1345	694	651	811	431	380
兴国县	1227	614	613	997	515	482	773	388	385
会昌县	805	391	414	824	378	446	592	295	297
寻乌县	480	256	224	384	189	195	193	78	115
石城县	511	262	249	444	208	236	320	149	171
瑞金市	139	66	73	123	68	55	87	46	41
龙南市	116	69	47	95	37	58	76	33	43
吉安市	**7698**	**3774**	**3924**	**6599**	**3235**	**3364**	**4364**	**2108**	**2256**
吉州区	46	21	25	43	24	19	27	14	13
青原区	40	23	17	40	19	21	40	25	15
吉安县	847	403	444	694	329	365	462	226	236
吉水县	923	457	466	806	396	410	499	246	253
峡江县	261	123	138	211	118	93	182	75	107
新干县	569	259	310	429	227	202	243	112	131
永丰县	736	362	374	591	275	316	407	210	197
泰和县	1033	513	520	879	405	474	621	293	328
遂川县	831	390	441	766	392	374	459	209	250
万安县	534	260	274	430	221	209	283	144	139
安福县	685	356	329	576	277	299	396	203	193
永新县	958	479	479	940	461	479	601	288	313
井冈山市	235	128	107	194	91	103	144	63	81
宜春市	**6300**	**3173**	**3127**	**4998**	**2448**	**2550**	**3291**	**1614**	**1677**
袁州区	329	170	159	296	142	154	188	88	100
奉新县	771	373	398	663	326	337	427	224	203
万载县	1108	572	536	841	402	439	563	263	300
上高县	929	456	473	640	301	339	358	183	175
宜丰县	725	349	376	641	299	342	406	227	179
靖安县	393	201	192	300	150	150	198	100	98
铜鼓县	289	154	135	229	114	115	171	79	92
丰城市	763	362	401	636	323	313	465	199	266
樟树市	197	96	101	178	83	95	135	65	70
高安市	796	440	356	574	308	266	380	186	194
抚州市	**5554**	**2709**	**2845**	**4788**	**2324**	**2464**	**3292**	**1605**	**1687**
临川区	335	157	178	367	180	187	265	148	117
东乡区	239	119	120	196	87	109	131	63	68
南城县	771	369	402	692	348	344	530	253	277
黎川县	561	285	276	491	247	244	399	180	219
南丰县	495	242	253	482	217	265	337	168	169
崇仁县	730	346	384	698	330	368	399	198	201
乐安县	525	262	263	428	211	217	302	140	162
宜黄县	503	262	241	364	191	173	219	110	109
金溪县	569	272	297	486	230	256	274	129	145
资溪县	323	148	175	248	123	125	168	88	80
广昌县	503	247	256	336	160	176	268	128	140
上饶市	**11141**	**5603**	**5538**	**9953**	**4946**	**5007**	**6664**	**3393**	**3271**
信州区	85	48	37	90	45	45	54	26	28
广丰区	602	320	282	589	310	279	385	205	180
广信区	379	191	188	309	157	152	242	114	128
玉山县	1564	779	785	1503	751	752	940	481	459
铅山县	1219	620	599	1058	519	539	709	346	363
横峰县	534	264	270	402	192	210	310	169	141
弋阳县	969	486	483	808	387	421	535	269	266
余干县	1690	838	852	1516	757	759	979	515	464
鄱阳县	2418	1207	1211	2171	1087	1084	1548	779	769
万年县	842	414	428	737	377	360	499	244	255
婺源县	772	403	369	704	337	367	421	219	202
德兴市	67	33	34	66	27	39	42	26	16

1-3b 续表 12

单位：人

地 区	75-79岁			80-84岁			85-89岁		
	小计	男	女	小计	男	女	小计	男	女
全 省	**19963**	**9518**	**10445**	**13380**	**5960**	**7420**	**6378**	**2590**	**3788**
南昌市	**1726**	**817**	**909**	**1154**	**525**	**629**	**571**	**237**	**334**
东湖区	6	3	3	10	4	6	3	1	2
西湖区									
青云谱区	2	1	1	4	2	2	2		2
青山湖区	114	47	67	95	44	51	34	16	18
新建区	100	53	47	71	30	41	30	14	16
红谷滩区									
南昌县	913	427	486	603	275	328	297	120	177
安义县	181	93	88	84	40	44	48	25	23
进贤县	410	193	217	287	130	157	157	61	96
景德镇市	**330**	**158**	**172**	**216**	**105**	**111**	**88**	**41**	**47**
昌江区	24	10	14	12	5	7	4	3	1
珠山区	12	6	6	10	4	6	6	4	2
浮梁县	165	79	86	100	47	53	43	18	25
乐平市	129	63	66	94	49	45	35	16	19
萍乡市	**1065**	**513**	**552**	**769**	**354**	**415**	**343**	**146**	**197**
安源区	159	76	83	109	52	57	63	23	40
湘东区	136	66	70	87	42	45	53	24	29
莲花县	186	85	101	138	57	81	53	19	34
上栗县	347	165	182	268	114	154	98	51	47
芦溪县	237	121	116	167	89	78	76	29	47
九江市	**2613**	**1245**	**1368**	**1439**	**648**	**791**	**786**	**313**	**473**
濂溪区	43	22	21	21	9	12	17	8	9
浔阳区									
柴桑区	123	57	66	61	28	33	35	11	24
武宁县	276	126	150	145	71	74	84	31	53
修水县	546	249	297	329	141	188	137	61	76
永修县	384	172	212	195	86	109	133	49	84
德安县	128	65	63	83	41	42	64	32	32
都昌县	363	180	183	234	103	131	112	44	68
湖口县	188	92	96	73	32	41	42	12	30
彭泽县	310	148	162	171	77	94	82	28	54
瑞昌市	117	66	51	51	24	27	30	12	18
共青城市	2		2	3	2	1			
庐山市	133	68	65	73	34	39	50	25	25
新余市	**272**	**138**	**134**	**150**	**64**	**86**	**97**	**41**	**56**
渝水区	53	31	22	24	10	14	14	3	11
分宜县	219	107	112	126	54	72	83	38	45
鹰潭市	**254**	**124**	**130**	**188**	**77**	**111**	**95**	**48**	**47**
月湖区	6	3	3	6	2	4	5	2	3
余江区	103	46	57	87	34	53	34	18	16
贵溪市	145	75	70	95	41	54	56	28	28
赣州市	**3818**	**1793**	**2025**	**2824**	**1157**	**1667**	**1181**	**471**	**710**
章贡区	15	6	9	8	3	5	4	1	3
南康区	72	37	35	50	17	33	20	8	12
赣县区	173	94	79	103	46	57	37	10	27
信丰县	409	166	243	262	95	167	112	38	74
大余县	221	100	121	161	65	96	84	41	43
上犹县	154	75	79	140	61	79	52	20	32
崇义县	98	54	44	77	34	43	32	9	23
安远县	191	92	99	154	54	100	71	25	46
定南县	162	59	103	129	58	71	59	25	34
全南县	130	55	75	122	40	82	63	25	38

1-3b　续表 13

单位：人

地　区	75-79岁			80-84岁			85-89岁		
	小计	男	女	小计	男	女	小计	男	女
宁都县	501	248	253	321	139	182	122	60	62
于都县	494	239	255	347	139	208	158	65	93
兴国县	432	214	218	329	141	188	153	61	92
会昌县	327	154	173	257	113	144	72	30	42
寻乌县	180	85	95	164	72	92	57	18	39
石城县	167	73	94	128	52	76	51	22	29
瑞金市	57	27	30	53	23	30	22	11	11
龙南市	35	15	20	19	5	14	12	2	10
吉安市	**2773**	**1272**	**1501**	**1852**	**805**	**1047**	**835**	**315**	**520**
吉州区	18	10	8	7	1	6	4	2	2
青原区	18	8	10	16	6	10	8	2	6
吉安县	285	138	147	151	66	85	70	29	41
吉水县	356	158	198	199	81	118	97	45	52
峡江县	92	51	41	67	23	44	54	18	36
新干县	154	68	86	112	48	64	55	21	34
永丰县	269	112	157	173	77	96	63	26	37
泰和县	361	161	200	208	95	113	92	35	57
遂川县	299	143	156	199	83	116	74	20	54
万安县	195	86	109	167	83	84	70	32	38
安福县	253	126	127	206	93	113	76	31	45
永新县	370	171	199	273	115	158	127	38	89
井冈山市	103	40	63	74	34	40	45	16	29
宜春市	**1803**	**843**	**960**	**1200**	**553**	**647**	**659**	**258**	**401**
袁州区	100	63	37	71	34	37	26	10	16
奉新县	227	112	115	87	42	45	76	34	42
万载县	298	137	161	224	96	128	96	38	58
上高县	183	74	109	160	82	78	80	22	58
宜丰县	239	115	124	163	75	88	86	39	47
靖安县	107	46	61	70	29	41	49	19	30
铜鼓县	99	48	51	82	39	43	27	7	20
丰城市	279	128	151	212	88	124	130	57	73
樟树市	66	25	41	36	21	15	28	5	23
高安市	205	95	110	95	47	48	61	27	34
抚州市	**1747**	**841**	**906**	**1162**	**532**	**630**	**514**	**204**	**310**
临川区	143	63	80	121	64	57	54	23	31
东乡区	91	38	53	47	28	19	26	11	15
南城县	248	110	138	143	62	81	58	20	38
黎川县	209	106	103	113	49	64	46	21	25
南丰县	179	78	101	108	52	56	40	11	29
崇仁县	202	97	105	151	72	79	67	28	39
乐安县	169	102	67	111	56	55	58	18	40
宜黄县	136	65	71	98	42	56	44	21	23
金溪县	119	62	57	66	31	35	48	20	28
资溪县	88	34	54	81	32	49	39	17	22
广昌县	163	86	77	123	44	79	34	14	20
上饶市	**3562**	**1774**	**1788**	**2426**	**1140**	**1286**	**1209**	**516**	**693**
信州区	34	17	17	18	9	9	8	3	5
广丰区	198	107	91	152	84	68	78	28	50
广信区	139	62	77	81	34	47	32	14	18
玉山县	492	265	227	365	168	197	161	67	94
铅山县	399	196	203	283	136	147	106	48	58
横峰县	194	95	99	116	46	70	45	23	22
弋阳县	313	154	159	216	104	112	103	43	60
余干县	539	247	292	423	210	213	244	104	140
鄱阳县	758	375	383	442	200	242	288	118	170
万年县	253	128	125	166	76	90	67	33	34
婺源县	222	113	109	147	65	82	71	30	41
德兴市	21	15	6	17	8	9	6	5	1

1-3b 续表 14

单位：人

地区	90-94岁			95-99岁			100岁及以上		
	小计	男	女	小计	男	女	小计	男	女
全 省	**1964**	**795**	**1169**	**436**	**129**	**307**	**49**	**13**	**36**
南昌市	**201**	**88**	**113**	**30**	**10**	**20**	**1**		**1**
东湖区									
西湖区									
青云谱区	1		1						
青山湖区	15	7	8						
新建区	11	6	5	3	2	1			
红谷滩区									
南昌县	105	45	60	17	6	11			
安义县	14	7	7	1	1		1		1
进贤县	55	23	32	9	1	8			
景德镇市	**22**	**12**	**10**	**3**		**3**	**1**		**1**
昌江区	1		1				1		1
珠山区	1	1							
浮梁县	13	6	7	2		2			
乐平市	7	5	2	1		1			
萍乡市	**118**	**55**	**63**	**19**	**2**	**17**	**2**	**1**	**1**
安源区	18	10	8	1		1			
湘东区	14	8	6	4		4	1		1
莲花县	22	9	13	5		5			
上栗县	36	17	19	4	2	2	1	1	
芦溪县	28	11	17	5		5			
九江市	**270**	**107**	**163**	**52**	**13**	**39**	**3**	**2**	**1**
濂溪区	6	2	4	1		1			
浔阳区									
柴桑区	5	1	4	2		2			
武宁县	37	21	16	9	3	6			
修水县	45	18	27	9	3	6	1	1	
永修县	56	21	35	9	3	6	1	1	
德安县	11	4	7	1		1			
都昌县	60	19	41	9	2	7			
湖口县	15	6	9	4		4			
彭泽县	19	7	12	4	1	3			
瑞昌市	7	4	3	1		1	1		1
共青城市									
庐山市	9	4	5	3	1	2			
新余市	**30**	**15**	**15**	**1**		**1**			
渝水区	5	4	1						
分宜县	25	11	14	1		1			
鹰潭市	**26**	**8**	**18**	**9**	**4**	**5**			
月湖区									
余江区	11	3	8	5	2	3			
贵溪市	15	5	10	4	2	2			
赣州市	**383**	**141**	**242**	**98**	**32**	**66**	**17**	**3**	**14**
章贡区									
南康区	10	3	7	2		2			
赣县区	14	7	7	2		2	1		1
信丰县	34	12	22	11	2	9	1		1
大余县	23	9	14	8	4	4	1	1	
上犹县	11	2	9	2	1	1			
崇义县	8	3	5	5	4	1			
安远县	17	3	14	5	2	3	1		1
定南县	15		15	5	3	2	1	1	
全南县	24	14	10	2	2		1		1

1−3b 续表 15

单位：人

地 区	90−94岁			95−99岁			100岁及以上		
	小计	男	女	小计	男	女	小计	男	女
宁都县	43	14	29	11	5	6	2		2
于都县	53	19	34	15	5	10			
兴国县	46	19	27	9		9	5		5
会昌县	36	13	23	8	1	7	1		1
寻乌县	25	12	13	7	3	4	3	1	2
石城县	13	6	7	2		2			
瑞金市	9	4	5	3		3			
龙南市	2	1	1	1		1			
吉安市	**227**	**90**	**137**	**60**	**18**	**42**	**4**	**2**	**2**
吉州区									
青原区	1		1	2	2				
吉安县	20	8	12	6	2	4			
吉水县	30	13	17	7	2	5			
峡江县	12	6	6	5	2	3			
新干县	15	3	12	5		5	1		1
永丰县	7	2	5						
泰和县	39	16	23	7	5	2			
遂川县	31	13	18	5		5			
万安县	20	6	14	3		3			
安福县	20	12	8	4	2	2	1		1
永新县	26	9	17	10	1	9	1	1	
井冈山市	6	2	4	6	2	4	1	1	
宜春市	**220**	**100**	**120**	**57**	**18**	**39**	**6**	**2**	**4**
袁州区	7	5	2	5		5			
奉新县	38	11	27	5	4	1			
万载县	27	11	16	8	2	6	1	1	
上高县	20	11	9	3	1	2			
宜丰县	30	15	15	9	2	7	3		3
靖安县	13	6	7	3	1	2	2	1	1
铜鼓县	16	12	4	3	2	1			
丰城市	37	14	23	12	2	10			
樟树市	10	7	3	3	1	2			
高安市	22	8	14	6	3	3			
抚州市	**136**	**48**	**88**	**25**	**7**	**18**	**5**	**1**	**4**
临川区	13	2	11	1	1				
东乡区	5	1	4	1		1			
南城县	18	5	13	4	1	3			
黎川县	17	8	9	2		2	2	1	1
南丰县	11	6	5	3	1	2	1		1
崇仁县	23	8	15	4	1	3			
乐安县	13	3	10	3	1	2			
宜黄县	10	5	5	1		1			
金溪县	7	3	4	1		1			
资溪县	7	2	5	3	1	2	2		2
广昌县	12	5	7	2	1	1			
上饶市	**331**	**131**	**200**	**82**	**25**	**57**	**10**	**2**	**8**
信州区	1	1		2		2			
广丰区	28	7	21	3	2	1	1		1
广信区	11	5	6	3	2	1			
玉山县	56	26	30	10	2	8	2		2
铅山县	29	10	19	11	5	6	1	1	
横峰县	14	6	8	1	1				
弋阳县	24	15	9	8	5	3			
余干县	63	24	39	18	3	15	2	1	1
鄱阳县	67	24	43	17	1	16	4		4
万年县	17	5	12	5	1	4			
婺源县	19	8	11	3	2	1			
德兴市	2		2	1	1				

1-3c 各地区分年龄、性别的人口(乡村)

单位：人

地区	合计			0岁		
	合计	男	女	小计	男	女
全省	**2061278**	**1082979**	**978299**	**20737**	**11471**	**9266**
南昌市	**167518**	**89094**	**78424**	**1754**	**950**	**804**
东湖区	2373	1254	1119	33	19	14
西湖区						
青云谱区						
青山湖区	5712	3253	2459	52	33	19
新建区	39853	21052	18801	493	265	228
红谷滩区	2556	1402	1154	29	18	11
南昌县	58916	31406	27510	605	314	291
安义县	14515	7673	6842	150	82	68
进贤县	43593	23054	20539	392	219	173
景德镇市	**69233**	**37131**	**32102**	**650**	**358**	**292**
昌江区	4365	2325	2040	40	19	21
珠山区	222	104	118	3	2	1
浮梁县	12959	6968	5991	124	74	50
乐平市	51687	27734	23953	483	263	220
萍乡市	**59437**	**31063**	**28374**	**622**	**344**	**278**
安源区	1275	750	525	4	2	2
湘东区	11854	6270	5584	110	60	50
莲花县	11486	5885	5601	145	80	65
上栗县	22397	11671	10726	247	133	114
芦溪县	12425	6487	5938	116	69	47
九江市	**215538**	**113040**	**102498**	**2033**	**1141**	**892**
濂溪区	6395	3341	3054	40	18	22
浔阳区	207	102	105			
柴桑区	18889	10284	8605	189	116	73
武宁县	19485	10221	9264	204	108	96
修水县	41779	21836	19943	387	210	177
永修县	14305	7488	6817	142	80	62
德安县	6164	3237	2927	51	32	19
都昌县	38635	20033	18602	346	198	148
湖口县	12256	6384	5872	134	77	57
彭泽县	16342	8376	7966	124	71	53
瑞昌市	25351	13420	11931	232	130	102
共青城市	5139	2727	2412	64	34	30
庐山市	10591	5591	5000	120	67	53
新余市	**31356**	**16453**	**14903**	**363**	**209**	**154**
渝水区	20455	10747	9708	223	128	95
分宜县	10901	5706	5195	140	81	59
鹰潭市	**51975**	**27653**	**24322**	**487**	**261**	**226**
月湖区	1063	555	508	16	10	6
余江区	20798	11025	9773	189	97	92
贵溪市	30114	16073	14041	282	154	128
赣州市	**468746**	**244051**	**224695**	**4610**	**2478**	**2132**
章贡区	13979	7304	6675	122	63	59
南康区	41074	21350	19724	496	295	201
赣县区	28513	14842	13671	282	147	135
信丰县	36087	18634	17453	330	181	149
大余县	14349	7556	6793	122	68	54
上犹县	17375	9075	8300	160	88	72
崇义县	11437	5968	5469	131	77	54
安远县	19577	10122	9455	204	111	93
定南县	8614	4439	4175	87	47	40
全南县	9558	5041	4517	96	55	41

1-3c 续表 1

单位：人

地区	合计			0岁		
	合计	男	女	小计	男	女
宁都县	52751	28047	24704	392	213	179
于都县	63198	31823	31375	665	351	314
兴国县	46090	23905	22185	529	270	259
会昌县	24334	12627	11707	283	163	120
寻乌县	15384	8181	7203	145	77	68
石城县	16519	8898	7621	132	69	63
瑞金市	37375	19737	17638	301	145	156
龙南市	12532	6502	6030	133	58	75
吉安市	**221224**	**115049**	**106175**	**2466**	**1382**	**1084**
吉州区	6328	3314	3014	59	34	25
青原区	10549	5440	5109	142	71	71
吉安县	22495	11692	10803	271	138	133
吉水县	21371	11170	10201	234	156	78
峡江县	7799	4110	3689	73	42	31
新干县	16815	8875	7940	178	101	77
永丰县	18830	9885	8945	245	145	100
泰和县	21917	11051	10866	264	152	112
遂川县	32020	16773	15247	312	180	132
万安县	16137	8407	7730	158	90	68
安福县	17811	9125	8686	223	109	114
永新县	23815	12542	11273	242	132	110
井冈山市	5337	2665	2672	65	32	33
宜春市	**228328**	**119612**	**108716**	**2490**	**1397**	**1093**
袁州区	38067	19908	18159	467	257	210
奉新县	11014	5881	5133	144	86	58
万载县	22490	11611	10879	286	163	123
上高县	13600	7064	6536	158	86	72
宜丰县	9609	5005	4604	107	68	39
靖安县	5387	2866	2521	65	35	30
铜鼓县	5299	2785	2514	51	28	23
丰城市	60639	31699	28940	576	301	275
樟树市	24575	12758	11817	230	133	97
高安市	37648	20035	17613	406	240	166
抚州市	**197279**	**105405**	**91874**	**2016**	**1142**	**874**
临川区	49241	26325	22916	586	350	236
东乡区	17416	9062	8354	168	100	68
南城县	12839	6773	6066	126	67	59
黎川县	11372	6229	5143	131	76	55
南丰县	13516	7201	6315	111	63	48
崇仁县	22270	11994	10276	215	114	101
乐安县	22316	11971	10345	217	125	92
宜黄县	13659	7249	6410	122	59	63
金溪县	17709	9583	8126	194	116	78
资溪县	5844	3074	2770	39	17	22
广昌县	11097	5944	5153	107	55	52
上饶市	**350644**	**184428**	**166216**	**3246**	**1809**	**1437**
信州区	13791	7239	6552	118	61	57
广丰区	38126	20192	17934	338	202	136
广信区	35574	18606	16968	393	225	168
玉山县	22613	11643	10970	243	133	110
铅山县	19587	10212	9375	139	76	63
横峰县	8726	4591	4135	68	35	33
弋阳县	19896	10535	9361	187	103	84
余干县	55050	29027	26023	542	303	239
鄱阳县	83261	43855	39406	733	407	326
万年县	23151	12250	10901	225	126	99
婺源县	19304	10191	9113	157	87	70
德兴市	11565	6087	5478	103	51	52

1-3c 续表 2

单位：人

地区	1-4岁			5-9岁			10-14岁		
	小计	男	女	小计	男	女	小计	男	女
全省	**100653**	**54594**	**46059**	**161014**	**87374**	**73640**	**178027**	**98440**	**79587**
南昌市	**7793**	**4265**	**3528**	**11728**	**6302**	**5426**	**12289**	**6740**	**5549**
东湖区	148	89	59	176	99	77	173	93	80
西湖区									
青云谱区									
青山湖区	251	141	110	360	186	174	335	180	155
新建区	1981	1056	925	2960	1563	1397	2943	1571	1372
红谷滩区	136	74	62	203	94	109	212	114	98
南昌县	2602	1456	1146	3665	1947	1718	3840	2125	1715
安义县	811	432	379	1346	768	578	1277	711	566
进贤县	1864	1017	847	3018	1645	1373	3509	1946	1563
景德镇市	**3486**	**1901**	**1585**	**5933**	**3353**	**2580**	**6421**	**3664**	**2757**
昌江区	239	119	120	334	201	133	328	196	132
珠山区	13	9	4	10	4	6	12	8	4
浮梁县	642	369	273	825	458	367	857	458	399
乐平市	2592	1404	1188	4764	2690	2074	5224	3002	2222
萍乡市	**2760**	**1451**	**1309**	**4304**	**2293**	**2011**	**4681**	**2479**	**2202**
安源区	27	11	16	50	27	23	58	25	33
湘东区	465	246	219	806	425	381	757	392	365
莲花县	608	306	302	831	475	356	976	523	453
上栗县	1096	586	510	1766	914	852	1851	994	857
芦溪县	564	302	262	851	452	399	1039	545	494
九江市	**10049**	**5377**	**4672**	**15858**	**8571**	**7287**	**17516**	**9544**	**7972**
濂溪区	270	141	129	360	188	172	319	176	143
浔阳区	8	3	5	15	6	9	16	9	7
柴桑区	845	444	401	1159	667	492	1273	698	575
武宁县	1058	567	491	1626	862	764	1610	875	735
修水县	2069	1063	1006	3112	1694	1418	3827	1994	1833
永修县	672	377	295	1003	518	485	1215	654	561
德安县	258	132	126	434	241	193	515	268	247
都昌县	1867	1017	850	3009	1674	1335	3184	1774	1410
湖口县	525	274	251	820	439	381	827	466	361
彭泽县	606	322	284	984	496	488	1361	720	641
瑞昌市	1101	617	484	1945	1046	899	2087	1204	883
共青城市	242	149	93	448	245	203	404	226	178
庐山市	528	271	257	943	495	448	878	480	398
新余市	**1376**	**766**	**610**	**2127**	**1296**	**831**	**2289**	**1337**	**952**
渝水区	769	434	335	1224	769	455	1344	791	553
分宜县	607	332	275	903	527	376	945	546	399
鹰潭市	**2343**	**1295**	**1048**	**3981**	**2215**	**1766**	**4980**	**2766**	**2214**
月湖区	50	22	28	91	49	42	89	53	36
余江区	871	464	407	1496	812	684	1782	994	788
贵溪市	1422	809	613	2394	1354	1040	3109	1719	1390
赣州市	**23350**	**12473**	**10877**	**36371**	**19353**	**17018**	**41073**	**22389**	**18684**
章贡区	632	345	287	999	527	472	1164	641	523
南康区	1890	1017	873	2636	1364	1272	2879	1555	1324
赣县区	1411	778	633	2073	1113	960	2607	1408	1199
信丰县	1917	997	920	2903	1560	1343	3152	1731	1421
大余县	615	347	268	993	538	455	1272	715	557
上犹县	723	415	308	1258	731	527	1537	852	685
崇义县	496	267	229	787	424	363	942	520	422
安远县	1022	577	445	1764	927	837	2186	1190	996
定南县	404	203	201	697	352	345	708	389	319
全南县	492	258	234	667	361	306	885	462	423

1—3c 续表 3

单位：人

地 区	1—4岁			5—9岁			10—14岁		
	小计	男	女	小计	男	女	小计	男	女
宁都县	2372	1251	1121	4122	2299	1823	5180	2873	2307
于都县	3762	1948	1814	5685	2905	2780	5650	2974	2676
兴国县	2379	1242	1137	3940	2058	1882	4784	2682	2102
会昌县	1320	706	614	1855	969	886	1869	1025	844
寻乌县	805	454	351	1144	637	507	1018	550	468
石城县	830	421	409	1166	643	523	1114	606	508
瑞金市	1653	918	735	2802	1481	1321	3204	1713	1491
龙南市	627	329	298	880	464	416	922	503	419
吉安市	**12018**	**6590**	**5428**	**20002**	**10881**	**9121**	**20850**	**11883**	**8967**
吉州区	351	210	141	559	292	267	549	326	223
青原区	660	373	287	974	556	418	1098	625	473
吉安县	1386	765	621	2263	1273	990	2109	1188	921
吉水县	1038	574	464	2007	1101	906	2175	1304	871
峡江县	367	193	174	596	336	260	738	425	313
新干县	770	424	346	1425	789	636	1466	847	619
永丰县	1051	599	452	1896	1040	856	1902	1101	801
泰和县	1369	746	623	2226	1191	1035	2227	1279	948
遂川县	1662	890	772	2988	1618	1370	3276	1811	1465
万安县	892	467	425	1388	752	636	1542	857	685
安福县	1035	571	464	1555	832	723	1461	828	633
永新县	1143	618	525	1693	867	826	1810	1025	785
井冈山市	294	160	134	432	234	198	497	267	230
宜春市	**11231**	**6133**	**5098**	**18031**	**9862**	**8169**	**19737**	**10913**	**8824**
袁州区	2052	1097	955	3139	1615	1524	3556	1881	1675
奉新县	487	245	242	830	450	380	920	533	387
万载县	1210	632	578	2072	1075	997	2622	1387	1235
上高县	637	368	269	956	539	417	1061	642	419
宜丰县	381	210	171	670	367	303	813	436	377
靖安县	263	146	117	347	189	158	377	206	171
铜鼓县	236	122	114	344	190	154	426	222	204
丰城市	3042	1696	1346	4977	2770	2207	4994	2771	2223
樟树市	1159	643	516	2096	1169	927	2066	1146	920
高安市	1764	974	790	2600	1498	1102	2902	1689	1213
抚州市	**9191**	**4996**	**4195**	**14639**	**8120**	**6519**	**16269**	**9274**	**6995**
临川区	2248	1228	1020	3664	2016	1648	3651	2101	1550
东乡区	813	432	381	1269	705	564	1605	916	689
南城县	517	291	226	861	473	388	1157	679	478
黎川县	521	297	224	751	439	312	787	461	326
南丰县	576	317	259	895	497	398	1150	649	501
崇仁县	1181	653	528	1897	1052	845	1915	1028	887
乐安县	1151	607	544	1901	1044	857	2055	1167	888
宜黄县	577	303	274	898	499	399	1129	631	498
金溪县	845	446	399	1276	735	541	1446	842	604
资溪县	238	121	117	392	201	191	468	272	196
广昌县	524	301	223	835	459	376	906	528	378
上饶市	**17056**	**9347**	**7709**	**28040**	**15128**	**12912**	**31922**	**17451**	**14471**
信州区	631	318	313	982	506	476	1100	576	524
广丰区	1943	1029	914	2926	1540	1386	3306	1744	1562
广信区	1641	893	748	2643	1410	1233	3212	1713	1499
玉山县	958	509	449	1602	841	761	2169	1138	1031
铅山县	840	454	386	1512	793	719	1872	1027	845
横峰县	393	220	173	697	389	308	880	506	374
弋阳县	954	532	422	1750	945	805	2163	1227	936
余干县	2882	1589	1293	4823	2588	2235	5215	2858	2357
鄱阳县	4425	2459	1966	6975	3896	3079	7118	3958	3160
万年县	1021	571	450	1834	985	849	2200	1232	968
婺源县	857	480	377	1306	684	622	1490	783	707
德兴市	511	293	218	990	551	439	1197	689	508

1－3c 续表 4

单位：人

地区	15－19岁			20－24岁			25－29岁		
	小计	男	女	小计	男	女	小计	男	女
全省	**129032**	**72597**	**56435**	**104731**	**57925**	**46806**	**108893**	**59460**	**49433**
南昌市	**12834**	**7122**	**5712**	**12588**	**7445**	**5143**	**10388**	**5894**	**4494**
东湖区	92	47	45	143	76	67	199	107	92
西湖区									
青云谱区									
青山湖区	376	248	128	546	348	198	555	356	199
新建区	3741	1993	1748	4252	2387	1865	2560	1449	1111
红谷滩区	185	101	84	215	115	100	230	120	110
南昌县	4600	2547	2053	4114	2561	1553	3748	2225	1523
安义县	849	485	364	750	450	300	812	411	401
进贤县	2991	1701	1290	2568	1508	1060	2284	1226	1058
景德镇市	**4256**	**2524**	**1732**	**3422**	**1911**	**1511**	**4158**	**2219**	**1939**
昌江区	275	159	116	185	104	81	274	135	139
珠山区	12	8	4	15	8	7	30	12	18
浮梁县	549	307	242	566	286	280	953	514	439
乐平市	3420	2050	1370	2656	1513	1143	2901	1558	1343
萍乡市	**2682**	**1480**	**1202**	**2501**	**1318**	**1183**	**2841**	**1507**	**1334**
安源区	222	155	67	250	173	77	38	22	16
湘东区	409	228	181	428	230	198	585	323	262
莲花县	474	269	205	382	193	189	473	253	220
上栗县	1002	529	473	1038	521	517	1198	649	549
芦溪县	575	299	276	403	201	202	547	260	287
九江市	**12650**	**7090**	**5560**	**9777**	**5321**	**4456**	**11134**	**5941**	**5193**
濂溪区	418	224	194	261	134	127	384	203	181
浔阳区	9	5	4	6	3	3	7	3	4
柴桑区	1066	636	430	1011	609	402	1218	705	513
武宁县	877	453	424	624	327	297	785	398	387
修水县	2461	1319	1142	1721	895	826	1847	910	937
永修县	916	521	395	702	390	312	702	409	293
德安县	254	139	115	194	115	79	249	129	120
都昌县	2432	1411	1021	2207	1163	1044	2313	1241	1072
湖口县	510	288	222	440	244	196	613	324	289
彭泽县	987	509	478	702	367	335	679	372	307
瑞昌市	1599	906	693	997	544	453	1474	788	686
共青城市	561	320	241	291	185	106	249	124	125
庐山市	560	359	201	621	345	276	614	335	279
新余市	**1221**	**732**	**489**	**886**	**447**	**439**	**971**	**535**	**436**
渝水区	767	467	300	629	333	296	676	378	298
分宜县	454	265	189	257	114	143	295	157	138
鹰潭市	**3349**	**1893**	**1456**	**2529**	**1404**	**1125**	**2766**	**1556**	**1210**
月湖区	69	35	34	53	33	20	62	31	31
余江区	1378	780	598	1216	693	523	1258	713	545
贵溪市	1902	1078	824	1260	678	582	1446	812	634
赣州市	**33351**	**18298**	**15053**	**26156**	**14085**	**12071**	**26103**	**14467**	**11636**
章贡区	1090	597	493	769	431	338	858	463	395
南康区	2549	1500	1049	1948	1090	858	2400	1392	1008
赣县区	2008	1062	946	1345	694	651	1334	736	598
信丰县	2349	1286	1063	1678	934	744	2025	1121	904
大余县	950	542	408	729	368	361	709	416	293
上犹县	1043	574	469	716	353	363	764	448	316
崇义县	630	357	273	402	203	199	456	253	203
安远县	1325	715	610	1210	628	582	1129	614	515
定南县	488	254	234	277	131	146	520	288	232
全南县	493	278	215	329	175	154	478	267	211

1−3c　续表 5

单位：人

地　区	15−19岁			20−24岁			25−29岁		
	小计	男	女	小计	男	女	小计	男	女
宁都县	4092	2273	1819	2916	1605	1311	2940	1618	1322
于都县	4735	2494	2241	4529	2388	2141	3764	2002	1762
兴国县	3578	1978	1600	2371	1320	1051	2206	1201	1005
会昌县	1863	1007	856	2036	1070	966	1510	806	704
寻乌县	913	502	411	807	433	374	822	444	378
石城县	1204	678	526	947	532	415	1221	732	489
瑞金市	3471	1892	1579	2626	1466	1160	2170	1241	929
龙南市	570	309	261	521	264	257	797	425	372
吉安市	**10827**	**6259**	**4568**	**7501**	**4078**	**3423**	**9326**	**4941**	**4385**
吉州区	345	197	148	274	148	126	304	170	134
青原区	525	303	222	355	196	159	433	215	218
吉安县	1027	614	413	712	378	334	1019	535	484
吉水县	1120	668	452	687	396	291	837	453	384
峡江县	378	237	141	222	125	97	290	165	125
新干县	931	584	347	630	373	257	671	376	295
永丰县	778	467	311	605	357	248	789	403	386
泰和县	1132	630	502	560	283	277	700	348	352
遂川县	1956	1108	848	1241	687	554	1410	727	683
万安县	836	464	372	635	323	312	866	491	375
安福县	626	331	295	406	213	193	569	278	291
永新县	983	563	420	1041	547	494	1281	709	572
井冈山市	190	93	97	133	52	81	157	71	86
宜春市	**12075**	**6985**	**5090**	**9642**	**5375**	**4267**	**11173**	**6111**	**5062**
袁州区	2118	1148	970	1580	800	780	1796	1004	792
奉新县	614	357	257	392	222	170	422	223	199
万载县	1601	891	710	713	361	352	710	352	358
上高县	527	307	220	395	226	169	519	255	264
宜丰县	348	201	147	256	130	126	240	108	132
靖安县	243	138	105	147	90	57	219	122	97
铜鼓县	333	159	174	155	70	85	177	93	84
丰城市	3623	2119	1504	3596	2109	1487	3706	2097	1609
樟树市	1161	684	477	918	499	419	1247	659	588
高安市	1507	981	526	1490	868	622	2137	1198	939
抚州市	**12108**	**7014**	**5094**	**10992**	**6305**	**4687**	**10432**	**5820**	**4612**
临川区	3482	2071	1411	3311	1953	1358	2524	1436	1088
东乡区	1050	594	456	763	411	352	663	364	299
南城县	725	424	301	578	318	260	624	329	295
黎川县	524	308	216	630	379	251	691	409	282
南丰县	525	304	221	435	250	185	603	330	273
崇仁县	1567	904	663	1848	1092	756	1376	819	557
乐安县	1453	826	627	1061	603	458	1283	703	580
宜黄县	866	485	381	749	410	339	761	383	378
金溪县	952	553	399	884	503	381	933	518	415
资溪县	366	195	171	290	149	141	290	160	130
广昌县	598	350	248	443	237	206	684	369	315
上饶市	**23679**	**13200**	**10479**	**18737**	**10236**	**8501**	**19601**	**10469**	**9132**
信州区	1030	538	492	889	496	393	844	476	368
广丰区	2767	1499	1268	2361	1262	1099	2444	1346	1098
广信区	2346	1242	1104	2134	1108	1026	1910	998	912
玉山县	1487	788	699	917	451	466	912	503	409
铅山县	1442	733	709	906	472	434	931	493	438
横峰县	499	278	221	286	155	131	360	188	172
弋阳县	1296	762	534	837	463	374	880	477	403
余干县	4042	2292	1750	2996	1749	1247	3630	1988	1642
鄱阳县	5230	3074	2156	5100	2846	2254	5182	2680	2502
万年县	1830	1078	752	1190	687	503	1214	658	556
婺源县	1022	535	487	705	358	347	874	437	437
德兴市	688	381	307	416	189	227	420	225	195

1–3c 续表 6

单位：人

地 区	30–34岁			35–39岁			40–44岁		
	小计	男	女	小计	男	女	小计	男	女
全 省	**141059**	**75613**	**65446**	**112482**	**59579**	**52903**	**138037**	**73041**	**64996**
南昌市	**12261**	**6715**	**5546**	**8366**	**4537**	**3829**	**10214**	**5394**	**4820**
东湖区	277	151	126	111	65	46	120	65	55
西湖区									
青云谱区									
青山湖区	601	342	259	347	206	141	342	189	153
新建区	2527	1333	1194	1969	1080	889	2384	1248	1136
红谷滩区	212	119	93	186	115	71	176	95	81
南昌县	4165	2332	1833	2565	1400	1165	3488	1871	1617
安义县	1144	615	529	720	377	343	756	375	381
进贤县	3335	1823	1512	2468	1294	1174	2948	1551	1397
景德镇市	**5609**	**2998**	**2611**	**4563**	**2433**	**2130**	**4935**	**2716**	**2219**
昌江区	357	188	169	275	133	142	320	175	145
珠山区	15	3	12	11	2	9	20	10	10
浮梁县	1075	591	484	760	433	327	910	521	389
乐平市	4162	2216	1946	3517	1865	1652	3685	2010	1675
萍乡市	**3676**	**1959**	**1717**	**3464**	**1838**	**1626**	**4358**	**2331**	**2027**
安源区	52	35	17	44	25	19	63	35	28
湘东区	725	393	332	725	402	323	891	489	402
莲花县	667	351	316	598	312	286	800	412	388
上栗县	1481	760	721	1375	715	660	1742	946	796
芦溪县	751	420	331	722	384	338	862	449	413
九江市	**16168**	**8688**	**7480**	**12960**	**6875**	**6085**	**14506**	**7779**	**6727**
濂溪区	546	289	257	384	221	163	399	227	172
浔阳区	23	12	11	14	6	8	9	5	4
柴桑区	1826	1053	773	1407	796	611	1279	710	569
武宁县	1785	954	831	1326	704	622	1191	665	526
修水县	3051	1588	1463	2398	1282	1116	2909	1567	1342
永修县	864	455	409	738	368	370	987	528	459
德安县	459	260	199	316	162	154	431	239	192
都昌县	2679	1428	1251	2270	1162	1108	2568	1295	1273
湖口县	761	402	359	613	342	271	829	446	383
彭泽县	1054	555	499	901	489	412	1135	583	552
瑞昌市	2000	1063	937	1651	870	781	1770	978	792
共青城市	339	182	157	325	151	174	316	174	142
庐山市	781	447	334	617	322	295	683	362	321
新余市	**1520**	**802**	**718**	**1313**	**684**	**629**	**1858**	**1014**	**844**
渝水区	993	529	464	844	449	395	1216	658	558
分宜县	527	273	254	469	235	234	642	356	286
鹰潭市	**3541**	**1921**	**1620**	**2976**	**1629**	**1347**	**3479**	**1834**	**1645**
月湖区	66	34	32	49	27	22	65	29	36
余江区	1511	849	662	1170	653	517	1185	599	586
贵溪市	1964	1038	926	1757	949	808	2229	1206	1023
赣州市	**31111**	**17025**	**14086**	**24314**	**12970**	**11344**	**31449**	**16496**	**14953**
章贡区	1136	600	536	803	448	355	1042	536	506
南康区	2468	1371	1097	1836	1003	833	2677	1405	1272
赣县区	1613	911	702	1264	698	566	1756	890	866
信丰县	2360	1289	1071	1603	863	740	2252	1136	1116
大余县	989	565	424	691	371	320	1121	590	531
上犹县	1046	615	431	877	449	428	1292	672	620
崇义县	776	430	346	634	335	299	847	451	396
安远县	1181	641	540	1016	535	481	1259	680	579
定南县	619	334	285	547	283	264	535	284	251
全南县	705	406	299	496	254	242	674	372	302

1-3c　续表 7

单位：人

地　区	30-34岁			35-39岁			40-44岁		
	小计	男	女	小计	男	女	小计	男	女
宁都县	4049	2265	1784	3021	1614	1407	3745	2037	1708
于都县	3827	1987	1840	3070	1634	1436	4072	2065	2007
兴国县	2646	1381	1265	2450	1282	1168	2932	1464	1468
会昌县	1541	833	708	1217	651	566	1640	853	787
寻乌县	1046	582	464	941	474	467	1205	657	548
石城县	1411	803	608	970	535	435	1079	623	456
瑞金市	2830	1546	1284	2181	1158	1023	2475	1328	1147
龙南市	868	466	402	697	383	314	846	453	393
吉安市	**12762**	**6581**	**6181**	**11234**	**5795**	**5439**	**15167**	**7954**	**7213**
吉州区	426	220	206	328	169	159	416	218	198
青原区	566	275	291	511	257	254	680	336	344
吉安县	1291	659	632	1136	556	580	1423	765	658
吉水县	1081	508	573	903	464	439	1416	737	679
峡江县	471	231	240	344	188	156	501	275	226
新干县	1172	617	555	874	452	422	1300	714	586
永丰县	1011	539	472	823	428	395	1197	619	578
泰和县	1032	507	525	1032	465	567	1468	730	738
遂川县	2046	1090	956	1787	974	813	2288	1160	1128
万安县	976	543	433	903	485	418	1147	597	550
安福县	962	462	500	877	440	437	1136	593	543
永新县	1501	820	681	1464	802	662	1846	1024	822
井冈山市	227	110	117	252	115	137	349	186	163
宜春市	**13381**	**7107**	**6274**	**11188**	**5894**	**5294**	**13869**	**7189**	**6680**
袁州区	2200	1160	1040	1784	973	811	2335	1234	1101
奉新县	627	352	275	565	315	250	737	409	328
万载县	1221	583	638	1253	637	616	1412	742	670
上高县	818	438	380	655	338	317	600	290	310
宜丰县	489	236	253	502	265	237	620	329	291
靖安县	276	143	133	290	153	137	346	183	163
铜鼓县	359	187	172	337	177	160	394	219	175
丰城市	3614	1941	1673	2577	1322	1255	3656	1881	1775
樟树市	1587	830	757	1232	651	581	1496	755	741
高安市	2190	1237	953	1993	1063	930	2273	1147	1126
抚州市	**15406**	**8229**	**7177**	**11067**	**5907**	**5160**	**13699**	**7421**	**6278**
临川区	3220	1698	1522	2403	1196	1207	3215	1693	1522
东乡区	1135	584	551	959	487	472	1118	597	521
南城县	1066	567	499	636	368	268	865	445	420
黎川县	953	529	424	621	337	284	845	451	394
南丰县	1000	537	463	763	401	362	1129	612	517
崇仁县	1855	998	857	1297	682	615	1487	797	690
乐安县	1890	1018	872	1286	711	575	1460	852	608
宜黄县	1143	634	509	776	433	343	1046	580	466
金溪县	1586	822	764	1296	704	592	1340	740	600
资溪县	526	274	252	406	227	179	429	245	184
广昌县	1032	568	464	624	361	263	765	409	356
上饶市	**25624**	**13588**	**12036**	**21037**	**11017**	**10020**	**24503**	**12913**	**11590**
信州区	1070	583	487	868	436	432	1044	561	483
广丰区	3100	1741	1359	2114	1149	965	2386	1280	1106
广信区	2374	1271	1103	2063	1083	980	2494	1334	1160
玉山县	1276	679	597	1102	581	521	1354	715	639
铅山县	1551	803	748	1155	609	546	1456	763	693
横峰县	492	260	232	516	261	255	589	306	283
弋阳县	1313	669	644	1207	611	596	1330	678	652
余干县	4334	2304	2030	3416	1795	1621	3629	1916	1713
鄱阳县	6149	3128	3021	5351	2751	2600	6471	3359	3112
万年县	1549	821	728	1383	710	673	1511	788	723
婺源县	1584	894	690	1139	645	494	1414	789	625
德兴市	832	435	397	723	386	337	825	424	401

1-3c 续表 8

单位：人

地区	45-49岁			50-54岁			55-59岁		
	小计	男	女	小计	男	女	小计	男	女
全省	**168280**	**87522**	**80758**	**172792**	**87183**	**85609**	**138250**	**70041**	**68209**
南昌市	**12861**	**6683**	**6178**	**13495**	**6901**	**6594**	**10059**	**5029**	**5030**
东湖区	181	89	92	200	96	104	163	81	82
西湖区									
青云谱区									
青山湖区	434	246	188	416	213	203	338	176	162
新建区	2749	1415	1334	2794	1444	1350	2071	1064	1007
红谷滩区	197	117	80	167	103	64	113	67	46
南昌县	4604	2373	2231	5007	2525	2482	3742	1834	1908
安义县	1015	550	465	1197	577	620	949	483	466
进贤县	3681	1893	1788	3714	1943	1771	2683	1324	1359
景德镇市	**5434**	**2847**	**2587**	**5393**	**2767**	**2626**	**4475**	**2305**	**2170**
昌江区	392	202	190	355	189	166	316	170	146
珠山区	16	8	8	26	11	15	7	3	4
浮梁县	1049	557	492	1284	678	606	1039	540	499
乐平市	3977	2080	1897	3728	1889	1839	3113	1592	1521
萍乡市	**5021**	**2593**	**2428**	**5063**	**2608**	**2455**	**4225**	**2220**	**2005**
安源区	116	70	46	101	52	49	57	29	28
湘东区	1034	545	489	1063	557	506	872	481	391
莲花县	857	425	432	944	487	457	848	429	419
上栗县	1917	990	927	1827	933	894	1514	789	725
芦溪县	1097	563	534	1128	579	549	934	492	442
九江市	**17082**	**8985**	**8097**	**18419**	**9333**	**9086**	**15602**	**7913**	**7689**
濂溪区	481	247	234	549	284	265	529	263	266
浔阳区	14	8	6	13	8	5	19	6	13
柴桑区	1409	749	660	1604	818	786	1379	695	684
武宁县	1564	842	722	1714	886	828	1428	746	682
修水县	3300	1777	1523	3561	1866	1695	3031	1549	1482
永修县	1129	598	531	1268	635	633	1016	522	494
德安县	478	248	230	557	281	276	539	293	246
都昌县	3009	1520	1489	3002	1451	1551	2515	1253	1262
湖口县	1025	540	485	1122	546	576	1012	508	504
彭泽县	1502	773	729	1610	810	800	1320	684	636
瑞昌市	2101	1128	973	2147	1121	1026	1772	886	886
共青城市	322	162	160	383	191	192	349	162	187
庐山市	748	393	355	889	436	453	693	346	347
新余市	**2567**	**1331**	**1236**	**2925**	**1489**	**1436**	**2633**	**1327**	**1306**
渝水区	1721	879	842	1955	999	956	1766	890	876
分宜县	846	452	394	970	490	480	867	437	430
鹰潭市	**4412**	**2295**	**2117**	**4503**	**2313**	**2190**	**3347**	**1743**	**1604**
月湖区	104	55	49	102	50	52	77	45	32
余江区	1904	986	918	1804	905	899	1347	698	649
贵溪市	2404	1254	1150	2597	1358	1239	1923	1000	923
赣州市	**39120**	**20344**	**18776**	**39561**	**19913**	**19648**	**29927**	**15105**	**14822**
章贡区	1161	593	568	1089	577	512	810	410	400
南康区	3860	1946	1914	4046	1984	2062	2878	1481	1397
赣县区	2321	1222	1099	2564	1323	1241	2088	1059	1029
信丰县	3210	1636	1574	3497	1716	1781	2542	1291	1251
大余县	1329	701	628	1328	682	646	1008	516	492
上犹县	1601	829	772	1626	804	822	1214	605	609
崇义县	1033	542	491	1156	587	569	879	433	446
安远县	1419	759	660	1587	792	795	1203	595	608
定南县	738	408	330	786	413	373	621	331	290
全南县	887	509	378	933	473	460	709	387	322

1-3c　续表 9

单位：人

地　区	45-49岁			50-54岁			55-59岁		
	小计	男	女	小计	男	女	小计	男	女
宁都县	4408	2319	2089	4181	2148	2033	3320	1680	1640
于都县	4805	2411	2394	4772	2249	2523	3355	1596	1759
兴国县	3701	1859	1842	3414	1697	1717	2851	1428	1423
会昌县	2031	1037	994	1929	964	965	1315	654	661
寻乌县	1336	743	593	1410	781	629	1044	545	499
石城县	1287	690	597	1375	721	654	1023	522	501
瑞金市	2990	1601	1389	2701	1385	1316	2088	1046	1042
龙南市	1003	539	464	1167	617	550	979	526	453
吉安市	**17842**	**9129**	**8713**	**19039**	**9491**	**9548**	**16161**	**8080**	**8081**
吉州区	517	254	263	535	273	262	460	232	228
青原区	865	419	446	864	435	429	739	359	380
吉安县	1780	908	872	1897	956	941	1526	774	752
吉水县	1642	846	796	1806	857	949	1490	742	748
峡江县	673	329	344	735	385	350	643	314	329
新干县	1356	698	658	1348	665	683	1287	630	657
永丰县	1627	811	816	1700	839	861	1284	646	638
泰和县	1541	773	768	1818	861	957	1701	827	874
遂川县	2469	1298	1171	2690	1351	1339	2297	1158	1139
万安县	1350	686	664	1417	705	712	1104	529	575
安福县	1482	747	735	1781	883	898	1431	725	706
永新县	2092	1129	963	1976	1046	930	1704	887	817
井冈山市	448	231	217	472	235	237	495	257	238
宜春市	**18340**	**9487**	**8853**	**20164**	**10022**	**10142**	**17094**	**8669**	**8425**
袁州区	2891	1565	1326	3079	1547	1532	2679	1421	1258
奉新县	855	451	404	927	453	474	886	446	440
万载县	1700	888	812	1876	970	906	1577	806	771
上高县	1219	607	612	1398	685	713	1247	642	605
宜丰县	818	420	398	1015	501	514	854	450	404
靖安县	489	262	227	541	281	260	473	252	221
铜鼓县	447	247	200	501	283	218	443	231	212
丰城市	4868	2447	2421	4978	2444	2534	4117	1984	2133
樟树市	1850	956	894	2261	1074	1187	1859	957	902
高安市	3203	1644	1559	3588	1784	1804	2959	1480	1479
抚州市	**17228**	**9141**	**8087**	**17550**	**8919**	**8631**	**12848**	**6513**	**6335**
临川区	4260	2257	2003	4411	2188	2223	3170	1607	1563
东乡区	1418	741	677	1490	733	757	1145	562	583
南城县	1214	610	604	1285	626	659	940	475	465
黎川县	1045	570	475	1121	581	540	762	380	382
南丰县	1354	713	641	1418	761	657	958	480	478
崇仁县	1777	970	807	1690	853	837	1237	627	610
乐安县	1838	981	857	1889	983	906	1408	698	710
宜黄县	1290	667	623	1243	646	597	937	483	454
金溪县	1581	855	726	1527	788	739	1123	600	523
资溪县	484	245	239	515	258	257	450	247	203
广昌县	967	532	435	961	502	459	718	354	364
上饶市	**28373**	**14687**	**13686**	**26680**	**13427**	**13253**	**21879**	**11137**	**10742**
信州区	1180	623	557	1005	511	494	865	455	410
广丰区	2949	1533	1416	2848	1458	1390	2228	1165	1063
广信区	2998	1531	1467	2655	1386	1269	2150	1104	1046
玉山县	1853	929	924	1849	922	927	1604	802	802
铅山县	1656	863	793	1570	793	777	1285	687	598
横峰县	716	383	333	678	348	330	579	287	292
弋阳县	1578	848	730	1453	733	720	1318	656	662
余干县	4365	2247	2118	3796	1876	1920	3070	1551	1519
鄱阳县	6578	3373	3205	6332	3121	3211	4986	2490	2496
万年县	2000	997	1003	1883	951	932	1451	724	727
婺源县	1614	890	724	1656	847	809	1469	773	696
德兴市	886	470	416	955	481	474	874	443	431

1-3c 续表 10

单位：人

地区	60-64岁			65-69岁			70-74岁		
	小计	男	女	小计	男	女	小计	男	女
全省	**111616**	**56791**	**54825**	**105021**	**52860**	**52161**	**75034**	**36559**	**38475**
南昌市	**8312**	**4219**	**4093**	**8398**	**4245**	**4153**	**6438**	**3200**	**3238**
东湖区	106	62	44	82	40	42	67	31	36
西湖区									
青云谱区									
青山湖区	226	116	110	229	128	101	135	60	75
新建区	1700	870	830	1660	835	825	1405	706	699
红谷滩区	90	47	43	86	44	42	59	33	26
南昌县	3347	1704	1643	3278	1635	1643	2489	1236	1253
安义县	826	420	406	743	377	366	550	266	284
进贤县	2017	1000	1017	2320	1186	1134	1733	868	865
景德镇市	**3298**	**1665**	**1633**	**2931**	**1482**	**1449**	**2167**	**1045**	**1122**
昌江区	198	106	92	173	87	86	160	75	85
珠山区	11	5	6	11	5	6	5	4	1
浮梁县	735	386	349	660	354	306	443	220	223
乐平市	2354	1168	1186	2087	1036	1051	1559	746	813
萍乡市	**3814**	**1952**	**1862**	**3694**	**1920**	**1774**	**2431**	**1212**	**1219**
安源区	58	26	32	48	21	27	34	15	19
湘东区	891	450	441	833	438	395	515	265	250
莲花县	806	405	401	790	384	406	516	238	278
上栗县	1250	643	607	1204	641	563	815	408	407
芦溪县	809	428	381	819	436	383	551	286	265
九江市	**11937**	**6081**	**5856**	**11334**	**5831**	**5503**	**8530**	**4148**	**4382**
濂溪区	399	215	184	400	188	212	333	171	162
浔阳区	19	11	8	15	9	6	11	4	7
柴桑区	936	464	472	872	481	391	626	293	333
武宁县	1183	635	548	966	514	452	659	303	356
修水县	2457	1282	1175	2122	1142	980	1590	805	785
永修县	810	402	408	778	383	395	587	282	305
德安县	386	183	203	380	201	179	293	146	147
都昌县	2079	1005	1074	2100	1076	1024	1534	725	809
湖口县	771	423	348	848	415	433	734	360	374
彭泽县	889	442	447	936	481	455	723	364	359
瑞昌市	1296	647	649	1130	557	573	861	414	447
共青城市	216	119	97	258	131	127	172	78	94
庐山市	496	253	243	529	253	276	407	203	204
新余市	**2638**	**1315**	**1323**	**2404**	**1200**	**1204**	**1711**	**823**	**888**
渝水区	1751	874	877	1699	860	839	1153	549	604
分宜县	887	441	446	705	340	365	558	274	284
鹰潭市	**2760**	**1398**	**1362**	**2595**	**1291**	**1304**	**1821**	**868**	**953**
月湖区	46	23	23	53	27	26	40	23	17
余江区	1068	531	537	1051	533	518	709	331	378
贵溪市	1646	844	802	1491	731	760	1072	514	558
赣州市	**23302**	**11851**	**11451**	**21865**	**10747**	**11118**	**15334**	**7178**	**8156**
章贡区	639	338	301	612	293	319	462	213	249
南康区	2109	1103	1006	2363	1164	1199	1633	769	864
赣县区	1572	783	789	1636	835	801	1199	569	630
信丰县	1974	1005	969	1632	804	828	1099	500	599
大余县	728	361	367	705	313	392	427	209	218
上犹县	892	464	428	962	461	501	649	300	349
崇义县	676	356	320	586	291	295	404	191	213
安远县	967	447	520	817	387	430	506	203	303
定南县	426	213	213	486	241	245	281	133	148
全南县	535	253	282	450	235	215	259	106	153

1-3c　续表 11

单位：人

地　区	60-64岁			65-69岁			70-74岁		
	小计	男	女	小计	男	女	小计	男	女
宁都县	2473	1254	1219	2074	1020	1054	1456	693	763
于都县	2960	1455	1505	2818	1392	1426	1964	887	1077
兴国县	2296	1201	1095	2151	1089	1062	1643	787	856
会昌县	1093	572	521	1061	530	531	781	378	403
寻乌县	810	446	364	673	293	380	474	232	242
石城县	804	396	408	640	303	337	538	279	259
瑞金市	1633	824	809	1531	750	781	1126	547	579
龙南市	715	380	335	668	346	322	433	182	251
吉安市	**13612**	**6925**	**6687**	**12063**	**5946**	**6117**	**8362**	**4034**	**4328**
吉州区	375	192	183	335	158	177	215	101	114
青原区	611	305	306	586	304	282	408	180	228
吉安县	1371	694	677	1253	605	648	880	414	466
吉水县	1454	752	702	1230	603	627	983	485	498
峡江县	518	265	253	433	213	220	300	153	147
新干县	1084	538	546	909	425	484	572	275	297
永丰县	1137	579	558	989	488	501	688	329	359
泰和县	1468	748	720	1271	636	635	929	429	500
遂川县	1672	846	826	1500	758	742	974	475	499
万安县	856	430	426	763	382	381	524	258	266
安福县	1219	631	588	1082	541	541	785	401	384
永新县	1464	751	713	1394	688	706	836	403	433
井冈山市	383	194	189	318	145	173	268	131	137
宜春市	**14659**	**7498**	**7161**	**13408**	**6852**	**6556**	**9506**	**4689**	**4817**
袁州区	2316	1194	1122	2282	1202	1080	1586	799	787
奉新县	769	408	361	735	388	347	534	280	254
万载县	1297	661	636	1141	594	547	804	404	400
上高县	1061	559	502	839	418	421	586	275	311
宜丰县	691	344	347	691	371	320	458	248	210
靖安县	400	222	178	327	163	164	270	144	126
铜鼓县	335	179	156	256	148	108	204	96	108
丰城市	3450	1724	1726	3190	1617	1573	2417	1140	1277
樟树市	1680	845	835	1525	733	792	963	479	484
高安市	2660	1362	1298	2422	1218	1204	1684	824	860
抚州市	**9380**	**4750**	**4630**	**9212**	**4678**	**4534**	**7011**	**3443**	**3568**
临川区	2351	1185	1166	2623	1348	1275	1926	988	938
东乡区	1067	538	529	1066	523	543	780	385	395
南城县	627	319	308	629	322	307	500	238	262
黎川县	483	254	229	525	272	253	486	251	235
南丰县	712	358	354	681	339	342	575	290	285
崇仁县	886	440	446	760	380	380	545	259	286
乐安县	917	454	463	884	451	433	666	300	366
宜黄县	651	335	316	577	293	284	415	202	213
金溪县	841	435	406	781	414	367	517	245	272
资溪县	290	148	142	227	109	118	186	94	92
广昌县	555	284	271	459	227	232	415	191	224
上饶市	**17904**	**9137**	**8767**	**17117**	**8668**	**8449**	**11723**	**5919**	**5804**
信州区	645	345	300	633	327	306	414	214	200
广丰区	1980	1020	960	1860	973	887	1121	560	561
广信区	1907	965	942	1851	901	950	1279	673	606
玉山县	1438	710	728	1579	825	754	1058	535	523
铅山县	1017	529	488	929	452	477	616	304	312
横峰县	607	312	295	518	261	257	400	198	202
弋阳县	1165	593	572	986	521	465	645	324	321
余干县	2208	1105	1103	2427	1192	1235	1648	794	854
鄱阳县	3829	1989	1840	3547	1777	1770	2571	1328	1243
万年县	1199	622	577	1032	539	493	745	376	369
婺源县	1221	611	610	1169	594	575	796	403	393
德兴市	688	336	352	586	306	280	430	210	220

1-3c　续表 12

单位：人

地　区	75-79岁			80-84岁			85-89岁		
	小计	男	女	小计	男	女	小计	男	女
全　省	**44810**	**21063**	**23747**	**30940**	**13563**	**17377**	**14462**	**5507**	**8955**
南昌市	**3502**	**1744**	**1758**	**2287**	**1049**	**1238**	**1377**	**494**	**883**
东湖区	42	18	24	33	14	19	19	8	11
西湖区									
青云谱区									
青山湖区	84	45	39	55	31	24	20	7	13
新建区	799	397	402	447	222	225	269	105	164
红谷滩区	27	16	11	19	8	11	7	1	6
南昌县	1421	696	725	926	398	528	510	180	330
安义县	280	138	142	168	81	87	120	59	61
进贤县	849	434	415	639	295	344	432	134	298
景德镇市	**1043**	**501**	**542**	**672**	**298**	**374**	**307**	**115**	**192**
昌江区	72	36	36	41	20	21	22	6	16
珠山区	2	1	1	3	1	2			
浮梁县	224	112	112	152	69	83	91	36	55
乐平市	745	352	393	476	208	268	194	73	121
萍乡市	**1569**	**769**	**800**	**1044**	**474**	**570**	**478**	**233**	**245**
安源区	23	10	13	16	10	6	12	7	5
湘东区	352	164	188	219	98	121	112	58	54
莲花县	359	170	189	276	115	161	106	45	61
上栗县	504	259	245	340	153	187	155	78	77
芦溪县	331	166	165	193	98	95	93	45	48
九江市	**5215**	**2439**	**2776**	**2793**	**1247**	**1546**	**1424**	**561**	**863**
濂溪区	169	87	82	87	37	50	47	23	24
浔阳区	5	2	3	3	1	2			
柴桑区	440	206	234	199	91	108	115	47	68
武宁县	409	181	228	262	115	147	157	62	95
修水县	992	453	539	619	300	319	234	105	129
永修县	453	232	221	173	73	100	103	44	59
德安县	207	94	113	99	47	52	44	22	22
都昌县	742	353	389	432	174	258	258	90	168
湖口县	384	191	193	169	65	104	83	25	58
彭泽县	424	181	243	243	106	137	128	42	86
瑞昌市	629	281	348	327	147	180	163	69	94
共青城市	109	54	55	57	29	28	24	7	17
庐山市	252	124	128	123	62	61	68	25	43
新余市	**1159**	**562**	**597**	**831**	**359**	**472**	**423**	**170**	**253**
渝水区	788	371	417	575	249	326	261	106	155
分宜县	371	191	180	256	110	146	162	64	98
鹰潭市	**968**	**472**	**496**	**730**	**353**	**377**	**313**	**115**	**198**
月湖区	13	5	8	11	2	9	5	2	3
余江区	400	195	205	287	138	149	132	45	87
贵溪市	555	272	283	432	213	219	176	68	108
赣州市	**10011**	**4478**	**5533**	**7364**	**2915**	**4449**	**3138**	**1099**	**2039**
章贡区	272	117	155	185	77	108	82	27	55
南康区	1098	494	604	763	269	494	380	107	273
赣县区	754	356	398	462	181	281	163	57	106
信丰县	753	314	439	511	183	328	221	72	149
大余县	271	118	153	210	76	134	112	45	67
上犹县	428	199	229	366	139	227	166	56	110
崇义县	265	110	155	210	88	122	99	41	58
安远县	364	165	199	272	113	159	99	29	70
定南县	154	64	90	142	45	97	70	20	50
全南县	189	82	107	168	71	97	83	27	56

1-3c 续表 13

单位：人

地 区	75-79岁			80-84岁			85-89岁		
	小计	男	女	小计	男	女	小计	男	女
宁都县	942	420	522	716	318	398	252	108	144
于都县	1266	537	729	945	360	585	380	127	253
兴国县	1091	492	599	715	326	389	298	111	187
会昌县	464	210	254	348	138	210	136	45	91
寻乌县	302	139	163	297	121	176	154	56	98
石城县	373	180	193	267	107	160	101	43	58
瑞金市	705	337	368	567	235	332	211	89	122
龙南市	320	144	176	220	68	152	131	39	92
吉安市	**5632**	**2547**	**3085**	**4145**	**1779**	**2366**	**1634**	**583**	**1051**
吉州区	132	63	69	94	39	55	41	14	27
青原区	247	114	133	186	74	112	73	33	40
吉安县	556	257	299	370	150	220	167	49	118
吉水县	624	286	338	412	159	253	179	62	117
峡江县	226	104	122	189	91	98	75	30	45
新干县	357	160	197	289	132	157	144	49	95
永丰县	557	251	306	399	194	205	125	43	82
泰和县	550	232	318	401	142	259	163	51	112
遂川县	689	325	364	501	219	282	185	71	114
万安县	348	168	180	283	127	156	100	40	60
安福县	563	251	312	408	205	203	150	62	88
永新县	601	254	347	481	190	291	197	68	129
井冈山市	182	82	100	132	57	75	35	11	24
宜春市	**5582**	**2646**	**2936**	**3851**	**1701**	**2150**	**2096**	**804**	**1292**
袁州区	973	474	499	773	337	436	316	141	175
奉新县	277	128	149	148	74	74	98	42	56
万载县	462	221	241	336	158	178	141	61	80
上高县	433	195	238	282	123	159	159	52	107
宜丰县	285	131	154	230	120	110	106	56	50
靖安县	124	62	62	90	39	51	67	23	44
铜鼓县	153	69	84	96	42	54	41	16	25
丰城市	1451	662	789	979	414	565	607	207	400
樟树市	523	252	271	400	179	221	236	88	148
高安市	901	452	449	517	215	302	325	118	207
抚州市	**3784**	**1836**	**1948**	**2789**	**1260**	**1529**	**1265**	**498**	**767**
临川区	935	474	461	713	329	384	400	151	249
东乡区	426	199	227	286	124	162	149	55	94
南城县	265	133	132	129	57	72	74	24	50
黎川县	244	126	118	164	67	97	71	34	37
南丰县	306	148	158	240	112	128	72	34	38
崇仁县	306	142	164	254	123	131	132	49	83
乐安县	468	222	246	336	167	169	119	48	71
宜黄县	225	97	128	173	76	97	67	30	37
金溪县	264	135	129	206	88	118	85	31	54
资溪县	109	52	57	85	35	50	45	22	23
广昌县	236	108	128	203	82	121	51	20	31
上饶市	**6345**	**3069**	**3276**	**4434**	**2128**	**2306**	**2007**	**835**	**1172**
信州区	217	113	104	148	59	89	88	35	53
广丰区	605	281	324	471	239	232	272	126	146
广信区	755	398	357	518	265	253	163	71	92
玉山县	541	259	282	430	226	204	184	73	111
铅山县	356	186	170	275	139	136	52	23	29
横峰县	246	111	135	150	75	75	41	16	25
弋阳县	412	194	218	293	143	150	99	43	56
余干县	908	438	470	619	276	343	362	127	235
鄱阳县	1292	617	675	772	340	432	454	208	246
万年县	405	176	229	331	157	174	117	41	76
婺源县	385	181	204	281	138	143	126	50	76
德兴市	223	115	108	146	71	75	49	22	27

1-3c 续表 14

单位：人

地区	90-94岁			95-99岁			100岁及以上		
	小计	男	女	小计	男	女	小计	男	女
全省	**4371**	**1498**	**2873**	**945**	**272**	**673**	**92**	**26**	**66**
南昌市	**465**	**138**	**327**	**98**	**26**	**72**	**11**	**2**	**9**
东湖区	7	4	3	1		1			
西湖区									
青云谱区									
青山湖区	9	2	7	1		1			
新建区	119	42	77	24	6	18	6	1	5
红谷滩区	4		4	1	1		2		2
南昌县	166	40	126	33	7	26	1		1
安义县	45	14	31	7	2	5			
进贤县	115	36	79	31	10	21	2	1	1
景德镇市	**74**	**29**	**45**	**5**		**5**	**1**		**1**
昌江区	8	5	3	1		1			
珠山区									
浮梁县	20	5	15				1		1
乐平市	46	19	27	4		4			
萍乡市	**165**	**67**	**98**	**37**	**13**	**24**	**7**	**2**	**5**
安源区				2		2			
湘东区	52	22	30	9	3	6	1	1	
莲花县	24	10	14	5	3	2	1		1
上栗县	53	22	31	18	7	11	4	1	3
芦溪县	36	13	23	3		3	1		1
九江市	**441**	**151**	**290**	**101**	**21**	**80**	**9**	**3**	**6**
濂溪区	19	5	14	1		1			
浔阳区	1	1							
柴桑区	32	6	26	4		4			
武宁县	51	22	29	5	1	4	1	1	
修水县	66	30	36	24	5	19	1		1
永修县	41	15	26	6	2	4			
德安县	15	4	11	4	1	3	1		1
都昌县	68	18	50	19	5	14	2		2
湖口县	25	7	18	9	1	8	2	1	1
彭泽县	29	9	20	4		4	1		1
瑞昌市	54	20	34	15	4	11			
共青城市	9	4	5	1		1			
庐山市	31	10	21	9	2	7	1	1	
新余市	**115**	**43**	**72**	**24**	**11**	**13**	**2**	**1**	**1**
渝水区	84	27	57	16	7	9	1		1
分宜县	31	16	15	8	4	4	1	1	
鹰潭市	**79**	**27**	**52**	**14**	**4**	**10**	**2**		**2**
月湖区	1		1	1		1			
余江区	35	8	27	4	1	3	1		1
贵溪市	43	19	24	9	3	6	1		1
赣州市	**999**	**327**	**672**	**217**	**56**	**161**	**20**	**4**	**16**
章贡区	49	7	42	3	1	2			
南康区	135	38	97	26	3	23	4		4
赣县区	46	16	30	14	4	10	1		1
信丰县	64	14	50	15	1	14			
大余县	35	14	21	4	1	3	1		1
上犹县	46	16	30	8	4	4	1	1	
崇义县	24	10	14	4	2	2			
安远县	37	14	23	10		10			
定南县	25	5	20	2	1	1	1		1
全南县	24	7	17	4	3	1	2		2

1-3c　续表 15

单位：人

地　区	90-94岁			95-99岁			100岁及以上		
	小计	男	女	小计	男	女	小计	男	女
宁都县	79	33	46	18	5	13	3	1	2
于都县	135	49	86	37	12	25	2		2
兴国县	90	29	61	22	7	15	3	1	2
会昌县	32	12	20	10	4	6			
寻乌县	30	13	17	8	2	6			
石城县	33	14	19	4	1	3			
瑞金市	89	29	60	19	5	14	2	1	1
龙南市	26	7	19	9		9			
吉安市	**457**	**163**	**294**	**115**	**25**	**90**	**9**	**3**	**6**
吉州区	9	2	7	4	2	2			
青原区	18	8	10	8	2	6			
吉安县	41	11	30	15	3	12	2		2
吉水县	42	14	28	11	3	8			
峡江县	22	8	14	4	1	3	1		1
新干县	46	25	21	6	1	5			
永丰县	19	6	13	8	1	7			
泰和县	46	16	30	17	3	14	2	2	
遂川县	68	26	42	8		8	1	1	
万安县	40	9	31	8	4	4	1		1
安福县	48	20	28	12	2	10			
永新县	52	16	36	13	3	10	1		1
井冈山市	6	2	4	1		1	1		1
宜春市	**657**	**220**	**437**	**139**	**51**	**88**	**15**	**7**	**8**
袁州区	109	39	70	34	18	16	2	2	
奉新县	41	18	23	5	1	4	1		1
万载县	43	20	23	12	4	8	1	1	
上高县	38	15	23	11	3	8	1	1	
宜丰县	25	9	16	8	4	4	2	1	1
靖安县	25	11	14	8	2	6			
铜鼓县	8	4	4	3	3				
丰城市	181	45	136	33	7	26	7	1	6
樟树市	79	23	56	6	2	4	1	1	
高安市	108	36	72	19	7	12			
抚州市	**325**	**120**	**205**	**64**	**18**	**46**	**4**	**1**	**3**
临川区	119	45	74	28	10	18	1	1	
东乡区	40	10	30	6	2	4			
南城县	17	8	9	3		3	1		1
黎川县	13	6	7	3	2	1	1		1
南丰县	11	6	5	2		2			
崇仁县	38	11	27	7	1	6			
乐安县	32	11	21	2		2			
宜黄县	13	3	10	1		1			
金溪县	26	12	14	6	1	5			
资溪县	5	2	3	3	1	2	1		1
广昌县	11	6	5	3	1	2			
上饶市	**594**	**213**	**381**	**131**	**47**	**84**	**12**	**3**	**9**
信州区	19	5	14	1	1				
广丰区	85	38	47	22	7	15			
广信区	68	28	40	17	7	10	3		3
玉山县	49	20	29	8	4	4			
铅山县	23	11	12	4	2	2			
横峰县	7	2	5	3		3	1		1
弋阳县	23	9	14	5	3	2	2	1	1
余干县	106	28	78	30	10	20	2	1	1
鄱阳县	136	42	94	29	12	17	1		1
万年县	24	11	13	6		6	1		1
婺源县	34	11	23	3		3	2	1	1
德兴市	20	8	12	3	1	2			

1-4 全省分年龄、性别的人口

单位：人、%

年 龄	人口数			占总人口比重			性别比
	合计	男	女	合计	男	女	(女=100)
总 计	**4810312**	**2485964**	**2324348**	**100.00**	**51.68**	**48.32**	**106.95**
0-4岁	**272571**	**148435**	**124136**	**5.67**	**3.09**	**2.58**	**119.57**
0	39905	21920	17985	0.83	0.46	0.37	121.88
1	49040	26870	22170	1.02	0.56	0.46	121.20
2	53333	29092	24241	1.11	0.60	0.50	120.01
3	65905	35850	30055	1.37	0.75	0.62	119.28
4	64388	34703	29685	1.34	0.72	0.62	116.90
5-9岁	**361962**	**197329**	**164633**	**7.52**	**4.10**	**3.42**	**119.86**
5	64655	34902	29753	1.34	0.73	0.62	117.31
6	70036	38222	31814	1.46	0.79	0.66	120.14
7	71907	39208	32699	1.49	0.82	0.68	119.91
8	79533	43152	36381	1.65	0.90	0.76	118.61
9	75831	41845	33986	1.58	0.87	0.71	123.12
10-14岁	**389608**	**214521**	**175087**	**8.10**	**4.46**	**3.64**	**122.52**
10	75010	41294	33716	1.56	0.86	0.70	122.48
11	78789	43316	35473	1.64	0.90	0.74	122.11
12	79864	43994	35870	1.66	0.91	0.75	122.65
13	77314	42739	34575	1.61	0.89	0.72	123.61
14	78631	43178	35453	1.63	0.90	0.74	121.79
15-19岁	**372020**	**204023**	**167997**	**7.73**	**4.24**	**3.49**	**121.44**
15	79170	43553	35617	1.65	0.91	0.74	122.28
16	83568	46357	37211	1.74	0.96	0.77	124.58
17	71590	39897	31693	1.49	0.83	0.66	125.89
18	66980	36658	30322	1.39	0.76	0.63	120.90
19	70712	37558	33154	1.47	0.78	0.69	113.28
20-24岁	**286742**	**152204**	**134538**	**5.96**	**3.16**	**2.80**	**113.13**
20	67753	35869	31884	1.41	0.75	0.66	112.50
21	59521	31661	27860	1.24	0.66	0.58	113.64
22	57789	30868	26921	1.20	0.64	0.56	114.66
23	51655	27366	24289	1.07	0.57	0.50	112.67
24	50024	26440	23584	1.04	0.55	0.49	112.11
25-29岁	**270765**	**140344**	**130421**	**5.63**	**2.92**	**2.71**	**107.61**
25	51618	27237	24381	1.07	0.57	0.51	111.71
26	46426	24000	22426	0.97	0.50	0.47	107.02
27	51280	26597	24683	1.07	0.55	0.51	107.75
28	56039	28991	27048	1.16	0.60	0.56	107.18
29	65402	33519	31883	1.36	0.70	0.66	105.13

1-4 续表 1

单位：人、%

年 龄	人口数			占总人口比重			性别比
	合计	男	女	合计	男	女	(女=100)
30-34岁	**368221**	**185463**	**182758**	**7.65**	**3.86**	**3.80**	**101.48**
30	82970	42239	40731	1.72	0.88	0.85	103.70
31	76008	38444	37564	1.58	0.80	0.78	102.34
32	69673	35023	34650	1.45	0.73	0.72	101.08
33	74710	37422	37288	1.55	0.78	0.78	100.36
34	64860	32335	32525	1.35	0.67	0.68	99.42
35-39岁	**299721**	**150344**	**149377**	**6.23**	**3.13**	**3.11**	**100.65**
35	61363	30875	30488	1.28	0.64	0.63	101.27
36	64473	32536	31937	1.34	0.68	0.66	101.88
37	58002	29113	28889	1.21	0.61	0.60	100.78
38	61651	30783	30868	1.28	0.64	0.64	99.72
39	54232	27037	27195	1.13	0.56	0.57	99.42
40-44岁	**352296**	**178739**	**173557**	**7.32**	**3.72**	**3.61**	**102.99**
40	51903	25952	25951	1.08	0.54	0.54	100.00
41	67958	34435	33523	1.41	0.72	0.70	102.72
42	74399	37755	36644	1.55	0.78	0.76	103.03
43	75370	38618	36752	1.57	0.80	0.76	105.08
44	82666	41979	40687	1.72	0.87	0.85	103.18
45-49岁	**395195**	**202075**	**193120**	**8.22**	**4.20**	**4.01**	**104.64**
45	80375	40997	39378	1.67	0.85	0.82	104.11
46	83349	42507	40842	1.73	0.88	0.85	104.08
47	82807	42546	40261	1.72	0.88	0.84	105.68
48	74733	38168	36565	1.55	0.79	0.76	104.38
49	73931	37857	36074	1.54	0.79	0.75	104.94
50-54岁	**377324**	**190387**	**186937**	**7.84**	**3.96**	**3.89**	**101.85**
50	77513	38962	38551	1.61	0.81	0.80	101.07
51	75152	38256	36896	1.56	0.80	0.77	103.69
52	83726	42281	41445	1.74	0.88	0.86	102.02
53	66983	33675	33308	1.39	0.70	0.69	101.10
54	73950	37213	36737	1.54	0.77	0.76	101.30
55-59岁	**302886**	**152777**	**150109**	**6.30**	**3.18**	**3.12**	**101.78**
55	71004	36081	34923	1.48	0.75	0.73	103.32
56	65999	33293	32706	1.37	0.69	0.68	101.79
57	73366	37088	36278	1.53	0.77	0.75	102.23
58	58044	29300	28744	1.21	0.61	0.60	101.93
59	34473	17015	17458	0.72	0.35	0.36	97.46
60-64岁	**232071**	**116855**	**115216**	**4.82**	**2.43**	**2.40**	**101.42**
60	43899	22280	21619	0.91	0.46	0.45	103.06
61	39620	20233	19387	0.82	0.42	0.40	104.36
62	49224	24814	24410	1.02	0.52	0.51	101.66
63	54272	27263	27009	1.13	0.57	0.56	100.94
64	45056	22265	22791	0.94	0.46	0.47	97.69

1-4 续表 2

单位：人、%

年 龄	人口数			占总人口比重			性别比
	合计	男	女	合计	男	女	(女=100)
65-69岁	**207541**	**103224**	**104317**	**4.31**	**2.15**	**2.17**	**98.95**
65	44346	22274	22072	0.92	0.46	0.46	100.92
66	46264	23205	23059	0.96	0.48	0.48	100.63
67	42015	20802	21213	0.87	0.43	0.44	98.06
68	40977	20420	20557	0.85	0.42	0.43	99.33
69	33939	16523	17416	0.71	0.34	0.36	94.87
70-74岁	**142265**	**69606**	**72659**	**2.96**	**1.45**	**1.51**	**95.80**
70	32574	15940	16634	0.68	0.33	0.35	95.83
71	33437	16699	16738	0.70	0.35	0.35	99.77
72	28357	13930	14427	0.59	0.29	0.30	96.56
73	25388	12353	13035	0.53	0.26	0.27	94.77
74	22509	10684	11825	0.47	0.22	0.25	90.35
75-79岁	**83967**	**39582**	**44385**	**1.75**	**0.82**	**0.92**	**89.18**
75	19237	9022	10215	0.40	0.19	0.21	88.32
76	19024	9122	9902	0.40	0.19	0.21	92.12
77	15766	7349	8417	0.33	0.15	0.17	87.31
78	14559	6895	7664	0.30	0.14	0.16	89.97
79	15381	7194	8187	0.32	0.15	0.17	87.87
80-84岁	**57549**	**25522**	**32027**	**1.20**	**0.53**	**0.67**	**79.69**
80	13483	6113	7370	0.28	0.13	0.15	82.94
81	11618	5285	6333	0.24	0.11	0.13	83.45
82	12309	5543	6766	0.26	0.12	0.14	81.92
83	10791	4662	6129	0.22	0.10	0.13	76.06
84	9348	3919	5429	0.19	0.08	0.11	72.19
85-89岁	**27285**	**10847**	**16438**	**0.57**	**0.23**	**0.34**	**65.99**
85	7740	3129	4611	0.16	0.07	0.10	67.86
86	6510	2607	3903	0.14	0.05	0.08	66.79
87	5724	2268	3456	0.12	0.05	0.07	65.63
88	3953	1512	2441	0.08	0.03	0.05	61.94
89	3358	1331	2027	0.07	0.03	0.04	65.66
90-94岁	**8343**	**3095**	**5248**	**0.17**	**0.06**	**0.11**	**58.97**
90	2832	1116	1716	0.06	0.02	0.04	65.03
91	1840	658	1182	0.04	0.01	0.02	55.67
92	1600	604	996	0.03	0.01	0.02	60.64
93	1203	428	775	0.03	0.01	0.02	55.23
94	868	289	579	0.02	0.01	0.01	49.91
95-99岁	**1796**	**541**	**1255**	**0.04**	**0.01**	**0.03**	**43.11**
95	657	228	429	0.01		0.01	53.15
96	493	147	346	0.01		0.01	42.49
97	303	83	220	0.01			37.73
98	192	49	143				34.27
99	151	34	117				29.06
100岁及以上	**184**	**51**	**133**				**38.35**

1－4a　全省分年龄、性别的人口(城市)

单位：人、%

年　龄	人口数			占总人口比重			性别比
	合计	男	女	合计	男	女	(女=100)
总　计	**1341561**	**680729**	**660832**	**100.00**	**50.74**	**49.26**	**103.01**
0－4岁	**72114**	**39277**	**32837**	**5.38**	**2.93**	**2.45**	**119.61**
0	8893	4826	4067	0.66	0.36	0.30	118.66
1	12998	7030	5968	0.97	0.52	0.44	117.79
2	14563	7980	6583	1.09	0.59	0.49	121.22
3	18519	10135	8384	1.38	0.76	0.62	120.89
4	17141	9306	7835	1.28	0.69	0.58	118.77
5－9岁	**91049**	**49798**	**41251**	**6.79**	**3.71**	**3.07**	**120.72**
5	16835	9192	7643	1.25	0.69	0.57	120.27
6	17961	9860	8101	1.34	0.73	0.60	121.71
7	18137	9895	8242	1.35	0.74	0.61	120.06
8	19823	10732	9091	1.48	0.80	0.68	118.05
9	18293	10119	8174	1.36	0.75	0.61	123.79
10－14岁	**90453**	**49452**	**41001**	**6.74**	**3.69**	**3.06**	**120.61**
10	17896	9738	8158	1.33	0.73	0.61	119.37
11	18072	9931	8141	1.35	0.74	0.61	121.99
12	18539	10044	8495	1.38	0.75	0.63	118.23
13	17863	9828	8035	1.33	0.73	0.60	122.31
14	18083	9911	8172	1.35	0.74	0.61	121.28
15－19岁	**122990**	**65085**	**57905**	**9.17**	**4.85**	**4.32**	**112.40**
15	22566	12172	10394	1.68	0.91	0.77	117.11
16	25798	13994	11804	1.92	1.04	0.88	118.55
17	22862	12437	10425	1.70	0.93	0.78	119.30
18	23865	12470	11395	1.78	0.93	0.85	109.43
19	27899	14012	13887	2.08	1.04	1.04	100.90
20－24岁	**102855**	**52838**	**50017**	**7.67**	**3.94**	**3.73**	**105.64**
20	27723	14092	13631	2.07	1.05	1.02	103.38
21	23320	11945	11375	1.74	0.89	0.85	105.01
22	19896	10370	9526	1.48	0.77	0.71	108.86
23	16393	8460	7933	1.22	0.63	0.59	106.64
24	15523	7971	7552	1.16	0.59	0.56	105.55
25－29岁	**84224**	**42002**	**42222**	**6.28**	**3.13**	**3.15**	**99.48**
25	15914	8104	7810	1.19	0.60	0.58	103.76
26	14757	7355	7402	1.10	0.55	0.55	99.37
27	16206	8107	8099	1.21	0.60	0.60	100.10
28	17308	8601	8707	1.29	0.64	0.65	98.78
29	20039	9835	10204	1.49	0.73	0.76	96.38

1-4a 续表 1

单位：人、%

年 龄	人口数			占总人口比重			性别比
	合计	男	女	合计	男	女	(女=100)
30-34岁	**115791**	**55830**	**59961**	**8.63**	**4.16**	**4.47**	**93.11**
30	24932	12022	12910	1.86	0.90	0.96	93.12
31	23894	11504	12390	1.78	0.86	0.92	92.85
32	22379	10849	11530	1.67	0.81	0.86	94.09
33	23565	11393	12172	1.76	0.85	0.91	93.60
34	21021	10062	10959	1.57	0.75	0.82	91.81
35-39岁	**93178**	**45139**	**48039**	**6.95**	**3.36**	**3.58**	**93.96**
35	19489	9500	9989	1.45	0.71	0.74	95.10
36	20137	9760	10377	1.50	0.73	0.77	94.05
37	18244	8863	9381	1.36	0.66	0.70	94.48
38	19259	9235	10024	1.44	0.69	0.75	92.13
39	16049	7781	8268	1.20	0.58	0.62	94.11
40-44岁	**102102**	**50307**	**51795**	**7.61**	**3.75**	**3.86**	**97.13**
40	15348	7493	7855	1.14	0.56	0.59	95.39
41	20113	9916	10197	1.50	0.74	0.76	97.24
42	21680	10575	11105	1.62	0.79	0.83	95.23
43	21746	10858	10888	1.62	0.81	0.81	99.72
44	23215	11465	11750	1.73	0.85	0.88	97.57
45-49岁	**106793**	**53954**	**52839**	**7.96**	**4.02**	**3.94**	**102.11**
45	22319	11170	11149	1.66	0.83	0.83	100.19
46	22191	11095	11096	1.65	0.83	0.83	99.99
47	21922	11200	10722	1.63	0.83	0.80	104.46
48	20333	10293	10040	1.52	0.77	0.75	102.52
49	20028	10196	9832	1.49	0.76	0.73	103.70
50-54岁	**97255**	**48632**	**48623**	**7.25**	**3.63**	**3.62**	**100.02**
50	20940	10444	10496	1.56	0.78	0.78	99.50
51	19716	9821	9895	1.47	0.73	0.74	99.25
52	21430	10729	10701	1.60	0.80	0.80	100.26
53	16733	8430	8303	1.25	0.63	0.62	101.53
54	18436	9208	9228	1.37	0.69	0.69	99.78
55-59岁	**80877**	**40469**	**40408**	**6.03**	**3.02**	**3.01**	**100.15**
55	18420	9219	9201	1.37	0.69	0.69	100.20
56	18125	9091	9034	1.35	0.68	0.67	100.63
57	20404	10325	10079	1.52	0.77	0.75	102.44
58	14770	7399	7371	1.10	0.55	0.55	100.38
59	9158	4435	4723	0.68	0.33	0.35	93.90
60-64岁	**58940**	**29378**	**29562**	**4.39**	**2.19**	**2.20**	**99.38**
60	11758	5900	5858	0.88	0.44	0.44	100.72
61	10410	5278	5132	0.78	0.39	0.38	102.84
62	12518	6301	6217	0.93	0.47	0.46	101.35
63	13234	6532	6702	0.99	0.49	0.50	97.46
64	11020	5367	5653	0.82	0.40	0.42	94.94

1-4a 续表 2

单位：人、%

年 龄	人 口 数			占总人口比重			性别比
	合计	男	女	合计	男	女	(女=100)
65-69岁	**49574**	**24230**	**25344**	**3.70**	**1.81**	**1.89**	**95.60**
65	10699	5362	5337	0.80	0.40	0.40	100.47
66	11181	5426	5755	0.83	0.40	0.43	94.28
67	10051	4890	5161	0.75	0.36	0.38	94.75
68	9701	4776	4925	0.72	0.36	0.37	96.97
69	7942	3776	4166	0.59	0.28	0.31	90.64
70-74岁	**32032**	**15634**	**16398**	**2.39**	**1.17**	**1.22**	**95.34**
70	7631	3763	3868	0.57	0.28	0.29	97.29
71	7650	3737	3913	0.57	0.28	0.29	95.50
72	6159	2963	3196	0.46	0.22	0.24	92.71
73	5649	2765	2884	0.42	0.21	0.21	95.87
74	4943	2406	2537	0.37	0.18	0.19	94.84
75-79岁	**19194**	**9001**	**10193**	**1.43**	**0.67**	**0.76**	**88.31**
75	4316	2046	2270	0.32	0.15	0.17	90.13
76	4407	2094	2313	0.33	0.16	0.17	90.53
77	3551	1690	1861	0.26	0.13	0.14	90.81
78	3454	1614	1840	0.26	0.12	0.14	87.72
79	3466	1557	1909	0.26	0.12	0.14	81.56
80-84岁	**13229**	**5999**	**7230**	**0.99**	**0.45**	**0.54**	**82.97**
80	3100	1436	1664	0.23	0.11	0.12	86.30
81	2736	1279	1457	0.20	0.10	0.11	87.78
82	2813	1261	1552	0.21	0.09	0.12	81.25
83	2404	1102	1302	0.18	0.08	0.10	84.64
84	2176	921	1255	0.16	0.07	0.09	73.39
85-89岁	**6445**	**2750**	**3695**	**0.48**	**0.20**	**0.28**	**74.42**
85	1841	778	1063	0.14	0.06	0.08	73.19
86	1520	625	895	0.11	0.05	0.07	69.83
87	1340	575	765	0.10	0.04	0.06	75.16
88	911	391	520	0.07	0.03	0.04	75.19
89	833	381	452	0.06	0.03	0.03	84.29
90-94岁	**2008**	**802**	**1206**	**0.15**	**0.06**	**0.09**	**66.50**
90	663	295	368	0.05	0.02	0.03	80.16
91	463	196	267	0.03	0.01	0.02	73.41
92	425	165	260	0.03	0.01	0.02	63.46
93	256	89	167	0.02	0.01	0.01	53.29
94	201	57	144	0.01		0.01	39.58
95-99岁	**415**	**140**	**275**	**0.03**	**0.01**	**0.02**	**50.91**
95	152	72	80	0.01	0.01	0.01	90.00
96	114	34	80	0.01		0.01	42.50
97	66	11	55				20.00
98	47	14	33				42.42
99	36	9	27				33.33
100岁及以上	**43**	**12**	**31**				**38.71**

1-4b 全省分年龄、性别的人口(镇)

单位：人、%

年 龄	人口数			占总人口比重			性别比
	合计	男	女	合计	男	女	(女=100)
总 计	**1407473**	**722256**	**685217**	**100.00**	**51.32**	**48.68**	**105.41**
0-4岁	**79067**	**43093**	**35974**	**5.62**	**3.06**	**2.56**	**119.79**
0	10275	5623	4652	0.73	0.40	0.33	120.87
1	14014	7732	6282	1.00	0.55	0.45	123.08
2	15453	8345	7108	1.10	0.59	0.51	117.40
3	20128	10997	9131	1.43	0.78	0.65	120.44
4	19197	10396	8801	1.36	0.74	0.63	118.12
5-9岁	**109899**	**60157**	**49742**	**7.81**	**4.27**	**3.53**	**120.94**
5	19077	10187	8890	1.36	0.72	0.63	114.59
6	21223	11647	9576	1.51	0.83	0.68	121.63
7	21927	12060	9867	1.56	0.86	0.70	122.23
8	24439	13394	11045	1.74	0.95	0.78	121.27
9	23233	12869	10364	1.65	0.91	0.74	124.17
10-14岁	**121128**	**66629**	**54499**	**8.61**	**4.73**	**3.87**	**122.26**
10	22887	12642	10245	1.63	0.90	0.73	123.40
11	24345	13433	10912	1.73	0.95	0.78	123.10
12	24980	13591	11389	1.77	0.97	0.81	119.33
13	24118	13403	10715	1.71	0.95	0.76	125.09
14	24798	13560	11238	1.76	0.96	0.80	120.66
15-19岁	**119998**	**66341**	**53657**	**8.53**	**4.71**	**3.81**	**123.64**
15	25836	14234	11602	1.84	1.01	0.82	122.69
16	29088	16305	12783	2.07	1.16	0.91	127.55
17	24458	13594	10864	1.74	0.97	0.77	125.13
18	20492	11421	9071	1.46	0.81	0.64	125.91
19	20124	10787	9337	1.43	0.77	0.66	115.53
20-24岁	**79156**	**41441**	**37715**	**5.62**	**2.94**	**2.68**	**109.88**
20	18883	9996	8887	1.34	0.71	0.63	112.48
21	16115	8601	7514	1.14	0.61	0.53	114.47
22	15638	8230	7408	1.11	0.58	0.53	111.10
23	14357	7391	6966	1.02	0.53	0.49	106.10
24	14163	7223	6940	1.01	0.51	0.49	104.08
25-29岁	**77648**	**38882**	**38766**	**5.52**	**2.76**	**2.75**	**100.30**
25	14433	7441	6992	1.03	0.53	0.50	106.42
26	13196	6613	6583	0.94	0.47	0.47	100.46
27	14685	7332	7353	1.04	0.52	0.52	99.71
28	16163	7992	8171	1.15	0.57	0.58	97.81
29	19171	9504	9667	1.36	0.68	0.69	98.31

1-4b 续表 1

单位：人、%

年 龄	人口数			占总人口比重			性别比
	合计	男	女	合计	男	女	(女=100)
30-34岁	**111371**	**54020**	**57351**	**7.91**	**3.84**	**4.07**	**94.19**
30	24577	12036	12541	1.75	0.86	0.89	95.97
31	22655	11053	11602	1.61	0.79	0.82	95.27
32	20980	10173	10807	1.49	0.72	0.77	94.13
33	22909	11026	11883	1.63	0.78	0.84	92.79
34	20250	9732	10518	1.44	0.69	0.75	92.53
35-39岁	**94061**	**45626**	**48435**	**6.68**	**3.24**	**3.44**	**94.20**
35	19150	9264	9886	1.36	0.66	0.70	93.71
36	20254	9948	10306	1.44	0.71	0.73	96.53
37	18118	8803	9315	1.29	0.63	0.66	94.50
38	19211	9292	9919	1.36	0.66	0.70	93.68
39	17328	8319	9009	1.23	0.59	0.64	92.34
40-44岁	**112157**	**55391**	**56766**	**7.97**	**3.94**	**4.03**	**97.58**
40	16743	8064	8679	1.19	0.57	0.62	92.91
41	21845	10722	11123	1.55	0.76	0.79	96.39
42	23784	11802	11982	1.69	0.84	0.85	98.50
43	24008	11968	12040	1.71	0.85	0.86	99.40
44	25777	12835	12942	1.83	0.91	0.92	99.17
45-49岁	**120122**	**60599**	**59523**	**8.53**	**4.31**	**4.23**	**101.81**
45	25130	12529	12601	1.79	0.89	0.90	99.43
46	25432	12749	12683	1.81	0.91	0.90	100.52
47	25396	12877	12519	1.80	0.91	0.89	102.86
48	22564	11461	11103	1.60	0.81	0.79	103.22
49	21600	10983	10617	1.53	0.78	0.75	103.45
50-54岁	**107277**	**54572**	**52705**	**7.62**	**3.88**	**3.74**	**103.54**
50	22371	11318	11053	1.59	0.80	0.79	102.40
51	21645	11168	10477	1.54	0.79	0.74	106.60
52	23765	12141	11624	1.69	0.86	0.83	104.45
53	18858	9568	9290	1.34	0.68	0.66	102.99
54	20638	10377	10261	1.47	0.74	0.73	101.13
55-59岁	**83759**	**42267**	**41492**	**5.95**	**3.00**	**2.95**	**101.87**
55	19891	10128	9763	1.41	0.72	0.69	103.74
56	18278	9263	9015	1.30	0.66	0.64	102.75
57	20076	10151	9925	1.43	0.72	0.71	102.28
58	16072	8040	8032	1.14	0.57	0.57	100.10
59	9442	4685	4757	0.67	0.33	0.34	98.49
60-64岁	**61515**	**30686**	**30829**	**4.37**	**2.18**	**2.19**	**99.54**
60	11804	5972	5832	0.84	0.42	0.41	102.40
61	10617	5326	5291	0.75	0.38	0.38	100.66
62	13120	6553	6567	0.93	0.47	0.47	99.79
63	14273	7088	7185	1.01	0.50	0.51	98.65
64	11701	5747	5954	0.83	0.41	0.42	96.52

1–4b 续表 2

单位：人、%

年 龄	人口数			占总人口比重			性别比
	合计	男	女	合计	男	女	(女=100)
65–69岁	**52946**	**26134**	**26812**	**3.76**	**1.86**	**1.90**	**97.47**
65	11444	5603	5841	0.81	0.40	0.41	95.93
66	11898	5934	5964	0.85	0.42	0.42	99.50
67	10748	5319	5429	0.76	0.38	0.39	97.97
68	10409	5172	5237	0.74	0.37	0.37	98.76
69	8447	4106	4341	0.60	0.29	0.31	94.59
70–74岁	**35199**	**17413**	**17786**	**2.50**	**1.24**	**1.26**	**97.90**
70	8249	4098	4151	0.59	0.29	0.29	98.72
71	8161	4118	4043	0.58	0.29	0.29	101.86
72	7023	3455	3568	0.50	0.25	0.25	96.83
73	6308	3117	3191	0.45	0.22	0.23	97.68
74	5458	2625	2833	0.39	0.19	0.20	92.66
75–79岁	**19963**	**9518**	**10445**	**1.42**	**0.68**	**0.74**	**91.12**
75	4628	2249	2379	0.33	0.16	0.17	94.54
76	4541	2202	2339	0.32	0.16	0.17	94.14
77	3714	1737	1977	0.26	0.12	0.14	87.86
78	3480	1666	1814	0.25	0.12	0.13	91.84
79	3600	1664	1936	0.26	0.12	0.14	85.95
80–84岁	**13380**	**5960**	**7420**	**0.95**	**0.42**	**0.53**	**80.32**
80	3100	1380	1720	0.22	0.10	0.12	80.23
81	2756	1269	1487	0.20	0.09	0.11	85.34
82	2839	1303	1536	0.20	0.09	0.11	84.83
83	2482	1057	1425	0.18	0.08	0.10	74.18
84	2203	951	1252	0.16	0.07	0.09	75.96
85–89岁	**6378**	**2590**	**3788**	**0.45**	**0.18**	**0.27**	**68.37**
85	1761	719	1042	0.13	0.05	0.07	69.00
86	1549	632	917	0.11	0.04	0.07	68.92
87	1331	545	786	0.09	0.04	0.06	69.34
88	972	369	603	0.07	0.03	0.04	61.19
89	765	325	440	0.05	0.02	0.03	73.86
90–94岁	**1964**	**795**	**1169**	**0.14**	**0.06**	**0.08**	**68.01**
90	688	296	392	0.05	0.02	0.03	75.51
91	434	155	279	0.03	0.01	0.02	55.56
92	340	145	195	0.02	0.01	0.01	74.36
93	292	112	180	0.02	0.01	0.01	62.22
94	210	87	123	0.01	0.01	0.01	70.73
95–99岁	**436**	**129**	**307**	**0.03**	**0.01**	**0.02**	**42.02**
95	158	46	112	0.01		0.01	41.07
96	110	35	75	0.01		0.01	46.67
97	77	30	47	0.01			63.83
98	51	11	40				27.50
99	40	7	33				21.21
100岁及以上	**49**	**13**	**36**				**36.11**

1-4c　全省分年龄、性别的人口(乡村)

单位：人、%

年　龄	人　口　数			占总人口比重			性别比
	合计	男	女	合计	男	女	(女=100)
总　计	**2061278**	**1082979**	**978299**	**100.00**	**52.54**	**47.46**	**110.70**
0-4岁	**121390**	**66065**	**55325**	**5.89**	**3.21**	**2.68**	**119.41**
0	20737	11471	9266	1.01	0.56	0.45	123.80
1	22028	12108	9920	1.07	0.59	0.48	122.06
2	23317	12767	10550	1.13	0.62	0.51	121.01
3	27258	14718	12540	1.32	0.71	0.61	117.37
4	28050	15001	13049	1.36	0.73	0.63	114.96
5-9岁	**161014**	**87374**	**73640**	**7.81**	**4.24**	**3.57**	**118.65**
5	28743	15523	13220	1.39	0.75	0.64	117.42
6	30852	16715	14137	1.50	0.81	0.69	118.24
7	31843	17253	14590	1.54	0.84	0.71	118.25
8	35271	19026	16245	1.71	0.92	0.79	117.12
9	34305	18857	15448	1.66	0.91	0.75	122.07
10-14岁	**178027**	**98440**	**79587**	**8.64**	**4.78**	**3.86**	**123.69**
10	34227	18914	15313	1.66	0.92	0.74	123.52
11	36372	19952	16420	1.76	0.97	0.80	121.51
12	36345	20359	15986	1.76	0.99	0.78	127.36
13	35333	19508	15825	1.71	0.95	0.77	123.27
14	35750	19707	16043	1.73	0.96	0.78	122.84
15-19岁	**129032**	**72597**	**56435**	**6.26**	**3.52**	**2.74**	**128.64**
15	30768	17147	13621	1.49	0.83	0.66	125.89
16	28682	16058	12624	1.39	0.78	0.61	127.20
17	24270	13866	10404	1.18	0.67	0.50	133.28
18	22623	12767	9856	1.10	0.62	0.48	129.54
19	22689	12759	9930	1.10	0.62	0.48	128.49
20-24岁	**104731**	**57925**	**46806**	**5.08**	**2.81**	**2.27**	**123.76**
20	21147	11781	9366	1.03	0.57	0.45	125.78
21	20086	11115	8971	0.97	0.54	0.44	123.90
22	22255	12268	9987	1.08	0.60	0.48	122.84
23	20905	11515	9390	1.01	0.56	0.46	122.63
24	20338	11246	9092	0.99	0.55	0.44	123.69
25-29岁	**108893**	**59460**	**49433**	**5.28**	**2.88**	**2.40**	**120.28**
25	21271	11692	9579	1.03	0.57	0.46	122.06
26	18473	10032	8441	0.90	0.49	0.41	118.85
27	20389	11158	9231	0.99	0.54	0.45	120.88
28	22568	12398	10170	1.09	0.60	0.49	121.91
29	26192	14180	12012	1.27	0.69	0.58	118.05

1－4c　续表 1　　　　单位：人、%

年　龄	人　口　数			占总人口比重			性别比
	合计	男	女	合计	男	女	(女=100)
30－34岁	**141059**	**75613**	**65446**	**6.84**	**3.67**	**3.18**	**115.53**
30	33461	18181	15280	1.62	0.88	0.74	118.99
31	29459	15887	13572	1.43	0.77	0.66	117.06
32	26314	14001	12313	1.28	0.68	0.60	113.71
33	28236	15003	13233	1.37	0.73	0.64	113.38
34	23589	12541	11048	1.14	0.61	0.54	113.51
35－39岁	**112482**	**59579**	**52903**	**5.46**	**2.89**	**2.57**	**112.62**
35	22724	12111	10613	1.10	0.59	0.51	114.11
36	24082	12828	11254	1.17	0.62	0.55	113.99
37	21640	11447	10193	1.05	0.56	0.49	112.30
38	23181	12256	10925	1.12	0.59	0.53	112.18
39	20855	10937	9918	1.01	0.53	0.48	110.27
40－44岁	**138037**	**73041**	**64996**	**6.70**	**3.54**	**3.15**	**112.38**
40	19812	10395	9417	0.96	0.50	0.46	110.39
41	26000	13797	12203	1.26	0.67	0.59	113.06
42	28935	15378	13557	1.40	0.75	0.66	113.43
43	29616	15792	13824	1.44	0.77	0.67	114.24
44	33674	17679	15995	1.63	0.86	0.78	110.53
45－49岁	**168280**	**87522**	**80758**	**8.16**	**4.25**	**3.92**	**108.38**
45	32926	17298	15628	1.60	0.84	0.76	110.69
46	35726	18663	17063	1.73	0.91	0.83	109.38
47	35489	18469	17020	1.72	0.90	0.83	108.51
48	31836	16414	15422	1.54	0.80	0.75	106.43
49	32303	16678	15625	1.57	0.81	0.76	106.74
50－54岁	**172792**	**87183**	**85609**	**8.38**	**4.23**	**4.15**	**101.84**
50	34202	17200	17002	1.66	0.83	0.82	101.16
51	33791	17267	16524	1.64	0.84	0.80	104.50
52	38531	19411	19120	1.87	0.94	0.93	101.52
53	31392	15677	15715	1.52	0.76	0.76	99.76
54	34876	17628	17248	1.69	0.86	0.84	102.20
55－59岁	**138250**	**70041**	**68209**	**6.71**	**3.40**	**3.31**	**102.69**
55	32693	16734	15959	1.59	0.81	0.77	104.86
56	29596	14939	14657	1.44	0.72	0.71	101.92
57	32886	16612	16274	1.60	0.81	0.79	102.08
58	27202	13861	13341	1.32	0.67	0.65	103.90
59	15873	7895	7978	0.77	0.38	0.39	98.96
60－64岁	**111616**	**56791**	**54825**	**5.41**	**2.76**	**2.66**	**103.59**
60	20337	10408	9929	0.99	0.50	0.48	104.82
61	18593	9629	8964	0.90	0.47	0.43	107.42
62	23586	11960	11626	1.14	0.58	0.56	102.87
63	26765	13643	13122	1.30	0.66	0.64	103.97
64	22335	11151	11184	1.08	0.54	0.54	99.70

1－4c　续表 2

单位：人、%

年　龄	人口数			占总人口比重			性别比
	合计	男	女	合计	男	女	(女=100)
65－69岁	**105021**	**52860**	**52161**	**5.09**	**2.56**	**2.53**	**101.34**
65	22203	11309	10894	1.08	0.55	0.53	103.81
66	23185	11845	11340	1.12	0.57	0.55	104.45
67	21216	10593	10623	1.03	0.51	0.52	99.72
68	20867	10472	10395	1.01	0.51	0.50	100.74
69	17550	8641	8909	0.85	0.42	0.43	96.99
70－74岁	**75034**	**36559**	**38475**	**3.64**	**1.77**	**1.87**	**95.02**
70	16694	8079	8615	0.81	0.39	0.42	93.78
71	17626	8844	8782	0.86	0.43	0.43	100.71
72	15175	7512	7663	0.74	0.36	0.37	98.03
73	13431	6471	6960	0.65	0.31	0.34	92.97
74	12108	5653	6455	0.59	0.27	0.31	87.58
75－79岁	**44810**	**21063**	**23747**	**2.17**	**1.02**	**1.15**	**88.70**
75	10293	4727	5566	0.50	0.23	0.27	84.93
76	10076	4826	5250	0.49	0.23	0.25	91.92
77	8501	3922	4579	0.41	0.19	0.22	85.65
78	7625	3615	4010	0.37	0.18	0.19	90.15
79	8315	3973	4342	0.40	0.19	0.21	91.50
80－84岁	**30940**	**13563**	**17377**	**1.50**	**0.66**	**0.84**	**78.05**
80	7283	3297	3986	0.35	0.16	0.19	82.71
81	6126	2737	3389	0.30	0.13	0.16	80.76
82	6657	2979	3678	0.32	0.14	0.18	81.00
83	5905	2503	3402	0.29	0.12	0.17	73.57
84	4969	2047	2922	0.24	0.10	0.14	70.05
85－89岁	**14462**	**5507**	**8955**	**0.70**	**0.27**	**0.43**	**61.50**
85	4138	1632	2506	0.20	0.08	0.12	65.12
86	3441	1350	2091	0.17	0.07	0.10	64.56
87	3053	1148	1905	0.15	0.06	0.09	60.26
88	2070	752	1318	0.10	0.04	0.06	57.06
89	1760	625	1135	0.09	0.03	0.06	55.07
90－94岁	**4371**	**1498**	**2873**	**0.21**	**0.07**	**0.14**	**52.14**
90	1481	525	956	0.07	0.03	0.05	54.92
91	943	307	636	0.05	0.01	0.03	48.27
92	835	294	541	0.04	0.01	0.03	54.34
93	655	227	428	0.03	0.01	0.02	53.04
94	457	145	312	0.02	0.01	0.02	46.47
95－99岁	**945**	**272**	**673**	**0.05**	**0.01**	**0.03**	**40.42**
95	347	110	237	0.02	0.01	0.01	46.41
96	269	78	191	0.01		0.01	40.84
97	160	42	118	0.01		0.01	35.59
98	94	24	70				34.29
99	75	18	57				31.58
100岁及以上	**92**	**26**	**66**				**39.39**

第二部分　长表数据资料

第二卷　民族

2-1　全省各民族分性别、行业的人口

单位：人

民　族	人口数			农、林、牧、渔业			采矿业		
	合计	男	女	小计	男	女	小计	男	女
总　计	**2263603**	**1333629**	**929974**	**445170**	**242457**	**202713**	**9133**	**7626**	**1507**
汉　族	2254036	1327999	926037	443704	241625	202079	9040	7542	1498
蒙古族	153	94	59	2		2	1	1	
回　族	739	465	274	23	9	14			
藏　族	70	33	37	3		3			
维吾尔族	174	92	82						
苗　族	1009	528	481	97	35	62	40	37	3
彝　族	472	278	194	22	9	13	5	5	
壮　族	712	255	457	69	13	56	8	7	1
布依族	248	91	157	33	5	28	3	3	
朝鲜族	23	14	9						
满　族	241	149	92	6	3	3	1	1	
侗　族	274	137	137	32	15	17			
瑶　族	212	95	117	23	6	17	3	2	1
白　族	66	35	31	2	1	1			
土家族	635	345	290	29	1	28	7	6	1
哈尼族	118	68	50	5		5	1	1	
哈萨克族	2	1	1						
傣　族	36	19	17	5	3	2	1	1	
黎　族	43	16	27	3	2	1			
傈僳族	9	4	5	3		3			
佤　族	29	8	21	4		4			
畲　族	3830	2666	1164	966	674	292	20	18	2
高山族	1	1							
拉祜族	15	5	10	6		6			
水　族	23	9	14	5		5			
东乡族	58	35	23						
纳西族	1		1						
景颇族	4	2	2	1	1				
柯尔克孜族	1	1							
土　族	12	4	8						
达斡尔族	2		2						
仫佬族	26	14	12	3		3			
羌　族	7	4	3						
布朗族	2	1	1	1		1			
撒拉族	22	13	9						
毛南族	5		5						
仡佬族	36	16	20	4		4			
锡伯族	3	1	2						
阿昌族									
普米族									
塔吉克族									
怒　族	1		1						
乌孜别克族									
俄罗斯族									
鄂温克族	1		1						
德昂族									
保安族	4	3	1						
裕固族	1	1							
京　族	14	12	2	9	8	1			
塔塔尔族									
独龙族									
鄂伦春族									
赫哲族									
门巴族									
珞巴族									
基诺族									
未定族称人口	71	34	37	10	4	6	3	2	1
入　籍	162	81	81	100	43	57			

2-1 续表 1

单位：人

民族	制造业			电力、热力、燃气及水生产和供应业			建筑业		
	小计	男	女	小计	男	女	小计	男	女
总　计	**473176**	**259231**	**213945**	**14115**	**10274**	**3841**	**303360**	**256112**	**47248**
汉　族	469915	257279	212636	14036	10208	3828	302170	255164	47006
蒙古族	34	23	11	2	2		21	20	1
回　族	322	227	95	6	6		44	37	7
藏　族	30	15	15				6	5	1
维吾尔族	98	44	54				2	2	
苗　族	439	227	212	12	5	7	172	135	37
彝　族	215	139	76	14	12	2	107	78	29
壮　族	274	111	163	2	1	1	87	56	31
布依族	114	43	71	1		1	31	23	8
朝鲜族	3	3					1	1	
满　族	42	32	10	8	7	1	25	17	8
侗　族	99	50	49				46	34	12
瑶　族	85	43	42	6	6		18	10	8
白　族	32	16	16				13	12	1
土家族	232	137	95	2	2		104	85	19
哈尼族	82	57	25				10	7	3
哈萨克族									
傣　族	18	9	9				6	3	3
黎　族	14	4	10				8	6	2
傈僳族	1		1						
佤　族	17	6	11				1		1
畲　族	955	677	278	14	13	1	452	391	61
高山族									
拉祜族	6	4	2						
水　族	5	4	1				2	1	1
东乡族	45	28	17				2	1	1
纳西族									
景颇族	1		1				1	1	
柯尔克孜族									
土　族	3	3					3		3
达斡尔族	1		1						
仫佬族	13	7	6				4	4	
羌　族	1	1					2	1	1
布朗族	1	1							
撒拉族	2	1	1						
毛南族	3		3						
仡佬族	9	4	5				9	9	
锡伯族									
阿昌族									
普米族									
塔吉克族									
怒　族									
乌孜别克族									
俄罗斯族									
鄂温克族									
德昂族									
保安族	4	3	1						
裕固族									
京　族	2	1	1				1	1	
塔塔尔族									
独龙族									
鄂伦春族									
赫哲族									
门巴族									
珞巴族									
基诺族									
未定族称人口	34	18	16	1	1		6	5	1
入　籍	25	14	11	11	11		6	3	3

2-1　续表 2

单位：人

民　族	批发和零售业			交通运输、仓储和邮政业			住宿和餐饮业		
	小计	男	女	小计	男	女	小计	男	女
总　计	**325537**	**164013**	**161524**	**93762**	**79580**	**14182**	**101185**	**48756**	**52429**
汉　族	324468	163505	160963	93534	79414	14120	100665	48511	52154
蒙古族	21	14	7	9	6	3	9	4	5
回　族	70	45	25	10	7	3	130	74	56
藏　族	9	4	5	1		1	4		4
维吾尔族	4	4					61	39	22
苗　族	96	36	60	13	6	7	17	5	12
彝　族	45	15	30	2		2	12	1	11
壮　族	97	15	82	9	3	6	34	11	23
布依族	30	5	25	4	1	3	8	2	6
朝鲜族	5	3	2	1	1		2	1	1
满　族	16	11	5	12	9	3	11	6	5
侗　族	26	7	19	4	2	2	11	3	8
瑶　族	33	12	21	3	1	2	6	2	4
白　族	6	3	3	1		1	3		3
土家族	101	43	58	27	19	8	34	11	23
哈尼族	7	1	6				2		2
哈萨克族							1		1
傣　族	4	2	2				1		1
黎　族	6	3	3	3	1	2	3		3
傈僳族	2	2					1		1
佤　族	3	1	2				1	1	
畲　族	456	273	183	117	102	15	139	71	68
高山族									
拉祜族									
水　族	1		1				1		1
东乡族	3	3		1		1	5	2	3
纳西族									
景颇族	1		1						
柯尔克孜族									
土　族	2		2	1		1	1		1
达斡尔族									
仫佬族	3	1	2	1	1				
羌　族									
布朗族									
撒拉族	2	2		1	1		17	9	8
毛南族	1		1						
仡佬族	2		2	2	1	1	1		1
锡伯族	2		2						
阿昌族									
普米族									
塔吉克族									
怒　族	1		1						
乌孜别克族									
俄罗斯族									
鄂温克族	1		1						
德昂族									
保安族									
裕固族									
京　族							2	2	
塔塔尔族									
独龙族									
鄂伦春族									
赫哲族									
门巴族									
珞巴族									
基诺族									
未定族称人口	8	2	6				1		1
入　籍	5	1	4	6	5	1	2	1	1

2-1　续表 3

单位：人

民　　族	信息传输、软件和信息技术服务业			金融业			房地产业		
	小计	男	女	小计	男	女	小计	男	女
总　计	**26598**	**17253**	**9345**	**23210**	**11644**	**11566**	**33994**	**21181**	**12813**
汉　族	26511	17206	9305	23129	11609	11520	33899	21129	12770
蒙古族	2	1	1	4	1	3	5	3	2
回　族	3	1	2	15	9	6	15	6	9
藏　族	4	1	3						
维吾尔族	1		1						
苗　族	5	1	4	4	1	3	8	2	6
彝　族	2		2				3		3
壮　族	10	2	8	7		7	6	1	5
布依族	1	1		2		2	4	1	3
朝鲜族	1		1				1	1	
满　族	11	6	5	7	3	4	5	3	2
侗　族	1		1	4	2	2	4	4	
瑶　族	1		1	4	1	3	1		1
白　族							2	2	
土家族	2		2	6	2	4	11	9	2
哈尼族							1		1
哈萨克族				1	1				
傣　族									
黎　族	1		1						
傈僳族							2	2	
佤　族									
畲　族	39	31	8	25	14	11	26	18	8
高山族									
拉祜族									
水　族	1	1							
东乡族									
纳西族									
景颇族									
柯尔克孜族									
土　族									
达斡尔族				1		1			
仫佬族	1	1							
羌　族				1	1				
布朗族									
撒拉族									
毛南族									
仡佬族									
锡伯族									
阿昌族									
普米族									
塔吉克族									
怒　族									
乌孜别克族									
俄罗斯族									
鄂温克族									
德昂族									
保安族									
裕固族	1	1							
京　族									
塔塔尔族									
独龙族									
鄂伦春族									
赫哲族									
门巴族									
珞巴族									
基诺族									
未定族称人口							1		1
入　籍									

2-1 续表 4

单位：人

民族	租赁和商务服务业			科学研究和技术服务业			水利、环境和公共设施管理业		
	小计	男	女	小计	男	女	小计	男	女
总　计	**64209**	**40945**	**23264**	**21513**	**14994**	**6519**	**14527**	**8844**	**5683**
汉　族	64012	40833	23179	21421	14925	6496	14478	8811	5667
蒙古族	8	4	4	2	1	1	2	1	1
回　族	23	12	11	3	2	1	2	1	1
藏　族				1	1				
维吾尔族				1	1				
苗　族	24	15	9	12	7	5	6	4	2
彝　族	9	5	4	2	1	1	3	3	
壮　族	19	9	10	9	7	2			
布依族	5	4	1						
朝鲜族	2	1	1	2	2				
满　族	10	3	7	8	6	2	4	4	
侗　族	3		3	6	3	3			
瑶　族	1		1	2	2				
白　族	1		1						
土家族	9	4	5	5	2	3	5	3	2
哈尼族	2		2	1		1			
哈萨克族									
傣　族									
黎　族									
傈僳族									
佤　族							1		1
畲　族	72	51	21	37	33	4	24	17	7
高山族									
拉祜族									
水　族	2	1	1	1	1				
东乡族							1		1
纳西族									
景颇族									
柯尔克孜族									
土　族									
达斡尔族									
仫佬族									
羌　族	2	1	1						
布朗族									
撒拉族									
毛南族									
仡佬族	3	2	1				1		1
锡伯族									
阿昌族									
普米族									
塔吉克族									
怒　族									
乌孜别克族									
俄罗斯族									
鄂温克族									
德昂族									
保安族									
裕固族									
京　族									
塔塔尔族									
独龙族									
鄂伦春族									
赫哲族									
门巴族									
珞巴族									
基诺族									
未定族称人口	2		2						
入　籍									

2-1 续表 5

单位：人

民 族	居民服务、修理和其他服务业			教 育			卫生和社会工作		
	小计	男	女	小计	男	女	小计	男	女
总 计	**88921**	**39059**	**49862**	**92330**	**35442**	**56888**	**38417**	**14495**	**23922**
汉 族	88634	38949	49685	91992	35330	56662	38315	14445	23870
蒙古族	3	1	2	14	5	9	8	5	3
回 族	8	3	5	29	9	20	10	5	5
藏 族	2	1	1	7	4	3			
维吾尔族	3	1	2	1		1			
苗 族	26	3	23	16	2	14	6	1	5
彝 族	19	3	16	6	2	4			
壮 族	29	6	23	22	3	19	4		4
布依族	5	1	4	4	1	3			
朝鲜族	1		1	3	1	2	1		1
满 族	6	4	2	33	13	20	9	5	4
侗 族	8	3	5	10	3	7			
瑶 族	12	1	11	6	3	3			
白 族	1		1	4	1	3			
土家族	20	5	15	20	6	14	8	4	4
哈尼族	4		4	1		1			
哈萨克族									
傣 族				1	1				
黎 族	2		2	2		2			
傈僳族									
佤 族	2		2						
畲 族	126	75	51	149	57	92	50	28	22
高山族							1	1	
拉祜族	1		1						
水 族	3		3						
东乡族	1	1							
纳西族							1		1
景颇族									
柯尔克孜族				1	1				
土 族	1		1						
达斡尔族									
仫佬族				1		1			
羌 族				1		1			
布朗族									
撒拉族									
毛南族				1		1			
仡佬族	2		2	3		3			
锡伯族									
阿昌族									
普米族									
塔吉克族									
怒 族									
乌孜别克族									
俄罗斯族									
鄂温克族									
德昂族									
保安族									
裕固族									
京 族									
塔塔尔族									
独龙族									
鄂伦春族									
赫哲族									
门巴族									
珞巴族									
基诺族									
未定族称人口	1	1		1		1	1		1
入 籍	1	1		2		2	3	1	2

2-1　续表 6

单位：人

民　族	文化、体育和娱乐业			公共管理、社会保障和社会组织			国际组织		
	小计	男	女	小计	男	女	小计	男	女
总　计	**11897**	**6586**	**5311**	**82538**	**55129**	**27409**	**11**	**8**	**3**
汉　族	11832	6558	5274	82270	54948	27322	11	8	3
蒙古族	3	2	1	3		3			
回　族	6	1	5	20	11	9			
藏　族				3	2	1			
维吾尔族	3	1	2						
苗　族	8	2	6	8	4	4			
彝　族	5	4	1	1	1				
壮　族	8	2	6	18	8	10			
布依族	2		2	1	1				
朝鲜族									
满　族	4	2	2	23	14	9			
侗　族	3	1	2	17	10	7			
瑶　族				8	6	2			
白　族				1		1			
土家族	4	1	3	9	5	4			
哈尼族				2	2				
哈萨克族									
傣　族									
黎　族	1		1						
傈僳族									
佤　族									
畲　族	16	10	6	147	113	34			
高山族									
拉祜族				2	1	1			
水　族				2	1	1			
东乡族									
纳西族									
景颇族									
柯尔克孜族									
土　族	1	1							
达斡尔族									
仫佬族									
羌　族									
布朗族									
撒拉族									
毛南族									
仡佬族									
锡伯族				1	1				
阿昌族									
普米族									
塔吉克族									
怒　族									
乌孜别克族									
俄罗斯族									
鄂温克族									
德昂族									
保安族									
裕固族									
京　族									
塔塔尔族									
独龙族									
鄂伦春族									
赫哲族									
门巴族									
珞巴族									
基诺族									
未定族称人口	1	1		1		1			
入　籍				1	1				

2–2 全省各民族分性别、职业的人口

单位：人

民族	人口数			党的机关、国家机关、群众团体和社会组织、企事业单位负责人		
	合计	男	女	小计	男	女
总　计	**2263603**	**1333629**	**929974**	**52645**	**38261**	**14384**
汉　族	2254036	1327999	926037	52434	38115	14319
蒙古族	153	94	59	11	8	3
回　族	739	465	274	15	12	3
藏　族	70	33	37	1		1
维吾尔族	174	92	82	3	1	2
苗　族	1009	528	481	15	11	4
彝　族	472	278	194			
壮　族	712	255	457	15	4	11
布依族	248	91	157	5	3	2
朝鲜族	23	14	9	3	2	1
满　族	241	149	92	17	15	2
侗　族	274	137	137	3	2	1
瑶　族	212	95	117	7	4	3
白　族	66	35	31	3	2	1
土家族	635	345	290	13	4	9
哈尼族	118	68	50	1		1
哈萨克族	2	1	1			
傣　族	36	19	17	1		1
黎　族	43	16	27			
傈僳族	9	4	5			
佤　族	29	8	21			
畲　族	3830	2666	1164	88	71	17
高山族	1	1				
拉祜族	15	5	10			
水　族	23	9	14			
东乡族	58	35	23	2	1	1
纳西族	1		1			
景颇族	4	2	2			
柯尔克孜族	1	1				
土　族	12	4	8			
达斡尔族	2		2			
仫佬族	26	14	12	1	1	
羌　族	7	4	3			
布朗族	2	1	1			
撒拉族	22	13	9			
毛南族	5		5			
仡佬族	36	16	20			
锡伯族	3	1	2			
阿昌族						
普米族						
塔吉克族						
怒　族	1		1			
乌孜别克族						
俄罗斯族						
鄂温克族	1		1			
德昂族						
保安族	4	3	1			
裕固族	1	1				
京　族	14	12	2			
塔塔尔族						
独龙族						
鄂伦春族						
赫哲族						
门巴族						
珞巴族						
基诺族						
未定族称人口	71	34	37	1	1	
入　籍	162	81	81	6	4	2

2-2　续表 1

单位：人

民　族	专业技术人员			办事人员和有关人员			社会生产服务和生活服务人员		
	小计	男	女	小计	男	女	小计	男	女
总　计	**189265**	**87189**	**102076**	**128873**	**82860**	**46013**	**710030**	**390385**	**319645**
汉　族	188492	86788	101704	128454	82621	45833	707583	389156	318427
蒙古族	37	18	19	5	2	3	55	32	23
回　族	81	41	40	46	26	20	245	132	113
藏　族	4	1	3	3	1	2	18	6	12
维吾尔族	11	7	4	1		1	70	45	25
苗　族	56	31	25	32	13	19	193	58	135
彝　族	27	21	6	7	5	2	85	32	53
壮　族	59	19	40	36	15	21	194	45	149
布依族	10	4	6	6	1	5	49	10	39
朝鲜族	9	3	6				8	6	2
满　族	67	41	26	43	22	21	65	38	27
侗　族	23	14	9	14	7	7	69	19	50
瑶　族	15	8	7	12	4	8	61	20	41
白　族	7	3	4	2	2		11	2	9
土家族	50	22	28	34	21	13	195	86	109
哈尼族	1		1	3	3		18	4	14
哈萨克族							2	1	1
傣　族	1	1					7	2	5
黎　族	3	1	2				20	8	12
傈僳族							2		2
佤　族	1		1				14	7	7
畲　族	274	145	129	160	108	52	962	630	332
高山族	1	1							
拉祜族				1	1		2		2
水　族	4	2	2	2	2		6	2	4
东乡族	3	2	1				7	3	4
纳西族	1		1						
景颇族							1		1
柯尔克孜族	1	1							
土　族				1	1		5	1	4
达斡尔族							1		1
仫佬族	3	2	1				7	5	2
羌　族	1		1				3	1	2
布朗族									
撒拉族	1		1				20	12	8
毛南族	2		2				1		1
仡佬族	4	1	3	3		3	8	1	7
锡伯族	1		1	1	1				
阿昌族									
普米族									
塔吉克族									
怒　族							1		1
乌孜别克族									
俄罗斯族									
鄂温克族									
德昂族									
保安族									
裕固族							1	1	
京　族							2	2	
塔塔尔族									
独龙族									
鄂伦春族									
赫哲族									
门巴族									
珞巴族									
基诺族									
未定族称人口	1		1	5	2	3	14	5	9
入　籍	14	12	2	2	2		25	13	12

2-2 续表 2

单位：人

民族	农、林、牧、渔业生产及辅助人员			生产制造及有关人员			不便分类的其他从业人员		
	小计	男	女	小计	男	女	小计	男	女
总计	**423141**	**227733**	**195408**	**749055**	**500811**	**248244**	**10594**	**6390**	**4204**
汉族	421715	226910	194805	744815	498049	246766	10543	6360	4183
蒙古族	3		3	42	34	8			
回族	21	8	13	328	245	83	3	1	2
藏族	2		2	42	25	17			
维吾尔族				88	38	50	1	1	
苗族	100	36	64	611	379	232	2		2
彝族	22	9	13	329	209	120	2	2	
壮族	63	12	51	336	155	181	9	5	4
布依族	27	2	25	151	71	80			
朝鲜族				3	3				
满族	4	2	2	45	31	14			
侗族	31	16	15	124	71	53	10	8	2
瑶族	22	9	13	93	48	45	2	2	
白族	2	1	1	41	25	16			
土家族	27	1	26	313	210	103	3	1	2
哈尼族	5		5	90	61	29			
哈萨克族									
傣族	4	3	1	23	13	10			
黎族	3	2	1	17	5	12			
傈僳族	3		3	4	4				
佤族	4		4	10	1	9			
畲族	956	666	290	1373	1037	336	17	9	8
高山族									
拉祜族	9	3	6	3	1	2			
水族	5		5	6	3	3			
东乡族				46	29	17			
纳西族									
景颇族	1	1		2	1	1			
柯尔克孜族									
土族				5	2	3	1		1
达斡尔族				1		1			
仫佬族	2		2	13	6	7			
羌族				3	3				
布朗族	1		1	1	1				
撒拉族				1	1				
毛南族				2		2			
仡佬族	2		2	18	13	5	1	1	
锡伯族				1		1			
阿昌族									
普米族									
塔吉克族									
怒族									
乌孜别克族									
俄罗斯族									
鄂温克族				1		1			
德昂族									
保安族				4	3	1			
裕固族									
京族	10	8	2	2	2				
塔塔尔族									
独龙族									
鄂伦春族									
赫哲族									
门巴族									
珞巴族									
基诺族									
未定族称人口	9	4	5	41	22	19			
入籍	88	40	48	27	10	17			

2-3　全省各民族分性别、主要生活来源的15岁及以上人口

单位：人

民　族	15岁及以上人口			劳动收入		
	合计	男	女	小计	男	女
总　计	**3786171**	**1925679**	**1860492**	**2243623**	**1328920**	**914703**
汉　族	3770126	1917351	1852775	2234081	1323275	910806
蒙古族	448	225	223	153	94	59
回　族	1208	684	524	744	470	274
藏　族	423	200	223	70	33	37
维吾尔族	397	197	200	175	94	81
苗　族	1473	668	805	1023	543	480
彝　族	685	350	335	471	278	193
壮　族	1147	358	789	712	257	455
布依族	414	148	266	246	91	155
朝鲜族	45	25	20	25	15	10
满　族	592	313	279	237	150	87
侗　族	439	189	250	270	137	133
瑶　族	332	129	203	204	93	111
白　族	144	60	84	66	35	31
土家族	1022	478	544	633	344	289
哈尼族	145	79	66	115	68	47
哈萨克族	24	13	11	3	2	1
傣　族	58	28	30	36	19	17
黎　族	187	74	113	42	15	27
傈僳族	24	8	16	9	4	5
佤　族	35	8	27	28	8	20
畲　族	5998	3738	2260	3812	2660	1152
高山族	1	1		1	1	
拉祜族	23	6	17	15	5	10
水　族	54	19	35	22	9	13
东乡族	63	37	26	58	35	23
纳西族	13	5	8	1		1
景颇族	6	3	3	4	2	2
柯尔克孜族	25	14	11	1	1	
土　族	33	13	20	11	4	7
达斡尔族	7	2	5	2		2
仫佬族	46	21	25	26	14	12
羌　族	16	7	9	6	4	2
布朗族	3	2	1	2	1	1
撒拉族	25	16	9	22	13	9
毛南族	11	2	9	5		5
仡佬族	77	38	39	38	17	21
锡伯族	16	8	8	3	1	2
阿昌族	1	1				
普米族	2		2	1		1
塔吉克族	1		1			
怒　族	1		1	1		1
乌孜别克族	4	2	2			
俄罗斯族	2	1	1	1	1	
鄂温克族	1		1	1		1
德昂族						
保安族	5	4	1	4	3	1
裕固族	1	1		1	1	
京　族	22	14	8	10	9	1
塔塔尔族	1	1				
独龙族						
鄂伦春族	1		1			
赫哲族						
门巴族	3	1	2			
珞巴族						
基诺族	1		1			
未定族称人口	131	49	82	71	33	38
入　籍	209	88	121	161	81	80

2-3 续表 1

单位：人

民族	离退休金/养老金			最低生活保障金			失业保险金		
	小计	男	女	小计	男	女	小计	男	女
总　计	**275678**	**123512**	**152166**	**54483**	**29799**	**24684**	**419**	**240**	**179**
汉　族	275163	123241	151922	54358	29719	24639	418	239	179
蒙古族	17	7	10	1		1			
回　族	137	67	70	3	1	2			
藏　族	2	1	1						
维吾尔族	2	2		2	1	1			
苗　族	11	2	9	7	3	4			
彝　族	4	1	3						
壮　族	20	7	13	2		2	1	1	
布依族	5	2	3						
朝鲜族	1	1							
满　族	67	29	38	3	2	1			
侗　族	9	3	6	1		1			
瑶　族	13	6	7	1	1				
白　族	5	3	2						
土家族	11	3	8	1		1			
哈尼族				1		1			
哈萨克族									
傣　族	4	3	1						
黎　族	2	1	1						
傈僳族	1	1							
佤　族									
畲　族	183	122	61	103	72	31			
高山族									
拉祜族									
水　族									
东乡族									
纳西族									
景颇族									
柯尔克孜族									
土　族									
达斡尔族									
仫佬族									
羌　族									
布朗族									
撒拉族									
毛南族	3	1	2						
仡佬族									
锡伯族	4	2	2						
阿昌族									
普米族									
塔吉克族									
怒　族									
乌孜别克族									
俄罗斯族									
鄂温克族									
德昂族									
保安族									
裕固族									
京　族	8	4	4						
塔塔尔族									
独龙族									
鄂伦春族									
赫哲族									
门巴族									
珞巴族									
基诺族									
未定族称人口	4	2	2						
入　籍	2	1	1						

2-3　续表 2

单位：人

民　族	财产性收入			家庭其他成员供养			其　他		
	小计	男	女	小计	男	女	小计	男	女
总　计	**14599**	**7716**	**6883**	**1028567**	**360077**	**668490**	**168802**	**75415**	**93387**
汉　族	14560	7695	6865	1023256	357991	665265	168290	75191	93099
蒙古族	1	1		265	119	146	11	4	7
回　族	3	1	2	297	128	169	24	17	7
藏　族				342	164	178	9	2	7
维吾尔族				214	98	116	4	2	2
苗　族	3	1	2	391	111	280	38	8	30
彝　族				196	69	127	14	2	12
壮　族	1		1	380	84	296	31	9	22
布依族	1		1	149	52	97	13	3	10
朝鲜族				19	9	10			
满　族	2	1	1	269	121	148	14	10	4
侗　族				151	48	103	8	1	7
瑶　族	1		1	101	26	75	12	3	9
白　族	1		1	69	22	47	3		3
土家族	1	1		353	125	228	23	5	18
哈尼族	1		1	23	8	15	5	3	2
哈萨克族				21	11	10			
傣　族	1		1	16	6	10	1		1
黎　族				139	56	83	4	2	2
傈僳族				14	3	11			
佤　族				6		6	1		1
畲　族	23	16	7	1616	722	894	261	146	115
高山族									
拉祜族				6	1	5	2		2
水　族				27	9	18	5	1	4
东乡族				5	2	3			
纳西族				12	5	7			
景颇族				2	1	1			
柯尔克孜族				24	13	11			
土　族				22	9	13			
达斡尔族				4	2	2	1		1
仫佬族				14	6	8	6	1	5
羌　族				9	3	6	1		1
布朗族				1	1				
撒拉族				3	3				
毛南族				3	1	2			
仡佬族				37	21	16	2		2
锡伯族				9	5	4			
阿昌族				1	1				
普米族				1		1			
塔吉克族				1		1			
怒　族									
乌孜别克族				4	2	2			
俄罗斯族				1		1			
鄂温克族									
德昂族									
保安族				1	1				
裕固族									
京　族				3		3	1	1	
塔塔尔族				1	1				
独龙族									
鄂伦春族				1		1			
赫哲族									
门巴族				3	1	2			
珞巴族									
基诺族				1		1			
未定族称人口				44	10	34	12	4	8
入　籍				40	6	34	6		6

2-4 全省各民族分性别、婚姻状况的15岁及以上人口

单位：人

民族	15岁及以上人口			未婚		
	合计	男	女	小计	男	女
总计	**3786171**	**1925679**	**1860492**	**828360**	**495878**	**332482**
汉族	3770126	1917351	1852775	822524	492615	329909
蒙古族	448	225	223	287	144	143
回族	1208	684	524	469	299	170
藏族	423	200	223	361	185	176
维吾尔族	397	197	200	332	164	168
苗族	1473	668	805	457	255	202
彝族	685	350	335	337	202	135
壮族	1147	358	789	347	177	170
布依族	414	148	266	145	83	62
朝鲜族	45	25	20	23	14	9
满族	592	313	279	291	155	136
侗族	439	189	250	151	77	74
瑶族	332	129	203	93	47	46
白族	144	60	84	70	32	38
土家族	1022	478	544	379	195	184
哈尼族	145	79	66	44	28	16
哈萨克族	24	13	11	24	13	11
傣族	58	28	30	19	12	7
黎族	187	74	113	134	63	71
傈僳族	24	8	16	12	5	7
佤族	35	8	27	6	2	4
畲族	5998	3738	2260	1548	943	605
高山族	1	1				
拉祜族	23	6	17	8	6	2
水族	54	19	35	22	12	10
东乡族	63	37	26	24	17	7
纳西族	13	5	8	11	5	6
景颇族	6	3	3	4	3	1
柯尔克孜族	25	14	11	25	14	11
土族	33	13	20	22	11	11
达斡尔族	7	2	5	5	2	3
仫佬族	46	21	25	14	9	5
羌族	16	7	9	10	4	6
布朗族	3	2	1	2	2	
撒拉族	25	16	9	5	5	
毛南族	11	2	9	2	1	1
仡佬族	77	38	39	39	25	14
锡伯族	16	8	8	9	5	4
阿昌族	1	1		1	1	
普米族	2		2	1		1
塔吉克族	1		1	1		1
怒族	1		1			
乌孜别克族	4	2	2	4	2	2
俄罗斯族	2	1	1	2	1	1
鄂温克族	1		1			
德昂族						
保安族	5	4	1	4	3	1
裕固族	1	1				
京族	22	14	8	4	3	1
塔塔尔族	1	1		1	1	
独龙族						
鄂伦春族	1		1	1		1
赫哲族						
门巴族	3	1	2	3	1	2
珞巴族						
基诺族	1		1	1		1
未定族称人口	131	49	82	51	20	31
入籍	209	88	121	31	15	16

2-4 续表

单位：人

民族	有配偶			离婚			丧偶		
	小计	男	女	小计	男	女	小计	男	女
总计	**2682475**	**1340454**	**1342021**	**69012**	**39845**	**29167**	**206324**	**49502**	**156822**
汉族	2672906	1335673	1337233	68785	39712	29073	205911	49351	156560
蒙古族	158	80	78	2	1	1	1		1
回族	689	367	322	19	10	9	31	8	23
藏族	58	14	44	1		1	3	1	2
维吾尔族	62	33	29	3		3			
苗族	985	400	585	16	9	7	15	4	11
彝族	340	144	196	7	4	3	1		1
壮族	776	173	603	11	3	8	13	5	8
布依族	262	60	202	5	4	1	2	1	1
朝鲜族	21	11	10	1		1			
满族	271	145	126	22	10	12	8	3	5
侗族	278	107	171	4	2	2	6	3	3
瑶族	228	77	151	6	3	3	5	2	3
白族	71	27	44	1	1		2		2
土家族	620	278	342	16	5	11	7		7
哈尼族	99	49	50	2	2				
哈萨克族									
傣族	38	16	22	1		1			
黎族	49	10	39	1		1	3	1	2
傈僳族	12	3	9						
佤族	28	5	23	1	1				
畲族	4048	2600	1448	101	74	27	301	121	180
高山族	1	1							
拉祜族	15		15						
水族	31	7	24				1		1
东乡族	39	20	19						
纳西族	2		2						
景颇族	2		2						
柯尔克孜族									
土族	10	2	8	1		1			
达斡尔族	2		2						
仫佬族	32	12	20						
羌族	6	3	3						
布朗族	1		1						
撒拉族	19	11	8				1		1
毛南族	8	1	7				1		1
仡佬族	38	13	25						
锡伯族	4	1	3	1	1		2	1	1
阿昌族									
普米族	1		1						
塔吉克族									
怒族	1		1						
乌孜别克族									
俄罗斯族									
鄂温克族	1		1						
德昂族									
保安族	1	1							
裕固族	1	1							
京族	17	11	6	1		1			
塔塔尔族									
独龙族									
鄂伦春族									
赫哲族									
门巴族									
珞巴族									
基诺族									
未定族称人口	77	26	51	2	2		1	1	
入籍	167	72	95	2	1	1	9		9

2-5 全省各民族分性别、初婚年龄的人口

单位：人

民族	合计			15岁以下		
	合计	男	女	小计	男	女
总计	**2957811**	**1429801**	**1528010**	**4899**	**655**	**4244**
汉族	2947602	1424736	1522866	4880	652	4228
蒙古族	161	81	80			
回族	739	385	354	2		2
藏族	62	15	47			
维吾尔族	65	33	32			
苗族	1016	413	603	4	2	2
彝族	348	148	200			
壮族	800	181	619			
布依族	269	65	204			
朝鲜族	22	11	11			
满族	301	158	143			
侗族	288	112	176			
瑶族	239	82	157	1		1
白族	74	28	46			
土家族	643	283	360			
哈尼族	101	51	50	1		1
哈萨克族						
傣族	39	16	23			
黎族	53	11	42			
傈僳族	12	3	9	2		2
佤族	29	6	23			
畲族	4450	2795	1655	8	1	7
高山族	1	1				
拉祜族	15		15			
水族	32	7	25			
东乡族	39	20	19	1		1
纳西族	2		2			
景颇族	2		2			
柯尔克孜族						
土族	11	2	9			
达斡尔族	2		2			
仫佬族	32	12	20			
羌族	6	3	3			
布朗族	1		1			
撒拉族	20	11	9			
毛南族	9	1	8			
仡佬族	38	13	25			
锡伯族	7	3	4			
阿昌族						
普米族	1		1			
塔吉克族						
怒族	1		1			
乌孜别克族						
俄罗斯族						
鄂温克族	1		1			
德昂族						
保安族	1	1				
裕固族	1	1				
京族	18	11	7			
塔塔尔族						
独龙族						
鄂伦春族						
赫哲族						
门巴族						
珞巴族						
基诺族						
未定族称人口	80	29	51			
入籍	178	73	105			

2–5　续表 1

单位：人

民　族	15岁			16岁		
	小计	男	女	小计	男	女
总　计	**24770**	**3341**	**21429**	**46520**	**5937**	**40583**
汉　族	24671	3319	21352	46341	5905	40436
蒙古族	1		1	1	1	
回　族	9	1	8	16	3	13
藏　族	2		2	1		1
维吾尔族						
苗　族	17	2	15	23	2	21
彝　族	9	4	5	9	3	6
壮　族	5		5	14	1	13
布依族	4	1	3	9	1	8
朝鲜族	1	1				
满　族	2		2	2	1	1
侗　族	2		2	5	1	4
瑶　族	5	1	4	3		3
白　族				1		1
土家族	3		3	10	1	9
哈尼族	3	3		2	1	1
哈萨克族						
傣　族				4	1	3
黎　族				1		1
傈僳族						
佤　族	1		1	2		2
畲　族	26	6	20	64	15	49
高山族						
拉祜族	1		1	1		1
水　族	2	1	1			
东乡族	1	1		5		5
纳西族						
景颇族						
柯尔克孜族						
土　族						
达斡尔族						
仫佬族						
羌　族						
布朗族						
撒拉族	2		2	1		1
毛南族						
仡佬族						
锡伯族						
阿昌族						
普米族						
塔吉克族						
怒　族						
乌孜别克族						
俄罗斯族						
鄂温克族						
德昂族						
保安族						
裕固族						
京　族	1	1				
塔塔尔族						
独龙族						
鄂伦春族						
赫哲族						
门巴族						
珞巴族						
基诺族						
未定族称人口	1		1	3	1	2
入　籍	1		1	2		2

2–5 续表 2

单位：人

民族	17岁			18岁			19岁		
	小计	男	女	小计	男	女	小计	男	女
总　计	**85541**	**13151**	**72390**	**141212**	**28152**	**113060**	**234595**	**62733**	**171862**
汉　族	85289	13098	72191	140762	28050	112712	233908	62508	171400
蒙古族	5	2	3	1		1	6	2	4
回　族	17	4	13	30	7	23	47	20	27
藏　族	4	1	3	2		2	4	1	3
维吾尔族	2		2	6		6	5	4	1
苗　族	36	6	30	70	14	56	70	22	48
彝　族	17	4	13	17	4	13	22	8	14
壮　族	16	1	15	30	4	26	58	8	50
布依族	9	2	7	15	1	14	23	2	21
朝鲜族				1		1			
满　族	4	1	3	3		3	7	4	3
侗　族	4	1	3	14		14	19	4	15
瑶　族	2	1	1	11	1	10	16	2	14
白　族	2	1	1	3	1	2	6	1	5
土家族	18	1	17	29	6	23	49	8	41
哈尼族	4	2	2	3	1	2	8	3	5
哈萨克族									
傣　族				4		4	2		2
黎　族	1		1	2		2	4		4
傈僳族				1		1			
佤　族				2		2	2	1	1
畲　族	98	25	73	183	61	122	308	126	182
高山族									
拉祜族				1		1	1		1
水　族	2		2	3		3	3		3
东乡族	2		2	3	1	2	5	2	3
纳西族									
景颇族									
柯尔克孜族									
土　族				1		1	2		2
达斡尔族									
仫佬族							1		1
羌　族							1	1	
布朗族									
撒拉族	2		2	2		2	2	1	1
毛南族	1		1						
仡佬族									
锡伯族							2	1	1
阿昌族									
普米族									
塔吉克族									
怒　族									
乌孜别克族									
俄罗斯族									
鄂温克族									
德昂族									
保安族									
裕固族									
京　族	1	1		2		2			
塔塔尔族									
独龙族									
鄂伦春族									
赫哲族									
门巴族									
珞巴族									
基诺族									
未定族称人口	2		2	3		3	2		2
入　籍	3		3	8	1	7	12	4	8

2-5　续表 3

单位：人

民　族	20岁			21岁			22岁		
	小计	男	女	小计	男	女	小计	男	女
总　计	**323911**	**106371**	**217540**	**354102**	**153307**	**200795**	**370362**	**192949**	**177413**
汉　族	322931	106008	216923	352956	152778	200178	369166	192327	176839
蒙古族	9	4	5	15	7	8	20	7	13
回　族	60	27	33	77	41	36	68	35	33
藏　族	9	2	7	11	4	7	11	1	10
维吾尔族	6	4	2	5	2	3	5	2	3
苗　族	104	34	70	121	43	78	115	64	51
彝　族	34	8	26	32	16	16	45	20	25
壮　族	79	6	73	80	12	68	97	22	75
布依族	31	8	23	23	3	20	36	8	28
朝鲜族							1	1	
满　族	7	2	5	16	5	11	22	11	11
侗　族	32	5	27	30	7	23	35	15	20
瑶　族	27	6	21	24	6	18	19	7	12
白　族	9	1	8	11	4	7	7	1	6
土家族	49	14	35	71	26	45	66	32	34
哈尼族	10	5	5	8	3	5	8	3	5
哈萨克族									
傣　族	2	1	1	8	4	4	3	1	2
黎　族	6	2	4	4	1	3	3		3
傈僳族	1		1				1		1
佤　族	4		4				4	1	3
畲　族	450	219	231	556	324	232	574	371	203
高山族									
拉祜族	1		1	1		1	2		2
水　族	4	1	3	4		4	1		1
东乡族	1	1		4	2	2	1		1
纳西族									
景颇族				1		1			
柯尔克孜族									
土　族	2		2				1		1
达斡尔族									
仫佬族	6	2	4	2	1	1	3		3
羌　族							1		1
布朗族	1		1						
撒拉族	4	3	1	3	3		1	1	
毛南族				1	1		1		1
仡佬族	6	1	5	7	3	4	9	4	5
锡伯族				1		1			
阿昌族									
普米族									
塔吉克族									
怒　族									
乌孜别克族									
俄罗斯族									
鄂温克族									
德昂族									
保安族							1	1	
裕固族									
京　族	1		1				1	1	
塔塔尔族									
独龙族									
鄂伦春族									
赫哲族									
门巴族									
珞巴族									
基诺族									
未定族称人口	7	2	5	9	3	6	7	1	6
入　籍	18	5	13	21	8	13	27	12	15

2-5 续表 4

单位：人

民族	23岁			24岁			25岁		
	小计	男	女	小计	男	女	小计	男	女
总　计	**319288**	**176453**	**142835**	**265340**	**158074**	**107266**	**207683**	**131374**	**76309**
汉　族	318163	175841	142322	264413	157526	106887	206886	130902	75984
蒙古族	11	5	6	18	10	8	14	7	7
回　族	70	34	36	63	35	28	80	47	33
藏　族	3	1	2	6	1	5	3		3
维吾尔族	3	2	1	4	2	2	6	3	3
苗　族	117	58	59	80	45	35	64	25	39
彝　族	42	19	23	30	15	15	21	11	10
壮　族	85	18	67	61	19	42	60	18	42
布依族	24	5	19	16	5	11	16	6	10
朝鲜族	1		1	2	1	1	3	1	2
满　族	32	12	20	37	14	23	38	24	14
侗　族	24	15	9	21	9	12	25	11	14
瑶　族	37	12	25	14	6	8	29	12	17
白　族	7	3	4	5	3	2	6	3	3
土家族	72	31	41	60	30	30	52	29	23
哈尼族	8	5	3	10	5	5	5	3	2
哈萨克族									
傣　族	2	2		3	1	2	3	2	1
黎　族	4	2	2	4		4	8	1	7
傈僳族							1	1	
佤　族	4	1	3	6	2	4	1		1
畲　族	522	364	158	442	323	119	339	259	80
高山族									
拉祜族				3		3	1		1
水　族	4	1	3	2	1	1	1		1
东乡族	4	2	2	3	2	1	2	2	
纳西族	1		1	1		1			
景颇族									
柯尔克孜族									
土　族				1		1			
达斡尔族									
仫佬族	4		4	4	2	2	2	1	1
羌　族	1	1		1	1				
布朗族									
撒拉族				3	3				
毛南族	1		1				1		1
仡佬族	4	1	3	2	1	1	3	1	2
锡伯族									
阿昌族									
普米族	1		1						
塔吉克族									
怒　族				1		1			
乌孜别克族									
俄罗斯族									
鄂温克族									
德昂族									
保安族									
裕固族									
京　族	2	1	1	3	2	1			
塔塔尔族									
独龙族									
鄂伦春族									
赫哲族									
门巴族									
珞巴族									
基诺族									
未定族称人口	10	4	6	6	3	3	5	1	4
入　籍	25	13	12	15	7	8	8	4	4

2-5　续表 5

单位：人

民　族	26岁			27岁			28岁		
	小计	男	女	小计	男	女	小计	男	女
总　计	**153677**	**102232**	**51445**	**111895**	**77347**	**34548**	**79717**	**56209**	**23508**
汉　族	153081	101863	51218	111455	77080	34375	79362	55981	23381
蒙古族	13	7	6	18	12	6	9	4	5
回　族	49	27	22	40	28	12	28	19	9
藏　族	2	1	1	1	1		2	1	1
维吾尔族	6	4	2	6	4	2	3	2	1
苗　族	49	27	22	38	16	22	30	21	9
彝　族	17	7	10	15	8	7	8	5	3
壮　族	61	21	40	48	10	38	28	10	18
布依族	14	4	10	11	5	6	9	3	6
朝鲜族	2		2	2	1	1			
满　族	35	21	14	26	17	9	23	11	12
侗　族	20	14	6	17	10	7	14	7	7
瑶　族	13	7	6	13	9	4	5	2	3
白　族	5	3	2	3		3	3	3	
土家族	32	22	10	24	10	14	36	23	13
哈尼族	10	6	4	4	2	2	3	1	2
哈萨克族									
傣　族							2		2
黎　族	5	1	4	2		2	4		4
傈僳族	3	1	2				2	1	1
佤　族							1		1
畲　族	233	180	53	153	123	30	131	107	24
高山族									
拉祜族									
水　族	1		1	3	1	2			
东乡族	2	2		2	2		1	1	
纳西族									
景颇族									
柯尔克孜族									
土　族	1	1					1		1
达斡尔族				1		1	1		1
仫佬族				3	1	2	2	2	
羌　族				2		2			
布朗族									
撒拉族									
毛南族	2		2						
仡佬族							2	2	
锡伯族							1	1	
阿昌族									
普米族									
塔吉克族									
怒　族									
乌孜别克族									
俄罗斯族									
鄂温克族									
德昂族									
保安族									
裕固族				1	1				
京　族	2	2		1	1		2	1	1
塔塔尔族									
独龙族									
鄂伦春族									
赫哲族									
门巴族									
珞巴族									
基诺族									
未定族称人口	5	3	2	3	2	1	2	1	1
入　籍	14	8	6	3	3		2		2

2-5 续表 6

单位：人

民　族	29岁			30岁			31岁		
	小计	男	女	小计	男	女	小计	男	女
总　计	**56958**	**40427**	**16531**	**41108**	**28917**	**12191**	**29780**	**20678**	**9102**
汉　族	56708	40259	16449	40953	28822	12131	29664	20605	9059
蒙古族	11	8	3	2	2		2	1	1
回　族	20	15	5	17	12	5	16	11	5
藏　族	1	1							
维吾尔族	2	1	1				3		3
苗　族	16	7	9	14	5	9	14	9	5
彝　族	7	5	2	4	1	3	3	1	2
壮　族	23	9	14	17	7	10	3	1	2
布依族	9	2	7	6	3	3	3	2	1
朝鲜族	3	3		2		2			
满　族	13	8	5	11	9	2	1	1	
侗　族	5	3	2	3	2	1	5	3	2
瑶　族	6	3	3	4		4	2	2	
白　族	1	1		4	2	2			
土家族	22	19	3	4	2	2	8	6	2
哈尼族	3	1	2	2	1	1	2	1	1
哈萨克族									
傣　族									
黎　族				1		1	1	1	
傈僳族							1		1
佤　族									
畲　族	90	76	14	51	42	9	36	28	8
高山族									
拉祜族	1		1	2		2			
水　族									
东乡族				1	1				
纳西族									
景颇族				1		1			
柯尔克孜族									
土　族	1	1					1		1
达斡尔族									
仫佬族	2	2					2	1	1
羌　族									
布朗族									
撒拉族									
毛南族	1		1	1		1			
仡佬族	1		1	1		1	2		2
锡伯族	1		1				1	1	
阿昌族									
普米族									
塔吉克族									
怒　族									
乌孜别克族									
俄罗斯族									
鄂温克族									
德昂族									
保安族									
裕固族									
京　族				1	1		1		1
塔塔尔族									
独龙族									
鄂伦春族									
赫哲族									
门巴族									
珞巴族									
基诺族									
未定族称人口	5	1	4	3	2	1	4	2	2
入　籍	6	2	4	3	3		5	2	3

2-5　续表 7

单位：人

民　族	32岁			33岁			34岁		
	小计	男	女	小计	男	女	小计	男	女
总　计	**22344**	**15462**	**6882**	**16788**	**11489**	**5299**	**13064**	**9014**	**4050**
汉　族	22260	15408	6852	16713	11435	5278	13006	8982	4024
蒙古族				2	1	1			
回　族	6	3	3	6	4	2	3	1	2
藏　族									
维吾尔族	2	2							
苗　族	9	2	7	6	2	4	3		3
彝　族	2	2		6	3	3	3	2	1
壮　族	9	3	6	3	2	1	8	3	5
布依族	2	1	1				4	1	3
朝鲜族				2	2				
满　族	6	3	3	8	6	2	2	2	
侗　族	1		1	2	2		4	1	3
瑶　族	2	1	1	1	1		2	2	
白　族				1	1				
土家族	2		2	6	4	2	8	6	2
哈尼族	1	1		3	2	1	1	1	
哈萨克族									
傣　族	2	2		1		1	1	1	
黎　族	2	2		1	1				
傈僳族									
佤　族				2	1	1			
畲　族	34	29	5	24	21	3	16	10	6
高山族	1	1							
拉祜族									
水　族	1	1					1	1	
东乡族							1	1	
纳西族									
景颇族									
柯尔克孜族									
土　族									
达斡尔族									
仫佬族									
羌　族									
布朗族									
撒拉族									
毛南族									
仡佬族	1		1						
锡伯族									
阿昌族									
普米族									
塔吉克族									
怒　族									
乌孜别克族									
俄罗斯族									
鄂温克族									
德昂族									
保安族									
裕固族									
京　族									
塔塔尔族									
独龙族									
鄂伦春族									
赫哲族									
门巴族									
珞巴族									
基诺族									
未定族称人口	1	1		1	1				
入　籍							1		1

2-5 续表 8

单位：人

民 族	35岁			36岁			37岁		
	小计	男	女	小计	男	女	小计	男	女
总 计	**9944**	**6835**	**3109**	**7598**	**5225**	**2373**	**6038**	**4098**	**1940**
汉 族	9899	6804	3095	7563	5202	2361	6009	4082	1927
蒙古族	2	1	1						
回 族	3	2	1	2	2				
藏 族									
维吾尔族									
苗 族	7	5	2	3	1	2	2		2
彝 族	2	2							
壮 族	2	2		1		1	6	2	4
布依族	1		1	1		1	1		1
朝鲜族							2	1	1
满 族	1	1					1	1	
侗 族	1		1	1		1	1	1	
瑶 族	1		1	1	1		1		1
白 族									
土家族	2	2		5	4	1	1		1
哈尼族									
哈萨克族									
傣 族	1	1							
黎 族									
傈僳族									
佤 族									
畲 族	21	14	7	18	15	3	13	11	2
高山族									
拉祜族									
水 族									
东乡族									
纳西族									
景颇族									
柯尔克孜族									
土 族									
达斡尔族									
仫佬族				1		1			
羌 族									
布朗族									
撒拉族									
毛南族									
仡佬族									
锡伯族				1		1			
阿昌族									
普米族									
塔吉克族									
怒 族									
乌孜别克族									
俄罗斯族									
鄂温克族				1		1			
德昂族									
保安族									
裕固族									
京 族									
塔塔尔族									
独龙族									
鄂伦春族									
赫哲族									
门巴族									
珞巴族									
基诺族									
未定族称人口									
入 籍	1	1					1		1

2-5　续表 9

单位：人

民　族	38岁			39岁			40岁及以上		
	小计	男	女	小计	男	女	小计	男	女
总　计	**4846**	**3281**	**1565**	**4041**	**2627**	**1414**	**21790**	**13463**	**8327**
汉　族	4830	3270	1560	4023	2616	1407	21710	13413	8297
蒙古族				1		1			
回　族	1	1		1		1	8	6	2
藏　族									
维吾尔族				1	1				
苗　族				2		2	2	1	1
彝　族	2		2				1		1
壮　族	1		1				5	2	3
布依族	1	1					1	1	
朝鲜族									
满　族	1	1					3	3	
侗　族							3	1	2
瑶　族									
白　族									
土家族	2	1	1	3	2	1	9	4	5
哈尼族							2	1	1
哈萨克族									
傣　族							1		1
黎　族									
傈僳族									
佤　族									
畲　族	8	7	1	9	8	1	43	30	13
高山族									
拉祜族									
水　族									
东乡族									
纳西族									
景颇族									
柯尔克孜族									
土　族									
达斡尔族									
仫佬族									
羌　族									
布朗族									
撒拉族									
毛南族									
仡佬族									
锡伯族									
阿昌族									
普米族									
塔吉克族									
怒　族									
乌孜别克族									
俄罗斯族									
鄂温克族									
德昂族									
保安族									
裕固族									
京　族									
塔塔尔族									
独龙族									
鄂伦春族									
赫哲族									
门巴族									
珞巴族									
基诺族									
未定族称人口							1	1	
入　籍				1		1	1		1

2–6 全省按民族、生育孩次分的育龄妇女人数
(2019.11.1–2020.10.31)

单位：人

民族	合计	生男孩的妇女人数	生女孩的妇女人数	一孩			二孩		
				小计	男	女	小计	男	女
总计	**41633**	**22941**	**18692**	**16527**	**9008**	**7519**	**18095**	**9615**	**8480**
汉族	41315	22761	18554	16393	8936	7457	17964	9543	8421
蒙古族	2	1	1				2	1	1
回族	19	11	8	9	5	4	6	5	1
藏族	5	4	1	2	1	1	3	3	
维吾尔族									
苗族	53	26	27	25	14	11	20	10	10
彝族	22	14	8	12	9	3	7	3	4
壮族	43	33	10	12	6	6	16	12	4
布依族	18	8	10	5	3	2	12	4	8
朝鲜族	1		1	1		1			
满族	8	5	3	5	3	2	2	1	1
侗族	9	6	3	5	2	3	3	3	
瑶族	14	5	9	4	1	3	8	3	5
白族	5	3	2	1	1		4	2	2
土家族	25	16	9	13	8	5	10	6	4
哈尼族	3		3	2		2	1		1
哈萨克族									
傣族	3	3		2	2				
黎族	4	3	1	1		1	2	2	
傈僳族	2	1	1	2	1	1			
佤族	4	2	2				2	1	1
畲族	53	26	27	21	9	12	23	11	12
高山族									
拉祜族	2	1	1						
水族	2		2	1		1	1		1
东乡族	1	1		1	1				
纳西族									
景颇族	1		1				1		1
柯尔克孜族									
土族									
达斡尔族									
仫佬族									
羌族	2	2		1	1		1	1	
布朗族									
撒拉族									
毛南族	2	2		1	1		1	1	
仡佬族	2	1	1	1	1		1		1
锡伯族									
阿昌族									
普米族									
塔吉克族									
怒族									
乌孜别克族									
俄罗斯族									
鄂温克族									
德昂族									
保安族									
裕固族									
京族									
塔塔尔族									
独龙族									
鄂伦春族									
赫哲族									
门巴族									
珞巴族									
基诺族									
未定族称人口	6	4	2	3	1	2	3	3	
入籍	7	2	5	4	2	2	2		2

2-6　续表

单位：人

民　族	三　孩			四　孩			五孩及以上		
	小计	男	女	小计	男	女	小计	男	女
总　计	**5779**	**3541**	**2238**	**966**	**618**	**348**	**266**	**159**	**107**
汉　族	5737	3512	2225	958	614	344	263	156	107
蒙古族									
回　族	4	1	3						
藏　族									
维吾尔族									
苗　族	5	1	4	2		2	1	1	
彝　族	2	1	1				1	1	
壮　族	11	11		3	3		1	1	
布依族	1	1							
朝鲜族									
满　族	1	1							
侗　族	1	1							
瑶　族	1		1	1	1				
白　族									
土家族	2	2							
哈尼族									
哈萨克族									
傣　族	1	1							
黎　族	1	1							
傈僳族									
佤　族	1	1		1		1			
畲　族	9	6	3						
高山族									
拉祜族	2	1	1						
水　族									
东乡族									
纳西族									
景颇族									
柯尔克孜族									
土　族									
达斡尔族									
仫佬族									
羌　族									
布朗族									
撒拉族									
毛南族									
仡佬族									
锡伯族									
阿昌族									
普米族									
塔吉克族									
怒　族									
乌孜别克族									
俄罗斯族									
鄂温克族									
德昂族									
保安族									
裕固族									
京　族									
塔塔尔族									
独龙族									
鄂伦春族									
赫哲族									
门巴族									
珞巴族									
基诺族									
未定族称人口									
入　籍				1		1			

2-7 全省各民族15-64岁妇女平均活产子女数和平均存活子女数

单位：人、%

民族	15-64岁妇女人数	活产子女总数			存活子女总数			存活子女数占活产子女数的百分比	妇女平均活产子女数	妇女平均存活子女数
		小计	男	女	小计	男	女			
总计	**1584030**	**2392784**	**1332923**	**1059861**	**2333088**	**1295656**	**1037432**	**97.51**	**1.51**	**1.47**
汉族	1576729	2384030	1328247	1055783	2324521	1291087	1033434	97.50	1.51	1.47
蒙古族	220	109	59	50	104	58	46	95.41	0.50	0.47
回族	482	489	252	237	474	244	230	96.93	1.01	0.98
藏族	221	78	42	36	75	41	34	96.15	0.35	0.34
维吾尔族	199	50	23	27	47	23	24	94.00	0.25	0.24
苗族	794	1146	589	557	1115	573	542	97.29	1.44	1.40
彝族	335	362	212	150	356	207	149	98.34	1.08	1.06
壮族	782	1161	603	558	1136	590	546	97.85	1.48	1.45
布依族	263	395	201	194	392	199	193	99.24	1.50	1.49
朝鲜族	19	15	5	10	13	3	10	86.67	0.79	0.68
满族	264	169	92	77	166	89	77	98.22	0.64	0.63
侗族	245	301	151	150	293	149	144	97.34	1.23	1.20
瑶族	200	264	142	122	254	135	119	96.21	1.32	1.27
白族	79	68	42	26	68	42	26	100.00	0.86	0.86
土家族	534	633	335	298	623	329	294	98.42	1.19	1.17
哈尼族	66	89	44	45	88	44	44	98.88	1.35	1.33
哈萨克族	11									
傣族	29	42	16	26	42	16	26	100.00	1.45	1.45
黎族	111	65	35	30	65	35	30	100.00	0.59	0.59
傈僳族	16	13	6	7	13	6	7	100.00	0.81	0.81
佤族	27	44	21	23	44	21	23	100.00	1.63	1.63
畲族	1982	2747	1527	1220	2692	1492	1200	98.00	1.39	1.36
高山族										
拉祜族	17	27	15	12	27	15	12	100.00	1.59	1.59
水族	35	46	26	20	46	26	20	100.00	1.31	1.31
东乡族	26	35	19	16	33	18	15	94.29	1.35	1.27
纳西族	8	5	3	2	5	3	2	100.00	0.63	0.63
景颇族	3	3	1	2	3	1	2	100.00	1.00	1.00
柯尔克孜族	11									
土族	20	14	9	5	14	9	5	100.00	0.70	0.70
达斡尔族	5	4		4	4		4	100.00	0.80	0.80
仫佬族	24	35	16	19	35	16	19	100.00	1.46	1.46
羌族	9	5	3	2	5	3	2	100.00	0.56	0.56
布朗族	1	1		1	1		1	100.00	1.00	1.00
撒拉族	9	24	15	9	24	15	9	100.00	2.67	2.67
毛南族	7	11	8	3	11	8	3	100.00	1.57	1.57
仡佬族	39	47	24	23	47	24	23	100.00	1.21	1.21
锡伯族	7	6	3	3	6	3	3	100.00	0.86	0.86
阿昌族										
普米族	2									
塔吉克族	1									
怒族	1	2		2	2		2	100.00	2.00	2.00
乌孜别克族	2									
俄罗斯族	1									
鄂温克族	1									
德昂族										
保安族	1									
裕固族										
京族	5	4	4		4	4		100.00	0.80	0.80
塔塔尔族										
独龙族										
鄂伦春族	1									
赫哲族										
门巴族	2									
珞巴族										
基诺族	1									
未定族称人口	80	98	48	50	95	45	50	96.94	1.23	1.19
入籍	103	147	85	62	145	83	62	98.64	1.43	1.41

第二部分 长表数据资料

第三卷 教育

3-1 全省分学业完成情况、性别、受教育程度的3岁及以上人口

单位：人

学业完成情况	合计			小学		
	合计	男	女	小计	男	女
总 计	**4368903**	**2277227**	**2091676**	**1278251**	**575577**	**702674**
在 校	1089201	592571	496630	446838	244604	202234
毕 业	3014086	1559081	1455005	704763	283984	420779
肄 业	48257	21730	26527	26178	9049	17129
辍 学	59482	26114	33368	36705	12930	23775
其 他	157877	77731	80146	63767	25010	38757

3-1 续表 1

单位：人

学业完成情况	初中			高中			大学专科		
	小计	男	女	小计	男	女	小计	男	女
总 计	**1729362**	**936822**	**792540**	**743999**	**428913**	**315086**	**349465**	**189876**	**159589**
在 校	248341	137043	111298	213426	117524	95902	90537	47182	43355
毕 业	1380242	744320	635922	503586	294828	208758	251524	138373	113151
肄 业	16464	9096	7368	4403	2839	1564	860	533	327
辍 学	18718	10557	8161	3714	2404	1310	286	184	102
其 他	65597	35806	29791	18870	11318	7552	6258	3604	2654

3-1 续表 2

单位：人

学业完成情况	大学本科			硕士研究生			博士研究生		
	小计	男	女	小计	男	女	小计	男	女
总 计	**247285**	**134930**	**112355**	**18592**	**9784**	**8808**	**1949**	**1325**	**624**
在 校	83004	42624	40380	6507	3240	3267	548	354	194
毕 业	160732	90211	70521	11876	6421	5455	1363	944	419
肄 业	327	201	126	22	11	11	3	1	2
辍 学	58	38	20	1	1				
其 他	3164	1856	1308	186	111	75	35	26	9

3-1a 全省分学业完成情况、性别、受教育程度的3岁及以上人口(城市)

单位：人

学业完成情况	合计			小学		
	合计	男	女	小计	男	女
总　计	**1236733**	**628042**	**608691**	**239790**	**110044**	**129746**
在　校	324206	172862	151344	106051	58068	47983
毕　业	865194	433163	432031	116724	45953	70771
肄　业	6414	2899	3515	2841	909	1932
辍　学	11381	4929	6452	6059	2019	4040
其　他	29538	14189	15349	8115	3095	5020

3-1a 续表 1

单位：人

学业完成情况	初中			高中			大学专科		
	小计	男	女	小计	男	女	小计	男	女
总　计	**392645**	**197560**	**195085**	**279562**	**149415**	**130147**	**164972**	**85939**	**79033**
在　校	57052	31162	25890	71306	38343	32963	38179	19218	18961
毕　业	317185	157012	160173	200723	106912	93811	124245	65340	58905
肄　业	2347	1254	1093	835	507	328	242	139	103
辍　学	4145	2203	1942	1064	637	427	88	54	34
其　他	11916	5929	5987	5634	3016	2618	2218	1188	1030

3-1a 续表 2

单位：人

学业完成情况	大学本科			硕士研究生			博士研究生		
	小计	男	女	小计	男	女	小计	男	女
总　计	**145258**	**77324**	**67934**	**13051**	**6753**	**6298**	**1455**	**1007**	**448**
在　校	47572	24065	23507	3738	1807	1931	308	199	109
毕　业	96029	52295	43734	9169	4863	4306	1119	788	331
肄　业	136	84	52	11	5	6	2	1	1
辍　学	24	15	9	1	1				
其　他	1497	865	632	132	77	55	26	19	7

3-1b 全省分学业完成情况、性别、受教育程度的3岁及以上人口(镇)

单位：人

学业完成情况	合计			小学		
	合计	男	女	小计	男	女
总　计	**1285188**	**662777**	**622411**	**340603**	**153520**	**187083**
在　校	342167	187306	154861	135487	74416	61071
毕　业	874580	443633	430947	176867	69021	107846
肄　业	11838	5279	6559	5384	1770	3614
辍　学	14867	6411	8456	8569	2935	5634
其　他	41736	20148	21588	14296	5378	8918

3-1b 续表 1

单位：人

学业完成情况	初中			高中			大学专科		
	小计	男	女	小计	男	女	小计	男	女
总　计	**512668**	**266039**	**246629**	**246993**	**141337**	**105656**	**110925**	**61018**	**49907**
在　校	76615	42437	34178	78168	43422	34746	27747	14682	13065
毕　业	408522	209330	199192	159990	92626	67364	80598	44861	35737
肄　业	4542	2315	2227	1480	926	554	313	195	118
辍　学	5038	2688	2350	1144	714	430	90	56	34
其　他	17951	9269	8682	6211	3649	2562	2177	1224	953

3-1b 续表 2

单位：人

学业完成情况	大学本科			硕士研究生			博士研究生		
	小计	男	女	小计	男	女	小计	男	女
总　计	**69914**	**38715**	**31199**	**3764**	**1949**	**1815**	**321**	**199**	**122**
在　校	22263	11433	10830	1762	844	918	125	72	53
毕　业	46453	26590	19863	1960	1081	879	190	124	66
肄　业	112	69	43	6	4	2	1		1
辍　学	26	18	8						
其　他	1060	605	455	36	20	16	5	3	2

3-1c 全省分学业完成情况、性别、受教育程度的3岁及以上人口(乡村)

单位：人

学业完成情况	合计			小学		
	合计	男	女	小计	男	女
总计	**1846982**	**986408**	**860574**	**697858**	**312013**	**385845**
在校	422828	232403	190425	205300	112120	93180
毕业	1274312	682285	592027	411172	169010	242162
肄业	30005	13552	16453	17953	6370	11583
辍学	33234	14774	18460	22077	7976	14101
其他	86603	43394	43209	41356	16537	24819

3-1c 续表 1

单位：人

学业完成情况	初中			高中			大学专科		
	小计	男	女	小计	男	女	小计	男	女
总计	**824049**	**473223**	**350826**	**217444**	**138161**	**79283**	**73568**	**42919**	**30649**
在校	114674	63444	51230	63952	35759	28193	24611	13282	11329
毕业	654535	377978	276557	142873	95290	47583	46681	28172	18509
肄业	9575	5527	4048	2088	1406	682	305	199	106
辍学	9535	5666	3869	1506	1053	453	108	74	34
其他	35730	20608	15122	7025	4653	2372	1863	1192	671

3-1c 续表 2

单位：人

学业完成情况	大学本科			硕士研究生			博士研究生		
	小计	男	女	小计	男	女	小计	男	女
总计	**32113**	**18891**	**13222**	**1777**	**1082**	**695**	**173**	**119**	**54**
在校	13169	7126	6043	1007	589	418	115	83	32
毕业	18250	11326	6924	747	477	270	54	32	22
肄业	79	48	31	5	2	3			
辍学	8	5	3						
其他	607	386	221	18	14	4	4	4	

3-2 全省分年龄、性别、学业完成情况的3岁及以上各种受教育程度人口

单位：人

年 龄	合 计								
	合 计			在 校			毕 业		
	合计	男	女	小计	男	女	小计	男	女
总 计	**4368903**	**2277227**	**2091676**	**1089201**	**592571**	**496630**	**3014086**	**1559081**	**1455005**
3									
4									
5–9岁	**284681**	**155715**	**128966**	**278006**	**151919**	**126087**	**5263**	**3015**	**2248**
5	8862	4849	4013	8585	4697	3888	185	100	85
6	52780	28858	23922	51496	28143	23353	983	543	440
7	69503	37942	31561	67955	37061	30894	1223	701	522
8	78440	42604	35836	76579	41542	35037	1490	858	632
9	75096	41462	33634	73391	40476	32915	1382	813	569
10–14岁	**387159**	**213280**	**173879**	**374803**	**205851**	**168952**	**10272**	**6187**	**4085**
10	74447	41005	33442	72625	39931	32694	1469	880	589
11	78294	43054	35240	76290	41870	34420	1633	961	672
12	79434	43794	35640	76909	42284	34625	2111	1268	843
13	76854	42487	34367	74140	40812	33328	2282	1406	876
14	78130	42940	35190	74839	40954	33885	2777	1672	1105
15–19岁	**371563**	**203772**	**167791**	**326048**	**176829**	**149219**	**41400**	**24406**	**16994**
15	79037	43487	35550	76397	41888	34509	2182	1318	864
16	83464	46301	37163	78375	43283	35092	4395	2596	1799
17	71518	39854	31664	63487	35007	28480	7253	4351	2902
18	66904	36617	30287	54619	29296	25323	11312	6709	4603
19	70640	37513	33127	53170	27355	25815	16258	9432	6826
20–24岁	**286255**	**151920**	**134335**	**102731**	**53790**	**48941**	**173848**	**92598**	**81250**
20	67641	35806	31835	44577	23017	21560	21618	11918	9700
21	59426	31602	27824	29518	15419	14099	28258	15210	13048
22	57688	30812	26876	16585	8903	7682	38990	20759	18231
23	51562	27314	24248	7887	4189	3698	41422	21829	19593
24	49938	26386	23552	4164	2262	1902	43560	22882	20678
25–29岁	**270154**	**140024**	**130130**	**5231**	**2853**	**2378**	**252215**	**130381**	**121834**
25	51501	27171	24330	2388	1293	1095	46685	24534	22151
26	46307	23942	22365	1218	652	566	42991	22188	20803
27	51161	26534	24627	717	407	310	48055	24819	23236
28	55917	28928	26989	509	282	227	52799	27270	25529
29	65268	33449	31819	399	219	180	61685	31570	30115
30–34岁	**367415**	**185063**	**182352**	**953**	**520**	**433**	**347858**	**175021**	**172837**
30	82809	42160	40649	324	181	143	78340	39823	38517
31	75835	38355	37480	219	123	96	71896	36285	35611
32	69506	34937	34569	160	94	66	65795	33063	32732
33	74564	37353	37211	129	66	63	70591	35315	35276
34	64701	32258	32443	121	56	65	61236	30535	30701
35–39岁	**298941**	**149991**	**148950**	**420**	**234**	**186**	**281918**	**141539**	**140379**
35	61228	30810	30418	103	62	41	57797	29106	28691
36	64301	32458	31843	110	55	55	60684	30636	30048
37	57863	29046	28817	61	36	25	54611	27441	27170
38	61463	30696	30767	89	50	39	57890	28918	28972
39	54086	26981	27105	57	31	26	50936	25438	25498
40–44岁	**350960**	**178240**	**172720**	**258**	**140**	**118**	**328495**	**167038**	**161457**
40	51738	25898	25840	47	27	20	48578	24340	24238
41	67712	34335	33377	54	32	22	63436	32188	31248
42	74137	37641	36496	47	21	26	69411	35253	34158
43	75065	38501	36564	56	32	24	70225	36112	34113
44	82308	41865	40443	54	28	26	76845	39145	37700
45–49岁	**392728**	**201440**	**191288**	**214**	**120**	**94**	**364694**	**188004**	**176690**
45	79992	40889	39103	60	30	30	74539	38240	36299
46	82913	42389	40524	40	21	19	77050	39593	37457
47	82278	42417	39861	43	32	11	76585	39660	36925
48	74217	38038	36179	41	23	18	68836	35483	33353
49	73328	37707	35621	30	14	16	67684	35028	32656
50岁及以上	**1359047**	**697782**	**661265**	**537**	**315**	**222**	**1208123**	**630892**	**577231**

3-2 续表 1

单位：人

年 龄	合计 肄业 小计	肄业 男	肄业 女	辍学 小计	辍学 男	辍学 女	其他 小计	其他 男	其他 女
总 计	**48257**	**21730**	**26527**	**59482**	**26114**	**33368**	**157877**	**77731**	**80146**
3									
4									
5-9岁	**99**	**51**	**48**	**37**	**26**	**11**	**1276**	**704**	**572**
5	5	5		2	2		85	45	40
6	17	7	10	6	3	3	278	162	116
7	18	10	8	9	6	3	298	164	134
8	30	13	17	12	9	3	329	182	147
9	29	16	13	8	6	2	286	151	135
10-14岁	**182**	**108**	**74**	**198**	**127**	**71**	**1704**	**1007**	**697**
10	26	14	12	9	5	4	318	175	143
11	36	21	15	14	11	3	321	191	130
12	26	17	9	28	16	12	360	209	151
13	32	19	13	56	31	25	344	219	125
14	62	37	25	91	64	27	361	213	148
15-19岁	**627**	**389**	**238**	**1026**	**664**	**362**	**2462**	**1484**	**978**
15	55	33	22	146	91	55	257	157	100
16	102	69	33	218	134	84	374	219	155
17	120	70	50	186	130	56	472	296	176
18	151	100	51	226	154	72	596	358	238
19	199	117	82	250	155	95	763	454	309
20-24岁	**1405**	**837**	**568**	**1450**	**926**	**524**	**6821**	**3769**	**3052**
20	227	137	90	253	167	86	966	567	399
21	237	150	87	265	171	94	1148	652	496
22	305	179	126	292	168	124	1516	803	713
23	320	191	129	313	217	96	1620	888	732
24	316	180	136	327	203	124	1571	859	712
25-29岁	**1792**	**1016**	**776**	**1755**	**1019**	**736**	**9161**	**4755**	**4406**
25	337	194	143	320	195	125	1771	955	816
26	283	164	119	277	161	116	1538	777	761
27	324	189	135	358	223	135	1707	896	811
28	359	202	157	338	195	143	1912	979	933
29	489	267	222	462	245	217	2233	1148	1085
30-34岁	**2693**	**1415**	**1278**	**2749**	**1498**	**1251**	**13162**	**6609**	**6553**
30	570	317	253	633	365	268	2942	1474	1468
31	531	269	262	492	297	195	2697	1381	1316
32	540	275	265	521	261	260	2490	1244	1246
33	556	297	259	582	306	276	2706	1369	1337
34	496	257	239	521	269	252	2327	1141	1186
35-39岁	**2521**	**1313**	**1208**	**2856**	**1383**	**1473**	**11226**	**5522**	**5704**
35	510	273	237	589	275	314	2229	1094	1135
36	515	266	249	602	305	297	2390	1196	1194
37	472	252	220	543	274	269	2176	1043	1133
38	545	285	260	550	253	297	2389	1190	1199
39	479	237	242	572	276	296	2042	999	1043
40-44岁	**3516**	**1734**	**1782**	**4203**	**2025**	**2178**	**14488**	**7303**	**7185**
40	480	225	255	571	287	284	2062	1019	1043
41	704	355	349	803	392	411	2715	1368	1347
42	714	361	353	876	413	463	3089	1593	1496
43	717	356	361	928	431	497	3139	1570	1569
44	901	437	464	1025	502	523	3483	1753	1730
45-49岁	**4613**	**2105**	**2508**	**6074**	**2734**	**3340**	**17133**	**8477**	**8656**
45	884	420	464	1123	502	621	3386	1697	1689
46	943	420	523	1228	573	655	3652	1782	1870
47	970	444	526	1195	543	652	3485	1738	1747
48	864	383	481	1204	499	705	3272	1650	1622
49	952	438	514	1324	617	707	3338	1610	1728
50岁及以上	**30809**	**12762**	**18047**	**39134**	**15712**	**23422**	**80444**	**38101**	**42343**

3-2 续表 2

单位：人

年 龄	小学								
	合计			在校			毕业		
	合计	男	女	小计	男	女	小计	男	女
总 计	**1278251**	**575577**	**702674**	**446838**	**244604**	**202234**	**704763**	**283984**	**420779**
3									
4									
5–9岁	**280760**	**153405**	**127355**	**274473**	**149866**	**124607**	**4927**	**2796**	**2131**
5	8862	4849	4013	8585	4697	3888	185	100	85
6	52158	28487	23671	50943	27818	23125	922	505	417
7	68683	37464	31219	67217	36642	30575	1154	651	503
8	77313	41944	35369	75562	40951	34611	1390	794	596
9	73744	40661	33083	72166	39758	32408	1276	746	530
10–14岁	**176466**	**97251**	**79215**	**171832**	**94505**	**77327**	**3679**	**2191**	**1488**
10	71805	39487	32318	70171	38532	31639	1312	780	532
11	68111	37631	30480	66559	36700	29859	1246	745	501
12	26249	14647	11602	25386	14133	11253	684	410	274
13	7578	4109	3469	7212	3893	3319	278	163	115
14	2723	1377	1346	2504	1247	1257	159	93	66
15–19岁	**1741**	**912**	**829**	**298**	**139**	**159**	**1083**	**565**	**518**
15	233	121	112	97	44	53	82	44	38
16	266	137	129	76	37	39	122	61	61
17	319	167	152	47	28	19	203	104	99
18	419	217	202	40	16	24	309	160	149
19	504	270	234	38	14	24	367	196	171
20–24岁	**3645**	**1890**	**1755**	**37**	**20**	**17**	**3119**	**1599**	**1520**
20	526	275	251	20	8	12	426	226	200
21	562	308	254	5	3	2	476	258	218
22	783	424	359	3	2	1	672	357	315
23	826	410	416	4	2	2	722	352	370
24	948	473	475	5	5		823	406	417
25–29岁	**6941**	**2948**	**3993**	**13**	**4**	**9**	**6141**	**2594**	**3547**
25	1077	479	598	1		1	956	424	532
26	1124	487	637	6	2	4	984	425	559
27	1342	564	778	3	1	2	1180	493	687
28	1513	631	882	1		1	1348	564	784
29	1885	787	1098	2	1	1	1673	688	985
30–34岁	**15151**	**5896**	**9255**	**9**	**3**	**6**	**13516**	**5200**	**8316**
30	2789	1154	1635	1	1		2463	1008	1455
31	2917	1169	1748	3	1	2	2613	1044	1569
32	2922	1106	1816	1		1	2590	950	1640
33	3463	1346	2117	2	1	1	3111	1204	1907
34	3060	1121	1939	2		2	2739	994	1745
35–39岁	**19621**	**6825**	**12796**	**7**	**3**	**4**	**17462**	**6055**	**11407**
35	3227	1190	2037	2		2	2860	1068	1792
36	3828	1352	2476	1	1		3394	1183	2211
37	3667	1277	2390	1	1		3262	1129	2133
38	4331	1468	2863	1		1	3871	1308	2563
39	4568	1538	3030	2	1	1	4075	1367	2708
40–44岁	**46047**	**16197**	**29850**	**13**	**4**	**9**	**40767**	**14292**	**26475**
40	4831	1609	3222	1		1	4305	1424	2881
41	7751	2674	5077	1		1	6878	2349	4529
42	9643	3404	6239	2	1	1	8527	3007	5520
43	10647	3824	6823	6	2	4	9416	3373	6043
44	13175	4686	8489	3	1	2	11641	4139	7502
45–49岁	**82508**	**28798**	**53710**	**9**	**3**	**6**	**72539**	**25374**	**47165**
45	14127	5096	9031	3		3	12497	4518	7979
46	16284	5753	10531	2	1	1	14262	5076	9186
47	17353	6047	11306	2	2		15373	5354	10019
48	16635	5655	10980	1		1	14621	4967	9654
49	18109	6247	11862	1		1	15786	5459	10327
50岁及以上	**645371**	**261455**	**383916**	**147**	**57**	**90**	**541530**	**223318**	**318212**

3-2 续表 3

单位：人

年 龄	小学								
	肄业			辍学			其他		
	小计	男	女	小计	男	女	小计	男	女
总 计	**26178**	**9049**	**17129**	**36705**	**12930**	**23775**	**63767**	**25010**	**38757**
3									
4									
5-9岁	**95**	**48**	**47**	**34**	**23**	**11**	**1231**	**672**	**559**
5	5	5		2	2		85	45	40
6	17	7	10	5	2	3	271	155	116
7	18	10	8	9	6	3	285	155	130
8	29	12	17	12	9	3	320	178	142
9	26	14	12	6	4	2	270	139	131
10-14岁	**75**	**45**	**30**	**69**	**43**	**26**	**811**	**467**	**344**
10	25	13	12	8	4	4	289	158	131
11	31	18	13	10	7	3	265	161	104
12	10	8	2	17	11	6	152	85	67
13	5	4	1	19	9	10	64	40	24
14	4	2	2	15	12	3	41	23	18
15-19岁	**54**	**34**	**20**	**105**	**67**	**38**	**201**	**107**	**94**
15	5	3	2	13	9	4	36	21	15
16	13	7	6	26	17	9	29	15	14
17	10	4	6	22	14	8	37	17	20
18	9	6	3	18	12	6	43	23	20
19	17	14	3	26	15	11	56	31	25
20-24岁	**73**	**39**	**34**	**137**	**76**	**61**	**279**	**156**	**123**
20	10	3	7	27	16	11	43	22	21
21	12	7	5	24	12	12	45	28	17
22	16	9	7	30	18	12	62	38	24
23	15	10	5	27	15	12	58	31	27
24	20	10	10	29	15	14	71	37	34
25-29岁	**125**	**58**	**67**	**216**	**102**	**114**	**446**	**190**	**256**
25	20	9	11	27	15	12	73	31	42
26	20	10	10	40	23	17	74	27	47
27	21	16	5	45	16	29	93	38	55
28	28	10	18	41	20	21	95	37	58
29	36	13	23	63	28	35	111	57	54
30-34岁	**255**	**98**	**157**	**451**	**229**	**222**	**920**	**366**	**554**
30	60	25	35	77	48	29	188	72	116
31	46	16	30	72	36	36	183	72	111
32	46	19	27	103	54	49	182	83	99
33	49	21	28	104	47	57	197	73	124
34	54	17	37	95	44	51	170	66	104
35-39岁	**360**	**150**	**210**	**605**	**204**	**401**	**1187**	**413**	**774**
35	65	26	39	95	29	66	205	67	138
36	66	31	35	121	42	79	246	95	151
37	60	23	37	119	49	70	225	75	150
38	92	42	50	117	34	83	250	84	166
39	77	28	49	153	50	103	261	92	169
40-44岁	**874**	**299**	**575**	**1496**	**537**	**959**	**2897**	**1065**	**1832**
40	80	21	59	166	67	99	279	97	182
41	157	67	90	246	94	152	469	164	305
42	177	50	127	296	92	204	641	254	387
43	188	67	121	368	130	238	669	252	417
44	272	94	178	420	154	266	839	298	541
45-49岁	**1699**	**562**	**1137**	**2945**	**1032**	**1913**	**5316**	**1827**	**3489**
45	287	101	186	488	184	304	852	293	559
46	355	120	235	566	202	364	1099	354	745
47	345	111	234	539	193	346	1094	387	707
48	317	103	214	633	202	431	1063	383	680
49	395	127	268	719	251	468	1208	410	798
50岁及以上	**22568**	**7716**	**14852**	**30647**	**10617**	**20030**	**50479**	**19747**	**30732**

3-2　续表 4

单位：人

年龄	初中								
	合计			在校			毕业		
	合计	男	女	小计	男	女	小计	男	女
总计	**1729362**	**936822**	**792540**	**248341**	**137043**	**111298**	**1380242**	**744320**	**635922**
3									
4									
5—9岁	**3920**	**2309**	**1611**	**3532**	**2052**	**1480**	**336**	**219**	**117**
5									
6	622	371	251	553	325	228	61	38	23
7	820	478	342	738	419	319	69	50	19
8	1126	659	467	1016	590	426	100	64	36
9	1352	801	551	1225	718	507	106	67	39
10—14岁	**201140**	**111068**	**90072**	**193780**	**106596**	**87184**	**6282**	**3814**	**2468**
10	2631	1510	1121	2446	1393	1053	154	98	56
11	10177	5419	4758	9727	5167	4560	386	215	171
12	53171	29140	24031	51515	28147	23368	1421	855	566
13	68142	37740	30402	65871	36331	29540	1939	1202	737
14	67019	37259	29760	64221	35558	28663	2382	1444	938
15—19岁	**75675**	**43117**	**32558**	**50370**	**28054**	**22316**	**23322**	**13830**	**9492**
15	31141	17565	13576	29099	16329	12770	1740	1052	688
16	15613	8855	6758	12073	6747	5326	3193	1897	1296
17	9711	5651	4060	4858	2697	2161	4489	2711	1778
18	8945	5165	3780	2544	1360	1184	5970	3532	2438
19	10265	5881	4384	1796	921	875	7930	4638	3292
20—24岁	**69760**	**38123**	**31637**	**297**	**154**	**143**	**65033**	**35475**	**29558**
20	10448	5933	4515	135	63	72	9673	5483	4190
21	12005	6709	5296	64	39	25	11187	6242	4945
22	15036	8219	6817	49	27	22	14019	7686	6333
23	15652	8386	7266	33	16	17	14595	7770	6825
24	16619	8876	7743	16	9	7	15559	8294	7265
25—29岁	**106639**	**54040**	**52599**	**69**	**39**	**30**	**100215**	**50751**	**49464**
25	18387	9686	8701	22	12	10	17247	9058	8189
26	17074	8654	8420	19	10	9	16052	8144	7908
27	20067	10137	9930	7	4	3	18866	9499	9367
28	23030	11546	11484	9	6	3	21666	10862	10804
29	28081	14017	14064	12	7	5	26384	13188	13196
30—34岁	**177218**	**85696**	**91522**	**44**	**20**	**24**	**166408**	**80407**	**86001**
30	37628	18467	19161	11	6	5	35362	17361	18001
31	35437	17264	18173	6	4	2	33308	16196	17112
32	33517	16140	17377	11	3	8	31427	15153	16274
33	37302	17880	19422	3	1	2	35029	16750	18279
34	33334	15945	17389	13	6	7	31282	14947	16335
35—39岁	**168429**	**82454**	**85975**	**40**	**16**	**24**	**157799**	**77183**	**80616**
35	32959	16009	16950	11	6	5	30813	14943	15870
36	35843	17610	18233	11	5	6	33607	16486	17121
37	32859	16084	16775	4	1	3	30784	15075	15709
38	35338	17282	18056	4	2	2	33114	16189	16925
39	31430	15469	15961	10	2	8	29481	14490	14991
40—44岁	**209057**	**107175**	**101882**	**36**	**13**	**23**	**195612**	**100145**	**95467**
40	30384	14982	15402	5	2	3	28406	13998	14408
41	40231	20429	19802	5	2	3	37578	19059	18519
42	44311	22799	21512	9	3	6	41475	21276	20199
43	44982	23387	21595	8	3	5	42183	21935	20248
44	49149	25578	23571	9	3	6	45970	23877	22093
45—49岁	**222214**	**119292**	**102922**	**48**	**28**	**20**	**207653**	**111477**	**96176**
45	47035	24739	22296	12	7	5	44019	23138	20881
46	48191	25504	22687	7	4	3	45076	23846	21230
47	46690	25248	21442	10	7	3	43670	23627	20043
48	41121	22292	18829	11	5	6	38408	20836	17572
49	39177	21509	17668	8	5	3	36480	20030	16450
50岁及以上	**495310**	**293548**	**201762**	**125**	**71**	**54**	**457582**	**271019**	**186563**

3-2 续表 5

单位：人

年 龄	初中								
	肄业			辍学			其他		
	小计	男	女	小计	男	女	小计	男	女
总 计	**16464**	**9096**	**7368**	**18718**	**10557**	**8161**	**65597**	**35806**	**29791**
3									
4									
5-9岁	**4**	**3**	**1**	**3**	**3**		**45**	**32**	**13**
5									
6				1	1		7	7	
7							13	9	4
8	1	1					9	4	5
9	3	2	1	2	2		16	12	4
10-14岁	**102**	**60**	**42**	**122**	**80**	**42**	**854**	**518**	**336**
10	1	1		1	1		29	17	12
11	5	3	2	4	4		55	30	25
12	16	9	7	11	5	6	208	124	84
13	27	15	12	36	21	15	269	171	98
14	53	32	21	70	49	21	293	176	117
15-19岁	**280**	**167**	**113**	**564**	**370**	**194**	**1139**	**696**	**443**
15	44	26	18	109	67	42	149	91	58
16	50	32	18	116	70	46	181	109	72
17	45	26	19	90	66	24	229	151	78
18	61	37	24	121	88	33	249	148	101
19	80	46	34	128	79	49	331	197	134
20-24岁	**600**	**349**	**251**	**814**	**517**	**297**	**3016**	**1628**	**1388**
20	80	44	36	134	89	45	426	254	172
21	99	61	38	146	91	55	509	276	233
22	133	82	51	165	93	72	670	331	339
23	138	79	59	181	129	52	705	392	313
24	150	83	67	188	115	73	706	375	331
25-29岁	**912**	**486**	**426**	**971**	**562**	**409**	**4472**	**2202**	**2270**
25	165	95	70	173	108	65	780	413	367
26	126	65	61	162	95	67	715	340	375
27	161	89	72	194	125	69	839	420	419
28	196	104	92	183	100	83	976	474	502
29	264	133	131	259	134	125	1162	555	607
30-34岁	**1547**	**784**	**763**	**1718**	**910**	**808**	**7501**	**3575**	**3926**
30	312	168	144	398	218	180	1545	714	831
31	309	146	163	294	174	120	1520	744	776
32	317	161	156	328	156	172	1434	667	767
33	313	156	157	357	185	172	1600	788	812
34	296	153	143	341	177	164	1402	662	740
35-39岁	**1586**	**811**	**775**	**1878**	**952**	**926**	**7126**	**3492**	**3634**
35	313	164	149	401	203	198	1421	693	728
36	326	171	155	403	213	190	1496	735	761
37	305	154	151	365	188	177	1401	666	735
38	341	174	167	363	172	191	1516	745	771
39	301	148	153	346	176	170	1292	653	639
40-44岁	**2116**	**1102**	**1014**	**2374**	**1265**	**1109**	**8919**	**4650**	**4269**
40	313	150	163	354	188	166	1306	644	662
41	436	218	218	480	250	230	1732	900	832
42	435	250	185	497	261	236	1895	1009	886
43	418	219	199	495	263	232	1878	967	911
44	514	265	249	548	303	245	2108	1130	978
45-49岁	**2383**	**1209**	**1174**	**2792**	**1486**	**1306**	**9338**	**5092**	**4246**
45	468	247	221	559	276	283	1977	1071	906
46	485	234	251	598	329	269	2025	1091	934
47	512	258	254	584	311	273	1914	1045	869
48	441	217	224	520	263	257	1741	971	770
49	477	253	224	531	307	224	1681	914	767
50岁及以上	**6934**	**4125**	**2809**	**7482**	**4412**	**3070**	**23187**	**13921**	**9266**

3–2　续表 6

单位：人

年　龄	高中								
	合　计			在　校			毕　业		
	合计	男	女	小计	男	女	小计	男	女
总　计	**743999**	**428913**	**315086**	**213426**	**117524**	**95902**	**503586**	**294828**	**208758**
3									
4									
5–9岁	**1**	**1**		**1**	**1**				
5									
6									
7									
8	1	1		1	1				
9									
10–14岁	**9507**	**4940**	**4567**	**9151**	**4731**	**4420**	**305**	**180**	**125**
10	10	8	2	8	6	2	2	2	
11	4	3	1	2	2		1	1	
12	9	5	4	7	3	4	2	2	
13	1133	637	496	1056	587	469	65	41	24
14	8351	4287	4064	8078	4133	3945	235	134	101
15–19岁	**208268**	**116103**	**92165**	**193430**	**107083**	**86347**	**13436**	**8162**	**5274**
15	45929	24954	20975	45500	24688	20812	333	206	127
16	64188	35654	28534	62918	34899	28019	1010	597	413
17	53038	29958	23080	50504	28376	22128	2225	1383	842
18	28573	16257	12316	24147	13561	10586	4076	2484	1592
19	16540	9280	7260	10361	5559	4802	5792	3492	2300
20–24岁	**58378**	**33327**	**25051**	**10604**	**5575**	**5029**	**45025**	**26094**	**18931**
20	12661	7033	5628	5415	2802	2613	6821	3968	2853
21	10918	6219	4699	2655	1387	1268	7790	4534	3256
22	11942	6865	5077	1399	751	648	9933	5767	4166
23	11433	6599	4834	702	394	308	10078	5821	4257
24	11424	6611	4813	433	241	192	10403	6004	4399
25–29岁	**62158**	**34765**	**27393**	**95**	**55**	**40**	**58738**	**32742**	**25996**
25	11746	6643	5103	36	20	16	11010	6218	4792
26	10501	5832	4669	21	12	9	9934	5492	4442
27	11733	6664	5069	12	9	3	11083	6270	4813
28	12979	7308	5671	13	7	6	12292	6896	5396
29	15199	8318	6881	13	7	6	14419	7866	6553
30–34岁	**80698**	**43928**	**36770**	**33**	**12**	**21**	**76667**	**41583**	**35084**
30	19009	10423	8586	13	4	9	17999	9829	8170
31	17225	9418	7807	7	4	3	16408	8928	7480
32	15319	8357	6962	4	1	3	14590	7935	6655
33	15893	8593	7300	3		3	15091	8135	6956
34	13252	7137	6115	6	3	3	12579	6756	5823
35–39岁	**56187**	**30767**	**25420**	**16**	**7**	**9**	**53511**	**29248**	**24263**
35	12004	6542	5462	5	4	1	11437	6226	5211
36	12147	6650	5497	4	1	3	11594	6342	5252
37	10723	5869	4854	1		1	10231	5575	4656
38	11288	6135	5153	3		3	10717	5808	4909
39	10025	5571	4454	3	2	1	9532	5297	4235
40–44岁	**56803**	**32378**	**24425**	**25**	**16**	**9**	**54097**	**30729**	**23368**
40	9249	5186	4063	3	2	1	8783	4922	3861
41	11534	6576	4958	7	5	2	11006	6253	4753
42	11898	6717	5181	5	2	3	11316	6359	4957
43	11821	6874	4947	5	5		11234	6521	4713
44	12301	7025	5276	5	2	3	11758	6674	5084
45–49岁	**56617**	**33824**	**22793**	**20**	**12**	**8**	**53982**	**32170**	**21812**
45	11977	6939	5038	6	3	3	11383	6588	4795
46	11965	7121	4844	4	1	3	11422	6783	4639
47	11662	6989	4673	5	4	1	11118	6644	4474
48	10576	6382	4194	5	4	1	10079	6065	4014
49	10437	6393	4044				9980	6090	3890
50岁及以上	**155382**	**98880**	**56502**	**51**	**32**	**19**	**147825**	**93920**	**53905**

3–2 续表 7

单位：人

年 龄	高中								
	肄业			辍学			其他		
	小计	男	女	小计	男	女	小计	男	女
总 计	**4403**	**2839**	**1564**	**3714**	**2404**	**1310**	**18870**	**11318**	**7552**
3									
4									
5–9岁									
5									
6									
7									
8									
9									
10–14岁	**5**	**3**	**2**	**7**	**4**	**3**	**39**	**22**	**17**
10									
11							1		1
12									
13				1	1		11	8	3
14	5	3	2	6	3	3	27	14	13
15–19岁	**252**	**161**	**91**	**322**	**203**	**119**	**828**	**494**	**334**
15	6	4	2	23	14	9	67	42	25
16	37	28	9	74	45	29	149	85	64
17	63	38	25	70	47	23	176	114	62
18	67	47	20	74	48	26	209	117	92
19	79	44	35	81	49	32	227	136	91
20–24岁	**465**	**291**	**174**	**419**	**284**	**135**	**1865**	**1083**	**782**
20	87	55	32	77	54	23	261	154	107
21	78	52	26	81	57	24	314	189	125
22	102	57	45	83	48	35	425	242	183
23	113	74	39	90	63	27	450	247	203
24	85	53	32	88	62	26	415	251	164
25–29岁	**520**	**340**	**180**	**503**	**317**	**186**	**2302**	**1311**	**991**
25	102	65	37	108	65	43	490	275	215
26	92	67	25	64	39	25	390	222	168
27	105	65	40	106	74	32	427	246	181
28	94	62	32	99	65	34	481	278	203
29	127	81	46	126	74	52	514	290	224
30–34岁	**649**	**390**	**259**	**512**	**313**	**199**	**2837**	**1630**	**1207**
30	139	87	52	139	87	52	719	416	303
31	121	74	47	111	79	32	578	333	245
32	138	74	64	79	41	38	508	306	202
33	145	92	53	104	63	41	550	303	247
34	106	63	43	79	43	36	482	272	210
35–39岁	**422**	**253**	**169**	**333**	**201**	**132**	**1905**	**1058**	**847**
35	94	63	31	85	40	45	383	209	174
36	85	42	43	69	45	24	395	220	175
37	80	55	25	51	32	19	360	207	153
38	91	55	36	62	40	22	415	232	183
39	72	38	34	66	44	22	352	190	162
40–44岁	**442**	**281**	**161**	**314**	**210**	**104**	**1925**	**1142**	**783**
40	77	46	31	48	29	19	338	187	151
41	92	63	29	74	48	26	355	207	148
42	86	51	35	78	56	22	413	249	164
43	89	57	32	60	35	25	433	256	177
44	98	64	34	54	42	12	386	243	143
45–49岁	**464**	**289**	**175**	**321**	**203**	**118**	**1830**	**1150**	**680**
45	106	59	47	71	39	32	411	250	161
46	90	57	33	62	40	22	387	240	147
47	104	67	37	71	38	33	364	236	128
48	95	56	39	48	31	17	349	226	123
49	69	50	19	69	55	14	319	198	121
50岁及以上	**1184**	**831**	**353**	**983**	**669**	**314**	**5339**	**3428**	**1911**

3-2　续表 8

单位：人

年　龄	大学专科								
	合　计			在　校			毕　业		
	合计	男	女	小计	男	女	小计	男	女
总　计	**349465**	**189876**	**159589**	**90537**	**47182**	**43355**	**251524**	**138373**	**113151**
3									
4									
5–9岁									
5									
6									
7									
8									
9									
10–14岁	**44**	**21**	**23**	**39**	**19**	**20**	**5**	**2**	**3**
10									
11	2	1	1	2	1	1			
12	5	2	3	1	1		4	1	3
13	1	1		1	1				
14	36	17	19	35	16	19	1	1	
15–19岁	**53979**	**27495**	**26484**	**50659**	**25723**	**24936**	**3024**	**1585**	**1439**
15	1632	788	844	1604	771	833	22	13	9
16	3130	1506	1624	3050	1459	1591	62	34	28
17	6028	2926	3102	5704	2776	2928	296	136	160
18	17635	9164	8471	16717	8632	8085	821	463	358
19	25554	13111	12443	23584	12085	11499	1823	939	884
20–24岁	**79676**	**40758**	**38918**	**37712**	**20233**	**17479**	**40536**	**19729**	**20807**
20	24226	12687	11539	20024	10657	9367	3956	1883	2073
21	17345	8956	8389	10228	5535	4693	6855	3264	3591
22	14645	7431	7214	4706	2577	2129	9646	4696	4950
23	12246	6131	6115	1921	1034	887	9998	4925	5073
24	11214	5553	5661	833	430	403	10081	4961	5120
25–29岁	**50487**	**25919**	**24568**	**1302**	**715**	**587**	**47815**	**24452**	**23363**
25	10923	5622	5301	553	297	256	10059	5159	4900
26	9254	4760	4494	262	141	121	8723	4473	4250
27	9542	4914	4628	202	120	82	9098	4660	4438
28	9860	5025	4835	151	82	69	9467	4815	4652
29	10908	5598	5310	134	75	59	10468	5345	5123
30–34岁	**52905**	**27769**	**25136**	**348**	**195**	**153**	**51127**	**26789**	**24338**
30	13201	6839	6362	115	70	45	12725	6565	6160
31	11397	5889	5508	91	46	45	11005	5678	5327
32	9955	5258	4697	62	36	26	9617	5084	4533
33	10015	5343	4672	50	29	21	9684	5149	4535
34	8337	4440	3897	30	14	16	8096	4313	3783
35–39岁	**30022**	**16142**	**13880**	**175**	**99**	**76**	**29046**	**15595**	**13451**
35	7094	3837	3257	34	20	14	6879	3719	3160
36	6739	3561	3178	52	29	23	6502	3425	3077
37	5732	3069	2663	31	18	13	5553	2974	2579
38	5863	3221	2642	35	20	15	5658	3097	2561
39	4594	2454	2140	23	12	11	4454	2380	2074
40–44岁	**22974**	**13001**	**9973**	**108**	**66**	**42**	**22316**	**12602**	**9714**
40	4134	2318	1816	22	16	6	4013	2234	1779
41	4751	2676	2075	22	14	8	4610	2595	2015
42	4828	2680	2148	15	6	9	4717	2615	2102
43	4580	2630	1950	22	13	9	4436	2543	1893
44	4681	2697	1984	27	17	10	4540	2615	1925
45–49岁	**18992**	**11436**	**7556**	**67**	**40**	**27**	**18440**	**11095**	**7345**
45	4115	2401	1714	17	9	8	3974	2323	1651
46	3922	2350	1572	15	8	7	3791	2265	1526
47	4030	2434	1596	15	12	3	3946	2381	1565
48	3519	2159	1360	12	7	5	3426	2101	1325
49	3406	2092	1314	8	4	4	3303	2025	1278
50岁及以上	**40386**	**27335**	**13051**	**127**	**92**	**35**	**39215**	**26524**	**12691**

3-2 续表 9

单位：人

年 龄	大学专科								
	肄 业			辍 学			其 他		
	小计	男	女	小计	男	女	小计	男	女
总 计	**860**	**533**	**327**	**286**	**184**	**102**	**6258**	**3604**	**2654**
3									
4									
5—9岁									
5									
6									
7									
8									
9									
10—14岁									
10									
11									
12									
13									
14									
15—19岁	**37**	**24**	**13**	**31**	**22**	**9**	**228**	**141**	**87**
15				1	1		5	3	2
16	2	2		2	2		14	9	5
17	2	2		3	2	1	23	10	13
18	13	9	4	10	5	5	74	55	19
19	20	11	9	15	12	3	112	64	48
20—24岁	**208**	**127**	**81**	**66**	**40**	**26**	**1154**	**629**	**525**
20	42	29	13	12	5	7	192	113	79
21	40	27	13	13	10	3	209	120	89
22	41	24	17	14	9	5	238	125	113
23	44	23	21	13	8	5	270	141	129
24	41	24	17	14	8	6	245	130	115
25—29岁	**142**	**80**	**62**	**52**	**32**	**20**	**1176**	**640**	**536**
25	30	17	13	10	6	4	271	143	128
26	28	13	15	8	3	5	233	130	103
27	26	13	13	10	7	3	206	114	92
28	22	14	8	12	8	4	208	106	102
29	36	23	13	12	8	4	258	147	111
30—34岁	**169**	**101**	**68**	**54**	**35**	**19**	**1207**	**649**	**558**
30	42	28	14	16	10	6	303	166	137
31	43	25	18	13	7	6	245	133	112
32	28	15	13	7	6	1	241	117	124
33	31	19	12	15	10	5	235	136	99
34	25	14	11	3	2	1	183	97	86
35—39岁	**112**	**73**	**39**	**33**	**22**	**11**	**656**	**353**	**303**
35	28	14	14	5	3	2	148	81	67
36	26	15	11	8	4	4	151	88	63
37	21	16	5	7	4	3	120	57	63
38	16	11	5	7	6	1	147	87	60
39	21	17	4	6	5	1	90	40	50
40—44岁	**54**	**35**	**19**	**18**	**12**	**6**	**478**	**286**	**192**
40	6	4	2	3	3		90	61	29
41	8	2	6	3		3	108	65	43
42	11	6	5	4	3	1	81	50	31
43	16	12	4	5	3	2	101	59	42
44	13	11	2	3	3		98	51	47
45—49岁	**52**	**34**	**18**	**14**	**11**	**3**	**419**	**256**	**163**
45	17	9	8	5	3	2	102	57	45
46	12	8	4	2	2		102	67	35
47	7	6	1	1	1		61	34	27
48	9	6	3	1	1		71	44	27
49	7	5	2	5	4	1	83	54	29
50岁及以上	**86**	**59**	**27**	**18**	**10**	**8**	**940**	**650**	**290**

3-2 续表 10

单位：人

年 龄	大学本科								
	合 计			在 校			毕 业		
	合计	男	女	小计	男	女	小计	男	女
总 计	**247285**	**134930**	**112355**	**83004**	**42624**	**40380**	**160732**	**90211**	**70521**
3									
4									
5-9岁									
5									
6									
7									
8									
9									
10-14岁	**2**		**2**	**1**		**1**	**1**		**1**
10	1		1				1		1
11									
12									
13									
14	1		1	1		1			
15-19岁	**31849**	**16116**	**15733**	**31248**	**15803**	**15445**	**527**	**262**	**265**
15	101	59	42	96	56	40	5	3	2
16	267	149	118	258	141	117	8	7	1
17	2414	1149	1265	2368	1128	1240	38	16	22
18	11323	5809	5514	11165	5723	5442	133	69	64
19	17744	8950	8794	17361	8755	8606	343	167	176
20-24岁	**69725**	**35395**	**34330**	**49512**	**25592**	**23920**	**19656**	**9502**	**10154**
20	19716	9847	9869	18926	9458	9468	735	356	379
21	18230	9240	8990	16225	8296	7929	1927	902	1025
22	14070	7306	6764	9279	5010	4269	4661	2225	2436
23	9689	4990	4699	3650	2004	1646	5901	2908	2993
24	8020	4012	4008	1432	824	608	6432	3111	3321
25-29岁	**38849**	**19819**	**19030**	**1661**	**891**	**770**	**36367**	**18485**	**17882**
25	7890	4014	3876	747	410	337	6972	3508	3464
26	7290	3690	3600	412	216	196	6734	3406	3328
27	7595	3834	3761	226	121	105	7224	3635	3589
28	7762	4018	3744	157	81	76	7444	3845	3599
29	8312	4263	4049	119	63	56	7993	4091	3902
30-34岁	**37544**	**19787**	**17757**	**276**	**153**	**123**	**36537**	**19223**	**17314**
30	9241	4808	4433	98	50	48	8950	4649	4301
31	7980	4166	3814	55	34	21	7755	4035	3720
32	7071	3697	3374	38	27	11	6899	3592	3307
33	7183	3843	3340	42	23	19	7006	3747	3259
34	6069	3273	2796	43	19	24	5927	3200	2727
35-39岁	**22131**	**12393**	**9738**	**116**	**74**	**42**	**21653**	**12104**	**9549**
35	5354	2907	2447	33	20	13	5242	2840	2402
36	5194	2986	2208	26	15	11	5059	2907	2152
37	4377	2457	1920	16	12	4	4294	2408	1886
38	4125	2297	1828	26	15	11	4040	2241	1799
39	3081	1746	1335	15	12	3	3018	1708	1310
40-44岁	**14499**	**8491**	**6008**	**56**	**25**	**31**	**14171**	**8304**	**5867**
40	2777	1576	1201	11	4	7	2722	1541	1181
41	3080	1771	1309	13	6	7	3010	1731	1279
42	3154	1848	1306	13	7	6	3080	1808	1272
43	2746	1594	1152	10	4	6	2677	1557	1120
44	2742	1702	1040	9	4	5	2682	1667	1015
45-49岁	**11362**	**7368**	**3994**	**54**	**27**	**27**	**11076**	**7188**	**3888**
45	2490	1547	943	15	8	7	2428	1511	917
46	2338	1517	821	7	3	4	2293	1485	808
47	2332	1548	784	11	7	4	2270	1506	764
48	2193	1427	766	11	6	5	2134	1395	739
49	2009	1329	680	10	3	7	1951	1291	660
50岁及以上	**21324**	**15561**	**5763**	**80**	**59**	**21**	**20744**	**15143**	**5601**

3-2 续表 11

单位：人

年 龄	大学本科								
	肄 业			辍 学			其 他		
	小计	男	女	小计	男	女	小计	男	女
总 计	**327**	**201**	**126**	**58**	**38**	**20**	**3164**	**1856**	**1308**
3									
4									
5-9岁									
5									
6									
7									
8									
9									
10-14岁									
10									
11									
12									
13									
14									
15-19岁	**4**	**3**	**1**	**4**	**2**	**2**	**66**	**46**	**20**
15									
16							1	1	
17				1	1		7	4	3
18	1	1		3	1	2	21	15	6
19	3	2	1				37	26	11
20-24岁	**56**	**31**	**25**	**14**	**9**	**5**	**487**	**261**	**226**
20	8	6	2	3	3		44	24	20
21	8	3	5	1	1		69	38	31
22	13	7	6				117	64	53
23	9	5	4	2	2		127	71	56
24	18	10	8	8	3	5	130	64	66
25-29岁	**86**	**51**	**35**	**13**	**6**	**7**	**722**	**386**	**336**
25	19	8	11	2	1	1	150	87	63
26	17	9	8	3	1	2	124	58	66
27	8	5	3	3	1	2	134	72	62
28	17	12	5	3	2	1	141	78	63
29	25	17	8	2	1	1	173	91	82
30-34岁	**72**	**41**	**31**	**14**	**11**	**3**	**645**	**359**	**286**
30	17	9	8	3	2	1	173	98	75
31	11	7	4	2	1	1	157	89	68
32	11	6	5	4	4		119	68	51
33	18	9	9	2	1	1	115	63	52
34	15	10	5	3	3		81	41	40
35-39岁	**38**	**25**	**13**	**7**	**4**	**3**	**317**	**186**	**131**
35	10	6	4	3		3	66	41	25
36	11	7	4	1	1		97	56	41
37	5	4	1	1	1		61	32	29
38	4	2	2	1	1		54	38	16
39	8	6	2	1	1		39	19	20
40-44岁	**27**	**14**	**13**	**1**	**1**		**244**	**147**	**97**
40	4	4					40	27	13
41	10	4	6				47	30	17
42	4	3	1	1	1		56	29	27
43	6	1	5				53	32	21
44	3	2	1				48	29	19
45-49岁	**13**	**10**	**3**	**2**	**2**		**217**	**141**	**76**
45	6	4	2				41	24	17
46	1	1					37	28	9
47	2	2					49	33	16
48	2	1	1	2	2		44	23	21
49	2	2					46	33	13
50岁及以上	**31**	**26**	**5**	**3**	**3**		**466**	**330**	**136**

3-2 续表 12

单位：人

年龄	硕士研究生 合计 合计	男	女	在校 小计	男	女	毕业 小计	男	女
总 计	**18592**	**9784**	**8808**	**6507**	**3240**	**3267**	**11876**	**6421**	**5455**
3									
4									
5-9岁									
5									
6									
7									
8									
9									
10-14岁									
10									
11									
12									
13									
14									
15-19岁	**48**	**28**	**20**	**40**	**26**	**14**	**8**	**2**	**6**
15	1		1	1		1			
16									
17	8	3	5	6	2	4	2	1	1
18	9	5	4	6	4	2	3	1	2
19	30	20	10	27	20	7	3		3
20-24岁	**4931**	**2343**	**2588**	**4448**	**2142**	**2306**	**460**	**189**	**271**
20	59	30	29	55	28	27	4	2	2
21	355	162	193	332	153	179	21	8	13
22	1184	549	635	1123	519	604	57	27	30
23	1675	776	899	1541	719	822	123	51	72
24	1658	826	832	1397	723	674	255	101	154
25-29岁	**4646**	**2254**	**2392**	**1815**	**967**	**848**	**2787**	**1265**	**1522**
25	1402	677	725	966	512	454	429	160	269
26	981	468	513	432	232	200	547	236	311
27	812	378	434	217	116	101	585	256	329
28	674	334	340	122	67	55	540	261	279
29	777	397	380	78	40	38	686	352	334
30-34岁	**3462**	**1709**	**1753**	**149**	**79**	**70**	**3266**	**1604**	**1662**
30	846	406	440	53	28	25	779	370	409
31	782	393	389	31	19	12	736	363	373
32	641	320	321	31	16	15	607	303	304
33	624	300	324	18	7	11	599	289	310
34	569	290	279	16	9	7	545	279	266
35-39岁	**2237**	**1195**	**1042**	**34**	**14**	**20**	**2174**	**1167**	**1007**
35	519	276	243	8	4	4	505	269	236
36	487	256	231	9	2	7	473	252	221
37	446	253	193	4	2	2	435	247	188
38	455	246	209	12	6	6	438	238	200
39	330	164	166	1		1	323	161	162
40-44岁	**1295**	**798**	**497**	**7**	**5**	**2**	**1269**	**782**	**487**
40	288	181	107	3	2	1	281	178	103
41	292	162	130	1	1		287	158	129
42	260	161	99	1		1	256	159	97
43	239	154	85	1	1		234	150	84
44	216	140	76	1	1		211	137	74
45-49岁	**862**	**587**	**275**	**8**	**4**	**4**	**843**	**574**	**269**
45	206	132	74	3		3	201	131	70
46	172	114	58	1	1		170	112	58
47	175	121	54				172	118	54
48	150	107	43	1	1		145	103	42
49	159	113	46	3	2	1	155	110	45
50岁及以上	**1111**	**870**	**241**	**6**	**3**	**3**	**1069**	**838**	**231**

3–2 续表 13

单位：人

年 龄	硕士研究生								
	肄 业			辍 学			其 他		
	小计	男	女	小计	男	女	小计	男	女
总 计	**22**	**11**	**11**	**1**	**1**		**186**	**111**	**75**
3									
4									
5–9岁									
5									
6									
7									
8									
9									
10–14岁									
10									
11									
12									
13									
14									
15–19岁									
15									
16									
17									
18									
19									
20–24岁	**3**		**3**				**20**	**12**	**8**
20									
21							2	1	1
22							4	3	1
23	1		1				10	6	4
24	2		2				4	2	2
25–29岁	**6**	**1**	**5**				**38**	**21**	**17**
25	1		1				6	5	1
26							2		2
27	3	1	2				7	5	2
28	1		1				11	6	5
29	1		1				12	5	7
30–34岁	**1**	**1**					**46**	**25**	**21**
30							14	8	6
31	1	1					14	10	4
32							3	1	2
33							7	4	3
34							8	2	6
35–39岁	**3**	**1**	**2**				**26**	**13**	**13**
35							6	3	3
36	1		1				4	2	2
37	1		1				6	4	2
38	1	1					4	1	3
39							6	3	3
40–44岁	**3**	**3**					**16**	**8**	**8**
40							4	1	3
41	1	1					3	2	1
42	1	1					2	1	1
43							4	3	1
44	1	1					3	1	2
45–49岁							**11**	**9**	**2**
45							2	1	1
46							1	1	
47							3	3	
48							4	3	1
49							1	1	
50岁及以上	**6**	**5**	**1**	**1**	**1**		**29**	**23**	**6**

3-2 续表 14

单位：人

年 龄	博士研究生								
	合 计			在 校			毕 业		
	合计	男	女	小计	男	女	小计	男	女
总 计	**1949**	**1325**	**624**	**548**	**354**	**194**	**1363**	**944**	**419**
3									
4									
5–9岁									
5									
6									
7									
8									
9									
10–14岁									
10									
11									
12									
13									
14									
15–19岁	**3**	**1**	**2**	**3**	**1**	**2**			
15									
16									
17									
18									
19	3	1	2	3	1	2			
20–24岁	**140**	**84**	**56**	**121**	**74**	**47**	**19**	**10**	**9**
20	5	1	4	2	1	1	3		3
21	11	8	3	9	6	3	2	2	
22	28	18	10	26	17	9	2	1	1
23	41	22	19	36	20	16	5	2	3
24	55	35	20	48	30	18	7	5	2
25–29岁	**434**	**279**	**155**	**276**	**182**	**94**	**152**	**92**	**60**
25	76	50	26	63	42	21	12	7	5
26	83	51	32	66	39	27	17	12	5
27	70	43	27	50	36	14	19	6	13
28	99	66	33	56	39	17	42	27	15
29	106	69	37	41	26	15	62	40	22
30–34岁	**437**	**278**	**159**	**94**	**58**	**36**	**337**	**215**	**122**
30	95	63	32	33	22	11	62	41	21
31	97	56	41	26	15	11	71	41	30
32	81	59	22	13	11	2	65	46	19
33	84	48	36	11	5	6	71	41	30
34	80	52	28	11	5	6	68	46	22
35–39岁	**314**	**215**	**99**	**32**	**21**	**11**	**273**	**187**	**86**
35	71	49	22	10	8	2	61	41	20
36	63	43	20	7	2	5	55	41	14
37	59	37	22	4	2	2	52	33	19
38	63	47	16	8	7	1	52	37	15
39	58	39	19	3	2	1	53	35	18
40–44岁	**285**	**200**	**85**	**13**	**11**	**2**	**263**	**184**	**79**
40	75	46	29	2	1	1	68	43	25
41	73	47	26	5	4	1	67	43	24
42	43	32	11	2	2		40	29	11
43	50	38	12	4	4		45	33	12
44	44	37	7				43	36	7
45–49岁	**173**	**135**	**38**	**8**	**6**	**2**	**161**	**126**	**35**
45	42	35	7	4	3	1	37	31	6
46	41	30	11	4	3	1	36	26	10
47	36	30	6				36	30	6
48	23	16	7				23	16	7
49	31	24	7				29	23	6
50岁及以上	**163**	**133**	**30**	**1**	**1**		**158**	**130**	**28**

3-2 续表 15

单位：人

年 龄	博士研究生								
	肄 业			辍 学			其 他		
	小计	男	女	小计	男	女	小计	男	女
总 计	**3**	**1**	**2**				**35**	**26**	**9**
3									
4									
5-9岁									
5									
6									
7									
8									
9									
10-14岁									
10									
11									
12									
13									
14									
15-19岁									
15									
16									
17									
18									
19									
20-24岁									
20									
21									
22									
23									
24									
25-29岁	**1**		**1**				**5**	**5**	
25							1	1	
26									
27							1	1	
28	1		1						
29							3	3	
30-34岁							**6**	**5**	**1**
30									
31									
32							3	2	1
33							2	2	
34							1	1	
35-39岁							**9**	**7**	**2**
35									
36							1		1
37							3	2	1
38							3	3	
39							2	2	
40-44岁							**9**	**5**	**4**
40							5	2	3
41							1		1
42							1	1	
43							1	1	
44							1	1	
45-49岁	**2**	**1**	**1**				**2**	**2**	
45							1	1	
46							1	1	
47									
48									
49	2	1	1						
50岁及以上							**4**	**2**	**2**

3-2a 全省分年龄、性别、学业完成情况的3岁及以上各种受教育程度人口(城市)

单位：人

年龄	合计								
	合计			在校			毕业		
	合计	男	女	小计	男	女	小计	男	女
总计	**1236733**	**628042**	**608691**	**324206**	**172862**	**151344**	**865194**	**433163**	**432031**
3									
4									
5-9岁	**71526**	**39158**	**32368**	**69524**	**38018**	**31506**	**1647**	**944**	**703**
5	1844	1050	794	1762	1010	752	57	26	31
6	14378	7864	6514	13958	7617	6341	338	194	144
7	17673	9658	8015	17201	9386	7815	388	226	162
8	19546	10584	8962	19011	10278	8733	453	265	188
9	18085	10002	8083	17592	9727	7865	411	233	178
10-14岁	**89808**	**49136**	**40672**	**86745**	**47339**	**39406**	**2652**	**1565**	**1087**
10	17760	9671	8089	17266	9400	7866	412	228	184
11	17919	9848	8071	17387	9543	7844	457	258	199
12	18428	9999	8429	17789	9639	8150	555	320	235
13	17748	9767	7981	17094	9355	7739	569	359	210
14	17953	9851	8102	17209	9402	7807	659	400	259
15-19岁	**122867**	**65023**	**57844**	**113295**	**59551**	**53744**	**8731**	**4956**	**3775**
15	22532	12150	10382	22081	11882	10199	344	205	139
16	25764	13984	11780	24812	13416	11396	781	463	318
17	22839	12426	10413	21178	11459	9719	1519	872	647
18	23851	12462	11389	21191	10937	10254	2465	1407	1058
19	27881	14001	13880	24033	11857	12176	3622	2009	1613
20-24岁	**102741**	**52765**	**49976**	**50929**	**25997**	**24932**	**49797**	**25675**	**24122**
20	27691	14070	13621	22017	11063	10954	5397	2853	2544
21	23299	11929	11370	15154	7685	7469	7815	4063	3752
22	19877	10361	9516	8155	4264	3891	11288	5869	5419
23	16369	8445	7924	3649	1908	1741	12259	6293	5966
24	15505	7960	7545	1954	1077	877	13038	6597	6441
25-29岁	**84110**	**41954**	**42156**	**2555**	**1339**	**1216**	**78821**	**39167**	**39654**
25	15896	8098	7798	1154	605	549	14220	7212	7008
26	14734	7347	7387	620	318	302	13653	6800	6853
27	16180	8093	8087	349	184	165	15302	7614	7688
28	17280	8590	8690	237	128	109	16504	8175	8329
29	20020	9826	10194	195	104	91	19142	9366	9776
30-34岁	**115616**	**55737**	**59879**	**513**	**262**	**251**	**111164**	**53520**	**57644**
30	24904	12003	12901	159	78	81	23880	11505	12375
31	23851	11484	12367	117	61	56	22968	11031	11937
32	22347	10836	11511	86	47	39	21500	10396	11104
33	23524	11368	12156	76	42	34	22631	10927	11704
34	20990	10046	10944	75	34	41	20185	9661	10524
35-39岁	**93025**	**45067**	**47958**	**223**	**116**	**107**	**89437**	**43338**	**46099**
35	19462	9487	9975	60	34	26	18711	9121	9590
36	20103	9747	10356	57	28	29	19316	9360	9956
37	18216	8849	9367	31	14	17	17563	8545	9018
38	19223	9216	10007	47	24	23	18471	8869	9602
39	16021	7768	8253	28	16	12	15376	7443	7933
40-44岁	**101867**	**50219**	**51648**	**124**	**65**	**59**	**97372**	**48039**	**49333**
40	15320	7482	7838	28	16	12	14662	7161	7501
41	20069	9902	10167	26	14	12	19158	9455	9703
42	21627	10549	11078	23	10	13	20714	10108	10606
43	21694	10835	10859	26	16	10	20706	10353	10353
44	23157	11451	11706	21	9	12	22132	10962	11170
45-49岁	**106331**	**53842**	**52489**	**88**	**42**	**46**	**101137**	**51290**	**49847**
45	22256	11158	11098	26	10	16	21210	10625	10585
46	22113	11079	11034	20	10	10	21037	10557	10480
47	21819	11168	10651	11	8	3	20810	10678	10132
48	20236	10275	9961	15	8	7	19218	9797	9421
49	19907	10162	9745	16	6	10	18862	9633	9229
50岁及以上	**348842**	**175141**	**173701**	**210**	**133**	**77**	**324436**	**164669**	**159767**

3-2a 续表 1

单位：人

年 龄	合 计								
	肄 业			辍 学			其 他		
	小计	男	女	小计	男	女	小计	男	女
总 计	**6414**	**2899**	**3515**	**11381**	**4929**	**6452**	**29538**	**14189**	**15349**
3									
4									
5-9岁	**27**	**14**	**13**	**11**	**10**	**1**	**317**	**172**	**145**
5							25	14	11
6	4	2	2	3	3		75	48	27
7	7	4	3	1		1	76	42	34
8	7	3	4	5	5		70	33	37
9	9	5	4	2	2		71	35	36
10-14岁	**29**	**13**	**16**	**46**	**27**	**19**	**336**	**192**	**144**
10	4		4	2		2	76	43	33
11	7	3	4	1	1		67	43	24
12	6	4	2	7	3	4	71	33	38
13	4	3	1	17	10	7	64	40	24
14	8	3	5	19	13	6	58	33	25
15-19岁	**100**	**61**	**39**	**242**	**160**	**82**	**499**	**295**	**204**
15	12	7	5	37	24	13	58	32	26
16	18	11	7	60	39	21	93	55	38
17	18	11	7	41	34	7	83	50	33
18	21	11	10	56	32	24	118	75	43
19	31	21	10	48	31	17	147	83	64
20-24岁	**247**	**133**	**114**	**381**	**227**	**154**	**1387**	**733**	**654**
20	41	19	22	61	36	25	175	99	76
21	46	22	24	68	42	26	216	117	99
22	46	24	22	95	52	43	293	152	141
23	50	29	21	68	42	26	343	173	170
24	64	39	25	89	55	34	360	192	168
25-29岁	**291**	**171**	**120**	**460**	**262**	**198**	**1983**	**1015**	**968**
25	56	26	30	78	42	36	388	213	175
26	40	24	16	76	37	39	345	168	177
27	54	36	18	84	53	31	391	206	185
28	54	32	22	99	63	36	386	192	194
29	87	53	34	123	67	56	473	236	237
30-34岁	**420**	**218**	**202**	**689**	**362**	**327**	**2830**	**1375**	**1455**
30	78	47	31	146	75	71	641	298	343
31	85	46	39	114	65	49	567	281	286
32	91	47	44	147	76	71	523	270	253
33	83	35	48	146	75	71	588	289	299
34	83	43	40	136	71	65	511	237	274
35-39岁	**393**	**202**	**191**	**641**	**310**	**331**	**2331**	**1101**	**1230**
35	78	42	36	155	78	77	458	212	246
36	76	41	35	121	62	59	533	256	277
37	71	40	31	129	62	67	422	188	234
38	78	35	43	128	51	77	499	237	262
39	90	44	46	108	57	51	419	208	211
40-44岁	**519**	**268**	**251**	**974**	**461**	**513**	**2878**	**1386**	**1492**
40	66	35	31	135	68	67	429	202	227
41	112	58	54	200	91	109	573	284	289
42	102	58	44	190	86	104	598	287	311
43	106	50	56	228	110	118	628	306	322
44	133	67	66	221	106	115	650	307	343
45-49岁	**627**	**320**	**307**	**1223**	**542**	**681**	**3256**	**1648**	**1608**
45	127	60	67	234	105	129	659	358	301
46	128	69	59	251	118	133	677	325	352
47	133	67	66	207	89	118	658	326	332
48	109	52	57	270	105	165	624	313	311
49	130	72	58	261	125	136	638	326	312
50岁及以上	**3761**	**1499**	**2262**	**6714**	**2568**	**4146**	**13721**	**6272**	**7449**

3-2a　续表 2

单位：人

年　龄	小　学								
	合　计			在　校			毕　业		
	合计	男	女	小计	男	女	小计	男	女
总　计	**239790**	**110044**	**129746**	**106051**	**58068**	**47983**	**116724**	**45953**	**70771**
3									
4									
5-9岁	**70472**	**38537**	**31935**	**68579**	**37472**	**31107**	**1549**	**876**	**673**
5	1844	1050	794	1762	1010	752	57	26	31
[illegible]	14198	7760	6438	13801	7529	6272	319	182	137
[illegible]	17457	9527	7930	17005	9270	7735	371	212	159
8	19247	10413	8834	18743	10128	8615	424	245	179
9	17726	9787	7939	17268	9535	7733	378	211	167
10-14岁	**38484**	**21174**	**17310**	**37363**	**20540**	**16823**	**923**	**523**	**400**
10	17074	9291	7783	16624	9048	7576	373	203	170
11	15420	8586	6834	15034	8357	6677	323	188	135
12	4461	2456	2005	4286	2364	1922	146	79	67
13	1100	610	490	1035	570	465	46	29	17
14	429	231	198	384	201	183	35	24	11
15-19岁	**323**	**182**	**141**	**72**	**40**	**32**	**175**	**99**	**76**
15	47	24	23	17	7	10	15	7	8
16	46	27	19	20	13	7	16	9	7
17	59	33	26	14	9	5	31	18	13
18	79	48	31	9	5	4	53	32	21
19	92	50	42	12	6	6	60	33	27
20-24岁	**814**	**469**	**345**	**10**	**5**	**5**	**717**	**413**	**304**
20	100	57	43	5	2	3	76	45	31
21	106	69	37	2	2		93	59	34
22	171	99	72	1		1	149	86	63
23	182	96	86	2	1	1	164	86	78
24	255	148	107				235	137	98
25-29岁	**1650**	**799**	**851**	**4**	**1**	**3**	**1510**	**730**	**780**
25	247	124	123				231	115	116
26	286	131	155	3		3	261	119	142
27	309	153	156				280	140	140
28	362	174	188				332	163	169
29	446	217	229	1	1		406	193	213
30-34岁	**3336**	**1498**	**1838**	**3**	**2**	**1**	**3042**	**1367**	**1675**
30	642	307	335	1	1		584	283	301
31	646	304	342				600	286	314
32	660	286	374				598	252	346
33	741	332	409	1	1		673	302	371
34	647	269	378	1		1	587	244	343
35-39岁	**3594**	**1348**	**2246**	**4**	**3**	**1**	**3252**	**1221**	**2031**
35	664	266	398	1		1	614	247	367
36	719	267	452	1	1		658	237	421
37	663	241	422	1	1		591	215	376
38	749	271	478				672	250	422
39	799	303	496	1	1		717	272	445
40-44岁	**7828**	**2834**	**4994**	**2**	**1**	**1**	**7053**	**2563**	**4490**
40	820	267	553				739	237	502
41	1342	495	847				1188	439	749
42	1620	575	1045	1	1		1473	527	946
43	1807	656	1151				1631	593	1038
44	2239	841	1398	1		1	2022	767	1255
45-49岁	**12824**	**4631**	**8193**	**2**	**1**	**1**	**11481**	**4132**	**7349**
45	2285	870	1415	1		1	2070	777	1293
46	2595	943	1652	1	1		2326	853	1473
47	2517	894	1623				2259	801	1458
48	2645	936	1709				2360	830	1530
49	2782	988	1794				2466	871	1595
50岁及以上	**100465**	**38572**	**61893**	**12**	**3**	**9**	**87022**	**34029**	**52993**

3-2a 续表 3

单位：人

年龄	小学								
	肄业			辍学			其他		
	小计	男	女	小计	男	女	小计	男	女
总计	**2841**	**909**	**1932**	**6059**	**2019**	**4040**	**8115**	**3095**	**5020**
3									
4									
5-9岁	**26**	**14**	**12**	**10**	**9**	**1**	**308**	[illegible]	[illegible]
5							25	[illegible]	[illegible]
6	4	2	2	2	2		72	[illegible]	[illegible]
7	7	4	3	1		1	73	[illegible]	[illegible]
8	7	3	4	5	5		68	32	[illegible]
9	8	5	3	2	2		70	34	36
10-14岁	**13**	**4**	**9**	**17**	**10**	**7**	**168**	**97**	**71**
10	4		4	2		2	71	40	31
11	7	3	4				56	38	18
12	1	1		5	3	2	23	9	14
13				7	5	2	12	6	6
14	1		1	3	2	1	6	4	2
15-19岁	**8**	**6**	**2**	**20**	**11**	**9**	**48**	**26**	**22**
15				2	1	1	13	9	4
16	1	1		4	2	2	5	2	3
17	3	1	2	5	2	3	6	3	3
18				4	3	1	13	8	5
19	4	4		5	3	2	11	4	7
20-24岁	**15**	**10**	**5**	**30**	**18**	**12**	**42**	**23**	**19**
20	2	1	1	9	4	5	8	5	3
21	3	3		2	2		6	3	3
22	2	1	1	11	7	4	8	5	3
23	1	1		5	3	2	10	5	5
24	7	4	3	3	2	1	10	5	5
25-29岁	**14**	**5**	**9**	**43**	**20**	**23**	**79**	**43**	**36**
25	3	2	1	3	1	2	10	6	4
26	3	1	2	5	2	3	14	9	5
27	1		1	10	5	5	18	8	10
28	2		2	13	6	7	15	5	10
29	5	2	3	12	6	6	22	15	7
30-34岁	**24**	**6**	**18**	**89**	**47**	**42**	**178**	**76**	**102**
30	6	1	5	14	7	7	37	15	22
31	5	2	3	12	6	6	29	10	19
32	5	1	4	28	16	12	29	17	12
33	5	1	4	16	7	9	46	21	25
34	3	1	2	19	11	8	37	13	24
35-39岁	**35**	**14**	**21**	**122**	**36**	**86**	**181**	**74**	**107**
35	4	1	3	21	7	14	24	11	13
36	4	3	1	21	6	15	35	20	15
37	6	2	4	32	11	21	33	12	21
38	10	5	5	22	3	19	45	13	32
39	11	3	8	26	9	17	44	18	26
40-44岁	**92**	**30**	**62**	**317**	**111**	**206**	**364**	**129**	**235**
40	8	1	7	32	14	18	41	15	26
41	21	11	10	63	23	40	70	22	48
42	13	5	8	48	11	37	85	31	54
43	19	4	15	83	31	52	74	28	46
44	31	9	22	91	32	59	94	33	61
45-49岁	**178**	**68**	**110**	**523**	**175**	**348**	**640**	**255**	**385**
45	29	7	22	87	35	52	98	51	47
46	40	18	22	101	34	67	127	37	90
47	32	10	22	83	29	54	143	54	89
48	32	15	17	123	34	89	130	57	73
49	45	18	27	129	43	86	142	56	86
50岁及以上	**2436**	**752**	**1684**	**4888**	**1582**	**3306**	**6107**	**2206**	**3901**

3-2a 续表 4

单位：人

年 龄	初中								
	合 计			在 校			毕 业		
	合计	男	女	小计	男	女	小计	男	女
总 计	**392645**	**197560**	**195085**	**57052**	**31162**	**25890**	**317185**	**157012**	**160173**
3									
4									
5—9岁	**1053**	**620**	**433**	**944**	**545**	**399**	**98**	**68**	**30**
5									
6	180	104	76	157	88	69	19	12	7
7	216	131	85	196	116	80	17	14	3
8	298	170	128	267	149	118	29	20	9
9	359	215	144	324	192	132	33	22	11
10—14岁	**48150**	**26358**	**21792**	**46327**	**25260**	**21067**	**1624**	**985**	**639**
10	684	379	305	640	351	289	39	25	14
11	2499	1262	1237	2353	1186	1167	134	70	64
12	13961	7541	6420	13498	7273	6225	408	241	167
13	16294	8964	7330	15732	8609	7123	499	315	184
14	14712	8212	6500	14104	7841	6263	544	334	210
15—19岁	**13678**	**7671**	**6007**	**9597**	**5264**	**4333**	**3753**	**2201**	**1552**
15	5420	3043	2377	5116	2859	2257	245	150	95
16	2799	1533	1266	2254	1212	1042	477	281	196
17	1958	1129	829	1124	623	501	773	458	315
18	1715	972	743	663	348	315	989	583	406
19	1786	994	792	440	222	218	1269	729	540
20—24岁	**12035**	**6499**	**5536**	**91**	**47**	**44**	**11198**	**6043**	**5155**
20	1758	980	778	53	24	29	1609	897	712
21	2075	1139	936	14	7	7	1933	1064	869
22	2529	1408	1121	9	7	2	2370	1322	1048
23	2695	1440	1255	9	4	5	2527	1351	1176
24	2978	1532	1446	6	5	1	2759	1409	1350
25—29岁	**20073**	**9838**	**10235**	**20**	**12**	**8**	**18954**	**9273**	**9681**
25	3330	1713	1617	4	1	3	3135	1616	1519
26	3272	1610	1662	10	7	3	3073	1512	1561
27	3926	1909	2017	2	1	1	3700	1792	1908
28	4264	2043	2221	3	3		4053	1932	2121
29	5281	2563	2718	1		1	4993	2421	2572
30—34岁	**34898**	**16003**	**18895**	**16**	**9**	**7**	**32998**	**15101**	**17897**
30	6943	3222	3721	4	3	1	6548	3045	3503
31	6858	3130	3728	2	2		6509	2958	3551
32	6699	3143	3556	2		2	6313	2954	3359
33	7431	3360	4071	1	1		7043	3179	3864
34	6967	3148	3819	7	3	4	6585	2965	3620
35—39岁	**35319**	**16142**	**19177**	**8**	**1**	**7**	**33495**	**15276**	**18219**
35	6895	3177	3718	2		2	6512	2997	3515
36	7437	3399	4038	2	1	1	7049	3203	3846
37	6943	3197	3746	1		1	6605	3042	3563
38	7554	3384	4170	2		2	7173	3217	3956
39	6490	2985	3505	1		1	6156	2817	3339
40—44岁	**45390**	**21562**	**23828**	**6**	**2**	**4**	**42999**	**20385**	**22614**
40	6375	2961	3414				6034	2804	3230
41	8756	4133	4623	2	1	1	8268	3892	4376
42	9797	4663	5134	1		1	9297	4417	4880
43	9818	4734	5084	1		1	9305	4480	4825
44	10644	5071	5573	2	1	1	10095	4792	5303
45—49岁	**48499**	**23913**	**24586**	**6**	**3**	**3**	**45920**	**22594**	**23326**
45	10286	5022	5264				9753	4741	5012
46	10289	4989	5300	1	1		9745	4717	5028
47	10039	4995	5044				9526	4743	4783
48	9064	4491	4573	3	2	1	8560	4234	4326
49	8821	4416	4405	2		2	8336	4159	4177
50岁及以上	**133550**	**68954**	**64596**	**37**	**19**	**18**	**126146**	**65086**	**61060**

3-2a 续表 5

单位：人

年 龄	初中								
	肄业			辍学			其他		
	小计	男	女	小计	男	女	小计	男	女
总 计	**2347**	**1254**	**1093**	**4145**	**2203**	**1942**	**11916**	**5929**	**5987**
3									
4									
5-9岁	**1**		**1**	**1**	**1**		**9**	**6**	**3**
5									
6				1	1		3	3	
7							3	1	2
8							2	1	1
9	1		1				1	1	
10-14岁	**14**	**8**	**6**	**25**	**15**	**10**	**160**	**90**	**70**
10							5	3	2
11				1	1		11	5	6
12	5	3	2	2		2	48	24	24
13	4	3	1	10	5	5	49	32	17
14	5	2	3	12	9	3	47	26	21
15-19岁	**43**	**25**	**18**	**127**	**86**	**41**	**158**	**95**	**63**
15	8	5	3	25	17	8	26	12	14
16	11	6	5	32	20	12	25	14	11
17	5	3	2	20	19	1	36	26	10
18	12	7	5	27	18	9	24	16	8
19	7	4	3	23	12	11	47	27	20
20-24岁	**78**	**41**	**37**	**208**	**125**	**83**	**460**	**243**	**217**
20	12	4	8	27	17	10	57	38	19
21	11	5	6	40	22	18	77	41	36
22	12	7	5	53	32	21	85	40	45
23	16	8	8	36	23	13	107	54	53
24	27	17	10	52	31	21	134	70	64
25-29岁	**119**	**71**	**48**	**244**	**137**	**107**	**736**	**345**	**391**
25	20	9	11	36	21	15	135	66	69
26	13	7	6	46	24	22	130	60	70
27	26	22	4	40	22	18	158	72	86
28	21	10	11	53	35	18	134	63	71
29	39	23	16	69	35	34	179	84	95
30-34岁	**224**	**114**	**110**	**438**	**219**	**219**	**1222**	**560**	**662**
30	44	23	21	94	44	50	253	107	146
31	43	21	22	72	41	31	232	108	124
32	53	31	22	94	43	51	237	115	122
33	36	15	21	91	46	45	260	119	141
34	48	24	24	87	45	42	240	111	129
35-39岁	**225**	**106**	**119**	**419**	**216**	**203**	**1172**	**543**	**629**
35	42	18	24	104	57	47	235	105	130
36	41	23	18	80	47	33	265	125	140
37	47	25	22	81	40	41	209	90	119
38	47	21	26	85	34	51	247	112	135
39	48	19	29	69	38	31	216	111	105
40-44岁	**300**	**156**	**144**	**567**	**292**	**275**	**1518**	**727**	**791**
40	40	22	18	89	44	45	212	91	121
41	59	27	32	117	58	59	310	155	155
42	69	39	30	119	60	59	311	147	164
43	54	28	26	127	67	60	331	159	172
44	78	40	38	115	63	52	354	175	179
45-49岁	**327**	**179**	**148**	**591**	**300**	**291**	**1655**	**837**	**818**
45	63	35	28	118	58	60	352	188	164
46	71	40	31	132	70	62	340	161	179
47	74	40	34	103	50	53	336	162	174
48	56	28	28	128	59	69	317	168	149
49	63	36	27	110	63	47	310	158	152
50岁及以上	**1016**	**554**	**462**	**1525**	**812**	**713**	**4826**	**2483**	**2343**

3-2a 续表 6

单位：人

年龄	高中								
	合计			在校			毕业		
	合计	男	女	小计	男	女	小计	男	女
总计	**279562**	**149415**	**130147**	**71306**	**38343**	**32963**	**200723**	**106912**	**93811**
3									
4									
5-9岁	**1**	**1**		**1**	**1**				
5									
6									
7									
8	1	1		1	1				
9									
10-14岁	**3148**	**1591**	**1557**	**3030**	**1526**	**1504**	**104**	**57**	**47**
10	2	1	1	2	1	1			
11									
12	5	2	3	5	2	3			
13	353	192	161	326	175	151	24	15	9
14	2788	1396	1392	2697	1348	1349	80	42	38
15-19岁	**67696**	**36867**	**30829**	**63967**	**34731**	**29236**	**3400**	**1939**	**1461**
15	16368	8732	7636	16259	8670	7589	76	43	33
16	21516	11789	9727	21168	11579	9589	260	155	105
17	16963	9475	7488	16319	9089	7230	582	347	235
18	8147	4499	3648	6991	3843	3148	1077	614	463
19	4702	2372	2330	3230	1550	1680	1405	780	625
20-24岁	**16814**	**9080**	**7734**	**4213**	**2036**	**2177**	**12013**	**6719**	**5294**
20	3980	1998	1982	2136	977	1159	1755	973	782
21	3236	1706	1530	1162	551	611	1983	1104	879
22	3328	1859	1469	552	291	261	2640	1500	1140
23	3119	1731	1388	239	138	101	2738	1520	1218
24	3151	1786	1365	124	79	45	2897	1622	1275
25-29岁	**18579**	**9875**	**8704**	**36**	**20**	**16**	**17776**	**9410**	**8366**
25	3354	1814	1540	18	10	8	3172	1714	1458
26	3122	1675	1447	4	2	2	2999	1613	1386
27	3543	1939	1604	4	2	2	3393	1839	1554
28	3952	2109	1843	5	3	2	3785	2011	1774
29	4608	2338	2270	5	3	2	4427	2233	2194
30-34岁	**27135**	**13578**	**13557**	**15**	**4**	**11**	**26151**	**13056**	**13095**
30	5964	2991	2973	5		5	5733	2868	2865
31	5686	2865	2821	6	3	3	5484	2759	2725
32	5262	2652	2610	2	1	1	5089	2547	2542
33	5482	2731	2751				5281	2629	2652
34	4741	2339	2402	2		2	4564	2253	2311
35-39岁	**21353**	**10613**	**10740**	**6**	**3**	**3**	**20644**	**10245**	**10399**
35	4334	2179	2155	2	2		4179	2094	2085
36	4613	2289	2324	2	1	1	4457	2219	2238
37	4094	2022	2072	1		1	3966	1952	2014
38	4458	2185	2273	1		1	4310	2106	2204
39	3854	1938	1916				3732	1874	1858
40-44岁	**24433**	**12739**	**11694**	**9**	**6**	**3**	**23617**	**12283**	**11334**
40	3737	1902	1835	2	1	1	3604	1829	1775
41	4900	2545	2355	3	2	1	4737	2456	2281
42	5046	2554	2492				4876	2456	2420
43	5207	2831	2376	2	2		5027	2730	2297
44	5543	2907	2636	2	1	1	5373	2812	2561
45-49岁	**25586**	**13902**	**11684**	**6**	**3**	**3**	**24737**	**13410**	**11327**
45	5402	2839	2563	3	1	2	5207	2733	2474
46	5272	2870	2402	1		1	5089	2763	2326
47	5195	2836	2359	1	1		5024	2733	2291
48	4881	2683	2198	1	1		4732	2607	2125
49	4836	2674	2162				4685	2574	2111
50岁及以上	**74817**	**41169**	**33648**	**23**	**13**	**10**	**72281**	**39793**	**32488**

3-2a 续表 7

单位：人

年 龄	高中								
	肄 业			辍 学			其 他		
	小计	男	女	小计	男	女	小计	男	女
总 计	**835**	**507**	**328**	**1064**	**637**	**427**	**5634**	**3016**	**2618**
3									
4									
5–9岁									
5									
6									
7									
8									
9									
10–14岁	**2**	**1**	**1**	**4**	**2**	**2**	**8**	**5**	**3**
10									
11									
12									
13							3	2	1
14	2	1	1	4	2	2	5	3	2
15–19岁	**39**	**25**	**14**	**89**	**59**	**30**	**201**	**113**	**88**
15	4	2	2	10	6	4	19	11	8
16	6	4	2	24	17	7	58	34	24
17	10	7	3	16	13	3	36	19	17
18	8	4	4	23	11	12	48	27	21
19	11	8	3	16	12	4	40	22	18
20–24岁	**87**	**51**	**36**	**118**	**69**	**49**	**383**	**205**	**178**
20	18	12	6	21	13	8	50	23	27
21	18	9	9	18	13	5	55	29	26
22	20	9	11	29	12	17	87	47	40
23	19	11	8	23	12	11	100	50	50
24	12	10	2	27	19	8	91	56	35
25–29岁	**83**	**53**	**30**	**149**	**90**	**59**	**535**	**302**	**233**
25	17	7	10	33	16	17	114	67	47
26	13	9	4	21	9	12	85	42	43
27	17	10	7	30	24	6	99	64	35
28	16	12	4	26	18	8	120	65	55
29	20	15	5	39	23	16	117	64	53
30–34岁	**99**	**57**	**42**	**139**	**80**	**59**	**731**	**381**	**350**
30	12	9	3	34	21	13	180	93	87
31	23	14	9	23	14	9	150	75	75
32	22	11	11	22	14	8	127	79	48
33	22	13	9	31	17	14	148	72	76
34	20	10	10	29	14	15	126	62	64
35–39岁	**82**	**49**	**33**	**89**	**53**	**36**	**532**	**263**	**269**
35	20	16	4	27	14	13	106	53	53
36	18	8	10	18	8	10	118	53	65
37	13	9	4	14	10	4	100	51	49
38	15	7	8	20	14	6	112	58	54
39	16	9	7	10	7	3	96	48	48
40–44岁	**95**	**64**	**31**	**81**	**52**	**29**	**631**	**334**	**297**
40	10	6	4	12	8	4	109	58	51
41	28	19	9	19	10	9	113	58	55
42	13	10	3	21	14	7	136	74	62
43	23	13	10	16	11	5	139	75	64
44	21	16	5	13	9	4	134	69	65
45–49岁	**95**	**54**	**41**	**105**	**65**	**40**	**643**	**370**	**273**
45	25	13	12	27	11	16	140	81	59
46	13	7	6	18	14	4	151	86	65
47	24	14	10	21	10	11	125	78	47
48	17	7	10	19	12	7	112	56	56
49	16	13	3	20	18	2	115	69	46
50岁及以上	**253**	**153**	**100**	**290**	**167**	**123**	**1970**	**1043**	**927**

3-2a　续表 8

单位：人

年　龄	大学专科								
	合　计			在　校			毕　业		
	合计	男	女	小计	男	女	小计	男	女
总　计	**164972**	**85939**	**79033**	**38179**	**19218**	**18961**	**124245**	**65340**	**58905**
3									
4									
5–9岁									
5									
6									
7									
8									
9									
10–14岁	**25**	**13**	**12**	**24**	**13**	**11**	**1**		**1**
10									
11									
12	1		1				1		1
13	1	1		1	1				
14	23	12	11	23	12	11			
15–19岁	**23494**	**11462**	**12032**	**22244**	**10802**	**11442**	**1172**	**609**	**563**
15	667	337	330	660	333	327	7	4	3
16	1295	582	713	1263	560	703	28	18	10
17	2595	1198	1397	2478	1154	1324	113	43	70
18	7689	3817	3872	7372	3645	3727	291	153	138
19	11248	5528	5720	10471	5110	5361	733	391	342
20–24岁	**31756**	**16113**	**15643**	**15121**	**7970**	**7151**	**16263**	**7955**	**8308**
20	10379	5299	5080	8677	4484	4193	1647	786	861
21	6968	3615	3353	4018	2176	1842	2880	1403	1477
22	5518	2772	2746	1584	853	731	3861	1880	1981
23	4582	2301	2281	588	325	263	3909	1934	1975
24	4309	2126	2183	254	132	122	3966	1952	2014
25–29岁	**20603**	**10154**	**10449**	**410**	**222**	**188**	**19809**	**9728**	**10081**
25	4256	2157	2099	165	90	75	4005	2021	1984
26	3677	1810	1867	87	46	41	3519	1727	1792
27	3929	1948	1981	58	33	25	3808	1880	1928
28	4143	2009	2134	55	25	30	4016	1949	2067
29	4598	2230	2368	45	28	17	4461	2151	2310
30–34岁	**25033**	**12166**	**12867**	**143**	**78**	**65**	**24442**	**11861**	**12581**
30	5663	2713	2950	40	25	15	5522	2639	2883
31	5328	2581	2747	40	19	21	5193	2506	2687
32	4859	2350	2509	26	13	13	4744	2300	2444
33	4909	2434	2475	21	14	7	4793	2368	2425
34	4274	2088	2186	16	7	9	4190	2048	2142
35–39岁	**16022**	**7997**	**8025**	**75**	**35**	**40**	**15647**	**7820**	**7827**
35	3638	1827	1811	18	10	8	3548	1787	1761
36	3501	1701	1800	23	11	12	3409	1659	1750
37	3160	1575	1585	12	4	8	3101	1552	1549
38	3231	1649	1582	10	5	5	3156	1611	1545
39	2492	1245	1247	12	5	7	2433	1211	1222
40–44岁	**13204**	**6878**	**6326**	**55**	**29**	**26**	**12910**	**6725**	**6185**
40	2253	1166	1087	13	10	3	2198	1132	1066
41	2693	1431	1262	11	6	5	2631	1398	1233
42	2782	1403	1379	10	3	7	2726	1374	1352
43	2763	1444	1319	12	6	6	2698	1411	1287
44	2713	1434	1279	9	4	5	2657	1410	1247
45–49岁	**11018**	**6165**	**4853**	**30**	**15**	**15**	**10779**	**6034**	**4745**
45	2436	1307	1129	9	3	6	2374	1276	1098
46	2264	1248	1016	6	2	4	2214	1216	998
47	2325	1320	1005	6	5	1	2288	1298	990
48	2018	1146	872	5	3	2	1978	1128	850
49	1975	1144	831	4	2	2	1925	1116	809
50岁及以上	**23817**	**14991**	**8826**	**77**	**54**	**23**	**23222**	**14608**	**8614**

3-2a　续表 9

单位：人

年龄	大学专科								
	肄业			辍学			其他		
	小计	男	女	小计	男	女	小计	男	女
总　计	**242**	**139**	**103**	**88**	**54**	**34**	**2218**	**1188**	**1030**
3									
4									
5-9岁									
5									
6									
7									
8									
9									
10-14岁									
10									
11									
12									
13									
14									
15-19岁	**9**	**5**	**4**	**5**	**4**	**1**	**64**	**42**	**22**
15									
16							4	4	
17							4	1	3
18	1		1	1		1	24	19	5
19	8	5	3	4	4		32	18	14
20-24岁	**46**	**21**	**25**	**19**	**11**	**8**	**307**	**156**	**151**
20	7	1	6	4	2	2	44	26	18
21	11	4	7	7	4	3	52	28	24
22	8	5	3	2	1	1	63	33	30
23	11	7	4	2	2		72	33	39
24	9	4	5	4	2	2	76	36	40
25-29岁	**34**	**20**	**14**	**16**	**10**	**6**	**334**	**174**	**160**
25	8	5	3	4	3	1	74	38	36
26	4	2	2	2	1	1	65	34	31
27	7	3	4	2	1	1	54	31	23
28	7	5	2	6	3	3	59	27	32
29	8	5	3	2	2		82	44	38
30-34岁	**40**	**23**	**17**	**19**	**13**	**6**	**389**	**191**	**198**
30	9	8	1	4	3	1	88	38	50
31	11	8	3	6	3	3	78	45	33
32	6	2	4	2	2		81	33	48
33	9	2	7	7	5	2	79	45	34
34	5	3	2				63	30	33
35-39岁	**33**	**21**	**12**	**8**	**4**	**4**	**259**	**117**	**142**
35	9	4	5	1		1	62	26	36
36	7	4	3	2	1	1	60	26	34
37	2	2		2	1	1	43	16	27
38	4	1	3	1		1	60	32	28
39	11	10	1	2	2		34	17	17
40-44岁	**19**	**10**	**9**	**9**	**6**	**3**	**211**	**108**	**103**
40	5	3	2	2	2		35	19	16
41	1		1	1		1	49	27	22
42	3	1	2	2	1	1	41	24	17
43	7	4	3	2	1	1	44	22	22
44	3	2	1	2	2		42	16	26
45-49岁	**21**	**14**	**7**	**4**	**2**	**2**	**184**	**100**	**84**
45	8	4	4	2	1	1	43	23	20
46	3	3					41	27	14
47	3	3					28	14	14
48	4	2	2				31	13	18
49	3	2	1	2	1	1	41	23	18
50岁及以上	**40**	**25**	**15**	**8**	**4**	**4**	**470**	**300**	**170**

3-2a　续表 10

单位：人

年龄	大学本科								
	合计			在校			毕业		
	合计	男	女	小计	男	女	小计	男	女
总计	**145258**	**77324**	**67934**	**47572**	**24065**	**23507**	**96029**	**52295**	**43734**
3									
4									
5-9岁									
5									
6									
7									
8									
9									
10-14岁	**1**		**1**	**1**		**1**			
10									
11									
12									
13									
14	1		1	1		1			
15-19岁	**17649**	**8826**	**8823**	**17392**	**8700**	**8692**	**227**	**107**	**120**
15	30	14	16	29	13	16	1	1	
16	108	53	55	107	52	55			
17	1263	591	672	1243	584	659	19	6	13
18	6216	3124	3092	6153	3095	3058	53	24	29
19	10032	5044	4988	9860	4956	4904	154	76	78
20-24岁	**38465**	**19278**	**19187**	**28940**	**14725**	**14215**	**9314**	**4438**	**4876**
20	11447	5727	5720	11122	5568	5554	307	151	156
21	10713	5319	5394	9772	4872	4900	912	429	483
22	7656	3924	3732	5373	2831	2542	2231	1065	1166
23	4823	2435	2388	1925	1029	896	2844	1374	1470
24	3826	1873	1953	748	425	323	3020	1419	1601
25-29岁	**20045**	**9811**	**10234**	**868**	**445**	**423**	**18853**	**9198**	**9655**
25	3842	1896	1946	377	204	173	3405	1656	1749
26	3719	1812	1907	217	107	110	3442	1676	1766
27	3910	1899	2011	122	63	59	3724	1803	1921
28	4064	2009	2055	80	37	43	3923	1937	1986
29	4510	2195	2315	72	34	38	4359	2126	2233
30-34岁	**22265**	**11037**	**11228**	**170**	**82**	**88**	**21791**	**10792**	**10999**
30	5010	2447	2563	56	22	34	4874	2380	2494
31	4684	2273	2411	31	16	15	4582	2220	2362
32	4330	2134	2196	23	14	9	4257	2093	2164
33	4412	2252	2160	28	17	11	4326	2205	2121
34	3829	1931	1898	32	13	19	3752	1894	1858
35-39岁	**14581**	**7802**	**6779**	**78**	**46**	**32**	**14322**	**7654**	**6668**
35	3451	1782	1669	24	15	9	3395	1748	1647
36	3363	1837	1526	18	10	8	3288	1794	1494
37	2922	1570	1352	10	6	4	2879	1547	1332
38	2788	1483	1305	16	7	9	2741	1458	1283
39	2057	1130	927	10	8	2	2019	1107	912
40-44岁	**9630**	**5344**	**4286**	**36**	**15**	**21**	**9450**	**5245**	**4205**
40	1810	984	826	9	3	6	1774	961	813
41	2052	1115	937	4		4	2018	1094	924
42	2112	1187	925	9	5	4	2078	1171	907
43	1850	1008	842	7	4	3	1804	984	820
44	1806	1050	756	7	3	4	1776	1035	741
45-49岁	**7505**	**4615**	**2890**	**31**	**12**	**19**	**7347**	**4523**	**2824**
45	1631	977	654	8	5	3	1598	958	640
46	1503	904	599	6	2	4	1479	888	591
47	1559	994	565	4	2	2	1532	977	555
48	1475	912	563	5	1	4	1440	895	545
49	1337	828	509	8	2	6	1298	805	493
50岁及以上	**15117**	**10611**	**4506**	**56**	**40**	**16**	**14725**	**10338**	**4387**

3-2a 续表 11

单位：人

年龄	大学本科								
	肄业			辍学			其他		
	小计	男	女	小计	男	女	小计	男	女
总计	**136**	**84**	**52**	**24**	**15**	**9**	**1497**	**865**	**632**
3									
4									
5–9岁									
5									
6									
7									
8									
9									
10–14岁									
10									
11									
12									
13									
14									
15–19岁	**1**		**1**	**1**		**1**	**28**	**19**	**9**
15									
16							1	1	
17							1	1	
18				1		1	9	5	4
19	1		1				17	12	5
20–24岁	**20**	**10**	**10**	**6**	**4**	**2**	**185**	**101**	**84**
20	2	1	1				16	7	9
21	3	1	2	1	1		25	16	9
22	4	2	2				48	26	22
23	3	2	1	2	2		49	28	21
24	8	4	4	3	1	2	47	24	23
25–29岁	**36**	**22**	**14**	**8**	**5**	**3**	**280**	**141**	**139**
25	7	3	4	2	1	1	51	32	19
26	7	5	2	2	1	1	51	23	28
27	1	1		2	1	1	61	31	30
28	7	5	2	1	1		53	29	24
29	14	8	6	1	1		64	26	38
30–34岁	**33**	**18**	**15**	**4**	**3**	**1**	**267**	**142**	**125**
30	7	6	1				73	39	34
31	3	1	2	1	1		67	35	32
32	5	2	3	1	1		44	24	20
33	11	4	7	1		1	46	26	20
34	7	5	2	1	1		37	18	19
35–39岁	**16**	**11**	**5**	**3**	**1**	**2**	**162**	**90**	**72**
35	3	3		2		2	27	16	11
36	6	3	3				51	30	21
37	2	2					31	15	16
38	1		1				30	18	12
39	4	3	1	1	1		23	11	12
40–44岁	**12**	**7**	**5**				**132**	**77**	**55**
40	3	3					24	17	7
41	3	1	2				27	20	7
42	3	2	1				22	9	13
43	3	1	2				36	19	17
44							23	12	11
45–49岁	**5**	**4**	**1**				**122**	**76**	**46**
45	2	1	1				23	13	10
46	1	1					17	13	4
47							23	15	8
48							30	16	14
49	2	2					29	19	10
50岁及以上	**13**	**12**	**1**	**2**	**2**		**321**	**219**	**102**

3-2a　续表 12

单位：人

年　龄	硕士研究生								
	合　计			在　校			毕　业		
	合计	男	女	小计	男	女	小计	男	女
总　计	**13051**	**6753**	**6298**	**3738**	**1807**	**1931**	**9169**	**4863**	**4306**
3									
4									
5-9岁									
5									
6									
7									
8									
9									
10-14岁									
10									
11									
12									
13									
14									
15-19岁	**25**	**14**	**11**	**21**	**13**	**8**	**4**	**1**	**3**
15									
16									
17	1		1				1		1
18	5	2	3	3	1	2	2	1	1
19	19	12	7	18	12	6	1		1
20-24岁	**2797**	**1287**	**1510**	**2503**	**1179**	**1324**	**283**	**103**	**180**
20	24	9	15	23	8	15	1	1	
21	199	79	120	184	75	109	14	4	10
22	662	289	373	624	273	351	36	15	21
23	950	431	519	870	401	469	75	27	48
24	962	479	483	802	422	380	157	56	101
25-29岁	**2898**	**1308**	**1590**	**1060**	**535**	**525**	**1816**	**764**	**1052**
25	819	364	455	553	277	276	262	84	178
26	613	278	335	265	134	131	348	144	204
27	529	225	304	136	67	69	390	158	232
28	427	200	227	55	32	23	367	165	202
29	510	241	269	51	25	26	449	213	236
30-34岁	**2625**	**1257**	**1368**	**110**	**58**	**52**	**2478**	**1179**	**1299**
30	615	282	333	36	19	17	569	257	312
31	578	290	288	23	14	9	544	268	276
32	479	228	251	25	12	13	452	216	236
33	484	225	259	15	5	10	462	216	246
34	469	232	237	11	8	3	451	222	229
35-39岁	**1899**	**984**	**915**	**28**	**12**	**16**	**1851**	**963**	**888**
35	425	218	207	6	2	4	415	215	200
36	418	214	204	7	2	5	407	210	197
37	384	212	172	3	2	1	376	207	169
38	387	203	184	11	6	5	373	195	178
39	285	137	148	1		1	280	136	144
40-44岁	**1127**	**684**	**443**	**5**	**3**	**2**	**1107**	**673**	**434**
40	259	163	96	2	1	1	254	162	92
41	257	139	118	1	1		253	136	117
42	230	137	93	1		1	226	135	91
43	208	131	77	1	1		203	127	76
44	173	114	59				171	113	58
45-49岁	**750**	**499**	**251**	**7**	**4**	**3**	**732**	**486**	**246**
45	182	116	66	3		3	177	115	62
46	155	99	56	1	1		153	97	56
47	152	102	50				149	99	50
48	132	92	40	1	1		127	88	39
49	129	90	39	2	2		126	87	39
50岁及以上	**930**	**720**	**210**	**4**	**3**	**1**	**898**	**694**	**204**

3-2a 续表 13

单位：人

年龄	硕士研究生								
	肄业			辍学			其他		
	小计	男	女	小计	男	女	小计	男	女
总计	**11**	**5**	**6**	**1**	**1**		**132**	**77**	**55**
3									
4									
5-9岁									
5									
6									
7									
8									
9									
10-14岁									
10									
11									
12									
13									
14									
15-19岁									
15									
16									
17									
18									
19									
20-24岁	**1**		**1**				**10**	**5**	**5**
20									
21							1		1
22							2	1	1
23							5	3	2
24	1		1				2	1	1
25-29岁	**4**		**4**				**18**	**9**	**9**
25	1		1				3	3	
26									
27	2		2				1		1
28							5	3	2
29	1		1				9	3	6
30-34岁							**37**	**20**	**17**
30							10	6	4
31							11	8	3
32							2		2
33							7	4	3
34							7	2	5
35-39岁	**2**	**1**	**1**				**18**	**8**	**10**
35							4	1	3
36							4	2	2
37	1		1				4	3	1
38	1	1					2	1	1
39							4	1	3
40-44岁	**1**	**1**					**14**	**7**	**7**
40							3		3
41							3	2	1
42	1	1					2	1	1
43							4	3	1
44							2	1	1
45-49岁							**11**	**9**	**2**
45							2	1	1
46							1	1	
47							3	3	
48							4	3	1
49							1	1	
50岁及以上	**3**	**3**		**1**	**1**		**24**	**19**	**5**

3-2a　续表 14

单位：人

年　龄	博士研究生								
	合　　计			在　　校			毕　　业		
	合计	男	女	小计	男	女	小计	男	女
总　计	**1455**	**1007**	**448**	**308**	**199**	**109**	**1119**	**788**	**331**
3									
4									
5-9岁									
5									
6									
7									
8									
9									
10-14岁									
10									
11									
12									
13									
14									
15-19岁	**2**	**1**	**1**	**2**	**1**	**1**			
15									
16									
17									
18									
19	2	1	1	2	1	1			
20-24岁	**60**	**39**	**21**	**51**	**35**	**16**	**9**	**4**	**5**
20	3		3	1		1	2		2
21	2	2		2	2				
22	13	10	3	12	9	3	1	1	
23	18	11	7	16	10	6	2	1	1
24	24	16	8	20	14	6	4	2	2
25-29岁	**262**	**169**	**93**	**157**	**104**	**53**	**103**	**64**	**39**
25	48	30	18	37	23	14	10	6	4
26	45	31	14	34	22	12	11	9	2
27	34	20	14	27	18	9	7	2	5
28	68	46	22	39	28	11	28	18	10
29	67	42	25	20	13	7	47	29	18
30-34岁	**324**	**198**	**126**	**56**	**29**	**27**	**262**	**164**	**98**
30	67	41	26	17	8	9	50	33	17
31	71	41	30	15	7	8	56	34	22
32	58	43	15	8	7	1	47	34	13
33	65	34	31	10	4	6	53	28	25
34	63	39	24	6	3	3	56	35	21
35-39岁	**257**	**181**	**76**	**24**	**16**	**8**	**226**	**159**	**67**
35	55	38	17	7	5	2	48	33	15
36	52	40	12	4	2	2	48	38	10
37	50	32	18	3	1	2	45	30	15
38	56	41	15	7	6	1	46	32	14
39	44	30	14	3	2	1	39	26	13
40-44岁	**255**	**178**	**77**	**11**	**9**	**2**	**236**	**165**	**71**
40	66	39	27	2	1	1	59	36	23
41	69	44	25	5	4	1	63	40	23
42	40	30	10	1	1		38	28	10
43	41	31	10	3	3		38	28	10
44	39	34	5				38	33	5
45-49岁	**149**	**117**	**32**	**6**	**4**	**2**	**141**	**111**	**30**
45	34	27	7	2	1	1	31	25	6
46	35	26	9	4	3	1	31	23	8
47	32	27	5				32	27	5
48	21	15	6				21	15	6
49	27	22	5				26	21	5
50岁及以上	**146**	**124**	**22**	**1**	**1**		**142**	**121**	**21**

3-2a 续表 15

单位：人

年 龄	博士研究生								
	肄 业			辍 学			其 他		
	小计	男	女	小计	男	女	小计	男	女
总 计	**2**	**1**	**1**				**26**	**19**	**7**
3									
4									
5-9岁									
5									
6									
7									
8									
9									
10-14岁									
10									
11									
12									
13									
14									
15-19岁									
15									
16									
17									
18									
19									
20-24岁									
20									
21									
22									
23									
24									
25-29岁	**1**		**1**				**1**	**1**	
25							1	1	
26									
27									
28	1		1						
29									
30-34岁							**6**	**5**	**1**
30									
31									
32							3	2	1
33							2	2	
34							1	1	
35-39岁							**7**	**6**	**1**
35									
36									
37							2	1	1
38							3	3	
39							2	2	
40-44岁							**8**	**4**	**4**
40							5	2	3
41							1		1
42							1	1	
43									
44							1	1	
45-49岁	**1**	**1**					**1**	**1**	
45							1	1	
46									
47									
48									
49	1	1							
50岁及以上							**3**	**2**	**1**

3–2b　全省分年龄、性别、学业完成情况的3岁及以上各种受教育程度人口(镇)

单位：人

年　龄	合计								
	合　计			在　校			毕　业		
	合计	男	女	小计	男	女	小计	男	女
总　计	**1285188**	**662777**	**622411**	**342167**	**187306**	**154861**	**874580**	**443633**	**430947**
3									
4									
5–9岁	**87175**	**47985**	**39190**	**85165**	**46830**	**38335**	**1665**	**962**	**703**
5	2477	1326	1151	2405	1285	1120	58	32	26
6	16265	8927	7338	15879	8725	7154	302	162	140
7	21252	11709	9543	20814	11454	9360	357	209	148
8	24164	13266	10898	23574	12923	10651	494	289	205
9	23017	12757	10260	22493	12443	10050	454	270	184
10–14岁	**120440**	**66283**	**54157**	**116708**	**64043**	**52665**	**3186**	**1909**	**1277**
10	22712	12544	10168	22138	12200	9938	479	293	186
11	24220	13369	10851	23603	13012	10591	516	301	215
12	24865	13543	11322	24106	13084	11022	655	393	262
13	23985	13332	10653	23159	12825	10334	714	436	278
14	24658	13495	11163	23702	12922	10780	822	486	336
15–19岁	**119892**	**66283**	**53609**	**109197**	**60008**	**49189**	**9746**	**5702**	**4044**
15	25803	14221	11582	25173	13843	11330	520	312	208
16	29067	16289	12778	27888	15602	12286	1027	603	424
17	24439	13582	10857	22585	12476	10109	1669	996	673
18	20469	11410	9059	17586	9686	7900	2657	1576	1081
19	20114	10781	9333	15965	8401	7564	3873	2215	1658
20–24岁	**79043**	**41375**	**37668**	**29007**	**15294**	**13713**	**47509**	**24637**	**22872**
20	18859	9983	8876	12930	6740	6190	5569	3039	2530
21	16093	8589	7504	8219	4363	3856	7477	3980	3497
22	15614	8217	7397	4518	2478	2040	10570	5441	5129
23	14340	7381	6959	2210	1144	1066	11498	5878	5620
24	14137	7205	6932	1130	569	561	12395	6299	6096
25–29岁	**77497**	**38801**	**38696**	**1402**	**757**	**645**	**72609**	**36247**	**36362**
25	14403	7421	6982	648	346	302	13070	6709	6361
26	13169	6597	6572	324	179	145	12247	6095	6152
27	14662	7324	7338	186	107	79	13827	6887	6940
28	16133	7976	8157	146	78	68	15279	7548	7731
29	19130	9483	9647	98	47	51	18186	9008	9178
30–34岁	**111173**	**53924**	**57249**	**269**	**142**	**127**	**105436**	**51097**	**54339**
30	24544	12021	12523	96	54	42	23273	11368	11905
31	22606	11031	11575	63	33	30	21454	10455	10999
32	20931	10149	10782	42	24	18	19857	9648	10209
33	22876	11011	11865	41	19	22	21692	10437	11255
34	20216	9712	10504	27	12	15	19160	9189	9971
35–39岁	**93889**	**45545**	**48344**	**116**	**63**	**53**	**88778**	**43104**	**45674**
35	19118	9248	9870	27	18	9	18097	8755	9342
36	20212	9927	10285	34	15	19	19155	9409	9746
37	18088	8788	9300	15	11	4	17113	8331	8782
38	19174	9276	9898	23	12	11	18085	8749	9336
39	17297	8306	8991	17	7	10	16328	7860	8468
40–44岁	**111838**	**55284**	**56554**	**81**	**41**	**40**	**105172**	**52102**	**53070**
40	16697	8049	8648	10	5	5	15742	7605	8137
41	21797	10702	11095	20	13	7	20512	10075	10437
42	23728	11782	11946	15	6	9	22278	11106	11172
43	23933	11941	11992	17	7	10	22507	11276	11231
44	25683	12810	12873	19	10	9	24133	12040	12093
45–49岁	**119531**	**60460**	**59071**	**74**	**44**	**30**	**111869**	**56836**	**55033**
45	25040	12498	12542	17	10	7	23495	11776	11719
46	25330	12726	12604	14	7	7	23745	11995	11750
47	25270	12852	12418	18	12	6	23662	12088	11574
48	22446	11439	11007	16	10	6	20999	10729	10270
49	21445	10945	10500	9	5	4	19968	10248	9720
50岁及以上	**364710**	**186837**	**177873**	**148**	**84**	**64**	**328610**	**171037**	**157573**

3-2b 续表 1

单位：人

年 龄	合计								
	肄业			辍学			其他		
	小计	男	女	小计	男	女	小计	男	女
总 计	**11838**	**5279**	**6559**	**14867**	**6411**	**8456**	**41736**	**20148**	**21588**
3									
4									
5-9岁	**15**	**6**	**9**	**10**	**7**	**3**	**320**	**180**	**140**
5				1	1		13	8	5
6	3	1	2	1		1	80	39	41
7	3	1	2	2	2		76	43	33
8	7	2	5	3	1	2	86	51	35
9	2	2		3	3		65	39	26
10-14岁	**40**	**25**	**15**	**51**	**36**	**15**	**455**	**270**	**185**
10	8	5	3	1	1		86	45	41
11	6	4	2	7	5	2	88	47	41
12	5	3	2	9	6	3	90	57	33
13	8	4	4	10	6	4	94	61	33
14	13	9	4	24	18	6	97	60	37
15-19岁	**173**	**103**	**70**	**244**	**161**	**83**	**532**	**309**	**223**
15	12	7	5	32	16	16	66	43	23
16	41	26	15	48	24	24	63	34	29
17	28	11	17	45	34	11	112	65	47
18	41	30	11	58	46	12	127	72	55
19	51	29	22	61	41	20	164	95	69
20-24岁	**411**	**246**	**165**	**383**	**249**	**134**	**1733**	**949**	**784**
20	73	41	32	68	45	23	219	118	101
21	60	42	18	59	41	18	278	163	115
22	90	53	37	69	39	30	367	206	161
23	93	51	42	95	70	25	444	238	206
24	95	59	36	92	54	38	425	224	201
25-29岁	**533**	**310**	**223**	**445**	**254**	**191**	**2508**	**1233**	**1275**
25	107	66	41	82	50	32	496	250	246
26	93	57	36	70	45	25	435	221	214
27	102	56	46	84	52	32	463	222	241
28	104	55	49	86	40	46	518	255	263
29	127	76	51	123	67	56	596	285	311
30-34岁	**864**	**434**	**430**	**768**	**403**	**365**	**3836**	**1848**	**1988**
30	177	93	84	186	99	87	812	407	405
31	174	80	94	141	81	60	774	382	392
32	175	80	95	137	69	68	720	328	392
33	176	102	74	169	83	86	798	370	428
34	162	79	83	135	71	64	732	361	371
35-39岁	**822**	**417**	**405**	**881**	**388**	**493**	**3292**	**1573**	**1719**
35	174	93	81	189	76	113	631	306	325
36	155	71	84	177	85	92	691	347	344
37	152	79	73	162	72	90	646	295	351
38	183	94	89	172	78	94	711	343	368
39	158	80	78	181	77	104	613	282	331
40-44岁	**1086**	**515**	**571**	**1179**	**518**	**661**	**4320**	**2108**	**2212**
40	146	67	79	159	73	86	640	299	341
41	229	104	125	239	114	125	797	396	401
42	230	103	127	268	111	157	937	456	481
43	218	113	105	260	107	153	931	438	493
44	263	128	135	253	113	140	1015	519	496
45-49岁	**1200**	**531**	**669**	**1659**	**740**	**919**	**4729**	**2309**	**2420**
45	219	105	114	340	148	192	969	459	510
46	241	99	142	339	152	187	991	473	518
47	261	109	152	343	161	182	986	482	504
48	244	115	129	298	127	171	889	458	431
49	235	103	132	339	152	187	894	437	457
50岁及以上	**6694**	**2692**	**4002**	**9247**	**3655**	**5592**	**20011**	**9369**	**10642**

3-2b 续表 2　　　　　　　　　　　　　　　　　　　　　　　　　　　　单位：人

年 龄	小学								
	合计			在校			毕业		
	合计	男	女	小计	男	女	小计	男	女
总 计	**340603**	**153520**	**187083**	**135487**	**74416**	**61071**	**176867**	**69021**	**107846**
3									
4									
5–9岁	**85923**	**47245**	**38678**	**84029**	**46167**	**37862**	**1571**	**902**	**669**
5	2477	1326	1151	2405	1285	1120	58	32	26
6	16082	8820	7262	15718	8634	7084	282	148	134
7	20975	11559	9416	20561	11320	9241	338	196	142
8	23797	13045	10752	23244	12722	10522	461	271	190
9	22592	12495	10097	22101	12206	9895	432	255	177
10–14岁	**52670**	**28997**	**23673**	**51307**	**28188**	**23119**	**1132**	**678**	**454**
10	21924	12095	9829	21412	11788	9624	429	262	167
11	20936	11574	9362	20448	11284	9164	406	245	161
12	7104	3882	3222	6878	3754	3124	185	104	81
13	1961	1066	895	1877	1013	864	68	43	25
14	745	380	365	692	349	343	44	24	20
15–19岁	**446**	**242**	**204**	**89**	**38**	**51**	**263**	**144**	**119**
15	55	32	23	30	14	16	15	11	4
16	75	33	42	23	6	17	36	18	18
17	79	42	37	15	9	6	45	23	22
18	112	62	50	15	7	8	75	39	36
19	125	73	52	6	2	4	92	53	39
20–24岁	**983**	**507**	**476**	**11**	**7**	**4**	**840**	**426**	**414**
20	135	71	64	6	3	3	107	56	51
21	139	74	65	1		1	122	66	56
22	208	120	88	2	2		181	101	80
23	232	113	119	1	1		203	98	105
24	269	129	140	1	1		227	105	122
25–29岁	**1928**	**820**	**1108**	**2**	**1**	**1**	**1742**	**740**	**1002**
25	288	134	154				258	125	133
26	302	128	174	1	1		267	114	153
27	385	150	235				346	134	212
28	419	179	240	1		1	386	161	225
29	534	229	305				485	206	279
30–34岁	**4216**	**1588**	**2628**	**3**		**3**	**3818**	**1419**	**2399**
30	772	322	450				693	286	407
31	801	309	492	2		2	721	280	441
32	848	316	532	1		1	754	269	485
33	931	329	602				858	302	556
34	864	312	552				792	282	510
35–39岁	**5212**	**1758**	**3454**	**3**		**3**	**4671**	**1582**	**3089**
35	856	299	557	1		1	754	269	485
36	1043	367	676				923	321	602
37	973	341	632				888	307	581
38	1138	361	777	1		1	1030	329	701
39	1202	390	812	1		1	1076	356	720
40–44岁	**12291**	**4168**	**8123**	**5**	**2**	**3**	**10982**	**3709**	**7273**
40	1324	432	892				1209	394	815
41	2106	728	1378	1		1	1888	645	1243
42	2581	874	1707				2275	774	1501
43	2876	969	1907	3	2	1	2561	852	1709
44	3404	1165	2239	1		1	3049	1044	2005
45–49岁	**21040**	**7247**	**13793**	**3**	**1**	**2**	**18645**	**6439**	**12206**
45	3743	1280	2463				3333	1140	2193
46	4128	1442	2686				3641	1276	2365
47	4519	1580	2939	1	1		4010	1410	2600
48	4154	1418	2736	1		1	3708	1268	2440
49	4496	1527	2969	1		1	3953	1345	2608
50岁及以上	**155894**	**60948**	**94946**	**35**	**12**	**23**	**133203**	**52982**	**80221**

3–2b 续表 3

单位：人

年 龄	小学								
	肄业			辍学			其他		
	小计	男	女	小计	男	女	小计	男	女
总 计	**5384**	**1770**	**3614**	**8569**	**2935**	**5634**	**14296**	**5378**	**8918**
3									
4									
5–9岁	**14**	**5**	**9**	**9**	**6**	**3**	**300**	**165**	**135**
5				1	1		13	8	5
6	3	1	2	1		1	78	37	41
7	3	1	2	2	2		71	40	31
8	7	2	5	3	1	2	82	49	33
9	1	1		2	2		56	31	25
10–14岁	**14**	**9**	**5**	**19**	**11**	**8**	**198**	**111**	**87**
10	7	4	3				76	41	35
11	4	3	1	5	3	2	73	39	34
12	2	1	1	6	4	2	33	19	14
13				3		3	13	10	3
14	1	1		5	4	1	3	2	1
15–19岁	**19**	**13**	**6**	**21**	**18**	**3**	**54**	**29**	**25**
15	3	2	1	1	1		6	4	2
16	7	4	3	4	3	1	5	2	3
17	1		1	4	4		14	6	8
18	4	3	1	6	6		12	7	5
19	4	4		6	4	2	17	10	7
20–24岁	**16**	**9**	**7**	**39**	**19**	**20**	**77**	**46**	**31**
20	2		2	5	3	2	15	9	6
21	3	1	2	4	2	2	9	5	4
22	4	4		8	3	5	13	10	3
23	4	2	2	9	4	5	15	8	7
24	3	2	1	13	7	6	25	14	11
25–29岁	**30**	**18**	**12**	**51**	**24**	**27**	**103**	**37**	**66**
25	6	3	3	5	1	4	19	5	14
26	6	3	3	12	7	5	16	3	13
27	5	4	1	8	4	4	26	8	18
28	4	2	2	9	4	5	19	12	7
29	9	6	3	17	8	9	23	9	14
30–34岁	**53**	**17**	**36**	**122**	**64**	**58**	**220**	**88**	**132**
30	11	4	7	19	10	9	49	22	27
31	13	3	10	22	11	11	43	15	28
32	11	5	6	31	20	11	51	22	29
33	6	2	4	27	11	16	40	14	26
34	12	3	9	23	12	11	37	15	22
35–39岁	**90**	**36**	**54**	**178**	**54**	**124**	**270**	**86**	**184**
35	16	3	13	29	9	20	56	18	38
36	22	10	12	38	12	26	60	24	36
37	12	6	6	31	13	18	42	15	27
38	22	9	13	32	9	23	53	14	39
39	18	8	10	48	11	37	59	15	44
40–44岁	**194**	**61**	**133**	**397**	**130**	**267**	**713**	**266**	**447**
40	13	3	10	42	13	29	60	22	38
41	34	13	21	74	29	45	109	41	68
42	44	11	33	85	22	63	177	67	110
43	42	15	27	98	30	68	172	70	102
44	61	19	42	98	36	62	195	66	129
45–49岁	**380**	**119**	**261**	**802**	**276**	**526**	**1210**	**412**	**798**
45	57	24	33	159	56	103	194	60	134
46	81	27	54	159	60	99	247	79	168
47	81	21	60	160	60	100	267	88	179
48	71	19	52	146	42	104	228	89	139
49	90	28	62	178	58	120	274	96	178
50岁及以上	**4574**	**1483**	**3091**	**6931**	**2333**	**4598**	**11151**	**4138**	**7013**

单位：人

	初中								
	合计			在校			毕业		
	合计	男	女	小计	男	女	小计	男	女
	512668	**266039**	**246629**	**76615**	**42437**	**34178**	**408522**	**209330**	**199192**
5–9岁	**1252**	**740**	**512**	**1136**	**663**	**473**	**94**	**60**	**34**
5									
6	183	107	76	161	91	70	20	14	6
7	277	150	127	253	134	119	19	13	6
8	367	221	146	330	201	129	33	18	15
9	425	262	163	392	237	155	22	15	7
10–14岁	**64180**	**35435**	**28745**	**61931**	**34077**	**27854**	**1950**	**1169**	**781**
10	784	446	338	725	411	314	47	29	18
11	3281	1793	1488	3152	1726	1426	110	56	54
12	17755	9658	8097	17226	9329	7897	466	287	179
13	21631	12043	9588	20914	11606	9308	627	381	246
14	20729	11495	9234	19914	11005	8909	700	416	284
15–19岁	**18868**	**10887**	**7981**	**13351**	**7597**	**5754**	**5097**	**3035**	**2062**
15	8314	4731	3583	7839	4452	3387	403	237	166
16	3835	2248	1587	3075	1796	1279	684	415	269
17	2339	1341	998	1280	711	569	982	583	399
18	2054	1225	829	648	366	282	1310	792	518
19	2326	1342	984	509	272	237	1718	1008	710
20–24岁	**16682**	**8871**	**7811**	**84**	**49**	**35**	**15593**	**8259**	**7334**
20	2389	1326	1063	37	19	18	2215	1232	983
21	2794	1561	1233	21	16	5	2611	1445	1166
22	3529	1870	1659	15	10	5	3308	1755	1553
23	3855	2000	1855	7	3	4	3589	1846	1743
24	4115	2114	2001	4	1	3	3870	1981	1889
25–29岁	**27807**	**13404**	**14403**	**13**	**7**	**6**	**26270**	**12648**	**13622**
25	4588	2319	2269	6	4	2	4325	2172	2153
26	4359	2133	2226	1		1	4102	2004	2098
27	5175	2465	2710	3	1	2	4896	2330	2566
28	6112	2865	3247	1	1		5783	2719	3064
29	7573	3622	3951	2	1	1	7164	3423	3741
30–34岁	**51289**	**23378**	**27911**	**13**	**5**	**8**	**48349**	**22019**	**26330**
30	10442	4897	5545	3		3	9861	4616	5245
31	9956	4593	5363	3	2	1	9363	4307	5056
32	9709	4368	5341	4	2	2	9167	4157	5010
33	11044	4990	6054	1		1	10396	4676	5720
34	10138	4530	5608	2	1	1	9562	4263	5299
35–39岁	**52282**	**24046**	**28236**	**18**	**8**	**10**	**49181**	**22596**	**26585**
35	10083	4601	5482	5	4	1	9469	4305	5164
36	11143	5203	5940	6	3	3	10519	4910	5609
37	10278	4715	5563	1		1	9660	4445	5215
38	10934	5032	5902	1	1		10271	4726	5545
39	9844	4495	5349	5		5	9262	4210	5052
40–44岁	**67252**	**32409**	**34843**	**17**	**6**	**11**	**63288**	**30498**	**32790**
40	9775	4455	5320	2	1	1	9168	4173	4995
41	13035	6195	6840	3	1	2	12241	5809	6432
42	14255	6922	7333	4	1	3	13385	6498	6887
43	14608	7169	7439	4	1	3	13815	6805	7010
44	15579	7668	7911	4	2	2	14679	7213	7466
45–49岁	**69297**	**35151**	**34146**	**14**	**6**	**8**	**65293**	**33111**	**32182**
45	15026	7465	7561	5	3	2	14180	7046	7134
46	14989	7455	7534	3		3	14149	7043	7106
47	14674	7524	7150	2		2	13832	7096	6736
48	12863	6599	6264	2	1	1	12104	6199	5905
49	11745	6108	5637	2	2		11028	5727	5301
50岁及以上	**143759**	**81718**	**62041**	**38**	**19**	**19**	**133407**	**75935**	**57472**

3-2b 续表 5

年 龄	初 中								
	肄 业			辍 学			其		
	小计	男	女	小计	男	女	小计	男	
总 计	**4542**	**2315**	**2227**	**5038**	**2688**	**2350**	**17951**	**92**[illegible]	[illegible]
3									
4									
5-9岁	**1**	**1**		**1**	**1**		**20**	**15**	[illegible]
5									
6							2	2	
7							5	3	2
8							4	2	2
9	1	1		1	1		9	8	1
10-14岁	**25**	**15**	**10**	**31**	**24**	**7**	**243**	**150**	**93**
10	1	1		1	1		10	4	6
11	2	1	1	2	2		15	8	7
12	3	2	1	3	2	1	57	38	19
13	8	4	4	7	6	1	75	46	29
14	11	7	4	18	13	5	86	54	32
15-19岁	**76**	**42**	**34**	**134**	**83**	**51**	**210**	**130**	**80**
15	8	4	4	25	13	12	39	25	14
16	21	11	10	22	8	14	33	18	15
17	12	5	7	22	14	8	43	28	15
18	14	11	3	34	29	5	48	27	21
19	21	11	10	31	19	12	47	32	15
20-24岁	**159**	**92**	**67**	**204**	**135**	**69**	**642**	**336**	**306**
20	25	12	13	36	24	12	76	39	37
21	25	19	6	32	23	9	105	58	47
22	32	18	14	38	19	19	136	68	68
23	35	17	18	54	43	11	170	91	79
24	42	26	16	44	26	18	155	80	75
25-29岁	**259**	**137**	**122**	**244**	**141**	**103**	**1021**	**471**	**550**
25	41	26	15	46	29	17	170	88	82
26	39	21	18	40	26	14	177	82	95
27	50	23	27	46	30	16	180	81	99
28	62	29	33	49	22	27	217	94	123
29	67	38	29	63	34	29	277	126	151
30-34岁	**468**	**221**	**247**	**462**	**233**	**229**	**1997**	**900**	**1097**
30	87	46	41	106	53	53	385	182	203
31	97	40	57	83	46	37	410	198	212
32	91	38	53	85	38	47	362	133	229
33	101	56	45	104	54	50	442	204	238
34	92	41	51	84	42	42	398	183	215
35-39岁	**518**	**255**	**263**	**566**	**253**	**313**	**1999**	**934**	**1065**
35	109	61	48	130	55	75	370	176	194
36	95	39	56	109	54	55	414	197	217
37	97	46	51	110	47	63	410	177	233
38	113	56	57	114	52	62	435	197	238
39	104	53	51	103	45	58	370	187	183
40-44岁	**674**	**322**	**352**	**652**	**310**	**342**	**2621**	**1273**	**1348**
40	99	44	55	96	48	48	410	189	221
41	148	66	82	138	72	66	505	247	258
42	147	72	75	151	65	86	568	286	282
43	134	67	67	132	63	69	523	233	290
44	146	73	73	135	62	73	615	318	297
45-49岁	**648**	**311**	**337**	**742**	**394**	**348**	**2600**	**1329**	**1271**
45	131	67	64	159	80	79	551	269	282
46	122	53	69	150	74	76	565	285	280
47	145	63	82	160	89	71	535	276	259
48	129	68	61	133	72	61	495	259	236
49	121	60	61	140	79	61	454	240	214
50岁及以上	**1714**	**919**	**795**	**2002**	**1114**	**888**	**6598**	**3731**	**2867**

3-2b 续表 6

单位：人

年 龄	高中								
	合计			在校			毕业		
	合计	男	女	小计	男	女	小计	男	女
总 计	**246993**	**141337**	**105656**	**78168**	**43422**	**34746**	**159990**	**92626**	**67364**
3									
4									
5-9岁									
5									
6									
7									
8									
9									
10-14岁	**3571**	**1844**	**1727**	**3456**	**1773**	**1683**	**99**	**60**	**39**
10	3	3		1	1		2	2	
11	1	1		1	1				
12	3	2	1	2	1	1	1	1	
13	393	223	170	368	206	162	19	12	7
14	3171	1615	1556	3084	1564	1520	77	45	32
15-19岁	**75846**	**42404**	**33442**	**72086**	**40161**	**31925**	**3415**	**2035**	**1380**
15	16991	9248	7743	16872	9173	7699	93	59	34
16	24359	13607	10752	24020	13414	10606	283	157	126
17	19815	11117	8698	19183	10720	8463	553	349	204
18	9899	5682	4217	8793	5015	3778	1024	617	407
19	4782	2750	2032	3218	1839	1379	1462	853	609
20-24岁	**15920**	**9068**	**6852**	**2525**	**1432**	**1093**	**12620**	**7149**	**5471**
20	3340	1920	1420	1301	730	571	1921	1113	808
21	2836	1659	1177	571	320	251	2133	1252	881
22	3218	1845	1373	325	196	129	2733	1546	1187
23	3205	1791	1414	192	109	83	2820	1564	1256
24	3321	1853	1468	136	77	59	3013	1674	1339
25-29岁	**19107**	**10216**	**8891**	**34**	**22**	**12**	**18044**	**9619**	**8425**
25	3479	1910	1569	10	6	4	3247	1779	1468
26	3145	1634	1511	10	7	3	2959	1517	1442
27	3605	1974	1631	6	5	1	3395	1860	1535
28	4041	2176	1865	7	4	3	3835	2063	1772
29	4837	2522	2315	1		1	4608	2400	2208
30-34岁	**26995**	**14106**	**12889**	**13**	**4**	**9**	**25635**	**13353**	**12282**
30	6086	3193	2893	5	2	3	5769	3019	2750
31	5771	3036	2735				5517	2888	2629
32	5045	2653	2392	2		2	4797	2513	2284
33	5448	2835	2613	3		3	5166	2695	2471
34	4645	2389	2256	3	2	1	4386	2238	2148
35-39岁	**19924**	**10673**	**9251**	**7**	**2**	**5**	**18983**	**10157**	**8826**
35	4246	2216	2030	2	1	1	4052	2113	1939
36	4199	2262	1937	1		1	4016	2155	1861
37	3767	2022	1745				3598	1928	1670
38	3997	2140	1857	2		2	3786	2022	1764
39	3715	2033	1682	2	1	1	3531	1939	1592
40-44岁	**20194**	**11381**	**8813**	**13**	**7**	**6**	**19182**	**10804**	**8378**
40	3278	1817	1461				3105	1734	1371
41	4129	2309	1820	2	1	1	3943	2200	1743
42	4351	2455	1896	5	2	3	4145	2342	1803
43	4166	2372	1794	3	3		3927	2235	1692
44	4270	2428	1842	3	1	2	4062	2293	1769
45-49岁	**19326**	**11580**	**7746**	**12**	**8**	**4**	**18390**	**11013**	**7377**
45	4125	2390	1735	2	1	1	3915	2270	1645
46	4160	2456	1704	2	1	1	3976	2350	1626
47	3999	2391	1608	4	3	1	3808	2270	1538
48	3577	2189	1388	4	3	1	3391	2067	1324
49	3465	2154	1311				3300	2056	1244
50岁及以上	**46110**	**30065**	**16045**	**22**	**13**	**9**	**43622**	**28436**	**15186**

3-2b 续表 7

单位：人

年龄	高中								
	肄业			辍学			其他		
	小计	男	女	小计	男	女	小计	男	女
总计	**1480**	**926**	**554**	**1144**	**714**	**430**	**6211**	**3649**	**2562**
3									
4									
5-9岁									
5									
6									
7									
8									
9									
10-14岁	**1**	**1**		**1**	**1**		**14**	**9**	**5**
10									
11									
12									
13							6	5	1
14	1	1		1	1		8	4	4
15-19岁	**68**	**43**	**25**	**80**	**54**	**26**	**197**	**111**	**86**
15	1	1		6	2	4	19	13	6
16	12	10	2	22	13	9	22	13	9
17	15	6	9	18	15	3	46	27	19
18	21	15	6	12	8	4	49	27	22
19	19	11	8	22	16	6	61	31	30
20-24岁	**145**	**92**	**53**	**117**	**81**	**36**	**513**	**314**	**199**
20	34	21	13	22	15	7	62	41	21
21	20	15	5	22	15	7	90	57	33
22	35	22	13	17	12	5	108	69	39
23	31	20	11	29	22	7	133	76	57
24	25	14	11	27	17	10	120	71	49
25-29岁	**170**	**112**	**58**	**132**	**79**	**53**	**727**	**384**	**343**
25	39	24	15	31	20	11	152	81	71
26	38	28	10	15	11	4	123	71	52
27	32	20	12	24	15	9	148	74	74
28	28	19	9	23	11	12	148	79	69
29	33	21	12	39	22	17	156	79	77
30-34岁	**256**	**142**	**114**	**156**	**90**	**66**	**935**	**517**	**418**
30	57	32	25	52	31	21	203	109	94
31	45	25	20	30	22	8	179	101	78
32	60	29	31	16	7	9	170	104	66
33	51	31	20	32	15	17	196	94	102
34	43	25	18	26	15	11	187	109	78
35-39岁	**159**	**90**	**69**	**118**	**68**	**50**	**657**	**356**	**301**
35	35	22	13	29	12	17	128	68	60
36	25	14	11	24	16	8	133	77	56
37	34	21	13	16	9	7	119	64	55
38	38	21	17	21	12	9	150	85	65
39	27	12	15	28	19	9	127	62	65
40-44岁	**175**	**105**	**70**	**124**	**74**	**50**	**700**	**391**	**309**
40	32	18	14	21	12	9	120	53	67
41	35	21	14	26	13	13	123	74	49
42	33	16	17	29	21	8	139	74	65
43	30	23	7	28	13	15	178	98	80
44	45	27	18	20	15	5	140	92	48
45-49岁	**141**	**82**	**59**	**106**	**62**	**44**	**677**	**415**	**262**
45	23	10	13	19	10	9	166	99	67
46	30	15	15	28	16	12	124	74	50
47	30	20	10	22	11	11	135	87	48
48	37	23	14	16	10	6	129	86	43
49	21	14	7	21	15	6	123	69	54
50岁及以上	**365**	**259**	**106**	**310**	**205**	**105**	**1791**	**1152**	**639**

3-2b　续表 8

单位：人

年　龄	大学专科								
	合　　计			在　　校			毕　　业		
	合计	男	女	小计	男	女	小计	男	女
总　计	**110925**	**61018**	**49907**	**27747**	**14682**	**13065**	**80598**	**44861**	**35737**
3									
4									
5—9岁									
5									
6									
7									
8									
9									
10—14岁	**18**	**7**	**11**	**14**	**5**	**9**	**4**	**2**	**2**
10									
11	2	1	1	2	1	1			
12	3	1	2				3	1	2
13									
14	13	5	8	12	4	8	1	1	
15—19岁	**16016**	**8380**	**7636**	**15133**	**7933**	**7200**	**811**	**407**	**404**
15	402	183	219	394	178	216	6	4	2
16	714	347	367	689	335	354	21	10	11
17	1526	761	765	1437	720	717	82	37	45
18	5261	2817	2444	5040	2702	2338	201	103	98
19	8113	4272	3841	7573	3998	3575	501	253	248
20—24岁	**24543**	**12415**	**12128**	**11937**	**6384**	**5553**	**12174**	**5808**	**6366**
20	7577	3999	3578	6433	3450	2983	1079	521	558
21	5308	2708	2600	3240	1740	1500	2006	933	1073
22	4424	2231	2193	1449	797	652	2877	1381	1496
23	3727	1809	1918	566	288	278	3053	1466	1587
24	3507	1668	1839	249	109	140	3159	1507	1652
25—29岁	**15938**	**7988**	**7950**	**405**	**215**	**190**	**15072**	**7526**	**7546**
25	3319	1691	1628	167	87	80	3042	1547	1495
26	2952	1511	1441	86	47	39	2779	1411	1368
27	3009	1519	1490	67	38	29	2857	1436	1421
28	3122	1519	1603	42	26	16	2993	1447	1546
29	3536	1748	1788	43	17	26	3401	1685	1716
30—34岁	**17046**	**8691**	**8355**	**114**	**57**	**57**	**16413**	**8370**	**8043**
30	4286	2109	2177	42	26	16	4111	2012	2099
31	3604	1801	1803	30	13	17	3475	1744	1731
32	3182	1655	1527	15	5	10	3066	1598	1468
33	3257	1683	1574	21	11	10	3139	1621	1518
34	2717	1443	1274	6	2	4	2622	1395	1227
35—39岁	**9991**	**5337**	**4654**	**54**	**29**	**25**	**9643**	**5149**	**4494**
35	2339	1244	1095	11	6	5	2272	1206	1066
36	2277	1182	1095	17	8	9	2195	1137	1058
37	1821	975	846	10	7	3	1752	937	815
38	1936	1073	863	11	5	6	1862	1027	835
39	1618	863	755	5	3	2	1562	842	720
40—44岁	**7688**	**4540**	**3148**	**28**	**16**	**12**	**7436**	**4379**	**3057**
40	1458	833	625	5	2	3	1415	803	612
41	1609	906	703	6	6		1554	872	682
42	1609	953	656	3	1	2	1573	932	641
43	1446	890	556	4	1	3	1387	855	532
44	1566	958	608	10	6	4	1507	917	590
45—49岁	**6370**	**4011**	**2359**	**26**	**17**	**9**	**6144**	**3872**	**2272**
45	1364	846	518	5	3	2	1305	815	490
46	1298	828	470	8	5	3	1244	797	447
47	1378	861	517	5	4	1	1340	835	505
48	1204	772	432	5	3	2	1164	744	420
49	1126	704	422	3	2	1	1091	681	410
50岁及以上	**13315**	**9649**	**3666**	**36**	**26**	**10**	**12901**	**9348**	**3553**

3-2b 续表 9

单位：人

年龄	大学专科								
	肄业			辍学			其他		
	小计	男	女	小计	男	女	小计	男	女
总计	**313**	**195**	**118**	**90**	**56**	**34**	**2177**	**1224**	**953**
3									
4									
5-9岁									
5									
6									
7									
8									
9									
10-14岁									
10									
11									
12									
13									
14									
15-19岁	**10**	**5**	**5**	**6**	**4**	**2**	**56**	**31**	**25**
15							2	1	1
16	1	1					3	1	2
17							7	4	3
18	2	1	1	4	2	2	14	9	5
19	7	3	4	2	2		30	16	14
20-24岁	**74**	**45**	**29**	**19**	**12**	**7**	**339**	**166**	**173**
20	9	6	3	4	2	2	52	20	32
21	10	7	3	1	1		51	27	24
22	16	8	8	6	5	1	76	40	36
23	18	9	9	3	1	2	87	45	42
24	21	15	6	5	3	2	73	34	39
25-29岁	**48**	**28**	**20**	**14**	**9**	**5**	**399**	**210**	**189**
25	11	8	3				99	49	50
26	8	4	4	2	1	1	77	48	29
27	10	6	4	5	3	2	70	36	34
28	6	3	3	3	2	1	78	41	37
29	13	7	6	4	3	1	75	36	39
30-34岁	**66**	**40**	**26**	**20**	**10**	**10**	**433**	**214**	**219**
30	18	10	8	7	4	3	108	57	51
31	14	7	7	5	2	3	80	35	45
32	12	8	4	3	2	1	86	42	44
33	13	9	4	5	2	3	79	40	39
34	9	6	3				80	40	40
35-39岁	**38**	**25**	**13**	**16**	**10**	**6**	**240**	**124**	**116**
35	8	4	4	1		1	47	28	19
36	10	6	4	5	2	3	50	29	21
37	6	4	2	4	2	2	49	25	24
38	7	6	1	4	4		52	31	21
39	7	5	2	2	2		42	11	31
40-44岁	**26**	**18**	**8**	**5**	**3**	**2**	**193**	**124**	**69**
40	1	1					37	27	10
41	4		4	1		1	44	28	16
42	5	3	2	2	2		26	15	11
43	9	8	1	2	1	1	44	25	19
44	7	6	1				42	29	13
45-49岁	**25**	**16**	**9**	**7**	**6**	**1**	**168**	**100**	**68**
45	7	4	3	3	2	1	44	22	22
46	8	4	4	2	2		36	20	16
47	3	3		1	1		29	18	11
48	5	4	1	1	1		29	20	9
49	2	1	1				30	20	10
50岁及以上	**26**	**18**	**8**	**3**	**2**	**1**	**349**	**255**	**94**

3-2b　续表 10

单位：人

年龄	大学本科								
	合计			在校			毕业		
	合计	男	女	小计	男	女	小计	男	女
总　计	**69914**	**38715**	**31199**	**22263**	**11433**	**10830**	**46453**	**26590**	**19863**
3									
4									
5–9岁									
5									
6									
7									
8									
9									
10–14岁	**1**		**1**				**1**		**1**
10	1		1				1		1
11									
12									
13									
14									
15–19岁	**8700**	**4359**	**4341**	**8523**	**4269**	**4254**	**159**	**80**	**79**
15	40	27	13	37	26	11	3	1	2
16	84	54	30	81	51	30	3	3	
17	675	319	356	666	315	351	6	3	3
18	3140	1621	1519	3087	1593	1494	47	25	22
19	4761	2338	2423	4652	2284	2368	100	48	52
20–24岁	**19493**	**9863**	**9630**	**13165**	**6836**	**6329**	**6152**	**2933**	**3219**
20	5398	2656	2742	5136	2528	2608	244	116	128
21	4907	2530	2377	4282	2234	2048	601	281	320
22	3890	1989	1901	2403	1322	1081	1451	648	803
23	2843	1468	1375	998	555	443	1804	892	912
24	2455	1220	1235	346	197	149	2052	996	1056
25–29岁	**11585**	**5815**	**5770**	**428**	**229**	**199**	**10881**	**5445**	**5436**
25	2374	1187	1187	200	109	91	2109	1047	1062
26	2152	1069	1083	100	54	46	2009	997	1012
27	2314	1130	1184	55	28	27	2216	1078	1138
28	2289	1167	1122	50	26	24	2181	1110	1071
29	2456	1262	1194	23	12	11	2366	1213	1153
30–34岁	**10925**	**5793**	**5132**	**78**	**49**	**29**	**10575**	**5600**	**4975**
30	2783	1412	1371	28	17	11	2686	1358	1328
31	2309	1212	1097	17	12	5	2227	1164	1063
32	2005	1078	927	12	10	2	1940	1040	900
33	2067	1107	960	12	5	7	2008	1079	929
34	1761	984	777	9	5	4	1714	959	755
35–39岁	**6144**	**3532**	**2612**	**23**	**19**	**4**	**5985**	**3431**	**2554**
35	1501	833	668	4	3	1	1462	812	650
36	1479	875	604	5	4	1	1438	848	590
37	1192	697	495	4	4		1161	678	483
38	1106	633	473	6	5	1	1077	609	468
39	866	494	372	4	3	1	847	484	363
40–44岁	**4235**	**2664**	**1571**	**15**	**7**	**8**	**4113**	**2596**	**1517**
40	827	489	338	2	1	1	812	480	332
41	883	540	343	8	5	3	852	526	326
42	902	555	347	2	1	1	871	538	333
43	803	517	286	3		3	783	505	278
44	820	563	257				795	547	248
45–49岁	**3371**	**2372**	**999**	**16**	**10**	**6**	**3275**	**2305**	**970**
45	752	495	257	3	1	2	734	485	249
46	733	527	206	1	1		714	512	202
47	675	476	199	6	4	2	647	457	190
48	628	445	183	4	3	1	612	435	177
49	583	429	154	2	1	1	568	416	152
50岁及以上	**5460**	**4317**	**1143**	**15**	**14**	**1**	**5312**	**4200**	**1112**

3-2b 续表 11

单位：人

年 龄	大学本科								
	肄 业			辍 学			其 他		
	小计	男	女	小计	男	女	小计	男	女
总 计	**112**	**69**	**43**	**26**	**18**	**8**	**1060**	**605**	**455**
3									
4									
5-9岁									
5									
6									
7									
8									
9									
10-14岁									
10									
11									
12									
13									
14									
15-19岁				**3**	**2**	**1**	**15**	**8**	**7**
15									
16									
17				1	1		2		2
18				2	1	1	4	2	2
19							9	6	3
20-24岁	**16**	**8**	**8**	**4**	**2**	**2**	**156**	**84**	**72**
20	3	2	1	1	1		14	9	5
21	2		2				22	15	7
22	3	1	2				33	18	15
23	4	3	1				37	18	19
24	4	2	2	3	1	2	50	24	26
25-29岁	**26**	**15**	**11**	**4**	**1**	**3**	**246**	**125**	**121**
25	10	5	5				55	26	29
26	2	1	1	1		1	40	17	23
27	5	3	2	1		1	37	21	16
28	4	2	2	2	1	1	52	28	24
29	5	4	1				62	33	29
30-34岁	**21**	**14**	**7**	**8**	**6**	**2**	**243**	**124**	**119**
30	4	1	3	2	1	1	63	35	28
31	5	5		1		1	59	31	28
32	1		1	2	2		50	26	24
33	5	4	1	1	1		41	18	23
34	6	4	2	2	2		30	14	16
35-39岁	**16**	**11**	**5**	**3**	**3**		**117**	**68**	**49**
35	6	3	3				29	15	14
36	2	2		1	1		33	20	13
37	3	2	1	1	1		23	12	11
38	3	2	1	1	1		19	16	3
39	2	2					13	5	8
40-44岁	**15**	**7**	**8**	**1**	**1**		**91**	**53**	**38**
40	1	1					12	7	5
41	7	3	4				16	6	10
42	1	1		1	1		27	14	13
43	3		3				14	12	2
44	3	2	1				22	14	8
45-49岁	**5**	**3**	**2**	**2**	**2**		**73**	**52**	**21**
45	1		1				14	9	5
46							18	14	4
47	2	2					20	13	7
48	2	1	1	2	2		8	4	4
49							13	12	1
50岁及以上	**13**	**11**	**2**	**1**	**1**		**119**	**91**	**28**

3-2b 续表 12

单位：人

年龄	硕士研究生								
	合计			在校			毕业		
	合计	男	女	小计	男	女	小计	男	女
总计	**3764**	**1949**	**1815**	**1762**	**844**	**918**	**1960**	**1081**	**879**
3									
4									
5–9岁									
5									
6									
7									
8									
9									
10–14岁									
10									
11									
12									
13									
14									
15–19岁	**16**	**11**	**5**	**15**	**10**	**5**	**1**	**1**	
15	1		1	1		1			
16									
17	5	2	3	4	1	3	1	1	
18	3	3		3	3				
19	7	6	1	7	6	1			
20–24岁	**1377**	**625**	**752**	**1247**	**565**	**682**	**123**	**57**	**66**
20	20	11	9	17	10	7	3	1	2
21	103	52	51	100	50	50	2	1	1
22	333	156	177	313	145	168	19	10	9
23	466	196	270	436	185	251	27	11	16
24	455	210	245	381	175	206	72	34	38
25–29岁	**1043**	**510**	**533**	**462**	**251**	**211**	**570**	**254**	**316**
25	342	173	169	253	133	120	88	39	49
26	239	114	125	110	64	46	127	50	77
27	155	76	79	43	27	16	110	47	63
28	134	60	74	37	16	21	93	43	50
29	173	87	86	19	11	8	152	75	77
30–34岁	**623**	**316**	**307**	**28**	**14**	**14**	**587**	**297**	**290**
30	160	78	82	12	5	7	144	71	73
31	149	71	78	5	2	3	141	67	74
32	124	67	57	5	4	1	118	62	56
33	113	56	57	3	2	1	110	54	56
34	77	44	33	3	1	2	74	43	31
35–39岁	**290**	**169**	**121**	**5**	**2**	**3**	**277**	**163**	**114**
35	81	46	35	2	2		78	43	35
36	61	35	26	2		2	58	35	23
37	51	34	17				49	33	16
38	56	31	25	1		1	53	31	22
39	41	23	18				39	21	18
40–44岁	**152**	**103**	**49**	**2**	**2**		**146**	**98**	**48**
40	28	17	11	1	1		26	15	11
41	31	21	10				30	20	10
42	27	21	6				27	21	6
43	27	19	8				27	19	8
44	39	25	14	1	1		36	23	13
45–49岁	**106**	**84**	**22**	**1**		**1**	**105**	**84**	**21**
45	22	14	8				22	14	8
46	17	15	2				17	15	2
47	22	18	4				22	18	4
48	18	15	3				18	15	3
49	27	22	5	1		1	26	22	4
50岁及以上	**157**	**131**	**26**	**2**		**2**	**151**	**127**	**24**

3-2b 续表 13

单位：人

年 龄	硕士研究生								
	肄 业			辍 学			其 他		
	小计	男	女	小计	男	女	小计	男	女
总 计	**6**	**4**	**2**				**36**	**20**	**16**
3									
4									
5-9岁									
5									
6									
7									
8									
9									
10-14岁									
10									
11									
12									
13									
14									
15-19岁									
15									
16									
17									
18									
19									
20-24岁	**1**		**1**				**6**	**3**	**3**
20									
21							1	1	
22							1	1	
23	1		1				2		2
24							2	1	1
25-29岁							**11**	**5**	**6**
25							1	1	
26							2		2
27							2	2	
28							4	1	3
29							2	1	1
30-34岁							**8**	**5**	**3**
30							4	2	2
31							3	2	1
32							1	1	
33									
34									
35-39岁	**1**		**1**				**7**	**4**	**3**
35							1	1	
36	1		1						
37							2	1	1
38							2		2
39							2	2	
40-44岁	**2**	**2**					**2**	**1**	**1**
40							1	1	
41	1	1							
42									
43									
44	1	1					1		1
45-49岁									
45									
46									
47									
48									
49									
50岁及以上	**2**	**2**					**2**	**2**	

3-2b 续表 14

单位：人

年龄	博士研究生								
	合计			在校			毕业		
	合计	男	女	小计	男	女	小计	男	女
总计	**321**	**199**	**122**	**125**	**72**	**53**	**190**	**124**	**66**
3									
4									
5–9岁									
5									
6									
7									
8									
9									
10–14岁									
10									
11									
12									
13									
14									
15–19岁									
15									
16									
17									
18									
19									
20–24岁	**45**	**26**	**19**	**38**	**21**	**17**	**7**	**5**	**2**
20									
21	6	5	1	4	3	1	2	2	
22	12	6	6	11	6	5	1		1
23	12	4	8	10	3	7	2	1	1
24	15	11	4	13	9	4	2	2	
25–29岁	**89**	**48**	**41**	**58**	**32**	**26**	**30**	**15**	**15**
25	13	7	6	12	7	5	1		1
26	20	8	12	16	6	10	4	2	2
27	19	10	9	12	8	4	7	2	5
28	16	10	6	8	5	3	8	5	3
29	21	13	8	10	6	4	10	6	4
30–34岁	**79**	**52**	**27**	**20**	**13**	**7**	**59**	**39**	**20**
30	15	10	5	6	4	2	9	6	3
31	16	9	7	6	4	2	10	5	5
32	18	12	6	3	3		15	9	6
33	16	11	5	1	1		15	10	5
34	14	10	4	4	1	3	10	9	1
35–39岁	**46**	**30**	**16**	**6**	**3**	**3**	**38**	**26**	**12**
35	12	9	3	2	2		10	7	3
36	10	3	7	3		3	6	3	3
37	6	4	2				5	3	2
38	7	6	1	1	1		6	5	1
39	11	8	3				11	8	3
40–44岁	**26**	**19**	**7**	**1**	**1**		**25**	**18**	**7**
40	7	6	1				7	6	1
41	4	3	1				4	3	1
42	3	2	1	1	1		2	1	1
43	7	5	2				7	5	2
44	5	3	2				5	3	2
45–49岁	**21**	**15**	**6**	**2**	**2**		**17**	**12**	**5**
45	8	8		2	2		6	6	
46	5	3	2				4	2	2
47	3	2	1				3	2	1
48	2	1	1				2	1	1
49	3	1	2				2	1	1
50岁及以上	**15**	**9**	**6**				**14**	**9**	**5**

3-2b 续表 15

单位：人

年龄	博士研究生								
	肄业			辍学			其他		
	小计	男	女	小计	男	女	小计	男	女
总计	**1**		**1**				**5**	**3**	**2**
3									
4									
5-9岁									
5									
6									
7									
8									
9									
10-14岁									
10									
11									
12									
13									
14									
15-19岁									
15									
16									
17									
18									
19									
20-24岁									
20									
21									
22									
23									
24									
25-29岁							**1**	**1**	
25									
26									
27									
28									
29							1	1	
30-34岁									
30									
31									
32									
33									
34									
35-39岁							**2**	**1**	**1**
35									
36							1		1
37							1	1	
38									
39									
40-44岁									
40									
41									
42									
43									
44									
45-49岁	**1**		**1**				**1**	**1**	
45									
46							1	1	
47									
48									
49	1		1						
50岁及以上							**1**		**1**

3-2c 全省分年龄、性别、学业完成情况的3岁及以上各种受教育程度人口(乡村)

单位：人

年龄	合计								
	合计			在校			毕业		
	合计	男	女	小计	男	女	小计	男	女
总计	**1846982**	**986408**	**860574**	**422828**	**232403**	**190425**	**1274312**	**682285**	**592027**
3									
4									
5-9岁	**125980**	**68572**	**57408**	**123317**	**67071**	**56246**	**1951**	**1109**	**842**
5	4541	2473	2068	4418	2402	2016	70	42	28
6	22137	12067	10070	21659	11801	9858	343	187	156
7	30578	16575	14003	29940	16221	13719	478	266	212
8	34730	18754	15976	33994	18341	15653	543	304	239
9	33994	18703	15291	33306	18306	15000	517	310	207
10-14岁	**176911**	**97861**	**79050**	**171350**	**94469**	**76881**	**4434**	**2713**	**1721**
10	33975	18790	15185	33221	18331	14890	578	359	219
11	36155	19837	16318	35300	19315	15985	660	402	258
12	36141	20252	15889	35014	19561	15453	901	555	346
13	35121	19388	15733	33887	18632	15255	999	611	388
14	35519	19594	15925	33928	18630	15298	1296	786	510
15-19岁	**128804**	**72466**	**56338**	**103556**	**57270**	**46286**	**22923**	**13748**	**9175**
15	30702	17116	13586	29143	16163	12980	1318	801	517
16	28633	16028	12605	25675	14265	11410	2587	1530	1057
17	24240	13846	10394	19724	11072	8652	4065	2483	1582
18	22584	12745	9839	15842	8673	7169	6190	3726	2464
19	22645	12731	9914	13172	7097	6075	8763	5208	3555
20-24岁	**104471**	**57780**	**46691**	**22795**	**12499**	**10296**	**76542**	**42286**	**34256**
20	21091	11753	9338	9630	5214	4416	10652	6026	4626
21	20034	11084	8950	6145	3371	2774	12966	7167	5799
22	22197	12234	9963	3912	2161	1751	17132	9449	7683
23	20853	11488	9365	2028	1137	891	17665	9658	8007
24	20296	11221	9075	1080	616	464	18127	9986	8141
25-29岁	**108547**	**59269**	**49278**	**1274**	**757**	**517**	**100785**	**54967**	**45818**
25	21202	11652	9550	586	342	244	19395	10613	8782
26	18404	9998	8406	274	155	119	17091	9293	7798
27	20319	11117	9202	182	116	66	18926	10318	8608
28	22504	12362	10142	126	76	50	21016	11547	9469
29	26118	14140	11978	106	68	38	24357	13196	11161
30-34岁	**140626**	**75402**	**65224**	**171**	**116**	**55**	**131258**	**70404**	**60854**
30	33361	18136	15225	69	49	20	31187	16950	14237
31	29378	15840	13538	39	29	10	27474	14799	12675
32	26228	13952	12276	32	23	9	24438	13019	11419
33	28164	14974	13190	12	5	7	26268	13951	12317
34	23495	12500	10995	19	10	9	21891	11685	10206
35-39岁	**112027**	**59379**	**52648**	**81**	**55**	**26**	**103703**	**55097**	**48606**
35	22648	12075	10573	16	10	6	20989	11230	9759
36	23986	12784	11202	19	12	7	22213	11867	10346
37	21559	11409	10150	15	11	4	19935	10565	9370
38	23066	12204	10862	19	14	5	21334	11300	10034
39	20768	10907	9861	12	8	4	19232	10135	9097
40-44岁	**137255**	**72737**	**64518**	**53**	**34**	**19**	**125951**	**66897**	**59054**
40	19721	10367	9354	9	6	3	18174	9574	8600
41	25846	13731	12115	8	5	3	23766	12658	11108
42	28782	15310	13472	9	5	4	26419	14039	12380
43	29438	15725	13713	13	9	4	27012	14483	12529
44	33468	17604	15864	14	9	5	30580	16143	14437
45-49岁	**166866**	**87138**	**79728**	**52**	**34**	**18**	**151688**	**79878**	**71810**
45	32696	17233	15463	17	10	7	29834	15839	13995
46	35470	18584	16886	6	4	2	32268	17041	15227
47	35189	18397	16792	14	12	2	32113	16894	15219
48	31535	16324	15211	10	5	5	28619	14957	13662
49	31976	16600	15376	5	3	2	28854	15147	13707
50岁及以上	**645495**	**335804**	**309691**	**179**	**98**	**81**	**555077**	**295186**	**259891**

3–2c 续表 1 单位：人

年龄	合计								
	肄业			辍学			其他		
	小计	男	女	小计	男	女	小计	男	女
总计	**30005**	**13552**	**16453**	**33234**	**14774**	**18460**	**86603**	**43394**	**43209**
3									
4									
5–9岁	**57**	**31**	**26**	**16**	**9**	**7**	**639**	**352**	**287**
5	5	5		1	1		47	23	24
6	10	4	6	2		2	123	75	48
7	8	5	3	6	4	2	146	79	67
8	16	8	8	4	3	1	173	98	75
9	18	9	9	3	1	2	150	77	73
10–14岁	**113**	**70**	**43**	**101**	**64**	**37**	**913**	**545**	**368**
10	14	9	5	6	4	2	156	87	69
11	23	14	9	6	5	1	166	101	65
12	15	10	5	12	7	5	199	119	80
13	20	12	8	29	15	14	186	118	68
14	41	25	16	48	33	15	206	120	86
15–19岁	**354**	**225**	**129**	**540**	**343**	**197**	**1431**	**880**	**551**
15	31	19	12	77	51	26	133	82	51
16	43	32	11	110	71	39	218	130	88
17	74	48	26	100	62	38	277	181	96
18	89	59	30	112	76	36	351	211	140
19	117	67	50	141	83	58	452	276	176
20–24岁	**747**	**458**	**289**	**686**	**450**	**236**	**3701**	**2087**	**1614**
20	113	77	36	124	86	38	572	350	222
21	131	86	45	138	88	50	654	372	282
22	169	102	67	128	77	51	856	445	411
23	177	111	66	150	105	45	833	477	356
24	157	82	75	146	94	52	786	443	343
25–29岁	**968**	**535**	**433**	**850**	**503**	**347**	**4670**	**2507**	**2163**
25	174	102	72	160	103	57	887	492	395
26	150	83	67	131	79	52	758	388	370
27	168	97	71	190	118	72	853	468	385
28	201	115	86	153	92	61	1008	532	476
29	275	138	137	216	111	105	1164	627	537
30–34岁	**1409**	**763**	**646**	**1292**	**733**	**559**	**6496**	**3386**	**3110**
30	315	177	138	301	191	110	1489	769	720
31	272	143	129	237	151	86	1356	718	638
32	274	148	126	237	116	121	1247	646	601
33	297	160	137	267	148	119	1320	710	610
34	251	135	116	250	127	123	1084	543	541
35–39岁	**1306**	**694**	**612**	**1334**	**685**	**649**	**5603**	**2848**	**2755**
35	258	138	120	245	121	124	1140	576	564
36	284	154	130	304	158	146	1166	593	573
37	249	133	116	252	140	112	1108	560	548
38	284	156	128	250	124	126	1179	610	569
39	231	113	118	283	142	141	1010	509	501
40–44岁	**1911**	**951**	**960**	**2050**	**1046**	**1004**	**7290**	**3809**	**3481**
40	268	123	145	277	146	131	993	518	475
41	363	193	170	364	187	177	1345	688	657
42	382	200	182	418	216	202	1554	850	704
43	393	193	200	440	214	226	1580	826	754
44	505	242	263	551	283	268	1818	927	891
45–49岁	**2786**	**1254**	**1532**	**3192**	**1452**	**1740**	**9148**	**4520**	**4628**
45	538	255	283	549	249	300	1758	880	878
46	574	252	322	638	303	335	1984	984	1000
47	576	268	308	645	293	352	1841	930	911
48	511	216	295	636	267	369	1759	879	880
49	587	263	324	724	340	384	1806	847	959
50岁及以上	**20354**	**8571**	**11783**	**23173**	**9489**	**13684**	**46712**	**22460**	**24252**

3–2c　续表 2　　　　　　　　　　　　　　　　　　　　　　　　　　单位：人

年　龄	小学								
	合　计			在　校			毕　业		
	合计	男	女	小计	男	女	小计	男	女
总　计	**697858**	**312013**	**385845**	**205300**	**112120**	**93180**	**411172**	**169010**	**242162**
3									
4									
5–9岁	**124365**	**67623**	**56742**	**121865**	**66227**	**55638**	**1807**	**1018**	**789**
5	4541	2473	2068	4418	2402	2016	70	42	28
6	21878	11907	9971	21424	11655	9769	321	175	146
7	30251	16378	13873	29651	16052	13599	445	243	202
8	34269	18486	15783	33575	18101	15474	505	278	227
9	33426	18379	15047	32797	18017	14780	466	280	186
10–14岁	**85312**	**47080**	**38232**	**83162**	**45777**	**37385**	**1624**	**990**	**634**
10	32807	18101	14706	32135	17696	14439	510	315	195
11	31755	17471	14284	31077	17059	14018	517	312	205
12	14684	8309	6375	14222	8015	6207	353	227	126
13	4517	2433	2084	4300	2310	1990	164	91	73
14	1549	766	783	1428	697	731	80	45	35
15–19岁	**972**	**488**	**484**	**137**	**61**	**76**	**645**	**322**	**323**
15	131	65	66	50	23	27	52	26	26
16	145	77	68	33	18	15	70	34	36
17	181	92	89	18	10	8	127	63	64
18	228	107	121	16	4	12	181	89	92
19	287	147	140	20	6	14	215	110	105
20–24岁	**1848**	**914**	**934**	**16**	**8**	**8**	**1562**	**760**	**802**
20	291	147	144	9	3	6	243	125	118
21	317	165	152	2	1	1	261	133	128
22	404	205	199				342	170	172
23	412	201	211	1		1	355	168	187
24	424	196	228	4	4		361	164	197
25–29岁	**3363**	**1329**	**2034**	**7**	**2**	**5**	**2889**	**1124**	**1765**
25	542	221	321	1		1	467	184	283
26	536	228	308	2	1	1	456	192	264
27	648	261	387	3	1	2	554	219	335
28	732	278	454				630	240	390
29	905	341	564	1		1	782	289	493
30–34岁	**7599**	**2810**	**4789**	**3**	**1**	**2**	**6656**	**2414**	**4242**
30	1375	525	850				1186	439	747
31	1470	556	914	1	1		1292	478	814
32	1414	504	910				1238	429	809
33	1791	685	1106	1		1	1580	600	980
34	1549	540	1009	1		1	1360	468	892
35–39岁	**10815**	**3719**	**7096**				**9539**	**3252**	**6287**
35	1707	625	1082				1492	552	940
36	2066	718	1348				1813	625	1188
37	2031	695	1336				1783	607	1176
38	2444	836	1608				2169	729	1440
39	2567	845	1722				2282	739	1543
40–44岁	**25928**	**9195**	**16733**	**6**	**1**	**5**	**22732**	**8020**	**14712**
40	2687	910	1777	1		1	2357	793	1564
41	4303	1451	2852				3802	1265	2537
42	5442	1955	3487	1		1	4779	1706	3073
43	5964	2199	3765	3		3	5224	1928	3296
44	7532	2680	4852	1	1		6570	2328	4242
45–49岁	**48644**	**16920**	**31724**	**4**	**1**	**3**	**42413**	**14803**	**27610**
45	8099	2946	5153	2		2	7094	2601	4493
46	9561	3368	6193	1		1	8295	2947	5348
47	10317	3573	6744	1	1		9104	3143	5961
48	9836	3301	6535				8553	2869	5684
49	10831	3732	7099				9367	3243	6124
50岁及以上	**389012**	**161935**	**227077**	**100**	**42**	**58**	**321305**	**136307**	**184998**

3-2c 续表 3

单位：人

年龄	小学								
	肄业			辍学			其他		
	小计	男	女	小计	男	女	小计	男	女
总计	**17953**	**6370**	**11583**	**22077**	**7976**	**14101**	**41356**	**16537**	**24819**
3									
4									
5-9岁	**55**	**29**	**26**	**15**	**8**	**7**	**623**	**341**	**282**
5	5	5		1	1		47	23	24
6	10	4	6	2		2	121	73	48
7	8	5	3	6	4	2	141	74	67
8	15	7	8	4	3	1	170	97	73
9	17	8	9	2		2	144	74	70
10-14岁	**48**	**32**	**16**	**33**	**22**	**11**	**445**	**259**	**186**
10	14	9	5	6	4	2	142	77	65
11	20	12	8	5	4	1	136	84	52
12	7	6	1	6	4	2	96	57	39
13	5	4	1	9	4	5	39	24	15
14	2	1	1	7	6	1	32	17	15
15-19岁	**27**	**15**	**12**	**64**	**38**	**26**	**99**	**52**	**47**
15	2	1	1	10	7	3	17	8	9
16	5	2	3	18	12	6	19	11	8
17	6	3	3	13	8	5	17	8	9
18	5	3	2	8	3	5	18	8	10
19	9	6	3	15	8	7	28	17	11
20-24岁	**42**	**20**	**22**	**68**	**39**	**29**	**160**	**87**	**73**
20	6	2	4	13	9	4	20	8	12
21	6	3	3	18	8	10	30	20	10
22	10	4	6	11	8	3	41	23	18
23	10	7	3	13	8	5	33	18	15
24	10	4	6	13	6	7	36	18	18
25-29岁	**81**	**35**	**46**	**122**	**58**	**64**	**264**	**110**	**154**
25	11	4	7	19	13	6	44	20	24
26	11	6	5	23	14	9	44	15	29
27	15	12	3	27	7	20	49	22	27
28	22	8	14	19	10	9	61	20	41
29	22	5	17	34	14	20	66	33	33
30-34岁	**178**	**75**	**103**	**240**	**118**	**122**	**522**	**202**	**320**
30	43	20	23	44	31	13	102	35	67
31	28	11	17	38	19	19	111	47	64
32	30	13	17	44	18	26	102	44	58
33	38	18	20	61	29	32	111	38	73
34	39	13	26	53	21	32	96	38	58
35-39岁	**235**	**100**	**135**	**305**	**114**	**191**	**736**	**253**	**483**
35	45	22	23	45	13	32	125	38	87
36	40	18	22	62	24	38	151	51	100
37	42	15	27	56	25	31	150	48	102
38	60	28	32	63	22	41	152	57	95
39	48	17	31	79	30	49	158	59	99
40-44岁	**588**	**208**	**380**	**782**	**296**	**486**	**1820**	**670**	**1150**
40	59	17	42	92	40	52	178	60	118
41	102	43	59	109	42	67	290	101	189
42	120	34	86	163	59	104	379	156	223
43	127	48	79	187	69	118	423	154	269
44	180	66	114	231	86	145	550	199	351
45-49岁	**1141**	**375**	**766**	**1620**	**581**	**1039**	**3466**	**1160**	**2306**
45	201	70	131	242	93	149	560	182	378
46	234	75	159	306	108	198	725	238	487
47	232	80	152	296	104	192	684	245	439
48	214	69	145	364	126	238	705	237	468
49	260	81	179	412	150	262	792	258	534
50岁及以上	**15558**	**5481**	**10077**	**18828**	**6702**	**12126**	**33221**	**13403**	**19818**

3-2c 续表 4

单位：人

年 龄	初中								
	合计			在校			毕业		
	合计	男	女	小计	男	女	小计	男	女
总 计	**824049**	**473223**	**350826**	**114674**	**63444**	**51230**	**654535**	**377978**	**276557**
3									
4									
5-9岁	**1615**	**949**	**666**	**1452**	**844**	**608**	**144**	**91**	**53**
5									
6	259	160	99	235	146	89	22	12	10
7	327	197	130	289	169	120	33	23	10
8	461	268	193	419	240	179	38	26	12
9	568	324	244	509	289	220	51	30	21
10-14岁	**88810**	**49275**	**39535**	**85522**	**47259**	**38263**	**2708**	**1660**	**1048**
10	1163	685	478	1081	631	450	68	44	24
11	4397	2364	2033	4222	2255	1967	142	89	53
12	21455	11941	9514	20791	11545	9246	547	327	220
13	30217	16733	13484	29225	16116	13109	813	506	307
14	31578	17552	14026	30203	16712	13491	1138	694	444
15-19岁	**43129**	**24559**	**18570**	**27422**	**15193**	**12229**	**14472**	**8594**	**5878**
15	17407	9791	7616	16144	9018	7126	1092	665	427
16	8979	5074	3905	6744	3739	3005	2032	1201	831
17	5414	3181	2233	2454	1363	1091	2734	1670	1064
18	5176	2968	2208	1233	646	587	3671	2157	1514
19	6153	3545	2608	847	427	420	4943	2901	2042
20-24岁	**41043**	**22753**	**18290**	**122**	**58**	**64**	**38242**	**21173**	**17069**
20	6301	3627	2674	45	20	25	5849	3354	2495
21	7136	4009	3127	29	16	13	6643	3733	2910
22	8978	4941	4037	25	10	15	8341	4609	3732
23	9102	4946	4156	17	9	8	8479	4573	3906
24	9526	5230	4296	6	3	3	8930	4904	4026
25-29岁	**58759**	**30798**	**27961**	**36**	**20**	**16**	**54991**	**28830**	**26161**
25	10469	5654	4815	12	7	5	9787	5270	4517
26	9443	4911	4532	8	3	5	8877	4628	4249
27	10966	5763	5203	2	2		10270	5377	4893
28	12654	6638	6016	5	2	3	11830	6211	5619
29	15227	7832	7395	9	6	3	14227	7344	6883
30-34岁	**91031**	**46315**	**44716**	**15**	**6**	**9**	**85061**	**43287**	**41774**
30	20243	10348	9895	4	3	1	18953	9700	9253
31	18623	9541	9082	1		1	17436	8931	8505
32	17109	8629	8480	5	1	4	15947	8042	7905
33	18827	9530	9297	1		1	17590	8895	8695
34	16229	8267	7962	4	2	2	15135	7719	7416
35-39岁	**80828**	**42266**	**38562**	**14**	**7**	**7**	**75123**	**39311**	**35812**
35	15981	8231	7750	4	2	2	14832	7641	7191
36	17263	9008	8255	3	1	2	16039	8373	7666
37	15638	8172	7466	2	1	1	14519	7588	6931
38	16850	8866	7984	1	1		15670	8246	7424
39	15096	7989	7107	4	2	2	14063	7463	6600
40-44岁	**96415**	**53204**	**43211**	**13**	**5**	**8**	**89325**	**49262**	**40063**
40	14234	7566	6668	3	1	2	13204	7021	6183
41	18440	10101	8339				17069	9358	7711
42	20259	11214	9045	4	2	2	18793	10361	8432
43	20556	11484	9072	3	2	1	19063	10650	8413
44	22926	12839	10087	3		3	21196	11872	9324
45-49岁	**104418**	**60228**	**44190**	**28**	**19**	**9**	**96440**	**55772**	**40668**
45	21723	12252	9471	7	4	3	20086	11351	8735
46	22913	13060	9853	3	3		21182	12086	9096
47	21977	12729	9248	8	7	1	20312	11788	8524
48	19194	11202	7992	6	2	4	17744	10403	7341
49	18611	10985	7626	4	3	1	17116	10144	6972
50岁及以上	**218001**	**142876**	**75125**	**50**	**33**	**17**	**198029**	**129998**	**68031**

3–2c 续表 5

单位：人

年 龄	初中								
	肄业			辍学			其他		
	小计	男	女	小计	男	女	小计	男	女
总 计	**9575**	**5527**	**4048**	**9535**	**5666**	**3869**	**35730**	**20608**	**15122**
3									
4									
5–9岁	**2**	**2**		**1**	**1**		**16**	**11**	**5**
5									
6							2	2	
7							5	5	
8	1	1					3	1	2
9	1	1		1	1		6	3	3
10–14岁	**63**	**37**	**26**	**66**	**41**	**25**	**451**	**278**	**173**
10							14	10	4
11	3	2	1	1	1		29	17	12
12	8	4	4	6	3	3	103	62	41
13	15	8	7	19	10	9	145	93	52
14	37	23	14	40	27	13	160	96	64
15–19岁	**161**	**100**	**61**	**303**	**201**	**102**	**771**	**471**	**300**
15	28	17	11	59	37	22	84	54	30
16	18	15	3	62	42	20	123	77	46
17	28	18	10	48	33	15	150	97	53
18	35	19	16	60	41	19	177	105	72
19	52	31	21	74	48	26	237	138	99
20–24岁	**363**	**216**	**147**	**402**	**257**	**145**	**1914**	**1049**	**865**
20	43	28	15	71	48	23	293	177	116
21	63	37	26	74	46	28	327	177	150
22	89	57	32	74	42	32	449	223	226
23	87	54	33	91	63	28	428	247	181
24	81	40	41	92	58	34	417	225	192
25–29岁	**534**	**278**	**256**	**483**	**284**	**199**	**2715**	**1386**	**1329**
25	104	60	44	91	58	33	475	259	216
26	74	37	37	76	45	31	408	198	210
27	85	44	41	108	73	35	501	267	234
28	113	65	48	81	43	38	625	317	308
29	158	72	86	127	65	62	706	345	361
30–34岁	**855**	**449**	**406**	**818**	**458**	**360**	**4282**	**2115**	**2167**
30	181	99	82	198	121	77	907	425	482
31	169	85	84	139	87	52	878	438	440
32	173	92	81	149	75	74	835	419	416
33	176	85	91	162	85	77	898	465	433
34	156	88	68	170	90	80	764	368	396
35–39岁	**843**	**450**	**393**	**893**	**483**	**410**	**3955**	**2015**	**1940**
35	162	85	77	167	91	76	816	412	404
36	190	109	81	214	112	102	817	413	404
37	161	83	78	174	101	73	782	399	383
38	181	97	84	164	86	78	834	436	398
39	149	76	73	174	93	81	706	355	351
40–44岁	**1142**	**624**	**518**	**1155**	**663**	**492**	**4780**	**2650**	**2130**
40	174	84	90	169	96	73	684	364	320
41	229	125	104	225	120	105	917	498	419
42	219	139	80	227	136	91	1016	576	440
43	230	124	106	236	133	103	1024	575	449
44	290	152	138	298	178	120	1139	637	502
45–49岁	**1408**	**719**	**689**	**1459**	**792**	**667**	**5083**	**2926**	**2157**
45	274	145	129	282	138	144	1074	614	460
46	292	141	151	316	185	131	1120	645	475
47	293	155	138	321	172	149	1043	607	436
48	256	121	135	259	132	127	929	544	385
49	293	157	136	281	165	116	917	516	401
50岁及以上	**4204**	**2652**	**1552**	**3955**	**2486**	**1469**	**11763**	**7707**	**4056**

3-2c　续表 6

单位：人

年　龄	高中								
	合　计			在　校			毕　业		
	合计	男	女	小计	男	女	小计	男	女
总　计	**217444**	**138161**	**79283**	**63952**	**35759**	**28193**	**142873**	**95290**	**47583**
3									
4									
5-9岁									
5									
6									
7									
8									
9									
10-14岁	**2788**	**1505**	**1283**	**2665**	**1432**	**1233**	**102**	**63**	**39**
10	5	4	1	5	4	1			
11	3	2	1	1	1		1	1	
12	1	1					1	1	
13	387	222	165	362	206	156	22	14	8
14	2392	1276	1116	2297	1221	1076	78	47	31
15-19岁	**64726**	**36832**	**27894**	**57377**	**32191**	**25186**	**6621**	**4188**	**2433**
15	12570	6974	5596	12369	6845	5524	164	104	60
16	18313	10258	8055	17730	9906	7824	467	285	182
17	16260	9366	6894	15002	8567	6435	1090	687	403
18	10527	6076	4451	8363	4703	3660	1975	1253	722
19	7056	4158	2898	3913	2170	1743	2925	1859	1066
20-24岁	**25644**	**15179**	**10465**	**3866**	**2107**	**1759**	**20392**	**12226**	**8166**
20	5341	3115	2226	1978	1095	883	3145	1882	1263
21	4846	2854	1992	922	516	406	3674	2178	1496
22	5396	3161	2235	522	264	258	4560	2721	1839
23	5109	3077	2032	271	147	124	4520	2737	1783
24	4952	2972	1980	173	85	88	4493	2708	1785
25-29岁	**24472**	**14674**	**9798**	**25**	**13**	**12**	**22918**	**13713**	**9205**
25	4913	2919	1994	8	4	4	4591	2725	1866
26	4234	2523	1711	7	3	4	3976	2362	1614
27	4585	2751	1834	2	2		4295	2571	1724
28	4986	3023	1963	1		1	4672	2822	1850
29	5754	3458	2296	7	4	3	5384	3233	2151
30-34岁	**26568**	**16244**	**10324**	**5**	**4**	**1**	**24881**	**15174**	**9707**
30	6959	4239	2720	3	2	1	6497	3942	2555
31	5768	3517	2251	1	1		5407	3281	2126
32	5012	3052	1960				4704	2875	1829
33	4963	3027	1936				4644	2811	1833
34	3866	2409	1457	1	1		3629	2265	1364
35-39岁	**14910**	**9481**	**5429**	**3**	**2**	**1**	**13884**	**8846**	**5038**
35	3424	2147	1277	1	1		3206	2019	1187
36	3335	2099	1236	1		1	3121	1968	1153
37	2862	1825	1037				2667	1695	972
38	2833	1810	1023				2621	1680	941
39	2456	1600	856	1	1		2269	1484	785
40-44岁	**12176**	**8258**	**3918**	**3**	**3**		**11298**	**7642**	**3656**
40	2234	1467	767	1	1		2074	1359	715
41	2505	1722	783	2	2		2326	1597	729
42	2501	1708	793				2295	1561	734
43	2448	1671	777				2280	1556	724
44	2488	1690	798				2323	1569	754
45-49岁	**11705**	**8342**	**3363**	**2**	**1**	**1**	**10855**	**7747**	**3108**
45	2450	1710	740	1	1		2261	1585	676
46	2533	1795	738	1		1	2357	1670	687
47	2468	1762	706				2286	1641	645
48	2118	1510	608				1956	1391	565
49	2136	1565	571				1995	1460	535
50岁及以上	**34455**	**27646**	**6809**	**6**	**6**		**31922**	**25691**	**6231**

3-2c 续表 7

单位：人

年 龄	高中								
	肄业			辍学			其他		
	小计	男	女	小计	男	女	小计	男	女
总 计	**2088**	**1406**	**682**	**1506**	**1053**	**453**	**7025**	**4653**	**2372**
3									
4									
5-9岁									
5									
6									
7									
8									
9									
10-14岁	**2**	**1**	**1**	**2**	**1**	**1**	**17**	**8**	**9**
10									
11							1		1
12									
13				1	1		2	1	1
14	2	1	1	1		1	14	7	7
15-19岁	**145**	**93**	**52**	**153**	**90**	**63**	**430**	**270**	**160**
15	1	1		7	6	1	29	18	11
16	19	14	5	28	15	13	69	38	31
17	38	25	13	36	19	17	94	68	26
18	38	28	10	39	29	10	112	63	49
19	49	25	24	43	21	22	126	83	43
20-24岁	**233**	**148**	**85**	**184**	**134**	**50**	**969**	**564**	**405**
20	35	22	13	34	26	8	149	90	59
21	40	28	12	41	29	12	169	103	66
22	47	26	21	37	24	13	230	126	104
23	63	43	20	38	29	9	217	121	96
24	48	29	19	34	26	8	204	124	80
25-29岁	**267**	**175**	**92**	**222**	**148**	**74**	**1040**	**625**	**415**
25	46	34	12	44	29	15	224	127	97
26	41	30	11	28	19	9	182	109	73
27	56	35	21	52	35	17	180	108	72
28	50	31	19	50	36	14	213	134	79
29	74	45	29	48	29	19	241	147	94
30-34岁	**294**	**191**	**103**	**217**	**143**	**74**	**1171**	**732**	**439**
30	70	46	24	53	35	18	336	214	122
31	53	35	18	58	43	15	249	157	92
32	56	34	22	41	20	21	211	123	88
33	72	48	24	41	31	10	206	137	69
34	43	28	15	24	14	10	169	101	68
35-39岁	**181**	**114**	**67**	**126**	**80**	**46**	**716**	**439**	**277**
35	39	25	14	29	14	15	149	88	61
36	42	20	22	27	21	6	144	90	54
37	33	25	8	21	13	8	141	92	49
38	38	27	11	21	14	7	153	89	64
39	29	17	12	28	18	10	129	80	49
40-44岁	**172**	**112**	**60**	**109**	**84**	**25**	**594**	**417**	**177**
40	35	22	13	15	9	6	109	76	33
41	29	23	6	29	25	4	119	75	44
42	40	25	15	28	21	7	138	101	37
43	36	21	15	16	11	5	116	83	33
44	32	21	11	21	18	3	112	82	30
45-49岁	**228**	**153**	**75**	**110**	**76**	**34**	**510**	**365**	**145**
45	58	36	22	25	18	7	105	70	35
46	47	35	12	16	10	6	112	80	32
47	50	33	17	28	17	11	104	71	33
48	41	26	15	13	9	4	108	84	24
49	32	23	9	28	22	6	81	60	21
50岁及以上	**566**	**419**	**147**	**383**	**297**	**86**	**1578**	**1233**	**345**

3–2c　续表 8　　　　单位：人

年　龄	大学专科								
	合　计			在　校			毕　业		
	合计	男	女	小计	男	女	小计	男	女
总　计	**73568**	**42919**	**30649**	**24611**	**13282**	**11329**	**46681**	**28172**	**18509**
3									
4									
5–9岁									
5									
6									
7									
8									
9									
10–14岁	**1**	**1**		**1**	**1**				
10									
11									
12	1	1		1	1				
13									
14									
15–19岁	**14469**	**7653**	**6816**	**13282**	**6988**	**6294**	**1041**	**569**	**472**
15	563	268	295	550	260	290	9	5	4
16	1121	577	544	1098	564	534	13	6	7
17	1907	967	940	1789	902	887	101	56	45
18	4685	2530	2155	4305	2285	2020	329	207	122
19	6193	3311	2882	5540	2977	2563	589	295	294
20–24岁	**23377**	**12230**	**11147**	**10654**	**5879**	**4775**	**12099**	**5966**	**6133**
20	6270	3389	2881	4914	2723	2191	1230	576	654
21	5069	2633	2436	2970	1619	1351	1969	928	1041
22	4703	2428	2275	1673	927	746	2908	1435	1473
23	3937	2021	1916	767	421	346	3036	1525	1511
24	3398	1759	1639	330	189	141	2956	1502	1454
25–29岁	**13946**	**7777**	**6169**	**487**	**278**	**209**	**12934**	**7198**	**5736**
25	3348	1774	1574	221	120	101	3012	1591	1421
26	2625	1439	1186	89	48	41	2425	1335	1090
27	2604	1447	1157	77	49	28	2433	1344	1089
28	2595	1497	1098	54	31	23	2458	1419	1039
29	2774	1620	1154	46	30	16	2606	1509	1097
30–34岁	**10826**	**6912**	**3914**	**91**	**60**	**31**	**10272**	**6558**	**3714**
30	3252	2017	1235	33	19	14	3092	1914	1178
31	2465	1507	958	21	14	7	2337	1428	909
32	1914	1253	661	21	18	3	1807	1186	621
33	1849	1226	623	8	4	4	1752	1160	592
34	1346	909	437	8	5	3	1284	870	414
35–39岁	**4009**	**2808**	**1201**	**46**	**35**	**11**	**3756**	**2626**	**1130**
35	1117	766	351	5	4	1	1059	726	333
36	961	678	283	12	10	2	898	629	269
37	751	519	232	9	7	2	700	485	215
38	696	499	197	14	10	4	640	459	181
39	484	346	138	6	4	2	459	327	132
40–44岁	**2082**	**1583**	**499**	**25**	**21**	**4**	**1970**	**1498**	**472**
40	423	319	104	4	4		400	299	101
41	449	339	110	5	2	3	425	325	100
42	437	324	113	2	2		418	309	109
43	371	296	75	6	6		351	277	74
44	402	305	97	8	7	1	376	288	88
45–49岁	**1604**	**1260**	**344**	**11**	**8**	**3**	**1517**	**1189**	**328**
45	315	248	67	3	3		295	232	63
46	360	274	86	1	1		333	252	81
47	327	253	74	4	3	1	318	248	70
48	297	241	56	2	1	1	284	229	55
49	305	244	61	1		1	287	228	59
50岁及以上	**3254**	**2695**	**559**	**14**	**12**	**2**	**3092**	**2568**	**524**

3-2c 续表 9 单位：人

年 龄	大学专科								
	肄 业			辍 学			其 他		
	小计	男	女	小计	男	女	小计	男	女
总 计	**305**	**199**	**106**	**108**	**74**	**34**	**1863**	**1192**	**671**
3									
4									
5-9岁									
5									
6									
7									
8									
9									
10-14岁									
10									
11									
12									
13									
14									
15-19岁	**18**	**14**	**4**	**20**	**14**	**6**	**108**	**68**	**40**
15				1	1		3	2	1
16	1	1		2	2		7	4	3
17	2	2		3	2	1	12	5	7
18	10	8	2	5	3	2	36	27	9
19	5	3	2	9	6	3	50	30	20
20-24岁	**88**	**61**	**27**	**28**	**17**	**11**	**508**	**307**	**201**
20	26	22	4	4	1	3	96	67	29
21	19	16	3	5	5		106	65	41
22	17	11	6	6	3	3	99	52	47
23	15	7	8	8	5	3	111	63	48
24	11	5	6	5	3	2	96	60	36
25-29岁	**60**	**32**	**28**	**22**	**13**	**9**	**443**	**256**	**187**
25	11	4	7	6	3	3	98	56	42
26	16	7	9	4	1	3	91	48	43
27	9	4	5	3	3		82	47	35
28	9	6	3	3	3		71	38	33
29	15	11	4	6	3	3	101	67	34
30-34岁	**63**	**38**	**25**	**15**	**12**	**3**	**385**	**244**	**141**
30	15	10	5	5	3	2	107	71	36
31	18	10	8	2	2		87	53	34
32	10	5	5	2	2		74	42	32
33	9	8	1	3	3		77	51	26
34	11	5	6	3	2	1	40	27	13
35-39岁	**41**	**27**	**14**	**9**	**8**	**1**	**157**	**112**	**45**
35	11	6	5	3	3		39	27	12
36	9	5	4	1	1		41	33	8
37	13	10	3	1	1		28	16	12
38	5	4	1	2	2		35	24	11
39	3	2	1	2	1	1	14	12	2
40-44岁	**9**	**7**	**2**	**4**	**3**	**1**	**74**	**54**	**20**
40				1	1		18	15	3
41	3	2	1	1		1	15	10	5
42	3	2	1				14	11	3
43				1	1		13	12	1
44	3	3		1	1		14	6	8
45-49岁	**6**	**4**	**2**	**3**	**3**		**67**	**56**	**11**
45	2	1	1				15	12	3
46	1	1					25	20	5
47	1		1				4	2	2
48							11	11	
49	2	2		3	3		12	11	1
50岁及以上	**20**	**16**	**4**	**7**	**4**	**3**	**121**	**95**	**26**

3-2c　续表 10

单位：人

年　龄	大学本科								
	合　计			在　校			毕　业		
	合计	男	女	小计	男	女	小计	男	女
总　计	**32113**	**18891**	**13222**	**13169**	**7126**	**6043**	**18250**	**11326**	**6924**
3									
4									
5-9岁									
5									
6									
7									
8									
9									
10-14岁									
10									
11									
12									
13									
14									
15-19岁	**5500**	**2931**	**2569**	**5333**	**2834**	**2499**	**141**	**75**	**66**
15	31	18	13	30	17	13	1	1	
16	75	42	33	70	38	32	5	4	1
17	476	239	237	459	229	230	13	7	6
18	1967	1064	903	1925	1035	890	33	20	13
19	2951	1568	1383	2849	1515	1334	89	43	46
20-24岁	**11767**	**6254**	**5513**	**7407**	**4031**	**3376**	**4190**	**2131**	**2059**
20	2871	1464	1407	2668	1362	1306	184	89	95
21	2610	1391	1219	2171	1190	981	414	192	222
22	2524	1393	1131	1503	857	646	979	512	467
23	2023	1087	936	727	420	307	1253	642	611
24	1739	919	820	338	202	136	1360	696	664
25-29岁	**7219**	**4193**	**3026**	**365**	**217**	**148**	**6633**	**3842**	**2791**
25	1674	931	743	170	97	73	1458	805	653
26	1419	809	610	95	55	40	1283	733	550
27	1371	805	566	49	30	19	1284	754	530
28	1409	842	567	27	18	9	1340	798	542
29	1346	806	540	24	17	7	1268	752	516
30-34岁	**4354**	**2957**	**1397**	**28**	**22**	**6**	**4171**	**2831**	**1340**
30	1448	949	499	14	11	3	1390	911	479
31	987	681	306	7	6	1	946	651	295
32	736	485	251	3	3		702	459	243
33	704	484	220	2	1	1	672	463	209
34	479	358	121	2	1	1	461	347	114
35-39岁	**1406**	**1059**	**347**	**15**	**9**	**6**	**1346**	**1019**	**327**
35	402	292	110	5	2	3	385	280	105
36	352	274	78	3	1	2	333	265	68
37	263	190	73	2	2		254	183	71
38	231	181	50	4	3	1	222	174	48
39	158	122	36	1	1		152	117	35
40-44岁	**634**	**483**	**151**	**5**	**3**	**2**	**608**	**463**	**145**
40	140	103	37				136	100	36
41	145	116	29	1	1		140	111	29
42	140	106	34	2	1	1	131	99	32
43	93	69	24				90	68	22
44	116	89	27	2	1	1	111	85	26
45-49岁	**486**	**381**	**105**	**7**	**5**	**2**	**454**	**360**	**94**
45	107	75	32	4	2	2	96	68	28
46	102	86	16				100	85	15
47	98	78	20	1	1		91	72	19
48	90	70	20	2	2		82	65	17
49	89	72	17				85	70	15
50岁及以上	**747**	**633**	**114**	**9**	**5**	**4**	**707**	**605**	**102**

3-2c 续表 11　　单位：人

年龄	大学本科								
	肄业			辍学			其他		
	小计	男	女	小计	男	女	小计	男	女
总计	**79**	**48**	**31**	**8**	**5**	**3**	**607**	**386**	**221**
3									
4									
5-9岁									
5									
6									
7									
8									
9									
10-14岁									
10									
11									
12									
13									
14									
15-19岁	**3**	**3**					**23**	**19**	**4**
15									
16									
17							4	3	1
18	1	1					8	8	
19	2	2					11	8	3
20-24岁	**20**	**13**	**7**	**4**	**3**	**1**	**146**	**76**	**70**
20	3	3		2	2		14	8	6
21	3	2	1				22	7	15
22	6	4	2				36	20	16
23	2		2				41	25	16
24	6	4	2	2	1	1	33	16	17
25-29岁	**24**	**14**	**10**	**1**		**1**	**196**	**120**	**76**
25	2		2				44	29	15
26	8	3	5				33	18	15
27	2	1	1				36	20	16
28	6	5	1				36	21	15
29	6	5	1	1		1	47	32	15
30-34岁	**18**	**9**	**9**	**2**	**2**		**135**	**93**	**42**
30	6	2	4	1	1		37	24	13
31	3	1	2				31	23	8
32	5	4	1	1	1		25	18	7
33	2	1	1				28	19	9
34	2	1	1				14	9	5
35-39岁	**6**	**3**	**3**	**1**		**1**	**38**	**28**	**10**
35	1		1	1		1	10	10	
36	3	2	1				13	6	7
37							7	5	2
38							5	4	1
39	2	1	1				3	3	
40-44岁							**21**	**17**	**4**
40							4	3	1
41							4	4	
42							7	6	1
43							3	1	2
44							3	3	
45-49岁	**3**	**3**					**22**	**13**	**9**
45	3	3					4	2	2
46							2	1	1
47							6	5	1
48							6	3	3
49							4	2	2
50岁及以上	**5**	**3**	**2**				**26**	**20**	**6**

3-2c 续表 12

单位：人

年龄	硕士研究生								
	合计			在校			毕业		
	合计	男	女	小计	男	女	小计	男	女
总计	**1777**	**1082**	**695**	**1007**	**589**	**418**	**747**	**477**	**270**
3									
4									
5-9岁									
5									
6									
7									
8									
9									
10-14岁									
10									
11									
12									
13									
14									
15-19岁	**7**	**3**	**4**	**4**	**3**	**1**	**3**		**3**
15									
16									
17	2	1	1	2	1	1			
18	1		1				1		1
19	4	2	2	2	2		2		2
20-24岁	**757**	**431**	**326**	**698**	**398**	**300**	**54**	**29**	**25**
20	15	10	5	15	10	5			
21	53	31	22	48	28	20	5	3	2
22	189	104	85	186	101	85	2	2	
23	259	149	110	235	133	102	21	13	8
24	241	137	104	214	126	88	26	11	15
25-29岁	**705**	**436**	**269**	**293**	**181**	**112**	**401**	**247**	**154**
25	241	140	101	160	102	58	79	37	42
26	129	76	53	57	34	23	72	42	30
27	128	77	51	38	22	16	85	51	34
28	113	74	39	30	19	11	80	53	27
29	94	69	25	8	4	4	85	64	21
30-34岁	**214**	**136**	**78**	**11**	**7**	**4**	**201**	**128**	**73**
30	71	46	25	5	4	1	66	42	24
31	55	32	23	3	3		51	28	23
32	38	25	13	1		1	37	25	12
33	27	19	8				27	19	8
34	23	14	9	2		2	20	14	6
35-39岁	**48**	**42**	**6**	**1**		**1**	**46**	**41**	**5**
35	13	12	1				12	11	1
36	8	7	1				8	7	1
37	11	7	4	1		1	10	7	3
38	12	12					12	12	
39	4	4					4	4	
40-44岁	**16**	**11**	**5**				**16**	**11**	**5**
40	1	1					1	1	
41	4	2	2				4	2	2
42	3	3					3	3	
43	4	4					4	4	
44	4	1	3				4	1	3
45-49岁	**6**	**4**	**2**				**6**	**4**	**2**
45	2	2					2	2	
46									
47	1	1					1	1	
48									
49	3	1	2				3	1	2
50岁及以上	**24**	**19**	**5**				**20**	**17**	**3**

3－2c 续表 13

单位：人

年 龄	硕士研究生								
	肄 业			辍 学			其 他		
	小计	男	女	小计	男	女	小计	男	女
总 计	**5**	**2**	**3**				**18**	**14**	**4**
3									
4									
5－9岁									
5									
6									
7									
8									
9									
10－14岁									
10									
11									
12									
13									
14									
15－19岁									
15									
16									
17									
18									
19									
20－24岁	**1**		**1**				**4**	**4**	
20									
21									
22							1	1	
23							3	3	
24	1		1						
25－29岁	**2**	**1**	**1**				**9**	**7**	**2**
25							2	1	1
26									
27	1	1					4	3	1
28	1		1				2	2	
29							1	1	
30－34岁	**1**	**1**					**1**		**1**
30									
31	1	1							
32									
33									
34							1		1
35－39岁							**1**	**1**	
35							1	1	
36									
37									
38									
39									
40－44岁									
40									
41									
42									
43									
44									
45－49岁									
45									
46									
47									
48									
49									
50岁及以上	**1**		**1**				**3**	**2**	**1**

3-2c　续表 14　　　　单位：人

年　龄	博士研究生								
	合　计			在　校			毕　业		
	合计	男	女	小计	男	女	小计	男	女
总　计	**173**	**119**	**54**	**115**	**83**	**32**	**54**	**32**	**22**
3									
4									
5-9岁									
5									
6									
7									
8									
9									
10-14岁									
10									
11									
12									
13									
14									
15-19岁	**1**		**1**	**1**		**1**			
15									
16									
17									
18									
19	1		1	1		1			
20-24岁	**35**	**19**	**16**	**32**	**18**	**14**	**3**	**1**	**2**
20	2	1	1	1	1		1		1
21	3	1	2	3	1	2			
22	3	2	1	3	2	1			
23	11	7	4	10	7	3	1		1
24	16	8	8	15	7	8	1	1	
25-29岁	**83**	**62**	**21**	**61**	**46**	**15**	**19**	**13**	**6**
25	15	13	2	14	12	2	1	1	
26	18	12	6	16	11	5	2	1	1
27	17	13	4	11	10	1	5	2	3
28	15	10	5	9	6	3	6	4	2
29	18	14	4	11	7	4	5	5	
30-34岁	**34**	**28**	**6**	**18**	**16**	**2**	**16**	**12**	**4**
30	13	12	1	10	10		3	2	1
31	10	6	4	5	4	1	5	2	3
32	5	4	1	2	1	1	3	3	
33	3	3					3	3	
34	3	3		1	1		2	2	
35-39岁	**11**	**4**	**7**	**2**	**2**		**9**	**2**	**7**
35	4	2	2	1	1		3	1	2
36	1		1				1		1
37	3	1	2	1	1		2		2
38									
39	3	1	2				3	1	2
40-44岁	**4**	**3**	**1**	**1**	**1**		**2**	**1**	**1**
40	2	1	1				2	1	1
41									
42									
43	2	2		1	1				
44									
45-49岁	**3**	**3**					**3**	**3**	
45									
46	1	1					1	1	
47	1	1					1	1	
48									
49	1	1					1	1	
50岁及以上	**2**		**2**				**2**		**2**

3-2c 续表 15

单位：人

年龄	博士研究生								
	肄业			辍学			其他		
	小计	男	女	小计	男	女	小计	男	女
总计							**4**	**4**	
3									
4									
5-9岁									
5									
6									
7									
8									
9									
10-14岁									
10									
11									
12									
13									
14									
15-19岁									
15									
16									
17									
18									
19									
20-24岁									
20									
21									
22									
23									
24									
25-29岁							**3**	**3**	
25									
26									
27							1	1	
28									
29							2	2	
30-34岁									
30									
31									
32									
33									
34									
35-39岁									
35									
36									
37									
38									
39									
40-44岁							**1**	**1**	
40									
41									
42									
43							1	1	
44									
45-49岁									
45									
46									
47									
48									
49									
50岁及以上									